W0226447

LANGENSCHEIDTS
TASCHENWÖRTERBÜCHER

ИЗДАНИЕ ЛАНГЕНШАЙДТА

КАРМАННЫЙ СЛОВАРЬ

РУССКОГО И НЕМЕЦКОГО ЯЗЫКОВ

Часть первая

русско-немецкая

Автор первых изданий

Карл Блаттнер

Переработал

д-р Ганс Оршель

ЛАНГЕНШАЙДТ

БЕРЛИН · МЮНХЕН · ВЕНА · ЦЮРИХ · НЬЮ-ЙОРК

LANGENSCHEIDTS TASCHENWÖRTERBUCH

DER RUSSISCHEN UND DEUTSCHEN SPRACHE

Erster Teil

Russisch - Deutsch

Begründet von

KARL BLATTNER

Neubearbeitung

von

DR. HANS ORSCHEL

LANGENSCHEIDT

BERLIN · MÜNCHEN · WIEN · ZÜRICH · NEW YORK

Inhaltsverzeichnis

Оглавление

Die Nennung von Waren erfolgt in diesem Werk, wie in Nachschlagewerken üblich, ohne Erwähnung etwa bestehender Patente, Gebrauchsmuster oder Warenzeichen. Das Fehlen eines solchen Hinweises begründet also nicht die Annahme, eine Ware oder ein Warenname sei frei.

Auflage:	30.	29.	28.			*Letzte Zahlen*
Jahr:	1996	95	94	93	92	*maßgeblich*

© 1960 Langenscheidt KG, Berlin und München

Druck: Graph. Betriebe Langenscheidt, Berchtesgaden/Obb.

Printed in Germany · ISBN 3-468-10290-9

Vorwort

Gegenüber den vorhergehenden Auflagen weist diese Neubearbeitung einige grundlegende Veränderungen auf. Zum ersten Mal ist von einer durchgehenden Angabe der Aussprache der russischen Wörter abgesehen worden. Nur in den Fällen, die dem Benutzer Schwierigkeiten bereiten könnten oder die irgendwelche Abweichungen von den in der Ausspracheübersicht gegebenen Beispielen und Erklärungen aufweisen, steht die abweichende Aussprache in runden Klammern nach dem betreffenden russischen Wort. Jedoch ist zur Kontrolle der richtigen Aussprache dem Wörterverzeichnis eine ausführliche Ausspracheübersicht in Tabellenform vorangestellt, die in Zweifelsfällen durch ihre Beispiele und Erklärungen dem Benutzer ausreichende Hilfestellung leisten wird. Dabei wird das System der *Association Phonétique Internationale* verwendet.

Durch diesen Verzicht auf eine durchgehende Ausspracheangabe konnte beträchtlicher Raum für die Aufnahme neuer Wörter und Wortverbindungen eingespart werden. Diesem Zweck dient auch die Streichung vieler in den bisherigen Auflagen enthaltener Fremdwörter, die der Benutzer des Taschenwörterbuches, wenn er sie in russischen Texten antrifft, ohne weiteres von seiner Muttersprache her versteht. Es sind im allgemeinen nur solche Fremdwörter belassen worden, die nach Inhalt, Form oder Betonung von ihrem Gebrauch im Deutschen abweichen. Es war ein wesentliches Ziel dieser Neubearbeitung, an Stelle der leicht verständlichen Fremdwörter möglichst viele rein russische Wörter zu setzen und den Schatz an Wortverbindungen, Sprichwörtern usw. beträchtlich zu erweitern, wodurch unserer Auffassung nach das Verständnis russischer Texte sehr erleichtert werden wird. U. a. sind auch Wörter aufgenommen worden, die in sowjetrussischen Wörterbüchern aus Gründen der Normierung oder Spracherziehung nicht enthalten sind, die aber einen charakteristischen Bestandteil der russischen Umgangssprache bilden.

Die Mustertabellen im Anhang für die Konjugation und Deklination sind vereinfacht worden. Alle Abweichungen von diesen Grundmustern stehen in eckigen Klammern nach dem betreffenden Wort, so daß manches lästige Nachschlagen vermieden wird.

Dr. Hans Orschel.

Предисловие

По сравнению с прежними изданиями, настоящее издание этого словаря подверглось значительной переработке. В первый раз не даются указания на произношение вслед за каждым русским словом, за исключением тех случаев, когда произношение данного слова трудно, или когда имеются отступления в произношении от излагаемых в таблицах примеров и объяснений. В тех случаях произношение приводится вслед за русским словом в круглых скобках. Подробное указание произношения в виде таблиц находится перед словником. Транскрипция дается по системе Международного Фонетического Союза (Association Phonétique Internationale).

Эти изменения освободили большое место для включения в словарь новых слов и словосочетаний. Из ряда иностранных слов приводятся лишь те слова, которые отличаются по форме, ударению, или смыслу от принятого в немецком языке употребления. Особой целью настоящей переработки явилось также устранение тех иностранных слов прежних изданий, которые легко понимаются. Таким образом освободилось дополнительное место для включения многих чисто русских слов, словосочетаний, поговорок, пословиц и т. п. В состав словаря входят и такие слова, которые не помещаются в советских словарях по причине нормативности и повышения культуры языка, но которые, по-нашему, являются типичной чертой современной русской разговорной речи.

Прилагаемые таблицы-схемы спряжения и склонения упрощены. Все отступления от этих основных образцов даются вслед за данным словом в прямых скобках, что облегчает пользование словарем.

д-р Ганс Оршель

Diese Vorbemerkungen müssen sorgfältig durchgelesen werden, denn sie erleichtern das Nachschlagen und erhöhen das Verständnis für den Inhalt des Wörterbuches.

Vorbemerkungen

1. Alphabetische Anordnung. An ihrem alphabetischen Platz sind gegeben:

a) die wichtigsten Abkürzungen, Vor-, Länder- und Völkernamen;
b) die Infinitive der Vollendung, mit Ausnahme der mit **за, на** und **по** zusammengesetzten.

Andererseits konnten ohne Nachteil weggelassen werden:

a) manche Verbalsubstantive auf **...ание, ...ение, ...яние,** auch **...ние** und **...тие,** die im Deutschen oft einfach durch den substantivierten Infinitiv oder das Verbalsubstantiv (auf **...ung**) zu übersetzen sind;

b) Iterativformen auf **...ивать** (ва́ривать zu вари́ть) und **...ывать** (бра́сывать zu броса́ть), die meist nur in Zusammensetzungen (wie зава́ривать, забра́сывать) vorkommen;

c) manche Fremdwörter auf **...ировать** (...ieren) und **...ция** (...tion);

d) manche Diminutivformen auf **...ец** oder **...(ч)ик** (...chen, ...lein);

e) leichtverständliche Adjektivbildungen auf **...ный** oder **...ский;**

f) nichtrussische Eigennamen, deren phonetische Schreibung in der Hauptsache etwa folgendes zeigt:

ä und e = е oder э: Вольте́р Voltaire, 'Этна Ätna, Эмс Ems; aŋ, äŋ, oŋ, öŋ (Nasallaute) = ан, эн, он, ен; (e)au = o; ier = ье; ou = у: Шатобриа́н Chateaubriand, Лонша́н Longchamps, Кокле́н Coquelin, Туссэ́н Toussaint, Лебре́н Lebrun, Готье́ Gautier, Руссо́ Rousseau;
ö = ё: Кёльн Köln, Ришельё Richelieu, Лебёф Lebœuf;
ü = ю: Любек Lübeck, Дюма́ Dumas;
h = г *od.* х: Гогенштау́фен Hohenstaufen, Геркуле́с Herkules;
l und n (meist mouilliert) = ль und нь: Мо́льтке Moltke, Верса́ль Versailles, Рамбулье́ Rambouillet, Кребильо́н Crebillon.

Gruppenartikel. Wo die Deutlichkeit und Übersichtlichkeit es gestattete, sind Zusammensetzungen und Ableitungen oft der Raumersparnis wegen zu Gruppen vereinigt worden, wobei der senkrechte Strich (|) beim ersten Stichwort einer solchen Gruppe den Teil abtrennt, der allen folgenden Stichwörtern dieser Gruppe gemeinsam ist. Dieser Strich gilt aber nicht als Trennungszeichen (-).

Beim Nachschlagen beachte man den Übergang der Konsonanten in Zischlaute und die Einschaltung von л nach Lippenlauten (Seite 557) und suche im Zweifelsfall eine mit einer Präposition zusammengesetzte Form unter dem Grundwort auf (vgl. за..., на..., по...) oder ersetze eine etwa vorkommende Endung bei Verben durch ть, еть, ить, нуть, сти, сть, bei Substantiven durch ь, й, а, я, о, е und bei Adjektiven durch ий, ый, ой.

2. Aspekte oder Aktionsarten. Zuerst steht in halbfetter Schrift der imperfektive, dann in gewöhnlicher Schrift in spitzwinkligen Klammern < > der perfektive Aspekt. Nur als perfektive Aspekte vorkommende Verben sind mit *pf.* bezeichnet. Verben, die nur mit imperfektivem Aspekt gebraucht werden, führen keine Bezeichnung. Die Verben dagegen, deren perfektiver Aspekt gleich dem imperfektiven ist, sind mit *(im)pf.* bezeichnet.

3. Aussprachebezeichnung. Wie bereits im Vorwort vermerkt, ist eine Ausspracheangabe nur in solchen Fällen gemacht worden, in denen sich Schwierigkeiten für den Benutzer ergeben könnten. Das ist im allgemeinen der Fall, wenn ein Konsonant mehrere Aussprachemöglichkeiten hat, z. B.:

ч = tʃ, aber in что = ʃ(tɔ)
г = g, aber in мягкий = ...x...

4. Betonung. Das Betonungszeichen steht auf dem zu betonenden Vokal des Stichwortes. Ist die Lautschrift angeführt, so steht es außerdem auch dort, aber gemäß den Richtlinien der Association Phonétique Internationale vor der Tonsilbe ('). Das Betonungszeichen vor der Tilde ('~) gibt an, daß der letzte Vokal des durch die Tilde ersetzten Stichwortteiles betont ist (z. B. **табач|ишко** ...; **'~ник** = **таба́чник**). Trägt ein durch eine Tilde gebildetes Stichwort zwei Tonzeichen, so ist das letzte für die Betonung des Wortes maßgebend (z. B. **бо́ль|ше** ...; **~шо́й** = большо́й). Zwei Akzente in einem Wort bezeichnen zwei Betonungsmöglichkeiten, z. B. сва́ри́шь = сва́ришь und свари́шь.

Der Ton der attributiven und der substantivisch gebrauchten Adjektive bleibt in allen Kasus unverändert. Die prädikativen Formen (*a.* „Kurzformen" genannt) können stets gebildet werden, wenn nach der Nummer des Deklinationsmusters ein *K.* steht oder eine Kurzform folgt, z. B.: **боязли́вый** [14*K.*] = боязли́в, боязли́ва, боязли́во, боязли́вы
больно́й [14; бо́лен, больна́] = бо́лен, больна́, больно́, больны́

Die Betonung der prädikativen Form ist stets dann angegeben, wenn sie von der attributiven Form abweicht. Die als letzte angeführte prädikative Form (gewöhnlich die weibliche) ist für alle weiteren (sächlich u. Plural) bezüglich der Betonung maßgebend. Diese werden daher in solchen Fällen nicht besonders angegeben, es sei denn, daß die sächliche u. die plurale Form, entgegen der weiblichen Form, wie die männliche betonen, z. B.:

хоро́ший [17; хоро́ш, -а́] = хоро́ш, хороша́, хорошо́, хороши́
плохо́й [14; плох, -а́, -о] = плох, плоха́, пло́хо, пло́хи

Die sächliche prädikative Endung des Akjektivs auf е oder о dient gewöhnlich auch als Adverb, das meist nur dann besonders angegeben ist, wenn es eine vom Adjektiv abweichende Bedeutung hat. Wo nichts vermerkt ist, stimmt auch die Betonung mit der sächlichen prädikativen Form überein.

Abweichende Komparative und Superlative sind ebenfalls in der eckigen Klammer [ ] aufgeführt.

5. Der Bindestrich in eckigen Klammern [-...] ersetzt bei Flexionsangaben oder anderen grammatischen Ergänzungen einen leicht zu ergänzenden Teil des Stichwortes bzw. des voraufgegangenen perfektiven Verbes. Der bei der reflexiven Endung -ся und bei dem Präfix des perfektiven Verbes in spitzwinkligen Klammern stehende Bindestrich ersetzt das voraufgegangene Verb (z. B. **тара́н** ...; **~нить,** <про-> = протара́нить).

6. Konjugation und Deklination. Nach jedem beugungsfähigen Stichwort weisen in eckigen Klammern stehende Zahlen auf die entsprechende Konjugation bzw. Deklination hin (Seite 561—568). Bei Abweichungen von den Konjugations- bzw. Deklinationsmustern sind nach der Verweisungszahl die betreffenden Abweichungen angegeben, z. B.:

фура́жка *f* [5; *g/pl.*: -жек] wird nach Muster 5 dekliniert, aber im Genitiv Plural wird ein е eingeschoben: фура́жек.

хо́лод *m* [1; *pl. e.*: -а́] ist im Singular stammbetont, endet aber im Nominativ Plural auf а statt ы und ist im Plural endungsbetont.

край *m* [3; в краю́; *pl. e.*: края́, краёв] wird nach Muster 3 dekliniert, wobei jedoch nach den Präpositionen в und на der Präpositiv auf betontes ю́ (у́) lautet; der Plural ist im Gegensatz zum Singular endungsbetont und endet im Nominativ Plural auf я statt и.

вари́ть [13; варю́, ва́ришь; ...ва́ренный], <с-> wird nach Muster 13 konjugiert, wobei jedoch im Präsens ab 2. Person Singular der Ton auf den Stamm zurückgezogen wird, ebenso im Partizip Präteritum Passiv.

Solche Angaben sind nur einmal gemacht worden, wenn sie zugleich für die Konjugation des imperfektiven wie perfektiven Aspekts oder für die Deklination eines Wortes mit verschiedener Schreibung passen.

7. Bedeutung und Übersetzung. Hat ein Wort verschiedene Bedeutungen mit entsprechend verschiedenen Deklinations-, Konjugations- oder Aspektformen, so sind diese Bedeutungen durch Zahlen (z. B. коле́но, проезжа́ть) getrennt worden; sonst trennt das Semikolon verschiedenartige Bedeutungen, das Komma Synonyme, d. h. sinnverwandte Ausdrücke.

Verben sind in ihrer reflexiven Form (d. h. durch Anhängung von ся) gewöhnlich nur gegeben, wenn sie auch noch eine vom Grundzeitwort abweichende Bedeutung haben (z. B. бра́ться, занима́ться) und nicht bloß durch das Reflexivum oder — wie es sehr häufig der Fall ist — durch das Passivum wiederzugeben sind, wie z. B. продава́ться „sich verkaufen" und „verkauft werden", wozu die Betonung alsdann aus dem Simplex дава́ться zu ersehen ist.

8. Rechtschreibung Sowohl für das Russische, als auch für das Deutsche wurde die neueste Rechtschreibung angewandt. Bei russischen Doppelformen schwankt der Sprachgebrauch, und es sind meist beide Schreibweisen gegeben, wobei die weniger übliche Form auf die gebräuchlichere verweist.

9. Geschlecht. Das grammatische Geschlecht ist bei allen russischen Substantiven, die im Nominativ stehen, bei den deutschen aber nur dann angegeben worden, wenn es mit dem russischen nicht übereinstimmt.

10. Rektion. Im Russischen ist die Rektion durch die auf Seite 20 angegebenen Abkürzungen angedeutet.

Für das Deutsche ist der *ac.* oder *dat.* nur bei den Präpositionen angegeben, die zwei Kasus regieren, während der *ac.* nach transitiven Verben oft nicht bezeichnet worden ist, so daß sich z. B. bei приступа́ть die Rektion к Д auf sämtliche Übersetzungen (ob mit Präpositional- oder Akkusativobjekt) sowie auch auf das Reflexivum bezieht. Oft aber paßt eine Rektion nur für eine Bedeutung, der sie dann direkt vor- oder nachgestellt ist, z. B. присва́ивать, соглаша́ть(ся). Sonst sind bei der Rektion zum Zweck der Unterscheidung von Person und Sache die deutschen Angaben mit den russischen nach Möglichkeit in Übereinstimmung gebracht worden, z. B.:

вини́ть (В/в П *od.* за В [кого́ в чём *od.* за что] *j-n einer Sache*) beschuldigen.

отуча́ть (В/от Р [кого́ от чего́] *j-m et.*) abgewöhnen.

отнима́ть (В/у Р *od.* от Р [что у кого́ *od.* от кого́] *et. j-m*) (weg-) nehmen.

Zeichen

Tilde oder Wiederholungszeichen (~). Zusammensetzungen und Ableitungen sind zum Zweck der Raumersparnis oft zu Gruppen vereinigt.

Der senkrechte Strich (|) beim ersten Stichwort einer solchen Gruppe trennt den Teil ab, der allen folgenden Stichwörtern dieser Gruppe gemeinsam ist.

Die Tilde, ob halbfett (**~**) oder gewöhnlich (~), ersetzt das ganze erste Stichwort einer Gruppe oder bei Anwendung eines senkrechten Striches (|) nur den vor diesem Strich stehenden Teil des Stichwortes.

Wenn sich der Anfangsbuchstabe ändert (groß zu klein oder umgekehrt), steht statt der Tilde die Tilde mit Kreis (≗). Beispiele:

бава́р|ец ..., ≗ия ..., ~ский = Бава́рия, бава́рский
дослу́|живать, <~жить> = дослужи́ть

Aussprache der russischen Buchstaben und ihre Lautschrift

I. Vokale

1. In betonter Stellung werden sämtliche Vokale halblang gesprochen.
2. In unbetonter Stellung verkürzen die Vokale ihre Lautlänge, wobei einige Vokale (o, e, я) außerdem ihren ursprünglichen Laut zu einem anderen Laut abschleifen. Je weiter ein unbetonter Vokal von der Tonstelle entfernt ist, desto kürzer bzw. flüchtiger ist seine Lautlänge.
3. Bei der Anführung deutscher Wortbeispiele für die Aussprache russischer Vokale ist zu berücksichtigen, daß der deutsche Beispielvokal oft nur den Lautklang, aber nicht die Lautlänge wiedergibt, da für diese nicht immer Entsprechungen vorhanden sind (*s.* betontes o).
4. In der Lautschrift steht das Tonzeichen vor der Tonsilbe.

Russischer Buchstabe	Ausspracheerklärung		Lautschrift
a	**betont**	= **a** in kann: мáма ('mama) Mama	**a**
	unbetont 1.	= **a** in kann, aber kürzer: unmittelbar vor der Tonstelle: катóк (ka'tɔk) Walze	**a**
	2.	= **a** in kann aber flüchtig: nach der Tonstelle oder nicht unmittelbar vor ihr: атáка (a'takə) Angriff абрикóс (əbɽɪ'kɔs) Aprikose	**ə**
	3.	= **i** in bitte: nach ч, щ unmittelbar vor der Tonstelle: часы́ (tʃɪ'sɨ) Uhr щади́ть (ʃ̡tʃɪ'ɖiʈ) schonen	**ɪ**
e	Ein vorangehender Konsonant wird erweicht.		
	betont	**1.** = **jä** in **jä**mmerlich: am Wortende oder vor hartem Konsonanten; geht dabei dem e ein Konsonant voran (der kein ж, ш, ц ist), so wird das j des jä in der Lautschrift durch ein Häkchen (‚) unter dem vorangehenden Konsonanten dargestellt und verschmilzt eng mit diesem Konsonanten: **бытиé** (bɨʈi'jɛ) Dasein **ем** (jɛm) [ich] esse **нет** (ɲɛt) nein	**jɛ/ɛ**

Russischer Buchstabe	Ausspracheerklärung	Lautschrift
	2. = **ä** in **Ä**rger: nach ж, ш, ц (die stets hart sind) am Wortende oder wenn auf е ein harter Konsonant folgt: в лицé (vļɪ'tsɛ) im Gesicht шест (ʃɛst) Stange	ɛ
	3. = **je** in **je**ner: vor weichem Konsonanten; geht dabei dem е ein Konsonant voran (der kein ж, ш, ц ist), so wird das j des je in der Lautschrift durch ein Häkchen (,) unter dem vorangehenden Konsonanten dargestellt und verschmilzt eng mit diesem Konsonanten: ель (jeļ) Tanne петь (p̦eţ) singen	je/e
	4. = **e** in reg**ie**ren: nach ж, ш, ц (die stets hart sind), wenn auf е ein weicher Konsonant folgt: шесть (ʃeşţ) 6 цель (tseļ) Ziel	e
	unbetont 1. = **i** in b**i**tte, aber mit j-Vorschlag; geht dabei dem е ein Konsonant voran (der kein ж, ш, ц ist), so wird der j-Vorschlag durch ein Häkchen (,) unter dem Konsonanten dargestellt und verschmilzt eng mit diesem Konsonanten: ещё (jɪ'ʃ̦tʃɔ) noch знáет ('znajɪt) [er] weiß рекá (ŗɪ'ka) Fluß *Anm.*: Am Wortende wird meist jɛ statt jɪ gesprochen: пóле ('pɔļɛ *statt* 'pɔļɪ) Feld	jɪ/ɪ
	2. = **ü** in d**ü**nn (*s.* ы), nach ж, ш, ц: женá (ʒɨ'na) Frau ценá (tsɨ'na) Preis	ɨ
ё	Ein vorangehender Konsonant wird erweicht.	
	nur betont = **jo** in **Jo**rdan; geht dabei dem ё ein Konsonant voran (der kein ж, ш, ц ist), so wird das j des jo in der Lautschrift durch ein Häkchen (,) unter dem vorangehenden Konsonanten dargestellt und verschmilzt eng mit diesem Konsonanten: ёлка ('jɔłkə) Christbaum даёт (da'jɔt) [er] gibt лёд (ļɔt) Eis	jɔ/ɔ
и	Ein vorangehender Konsonant wird erweicht.	
	1. betont = **i** in M**i**nute; ein vorangehender Konsonant erhält in der Lautschrift ein Häkchen (,) unter seinem Lautschriftzeichen. In den Deklinationsfällen von	ji/i

Russischer Buchstabe	Ausspracheerklärung	Laut-schrift
	он, онá, онó, они́ kann das anlautende и auch jotiert werden: и́ва ('ivə) Weide юри́ст (ju'r̡ist) Jurist их (jix *od.* ix) ihrer (*g/pl.*)	
	2. **unbetont** = **i** in Minute: минýта (m̡i'nutə) Minute	ji/i
	= **i** in bitte: хóдит ('xɔd̡ɪt) [er] geht	jɪ/ɪ
	3. **betont und unbetont** = **ü** in dünn (*s.* ы), **nach** ж, ш, ц: ши́на ('ʃɨnə) Reifen циклóн (tsɨ'kłɔn) Zyklon	ɨ
о	**betont** = **o** in Norden: том (tɔm) der Band	ɔ
	unbetont 1. = **o** in obzwar: **am Wortende von Fremdwörtern:** какáо (ka'kaɔ) Kakao	ɔ
	2. = **a** in kann, aber kürzer: **unmittelbar vor der Tonstelle:** томáт (ta'mat) Tomate	a
	3. = **a** in kann, aber flüchtig: **nach der Tonstelle oder nicht unmittelbar vor ihr:** сóрок ('sɔrək) 40 огорóд (əga'rɔt) (Gemüse-)Garten	ə
у	**betont und unbetont** = **u** in Kurier: бýду ('budu) [ich] werde sein	u
ы	**betont und unbetont** = **ü** in dünn, wobei das ü mit breiter i-Mundstellung zu sprechen ist: вы (vɨ) ihr, Sie	ɨ
э	**betont und unbetont** 1. = **ä** in Ärger: э́то ('ɛtə) dies эскóрт (ɛs'kɔrt) Eskorte	ɛ
	2. = **e** in regieren: **vor weichem Konsonanten:** э́ти ('et̡i) diese (*pl.*)	e
ю	**Ein vorangehender Konsonant wird erweicht.**	
	betont und unbetont = **ju** in **Ju**welier; geht dabei dem ю ein Konsonant voran, so wird das j des ju in der Lautschrift durch ein Häkchen (̡) unter dem Konsonanten dargestellt und verschmilzt eng mit diesem Konsonanten: юри́ст (ju'r̡ist) Jurist рабóтаю (ra'bɔtəju) [ich] arbeite рю́мка ('r̡umkə) Weinglas	ju/u
я	**Ein vorangehender Konsonant wird erweicht.**	
	betont 1. = **ja** in **Ja**mmer; geht dabei dem я ein Konsonant voran und steht **nach** я gleichzeitig ein **harter** Konsonant, so wird das j des ja durch ein Häkchen (̡)	ja/a

Russischer Buchstabe	Ausspracheerklärung	Laut-schrift
	unter dem vorangehenden Konsonanten dargestellt und verschmilzt eng mit diesem Konsonanten: я́ма (ˈjamə) Grube мая́к (maˈjak) Leuchtturm мя́со (ˈm̡asə) Fleisch	
	2. = æ, d.h. einem ziemlich weit vorn gebildeten a mit leichter ɛ-Färbung: zwischen weichen Konsonanten: пять (p̡æţ) 5	æ
unbetont	1. = **ja** in **Japanese**, aber flüchtig: am Wortende; geht dabei dem я ein Konsonant voran, so wird das j des ja in der Lautschrift durch ein Häkchen (̡) unter dem Konsonanten dargestellt und verschmilzt eng mit diesem Konsonanten: со́я (ˈsɔjə) Sojabohne неде́ля (n̡ɪˈḑeļə) Woche	jə/ə
	2. = **i** in **bitte**, aber mit j-Vorschlag; geht dabei dem я ein Konsonant voran, so wird das j des ja in der Lautschrift durch ein Häkchen (̡) unter dem Konsonanten dargestellt und verschmilzt eng mit diesem Konsonanten: язы́к (jɪˈzɨk) Sprache та́ять (ˈtajɪţ) tauen мясни́к (m̡ɪş̡ˈn̡ik) Fleischer	jɪ/ɪ

II. Halbvokal

Russischer Buchstabe	Ausspracheerklärung	Laut-schrift
й	1. = **j** in **Jod**: am Anfang von Fremdwörtern und nach Vokal in Fremdwörtern: йод (jɔt) Jod майо́р (maˈjɔr) Major	j
	2. zur Bildung von Diphtongen als deren zweiter Bestandteil: = flüchtig nachklingendem i/j, d.h. einem Laut, der die Mitte hält zwischen i und j; solche Diphtonge sind:	j
ай	= **ai** in **Mai**: май (maj) Mai	aj
ой	= **eu** in **Heu** [betont]: бой (bɔj) Kampf	ɔj
	= **ai** in **Mai** [unbetont]: война́ (vajˈna) Krieg	aj
уй	= **ui** in **Pfui**: бу́йвол (ˈbujvəł) Büffel	uj
ый	= **ü** in **dünn** (s. ы) mit flüchtig nachklingendem i/j, das aber in der Adjektivendung meist nicht zu hören ist: вы́йти (ˈvɨjţi) hinausgehen кра́сный (ˈkrasnɨj) rot	ɨj

Russischer Buchstabe	Ausspracheerklärung	Lautschrift
ий	= [betont]: **i** in Minute mit flüchtig nachklingendem i/j: австри́йка (af'sţŗijkə) Österreicherin	ij
	= [unbetont]: **i** in Minute (*s.* ый): си́ний ('şiņij) blau	ij
ей	= **je** in **je**ner oder e in regieren (*s.* e) mit flüchtig nachklingendem i/j: ей (jej) ihr *f* ле́йка ('ļejkə) Leika нейтро́н (ņej'trɔn) Neutron	jej/ej
юй	= **ju** in **Ju**welier mit flüchtig nachklingendem i/j: малю́й! (ma'ļuj) male!	juj/uj
яй	= [betont]: **jai** in **Jai**la (*s.* я): я́йца ('jæjtsə) Eier лентя́й (ļın'ţæj) Faulenzer	jæj/æj
	= [unbetont]: **ji** in **Ji**ddisch: яйцо́ (jı'tsɔ)	jı
ау	1. = **au** in Rauch: nur in Fremdwörtern: каучу́к (kau'tʃuk) Kautschuk	au
	2. = **a-u**, d.h. beide Vokale sind getrennt zu sprechen: in russischen Wörtern: нау́ка (na-'ukə) Wissenschaft	a-u

III. Konsonanten

1. Die meisten Konsonanten können eine harte (normale) oder eine weiche (palatale) Aussprache haben. Die weiche Aussprache wird durch ein folgendes ь (Erweichungszeichen) oder durch die Vokale е, ё, и, ю, я gekennzeichnet. Diese weiche Aussprache wird in der Lautschrift durch ein Häkchen (¸) unter dem Konsonanten bezeichnet. Ein harter Konsonant bleibt vor einem weichen Konsonanten im allgemeinen hart; nur с, з können vor weichem с, з, т, д, н erweicht werden.
2. Stets hart sind ж, ш, ц.
3. Stets weich sind ч, щ.
4. Die stimmhaften Konsonanten б, в, г, д, ж, з werden am Wortende stimmlos, d.h. sie nehmen die Aussprache der entsprechenden stimmlosen an (п, ф, к, т, ш, с). Diese 12 Konsonanten werden **paarige Konsonanten** genannt.
5. Stimmhafte paarige Konsonanten werden vor stimmlosen paarigen Konsonanten stimmlos, und stimmlose paarige Konsonanten werden vor stimmhaften paarigen ebenfalls stimmhaft (*Ausnahme*: в, vor dem stimmlose Konsonanten stimmlos bleiben).
6. Doppelkonsonanten sind doppelt, gedehnt zu sprechen.

б	**hart**	= **b** in **B**ruder: брат (brat) Bruder	b
	weich	= etwa wie **bi** in ra**bi**at, d.h. **b** mit eng mit ihm verschmelzenden i/j (einem Zwischenlaut zwischen i und j): бе́лка ('ḅełkə) Eichhörnchen	ḅ

Russischer Buchstabe		Ausspracheerklärung	Lautschrift
в	hart	= **w** in **W**asser: водá (va'da) Wasser	v
	weich	= etwa wie **wj** in **Wj**atka (Stadt in Rußland); (*s.* б weich): вéна ('v̡ɛnə) Vene	v̡
г	hart	= **g** in **G**ranate: гранáта (gra'natə) Granate	g
	weich	1. = etwa wie **gi** in Region (*s.* б weich): герб (g̡ɛrp Wappen)	g̡
		2. = **w** in den Endungen его, ого: больнóго (bal̡'nɔvə) des Kranken сúнего *g/sg.* ('s̡in̡ɪvə) blau	v
		3. = **ch** in бог [Gott] und in den Verbindungen гк, гч: мя́гкий ('m̡axk̡ij) weich мя́гче ('m̡axtʃɛ) weicher	x
д	hart	= **d** in **D**ame: дáма ('damə) Dame	d
	weich	1. = etwa wie **di** in Radio (*s.* б weich): дю́на (d̡unə) Düne	d̡
		2. In den Verbindungen здн, ндс ist д stumm: прáздный ('praznij) müßig голлáндский (gał'łansk̡ij) holländisch	
ж		= **j** in **J**ournal: жáжда ('ʒaʒdə) Durst	ʒ
	жч	= щ (etwa schtsch): мужчúна (mu'ʃtʃinə)	ʃtʃ
з	hart	= **s** in sausen: закóн (za'kɔn) Gesetz	z
	weich	= etwa wie **si** in Invasion (*s.* б weich): зя́блик ('z̡abl̡ɪk) Fink	z̡
	зж	= hartes od. weiches doppeltes ж: пóзже ('pɔʒʒɛ *od.* 'pɔʒ̡ʒ̡ɛ) später	
	зч	= щ (etwa schtsch): извóзчик (iz'vɔʃtʃɪk) Kutscher	ʃtʃ
к	hart	= **k** in **k**ann (*ohne Hauchlaut*): как (kak) wie	k
	weich	= etwa wie **ki** in Bankier (*s.* б weich): кéпка ('k̡ɛpkə) Sportmütze	k̡
л	hart	= **l** härter als in Lampe od. im englischen <long>: лáмпа ('łampə) Lampe	ł
	weich	= etwa wie **li** in Lilie: лúлия ('l̡il̡ijə) Lilie	l̡
м	hart	= **m** in **m**an: мать (mat̡) Mutter	m
	weich	= etwa wie **mi** in Mumie (*s.* б weich): метр (m̡ɛtr) Meter	m̡
н	hart	= **n** in **n**un: нос (nɔs) Nase	n
	weich	= etwa wie **nj** in **Nj**emen *od.* **gn** in Kog**n**ak (*s.* б weich): нет (n̡ɛt) nein	n̡
п	hart	= **p** in **P**apa (*ohne Hauchlaut*): пáпа ('papə) Papa	p
	weich	= **pi** in Olym**pi**ade (*s.* б weich): пять (p̡æt̡) 5	p̡
р	hart	= Zungenspitzen-r: рот (rɔt) Mund	r

Russischer Buchstabe		Ausspracheerklärung	Lautschrift
	weich	= etwa wie **ri** in Or**i**ent (*s.* б weich): ряд (ŗat) Reihe	ŗ
с	hart	= **ß** in beißen: сорт (sɔrt) Sorte	s
	weich	= etwa wie **ssi** in Passion (*s.* б weich): сюда́ (şu'da) hierher	ş
	сч	= щ (etwa schtsch): сча́стье ('ʃtʃæşţɛ) Glück	ʃtʃ
т	hart	= **t** in tat (*ohne Hauchlaut*): такт (takt) Takt	t
	weich	= etwa wie **tj** in An**tj**e (*s.* б weich): тюрба́н (ţur'ban) Turban	ţ
	стн, стл	in diesen Verbindungen ist т stumm: гру́стный ('grusnɨj) betrübt; счастли́вый (ʃtʃɪs'ļivɨj) glücklich	
ф	hart	= **f** in **F**orm: фо́рма ('fɔrmə) Form	f
	weich	= etwa wie **fj** in **Fj**ord (*s.* б weich): фе́рма ('f̧ɛrmə) Farm	f̧
х	hart	= **ch** in Ba**ch**: ах! (ax) ach!	x
	weich	= etwa wie **ch** in i**ch** (*s.* б weich) (aber weiter hinten — zum weichen Gaumen zu — gebildet: хи́мик ('x̧im̧ɪk) Chemiker	x̧
ц	nur hart	= (auch vor е und и; *vgl.* е betont 1. und и 3.): **z** in **Z**ar: царь (tsaŗ) Zar	ts
ч	nur weich	= etwa **tsch** in **Tsch**echei: час (tʃas) Stunde	tʃ
ш	nur hart	= **sch** in **Sch**eibe: ша́йба ('ʃajbə) Scheibe	ʃ
щ	nur weich	= etwa weiches **schsch** *od.* **schtsch**: щи (ʃtʃi *od.* ʃʃi) Kohlsuppe	ʃtʃ *od.* ʃʃ
		IV. Mutanten	
ъ		= **j**: zwischen Konsonant und Vokal, wobei der Konsonant **hart** bleibt *Anm.*: vor 1917 Härtezeichen nach Konsonanten	j
ь	1.	= dient als Erweichungszeichen nach dem Konsonanten: es verwandelt einen harten Konsonanten in einen weichen; in der Lautschrift durch ein Häkchen (‚) unter dem Konsonanten dargestellt: *Vergleiche*: брат (brat) Bruder брать (braţ) nehmen	‚
	2.	= **j**: zwischen Konsonant und Vokal: семья́ (şɪm̧'ja) Familie батальо́н (bəta'ļɔn) Bataillon	j

Das russische Alphabet

Druckschrift	Schreibschrift	Russisch Namen	Umschrift	Druckschrift	Schreibschrift	Russisch Namen	Umschrift
А а	А а	а	a	П п	П п	пэ	pɛ
Б б	Б б	бэ	bɛ	Р р	Р р	эр	ɛr
В в	В в	вэ	vɛ	С с	С с	эс	ɛs
Г г	Г г	гэ	gɛ	Т т	Т т	тэ	tɛ
Д д	Д д g	дэ	dɛ	У у	У у	у	u
Е е	Е е	е	jɛ	Ф ф	Ф ф	эф	ɛf
Ё ё	Ё ё	ё	jɔ	Х х	Х х	ха	xa
Ж ж	Ж ж	жэ	ʒɛ	Ц ц	Ц ц	цэ	tsɛ
З з	З з з	зэ	zɛ	Ч ч	Ч ч	че	tʃe
И и	И и	и	i	Ш ш	Ш ш	ша	ʃa
Й й	– й	и¹)		Щ щ	Щ щ	ща	ʃtʃa
К к	К к	ка	ka	Ъ ъ	– ъ	²)	
Л л	Л л	эл	ɛɫ	Ы ы	– ы	ы³)	ɨ
М м	М м	эм	ɛm	Ь ь	– ь	⁴)	
Н н	Н н	эн	ɛn	Э э	Э э	э⁵)	ɛ
О о	О о	о	ɔ	Ю ю	Ю ю	ю	ju
				Я я	Я я	я	ja

¹) и кра́ткое kurzes i ²) твёрдый знак hartes Zeichen ³) *oder* еры́
⁴) мя́гкий знак weiches Zeichen ⁵) э оборо́тное umgekehrtes e

Vor 1917 gab es noch folgende Buchstaben: і = и, ѣ = е und ѳ = ф.

Erklärung der im Wörterbuch angewendeten Zeichen und Abkürzungen

Объяснение условных знаков и сокращений

Zeichen — Знаки

- selten, ре́дко.
- † veraltet, устаре́лое.
- Handel, торго́вля.
- ⚓ Schiffahrt, судохо́дство.
- ⚔ Militär, вое́нное де́ло.
- ⊕ Technik, те́хника.
- ⚒ Bergbau, го́рное де́ло.
- 🚂 Eisenbahn, железнодоро́жное де́ло.
- ✈ Flugwesen, авиа́ция.
- 📯 Post, по́чта.
- ♪ Musik, му́зыка.
- Acker-, Gartenbau, хлебопа́шество, садово́дство.
- ⚘ Pflanzenkunde, бота́ника.
- Baukunst, архитекту́ра.
- Mathematik, матема́тика.
- Chemie, хи́мия.
- ⚡ Elektrotechnik, электроте́хника.
- ⚕ Medizin, медици́на.
- ⚖ Rechtswissenschaft, юриспруде́нция.
- = gleich, равно́.
- > verwandelt sich in, превраща́ется в.
- < kommt her von, происхо́дит от.

Abkürzungen — Сокращения

a.	auch, та́кже.
Abk.	Abkürzung, сокраще́ние.
ac.	Akkusativ, вини́тельный паде́ж.
adv.	Adverb, наре́чие.
Anat.	Anatomie, анато́мия.
Astr.	Astronomie, астроно́мия.
Bio.	Biologie, биоло́гия.
bsd.	besonders, осо́бенно.
Chir.	Chirurgie, хирурги́я.
cj.	Konjunktion, сою́з.
comp.	Komparativ, сравни́тельная сте́пень.
conj.	Konjunktiv, сослага́тельное наклоне́ние.
dat.	Dativ, да́тельный паде́ж.
dgl.	dergleichen, тому́ подо́бное.
d.h.	das heißt, то́-есть.
dim.	Diminutiv, уменьши́тельное сло́во.
e.	endungsbetont, ударе́ние на оконча́нии.
ehm.	ehemals, в пре́жнее вре́мя.
einm.	einmalig, однокра́тно.
e-m, e-n	einem, einen.
e-r, e-s	einer, eines.
et.	etwas, что́-либо.
f	Femininum, же́нский род.
F	familiär, Umgangssprache, фамилья́рное, разгово́рное сло́во.
fig.	figürlich, в перено́сном значе́нии.
f/pl.	Femininum Plural, мно́жественное число́ же́нского ро́да.
ft.	Futur, бу́дущее вре́мя.
gbr.	gebräuchlich, употреби́тельное сло́во.

gen. Genitiv, роди́тельный паде́ж.
Geogr. Geographie, геогра́фия.
Geol. Geologie, геоло́гия.
Geom. Geometrie, геоме́трия.
g/pl. Genitiv Plural, роди́тельный паде́ж мно́жественного числа́.
g.pr.(pt.)a. Gerundium Präsens (Präteritum) Aktiv, действи́тельное дееприча́стие настоя́щего (проше́дшего) вре́мени.
Gram. Grammatik, грамма́тика.
hist. historisch, истори́ческий.
imp. Imperativ, повели́тельное наклоне́ние.
impf. imperfektiv = unvollendet(er Aspekt), несоверше́нный вид.
(im)pf. imperfektiv u. perfektiv, несоверше́нный и соверше́нный вид.
inf. Infinitiv, неопределённая фо́рма глаго́ла.
instr. Instrumental, твори́тельный паде́ж.
int. Interjektion, междоме́тие.
iron. ironisch, ирони́чески.
Iter. Iterativum, многокра́тный вид.

j-m jemandem, кому́-либо.
j-n jemanden, кого́-либо.
j-s jemandes, кого́-либо.

K. Kurzform, кра́ткая фо́рма.
Kochk. Kochkunst, кулина́рия.
koll. kollektiv, собира́тельно(е сло́во).

Ling. Sprachwissenschaft, лингви́стика.
lit. literarisch, кни́жное сло́во.

m Maskulinum, мужско́й род.
m-e meine
m/f Substantiv beiderlei Geschlechts, и́мя существи́тельное о́бщего ро́да.
Min. Mineralogie, минерало́гия.
m-m, m-n meinem, meinen.
m/pl. Maskulinum Plural, мно́жественное число́ мужско́го ро́да.
m-r, m-s meiner, meines.
mst meist, бо́льшей ча́стью.
Myth. Mythologie, мифоло́гия.

n Neutrum, сре́дний род.
nom. Nominativ, имени́тельный паде́ж.
n/pl. Neutrum Plural, мно́жественное число́ сре́днего ро́да.

od. oder, и́ли.

P populär, volkstümlich, простоpе́чное сло́во.
Pers. Person, лицо́.
pf. perfektiv = vollendet(er Aspekt), соверше́нный вид.
Phil. Philosophie, филосо́фия.
Phot. Photographie, фотогра́фия.
Phys. Physik, фи́зика.
pl. Plural, мно́жественное число́.
poet. poetisch, поэти́ческий язы́к.
Pol. Politik, поли́тика.
p.pr.a.(p.) Partizip Präsens Aktiv (Passiv), действи́тельное (страда́тельное) прича́стие настоя́щего вре́мени.
p.pt.a.(p.) Partizip Präteritum Aktiv (Passiv), действи́тельное (страда́тельное) прича́стие проше́дшего вре́мени.
pr. Präsens, настоя́щее вре́мя.
präd. prädikativ, предикати́вная фо́рма.
pron. Pronomen, местоиме́ние.
Prov. Provinzialismus, областно́е сло́во.
prp. Präposition, предло́г.
prpos. Präpositiv, предло́жный паде́ж.
Psych. Psychologie, психоло́гия.
pt. Präteritum, проше́дшее вре́мя.

Rel. Religion, рели́гия.
Rw. Rotwelsch, Gaunersprache, воровско́й жарго́н.

s.	siehe, смотри́.
scherz.	scherzhaft, шутли́вое выраже́ние.
s-e	seine
sg.	Singular, еди́нственное число́.
s-m, s-n	seinem, seinen.
Spr.	Sprichwort, sprichwörtliche Redensart, посло́вица, погово́рка.
s-r, s-s,	seiner, seines.
st.	stammbetont, ударе́ние на осно́ве.
sup.	Superlativ, превосхо́дная сте́пень.
Thea.	Theater, теа́тр.
Typ.	Typographie, типогра́фское де́ло.
u.	und, и.
ungbr.	ungebräuchlich, неупотреби́тельное сло́во.
unpers.	unpersönlich, безли́чное.
unv.	unveränderlich, неизменя́емое сло́во.
usw.	und so weiter, и так да́лее.
v.	von, vom, от.
V	vulgär, unanständig, вульга́рное, неприли́чное выраже́ние.
ver.	verächtlich, презри́тельное сло́во.
vgl.	vergleiche, сравни́.
v/i.	intransitives Verb, неперехо́дный глаго́л.
Vn.	Vorname. и́мя.
v/t.	transitives Verb, перехо́дный глаго́л.
z.B.	zum Beispiel, наприме́р.
Zool.	Zoologie, зооло́гия.
zs.(-)	zusammen, вме́сте.
Zssg(n)	Zusammensetzung(en), сло́жное сло́во.

Russische Abkürzungen — Русские сокращения

И	имени́тельный паде́ж, Nominativ.
Р	роди́тельный паде́ж, Genitiv.
Д	да́тельный паде́ж, Dativ.
В	вини́тельный паде́ж, Akkusativ.
Т	твори́тельный паде́ж, Instrumental.
П	предло́жный паде́ж, Präpositiv.
ед/ч.	еди́нственное число́, Singular.
мн/ч.	мно́жественное число́, Plural.

А

А, а[1] (*Buchstabe*) *n*; (*Laut*) *m* A, a *n*.

а[2] **1.** (*cj.*) aber, jedoch; und; wenn, falls; sondern; а то sonst, widrigenfalls; F tatsächlich; а что? wieso?, warum denn?; **2.** (*int.*) ach! ach!, ha(ha)! **3.** F (*Partikel*) wie?; he!

абажу́р *m* [1] Licht-, Lampenschirm.

абба́т *m* [1] Abt; **~и́са** *f* [5] Äbtissin; **~ство** *n* [9] Abtei *f*; Abtswürde *f*.

аберра́ция *f* [7] (*Phys.*) Aberration, Abweichung.

абза́ц *m* [1] Absatz (*im Buch*).

абисси́н|ец *m* [1; -нца] Abessinier; **&ия** *f* [7] Abessinien *n*; **~ка** *f* [5; *g/pl.*: -нок] Abessinierin.

абоне́нт *m* [1] Abonnent.

абorда́ж ⚓ *m* [1; *g/pl.*: -жей] Entern *n*, Anlegen *n*; **~ный** [14] Enter...

абориге́н *m* [1] Ureinwohner.

Абра́м *m* [1] Abraham.

абре́к *m* [1] Gebirgsbewohner, Räuber (*im Kaukasus*).

абрико́с *m* [1] Aprikose *f*.

абсентеи́зм (-sɛntɛˈizm) *m* [1] (*Pol.*) Wahl-, Versammlungs-enthaltung *f*, -müdigkeit *f*, Fernbleiben *n*.

абсолю́тный [14; -тен, -тна] absolut, unumschränkt; durchaus, unbedingt.

абстраги́ровать [7] (*im*)*pf.* abstrahieren, abziehen.

абстра́ктный [14; -тен, -тна] abstrakt.

абсу́рд *m* [1] Unsinn; довести́ до ~а ad absurdum führen; **~ный** [14; -ден, -дна] unsinnig.

абсце́сс *m* [1] Abszeß, Eitergeschwür *n*.

абха́з|ец *m* [1; -зца] Abchase; **~ка** *f* [5; *g/pl.*: -зок] Abchasin (*in der Grusinischen SSR*).

абы́ (*cj.*) daß, damit.

аван|га́рд ⚔ (*Pol.*) *m* [1] Vorhut *f*; Stoßtrupp; **~за́л** *m* [1] Vorsaal; **~по́рт** *m* [1] Außenhafen; **~по́ст** ⚔ *m* [1] Vorposten.

ава́нс *m* [1] Vorschuß; **~ом** im voraus, als Vorschuß.

авансце́на *f* [5] (*Thea.*) Vorbühne; Rampe.

авантюр|и́ст *m* [1], **~и́стка** *f* [5; *g/pl.*: -и́сток] Abenteurer(in *f*); **~ный** (-ˈt̡ur-) [14] Abenteuer...

ава́р|ец *m* [1; -рца] Aware; **~ка** *f* [5; *g/pl.*: -рок] Awarin (*im Kaukasus*).

авар|и́йность *f* [8] Unfallhäufigkeit; **~и́йный** [14]: ~и́йный запа́с *m* Notvorrat; **~и́йщик** *m* [1] fahrlässiger, Unfälle verursachender Mensch; **~ия** (-ˈva-) *f* [7] Havarie, Unfall *m*, Panne; потерпе́ть ава́рию e-n Unfall, Panne erleiden.

а́вгиевы *f/pl.* [19]: ~ коню́шни Augiasstall *m*.

а́вгуст *m* [1] August; **~овский** [16] August...

авиа|ба́за *f* [5] Flugstützpunkt *m*; **~бо́мба** *f* [5] Fliegerbombe; **~деса́нт** *m* [1] Luftlandung *f*; Luftlandetruppen *f/pl.*; **~заво́д** *m* [1] Flugzeugfabrik *f*; **~ли́ния** *f* [7] Luft(verkehrs)linie; **~ма́тка** *f* [5; *g/pl.*: -ток] Flugzeugmutterschiff *n*; **~моделúзм** *m* [1] Flug(zeug)-modellbau; **~но́сец** *m* [1; -сца] Flugzeugträger; **~отря́д** *m* [1] Fliegerstaffel *f*; **~письмо́** *n* [9; *pl.*: -пи́сьма, -пи́сем, -пи́сьмам] Luftpostbrief *m*; **~по́чта** *f* [5] Luftpost; **~промы́шленность** *f* [8] Flugzeugindustrie; **~разве́дка** *f* [5; *g/pl.*: -док] Luftaufklärung; **~разве́дчик** *m* [1] Aufklärungsflieger; **~свя́зь** *f* [8; в -связи́] Luft(nachrichten)verbindung; **~съёмка** *f* [5; *g/pl.*: -мок] Luftaufnahme; **~тра́сса** *f* [5] Flugstrecke.

авиацио́нный [14] Flug..., Flugzeug..., Flieger..., Luft....

авиа́ция *f* [7] Flugwesen *n*.

авиа|ча́сть *f* [8; *ab g/pl. e.*: -часте́й, -тя́м] Fliegerverband *m*, Luftwaffeneinheit; **~шко́ла** *f* [5] Fliegerschule.

авие́тка † *f* [5; *g/pl.*: -ток] Kleinflugzeug *n*.

авитамино́з *m* [1] Avitaminose *f*.

аво́сь vielleicht; на ~ aufs Geratewohl, auf gut Glück; in den Tag hinein; **~ка** P *f* [5; *g/pl.*: -сек] Einkaufsnetz *n*.

австр|али́йский [16] australisch; **〜а́лия** *f* [7] Australien *n*.
австр|и́ец *m* [1; -и́йца], **〜и́йка** *f* [5; *g/pl.*: -и́ек] Österreicher(in *f*); **〜и́йский** [16] österreichisch; **〜ия** ('af-) *f* [7] Österreich *n*.
автарки́я *f* [7] Autarkie.
авто|ба́за *f* [5] Kraftwagendepot *n*; **〜биографи́ческий** [16], **〜биографи́чный** [14] autobiographisch; 〜биографи́чный рома́н *m* autobiographischer Roman; **〜биогра́фия** *f* [7] Selbstbiographie; **〜блокиро́вка** *f* [5; *g/pl.*: -вок] 🚂 Selbstblockung; **〜броневи́к** *m* [1 *e.*] leichter Panzerkraftwagen.
авто́бус *m* [1] Autobus.
авто|ге́нный [14] autogen; 〜ге́нная сва́рка *f* Autogenschweißen *n*; **〜ге́нщик** *m* [1] Autogenschweißer; **〜го́нки** *f/pl.* [5; *g/pl.*: -нок] Autorennen *n*; **〜граф** (-'tɔ-) *m* [1] Autogramm *n*; **〜гра́фия** *f* [7] Autographie, Umdruck *m*, Vervielfältigungsverfahren *n*; **〜дрези́на** *f* [5] Schienendräsine; **〜жи́р** *m* [1] Hubschrauber; **〜заво́д** *m* [1] Autofabrik *f*; **〜запра́вочный** [14]: 〜запра́вочная ста́нция *f* Tankstelle; **〜кла́в** *m* [1] Autoklav; **〜кра́тия** *f* [7] Autokratie, Selbstherrschaft; **〜ку́зов** *m* [1] Autokarosserie *f*; **〜ла́вка** *f* [5; *g/pl.*: -вок] fahrbarer Verkaufsladen *m*; **〜лиха́чество** *n* [9] Autoraserei *f*; **〜магистра́ль** *f* [8] (Auto-)Straße 1. Ordnung; **〜ма́т** *m* [1] Automat; Maschinenpistole *f* (MP); **〜матиза́ция** *f* [7] Automatisierung; **〜матизи́ровать** [7] (*im*)*pf.* automatisieren, auf automatischen Betrieb umstellen; **〜мати́ческий** [16] automatisch, selbsttätig; automatisch, unwillkürlich, wie von selbst; **〜мати́чный** [14; -чен, -чна] automatisch, selbsttätig; 〜мати́чная телефо́нная ста́нция (АТС) ☏ *f* Selbstanschlußamt *n*; **〜ма́тчик** *m* [1] Maschinenpistolen-Schütze (MP-Schütze); **〜маши́на** *f* [5] Automobil *n*; **〜мобили́ст** *m* [1] Autofahrer; **〜моби́ль** *m* [4] Auto(mobil) *n*, Kraftwagen; грузово́й 〜моби́ль *m* Lastkraftwagen; легково́й (-xk-) 〜моби́ль *m* Personenkraftwagen; закры́тый 〜моби́ль *m* Limousine *f*; го́ночный 〜моби́ль *m* Rennwagen; **〜мотри́са** 🚂 *f* [5] Triebwagen *m*; **〜но́мия** *f* [7] Autonomie, Selbstverwaltung; **〜плу́г** *m* [1] Motorpflug; **〜по́езд** *m* [1; *pl. e.*: -да́] Lastzug (*Lastkraftwagen mit Anhänger*); **〜по́илка** *f* [5; *g/pl.*: -лок] Selbsttränke; **〜портре́т** *m* [1] Selbstbildnis *n*; **〜пробе́г** *m* [1] Autorennen *n*.
а́втор *m/f* [1] Autor(in *f*), Verfasser (-in *f*), Urheber(in *f*); **〜изова́ть** [7] (*im*)*pf.* ermächtigen; **〜ите́т** *m* [1] Autorität *f*, Ansehen *n*; **〜ский** [16] Autor(en)...; 〜ские *pl.* Autorenhonorar *n*; 〜ское пра́во *n* Urheberrecht; **〜ство** *n* [9] Urheberschaft *f*.
авто|ру́чка *f* [5; *g/pl.*: -чек] Füll(feder)halter *m*; **〜сбо́рочный** [14] Automontage...; **〜сто́п** *m* [1] automatisches Haltesignal *n*; **〜стра́да** *f* [5] Autobahn; **〜сце́пка** *f* [5; *g/pl.*: -пок] Selbstkupplung, automatische Kupplung; **〜ти́пия** *f* [7] Autotypie, Bildätzung; **〜фурго́н** *m* [1] Lieferwagen; **〜ши́на** *f* [5] Autoreifen *m*; **〜шко́ла** *f* [5] Fahrschule.
ага́ aha!; ja(wohl)!
ага́т *m* [1] Achat; **〜овый** [14] achaten; Achat...
Ага́фья *f* [6; *g/pl.*: -фий] Agathe.
аге́нт *m* [1] Agent; Vertreter; **〜ство** *n* [9], **〜у́ра** *f* [5] Agentur *f*; Vertretung *f*.
агит|ацио́нный [14] Agitations...; **〜ве́щь** *f* [8; *ab g/pl. e.*: -веще́й, -веща́м] Agitations(theater)stück *n*; **〜и́ровать**, <с-> [7] agitieren; **〜ка** (-'gʲit-) *f* [5; *g/pl.*: -ток] Werbe-, Flug-, Agitations-blatt *n*, -stück *n*; **〜карти́на** *f* [5] Agitationsfilm *m*; **〜ма́ссовый** [14] Massenagitations..., Massenpropaganda...; **〜про́п** *m* [1] (агитацио́нно-пропаганди́стский отде́л) (*Pol.*) Agitations- und Propaganda-Abteilung *f*; **〜пу́нкт** *m* [1] (*örtliche*) Agitationsstelle *f*, Agitationszentrale *f*.
а́гнец *m* [1; а́гнца] Lamm *n* Gottes.
аго́ния *f* [7] Todeskampf *m*.
агра́р|ий *m* [3; *prpos/sg.* -рии] Agrarier, Großgrundbesitzer; **〜ный** [14] landwirtschaftlich; Agrar...
агресс|и́вный [14; -вен, вна] aggressiv, herausfordernd; **〜ия** (-'grɛs-) *f* [7] Agression, Angriff *m*.

агрикульту́ра *f* [5] Landwirtschaft; Ackerbau *m*.

агро|ба́за *f* [5] landwirtschaftlicher Stützpunkt *m*; **~но́м** *m* [1] Agronom, Landwirtschaftskundige(r); **~номи́ческий** [16] landwirtschaftlich; **~но́мия** *f* [7] Landwirtschaftskunde; **~те́хник** *m* [1] Kulturtechniker.

ад *m* [1; в аду́] Hölle *f*.

Ада́м *m* [1] Adam; 𝔄ова голова́ *f* Totenkopf *m* (*Schmetterling*); ⚘ Alraun *m*; 𝔄ово я́блоко *n* (*Anat.*) Adamsapfel *m*.

ада́птер (-tɛr) *m* [1] Tonabnehmer.

аджа́р|ец *m* [1; -рца] Adschare; **~ка** *f* [5; *g/pl.*: -рок] Adscharin (*im Kaukasus*).

адм = администрати́вный [14] Verwaltungs...; в администрати́вном поря́дке auf dem Verwaltungswege.

администра́ция *f* [7] Verwaltung(sbehörde).

адмира́л *m* [1] Admiral; **~те́йский** [16] Admiralitäts...; **~те́йство** *n* [9] Admiralität *f*; **~ьский** [16] Admirals...; ~ьский час F (*scherz.*) *m* Essenszeit *f*.

а́дрес *m* [1; *pl.*: -са́] Adresse *f*, Anschrift *f*; попа́сть не по ~у (*fig.*) an die falsche Adresse geraten; **~а́т(ка** *f*) *m* [1; (5; *g/pl.*: -ток)] Adressat(in), Empfänger(in); **~ный** [14] Adress...; ~ное бюро́ *n* мили́ции Einwohnermeldeamt; ~ный стол *m* Adressbüro *n*; **~ова́ть** [7] (*im*)*pf*. adressieren; **~ова́ться** sich wenden (к Д an *ac*.).

Адриати́ческий [16]: ~кое мо́ре *n* Adriatisches Meer.

а́дски F (*adv.*) höllisch, verteufelt.

а́дский [16] höllisch; Höllen...; ~ хо́лод *m* grimmige Kälte *f*.

адыг|е́ец *m* [1; -е́йца] Adygeze; **~е́йка** *f* [5; *g/pl.*: -е́ек] Adygezin (*im Kaukasus*).

а́жио ✝ *n* [*unv.*] Agio, Aufgeld; **~та́ж** *m* [1] Börsenspiel *n*, Wechselspekulation *f*.

ажу́рный [14] à jour gefaßt, in lichter Fassung, durchsichtig (*Edelsteine usw.*).

аз *m* [1 *e.*]: ~ы́ *pl.* Anfangsgründe; F нача́ть с ~о́в von Grund auf anfangen; он аза́ в глаза́ не зна́ет *od.* он ни аза́ не зна́ет er kann nicht bis drei zählen, er versteht (gar) nichts.

аза́рт *m* [1] Hasard(spiel) *n*; Jähzorn, Heftigkeit *f*; войти́ в ~ sich erhitzen *od.* ereifern; **~ничать** F hasardieren; **~ный** [14; -тен, -тна] leidenschaftlich, heftig; Hasard..., Glücks...

а́збу|ка *f* [5] Alphabet *n*, Fibel; **~чный** [14] Abc...; alphabetisch; ~чная и́стина *f* Binsenwahrheit.

азербайджа́н|ец *m* [1; -нца], **~ка** *f* [5; *g/pl.*: -нок] Aserbaidschaner (-in *f*).

азиа́т *m* [1] Asiat; **~ка** *f* [5; *g/pl.*: -ток] Asiatin.

'А́зия *f* [7] Asien *n*; Ма́лая ~ Kleinasien *n*.

Азо́в|ский [16]: ~ское мо́ре *n* Asowsches Meer.

азосоедине́ние ⚗ *n* [12] Stickstoffverbindung *f*.

азо́т ⚗ *m* [1] Stickstoff; **~иза́ция** *f* [7] Nitrierung; **~истый** [14 *K.*] stickstoffhaltig; **~ный** [14] stickstoffartig; Stickstoff...; **~ная** кислота́ *f* Salpetersäure.

а́ист *m* [1] Storch; **~овый** [14] Storch...

ай ach!, au!, o weh!

ай-ай-ай o je, o je! (*Verwunderung od. Schmerz*).

айв|а́ *f* [5] Quitte(nbaum *m*); **~о́вый** [14] Quitten...

айда́ heida!, wohlan!, der (*od.* die) versteht's!

акаде́м|ик *m* [1] Akademiker; Akademiemitglied *n*; **~и́ческий** [16] akademisch; **~ия** *f* [7] Akademie; 𝔄ия нау́к Akademie der Wissenschaften.

а́ка|нье *n* [10] a-Aussprache *f* des unbetonten o; **~ть** [1] unbetontes o wie a aussprechen.

ака́ция *f* [7] Akazie.

АКВ (Акаде́мия *f* коммунисти́ческого воспита́ния) Akademie für kommunistische Erziehung.

акваре́ль *f* [8] Aquarell *n*.

Аки́м *m* [1] Joachim.

акклимати|за́ция *f* [7] Akklimatisation; **~зи́ровать(ся** sich) [7] (*im*)*pf*. akklimatisieren (к Д *bei*), eingewöhnen; heimisch machen (werden).

аккомпа|неме́нт ♪ *m* [1] Begleitung *f*; **~ни́ровать** [7] begleiten (на П *auf dat.*).

аккордео́н *m* [1] Akkordeon *n*.

аккредитова́ть [7] (*im*)*pf*. beglaubigen.

аккумуля́тор *m* [1] Akkumulator, Sammler.
аккура́тный [14; -тен, -тна] akkurat, genau, pünktlich.
аксельба́нт *m* [1] Achselband *n*.
акт *m* [1] Akt, Handlung *f*; Schulfeierlichkeit *f*; (*Thea.*) Akt, Aufzug; Urkunde *f*, Akte *f*.
актёр *m* [1] Schauspieler; **~ство** *n* [9] Schauspielerstand *m*; **~ствовать** [7] Schauspieler sein, schauspielern.
акти́в ✝ (*Pol.*) *m* [1] Aktiva *pl.*; Aktiv *n*, (partei)politische Arbeitsgemeinschaft *f*; **~иза́ция** *f* [7] Aktivierung, Verstärkung; **~изи́ровать** [7] (*im*)*pf*. aktivieren, verstärken, beleben; **~ный** [14; -вен, -вна] aktiv, rührig, tätig, wirksam.
а́ктовый [14] Akten...; ~ зал *m* Aula *f*.
актри́са *f* [5] Schauspielerin.
аку́ла *f* [5] Hai(fisch) *m*.
аку́ст|ика *f* [5] Akustik (*e-s Raumes*); Akustik, Schallehre; **~и́ческий** [16] akustisch; Gehör...
акушёр *m* [1] Geburtshelfer.
акуше́р|ка *f* [5; *g/pl.*: -рок] Hebamme; **~ский** [16] Entbindungs..., Geburtshelfer...; **~ство** *n* [9] Geburtshilfe *f*.
акцептова́ть ✝ [7] (*im*)*pf*. (*Wechsel*) akzeptieren, annehmen.
а́кция *f* [7] Aktie; ~ на держа́теля *od.* на предъяви́теля Inhaberaktie; Aktion, Handlung.
а́лгебра *f* [5] Algebra; **~и́ческий** [16] algebraisch.
алеба́стр *m* [1] Alabaster.
Алекса́ндр *m* [1] Alexander.
александре́йка *f* [5; *g/pl.*: -ре́ек] rotgemusterter Bauernhemdenstoff *m*, (*a.*) Hemd *n* (*daraus*).
александри́йский [16] alexandrinisch.
Алексе́й *m* [3] Alexis.
але́ть [8; *nur 3. Pers.*] rot werden, sich röten.
Алеу́т|ский [16]: **~ские** острова́ *m/pl.* Aleuten(inseln) *f/pl.*
Алёша *m* (*dim. von*) Алексе́й.
Алжи́р *m* [1] Algier *n*; Algerien; **~ия** *f* [7] † Algerien *n*.
а́ли P = и́ли oder.
алка́ть [1; *u.* а́лчу, -чешь; а́лчущий], <вз-> dürsten, verlangen (P nach).
алкого́ль *m* [4] Alkohol.
аллегори́ческий [16] allegorisch, sinnbildlich.
алле́я *f* [6; *g/pl.*: -ле́й] Allee.
аллилу́йщина *f* [5] Schönfärberei.
аллопа́тия *f* [7] Allopathie.
аллю́р *m* [1] Gangart *f* (*e-s Pferdes*).
Алма-Ата́ *f* [5] Alma-Ata *n* (*Hauptstadt v. Kasachstan*).
алма́з *m* [1] Diamant; **~ный** [14] diamanten.
ало́э *n* [*unv.*] Aloe *f*.
алта́р|ный [14] Altar...; **~ь** *m* [4 *e.*] Altar.
алты́н *m* [1; *g/pl.*: -ты́н] (*ehm.*) Dreikopekenstück *n*.
алты́нни|к *m* [1], **~ца** *f* [5] Geizhals *m*, Knicker(in *f*).
алфави́т *m* [1] Alphabet *n*; **~ный** [14] alphabetisch.
алхи́ми|к *m* [1] Alchimist; **~ческий** (-ˈmi-) [16] alchimistisch; **~я** *f* [7] Alchimie.
а́лч|ность *f* [8] Gier, Habsucht; **~ный** [14; -чен, -чна] gierig (к Д *od.* до P nach), habsüchtig.
а́лый [14 *K.*; *a.*: ала́] (hell)rot, purpurn.
аль P (*statt* а́ли) *s.* и́ли.
альбатро́с *m* [1] Sturmvogel, Albatros.
альбо́м *m* [1] Album *n*, Stammbuch *n*; **~ный** [14] Stammbuch...
алько́в *m* [1] Alkoven.
альмана́х *m* [1] Almanach.
альпи́йский [16] alpi(ni)sch; Alpen...
'**Альпы** *f/pl.* [6] die Alpen *pl.*
альт ♪ *m* [1 *e.*] Alt, Altstimme *f*; Altgeige *f*.
альтиме́тр *m* [1] Höhenmesser.
альти́ст(ка *f*) *m* [1; (5; *g/pl.*: -ток)] Altist(in).
алюми́ний *m* [3; *prpos/sg.*: -нии] Aluminium *n*; алюми́ниевый сплав *m* Leichtmetall *n*.
аляпова́тый [14 *K.*] plump, ungefüge; nicht elegant.
амазо́нка[1] *f* [5; *g/pl.*: -нок] Amazone; Reitkleid *n*.
Амазо́нка[2] *f* [5] Amazonas *m*.
амара́нт *m* [1] Tausendschön (-chen) *n*.
аматёр *m* [1] Sport- (Kunst- *usw.*) -liebhaber od. -freund, Amateur.
амба́р *m* [1] Speicher; **~ный** [14] Speicher...
амби́ция *f* [7] Ehrgeiz *m*.
амбразу́ра *f* [5] Schießscharte; Fenster-vertiefung, -nische.

амбулато́рия *f* [7] Ambulatorium *n*, Behandlungsraum *m*.
амёба *f* [5] Amöbe.
америка́н|ец *m* [1; -**нца**] Amerikaner; **~ка** *f* [5; *g/pl.*: -нок] Amerikanerin; Stehbierhalle, Imbißstube; Schnellbügelei; (*Herren- u. Damen-*) Frisiersalon *m*.
ами́нь (*adv.*) Amen.
аммиа́к *m* [1] Ammoniak *n*.
аммо́ний ⚗ *m* [3; *prpos/sg.*: -нии] Ammonium *n*.
амнист|и́ровать [7] (*im*)*pf.* amnestieren; **~ия** (-ˈṇis-) *f* [7] Amnestie, Straferlaß *m*.
аморти|за́тор *m* [1] Stoßdämpfer; **~за́ция** *f* [7] Amortisation, Tilgung; **~зи́ровать** [7] (*im*)*pf.* amortisieren, tilgen.
Амо́с *m* [1] Amos (*Vn.*)
ампе́р *m* [1; *g/pl.*: ампе́р] Ampere *n*; **~ме́тр** *m* [1] Amperemeter *n*, Strommesser *m*.
амплуа́ *f* [*unv.*] (*Thea.*) Rollenfach *n*.
а́мпула *f* [5] Ampulle.
ампут|а́ция *f* [7] Amputation; **~и́ровать** [7] (*im*)*pf.* amputieren, abnehmen.
Аму́-Дарья́ *f* [6] Amu-Darja *m* (*Fluß*).
амуни́ция ⚔ *f* [7] Ausrüstung, Kriegsvorrat *m*.
аму́р[1] *m* [1] Amor; **~ы** *pl.* Liebschaften *f/pl.*, Liebeleien *f/pl.*
Аму́р[2] *m* [1] Amur (*Fluß*).
амфи́бия *f* [7] (*Zool.*) Amphibie; ⚔ Amphibien-flugzeug *n*, -fahrzeug *n*, Schwimmwagen *m*.
амфитеа́тр *m* [1] Amphitheater *n*; (*Thea.*) die Ränge *m/pl.*
ан P doch, jedoch.
ана́лиз *m* [1] Analyse *f*, Zerlegung *f*; **~и́ровать** [7] (*im*)*pf.* analysieren, zerlegen.
аналог|и́чный [14; -чен, -чна] analog, ähnlich; **~ия** (-ˈłɔ-) *f* [7] Analogie.
анана́с *m* [1] Ananas *f*.
ана́пест *m* [1] Anapäst (*Versfuß*).
ана́рхия *f* [7] Anarchie, Gesetzlosigkeit.
Анаста́сий *m* [3; *prpos/sg.*: -сии] Anastasius.
ана́том *m* [1] Anatom; **~и́ровать** [7] (*im*)*pf.* anatomieren, zergliedern; **~и́ческий** [16] anatomisch; **~ия** (-ˈtɔ-) *f* [7] Anatomie.
ана́фема *f* [5] Kirchenbann *m*.
анга́р *m* [1] Hangar, Flugzeugschuppen.
Ангара́ *f* [5] Angara (*Fluß*).
англи|зи́ровать [7] (*im*)*pf.* anglisieren; **~йский** (-ˈg̣ij-) [16] englisch; **~ка́нский** [16] anglikanisch; **~ча́нин** *m* [1; *pl.*: -ча́не, -ча́н], **~ча́нка** *f* [5; *g/pl.*: -нок] Engländer(in *f*); **Ꙇя** (ˈan-) *f* [7] England *n*.
а́нгло-ру́сский [16] anglo-russisch.
анго́р|ский [16] Angora...; **~ская коза́** *f* Angoraziege.
Андре́й *m* [3], (*dim.*) **Андрю́ш(к)а** *m* [5] Andreas.
ˈ**Анды** *f.pl.* die Anden.
анекдо́т *m* [1] Anekdote *f*; komischer Vorfall; с ним случи́лся ~ F ihm ist etwas Ulkiges passiert; **~и́ческий** [16] anekdoten-artig, -haft, anekdotisch.
анеми́я ⚕ *f* [7] Anämie, Blutarmut.
анемо́н ⚘ *m* [1] Anemone *f*, Windröschen *n*.
анестези́я (-ɛstɛ-) *f* [7] Unempfindlichkeit.
анимали́ст *m* [1] Tiermaler.
ани́с *m* [1] Anis; фунт *m* **~у** ein Pfund *n* Anis; **~овка** *f* [5; *g/pl.*: -вок] Anisschnaps *m*; **~овый** [14] Anis...
Анкара́ *f* [5] Ankara *n*.
анке́та *f* [5] Erhebung, Ermittlung, Umfrage; Fragebogen *m*.
аннек|си́ровать [7] (*im*)*pf.* annektieren, sich gewaltsam aneignen.
аннули́ровать [7] (*im*)*pf.* annullieren, für ungültig erklären.
ˈ**Аннушка** *f* [5] (*dim. v.* ˈАнна) Ännchen *n*.
ано́д *m* [1] Anode *f*, positive Platte *f*; **~ный** [14] Anoden...
анома́лия *f* [7] Anomalie, Unregelmäßigkeit.
анони́м *m* [1] Anonymus; **~ный** [14; -мен, -мна] anonym, ungenannt.
анса́мбль *m* [4] (*Thea.*) Ensemble *n*, Zusammenspiel *n*.
антагони́зм *m* [1] Widerstreit.
Антаркти́да *f* [5] Antarktischer Kontinent *m*.
Анта́ркт|ика *f* [5] Antarktis; **Ꙇи́ческий** [16] antarktisch.
анте́нна (-ˈtɛn-) *f* [5] Antenne; (*Zool.*) Fühler *m*.
анти|гигиени́чный [14; -чен,

-чна] ungesund, gesundheitswidrig; **~детонацио́нный** ⊕ [14] klopffest.
анти́к *m* [1] Antike *f*; alter Kunstgegenstand.
антиква́р *m* [1] Antiquar.
антило́па *f* [5] Antilope.
Анти́ль|ский [16]: ~ские острова́ *m/pl.* Antillen(inseln) *f/pl.*
анти|пати́чный [14, -чен, -чна] antipathisch, zuwider; **~па́тия** *f* [7] Antipathie, (natürliche) Abneigung; **~религио́зник** *m* [1] Religionsgegner; **~санита́рный** [14] gesundheitswidrig; **~се́птика** (-'sɛp-) *f* [5] Antisepsis, Abtötung von Krankheitskeimen; Antiseptikum *n*; **~те́за** *f* [5] Gegen(streit)-satz *m*; **~фаши́стский** [16] antifaschistisch; **~фри́з** ⊕ *m* [1] Frostschutzmittel *n*; **~христ** (-'ţi-) *m* [1] Antichrist.
анти́ч|ность *f* [8] Altertümlichkeit; (*griechisch-römisch*) Altertum *n*; **~ный** [14; -чен, -чна] antik, altertümlich.
антоло́гия *f* [7] Antologie, Gedicht-, Prosa-sammlung, Blumenlese (*fig.*).
Анто́н *m* [1] Anton; ⚕ ♀ов ого́нь *m* Brand.
Антони́на *f* [5] Antonie.
анто́новка *f* [5; *g/pl.*: -вок] Spätapfelsorte.
Анто́ша *m* [5] *dim. von* Анто́н.
антра́кс ⚕ *m* [1] Milzbrand.
антра́кт *m* [1] (*Thea.*) Pause *f*; musikalisches Zwischenspiel *n*.
антрепренёр *m* [1] (*Theater-, Zirkus- usw.*) Unternehmer.
антропо́|лог *m* [1] Anthropologe; **~логи́чный** [14] anthropologisch; **~ло́гия** *f* [7] Anthropologie, Menschenkunde; **~фа́г** *m* [1] Menschenfresser.
анфила́да *f* [5] Zimmerflucht.
анча́р ♀ *m* [1] Upasbaum.
анчо́ус *m* [1] Anschovis *f*, Sardelle *f*.
Аню́та *f* [5] (*dim. von* 'Анна) Ännchen *n*.
аню́тины [19]: ~ гла́зки ♀ *m/pl.* Stiefmütterchen *n*.
апат|и́чный [14; -чен, -чна] apathisch, teilnahmslos; **~и́я** (a'pa-) *f* [7] Apathie; Teilnahmslosigkeit.
апа́ш *adj.* [*unv.*] mit Schillerkragen; **~ка** *f* [5; *g/pl.*: -шек] Hemd *n* mit Schillerkragen.
апелли́ровать [7] (*im*)*pf.* appellieren, sich wenden (к Д an *ac.*).
апелляц|ио́нный ⚖ [14] Appellations...; **~ия** (-'ḷa-) *f* [7] Appellation, Berufung.
апельси́н *m* [1] Apfelsine *f*; **~ный** [14] Apfelsinen...
аплоди́|ровать [7], <за-> applaudieren, (*Beifall*) klatschen; **~сме́нты** *m/pl.* [1] Applaus *m*, Beifall *m*.
апоге́й *m* [3] Erdferne *f*; (*fig.*) Höhepunkt (*des Ruhmes usw.*).
апо́криф *m* [1] Apokryph *n*; **~и́ческий** [16] apokryph(isch), unecht; (*fig.*) unglaubhaft.
аполити́чность *f* [8] fingierte Gleichgültigkeit gegenüber politischen Dingen, fingierte politische Uninteressiertheit; maskierte politische Gegnerschaft.
Аполло́н *m* [1] Apollo.
аполо́г (*lit.*) *m* [1] Lehrfabel *f*; **~и́ческий** [16] apologetisch, verteidigend.
апопле́к|сия ⚕ *f* [7] Schlag(fluß) *m*; **~тик** *m* [1] zu Schlagflüssen neigender Mensch.
апо́стол *m* [1] Apostel.
апофео́з *m* [1] Apotheose *f*, Vergötterung *f*; Lobpreisung *f*.
аппара́т *m* [1] Apparat; (*Verwaltungs-*)Behörden *pl.*; Funktionäre *pl.*; нау́чный ~ Quellenmaterial *n* (*für wissenschaftliche Arbeiten*); крити́ческий ~ Textanmerkungen *pl.*; **~чик** *m* [1] Funktionär.
аппе́ндикс *m* [1] (*Anat.*) Wurmfortsatz (*des Blinddarms*).
аппендици́т ⚕ *m* [1] Blinddarmentzündung *f*.
апперко́т (*Boxen*) *m* [1] Uppercut.
аппети́т *m* [1] Appetit; прия́тного ~а! guten Appetit!; ~ прихо́дит во вре́мя еды́ der Appetit kommt beim Essen; **~ный** [14; -тен, -тна] appetitlich.
апплика́ция *f* [7] Aufklebe-, Aufnäh-arbeit.
аппрет|и́ровать [7] (*Gewebe*) zurichten; **~у́ра** *f* [5] Appretur, Zurichtung.
апре́ль *m* [1] April.
апте́|ка *f* [5] Apotheke; **~карь** *m* [4] Apotheker; **~чка** *f* [5; *g/pl.*: -чек] (дома́шняя, доро́жная ~чка

Haus-, Reise-)Apotheke; **~чный** [14] Apotheken...
ара́б *m* [1], **~ка** *f* [5; *g*/*pl.*: -бок] Araber(in *f*); **~ский** [16] arabisch; ~ские ци́фры *f*/*pl.* arabische Ziffern.
арави́йский [16] arabisch; ♀ зали́в *m* Arabischer Meerbusen.
аравитя́нин *m* [1; *pl.*: -тя́не, -тя́н] Araber.
Ара́вия *f* [7] Arabien *n.*
ара́к *m* [1] Arrak.
аракче́евщина *f* [5] Polizei-willkür, -despotie, Willkürherrschaft.
аранжи́ров|ать ♪ [7] (*im*)*pf.* umsetzen, bearbeiten; **~ка** (-ˈrɔf-) *f* [5; *g*/*pl.*: -вок] Bearbeitung.
ара́п *m* [1], **~ка** *f* [5; *g*/*pl.*: -пок] Mohr(in *f*), Neger(in *f*); **~ник** *m* [1] Hetzpeitsche *f.*
арба́ *f* [5; *pl.* *st.*] zweirädriger Wagen *m.*
арби́тр *m* [1] Schiedsrichter, Gutachter; **~а́ж** ⚚ *m* [1; *g*/*pl.* -жей] Arbitrage *f.*
арбу́з *m* [1] Wassermelone *f*; **~ный** [14] Wassermelonen...
аргали́ *m* [*unv.*] Wildschaf *n* (*Zentralasien, Kamtschatka*).
аргама́к *m* [1] edler Renner, edles Streitroß *n.*
Аргенти́на *f* [5] Argentinien *n.*
арго́ *n* [*unv.*] Rotwelsch.
аргона́вт *m* [1] (*Myth.*) Argonaut; (*Zool.*) Nautilus.
аргуме́нт *m* [1] Beweis; **~а́ция** *f* [7] Beweisführung; **~и́ровать** [7] (*im*)*pf.* Beweisgründe anführen.
аре́н|да *f* [5] Pacht; сдать в ~ду verpachten; взять в ~ду pachten; **~да́тор** *m* [1] Pächter; **~да́торский** [16] Pächter...; **~дный** [14] Pacht...; **~дова́ть** [7] (*im*)*pf.* pachten.
аре́ст *m* [1] Arrest; Haft *f.*
ареста́нт *m* [1], **~ка** *f* [5; *g*/*pl.*: -ток] Häftling *m*; **~ский** [16] Häftlings...; ~ская *f* Arrest-stube, -zimmer *n.*
арестова́ть [7] (*im*)*pf.* arretieren, verhaften.
аржане́ц *m* [1; -нца́] Spitzwegerich.
ариа́днин [19] Ariadne...; ~а нить *f* Faden *m* der Ariadne.
ар|и́ец *m* [1; -и́йца], **~и́йка** *f* [5; *g*/*pl.*: -и́ек] Arier(in *f*); **~и́йский** [16] arisch.
арифме́т|ика *f* [5] Arithmetik; **~и́ческий** [16] arithmetisch; Rechen...
а́рия ♪ *f* [7] Arie.
а́рка ⚓ *f* [5; *g*/*pl.*: а́рок] Bogen *m*, Joch *n.*
арка́да *f* [5] Arkade, Bogengang *m.*
арка́н *m* [1] Fangschlinge *f*; Lasso *n.*
ˈ**Аркти|ка** *f* [5] Arktis; **~ческий** (-ˈţi-) [16] arktisch, nördlich.
арлеки́н *m* [1] Harlekin, Hanswurst; **~а́да** *f* [5] Harlekinade, Hanswurststreich *m.*
арма́тур|а ⚓ ⚡ *f* [5] Armatur, Ausrüstung, Eisengerippe *n*; **~ный** [14] Armaturen...; ~ный спи́сок ⚔ *m* Bekleidungsliste *f*; **~щик** ⚓ *m* [1] Armaturen-arbeiter, -hersteller.
арме́ец *m* [1; арме́йца] Soldat, Armeeangehörige(r).
Арме́ния *f* [7] Armenien *n.*
а́рмия *f* [7] Armee; Кра́сная ♀ Rote Armee; де́йствующая ~ Feldheer *n*; оккупацио́нная ~ Besatzungsarmee; ~ труда́ die Werktätigen *m*/*pl.*; Proletariat *n.*
армя́к *m* [1 *e.*] Kittel, Bauernrock.
армяни́н *m* [1; *pl.*: -мя́не, -мя́н] Armenier.
арнау́тка *f* [5] Glasweizen *m* (*hartsamige Weizenart*).
арома́т *m* [1] Aroma *n*; **~и́ческий** [16], **~(и́ч)ный** [14; (-чен, -чна), -тен, -тна] aromatisch; würzig, duftig.
аро́н ⚘ *m* [1] (*a.*: аро́нова борода́) Drachenwurz *f.*
Арсе́ний *m* [3; *prpos*/*sg.*: -нии] Arsenius (*Vn.*).
арси́н ⚗ *m* [1] Arsen *n.*
арта́читься F [16] eigensinnig (*od.* widerspenstig) sein, sich sträuben.
артезиа́нский [16]: ~ коло́дец *m* artesischer Brunnen.
арте́ль *f* [8] Artel *n*, Innung, Arbeiter-, Erwerbs-genossenschaft; **~ный** [14] Artel...; **~щик** *m* [1] Artelschtschik (*Mitglied des Artels*).
Арте́мий *m* [3; *prpos*/*sg.*: -мии] Artemi (*Vn.*).
артери|осклеро́з ⚕ *m* [1] Arterienverkalkung *f*; **~я** (-ˈţe-) *f* [7] Pulsader.
артикуля́ция *f* [7] (*Ling.*) Artikulation; ⚕ Gelenkverbindung.
артиллери́йский [16] Artillerie...;

~ дивизио́н *m* Artillerieabteilung *f*; ~ полиго́н *m* Artillerieschießplatz.
артилле́рия *f* [7] Artillerie; берегова́я ~ Küstenartillerie; противота́нковая ~ Pak (Panzerabwehrkanone); зени́тная ~ Flak (Fliegerabwehrkanone); ~ да́льнего де́йствия Fernkampfartillerie.
артишо́к ♀ *m* [1] Artischocke *f*.
арт|обстре́л *m* [1] Artilleriebeschuß; **~подгото́вка** *f* [5; *g/pl.*: -вок] Artillerievorbereitung; **~по́лк** *m* [1*e*.; в -ку́] Artillerieregiment *n*.
артри́т ⚕ *m* [1] Gelenkentzündung *f*.
арт|самохо́д *m* [1] Selbstfahrgeschütz *n*; **~скла́д** *m* [1] Munitionslager *n*.
а́рфа *f* [5] Harfe.
арха́нгел *m* [1] Erzengel.
Арха́нгельск *m* [1] Archangelsk *n*.
архео́лог *m* [1] Archäologe; **~и́ческий** [16] archäologisch; **~ия** (-ˈɫɔ-) *f* [7] Archäologie.
архива́риус *m* [1] Archivar.
архи|епи́скоп *m* [1] Erzbischof; **~ере́й** *m* [3] Erzpriester; **~мандри́т** *m* [1] Archimandrit, Oberabt; **~па́стырь** *m* [4] Erzpriester.
архипела́г *m* [1] Archipel, Inselgruppe *f*.
архите́к|тор *m* [1] Architekt, Baumeister; **~ту́ра** *f* [5] Architektur, Baukunst; **~ту́рный** [14] architektonisch.
арши́н *m* [1; *g/pl.*: арши́н] (*Abk.*: арш.) Arschin (= 0,711 *m*); ме́рить на свой ~ (*fig.*) nach sich selbst beurteilen; F писа́ть **~ными** бу́квами mit Riesenbuchstaben schreiben.
ары́к *m* [1] Bewässerungs-kanal, -graben (*in Mittelasien, Kaukasus*).
арьерга́рд ⚔ *m* [1] Nachhut *f*; **~ный** [14] Nachhut...; **~ный** бой *m* Nachhutgefecht *n*.
ас ⚔ *m* [1] As *n*, hervorragender Flieger.
асбе́ст *m* [1] Asbest; **~овый** [14] asbesten; Asbest...
асе́птика (-ˈsɛ-) *f* [5] Asepsis, keimfreie Wundbehandlung.
аскари́да *f* [5] Spulwurm *m*.
а́спид *m* [1] (schwarzer) Schieferstein; (*Zool.*) Natter *f*; (*fig.*) Natternbrut *f*, boshafter Mensch; **~ный** [14] Schiefer...; **~ная** доска́ *f* Schiefertafel.
аспира́нт *m* [1] Anwärter (*auf die Universitätslaufbahn, auf e-n Lehrstuhl*).
ассамбле́я *f* [6; *g/pl.*: -бле́й] Versammlung; Генера́льная ♀ Организа́ции Объединённых На́ций Generalversammlung der Vereinten Nationen.
ассениза́|тор *m* [1] Müll- u. Latrinen-räumer; **~ция** *f* [7] Müll- u. Latrinen-räumung.
ассигн|ова́ть [7] (*im*)*pf*. anweisen; **~о́вка** *f* [5; *g/pl.*; -вок] Anweisung.
ассимили́ровать [7] (*im*)*pf*. (-ся sich) assimilieren, angleichen.
ассир|и́ец *m* [1; -и́йца], **~и́йка** *f* [5; *g/pl.*: -и́ек] Assyrier(in *f*); **~и́йский** [16] assyrisch; **♀ия** (-ˈʂi-) *f* [7] Assyrien *n*.
ассортиме́нт *m* [1] Sortiment *n*, Auswahl *f*.
ассоциа́ция *f* [7] (*Psych.*) Assoziation, Verbindung, Verknüpfung; Vereinigung.
АССР (Автоно́мная Сове́тская Социалисти́ческая Респу́блика *f*) Autonome Sozialistische Sowjetrepublik.
а́стра *f* [5] Aster.
астраха́н|ский [16] astrachanisch, aus Astrachan; **♀ь** (ˈas-) *f* [8] Astrachan *n* (*Stadt*).
астро́лог *m* [1] Astrologe; **~ия** (-ˈɫɔ-) *f* [7] Astrologie.
астроно́м *m* [1] Astronom; **~ия** *f* [7] Astronomie, Sternkunde.
асфа́льт *m* [1] Asphalt.
ась P he?, wie?, was?
ата́к|а *f* [5] Angriff *m*; отрази́ть **~у** den Angriff abschlagen; **~ова́ть** [7] (*im*)*pf*. angreifen; атаку́ющий эшело́н *m* Angriffswelle *f*.
атама́н *m* [1] Ataman, Hetman (*Kosakenoberhaupt*); Anführer; **~ский** [16] Atamans....
ателье́ *n* [*unv.*] Atelier, Werkstätte *f*; ~ мод Modeatelier.
ати́ [*unv.*] atü (*atmosphärischer Überdruck*).
а́тлас[1] *m* [1] Atlant, Atlas.
атла́с[2] *m* [1] Atlas (*Zeug*); **~ный** [14] atlasartig; Atlas...
атле́т|ика *f* [5] Athletik; лёгкая **~ика** Leichtathletik; тяжёлая **~ика** Schwerathletik; **~и́ческий** [16] athletisch.
атмосфе́р|а *f* [5] Atmosphäre, Dunstkreis *m*; **~и́ческий** [16] **~ный** [14] atmosphärisch; Luft...

áтом *m* [1] Atom *n*; раздроблéние *n* ~а Atomzertrümmerung *f*; **~изáтор** ⊕ *m* [1] Zerstäuber (*für Farben u. Lacke*); **~истúческий** [16] atomistisch; ~истúческая теóрия *f* Atomtheorie; **~ник** *m* [1] Atomspezialist; **~ный** [14] Atom...; ~ный вес *m* Atomgewicht *n*; ~ная бóмба *f* Atombombe; ~ная энéргия *f* Atomenergie; ~ное орýжие *n* Atomwaffe *f*; ~ное ядрó *n* Atomkern *m*; **~щик** *m* [1] (*Pol.*) Atompolitiker.

атрофúя ⚕ *f* [7] Schwund *m*, Schrumpfung (*von Organen*).

АТС (автоматúческая телефóнная стáнция *f*) ☏ Selbstanschlußamt *n*.

аттест|áт *m* [1] Attest *n*; Zeugnis *n*; ~áт зрéлости Reifezeugnis *n* (*der höheren Schule*) **~áция** *f* [7] Bescheinigung; **~овáть** [7] (*im*)*pf*. bezeugen, bescheinigen.

атý *Jägerruf*: hetz!, hetz!; hussa!

аý *Zuruf*: ho(lla)!, he!; F Schluß!; futsch!, verschwunden!

ауди|éнция *f* [7] Audienz; **~тóрия** *f* [7] Hörsaal *m*; Hörerkreis *m*.

аýкать [1], ‹аýкнуть› [20], **-ся** holla (*od.* he) rufen, halloen; как аýкнется, так и откликнется wie man in den Wald ruft, so schallt es wider.

аукциóн *m* [1] Auktion *f*, (*öffentliche*) Versteigerung *f*; продавáть с ~а versteigern; **~ный** [14] Auktions...

аýл *m* [1] Dorf *n* (*im Kaukasus*).

Афанáсий *m* [3; *prpos*/*sg*.: -сии] Athanasius.

афгáн|ец *m* [1; -нца] Afghane; **♀истáн** *m* [1] Afghanistan *n*; **~ка** *f* [5; *g*/*pl*.: -нок] Afghanin.

афéра ☨ *f* [5] Geschäft *n*, Spekulation; пускáться в афéры sich in dunkle Geschäfte einlassen.

аферúст *m* [1], **~ка** *f* [5; *g*/*pl*.: -ток] Spekulant(in *f*); Hochstapler (-in *f*), Schwindler(in *f*).

афúнский [16] athenisch.

Афúны *f*/*pl*. [5] Athen *n*.

афúнян|ин *m* [1; *pl*. -яне, -ян], **~ка** *f* [5; *g*/*pl*.: -нок] Athener(in *f*).

афúша *f* [5] Anschlag-, Theaterzettel *m*.

Афóнька, Афóнюшка *m* [5] **Афóня** *m* [6] *dim. v.* Афанáсий.

афорúзм *m* [1] Aphorismus, (*kurzer*) Lehrspruch.

африкáн|ец *m* [1; -нца], **~ка** *f* [5; *g*/*pl*.: -нок] Afrikaner(in *f*); **~ский** [16] afrikanisch.

ах ach!; F ~ да! ach ja! (*was ich sagen wollte*!).

áханье *n* [10] Ächzen.

áхать [1], ‹áхнуть› [20] ächzen, seufzen; sich (ver)wundern.

Ахúлл|(éс) *m* [1] Achilles; ♀éсова пятá *f* Achillesferse.

ахинéя *f* [6] *s.* вздор.

áхо|вый P [14] schlecht, häßlich; ~вая рабóта *f* widerliche Arbeit.

ахтú ach!; F не ~ как (*od.* какóй) nicht sehr gut.

ацетилéн *m* [1] Azetylen *n*; **~овый** [Azetylen...]

аэрáция *f* [7] Durchlüftung (*von Räumen, Wasser, Erdboden*).

аэро|бáза *f* [5] Fliegerhorst *m*; **~вокзáл** *m* [1] Flughafen, Flughafengebäude *n*; **~динáмика** *f* [5] Aerodynamik; **~дрóм** *m* [1] Flugplatz; **~лúт** *m* [1] Meteorstein; **~маяк** *m* [1 *e.*] Flugleuchtturm; **~навигáция** *f* [7] Luftnavigation; **~нáвт** *m* [1] Luftschiffer; **~плáн** *m* [1] Flugzeug *n*; **~пóрт** *m* [1] Flughafen; **~пóчта** *f* [5] Luftpost; **~сáни** *f*/*pl*. [8; *ab g*/*pl*. *e.*: -нéй, -нЯм] Propellerschlitten *m*; **~сéв** *m* [1] Aussaat *f* (*vom Flugzeug aus*); **~снúмок** *m* [1; -мка] Luftbild *n*; **~стáт** *m* [1] (Luft-)Ballon; свобóдный ~стáт Freiballon; привязнóй ~стáт Fesselballon; ⚔ ~стáт заграждéния Sperrballon; **~фотопулемёт** *m* [1] Luftfilmkamera *f*; **~(фото)съёмка** *f* [5; *g*/*pl*.: -мок] Luftaufnahme.

Б

Б, б *n u. m* (*s.* A) B, b *n*; *s.* бы.
б. *Abk. für* бы́вший; большеви́к(и).
ба ba!, pah!; potztausend!
ба́ба *f* [5] (Bauern-)Weib *n*; (*Kindersprache*) Großmama; (*fig.*) Memme; сне́жная (*od.* снегова́я) ~ Schneemann *m*; ⊕ Rammbär *m*; Napf-, Topf-kuchen *m*.
ба́ба-яга́ *f* [5; ба́бы-яги́] Hexe (*in russischen Märchen*).
баббит *m* [1] Weißmetall *n*.
бабё(оч)ка *f* [5; *g/pl.*: -нок (-чек)] Weibchen *n*.
ба́бий [18] weibisch; Weiber...; ба́бье ле́то *n* Altweibersommer *m*; ба́бье ца́рство *n* Schürzen-, Weiber-herrschaft *f*; ба́бьи ска́зки *f/pl.* Ammenmärchen *n/pl.*
ба́бк|а *f* [5; *g/pl.*: -бок] Großmutter; повива́льная ~а Hebamme; Knöchel *m* (*im Knöchelspiel*); игра́ *f* в ~и Knöchelspiel *n*.
ба́бник P *m* [1] Weibernarr.
ба́бочка *f* [5; *g/pl.* -чек] Schmetterling *m*.
бабу́ся *f* [6] Großmütterchen *n*.
ба́бушка *f* [5; *g/pl.* -шек] Großmutter; F ~ на́двое сказа́ла das wird die Zukunft lehren; F вот тебе́ ~ и Юрьев день! da haben wir die Bescherung! [*vgl.* ба́бий.]
бабьё P *n* [10] (*koll.*) Weibervolk;
бава́р|ец *m* [1; -рца] Bayer; 2ия *f* [7] Bayern *n*; ~ка *f* [5; *g/pl.*: -рок] Bayerin; ~ский [16] bay(e)risch.
бага́ж *m* [1e.] Gepäck *n*; сдать в ~ aufgeben (als Gepäck); ручно́й ~ Handgepäck *n*; ~ник *m* [1] Gepäckraum (*Kraftwagen usw.*), Gepäckträger (*Fahrrad*); ~ный [14] Gepäck...; ~ный ваго́н *m* Gepäckwagen; ~ная квита́нция *f* Gepäckschein *m*.
баге́т *m* [1] (Zier-)Leiste *f*.
баго́р *m* [1; -гра́] Boots-, Fischhaken.
ба́гренье *n* [10] Stechfischerei *f*.
ба́грить [13] **1.** (*mit dem Fischhaken*) fischen; **2.** (-'i-) [*nur 3. Pers.*] **röten, rot färben.**
багро|ве́ть [8], <по-> sich röten, purpurrot werden; ~вый (-'ɔ-) [14 *K.*] purpurn.
багря́|нец *m* [1; -нца] (*lit.*) Purpur; ~ни́стый [14 *K.*] purpurglänzend; ~ный [14] (*lit.*) purpurfarben.
багу́льник *m* [1] wilder Rosmarin.
бада́н ⚘ *m* [1] Steinbrech.
баде́й|ка *f* [5; *g/pl.*: -де́ек] kleiner Eimer *m*; Milchtopf *m*; ~ный [14] Eimer...
бадья́ *f* [6; *instr/sg.*: -дьёй; *g/pl.*: -де́й] Eimer *m*, Kübel *m*.
бадья́н ⚘ *m* [1] Sternanis.
бадя́га *f* [5] (*Zool.*) Flußschwamm *m*.
ба́за *f* [5] Versorgungsstelle, Stützpunkt *m*; Zentrale; Depot *n*; Standort *m*; Flughafen *m*; Grundlage.
база́р *m* [1] Markt, Basar; Warenhaus *n*; F (*fig.*) Spektakel, Rummel; ~ный [14] Markt..., Basar...
базе́дова [19]: ~ боле́знь *f* Basedowsche Krankheit.
ба́зис *m* [1] Basis *f*, Grundlage *f*; ~ный [14] basierend, die Grundlage bildend; Grund...; ~ный аэродро́м *m* Heimatflugplatz.
бай *m* [3] Großbauer, Reiche(r) (*Mittelasien*).
байба́к *m* [1e.] (*Zool.*) Siebenschläfer; (*fig.*) Faulenzer.
байда́рка *f* [5; *g/pl.*: -рок] Paddelboot *n*; разбо́рная ~ Faltboot *n*.
ба́йка *f* [5] Boi *m*, Fries *m*.
Байка́л *m* [1] (*od.* ~ьское о́зеро *n*) Baikal(see) *m*.
ба́йковый [14] aus Boi, friesen.
бак ⚓ *m* [1] Back *f*; Behälter, Tank; Boiler.
бака|ле́йный [14]: ~ле́йная ла́вка *f od.* торго́вля *f* Kolonial-, Spezerei-warenhandlung; ~ле́йный това́р *m s.* ~ле́я; ~ле́йщик *m* [1] Materialist, Material-, Eß-warenhändler; ~ле́я *f* [6] (*koll.*) Kolonial-, Material-, Spezerei-ware.
ба́кен ⚓ *m* [1] Bake *f*, Boje *f*.
баки́нский [16] **Bakuer, aus** (*od.* **von) Baku.**

бакла́га *f* [5] (Feld-)Flasche.
баклажа́н *m* [1] Aubergine *f*, Eierfrucht *f*.
бакла́н *m* [1] (*Zool.*) Kormoran.
баклу́ш|а *f* [5] Holzklotz *m* (*der zu Löffeln usw. verarbeitet wird*); бить ~и *od.* **~ничать** [1] faulenzen.
ба́ковый ⚓ [14] Bak...
бактерио́лог *m* [1] Bakteriologe.
бакте́рия *f* [7] Bakterie.
Баку́ *m* [*unv.*] Baku *n*.
бал *m* [1; на балу́; *pl. e.*] Ball (*Tanz*); *vgl.* балл.
балаба́н *m* [1] Würgfalke.
балага́н *m* [1] Schau-, Markt-bude *f*; **~ный** [14] Schaubuden...; **~щик** *m* [1] Schaubudenbesitzer; Gaukler.
балагу́р *m* [1] Schwätzer, Spaßmacher; **~ить** [13] (*fröhlich, launig*) schwatzen; Witze reißen; **~ка** *f* [5; *g/pl.*: -рок] Schwätzerin, Spaßmacherin.
бала́кать F [1] leeres Stroh dreschen.
балала́йка ♪ *f* [5; *g/pl.*: -ла́ек] Balalaika (*Art Laute*).
баламу́т *m* [1] Unfriedenstifter; **~ить** [15], <вз-> verwirren, konfus machen; aufregen.
бала́нда P *f* [5] dünne (Gemüse-) Suppe.
бала́нс *m* [1] Gleichgewicht *n*; Bilanz *f*; **~ёр(ка** *f*) *m* [1; (5; *g/pl.*: -рок)] Seiltänzer(in); **~и́р** *m* [1] Balancierstange *f*; ⊕ Schwinghebel; **~и́ровать** [7] **1.** balancieren, das Gleichgewicht halten; **2.** <с-> die Bilanz ziehen; **~овый** [14] Gleichgewichts...; Bilanz...
балахо́н *m* [1] Kittel.
балбе́с *m* [1] Einfaltspinsel, Tölpel.
балда́ *f* [5] Dummkopf *m*; ⚒ Stampfe.
балдахи́н *m* [1] Baldachin.
Балеа́р|ский [16]: ~ские острова́ *m/pl.* die Balearen(inseln).
ба́лка *f* [5; *g/pl.*: -лок] Balken *m*; (*Prov.*) lange Schlucht.
балка́н|ский [16] Balkan...; **2ы** *f/pl.* [5] Balkan *m*.
балл *m* [1] (Wahl-)Kugel *f*; Zensur (-nummer) *f*; Windstärke(maß *n*) *f*; ве́тер в 6 ~ов Windstärke 6; *vgl.* бал.
балла́да *f* [5] Ballade.
балла́ст *m* [1] Ballast; (*Bahngleis-*) Schotter, Sand, Bettung *f*; **~иро́вка** 🚂 *f* [5; *g/pl.*: -вок] Bettung; Beschotterung.
баллоти́ров|ать [7] ballotieren, kugeln; **-ся** über sich ballotieren; **~ка** (-ˈrɔf-) *f* [5; *g/pl.*: -вок] Ballotage, Abstimmung.
бало́в|анный F [14 *K.*] verzogen, verhätschelt; **~а́ть** [7] **1.** *v/i.*, **-ся** Unsinn treiben, ausgelassen sein; tändeln; **2.** <из-> *v/t.* verwöhnen, verziehen, (ver)hätscheln; **~ень** (ˈba-) *m* [4; -вня] verwöhntes Kind *n*, Schoßkind(chen) *n*, Muttersöhnchen *n*; ~ень сча́стья Schoßkind *n* des Glückes; **~ни́к** *m* [1e.], **~ни́ца** *f* [5] unartiges, verzogenes Kind *n*; **~но́й** P [14] ausgelassen; unartig; **~ство́** *n* [9] Ungezogenheit *f*; Verwöhnung *f*; Spielerei *f*.
ба́лочный [14] Balken...
балти́ец *m* [1; -ти́йца] Matrose der (sowjetischen) Ostseeflotte.
балти́йский [16] baltisch; Балти́йское мо́ре *n* Baltisches Meer, Ostsee *f*.
Балтфло́т *m* [1] (Балти́йский флот) Ostseeflotte *f*.
балы́к *m* [1e.] gedörrter Stör- (*od.* Hausen-)rücken; **~о́вый** [14] Stör..., Hausen...
бальза́м *m* [1] Balsam; **~и́ровать** [7], <на-> einbalsamieren; **~ный, ~овый** [14] balsamisch.
ба́ль|ный [14] Ball...; ~ное пла́тье *n* Ballkleid.
балюстра́да *f* [5] Geländer *n*.
баля́сина *f* [5] Geländerpfeiler *m*.
баля́сничать P [1] (*leeres Zeug*) schwatzen.
баля́сы: P ~ точи́ть *s.* баля́сничать.
бамбу́к *m* [1] Bambus(rohr *n*); **~овый** [14] Bambus...; F ~овое положе́ние *n* mißliche Lage *f*.
бана́ль|ность *f* [8] Abgeschmacktheit; abgedroschenes Zeug *n*; **~ный** [14; лен, -льна] banal, abgedroschen.
бана́н *m* [1] Banane *f*; **~овый** [14] Bananen...; ~овый конта́кт ⚡ *m* Bananenstecker.
ба́нда *f* [5] Bande, Schar.
банда́ж *m* [1e.; *g/pl.*: -же́й] Bandage *f*, Binde *f*, Verband; Bruchband *n*.
бандеро́ль *f* [8] Kreuz-, Streif-band *n*; Banderole.
бандити́зм *m* [1] Banden-, Räuberunwesen *n*; Bandenkrieg.
банду́|ра ♪ *f* [5] Bandola (*Art Laute*);

~ри́ст ♪ *m* [1], **~ри́стка** *f* [5; *g/pl.*: -ток] Bandolenspieler(in *f*).
ба́нка *f* [5; *g/pl.*: -нок] Dose, Büchse; консе́рвная ~ Konservendose, -büchse; жестяна́я ~ Blechbüchse; стекля́нная ~ Glasbüchse; Schröpfkopf *m*; (Sand-)Bank; ⚓ подво́дная ~ Sandbank.
банкабро́ш *m* [1; *g/pl.*: -шей] Spulenbank *f*; Flyer.
банки́р *m* [1] Bankier.
банкно́т *m* [1] Banknote *f*.
ба́нко|вский [16], **~вый** [14] Bank...; **~мёт** *m* [1] Bankhalter.
банкро́т|ить [15], <о-> Bank(e)rott machen, zum Bank(e)rott bringen; **-ся** fallieren, Bank(e)rott machen; **~ский** [16] Bank(e)rott(ier)...; **~ство** *n* [9] Bank(e)rott *m*.
ба́нный [14] Bade...; приста́ть как ~ лист sich wie eine Klette hängen (к Д an *ac.*).
ба́ночка *f* [5; *g/pl.*: -чек] kleine Büchse, Büchschen *n*.
бант *m* [1] Schleife *f*; завяза́ть ~ом eine Schleife binden; **'~ик** *m* [1] Schleifchen *n*.
ба́нщи|к *m* [1], **~ца** *f* [5] Badestubenbesitzer(in *f*); Badediener(in *f*).
ба́ня *f* [6] Badestube, Bad *n*; Dampfbad *n*; (*fig.*) Gluthitze; зада́ть ба́ню F (Д *j-n*) ordentlich ausschimpfen.
бар *m* [1] Stehbierhalle *f*; Bar *n* (*Meßeinheit des Luftdruckes*); ⚓ Barre *f*; Untiefe *f*.
бараба́н *m* [1] Trommel *f*; Hohlzylinder; **~ить** [13] trommeln, die Trommel schlagen od. rühren; (*Rede*) herunterleiern **~ный** [14] Trommel...; (*Anat.*) ~ная перепо́нка *f* Trommelfell *n*; **~щик** *m* [1] Trommelschläger, Trommler.
бара́к *m* [1] Baracke *f*.
бара́н *m* [1] Hammel; ⚔ Sturmbock, Mauerbrecher; **~ий** [18] Hammel...; согну́ть кого́ в ~ий рог j-n ins Bockshorn jagen; **~ина** *f* [5] Hammelfleisch *n*; **~ка** *f* [5; *g/pl.*: -нок] (*mst pl.*: *Art ringförmiger*) Kringel *m*; P (*scherz.*) Steuerrad *n* (*am Auto*); **~ок** *m* [1] Bankhobel, Rauhbank *f*.
барах|ло́ *n* [9] Plunder *m*, wertloser Trödel *m*; **~о́лка** F *f* [5; *g/pl.*: -лок] Trödelmarkt *m*.
бара́хтаться F [1] zappeln, sich sträuben.
бара́чный [14] Baracken...; ~ посёлок *m* Barackensiedlung *f*.
бара́шек *m* [1; -шка] kleiner Hammel, Lamm *n*; Lammfell *n*; бара́шки *pl.* Lämmerwolken *f/pl.*; Schaumwellen *f/pl.*
барбари́с ⚘ *m* [1] Berberitze *f*, Sauerdorn; **~овый** [14] Berberitzen...
барви́нок ⚘ *m* [1; -нка] Immergrün *n*.
барда́ *f* [5] Treber *pl.*, Trester *pl.*
ба́ре *s.* ба́рин.
баре́ж *m* [1] Barege *f* (*feines Gewebe*); **~евый** [14] aus Barege; Barege...
барелье́ф *m* [1] Bas-, Flach-relief *n*; **~ный** [14] Basrelief..., flacherhaben.
Ба́ренцов [19]: ~о мо́ре *n* Barentssee *f*.
ба́ржа *f* [5] Lastschiff *n*, Lastkahn *m*, Zille; Lichterschiff *n*.
ба́рий *m* [3; *prpos/sg.*: -рии] Barium *n* (Ba).
ба́рин *m* [1; *pl.*: ба́ре *u.* ба́ры, бар] Herr (*des Hauses*); gnädiger Herr; жить ~ом auf großem Fuße leben; сиде́ть ~ом (*ver.*) untätig sitzen, faulenzen.
барито́н ♪ *m* [1] Bariton.
ба́рка *f* [5; *g/pl.*: -рок] Barke.
барка́с ⚓ *m* [1] Barkasse *f*.
баро́метр *m* [1] Barometer *n*, Luftdruckmesser.
ба́роч|ник *m* [1] Barkenführer; **~ный** [14] Barken...
барра́ж *m* [1; *g/pl.*: -жей] Ballonsperre *f*; Schneezaun (*an Bahnlinien*).
баррика́д|а *f* [5] Barrikade; **~ный** [14] Barrikaden..., ~ный бой *m* Barrikadenkampf.
барс *m* [1] Panther.
ба́р|ский [16] herrschaftlich; жить на ~скую но́гу auf großem Fuße leben.
ба́рсовый [14] Panther...
ба́рство *n* [9] Herrenstand *m*; (*fig.*) Schmarotzertum; herrisches Wesen; **~вать** [7] ein Schmarotzerdasein führen.
барсу́|к *m* [1e.] Dachs; **~чий** [18] Dachs...
барха́н *m* [1] Wanderdüne *f* (*in Steppen u. Wüsten*).
ба́рхат *m* [1] Samt; **~ный** [14] samten; Samt...
барчо́нок *m* [1; -нка; *pl.*: -ча́та, -ча́т] Junker.
барчу́к *m* [1e.] † Junker; Junge (*aus adliger Familie*); (*ver.*) verwöhnter Lümmel; Halbstarke(r.)

ба́рщина *f* [5] (*ehm.*) Fron(dienst *m*).
ба́рынька *f* [5; *g/pl.*: -нек] gnädige(s) Frau(chen *n*).
ба́рыня *f* [6] Frau (*des Hauses*); gnädige Frau; ко́рчить из себя́ ба́рыню die große Dame spielen.
бары́ш *m* [1*e.*; *g/pl.*: -ше́й] Gewinn, Vorteil, Nutzen; **~ник** *m* [1], **~ница** *f* [5] Aufkäufer(in *f*); (Billett-)Händler(in *f*); ~ник лошадьми́ Pferdehändler; **~ничать** [1] aufkaufen; wuchern; **~ни́ческий** [16] Aufkäufer..., Wucher..., ~нические проце́нты *m/pl.* Wucherzinsen *pl*; **~ничество** *n* [9] Aufkauf(en *n*) *m*.
ба́рышня *f* [6; *g/pl.*: -шень] (gnädiges) Fräulein *n*; кисе́йная ~ Zierpuppe.
барье́р *m* [1] Barriere *f*; Schlagbaum; тамо́женные ~ы *pl.* Zollschranken *f/pl.*; **~ный** [14]: ~ный бег *m* (*Sport*) Hürdenlauf.
бас ♪ *m* [1; *pl. e.*] Baß(stimme *f*); Baßsänger, Bassist; петь ~ом Baß singen.
ба́сен|ка *f* [5; *g/pl.*: -нок] kleine Fabel; **~ник** *m* [1] Fabelerzähler; Fabelbuch *n*.
баси́|стый ♪ [14 *K.*] tief; Baß...; **~ть** F [15; башу́, баси́шь], <про-> im Baßton sprechen.
баск *m* [1] Baske.
баскетбо́л *m* [1] Korbball(spiel *n*).
ба́скский [16] baskisch.
басма́ч *m* [1*e.*; *g/pl.*: -че́й] Basmatsch, konterrevolutionärer Bandit (*in Mittelasien*); **~ество** *n* [9] konterrevolutionäres Banditentum.
басно|пи́сец *m* [1; -сца] Fabeldichter; **~сло́вный** [14; -вен, -вна] fabelhaft, mythisch.
ба́сня *f* [6; *g/pl.*: -сен] Fabel; Märchen *n*.
басо́вый ♪ [14] Baß...
басо́н *m* [1] Borte *f*, Tresse *f*; **~ный** [14] Borten..., Tressen...
бассе́йн *m* [1] Bassin *n*, Wasserbecken *n*; (Fluß-)Gebiet *n*, Niederung *f*; ~ для пла́вания Schwimmbecken *n*.
баста́рд *m* [1] Bastard.
бастова́ть [7] streiken, die Arbeit einstellen.
басурма́н *m* [1], **~ка** *f* [5; *g/pl.*: -нок] Mohammedaner(in *f*); Anders-, Un-gläubige(r) (*Schimpfwort*).

бата|ли́ст *m* [1] Schlachtenmaler; **ˈ~лия** *f* [7] Schlacht; **ˈ~льный** [14] Schlachten...
батальо́н *m* [1] Bataillon *n*; ~ свя́зи Nachrichtenabteilung *f* **~ный** [14] Bataillons...; ~ный (команди́р *m*) Bataillonsführer.
батаре́|йка *f* [5; *g/pl.*: -ре́ек] Taschenlampenbatterie; **~йный** [14] Batterie...; **~я** *f* [6; *g/pl.*: -ре́й] Batterie.
ба́тенька *m* [5] F (*nur in der Anrede*) mein Lieber!
бато́г *m* [1*e.*] dicke Rute *f*, (Prügel-) Stock.
бато́метр *m* [1] Bathometer *n*, Tiefseelot *n*.
бато́н *m* [1] dünnes, längliches Weißbrot *n*.
батра́|к *m* [1*e.*], **~чка** *f* [5; *g/pl.*: -чек] Tagelöhner(in *f*), (Feld-)Arbeiter(in *f*).
Бату́м *m* [1] Batum *n*.
ба́тька *m* [5; *g/pl.*: -тек], **ба́тюшка** *m* [5; *g/pl.*: -шек], **ба́тя** *m* [6] lieber Vater; Väterchen *n*; Priester; (*als Anrede*) (mein) Bester, (mein) Lieber; ваш ~ Ihr Herr Vater; как вас (зову́т) по ба́тюшке? wie ist Ihr Vatersname? ба́тюшки (мои́)! ach, du meine Güte!
бау́л *m* [1] Truhe *f*, längliche Reisekiste *f od.* Koffer.
ба́х|ать P [1], <~нуть> [20] donnern (*Geschütz*), peitschen (*Schuß*); schmettern(d schlagen, werfen).
бахва́л P *m* [1] Prahler; **~иться** [13] prahlen; ~илась сини́ца — обеща́ла мо́ре сжечь (*Spr.*) viel Geschrei und wenig Wolle; **~ка** *f* [5; *g/pl.*: -лок] Prahlerin; **~ьство** *n* [9] Prahlerei *f*.
бахром|а́ *f* [5] Franse, Borte mit Troddeln; **~чатый** (-ˈɔm-) [14] befranst.
бахч|а́ *f* [5; *g/pl.*: -че́й] Melonenfeld *n*; **~ево́дство** *n* [9] Melonenanbau *m*.
бац bums!
баци́лла *f* [5] Bazillus *m*.
ба́чить F [16] sehen, schauen, erblicken.
ба́шен|ка *f* [5; *g/pl.*: -нок] Türmchen *n*; **~ный** [14] Turm...
башка́ P *f* [5] Kopf *m*; (глу́пая) ~ Dummkopf *m*.
башки́р *m* [1; *g/pl.*: башки́р] Baschkire (*Südural*); **~ский** [16] baschkirisch.

башкови́тый P [14] klug; F (*fig.*) mit Köpfchen.

башлы́к *m* [1*e.*] Baschlik, Kapuze *f*.

башма́к *m* [1*e.*] Schuh; тормозно́й ~ 🚂 Bremsschuh; быть под ~о́м (у жены́) unter dem Pantoffel stehen.

башма́ч|ник † *m* [1], Schuhmacher; **~ный** [14] Schuh...; **~о́к** *m* [1; -чка́] kleiner Schuh.

ба́шня *f* [6; *g/pl.*: -шен] Turm *m*; Geschützturm *m*; враща́ющаяся ~ ⚔ Drehturm *m*; водонапо́рная ~ ⊕ Wasserturm *m*.

(ба́ю-)ба́юшки-баю́ eiapopeia!

баю́кать [1], <у-> einlullen, in Schlaf singen.

бая́н *m* [1] Rhapsode, (Balladen-) Sänger; Handharmonika *f*, Akkordeon *n*; **~и́ст** *m* [1] Akkordeonspieler.

бде́ние *n* [12] Wachen; Sorgfalt *f*, Pflege *f*.

бдеть [9; *1. Pers. ungbr.*] wachen; Sorge tragen.

бди́тельный [14; -лен, -льна] wachsam; sorgsam.

бег *m* [1; на бегу́; *pl. e.*: бега́] Lauf; ~а́ *pl.* Wett-rennen *n*, -fahrt *f*, Rennen *n*; Ausrücken *n*, Flucht *f*; ~ вре́мени (*fig.*) Lauf der Zeit; ~ на ме́сте Lauf auf der Stelle; (*fig.*) Leerlauf; ~ с препя́тствиями Hindernislauf; барье́рный ~ Hürdenlauf; эстафе́тный ~ Staffetten-, Staffel-lauf; ~а́ в мешка́х Sackhüpfen *n*; на ~у́ während des Laufes, im Laufen; он лёгок на ~у́ er kann gut laufen; в ~а́х auf der Flucht; F mit Besorgungen, mit Laufereien (*geschäftlicher od. dienstlicher Art*); сего́дня весь день прошёл в ~а́х heute verging der ganze Tag mit Besorgungen; *s.* бего́м.

бе́ганье *n* [10] Laufen; ~ на конька́х Schlittschuhlaufen.

бе́гать [1] (hin und her) laufen; F meiden, aus dem Wege gehen (*Person od. Sache*) (от P *j-m*); F (*Augen*) schweifen, irren; (*fig.*) nachlaufen (за T *j-m*); ~ вза́пуски um die Wette laufen.

бегемо́т *m* [1] Nil-, Fluß-pferd *n*.

бег|ле́ц *m* [1*e.*] Flüchtling; **~лость** ('ɥɛ-) *f* [8] Geläufigkeit, Schnelligkeit; '**~лый** [14] geläufig, schnell; flüchtig; Flüchtling; ~лый взгляд *m* flüchtiger Blick; ~лое чте́ние *n* fließendes Lesen **~ля́нка** *f* [5; *g/pl.*: -нок] (weiblicher) Flüchtling *m*; **~ово́й** [14] Renn...; **~о́м** im vollen Laufe; ~о́м бежа́ть aus allen Kräften laufen; **~оме́р** *m* [1] Weg-, Schritt-messer; **~отня́** F *f* [6; *instr/sg.*: -нёю; *g/pl.* -е́й] Gelaufe *n*, Lauferei; **~ство** ('ɥɛ-) *n* [9] Flucht *f*; обрати́ть в ~ство in die Flucht schlagen; обрати́ться в ~ство die Flucht ergreifen; **~у́н** *m* [1*e.*] Läufer, Schnelläufer; Traber; Laufvogel.

бед|а́ *f* [5; *pl.*: бе́ды] Unglück *n*, Elend *n*; Übel *n*; что за ~а́? was schadet es?; не ~а́ (es) schadet nichts; вот так ~а́ da liegt der Hase im Pfeffer; ~а́ не велика́ das hat nichts auf sich; в то́м-то и ~а́ das ist es eben, das ist eben das Schlimme; ~а́ ему́! wehe ihm!; ~а́ мне с ним F ich habe meine liebe Not mit ihm; на ~у́ F unglücklicherweise; ~а́ как F sehr; людей там — ~а́! P Menschen (waren) da — unzählige!; лиха́ ~а́ нача́ло (*Spr.*) aller Anfang ist schwer; **~не́нький** ('ɥe-) [16] arm, bedauernswert; **~не́ть** [8], <о-> arm werden, verarmen; **~ность** ('ɥɛ-) *f* [8] Armut; **~нота́** *f* [5] die Armen *m/pl.*; bäuerliches Proletariat *n*; дереве́нская ~нота́ die Dorfarmen *m/pl.*; **~ный** ('ɥɛ-) [14; -ден, -дна́, -дно; -дне́е] arm (T an *dat.*); elend, unglücklich; **~ня́га** *f* [5], **~ня́ж(еч)ка** *m/f* [5; *g/pl.*: -жек, (-чек)], **~ня́к** *m* [1*e.*] armer Mensch, armer Teufel *od.* Schlukker, arme Seele *f*; Kleinbauer; **~ня́цкий** [16] kleinbäuerlich; ~ня́цко-середня́цкая ма́сса (*Pol.*) die Masse der Klein- u. Mittelbauern.

бедо́вый [14] gefährlich; heikel; verwegen; ~ челове́к *m* Teufels-, Mords-kerl.

бедоку́р *m* [1] Unheilstifter; **~ить** P [13], <на-> Unheil (an)stiften, Unglück anrichten; **~ка** *f* [5; *g/pl.*: -рок] Unheilstifterin.

бе́дренный [14] Hüft...

бедро́ *n* [9; *pl.*: бёдра, -дер, -драм] Hüfte *f*; Schenkel *m*.

бе́дств|енный [14 *K.*] unheilvoll, unglückselig; elend; **~ие** *n* [12] Elend, Not *f*; сигна́л *m* **~ия** Not-

signal *n*; SOS; **~овать** [7] Not leiden, darben.
бежа́ть [4; бегу́, бежи́шь, бегу́т; беги́!; бегу́щий; бежа́], <по-> (hin-) laufen, (hin)rennen; ~ сломя́ го́лову F laufen, was das Zeug hält; weg-, davon-laufen (*vgl.* убега́ть); *impf.* = *a. pf.* fliehen (от P vor *dat.*); (ver)meiden (*vgl.* избега́ть); часы́ бегу́т die Stunden entfliehen *od.* eilen dahin; die Uhr geht vor; молоко́ бежи́т die Milch läuft über.
бе́жевый [14] beigefarben.
бе́жен|ец *m* [1; -нца], **~ка** *f* [5; *g/pl.*: -нок] Flüchtling *m*.
без, безо (P) ohne; in Abwesenheit; ...los (*z. B.* ~ па́мяти besinnungslos); minus, weniger; ~ внима́ния ohne Rücksicht (к Д auf *ac.*); ~ че́тверти час Viertel vor eins (12.45); безо всего́ ohne alles; ~ того́ ohnehin; не ~ того́ höchstwahrscheinlich.
без... (*in Zssgn.*) **ent..., un..., ...los**; nicht, ohne.
безавари́й|ный [14] ohne Unfall; ~ная езда́ F *f* unfallfreies Fahren *n*.
безала́бер|ность *f* [8] Liederlichkeit; **~ный** F [14; -рен, -рна] liederlich, unordentlich; **~щина** *f* [5] Schlamperei
безалкого́льный [14] alkoholfrei.
безапелляцио́нный ⚖ [14; -о́нен, -о́нна] keine Berufung zulassend; kategorisch.
безбандеро́льный [14] unverzollt.
безбе́дный [14; -ден, -дна] nicht arm, wohlhabend.
безбо́ж|ие *n* [12] Gottlosigkeit *f* (*Handlung*); **~ник** *m* [1], **~ница** *f* [5] Gottlose(r); **~ность** *f* [8] Gottlosigkeit (*Gesinnung*); **~ный** [14] gottlos; gewissenlos, unverschämt; F ungeheuer, sehr.
безболе́зненный [14 *K.*] schmerzlos; (*fig.*) reibungslos.
безборо́дый [14] bartlos.
безбоя́зненный [14 *K.*] furchtlos.
безбра́ч|ие *n* [12] Ehelosigkeit *f*; **~ный** [14; чен, -чна] ehelos, unverheiratet.
безбре́жный [14; -жен, -жна] uferlos; (*fig.*) grenzenlos, endlos.
безве́рие *n* [12] Unglaube *m*.
безве́ст|ный [14; -тен, -тна] unbekannt; ⚖ в **~ном** отсу́тствии verschollen.
безве́тр|енный [14 *K.*] windstill; **~ие** *n* [12] Windstille *f*.
безви́нный [14 -инен, -инна] schuldlos, unschuldig.
безвку́с|ие *n* [12] **~ица** *f* [5] Mangel *m* an gutem Geschmack, Geschmacklosigkeit *f*.
безвла́стие *n* [12] Machtlosigkeit *f*.
безво́д|ица *f* [5] Wassermangel *m*; Trockenheit; Dürre; **~ный** [14; ден, -дна] wasser-arm, -leer.
безвозвра́тный [14; -тен, -тна] unwiederbringlich.
безвозду́шный [14; -шен, -шна] luftleer.
безвозме́зд|ный (-mɛzn-) [14] (*lit.*) unentgeltlich; ~ное отчужде́ние *n* entschädigungslose Enteignung *f*.
безво́лие *n* [12] Willenlosigkeit *f*.
безволо́сый [14] haarlos, kahl.
безво́льный [14; -лен, -льна] willenlos.
безвре́дный [14; -ден, -дна] unschädlich.
безвре́менный [14] (*lit.*) vorzeitig; unzeitig, ungelegen.
безвы́годный [14; -ден, -дна] unvorteilhaft.
безвы́ездный [14] (-jɪznɨj) (be-) ständig, dauernd.
безвы́ходный [14; -ден, -дна] beständig, ohne weg- (*od.* aus)zugehen; (*fig.*) ausweglos, trostlos, verzweifelt.
безгара́ж|ный [14] ohne Garage; ~ная стоя́нка *f* garagenloses Unterstellen *n*, F Laternengarage (*v. Autos*).
безголо́вый [14 *K.*] kopflos; dumm.
безгра́мот|ность *f* [8] Analphabetentum *n*, Unwissenheit; **~ный** [14; -тен, -тна] unwissend; fehler-voll, -haft.
безграни́чный [14; -чен, -чна] unbegrenzt, grenzenlos.
безда́рный [14; -рен, -рна] unbegabt, talentlos; stümperhaft.
безде́йств|ие *n* [12] Untätigkeit *f*, Müßiggang *m*; Stillstand *m*; **~овать** [7] untätig sein; stillstehen (*Maschine*).
безде́|лица *f* [5], **~лка** *f* [5; *g/pl.*: -лок], **~лу́шка** *f* [5; *g/pl.*; -шек] Kleinigkeit, Bagatelle; ~лицы *pl.* Nippsachen.
безде́ль|е *n* [10] Untätigkeit *f*; **~ник** *m* [1], **~ница** *f* [5] Müßiggänger(in *f*); Taugenichts *m*; **~ничать** [1] müßig gehen, umherschlendern.

безде́нежье *n* [10] Geld-mangel *m*, -not *f*; F у меня́ ~ ich bin knapp bei Kasse.
безде́тный [14; -тен, -тна] kinderlos.
безде́ятельный [14; -лен, -льна] untätig.
бе́здна (-zn-) *f* [5] Abgrund *m*; Unmasse; F ~ дел eine Masse zu tun, ein Haufen *m* Arbeit; F ~ прему́дрости Ausbund *m* an Weisheit.
бездо́жд|ный (-ʒn-) [14] regenlos; **~ье** *n* [10] (*a.* ~ие) Dürre *f*, Regenmangel *m*.
бездоказа́тельный [14; -лен, -льна] unbeweisbar.
бездо́м|ный [14; -мен, -мна] obdachlos; ~ная ко́шка *f* herrenlose Katze.
бездо́нный [14; -до́нен, -до́нна] bodenlos; (*fig.*) unergründlich.
бездоро́ж|ный [14; -жен, -жна] unfahrbar; **~ье** *n* [10] Unfahrbarkeit *f*.
бездохо́дный [14; -ден, -дна] unrentabel, ohne Nutzen.
безду́шный [14; -шен, -шна] seelenlos, leblos; herzlos.
безды́мный [14; -мен, -мна] rauchlos.
бездыха́нный [14; -а́нен, -а́нна] (*lit.*) atemlos, leblos.
без́е *n* [*unv.*] Baiser (*Gebäck*).
безжа́лостный (bɪʒʒ-sn-) [14; -тен, -тна] unbarmherzig.
безжи́зненный (bɪʒʒ-) [14 *K.*] leblos; (*fig.*) ausdruckslos, farblos.
беззабо́тный [14; -тен, -тна] sorglos; ausgelassen, frei.
беззаве́тный [14; -тен, -тна] unbeschränkt, rückhaltlos.
беззако́н|ие *n* [12] Gesetzlosigkeit *f*; Willkür *f*; **~ник** *m* [1], **~ница** *f* [5] Gesetzesübertreter(in *f*); **~ничать** [1] gesetzwidrig handeln, freveln; **~ность** *f* [8] Gesetzwidrigkeit; **~ный** [14; -о́нен, -о́нна] gesetzwidrig.
беззасте́нчивый [14 *K.*] unverschämt; rücksichtslos.
беззащи́тный [14; -тен, -тна] schutzlos.
беззву́чный [14: -чен, -чна] klanglos, lautlos, still.
безземе́ль|е *n* [10] Mangel *m* an Land; **~ный** [14] landlos, ohne Land.
беззло́бный [14; -бен, -бна] gutmütig, gutartig.
беззу́бый [14] zahnlos; (*fig.*) ohnmächtig.
безле́сье *n* [10] Waldmangel *m*.
безли́чный [14; -чен, -чна], unpersönlich; unselbständig; charakterlos.
безлю́д|еть [8], <o-> entvölkert werden; **~ить** [15], <o-> entvölkern; **~ный** [14; -ден, -дна] menschenleer, unbevölkert; **~ье** *n* [10] Menschenmangel *m*.
безме́н *m* [1] Schnellwaage *f*.
безме́рный [14; -рен, рна] unermäßlich, maßlos.
безмо́зглый F [14] hirnlos, blöd.
безмо́лв|ие *n* [12] Schweigen, Stille *f*; **~ный** [14; -вен, -вна] lautlos, (still)schweigend, stumm; **~ствовать** [7] schweigen, stumm bleiben.
безмяте́жный [14; -жен, -жна] ruhig, still, ungestört.
безнадёжный [14; -жен, -жна] hoffnungslos.
безнадзо́рный [14; -рен, -рна] unbeaufsichtigt.
безнака́зан|ный [14 *K.*] ungestraft, straflos; оста́ться **~ным** straflos ausgehen.
безнали́чный [14]: ~ расчёт *m* bargeldloser Verkehr.
безнра́вственный [14 *K.*] unsittlich, unmoralisch.
безоби́дный [14; -ден, дна] nicht beleidigend, harmlos.
безо́блачный [14; -чен, -чна] unbewölkt; klar, heiter.
безобра́з|ить [15], <o-> entstellen, verunstalten; **~ие** *n* [12] Häßlichkeit *f*; Unordnung *f*; Unanständigkeit *f*; ~ие! Gemeinheit! *f*; **~ничать** [1] sich unanständig benehmen; **~ный** [14; -зен, -зна] häßlich; unordentlich; unanständig.
безо́бразный [14] ausdruckslos, trocken.
безоговоро́ч|ный [14] vorbehaltlos, bedingungslos; ~ная капитуля́ция *f* bedingungslose Kapitulation.
безопа́с|ный [14; -сен, -сна] gefahrlos, sicher (от P vor *dat.*); ~ная бри́тва *f* Rasierapparat *m*; **~ный** котёл *m* Sicherheitskessel.
безору́жный [14; -жен, -жна] unbewaffnet, wehrlos.
безоско́лоч|ный [14]: **~ное стекло́** *n* splitterfreies Glas.

безостано́вочный [14; -чен, -чна] ununterbrochen, unaufhörlich.
безотве́т|ный [14; -тен, -тна] schweigsam, schüchtern; ~ное живо́тное *n* stumme Kreatur *f*.
безотка́з|ный F [14; -зен, -зна] störungsfrei; ~ная рабо́та *f* маши́н störungsfreies Arbeiten *n* der Maschinen.
безотлага́тельный [14] unaufschiebbar; dringlich.
безотлу́чный [14; -чен, -чна] (be)ständig (*am Ort*).
безотноси́тельный [14; -лен, -льна] beziehungslos; unabhängig (к D von).
безотра́дный [14; -ден, -дна] trostlos, untröstlich.
безотры́вник *m* [1] studierender Berufstätiger
безотчётный [14; тен -тна] unverantwortlich; unbewußt, unwillkürlich, instinktiv.
безоши́бочный [14; -чен, -чна] fehlerlos.
безрабо́т|ица *f* [5] Arbeitslosigkeit; **~ный** [14] arbeitslos; Arbeitslose(r) *m*.
безразбо́рчивый [14 *K.*] nicht wählerisch *od.* heikel.
безразде́льный [14; -лен, -льна] unteilbar, ungeteilt.
безразли́чие *n* [12] Gleichgültigkeit *f*.
безрассу́дный [14; -ден, -дна] unbesonnen, unüberlegt.
безрессо́рный [14] ungefedert.
безро́дный [14; -ден, -дна] ohne Angehörige, verwaist; heimatlos.
безро́потный [14; -тен, -тна] ergeben, demütig.
безру|ка́вка *f* [5; *g/pl.*: -вок] Rock *m* ohne Ärmel; ˈ**~кий** [16] handlos; armlos.
безры́бье *n* [10] Fischmangel *m*; на ~ и рак ры́ба (*Spr.*) in der Not frißt der Teufel Fliegen.
безубы́точный [14; -чен, -чна] verlustlos.
безуда́рный [14; -рен, -рна] (*Ling.*) unbetont; ⊕ stoßfrei.
безу́держный [14; -жен, -жна] unaufhaltsam; ungestüm.
безукори́зненный [14 *K.*] tadellos, einwandfrei.
безу́м|ец *m* [1; -мца] **Unvernünftige(r), Verrückte(r); Tor** *m*; **~ие** *n* [12] **Verrücktheit** *f*; Torheit *f*; **~ничать** [1] Dummheiten treiben; töricht handeln; **~ный** [14; -мен, -мна] verrückt, unsinnig; verzweifelt, toll.
безумо́лчный [14; -чен, -чна] unaufhörlich, ohne zu verstummen.
безу́мствовать [7] toben, rasen.
безупре́чный [14; -чен, -чна] tadellos, vorwurfsfrei.
безуря́дица *f* [5] Verwirrung, Unordnung.
безусло́вный [14; -вен, -вна] unbedingt, völlig.
безуспе́шный [14; -шен, -шна] erfolglos.
безуста́нный [14] unaufhörlich; unverdrossen.
безу́сый [14] bartlos; (*fig.*) unreif, unerfahren.
безуте́шный [14; -шен, -шна] untröstbar, untröstlich.
безуча́стный [14; -тен, -тна] teilnahmslos.
безымённый, безымя́нный [14] namenlos, anonym; ~ па́лец *m* Ringfinger.
безыску́сственный [14 *K.*] kunstlos, ungekünstelt.
безысхо́дный [14; -ден, -дна] ausweglos, hoffnungslos.
бейсбо́л *m* [1] Baseball(spiel *n*).
бек *m* [1] Verteidiger (*Fußball*).
бека́с *m* [1] Schnepfe *f*; **~и́ный** [14] Schnepfen...
Белги́з *m* [1] (Белору́сское госуда́рственное изда́тельство) Weißrussischer Staatsverlag.
белен|а́ *f* [5] Bilsenkraut *n*; он ~ы́ объе́лся er ist nicht recht bei Trost.
белёный [14] gebleicht.
белесова́тый, белёсый [14 *K.*] weißlich, bläßlich.
белеть [8; *nur 3. Pers.*], <по-> weiß werden, bleichen; (*meist* **-ся**) weiß erscheinen *od* schimmern.
белиберда́ F *f* [5] Unsinn *m*, dummes Zeug *n*.
белизна́ *f* [5] Weiße.
бели́ла *n/pl.* [9] weiße Schminke *f*, Weiß *n*; свинцо́вые ~ Bleiweiß *n*.
бели́льня *f* [6; *g/pl.*: -лен] Bleiche.
бели́ть [13; белю́, бе́лишь; *K.*: -лён, -лена́] **1.** <вы-> bleichen; **2.** <на-> (weiß) schminken; **3.** <по-> weißen, kalken.
бе́личий [18] Eichhorn..., Eichhörnchen...; ~ **мех** *m* **Feh** *n* (*Pelzwerk*).

бе́лка *f* [5; *g/pl.*: -лок] (*Zool.*) Eichhörnchen *n*; как ~ в колесе́ (*Spr.*) ohne Rast und Ruh'.
белкови́на *f* [5] Eiweiß(stoff *m*) *n*.
беладо́нна ⚘ *f* [5] Tollkirsche.
бело... *mst* weiß...; **~боро́дый** [14] weißbärtig; **~бры́сый** [14] mit weißen Augenbrauen und Wimpern; **~брю́хий** [16] weißbäuchig; **~ва́тый** [14 *K.*] weißlich; **~ви́к** *m* [1*e.*] Reinschrift(manuskript *n*) *f*; **~во́й** [14] ins Reine geschrieben; **~воло́сый** [14] weißhaarig; **~гварде́йский** [16] zur weißen Garde gehörig; (*fig.*) konterrevolutionär; **~голо́вый** [14] weißköpfig; flachsköpfig.
бело́к *m* [1; -лка́] das Weiße *n* (*im Auge od. Ei*).
бело|кали́льный [14] weißglühend; **~ка́менный** [14] mit weiß(-getüncht)en Steinen *od.* Mauern; **~копы́тник** ⚘ *m* [1] Huflattich; **~кро́вие** ⚕ *n* [12] Leukämie *f*; **~ку́рый** [14] blond; **♀мо́рский** [16]: ♀мо́рско-Балти́йский кана́л *m* Weißmeerkanal; **~ру́с** *m* [1] Weißrusse; **♀ру́ссия** *f* [7] Weißrußland *n*; **~ру́сский** [16] weißrussisch; **~ру́чка** F *m/f* [5; *g/pl.*: -чек] Arbeitsscheue(r); **~ры́бица** *f* [5] Weißlachs *m*; **~сне́жный** [14; -жен, -жна] schneeweiß; **~шве́йка** *f* [5; *g/pl.*: -шве́ек] Weißnäh(t)erin.
белу́|га *f* [5] (*Zool.*) Hausen *m*; реве́ть ~гой F wie ein Schloßhund heulen; **~жий** [18] Hausen...; **~жина** *f* [5] Hausenfleisch *n*.
белу́ха *f* [5] Weißwal *m*.
бе́|лый [14; бел, бела́, бе́ло, бе́лы; беле́е (-ле́й)] weiß (лицо́м im Gesicht), Weiß...; rein; hell; hellhäutig; konterrevolutionär; ⚘ ~лый гриб *m* Steinpilz; ~лая горя́чка *f* Säuferwahnsinn *m*; ~лое духове́нство *n* Weltgeistlichkeit *f*; ~лая кость *f* (*iron.*) blaues Blut *n*; ~лое мя́со *n* Kalb- *od.* Hühnerfleisch; ~лый свет *m* (weite) Welt *f*; ~лые стихи́ *m/pl.* reimlose Verse; ~лый у́голь *m* weiße Kohle *f* (*Wasserkraft*); ♀лое мо́ре *n* Weißes Meer; средь (*od.* среди́) бе́ла дня F am hellen, lichten Tag.
бель|ги́ец *m* [1; -ги́йца], **~ги́йка** *f* [5; *g/pl.*: -ги́ек] Belgier(in *f*); **♀гия** ('ḫe-) *f* [7] Belgien *n*.
бельгу́н *m* [1*e.*] Sumpfeule *f*.
бельё *n* [10] (*koll.*) Wäsche *f*; спи́сок *m* белья́ Waschzettel; ни́жнее ~ Unterwäsche *f*; носи́льное ~ Leibwäsche *f*; посте́льное ~ Bettwäsche *f*; столо́вое ~ Tafelzeug.
белье|во́й [14] Wäsche...; **~вщи́ца** *f* [5] Weißnäherin.
бельме́с *m* [1] (*nur in*): он ни ~а не понима́ет er versteht nichts; er kann nicht bis drei zählen.
бельм|о́ ⚕ *n* [9; *pl.*: бе́льма, бе́льм] Star *m*; бе́льма *pl.* Glotzaugen; вы́пучить ~а F glotzen; она́ у него́ как ~о́ на глазу́ sie ist ihm ein Dorn im Auge.
беля́к *m* [1*e.*] Schneehase; Schaumwelle *f*.
бенефи́с *m* [1] Benefiz(vorstellung *f*) *n*; **~ный** [14] Benefiz...
бензи́н *m* [1] Benzin *n*; **~ка** *f* [5; *g/pl.*: -нок] F Benzinkocher *m*; **~овый** [14] Benzin...; **~охрани́лище** *n* [11] Benzin-tank *m* -zisterne *f*.
бензобо́чка *f* [5; *g/pl.*: -чек] Benzintonne.
бензо́й ⚗ *m* [3] Benzoe *f*.
бензо́л *m* [1] Benzol *n*.
бенуа́р *m* [1] (*Thea.*) Parterreloge *f*.
бергамо́т ⚘ *m* [1] Bergamotte *f*; **~ный** [14] Bergamott(en)...
берглёз *m* [1] Stieglitz.
берда́нка † ⚔ *f* [5; *g/pl.*: -нок] Berdangewehr *n*.
бёрдо ⊕ *n* [9] Weber-blatt, -kamm *m*; **~вый** [14] Weberblatt...
бе́рег *m* [1; на -гу́; *pl.*: -га́, -го́в] Ufer *n*; ~а́ *pl.* Küste *f*; вы́йти из ~о́в über die Ufer treten; держа́ться ~а an der Küste entlang fahren; приста́ть к ~у anlegen; от одного́ ~а отста́л, к друго́му не приста́л er hat sich zwischen zwei Stühle gesetzt; **~ово́й** [14] Ufer..., Küsten...; ~ово́е судохо́дство *n* Küstenschiffahrt *f*.
береди́ть [15; бережу́, береди́шь], <раз-> [разбережённый] reizen, wundreiben, (*a. fig.*) aufreißen.
береж|е́ние *n* [12] Behütung *f*; **~ёный** [14] behütet, bewahrt; *vgl.* бере́чь.
бережли́вый [14 *K.*] sparsam.
бе́реж|ный [14; -жен, -жна] vorsichtig, behutsam, liebevoll, schonend; относи́ться ~но behutsam, liebevoll umgehen (к Д mit).

берёз|а ♀ *f* [5] Birke; плаку́чая ~а Trauerbirke; **~ка** *f* [5; *g/pl.*: -зок] Birklein *n*.
березня́к *m* [1 *e.*] Birken-gehölz *n*, -hain.
берёзо|вик ♀ *m* [1] (rauher) Birkenpilz; **~вый** [14] birken; Birken...; дать ~вой ка́ши F mit Ruten strafen.
берейтор *m* [1] Bereiter; Reitlehrer.
бере́мен|еть [8], <за-> schwanger werden; **~ная** [14; -менна, *m u. n nur fig.*] schwanger; быть ~ной in andern Umständen sein; **~ность** *f* [8] Schwangerschaft.
бере́мя P *n* [13] *s.* бре́мя.
бе́рест ♀ *m* [1] Ulme *f*; **~а** (-ˈŗɔs-) *f* [5] obere (*od.* äußere) Birkenrinde; **~ня́к** *m* [1*e.*] Ulmenhain; **~овый** (-ˈŗɔs-), **~яно́й** [14] Birkenrinden...
бере́т *m* [1] Barett *n*, Baskenmütze *f*.
бере́чь [26; г, ж, statt к, ч: берегу́, бережёшь] **1.** <по-> hüten; **2.** <по-, с-> schonen; **3.** <с-> [сбережённый] (auf)bewahren; sparen; nicht verkommen lassen; копе́йка рубль бережёт (*Spr.*) wer den Pfennig nicht ehrt, ist des Talers nicht wert; **-ся** sich vorsehen, sich in acht nehmen, sich schonen; береги́сь! Achtung!, Aufgepaßt!, Vorsicht!; hüte dich! (*drohend*).
бери́ллий ⚗ *m* [3; *prpos/sg.*: -лии] Beryllium *n*.
Бе́рингов [19]: ~о мо́ре *n* Beringmeer; ~ проли́в *m* Beringstraße *f*.
бе́ркут *m* [1] (*Zool.*) Steinadler, Goldadler.
берло́га *f* [5] Bären-höhle, -lager *n*.
берцо́|вый [14]: **~вая** кость *f* Schienbein *n*.
бес *m* [1] Teufel; рассыпа́ться ме́лким ~ом F schöntun, scharwenzeln (пе́ред T *dat.*); седина́ в бо́роду, а ~ в ребро́ (*Spr.*) Alter schützt vor Torheit nicht.
бес... (*vor stimmlosen Konsonanten*) *s.* без...
бесе́д|а *f* [5] Unterhaltung; Unterredung; Besprechung, Diskussion **~ка** *f* [5; *g/pl.*: -док] Laube; **~овать** [7] sich unterhalten; <по-> sich eine Zeitlang unterhalten; **~чик** *m* [1] Leiter e-s Vortrages mit Aussprache.
бесёнок *m* [2] kleiner Teufel *od.* Unhold; Wildfang.
беси́ть F [15], <вз-> [взбешённый] aufbringen, toll machen; **-ся** rasend (*od.* toll) werden, in Wut geraten; an der Tollwut erkranken; он с жи́ру бе́сится F ihn sticht der Hafer.
бескозы́рка *f* [5; *g/pl.*: -рок] schirmlose Mütze.
бесконе́ч|ный [14; -чен, -чна] unendlich, endlos, ohne Ende; ~ное произведе́ние ⅍ *n* endloses Produkt.
беско́рмица *f* [5] Futtermangel *m*.
бескоры́стие *n* [12] Uneigennützigkeit *f*.
беско́стный [14] knochen-, grätenlos; (*fig.*) willensschwach.
бескро́вие *n* [12] Blutarmut *f*.
бескульту́рье *n* [10] Unkultur *f*, Unordnung *f*.
бесо́вщина *f* [5] Teufelei, Teufelsspuk *m*.
беспа́мят|ный [14; -тен, -тна] vergeßlich; besinnungslos; **~ство** *n* [9] Bewußtlosigkeit *f*, Ohnmacht *f*.
беспарти́йный [14] parteilos; Parteilose(r) *m*.
беспате́нт|ный [14] ohne Patent; ~ная торго́вля *f* Schwarzhandel *m*.
бесперебо́йный [14; -бо́ен, -бо́йна] störungsfrei, glatt verlaufend.
беспереме́нный [14] unveränderlich, unwiderruflich.
беспереса́дочный 🚂 [14] Durchgangs..., ohne Umsteigen.
беспеч|а́льный [14; -лен, -льна] kummerlos, sorgenfrei; **~ный** (-ˈpeʧ-) [14; -чен, -чна] unbekümmert, sorglos.
беспла́но|вый [14] planlos; ~вое хозя́йство *n* planlose freie Wirtschaft *f*.
беспла́т|ный [14; -тен, -тна] kostenfrei, unentgeltlich; unbesoldet; Gratis...; ~но (*adv.*) umsonst, gratis.
беспло́дный [14; -ден, -дна] unfruchtbar; fruchtlos, vergeblich, erfolglos.
бесповоро́тный [14; -тен, -тна] unwiderruflich.
бесподо́б|ный [14; -бен, -бна] unvergleichlich; beispiellos; ausgezeichnet; ~но (*adv.*) ohnegleichen.
беспозвоно́ч|ный [14] wirbellos; ~ные (*Zool.*) *pl.* Wirbellose.
беспок|о́ить [13], <о-> beunruhigen, stören; belästigen; **-ся** sich Sorge

machen, besorgt sein (о П um *od.* über *ac.*); не ~бйтесь! seien Sie unbesorgt!, lassen Sie sich nicht stören!; **~ойный** [14; -óен, -óйна] unruhig, ruhelos; **~óйство** *n* [9] Unruhe *f*; Störung *f*; простите за ~óйство entschuldigen Sie die Störung.

бесполéзный [14; -зен, -зна] nutzlos, unnütz.

беспóлый [14] ohne Diele *od.* Fußboden; (*Bio.*) geschlechtslos; ohne Rockschöße.

беспóмощный [14; -щен, -щна] hilflos.

беспорóчный [14; -чен, -чна] makellos, unbescholten.

беспоря́до|к *m* [1; -дка] Unordnung *f*; Mißstand; беспоря́дки *pl.* Unruhen *f/pl.*; **~чный** [14; -чен, -чна] unordentlich.

беспосáдочный [14]: ~ перелёт *m* Nonstopflug, Flug ohne Zwischenlandung.

беспóчвенный [14 *K.*] grundlos; zweck-, halt-los.

беспóшлинный [14] zollfrei.

беспощáдный [14; -ден, -дна] schonungslos, grausam.

беспрáвный [14; -вен, -вна] rechtlos, entrechtet.

беспредéльный [14; -лен, -льна] unermeßlich, grenzenlos; *a. fig.*

беспредмéтный [14; -тен, -тна] gegenstandslos, zwecklos.

беспрекослóвный [14; -вен, -вна] unbedingt, widerspruchslos, unweigerlich.

беспрепя́тственный [14 *K.*] ungehindert.

беспреры́вный [14; -вен, -вна] ununterbrochen, ständig.

беспрестáнный [14; -нен, нна] unaufhörlich, fortwährend.

беспри́быльный [14; -лен, -льна] gewinnlos, unrentabel.

беспризóрн|ик *m* [1] verwahrlostes obdachloses Kind *n*; **~ый** [14; -рен, -рна] obdachlos, verwahrlost, aufsichtslos.

беспримéрный [14; -рен, -рна] beispiellos.

беспри́месный [14] ohne Beimischung.

беспристрáст|ие *n* [12] Unparteilichkeit *f*; **~ный** (-sn-) [14; -тен, -тна] unparteiisch, unvoreingenommen.

беспричи́н|ный [14; -нен, -нна] grundlos, unbegründet; затéять ~ную ссóру e-n Streit vom Zaun brechen.

бесприю́тный [14; -тен, -тна] obdachlos.

беспрóволочный ⚡ [14] drahtlos; Funken...

беспросвéтный [14; -тен, -тна] stockfinster; (*fig.*) hoffnungslos, ohne Lichtblick.

беспу́тный [14; -тен, -тна] liederlich, ausschweifend.

Бессарáбия *f* [7] Bessarabien *n*.

бессвя́зный [14; -зен, -зна] zusammenhanglos.

бессемéйный [14] ohne Familie, alleinstehend.

бессемéровский ⊕ [16] Bessemer...

бессемя́нный ⚘ [14] stein-, kernlos.

бессердéчный [14; -чен, -чна] herz-, gefühl-los.

бесси́лие *n* [12] Kraftlosigkeit *f*, Schwäche *f*; половóе ~ ⚕ Impotenz *f*.

бесслáв|ие *n* [12] Unehre *f*, Schmach *f*; **~ить** [14], <о-> schmähen, entehren; **~ный** [14; -вен, -вна] ehrlos, schmachvoll; ruhmlos.

бесслéдный [14] spurlos.

бессловéс|ный [14; -сен, -сна] sprachlos, stumm; wortkarg; ~ное живóтное *n* stumme Kreatur *f*; ~ная роль *f* (*Thea.*) stumme Rolle.

бессмéнный [14] unaufhörlich, beständig.

бессмéрт|ие *n* [12] Unsterblichkeit *f*; **~ный** [14; -тен, -тна] unsterblich; unvergeßlich.

бессмы́сл|енный [14 *K.*] sinnlos; stumpfsinnig; **~ица** *f* [5] Unsinn *m*, ungereimtes Zeug *n*.

бессóвестный [14; -тен, -тна] gewissenlos; frech.

бессодержáтельный [14; -лен, -льна] inhaltlos, nichtssagend.

бессознáтельный [14; -лен, -льна] unbewußt, nicht vorsätzlich; bewußtlos.

бессóнн|ица *f* [5] Schlaflosigkeit; **~ый** [14] schlaflos; ~ая ночь *f* schlaflose Nacht.

бесспóрный [14; -рен, -рна] unbestreitbar, unstreitig; zweifelsohne, bestimmt.

бесcрóчный [14; -чен, -чна] frist-, termin-los, auf unbestimmte Zeit.

бесстра́стие *n* [12] Leidenschaftslosigkeit *f*, Gelassenheit *f*.
бесстра́ш|ие *n* [12] Furchtlosigkeit *f*; **~ный** [14; -шен, -шна] furchtlos, unerschrocken.
бессты́д|ник *m* [1] Schamlose(r); **~ничать** [1] sich schamlos benehmen; **~ный** [14; -ден, -дна] schamlos, unverschämt; **~ство** *n* [9] Schamlosigkeit *f*.
бессты́жий P [17] *s.* бессты́дный.
бессчётный [14] unzählig, zahllos.
беста́лан|ный [14; -нен, -нна] talentlos; unglücklich, unglückselig; ~ная голо́вушка *f* Pechvogel *m*.
бестеле́сный [14; -сен, -сна] körperlos, unkörperlich.
бе́стия *f* [7] Bestie, Vieh *n*; продувна́я ~ (*fig.*) F geriebener Kunde *m*; то́нкая ~ Schlaumeier *m*, Pfiffikus *m*.
бестова́рье *n* [10] Warenmangel *m*.
бестолко́в|щина *f* [5] Unsinn *m*; Unordnung; **~ый** [14 *K.*] unverständlich, sinnlos; stumpfsinnig; schwer von Begriff.
бе́столочь *f* [8] *s.* бестолко́вщина; Dummkopf *m*, P Blödmann *m*.
бестре́петный [14; -тен, -тна] furchtlos, unerschrocken.
бесхи́тростный [14; -тен, -тна] aufrichtig, offenherzig, treuherzig, ohne Hinterlist.
бесхле́б|ица P *f* [5], **~ье** *n* [10] Brotmangel *m*; Mißwachs *m*.
бесхозя́йствен|ность *f* [8] Mißwirtschaft; **~ный** [14*K.*] unwirtschaftlich, unpraktisch (*Mensch*).
бесхребе́тный [14] rückgrat-, grundsatz-los, schwankend.
бесцве́тный [14; -тен, тна] farblos; *a. fig.*
бесце́льный [14; -лен, -льна] ziel-, plan-, zweck-los.
бесце́н|ный [14; -нен, -нна] unschätzbar, teuer; **~ок** *m* [1; -нка] Spott-, Schleuder-preis; wertlose Sache *f*; продава́ть за ~ок spottbillig verkaufen; verschleudern.
бесцеремо́н|ный [14; -нен, -нна] rücksichtslos, unverfroren; де́йствовать ~но kurzen Prozeß machen.
бесчелове́ч|ие *n* [12], **~ность** *f* [8] Unmenschlichkeit *f*; Grausamkeit *f*; **~ный** [14; -чен, -чна] unmenschlich; grausam.
бесче́ст|ить [15], <о-> entehren, beschimpfen; **~ный** [14; -тен, -тна] ehrlos; schändlich; **~ье** *n* [10] Unehre *f*, Entehrung *f*, Schmach *f*.
бесчи́нство *n* [9] Unfug *m*, Ungebührlichkeit *f*; **~вать** [7] sich ungebührlich betragen, Unfug treiben.
бесчи́сленный [14 *K.*] zahllos, unzählig.
бесчу́вств|енный (bɪˈʃtʃustv-) [14 *K.*] gefühllos, unempfindlich; mitleidlos; **~ие** *n* [12] Gefühllosigkeit *f*; Bewußtlosigkeit *f*, Ohnmacht *f*.
бесшаба́шный [14; -шен, -шна] rastlos; leichtsinnig, sorglos; ausgelassen.
бе́та-лучи́ ⚡ *m/pl.* [1; *gen.*: -че́й] Betastrahlen.
бето́н *m* [1] Beton; **~и́ровать** [7], <за->betonieren; **~омеша́лка** F *f* [5; *g/pl.*: -лок] Betonmischmaschine; **~щик** *m* [1] Betonarbeiter; **~ье́рка** *f* [5; *g/pl.*: -рок] Betonmischmaschine.
бечев|а́ *f* [5] Schlepptau *n*, Seil *n*; тяну́ть ~о́й treideln; **~ка** (-ˈtʃɔf-) *f* [5; *g/pl.*: -вок] Bindfaden *m*; **~ни́к** *m* [1 *e.*] Treidelweg; **~о́й** [14] Schlepp...
бешаме́ль *f* [8] (*Kochk.*) Bechamelsoße.
бе́ше|нство *n* [9] ⚕ Tollwut *f*; Tollheit *f*, Raserei *f*; **~ный** [14] toll; rasend, wütend; ~ные де́ньги *f/pl.* Heidengeld *n*; ~ные це́ны *f/pl.* enorme (*od.* ungeheure) Preise *m/pl.*
бздеть V [9; *1. Pers. ungbr.*] e-n Wind lassen, V furzen.
библе́йский [16] biblisch; Bibel...
библио́граф *m* [1] Bibliograph; **~и́ческий** [16] bibliographisch; ~и́ческий указа́тель *m* Literaturverzeichnis *n*.
библио|те́ка *f* [5] Bibliothek; ~те́ка-чита́льня *f* öffentliche Bibliothek mit Lesesaal; передвижна́я ~те́ка Wanderbücherei; **~те́карь** *m* [4] Bibliothekar.
би́блия *f* [7] Bibel.
бива́|к *m* [1] Biwak *n*, Feld(nacht)-lager *n*; стоя́ть ~ком *od.* на ~ках biwakieren; **~чный** [14] Biwak...
би́вень *m* [4; -вня] Vorder-, Beißzahn, Hauer, Stoßzahn.
бига́мия *f* [7] Doppelehe, Bigamie.
бигара́дия *f* [7] bittere(r) Pomeranze(nbaum *m*).

бигуди́ *pl.* [*unv.*] Lockenwickel *m.*
бидо́н *m* [1] Kanister, (Blech-) Kanne *f.*
бидэ́ *n* [*unv.*] kleine Waschwanne *f*, Bidet.
бие́ние *n* [12] Schlagen; ~ пу́льса Pulsschlag *m.*
бизо́н *m* [1] Auerochs, Bison.
биле́т *m* [1] Billett *n*, Fahr-karte *f*, -schein; Zettel, Schein, Note *f*; Karte *f*; обра́тный ~ Rückfahrkarte *f*; перро́нный ~ Bahnsteigkarte *f*; парти́йный ~ Parteibuch *n*; отпускно́й ~ Urlaubschein; **~ный** Billett..., Fahrkarten...
би́ло *n* [9] Klöppel *m*; Gongbecken.
бильд|аппара́т *m* [1] Bildfunkgerät *n*; **~свя́зь** *f* [8] Bildfunkverbindung.
билья́рд *m* [1] Billard *n*; **~ный** [14]: ~ная *f* Billardzimmer *n.*
биметалли́зм *m* [1] Bimetallismus.
бино́кль *m* [4] Opern-glas *n*, -gucker; доро́жный (театра́льный) ~ Reise- (Theater)glas *n*; полево́й ~ Feldstecher.
бинт *m* [1*e.*] Binde *f*, Verband; **~ова́ть** [7], <за-> verbinden.
био́граф *m* [1] Biograph; **~и́ческий** [16] biographisch; **~ия** (-ˈgra-) *f* [7] Biographie, Lebensbeschreibung.
био́лог *m* [1] Biologe; **~и́ческий** [16] biologisch; **~ия** (-ˈlɔ-) *f* [7] Biologie, Lebenskunde.
биохи́мия *f* [7] Biochemie.
бипла́н *m* [1] Zwei-, Doppeldecker.
биполя́рный [14] (*Phys.*) zweipolig.
би́ржа ✝ *f* [5] Börse; ~ труда́ Arbeitsnachweis *m.*
бирже|ви́к *m* [1*e.*] Börsenspekulant, Börsianer; **~во́й** [14] Börsen...
би́рка *f* [5; *g*/*pl.*: -рок] Kerbstock *m*; (*Gepäck- usw.*) Schildchen *n.*
бирю|за́ *f* [5] (*Min.*) Türkis *m*; **~зо́вый** [14] Türkis...
бирю́к *m* [1*e.*] (*Prov.*) Wolf; (*fig.*) mißtrauischer Mensch; смотре́ть ~о́м mürrisch, finster dreinschauen.
бирю́ль|ка *f* [5; *g*/*pl.*: -лек] Strohhälmchen *n*, Stäbchen *n* (*im Zitterspiel*); ~ки *pl.* Zitter-, Geduld-spiel *n*; игра́ть в ~ки das Zitterspiel spielen; (*fig.*) die Zeit vertrödeln.
бис noch einmal!, da capo!
би́сер *m* [1] (*koll.*) (Glas-)Perlen *f*/*pl.*; мета́ть ~ пе́ред сви́ньями (*iron.*) Perlen vor die Säue werfen.
биси́ровать [7] (*im*)*pf.* (*Thea. usw.*) (*Auftreten*) wiederholen, eine Zugabe bringen.
Биска́йский [16]: ~ зали́в *m* Biskayischer Meerbusen.
бискви́т *m* [1] Biskuit *n*; **~ный** [14] aus Biskuit; Biskuit...; ~ное пиро́жное *n* Biskuitkuchen *m.*
бита́ *f* [5] (*Sport*) Schläger *m*, Schlagholz *n.*
би́тва *f* [5] Schlacht.
битко́м: ~ наби́тый voll-gepfropft, -gestopft.
бито́к *m* [1; -тка́] Klöppel, Schlegel; gehacktes Rindfleisch *n* (*Art deutsches Beefsteak*); Klops.
бить [бью, бьёшь; бе́й(те)!; би́л, -а; би́тый] **1.** <по-> schlagen, hauen; **2.** <про-> [про́бил, проби́ла, про́било] schlagen (*Uhr*); **3.** <раз-> [разобью́, -бьёшь; разби́л] zerschlagen; **4.** <у-> schlachten, töten, schießen; **5.** [*ohne pf.*] sprudeln, quellen; ~ в глаза́ in die Augen springen; ~ ка́рту eine Karte stechen; ~ в наба́т Sturm läuten; ~ отбо́й ⚔ zum Rückzug blasen; (*fig.*) sich drücken; ~ в цель ins Schwarze treffen; ~ по недоста́ткам Mängel bekämpfen; часы́ бьют die Uhr schlägt; про́било пять часо́в es hat fünf geschlagen; про́бил его́ час seine Stunde hat geschlagen; винто́вка бьёт далеко́ das Gewehr trägt weit; жизнь бьёт ключо́м das Leben pulsiert; бьёт фонта́н der Springbrunnen spielt; меня́ бьёт лихора́дка ich habe Schüttelfrost; э́то бьёт по карма́ну das reißt ein Loch in den Beutel, reißt ins Geld; **-ся** sich schlagen, kämpfen; klopfen (*Herz*); sich abquälen; -ся голово́й о(б) сте́ну (*a. fig.*) mit dem Kopf gegen die Wand rennen; -ся об закла́д wetten; -ся над реше́нием зада́чи sich mit der Lösung e-r Aufgabe abquälen; у меня́ се́рдце бьётся mein Herz klopft; он бьётся как ры́ба об лёд (*Spr.*) er strengt sich vergeblich an; **~ё** *n* [10] Schlagen; Zerschlagen.
бифурка́ция *f* [7] Gab(e)lung.
бифште́кс *m* [1] Beefsteak *n.*
бич *m* [1*e.*; *g*/*pl.*: -е́й] Peitsche *f*; (*fig.*) Geißel *f.*

бичевá *s.* бечевá; **~ние** *n* [12] Geißelung *f*; **~ть** [6; бичýю] geißeln; anprangern.
бишь P (*als Einschiebsel*) denn, doch; как ~ егó зовýт? wie heißt er doch gleich?
блáго 1. *n* [9] Gut, Wohl, Heil; **2.** (*adv.*) gut, wohl, zum Heil; **3.** (*cj.*) F um so mehr als; da doch.
благовéр|ный [14] (*scherzhaft*) Gemahl *m*; ~ная Gemahlin *f*.
благовúдный [14; -ден, -дна] wohlaussehend; (*fig.*) passend, geeignet (*Ausrede usw.*).
благоволéние *n* [12] Gewogenheit *f*, Wohlwollen.
благовóн|ие *n* [12] Wohlgeruch *m*, Duft *m*; **~ный** [14] wohlriechend.
благовоспúтанный [14*K.*] wohlerzogen.
благоврéменный [14; -менен, -менна] (recht)zeitig.
благого|вéйный [14] andächtig, ehrfurchtsvoll; **~вéние** *n* [12] Andacht *f*, Ehrfurcht *f*; (к Д *od* пéред Т vor *dat.*); **~вéть** [8] (к Д *od.* пéред Т) verehren, *j-m* Ehrfurcht erweisen.
благодар|éние *n* [12] Dank(sagung *f*) *m*; **~úть** [13], <по-, от-> (В/за В *j-m* für *et.*) danken; **~ность** (-ˈdar-) *f* [8] Dankbarkeit; Dank *m*; **~ный** (-ˈdar-) [14; -рен, -рна] dankbar; **~ственный** (-ˈdar-) [14] Dank...; ˈ**~ствовать** [7] *s.* ~úть; **~á** (Д) dank; infolge, durch; ~á томý, что ... dadurch, daß ...
благодáт|ный [14; -тен, -тна] segensreich, wohltätig; (glück)selig; **~ь** *f* [8] Wohltat, Segen *m*.
благодéн|ствие *n* [12] Glückseligkeit *f*, Wohlfahrt *f*; **~ствовать** [7] glücklich leben.
благодéтель *m* [4], **~ница** *f* [5] Wohltäter(in *f*); **~ность** *f* [8] wohltuende Wirkung; **~ный** [14; -лен, -льна] wohltuend; **~ствовать** [7], <о-> wohltun (*dat.*).
благодеяние *n* [12] Wohltat *f*.
благодýш|ествовать [7] ein angenehmes Leben führen; **~ие** *n* [12] Herzensgüte *f*; **~ный** [14; -шен, -шна] herzensgut, gutmütig.
благожелáтель *m* [4], **~ница** *f* [5] Gönner(in *f*); **~ность** *f* [8] Wohlwollen *n*; **~ный** [14; -лен, -льна] wohlwollend.
благозвуч|ие *n* [12], **~ность** *f* [8] Wohlklang *m*, Wohllaut *m*; **~ный** [14; -чен, -чна] wohlklingend.
благ|óй [14] gütig, gut; кричáть ~úм мáтом schreien, als ob man am Spieß steckt.
благолéп|ие *n* [12] Pracht *f*; **~ный** [14; -пен, -пна] herrlich, prächtig.
благонадёжный [14; -жен, -жна] zuverlässig, sicher.
благонамéренный [14 *K.*] wohlmeinend, wohlgemeint.
благонрáв|ие *n* [12] Sittsamkeit *f*; **~ный** [14; -вен, -вна] (wohl)gesittet, sittsam.
благообрáз|ие *n* [12] Schönheit *f*; Anstand *m*; **~ный** [14; -зен, -зна] schön, wohlgestaltet; (wohl)anständig; ehrwürdig.
благополýч|ие *n* [12] Wohl-ergehen, -fahrt *f*, Glück; **~ный** [14; -чен, -чна] glücklich; wohlbehalten.
благоприобрéтенный [14 *K.*] wohlerworben.
благопристóйный [14; -óен, -óйна] (*lit.*) wohlanständig.
благоприят|ный [14; -тен, -тна] günstig; gewogen, wohlwollend; **~ствовать** [7] (Д) begünstigen; счáстье мне ~ствовало F das Glück war mir hold; наибóлее ~ствуемая нáция (*Pol.*) meistbegünstigte Nation.
благоразýм|ие *n* [12] Klugheit *f*, Einsicht *f*; **~ный** [14; -мен, -мна] klug, einsichtsvoll; ~но wohlweislich, vernünftig.
благорасполóженный [14; -жен, -жена] (wohl)geneigt, gewogen.
благорóд|ие *n* [12] Wohlgeboren (*Titel*); **~ный** [14; -ден, -дна] adlig; edel, vornehm; ideal, erhaben; Edel...; ~ная кровь *f* (*iron.*) blaues Blut *n*; **~ство** *n* [9] adlige Abstammung *f*, Adel *m*; Edelsinn *m*.
благосклóнный [14; -нен, -нна] ([к] Д *j-m*) (wohl)geneigt, gewogen.
благосло|вéние *n* [12] Segen *m*; Segnen; Ehrwürden (*Titel*); **~вéнный** [14 *K.*] gesegnet; **~влять** [28], <~вúть> [14; -влю, -вúшь] segnen.
благосостояние *n* [12] Wohlstand *m*.
благотворúтель *m* [4], **~ница** *f* [5] Wohltäter(in *f*); **~ный** [14] wohltätig.
благотвóрный [14; -рен, -рна] wohltuend.

благоуго́дный [14; -ден, -дна] (an)genehm, wohlgefällig.

благоустро́енный [14; -оен, -оена] wohlgeordnet, wohleingerichtet; komfortabel.

благоуха́|нный [14; -а́нен, а́нна] wohlriechend, duftend; **~ть** [1] wohlriechen, duften.

благочести́|вый [14] gottesfürchtig, fromm; **~е** (-ˈtʃes-) *n* [12] Gottesfurcht *f*, Frömmigkeit *f*.

блаже́н|ный [14 *K.*] (glück)selig; töricht; Gerechte(r) *m*; Blödsinnige(r) *m*; Narr in Christo; **~ство** *n* [9] Seligkeit *f*, Glückseligkeit *f*; быть на верху́ ~ства im siebten Himmel sein; **~ствовать** [7] glücklich sein; schwelgen.

блаж|и́ть [16; -жу́, -жи́шь] störrisch (*od.* eigensinnig) sein; *vgl.* ублажа́ть; **~но́й** [14] mutwillig; eigensinnig; **~ь** F *f* [8] Eigensinn *m*, Laune.

бланк *m* [1] Formular *n*; (Geschäfts-)Briefbogen; Vordruck; ☤ Blankoindossament *n*; ~ для зака́зов Bestellzettel.

бла́нко|вый [14] Blanko...; ☤ ~вая на́дпись *f* Blankoindossament *n*.

блат P *m* [1] Vetternwirtschaft *f*; по~у hintenherum, unter der Hand, durch Beziehung(en); **~но́й** P [14] Gauner...; Mitglied e-r Verbrechergilde (*in sowjetischen Gefängnissen u. Straflagern*); ~но́й язы́к *m od.* ~на́я му́зыка *f* Gaunerrotwelsch *n*.

блева́ть P [6; блюю́, блюёшь; блю́ющий; блюя́] <с-> sich erbrechen, P kotzen.

блево́т|а P *f* [5] Erbrechen *n*; **~ина** P *f* [5] Auswurf *m*.

бле́д|ненький [16; -е́нек, е́нька] bläßlich; **~не́ть** [8], <по-> blaß (*od.* bleich) werden, erblassen, erbleichen; verblassen (*fig.*) (пе́ред Т gegenüber); их успе́хи ~не́ют пе́ред на́шими ihre Erfolge verblassen gegenüber unseren.

бледно... (*in Zssgn*) blaß...; **~ва́тый** [14 *K.*] etwas blaß, bläßlich; **~ли́цый** [14 *K.*] blaß von (*od.* im) Gesicht.

бле́д|ный [14; -ден, -дна́, -дно; -дне́е] blaß, bleich (лицо́м im Gesicht); ~ная не́мочь ⚕ *f* Bleichsucht.

блёк|лый [14] welk, fahl, verblichen; **~нуть** [21] <по-> (ver)welken, (ver)bleichen.

бленнорре́я ⚕ *f* [6] Augentripper *m*.

блеск *m* [1] Glanz, Schein; Funkeln *n*.

блесна́ *f* [5; *pl.*: блёсны, -сен, -снам] (*metallischer*) Köder *m*.

блест|е́ть [11; *a.* бле́щешь] *einm.* <блесну́ть> [20] (er)glänzen, funkeln, flimmern; aufblitzen; не всё то зо́лото, что блести́т es ist nicht alles Gold, was glänzt; **~ки** (ˈbʲlʲɔskɪ) *f/pl.* [5; *gen.*: ток] Flitter *m*; ~ки остроу́мия Geistesblitze *m/pl.*; **~я́щий** [17 *K.*] glänzend, blank.

блеф *m* [1] Bluff.

бле́ять [27; *nur 3. Pers.*: бле́ет] blöken; meckern.

ближ|а́йший [17] (*s.* бли́зкий) nähere(r), nächste(r); **~е** (bʲlʲiʒɛ) näher; **ˈ~ний** [15] nahe; nächst; Nächste(r) *m*; ♀ний Восто́к *m* der Nahe Osten.

близ (P) nahe bei *od.* an, unweit von; **ˈ~иться** [15; *nur 3. Pers.*], <при-> sich nähern, nahen; **ˈ~кий** [16; -зок, -зка́, -зко; *comp.* бли́же, *sup.* ближа́йший] (к Д) nahe; ~ко от (P) nahe bei, unweit von; **~лежа́щий** [17] nahegelegen, naheliegend; **~не́ц** *m* [1e.] Zwilling; брат-близне́ц Zwillingsbruder; сестра́-близне́ц Zwillingsschwester *f*.

близору́|кий [16 *K.*] kurzsichtig; **~кость** *f* [8] Kurzsichtigkeit.

бли́зость *f* [8] Nähe; Vertraulichkeit; *s.* побли́зости.

блик *m* [1] Lichtfleck.

блин *m* [1e.] Plinse *f*, Fladen (*Art flacher Pfannkuchen*); пе́рвый ~ ко́мом (*Spr.*) aller Anfang ist schwer; **ˈ~чатый** [14] plinsen-, fladen-artig; **ˈ~чик** *m* [1] (*mst pl.*) kleine Plinse *f*.

блиста́тельный [14; -лен, -льна] glänzend; prachtvoll.

блиста́ть [1] glänzen, strahlen.

бли́цкриг ⚔ *m* [1] Blitzkrieg.

блока́да *f* [5] Blockade, Sperrung, Sperre.

блок-аппара́т 🚂 *m* [1] Blockwerk *n*.

блоки́ровать [7] (*im*)*pf.* blockieren, sperren; (*Pol.*) e-n Block bilden.

блокно́т *m* [1] Notizblock.

блокпо́ст 🚂 *m* [1] Blockstelle *f*.

блонди́н *m* [1], **~ка** *f* [5; *g/pl.*: -нок] Blonde *m*, Blondine *f*.

блотня́к *m* [1*e.*](*Rw.*) Hehler, Aufkäufer von Diebesgut.
блоха́ *f* [5; *nom/pl. st.*: бло́хи] Floh *m.*
блош|и́ный Floh...; ~и́ный уку́с *m* Flohbiß; '~**ка** *f* [5; *g/pl.*: -шек] kleiner Floh *m*, Flöhchen *n*.
блуд *m* [1] Buhlerei *f*, Unzucht *f*; ~**и́ть 1.** [15] umher-irren, -schweifen; **2.** [15; -жу́, -ди́шь] buhlen; ~**ли́вый** [14 *K.*] mutwillig; verschmitzt; wollüstig; ~**ни́к** P *m* [1*e.*], ~**ни́ца** *f* [5] Buhler(in*f*); '~**ный** [14] buhlerisch, unzüchtig; ~ный сын *m* (*biblisch*) der verlorene Sohn.
блужда́|ть [1]umher-irren,-schweifen; ~ющий огонёк *m* Irrlicht *n*; ~ющая по́чка *f* Wanderniere.
блу́з|а *f* [5] Bluse, Leinkittel *m*; ~**ка** *f* [5; *g/pl.*: -зок] (*Damen-*) Bluse; ~**ник** F *m* [1] Blusenmann.
блю́дечк|о *n* [9; *g/pl.*: -чек] Schüsselchen; (ча́йное ~о) Untertasse *f*; как на ~е ganz deutlich *od.* klar.
блю́до *n* [9] Schüssel *f*; Gericht, Speise *f*, Gang *m*.
блюдоли́з *m* [1], ~**ка** *f* [5; *g/pl.*: -зок] Tellerlecker(in*f*), Schmarotzer (-in*f*); ~**ничанье** *n* [10] Tellerleckerei *f*, Schmarotzen; ~**ничать** [1] die Teller lecken, schmarotzen.
блю́дце *n* [11; *g/pl.*: -дец] Schüsselchen; Untertasse *f*; ~ для бритья́ Barbier-, Rasier-becken.
блюсти́ [25], <со-> beobachten, wahren, wahrnehmen; hüten; ~**тель(ница** *f*) *m* [4; (5)] Hüter (-in); Aufseher(in); Wächter, Hüter.
бля́д|ский P [16] Huren...; erbärmlich; ~**ство** P *n* [9] Hurerei *f*; Schweinerei *f*; ~**ь** P *f* [8] Hure.
бля́ха *f* [5] Blechschild *n*; Schild *n*.
бля́шка *f* [5; *g/pl.*: -шек] kleines Schild *n*.
б. м. *Abk. für* бу́дущего ме́сяца.
боа́ [*unv.*] **1.** *m* Riesenschlange *f*, Boa *f*; **2.** *n* Boa *f* (*als Halspelz*).
боб ⚘ *m* [1*e.*] Bohne *f*; оста́ться на боба́х P leer ausgehen, das Nachsehen haben.
бобёр *m* [1; -бра́] Biberpelz.
боби́на ⊕ *f* [5] (Garn-)Spule, Seiltrommel.
бобко́вый [14] Lorbeer...
бобо|ви́к *m* [1*e.*] Bohnenstengel; ~**вина** (ba'bɔ-) *f* [5] Bohnenstaude, -pflanze; ~**вый** (ba'bɔ-) Bohnen...; ~вые расте́ния *n/pl.* Hülsenfrüchte *f/pl.*
бобр *m* [1*e.*] Biber; морско́й ~ Seeotter *f*; уби́ть ~а́ (*fig.*, *iron.*) einen Bock schießen, sich irren; ~**о́вый** [14] Biber...
бо́бслей *m* [3] (*Sport*) Rennschlitten.
бобы́л|ь *m* [4 *e.*], ~**ка** *f* [5; *g/pl.*: -лок] Bauer (Bäuerin *f*) ohne Land, Häusler(in *f*); (*fig.*) einsamer alleinstehender Mann.
бог (bɔx) *m* [1; *Vokativ*: бо́же] Gott; Götze(nbild *n*); ~ весть F Gott weiß *od.* weiß Gott; бо́же мой! mein Gott!; ~ с ним ich will nichts mehr mit ihm zu tun haben; сла́ва ~у! Gott sei Dank!; не дай ~! Gott verhüte!
богаде́льня *f* [6; *g/pl.*: -лен] Armen-anstalt, -haus *n*.
богат|е́ть [8], <раз-> reich werden; ~**ство** (-'gat-) *n* [9] Reichtum *m*; ~**ый** (-'gat-) [14 *K.*; *comp.* бога́че] reich (T an *dat.*); чем бога́ты, тем и ра́ды nehmen Sie vorlieb.
богаты́р|ский [16] heldenhaft; Helden...; ~ское здоро́вье *n* eiserne Gesundheit *f*; ~**ство** *n* [9] Heldenmut *m*, -tum; ~**ь** *m* [4*e.*] Held; Recke.
бога́ч *m* [1*e.*; *g/pl.*: -е́й] reicher Mann, Reiche(r); ~**е** *s.* бога́тый.
богéм|а *f* [5] Boheme; ~**ец** *m* [1, -мца] Böhme; **2ия** *f* [7] Böhmen *n*; ~**ский** [16] böhmisch.
боги́ня *f* [6] Göttin.
богобоя́зненный [14 *K.*] gottesfürchtig.
богода́н|ный [14] von Gott geschenkt; ~ный сын *m* Adoptivsohn; ~ная до́чка *f* Adoptivtochter.
богома́терь *f* [8] Mutter Gottes.
бого|мо́лец *m* [1; -льца], ~**мо́лка** *f* [5; *g/pl.*: -лок] Betbruder *m*, Betschwester *f*, Beter(in*f*); Pilger(in*f*), Wallfahrer(in *f*); ~**мо́лье** *n* [10] Beten; Pilger-, Wall-fahrt *f*; ~**мо́льный** [14; -лен, -льна] gottesfürchtig, fromm; ~**мо́льня** *f* [6; *g/pl.*: -лен] Betzimmer *n*.
богоотсту́пни|к *m* [1], ~**ца** *f* [5] Gottesleugner(in *f*).
богоро́диц|а *f* [5] Mutter Gottes, Gottesgebärerin; рождество́ *n* ~ы Mariä Geburt *f*.
богосло́в *m* [1] Theologe, Gottesgelehrte(r); ~**ие** *n* [12] Theologie *f*,

Gottesgelehrsamkeit *f*; **~ский** [16] theologisch.
богослуже́|бный [14] gottesdienstlich, rituell; ~бные кни́ги *f/pl.* Kirchenbücher *n/pl.*; **~ние** *n* [12] Gottesdienst *m.*
боготвори́ть [13] vergöttern.
богоуго́д|ный [14; -ден, -дна] gottgefällig; ~ное заведе́ние *n* Armen-anstalt *f*, -haus.
богоху́ль|ник *m* [1] Gotteslästerer; **~ничать** [1] Gott lästern; **~ный** [14] gotteslästerisch; **~ство** *n* [9] Gotteslästerung *f*; **~ствовать** [7] *s.* богоху́льничать.
богоявле́ние *n* [12]: ~ госпо́дне Erscheinung *f* Christi, Epiphanien-, Dreikönigs-fest.
бода́ть [1], <за->, *einm.* <бодну́ть> [20] (**-ся** sich) stoßen (*mit den Hörnern*).
бодли́вый [14 *K.*] stößig (*Vieh*).
бодмере́я ⚓ *f* [6; *g/pl.*: -ре́й] Bodmerei.
бодр|и́ть *s.* ободри́ть; **~ствовать** ('bɔ-) [7] wachen, wach bleiben; **~ый** ('bɔ-) [14; бодр, -дра́, бо́дро; -дре́е] wachsam; rüstig, frisch; zuversichtlich.
боеви́к *m* [1*e.*] (*Pol.*) revolutionärer Kämpfer; (*fig.*) ~ сезо́на Schlager der Saison.
бое|во́й [14] Schlacht(en)..., Kampf-..., Kriegs...; streitbar; ~во́е креще́ние *n* Feuertaufe *f*; ~во́й мо́лот *m* Vorschlaghammer; ~во́й па́рень *m* (*fig.*) flotter Bursche; ~во́й патро́н *m* scharfe Patrone *f*; ~во́й пост ⚓ m Gefechtsstation *f*; ~во́й поря́док *m* Gefechtsordnung *f* ~ва́я подгото́вка *f* Kampfausbildung; ~ва́я пружи́на *f* Schlagfeder.
боёк *m* [1; бойка́] ⚔ Schlagstift; ⊕ Preßbär (*Dampfhammer*).
бое|пита́ние *n* [12] Munitionsversorgung *f*; **~припа́сы** *m/pl.* Munition *f*; **~спосо́бный** [14; -бен, -бна] kampf-fähig, -kräftig.
боец *m* [1; бойца́] Kämpfer; Fechter.
бо́же *s.* бог; **~ский** [16] göttlich; **~ственный** (-'ʒɛs-) [14 *K.*] göttlich; **~ство́** *n* [9] Gottheit *f*; (*fig.*) Abgott *m.*
бо́жий [18] Gott gehörig; Gottes-...; бо́жья коро́вка *f* Marienkäfer *m.*
божи́ться [16; -жу́сь, -жи́шься], <по-> (в П) schwören (bei), beteuern, beschwören.
божни́ца *f* [5] Heiligenschrank *m*; Götzentempel *m.*
божо́к *m* [1; божка́] kleines Götzenbild *n.*
бой *m* [3; бо́я, в бою́; *pl.*: бои́, боёв] Schlag; Schlacht *f*, Kampf; взять бо́ем *od.* с бо́ю im Sturm (ein)nehmen; рукопа́шный ~ *m* Handgemengen; дать ~ eine Schlacht liefern; бить сме́ртным бо́ем halbtot prügeln; (*in Zssgn*) = бо́йкий, *z.B.* бой-ба́ба P *f* verwegenes Weib *n*, Mannweib *n*; **'~кий** [16; бо́ек, бойка́, бо́йко; *comp.* бойче́е] gewandt, flink, fix; lebhaft, belebt (*Straße usw.*); **'~кость** *f* [8] Gewandtheit, Fixigkeit.
бойкоти́ровать [7] boykottieren, ächten.
бойни́ца *f* [5] Schießscharte.
бо́йня *f* [6; *g/pl.*: бо́ен] Schlachthof *m*; Gemetzel *n*, Blutbad *n.*
бок *m* [1; на боку́; *pl.*: бока́] Seite *f*; на́ ~, бо́ком zur Seite, seitwärts; ~ о́ ~ (dicht) nebeneinander, Schulter an Schulter; с бо́ку на́ ~ hin und her (*vgl.* сбо́ку); по́ ~у P fort, beiseite; по́д ~ом F in allernächster Nähe; намя́ть ~а́ P (Д *j-n*) windelweich schlagen; бара́ний ~ Hammelkeule *f.*
бока́л *m* [1] Pokal, Becher.
боко|во́й [14] Seiten...; seitlich; ~ва́я ка́чка ⚓ *f* Schlingern *n*; отпра́виться на ~ву́ю F sich aufs Ohr (*od.* sich schlafen) legen.
бокс *m* [1] Box-, Faust-kampf; **~ёр** *m* [1] Boxer, Faustkämpfer; **~и́ровать** [7] boxen.
болва́н *m* [1] Hauklotz; Dummkopf; ~-болва́ном Erzklotz; **~ка** *f* [5; *g/pl.*: -нок] eine Stange Eisen.
болга́р|ин *m* [4; *pl.*: -ры, -га́р, -рам] Bulgare; **Ωия** *f* [7] Bulgarien *n*; **~ка** *f* [5; *g/pl.*: -рок] Bulgarin; **~ский** [16] bulgarisch.
болево́й [14] schmerzhaft.
бо́лее, *poet. a.* бо́ле (*s.* бо́льше) mehr (P als); ~ высо́кий höher(er); не ~ höchstens.
боле́зненный [14 *K.*] kränklich, krankhaft; schmerzlich.
болезнетво́рный [14] krankheitserregend.
боле́зн|ь *f* [8] Krankheit; по ~и krankheitshalber; схвати́ть ~ь sich eine Krankheit zuziehen.

боле́льщик *m* [1] Sportbegeisterte(r), Sportfex, Fan.

боле́ть 1. [8] krank sein (T an *dat.*); sich kümmern, besorgt sein (о П um); **2.** [9; *nur 3.Pers.*] schmerzen, weh tun; у меня́ голова́ боли́т der Kopf tut mir weh, ich habe Kopfschmerzen.

болеутоля́ющий [17] schmerzstillend.

боло́нка *f* [5; *g/pl.*: -нок] Schoßhündchen *n*, Bologneser Hündchen *n*.

боло́т|истый [14 *K.*] sumpfig, morastig; **~ный** [14] Sumpf...; **~о** *n* [9] Sumpf *m*, Morast *m*; **~це** *n* [11; *g/pl.*: -цев] kleiner Morast *m*.

болт *m* [1*e.*] Bolzen; ~ с наре́зкой Schraubenbolzen.

болта́ть [1] **1.** <вз-> (*Flüssigkeit*) schütteln; (*Sahne*) schlagen, quirlen; **2.** <на-> hinein-schlagen, -quirlen; ~ яиц в те́сто Eier in den Teig schlagen; ~ нога́ми mit den Beinen strampeln; **3.** F <на-, вы́->, *einm.* <болтну́ть> [20] schwatzen, plaudern; babbeln **-ся** baumeln, schlenkern; schlottern (*Kleider*); schwanken; F sich umhertreiben.

болтли́вый [14 *K.*] schwatzhaft.

болтовня́ *f* [6; *g/pl.*: -не́й] Geschwätz *n*.

болтов|о́й [14] Schrauben...; ~а́я га́йка *f* Schraubenmutter; ~о́е соедине́ние *n* Verschraubung *f*.

болту́н *m* [1 *e.*] Schwätzer; Windei *n*; **~ья** *f* [6; *g/pl.*: -ний] Schwätzerin.

болту́шка *f* [5; *g/pl.*: -шек] Quirl *m*; P *s. a.* болту́н(ья); F Rührei *n*.

боль *f* [8] Schmerz *m*; зубна́я ~ Zahn-schmerz(en *pl.*) *m*, -weh *n*.

больни́|ца *f* [5] Krankenhaus *n*; **~чный** [14] Krankenhaus..., Hospital...; ~чный листо́к *m* Krankenschein.

бо́ль|но schmerzhaft, empfindlich; P sehr, gehörig; мне ~но за (В) es tut mir leid um; глаза́м ~но die Augen tun einem weh; **~но́й** [14; бо́лен, больна́] krank; Kranke(r) *m*; ~но́е ме́сто *n* (*fig.*) wunder Punkt *m*; ~но́й вопро́с *m* heikle *od.* brennende Frage *f*.

бо́льше (*s.* большо́й, мно́го) größer; mehr; ~ всего́ am meisten; чтоб э́того ~ не́ было! daß mir das nicht wieder vorkommt!; **~ви́зм** *m* [1] Bolschewismus (*kommunistische Regierungsform*); **~ви́к** *m* [1*e.*] Bolschewist; **~ви́стский** (-ˈɣisskɪj), P **~ви́цкий** [16] bolschewistisch; **~ви́чка** *f* [5; *g/pl.*: -чек] Bolschewistin.

бо́ль|ший [17] (*s. a.* ~шо́й) der größere; ~шей ча́стью *od.* по ~шей ча́сти größtenteils; meist(ens); **~шинство́** *n* [9] Mehr-heit *f*, -zahl *f*; die meisten; **~шо́й** [16] (*präd. s.* вели́кий) groß; erwachsen; ~ши́е де́ньги *pl.* viel Geld *n*; ~шо́й па́лец *m* Daumen; große Zehe *f*; **~шу́щий** P [17] sehr groß.

боля́чка *f* [5; *g/pl.*: -чек] Schorf *m*; wundgeriebene Stelle.

бо́мб|а *f* [5] Bombe; зажига́тельная ~а Brandbombe; фуга́сная ~а Sprengbombe; **~арди́ровать** [7] bombardieren, beschießen; (*fig.*) bestürmen, überschütten; **~арди-ро́вка** *f* [5; *g/pl.*: -вок] Beschießung; Bombenangriff *m*; **~арди-ро́вщик** *m* [1] Bombenflugzeug *n*; пики́рующий ~ардиро́вщик Stuka (Sturzkampfbomber); **~ёжка** F *f* [5; *g pl.*: -жек] *s.* ~ардиро́вка; **~и́ть** [14; -блю́, -би́шь; (раз-) бомблённый], <раз-> bombardieren, mit Bomben belegen, zerbomben.

бомбо|во́з *m* [1] Bombenflugzeug *n*; **~держа́тель** *m* [4] Bombenaufhängevorrichtung *f*; **~мета́ние** *n* [12] Bombenwurf *m*; прице́льное ~мета́ние gezielter Bombenwurf *m*; **~сбра́сыватель** *m* [4] Bombenabwurfvorrichtung *f*; **~убе́жище** *n* [11] Luftschutz-raum *m*, -keller *m*.

бонбонье́рка *f* [5; *g/pl.*: -рок] Bonbonniere, Konfekt-büchse, -schachtel.

бонда́р|ный [14] Böttcher...; **~ня** *f* [6; *g/pl.*: -рен] Böttcherei; **~ь** (ˈbɔn- *u.* -ˈdaɽ) *m* [4; *pl.*: -ри *u.* -ря́] Böttcher, Faßbinder.

бо́нза *f* [5] Bonze *m*.

бонифика́ция ☤ *f* [7] Vergütung.

бо́нна *f* [5] Bonne, Kinderwärterin, Erzieherin.

бор *m* **1.** [1; в бору́; *pl. e.*] Fichten-, Tannen-, Nadel-wald; с ~у да с со́сенки F aufs Geratewohl; ⚗ Bor *n*; **2.** ⚕ [1] Bohrer (*Zahnarzt*).

бора́ *f* [5] Sturm *m*, Unwetter *n*.

бо́ргес *m* [1] (*Typ.*) Borgis *f*.

бордáк V *m* [1*e.*] Bordell *n*, Freudenhaus *n*, V Puff.
бордó 1. *n* [*unv.*] Bordeaux(wein) *m*; **2.** weinrot.
бордю́р *m* [1] Bordüre *f*, Besatz; (*Typ*). Einfassung *f*.
борéй *m* [3] Nordwind.
Бóренька *m* [5] *dim. v.* Бори́с.
борéц *m* [1; -рцá] Kämpfer, Ringer.
борзóй [14] schnell, flink (*Hund*); борзáя (собáка) *f* Windhund *m*.
борзопи́сец *m* [1; -сца] Schnell-, Viel-schreiber.
бóрзый [14 *K.*; *f* борзá] schnell, geschwind, flink (*bsd. v. Pferden*).
Бори́с *m* [1] Boris (*Vn.*).
бормаши́на *f* [5] Bohrmaschine (*Zahnarzt*).
бормо|тáть [3] murmeln, brummen; **~тýн** *m* [1*e.*], **~тýнья** *f* [6; *g/pl.*: -ний] Murmler(in *f*), Brummer(in *f*).
бóров *m* **1.** [1; *pl.*: -ы] (*kastrierter*) Eber; **2.** [1; *pl.*: -á, -óв] Fuchs, Feuerzug (*Ofen*).
борови́к ⚘ *m* [1*e.*] Edel-, Stein-pilz.
бородá *f* [5; *ac/sg.*: бóроду; *pl.*: бóроды, борóд, -дáм] Vollbart *m*.
бородáв|ка *f* [5; *g/pl.*: -вок] Warze; **~очка** *f* [5; *g/pl.*: -чек] Wärzchen *n*; **~чатый** [14 *K.*] warzig, voll(er) Warzen.
бородá|тый [14 *K.*] (voll)bärtig; **~ч** *m* [1*e.*; *g/pl.*: -чéй] Bärtige(r); Bartgras *n*.
борóдка *f* [5; *g/pl.*: -док] Bärtchen *n*; ⊕ Schlüsselbart *m*.
бородóк *m* [1; -дкá] Locheisen *n*.
борозд|á *f* [5; *pl.*: бóрозды, борóзд, -дáм] Furche; **~и́ть** [15; -зжý, -зди́шь], <вз-> furchen; **~чатый** (-'rɔs-) [14 *K.*] voll(er) Furchen, furchig.
боро|нá ⸗ *f* [5; *ac/sg.*: бóрону; *pl.*: бóроны, борóн, -нáм] Egge; **~ни́ть** [13], **~новáть** [7], <вз-> eggen; **~ньбá** *f* [5] Eggen *n*.
борóться [17; борясь], <по-> ringen, kämpfen; *vgl.* поборóть.
борт *m* [1; на бортý; *pl.*: -тá] Borte *f* (*am Kleid*); Rand; (*Billard*) Bande *f*; ⚓ Bord; брóсить зá ~ über Bord werfen; человéк за ~ом! Mann über Bord!; **~овóй** [14] Bord...; ~овáя проводни́ца ✈ *f* [5] Stewardeß.
борть *f* [8] Waldbienen-stock *m*, -höhlung.
борщ *m* [1*e.*; *gen/sg. a.*: -щý; *g/pl.*: -щéй] Beten-, (rote) Rüben-suppe *f*; ⚘ Bärenklau.
борьбá *f* [5] Kampf *m* (за В um); Ringkampf *m*.
Бóрька *m* [5], **Бóря** *m* [6] *dim. v.* Бори́с.
босикóм barfuß.
босóй [14; бос, босá, бóсо] barfüßig; на босý нóгу barfuß.
босо|нóгий [16] barfüßig; **~нóжка** *m/f* [5; *g/pl.*: -жек] Barfüßige(r), -füßer(in *f*); ~нóжки *pl.* offene Sommersandalen (*für Damen*).
Босфóр *m* [1] Bosporus.
босяк *m* [1*e.*] Bar-füßige(r), -füßer; Penn-, Sonnen-bruder.
бот *m* [1] Boot *n*, Kahn; Fischtrampe *f*; *vgl.* бóты.
ботани|зи́рка *f* [5; *g/pl.*: -рок] Botanisiertrommel; **~зи́ровать** [7] botanisieren; **~к** (-'ta-) *m* [1] Botaniker; **~ка** (-'ta-) *f* [5] Botanik, Pflanzenkunde; **~ческий** (-'ŋi-) [16] botanisch.
ботвá *f* [5] Beten-, Rüben-, Kartoffel-kraut *n*.
ботви́нья *f* [6; *g/pl.*: -ний] kalte Betensuppe.
ботворéзальная [14]: ~ маши́на *f* Krauthobel *m*.
бóтик *m* [1] kleines Boot *n*.
боти́нок *m* [1; -нка; *g/pl.*: -нок] Halbstiefel (*der Damen*); Stiefelette *f*.
ботфóрты *m/pl.* [1] Kanonenstiefel.
бóты *m/pl.* [1] Schneestiefel (*der Damen*); Überschuhe.
бóцман ⚓ *m* [1] Bootsmann; **~ский** [16] Bootsmanns...
бочáр *m* [1*e.*] Böttcher, Faßbinder; **~ня** *f* [6; *g/pl.*: -рен] Böttcherei.
бóч|ечный [14] Faß..., Tonnen...; **~ка** *f* [5; *g/pl.*: -чек] Faß *n*, Gebinde *n*, Tonne (*a. als Flüssigkeitsmaß* = 4,92 hl).
бочкóм seitwärts.
бочóно|к *m* [1; -нка] Fäßchen *n*, Tönnchen *n*; **~чный** [14] Fäßchen-...; ~чное пи́во *n* Faßbier.
боязли́вый [14 *K.*] furchtsam, ängstlich.
боя́знь *f* [8] Furcht, Angst (P vor *dat.*).
боя́р|ин *m* [1; *pl.*: -ре, -я́р] Bojar; **~ство** *n* [9] Bojaren-würde *f*, -tum; **~ыня** *f* [6] Bojarin.

боя́рышник ♀ *m* [1] Hagebutte *f*.
боя́ться [бою́сь, бои́шься, боя́тся; бо́йся, бо́йтесь!; бо́ясь], <по-> fürchten, sich fürchten (P vor *dat.*); бою́сь сказа́ть ich weiß nicht genau; де́ло ма́стера бои́тся das Werk lobt den Meister.
бра *n* [*unv.*] Wandarm *m*.
брави́ровать [7] trotzen, prahlen (T mit).
бра́вый [14] brav, tapfer.
бра́га *f* [5] Maische; Dünnbier *n*.
бра́жни|чать [1] zechen; **~чество** *n* [9] Zecherei *f*.
бразды́ *f/pl.* [5] (*fig.*) Zügel *m/pl.*
брази́|лец *m* [1; -льца] *s.* **~лья́нец**; **♀лия** *f* [7] Brasilien *n*; **~льский** [16] brasilisch; **~лья́нец** *m* [1; -нца], **~лья́нка** *f* [5; *g/pl.*: -нок] Brasilier(in *f*).
брак *m* [1] Ehe *f*; (*ohne pl.*) Brack *n*, Ausschuß, Ausschußware *f*.
браков|а́ть [7], <за-> (aus)bracken, (*als schlecht*) ausscheiden; брако́ванный zurückgesetzt; Ausschuß...; **~ка** (-ˈkɔf-) *f* [5] Ausbracken *n*; **~щи́к** *m* [1*e.*] Bracker.
браконье́р *m* [1] Wilddieb.
брако|разво́дный [14] Ehescheidungs...; **~сочета́ние** *n* [12] Vermählung *f*, Trauung *f*.
бра́мсель ⚓ *m* [4] Bramsegel *n*.
бранд|ва́хта ⚓ *f* [5] Wachtschiff *n*; **~ма́уэр** *m* [1] Brandmauer *f*; **~ме́йстер** *m* [1] Brandmeister; **~спо́йт** *m* [1] Feuerspritze *f*.
брани́ть [13], <вы́-> schelten, tadeln; **-ся** sich zanken, sich streiten; schimpfen.
бра́нный [14] Schmäh..., Schimpf...; kriegerisch, Kampf...
бранчли́вый [14 *K.*] streit-, zanksüchtig.
бра́ный [14] (*s.* брать) gemustert (*Stoff*).
брань *f* [8] Gezänk *n*, Zank *m*, Geschimpfe *n*; Schimpfworte *n/pl.*; Schlacht, Kampf *m*.
брасле́т *m* [1] Armband *n*.
брат *m* [1; *pl.*: бра́тья, -тьев, -тьям] (*s. a.* бра́тия) Bruder; (*Anrede*) Bester, Verehrtester; ваш ~ ihr und euresgleichen; наш ~ unsereiner; свой ~ Gesinnungsgenosse; на́ ~а je Person, auf die Person.
брата́ться [1], <по-> sich verbrüdern, Brüderschaft schließen.
братва́ P *f* [5] Kameradschaft, Genossenschaft.
бра́тец *m* [1; -тца] Brüderlein *n*, Brüderchen *n*, lieber Bruder; (*Anrede*) mein Lieber!
брати́на *f* [5] Humpen *m*.
бра́тия *f* [7] (*Ordens-*)Bruderschaft; ни́щая ~ Bettler *m/pl.*, Bettlerschaft.
бра́тнин [19] dem Bruder gehörig; Bruder...
брато|люби́вый [14 *K.*] brüderlich liebend; **~лю́бие** *n* [12] Bruderliebe *f*; **~уби́йство** *n* [9] Brudermord *m*; **~уби́йца** *m/f* [5] Brudermörder(in *f*).
бра́т|ский [16; *adv.* (по-)бра́тски] brüderlich; **~ство** *n* [9] Brüderschaft *f*; Genossen-, Kameradschaft *f*; **~цы** *s.* бра́тец.
брать [беру́, -рёшь; беря́; бра́л, -а́, -о], <взять> [возьму́, -мёшь; взя́л, -а́, -о, взя́тый (взят, взята́, -о)] nehmen; (*Billet*) lösen; (*Maßregeln*) ergreifen; ~ в (В) in (*Betracht*) ziehen; ~ за (Т) mitheiraten; ~ у *od.* от (Р) borgen von; ~ приме́р с (Р) ein Beispiel nehmen an (*dat.*) ~ верх над (Т) besiegen, bezwingen; ~ власть die Macht ergreifen; ~ на пору́ки bürgen (В für); ~ сло́во (с Р j-m) das Versprechen abnehmen; ~ себя́ в ру́ки (*fig.*) sich zs.-nehmen; ~ своё s-e Interessen wahrnehmen; ~ в ско́бках ⅍ in Klammern setzen; ры́ба хорошо́ берёт die Fische beißen gut an; бри́тва хорошо́ берёт die Klinge rasiert gut; э́то де́ло берёт мно́го труда́ diese Angelegenheit erfordert viel Mühe; си́ла не берёт die Kraft versagt; его́ взяла́ охо́та ihn kam die Lust an; взять (+ да *od.* и *od.* да и + Verb: *unerwartete Handlung*): он взял да сказа́л F er sagte es ohne langes Besinnen; ду́мали, что она́ не придёт — а она́ возьми́ и приди́ man glaubte, sie käme nicht — aber plötzlich kam sie doch; его́ ничто́ не возьмёт F ihn kann nichts erschüttern; что взял? was hast du nun davon?; возьми́те напра́во! gehen Sie rechts!; *s. a.* взима́ть; **-ся** [бра́лся, -ла́сь, -ло́сь], <взя́ться> [взя́лся́, -ла́сь, взя́ло́сь, взя́ли́сь] за (В) übernehmen, auf sich nehmen; anfassen, ergreifen; -ся за́ руки sich anfassen (*bei*

den Händen); -ся за кни́гу ein Buch zu lesen anfangen; -ся за рабо́ту sich an die Arbeit machen; отку́да э́то берётся? wo kommt das her?; отку́да у него́ де́ньги беру́тся? wo nimmt er bloß das Geld her?; проду́кты беру́тся на расхва́т man reißt sich um die Erzeugnisse; отку́да ни возьми́сь unerwartet, ganz plötzlich.

бра́унинг *m* [1] Browning(pistole *f*).

бра́чащийся [17] in den Ehestand Tretender.

бра́чный [14] ehelich, hochzeitlich; Ehe..., Hochzeits...

бра́шпиль ⚓ *m* [4] Ankerwinde *f*.

бреве́нчатый [14] Balken...

бревно́ *n* [9; *pl.*: брёвна, -вен, -внам] Balken *m*; (*fig.*) grober Patron *m*.

бред *m* [1] Phantasieren *n*; в ~у́ im Fieberwahn.

бре́день *m* [4; -дня] Schleppnetz *n*.

бре́д|ить [15] träumen, phantasieren, faseln (T von); **~ни** *f/pl.* [6; *g/pl.*: -ней] Unsinn *m*, Träumerei(en *pl.*) *f*; Gefasel *n*.

бре́згать [1] (T) sich ekeln (vor *dat.*), e-n Widerwillen haben (gegen); verschmähen; он не бре́згает ниче́м ihm ist kein Mittel zu schlecht.

брезгли́|вость *f* [8] Ekel *m*, Widerwille(n) *m*; **~вый** [14 *K.*] mäk(e)lig, wählerisch (к Д in *dat.*); ~вое чу́вство *n* Widerwille(n) *m* (к Д gegen).

брезгу́н F *m* [1*e.*], **~ья** *f* [6; *g/pl.*: -ний] Kostverächter(in *f*).

брезе́нт *m* [1] Plane *f*; ⚓ Persenning *f*.

бре́зжить [16], **-ся** [*nur 3. Pers.*] dämmern, tagen; flimmern.

бреква́тер ⚓ *m* [1] Wellenbrecher.

брело́к *m* [1] Berlocke *f*, Uhrgehänge *n*.

бре́мя *n* [13; *ohne pl.*] Last *f*, Bürde *f*.

бренча́ть [4; -чу́, -чи́шь] klirren; klimpern (*Klavier*).

Бресла́вль *m* [4] Breslau *n*.

брести́ [бреду́, -дёшь; бредя́; брёл, брела́; бре́дший], <по-> sich schleppen; schlendern, langsam gehen.

брете́лька *f* [5; *g/pl.*: -лек] Tragband *n*, Achselband *n* (*für Damenhemd, -rock*).

бретёр † *m* [1] Händelsucher, Raufbold.

бреха́ть P [3], <(с)брехну́ть> [20] kläffen; P lügen, aufschneiden.

брехли́|вый [14] kläffend; ~вая соба́ка *f* Kläffer *m*.

бреху́н P *m* [1*e.*] Lügner.

брешь *f* [8] Bresche.

бре́ющий [17]: ~ полёт ✈ *m* Tiefflug.

брига́|да *f* [5] ⚔ Brigade; Arbeitsbrigade; 🚂 поездна́я ~да (*auf bestimmten Stationen wechselndes*) Zugpersonal *n*; уда́рная ~да Stoßbrigade; **~ди́р** ⚔ *m* [1] Brigadier; Führer e-r Arbeitsbrigade, Kolonnenführer.

бри́джи *pl.* [1; *gen.*: -жей] Breeches, Reithosen.

брикети́ровать [7] (*im*)*pf.* zu Briketts pressen.

бри́льня *f* [6; *g/pl.*: -лен] Barbierstube.

брилья́нт *m* [1] (*a.* бриллиа́нт) Brillant; **~овый** [14] Brillant...

брита́н|ец *m* [1; -нца] Brite; **Sия** *f* [7] Britannien *n*; **~ский** [16] britisch.

бри́т|ва *f* [5] Rasiermesser *n*; у неё язы́к как ~ва (*fig.*) sie hat eine scharfe Zunge; **~венный** [14] Rasier...; ~венный реме́нь *m* Streichriemen.

брить [бре́ю, бре́ешь; бре́й(те)!; бре́я; брил; бри́тый], <по-> (**-ся** sich) rasieren, barbieren; **~ё** *n* [10; *instr/sg.*: -тьём] Rasieren, Barbieren.

бро́вка *f* [5; *g/pl.*: -вок] Kante, Leiste, Karnies *m*.

бровь *f* [8; *ab g/pl. e.*: -ве́й, -вя́м] Augenbraue; он и ~ю не повёл F er verzog keine Miene; попа́сть не в ~, а в глаз F den Nagel auf den Kopf treffen.

брод *m* [1] Furt *f*.

броди́ло *n* [9] Gärstoff *m*, Ferment.

броди́льный [14] Gährungs...

броди́ть [15], <по-> umherschweifen, umherstreifen, wandern; [*nur 3. Pers.*] gären (*Bier*).

бродя́|га *m* [5] Landstreicher, Vagabund; **~жничать** [1] umherstrolchen; **~жничество** *n* [9] Landstreicherei *f*; **~чий** [17] umher-wandernd, -ziehend, unstet; herrenlos.

броже́ние *n* [12] Gärung *f*.

бром *m* [1] Brom *n*; **'~истый** [14] bromhaltig; Brom...; **'~овый** [14] Brom...

броне|бойка ⚔ *f* [5; *g/pl.*: -бек] F (*etwa*) Panzerfaust; **~бойный** [14] panzerbrechend; **~вик** *m* [1*e.*] Panzerspähwagen; **~вой** [14] Panzer...; **~носец** *m* [1; -сца] Gürteltier *n*; ⚓ Panzerschiff *n*; **~носный** [14] gepanzert; Panzer...; **~поезд** 🚂 *m* [1] Panzerzug; **~транспортёр** *m* [1] Schützenpanzerwagen (SPW).

бронза *f* [5] Bronze.

бронзиров|ать [7], <на-> bronzieren; **~ка** (-ˈrɔf-) *f* [5] Bronzierung.

бронзо|вщик *m* [1*e.*] Gürtler (*Gelbgießer, Schnallenmacher*); **~вый** (ˈbrɔn-) [14] bronzen; Bronze...; † ~вый вексель *m* Kellerwechsel.

бронировать [7] **1.** (*im*)*pf.* panzern, armieren; **2.** <за-> (*Platz*) reservieren, sicherstellen.

бронх|и ⚕ *m/pl.* [1] Bronchien *f/pl.*; **~ит** *m* [1] Bronchitis *f*.

броня[1] *f* [6; *g/pl.*: -ней] Harnisch *m*; ⚓ Panzer *m*; (*fig.*) ⚔ eiserne Ration.

броня[2] *f* [6; *g/pl.*: -ней] Reservierung (*e-s Platzes usw.*).

бросать [1], <бросить> [15] werfen, schmeißen (в B nach); (ver)lassen, im Stich lassen; aufgeben, ablassen von; ~ замечание eine Bemerkung fallen lassen; ~ курить das Rauchen aufgeben; ~ жребий losen; брось (-те)! F hör(t) schon auf (damit)!; **-ся** sich werfen, (sich) stürzen; -ся в глаза in die Augen springen, auffallen; -ся в голову zu Kopf steigen; -ся бежать davonstürzen; -ся в погоню (за T j-m) nachsetzen.

броский [16; бросок, -ска, -ско] auffallend, grell.

бросо|вый P [14] wertlos, minderwertig; ~вый экспорт *m* Dumping *n*; ~вая цена *f* Schleuderpreis *m*.

бросок *m* [1; -ска] (*Sport*) Wurf; броском mit e-m Ruck.

брошка *f* [5; *g/pl.*: -шек], **брошь** *f* [8] Brosche.

брошю|ра *f* [5] Broschüre, Flugschrift; **~ровать** [7], <с-> broschieren, heften; **~ровка** *f* [5] Broschieren *n*, Heften *n*.

брудер *m* [1] Brut-glocke *f*, -ofen (*Kücken*).

брус *m* [1; *pl.*: брусья, брусьев, брусьям] (*vierkantiger*) Balken; Bohle *f*; ~ья *pl.* (*a.*: параллельные ~ья) (*Turn-*)Barren *m*.

бруско|вый [14] Stab..., Stangen...; ~вое железо *n* Stabeisen; ~вое мыло *n* Stangenseife *f*.

бруснй|ка *f* [5] Preißelbeere; **~чник** *m* [1] Preißelbeerstrauch; Preißelbeerfundstelle *f*; **~чный** [14] Preißelbeer(en)...

брусок *m* [1; -ска] (*a.* точильный ~) Schleifstein; Riegel (*Seife*).

брыжейка *f* [5; *g/pl.*: -жеек] (*Anat.*) Gekröse *n*.

брыз|гать [1 *od.* 3], <~нуть> [20] bespritzen (T mit); stürzen, sich ergießen (*Tränen*); **-ся** sich (*od.* einander) bespritzen; **~ги** *f/pl.* [5] weggespritzte Tropfen *m/pl.*, Wasserstaub *m*, Gischt *m*.

брык|ать [1], <~нуть> [20], **-ся** ausschlagen (*mit den Hinterfüßen*); (*fig.*) halsstarrig sein, bockig sein.

брынза *f* [5] Schafkäse *m*.

брысь weg! (*zu Katzen*).

брюз|га *m/f* [5] Brummer(in *f*), F Brummbär *m*; Meckerer *m*; **~гливый** [14 *K.*] mürrisch, griesgrämisch; **ˈ~гнуть** [20], <о-> [21] aufdunsen, (auf)schwellen; **~жать** [4; -жу, -жишь] brummen, murren.

брюква ⚘ *f* [5] Steckrübe, weiße Rübe.

брюки *f/pl.* [5] Hose(n *pl.*) *f*.

брюнет *m* [1], **~ка** *f* [5; *g/pl.*: -ток] Brünette *m u. f.*

Брюссель *m* [4] Brüssel *n*; **2ский** [16] Brüss(e)ler; 2ская капуста *f* Rosenkohl *m*.

брюха|стый P [14 *K.*] dickbäuchig; **~тая** P [14] schwanger.

брюхо P *n* [9] Bauch *m*, Wanst *m*.

брюш|ина *f* [5] Bauchfell *n*; **~ко** F *n* [9; *pl.*; -ки, -ков] kleiner Bauch *m*, Bäuchlein; **~ной** [14] Bauch...

бряк bauz!, bums!; **ˈ~ать** [1], <ˈ~нуть> [20] *v/i.* klappern, klirren; *v/t.* geräuschvoll (hin)werfen; F herausplatzen mit, geradeheraus sagen; **ˈ~нуться** F [20] schwer hinschlagen *v/i.*

бряцать [1] klappern, klimpern; klirren (*Waffen*); ~ оружием (*fig.*) mit dem Säbel rasseln.

БССР (Белорусская Советская Социалистическая Республика *f*) Weißrussische Sozialistische Sowjetrepublik.

бу́бен *m* [1; -бна] (*mst pl.*) Schellentrommel *f*; **~е́ц** *m* [1; -нца́] Schelle *f*; **~чик** (-ˈʧen-) *m* [1] kleine Schelle *f*.

бу́блик *m* [1] (*runder*) Kringel.

бубни́ть F [13] in den Bart brummen.

бу́бн|ы F *f/pl.* [5; *gen.*: бубён, -бна́м] Karo *n*, Schellen *n* (*im Kartenspiel*); **~о́вый** [14] Karo..., Schellen...

бубо́н ⚕ *m* [1] Drüsengeschwulst *f*, Bubo.

бугóр *m* [1; -гра́] Hügel; **~óк** *m* [1; -рка́] Hügelchen *n*, Erhöhung *f*; ⚕ (туберкулёзный ~óк) Tuberkel; **~ча́тка** ⚕ † *f* [5] Tuberkulose; **~чатый** [14] hügelartig; ⚕ tuberkulös.

Будапе́шт *m* [1] Budapest *n*.

бу́де † wofern, falls.

бу́дет (*s.* быть) *unpers.* (es) genügt, (es ist) hinreichend; laß(t)!; ~ с **тебя́** für dich wird es genügen.

буди́льник *m* [1] Wecker(uhr *f*).

буди́ровать [7] schmollen; (auf-)hetzen; ~ вопро́с eine Frage aufwerfen.

буди́ть [15] **1.** <раз-> (auf)wecken; **2.** <про-> [пробуждённый] (*fig.*) aufrütteln.

бу́дка *f* [5; *g/pl.*: -док] Wärter-, Wächter-häuschen *n*; Schilderhaus *n*; телефóнная ~ Fernsprechzelle.

бу́дни *m/pl.* [1; *gen.*: -дней] Werktag *m*, Wochentag *m*; (*fig.*) Alltag *m*; **~чный** [14], **~шний** [15] werk-, alltäglich; Alltags...

будора́жить [16], <вз-> beunruhigen, aufregen.

бу́дочник *m* [1] Bahnwärter.

бу́дто als ob, als wenn (*a.* ~ бы, ~б); daß; anscheinend; tatsächlich? (*Zweifel*).

бу́дущ|ий [17] (zu)künftig; ~ее *n* Zukunft *f*; в ~ем in Zukunft; **~ность** *f* [8] Zukunft.

будь: ~ то sei es; ~ что бу́дет F komme, was da will.

буёк *m* [1; буйка́] Schwimmhölzchen *n* (*Angel*); Rettungsgürtel (*aus Korkholz*).

бу́ер *m* [1; *pl. e.*: -ра́] (*Sport*) Segelschlitten.

буера́к *m* [1] (kleine) Schlucht *f*.

бужени́на *f* [5] gekochtes (*a.* gebackenes) Schweinefleisch *n*.

буза́ *f* [5] Busa (*Art Dünnbier aus Buchweizen u. Hafermehl*); P Krawall *m*. Krakeel *m*.

буза́н *m* [1] weißer Storch

бузина́ *f* [5] Holunder *m*.

бузи́ть P [15; *1. Pers. ungbr.*, -зи́шь] Krakeel machen.

бузотёр P *m* [1] Krakeeler, Störenfried.

буй ⚓ *m* [3; *pl. e.*: буи́, буёв] Boje *f*.

бу́йвол *m* [1] Büffel; **~ица** *f* [5] Büffelkuh; **~овый** [14] Büffel...

бу́йный [14; бу́ен, буйна́, -о] ungestüm; unruhig; tobsüchtig.

бу́йство *n* [9] Unfug *m*; Gewalttätigkeit *f*; **~вать** [7] lärmen, Unfug treiben.

бук ⚘ *m* [1] Buche *f*.

бу́ка *m/f* [5] der schwarze Mann *m*, Schreckgespenst *n*; Menschenscheue(r).

бука́шка *f* [5; *g/pl.*: -шек] Käfer (-chen *n*) *m*.

бу́к|ва *f* [5] Buchstabe *m*; прописна́я ~ва großer Buchstabe *m*; строчна́я ~ва kleiner Buchstabe *m*; **~ва́льность** *f* [8] Buchstäblichkeit; **~ва́льный** [14; -лен, -льна] buchstäblich, wörtlich; **~ва́рь** *m* [4 *e.*] Abc-Buch *n*, Fibel *f*; **~венный** [14] Buchstaben...; **~вое́д** *m* [1] Buchstabenmensch, Pedant.

букво|литéйщик *m* [1] (*Typ.*) Schriftgießer; **~печа́тающий** [17]: ~печа́тающий аппара́т *m* Ferndrucker.

букини́ст *m* [1] Antiquar, Bücher-trödler.

бу́кля † *f* [6; *g/pl.*: бу́клей] Haarlocke, (eingelegte) Locke.

бу́ковый [14] buchen; Buchen...

букс ⚘ *m* [1] Buchsbaum.

бу́кса 🚂 *f* [5] Buchse.

букси́р *m* [1] Bugsierer; Schleppdampfer; Schlepptau *n*; **~ный** [14] Bugsier..., Schlepp...; **~ование** *n* [12] *s.* ~óвка; **~овать** [7] bugsieren, schleppen, ins Schlepptau nehmen; **~óвка** *f* [5] Bugsieren *n*.

булава́ *f* [5] Keule; Hetmansstab *m*.

була́|вка *f* [5; *g/pl.*: -вок] Stecknadel; Brust-, Busen-, Schlipsnadel; **~вочка** *f* [5; *g/pl.*: -чек] kleine Stecknadel; **~вочный** [14] Stecknadel...; Brustnadel...

була́ный [14] falb, fahl (*bsd. v. Pferden*).

була́т *m* [1] damaszierter Stahl, Damaszener(stahl); **~ный** [14] stählern; Stahl...

бу́лка *f* [5; *g/pl.*: -лок] Semmel, Brötchen *n*; Weißbrot *n*.
бу́лла *f* [5] (päpstliche) Bulle.
бу́лоч|ка *f* [5; *g/pl.*: -чек] Semmelchen *n*, Brötchen *n*; **~ник** (-ʃn-) *m* [1] (Weißbrot-)Bäcker; **~ный** (-ʃn-) [14] Bäcker...; Brot...; ~ная *f* Bäkkerei, Bäckerladen *m*.
бултых plumps!, platsch!; **~а́ть** [1], <~нуть> [20] schütteln, umrühren; werfen; **-ся** hineinplumpsen.
булы́ж|ник *m* [1] Feldstein, Kiesel(stein); Pflasterstein; **~ный** [14] Kiesel...; ~ная мостова́я *f* Steinpflaster *n*.
бульва́р *m* [1] Boulevard; **~ный** [14] Boulevard...; ~ный рома́н *m* Hintertreppenroman; ~ная пре́сса *f* (*ver.*) Asphaltpresse.
бульдо́г *m* [1] Bulldogge *f*.
бульдо́зер ⊕ *m* [1] Bulldozer.
бу́лькать [1], *einm.* <бу́лькнуть> gluckern, glucksen.
бульо́н *m* [1] Fleischbrühe *f*, Bouillon *f*.
бума́га *f* [5] Papier *n*; (*a.* пи́счая ~) Schreibpapier *n*; Schrift-, Aktenstück *n*; (*a.* хлопча́тая ~) Baumwolle; лино́ванная ~ liniiertes Papier *n*; ~ в клетку kariertes Papier *n*; нажда́чная ~ Schmirgelpapier *n*; обёрточная ~ Einwickelpapier *n*; почто́вая ~ Briefpapier *n*; промока́тельная ~ Löschblatt *n*; копирова́льная ~ Kohlepapier *n*; кури́тельная ~ Zigarettenpapier *n*.
бумагомара́тель *m* [4], **~ница** *f* [5] Vielschreiber(in *f*), Schmierer(in *f*).
бумагопряди́льня *f* [6; *g/pl.*: -лен] Baumwollspinnerei.
бума́ж|ка *f* [5; *g/pl.*: -жек] Papierchen *n*, Papierzettel *m*; P Banknote; amtliches Schriftstück *n*; **~ник** *m* [1] Brieftasche *f*; **~ный** [14] Papier...; baumwollen; Baumwoll(en)...; **~о́нка** *f* [5; *g/pl.*: -нок] Papierfetzen *m*.
бума|зе́йный [14] Barchent...; **~зе́я** *f* [6] Bombasin *m*, Barchent *m*.
бункерова́ть [7] einbunkern, (*Kohle*) bunkern.
бунт *m* **1.** [1] Empörung *f*, Aufruhr, Aufstand; **2.** [1 *e.*] Bund *n*, Ballen; **~а́рь** *m* [4 *e.*] *s.* бунтовщи́к.
бунтов|а́ть [7], <вз-> *v/t.* empören, aufwiegeln; *v/i. u.* **-ся** sich empören, rebellisch werden; **~ско́й** [14] aufrührerisch, rebellisch; **~щи́к** *m* [1 *e.*], **~щи́ца** *f* [5] Empörer(in *f*), Aufwiegler(in *f*).
бур ⊕ *m* [1] Bergbohrer.
бура́ *f* [5] Borax *m*.
бура́в *m* [1 *e.*] Bohrer; **~ить** [14], <про-> bohren; **~чик** *m* [1] kleiner Bohrer.
бура́к *m* [1 *e.*] (*zylindrisches*) Gefäß *n* aus Birkenrinde; (*Feuerwerkerei*) Schwärmer; ⚘ (*bsd. pl.*) Bete *f*, Runkelrübe *f*.
бура́н *m* [1] Schneesturm, Schneegestöber *n*.
бурда́ F *f* [5] schlechtes Getränk *n*, Gesöff *n*.
бурдю́к *m* [1 *e.*] Weinschlauch.
буре|ве́стник *m* [1] Sturmvogel; **~ло́м** *m* [1] Windbruch; Lagerholz *n*.
буре́ть [8], <по-> (schwarz)braun werden, sich bräunen.
буржуа́ *m* [*unv.*] Bürger; **~зи́я** *f* [7] Bürgerstand *m*, Bourgeoisie; **~зный** [14] Bürger...
буржу́й P *m* [3], **~ка** *f* [5; *g/pl.*: -жу́ек] *s.* буржуа́; ~ка eisernes Notöfchen *n*.
бури́ть [13], <про-> *s.* бура́вить.
бу́рка *f* [5; *g/pl.*: -рок] Braune(r) *m* (*Pferd*); Filzmantel *m*; бу́рки *pl.* Filzstiefel *m/pl.* mit Ledersohlen.
бу́ркать P [1], *einm.* <бу́ркнуть> [20] brummen, knurren.
бурла́к *m* [1 *e.*] Treidler, Bootzieher.
бурла́цкий [16] Treidler...
бурла́чить [16] *v/i* treideln.
бурли́вый [14 *K.*] unruhig, lärmend.
бурли́ть [13] lärmen, toben; brodeln; sieden.
бурми́стр *m* [1] Gutsverwalter.
бу́рный [14; -рен, -рна́, -о] stürmisch; Sturm...; (*fig.*) heftig.
буро|во́й [14] Bohr...; **~ва́я** сква́жина *f* Bohrloch *n*.
бу́рса *f* [5] geistliches Internat *n*; Priesterseminar *n*; **~к** (-'sak) *m* [1 *e.*] Zögling eines geistlichen Internats.
буру́н *m* [1 *e.*] Brandung *f*.
бурунду́к *m* [1 *e.*] Burunduk, gestreiftes Erdhörnchen *n*.
бурча́ть [4; -чу́, -чи́шь] brausen; knurren (*Magen*).
бу́рый [14; бур, -а́, -о] dunkel-, schwarz-braun; ~ у́голь *m* Braunkohle *f*.
бурья́н ⚘ *m* [1] Steppen-gras *n*, -kraut *n*.
бу́ря *f* [6] Sturm *m*, Unwetter *n*; ~ в стака́не воды́ F Sturm im Wasserglas.

буря́т *m* [1] Burjäte (*Ostsibirien*); ♀-Монго́льская Автоно́мная ССР *f* Burjät-Mongolische Autonome Sozialistische Sowjetrepublik.
бу́сина *f* [5] Glasperle.
бу́совый [14] Glasperlen...
буссо́ль *f* [8] Kompaß *m*; ⚔ Richtkreis *m*.
бусурма́н *s.* басурма́н.
бу́сы *f/pl.* [5] (*koll.*) Glasperlen.
бут ⊕ *m* [1] Bruchstein; Bruchsteinmauerwerk *n* (*als Fundament*).
бута́ра *f* [5] eisernes Sieb *n* der Goldwäscher.
бутафо́р *m* [1] Requisitenmeister; **~ия** *f* [7] Requisiten *n/pl.*; Atrappe *f*, Schaupackung *f*; **~ский** [16] Requisiten...; **~ская** *f* Requisitenkammer.
бутербро́д (-tɛr-) *m* [1] belegtes Butterbrot *n od.* Brötchen *n*.
бути́ть ⊕ [15; бучу́, бути́шь], <за-> mit einem Fundament aus Bruchsteinen versehen.
бу́товый ⊕ [14] Bruchstein...
буто́н *m* [1] Knospe *f*; **~ье́рка** *f* [5; *g/pl.*: -рок] Knopfloch *n*; Knopflochsträußchen *n*.
бу́тсы *m/pl.* [1] (*Sport*) Fußballstiefel.
буту́з F *m* [1] Pausback, Dickerchen *n*.
буты́л|ка *f* [5; *g/pl.*: -лок] Flasche; **~очка** *f* [5; *g/pl.*: -чек] Fläschchen *n*.
буты́ль *f* [8] große Flasche.
буф *m* [1] (*mst pl.*) Bausch; рука́в *m* (взду́тый) **~ом** Puffärmel.
бу́фер 🚂 *m* [1; *pl.*: -pá] Puffer.
буфе́т *m* [1] Büfett *n*, Schenktisch; (Bahnhofs-)Wirtschaft *f*, Restauration *f*; **~ный** [14] Büfett...; **~чик** *m* [1] Schenkwirt, Büfettier.
буффо́н *m* [1] Possenreißer; **~ить** [13] Possen reißen.
бух bums!, plumps!
буха́нка *f* [5; *g/pl.*: -нок] Laib *m* (*Brot*).
Бухара́ *f* [5] Bucharei.
Бухаре́ст *m* [1] Bukarest *n*.
буха́р|ец *m* [1; -рца] Buchare; **~ка** *f* [5; *g.pl.*: -рок] Bucharin; **~ский** bucharisch.
бу́хать [1], *einm.* <бу́хнуть> [20] *v/t.* geräuschvoll stoßen *od.* schlagen; herausplatzen (B mit) (*fig.*); *v/i.* (*a.* **-ся**) hinschlagen, hinstürzen.
бухга́лтер *m* [1] Buchhalter; **~ия** (-'ţe-) *f* [7] Buchführung; **~ский** [16] Buchhalter...
бу́хнуть [21], <раз-> schwellen, (auf)quellen; *s.* бу́хать.
бухт *m* [1]: ~ про́волоки ⊕ Drahtrolle *f*.
бу́хта *f* [5] Bucht.
бу́хты-бара́хты F: с ~ so aus dem Handgelenk, so holterdiepolter.
бу́ч|а P *f* [5] Krach *m*, Lärm *m*; подня́ть **~у** Krach machen.
бу́чить [16] (*Wäsche*) beuchen, laugen.
бушева́ть [6; бушу́ю, -у́ешь] brausen, stürmen; lärmen, toben.
бушла́т *m* [1] ⚓ Tuchjacke *f*; wattierter u. gesteppter Dreiviertelmantel (*Sibirien*).
бушпри́т ⚓ *m* [1] Bugspriet.
буя́н *m* [1] Lärmer, Krakeeler, Radaumacher; **~ить** [13] lärmen, krakeelen; **~ка** *f* [5 *g/pl.*: -нок] Lärmerin, Krakeelerin, Radaumacherin.
бы, *verkürzt* б, *dient zur Bildung des Konjunktivs* **1.** (*mit dem Präteritum, z.B.*) я сказа́л ~, е́сли ~ я знал ich würde es sagen, wenn ich es wüßte; вы ~ присе́ли! wollen Sie nicht Platz nehmen?; **2.** (*mit dem Infinitiv, z.B.*) всё ~ ему́ знать er möchte alles wissen; не вам ~ говори́ть Sie sollten lieber schweigen.
быва́|лый dagewesen, geschehen; **~лый** челове́к *m* erfahrener, kundiger Mensch; э́то де́ло **~лое** das ist etwas Alltägliches; *vgl.* быва́ть.
быва́ть [1] zu sein pflegen, vorkommen, sich ereignen; он, быва́ло, гуля́л *od.* гуля́ет er pflegte damals spazieren zu gehen; как ни в чём не быва́ло als ob nichts geschehen wäre, ohne mit der Wimper zu zucken; бо́ли как не быва́ло F die Schmerzen waren spurlos verschwunden; по~ *pf.* (у P) vorsprechen (bei), besuchen, verkehren (bei); verweilen.
бы́в|ший [17] *s.* быть; gewesen; früher, ehemalig, vormals; **~шие** лю́ди *m/pl.* (*Pol.*) ehemalige Angehörige des Bürgertums, ehemalige Herrenschicht *f*.
бык [1*e.*] *m* (Zucht-)Stier; ⚠ Strebepfeiler; он упёрся как ~ (*fig.*) er ist steifnackig.

были́на *f* [5] (*historische*) Sage.
были́нка *f* [5; *g/pl.*: -нок] Gräschen *n.*
бы́ло *s.* быть; (*nach Verben*) bereits; fast, beinahe, schon, wollte, hätte, müßte; я уже́ заплати́л ~ де́ньги ich hatte bereits das Geld bezahlt; я чуть ~ не сказа́л ich hätte beinahe gesagt, ich wollte schon sagen.
бы|ло́й [14] vergangen, früher; ~ло́е *n* vergangene Zeiten *f/pl.*; Vergangenheit *f.*
был|ь *f* [8] wahre Geschichte *od.* Begebenheit; historische Sage; ~и и небыли́цы Wahrheit u. Dichtung.
былье́: ~м поросло́ (*fig.*) völlig u. endgültig vergessen, es ist Gras darüber gewachsen.
быстрина́ *f* [5; *pl. st.*: -йны] Stromschnelle.
быстро|гла́зый [14] blitzäugig; **~но́гий** [16] schnellfüßig; **~та́** *f* [5] Schnelligkeit; **~теку́щий** [17], **~те́чный** [14; -чен, -чна] schnell vergehend *od.* verfließend, dahineilend; **~хо́дный** [14; -ден, дна] schnellaufend.
бы́стрый [14; быстр, -á, -о; быстре́е] schnell, rasch.
быт *m* [1; в быту́] Lebens-art *f*, -weise *f*; **~ие́** *n* [12] Dasein; книга *f* ~ия́ Genesis (*das 1. Buch Mosis*); **'~ность** *f* [8]: в мою́ ~ность в (П) während meiner Anwesenheit in (*dat.*); **~ови́к** *m* [1 *e.*] realistischer Schriftsteller (*des Alltagslebens*); **~ово́й** [14] sich auf die Lebensweise (*e-s Volkes*) beziehend, volkstümlich; dem wirklichen Leben entnommen (*Erzählung usw.*); Sitten-...; alltäglich.
бытописа́|ние *n* [12] Geschichtsschreibung *f*; **~тель †** *m* [4] Geschichtsschreiber.
быть [*3. Pers. sg.*: есть; *3. Pers. pl.*: суть; *ft.*: бу́ду, -дешь; будь(те)!; бу́дучи; был, -á, -о] sein (*vgl.* бу́дет, быва́ть, бы́ло); име́ть ~ stattfinden; ~ в (П) (*Kleider*)tragen; должно́ ~ wahrscheinlich; ~ не при чём nicht schuld sein, unbeteiligt sein; ~ по сему́! einverstanden!; чем ты хо́чешь ~? was willst du werden?; мне бы́ло (бу́дет) два́дцать лет ich war (werde) 20 Jahre alt; была́ не была́ auf gut Glück; man muß es wagen!; как (же) ~? was ist zu machen?, was nun?; так и ~! meinetwegen!; жил-был ... es war einmal ... (*Märchen*); бу́дет тебе́! F hör' schon auf!; бу́дет ему́ за э́то F er wird sein Fett schon kriegen; и был тако́в F und weg war er; er haute ab F, machte sich aus dem Staube.
бытье́ *n* [10; *instr/sg.*: -тьём] Dasein, Anwesenheit *f*; *vgl.* житьё-бытьё.
быча́чий [18] Ochsen...
бычо́к *m* [1; -чкá] junger Ochse; (*Zool.*) Kaulkopf.
бюва́р *m* [1] Schreibmappe *f.*
бюдже́т *m* [1] Budget *n*, Voranschlag; **~ный** [14] Budget...
бюллете́нь *m* [4] Bulletin *n*, Tagesbericht; Wahlzettel.
бюро́ *n* [*unv.*] Büro, Amtszimmer; Schreib-pult *n*, -tisch *m*; спра́вочное ~ Auskunftei *f.*
бюрокра́т *m* [1] Bürokrat; **~и́ческий** [16] bürokratisch; **~ия** *f* [7] Bürokratie, Beamtenherrschaft.
бюст *m* [1] Büste *f*; **~га́льтер** (-'haltɛr) *m* [1] Büstenhalter; **'~овый** [14] Büsten...
бя́зев|ый [14] Nessel...; ~ая руба́шка *f* Hemd *n* aus Nesselstoff.
бязь *f* [8] Nessel(stoff) *m.*

В

В, в[1] *n u. m* (*s.* A) W, w *n*.

в[2], во **1.** (В) (*wohin?*) in, nach; в окно́ aus dem Fenster, zum Fenster hinaus *od.* hinein; (*Zeit*) in, während, binnen, innerhalb; в сре́ду am Mittwoch; (*Maß, Preis usw.*) zu, für, von; в день pro Tag; чай в четы́ре рубля́ килогра́мм Tee zu 4 Rubel das Kilo; весь в отца́ ganz der Vater; (*Rangbeförderung*) zu; идти́ в солда́ты unter die Soldaten gehen, Soldat werden; **2.** (П) (*wo?*) in, auf, an, zu; быть в го́лосе bei Stimme sein; (*Zeit*) in, um; в конце́ го́да am Ende des Jahres; (*Entfernung*) weit (von); во-пе́рвых, во-вторы́х, в-тре́тьих erstens, zweitens, drittens; (*der prpos. sg. nach* в *lautet oft auf betontes* -у *od.* -ю *aus, z. B.*) в глазу́ im Auge; в раю́ im Paradies.

в... (*in Zssgn*) **1.** (hin)ein..., herein...; **2.** (*mit im prpos. pl. stehenden Ordnungszahlen*) *s.* в-деся́тых *usw.*

ва́би|к *m* [1] (*Jagd*) Lockpfeife *f*; **~ть** [14] (an)locken.

Вавило́н *m* [1] Babylon *n*; **⁀ский** babylonisch; ~ское столпотворе́ние *n* Turmbau *m* zu Babel; (*fig.*) babylonische Sprachverwirrung *f*.

вавило́ны *m/pl.* [1] Schnörkel; выводи́ть ~ im Zickzack gehen (*Betrunkene*).

ва́га *f* [5] (*öffentliche*) Waage.

ваго́н *m* [1] Waggon, (Eisenbahn-)Wagen; мя́гкий ~ Polsterklasse *f*; жёсткий ~ Holzklasse *f*; това́рный ~ Güterwagen; спа́льный ~ Schlafwagen; обтека́емый ~ Stromlinienwagen; ~-рестора́н *m* Speisewagen; **~е́тка** *f* [5; *g/pl.* -ток] Lore; у́гольная ~ ⚒ Hund *m*, Grubenwagen *m*; **~ный** [14] Wagen...; **~овожа́тый** [14] Wagenführer *m*, Wagenlenker *m*; **~оремо́нтный** [14]: ~оремо́нтный заво́д *m* Eisenbahnreparaturwerkstätte *f*; **~острои́тельный** [14]: ~острои́тельный заво́д *m* Waggonfabrik *f*.

ва́жни|чание *n* [12] Prahlerei *f*, Wichtigtuerei *f*; **~чать** [1] wichtig tun, prahlen.

ва́ж|ный [14; ва́жен, -жна́, -о; важне́е] wichtig; maßgebend; aufgeblasen; мне (*od.* для меня́) ~но es liegt mir daran, es ist mir daran gelegen; F не ~но nicht besonders gut; ~ная ши́шка *f* (*iron., fig.*) ein großes Tier.

ва́за *f* [5] Vase.

ва́зочка *f* [5; *g/pl.*: -чек] kleine Vase.

вака́н|сия *f* [7] Vakanz, unbesetzte Stelle; **~тный** [14; -тен, -тна] vakant, frei, unbesetzt.

ва́к|са *f* [5] Wichse, Schuh-, Stiefelwichse; **~сить** [15], <на-> (*Stiefel*) wichsen.

вакхан|а́лия *f* [7] Bacchanal *n*, Schwelgerei; **'~ка** *f* [5; *g/pl.*: -нок] Bacchantin.

вакци́на *f* [5] Impfstoff *m*, Lymphe; **~ция** (-'na-) *f* [7] Impfung.

вал *m* [1; на валу́; *pl. e.*: валы́, -ло́в] Wall, Erdwall; Walze *f*; гребно́й ~ Schiffswelle *f*; коле́нчатый ~ Kurbelwelle *f*; приводно́й ~ Antriebswelle *f*; Welle *f*, Woge *f*; девя́тый ~ (*fig.*) schwerstes Hindernis *n*, größte Gefahr *f*; огнево́й ~ ⚔ Feuer-walze *f*, -welle *f*; **~о́м** haufenweise, im Haufen.

вала́ндаться P [1] unnütz Zeit vertrödeln.

вале́жник *m* [1] Windbruch; Raffholz *n*.

валёк *m* [1; валька́] Ortscheit *n*; Waschbleuel; (*Typ.*) Walze *f*.

ва́ленок *m* [1; -нка] Filzstiefel.

валерья́|на *f* [5] Baldrian *m*; **~нка** F *f* [5] Baldriantropfen *m/pl.*; **~новый** *m* [14] Baldrian...

вале́т *m* [1] (*Kartenspiel*) Bube; черво́нный ~ Hochstapler.

ва́лик *m* [1] kleine Walze *f*; (*walzenförmiges*) Sofa- (*od.* Parade)kissen *n*, Schlummerrolle *f*.

вали́ть [13; валю́, ва́лишь; ва́ленный], <по-, с-> *v/t.* werfen, (um)wälzen; fällen (*Bäume*); ~ с ног um-werfen, -stoßen; ~ всё в одну́ ку́чу (*fig.*) alle über einen Kamm scheren; *v/i.* [*nur 3. Pers.*: вали́т] herbeiströmen; in dichter Masse fallen; снег вали́т es fällt dichter Schnee; ~ вало́м in hellen Haufen herbeiströmen; вали́! los!, fix!; **-ся** (um)fallen, stürzen.

ва́л|кий [16; -лок, -лка́, -о, -и] (sch)wankend, wack(e)lig; ни ша́тко, ни ~ко F so la la; nicht besonders (gut); *s. a.* па́дкий.

валово́й [14] im ganzen; Engros..., Brutto...; ~ дохо́д *m* Rohertrag.

валориза́ция *f* [7] Aufwertung.

валто́рна ♪ *f* [5] Waldhorn *n*.

валу́й ⚘ *m* [3; -уя́] blauer Täubling (*Pilz*).

валу́н *m* [1 *e.*] Rundstein; эррати́ческий ~ (*Geol.*) erratischer Block, Findling.

вальдшне́п *m* [1] Waldschnepfe *f*.

ва́льмов|ый [14]: **~ая кры́ша** *f* ⚠ Walmdach *n*.

вальпу́ргиева [19]: ~ ночь *f* Walpurgisnacht.

вальс *m* [1] Walzer; **~ирова́ть** [7] walzen, Walzer tanzen.

валь|цева́ть [7] walzen; **~цы́** *m/pl.* [1] (*Typ.*) Walze *f*.

валю́т|а ✝ *f* [5] Valuta; Wert *m*; Währung; усто́йчивая ~а stabile Währung; золота́я ~а Goldwährung; **~ный** [14] Valuta..., Währungs...; ~ное управле́ние *n* Devisenstelle *f*; **~чик** *m* [1] Valutaschieber.

валя́ль|ня ⊕ *f* [6; *g/pl.*: -лен] Walkmühle; **~щик** *m* [1], **~щица** *f* [5] Walker(in *f*).

валя́ть [28] **1.** <вы́-> (umher)wälzen; **2.** <с-> (*Teig*) kneten; ⊕ walken; P (durch)prügeln; валя́й! los (damit)!, drauflos!; ~ дурака́ sich dumm stellen; **-ся** sich herumwälzen; (unordentlich) umherliegen.

Ва́нечка *m* [5] *s.* Ва́ня.

вани́ль *f* [8] Vanille; **~ный** [14] Vanillen...

ва́нн|а *f* [5] Wanne; Badewanne; Wannenbad *n*; со́лнечная ~а Sonnenbad *n*; приня́ть ~у ein Bad nehmen; **~ый** [14] Wannen..., Bad(e)...; ~ая (ко́мната) *f* Badezimmer *n*, -stube.

ва́нты ⚓ *f/pl.* [5] Wanten.

Ва́нька[1] *m* [5] *s.* Ва́ня.

ва́нька[2] *m* [5] (*Spitzname für*) Droschkenkutscher; ~-вста́нька *m* Stehaufmännchen *n*.

Ва́ня *m* [6] (*dim. v.* Ива́н) Hans, Hänschen *n*.

вар *m* [1] siedendes Wasser *n*; Schusterpech *n*, Pech *n*.

вара́кушка *f* [5; *g/pl.*: -шек] (*Zool.*) Spottvogel *m*; P Lügner *m*, Aufschneider *m*.

ва́рвар *m* [1] Barbar, Unmensch; **~ка** *f* [5; *g/pl.*: -рок] Barbarin; **~ский** [16] (*adv.* [по-]ва́рварски) barbarisch, unmenschlich; **~ство** *n* [9] Barbarei *f*, Unmenschlichkeit *f*.

Ва́рвара *f* [5] Barbara, Babette.

ва́рево P *n* [9] Brühe *f*, Suppe *f*.

ва́режка *f* [5; *g/pl.*: -жек] wollener Fausthandschuh *m*.

варе́|ние *n* [12] Kochen, Sieden; **~ник** *m* [1] (*mst pl.*) kleiner gekochter Pirog (*mit Quark, saurer Sahne usw.*); **~ный** (-ˈrɔ-) gekocht; **~нье** *n* [10] Eingemachte(s); Marmelade *f*, Konfitüre *f*, Mus.

Ва́ренька *f* [5] (*dim. v.* Ва́рвара) Babettchen *n*.

вари|а́нт *m* [1] Variante *f*, verschiedene Lesart *f*; **~а́ция** *f* [7] Variation, Abwechs(e)lung.

вари́ть [13; варю́, ва́ришь; ва́ренный], <с-> kochen, sieden; (*Bier*) brauen; (*Speisen*) verdauen; с ним пи́ва (*od.* ка́ши) не сва́ришь mit ihm ist schwer auszukommen *od.* nicht gut Kirschen essen; **-ся** *v/i* kochen, sieden.

ва́р|ка *f* [5] Kochen *n*, Sieden *n*; **~кий** [16] gut kochend; kochbar.

ва́рница *f* [5] Salzsiederei.

Варша́ва *f* [5] Warschau *n*.

варьете́ (-ˈtɛ) *n* [*unv.*] Varieté; теа́тр-~ Varieté(theater).

варьи́ровать [7] variieren, (ab-) wechseln.

Ва́рька *s.* Ва́ренька.

варя́|г *m* [1] Waräger; **~жский** [16] Waräger...

Ва́сенька *m* [5] *dim. v.* Васи́лий.

василёк *m* [1; -лька́] Kornblume *f*.

Васи́лий *m* [3; *prpos/sg.*: -лии] Basil(ius), Wilhelm.

васили́ск *m* [1] Basilisk (*a. Zool.*).

василько́вый [14] Kornblumen...; kornblumenblau.

Ва́ська *m* [5] **1.** *a.* Ва́ся *dim. v.* Васи́лий; **2.** ♀ (*Lockruf für Katzen*) Miez(e) *f*; ♀-кот *od.* кот-♀ *m* Kater Murr; Stiefelknecht.

ва́та *f* [5] Watte; на ва́те wattiert.
вата́га *f* [5] Rotte, Bande, Schar.
ватер|клозе́т (-tɛr-) *m* [1] (Wasser-, Spül-)Klosett *n*; **~ли́ния** ⚓ *f* [7] Wasserlinie; **~па́с** *m* [1] Wasserwaage *f*; **~пру́ф** *m* [1] wasserdichter Stoff; Mantel; Damensommermantel.
ва́тник *m* [1] gesteppte Wattejacke *f*.
ва́тный [14] aus Watte; wattiert; Watten...
ватру́шка *f* [5; *g/pl.*: -шек] Quark-, Käse-kuchen *m*.
ватт-ча́с ⚡ *m* [1] Wattstunde *f*.
ва́фельница *f* [5] Waffelform.
ва́фля *f* [6; *g/pl.*: ва́фель] Waffel.
вахла́|к P *m* [1 *e.*], **~чка** *f* [5; *g/pl.*: -чек] Tolpatsch *m*, Tölpel *m*.
ва́хмистр *m* [1] Wachtmeister.
вахня́ *f* [6; *g/pl.*: -не́й] Schellfisch *m*.
ва́хт|а *f* [5] Wache, Wacht; **~енный** [14] wachthabend; Wacht...; **~ер** (*a.* ~ёр) ⚔ *m* [1] Wächter, Aufseher; **~пара́д** *m* [1] Wachtparade *f*.
ваш *m*, **ˈ~а** *f*, **ˈ~е** *n*, **ˈ~и** *pl.* [25] euer, eure; Ihr(e); der (die, das) eurige, Ihrige, die eurigen *od.* Ihrigen; по-ва́шему nach Ihrer Meinung *od.* Ansicht.
вая́|ние *n* [12] Bildhauerei *f*, Bildhauerkunst *f*; **~тель** *m* [4] Bildhauer; **~ть** [28], <из-> meißeln, aushauen; gießen.
вбега́ть [1], <вбежа́ть> [4; -гу́, -жи́шь, -гу́т] hinein-laufen, -rennen.
вбива́ть [1], <вбить> [вобью́, -бьёшь; вбе́й(те)!; вби́л; вби́тый] ein-schlagen, -rammen; ~ в го́лову F (*fig.*) eintrichtern; e-n Floh ins Ohr setzen; ~ себе́ в го́лову sich in den Kopf setzen.
вбира́ть [1], <вобра́ть> [вберу́, -рёшь; вобра́л, -á, -о; во́бранный (во́бран, -ана́, -ано)] (**-ся** sich) einziehen, einsaugen.
вблизи́ in der Nähe, unweit.
вброд: переходи́ть реку́ ~ den Fluß durchwaten.
вв. *od.* **в. в.** *Abk. für* века́.
вва́ливать [1], <ввали́ть> [13; ввалю́, вва́лишь; вва́ленный] hinein-, herein-werfen; **-ся** hinein-, herein-fallen; herein-, hineinstürzen; ein-fallen -sinken.
введе́ние *n* [12] Einführung *f*; Einleitung *f*; (*Thea.*) Vorspiel.
ввезти́ *s.* ввози́ть.
ввек F (*mit Verneinung*) niemals, nie im Leben.
вверг|а́ть [1], <ˈ~нуть> [21] (**-ся** sich) hineinwerfen.
вве́ренный [14] anvertraut.
ввёртывать [1], <ввертéть> [11; вверчу́, вве́ртишь; вве́рченный], *einm.* <вверну́ть> [20; ввёрнутый] hinein-schrauben, -drehen; (*fig.*) (hin)einschieben; ~ слове́чко F ein Wort mitreden.
вверх nach oben, hinauf; ~ по реке́ flußaufwärts; ~ дном drunter und drüber; прыжо́к *m* ~ Hochsprung; ру́ки ~! Hände hoch!; стоя́ть ~ нога́ми Kopf stehen; поста́вить всё ~ дном das Unterste zu oberst kehren, F alles auf den Kopf stellen; **~у́** oben.
вве́р|ять [13], <ˈ~ить> anvertrauen.
ввести́ *s.* вводи́ть.
ввечеру́ F abends.
ввиду́ in Anbetracht; wegen; ~ того́, что da, weil.
вви́н|чивать [1], <~ти́ть> [15; -нчу́, -нти́шь] einschrauben.
ввод ⊕ *m* [1] Einführung *f*; ~ в де́йствие (*od.* в эксплуата́цию) Inbetrieb-nahme *f*, -setzung *f*; **~и́ть** [15], <ввести́> [25] (hin)einführen; einsetzen; ⚡ einschalten; ~и́ть в заблужде́ние irreführen, verleiten; ~и́ть в курс де́ла vom Stand der Dinge unterrichten; ~и́ть в расхо́ды in Unkosten stürzen; **ˈ~ный** [14] eingeführt, eingesetzt; ~ное предложе́ние *n* (*Gram.*) Zwischensatz *m*.
ввоз ☤ *m* [1] Einfuhr *f*; **~и́ть** [15], <ввезти́> [24] einführen, importieren; **ˈ~ный** [14] eingeführt; Einfuhr...
вво́лю nach Herzenslust; in Hülle und Fülle.
ВВС (вое́нно-возду́шные си́лы) ⚔ Luftstreitkräfte *pl.*
ввысь nach oben, in die Luft.
ввя́зывать [1], <ввяза́ть> [3] einbinden; einstricken; **-ся** sich (ein-)mischen (в B in *ac.*).
вгиба́ть [1], <вогну́ть> [20] einbiegen.
вглубь in die Tiefe, in das Innere; tief in ... hinein.
вгля́дываться [1], <вгляде́ться> [11] (в B) genau betrachten *od.* ansehen.

вгнезди́ться *s.* гнезди́ться.

вгоня́ть [28], <вогна́ть> [вгоню́, вго́нишь; вогна́л, -ала́, -а́ло; во́гнанный (во́гнан, -ана́, -ано)] (hin)ein-treiben, -schlagen.

вдава́ться [5], <вда́ться> [вда́мся, вда́шься, вда́стся, вдади́мся, вдади́тесь, вдаду́тся; вда́лся, вдала́сь] (в В) sich einlassen (in *ac.*), eingehen (auf *ac.*); hineinragen.

вда́вливать [1], <вдави́ть> [14] (hin)ein-drücken, -pressen.

вда́лбливать [1], <вдолби́ть> [14; -блю́, -би́шь; -блённый] einmeißeln; ~ в го́лову einbleuen, einprägen.

вдалеке́, вдали́ in der Ferne, fern (от Р von).

вдаль in die Ferne.

вдви|га́ть [1], <вдви́нуть> [20] einschieben, hineinrücken; **~жно́й** [14] einschiebbar; Schub...

вдво́е zwei-mal, -fach, doppelt; **~м** (-ˈjɔm) selbander, zu zwei(en).

вдвойне́ zweimal, doppelt.

вдева́ть [1], <вдеть> [вде́ну, -нешь; вде́тый] einfädeln.

вде́вятеро neunmal.

в-девя́тых neuntens.

вде́лывать, <вде́лать> [1] einsetzen; einfassen (*Edelsteine*).

вдёр|гивать [1], <~нуть> [20] einfädeln, (hin)einziehen.

вде́сятеро zehnmal.

в-деся́тых zehntens.

вдоба́вок obendrein.

вдо|ва́ *f* [5; *pl.*: вдо́вы] Witwe; **~ве́ц** *m* [1; -вца́] Witwer; соло́менный **~ве́ц** F Strohwitwer; ˈ**~вий** [18] Witwen...

вдо́воль F vollauf, reichlich; ~ нае́сться sich satt essen.

вдовств|о́ *n* [9] Witwer-, Witwenstand *m*; ˈ**~овать** [7] Witwe(r) sein, als Witwe(r) leben; ~ующая императри́ца *f* Kaiserinwitwe.

вдо́вый [14 *K.*] verwitwet.

вдого́нку F hinterher.

вдолби́ть *s.* вда́лбливать.

вдоль (Р *od.* по Д) längs, entlang; ~ и поперёк kreuz und quer.

вдо́сталь Р genug, vollauf.

вдохно|ве́ние *n* [12] Begeisterung *f*; Eingebung *f*; **~ве́нный** [14; -ве́нен, -ве́нна] begeistert; **~вля́ть** [28], <~ви́ть> [14; влю́, -ви́шь; -влённый] begeistern, beseelen.

вдохну́ть *s.* вдыха́ть.

вдре́безги in kleine Stücke, kurz und klein (*schlagen*); ~ пья́ный F sternhagelvoll.

вдруг plötzlich, auf einmal; F und was, wenn ... ?

вдрызг Р: ~ пья́ный stinkbesoffen.

вдува́|ние *n* [12] Einblasen; ⚕ Pneumothorax *m*; **~ть** [1], <вдуть> [18], *einm.* <вду́нуть> [20] (hin)einblasen.

вду́мчивый [14 *K.*] ernst, nachdenklich.

вду́мываться, <вду́маться> [1] sich hineindenken (в В in *ac.*).

вду́(ну)ть *s.* вдува́ть.

вдыха́|ние *n* [12] Einatmung *f*; **~ть** [1], <вдохну́ть> [20] einatmen, einhauchen; (*Mut usw.*) ein-flößen, -geben.

вегетариа́нец *m* [1; -нца] Vegetarier.

вегетати́вный [14] (*Bio.*) vegetativ.

вегета́ция *f* [7] Vegetation.

ве́дать [1] wissen, kennen; (В *od.* Т) verwalten; кто ве́дает э́тим? wer ist hierfür zuständig?

веде́ние¹ *n* [12] Führung *f*; ~ книг Buchführung *f*.

ве́дение² *n* [12] Kenntnis *f*; Befugnis *f*; э́то не в моём ве́дении dafür bin ich nicht zuständig.

ведёр|ко *n* [9; *g/pl.*: -рок], Eimerchen; **~ный** [14] Eimer...

ве́дом|о: (*nur in*) без ~а ohne Vorwissen; с ~а mit Wissen; **~ость** *f* [8; *ab g/pl. e.*: -сте́й] Bericht *m*, Verzeichnis *n*; ~ости *pl.* Zeitung *f*; **~ство** *n* [9] Verwaltung(skreis *m*) *f*, Ressort; ~ство министе́рства фина́нсов Finanzverwaltung *f*; морско́е ~ство Marine(amt *n*) *f*.

ведро́¹ *n* [9; *pl.*: вёдра, -дер, -драм] Eimer *m* (*a. als Maß* = 12,3 *l*).

вёдро² *n* [9] heiteres, schönes Wetter.

веду́щ|ий [17] führend, leitend; ~ее нача́ло *n* Grundprinzip; ~ее колесо́ *n* Triebrad.

ведь doch, ja; in der Tat, wirklich.

ве́дьма *f* [5] Zauberin, Hexe.

ве́ер *m* [1; *pl.*: -ра́] Fächer.

ве́жливый [14 *K.*] höflich.

везде́ überall.

вездесу́щий [17 *K.*] allgegenwärtig; F Hans Dampf in allen Gassen.

вездехо́д *m* [1] geländegängiges Auto *n*.

везти́ [24], <по-> *v/t.* fahren; ему́ (не) везёт er hat (kein) Glück; вам во всём везёт Ihnen glückt alles.

Везу́вий *m* [3; *prpos/sg.*: -вии] Vesuv.

век 1. *m* [1; на -у́; *pl.*: -ка́, † *a.* -ки] Jahrhundert *n*; Zeitalter *n*; Lebenszeit *f*; сре́дние ~а́ *pl.* Mittelalter *n*; отжи́ть свой ~ sich überleben; ~ живи́, ~ учи́сь lerne, solange du lebst; во ~и ~о́в in (alle) Ewigkeit, ewig(lich); в ко́и(-то) ~и alle Jubeljahr einmal; на моём ~у́ bei meinen Lebzeiten; **2.** (*adv.*) (seit) eine(r) Ewigkeit, unendlich lang; ~ с тобо́й мы не вида́лись wir haben uns eine Ewigkeit nicht gesehen.

ве́ко *n* [9; *nom/pl.*: **-ки**] (*mst pl.*) Augenlid.

векове́чный [14] † ewig (dauernd), unendlich (lang).

вековóй [14] hundertjährig; ewig.

векселедержа́тель † *m* [4] Wechselinhaber.

ве́ксель † *m* [4; *pl.* -ля́] Wechsel.

ве́кша *f* [5] *s.* бе́лка.

веле́не|вый [14]: ~вая бума́га *f* Velin(papier) *n*.

веле́ние *n* [12] Befehl *m*.

велеречи́вый [14 *K.*] redselig.

веле́ть [9; ве́ленный] (*im*)*pf.*; *pt. nur pf.* (Д/В) befehlen, heißen; anempfehlen; не ве́лено es ist verboten.

велика́н *m* [1] Riese.

вели́|кий 1. [16; вели́к, -а; *comp.* бо́льший *u.* бо́льше, *sup.* велича́йший] groß, erhaben; от ма́ла до ~ка groß und klein; ~кий князь *m* Großfürst; ~кий четве́рг *m* Grüner Donnerstag; ~кая пя́тница *f* Karfreitag *m*; Пётр *m* ♀кий Peter der Große; **2.** [вели́к, -а́] sehr groß (*Maß, Umfang, a. fig.*); сапоги́ велики́ die Schuhe sind sehr groß.

Велико|брита́ния *f* [7] Großbritannien *n*; ♀**ду́шие** *n* [12] Großmut *f*; ♀**ду́шный** [14; -шен, -шна] großmütig, großherzig; ♀**ле́пие** *n* [12] Pracht *f*, Herrlichkeit *f*; ♀**ле́пный** [14; -пен, -пна] prächtig, herrlich; ♀**по́стный** (-ˈpɔsnɨj) [14] die großen Fasten betreffend; ♀**ру́с** *m* [1] Großrusse; ♀**ру́сский** [16] großrussisch; ♀**све́тский** [16] weltlich, weltmännisch, vornehm, fein.

велича́вый [14 *K.*] erhaben; hochmütig; stolz.

вели|ча́йший [17] *s.* вели́кий; ~**ча́ть** [1] rühmen, preisen; titulieren.

вели́че|ственный [14 *K.*] erhaben, majestätisch; ~**ство** *n* [9] Majestät *f* (*Titel*).

вели́чи|е *n* [12] Größe *f*; Würde *f*; Ruhm *m*; ~**на́** *f* [5; *pl.st.*: -чи́ны] Größe; ~но́й в *od.* с (В) ... *od.* ... ~ны́ *od.* ... в ~ну́ ... groß.

вело|го́нки *f/pl.* [5; *gen.*: -нок] Fahrradrennen *n*; ~**доро́жка** *f* [5; *g/pl.*: -жек] Radfahrweg *m*; ~**дро́м** *m* [1] Velodrom *n*, Radfahr-, Radrennbahn *f*; ~**мото́р** *m* [1] (мото́рный велосипе́д) Motorfahrrad *n*, Moped *n*; ~**пробе́г** *m* [1] Radfernfahrt *f*.

велосипе́д *m* [1] Fahrrad *n*, Rad *n*; е́здить на ~е radfahren, radeln; ~**и́ст** *m* [1] Radler, Radfahrer; ~**ный** [14] Radfahr...; ~ная го́нка *f* Radwettfahren *n*, Radrennen *n*; ~ная доро́жка *f* Radfahrweg *m*.

вело|теле́жка *f* [5; *g/pl.*: -жек] Lieferrad *n*; ~**ча́сти** *f/pl.* [8; *ab g/pl.e.*: -те́й] Fahrradeinzelteile *n/pl.*

вельбо́т ⚓ *m* [1] Walfisch- (*auch* Rettungs)boot *n*.

Ве́на[1] *f* [5] Wien *n*.

ве́на[2] *f* [5] (*Anat.*) Blutader, Vene.

венге́р|ец *m* [1; -рца], ~**ка** *f* [5; *g/pl.*: -рок] Ungar(in *f*); ~**ский** [16] ungarisch.

Ве́нгрия *f* [7] Ungarn *n*.

Вене́ра *f* [5] Venus.

вене́ри|к ᴾ *m* [1] Geschlechtskranke(r); ~**ческий** (-ˈrʲi-) [16] venerisch.

вене́ц[1] *m* [1; -нца́] Krone *f*; Kranz; Heiligenschein; под ~ zur Trauung, zum Altar; коне́ц — де́лу ~ (*Spr.*) Ende gut, alles gut.

ве́нец[2] *m* [1; -нца] Wiener.

венеци|а́нский [16] venedisch, venezianisch; ♀**я** (-ˈŋɛ-) *f* [7] Venedig *n*.

ве́нзель *m* [4; *pl.* -ля́] Namenszug, Monogramm *n*.

ве́ник *m* [1] (Birken-)Besen; Badequast, Rute *f* (*zum Peitschen, im russischen Dampfbad*).

ве́нка *f* [5; *g/pl.*: -нок] Wienerin.

ве́нный [14] (*Anat.*) Blutader..., Venen...

вено́к *m* [1; -нка́] Kranz.
ве́нский [16] wienerisch; Wiener...
венти|ли́ровать [7], <про-> lüften; erörtern; **~ля́тор** *m* [1] Ventilator, Lüfter.
венча́|льный [14] Trau(ungs)...; **~ние** *n* [12] Trauung *f*; ~ние на ца́рство Krönung *f*; **~ть** [1] **1.** <у-> bekränzen; (*fig.*) die Krone aufsetzen; (*a.* ~ть на ца́рство) krönen; **2.** <об-, по-> (*kirchlich*) trauen; **-ся** sich trauen lassen.
ве́нчик *m* [1] Krönchen *n*; Kränzchen *n*; ⚘ Blumenkrone *f*.
вепрь *m* [4] Wildschwein *n*.
ве́р|а[1] *f* [5] Glaube *m* (в В an *ac.*); Vertrauen *n* (к Д zu); Religion; дать ~у (Д) *j-m* Glauben schenken; vertrauen (auf *ac.*).
Ве́ра[2] *f* [5] Wera, Vera.
ве́рба ⚘ *f* [5] Purpurweide; Weidenzweig *m*.
вербе́на ⚘ *f* [5] Eisenkraut *n*.
верблю|д *m* [1] Kamel *n*; **~дица** *f* [5] Kamelkuh; **~жий** [18] Kamel...; ~жья шерсть *f* Kamelhaar *n*; **~жо́нок** *m* [2; -нка; *pl.*: -жа́та] junges Kamel *n*.
ве́рбница *f* [5] Karwoche.
ве́рб|ный [14] Palm...; ~ное воскресе́нье *n* Palmsonntag *m*.
вербов|а́ть [7], <за-, на-> (an-)werben (на В für); **~ка** (-ˈbɔf-) *f* [5] Werben *n*, Werbung; **~ник** ⚘ (-ˈbɔf-) *m* [1] Weiderich; **~щик** (-ˈbɔf-) *m* [1] Werber.
Верде́н *m* [1] Verdun *n*.
верёв|ка *f* [5; *g/pl.*: -вок] Strick *m*, Leine; **~очка** *f* [5; *g/pl.*: -чек] Schnur, Bindfaden *m*; **~очный** [14] Strick...; ~очная ле́стница *f* Strickleiter.
ве́ред *m* [1] Geschwür *n*.
верени́ца *f* [5] (lange) Reihe, Schlange; Schwarm *m*, Zug *m*, Kette (*Vögel*).
ве́реск ⚘ *m* [1] Heidekraut *n*, Erika *f*.
веретено́ *n* [9; *pl.*: -тёна, -тён] Spindel *f*; Achse *f* (*der Waage*); Mühlbaum *m*; ⚓ Ankerrute *f*.
верещ́ать [16, -щу́, -щи́шь] zirpen (*Grille*); F kreischen.
вере́я *f* [7] (Tür-)Pfosten *m*.
Вержболо́во *n* [9] Wirballen.
верзи́ла F *m/f* [5] großer (plumper) Mensch *m*; F Klotz *m*.
вери́ги *f/pl.* [5] Ketten, Fesseln.
вери́тель *m* [4], **~ница** *f* [5] Vollmachtgeber(in*f*); **~ный** [14] beglaubigend; Beglaubigungs...; ~ная гра́мота *f* Beglaubigungsschreiben *n*.
ве́рить [13], <по-> (Д *od* в В) glauben (an *ac.*); (*j-m*) trauen, Vertrauen schenken; **-ся** [*unpers.*] (мне) не ве́рится man (ich) kann es kaum glauben, es kommt einem (mir) unglaublich vor.
ве́рки *m/pl.* [1] Festungswerke *n/pl.*
вермише́ль *f* [8] (*koll.*) Nudeln *f/pl.*
верну́ть [20; вёрнутый] *pf.* zurück-holen, -rufen, -geben (*vgl.* верте́ть, воро́чать); **-ся** um-, zurück-kehren; zurückkommen.
ве́р|ный [14; -рен, -рна́, -о] treu; zuverlässig, sicher; richtig; wahr; ~ный до́лгу pflicht(ge)treu; ~ный приро́де naturgetreu; ~ный перево́д *m* wortgetreue Übersetzung *f*; ~но sicher(lich); richtig; wahrscheinlich; ~не́е (сказа́ть) vielmehr.
ве́ро|вание *n* [12] Glaube *m* (в В an *ac.*); **~вать** [7] glauben (в В an *ac.*).
вероисповеда́ние *n* [12] Glaubensbekenntnis, Konfession *f*.
вероло́м|ный [14; -мен, -мна] treulos; meineidig; abtrünnig; **~ство** *n* [9] Treulosigkeit *f*; Meineid *m*.
веро́ника ⚘ *f* [5] Ehrenpreis *n*.
вероотсту́п|ник *m* [1] Abtrünnige(r); **~ный** [14] abtrünnig.
веротерпи́мый [14 *K.*] tolerant.
вероя́т|ие *n* [12] Glaubwürdigkeit *f*; Wahrscheinlichkeit *f*; по всему́ ~ию *od.* по всем ~иям aller Wahrscheinlichkeit nach, voraussichtlich, allem Anschein nach; **~ность** *f* [8] Wahrscheinlichkeit; по всей ~ности aller Wahrscheinlichkeit nach, voraussichtlich; **~ный** [14; -тен, тна] wahrscheinlich, vermutlich.
ве́рсия *f* [7] Version, Fassung.
верста́ *f* [5; *pl.*: вёрсты] Werst (= *1,067 km*); за́ версту sehr weit.
верста́|к *m* [1*e.*] Werktisch; Hobelbank *f*; **~ние** *n* [12] Gleichmachung *f*; (*Typ.*) Umbrechen; **~тка** *f* [5; *g/pl.*: -ток] (*Typ.*) Winkelhaken *m*; **~ть** [1], <с-> [свёрстанный] gleichmachen, ausgleichen; (*Typ.*) umbrechen.
вёрстка *f* [5] *s.* **верста́ние**.

верстово́й [14] Werst...
ве́ртел *m* [1; *pl.*: -ла́] Bratspieß, Spieß.
верте́п *m* [1] Höhle *f*; Grube *f*; Spelunke *f*.
верте́ть [11; верчу́, ве́ртишь], <по-> (**-ся** sich) drehen; -ся ру́чку kurbeln; -ся туда́ и сюда́ Ausflüchte machen; -ся на языке́ auf der Zunge schweben.
вертика́ль|ный [14] senkrecht; ~ная то́чка *f* Scheitelpunkt *m*, Zenit *m*.
вертихво́стка P *f* [5; *g/pl.*: -ток] Kokette.
вёрткий F [16; -ток, вертка́, вёртко] sehr wendig, aalglatt.
вертля́вый [14 *K.*] beweglich; unruhig; rührig; schwankend (*Boot*).
вертолёт *m* [1] Hubschrauber.
верто|пра́х *m* [1] Leichtsinnige(r), F Windbeutel; **~пра́шный** [14 *K.*] leichtsinnig, flatterhaft, F windbeut(e)lig.
верту́|н *m* [1*e.*] (*Zool.*) Tummeltaube *f*; **~шка** *f* [5; *g/pl.*: -шек] Drehrad *n*; Leichtsinnige, F Windbeutel *m*; ☏ P Selbstanschlußapparat *m*.
ве́рующий [17] Gläubige(r) *m*.
верфь ⚓ *f* [8] Werft.
верх *m* [1; на -у́; *pl.*: -и́] Obere(s) *n*, Oberteil *m od. n*; Über-zug, -kleid *n*; oberes Stockwerk *n*; (*fig.*) Scheitelpunkt; Gipfel; Oberhand *f* (*vgl.* брать); ~ автомоби́ля (*Auto*) Verdeck *n*; *s. a.* верхо́м, наверху́, све́рху; **~и́** ♪ *pl.* die hohen Töne; die Spitzen der Regierung; скользи́ть по ~а́м F (*fig.*) oberflächlich behandeln, F schwimmen; '**~ний** [15] ober; Ober...; ~нее пла́тье *n* Überkleid; (*Thea.*) Garderobe *f*; ~няя пала́та *f* (*Pol.*) Oberhaus *n*.
верхови́нец *m* [1; -нца] Hochgebirgler.
верхо́|вный [14] höchst, oberst; Ober...; ~вная власть *f* (oberste) Staatsgewalt; ~вный главнокома́ндующий Oberster Befehlshaber; ♀вный Сове́т СССР Oberster Sowjet der UdSSR; ♀вный Суд СССР Oberster Gerichtshof der UdSSR.
верхово́д F *m* [1] Rädelsführer; **~ить** [15] anführen (T *ac.*).
верхо|во́й [14] Reit...; reitender Bote *m*; ~ва́я езда́ *f* Reiten *n*; '**~вье** *n* [10; *g/pl.*: -ьев] Oberteil *m od. n*; Ursprung *m*, Oberlauf *m* (*eines Flusses*); ~вье Во́лги Ober-Wolga *f*; **~гля́д** *m* [1], **~гля́дка** *f* [5; *g/pl.*: -док] oberflächlicher Mensch *m*.
верхо́м oben; rittlings, zu Pferde; е́хать ~ reiten.
верху́шка *f* [5; *g/pl.*: -шек] Gipfel *m*, Spitze; Spitzenorganisation.
верче́ние *n* [12] Drehen, Drehung *f*.
ве́рша *f* [5] Fischreuse.
верши́на *f* [5] Gipfel *m*, Spitze.
верши́ть [16; -шу́, -ши́шь; -шённый], <за-, с-> beend(ig)en, vollenden, vollziehen; (*Schicksal usw.*) entscheiden.
вершко́вый [14] einen Werschok [lang.]
вершо́к *m* [1; -шка́] Werschok (= *4,445 cm*).
вершь *f* [8] Getreideschober *m*.
вес *m* [1] Gewicht *n* (в В von); Ansehen *n*; уде́льный ~ (*Phys.*) spezifisches Gewicht *n*; по́льзоваться больши́м ~ом großes Ansehen genießen; на ~ зо́лота sehr teuer; ~ом an Gewicht, schwer; челове́к *m* с ~ом gewichtiger angesehener Mensch; быть на ~у́ in der Schwebe sein.
весе́л|ие *n* [12] *s.* весе́лье; **~и́ть** [13], <раз-> (**-ся** sich) belustigen, ergötzen, amüsieren.
весёлка *f* [5; *g/pl.*: -лок] Rührstock *m*, -krücke.
весё|лость *f* [8] Heiterkeit, Lustigkeit; **~лый** [14; ве́сел, весела́, ве́село; веселе́е] froh, fröhlich, lustig; kurzweilig; у нас ве́село bei uns geht's lustig (*od.* heiter) zu; мне ве́село mir ist fröhlich zumute; ему́ ве́село смотре́ть на э́то es macht ihm Vergnügen (*od.* Freude) das anzusehen.
весе́лье *n* [10] Fröhlichkeit *f*; Vergnügen, Unterhaltung *f*.
весе́льный [14] Ruder...
весельча́к *m* [1*e.*] Spaßvogel.
веселя́щий [17]: ~ газ *m* Lachgas *n*.
весе́нний [15] Frühlings...
ве́сить [15] *v/i.* wiegen; (*fig.*) Gewicht, Bedeutung haben.
ве́ский [16; ве́сок, -ска] schwerwiegend; (ge)wichtig.
весло́ *n* [9; *pl.*: вёсла, вёсел, вёслам] Ruder.

весн|á *f* [5; *pl.*: вёсны, вёсен, вёснам] Frühling *m*; Lenz *m*; **~óй** im Frühling.
весновспáшка *f* [5] Frühjahrspflügen *n*.
веснýшка *f* [5; *g/pl.*: -шек] (*mst pl.*) Sommersprosse.
веснушчáтый [14*K.*] voll Sommersprossen.
весовóй [14] Gewichts...; Waage...
весовщúк *m* [1*e.*] Wiegemeister.
весóмый [14 *K.*] wägbar.
вест *m* [1] West(en); ⚓ Westwind.
вестú [25], <по-> führen, leiten; ~ переговóры unterhandeln; ~ (своё) начáло seinen Ursprung nehmen; ~ себя́ sich betragen; ~ за собóй zur Folge haben; **~сь** geleitet werden; vorhanden sein; так уж у нас ведётся so ist es bei uns üblich.
вестибю́ль *m* [4] Vorhalle *f*, Vestibül *n*.
вестú|мый P [14 *K.*] bekannt; **~мо** gewiß, selbstverständlich.
Вест-ˈИндия *f* [7] Westindien *n*.
вест-úндский [16] westindisch.
вéстник (-sn-) *m* [1] Bote.
вестовóй ⚔ [14] Ordonnanz(soldat *m*) *f*; Meldereiter *m*.
весть¹ *f* [8; *ab g/pl.e.*: -тéй] Nachricht, Botschaft; Gerücht *n*; Neuigkeit; ~ о смéрти Todesnachricht; бéз вести пропáвший spurlos verschwunden, verschollen.
весть²: бог ~ Gott weiß.
весы́ *m/pl.* [1] Waage *f*; десятúчные ~ Dezimalwaage *f*.
весь *m*: ~, вся *f*, всё *n*, все *pl.* **1.** [31] all(e); ganz; для всех нас für uns alle; во весь гóлос aus vollem Halse; ~ в потý ganz in Schweiß gebadet; лу́чше всегó am allerbesten; при всём том bei alledem; obendrein; при всём желáнии beim besten Willen; всё равнó es ist einerlei; sowieso; во всю aus aller Kraft; без всегó nackt und bloß; völlig mittellos; всё и вся rein alles F; все и вся alle ohne Ausnahme; по всемý вúдно, что aus allem ersieht man, daß; всегó im Ganzen; всегó нá всё alles in allem; всегó хорóшего! leben Sie wohl!; **2.** всё (*adv.*) immer, fortwährend; doch; nur; всё ещё immer noch; всё же dennoch, immerhin.
весьмá sehr, überaus.
ветвúстый [14 *K.*] zweigig.
ветвúться [14; *nur 3. Pers.*: -вúтся] sich gabeln; Zweige treiben.
ветврáч *m* [1; *g/pl.*: -чéй] (ветеринáрный врач) Tierarzt.
ветвь *f* [8; *ab g/pl.e.*: -вéй] Zweig *m*; 🚂 Ausläufer *m* (*einer Bahn.*)
вéтер *m* [1; -тра; на ветрý] Wind; вéтры *pl.* Blähungen *f/pl.*; (как) нá ~ umsonst, in den Wind; у негó ~ на головé er ist ein Windbeutel; бросáть словá на ~ in den Wind reden; держáть нос по вéтру die Fahne nach dem Winde drehen.
ветеринáр *m* [1] Tierarzt.
ветерó|к *m* [1; -ркá], **~чек** *m* [1; -чка] leichter Wind, Lüftchen. *n*
вéтка *f* [5; *g/pl.*: -ток] kleiner Zweig *m*, Reis *n*; железнодорóжная ~ Zweigbahn.
ветлá ⚘ *f* [5; *pl.*: вётлы, -тел, -тлам] Bauernwoll-, Lorbeer-weide.
ветóш|ка *f* [5; *g/pl.*: -шек] Lappen *m*, Lumpen *m*; **~ник** *m* [1] Lumpenhändler, Trödler; **~ный** [14] Lumpen..., Trödel...
вéтошь *f* [8] alte Lumpen *od.* Kleider *pl*; alter Kram *m*, Trödel *m*.
вéтре|ник *m* [1] Leichtsinnige(r), F Windbeutel *m*; **~ный** [14 *K.*] windig; leichtsinnig, flatterhaft.
ветрúло *n* [9] (*poet.*) Segel.
ветро|защúтное [14]: ~защúтное стеклó *n* Windschutzscheibe *f* (*Auto*); **~мéр** *m* [1] Windmesser; **~улáвливатель** *m* [4] Windfang.
ветря́к F *m* [1*e.*] Windmotor; Windmühle *f*.
ветря́нка *f* [5; *g/pl.*: -нок] Windmühle; F Windpocken *pl.*
ветрянóй [14] vom Winde getrieben; Wind...
вéтхий [16; вéтх, -á, -о] alt; abgenutzt; hinfällig; baufällig (*Haus*).
ветхозавéтный [14; -тен, -тна] alttestamentlich.
вéтхость *f* [8] Alter(tum) *n*; Hinfälligkeit; приходúть в ~ baufällig werden; *s.* вéтхий.
ветчин|á *f* [5] Schinken(fleisch *n*) *m*; **~ный** (-ˈtʃin-) Schinken...
ветшáть [1], *mst* <об-> alt (*od.* baufällig) werden, verfallen.
вéх|а *f* [5] Signal-, Absteck-stange; ⚓ Bake; сменúть **~и** eine Schwenkung machen; sich umstellen.
вéче *n* [11] (*ehm.*) Volksversammlung *f* (*der alten Slawen*).
вéчер *m* [1; *pl.*: -рá] Abend; **~ом**

am Abend, abends; пóд ~ gegen Abend; звáный ~ Abendgesellschaft *f*; **~éть** [8; *nur 3. Pers.*], <за-> Abend werden; **~ńнка** *f* [5; *g/pl.*: -нок] Abendgesellschaft; (Tanz-)Kränzchen *n*; **~ний** (-ˈtʃer-) [15] abendlich; Abend...; **~ня** (-ˈtʃer-) *f* [6; *g/pl.*: -рен] Abendgottesdienst *m*, Vesper; **~óк** *m* [1; -рká] (lieber) Abend; **~кóм** = **~**-ом; **~я** *f* [6]: тáйная **~я** *od.* **~я** госпóдня Abendmahl *n* Christi.

вéч|ный [14; -чен, -чна] ewig, beständig; unverwüstlich (*Kleider*); **~ный** вопрóс *m* Lebensfrage *f*; **~ное** перó *n* Füllfederhalter *m*.

вечóр F gestern abend.

вéшалка *f* [5; *g/pl.*: -лок] Kleiderhaken *m*, -rechen *m*; Anhängsel *n* (*an Kleidungsstücken*).

вéшать [1] **1.** <повéсить> [15] (an-) hängen, aufhängen (на B an *ac.*); erhängen; ~ гóлову den Kopf hängen lassen; **2.** <с-> F (ab)wiegen; **-ся** sich erhängen; P **-ся** (Д) на шéю (*j-n*) umarmen.

вещá|ние *n* [12] (*Radio*) Sendung *f*; **~ть** [1; *nur 3. Pers.*] senden.

веще|вóй [14] aus Sachen (bestehend); **~вóй** мешóк *m* Rucksack; **~ственный** (-ˈʃtʃɛ-) [14] stofflich, sachlich, real, materiell; **~ственное** доказáтельство *n* Beweisstück; **~ствó** *n* [9] Stoff *m*, Materie *f*.

вещńца *f* [5] kleine (*od.* unbedeutende) Sache, Bagatelle.

вещýн † *m* [1e.], **~ья** *f* [6; *g/pl.*: -ний] Wahrsager(in *f*).

вещь *f* [8; *ab g/pl. e.*: -щéй] Sache, Ding *n*; (*Thea.*) Stück *n*; вéщи *pl.* Habseligkeiten; ~ вéщи рознь F eins ist nicht wie das andere, das ist doch ganz was anderes!; ~ в себé (*Phil.*) das Ding an sich.

вéялка ⚒ *f* [5; *g/pl.*: -лок] Worfelmaschine, Kornschwinge.

вéяние *n* [12] Wehen; ⚒ Schwingen, Worfeln; (*fig.*) Strömung *f*, Richtung *f*.

вéять [27] **1.** *v/i.* wehen; **2.** <про-> *v/t.* ⚒ schwingen, worfeln.

вживáться [1], <вжńться> [вживýсь, -вёшься; -вńсь!; вжńлся, -лáсь] sich einleben.

вжимáть [1], <вжать> [вожмý, -мёшь; вожмń(те)!; вжал; вжáтый] hineindrücken, hineinpressen.

взад zurück, rückwärts; ~ и вперёд auf und ab.

взаńмн|ый [14; -мен, -мна] gegen-, beider-seitig; reziprok; пакт *m* о **~ой** пóмощи (*Pol.*) Vertrag auf gegenseitige Hilfeleistung, Beistandspakt.

взаимо|дéйствие *n* [12] Wechselwirkung *f*; **~дéйствовать** [7] zusammen wirken; **~отношéние** *n* [12] Wechselbeziehung *f*; **~пóмощь** *f* [8] gegenseitige Hilfe.

взаймы́ auf Borg *od.* Kredit, leihweise; давáть ~ (ver)leihen; брать ~ borgen, entlehnen.

взамéн (P) anstatt, zum Ersatz, (da)gegen.

взапертń eingeschlossen, hinter Schloß und Riegel.

взапрáвду F wirklich, tatsächlich.

взáпуски F um die Wette (*laufen*).

взасóс saugend (*küssen*); целовáть ~ abschmatzen.

взатя́жку: курńть ~ auf Lunge rauchen.

взáшей P mit einem Genickstoß, ins Genick.

взбáдривать [1], <взбодрńть> [13] F aufmuntern.

взбáлмошный F [14; -шен, -шна] unsinnig, unbesonnen, töricht.

взбáлтывать, <взболтáть> [1] umrühren, aufschütteln; *vgl.* болтáть.

взбе|гáть [1], <**~**жáть> [4; взбегý, -жńшь, -гýт] hinauflaufen.

взбеленńться F [13] *pf.* wütend werden.

взбивáть [1], <взбить> [взобью́, -бьёшь; взбил, -а; взбńтый] aufrühren; (*Sahne*) schlagen; (*Betten*) aufschütteln.

взбирáться [1], <взобрáться> [взберýсь, -рёшься; взобрáлся, -лáсь -лóсь] hinaufklettern; ~ на (B) ersteigen.

взбодрńть *s.* взбáдривать.

взбрáсывать [1], <взбрóсить> [15] hinaufwerfen.

взбредáть [1], <взбрестń> F [25] erklimmen; ~ в гóлову einfallen, in den Sinn kommen.

взбры́з|гивать [1], <**~**нуть> [20] bespritzen.

взбухáть [1], <взбýхнуть> [21; *nur 3. Pers.*] anschwellen.

взбýчк|а P [5]: задáть **~у** (*fig.*) den Kopf waschen, rüffeln.

взвáливать [1], <взвалńть> [13; взвалю́, -áлишь; -áленный] (на B *j-m*) auf-packen, -laden, -bürden; (*die Schuld*) zuschieben; **-ся** F sich werfen (на B auf *ac.*).

взве́|шивать [1], <~сить> [14] (ab)wägen; erwägen.

взвива́ть [1], <взвить> [взовью́, -вьёшь; взви́л, -á, -о; взви́тый (-и́т, -ита́, -и́то)] (*mst* **-ся** sich) hinaufschwingen.

взви́де|ть [11]: он све́та не ~л F ihm verging Hören und Sehen (*vor Schmerz*).

взви́зг|ивать [1], <~нуть> [20] (plötzlich anfangen zu) winseln; (auf)kreischen.

взви́н|чивать [1], <~ти́ть> [15; -нчу́, -нти́шь; -и́нченный] aufschrauben; erregen; aufs Äußerste treiben; (*die Preise usw.*) in die Höhe treiben.

взвить *s.* взвива́ть.

взвод ⚔ *m* [1] Zug; Stangenfeder *f*, Rast *f* (*am Gewehrschloß*); ~ами zugweise.

взводи́ть [15], взвести́ [25] (В/на В *j-m et.*) beimessen, andichten.

взво́дный [14] Zug...; Zugführer *m*.

взвоз *m* [1] Auffahrt *f*; **~и́ть** [15], <взвезти́> [24] hinauffahren.

взволно́ванный [14 *K.*] aufgeregt.

взгля|д *m* [1] Blick, Anblick; Ansicht *f*, Meinung *f*; на ~д dem Ansehen nach, von Ansehen; с пе́рвого ~да auf den ersten Blick; **'~дывать** [1], <~ну́ть> [19] (на В) anblicken, betrachten; hinsehen; сто́ит то́лько ~ну́ть es bedarf nur e-s Blickes; **~ну́ться** P [19; *unpers.*] *pf.*: как мне взгля́нется wie es mir beliebt *od.* gerade einfällt.

взгре|ва́ть [1], <~ть> [8; взгре́тый] P ausschimpfen, rüffeln.

взгромо|жда́ть [1], <~зди́ть> [15; -зжу́, -зди́шь; -мождённый] auftürmen, aufhäufen.

взгрустну́ться [20; *unpers.*] *pf.* wehmütig ums Herz werden.

вздва́ивать [1] <вздво́ить> [13] ⚔ Doppelreihe formieren.

вздёр|гивать [1], <~нуть> [20] (hin)aufziehen; ~нутый нос *m* aufgeworfene Nase *f*; ~гивать нос (*fig.*) die Nase hochtragen.

вздор *m* [1] Unsinn, dummes Zeug *n*, Stuß, Albernheit *f*; нести́ (*od.* моло́ть) ~ Unsinn schwatzen, faseln; **'~ить** F [13] zanken, Streit suchen; **'~ный** [14; -рен, -рна] unsinnig, ungereimt, abgeschmackt; nichtig, unbedeutend; kitschig.

вздоро|жа́ние *n* [12] Verteuerung *f*; **~жа́ть** *s.* дорожа́ть.

вздох *m* [1] Seufzer; испусти́ть после́дний ~ den Geist aufgeben; о́хи да ~и F ewiges Gejammer *n*; **~ну́ть** *s.* вздыха́ть.

вздра́гивать [1], <вздро́гнуть> [20] auf-, zs.-fahren, schaudern.

вздремну́|ться F [20; *unpers.*] *pf.* ein kurzes Nickerchen machen; мне ~лось ich bin eingenickt; *s.* дрема́ть.

взду|ва́ть [1], <~ть> [18] (*Staub*) auf-wirbeln, -werfen; F (durch-) prügeln; [*unpers.*] anschwellen; у меня́ взду́ло щёку meine Backe ist angeschwollen; *vgl.* дуть; **-ся** [*1. u. 2. Pers. ungbr.*] sich aufblähen; anschwellen (*Fluß*); F wahnsinnig steigen (*Preise*).

взду́мать [1] *pf.* auf den Gedanken (*od.* Einfall) kommen, ersinnen; wollen; **-ся** sich etwas einfallen lassen; ему́ взду́малось es fiel ihm ein.

вздыма́ть [1] aufwirbeln.

вздыха́тель F (*scherz.*) *m* [4] Verliebte(r).

вздыха́ть [1], <вздохну́ть> [20] Atem schöpfen, aufatmen; (auf-) seufzen; ~ о (П) besorgt sein um; F verliebt sein (по П in *ac.*).

взима́ть [1] (*Gebühr*) erheben *od.* nehmen (с Р von).

взира́ть [1] (на В) ansehen, anschauen; beachten; не взира́я на ли́ца ohne Rücksicht auf die Person; не взира́я ни на что trotz alledem; *s.* невзира́я.

взла́мывать <взлома́ть> [1; взло́манный] aufbrechen, aufreißen.

взле|за́ть [1], <~зть> [24; *durchweg st.*] hinaufklettern.

взлёт *m* [1] Aufflug.

взлет|а́ть [1], <~е́ть> [11] auffliegen, -steigen; ~е́ть на во́здух in die Luft fliegen.

взлом *m* [1] Einbruch; кра́жа *f* со взло́мом Einbruchsdiebstahl *m*; **~а́ть** *s.* взла́мывать; **'~щик** *m* [1] schwerer Junge, Geldschrankknacker.

взлохма́тить *s.* лохма́тить.

взлюби́ть [14] *pf.* liebgewinnen; *mst*: не ~ (В *j-m*) gram werden.
взмах *m* [1] Schwung, Schlag; ~ (кры́льев) Flügelschlag; '**~ивать** [1], ~ну́ть [20] emporschwingen; schwenken.
взмёт ⚒ *m* [1] erste Aufackerung *f* der Brache *od.* von Neuland.
взмет|а́ть [3], <~ну́ть> [20] aufwirbeln; schlagen (*mit den Flügeln*); **~ываться** ('ɣʐɱɔ-) [1], <~ну́ться> [20] hochsausen (*z.B. Rakete*).
взмоли́ться [13; -олю́сь, -о́лишься] *pf.* anflehen.
взмо́рье *n* [10] Strand *m*, Gestade.
взмости́ться F [15; -ощу́сь, -ости́шься] *pf.* hinaufklettern.
взмути́ть [15; взмучу́, взмути́шь] *pf.* (**-ся** sich) trüben.
взмы́л|ивать [1], <~ить> [13] (*Pferd*) abjagen (*daß es schaumbedeckt ist*).
взнос *m* [1] Einzahlung *f*, Einlage *f* (*in eine Sparkasse usw.*); Rate *f*; Beitrag.
взну́здывать, <взнузда́ть> [1; взну́зданный] aufzäumen.
взобра́ться *s.* взбира́ться.
взойти́ *s.* восходи́ть, всходи́ть.
взор *m* [1] Blick; ~ы *pl.* Augen *n/pl.*; поту́пить ~ den Blick senken; впери́ть ~ anstarren (в В *j-n*).
взорва́ть *s.* взрыва́ть.
взра́|щивать [1], <~сти́ть> [15; взращу́, взрасти́шь; взращённый] (auf)ziehen.
взреве́ть [*nur 3. Pers.*: **-вёт**] *pf.* aufbrüllen, aufheulen.
взреза́ть, взре́зывать [1], <взре́зать> [3] an-, heraus-schneiden.
взро́слый [14] er-, ausge-wachsen; Erwachsene(r) *m*.
взры|в *m* [1] Explosion *f*, Sprengung *f*; (*fig.*) Ausbruch; **~ва́тель** *m* [4] Sprengzünder; **~ва́ть** [1] **1.** <взорва́ть> [-ву́, -вёшь; взо́рванный] sprengen; (*fig.*) empören, aus der Fassung bringen; **2.** <взрыть> [22] aufwühlen, aufgraben; **-ся** detonieren, in die Luft fliegen; **~вно́й** [14] sprengend; ~вна́я ша́шка *f* Sprengkapsel; **~вча́тка** F *f* [5] Sprengstoff *m*; '**~вчатый** [14] Spreng...
взрыть *s.* взрыва́ть.
взрых|ля́ть [28], <~ли́ть> **[13]** (auf)lockern, umgraben.
взъеда́ться P [1], <взъе́сться> [взъе́мся, -е́шься, -е́стся, -еди́мся, -еди́тесь, -едя́тся; -е́шь(те)!; -е́лся] herfallen *od.* losziehen (на В über *ac.*).
взъезд *m* [1] Auffahrt *f*.
взъезжа́ть [1], <взъе́хать> [взъе́ду, -дешь; взъезжа́й(те)!] hinauffahren.
взъерепе́ниться F [13] *pf.* aufbrausen.
взъеро́|шивать [1], <~шить> [16] (*die Haare*) zerzausen; **-ся** sich sträuben (*Haare*).
взъе́сться *s.* взъеда́ться.
взыва́ть [1], <воззва́ть> [воззову́, -зовёшь; -зва́л, -звала́, -зва́ло] (к Д/о П *j-n* um *et.*) anrufen *od.* anflehen.
взыска́ние *n* [12] (*Schulden-*) Eintreibung *f*; Forderung *f*; Strafe *f*.
взыска́тельный [14; -лен, -льна] streng; anspruchsvoll.
взы́скивать [1], <взыска́ть> [3] (*Schulden*) ein-, bei-treiben, einkassieren (с Р von); (*Gebühr*) erheben; fordern, verlangen; не взыщи́те! F ich bitte um Nachsicht!
взя́тие *n* [12] Eroberung *f*.
взя́тка *f* [5; *g/pl.* -ток] (*Kartenspiel*) Stich *m*; Geschenk *n* (*zum Zwecke der Bestechung*), Schmiergeld *n*; брать взя́тки sich bestechen lassen.
взя́точни|к *m* [1], **~ца** *f* [5] bestechlicher Mensch *m*; **~чество** *n* [9] Bestechlichkeit *f*.
взять *s.* брать.
виаду́к *m* [1] Viadukt.
вибрац|ио́нный [14] Vibrations...; ~ио́нный гро́хот ⊕ *m* Rüttelsieb *n*; **~ия** (-'bra-) *f* [7] Vibration; Schwingung.
вибрио́н ⚕ *m* [1] Kommabazillus.
вибри́ровать [7; *nur 3. Pers.*] vibrieren, schwingen.
вивисе́кция *f* [7] Vivisektion.
виго́нь *f* [8] (*Zool.*) Vikunja, Lama *n*.
вид *m* [1; в -у́] Ansehen *n*, Anblick; Ansicht *f*; Aussicht *f*; Schein; Gattung *f*; Absicht *f*; (*Gram.*) Aspekt, Anschauungsform *f*; в виду́ (Р) in Sicht, angesichts; в ви́де (Р) in Form (von), als, in der Gestalt (*gen.*); ...weise (*z.B.* в ви́де сравне́ния vergleichsweise); в ви́де разгово́ров in Gesprächsform; в ви́дах (Р) zwecks; на виду́ sichtbar, in Sicht; на ~, с (*od.* по) ви-

ду dem Ansehen (*od.* Anschein) nach, von Ansehen; у него́ хоро́ший ~ er sieht gut aus; ~ на жи́тельство Aufenthaltsschein; де́лать ~ sich den Anschein geben, sich stellen; не показа́ть ~а keine Miene verziehen; он вида́л ~ы er ist weit herumgekommen, hat Lebenserfahrung; поста́вить на ~ *j-m* vorhalten; откры́тка *f* с ви́дами Ansichts(post)karte.

вида́ть [1; ви́данный], <у-> (*dann und wann*) sehen; его́ давно́ не ~ man sieht ihn seit langer Zeit nicht mehr; ви́дано (*od.* ви́данное) ли э́то де́ло? hat man (je) so etwas erlebt?; **-ся** sich (*öfters*) treffen *od.* sehen.

виде́ние *n* [12] Erscheinung *f*, Vision *f*.

ви́деть [11; *imp.* смотри́(те)!], <у-> sehen; erblicken; einsehen; ~ во сне träumen (von), im Traum sehen; ~ насквозь durchschauen (В *j-n*); **-ся** sich sehen, sich treffen.

ви́ди|мость *f* [8] Sichtbarkeit; Täuschung; **~мый** [14 *K.*] sichtbar, offenbar; **~мо-неви́димо** F massenhaft, unabsehbar.

видне́ться [8; *nur 3. Pers.*] sichtbar (*od.* in Sicht) sein, sich zeigen.

ви́д|ный [14; -ден, -дна́, -о; -дне́е] sichtbar, deutlich; ansehnlich, stattlich, hervorragend; **~но** man sieht *oder* kann sehen, wie es scheint, offenbar; ему́ ~но бу́дет er wird sehen (können); его́ нигде́ не ~но er ist nirgends zu sehen.

видово́й [14] Gattungs...; (*Gram.*) Aspekt...; ~ фильм *m* Landschaftsfilm.

видоизме|не́ние *n* [12] Ab-, Spiel-art *f*; Veränderung *f*; **~нённый** [14] abartig, entartet, verändert; **~ня́ть** [1], <~ни́ть> [13] entarten (lassen), verändern; **-ся** abarten; sich verändern.

видоиска́тель *m* [4] (*Phot.*) Sucher.

ви́дывать [1] *Iter. v.* вида́ть.

ви́за *f* [5] Visum *n*, (Paß-)Beglaubigung; ~ на въезд Einreisevisum *n*; ~ на вы́езд Ausreisevisum *n*.

визави́ *m/f* [*unv.*] Visavis *n*, Gegenüber *n*.

визан|ти́ец *m* [1; -ти́йца], **~ти́йка** *f* [5; *g/pl.*: -ти́ек] Byzantiner(in *f*); **~ти́йский** [16] byzantinisch; **♀ти́я** *f* [7] Byzanz *n* (*Konstantinopel*).

визг *m* [1] Gewinsel *n*; с ~ом kreischend, winselnd; **~ли́вый** [14 *K.*] winselnd, kreischend.

визжа́ть [4; -жу́, -жи́шь], *einm.* <ви́згнуть> [20] winseln, kreischen.

визи́га *f* [5] gedörrte Rückensehne (*der Knorpelfische*); Fischleim *m*.

визи́рки ⚙ *f/pl.* [5; *gen.*: -рок] Profilmesser *m*.

визи́ровать [7] (*im*)*pf.* visieren, beglaubigen.

визи́рь *m* [4] Wesir.

визи́т *m* [1] Besuch, Visite *f*; нанести́ кому́ ~ j-n besuchen; **~а́ция** *f* [7] Unter-, Durchsuchung; **~ка** *f* [5; *g/pl.*: -ток] Besuchs-, Ausgeh-anzug *m*, Cutaway *m*.

ви́ка ⚘ *f* [5] Wicke.

виктори́на *f* [5] Frage- u. Antwort-Spiel *n*, Quiz *n*.

ви́лка *f* [5; *g/pl.*: -лок] Gabel; (ште́псельная) ~ ⚡ Steckkontakt *m*.

вило́к *m* [1; -лка́] Kohlkopf; капу́ста вьётся вилка́ми der Kohl setzt Köpfe an.

вилообра́зный [14; -зен, -зна] gabelförmig.

ви́л|ы *f/pl.* [5] große Gabel *f*, (*bsd.*) Heu-, Mist-gabel *f*; э́то ещё ~ами по воде́ пи́сано F das ist noch ganz unbestimmt.

Ви́льнюс *m* [1] Wilna *n*.

вильчу́ра *f* [5] Wolfspelz *m* (*Haar nach außen*).

виля́ть [28], *einm.* <вильну́ть> [20] schwänzeln; Winkelzüge (*od.* Ausflüchte) machen, ausweichen; ~ хвосто́м mit dem Schwanz wedeln.

вина́ *f* [5; *pl.*: ви́ны] Schuld, Vergehen *n*; Verbrechen *n*; [*ohne pl.*] Ursache; э́то его́ ~ er ist schuld daran; э́то не по мое́й вине́ das ist nicht meine Schuld.

винда́вский [16] Windauer, aus (*od.* von) Windau (Винда́ва *f*).

винегре́т *m* [1] Vinaigrette *f*, Salat (*Gericht*); (*fig.*) Mischmasch.

вини́тельный [14]: ~ паде́ж *m* (*Gram.*) Akkusativ, Wenfall.

вини́ть [13] (В/в П *od.* за В *j-n e-r Sache*) beschuldigen.

ви́н|ный [14] Wein...; Branntwein...; ~ ка́мень ⚒ *m* Weinstein; ⚕ Zahnstein; **~ная я́года** *f* (getrocknete) Feige.

вино́ *n* [9; *pl.*: **ви́на**] Wein *m*; Branntwein *m*.

винова́|тый [14 *K.*] schuldig (в П an *dat.*); ~т! entschuldigen (*od.* verzeihen) Sie!; вы в э́том ~ты Sie sind schuld daran; ~тый взгляд *m* schuldbewußter Blick.
вино́вник *m* [1] Urheber (von *oder gen.*).
вино́вный [14; -вен, -вна] schuldig, strafbar (в П *gen.*).
виногра́д *m* [1] Weinstock; (*koll.*) Weintrauben *f/pl.*; сбор *m* ~а Weinlese *f*; разведе́ние *n* ~а Weinbau *m*; **~арство** *n* [9] Weinbau *m*; **~арь** *m* [4] Weingärtner, Winzer; **~ина** *f* [5] Weintraube; **~ник** *m* [1] Wein-garten-, -berg; **~ный** [14] Weintrauben...; ~ное вино́ *n* Wein *m*, Rebensaft *m*; ~ная лоза́ *f* Rebe, Weinstock *m*; ~ное су́сло *n* Weinmost *m*.
виноде́л *m* [1] Winzer; **~ие** *n* [12] Weinherstellung *f*; **~ьческий** [16] Wein...; ~ьческий райо́н *m* Weingegend *f*.
виноку́р *m* [1] Branntweinbrenner; **~ня** *f* [6; *g/pl.*: -рен] Branntweinbrennerei *f*.
вино|торго́вец *m* [1; -вца] Weinhändler; **~торго́вля** *f* [6; *g/pl.*: -лей] Weinhandlung.
винт *m* [1*e.*] Schraube *f*; Wint (*Kartenspiel*); устано́вочный ~ Stellschraube *f*; зажи́мный *od.* натяжно́й ~ Klemmschraube *f*; бесконе́чный ~ Schnecke *f*; гребно́й ~ Schiffsschraube *f*; **'~ик** *m* [1] kleine Schraube *f*, Schräubchen *n*; у него́ ~ика не хвата́ет F (*fig.*) bei ihm ist eine Schraube locker.
винти́ть F [15; -нчу́, -нти́шь] schrauben; Wint spielen.
винт|ова́льный [14] Gewinde...; ~ова́льная доска́ *f* Gewindeeisen *n*; **~о́вка** *f* [5; *g/pl.*: -вок] Büchse, (*gezogenes*) Gewehr *n*; **~ово́й** [14] Schrauben...; Schnecken...; ~ова́я ле́рка *f* Schraublehre; ~ова́я ле́стница *f* Wendeltreppe; **~ообра́зный** [14; -зен, -зна] schraubenförmig, spiral.
винцо́ *n* [9] Weinchen.
винье́тка *f* [5; *g/pl.*: -ток] Vignette, (*Buch-*)Verzierung.
виолонче́ль ♪ *f* [8] Violoncello *n*, Cello *n*, Kniegeige.
ви́рша *f* [5] Knüttelvers *m*.
ви́селица *f* [5] Galgen *m*.
ви́сельник *m* [1] Gehenkte(r); (*fig.*) Galgenstrick; ю́мор *m* ~а (*fig.*) Galgenhumor.
висе́ть [11] hängen, schweben.
ви́ски *n* [*unv.*] Whisky *m*.
виско́за *f* [5] Viskose; Kunstseide.
Ви́сла *f* [5] Weichsel (*Fluß*).
вислоу́хий [16 *K.*] mit Hängeohren, schlappohrig; (*fig.*) F einfältig.
ви́снуть F [21], <по-> *v/i* herab-, herunter-hängen; ~ (у Р) на ше́е F sich (an j-n) hängen.
висо́к *m* [1; -ска́] (*Anat.*) Schläfe *f*.
високо́сный [14]: ~ год *m* Schaltjahr *n*.
висо́чный [14] Schläfen...
вису́ны *m/pl.* [1] Menschentrauben *f/pl.* (*an der Straßenbahn*).
висю́лька F *f* [5; *g/pl.*: -лек] Anhängsel *n* (*an der Kette usw.*).
вися́|чий [17] hängend; Hänge...; ~чая желе́зная доро́га *f* Schwebebahn; ~чий замо́к *m* Vorhängeschloß *n*.
витами́н *m* [1] (*Bio.*) Vitamin *n*; **~о́зный** [14] Vitamin...; ~о́зная пи́ща *f* vitaminhaltige Nahrung.
вита́ть [1] (*fig.*) schweben.
витиева́тый [14] geschraubt, geziert, schwülstig (*Stil*).
вити́я *m* [7] Redner.
вито́й [14] geflochten, gewunden; вита́я бу́лка *f* Zopf *m* (*Gebäck*).
вито́к *m* [1; -тка́] Windung.
витри́на *f* [5] Glaskasten *m*, Schaufenster *n*.
ви́ттова [19]: ~ пля́ска ⚕ *f* Veitstanz *m*.
виту́шка *f* [5; *g/pl.*: -шек] Schnur; *Art* (runder) Kringel *m*.
вить [вью, вьёшь; ве́й(те)!; вил, вила́, -о; ви́тый (вит, -а́, -о)], <с-> [совью́, совьёшь] winden, drehen; (*Nester*) bauen; из него́ верёвки мо́жно ~ man kann auf ihm Holz hacken, mit ihm kann man alles machen; **-ся** sich drehen (und wenden); sich kräuseln (*Haare*); kreisen (*Raubvogel*); *s. a.* вью́щийся.
ви́тязь *m* [4] Held.
Вифлее́м *m* [1] Bethlehem *n*.
вихо́р *m* [1; -хра́] (*Haar-*)Wirbel, Schopf.
вихри́ться [13 *nur 3. Pers.*], <вз-> (sich) wirbeln.
вихрь *m* [4] Wirbelwind; (*fig.*) Sturm, Strudel.
виц(е)... (*in Zssgn*) Vize...

ви́шен|ка *f* [5; *g/pl.*: -нок] einzelne (kleine) Kirsche; **~ье** *n* [10] (*koll.*) Kirschbäume *m/pl.*; Kirschen *f/pl.*

виш|нёвка *f* [5; *g/pl.*: -вок] Kirschlikör *m*; **~нёвый** [14] Kirsch...; kirschfarbig; **'~ня** *f* [6; *g/pl.*: -шен] Kirschbaum *m*; Kirsche.

вишь sieh (da)!, siehst du!; ~ ты какóй! F sieh mal an, was du für ein Kerl bist!

вкáпывать, <вкопáть> [1; вкóпанный] eingraben; (*fig.*) как вкóпанный wie angenagelt.

вкáтывать [1], <вкатúть> [15] hineinwälzen, hineinrollen.

вклад *m* [1] Einlage *f*, hinterlegter Betrag; (*fig.*) Beitrag (в В für); **~нóй** [14] einlegbar, einschiebbar; Einschieb(e)..., Schub...; ~нóй лист *m* (*Typ.*) Einlagebogen; **'~чик** *m* [1] Deponent, Hinter-, Ein-leger; **'~ывать** [1], <вложúть> [16] hinein-legen, -stecken; **-ся** hineingehen, -passen; **'~ыш** *m* [1; *g/pl.*: -шей] Einlage *f*, Einschiebsel *n*; ⊕ Schale *f*.

вклéивать [1], <вклéить> [13] einkleben; P (*Schläge*) versetzen.

вклéйка *f* [5; *g/pl.*: -éек] Einkleben *n*; Eingeklebte(s) *n*.

вклю|чáть [1], <~чúть> [16; -чý, -чúшь; -чённый] (mit) einschließen *od.* einbegreifen; ⚡ (ein)schalten; ~чáя (*prp.*) (В) einschließlich; **~чúтельно** (*adv.*) mit in- (*od.* ein)begriffen, einschließlich.

вколáчивать [1], <вколотúть> [15] einschlagen, einrammen.

вконéц F vollends, gänzlich.

вкопáть *s.* вкáпывать.

вкоре|нúвший eingewurzelt, eingebürgert; **~нять** [28], <~нúть> [13] ein-prägen, -schärfen; (**-ся** sich) einwurzeln, Wurzel fassen.

вкось schief, schräg; вкривь и ~ schief und krumm; судúть вкривь и ~ F vorschnell, ungerecht urteilen.

ВКП(б) (Всесою́зная Коммунистúческая Пáртия [большевикóв]) KPdSU(B) Kommunistische Partei der Sowjetunion (Bolschewiki) (*Name der Partei bis Oktober 1952*); *s.* КПСС.

вкрáдчивый [14 *K.*] einschmeichelnd, F fuchsschwänzelnd.

вкрáдываться [1], <вкрáсться> [25; вкрáлась, -лось] sich einschleichen; (*fig.*) sich einschmeicheln.

вкрáтце in Kürze, kurz.

вкривь *s.* вкось.

вкрутýю hart(gekocht *od.* -gesotten).

вкус *m* [1] Geschmack, Geschmacksrichtung *f*; Stil; приятный на ~ wohlschmeckend; по вкýсу nach (dem) Geschmack; быть по вкýсу schmecken, munden; со вкýсом geschmackvoll; имéть ~ schmecken (P nach); о ~ах не спóрят über den Geschmack läßt sich nicht streiten; **'~ный** [14; -сен, -снá, -о; -снée] schmackhaft; это ~но das schmeckt gut; **~овóй** [14] Geschmacks...; ~овóе ощущéние *n* Geschmacksempfindung *f*.

вку|шáть [1], <~сúть> [15] kosten, schmecken; genießen.

влáга *f* [5] Feuchtigkeit, Nässe.

влагáлище *n* [11] Scheide *f*; (*Anat.*) Mutterscheide *f*; ⚘ Blattscheide *f*.

влагáть [1] *s.* вклáдывать.

влагомéр *m* [1] Feuchtigkeitsmesser.

владé|лец *m* [1; -льца] Besitzer, Eigentümer; **~ние** *n* [12] Besitz *m* (T *gen. od.* von); Gebiet, Besitzung *f*.

владéтель *m* [4] Besitzer, Inhaber; Beherrscher; **~ный** [14] regierend.

владéть [8] (T) besitzen, verfügen (über *ac.*); herrschen (über *ac.*); beherrschen, geschickt gebrauchen *oder* handhaben; (*fig.*) (собóй sich) beherrschen; ~ сердцáми große Sympathien genießen.

Владúмир *m* [1] Wladimir, Waldemar.

влады́|ка *m* [5; *Vokativ*: -ко] Herrscher; Erzbischof; **~чество** *n* [9] Herrschaft *f*, Obergewalt *f*; **~чествовать** [7], ([над] T) herrschen (über *ac.*), beherrschen.

влáжный [14; -жен, -жнá, -о; -жнée] feucht, naß.

влáмываться [1], <вломúться> [14] (gewaltsam) einbrechen *od.* eindringen.

влáствовать [7] herrschen, regieren.

властелúн *m* [1] Herrscher, Machthaber.

властúтель *m* [4], **~ница** *f* [5] **Herrscher(in** *f*), **Gebieter(in** *f*).

вла́стный [14; -тен, -тна] befugt; mächtig; gebieterisch; ~ нрав *m* herrschsüchtiger Charakter, в э́том я не вла́стен das steht nicht in meiner Macht.
власто|лю́бец *m* [1; -бца] Herrschsüchtige(r); **~люби́вый** [14 *K.*] herrschsüchtig; **~лю́бие** *n* [12] Herrschsucht *f*.
власт|ь *f* [8; *ab g/pl. e.*: -те́й] Macht; Gewalt; (*bsd. pl.*) Obrigkeit, Behörde, Machthaber *m/pl.*; превыше́ние *n* ~и Überschreitung *f* der Machtbefugnisse.
влачи́ть [16; -чу́, -чи́шь] (**-ся** sich) schleppen, ziehen; ~ жа́лкое существова́ние (*lit.*) ein ärmliches Leben fristen.
вле́во (nach) links.
влеза́ть [1], ‹влезть› [24; *durchweg st.*] hinein-klettern, -steigen, aufsteigen; sich unterbringen lassen, hineingehen; ~ в долги́ F sich in Schulden stürzen.
влепля́ть [28], ‹влепи́ть› [14] (hin)einkleben; P ~ пощёчину eine Ohrfeige geben.
влета́ть [1], ‹влете́ть› [11] hineinfliegen; (*fig.*) reinfallen; P ему́ влете́ло er hat (et)was abbekommen.
влече́ние *n* [12] Hang *m*, Trieb *m* (к Д nach).
влечь [26] ziehen, hin-ziehen, -reißen; schleppen; ~ за собо́й zur Folge haben.
влива́ть [1], ‹**влить**› [волью́, -льёшь; вле́й(те)!; влил, -а́, -о; вли́тый (-та́, -о)] (hin)eingießen (в В in *ac.*); ~ бо́дрость Mut einflößen (в В j-m); **-ся** [влило́сь] einfließen, münden.
влипа́ть [1], ‹вли́пнуть› [21] P in die Klemme geraten; ~ в скве́рную исто́рию in eine unangenehme Geschichte geraten.
влия́|ние *n* [12] Einfluß *m*; **~тельный** [14; -лен, -льна] einflußreich; **~ть** [28], ‹по-› Einfluß haben (на В auf *ac.*).
ВЛКСМ (Всесою́зный Ле́нинский Коммунисти́ческий Сою́з Молодёжи) Leninscher Kommunistischer Jugendverband der UdSSR.
вложе́ние *n* [12] Einlage *f*; ✝ со ~м in der Anlage.
вложи́ть *s.* вкла́дывать.
вломи́ться *s.* **вла́мываться.**

вло́паться P [1] *pf.* unversehens (*a.* fahrlässig) geraten (в В in *ac.*), (*a. fig.*).
влюблённость *f* [8] Verliebtheit.
влюбля́ть [28], ‹влюби́ть› [14] (в В) verliebt machen (in *ac.*); влюблённый verliebt; **-ся** sich verlieben (in *ac.*).
влю́бчивость *f* [8] Verliebtheit.
вма́з|ывать [1], ‹~ать› [3] einkitten; einsetzen (*Glas*).
вменя́емый ⚖ [14 *K.*] zurechnungsfähig.
вменя́ть [28], ‹вмени́ть› [13] beimessen, anrechnen; zurechnen; ~ себе́ в обя́занность sich *et.* zur Pflicht machen.
вме́сте zusammen; ~ с тем gleichzeitig, zumal.
вмести́|лище *n* [11] Behälter *m*; **~мость** *f* [8] Raum(inhalt) *m*; Geräumigkeit; ⚓ Ladungsfähigkeit; **~тельный** [14; -лен, -льна] geräumig; **~ть** *s.* вмеща́ть.
вме́сто (Р) (an)statt; ~ меня́ für mich.
вмётывать, ‹вмета́ть› [1; вмётанный] einheften, lose einnähen.
вмеша́тельство *n* [9] Einmischung *f*, Eingreifen; хирурги́ческое ~ ⚕ chirurgischer Eingriff *m*.
вме́шивать, ‹вмеша́ть› [1; вме́шанный] (В/в В) (ver)mischen (mit); verwickeln (in *ac.*); **-ся** sich einmischen (в В in *ac.*).
вмеща́ть [1], ‹вмести́ть› [15; -ещу́, -ести́шь; -ещённый] (hin)einlegen (в В in *ac.*); ~ в себе́ (in sich) fassen, enthalten; ~ в себя́ (in sich) aufnehmen; **-ся** hineingehen, Platz haben.
вмиг im Nu.
вмя́тина *f* [5] Einbeulung.
внаём *od.* **внаймы́:** отда́ть ~ vermieten; взять ~ mieten.
внаки́дку F umgehängt; наде́ть ~ umhängen.
внакла́дку: пить чай ~ Tee trinken (*wobei der Zucker in die Tasse getan wird*); *vgl.* вприку́ску.
внахлёстку ⊕ überlappt.
внача́ле anfangs, am Anfange.
вне (Р) draußen; außer(halb); он ~ себя́ er ist außer sich; быть ~ подозре́ния über jeden Verdacht erhaben sein.
внебра́чный [14] unehelich; ~ ребёнок *m* uneheliches Kind *n*; внебра́чная связь *f* wilde Ehe.

внед|ря́ть [28], <**~ри́ть**> [13] tief einprägen; einführen; **-ся** sich einprägen; Wurzel fassen.
внеевропе́йский [16] außereuropäisch.
внеза́пный [14; -пен, -пна] plötzlich.
внекла́ссн|ый [14] nicht zum Klassenpensum gehörig; **~ое** чте́ние *n* Hauslektüre *f*.
внема́точн|ый [14]: **~ая** бере́менность *f* ⚕ Bauchschwangerschaft.
внеочередно́й [14] außer der Reihe; außerordentlich.
внепарти́йный [14] außerhalb der Partei stehend.
внесе́ние *n* [12] Eintragung *f*; Einzahlung *f*.
внеслуже́бный [14] außerdienstlich.
внесме́тный [14] außerhalb des Kostenanschlages.
внести́ *s.* вноси́ть.
внешко́ль|ник *m* [1] Lehrer für Erwachsenenkurse; **~ный** [14]: ~ная рабо́та *f* Kulturarbeit unter Erwachsenen; ку́рсы *m/pl.* ~ного образова́ния Kurse für Erwachsene.
вне́ш|ний [15] äußerlich; auswärtig; Außen...; **~ность** *f* [8] Äußere(s) *n*, äußere Erscheinung, Außenseite.
внешта́тный [14] außeretatmäßig.
вниз nach unten, hinab; ~ по реке́ flußabwärts; **~у́** (P) unten, zuunterst.
вника́ть [1], <вни́кнуть> [20 *od.* 21] (в В) eindringen (in *ac.*), erforschen; ~ в суть де́ла in das Wesen e-r Sache eindringen.
внима́ни|е *n* [12] Rücksicht *f*; Aufmerksamkeit *f*; обрати́ть ~е на die Aufmerksamkeit lenken auf (*ac.*), achten auf (*ac.*), Notiz nehmen von; приня́ть во ~е in Betracht ziehen; ~е! ⚔ Achtung!; по́льзоваться ~ем Beachtung finden; принима́я во ~е mit Rücksicht auf (*ac.*); оста́вить без ~я außer acht lassen; он весь ~е F er ist ganz Ohr.
внима́тель|ность *f* [8] Aufmerksamkeit, Zuvorkommenheit *f*; **~ный** [14; -лен, -льна] aufmerksam.
внима́ть [1], <внять> [*ft. ungbr.*; внял, -á, -о] (Д) achtgeben *od.* hören (auf *ac.*); vernehmen.
вничью́ (*Sport*) unentschieden; (*Schach*) remis.
вновь von neuem; vor kurzem.
вноси́ть [15], <внести́> [25; -су́, -сёшь; внёс, внесла́] hinein-, herein-tragen, -bringen; (*Posten*) eintragen; einzahlen, entrichten.
вно́ска *f* [5; *g/pl.*: -сок] (*Typ.*) Zusatz *m*, Einschaltung (*im Text*).
внук *m* [1] Enkel; *vgl.* внуча́та.
вну́трен|ний [15] inner, innerlich; inwendig; intern; Innen...; Binnen..., Inlands...; министе́рство *n* ~них дел (МВД) Ministerium des Innern; **~ность** *f* [8] Innere(s) *n*; (*bsd. pl.*) Eingeweide *n*.
внутри́ (P) innerhalb, im Innern; (*adv.*) drin(nen).
внутрь (P) nach innen, ins Innere, hinein; приня́ть лека́рство ~ eine Arznei einnehmen.
внуча́т|а *m/f pl.* [2] Enkel(innen), Enkelkinder *n/pl.*; **~ный** [14]: ~ный племя́нник *m* Großneffe.
вну́чка *f* [5; *g/pl.*: -чек] Enkelin.
внуша́ть [1], <внуши́ть> [16; -шу́, -ши́шь; -шённый] (Д/В *j-m et.*) ein-flößen, -geben, -schärfen.
внуше́ние *n* [12] Einflößung *f*; Antrieb *m*; Suggestion *f*, Hypnose *f*; Verweis *m*.
внуши́тель *m* [4] Einflößende(r), Einbläser; **~ный** [14; -лен, -льна] Achtung einflößend *od.* erweckend.
вня́тный [14; -тен, -тна] deutlich, vernehmlich.
внять *s.* внима́ть.
во *od.* во-во́ F ja ja, jawohl, so ist's.
во́бла *f* [5] Plötze (*Fisch*).
вобра́ть *s.* вбира́ть.
вове́к in Ewigkeit, (auf) ewig.
вовлека́ть [1], <вовле́чь> [26] (в В) hineinziehen (in *ac.*); verleiten (zu).
вовне́ von außen, draußen.
во́время zur rechten Zeit, rechtzeitig, gelegen; не ~ zur unrechten Zeit, ungelegen.
во́все völlig, gänzlich; ~ не durchaus (*od.* gar) nicht, keineswegs.
вовсю́ P was das Zeug hält.
во-вторы́х zweitens.
вогна́ть *s.* вгоня́ть.
во́гнутый [14 *K.*] eingebogen, konkav; höhlig.
вогну́ть *s.* вгиба́ть.
вод|а́ *f* [5; *ac/sg.*: во́ду; *pl.*: во́ды, вод, во́дам] Wasser *n*; ~ы *pl.* Gewässer *n*; питьева́я ~а́ Trinkwasser *n*; на вода́х im Bad; е́хать на́ воды ins Bad fahren *od.* reisen; по воде́

od. водой zu (*od.* auf dem) Wasser; пить воды (den) Brunnen trinken; много воды F (*iron.*) viele leere Worte; их ~ой не разольёшь sie sind unzertrennlich; с него как с гуся ~а er ist dickfellig; как в ~у кануть spurlos verschwinden; в мутной ~е рыбу ловить im trüben fischen; с тех пор много ~ы утекло seitdem ist schon viel Wasser bergab geflossen; толочь ~у в ступе leeres Stroh dreschen; он прошёл сквозь огонь и ~у er ist mit allen Wassern gewaschen.

водво|рять [28], <~**рить**> [13] einsetzen; ansässig machen; **-ся** sich ansiedeln, sich (häuslich) niederlassen.

водевиль *m* [4] Sing-, Lieder-spiel *n*, Vaudeville *n*; ~**ный** [14] Vaudeville...

водитель *m* [4] Führer.

водить [15] führen, leiten; **-ся** vorkommen, üblich sein, sich aufhalten; (-ся знакомство) verkehren, umgehen (с T mit); скажи, с кем ты водишься, и я скажу, кто ты sage mir, mit wem du umgehst, und ich sage dir, wer du bist; это за ним водится F das sieht ihm ähnlich; в тихом омуте черти водятся (*Spr.*) stille Wasser sind tief; так водится на свете so ist der Welt Lauf.

води|ца *f*, ~**чка** *f* [5] Wässerchen *n*.

водка *f* [5; *g/pl.*: -док] Branntwein *m*, Schnaps *m*; дать на водку ein Trinkgeld geben.

водный [14] Wasser...; wasserreich.

водо... (*in Zssgn*) Wasser...; ~**боязнь** ⚕ *f* [8] Wasserscheu; Tollwut; ~**вместилище** *n* [11] *s.* ~ём; ~**воз** *m* [1] Wasser-führer, -träger, -mann; ~**возный** [14] zum Wasserführen (dienend); ~возная бочка *f* Wassertonne; ~**ворот** *m* [1] Wasserstrudel; ~**ём** *m* [1] Wasserbehälter; ~**измещение** ⚓ *n* [12] Wasserverdrängung *f*, -raum *m*; Tonnengehalt *m*; ~**качка** *f* [5; *g/pl.*: -чек] Wasser-pumpe, -werk *n*.

водо|лаз *m* [1] Taucher; ~**лей** *m* [3] Kahnführer; (*Astr.*) Wassermann; F Schwätzer; ~**лечебница** *f* [5] Wasserheilanstalt; ~**лечебный** [14] hydropathisch; ~лечебное заведение *n* Wasserheilanstalt *f*; ~**лечение** *n* [12] Wasserheil-kunde *f*, -kur *f*; ~**мер** *m* [1] Wassermesser; ~**мерный** [14]: ~мерное стекло *n* Wasserstandsglas; ~**мёт** *m* [1] Springbrunnen; ~**напорный** [14] Wasser(druck)...; ~напорная башня *f* Wasserturm *m*; ~**непроницаемый** [14] wasserdicht; ~**нос** *m* [1] Wasserträger; ~**носный** [14] zum Wassertragen (dienend); wasserreich; ~носное ведро *n* Wassereimer *m*; ~**освящение** *n* [12] Wasserweihe *f*; ~**отводный** [14] Dränier...; ~**пад** *m* [1] Wasserfall; ~**подъёмный** [14] Wasserpump...; ~**пой** *m* [3] Tränke *f*; ~**пойка** *f* [5; *g/pl.*: -поек] Trinknäpfchen *n* (*am Vogelbauer*); ~**провод** *m* [1] Wasserleitung *f*; ~**проводный** [14]: ~проводная колонка *f* Wasserzapfstelle; ~**разборный** [14]: ~разборный кран *m* Hydrant; ~**раздел** *m* [1] Wasserscheide *f*; ~**род** *m* [1] Wasserstoff; ~**росль** ⚘ ('vɔ-) *f* [8] Seetang *m*; ~росли *pl.* Algen; ~**снабжение** *n* [12] Wasserversorgung *f*; ~**сток** *m* [1] Wasserabfluß; Dachrinne *f*; ~**хранилище** *n* [11] Wasserbehälter *m*; ~**черпательный** [14] wasserschöpfend; ~**чистительный** [14] wasserreinigend; Filtrier...

водочка *f* [5; *g/pl.*: -чек] Schnäpschen *n*.

водру|жать [1], <~**зить**> [15; -ужу, -узишь; -ужённый] auf-, er-richten; (*Flagge*) aufpflanzen.

водя|нистый [14 *K.*] wäss(e)rig; blaß (*fig.*); ~**нка** ⚕ (-'dan-) *f* [5] Wassersucht; (*Zool.*) Wasserspinne; ~**ной** [14] Wasser...; Wassergeist *m*.

воевать [6] Krieg führen; воюющий kriegführend.

воевода *m* [5] (*ehm.*) Woiwod(e), Heerführer; Statthalter.

воедино *s.* вместе.

военачальник *m* [1] Feldherr, Heerführer.

воен|вед *m* [1] Heeresverwaltung *f*; ~**врач** *m* [1*e.*; *g/pl.*: -чей] Militärarzt.

военизация *f* [7] Erziehung zur Wehrhaftigkeit, Militarisierung; ~**зированный** [14] militarisiert, Militär...; ~зированные игрушки *f/pl.* wehrgeistiges Spielzeug *n*; ~зированный поход *m* kriegsmäßiger Marsch; ~**зировать** [7] (*im*)*pf.* auf Kriegsbedarf umstellen.

военно|обя́занный [14] militärpflichtig; **~пле́нный** [14] Kriegsgefangene(r) *m*; **~-полево́й** [14]: ~-полево́й суд *m* Feld-, Standgericht *n*; **~слу́жащий** [17] Militär (-person *f*) *n*; **~-учёбный** [14] Militär..., Militärbildungs...

вое́н|ный [14] militärisch, kriegerisch; Militär..., Kriegs...; Militär (-person *f*) *n*, Soldat *m*; ~ное министе́рство *n* Kriegsministerium; ~ные де́йствия *n/pl.* Feindseligkeiten *f/pl.*; ~ный суд *m* Standrecht *n*; по ~ному суду́ standrechtlich; ~ный о́круг *m* Militärbezirk, Wehrkreis.

вое́нщина P *f* [5] Soldateska.

вожа́к *m* [1*e.*] Anführer; Obmann; Begleiter; Leittier *n*.

вожа́тый [14] Wagenführer *m*; (*Pol.*) Führer *m* einer „Pionier"-gruppe.

вождь *m* [4 *e.*] Feldherr; Oberhaupt *n*; Führer.

во́жжи *f/pl.* [5; *ab g/pl. e.*: -же́й] Zügel *m*, Leitseil *n*, Leine *f*.

воз *m* [1; на -у́; *pl. e.*: -ы́] (Ernte-) Wagen; Fuder *n*, Fuhre *f*; Menge *f*; ~ новосте́й F ein Sack voll Neuigkeiten; что с во́зу упа́ло, то пропа́ло geschehene Dinge sind nicht zu ändern.

воз... (*in Zssgn*) (hin)auf..., empor..., ver..., wieder..., zurück...

возблагодари́ть † [13] *pf.* (В/за В *j-m* für *et.*) Dank sagen, danken.

возбра|ня́ть † [28], <~ни́ть> [13] verwehren, untersagen.

возбуди́тель *m* [4] Erreger; **~ный** [14; -лен, -льна] anregend.

возбу|жда́ть [1], <~ди́ть> [15; -ужу́, -уди́шь; -уждённый] an-, erregen, erwecken; reizen; (*Gelächter*) hervorrufen; ~жда́ть хода́тайство ein Gesuch einreichen (*offiziell*); ~жда́ть иск ⚖ e-n Prozeß anstrengen; **~жде́ние** *n* [12] An-, Erregung *f*.

возведе́ние *n* [12] Erhebung *f*; Errichtung *f*; ~ в сте́пень Ꭿ Potenzieren.

возвели́|чивать [1], <~чить> [16] erheben; rühmen, loben.

возвести́ *s.* возводи́ть.

возве|ща́ть [1], <~сти́ть> [15; -ещу́, -ести́шь; -ещённый] (В/Д *od.* о П/Д *j-m et.*) verkünd(ig)en, bekanntmachen; **~ще́ние** *n* [12] Verkünd(ig)ung *f*.

возводи́ть [15], <возвести́> [25] erheben, emporrichten; errichten; ~ в (В/ед/ч. *od.* И/мн/ч.) befördern zu; ~ в сте́пень Ꭿ in eine Potenz erheben; ~ клевету́ (на В j-n) verleumden.

возвра́т *m* [1] *s.* возвраще́ние; **~и́мый** [14 *K.*] wiederbringlich, ersetzbar; **~и́ть** *s.* возвраща́ть; **~ный** [14] wiederkehrend; Rück...; Rückfall...; (*Gram.*) reflexiv, rückbezüglich.

возвра|ща́ть [1], <~ти́ть> [15; -ащу́, -ати́шь; -щённый] zurückgeben, -erstatten; (*Verlust*) ersetzen; wiederbringen; **-ся** zurück-, wieder-kehren (из[-за] *od.* с Р von); zurückkommen (к Д auf *ac.*); **~ще́ние** *n* [12] Rückkehr *f*; Wiedererstattung *f*; Rückfall *m*.

возвы|ша́ть [1], <возвы́сить> [15] erhöhen, steigern; (*Stimme*) erheben; ~ша́ть в (В) befördern zu; **-ся** sich erheben, (empor)steigen; **~ше́ние** *n* [12] Erhöhung *f*; Steigerung *f*; Erhebung *f*; Beförderung *f*; Anhöhe *f*; **~шенность** (-'vɨ-) *f* [8] Erhabenheit; Anhöhe; **~шенный** (-'vɨ-) [14] erhaben; erhöht, hochgelegen.

возглавля́ть [28], <возгла́вить> [14] an der Spitze stehen, sich an die Spitze stellen; führen.

во́зглас *m* [1] Ausruf; **~ы** *pl.* (*Parlament*) Zwischenrufe.

возгла|ша́ть [1], <~си́ть> [15; -ашу́, -аси́шь; -ашённый] ausrufen, (laut) verkünd(ig)en, kundtun.

возго́н ⚗ *m* [1] Sublimat *n*; **~ка** *f* [5] Sublimation; **~я́ть** [28] sublimieren.

возго|ра́ть [1], <~ре́ть> [9], **-ся** sich entzünden, entbrennen.

возда|ва́ть [5], <возда́ть> [-да́м, -да́шь, -да́ст, -дади́м, -дади́те, -даду́т; -да́л, -а́, -о; во́зданный (во́здан, -а́, -о)] vergelten, belohnen; erweisen; **~я́ние** *n* [12] Vergeltung *f*; Belohnung *f*.

воздви|га́ть [1], <воздви́гнуть> [21] erbauen, errichten, aufführen; **~же́ние** *n* [12] Erbauung *f*, Errichtung *f*.

возде́йств|ие *n* [12] Einfluß *m*; Einwirkung *f*; **~овать** [7] (*im*)*pf.* einwirken (на В auf *ac.*).

возде́|лывать, <~лать> [1] bearbeiten; anbauen, bestellen.

воздер|жа́ние *n* [12] Enthaltsamkeit *f*; **~живать** (-ˈd̦ɛr-) [1], <**~жа́ть**> [4] (от P) ab-, zurück-halten (von); **-ся** sich enthalten; при двух ~жа́вшихся (*Pol.*) bei zwei Stimmenthaltungen; ~живаться от голосова́ния sich der Stimme enthalten; **~жный** (-ˈd̦ɛr-) [14; -жен, -жна] enthaltsam.

во́здух *m* [1] Luft *f*; на во́льном (чи́стом *od.* откры́том) ~е im Freien, unter freiem Himmel; иде́я носи́лась в ~е F die Idee lag in der Luft; дыша́ть ~ом frische Luft schöpfen.

воздухо|ду́вка ⊕ *f* [5; *g/pl.*: -вок] Gebläse *n*; **~ме́р** *m* [1] Luftmesser; **~пла́вание** *n* [12] Luftschiffahrt *f*; **~пла́ватель** *m* [4] Luftschiffer; **~ула́вливатель** ✈ *m* [4] Luftmaul *n*.

возду́ш|ный [14; -шен, -шна] luftig; Luft...; ~ная (желе́зная) доро́га *f* Hochbahn; ~ный насо́с ⊕ *m* Luftpumpe *f*; ~ный пиро́г *m* Windbeutel (*Gebäck*); ~ный поцелу́й *m* Kußhand *f*; ~ное сообще́ние *n* Luftverkehr *m*; ~ный деса́нт ⚔ *m* Luftlandetruppen *f/pl.*; ~ная анте́нна *f* Hochantenne; ~ный шар *m* Luftballon; стро́ить ~ные за́мки Luftschlösser bauen.

воззва́ние *n* [12] Aufruf *m*.

воззва́ть *s.* взыва́ть.

воззри́ться F [13] *pf.* (unverwandt, scharf) ansehen.

вози́ть [15] *s.* везти́; **-ся** sich ab-mühen, -quälen (с T mit); Mutwillen treiben, ausgelassen sein.

во́зка *f* [5] Transport *m*.

возлага́ть [1], <возложи́ть> [16] (В/на В *et. j-m*) auferlegen, übertragen; (*Auftrag*) erteilen; aufsetzen; niederlegen (*Kranz*).

во́зле (P) neben, bei, an (*wo?*, *wohin?*); (*adv.*) daneben.

возликова́ть *s.* ликова́ть.

возлия́ние *n* [12] (*fig.*, *scherz.*) Zechen, Zecherei *f*.

возло|же́ние *n* [12] Auferlegung *f*; **~жи́ть** *s.* возлага́ть.

возлюби́ть [14] *pf.* liebgewinnen.

возлю́бленный [14] geliebt; ⌊Geliebte(r) *m*.

возме́здие *n* [12] Vergeltung *f*; Lohn *m*.

возмечта́ть [1] *pf.* sich viel einbilden (о П. auf *ac.*).

возме|ща́ть [1], <**~сти́ть**> [15; -ещу́, -ести́шь; -ещённый] (Д/В *j-m et.*) vergüten, ersetzen; **~ще́ние** *n* [12] Entschädigung *f*; Vergütung *f*; ~ще́ние изде́ржек Kostenersatz *m*.

возмо́ж|ность *f* [8] Möglichkeit; по (ме́ре) ~ности nach Möglichkeit; möglichst; **~ный** [14; -жен, -жна] möglich; etwaig; eventuell; ~но es ist möglich; ско́лько ~но möglichst.

возмужа́лый [14] mannbar.

возмути́тель *m* [4] Empörer, Aufrührer; **~ный** [14; -лен, -льна] empörend.

возму|ща́ть, <**~ти́ть**> [15; -ущу́, -ути́шь; -ущённый] empören, aufrühren, aufwiegeln; **-ся** sich empören; **~ще́ние** *n* [12] Empörung *f*, Aufruhr *m*.

вознагра|жда́ть [1], <**~ди́ть**> [15; -ажу́, -ади́шь; -аждённый] (В/за В *j-n* für *et.*) entschädigen, belohnen; *j-m et.* vergüten, ersetzen; **~жде́ние** *n* [12] Entschädigung *f*, Belohnung *f*, Lohn *m*; ~жде́ние убы́тков Schadenersatz *m*.

возnamé|риваться [1], <**~риться**> [13] sich entschließen, beabsichtigen.

возне|се́ние *n* [12] Erhebung *f*; ~се́ние госпо́дне Himmelfahrt *f* Christi; **~сти́(сь)** *s.* возноси́ть.

возник|а́ть [1], <возни́кнуть> [21] entstehen, auftauchen, erscheinen; sich entspinnen (*Feindschaft*); **~нове́ние** *n* [12] Entstehung *f*.

возни́ца *m* [5] Kutscher, Fuhrmann.

возноси́ть [15], <вознести́> [25; -су, -сёшь; -нёс, -несла́; -несённый] erheben, erhöhen; loben, rühmen; **-ся**, <вознести́сь> sich erheben; hochmütig werden; sich brüsten.

возня́ F *f* [6] Geräusch *n*; P Klimbim *m*; Schererei.

возобно|вле́ние *n* [12] Erneuerung *f*; Wiederaufnahme *f*; **~вля́ть** [28], <**~ви́ть**> [14; -влю, -ви́шь; -влённый] erneuern, wiederherstellen; (*Arbeit*) wiederaufnehmen.

возови́к *m* [1 *e.*] Zugpferd *n*.

возо́к *m* [1 *e.*; -зка́] (*verdeckter*) Kutsch-, Reise-schlitten.

возра́доваться [7] *pf.* sich freuen (Д über *ac.*).

возра|жáть [1], <~зить> [15; -ажý, -азишь] (Д/на В) erwidern, einwenden (auf *ac.*); widersprechen, Einspruch erheben; не ~жáю ich habe nichts dagegen; **~жéние** *n* [12] Erwiderung *f*, Einwand *m*; Widerspruch *m*.
вóзраст *m* [1] Wuchs; (Lebens-) Alter *n*; шкóльный ~ schulpflichtiges Alter *n*; **~áние** *n* [12] Wachstum, Zunahme *f*; **~áть** [1], <~и́> [25; *nur 3. Pers.*: -стёт; -рóс, -лá; -рóсший] (auf)wachsen, zunehmen.
возро|ждáть [1], <~дить> [15; -ожý, -одишь; -ождённый] erneuern; wieder erzeugen *od.* gebären; **-ся** wieder aufleben, wieder geboren werden; **~ждéние** *n* [12] Wieder-geburt *f*, -aufleben, -aufbau *m*; эпóха *f* ~ждéния Renaissance.
вóзчик *m* [1] Fuhrmann, Wagenführer.
возымéть *s.* имéть.
вóин *m* [1] Krieger; **~ский** [16] Kriegs..., Heer...; ~ская пови́нность *f* Militär-, Wehr-pflicht; ~ская обя́занность *f* Wehrpflicht (*in der UdSSR*); **~ственный** (-'in-) [14 *K.*] kriegerisch, kriegslustig; tapfer; **~ство** *n* [9] (*ehm.*) Heer, Armee *f*.
вои́стину fürwahr, wahrhaftig.
вой *m* [3] Geheul *n*, Gewimmer *n*; вóем выть jämmerlich heulen; *s.* выть.
вóйло|к *m* [1] Filz; ~ком verfilzt (*Haare*); **~чный** [14] filzen, von Filz; Filz...
войнá *f* [5; *pl.*: вóйны] Krieg *m*; идти́ войнóй in den Krieg ziehen (на В gegen); Вели́кая Отéчественная ~ der Große Vaterländische Krieg *m* (*a. 2. Weltkrieg*); граждáнская ~ Bürgerkrieg *m*; манéвренная ~ Bewegungskrieg *m*; подвóдная ~ U-Bootkrieg *m*; партизáнская ~ Partisanenkrieg *m*; позициóнная ~ Stellungskrieg *m*.
вóйско *n* [9; *pl.*: -кá] Armee *f*, Heer; войскá *pl.* Truppen *f/pl.*; Kosakengebiet *n*; **~вóй** [14] zum Kosakenheer gehörig; Kosaken...
войти́ *s.* входи́ть.
вокабуля́рий *m* [3; *prpos/sg.*: -рии] Vokabular *n*, Wörterverzeichnis *n*.
вокзáл *m* [1] Bahnhof.
вокрýг (P) um ... herum, rings(her)-um; вертéться ~ да óколо F wie die Katze um den heißen Brei gehen.
вол *m* [1*e.*] Ochs, Ochse.
волáн *m* [1] Federball; Volant, loser Besatz (*am Kleid*).
волды́рь P ⚕ *m* [4*e.*], Geschwulst *f*; Blase *f*.
волейбóл *m* [1] (*Sport*) Volleyball.
вóлей-невóлей wohl oder übel.
вóлжский [16] Wolga...
волк *m* [1; *ab g/pl. e.*: -кóв] Wolf; смотрéть ~ом F finster dreinschauen; ~ом выть F sich bitter beklagen; хоть ~ом вой! F es ist nicht mehr auszuhalten!; ~óв боя́ться — в лес не ходи́ть (*Spr.*) wer Honig schlecken will, darf die Bienen nicht scheuen; ~-маши́на ⊕ Wolf.
волкодáв *m* [1] Wolfs-fänger, -hund.
волнá *f* [5; *pl.* вóлны, волн, вóлнáм] Welle, Woge; стачéчная ~ (*fig.*) Streikwelle; ультракорóткие вóлны Ultrakurzwellen, UKW.
волнéние *n* [12] Wallung *f*, Bewegung *f*; (*fig.*) Aufregung *f*, Gärung *f*; ~ мóря See-, Wellen-gang *m*.
волни́стый [14 *K.*] wellig, wellenförmig; Well...; gewässert, gemohrt (*Zeug*).
волновáть [7], <вз-> bewegen; (*fig.*) auf-, er-regen, in Wallung bringen; **-ся** wallen, Wellen schlagen; sich aufregen.
волóвий [18] Ochsen...
вологóдский [16] aus (*od.* von) Wologda (Вóлогда *f*).
Волóд(ен)ька *m* [5], **Волóдя** *m* [11] *dim. v.* Влади́мир.
волоки́т|а [5] **1.** *f* Verschleppung; Bürokratismus *m*; Amtsschimmel *m*; создавáть ~у den Amtsschimmel reiten; **2.** *m* Buhler, Weiberfreund, Schwerenöter; **~ство** *n* [9] Buhlerei *f*, Buhlen; **~чик** *m* [1] F Bürokrat.
волок|ни́стый [14 *K.*] faserig; **~нó** *n* [9; *pl.*: -óкна, -óкон, -óкнам] Faser *f*.
вóлоком: тащи́ть ~ auf dem Boden entlangschleppen.
волонтёр *m* [1] Volontär, Freiwillige(r).
вóлос *m* [1; *ab g/pl. e.*: -лóс, -сáм] Haar *n*; нá ~ *s.* на ~óк; ~ы встаю́т ды́бом die Haare stehen zu Berge; **~áтик** *m* [1] (*Zool.*) Fadenwurm; **~áтый** [14 *K.*] zottig, haarig; **~и́стый** [14 *K.*] (*Min.*) faserig; **~нóй**

[14] Haar...; ~ны́е сосу́ды *m/pl.* Haargefäße *n/pl.* Kapillaren *f/pl.* ~о́к *m* [1; -ска́] Härchen *n*; Spiralfeder *f* (*der Uhr*); на ~ке́, на ~о́к auf ein Haar; um ein Haar, um Haaresbreite; быть на ~о́к от сме́рти F am Rande des Todes sein; держа́ться (*od.* висе́ть) на ~ке́ F auf des Messers Schneide stehen; не тро́нуть ~ка́ (у P *j-m*) kein Härchen krümmen.

волост|но́й [14] Amts..., Bezirks...; **~ь** ('vɔ-) *f* [8; *ab g/pl. e.*: -е́й] Amtsbezirk *m*; (*aus mehreren Ortsgemeinden bestehende*) Gesamtgemeinde.

волосяно́й [14] Haar...

волоче́ние ⊕ *n* [12] Ziehen (*Draht*).

волочи́льный [14]: ⊕ ~ стано́к *m* Drahtziehbank *f*; ~ бараба́н *m* Ziehtrommel *f*.

волочи́ть [16] (*Draht usw.*) ziehen; (umher-, herum)schleppen *od.* schleifen; mühsam fortbewegen; **-ся** sich schleppen; (за T *den Mädchen*) nachlaufen.

воло́чь [26] *s.* волочи́ть.

волхв *m* [1 *e.*] Wahrsager; Zauberer.

волча́нка ⚕ *f* [5] Lupus *m*, Wolf *m*.

вол|чи́й [18] wölfisch; Wolfs...; ~чья я́года ♀ *f* Seidelbast *m*; ~чий аппети́т F *m* Wolfs-, Bären-hunger.

волчи́ха *f* [5] Wölfin.

волчо́к *m* [1; -чка́] Brummkreisel (*Spielzeug*).

волчо́нок *m* [2; *pl.*: -ча́та] junger Wolf.

волшеб|ни́к *m* [1] Zauberer; **~ный** [14; -бен, -бна] zauberhaft, feenhaft; Zauber...; ~ный фона́рь *m* Laterna magica *f*; **~ство́** *n* [9] Zauberei *f*.

волы́нк|а ♪ *f* [5; *g/pl.*: -нок] Dudelsack *m*; тяну́ть ~у F trödeln, zögern.

Волы́нь *f* [8] Wolhynien *n*.

вольго́тный [14; -тен, -тна] frei; ungehemmt.

вольно|ду́мец *m* [1; -мца] Freidenker, Freigeist; **~люби́вый** [14 *K.*] freiheitsliebend; **~наёмный** [14] freiwillig dienend, gedungen; **~определя́ющийся** ⚔ [17] (Einjährig-)Freiwillige(r) *m*; **~отпу́щенный** [14] (*hist.*) freigelassen; **~слу́шатель** *m* [4] freier Zuhörer, Hospitant.

во́ль|ный [14; -лен, -льна́, -о] frei, ungebunden, ungezwungen; ~ная *f* Freibrief *m*; ~ная га́вань *f* Freihafen *m*; ~ные движе́ния (*Sport*) *n/pl.* Freiübungen *f/pl.*; ~ный каза́к F *m* freier ungebundener Mensch; ⚔ (стоя́ть) ~но! rührt euch!; **он во́лен** es steht ihm frei.

вольт *m* [1] (*Sport*) Volte *f*; (*Phys.*) Volt *n*.

вольтижёр *m* [1] Kunst-reiter, -springer.

вольтижи́ровать [7] voltigieren, Kunstsprünge machen.

во́льтов [19]: (*Phys.*) ~ столб *m* voltaische Säule *f*; ~а дуга́ *f* (*Phys.*) Lichtbogen *m*.

вольфра́м ⚒ *m* [1] Wolfram (W).

во́л|я *f* [6] Wille *m*; Freiheit; ~я ва́ша wie Sie wollen; дать во́лю (Д) freien Lauf lassen; не по свое́й ~е unfreiwillig, gezwungenermaßen; отпусти́ть на ~ю freilassen; дать ~ю свои́м чу́вствам sich Luft machen (*fig.*); дать ~ю рука́м F handgreiflich werden.

вон heraus, hinaus; dort; ~! sieh(e) da!; (пошёл) ~! fort!, weg!, pack(e) dich!; из рук ~ пло́хо F sehr schlecht, unter aller Kritik; ~ оно́ что! F da liegt der Hase im Pfeffer!

во́на P siehe da!

вонз|а́ть [1], <~и́ть> [15; -нжу́, -нзи́шь; -зённый] (hinein)stoßen; **-ся** sich hineinbohren, eindringen.

вонь *f* [8] Gestank *m*.

вонюч|ий [17 *K.*] stinkend; Stink...; **~ка** [5; *g/pl.*: -чек] **1.** *m/f* Stänker(in *f*); **2.** *m* (*Zool.*) Stinktier *n*, Skunk.

воня́ть [28] stinken, übel riechen.

вообра|жа́емый [14 *K.*] eingebildet, scheinbar, vermeintlich, fingiert; **~жа́ть** [1], <~зи́ть> [15; -ажу́, -ази́шь; -ажённый] (*a.* ~жа́ть себе́) sich einbilden *od.* vorstellen; (sich) denken; ~жа́ю F das kann ich mir vorstellen; ~жа́ть себя́ (T) sich vorkommen als; ~жа́ть (кого́ T *j-n als* ...) vorstellen; **~же́ние** *n* [12] Einbildung *f*, Vorstellung *f*; всё э́то одно́ ~же́ние! das ist alles nur Einbildung; **~зи́мый** [14 *K.*] denkbar.

вообще́ überhaupt, im allgemeinen; ~ говоря́ eigentlich.

воодуше|вле́ние *n* [12] Begeisterung *f*; **~вля́ть** [28], <~ви́ть> [14;

-влю́, -ви́шь; -влённый] (**-ся** sich) begeistern.

воору|жа́ть [1], <~жи́ть> [16; -жу́, -жи́шь; -жённый] bewaffnen, (aus)rüsten (T mit); (*a. fig.*); ~жа́ть про́тив (P) aufreizen (*od.* aufbringen) gegen; **-ся** sich rüsten; **~же́ние** *n* [12] Bewaffnung *f*, Ausrüstung *f*.

воо́чию mit eigenen Augen.

вопи́ть [14; -плю́, -пи́шь], <возопи́ть> wehklagen, jammern; stöhnen, heulen, schreien.

вопию́щ|ий [17] himmelschreiend; глас ~его в пусты́не die Stimme des Predigers in der Wüste.

вопло|ща́ть [1], <~ти́ть> [15; -ощу́, -оти́шь; -ощённый] (**-ся** sich) verkörpern; ~щённый verkörpert, leibhaftig; **~ще́ние** *n* [12] Verkörperung *f*.

вопль *m* [4] (*mst pl.*) (Klage-, Jammer-)Geschrei *n*.

вопреки́ (Д) wider, zuwider, gegen; trotz.

вопро́с *m* [1] Frage *f*; э́то ещё ~ das ist noch fraglich, es fragt sich (noch); **~и́тельный** [14] fragend; Frage...; **~ный** [14] Frage...

вор *m* [1; *ab g/pl. e.*: -ро́в] Dieb; ута́йщик — тот же ~ (*Spr.*) der Hehler ist so gut wie der Stehler; на ~е ша́пка гори́т (*Spr.*) ein schlechtes Gewissen verrät sich selbst.

во́рвань *f* [8] Tran *m*.

ворва́ться *s.* врыва́ться.

вор|кова́ть [7] girren, zärtlich tun; **~котня́** *f* [6] Gegirre *n*; Gebrumm(e) *n*; **~к(от)у́н** *m* [1*e.*] Brummer; (*Zool.*) Trommeltaube *f*, Trommler.

воро|бе́й *m* [3; **-бья́**; *g/pl.*: -бьёв] Sperling, Spatz; ста́рый ~бе́й F gerissener Patron; ста́рого ~бья́ на мяки́не не проведёшь (*Spr.*) ein alter Fuchs geht nicht zum zweiten Mal ins Garn; **'~бышек** *m* [1; -шка] kleiner Sperling; **~бьи́ный** [14] Sperlings..., Spatzen...

ворова́|ть [7] stehlen; **~ка** (-'rɔf-) *f* [5; *g/pl.*: -вок] Diebin; **~ско́й** [16] diebisch; Dieb(e)s...; **~ство́** *n* [9] Diebstahl *m*.

воро|жба́ *f* [5] Wahrsagerei; **~жея́** *f* [6; *g/pl.*: -же́й] Wahrsagerin; **~жи́ть** [16; -жу́, -жи́шь] wahrsagen.

во́рон *m* [1] Rabe; чёрный ~ P „Grüne Minna" *f* (*Gefängniswagen*); **~а** (-'rɔ-) *f* [5] Krähe; F Maulaffe *m*; воро́н счита́ть F Maulaffen feilhalten; пу́ганая ~а куста́ бои́тся (*Spr.*) Gebranntes Kind scheut das Feuer.

воро́нежский [16] aus (*od.* von) Woronesh (Воро́неж *m*).

воро|нёнок *m* [2] junger Rabe; **'~ний** [18] Krähen...; ~ний глаз ⚘ *m* Brechnuß *f*.

воро́н|ка *f* [5; *g/pl.*: -нок] Trichter *m*; **~кообра́зный** [14] trichterförmig.

воро|но́й [14] rabenschwarz; ~на́я (ло́шадь) *f* Rappe *m*.

во́рот *m* [1] Winde *f*, Drehbaum; Kragen; **~а** (-'rɔ-) *n/pl.* [9] Tor *n*; Pforte *f*.

вороти́ла F *m* [5] Hauptmacher, Geldmann; Drahtzieher (*fig.*).

вороти́ло ⊕ *n* [9] Sterz *m* (*e-r Windmühle*).

вороти́ть [15] **1.** *impf.* P (weg)wälzen; **2.** *pf.* F zurückrufen; *vgl.* воро́чать.

воротни́|к *m* [1*e.*] Kragen; отложно́й (стоя́чий) ~к Umlege-(Steh)kragen; **~чо́к** *m* [1; -чка] (kleiner) Kragen, Hemdkragen.

во́рох *m* [1; *pl.*: -xá] Haufen.

воро́|чать [1] (В *od.* Т) (um)kehren, (um)drehen, (um)wenden; verfügen, schalten (Т über *ac.*); *v/i.* aus-biegen, -weichen; воро́чай с доро́ги! geh mir aus dem Weg(e)!; *vgl.* вороти́ть; **-ся** sich wälzen *od.* (um)drehen; zurück-, um-kehren.

вороши́ть [16; -шу́, -ши́шь; -шённый], <раз-> durchrühren; (um)wenden.

ворс ⊕ *m* [1] Strich, Noppe *f* (*des Tuches*); **~и́льня** ⊕ *f* [5; *g/pl.*: -лен] Karde, Wollkamm *m*; **~и́стый** [14 *K.*] wollig, rauh; **~и́ть** ⊕ [15; -ршу́, -рси́шь], <на-> [наворшённый] (*Tuch*) rauhen.

вор|ча́ть [4; -чу́, -чи́шь] brummen, knurren; **~чли́вый** [14 *K.*] brummig, knurrig.

восвоя́си F nach Hause.

восемна́дца|тый [14] achtzehnte(r); ~тая (часть) *f* Achtzehntel *n*; ~тое (число́) *n* der achtzehnte (*des Monats*); **~ть** [35] achtzehn.

во́семь [35; восьми́, *instr.* восемью́]

acht; **~десят** [35; восьми́десяти] achtzig; **~со́т** [36; восьмисо́т] achthundert; **~ю** achtmal.

воск *m* [1] Wachs *n*.

воскли|ца́тельный [14] Ausruf (-ungs)...; **~ца́ть** [1], <воскли́кнуть> [20] (laut) ausrufen; ~ца́ть (от ра́дости) frohlocken.

воско|бо́йня *f* [6; *g/pl.*: -бо́ен] Wachsschmelze; **~вка** (-ˈkɔf-) *f* [5] Wachspapier *n*; Pauspapier *n*; **~во́й** [14] wächsern; Wachs...

воскре|са́ть [1], <воскре́снуть> [21] auf(er)stehen (от *od.* из P von); Христо́с воскре́с(е) Christus ist auferstanden (*Ostergruß*), (*Antwort*) вои́стину воскре́с(е) (er ist) in Wirklichkeit auferstanden; **~се́ние** *n* [12] Auferstehung *f*; **~се́нье** *n* [10] Sonntag *m*; по ~се́ньям an Sonntagen, sonntags; **~сник** (-ˈkr̦es-) *m* [1] freiwillige unbezahlte kollektive Sonntagsarbeit *f*; **~ша́ть** [1], <~си́ть> [15; -ешу́, -еси́шь; -ешённый] auferwecken; (*Natur usw.*) beleben.

воспа|ле́ние *n* [12] Entzündung *f*; **~ли́тельный** [14; -лен, -льна] Entzündungs...; **~ля́ть** [28], <~ли́ть> [13] entzünden; (*Leidenschaft*) anfachen; **-ся** sich entzünden; entbrennen.

воспева́ть [1], <воспе́ть> [-пою, -поёшь; -пе́тый] preisen, besingen.

воспита́н|ие *n* [12] Erziehung *f*; **~ник** (-ˈp̦i-) *m* [1] Zögling, Schüler.

воспита́тель *m* [4] Erzieher; **~ный** [14] pädagogisch; Erziehungs...; ~ный дом *m* Findelhaus *n*.

воспи́|тывать, <~та́ть> [1; воспи́танный] erziehen, großziehen; (*geistig*) bilden, vervollkommnen.

воспламе|не́ние *n* [12] Entflammung *f*, Entzündung *f*; **~ня́ть** [28], <~ни́ть> [13] entflammen, entzünden; **-ся** in Flammen ausbrechen, sich entzünden; ~ня́ющийся (ent)zündbar.

воспол|ня́ть [28], <воспо́лнить> [13] ergänzen, ersetzen; ~ня́ть пробе́лы die Lücken ausfüllen.

воспо́льзоваться *s.* по́льзоваться.

воспомина́ние *n* [12] Erinnerung *f*.

воспосле́довать [7] *pf.* erfolgen.

воспре|пя́тствовать *s.* препя́тствовать; **~ти́тельный** [14; -лен, -льна] verbietend; Verbots...; **~ща́ть** [1], <~ти́ть> [15; -ещу́, -ети́шь; -ещённый] verbieten, untersagen; ~ща́ется es ist verboten; кури́ть ~ща́ется! Rauchen verboten!; **~ще́ние** *n* [12] Verbot, Untersagung *f*.

восприе́м|ник *m* [1] Taufvater; **~ница** *f* [5] Taufmutter.

восприи́мчивый [14 *K.*] empfänglich (к Д für).

воспри|нима́ть [1], <~ня́ть> [-приму́, -и́мешь; -и́нял, -а́, -о; -и́нятый] empfangen, nehmen; auffassen; ~нима́ть от купе́ли aus der Taufe heben; **~я́тие** *n* [12] Wahrnehmung *f*; Empfängnis *f*.

воспроиз|веде́ние *n* [12] Wiedererzeugung *f*; Reproduktion *f*; **~води́тельный** [14] reproduktiv, wieder hervorbringend; **~води́ть** [15], <~вести́> [25] wieder erzeugen *od.* hervorbringen.

воспротивля́ться [28], <воспроти́виться> [14] sich widersetzen, widerstreben.

воспря́нуть [20] *pf.* aufspringen, auffahren; ~ ду́хом aufleben.

восседа́ть [1] (на П) sitzen, thronen (auf *dat.*).

воссе́сть [25; -ся́ду, -дешь; -ся́дь(те)!; -се́л; -се́вший] *pf.* (на В) sich setzen (auf *ac.*); (*den Thron*) besteigen.

воссия́ть [28] *pf.* erglänzen.

воссоеди|не́ние *n* [12] Wiedervereinigung *f*.

восста|ва́ть [5], <восста́ть> [-ста́ну, -нешь; -ста́нь(те)!] sich erheben, sich empören; auf(er)stehen (из P von); **~вить** ∡ (-ˈsta-) [14] *pf.* eine Senkrechte errichten; **~на́вливать** [1], <~нови́ть> [14] wiederherstellen, restaurieren; auf-bringen, -reizen (про́тив P gegen); wieder aufnehmen (*fig.*); ˈ**~ние** *n* [12] Aufstand *m*, Empörung *f*; **~новле́ние** *n* [12] Wiederherstellung *f*, Restauration *f*; **~новля́ть** [28] *s.* ~на́вливать.

восто́к *m* [1] Ost(en); Orient, Morgen, Morgenland *n*; **~ове́д** *m* [1] Orientalist; **~ове́дение** *n* [12] Orientkunde *f*.

восто́р|г *m* [1] Entzücken *n*; я в ~ге ich bin entzückt (от P von); **~женный** [14 *K.*] entzückt; exaltiert; **~жествова́ть** *s.* торжествова́ть.

восто́чный [14] östlich; Ost...; orientalisch.
востре́бовани|е *n* [12] Forderung *f*, Aufforderung *f*, Verlangen; до ~я 📯 postlagernd; *vgl.* тре́бовать.
востро́: держа́ть у́хо ~ F die Ohren spitzen, auf der Hut sein.
востру́|ха *f* [5], *dim.* **~шка** *f* [5; *g/pl.*: -шек] flinkes Frauenzimmer *n*, F Blitzmädel *n*.
восхва|ля́ть [28], <~ли́ть> [13; -алю́, -а́лишь; -алённый] loben, preisen.
восхи|ти́тельный [14; -лен, -льна] entzückend, reizend; **~ща́ть** [1], <~ти́ть> [15; -ищу́, -ити́шь; -ищённый] entzücken, hinreißen; **-ся** (T) in Entzücken geraten (über *ac.*); entzückt sein (von); **~ще́ние** *n* [12] Entzücken (T über *ac.*).
восхо́|д *m* [1], **~жде́ние** *n* [12] Aufgang *m* (*der Gestirne*); Aufsteigen *n*, Aufstieg *m*; **~ди́ть** [15], <взойти́> [взойду́, -дёшь; взошёл, -шла́; взоше́дший] aufgehen; (hin)aufsteigen.
восше́ствие *n* [12] Aufsteigen, Aufstieg *m*; ~ на престо́л Thronbesteigung *f*.
восьмер|и́к *m* [1 *e.*] Achtpud-, Achtschetwerik-maß *n*, -gewicht *n*; acht (*z.B. Lichte*) auf ein Pfund; Achtspänner; е́хать ~ико́м achtspännig (*od.* mit achten) fahren; **~и́чный** [14] acht-fach, -malig; **~ка** (-ˈmɔr-) *f* [5; *g/pl.*: -рок] Acht (*Spielkarte*); ⚓ Acht-riemer *m*, -ruderer *m*; ~ка (лошаде́й) Achtspänner *m*, -gespann *n*; **~о** (ˈvɔs-) [37] acht (zusammen); нас бы́ло ~о wir waren unser acht.
восьми́ *s.* во́семь; (*in Zssgn*) acht...; **~деся́тый** [14] achtzigste(r); ~деся́тая (часть) *f* Achtzigstel *n*; **~дне́вный** [14] achttägig; *s. a.* осьми́...; **~часово́й** [14] Achtstunden...; ~часово́й рабо́чий день *m* Achtstundentag.
вось|мо́й [14] achte(r); ~ма́я (часть) *f* Achtel *n*; ~мо́е (число́) *n* der achte (*des Monats*); два́дцать (со́рок) мину́т ~мо́го zwanzig Minuten nach sieben (vor acht).
восьму́шка *f* [5] Oktav(format) *n*.
вот hier (ist), da (ist); sieh da!, nun!; ~ и я! da bin ich!; ~ и всё F und damit hat es sich, das ist alles; ~ ещё (что)! das fehlte noch!, das wäre noch schöner!; ~ как! F sieh mal einer an!; ~ оно́ что! so ist es!; ~ тебе́! F das geschieht dir recht!; ~ тебе́ раз *od.* na! da hast du's!; da haben wir die Bescherung!; ~ вы каки́е so sind Sie; **~-~** F jawohl, so ist's; sofort, gleich; он **~-~** придёт gleich wird er da sein; он **~-~** упадёт er kann jeden Augenblick fallen.
воткну́ть *s.* втыка́ть.
во́тчина *f* [5] Stamm-, Erb-gut *n*.
воца|ре́ние *n* [12] Regierungsantritt *m*, Thronbesteigung *f*; **~ря́ться** [28], <~ри́ться> [13] den Thron besteigen, die Regierung antreten; (*fig.*) sich verbreiten, seine Fittiche ausbreiten (над T über *ac.*).
вошебо́йка *f* [5; *g/pl.*: -бо́ек] Entlausungskammer.
во́шка *f* [5; *g/pl.*: -шек] Läuschen *n*.
вошь *f* [8; вши, *aber instr/sg.*: во́шью] Laus; травяна́я ~ Blattlaus.
вoща́нка *f* [5; *g/pl.*: -нок] Wachstuch *n*; ⚘ Wachsblume.
вощёный [14] gebohnert.
вощи́ть [16; -щу́, -щи́шь; -щённый], <на-> wachsen; bohnern.
впа|да́ть [1], <~сть> [25; впал, -а] (hinein)fallen; münden, sich ergießen; geraten, verfallen (в B in *ac.*); ~да́ть в де́тство kindisch werden.
впаде́ние *n* [12] Hineinfallen; Mündung *f*.
впа́дина *f* [5] Höhlung, Vertiefung, Höhle.
впа́ивать [1], <впая́ть> [28] einlöten.
впа́йка *f* [5] Einlötung; Eingelötete(s) *n*.
впа́лый [14] vertieft; eingefallen (*Augen*).
впасть *s.* впада́ть.
впая́ть *s.* впа́ивать.
впер|во́й P, **~вы́е** zuerst, zum erstenmal; э́то ему́ не ~во́й F daran ist er gewöhnt.
вперева́лку F watschelnd (*gehen*).
вперёд vorwärts, vor(an); (im) voraus; künftig(hin), in (der) Zukunft.
впереди́ vorn, voraus, voran; (*prp.*) (P) **vor**; э́то ещё ~ das wird noch kommen; ва́ша речь (*od.* ва́ше сло́во) ~ Sie kommen gleich zu Worte.
вперем|е́жку abwechselnd; **~е́шку** vermischt, gemischt; durcheinander.

вперéть *s.* впирáть.
вперя́ть [28], ‹вперúть› [13] (в В) richten, wenden (auf *ac.*); ~ в когó взор j-n starr ansehen.
впечатлéние *n* [12] Eindruck *m.*
впечатлúтельный [14] empfänglich (*für Eindrücke*).
впивáть [1], ‹впить›, [вопью́, -пьёшь; впил; впúтый] einsaugen (в себя́ in sich); **-ся** [*pt.*: впилáсь, -лóсь, -лúсь] (в В) sich (hin)einsaugen (in *ac.*); sich anklammern (an *ac.*); sich verbeißen (in *ac.*); -ся глазáми *od.* взóром mit den Augen verschlingen.
впúска *f* [5; *g/pl.*: -сок] Eintragung; Ergänzung (*Text*).
впúсывать [1], ‹вписáть› [3] einschreiben, eintragen (в В in *ac.*); **-ся** s-n Namen eintragen.
впúт|ывать, ‹~ать› [1; впúтанный] ein-, auf-saugen; **-ся** [*nur* 3. *Pers.*] eindringen.
впить *s.* впивáть.
впихáть F *s.* впúхивать.
впúхивать [1], ‹впихну́ть› [20] hinein-stoßen, -zwängen, -drängen.
вплавь schwimmend.
впле|тáть [1], ‹~стú› [25; т *statt* д: вплету́, вплетёшь; вплётший] (hin)einflechten; einweben; (*fig.*) verwickeln (в В in *ac.*).
вплотну́ю ganz nah, dicht nebeneinander; ~ к (Д) *s.* вплоть до.
вплоть durchgehend; ~ до (Р) bis nach (an *od.* in), dicht an (bei *od.* neben).
вполгóлоса halblaut, leise.
впол|зáть [1], ‹~зтú› [24] hineinkriechen.
вполнé völlig, gänzlich, durchaus.
вполовúну zur Hälfte, halb so ...
вполпутú auf halbem Wege.
впопáд gerade (*od.* eben) recht, passend, zur rechten Zeit; не ~ *s.* невпопáд.
впопыхáх in der Eile, eilig(st).
впóру passend, gut sitzend (*Rock usw.*); *s. a.* порá.
впослéдствии späterhin, in der Folge.
впотьмáх im Dunkeln.
впрáвду wirklich, wahrhaftig.
впра|вля́ть ⚕ [28], ‹'~вить› [14] einrenken, einrichten; *vgl.* прáвить.
впрáво (nach) rechts.
впрах † *s.* пух.
впредь in Zukunft, künftig(hin), fernerhin; ~ до разрешéния bis auf weiteres.
впригля́дку (*scherz.*) ohne Zucker; пить чай ~ Tee ohne Zucker trinken.
впридáчу † *s.* придáча.
вприку́ску: пить чай ~ Tee trinken (*wobei der Stückenzucker in den Mund genommen wird*).
вприпры́жку hüpfend.
вприся́дку hockend und hochspringend (*in bestimmten Tänzen*).
впрóголодь hungernd; halbsatt.
впрок vorrätig; nützlich; э́то ему́ не ~ das bekommt ihm nicht.
впросáк: попáсть ~ in die Patsche (*od.* Klemme) geraten.
впросóнках F im Halbwachen.
впрóчем übrigens, sonst.
впры́г|ивать [1], ‹~нуть› [20] hineinspringen.
впры́с|кивание *n* [12] Einspritzung *f*; **~кивать** [1], *einm.* ‹~нуть› [20] (hin)einspritzen.
впрягáть [1], ‹впрячь› [26; впрягу́, -яжёшь, впря́гу́т; впряг; впряжённый] ein-, an-spannen.
впрямь (*mst*: и ~) gerade; wirklich, tatsächlich.
впуск *m* [1] Einlassung *f*, Einlaß; **~áть** [1], ‹впустúть› [15] (hin)einlassen; **~нóй** [14] Einlaß...
впусту́ю F unnütz, in den Wind.
впу́тывать, ‹впу́тать› [1] (hin)einflechten; (*fig.*) verwickeln (в В in *ac.*); **-ся** sich einmischen (в В in *ac.*).
впух † *s.* пух.
впя́теро fünfmal; **~м** (-'rɔm) zu fünfen, fünf (zs.).
в-пя́тых fünftens.
врабóтаться F [1] *pf.* sich einarbeiten.
враг *m* [1*e.*] Feind (Р *od.* Д von); Teufel.
враж|дá *f* [5] Feindschaft; **~дéбный** [14; -бен, -бна] feindlich, feindselig (к Д gegen); **~довáть** [7] (с Т *j-m*) feind sein, feindselig gesinnt sein (gegen); in Zwist leben (mit); **'~еский** [16] feindlich; **'~ий** [18] feindlich; **~ья** сúла *f* Teufel *m.*
враз plötzlich, mit einem Mal.
вразбúвку in willkürlicher Reihenfolge.
вразбрóд zerstreut, getrennt.

вразва́лку F watschelnd (*Gang*).
вразре́з zuwider, gegen (с T).
вразря́дку: (*Typ.*) набира́ть ~ gesperrt setzen.
вразу|ми́тельный [14; -лен, -льна] verständlich, klar; **~мля́ть** [1], <~ми́ть> [13] zur Vernunft bringen, belehren, aufklären.
вра́ки P *f/pl.* [5] *s.* враньё.
врали́ха *f* [5], **враль** *m* [4*e.*] Schwätzer(in *f*); Lügner(in *f*).
враньё *n* [10] leeres Geschwätz; Lügen *f/pl.*
вразпло́х unerwartet, plötzlich; застава́ть ~ überrumpeln.
врассыпну́ю zerstreut, in verschiedene Richtungen.
враста́ть [1], <врасти́> [25; *nur 3. Pers.*: -стёт; вро́с, -ла́; вро́сший] (hin)einwachsen.
врастя́жку F der Länge nach (*hinfallen*).
врата́рь *m* [4*e.*] (*Sport*) Torwart.
врать F [вру, врёшь; врал, -á, -о], <со-, на-> [со́вранный, на́вранный] lügen.
врач *m* [1*e.*; *g/pl.*: -чей] Arzt; (*auch in Zssgn*) ~-аллопа́т *m* Allopath; ~-специали́ст *m* Spezial-, Fach-arzt; **~е́бный** [14] medizinisch, ärztlich; Heil...; **~ева́ние** *n* [12] Kur *f*; (ärztliche) Behandlung *f*; **~ева́ть** [6; врачу́ю], <у-> kurieren, heilen, (ärztlich) behandeln.
вра|ща́тельный [14; -лен, -льна] (sich) drehend, kreisend; Kreis..., Rotations...; **~ща́ть** [1] (В *od.* Т) (um)drehen; **-ся** sich drehen, rotieren; verkehren (в П mit *od.* in *dat.*); враща́ющийся drehbar; Dreh...; **~ще́ние** *n* [12] Drehung *f*, Umdrehung *f*, Umlauf *m*.
вред *m* [1*e.*] Schaden, Nachteil; ко ~у́ *od.* во ~ (Д *j-m*) zum Nachteil, nachteilig; причиня́ть ~ *j-m* schaden; **~и́тель** *m* [4] Schädling; **~и́тельство** *n* [9] Sabotagetätigkeit *f*; **~и́ть** [15; -ежу́, -еди́шь], <по-> [повреждённый] (Д/Т *j-m*) schaden, Schaden zufügen, (*j-n*) schädigen (durch); **~ный** [14; -ден, -дна́, -о; -дне́е] (Д *od.* для Р) schädlich, nachteilig (für); **~оно́сный** [14; -сен, -сна] (*fig.*) verderblich.
вре|за́ть [1], <вре́зать> [3] einschneiden; (*Türschloß*) einlegen; **-ся** eindringen; sich einprägen; P sich verlieben (в В in *ac.*); **'~зка** *f* [5; *g/pl.*: -зок] Einschnitt *m*; **'~зывать** [1] *s.* ~за́ть.
вре́мен|ный [14] zeitweilig, vorübergehend, provisorisch; Interims...; ~ное сопротивле́ние ⊕ *n* Bruchfestigkeit *f*; **~щи́к** *m* [1*e.*] Günstling.
вре́мечко *n* [9] kurze Zeit *f*, Weilchen.
вре́мя *n* [13] Zeit *f*; *vgl.* пора́¹; Zeitpunkt *m*; Wetter; во ~ (P) während; в настоя́щее ~ augenblicklich, gegenwärtig; в назна́ченное ~ zur festgesetzten Zeit; ~ от вре́мени von Zeit zu Zeit, manchmal; в ско́ром вре́мени bald, nächstens, binnen kurzem; в то ~ damals; в то же ~ gleichzeitig; в то ~, как als, während; на ~ (auf) eine Zeitlang, provisorisch; на бу́дущее ~ künftig; времена́ми *od.* по времена́м dann und wann, zuweilen; со вре́мени seit; со вре́менем mit der Zeit, nach und nach; тем вре́менем unterdessen; ~ не ждёт es hat Eile; всему́ своё ~ alles zu seiner Zeit; ~ пока́жет kommt Zeit, kommt Rat; ско́лько вре́мени? wie spät ist es?; до поры́ до вре́мени vorläufig, bis zum passenden Augenblick; ~ те́рпит F es hat keine Eile; де́лу ~ — потéхе час (*Spr.*) erst die Arbeit, dann das Vergnügen; **~исчисле́ние** *n* [12] Zeitrechnung *f*; **~нка** (-'man) *f* [5; *g/pl.*: -нок] provisorisches Eisenöfchen *n*; **~препровожде́ние** *n* [12] Zeitvertreib *m*.
врид (вре́менно исполня́ющий до́лжность) Stellvertreter *m*, i.V.
ВРК (Всесою́зный радиокомите́т *m*) Allsowjetische Rundfunkgesellschaft *f*.
вро́вень eben, glatt; in gleicher Höhe.
вро́де in der Art.
врождённый [14 *K.*] angeboren.
вро́зницу † *s.* ро́зница.
вро́зь auseinander, getrennt.
врун *m* [1*e.*], **'~ья** *f* [6; *g/pl.*: -ний] Lügner(in *f*).
вру|ча́ть [1], <~чи́ть> [16; -чу́, -чи́шь; -чённый] einhändigen, einreichen, übergeben; anvertrauen.
вручну́ю mit der Hand, von Hand.
врыва́ть [1] <врыть> [22] ein-, ver-graben; **-ся,** <ворва́ться>

[-ву́сь, -вёшься; -ва́лся, -ала́сь] ein-dringen, -brechen.

вряд: ~ ли kaum, schwerlich.

вса́дни|к *m* [1], **~ца** *f* [5] Reiter(in *f*).

вса́живать [1], <всади́ть> [15] einsetzen, -pflanzen; hineinstecken; ~ пу́лю (в В *j-m*) eine Kugel in den Leib jagen.

вса́сывать [1], <всоса́ть> [-су́, -сёшь; всо́санный] (ein)saugen; вса́сывающий saugend; Saug...; **-ся** [*nur 3. Pers.*] sich einsaugen.

всё *s.* весь.

все... (*in Zssgn mst*) all(er)...; **~ве́дущий** F (*iron.*) allwissend; **~возмо́жный** [14] allmöglich, allerhand; *s.* возмо́жный; **~волнови́к** *m* [1] (всево́лновый приёмник) Allwellenempfänger.

всегда́ immer, stets; раз на ~ ein für allemal; **~шний** [15] (be)ständig, immerwährend.

все|дне́вный [14] alltäglich; **~зна́йка** *m/f* [5; *g/pl.*: -зна́ек] (*iron.*) Vielwisser(in *f*); P Klugscheißer *m*; **~ле́нная** [14] Weltall *n*; **~ле́нский** [16] (*Rel.*) (ganz) allgemein; ~ле́нский собо́р *m* ökumenisches Konzil *n*.

вселя́ть [28], <всели́ть> [13] (**-ся** sich) zwangsweise einquartieren.

всеме́рн|ый größtmöglich; ~о mit allen Mitteln.

все́меро siebenmal; **~м** (-ˈrɔm) zu sieben.

все|ми́рный [14] (ganz) allgemein; universal; Welt...; ~ми́рно(-)изве́стный welt-berühmt, -bekannt; ~ми́рная фи́рма *f* Weltfirma; **~наро́дный** [14] das ganze Volk betreffend; öffentlich; vor aller Welt; **~нощная** (ˈfʂɛ-) *f* [14] (*kirchlich*) Abend-, Nacht-messe; **~обу́ч** (всео́бщее обуче́ние *n*) obligatorische Volksschulbildung *f*; **~о́бщий** [17] (ganz) allgemein; General...; **~о́бщность** *f* [8] Allgemeinheit; **~объе́млющий** [17] allumfassend.

всердца́х † *s.* се́рдце.

всеросси́йский [16] allrussisch, aller Reußen.

всерьёз ernst(lich); принима́ть ~ ernst nehmen.

все|све́тный [14] *s.* всеми́рный; **~сокруша́ющий** [17] alles zerstörend; **~сою́зный** [14] Allunion(s)...; ... der Sowjetunion; **~сторо́нний** [15] allseitig; **~-таки** (ˈfʂɔ-) bei alledem, dennoch, trotzdem, immerhin; **~услы́шание** *n* [12]: во ~услы́шание öffentlich, vor aller Öffentlichkeit; **~це́ло** ganz und gar; **~ча́сный** [14] (all)stündlich; **~я́дный** [14] alles fressend.

вси́лу † *s.* си́ла.

вска́кивать [1], <вскочи́ть> [16] aufspringen, auffahren (с P von); ~ на ло́шадь sich aufs Pferd schwingen.

вска́пывать, <вскопа́ть> [1; вско́панный] aufgraben.

вска́рмливать [1], <вскорми́ть> [14] ernähren, auferziehen.

вскачь im Galopp.

вски|па́ть [1], <~пе́ть> [10; -плю́, -пи́шь] *v/i.* aufkochen; aufwallen; *vgl.* кипе́ть.

вскло́|чивать [1], <~чить> [16] (*Wolle*) filzen; (*Haare*) zerzausen.

вскользь flüchtig, leicht.

вскопа́ть *s.* вска́пывать.

вско́ре bald, binnen kurzem.

вскорми́ть *s.* вска́рмливать.

вскормле́ние *n* [12] Auferziehen.

вскочи́ть *s.* вска́кивать.

вскри́|кивать [1], <~ча́ть> [4; -чу́, чи́шь], *einm.* <~кнуть> [20] aufschreien.

вскружи́|ть [16; -жу́, -у́жишь] *pf.* ~ть (Д) го́лову (*j-m*) den Kopf verdrehen; **-ся** schwindlig werden; у меня́ голова́ ~лась mir ist schwindlig im Kopf.

вскры|ва́ть [1], <вскрыть> [22] aufdecken, aufmachen, öffnen; (*Anat.*) sezieren; **-ся** sich öffnen; aufgehen (*Geschwür*); **~тие** (ˈfskrɨ-) *n* [12] Aufdecken, Öffnen; Sektion *f*, Obduktion *f*; Aufgehen; ~тие реки́ Eisgang *m*.

всласть reichlich, zur Genüge; nach Herzenslust.

вслед (gleich) hinterher; ~ за (T) unmittelbar nach *od.* hinter; **ˈ~ствие** infolge; ~ствие сего́ demgemäß, infolgedessen.

вслепу́ю blindlings.

вслух laut (*lesen usw.*).

вслу́шиваться, <вслу́шаться> [1] aufhorchen; achtgeben, hören (в В auf *ac.*).

всма́триваться [1], <всмотре́ться> [9; -отрю́сь, -о́тришься] (в В) genau (*od.* scharf) ansehen *od.* betrachten; das Auge gewöhnen (an *ac.*).

всмя́тку weichgekocht, pflaumenweich (*Ei*); сапоги́ ~! P Blödsinn!
ВСНХ (вы́сший сове́т наро́дного хозя́йства) Oberster Volkswirtschaftsrat *m*.
всо́вывать [1], <всу́нуть> [20] (hin)einstecken.
всоса́ть *s.* вса́сывать.
вспа́ивать [1], <вспои́ть> [13] aufsäugen, aufpäppeln.
вспа́рывать [1], <вспоро́ть> [17] auftrennen.
вспа́|хивать [1], <~ха́ть> [3] aufackern, aufpflügen; *vgl.* паха́ть; **~шка** *f* [5] Aufackern *n*; зя́блевая ~шка ⚘ Herbststurz *m*.
всплакну́ть F [20] *pf.* ein paar Tränen vergießen.
всплес|к *m* [1] Geplätscher *n*; **'~кивать** [1], <~ну́ть> [20] plätschern; ~кивать рука́ми die Hände zusammenschlagen.
сплошну́ю lückenlos.
всплыва́ть [1], <всплыть> [23] hervorschwimmen; auftauchen, ans Tageslicht kommen.
вспои́ть *s.* вспа́ивать.
вспо|ла́скивать [1], <~лосну́ть> [20] ausspülen; **~ла́шивать** [1], <~лоши́ть> [16], *einm.* <~лохну́ть> [20] in Unruhe versetzen, beunruhigen; **-ся** in Unruhe geraten.
вспол|за́ть [1], <~зти́> [24] hinaufkriechen.
вспо|мина́ть [1], <вспо́мнить> [13], <~мяну́ть> P [19] (B *od.* o П) sich (*e-r Sache*) erinnern, sich besinnen (auf *ac.*), zurückdenken (an *ac.*).
вспомо|га́тельный [14] Hilfs...; **~же́ние** *n* [12], **~ществова́ние** *n* [12] Unterstützung *f*, Hilfe *f*; ~же́ние бе́дным Armenunterstützung *f*.
вспомяну́ть *s.* вспомина́ть.
вспоро́ть *s.* вспа́рывать.
вспорхну́ть [20] *pf.* auf-fliegen, -flattern.
вспры́г|ивать [1], <~нуть> [20] aufspringen, hochspringen.
вспры́с|кивать [1], <~нуть> [20] bespritzen, besprengen; ⚕ einspritzen.
вспу́г|ивать [1], <~ну́ть> [20] aufjagen, aufscheuchen.
вспуха́ть [1], <вспу́хнуть> [21] aufschwellen.
вспу́чить *s.* пу́чить.
вспуши́ть *s.* пуши́ть.
вспыли́ть [13] *pf.* aufbrausen, auffahren; ~ на (B) *j-n* anfahren.
вспы́льчивый [14 *K.*] jähzornig, heftig, hitzig.
вспы́х|ивать [1], <~нуть> [20] auflodern; erröten; entbrennen; (*fig.*) heftig (*od.* jähzornig) werden, aufbrausen; ausbrechen (*Krieg usw.*).
вспы́шка *f* [5] Auflodern *n*; Aufbrausen *n*, Jähzorn *m*.
вспять zurück, rückwärts.
вста|ва́ть [5], <встать> [вста́ну, -нешь; вста́нь(те)!] aufstehen, sich erheben; я заста́л его́ вста́вшим ich fand ihn auf(gestanden); **'~вка** *f* [5; *g/pl.*: -вок] Einsetzung; eingesetztes Stück *n*, Einsatz *m*; **~вля́ть** [28], <'~вить> [14] ein-setzen, -schalten, -fügen; ~вля́ть шпо́ны (*Typ.*) durchschießen; **~вно́й** [14] zum Einsetzen (bestimmt); eingesetzt; Einsatz...; ~вны́е зу́бы *m/pl.* falsche Zähne; ~вны́е ра́мы *f/pl.* Doppelfenster *n*; **'~вочный** [14] eingeschaltet.
встарь in alten Zeiten.
встрепену́ться [20] *pf.* schaudern, zs.-, auf-fahren (*vor Schreck*); sich schütteln; erwachen (*von Vögeln*).
встрёпк|а *f* [5] Zerzausung; зада́ть ~у (*j-m*) die Leviten lesen, den Kopf waschen.
встрёпывать [1], <встрепа́ть> [2] (*das Haar*) zerzausen.
встре́|ча *f* [5] Begegnung, Zusammenkunft (с T mit); Empfang *m*; на ~чу *s.* навстре́чу; **~ча́ть** [1], <~тить> [13] begegnen, treffen, stoßen (auf *ac.*); entgegengehen; empfangen, bewillkommnen; ~ча́ть апплодисме́нтами beifällig aufnehmen; ~ча́ть отпо́р sich eine Abfuhr holen; **-ся** sich begegnen, zs.-treffen (с T mit); [*unpers.*] sich ereignen, vorkommen, eintreten; **~чный** [14] (sich) begegnend, entgegen-gehend -kommend; Gegen...; пе́рвый ~чный *od.* ~чный и попере́чный der erste beste *od.* erstbeste; ~чный план *m* Gegenplan (*der das amtliche Produktionsprogramm überbietet*).
встря́|ска *f* [5] Aufschütteln *n*; **~хивать** [1], <~хну́ть> [20] aufschütteln; (*fig.*) aufrütteln; **-ся** *pf.* sich schütteln; (*fig.*) aufleben.

всту|па́ть [1], <~пи́ть> [14] (в В) antreten; (ein)treten; einrücken (in *ac.*) (*Truppen*); anfangen; sich einlassen (auf *ac.*); ~па́ть в брак (sich verheiraten; ~па́ть на (В) (*Boden*) betreten; (*Thron*) besteigen; **-ся** (за В) Partei ergreifen *od.* einspringen (für), in Schutz nehmen, verteidigen; **~пи́тельный** [14] einleitend; Antritts...; Eintritts...; **~пле́ние** *n* [12] An-, Ein-tritt *m*; Einrücken; Einleitung *f*; Vorstufe *f* (в В zu); ~пле́ние на престо́л Thronbesteigung *f*.

всу́е umsonst, unnütz.

всу́нуть *s.* всо́вывать.

всухомя́тку: есть ~ F trocken essen.

всу́чивать [1], <всучи́ть> [16] eindrehen, einflechten; (Д/В *j-m et.*) zu-schieben, -stecken; (*fig.*) aufschwatzen.

ВСХВ (Всесою́зная сельскохозя́йственная вы́ставка *f*) landwirtschaftliche Ausstellung der Sowjetunion.

всхлип *m* [1] Schluchzen *n*; **'~ывать** [1], <'~нуть> [20] schluchzen.

всход *m* [1] Aufgang; Aufkeimen *n*; ~ы *pl.* junge Saat *f*; Keime *pl.*; **~и́ть** [15], <взойти́> [взойду́, -дёшь; взошёл, -шла́; взоше́дший] hinauf-gehen, -steigen; aufgehen; aufkeimen; ~и́ть на (В) (*Thron*) besteigen.

всхра́п|ывать [1], <~ну́ть> [20] (auf)schnarchen; F ein Schläfchen machen.

всыпа́ть [1], <вслы́пать> [2] (hin-) ein-schütten, -streuen; P (Д j-n) verdreschen.

всю́ду überall; везде́ и ~ weit und breit, an allen Ecken und Enden.

вся́кий [16] jeder(mann); P вся́ко быва́ет *od.* случа́ется! was geschieht nicht alles in der Welt!; ~ хва́лит своё jeder lobt seine Ware (das Seinige); на ~ слу́чай auf alle Fälle.

вся́чес|кий [16] allerlei; ~ки auf jede Art und Weise; ~ки стара́ться sich alle Mühe geben.

вся́чина F *f* [5] Krimskram *m*; вся́кая ~ allerhand Zeug *n*.

вта́йне heimlich, insgeheim.

вта́лкивать [1], <втолкну́ть> [20] hineinstoßen.

вта́птывать [1], <втопта́ть> [3] hinein-stampfen, -treten.

вта́скивать [1], <втащи́ть> [16] hineinschleppen, hineinziehen; hinaufschleppen, hinaufziehen.

вта́ч|ивать, <~а́ть> [1; вта́чанный] ein-, an-nähen; anflicken.

втека́ть [1; *nur 3. Pers.*], <втечь> [26; *nur 3. Pers.*] einfließen; münden.

втёмную aufs Geratewohl.

втемя́ш|ивать [1], <~ить> [16] P einpauken (*in den Kopf*); ~илось ему́ э́то er hat sich dies in den Kopf gesetzt.

втере́ть *s.* втира́ть.

втира́ть [1], <втере́ть> [12; вотру́, -рёшь; втёр] einreiben; (*fig.*) ~ кому́ очки́ j-m blauen Dunst vormachen; **-ся** sich hineindrängen.

вти́скивать [1], <вти́снуть> [20] hinein-pressen, -drängen.

втихомо́лку heimlich, insgeheim.

втолк|а́ть, <~ну́ть> *s.* вта́лкивать.

втолко́|вывать [1], <~ва́ть> [7] erklären; (*j-m et.*) beibringen.

втопта́ть *s.* вта́птывать.

втор|га́ться [1], <вто́ргнуться> [21] ein-fallen, -dringen (in *ac.*); sich einmischen (в В in *ac.*); **~же́ние** *n* [12] (feindlicher) Einfall *m*, Invasion *f*.

вто́рить [13] nachsprechen, nachsingen; wiederholen; zweite Stimme singen *od.* spielen.

втори́ч|ный [14] abermalig, wiederholt; Sekundär...; ~но zum zweitenmal, abermals.

вто́рник *m* [1] Dienstag; по ~ам an Dienstagen, dienstags.

второго́дник *m* [1] (*Schule*) Sitzenbleiber.

второ́е (*Kochk.*) der zweite Gang; F zweitens.

вто|ро́й [14] zweite(r); ~ро́е число́ der zweite (*des Monats;*) два́дцать (со́рок) мину́т ~ро́го zwanzig Minuten nach eins (vor zwei).

второ|кла́ссный [14] zweiter Klasse; zweitbest, zweiten Ranges; **~пя́х** in der Eile; **~степе́нный** [14; -е́нен, -е́нна] zweiten Ranges; nebensächlich; Neben...

в-тре́тьих drittens.

втри́дорога P dreimal so teuer; sehr teuer (*Preis*); он дерёт ~ er zieht e-m das Fell über die Ohren.

втро́е dreimal; dreifach.

втроём zu dreien, drei zusammen.

втройне́ *s.* втро́е.

втуз *m* [1] (вы́сшее техни́ческое учёбное заведе́ние) technische Hochschule *f*.
вту́зов|ец *m* [1; -вца], **~ка** *f* [5; *g/pl.*: -вок] Student(in *f*) e-r technischen Hochschule.
вту́лка *f* [5; *g/pl.*: -лок] Spund *m*; Buchse.
вту́не vergebens.
втупи́к † *s.* тупи́к.
втыка́ть [1], <воткну́ть> [20] (hin-) einstecken.
втю́рить P [13] *pf.* verwickeln, bringen (в В in *ac.*); **-ся** (в В) sich verwickeln (in *ac.*); (*iron.*) sich verlieben *od.* vergaffen (in *ac.*).
втя́гивать [1], <втяну́ть> [19] (hin)einziehen; verleiten (в В zu); **-ся** (в В) sich hineinfinden (in *ac.*), sich gewöhnen (an *ac.*); -ся в рабо́ту sich einarbeiten; щёки втяну́лись die Wangen sind eingefallen.
вуа́ль *f* [8] Schleier *m*.
вуз *m* [1] (вы́сшее учёбное заведе́ние) Hochschule *f*; **ˈ~овец** *m* [1; -вца] Student.
вулка́н *m* [1] Vulkan, feuerspeiender Berg; **~изи́рованный** [14] vulkanisiert; Vulkan...; **~и́ческий** [16] vulkanisch.
вульга́рный [14; -рен, -рна] gemein, pöbelhaft, vulgär.
вход *m* [1] Eingang; Eintritt; ~ (в га́вань) Einlauf(en *n*).
входи́ть [15], <войти́> [войду́, -дёшь; вошёл, -шла́; воше́дший] hineingehen, eintreten, (herein-) kommen, einlaufen (*Briefschaften*); (~ в ваго́н) einsteigen; ~ в (В) Gefallen finden an (*dat.*); sich versetzen in (*ac.*); ~ во вкус auf den Geschmack kommen; ~ во всё sich um alles bekümmern; ~ в долги́ in Schulden geraten; ~ в сла́ву berühmt werden; ~ в сноше́ния in Verbindung treten (с Т mit); э́то не входи́ло в мои́ расчёты damit habe ich nicht gerechnet; (про́сят) не ~! kein Eintritt!
входно́й [14] Eintritts...; Eingangs...
вхо́жий F [17 *K.*] freien Zutritt habend.
вцепля́ться [28], <вцепи́ться> [14] (в В) sich anklammern (an *ac.*); sich verbeißen (in *ac.*).
ВЦИК (Всеросси́йский Центра́льный Исполни́тельный Комите́т *m*) Allrussisches Zentralexekutivkomitee *n*.
ВЦСПС (Всесою́зный Центра́льный Сове́т *m* Профессиона́льных Сою́зов) Zentralrat der Gewerkschaften der Sowjetunion.
вчера́ gestern; **~шний** [15] gestrig, von gestern.
вчерне́ im unreinen, im Entwurf; im Rohbau.
вче́тверо vier-fach, -mal; **~м** (-ˈrɔm) zu vier(en), vier zusammen.
вчисту́ю P völlig, endgültig.
вчи́тываться, <вчита́ться> [1] sich (hin)einlesen; aufmerksam durchlesen.
вчу́же fremd, unbekannt(erweise).
вше́стеро sechs-fach, -mal; **~м** (-ˈrɔm) zu sechs *od.* sechsen, sechs zusammen.
в-шесты́х sechstens.
вшива́ть [1], <вшить> [вошью́, -шьёшь; вшил; вше́й(те)!; вши́тый] einnähen.
вши́веть [8], <за-, обо-> verlausen.
вши́вый [14] verlaust.
вширь in die Breite; разда́ться ~ dicker werden.
въеда́ться [1], <въе́сться> [*nur 3. Pers.*: въе́стся, въедя́тся; въе́лся, -лась] sich (hin)einfressen; sich einätzen.
въезд *m* [1] Einfahrt *f*; Einzug, Einreise *f*.
въезжа́ть [1], <въе́хать> [въе́ду, -дешь; въезжа́й те)!] (hin)einfahren, hineinreiten, einziehen; (*fig.*) ~ в копе́йку teuer zu stehen kommen.
въе́сться *s.* въеда́ться.
въявь im Wachen; in Wirklichkeit.
вы [21] ihr; Ihr, Sie; ~ с ним Sie und er; вас с ним Sie und ihn; у вас Sie haben.
вы... (*in Zssgn*) aus..., hinaus..., heraus..., hervor... (*beim vollendeten Aspekt ist die Silbe* вы *stets betont*; *vgl.* выбега́ть, *aber* вы́бежать).
выба́лтывать, <вы́болтать> [1], *einm.* <вы́болтнуть> [20] ausplaudern.
выбега́ть [1], <вы́бежать> [4; вы́бегу, -ежишь; -егут; -еги(те)!] heraus-, hinaus-laufen.
выбива́ть [1], <вы́бить> [вы́бью, -бьешь; -бей(те)!; -битый] (hin)ausschlagen; (*Tür usw.*) ein-schlagen, -werfen; ausprägen; (auf)drucken; verdrängen; (*Kleider*) ausklopfen;

v/i. wegreisen; хлеб вы́било гра́дом das Getreide wurde durch Hagelschlag vernichtet; ~ доро́гу Weg ausfahren; **-ся** sich losmachen; hervorquellen; -ся из сил von Kräften kommen; -ся из колей aus dem gewohnten G(e)leise kommen; -ся в лю́ди F sich emporarbeiten.
выбира́ть [1], ‹вы́брать› [вы́беру, -решь; -бранный] aussuchen, (aus-) wählen (T zu); (*Recht*) aus-, erwirken; **-ся** sich herausarbeiten; -ся из кварти́ры ausziehen (*Wohnung*); ausgewählt werden; sich davonmachen; -ся на да́чу auf Sommerwohnung gehen *od.* ziehen.
вы́блядок P *m* [1; -дка] Bastard.
вы́боина *f* [5] Vertiefung; Schlagloch *n.*
вы́бор *m* [1] Wahl *f*, Auswahl *f*; на ~ zur Auswahl; ~ы *pl.* (*Pol.*) Wahl(en *pl.*) *f.*
вы́боргский [16] von (*od.* aus) Wiborg (Вы́борг *m*).
вы́бор|ка *f* [5] Auswahl; **~ный** [14] (aus)erwählt; die Wahlen betreffend; Abgeordnete(r) *m*; ~ная кампа́ния *f* Wahlkampf *m*; **~щик** *m* [1] Wahlmann.
вы́бранить [13] *pf.* aus-schelten, -zanken.
выбра́сыватель ⊕ *m* [4] Auswerfer.
выбра́сывать [1], ‹вы́бросить› [15] hinaus-, heraus-werfen; (*Wort usw.*) streichen, weglassen; ~ за́ (*od.* за) борт über Bord werfen; ~ за окно́ zum Fenster hinauswerfen; ~ зря де́ньги das Geld auf die Straße werfen (*fig.*); ~ деса́нт ⚔ Truppen landen; **-ся** sich hinausstürzen; -ся на мель ⚓ stranden.
вы́брать *s.* выбира́ть.
вы́бросить *s.* выбра́сывать.
выбыва́ть [1], ‹вы́быть› [вы́буду, -дешь] aus-, weg-treten, abgehen; ~ из шко́лы von der Schule abgehen; ~ из спи́сков aus der Liste gestrichen werden; ~ из игры́ (*Sport*) aus dem Spiel ausscheiden; ~ из стро́я kampfunfähig werden.
выбы́тие: за ~м wegen Abgang.
выва́ливать [1], ‹вы́валить› [13] hinauswerfen; **-ся** hinausfallen.
выва́|ривать [1], ‹вы́варить› [13] auskochen; **~рка** ('vɨ-) *f* [5] Auskochen *n*, Auskochung; ~рки *pl.* Bodensatz *m.*
выве́дывать, ‹вы́ведать› [1] ausforschen, auskundschaften; (*Geheimnis*) entlocken.
вы́везти *s.* вывози́ть.
вывёртывать [1], ‹вы́вернуть› [20] herausdrehen; ausschalten; umdrehen, umwenden; ausrenken; **-ся** sich heraus-winden, -wickeln, -helfen.
выверя́ть [28], ‹вы́верить› [13] regulieren (*Uhr*); eichen.
вы́вес|ить *s.* выве́шивать; **~ка** *f* [5; *g/pl.*: -сок] Aushängeschild *n*, Schild *n*; ✝ Rein-, Netto-gewicht *n.*
вы́вести *s.* выводи́ть.
выве́тривать [1], ‹вы́ветрить› [13] auslüften; **-ся** (*Geol.*) verwittern; (*fig.*) entfallen.
выве́шивать [1], ‹вы́весить› [15] aushängen; abwägen; ~ бельё Wäsche aufhängen.
выви́нчивать [1], ‹вы́винтить› [15] heraus-, los-schrauben.
вы́вих *m* [1] Verrenkung *f*, Verstauchung *f*; **~нуть** [20] *pf.* verrenken, verstauchen.
вы́вод *m* [1] Folgerung *f*, (Rück-) Schluß; Ableitung *f*; сде́лать ~ы (*fig.*) die Konsequenzen ziehen.
выводи́ть [15], ‹вы́вести› [25] hinaus-, heraus-führen; vertreiben; ausrotten, vernichten; entfernen, wegbringen, beseitigen; her-, ableiten; ausbrüten, züchten; bauen; ~ из терпе́ния ungeduldig machen; ~ из себя́ in Wut bringen; ~ из затрудне́ния aus der Patsche helfen; ~ в лю́ди zur Selbständigkeit verhelfen; (*Logik*) ~ заключе́ние einen Schluß ziehen, schließen; ~ пя́тна на пла́тье ein Kleid von Flecken reinigen; ~ нару́жу (*fig.*) ans Tageslicht bringen; ~ на чи́стую во́ду F entlarven; *s. a.* вавило́ны; **-ся** verschwinden, außer Gebrauch kommen; aus dem Ei schlüpfen.
вы́вод|ка *f* Entfernen *n*, Ausrotten *n*, Vertilgung; **~ок** *m* [1; -дка] Brut *f.*
вы́воз ✝ *m* [1] Ausfuhr *f*, Export; **~и́ть** [15], ‹вы́везти› [24] (hin-) aus-führen, -fahren, exportieren; крива́я вы́везет F es wird sich schon etwas finden, was mir (dir *usw.*) aus der Klemme hilft; **~но́й** [14] ausgeführt; Ausfuhr..., Export...

выво|ра́чивать [1], <вы́воротить> [15] heraus-drehen, -kehren; (*Rock usw.*) wenden; **~рот** (ˈvɨ-) *m* [1] Wenden *n* (*des Rockes*;) Kehrseite *f*; на ~рот *s.* навы́ворот.

вы́гадывать, <вы́гадать> [1] Vorteil ziehen; (*Zeit*) gewinnen; (*Geld*) sparen.

вы́гиб *m* [1] Krümmung *f*, Biegung *f*; **~а́ть** [1], <вы́гнуть> [20] (**-ся** sich) krümmen, biegen.

выгла́живать [1], <вы́гладить> [15] (aus)bügeln, (aus)plätten.

выгля́дывать [1] **1.** <вы́глянуть> [20] hinaus-, heraus-sehen; ausspionieren; **2.** F <вы́глядеть> [11] aussehen (T wie).

вы́гнать *s.* выгоня́ть.

вы́гнуть *s.* выгиба́ть.

выго|ва́ривать [1], <вы́говорить> [13] *v/t.* aussprechen; (sich) ausbedingen; *v/i.* ~ва́ривать кому́ j-m e-n Verweis erteilen, j-n tadeln; **~вор** (ˈvɨ-) *m* [1] Aussprache *f*; Vorwurf, Verweis, Tadel.

вы́год|а *f* [5] Vorteil *m*, Nutzen *m*; **~ный** [14; -ден, -дна] vorteilhaft, nützlich; gewinnbringend; выставля́ть в ~ном све́те in günstigem Licht schildern.

вы́гон *m* [1] Austreiben *n* (*des Viehs*); Viehweide *f*, Trift *f*; **~ка** ⊕ *f* [5] Destillation; **~щик** *m* [1] (*Jagd*) Treiber; **~я́ть** [28], <вы́гнать> [-гоню, -гонишь; -гнал] hinaustreiben, wegjagen; verdienen; destillieren.

выго|ра́живать [1], <вы́городить> [15] abzäunen; (*fig.*) reinwaschen; **~ра́ть** [1], <вы́гореть> [9] aus-, ver-brennen; verschießen, verblassen (*Farbe*); gelingen; де́ло ~рело F die Sache hat geklappt; де́ло не ~рело F die Sache ist schief gegangen.

выгреба́ть [1], <вы́грести> [25; -гребу; -греб, -гребла; -гребенный] *v/t.* (her)aus-scharren, -harken; *v/i.* heraus-, hinaus-rudern.

выгреб|но́й [14]: ~на́я я́ма *f* Kotgrube.

выгру|жа́ть [1], <вы́грузить> [15] aus-, ab-laden; ⚓ löschen, lichten; **~зка** (ˈvɨ-) *f* [5; *g/pl.*: -зок] Aus-, Ab-ladung; ⚓ Löschung; **~зно́й** [14] zum Ausladen (bestimmt); ⚓ Lösch...

выдава́ть [5], <вы́дать> [-дам, -дашь, -даст, -дадим, -дадите, -дадут](her)ausgeben; (*Gehalt usw.*) auszahlen; (*Wechsel usw.*) aus-fertigen, -stellen; (*Verbrecher*) ausliefern; verraten; ~ себя́ sich verraten; sich ausgeben (за В für); ~ (за́муж) (*ein Mädchen*) verheiraten (за В an *ac.*); ~ пате́нт на (В) ein Patent erteilen auf (*ac.*), patentieren; **-ся** [*nur 3. Pers.*] hervor-treten, -ragen, -springen; sich hervortun; [*unpers.*] sich treffen, daß ...; ну, уж вы́дался денёк! F das war mal ein Tag!; выдающийся hervorragend, prominent.

выда́вливать [1], <вы́давить> [14] aus-pressen, -quetschen, -drücken.

выда́лбливать [1], <вы́долбить> [14] aushöhlen; вы́долбить *pf.* sich ein-pauken, -ochsen.

вы́дать *s.* выдава́ть.

вы́дача *f* [5] Herausgabe; Ausgabe; Auszahlung; Gewährung (*v. Darlehen*); Ausfertigung; Auslieferung; ~ в дивиде́нд Dividendenverteilung.

выдви|га́ть [1], <вы́двинуть> [20] heraus-schieben, -rücken; hervorheben; befördern (*fig.*); für e-n Posten vorschlagen (в *u. nom/pl.*); ⚔ vorrücken lassen; ~га́ть на о́чередь auf's Tapet (*od.* zur Sprache) bringen; ~га́ть вопро́с eine Frage aufwerfen; **-ся** hervortreten, sich hervortun; sich herausschieben (lassen); **~же́нец** *m* [1; -нца] Günstling, F Protektionskind *n*; in eine verantwortliche Stellung beförderter Arbeiter; **~жно́й** [14] zum Herausschieben (eingerichtet); Schub...

вы́деланный ⊕ gegerbt (*Haut, Fell*).

выделе́ние *n* [12] ⚖ Abfindung *f*; ⚗ Ausscheidung *f*; выделе́ния *pl.* ⚕ Ausfluß *m*, Auswurf *m*.

вы́де|лка *f* [5; *g/pl.*: -лок] Bearbeitung; Zubereitung; Fabrikat *n*; **~лывать** (-ˈdʲɛ-), <вы́делать> [1] bearbeiten, fabrizieren; zubereiten; gerben.

выделя́ть [28], <вы́делить> [13] zu(er)teilen; (*Erben*) abfinden; ⚕ absondern; auszeichnen; **-ся** hervor-treten, -ragen.

выдёргивать, <вы́дергать> [1], <вы́дернуть> [20] (her)aus-ziehen, -reißen.

выде́р|живать [1], <вы́держать> [4] aushalten; ertragen; (*Prüfung usw.*) bestehen; вы́держанный diszipliniert, von Selbstbeherrschung, ausgeglichen; abgelagert; **~жка** ('vi-) *f* [5; *g/pl.*: -жек] Ausdauer; Stichprobe, Auszug *m*; Selbstbeherrschung; (*Phot.*) Belichtungsdauer; ~жками auszugsweise; на ~жку aufs Geratewohl.

выдира́ть [1], <вы́драть> [-деру, -решь; -дранный] herausreißen; durchprügeln; *s. a.* драть.

вы́дохлый [14] schal, abgestanden.

вы́дра *f* [5] Fischotter *m od. f.*

вы́дубить [14] *pf.* ausgerben; *vgl.* дуби́ть.

выду|ва́льщик ⊕ *m* [1] (~ва́льщик стекла́) Glasbläser; **~ва́ть** [1], <вы́дуть> [18] (her)ausblasen; ⊕ (*Glas*) blasen.

вы́дум|ка *f* [5; *g/pl.*: -мок] Einfall *m*, Erfindung; **~щик** *m* [1], **~щица** *f* [5] Erfinder(in *f*), Erdichter(in *f*); Aufschneider *m*; **~ывать** (-'du-), <~ать> [1] ausdenken, ersinnen, erfinden, erdichten.

вы́дуть *s.* выдува́ть.

выдыха́ть [1], <вы́дохнуть> [20] ausatmen; ausdünsten; **-ся** verdunsten; schal werden, das Aroma verlieren.

выеда́ть [1], <вы́есть> [вы́ем, -ешь, -ест, -едим, -едите, -едят; вы́еденный] aus(fr)essen; zerfressen.

вы́езд *m* [1] Ausfahrt *f*; Abfahrt *f*, Abreise *f*; Ausreise *f*; ~ верхо́м Ausritt; ~ на пози́цию ⚔ Instellunggehen *n*; ~ суда́ ⚖ Lokaltermin.

выезжа́ть [1], <вы́ехать> *v/i.* [вы́еду, -едешь; -езжай(те)!] (из P) weg-, ab-fahren *od.* -reisen (von); ausziehen (из кварти́ры aus e-r Wohnung); ~ верхо́м ausreiten.

вые́зживать [1], <вы́ездить> *v/t.* [15] (*ein Pferd*) einfahren, zureiten.

вы́ем F *m* [1], **~ка** *f* [5; *g/pl.*: -мок] Herausnehmen *n*; Ausschnitt *m*; Beschlagnahme *f* (*v. Waren*); Vertiefung *f*; ⚠ Hohlkehle *f*, Fuge *f*.

выжива́ть [1], <вы́жить> [-живу, -вешь; -житый] *v/t.* wohnen, (ver)bleiben (*eine bestimmte Zeit*); am Leben bleiben; vertreiben, herausbeißen, verdrängen; *v/i.* ~ из ума́ kindisch (*od.* schwachsinnig) werden.

вы́жига *f* [5] Schlau-kopf *m*, -meier *m*; **~ть** (-'gat̡) [1], <вы́жечь> [-жгу, -жжешь -жгут; -жег, -жгла; -жженный] aus- ⚘, ver-brennen; einbrennen; einäschern; brandmarken.

выжида́ть [1], <вы́ждать> [-ду, -дешь; -ди(те)!] (P *od.* B) abwarten, abpassen.

выжим|а́ть [1], <вы́жать> [-жму, -жмешь; -жатый] aus-pressen, -drücken; **~ка** ('vi-) *f* [5; *g/pl.*: -мок] Ausgepreßte(s) *n*; **~ки** *pl.* Treber.

выжина́ть [1], вы́жать [-жну, -жнешь; -жатый] abmähen.

вы́звезди|ть: [*unpers.*] *pf.* уж ~ло die Sterne stehen schon am Himmel.

вызволя́ть [28], <вы́зволить> [13] befreien; ~ из беды́ aus der Klemme helfen.

выздо|ра́вливание *n* [12] Genesung *f*, Wiederherstellung *f*; **~ра́вливать** [1], <вы́здороветь> [10] genesen, gesund werden.

выздо|ровле́ние *n* [12] *s.* ~ра́вливание.

вы́зов *m* [1] Hervorruf(en *n*); Anruf; Herausforderung *f*; Aufruf zum Wettbewerb; ⚖ Vorladung *f*, Aufforderung *f*.

вызу́бривать [1], <вы́зубрить> [13] F sich et. einpauken.

вызыв|а́ть [1], <вы́звать> [-зову, -зовешь; -звал; -званный] hervorrufen; anrufen; erzeugen; zum (sozialistischen) Wettbewerb herausfordern; (heraus)fordern (на дуэ́ль zum Zweikampf); vorladen (в суд vor Gericht); ~а́ть аппети́т den Appetit reizen; ~а́ть ого́нь ⚔ Feuer anfordern; ~а́ть наза́д zurückrufen; ~а́ющий тон *m* herausfordernder Ton; **-ся** sich anbieten (на B zu); **~но́й** [14] Anruf...

выи́грывать, <вы́играть> [1] gewinnen (у P von).

вы́игрыш *m* [1; *g/pl.*: -шей] Gewinn; гла́вный ~ Hauptgewinn, das große Los *n*; ~ во вре́мени (в си́ле) Zeit-, (Kraft)gewinn *m* (-ersparnis *f*); **~ный** [14] vorteilhaft; Gewinn...; ✝ ~ный заём *m* Prämienanleihe *f*.

выи́скивать [1], <вы́искать> [3] (her)aussuchen; **-ся** sich (ein)finden *od.* einstellen.

выка́зывать [1], <вы́казать> [3]

(vor)zeigen, beweisen; ~ себя́ (T) sich zeigen (*als*).

выка́лывать [1], <вы́колоть> [17] (*Auge, Muster*) ausstechen; (*Eis*) aushauen.

выка́пывать, <вы́копать> [1] herausgraben, ausgraben; *vgl.* копа́ть.

выкара́бкиваться, <вы́карабкаться> [1] heraus-klettern, -kommen (*a. fig.*).

выка́рмливать [1], <вы́кормить> [14] (auf)erziehen; auffüttern.

вы́кат *m* [1] Herausrollen *n*; глаза́ *m/pl.* на ~ *od.* ~е Glotzaugen *n/pl.*; **~ывать** (-ˈka-) **1.** <~ать> [1] (aus-)rollen, mangeln (*Wäsche*); **2.** *a.* <~ить> [15] heraus-wälzen, -rollen; ~ить глаза́ die Augen aufreißen; **-ся** entrollen.

вы́кать F [1] „Sie" nennen, F siezen.

выка́чивать [1], <вы́качать> [1] auspumpen.

выка́шивать [1], <вы́косить> [15] abmähen.

выки|дно́й: ~дно́е плечо́ ⊕ *n* Schwenkarm *m*; **~док** (ˈvɨ-) *m* [1], *mst* ~дки *pl.* (мо́ря) Strandgut *n*; ˈ**~дывать** [1], *einm.* <вы́кинуть> [20] hinaus-, heraus-werfen; (*Flagge*) (auf)hissen; streichen, weglassen; früh-, fehl-gebären; (*Kunststücke*) machen; **~дыш** (ˈvɨ-) *m* [1] Fehlgeburt *f*, Frühgeburt *f*.

выкипа́ть [1], <вы́кипеть> [10] überkochen.

вы́кла|дка *f* [5; *g/pl.*: -док] Auslegen *n*, -kramen *n*; Besatz *m*, Garnierung; Berechnung; ✗ Aufgabe, Exempel *n*; де́лать ~дки be-, aus-rechnen, einen Überschlag machen; **~дывать** (-ˈkła-) [1], <вы́ложить> [16] (her)auslegen, auskramen; (*Kleid*) besetzen, garnieren.

выклёвывать [1], <вы́клевать> [6] auf(fr)essen; **-ся** sich heraushacken, -picken (*aus dem Ei*).

выкле́|ивать [1], <вы́клеить> [13] aus-, be-kleben; **~йка** (ˈvɨ-) *f* [5; *g/pl.*: -еек] Auskleben *n*, Ausklebung.

выкли|ка́ть **~кивать** (-ˈkʲi-), <вы́кликнуть> [20] herausrufen; (по спи́ску) aufrufen (*laut Namenliste*); **~чка** (ˈvɨ-) *f* [5] (*namentliches*) Aufrufen *n*.

выклю|ча́тель ⚡ *m* [4] Schalter; **~ча́тельный** Ausrück(er)...; **~ча́ть** [1], <вы́ключить> [16] (*Typ.*) ausschließen; ⚡ ausschalten; **~чка** (ˈvɨ-) *f* [5] Ausschließung; ⚡ Ausschaltung.

выкля́нчивать F [1], <вы́клянчить> [16] ab-, er-betteln.

выко́вывать [1], <вы́ковать> [7] ausschmieden.

выкола́чивать [1], <вы́колотить> [15] herausschlagen; (*Teppich usw.*) ausklopfen; (*Abgaben usw.*) beitreiben.

выколу́пывать, <вы́колупать>[1], *einm.* <вы́колупнуть> [20] (her)ausklauben, -nehmen.

выкорчёвывать [1], <вы́корчевать> [6; -чую] ausroden; (*fig.*) ausmerzen.

вы́косить *s.* выка́шивать.

выкра́дывать [1], <вы́красть> [25] (из Р) (heraus)stehlen (aus).

выкра́ивать [1], <вы́кроить> [13] zuschneiden; (*fig.*) (e-n Vorteil) herausschlagen.

выкра́шивать [1] **1.** <вы́красить> [15] färben; (an)streichen; **2.** <вы́крошить> [16] *v/t.* zer-bröckeln, -krümeln; **-ся** *v/i.* F zerbröckeln.

выкри́кивать [1], <вы́крикнуть> [20] ausrufen, ausschreien; aufrufen.

выкристаллизо́вываться [1], <вы́кристаллизоваться> [7] sich (heraus)kristallisieren (*a. fig.*).

вы́кройка *f* [5; *g/pl.*: -оек] Ausschneiden *n*; Schnitt *m*, Schnittmuster *n*.

выкрута́сы P *m/pl.* [1] Schnörkel; Ausflüchte *f/pl.*; Körperverrenkungen.

выкру́чивать F [1], <вы́крутить> [15] ausschrauben; **-ся** sich losschrauben; (*fig.*) sich herauswinden.

вы́куп *m* [1] Loskauf; Lösegeld *n*, Abstand; **~а́ть**[1] [1], <~ить> [14] loskaufen, aus-, ein-lösen; **~а́ть**[2] *s.* купа́ть; **~но́й** [14] einlösbar; Löse..., Einlösungs...

выку́ривать, <вы́курить> [13] ausräuchern; (*Zigarre usw.*) (aus-, ver)rauchen; (*Branntwein*) brennen; P (*fig.*) hinaus-komplimentieren, -ekeln.

выла́вливать [1], <вы́ловить> [14] wegfangen, (heraus)fischen.

вы́лазка ⚔ *f* [5; *g/pl.*: -зок] Aus-

fall *m*; (*Sport*) Tour, Ausfahrt; лы́жная ~ Skitour.
вы́лакать [1] *pf.* aufschlecken; *s.* лака́ть.
выла́мывать, ‹вы́ломать› [1] (her)ausbrechen; (*Tür*) aufbrechen.
выла́щивать [1], ‹вы́лощить› [16] polieren, ausglätten; (*Papier*) satinieren.
вы́лежалый [14] verlegen (*Ware*); abgelagert (*Zigarren*).
вылёживать F [1], ‹вы́лежать› [4] das Bett hüten; **-ся** F sich (liegend) ausruhen; durch Ablagern ausreifen (*Tabak, Obst*).
вылеза́ть [1], ‹вы́лезть› [24] herauskriechen; ausgehen (*Haar*); P ~ (из ваго́на aus dem Wagen) aussteigen.
вы́ле|пка *f* [5; *g/pl.*: -пок] Modellierung; **~пля́ть** [28], ‹~пить› [14] modellieren.
вы́лет *m* [1] Heraus-, Hinausfliegen *n*, Ausflug; на ~е flügge; **~а́ть** [1], ‹~еть› [11] (hin)aus-, heraus-fliegen; э́то ~ело у меня́ из головы́ F das ist mir ganz entfallen.
выле́чивать [1], ‹вы́лечить› [16] (**-ся** sich) auskurieren, heilen (от P von).
вылива́ть [1], ‹вы́лить› [-лью, -льешь; -лей(те)!; -литый] ausgießen; *s.* вы́литый.
вылі́зывать [1], ‹вы́лизать› [3] auslecken.
вы́лит|ый [14 *K.*] (aus)gegossen; sprechend ähnlich; она́ ~ая мать F sie ist der Mutter wie aus dem Gesicht geschnitten.
вы́ломать *s.* выла́мывать.
вы́лощенный F [14] geschniegelt.
вы́лупка *f* [5] Aushülsung.
вылупля́ть [28], ‹вы́лупить› [14] aushülsen; вы́лупить *pf.* глаза́ P glotzen; **-ся** auskriechen, herauskommen (*aus dem Ei*).
вылу́щивать [1], ‹вы́лущить› [16] aushülsen.
выма́зывать [1], ‹вы́мазать› [3] (**-ся** sich) beschmieren, verschmieren.
выма́ливать [1], ‹вы́молить› [13] erflehen, erbitten.
выма́нивать [1], ‹вы́манить› [13] herauslocken (из P aus); (у P/B *j-m et.*) ab-, ent-locken.
выма́ривать [1], ‹вы́морить› [13] vernichten; ~ го́лодом aushungern (lassen).
вы́ма|рка *f* [5] Ausstreichen *n*; Aus-, Durch-gestrichene(s) *n*; **~рывать** (-ˈma-), ‹~рать› [1] besudeln, beschmieren; aus-, durchstreichen.
выма́тывать F (*fig.*), ‹вы́мотать› [1] zermürben; ~ ду́шу (Д j-n) bis aufs Blut quälen (*fig.*).
выма́чивать [1], ‹вы́мочить› [16] durchnässen, einweichen.
выма́щивать [1], ‹вы́мостить› [15] pflastern.
выме́нивать [1], ‹вы́менять› [28] austauschen; umwechseln.
выме́|ривать [1], **~ря́ть** [28], ‹вы́мерить› [13] ausmessen.
вымета́ть [1], ‹вы́мести› [25; -мету, -тешь] aus-kehren, -fegen.
вымеща́ть [1], ‹вы́местить› [15] (В/на П [sich wegen *od.* für] *et.* an *j-m*) rächen; ~ свой гнев sein Mütchen kühlen (на П an *dat.*).
вымира́ть [1], ‹вы́мереть› [12] aussterben.
вымо|га́тельство *n* [9] Erpressung *f*; **~га́ть** [1] (В/у Р *et.* von *j-m*) erpressen.
вымока́ть [1], ‹вы́мокнуть› [21] durchnäßt werden; ~ до ни́тки F bis auf die Haut naß werden; wässern (*Heringe usw.*).
вы́молвить [14] *pf.* aussprechen, sagen.
вы́молот ⸙ *m* [1] Dreschertrag; **~ить** *s.* вымола́чивать; **~ка** *f* [5; *g/pl.*: -ток] Ausdreschen *n*; **~ки** *pl.* Abfall *m* beim Dreschen.
вы́морочный [14] ausgestorben; herren-, erb-los (*Gut*).
вы́мостить *s.* выма́щивать.
вы́мпел ⚓ *m* [1] Wimpel.
выму́чивать [1], ‹вы́мучить› [16] abquälen; (*Zustimmung*) erpressen.
вы́муштровать F [7] *pf.* abrichten, dressieren.
вымыва́ть [1], ‹вы́мыть› [22] auswaschen; (*fig.*) вы́мыть го́лову *j-m* den Kopf waschen.
вы́мы|сел *m* [1; -сла] Erfindung *f*; Lüge *f*, Erdichtung *f*; **~слить** *s.* вымышля́ть.
вымышля́ть [28], ‹вы́мыслить› [15] ausdenken, erfinden, ersinnen, erdichten.

вы́мя *n* [13] Euter.
вына́шивать [1], <вы́носить> [15] (*Kleider*) abtragen; (*Kind*) austragen; durchdenken; (*Falken*) abrichten.
вынима́ть [1], <вы́нуть> [20] (her-) ausnehmen; (*Geld*) abheben; ⊕ ausschalten; вынь да поло́жь F und das unverzüglich! (*bei Forderung von et. Unmöglichem*).
вы́нос *m* [1] Hinaustragen *n*; ~ (те́ла) Leichenbegängnis *n*; продава́ть на ~ (*geistige Getränke*) über die Straße verkaufen.
выноси́ть¹ [15], <вы́нести> [25; -су, -сешь; -с, -сла; -сенный] (hin)austragen; ertragen; F verdauen; ~ сор из избы́ s-e schmutzige Wäsche vor allen Leuten waschen; ~ под строку́ eine Fußnote machen; ~ пригово́р ein Urteil fällen; ~ резолю́цию e-n Beschluß fassen; ~ икс за ско́бки Ꭿ x vor die Klammer setzen.
вы́нос|ить² *s.* вына́шивать; **~ка** *f* [5] Hinaustragen *n*; Anmerkung; Randbemerkung; **~ливость** (-ˈnɔs-) *f* Ausdauer; **~ливый** (-ˈnɔs-) [14 *K.*] viel ertragend *od.* aushaltend, standhaft, beharrlich.
вы́ношенный [14] (*fig.*) ausgereift, reif.
вынужда́ть [1], <вы́нудить> [15; -нужденный] nötigen; (В/у *od.* от Р *et. j-m*) abnötigen, zwingen; вы́нужденная поса́дка *f* Notlandung.
выны́ривать [1], <вы́нырнуть> [[20] auftauchen.]
вынюхивать, <вы́нюхать> [1] verschnupfen; F aus-schnüffeln, -spähen.
вы́нянчить [16] *pf.* (*ein Kind*) auf-, groß-ziehen; *s.* ня́нчить.
вы́па|д *m* [1] Aus-, Heraus-fallen *n*; (*fig.*) Ausfall; **~да́ть** [1], <~сть> [25] (her)ausfallen; vorkommen; fallen (*Schnee, Regen*); ~да́ть из рук den Händen entfallen; ~да́ть (на до́лю Р *j-m*) zu-, anheimfallen.
выпаде́ние *n* [12] *s.* вы́пад.
выпа́ливать [1], <вы́палить> [13] versengen; ~ из (Р) abfeuern; F herausplatzen mit; *vgl.* пали́ть.
выпа́лывать ✓ [1], <вы́полоть> [17] ausjäten.
выпа́ривать [1], <вы́парить> [13] (aus)bähen, (aus)dämpfen; ausbrühen; abdünsten, ausdünsten lassen; **-ся** (в ба́не) sich (*mit der Rute*) peitschen (*im Dampfbad*); sich baden.
выпа́рхивать [1], <вы́порхнуть> [20] heraus-, hinaus-fliegen, -flattern.
выпе|ка́ть [1], <вы́печь> [26] ausbacken; **~чка** (ˈvi-) *f* Ausbacken *n*.
выпив|а́ть [1], <вы́пить> [-пью, -пьешь; -пей(те)!; -питый] (aus-) trinken; stark trinken, zechen; ~а́ть (ли́шнее) sich betrinken; *vgl.* пить; **~ка** (ˈvi-) *f* [5] Zechen *n*; geistige Getränke *n/pl*.
выпи́ливать [1], <вы́пилить> [13] aussägen; ausfeilen.
выпира́ть [1], <вы́переть> [12] F (her)vorstehen; hinausdrängen; (*fig.*) hinausschmeißen F (*Person*).
вы́пи|ска *f* [5; *g/pl.*: -сок] Auszug *m*; Verschreibung; Bezug *m* (*von Zeitschriften*); Entlassung; Abmeldung; **~сно́й** verschrieben (*Waren*); **~сывать** (-ˈpi-) [1], <~сать> [3] ausschreiben; (*Waren usw.*) bestellen, verschreiben; ausschließen, (aus)streichen; streichen (*aus e-r Liste*); abmelden; ~сывать из больни́цы aus dem Krankenhaus entlassen, gesund schreiben; **-ся** sich (*polizeilich*) abmelden; -ся из больни́цы sich gesund schreiben lassen; **~сь** *f* [8] (gerichtliche) Abschrift, Kopie.
выпи́хивать [1], <вы́пихнуть> [20] (hin)ausstoßen.
вы́плавка *f* [5] Schmelzung.
выплавля́ть [28], <вы́плавить> [14] (aus)schmelzen.
вы́плакать [3] *pf.* durch Weinen erlangen; ~ глаза́ sich die Augen ausweinen.
вы́пла|та *f* [5] Auszahlung; ~та в рассро́чку Ratenzahlung; купи́ть на ~ту F auf Stottern kaufen; **~чивать** (-ˈpła-) [1], <~тить> [15] auszahlen; abzahlen.
выплёвывать [1], <вы́плюнуть> [20] ausspeien, ausspucken.
выплёскивать [1], <вы́плескать> [3], *einm.* <вы́плеснуть> [20] (her-) ausgießen, vergießen.
выплыва́ть [1], <вы́плыть> [23] heraus-, hinaus-schwimmen; auftauchen; hervortreten.
выпола́скивать [1], <вы́полоскать> [3] ausspülen; ausgurgeln.

выполза́ть [1], <вы́ползти> [24] (her)auskriechen.

выпол|не́ние *n* [12] Erfüllung *f*, Vollziehung *f*; Ausführung *f*; **~ня́ть** [1], <вы́полнить> [13] erfüllen, voll-ziehen, -strecken, tun; (*Auftrag*) ausführen.

выпора́жнивать [1], <вы́порожнить> [13] aus-räumen, -leeren.

вы́пра|вка *f* [5; *g/pl.*: -вок] Zurechtmachung; Verbesserung; ⚔ (gerade) Haltung, Straffheit; на ~вку stramm; **~вле́ние** *n* [12] Zurechtmachung *f*; **~вля́ть** [28], <~вить> [14] zurechtmachen; verbessern, korrigieren; ein-exerzieren, -drillen; aus-, er-wirken; **-ся** sich geradebiegen.

выпра́шивать [1], <вы́просить> [15] er-, aus-bitten.

выprováживать [1], <вы́проводить> [15] hinaus-, fort-, wegschaffen; hinauskomplimentieren.

вы́просить *s.* выпра́шивать.

выпры́гивать [1], <вы́прыгнуть> [20] hinaus-, heraus-springen.

выпря|га́ть [1], <вы́прячь> [26; -ягу, -яжешь, -ягут; -яг, -гла́; -яженный] ab-, aus-spannen; **~жка** (ˈvɨ-) *f* [5; *g/pl.*: -жек] Ab-, Aus-spannung.

выпрям|и́тель ⚡ *m* [4] Gleichrichter; **~ле́ние** *n* [12] Geradeмachen; **~ля́ть** [28], <вы́прямить> [14] gerade-machen, -richten; **-ся** sich aufrichten *od.* ausbiegen.

вы́пуклый [14] erhaben, bauchig, konvex; (*fig.*) klar, scharf.

вы́пуск *m* [1] Herauslassen *n*; Entlassung *f*; Auslassung *f*; Austritt; Herausgabe *f*; ⚚ Emission *f*, Ausgabe *f*; (Be-)Lieferung *f*; Erzeugung *f*, Produktion *f*; (*Entlassungs*-)Jahrgang; ~ами lieferungsweise, in Lieferungen; **~а́ть** [1], <вы́пустить> [15] hinaus-, heraus-lassen; (*Abiturienten*) entlassen; (на свобо́ду) freilassen; aus-, durch-, weglassen; (*Bücher*) (her)ausgeben; ⚚ emittieren; ~а́ть из рук fallen lassen (*a. fig.*); ~а́ть о́чередь ⚔ (*Maschinengewehr*) e-n Feuerstoß geben; ~а́ть из ви́ду außer acht lassen; ~а́ющий *m* Schlußredakteur; **~ни́к** *m* [1*e.*] Abgan sschuler, Abiturient; **~но́й** [14] Entlassungs..., Abiturienten..., Schluß...; Auslaß..., Abfluß...

выпу́тывать, <вы́путать> [1] (**-ся** sich) herauswickeln; (в *j-m*) heraushelfen.

выпу́чивать [1], <вы́пучить> [16] sich ausbauchen, sich wölben; P *v/t.* (*Augen usw.*) aufsperren, aufreißen.

вы́пу|шка *f* [5; *g/pl.*: -шек] Verbrämung, Vorstoß *m* (*am Kleid*).

выпы́тывать, <вы́пытать> [1] ausforschen; (*Geständnis*) erzwingen.

выпь *f* [8] (*Zool.*) Rohrdommel.

выпя́ливать [1], <вы́пялить> [13] ausspannen (*aus dem Nährahmen*); P ~ глаза́ die Augen aufsperren; glotzen.

выпя́чивать P [1], <вы́пятить> [15] (her)ausstrecken; ~ грудь sich in die Brust werfen.

выра|ба́тывать, <вы́работать> [1] aus-, be-arbeiten; erarbeiten; **~ботанность** (ˈvɨ-) *f* [8] Verschleiß *m*; **~ботка** (ˈvɨ-) *f* [5; *g/pl.*: -ток] Aus-, Be-arbeitung; Produktion; Arbeitsleistung.

выра́внивать [1], <вы́ровнять> [28] eb(e)nen, planieren; ⊕ nivellieren; ~ слог (*fig.*) Stil, Sprache feilen; **-ся** schlank werden; sich herausmachen; ⚔ sich richten.

выра|жа́ть [1], <вы́разить> [15] aus-drücken, -sprechen; äußern; **~же́ние** *n* [12] Ausdruck(skraft *f*) *m*; Äußerung *f*.

вырази́тель *m* [4] Wortführer, Repräsentant; **~ный** [14; -лен, -льна] ausdrucksvoll, kräftig.

выра|ста́ть [1], <вы́расти> [25; -сту; -сти(те)!; -рос, -сла; -росший] auf-wachsen, -schießen; (her-)auswachsen; **~щивать** (-ˈra-) [1], <вы́растить> [15] (auf)ziehen, züchten.

вырез|а́ть [1], <вы́резать> [3] (her)ausschneiden; gravieren; schnitzen; ausmeißeln; ausrotten, niedermetzeln; **~ка** (ˈvɨ-) *f* [5; *g/pl.*: -зок] Ausschneidung; Ausschnitt *m*; Schnittmuster *n*; Filet *n*; ~ки *pl.* Schnittabfälle *m/pl.*; **~но́й** [14] (weit) ausgeschnitten; **~у́б** *m* [1] (*Zool.*) Zahnbrasse *f*, Brachse *f*.

вырисо́вываться [1] abstechen; sich abheben, sich abzeichnen.

вы́родок *m* [1; -дка] Ab-, Miß-art *f*; Mißgeburt *f*; Degenerierte(r), Entartete(r).

выро|жда́ться [1], ‹вы́родиться› [15] ab-, ent-, aus-arten; **~жде́нец** *m* [1; -нца] Degenerierte(r), Entartete(r); **~жде́ние** *n* [12] Aus-, Ent-artung *f*.

выроня́ть [28], ‹вы́ронить› [13] (heraus)fallen lassen.

вы́ро|сток *m* [1; -тка] selbstgezogenes Haustier *n*; einjähriges Kalb *n* (*a. die gegerbte Haut davon*); **~сший** [17] ausgewachsen.

выру|ба́ть [1], ‹вы́рубить› [14] (her)aus-schlagen, -hauen; (*Wald*) ab-, aus-holzen; **~бка** (ˈvɨ-) *f* [5; *g*/*pl.*: -бок] Ausholzung; Holzschlag *m*.

выру|ча́ть [1], ‹вы́ручить› [16] loskaufen; (*Festung*) entsetzen; † (ein)lösen, erzielen; (heraus)helfen (из P aus); **-ся** einkommen; **~чка** (ˈvɨ-) *f* [5] Entsatz *m*; Einlösung; Erlös *m*; идти́ на ~чку (P *j-m*) zu Hilfe kommen.

вырыва́ть [1] **1.** ‹вы́рвать› [-рву, -вешь; -ви(те)!; -ванный] (her-) ausreißen; (у P/B *j-m et.*) entreißen; **2.** ‹вы́рыть› [22] (her)ausgraben; *s.* рвать; **-ся** sich los-machen, -reißen; ent-schlüpfen, -fallen (*Wort*).

выряжа́ть [1], ‹вы́рядить› [15] F (her)ausputzen.

вы́са|дка *f* [5; *g*/*pl.*: -док] Ausschiffung, Landung; **~док** ⚘ *m* [1; -дка] Setzling; **~живать** (-ˈsa-) [1], ‹~дить› [15]: ~живать на (бе́рег) ausschiffen, landen; **-ся** aussteigen.

выса́сывать [1], ‹вы́сосать› [-су, -сешь; -си(те)!] aussaugen; ~ из па́льца F (*fig.*) sich (*et.*) aus den Fingern saugen. [[13] ausbohren.

высве́рливать [1], ‹вы́сверлить›

высвобожда́ть [1], ‹вы́свободить› [15; -божденный] befreien, losmachen.

вы́сев ✓ *m* [1] Aussaat *f*.

высева́ть [1], ‹вы́сеять› [27] aussäen; ~ (сквозь си́то) aussieben.

высека́ть [1], ‹вы́сечь› [26] aushauen; (*Feuer*) (an)schlagen; вы́сечь *pf.* auspeitschen, verprügeln; *vgl. a.* сечь.

высе|ле́ние *n* [12] Übersied(e)lung *f*, Versetzung *f*; Ausweisung *f*; Abschub *m*; **~лок** (ˈvɨ-) *m* [1; -лка] Weiler, Ansiedlung *f*; **~ля́ть** [28], ‹вы́селить› [13] übersiedeln, versetzen; ausweisen, exmittieren.

вы́сечка *f* [5; *g*/*pl.*: -чек] Stich *m*, Schnitt *m*, Prägestock *m*.

выси́|живать [1], ‹вы́сидеть› [11] absitzen, sitzen(bleiben); (*a. fig.*) ausbrüten; **~дка** (ˈvɨ-) *f* [5] Gefängnishaft.

вы́ситься [15; *nur 3. Pers.*] empor-, auf-ragen.

выска́бливать [1], ‹вы́скоблить› [13] ausradieren, auskratzen.

выска́зывать [1], ‹вы́сказать› [3] aussagen, äußern; (*Lob*) spenden; (*Gutachten*) abgeben; **-ся** в по́льзу (P) sich zugunsten (*e-r Sache*) erklären *od.* äußern, sich für *et.* aussprechen.

выска́кивать [1], ‹вы́скочить› [16] heraus-, hervor-springen; herausfallen.

выска́льзывать, выскольза́ть [1], ‹вы́скользнуть› [20] entgleiten (из рук den Händen).

вы́скочка *m*/*f* [5; *g*/*pl.*: -чек] Naseweis *m*, Vorwitzige(r); Emporkömmling *m*, Streber(in *f*).

выскреба́ть [1], ‹вы́скрести› [25; -ебу, -ебешь; -би(те)!; -еб, -бла; -ебенный] auskratzen.

вы́сланный [14] abgesandt; Verbannte(r) *m*.

высле́живать [1], ‹вы́следить› [15] ausspüren.

вы́слу|га *f* [5] Ausdienen *n*; Dienst *m*; за ~гой лет infolge abgeleisteter Dienstzeit; **~живать** (-ˈsłu-) [1], ‹~жить› [16] (aus)dienen; erdienen; **-ся** sich aufdienen *od.* emporarbeiten (до P bis zu).

выслу́шивать, ‹вы́слушать› [1] an-, aus-hören; ⚕ behorchen, auskultieren.

высма́ливать [1], ‹вы́смолить› [13] aus-, ver-pichen.

высма́тривать [1], ‹вы́смотреть› [9] ausspähen; F auswählen; ~ глаза́ F sich die Augen aus dem Kopf sehen; ~ (у P/B *j-m et.*) absehen.

вы́сморк|аться [1] *pf.*, *einm.* ‹~нуться› [20] sich (aus)schneuzen.

высо́вывать [1], ‹вы́сунуть› [20] heraus-,hinaus-st(r)ecken; вы́сунув язы́к F Hals über Kopf; **-ся** sich herausstrecken *od.* herauslehnen.

высо́к|ий [16; -со́к, -сока́, -со́ко́, -со́ки́; *comp.* вы́ше, *comp. u. sup.* вы́сший, *sup.* высоча́йший] hoch, erhaben; groß; Hoch...; **~ая производи́тельность** *f* Hochleistung; ~ая частота́ *f* Hochfrequenz; ~ий ро́стом groß von Wuchs, großgewachsen; *vgl.* вы́ше.

высоко|благоро́дие *n* [12] Hochwohlgeboren; **~во́льтный** ↯ [14] Hochspannungs...; ~во́льтная устано́вка *f* Hochspannungsanlage; **~ка́чественный** [14] hochwertig; **~квалифици́рованный** [14] hochqualifiziert; **~ме́рие** *n* [12] Hochmut *m*, Stolz *m*; **~ме́рный** [14; -рен, -рна] hochmütig, stolz; **~напряжённый** ⊕ [14] hochbeansprucht; **~образо́ванный** [14] hochgebildet; **~па́рный** [14; -рен, -рна] schwülstig, hochtrabend; **~поста́вленный** [14] hochgestellt; **~превосходи́тельство** *n* [9] (hohe) Exzellenz *f*; **~про́бный** ⊕ [14; -бен, -бна] hochhaltig; **~производи́тельный** [14] hochleistungs...; **~ро́слый** [14] groß-, hoch-gewachsen; **~со́ртный** [14] Qualitäts...; **~торже́ственный** [14] hochfeierlich; ~торже́ственные дни *m/pl.* hohe Festtage; **~уважа́емый** [14] hoch-geehrt, -verehrt; sehr geehrt; **~часто́тный** [14] hochfrequenz...; **~чти́мый** [14] hochachtbar.

высо|та́ *f* [5; *pl.*: -о́ты] Höhe; Anhöhe; Erhabenheit; ~то́й в (В) ... *od.* ... ~ты́ *od.* ... в ~ту́ ... hoch; полёт *m* на ~ту́ Hochflug.

высо́тный [14] **Höhen...**; ~ полёт *m* Höhenflug.

высотоме́р *m* [1] Höhenmesser.

вы́сохнуть *s.* высыха́ть.

вы́сохший [17] ausgetrocknet, ausgedörrt; F abgezehrt.

высоча́йший [17] *s.* высо́кий; allerhöchst.

высо́чество *n* [9] Hoheit *f*.

вы́спаться *s.* высыпа́ть.

выспра́шивать [1], <вы́спросить> [15] ausfragen; auskundschaften.

вы́спренний [15] hoch; (*fig.*) erhaben.

вы́ста|вка *f* [5; *g/pl.*: -вок] Ausstellung; **~вко́м** *m* [1] (вы́ставочный коми́тет) Ausstellungsausschuß; **~вля́ть** [28], <~вить> [14] (hin)aus-stellen, -legen; (*Datum usw.*) angeben; (*Truppen*) stellen; (*Preise*) bezeichnen; vorwärtsschieben; ~вля́ть заса́ду e-n Hinterhalt legen; ~вля́ть да́ту datieren; ~вля́ть за дверь vor die Tür setzen (*a. fig.*); ~вля́ть в плохо́м све́те (*fig.*) in ein ungünstiges Licht stellen, schlecht reden (*v. j-m*); ~вля́ть себя́ (*od.* **-ся**) sich hervortun; **~вочный** [14] Ausstellungs...

выста́ивать [1], <вы́стоять> [-стою, -оишь; -стой(те)!; -оянный] (*eine bestimmte Zeit*) ablagern (*Wein*); verbleiben, verharren; **-ся** verrauchen, schal werden; verschießen (*Farbe*); sich wieder erholen (*Pferd*).

выстёгивать, <вы́стегать> [1] durchsteppen; auspeitschen.

выстил|а́ть ⊕ [1], <вы́стлать> [-стелю, -лешь; -ли(те)!; -ланный] (*mit Brettern usw.*) belegen, bekleiden; (~а́ть ка́мнем) pflastern; (~а́ть доска́ми) dielen; **~ка** (ˈvɨ-) *f* [5] Belegung; Pflasterung.

вы́стоять *s.* выста́ивать.

выстра́гивать, <вы́строгать> [1] ab-, aus-hobeln.

выстра́ивать [1], <вы́строить> [13] (auf)bauen; ⚔ aufstellen (*in Reih u. Glied*).

вы́стрел *m* [1] Abfeuern *n*; Schuß; Schußweite *f*; ~ на вски́дку ⚔ Schnappschuß (*ohne langes Zielen*); **~ивать** (-ˈstʀe-) [1], <~ить> [13] (из ружья́ die Flinte) abfeuern; schießen; *s.* стреля́ть.

выстý́живать [1], <вы́студить> [15] *v/t.* abkühlen, erkalten lassen.

выстý́кивать, <вы́стукать> ⚕ [1] beklopfen, perkutieren.

вы́ступ *m* [1] Vorsprung; ⊕ Ausladung *f*; Ansatz; Wulst; **~а́ть** [1], <~ить> [14] heraus-, hervor-treten; sich zeigen, zum Vorschein kommen; durchsickern (*Flüssigkeit*); ausschlagen (*Schimmel*); ausrücken, aufbrechen (*Truppen*); ~а́ть из берего́в über die Ufer treten; ~а́ть на (В) betreten; ~а́ть на сце́ну die Bühne betreten, auftreten; ~а́ть с ре́чью eine Rede halten; ~а́ть в похо́д ⚔ ins Feld ziehen; кра́ска ~ила у него́ на лице́ die Röte stieg ihm ins Gesicht; **~ле́ние** *n* [12] Hervortreten; Ausrücken, Aufbruch *m*.

вы́сунуть *s.* высо́вывать.

высу́шивать [1], <вы́сушить> [16] (aus)trocknen.

вы́сш|ий [17] *s.* высо́кий; höchst, oberste(r); höher; Ober...; ~ая ме́ра *f* наказа́ния (социа́льной защи́ты) Todesstrafe, Erschießung.

высыл|а́ть [1], <вы́слать> [вы-

шлю, -лешь; -ли(те)!; -ланный] *j-n* hinausschicken; *et.* ab-, zuschicken; *j-n* ausweisen; verbannen (*auf dem Verwaltungswege*); **\~ка** ('vɨ-) *f* [5] Ab-, Zu-schicken *n*; Ausweisung; (\~ка под конво́ем) Schub *m*, Abschub *m*.
высыпа́ть [1] <вы́сыпать> [2] *v/t.* ausschütten; *v/i.* (aus)strömen (*Menschen*); ausbrechen (*Ausschlag*); **-ся**, <вы́спаться> [-сплюсь, -спишься; -спись, (-спитесь)!] ausschlafen.
высыха́ть [1], <вы́сохнуть> [21] ver-, aus-trocknen.
высь *f* [8] Höhe.
вытáлкивать, <вы́толкать> [1], *einm.* <вы́толкнуть> [20] (hin)ausstoßen.
вытанцо́вы|ваться: де́ло не \~вается F die Sache will nicht klappen.
выта́пливать [1], <вы́топить> [14] einheizen; (*Fett usw.*) ausschmelzen; *s.* топи́ть.
выта́птывать [1], <вы́топтать> [3] zertreten; beschmutzen (*mit den Füßen*).
выта́скивать [1], <вы́тащить> [16] heraus-ziehen, -schleppen; hervorziehen (из-под P unter *dat.*); stehlen.
выта́ч|ивать [1], <вы́точить> [16] drechseln; (*Messer usw.*) schleifen; F anspitzen, schärfen; F zernagen, zerfressen (*Motten*); **\~ка** ('vɨ-) *f* [5; *g/pl.*: -чек] Brustfalte (*am Kleid*).
вытве́рживать [1], <вы́твердить> [15] auswendig lernen.
вытворя́ть F [28], <вы́творить> [13] anrichten; \~ глу́пости Dummheiten anrichten, anstellen.
вытека́ть [1], <вы́течь> [26] (her)ausfließen, entweichen; entspringen (*Fluß*); folgen, sich ergeben.
вы́терпеть [14] *pf.* ertragen, aushalten.
вытес|не́ние *n* [12] Verdrängung *f*; **\~ня́ть** [28], <вы́теснить> [13] ver-, hinaus-drängen, vertreiben.
вытёсывать [1], <вы́тесать> [3] (*Steine usw.*) behauen.
вы́теч|ка *f* [5; *g/pl.*: -чек] Ausfluß *m*; **\~ь** *s.* вытека́ть.
вытира́ть [1], <вы́тереть> [12] abreiben, -wischen; abtrocknen; abnutzen; **-ся** sich abreiben.
вытисня́ть [28], <вы́тиснить> [13] punzen, ziselieren.
вытора́чивать [1], <вы́торочить> [16] einfassen (T mit).
выторго́вывать [1], <вы́торговать> [7] abhandeln (с цены́ vom Preis); erhandeln.
вы́точенный [14] gedrechselt, geschliffen; сло́вно \~ wie aus Stein gemeißelt (*Gesicht*).
вытра́|вливать [1], **\~вля́ть** [28], <вы́травить> [14] ab-, weg-beizen; (*Leibesfrucht*) abtreiben; abgrasen.
вытрез|ви́тель *m* [4] Ausnüchterungs-raum, -anstalt *f*; **\~вля́ть** [1], <вы́трезвить> [14] ernüchtern; **-ся** nüchtern werden, sich ernüchtern.
вы́трепать [2] *pf.* (*Flachs*) schwingen; \~ за́ уши an den Ohren zausen; *vgl.* трепа́ть.
вытряса́ть [1], <вы́трясти> [25; *m/pt.* тряс (-ţɽɔs)] ausschütteln; (durch)schütteln; aus-, ver-schütten.
вытря|ха́ть, **\~хивать** (-'ţɽa-) [1], <вы́тряхнуть> [20] herausschütteln.
выту́ривать P [1], <вы́турить> [13], *einm.* <вы́турнуть> [20] hinausjagen, vertreiben.
вытушёвывать [1], <вы́тушевать> [6] austuschen.
вытыка́ть [1], <вы́ткать> [-тку; -ткешь; вы́тканный] weben; (*Muster*) ausstechen.
выть [22] heulen; **\~ё** *n* [10] Heulen, Geheul.
вытя́|гивать [1], <вы́тянуть> [20] (her)ausziehen; ausdehnen, strekken; ⚔ **\~гивать** фронт Front machen (lassen); **-ся** sich ausdehnen; ⚔ sich in Positur setzen; его́ лицо́ вы́тянулось er machte ein langes Gesicht; **\~жка** ('vɨ-) *f* [5] Herausziehen *n*; ⚗ Auszug *m*, Extrakt *m*; ⚔ (gerade) Haltung; на \~жку stramm.
выу́живать [1], <вы́удить> [15] heraus-fischen, -angeln; aufgabeln (*a. fig.*).
выутю́живать [1], <вы́утюжить> [16] aus-bügeln, -plätten; *s.* утю́жить.
выу́чивать [1], <вы́учить> [16] (В/Д *j-n et.*) lehren; *et.* (er)lernen; **-ся** (Д) (er)lernen; (у Р/Д *j-m et.*) ab-lernen, -sehen.

вы́франтиться P [15] *pf.* sich aufdonnern.

выха́живать [1], ‹вы́ходить› [15] durch-laufen, -wandern; aus-, erwirken, erreichen (*durch Laufereien*); gesundpflegen.

выхва́тывать [1], ‹вы́хватить› [15] herausreißen; (из P) reißen (aus), entreißen.

выхлёбывать, ‹вы́хлебать› [1], ‹вы́хлебнуть› [20] aus-löffeln, -schlürfen.

вы́хлоп *m* [1] Auspuff; **~но́й** [14] Auspuff...; ~но́й газ *m* Auspuffgas(e *pl.*) *n*; ~на́я труба́ *f* Auspuffrohr *n*; **~отать** [1] *pf.* erwirken.

вы́ход *m* [1] Ausgang, Ausweg (*fig.*), Austritt; Erscheinen *n*; (*Thea.*) Auftritt; ⚒ Ertrag; ~ за́муж Verheiratung *f* (*e-r Frau*); ~ в отста́вку Pensionierung *f*, Eintritt in den Ruhestand; ~ из бо́я ⚔ Abbrechen *n* des Gefechts; ~ из пики́рования ✈ Abfangen *n* beim Sturzflug; ~ на объе́кт ✈ Zielanflug; знать все хо́ды и ~ы F (*fig.*) alle Schliche kennen; **~ец** *m* [1; -дца] Auswanderer; **~и́ть**[1] [15], ‹вы́йти› [вы́йду, -дешь; вы́шел, вы́шла; *g.pt.a.* вы́йдя; вы́шедший] (hin-) ausgehen; aussteigen; austreten, ausscheiden, entweichen, ausströmen; (heraus)kommen (из мо́ды aus der Mode); entstehen; (*a.* ~и́ть из печа́ти) erscheinen; ablaufen (*Termin*); d(a)raufgehen; [*unpers.*] sich herausstellen; F вы́шло! nun hat's geschnappt!; вы́йти в лю́ди Karriere machen; вы́йти в отста́вку abdanken, s-n Abschied nehmen; ~и́ть за поро́г über die Schwelle gehen; ~и́ть за преде́лы die Grenzen überschreiten; вы́йти за́муж за (B) sich verheiraten (mit *von Frauen*); вы́йти из себя́ außer sich geraten; вы́йти из терпе́ния die Geduld verlieren; ~и́ть на во́здух ins Freie gehen; ~и́ть на сце́ну die Bühne betreten, auftreten; окно́ выхо́дит на у́лицу das Fenster geht auf die Straße; у меня́ вы́шли все де́ньги mein Geld ist zu Ende; э́то пло́хо вы́шло das ist schlecht geraten; из него́ вы́шел прекра́сный инжене́р aus ihm ist ein vortrefflicher Ingenieur geworden; он вы́шел из наро́да er ist ein Mann des Volkes; вы́шло, что es erwies sich, daß; ро́стом не вы́шел er ist klein geraten; срок вы́шел die Frist ist abgelaufen; **~ить**[2] *s.* выха́живать; **~ка** *f* [5; *g/pl.*: -док] Auftreten *n*; Ausfall *m*, Vorstoß *m*; **~но́й** [14] zum Hinausgehen (dienend); Ausgangs...; ~но́й день *m* freier Tag; быть ~ны́м s-n freien Tag haben; ~но́й лист *m* (*Typ.*) Titelblatt *n*.

вы́хо|лить [13] *pf.* pflegen; verzärteln, -hätscheln; ~ленный gepflegt, zart; *s.* хо́лить.

вы́холощенный [14] kastriert; (*fig.*) fruchtlos.

вы́хухоль *m* [4] Bisamspitzmaus *f*, Rüsselmaus *f*.

выцара́пывать, ‹вы́царапать› [1] [auskratzen.]

выцвета́ть [1], ‹вы́цвести› [25; -ету; -етенный] ver-, aus-blühen, verbleichen; verschießen (*Farbe*).

выце́живать [1], ‹вы́цедить› [15] abzapfen.

вычека́нивать [1], ‹вы́чеканить› [13] (aus)prägen.

вычёркивать [1], ‹вы́черкнуть› [20] ausstreichen.

вы́чернить [13] *pf.* schwärzen.

выче́рпывать, ‹вы́черпать› [1], *einm.* ‹вы́черпнуть› [20] ausschöpfen; (*Fluß*) ausbaggern.

выче́рчивать [1], ‹вы́чертить› [15] (auf)zeichnen.

вы́чес|ать *s.* вычёсывать; **~ки** *f/pl.* [5; *gen.*: -сок] ausgekämmte Haare *n/pl.*, Kammhaar *n*.

вычёсывать [1], ‹вы́чесать› [3] auskämmen; (*Flachs*) aushecheln.

вы́чет *m* [1] Abzug; за ~ом nach Abzug, abzüglich.

вычис|ле́ние *n* [12] Berechnung *f*, Überschlag *m*; **~ля́ть** [1], ‹вы́числить› [13] aus-, be-rechnen.

вы́чистить *s.* вычища́ть, чи́стить.

вычита́емое [14] 𝔄 Subtrahend *m*.

вычи|та́ние *n* [12] Abziehung *f*, Subtraktion *f*; Abzug *m*; **~та́ть** [1], ‹вы́честь› [25; -чту; -чел, -чла; -четший; *g.pt.a.*: -чтя; -чтенный] abziehen, subtrahieren (из P von).

вы́читка *f* [5; *g/pl.*: -ток] Lesen *n*, Überprüfen *n*.

вычи́тывать, ‹вы́читать› [1] finden (*beim Lesen*), herauslesen (из газе́т aus Zeitungen).

вычища́ть [1], <вы́чистить> [15] reinigen, putzen, scheuern, rein(e) machen (*Zimmer, Fußboden*); (~ щёткой) ausbürsten; ausschließen (*aus e-r Partei*).
вы́чур|а [5] **1.** *m/f* Zieraffe *m*; **2.** ~ы *f/pl.* Verzierungen, Schnörkeleien; **~ный** [14] geziert; geschnörkelt.
вышвы́ривать [1], <вы́швырнуть> [20] F hinausschmeißen.
вы́ше [*s.* высо́кий] höher; ~ всего́ am höchsten; он ~ меня́ er ist größer als ich; как ~ ска́зано wie oben gesagt (*od.* erwähnt) ist; быть (располо́женным) ~ (P) überragen, höher stehen (*als*); ~ коле́на über dem Knie; ~ нуля́ über 0°; э́то ~ моего́ понима́ния das geht über mein Verständnis; (*in Zssgn*) oben..., *z.B.*: ~озна́ченный, ~ска́занный, ~упомя́нутый oben-erwähnt, -genannt, besagt.
вышиба́ть [1], <вы́шибить> [-бу, -бешь; -б, -бла; -бленный] herausschlagen.
выши|ва́льный [14] Stick...; **~ва́ть** [1], <вы́шить> [-шью, -шьешь; -шей(те)!; -шитый] sticken; **~вка** ('vi-) *f* [5; *g/pl.*: -вок] Stickerei; **~вно́й** [14] gestickt.
выши|на́ *f* [5] Höhe; ~но́й в (В) ... *od.* ... ~ны́ *od.* ... в ~ну́ ... hoch.
вы́шка *f* [5; *g/pl.*: -шек] Dachstube, -zimmer *n*; сторожева́я ~ Wachtturm *m*.
вы́шний [15] oberste(r); höchste(r).
выштукату́ривать [1], <вы́штукатурить> [13] mit Stuck bewerfen.
вышу́чивать [1], <вы́шутить> [15] sich mokieren, sich lustig machen (В über *ac.*).
выщи́пывать [1], <вы́щипать> [2], <вы́щипнуть> [20] ausrupfen.
выявля́ть [28], <вы́явить> [14] offenbaren, an den Tag legen; entlarven; ~ себя́ sich bewähren; **-ся** sich zeigen, zu Tage treten.
выясня́ть [28], <вы́яснить> [13] aufklären, erläutern.
вью́га *f* [5] Schneesturm *m*.
вьюк *m* [1] Saum(last *f*); Ballen.
вьюн *m* [1e.] Schmerle *f*, Grundel *f* (*Fisch*); **~о́к** ⚘ *m* [1; -нка́] Ackerwinde *f*.
вьюро́к *m* [1; -рка́] (*Zool.*) Bergfink.
вьюч|ить [16], <на-> beladen, bepacken; **~ный** [14] Pack..., Saum...
вью́шка *f* [5; *g/pl.*: -шек] Ofenklappe; Spule.
вью́щийся [17] *s.* ви́ться; sich schlängelnd, rankend; Schling...; kraus.
вя́жущий ⚕ [17] zusammenziehend, adstringierend, stopfend.
вяз ⚘ *m* [1] Ulme *f*.
вяза́ль|ный [14] Strick...; **~щик** *m* [1], **~щица** *f* [5] Binder(in *f*); Stricker(in *f*).
вяза́н|ка *f* [5; *g/pl.*: -нок] Bündel *n* (*Holz usw.*); **~ый** ('ṿa-) [14 *K.*] gestrickt; **~ье** *n* [10] Strickzeug, Strickerei *f*.
вяза́ть [3], <с-> (zs.-)binden; zs.-ziehen; (*Strümpfe*) stricken; häkeln; **-ся** vonstatten gehen; связа́ться *pf.* sich einlassen (с T mit); (zs.-)passen, übereinstimmen; де́ло не вя́жется F die Sache klappt nicht.
вя́зель ⚘ *m* [4] Kornwicke *f*.
вязи́га *f* [5] gedörrter Störrücken *m*.
вя́з|ка *f* [5; *g/pl.*: -зок] Binden *n*, Verbindung; Bündel *n*; ⊕ Verband *m* (*v. Holzteilen*); **~кий** [16; -зок, -зка́, -о; вя́зче] kleb(e)rig, zähe; sumpfig.
вязни́к *m* [1e.] Ulmenwald.
вя́знуть [21], <за-, у-> einsinken, steckenbleiben; ~ в зуба́х in den Zähnen steckenbleiben; у~ *pf.* (*fig.*) sich verwickeln.
вя́зовый [14] Ulmen...
вязь *f* [8] Binden *n*; Girlande; P Morast *m*; (*Ling.*) Ligatur.
вя́лить [13], <про-> (*an der Luft*) trocknen, dörren.
вя́лый [14 *K.*] welk, schlaff; (*fig.*) träge, flau.
вя́нуть [20], <за-, у-> (ver)welken, verblühen; F у́ши вя́нут die Ohren gellen einem *od.* tun einem weh.

Г

Г, г *n u. m* (*s.* A) G, g *n.*
га ha!
Гаа́га *f* [5] der Haag.
габари́т ⊕ *m* [1] Gabarit *n*; 🚂 Durchfahrt-, Lade-profil *n.*
гава́нна *f* [5] Havanna(zigarre).
гава́нс|кий¹ [16] havann(es)isch; ~кая сига́ра *s.* гава́нна.
га́ванский² [16] Hafen...
га́вань *f* [8] Hafen *m.*
га́вк|ать P [1], <~нуть> [20] kläffen, bellen; F anranzen.
Гавр *m* [1] Le Havre *n* (*französische Stadt*).
Гаврии́л *m* [1], **Гаври́ла** P *m* [5], *dim.* **Гаврю́ша** *m* [5] Gabriel.
га́га *f* [5] (*Zool.*) Eider *m u. f.*
гага́ра *f* [5] (*Zool.*) Taucher *m.*
гага́чий [18] Eider...
гад *m* [1] Reptil *n.*
гада́лка *f* [5; *g/pl.*: -лок] Wahrsagerin; (на ка́ртах) Kartenlegerin.
гада́ние *n* [12] Wahrsagerei *f*; Rätselraten; ~ на ка́ртах Kartenlegen.
гада́тельный [14; -лен, льна] Wahrsage...; mutmaßlich.
гада́ть [1; га́данный], <по-> wahrsagen; mutmaßen; ~ на ка́ртах Karten legen; ~ на кофе́йной гу́ще aus dem Kaffeesatz wahrsagen; F не ждать, не ~ keine Ahnung haben.
га́дина *f* [5] Reptil *n*; gemeiner Mensch *m.*
га́дить [15] **1.** <на-> besudeln; **2.** <из-> verpfuschen.
га́д|кий [16; -док, -дка́, -о; *comp.* га́же] garstig, ekelhaft, häßlich, widrig; **~ли́вый** [14 *K.*] ekel; wählerisch.
гадоли́ний ⚗ *m* [3; *prpos/sg.*: -нии] Gadolinium *n* (Gd).
га́дость *f* [8] ekelhaftes Zeug *n*, Häßlichkeit, Unrat *m*, Gemeinheit.
гадю́ка *f* [5] (*Zool.*) Viper, Natter.
га́ер *m* [1] Possenreißer; **~ничать** [1] Possen reißen.
га́ечный [14] Schraubenmutter...; ~ ключ *m* Schraubenschlüssel; ~ бара́шек *m* Flügelmutter *f.*
ГАЗ (Го́рьковский автозаво́д *m*) Autowerk *n* in Gorki (*früher*: Nishni Nowgorod).
газ *m* [1] Gas *n*; *nur sg.* Gaze *f*; свети́льный ~ Leuchtgas *n*; ~ы *pl.* ⚕ Winde, Blähungen *f/pl.*; **~го́льдер** *m* [1] Gas-behälter, -speicher.
газе́ль *f* [8] (*Zool.*) Gazelle.
газе́т|а *f* [5] Zeitung, Blatt *n*; стенна́я ~а Wandzeitung; фабри́чно-заводска́я ~а Werkzeitung; ходя́чая ~а F (*fig.*) Klatschbase; выпи́сывать ~у eine Zeitung abonnieren; **~ный** [14] Zeitungs...; ~ный рабо́тник *m* Zeitungsschreiber, Journalist; **~чик** *m* [1] Zeitungs-(aus)träger, -verkäufer.
газиро́ван|ный [14]: ~ная вода́ *f* Sodawasser *n.*
газифици́ровать [7] (*im*)*pf.* (*Haus*) mit Gas versorgen.
газо|балло́н *m* [1] Gasflasche *f*; **~ва́ть** F [7] (*Auto*) Gas geben; **~вмести́лище** *n* [11] Gaskammer *f*; **~вый** (ˈga-) [14] aus (*od.* von) Gaze; Gaze...; gashaltig; Gas...; ~вая горе́лка *f* Gasbrenner *m*; ~вая коло́нка *f* Gasbadeofen *m*; ~вая ку́хня *f* Gas-kocher *m*, -küche; ~вая плита́ *f* Gasherd *m*; ~вый счётчик *m* Gasuhr *f*; **~ме́р** *m* [1] *s.* газо́метр; **~мёт** ⚔ *m* [1] Gaswerfer; **~метр** (-ˈzɔ-) *m* [1] Gasometer, Gasmesser.
газо́н *m* [1] Rasen; Grasplatz.
газо|обра́зный [14] gas-artig, -förmig; **~определи́тель** ⚔ *m* [4] Gasspürer; **~освеще́ние** *n* [12] Gasbeleuchtung *f*; **~отравле́ние** *n* [12] Gasvergiftung *f*; **~све́тный** [14]: ~све́тная тру́бка *f* Neonröhre; **~убе́жище** ⚔ *n* [11] Gasschutzkeller *m.*
гайдро́п ✈ *m* [1] Schleppseil *n.*
гайду́к *m* [1e.] Heiduck.
га́йка ⊕ *f* [5; *g/pl.*: га́ек] Schraubenmutter.
галанте|ре́йный [14] Galanterie..., Kurzwaren...; F (*fig.*) (über)galant;

~ре́я *f* [6; *g/pl.*: -ре́й] Galanterie-, Kurz-ware(n *pl.*).
галанти́р *m* [1] Sülze *f*, Sülzgericht *n*.
гала́х P *m* [1] *s.* бося́к.
галдёж F *m* [1*e.*] Geschrei *n*, Klamauk.
галде́ть P [11; *1. Pers. ungbr.*] lärmen, toben.
гале|ре́йный [14] Galerien...; **~ре́я** *f* [6; *g/pl.*: -ре́й] Galerie; Säulenhalle; ⚒ Stollen *m*.
галёрка F *f* [5] (*Thea.*) Galerie, Bullerloge, Olymp *m*.
гале́та *f* [5] Zwieback *m*.
галиматья́ *f* [6; *g/pl.*: -те́й] dummes Zeug *n*, Unsinn *m*.
галифе́: брю́ки ~ *pl.* Reithosen.
Гали́ция *f* [7] Galizien *n*.
га́лка *f* [5; *g/pl.*: -лок] (*Zool.*) Dohle.
галл *m* [1] Gallier.
га́ллий ⚗ *m* [3; *prpos/sg.*: -ии] Gallium *n* (Ga).
Га́ллия *f* [7] Gallien *n*.
галме́й *m* [3] (*Min.*) Zinkspat.
гало́п *m* [1] Galopp; **~ом** im Galopp; **~и́ровать** [7] galoppieren.
галс ⚓ *m* [1] Halse *f*; перемени́ть ~ halsen, auf den anderen Bug wenden.
га́лстук *m* [1] Hals-binde *f*, -tuch *n*; Krawatte *f*.
га́лтель △ *m* [4] Hohlkant.
галу́н *m* [1*e.*] Tresse *f*, Litze *f*.
галу́шка *f* [5; *g/pl.*: -шек] Mehlkloß *m* (*in der Ukraine*).
гальванизи́ровать [7] (*im*)*pf.* galvanisieren.
га́лька *f* [5; *g/pl.*: -лек] Geröll *n*; Geschiebe *n*; Kiesel *m*.
гам *m* [1] Gebell *n*; Lärm.
гамадри́л *m* [1] (*Zool.*) Mantelpavian.
гама́к *m* [1*e.*] Hängematte *f*.
гама́ши *f/pl.* [5] Gamaschen.
га́м|кать [1], <**~кнуть**> [20] bellen.
га́мма ♪ *f* [5] Tonleiter, Skala; ~-лучи́ *pl.* (*Phys.*) Gammastrahlen.
га́нглий *m* [3; *prpos/sg.*: -лии] (*Bio.*) Ganglion *n*.
гангре́|на ⚕ *f* [5] Brand *m*; **~но́зный** [14] brandig.
гандика́п *m* [1] Handikap-, Vorgabe-rennen *n*, (-spiel *n*).
гансте́ли *f/pl.* [8] Hanteln.
гара́ж *m* [1*e.*; *g/pl.*: -же́й] Schuppen, Auto(mobil)halle *f*, Garage *f*.

гаран|ти́йный [14] Garantie...; ~ти́йная опла́та *f* труда́ Mindestlohn *m*; **~ти́ровать** [7] (*im*)*pf.* garantieren (für), gewährleisten, verbürgen; **~тия** (-'ran-) *f* [7] Garantie (в П für).
гардемари́н † ⚓ *m* [1] Seejunker, -kadett.
гардеро́б *m* [1] Garderobe(nzimmer *n*) *f*; Kleiderschrank; **~ная** [14] Garderobe(nzimmer *n*) *f*; **~щик** *m* [1], **~щица** *f* [5] Garderobenaufseher(in *f*), Garderobier(e *f*), Garderobenfrau *f*.
гаре́м *m* [1] Harem.
га́рк|ать P [1], <~нуть> [20] kreischen.
гармо́ни|ка ♪ *f* [5] (Zieh-)Harmonika; сложи́ть ~кой in Falten legen; **~ровать** (-'ṇi-) [20] harmonieren; übereinstimmen (с T mit); **~я** *f* [7] Harmonie.
гармо́шка F *f* [5; *g/pl.*: -шек] *s.* гармо́ника.
гарни́|р *m* [1] (*Kochk.*) Beilage *f*; **~ровать** [7] (*im*)*pf.* garnieren, besetzen; aus-schmücken, -putzen; **~ро́вка** *f* [5; *g/pl.*: -вок] Garnieren *n*, Garnierung; **~ту́р(а** *f*) *m* [1; (5)] Garnitur *f*, Satz *m*, Zubehör *n*.
гарпу́н *m* [1*e.*] Harpune *f*; бить ~о́м harpunieren.
гарт *m* [1] (*Typ.*) Hartblei *n*.
га́рус *m* [1] Wollgarn *n*.
гарцева́ть [6] sich herumtummeln (*zu Pferde*).
гарь *f* [8] Brandgeruch *m*; ~ю па́хнуть brandig riechen.
гаси́льник *m* [1] Löschhorn *n*, Licht-, Lösch-hütchen *n*.
гаси́ть [15], <по-, за-> (aus-) löschen, ausblasen; (*Kalk*) löschen.
га́снуть [21], <по-, за-, у-> er-, ver-löschen, ausgehen (*a. fig.*).
гастри́т ⚕ *m* [1] Gastritis *f*.
гастро|лёр *m* [1] Gastrollengeber, Gastspieler; **~ли́ровать** [7] gastieren, Gastrollen geben; **'~ль** *f* [8] Gast-rolle, -spiel *n*.
гастроно́м *m* [1] Feinschmecker; Feinkostgeschäft *n*; **~и́ческий** [16] gastronomisch, feinschmeckerisch; ~и́ческий магази́н *m* Feinkost-, Delikatessen-handlung *f*; **~ия** *f* [7] Gastronomie, Feinschmeckerei; Delikateßwaren *pl*.
гать *f* [8] Knüppeldamm *m*.
гауптва́хта *f* [5] Hauptwache.

гаш|éние *n* [12] Löschen, Auslöschen; **~ёный** [14] gelöscht (*Kalk*).
гаши́ш *m* [1] Haschisch *n*.
гвалт P *m* [1] Lärm.
гвар|дéец *m* [1; -дéйца] Gardist; **~дия** ('gvar-) *f* [7] Garde.
гвоз|дáрь *m* [4 *e*.] Nagelschmied; **~дик** ('gvɔz-) *m* [1] Nägelchen *n*, kleiner Nagel; **~ди́ка** ⚘ *f* [5] Nelke; Gewürznelke; **~ди́льный** [14] Nagel...; **~ди́льня** *f* [6; *g/pl*.: -лен] Nagelamboß *m*; Nagelschmiede; **~ди́чный** ⚘ [14] Nelken...; **~дь** *m* [4 *e*.; *pl*.: гвóзди, -дéй] Nagel; шля́пка *f* ~дя́ Nagelkopf *m*; ~дь сезóна (*Thea*.) Zugstück *n*, Schlager; и никаки́х ~дéй! F und damit basta!
где wo; ~ бы то ни́ было wo es auch sein möge; ~ емý быть инженéром! F der (soll) Ingenieur (sein)!?; **'~-либо, '~-нибудь, '~-то** irgendwo.
геéнна *f* [5] Hölle.
гей hei!, heda!
гекзáметр *m* [1] Hexameter.
гекто... (*in Zssgn*) Hekto..., *z. B.* **~граф** (-'tɔ-) *m* [1] Hektograph; **~ли́тр** *m* [1] Hektoliter *n*.
гéлий ⚗ *m* [3; *prpos/sg*.: -ии] Helium *n* (He).
геликоптéр ✈ *m* [1] Hubschrauber.
гелио|терапи́я ⚕ *f* [7] Helio-, Sonnen-therapie; Sonnenbad *n*, **~трóп** ⚘ *m* [1] Heliotrop *n*.
гéмма *f* [5] Gemme.
геморрóй ⚕ *m* [3] Hämorrhoiden *pl*.
генеалóгия *f* [7] Genealogie; Stammbaum *m*; Geschlechtstafel.
генерáльный [14] allgemein; General...
генерá|тор *m* [1] Generator, Erzeuger; **~ция** *f* [7] Generation.
гениáльный [14; -лен, -льна] genial, hochbegabt; geistreich.
гéний *m* [3; *prpos/sg*.: -нии] Genius; Genie *n*.
гениталии (*Anat*.) *pl*. [7; *gen*.: -лий] Genitalien.
генштáб ⚔ *m* [1] (генерáльный штаб) Generalstab; **~и́ст** *m* [1] Generalstäbler.
геóграф *m* [1] Geograph; **~и́ческий** [16] geographisch; **~ия** (-'gra-) *f* [7] Geographie, Erdkunde.
геодéзия *f* [7] Geodäsie, Feldmeßkunst.
геóлог *m* [1] Geologe; **~и́ческий** [16] geologisch; **~ия** (-'lɔ-) *f* [7] Geologie, Erdgeschichte.
геóметр *m* [1] Geometer, Feld-, Land-messer; **~и́ческий** [16] geometrisch; **~ия** (-'mɛ-) *f* [7] Geometrie, Raumlehre.
геóр|гиевский [16] georgisch; Georgs...; **2гий** *m* [3; *prpos/sg*.: -ии] Georg; **~ги́на** ⚘ *f* [5] Georgine.
герáн|ий ⚘ *m* [3; *prpos/sg*.: -нии], **~ь** *f* [8] Geranium *n*, Storchschnabel *m*.
Герáсим *m* [1] Gerassim (*Vn*.).
герб *m* [1*e*.] Wappen *n*; Stempel.
гербаризи́ровать [7] botanisieren.
гербáрий *m* [3; *prpos/sg*.: -рии] Herbarium *n*, Pflanzensammlung *f*.
гéрбо|вый [14] Wappen...; **~вая** бумáга *f* Stempelpapier *n*.
геркулéс *m* [1] Herkules; Haferflocken *pl*.; ~овы столбы́ (*od*. столпы́) *m/pl*. die Säulen *f/pl*. des Herkules; дойти́ до ~овых столбóв (*fig*.) bis zum Äußersten gehen.
гермáн|ец *m* [1; -нца] Germane *m*, Deutsche(r); **2ия** *f* [7] Deutschland *n*.
гермети́ческий [16] hermetisch, luftdicht.
герои́|зм *m* [1] Heroismus, Heldenmut; **~ня** *f* [6] Heroine, Heldin; **~ческий** [16] heroisch, heldenmütig.
герóй *m* [3] Heros, Held; ~ трудá (*Auszeichnung*) Held der Arbeit; **~ский** [16] heldenmütig; Helden...
гетероди́н *m* [1] (*Radio*) Überlagerer.
гéтман *m* [1] Hetman.
гéтры *pl*. [5; *gen*.: гетр] Knopfgamaschen (*aus Tuch*).
гешéфт *m* [1] (*iron*.) Geschäft(chen) *n*, Profit(chen *n*); **~мáхер** *m* [1] Geschäftemacher.
гжи́голка *f* [5; *g/pl*.: -лок] (*Zool*.) Bachstelze.
гиаци́нт *m* [1] (*Min*.) Hyazinth; ⚘ Hyazinthe *f*.
ги́бель *f* [7] Verderben *n*, Untergang *m*; F чóртова ~ schwere Menge; **~ный** [14; -лен, -льна] verderblich, unheilvoll.
ги́б|кий [16; -бок, -бкá, -о; *comp*.: ги́бче] biegsam, geschmeidig; ge-

wandt; ~кая му́фта ⊕ *f* elastische Kupplung; **~нуть** [21], ‹по-› verderben, umkommen (от P vor *dat.*).
ги́бл|ый F [14]: ~ое де́ло *n* verlorene Sache *f*; ~ое ме́сто *n* verdammter (gefährlicher) Ort *m*.
гибри́д *m* [1] (*Bio.*) Mischling.
гига́нт *m* [1] Riese, Gigant; завод-~ Riesenwerk *n*; **~ский** [16]: ~ские шаги́ *pl.* (*Sport*) Rundlauf *m*.
гигие́|на *f* [5] Hygiene; Gesundheitslehre; **~ни́ческий** [16], **~ни́чный** [14; -чен, -чна] hygienisch, gesundheitlich.
гигро́|метр *m* [1] Feuchtigkeitsmesser; **~ско́п** *m* [1] Feuchtigkeitsanzeiger.
гид *m* [1] Reiseführer, Fremdenführer.
ги́дра *f* [5] (*Zool.*) Hyder, Hydra.
гидра́вли|ка *f* [5] Hydraulik, Wasserkraftlehre; **~ческий** (-ˈlʲi-) [16] hydraulisch; Wasser...
гидро|гра́фия *f* [7] Hydrographie, Gewässerkunde; **~лиз** ⚗ (-ˈdrɔ-) *m* [1] Hydrolyse *f*; **~метр** (-ˈdrɔ-) *m* [1] Wassermesser; **~пла́н**, **~самолёт** *m* [1] Wasserflugzeug *n*, Flugboot *n*; **~ста́нция** *f* [7] Wasserkraftwerk *n*; **~те́хника** *f* [5] Wasserbaukunst; **~фо́бия** *f* [7] Wasserscheu; **~центра́ль** *f* [8] Wasserkraftanlage; **~электроста́нция** *f* [7] Wasserkraftwerk *n*.
гие́на *f* [5] Hyäne.
гик *m* [1] Geschrei *n*; Hetzruf (*Jagd*); **ˈ~ать** F [1], *einm.* ‹ˈ~нуть› [20] schrille Schreie ausstoßen.
гиль *f* [8] Unsinn *m*, dummes Zeug *n*.
ги́льза *f* [5] Hülse.
гильоти́н|а *f* [5] Guillotine, Fallbeil *n*; **~ка** *f* [5; *g/pl.*: -нок] Zigarrenabschneider *m*.
гиля́к *m* [1 *e.*] Giljake (*heute*: нивх́; *tungusischer Stamm am Amur u. auf Sachalin*).
Гимала́и *m/pl.* [3] Himalaya *m*.
гимн *m* [1] Hymne *f*.
ГИМН (Госуда́рственный институ́т *m* музыка́льной нау́ки) Staatliches Institut *n* für Musikwissenschaft.
гимна|зи́ст *m* [1] Gymnasiast; **~зия** (-ˈna-) *f* [7] Gymnasium *n*.
гимна́ст *m* [1] Turner; **~ёрка** ⚔ *f* [5; *g/pl.*: -рок] Feldbluse; **~ика** *f* [5] Gymnastik, Turnen *n*, Turnkunst.

гинеко́лог ⚕ *m* [1] Gynäkologe.
гипе́рбо|ла *f* [5] Hyperbel (*a.* ⩓), Übertreibung; **~ли́ческий** [16] hyperbolisch, übertrieben.
гипно́|з *m* [1] Hypnose *f*; **~тизёр** *m* [1] Hypnotiseur; **~тизи́ровать** [7], ‹за-› hypnotisieren.
гипо́теза *f* [5] Hypothese, Voraussetzung.
гипотети́ч|еский [16], **~ный** [14; -чен, -чна] hypothetisch, voraussetzlich.
гиппопота́м *m* [1] Nilpferd *n*.
Гипрогор (Госуда́рственный институ́т *m* проекти́рования городо́в) Staatliches Institut *n* für Städteplanung.
гирля́нда *f* [5] Girlande.
гироко́мпас ⚓ *m* [1] Kreiselkompaß.
ги́рька *f* [5; *g/pl.*: -рек] kleines Gewicht *n*.
ги́ря *f* [6] ✝ Gewicht *n*; Hantel (*Sport*).
гита́ра ♪ *f* [5] Gitarre.
Ги́тис (Госуда́рственный институ́т *m* театра́льного иску́сства) Staatliches Institut *n* für Theaterkunst.
ГИХЛ (Госуда́рственное изда́тельство *n* худо́жественной литерату́ры) Staatsverlag *m* für schöne Literatur.
ги́чка ⚓ *f* [5; *g/pl.*: -чек] Gig *n*.
глава́ [5; *pl. st.*] **1.** *f* Haupt *n*; Kuppel; Gipfel *m*; Kapitel *n* (*in Büchern*); во главе́ an der Spitze; voran; **2.** *m* Oberhaupt *n*; ✝ Chef.
глава́рь *m* [4 *e.*] Anführer.
Главбу́м (Гла́вное управле́ние *n* бума́жной промы́шленностью) Hauptverwaltung *f* der Papierindustrie.
главбу́х *m* [1] (гла́вный бухга́лтер) Oberbuchhalter.
Главвоендо́р (Гла́вное управле́ние *n* вое́нных желе́зных доро́г) Hauptverwaltung *f* der Heereseisenbahnen.
главе́нство *n* [9] Vorrang *m*, Vorherrschaft *f*.
глав|кове́рх *m* [1] (верхо́вный главнокома́ндующий) Höchstkommandierende(r); **~ко́м** *m* [1] (главнокома́ндующий) Oberbefehlshaber; **2ли́т** (Гла́вное управле́ние *n* по дела́м литерату́ры и изда́тельств) Hauptamt für Literatur u. Verlagswesen, oberste Zen-

surbehörde *f*; **2наýка** (Гла́вное управле́ние *n* нау́чными учрежде́ниями) Wissenschaftliche Hauptverwaltung *f*.

главнокома́ндующий [17] Oberbefehlshaber *m*.

гла́в|ный [14] hauptsächlich; Haupt...; Ober...; Haupt(person *f*) *n*; **~ное** vor allen Dingen; was die Hauptsache ist; **~ным** о́бразом hauptsächlich, vorwiegend.

Глав|политпросве́т (Гла́вный полити́ко-просвети́тельный комите́т *m*) Zentralverwaltung *f* für politische Aufklärung; **~профо́бр** (Гла́вное управле́ние *n* по профессиона́льному образова́нию) Hauptamt für Berufsausbildung; **~севморпу́ть** (Гла́вное управле́ние *n* Се́верным морски́м путём) Hauptverwaltung *f* des nördlichen Seeweges; **~соцво́с** (Гла́вный отде́л *m* социа́льного воспита́ния) Hauptamt *n* für soziale Erziehung; **~ту́з** (Гла́вное управле́ние *n* вы́сшими техни́ческими уче́бными заведе́ниями) Hauptverwaltung *f* der technischen Hochschulen; **~химсбы́т** (Гла́вное управле́ние *n* по сбы́ту хими́ческих това́ров) Zentralstelle *f* für den Vertrieb von Chemikalien.

глаго́л *m* [1] (*Gram.*) Zeitwort *n*, Verb *n*; **~ица** *f* [5] (*Ling.*) glagolitisches (*altslawisches*) Alphabet *n*.

глаго́ль *m* [4] (*alter Name des slawischen* Г); Galgen; Kran; **~ный** [14] Zeitwort..., Verb...

гла́денький [16] (hübsch) glatt.

глади́ль|ный [14] zum Glätten *od.* Plätten (dienend); Glätt..., Plätt...; **~щица** *f* [5] Glätterin; Plätterin.

гла́дить [15] **1.** <вы́-> (aus)plätten; bügeln; **2.** <по-> streicheln; F **~** кого́ по голо́вке mit j-m Nachsicht haben.

гла́д|кий [16; -док, -дка́, -о; *comp.* гла́же] glatt, eben; flach (*Rennen*); fließend (*Stil*); с него́ взя́тки **~ки** bei ihm ist nichts zu holen; **~кость** *f* [8] Glätte; Fluß *m*, Flüssigkeit (*des Stils*).

гладь *f* [8] glatte Fläche; тишь да **~** ruhig und friedlich.

глаз *m* [1; в -ý; *pl.*: -á, глаз, -áм] Auge *n*; Sehkraft *f*, Gesicht *n*; **~á** *pl.* навы́кате Glotzaugen; с **~у** нá **~** unter vier Augen; за **~á** hinter dem Rücken; за **~á** дово́льно reichlich genug; **в ~á** ins Gesicht; с **~** доло́й — из се́рдца вон (*Spr.*) aus den Augen — aus dem Sinn; у стра́ха **~á** велики́ (*Spr.*) die Furcht hat 1000 Augen; **~а́стый** [14 *K.*] großäugig; scharfsichtig.

глазе́т *m* [1] Glacé *n*.

глазе́ть P [8] (umher)gaffen; **~** на (В) angaffen.

глазни́к F *m* [1*e.*] Augenarzt.

глазно́й [14] Augen...

глазо́к *m* [1; -зка́] **1.** [*pl. st.*; -зки, -зок] Äuglein *n*; **2.** [*pl. e.*: -зки́, -зко́в] ♀ Knospe *f*; Auge *n* (*der Kartoffel*); Guckloch *n* (*Gefängniszelle*).

глазоме́р *m* [1] Augenmaß *n*; на **~** nach dem Augenmaß (gerichtet).

глазу́н P *m* [1*e.*], **~ья** *f* [6; *g/pl.*: -ний] Großäugige(r); F Maulaffe *m*; **~ья** (*Kochk.*) Spiegel-, Setz-eier *n/pl*.

глазур|ова́ть [7] (*im*)*pf.* glasieren; **~ь** *f* [8] Glasur; Zahnschmelz *m*.

гла́сис *m* [1] (*Festungswesen*) Glacis *n*.

глас|и́ть [15; глашу́, гласи́шь] lauten; † verkünden; **'~ный** [14] öffentlich, (all)bekannt; (*Gram.*) **~ная** (бу́ква) *f* Vokal *m*; **~ный** звук *m* Vokallaut.

гла́уберов [19]: **~а** соль *f* Glaubersalz *n*.

глауко́ма ⚕ *f* [5] Glaukom *n*, grüner Star *m*.

Глафи́ра *f* [5] Glafira (*Vn.*).

глаша́тай *m* [3] (öffentlicher) Ausrufer.

глет ⛏ *m* [1] Glätte *f*.

гле́тчер *m* [1] Gletscher.

гли́н|а *f* [5] Ton *m*, Lehm *m*; **~истый** [14 *K.*] ton-, lehm-haltig.

глино|би́тный [14] Stampflehm...; **~би́тный** пол *m* Lehmfußboden; **~зём** *m* [1] Tonerde *f*; **~зёмный** [14] Tonerde...

глинтве́йн *m* [1] Glühwein.

гли́няный [14] tönern, lehmig; irden (*Topf*); Ton..., Lehm...; *s. a.* гли́нистый.

гли́ссер *m* [1] Gleitboot *n*.

глист|(á *f*) *m* [1 *e.*; (5)] Wurm *m*; (ле́нточный) **~** Bandwurm.

ГЛК (Гла́вный лесно́й комите́т *m*) Hauptforstausschuß.

глода́ть [3] nagen an (*dat.*), benagen.

глосса́рий *m* [3; *prpos/sg.*: -рии] Glossar(ium) *n*, Wörterverzeichnis *n*.

глота́ть [1], *einm.* <глотну́ть> [20] (hinunter)schlucken, verschlingen (*a. fig.*).

гло́тк|а *f* [5; *g/pl.*: -ток] (*Anat.*) Schlund *m*; во всю **~**у aus voller Kehle; лужёная **~**а F (*fig.*) ausgepichte Kehle; драть **~**у F aus voller Kehle schreien.

глото́|к *m* [1; -тка́] Schluck; пить больши́ми глотка́ми in langen Zügen trinken; **~чек** *m* [1; -чка] kleiner Schluck, Schlückchen *n*.

гло́хнуть [21] **1.** <о-> taub werden; **2.** <за-> ersticken; verwildern (*Gärten usw.*); verstummen (*Gerücht*).

глу́бже *s.* глубо́кий; **~** всего́ am tiefsten.

глубин|а́ *f* [5; *pl.*: -би́ны] Tiefe; **~**о́й в (В) ... *od.* ... **~**ы́ *od.* ... в **~**у́ ... tief; (*Thea.*) **~**а́ сце́ны Hintergrund *m*; в **~**е́ веко́в (*fig.*) in grauer Vorzeit; '**~ный** [14] tief *od.* entfernt liegend; **~**ная разве́дка *f* Fernaufklärung.

глубо́к|ий [16; -бо́к, -бока́, -бо́ко́; *comp.* глу́бже, *sup.* глубоча́йший] tief; **~**ая ста́рость *f* hohes Alter *n*; **~**ое неве́жество *n* krasse Unwissenheit *f*.

глубоко|во́дный [14; -ден, -дна] wasserreich; Tiefsee...; **~мы́сленный** [14; -лен, -ленна] tiefsinnig; **~мы́слие** *n* [12] Tiefsinn *m*.

глубь *f* [8; в глу́би́] Tiefe.

глум|и́тельный [14; -лен, -льна] höhnisch, spöttisch; **~и́ться** [14; -млю́сь, -ми́шься] spotten, sich lustig machen (над Т über *ac.*); **~ле́ние** *n* [12] Spott *m* (над Т über *ac.*).

глу́п|енький [16; -е́нек, -е́нька] ein bißchen dumm; **~е́ть** [8], <по-> dumm werden, verdummen; **~е́ц** *m* [1; -пца́] Dummkopf; **~и́ть** [14; -плю́, -пи́шь], <с-> Dummheiten machen; scherzen; **~ова́тый** [14*K.*] etwas dumm; **~ость** *f* [8] Dummheit; **~ый** [14; глуп, -á, -o] dumm; глуп, как про́бка F dumm wie Bohnenstroh; **~ы́ш** F *m* [1*e.*; *g/pl.*: -ше́й] Dummchen *n* (*Kind*), F Tropf.

глуха́рь *m* [4*e.*] Auerhahn (*Vogel*).

глухо|ва́тый [14 *K.*] schwerhörig, etwas taub; **~й** (-'xɔj) [14; глух, -á, -o; *comp.* глу́ше] taub; dumpf, stimmlos (*Ton*); ohne Öffnung, blind (*Fenster usw.*); öde, abgelegen (*Ort*); **~**й переу́лок *m* Sackgasse *f*; **~**е отве́рстие ⊕ *n* Sackloch; **~немо́й** [14] taubstumm; институ́т *m* для **~**немы́х Taubstummenanstalt *f*; **~та́** *f* [5] Taubheit.

глуши́тель ⊕ *m* [4] Schalldämpfer; Auspufftopf.

глуши́ть [16; -шу́, -ши́шь; -шённый] **1.** <о-> betäuben; **2.** <за-> übertönen; dämpfen; ersticken; abdrosseln (*Motor*).

глушь *f* [8*e.*] (*nur sg.*) öder, abgelegener Ort *m*, F Krähwinkel *m*; Dickicht *n*.

глы́ба *f* [5] Klumpen *m*; Scholle.

глюко́за ⚗ *f* [5] Glykose, Traubenzucker *m*.

гляде́ть [11; гля́дя, *poet. a.* глядя́], <по->, <гля́нуть> [20] (на В) schauen *od.* blicken (auf *ac.*), ansehen; (за Т) beaufsichtigen; **~** в о́ба auf der Hut sein; **~** сквозь па́льцы ein Auge zudrücken; F того́ и гляди́ im Handumdrehen, ehe man sich's versieht.

глядь P sieh(e) da!

гля́н|ец *m* [1; -нца] Glanz, Politur *f*; **~цеви́тый** [14 *K.*] glänzend; **~**цеви́тая бума́га *f* Glanzpapier *n*.

гнать [гоню́, го́нишь; гоня́; гони́мый; гнал, -á, -o], <по-> [по́гнанный] *v/t.* jagen, treiben; (*Holz*) flößen; P гони́ моне́ту! Geld her!; **-ся** за (Т) nach-jagen, -stellen, trachten nach; *v/i.* schnell fahren.

гнев *m* [1] Zorn; не во **~** будь ска́зано nehmen Sie (*od.* nimm) es mir nicht übel; '**~аться** [1], <про-> (на В) aufgebracht sein (werden) (über *ac. od.* gegen), *j-m* zürnen; **~и́ть** [14; -влю́, -ви́шь], <про-> erzürnen, aufbringen; '**~ный** [14; -вен, -вна́, -o] zornig, aufgebracht.

гнедо́й [14] braun; Braune(r) *m* (*Pferd*).

гнез|ди́ться [15; *1. u. 2. Pers. ungbr.*] **1.** sich ein Nest bauen, nisten; **2.** <в-> sich einnisten; **~до́** *n* [9; *pl. st.* гнёзда] Nest; Horst *m*; Paar; ⊕ Zapfenloch; (*Ling.*) Wortfamilie *f*; свить **~**до́ ein Nest bauen; **~дышко** ('gnɔz-) *n* [9; *g/pl.*: -шек] Nestchen.

гнести́ [25; гнету́, -тёшь; гнётший] drücken; bedrücken.

гнёт *m* [1] Preßgewicht *n*; Bedrückung *f*; Druck.

гни́да *f* [5] Läuseei *n*, Nisse.
гни|е́ние *n* [12] Faulen, Fäulnis *f*; **~ло́й** [14; -ла́, -о] verfault, faul; ~ла́я горя́чка *f* Wundfieber *n*; ~ла́я о́сень *f* F nasser Herbst *m*; **~лу́шка** *f* [5; *g/pl.*: -шек] leuchtendes faules Holzstück *n*; **~ль** *f* [8] Fäulnis; **~ть** [гнию́, -ёшь; гния́; гнил, -а́, -о], <сгнить> faulen, verwesen; ~ю́щий faulend, verweslich.
гноеточи́вый [14*K*.] eit(e)rig; triefend (*Augen*).
гнои́ть [13], <с-> eitern lassen; verfaulen lassen; **-ся** eitern.
гной *m* [3] Eiter; **~ни́к** *m* [1*e*.] Eiterherd, -beule *f* (*a. fig.*); **~ный** [14] eit(e)rig; eiternd; Eiter...
гно́мон *m* [1] Sonnenuhr *f*.
гну *m/f* [*unv.*] Gnu *n*.
гнуса́|вить [14] näseln, durch die Nase reden; **~вость** *f* [8] Näseln *n*.
гну́сный [14; -сен, -сна́, -о] abscheulich; schnöde; unsittlich, schamlos.
гнуть [20], <по-, со-> biegen, krümmen (*a. fig.*); F abzielen (к Д auf *ac.*); ~ в дугу́ in die Enge treiben, *j-m* hart zusetzen.
гнуша́ться [1], <по-> (Р *od.* Т) Abscheu haben (vor *dat.*), verabscheuen.
гобо́й ♪ *m* [3] Hoboe *f*.
говённый P [14] kotig, dreckig.
гове́нье *n* [10] Fasten.
говно́ V *n* [9] Dreck *m*, Kot *m*.
говня́ть P [28], <на-, с-> (ver-)pfuschen.
го́вор *m* [1] Gerede *n*, Rede *f*; Gemurmel *n*; Gerücht *n*; Dialekt; **~и́льня** *f* [6; *g/pl.*: -лен] (*iron.*) Schwatzbude; **~и́ть** [13], <сказа́ть> [3] sprechen, reden (о П *od.* про В über *ac.* = besprechen); sagen; ~и́ть в нос *s.* гнуса́вить; ~я́щий Sprech...; ~и́ть речь eine Rede halten; ~я́т, ~и́тся man spricht *od.* sagt; es heißt; ~я́т тебе́ laß es dir gesagt sein, ich sage dir; открове́нно ~я́ offen gesagt *od.* gestanden; так сказа́ть sozusagen; ~и́ть по-ру́сски russisch sprechen; не́чего ~и́ть об э́том F es lohnt sich nicht darüber zu reden; ~и́ть, как по пи́саному F wie ein Buch reden; не дать кому́-нибудь ~и́ть j-n nicht zu Wort kommen lassen; ме́жду на́ми ~я́ im Vertrauen gesagt; не ~я́ -уже́ ge schweige denn; что ни ~и́ was man auch sagen mag; ~и́т Москва́ (*Radio*) hier spricht Moskau; э́то ~и́т само́ за себя́ das spricht für sich selbst; что и говори́ть! natürlich!, sicher!; как ~и́тся wie es heißt; ~я́щие часы́ *m/pl.* telefonische Zeitangabe *f*; **~ли́вый** [14*K*.] gesprächig, redselig; **~у́н** *m* [1*e*.] Schwätzer.
говя́|дина *f* [5] Rindfleisch *n*; **~жий** [18] Rinds..., Rinder...; Rindfleisch...
го́голь *m* [4] Quakente; Stutzer; ходи́ть ~ем einherstolzieren, die Nase hoch tragen; ~-мо́голь [*gen.* ~-мо́голя] geschlagenes Eigelb mit Zucker.
го́гот *m* [1] Geschnatter *n*; Gegacker *n*; (*fig.*) Gelächter *n*; **~а́ть** [3] schnattern, gackern; P laut lachen; **~у́н** *m* [1*e*.] Schnatterer.
год *m* [1; в -у́; *pl.*: -да́ *u.* -ды, -до́в; *nach Zahlen*: (2-4) го́да, (5, 6, 7 *usw.*) лет (*s.* ле́то), Р годо́в] Jahr *n*; из го́да в ~ *od.* с го́да на́ ~ von Jahr zu Jahr; ~ о́т году jahraus, jahrein; без ~у неде́ля vor kurzem; теку́щий ~ das laufende Jahr; уче́бный ~ Schuljahr *n*; кру́глый ~ das ganze Jahr hindurch; вре́мя *n* ~а Jahreszeit *f*.
го́ди|к *m* [1] Jährchen *n*; **~на** (-'di-) *f* [5] Zeit; P Schicksal *n*.
годи́ть P [*nur inf. u. imp.*] warten; *vgl.* погоди́.
годи́ться [15; гожу́сь, годи́шься] <при-> taugen, dienen (на В *od.* к Д zu); passen (*Schuhe usw.*); никуда́ не ~ zu nichts taugen; он ему́ в подмётки не годи́тся F er kann ihm nicht das Wasser reichen; [*unpers.*] годи́тся es geht (an); es schickt sich (Д für).
годи́чный [14] jährig; Jahres...
го́дный [14; -ден, -дна́, -о] tauglich, geeignet, brauchbar (к Д *od.* для Р *od.* на В zu); ни на что не ~ челове́к Taugenichts *m*.
годо|ва́лый [14] einjährig; **~ви́к** *m* [1*e*.] Jährling (*v. Tieren*); **~во́й** [14] jährlich; (ein)jährig; Jahres...; **~вщи́на** *f* [5] Jahrestag *m*.
гол *m* [1] (*Sport*) Tor *n*; заби́ть ~ ein Tor schießen.
голе|на́стый [14*K*.] langbeinig; ~на́стые *pl.* (*Zool.*) Stelzenläufer; **~ни́ще** *n* [11] Stiefelschaft *m*.

го́лень *f* [8] Unterschenkel *m*.
голе́ц *m* [1; -льца́] Bartgrundel *f* (*Fisch*).
голизна́ *f* [5] Nacktheit.
голи́к *m* [1*e*.] Besen.
голи́ца *f* [5] lederner Fausthandschuh *m*.
голки́пер *m* [1] (*Sport*) Torwart.
голла́нд|ец *m* [1; -дца] Holländer; **2ия** *f* [7] Holland *n*.
голов|а́ [5; *ac*/*sg*.: го́лову; *pl*.: го́ловы, голо́в, -ва́м] **1.** *f* Kopf *m*; **2.** *m* Haupt *n*; Oberhaupt *n*; ~а́ са́хару Zuckerhut *m*; как снег на́ ~у ganz plötzlich, wie hereingeschneit; сме́рить с ~ы́ до ног von oben bis unten mustern; сорви́-голова́ F Wildfang *m*; в ~а́х am Kopfende; на свою́ ~у F zu s-m eigenen Unglück; дать ~у на отсече́ние s-n Kopf zum Pfande setzen; разби́ть на́ ~у aufs Haupt schlagen; вы́дать кого́-нибудь с ~о́й j-n verraten; пове́сить ~у (*fig*.) den Kopf hängen lassen; из ~ы́ вон F wie weggeblasen, völlig vergessen; **~а́стик** *m* [1] Kaulquappe *f*.
голове́шка *f* [5; *g*/*pl*.: -шек] glimmendes Holzstück *n*.
голо́в|ка *f* [5; *g*/*pl*.: -вок] Köpfchen *n*; Knopf *m* (*e-r Stecknadel*); ~ки *pl*. Vorschuhe *m*/*pl*. (*an Stiefeln*); (*Anat*.) Eichel; Vorstand *m* (*Behörde usw*.); *s. a.* гла́дить; **~но́й** [14] Kopf...; **~ня́** *f* [6; *g*/*pl*.: -не́й] glimmendes Holzscheit *n*; ⚘ (*Getreide-*)Brand *m*.
голово|круже́ние ⚕ *n* [12] Schwindel *m*; **~ло́мка** *f* [5; *g*/*pl*.: -мок] kopfzerbrechende Arbeit; Rätsel *n*; **~ло́мный** [14; -мен, -мна] kopfzerbrechend; **~мо́йка** *f* [5; *g*/*pl*.: -мо́ек] Verweis *m*, F Anschnauzer *m*; **~но́гие** *pl*. [14] (*Zool*.) Kopffüßler; **~ре́з** *m* [1] (*fig*.) Galgen-strick, -vogel; **~тя́п** *m* [1] beschränkter, eigensinniger Mensch.
голо́вушка *f* [5; *g*/*pl*.: -шек] Köpfchen *n*.
го́лод *m* [1] Hunger; Hungersnot *f*; **~а́ть** [1] hungern; **~ный** (-ˈɫɔ-) [14; го́лоден, -дна́, -о] hung(e)rig; **~о́вка** *f* [5; *g*/*pl*.: -вок] Hungersnot; Hungern *n*; Hungerstreik *m* (*im Gefängnis*).
гололе́дица *f* [5] Glatteis *n*.
го́лос *m* [1; *pl*.*e*. -са́] Stimme *f*; в оди́н ~ einstimmig; быть в ~е bei Stimme sein; без ~у ohne Stimme, stimmlos; **~и́стый** [14*K*.] lautstimmig; **~и́ть** P [15; -ошу́, -оси́шь] laut singen *od*. sprechen; heulen; **~и́шко** *m* [9; *pl*.: -шки́, -шек] schwache Stimme *f*; **~и́ще** *m* [11] starke Stimme *f*.
голосло́вный [14; -вен, -вна] unbegründet, grundlos.
голосо|ва́ть [7], <про-> abstimmen (В über *ac*.); **~во́й** [14] tönend, stimmhaft; Stimm...; **~к** (-ˈsɔk) *m* [1; -ска́], **~чек** (-ˈsɔ-) *m* [1; -чка] Stimmchen *n*.
голошта́нный P [14] zerlumpt.
голу|бегра́мма *f* [5] Brieftaubenmeldung; **~бе́ть** [8], <по-> himmelblau werden; **~бе́ц** *m* [1; -бца́] Bergblau *n*; (*Art russischer Tanz*); ~бцы́ *pl*. Kohlroulade *f* (*Hirseklöße in Kohlblätter*); **~бизна́** *f* [5] Blau(e) *n*; **~би́ный** [14] Tauben...; ˈ**~бить** [14] liebkosen; **~би́ца** *f* [5] Täubin; ˈ**~бка** *f* [5] Täubin; Täubchen *n*; (*Anrede*) meine Liebe *od*. Beste; **~бо́й** [14] hell-, himmel-blau; **~бо́к** *m* [1; -бка́], **~бо́чек** *m* [1; -чка] Täubchen *n*; *s. a.* голу́бка; **~бушка** (-ˈɫu-) *f* [5], **~бчик** (-ɫup-) *m* [1] (*Anrede*) meine Liebe *od*. Beste, mein Lieber *od*. Bester; **~бь** (ˈgɔ-) *m* [4; *ab g*/*pl*. *e*.: -бей] Taube *f*; **~бя́тина** *f* [5] Taubenfleisch *n*; **~бя́тник** *m* [1] Taubenfreund; Taubenfalke; *s. a.* ~бя́тня; **~бя́тница** *f* [5] Taubenpflegerin; **~бя́тня** *f* [6; *g*/*pl*.: -тен] Taubenschlag *m*.
го́лы|й [14; -ла́, -ло] nackt, bloß, kahl; elend, arm; **~тьба́** *f* [5] (*koll*.) arme Leute *pl*. *od*. Schlucker *m*/*pl*.
голы́ш *m* [1*e*.; *g*/*pl*.: -ше́й] armer Schlucker, arme Seele *f*; Kieselstein; Windei *n*; ~о́м F nackend; **~ка** F *f* [5; *g*/*pl*.: -шек] nackte Zelluloidpuppe.
голь *f* [8] Nacktheit, Blöße; Armut; (*koll*.) arme Leute *pl*.
гольд *m* [1] Golde (*Volk im Amurgebiet*) = нана́йцы (*neuer Name*).
голя́шка *f* [5; *g*/*pl*.: -шек] Schienbein *n*.
гомеопа́т *m* [1] Homöopath.
гоминда́н *m* [1] Kuomintang *f*.
го́мон *m* [1] (verwirrtes) Gerede *n*, Lärmen *n*.
гомосексуали́ст *m* [1] Homosexuelle(r).

гондо́ла *f* [5] Gondel.
гоне́ние *n* [12] Verfolgung *f*.
гоне́ц *m* [1; -нца́] *ehm.* Eilbote.
гонио́метр *m* [1] Winkelmesser.
гони́|тель *m* [4], **~ца** *f* [5] Verfolger(in *f*).
го́нка *f* [5; *g/pl.*: -нок] Jagen *n*, Treiben *n*, Hetze; Flößen *n*; Destillation; ⚓ Regatta; Rennen *n*; Verweis *m*, Schelte; ~ вооруже́ний Wettrüsten *n*.
го́нор *m* [1] Dünkel.
гоноре́я *f* [6] Gonorrhöe, Tripper *m*.
гонт *m* [1] (*koll.*) Schindeln *f/pl.*; **~и́на** *f* [5] Schindel; **~ово́й** [14] Schindel...
гонча́р *m* [1 *e.*] Töpfer; **~ня** *f* [6; *g/pl.*: -рен] Töpferwerkstatt.
го́н|чий [17]: ~чая (соба́ка) *f* Jagdhund *m*.
гон|ьба́ *f* [5] Jagen *n*, Jagd; **~я́ть** [28] jagen, treiben.
гопа́к *m* [1 *e.*] (*ukrainischer*) Tanz.
гор|а́ *f* [5; *ac/sg.*: го́ру; *pl.*: го́ры, гор, гора́м] Berg *m*; ~ы *pl.* (*a.* америка́нские ~ы) Rutschbahn; в го́ру *od.* на́ гору bergauf; по́д гору *od.* с горы́ bergab; за ~а́ми über alle Berge, vorbei, weg; не за ~а́ми nicht sehr weit (weg), vor der Tür; пир *m* ~о́й F üppiger Schmaus; стоя́ть ~о́й F (за В *et.*) mit Zähnen u. Nägeln verteidigen; ~а́ роди́ла мышь (*Spr.*) die Berge kreißen u. gebären eine Maus; у меня́ как ~а́ с плеч свали́лась F mir ist ein Stein vom Herzen gefallen.
гора́зд P [*nur K.*] fähig, geschickt (на В zu *od.* in *dat.*); кто во что ~ F jeder tut, was er kann; **~o** viel, weit, bei weitem (*vor dem comp.*).
горб *m* [1 *e.*; на -у́] Buckel, Höcker; P Rücken; зарабо́тать свои́м ~о́м F mit s-n eigenen Händen erarbeiten; **~а́тый** [14 *K.*] buck(e)lig; **~а́ч** *m* [1 *e.*; *g/pl.*: -че́й] *s.* ~у́н; '**~ик** *m* [1], **~и́нка** *f* [5] kleiner Buckel *m od.* Höcker *m*; '**~ить** [14], <с-> buck(e)lig machen, krümmen; **-ся** sich bücken; **~у́н** *m* [1 *e.*] Buck(e)lige(r); **~у́шка** *f* [5; *g/pl.*: -шек] Kanten *m* (-stück *n*) (*des Brotes*).
горбы́ль ⊕ *m* [4 *e.*] Schal-, Tafelbrett *n*.
горделйвый [14 *K.*] hoffärtig; stolz.
го́рдиев [19]: ~ у́зел *m* gordischer Knoten.
гор|ди́ться [15; горжу́сь, -рди́шься], <воз-, за-> (T) stolz sein *od.* werden (auf *ac.*), sich brüsten (mit); '**~дость** *f* [8] Stolz *m* (T auf *ac.*); '**~дый** [14; *K.* *f*: -да́] stolz (T auf *ac.*).
го́р|е *n* [10] Kummer *m*; Unglück; с ~я vor Kummer; ~е тебе́! wehe dir!; одно́ ~е с тобо́й F man hat s-n Kummer mit dir; ему́ и ~я ма́ло F ihn kümmert es wenig; **~ева́ть** [6] betrübt sein, trauern (о П über *ac.*).
горе́|лка *f* [5; *g/pl.*: -лок] (*Gas- usw.*) Brenner *m*; (игра́ *f* в) ~лки (*Art*) Fangspiel *n*; **~лый** [14] brandig, seng e)rig.
горемы́|ка P *m/f* [5] armseliger Mensch *m*; **~чный** [14; -чен, -чна] armselig; unglücklich.
го́ренка *f* [5; *g/pl.*: -нок] Stübchen *n*.
го́рест|ный [14; -тен, -тна] traurig, kummervoll; **~ь** *f* [8] Kummer *m*.
горе́ть [9], <с-> brennen; ab-, verbrennen; glühen, leuchten, glänzen (*Augen usw.*); ~ от стыда́ vor Scham vergehen; не гори́т! (*fig.*) wo brennt's denn?; на во́ре ша́пка гори́т (*Spr.*) das Gesicht verrät den Wicht; де́ло гори́т die Sache eilt sehr; о́бувь гори́т на нём F sein Schuhzeug hält nicht lange.
го́рец *m* [1; -рца] Bergbewohner, Hochländer; *s.* горя́нка.
гореча́вка ⚘ *f* [5] Enzian *m*.
го́речь *f* [8] Bitterkeit; bitterer Geschmack *m*; Trübsal.
го́ржа ⚔ ⊕ *f* [5; *g/pl.*: -жей] Kehle.
горизо́нт *m* [1] Horizont, Gesichtskreis; **~а́ль** *f* [8] Horizontale; (*Geol.*) Schichtlinie; **~а́льный** [14] horizontal, waagerecht.
гори́стый [14 *K.*] bergig, gebirgig; Gebirgs...
гори|хво́стка *f* [5; *g/pl.*: -ток] (*Zool.*) Gartenrotschwänzchen *n*; **~цве́т** ⚘ *m* [1] Lichtröschen *n*.
го́рка *f* [5; *g/pl.*: -рок] kleiner Berg *m*, Berglein *n*; Regal *n*, Glasschrank *m* (*für Glas- od. Silbergeschirr*); Rutschbahn.
го́ркнуть [20], <про-> ranzig werden.
горла́н P *m* [1] Schreier, Schreihals; **~ить** P [13] schreien (*aus vollem Hals*), gröhlen.
го́рли|нка *f* [5; *g/pl.* -нок], **~ца** *f* [5] Turteltaube *f*.

гóрл|о *n* [9] Gurgel *f*, Kehle *f*; Hals *m* (*an Gefäßen*); по ~о F bis über die Ohren hinaus, vollauf; сыт по ~о F satt bis oben; во всё ~о aus vollem Halse (*schreien*); пристáть с ножóм к ~у F (*fig.*) das Messer an die Kehle setzen; словá застряли в ~е das Wort blieb in der Kehle stecken; промочи́ть ~о F die Kehle anfeuchten, trinken; **~ово́й** [14] Kehl...; **~одёр** P *m* [1] Schreihals; kratzender Tabak *od.* Wein.

гóрлышко *n* [9; *g/pl.*: -шек] Kehlchen, Hals *m* (*an Gefäßen*).

горля́нка *f* [5; *g/pl.*: -нок] ⚗ Retorte; ⚘ Flaschenkürbis *m*.

горн *m* [1; на -ý], *a.* **~и́ло** *n* [9] Herd *m*, Esse *f*; ♪ Horn *n*; ~и́ло (*fig.*) Feuerprobe *f*.

гóрни|ца *f* [5] (Wohn-)Stube; **~чный** [14] Stuben...; ~чная *f* Stubenmädchen *n*.

горно|ве́дение *n* [12] Berg(bau)-kunde *f*; **~заво́дский** [16] Hütten-..., Bergwerks..., Bergbau...; **~рабо́чий** [17] Bergarbeiter *m*.

горностá|евый [14] Hermelin...; **~й** *m* [3] Hermelin *n*.

гóрный [14] gebirgig; Gebirgs...; Berg(werks)...; Montan...; ~ лён *m* Asbest; гóрное сóлнце *n* Höhensonne *f*.

горня́к *m* [1 *e.*] Bergarbeiter.

гóрод *m* [1; *pl. e.*: -дá] Stadt *f*; зá ~ aufs Land, ins Grüne; в черте́ ~а im Weichbild der Stadt; жить зá ~ом außerhalb der Stadt wohnen; **~и́ть** [15] **1.** <за-> um-frieden, -zäunen; **2.** <на-> (вздор *od.* дичь) Unsinn reden, faseln; нéзачем бы́ло огорóд ~и́ть es war nicht der Mühe wert; **~и́шко** *m* [1; *g/pl.*: -шек] (elendes) Städtchen *n*, Nest *n*; **~ни́чий** [17] (*ehm.*) Stadtvogt *m*; **~ово́й** [14] Stadt...; † Schutzmann *m*, Polizist *m*; **~о́к** *m* [1; -дкá] Städtchen *n*; гимнасти́ческий ~о́к Turnplatz; де́тский ~о́к Kinderspielplatz; **~ско́й** [14] städtisch; Stadt...

горо|жáнин *m* [1; *pl.*: -жáне, -жáн], **~жáнка** *f* [5; *g/pl.*: -нок] Stadtbewohner(in *f*), Städter(in *f*).

гороскóп *m* [1] Horoskop *n*, Schicksalsdeutung *f*.

горó|х *m* [1] Erbse *f*; (*koll.*) Erbsen *f/pl.*; как óб стену ~х wirkungs-, frucht-los; при царé Горóхе F vor undenklichen Zeiten **~хови́на** *f* [5] Erbsenstroh *n*; *s. a.* горóшина; **~ховый** [14] Erbsen...; ~ховый шут *m* Hanswurst; чýчело ~ховое *n* Vogelscheuche *f*; **~шек** *m* [1; -шка] (*koll.*) kleine Erbsen *f/pl.*; зелёный ~шек Schoten *f/pl.*; **~шин(к)а** *f* [5] (kleine) Erbse.

горсовéт *m* [1] (городскóй совéт депутáтов трудя́щихся) Stadtsowjet.

гóрсточка *f* [5; *g/pl.*: -чек] kleine Handvoll.

горсть *f* [8; *ab g/pl. e.*: -стéй] hohle Hand; Handvoll.

гортáнь *f* [8] (*Anat.*) Kehle; Kehlkopf *m*.

гортéнзия ⚘ *f* [7] Hortensie.

горчи́ть [16; *nur 3. Pers.*: -чи́т] bitter schmecken.

горчи́|ца *f* [5] Senf *m*; **~чник** (-ʃn-) *m* [1] Senfpflaster *n*; **~чница** *f* [5] Senf-topf *m*, -büchse.

гóрше schlimmer, schlechter.

горшéч|ник (-ʃn-) *m* [1] Töpfer; Topfhändler.

горшó|к *m* [1; -шкá] Topf; цветóчный ~к Blumentopf; **~чек** *m* [1; -чка] Töpfchen *n*.

гóрьк|ий [16; -рек, -рькá, -о; *comp.* гóрче *u.* горчéе, *sup.* горчáйший] bitter, herb (*a. fig.*); ~ий пья́ница *m/f* wüster Säufer *m*, wüste Säuferin *f*; ~ая соль *f* Bittersalz *n*; ~ая *f* F Bitterschnaps *m*; пить ~ую F saufen wie ein Loch.

горько|вáтый [14*K.*] etwas bitter, bitterlich; **~зём** ⚗ *m* [1] Bittererde *f*, Magnesia *f*.

горю́|честь *f* [8] Brennbarkeit; **~чий** [17*K.*] brennbar, entzündbar; Brenn...; ~чее *n* Brennstoff *m*; *s. a.* горя́чий.

горя́нка *f* [5; *g/pl.*: -нок] Bergbewohnerin, Hochländerin; *s.* горéц.

горя́|чечный (-ʃn) [14] fieberhaft; Fieber...; ~чечная рубáха *f* Zwangsjacke; **~чий** [17; *K. f*: -чá] heiß; hitzig; heftig; frisch (*Spur*); **~чи́тельный** [14; -лен, -льна] erhitzend; **~чи́ть** [16; -чý, -чи́шь], <раз-> erhitzen, aufbringen; **-ся** sich ereifern *od.* erhitzen; **~чка** *f* [5] (hitziges) Fieber *n*; P Heftigkeit; бéлая ~чка Säuferwahnsinn *m*; P порóть ~чку sich beeilen.

гос = госудáрственный staatlich, Staats...; **~бáнк** *m* [1] Staatsbank *f*;

~издáт *m* [1] (Госудáрственное издáтельство) Staatsverlag.
гóспиталь *m* [4] Krankenhaus *n*, Hospital *n*, ⚔ Lazarett *n*.
госплáн *m* [1] (Госудáрственная плáновая комúссия при Совéте Минúстров СССР) Staatliche Plankommission *f* beim Ministerrat der UdSSR.
госпо|дúн *m* [1; *pl.*: -подá, -пóд, -дáм] Herr; **~дá** *pl.* Herren; Herrschaften *f/pl.*; meine Damen und Herren; я сам себé **~дúн** ich bin mein eigener Herr, unabhängig; **~дский** (-'pɔt-) [16] herrschaftlich; Herren-..., **~дство** (-'pɔt-) *n* [9] Herrschaft *f*; **~дствовать** (-'pɔt-) [7] herrschen; vorherrschen; **~дствовать** над (T) beherrschen, herrschen über (*ac.*); **~дь** (-'pɔʧ) *m* [гóспода, -у; *Vokativ*: -ди] Gott (der Herr); **~жá** *f* [5] Frau, Herrin; Fräulein *n*.
ГОСТ (Госудáрственный стандáрт *m*) staatliche Norm *f*.
гостеприúмный [14; -мен, -мна] gastfreundlich.
гостú|ная [14] Gastzimmer *n*; **~нец** *m* [1; -нца] Geschenk *n*; *bsd. pl.* Naschwerk *n* (*als Geschenk*); **~ница** *f* [5] Gasthaus *n*, Gasthof *m*, Hotel *n*.
гостúть [15; гощý, -стúшь] zu Gast (*od.* Besuch) sein.
гостóрг *m* [1] (Госудáрственная торгóвая контóра) Staatliche Handelsstelle *f*.
гость *m* [4; *ab g/pl. e.*: -тéй] Gast; (*ehm.*) Kaufmann; быть в гостя́х *s.* гостúть; '**~я** *f* [6; *g/pl.*: гóстий] (weiblicher) Gast *m*.
госудáрственный [14] staatlich; Staats..., Reichs...
госудáрство *n* [9] Staat *m*, Reich; **~вéдение** *n* [12] Staatswissenschaft *f*.
госудáрыня *f* [6] Herrscherin; (*in Briefen*) мúлостивая ~ gnädige (*od.* sehr geehrte) Frau.
госудáрь *m* [4] Herrscher; (*in Briefen*) мúлостивый ~ (sehr) geehrter Herr.
готúческий [16] gotisch; ~ шрифт *m* Fraktur *f*.
готовáльня *f* [6; *g/pl.*: -лен] Reißzeug *n*.
готóвить [14] **1.** <за-> (e-n Vorrat von *et.*) anschaffen; **2.** <при-, с-> kochen, (zu)bereiten; **-ся**, <приготóвиться> sich vorbereiten; -ся в дорóгу sich reisefertig machen.
готóв|ый [14*K.*] fertig; bereit (-willig), geneigt; **~ое** плáтье *n* Konfektionskleidung *f*, von der Stange; на всём **~ом** mit Kost u. Wohnung; будь готóв! — всегдá готóв! Sei bereit! — Immer bereit! (*Gruß der kommunistischen Pionierorganisation*).
гофрирóванн|ый [14] gewellt (*Haare*); **~ое** желéзо *n* Wellblech.
ГПУ (Госудáрственное политúческое управлéние *n*) GPU (Staatliche Politische Verwaltung *f*).
граб ⚘ *m* [1] Weißbuche *f*.
грабёж *m* [1*e.*; *g/pl.*: -жéй] Raub, Plünderung *f*.
грабúтель *m* [4] Räuber, Plünderer.
грáбить [14], <о-> rauben, plündern.
грáбли *f/pl.* [8; *gen.*: -бель *u.* -блей] Harke *f*, Rechen *m*.
гравёр *m* [1] Graveur, Kupferstecher.
грáвий *m* [3; *prpos/sg.*: -вии] Kies, Schotter.
гравиро|вáльный [14] Gravier...; **~вáть** [7], <вы́-> gravieren, (in Kupfer) stechen; **~вка** (-'rɔf-) *f* [5; *g/pl.*: -вок] Gravieren *n*; Gravierung, Radierung.
гравю́ра *f* [5] Gravüre, (Kupfer-, Stahl-)Stich *m*.
град *m* [1] (*koll.*) Hagel; ~ идёт es hagelt; **~ом** hageldicht, in Strömen (*Schweiß*).
грáдин(к)а *f* [5; (*g/pl.*: -нок)] Hagelkorn *n*.
градúрня ⊕ *f* [6; *g/pl.*: -рен] Gradierwerk *n*.
градобúтие *n* [12] Hagelschlag *m*.
градовóй [14] Hagel...
градоначáль|ник *m* [1] (*ehm.*) Stadthauptmann, Polizeichef; **~ство** *n* [9] (*ehm.*) Stadthauptmannschaft *f*; Stadtbezirk *m*.
градостроúтельство *n* [9] Städtebau *m*.
грáдус *m* [1] Grad; ýгол *m* в 60 **~ов** Winkel von 60°; F быть в **~ах** angetrunken sein; под **~ом** F angeheitert; **~ник** *m* [1] Gradmesser, Thermometer *n*.
граждан|úн *m* [1; *pl.*: грáждане, -дан], **~ка** (-'dan-) *f* [5; *g/pl.*: -нок] (*Stadt*-)Bürger(in *f*); *vgl. a.* горожáнин; **~ский** (-'dan-) [16] bürgerlich; Bürger...; Zivil...; **~ская** войнá

f Bürgerkrieg *m*; ~ская авиáция *f* Verkehrsfliegerei.

грамзáпись *f* [8] (граммофóнная зáпись) Platten-, Tonbandaufnahme.

граммáти|ка *f* [5] Grammatik, Sprachlehre; **~ческий** (-'ţi-) [16] grammat(ikal)isch.

грáмо|та *f* [5] Urkunde; Lesen *n* und Schreiben *n*; дворя́нская ~та Adels-brief *m*, -diplom *n*; э́то для меня́ китáйская ~та (*fig.*) F das sind für mich böhmische Dörfer; **~тéй** *m* [3] des Lesens und Schreibens Kundiger; Schriftkundige(r); **~тный** [14; -тен, -тна] des Lesens und Schreibens kundig; полити́чески ~тный politisch geschult; техни́чески ~тный technisch sachkundig.

гранáт *m* [1] ⚘ Granatapfel(baum); (*Min.*) Granat; **~а** *f* [5] Granate; **~омёт** ⚔ *m* [1] Schießbecher.

грандиóзный [14; -зен, -зна] großartig, grandios, kolossal.

гранёный [14] facettiert, geschliffen.

грани́ло *n* [9] Schleifzeug.

грани́ль|ня *f* [6; *g/pl.*: -лен] (*Stein*-) Schleiferei; **~щик** *m* [1] Facettierer, Steinschleifer.

грани́ть [13] schleifen, facettieren.

грани́|ца *f* [5] Grenze; за ~цу ins Ausland; за ~цей im Ausland; из-за ~цы vom (*od.* aus dem) Ausland; **~чить** [16] grenzen (с Т an *ac.*); э́то ~чит с глу́постью das grenzt an Dummheit.

грáнка ⊕ *f* [5; *g/pl.*: -нок] (*Typ.*) Kolumne; Spalte; (Korrektur-) Fahne.

гран|ь *f* [8] Facette; ⊕ Kante, Fläche; Grenze; на ~и (*fig.*) am Rand.

графá *f* [5] Rubrik, Feld *n* (*e-r Tabelle*).

грáфик 🚂 *m* [1] graphischer Fahrplan; **~а** *f* [5] Graphik, graphische Darstellung.

графи́н *m* [1] Karaffe *f*; Wasserflasche *f*; **~чик** *m* [1] kleine Karaffe *f*.

графи́ня *f* [6] Gräfin.

гра|фи́т *m* [1] Graphit, Reißblei *n*; **~фи́ть** [14; -флю́, -фи́шь; -флённый], <раз-> liniieren, Linien ziehen auf (*dat.*); **~фи́ческий** [16] graphisch; **~флёный** [14] liniiert.

граци|óзный [14; -зен, -зна] graziös, anmutig.

грач *m* [1*e*.; *g/pl.*: -чéй] (*Zool.*) Saatkrähe *f*.

гребён|ка *f* [5; *g/pl.*: -нок] Kamm *m*; стричь всех под одну́ ~ку F alle über e-n Kamm scheren; стричь под ~ку die Haare kurz schneiden; **~очка** *f* [5; *g/pl.*: -чек] Kämmchen *n*; **~чатый** [14] kammartig.

грéбень *m* [4; -бня] Kamm; ~ (гор) Bergrücken, Gebirgskamm.

гребéц ⚓ *m* [1; -бцá] Ruderer.

гребешóк *m* [1; -шкá] Kämmchen *n*.

грéб|ля ⚓ *f* [6] Rudern *n*; идти́ ~лей *od.* на ~ле rudern; **~нóй** [14] Ruder...; **~ну́ть** *s.* грести́.

грё|за *f* [5] (*mst pl.*) Träumerei, Phantasie; **~зить** ('gŗe-) [15] im Schlaf reden, phantasieren; **-ся**, <погрéзиться, пригрéзиться> träumen; мне грéзится es träumt mir.

грек *m* [1] Grieche.

грéлка *f* [5; *g/pl.*: -лок] Wärmflasche (*a. Gummi*); P Wärmehalle.

гре|мéть [10; гремлю́, -ми́шь], *einm.* <гря́нуть> [20] (T) bekannt (*od.* berühmt) sein (wegen); donnern; klirren; (*mit Tellern usw.*) klappern; ertönen, knallen; гром ~ми́т es donnert; гря́нула войнá (*lit.*) urplötzlich brach der Krieg los; **~му́чий** [17] knallend; Knall-...; Klapper...; ~му́чая змея́ *f* Klapperschlange; ~му́чий газ ⚗ *m* Knallgas *n*; **~му́шка** *f* [5; *g/pl.*: -шек] (Kinder-)Klapper.

гренадéр *m* [1; *g/pl.*: гренадéр] Grenadier.

гренóк *m* [1; -нкá] *mst pl.* geröstete Brot-scheibe *f od.* -schnitte *f*, Toast.

грести́ ⚓ [25; гребу́; грёб, греблá], *einm.* <гребну́ть> [20] rudern; harken.

греть [8; грéтый], <со-, на-> (**-ся** sich) (er)wärmen; (*fig.*) ~ ру́ки (*od.* -ся) óколо (*od.* у) чегó-либо sein Schäfchen scheren; -ся на сóлнце sich sonnen.

грех **1.** *m* [1*e*.] Sünde *f*; Schuld *f*; Unglück *n*; **2.** (*a. adverbial*) = грешнó; **3.** (*präd.*) es ist schändlich; с ~óм пополáм es geht so (halbwegs *od.* einigermaßen), mit

knapper Not; есть такóй ~ F ich muß schon gestehen; как на ~ F wie absichtlich; нéчего грехá (+ *inf.*) es hat keinen Zweck zu...
грехóвный [14; **-вен, -вна**] sündhaft, sündig.
грехопадéние *n* [12] Sündenfall *m*.
Грéц|ия *f* [7] Griechenland *n*; **ℒкий** [16] griechisch; ℒкий орéх *m* Walnuß *f*.
грé|ча *f* [5] *s.* ~чи́ха; **~ческий** [16] griechisch; **~чи́ха** ⚘ *f* [5] Buchweizen *m*; **~чневый** (-ʃn-) [14] Buchweizen...; ~чневая кáша самá себя́ хвáлит (*Spr.*) Eigenlob stinkt.
греш|и́ть [16; -шу́, -ши́шь], <по-, со-> sündigen; verstoßen (прóтив P gegen); **'~ник** *m* [1], **'~ница** *f* [5] Sünder(in *f*); **'~ный** [14; -шен, -шнá, -о] sündhaft, sündig; schuldig; ~ным дéлом F leider; ~но es ist unrecht *od.* eine Sünde; **~óк** *m* [1; -шкá] kleine Sünde *f*; Schwäche *f*.
гриб *m* [1*e.*] Pilz; F ~ съел (die Sache ist) mißlungen, verfehlt; **~нóй** [14] reich an Pilzen; Pilz...; ~нóй дождь F *m* Sonnenregen; **~óк** *m* [1; -бкá], **~óчек** *m* [1; -чка] kleiner Pilz, Pilzchen *n*; Stoffpilz.
гри́ва *f* [5] Mähne.
гри́в|енник *m* [1], **~на** *f* [5; *g/pl.*: -вен] Zehnkopekenstück *n*.
Григóрий *m* [3] Gregor.
грим *m* [1] (*Thea.*) Maske *f*; Schminke *f*.
гримáс|а *f* [5] Grimasse, Fratze; **~ничать** [1] Grimassen machen *od.* schneiden.
гримёр *m* [1] (*Thea.*) Theaterfriseur.
гримировáть [7], <за-, на-> schminken.
грипп ⚕ *m* [1] Grippe *f*.
гриф *m* [1] (*Myth.*) Greif; (*Zool.*) Bart-, Lämmer-geier; ♪ Griff, Griffbrett *n*.
гри́фель *m* [4] Griffel.
грифóн *m* [1] (*Zool.*) Affenpinscher.
Гри́ш(к)а *m* [5] *dim. v.* Григóрий.
гроб *m* [1; в -бу́; *pl.*: -бы́] Sarg; † Grab *n*; вéрность *f* до ~а Treue bis zum Tod; **'~ик** *m* [1] kleiner Sarg, Särglein *n*; **~ни́ца** *f* [5] Grabmal *n*; **~овóй** [14] Grab(es)...; Sarg...; Toten...; до ~овóй доски́ bis zum Tod; **~овщи́к** *m* [1*e.*] Sarg-macher, -tischler; **~окопáтель** *m* [4] Totengräber.
грог *m* [1; *g/sg. a.*: -у] Grog.
грозá *f* [5; *pl. st.*] Gewitter *n*; Unglück *n*; Gefahr; Drohung; Zorn *m*; (*fig.*) Schreckensmann *m*.
гроздь *m* [4; *pl.*: грóзди *u.* -дья, гроздéй *u.* грóздьев, гроздя́м *u.* грóздьям *usw.*] Traube *f*, Weintraube *f*; Büschel *n*.
грози́ть [15; грожу́, -зи́шь], <по-, при-> (Д/Т *j-m* mit *et.*) drohen; *j-n et.* befürchten lassen (*a.* **-ся**).
грóзный [14; -зен, -знá, -о] schrecklich, furchtbar; streng, hart; Ивáн *m* ℒ Iwan der Schreckliche.
гром *m* [1; *ab g/pl. e.*: -мóв] Donner; Getöse *n*; как ~ среди́ я́сного нéба F wie der Blitz aus heiterem Himmel; *vgl.* греméть.
громáд|а *f* [5] große (*od.* ungeheure) Masse; Koloß *m*, Riesenbau *m*; große Menge; Dorfgemeinde (*in der Ukraine*); **~ный** [14; -ден, -дна] ungeheuer, riesig, kolossal.
грóми́|ла *m* [5] Einbrecher, schwerer Junge; **~ть** [14; -млю́, -ми́шь; -млённый], <раз-> zertrümmern, zerstören, zerschmettern.
грóмк|ий [16; -мок, -мкá, -о; *comp.* грóмче] laut; stark; (welt)bekannt; ~ая побéда *f* glänzender Sieg *m*; ~ие словá *n/pl.* schöne Redensarten *f/pl.*; ~ий успéх *m* Bombenerfolg.
громко|говори́тель *m* [4], *a.* ~говоря́щий аппарáт *m* (*Radio*) Lautsprecher; **~сть** ('grɔm-) *f* [8] Lautstärke.
громо|вóй [14] donnernd; Donner...; ~вóй отвóд *m* Blitzableiter; **~зди́ть** [15; -зжу́, -зди́шь; -мождённый], <на-> auftürmen, aufhäufen; **-ся**, <взгромозди́ться> hinaufklettern; **~здкий** (-'mɔs[t]-) [16; -док, -дка] umfangreich; unbequem (zu transportieren), sperrig; **~зжéние** *n* [12] Auftürmen; **~отвóд** *m* [1] Blitzableiter.
громых|áть F [1], <~ну́ть> [20] donnern, rattern (*Wagen usw.*).
грот *m* [1] Grotte *f*; ⚓ Großsegel *n*.
грóхнуть [20] *pf.* hinwerfen, P hinschmeißen; **-ся** hinstürzen.
грóхот *m* [1] Krachen *n*, Gepolter *n*; Rollen *n* (*des Donners*); P lautes Gelächter *n*; ⊕ (*Sortier-*)Sieb *n*;

~а́ть [3] krachen, poltern; rasseln; rollen (*Donner*); P laut lachen, auflachen.

грош *m* [1*e.*] *ehm.* Groschen (= 2 *Kopeken*); он меня́ ни в ~ не ста́вит F ich bin ihm keinen Pfifferling wert; **~о́вый** [14] einen Groschen wert; Groschen...; ~о́вая цена́ *f* Spottpreis *m.*

груб|е́ть [8], <за-, о-> grob werden; **~и́ть** [14; -блю́, -би́шь], <на-> (Д) grob sein (gegen), (*j-m*) grob kommen.

грубия́н *m* [1] grobe Person *f*, Grobian.

грубошёрстный [14] aus grobem Tuch.

гру́бый [14; -ба́, -o] grob, rauh.

гру́да *f* [5] Haufen *m*; Menge, Masse.

груд|и́нка *f* [5; *g/pl.*: -нок] Bruststück *n*; **~но́й** [14] Brust...; ~но́й ребёнок *m* Säugling; **~обрю́шный** (*Anat.*) [14] ~обрю́шная прегра́да *f* Zwerchfell *n.*

грудь *f* [8; в -ди́; *ab g/pl. e.*: -де́й] Brust; Busen *m*; ~ колесо́м F (*fig.*) hochgewölbte Brust; стоя́ть ~ю за (B *et.*) tapfer (*od.* mutig) verteidigen.

гружёный [14] beladen.

груз *m* [1] Ladung *f*, Fracht *f*; ~ ма́лой ско́рости Frachtgut *n*; ~ большо́й ско́рости Eilgut *n.*

груздь ⚘ *m* [4*e.*; *pl.*: гру́зди, -де́й] Bitterling, weißer Pfifferling.

грузи́ло *n* [9] Senkblei; Lot.

грузи́н *m* [1; *g/pl.* грузи́н] Grusier, Georgier.

грузи́ть [15; гружу́, гру́зи́шь; гру́жённый], <за-, на-> beladen, befrachten.

Гру́зия *f* [7] Grusien *n*, Georgien *n.*

гру́зный [14; -зен, -зна́, -o] schwerlastend.

грузо|ви́к *m* [1*e.*] Last-, Frachtwagen; **~во́й** [14] Fracht..., Last...; ~во́й велосипе́д *m* Lieferrad *n*; **~подъёмность** ⚓ *f* [8] Lade-, Trag-fähigkeit.

гру́зчик *m* [1] Lastträger, Schauermann.

грунт *m* [1] Grund, Boden; **~ова́ть** [7], <за-> grundieren; **~о́вка** *f* [5] Grundierung; **~ово́й** [14] Grund...; ~ова́я доро́га *f* Landweg *m.*

гру́п|па *f* [5] Gruppe; Schulklasse; **~пирова́ть** [7], <с-> (**-ся** sich) gruppieren (в B zu); **~пиро́вка** *f* [5; *g/pl.*: -вок] Gruppierung.

групповщи́на *f* [5] Interessen-, Cliquen-wirtschaft.

груст|и́ть [15; -ущу́, -сти́шь], F <взгрустну́ть> [20] (о *od.* по П) trauern (um), sich grämen (über *ac.*); **ˈ~ный** [14; -тен, -тна́, -o] traurig, gram-, kummer-voll; schwermütig; **~ь** *f* [8] Traurigkeit, Gram *m*, Kummer *m*; Schwermut.

гру́ш|а *f* [5] Birne; Birnbaum *m*; **~еви́дный** [14; -ден, -дна] birnförmig; **~евый** [14] Birn(baum)...; **~о́вка** *f* [5] Birnenlikör *m.*

гры́ж|а ⚕ *f* [5] Bruch *m*; **~ево́й**, **~евый** [14] Bruch...

грызня́ *f* [6] Beißerei; (*fig.*) Zankerei.

грызть [24; гры́зла], <раз-> [разгры́зенный] nagen, kauen (an *dat.*); (*Nüsse*) knacken, aufbeißen; (zer-)beißen; plagen, quälen; **-ся** sich beißen, (sich) zanken.

грызу́н *m* [1*e.*] Nager; Zanker; (*Zool.*) Nagetier *n.*

гряда́ *f* [5; *nom/pl. st.*] Reihe, Kette; (Garten-)Beet *n.*

гря́диль ⚒ *m* [4] Grindel (*am Pflug*).

гряду́щий [17] (zu)künftig; на сон ~ vor dem Schlafengehen *od.* Einschlafen.

грязе|во́й [14] Schlamm..., Moor...; **~защи́тное** [14]: ~защи́тное крыло́ *n* Kotflügel *m*; **~лече́бница** *f* [5] Moor-, Schlamm-bad *n* (*Anstalt*).

грязни́ть [13], <за-, на-> beschmutzen, besudeln, verunreinigen.

гря́з|нуть [20], <по-> (in den Schlamm *od.* Schmutz) versinken, steckenbleiben; **~ну́ха** *m/f* [5] F Schmutzfink *m*; **~ный** [14; -зен, -зна́, -o; -не́е] schmutzig; **~ь** *f* [8; в -зи́] Kot *m*, Schmutz *m*; Schlamm *m*; ~и *pl.* Schlamm-, Moor-bäder *n/pl.*; всё в грязи́ alles starrt vor Schmutz.

ГТО (Гото́в к труду́ и оборо́не) zur Arbeit und Verteidigung bereit.

губ|а́ *f* [5; *nom/pl. st.*] Lippe; Bucht; ⊕ Backen *f/pl.*; куса́ть ~ы sich auf die Lippen beißen; наду́ть ~ы (*fig.*) schmollen (на B mit); **за́ячья ~а́** Hasenscharte; (*Anat.*) срамны́е ~ы

pl. Schamlippen; у него́ молоко́ на ~а́х не обсо́хло F er ist noch nicht trocken hinter den Ohren; у него́ ~а́ не ду́ра F er hat keinen üblen Geschmack.
губа́нчик ⚘ *m* [1] Rachenblume *f.*
губа́стый [14*K.*] dicklippig.
губерна́тор *m* [1] Gouverneur.
губе́рния *f* [7] (*ehm.*) Gouvernement *n*; Verwaltungsbezirk *m*, Provinz; пошла́ писа́ть ~ F die Sache wurde immer verwickelter.
губи́тель *m* [4] Verderber; **~ный** [14; -лен, -льна] verderblich.
губи́ть [14], <по-, с-> verderben, zugrunde richten; umbringen; (*Zeit*) vertrödeln.
гу́б|ка *f* [5; *g/pl.*: -бок] Schwamm *m*; Lippchen *n*; **~но́й** [14] Lippen...; **~ошлёп** F *m* [1] Maulaffe; **~чатый** [14 *K.*] schwammig, schwammartig.
гувер|на́нтка *f* [5; *g/pl.*: -ток] (не́мка-гуверна́нтка deutsche) Gouvernante, Erzieherin; **~нёр** *m* [1] Erzieher.
гугу́: ни ~! still!, kein Wort!
гуде́ть [11] summen, dumpf tönen, erdröhnen; hupen.
гудо́к *m* [1; -дка́] Gudok (*Art dreisaitige Geige*); (Dampf-)Signal *n*, Dampfpfeife *f*; (Auto-)Hupe *f.*
гу́зка *f* [5; *g/pl.*: -зок] Bürzel *m*, Steiß *m* (*der Vögel*).
гул *m* [1] Getöse *n*; Widerhall.
ГУЛАГ (Гла́вное управле́ние *n* лагеря́ми ГПУ) Hauptverwaltung *f* der Arbeitslager der GPU.
гу́лкий [16; -лок, -лка́, -o] lauttönend; widerhallend.
гуль|ба́ *f* [5] Müßiggang *m*; **~бище** (ˈguḷ-) *n* [11] Vergnügungsort *m.*
гуля́|ка *m/f* [5] Müßiggänger(in *f*), Bummler(in *f*); **~нка** *f* [5; *g/pl.*: -нок] (*mst pl.*) Muße(stunde); **~нье** *n* [10] Spazieren(fahren *od.* -gehen); (*Volks-*)Belustigung *f*, Rummel *m*; (ме́сто *n* ~нья) Promenade *f*; Korso *m*; **~ть** [28], <по->, *einm.* <гульну́ть> [20] spazieren-gehen, -fahren; müßig gehen, bummeln; zechen; **~щий** [17] frei, müßig; F ausschweifend.
ГУМ (Госуда́рственный универса́льный магази́н *m*) Staatliches Universalwarenhaus *n.*
гума́нность *f* [8] Humanität, Menschlichkeit.
гумно́ ⸔ *n* [9; *pl.*: гу́мна, гу́мен *u.* гумён, гу́мнам] (*Dresch-*)Tenne *f.*
гу́мус ⸔ *m* [1] Humus.
гурт *m* [1*e.*] (*Vieh-*)Herde *f*; ~о́м *s.* гуртово́й; **~ово́й** [14] in Masse, in Bausch und Bogen, im ganzen; **~овщи́к** *m* [1*e.*] (Vieh-)Großhändler; Viehtreiber.
гурь|ба́ P *f* [5] Haufen *m*, Menge (*Leute*); ~бо́й in einem Haufen.
гуса́к *m* [1*e.*] Gänserich.
гусёк *m* [1; -ська́] Gänschen *n*; гусько́м im Gänsemarsch.
гу́сени|ца *f* [5] Raupe *a.* ⊕; **~чный** [14] Raupen..., Ketten...
гусёнок *m* [2] junge Gans *f.*
гуси́н|ый [14] Gänse...; (*fig.*) ~ая ко́жа *f* Gänsehaut; ~ые ла́пки *pl.* (*fig.*) Krähenfüße; ~ая трава́ *f* ⚘ Gänsefuß *m.*
гу́с|ли ♪ *f/pl.* [6; *gen.*: -лей] *Art* (liegende) Harfe *f*; **~ля́р** *m* [1; -a *u.* -á; *pl. e.*: -ы́] Harfenspieler.
густ|е́ть [8; *nur 3. Pers.*], <за-> dicht (*od.* dick) werden; **~о́й** [14; *K. f*: густа́; *comp. mst* гу́ще] dicht; dick; buschig; satt (*Farbe*); tief (*Stimme*); **~ота́** *f* [5] Dichtheit; Dicke.
гусы́ня *f* [6] Muttergans.
гусь *m* [4; *ab g/pl. e.*: -се́й] Gans *f*; (жа́реный) ~ Gänsebraten; (*fig.*) хоро́ш (*od.* како́в) ~ lockerer Zeisig; с него́ как с гу́ся вода́ F an ihm prallt alles ab.
гуся́т|ина *f* [5] Gänsefleisch *n*; **~ник** *m* [1] Gänsestall.
гуто́рить P [13] schwatzen, plaudern.
гуттапе́рча *f* [5] Guttapercha.
гу́ща *f* [5] (dicker) Bodensatz *m*; Dickicht *n.*
ГЭС (гидроэлектри́ческая ста́нция *f*) Wasserkraftwerk *n.*
гюйс ⚓ *m* [1] Gösch *f.*
гяу́р *m* [1] Giaur, Andersgläubige(r).

Д

Д, д *n u. m* (*s.* A) D, d *n.*
да ja; und; aber; auf daß, damit; doch (*bei imp.*); ~ и und, bis; ja sogar; ~ и то́лько in einem fort; es (*u. conj.*); ~ здра́вствует ...! es lebe ...!; ~ что вы! was Sie sagen!; ~ чтобы es soll aber.
дабы́ damit, auf daß, um (zu).
дава́ть [5], <дать> [дам, дашь, даст, дади́м, дади́те, даду́т; дал, -а́, -о; не́ дал, не дала́, не́ дало; да́нный (дан, -а́)] geben; (*Unterricht usw.*) erteilen; lassen; (*Gelübde*) ablegen; (*Eid*) leisten; да́й(те) *od.* дава́й(те) laß(t) uns, wir wollen; wohlan; дава́й, дава́й! F los, los!, dalli, dalli!, ни дать ни взять ganz gleich, auf ein Haar; ~ доро́гу *od.* ме́сто Platz machen, ausweichen; ~ знать wissen lassen, mitteilen; ~ вперёд vorgeben; ~ напрока́т verleihen, vermieten; ~ показа́ние eine Aussage machen; ~ ход де́лу et. in Gang bringen; ~ свет das Licht einschalten; **-ся** sich (*anziehen, fangen usw.*) lassen; gelingen; не -ся в обма́н sich nicht betrügen lassen; э́то ему́ не даётся das fällt ihm schwer, das will ihm nicht (recht) gelingen; P -ся ди́ву sich wundern.
да́веча P kurz vorher, eben erst.
да́вешний P [15] vorig.
дави́ть [14] **1.** <за-, раз-> drücken; **2.** <при-, с->, *einm.* <давну́ть> [20] zs.-drücken, (zs.-)drängen; **3.** <у-> (er)würgen; у меня́ да́вит грудь ich habe Brustbeklemmung; **4.** <вы́-> (aus)pressen; **-ся** F sich erhängen; -ся ко́стью an e-r Gräte ersticken.
да́вка *f* [5] Gedränge *n.*
давле́|ние *n* [12] Drücken; Druck *m*; Pressen; (*fig.*) Beklemmung *f*; ~ние во́здуха Luftdruck *m*; маши́на *f* высо́кого (ни́зкого) ~ния Hoch- (Nieder-)Druckmaschine; кровяно́е ~ние Blutdruck *m*; **~ный** ('dav-) [14] zerdrückt.
дав|не́нько ziemlich lange her; **~ний** ('dav-) [15] längst gewesen, längst vergangen, alt; **~ни́шний** [15] von längst her (bekannt), alt.
дав|но́ längst, (seit) lange(m); ~но́ пора́ es ist hohe Zeit; **~нопроше́дший** [17] längstvergangen; ~нопроше́дшее вре́мя *n* Plusquamperfekt; '**~ность** *f* [8] ⚖ Verjährung.
давны́м-давно́ schon längst.
даёшь! F her damit!; wollen wir ...!
да́же sogar; ~ не nicht einmal; ~ он был там selbst er war da.
да́кать F [1], <да́кнуть> [20] ja sagen.
да́ктиль *m* [4] (*lit.*) Daktylus.
далё|кий [16; -лёк, -лека́, -лёко *u.* -леко́; *comp.* да́лее *u.* да́льше] weit, fern (от P von); далеко́ не F durchaus nicht, nicht im entferntesten, bei weitem nicht; и так да́лее und so weiter; мы с ним ~кие лю́ди (er *u.* ich) wir sind einander fremd; далеко́ за (B) weit nach (*Zeit*); weit über (*Menge*); **~че** P (-'ļe-) weit.
даль *f* [8; в дали́] Weite, Ferne; **~невосто́чный** [14] des Fernen Ostens, fernöstlich; '**~ний** [15; *comp. u. sup.* -не́йший] weit, entfernt; weitläufig (*Verwandter*).
дально|бо́йный ⚔ [14] weittragend; **~ви́дный** [14; -ден, -дна] scharfsichtig; weit-, um-sichtig; **~зо́ркий** [16; -рок, -рка] weitsichtig; **~ме́р** *m* [1] Entfernungsmesser; **~сть** ('daļ-) *f* [8] Entfernung; Reichweite; Bereich *m*; полёт *m* на ~сть Langstreckenflug.
да́льше *s.* далёкий.
да́мба *f* [5] Damm *m*, Wehr *n.*
да́м|ка *f* [5; *g/pl.*: -мок] Dame (*im Brettspiel*).
Дании́л *m* [1], **Дани́ла** P *m* [5] Daniel.
Да́ния *f* [7] Dänemark *n.*
да́н|ный [14] *s.* дава́ть; gegeben; ~ные *n/pl.* Daten, Beweisgründe *m/pl.*, Angaben *f/pl.*; Tatbestand *m.*
да́нсинг *m* [1], *a.* **~-хо́лл** Tanzlokal *n.*
данти́ст *m* [1] Dentist, Zahnarzt, Zahntechniker.
дань *f* [8] Zins *m*, Tribut *m.*

дар *m* [1; *pl. e.*] Geschenk *n*; (*fig.*) Gabe *f*; святы́е **~ы́** *pl.* heilige Sakramente *n/pl.*

дари́ть [13; дарю́, да́ришь], <по-> [пода́ренный] (Д/В *od.* В/Т *j-m et.*) schenken, (*j-n*) beschenken (mit); дарёному коню́ в зу́бы не смо́трят (*Spr.*) einem geschenkten Gaul schaut man nicht ins Maul.

дармое́д *m* [1] Schmarotzer.

даро|ва́ние *n* [12] Begabung *f*, Talent; **~ва́ть** [7] (*im*)*pf.* geben, schenken; **~ви́тый** [14*K.*] begabt, fähig; **~во́й** [14] geschenkt; Frei...; **~вщи́н(к)а** *f* [5] Geschenkte(s) *n*; на ~вщи́нку F auf fremde Kosten.

да́ром umsonst, unentgeltlich, gratis; vergebens; (не) ~ (nicht) ohne Grund; ~ что ungeachtet, wenn auch; э́то тебе́ ~ не пройдёт F das wird dir nicht geschenkt; э́то не ~ доста́лось das hat Mühe gekostet.

да́рственный [14] Schenkungs...

Да́рья *f* [6] Darja (*Vn.*).

да́та *f* [5] Datum *n.*

да́тельный [14]: ~ паде́ж *m* (*Gram.*) Dativ, Wemfall.

дати́ровать [7] (*im*)*pf.* datieren, mit Datum versehen.

да́тский [16] dänisch.

датча́нин *m* [1; *pl.*: -ча́не, -ча́н] Däne.

дать *s.* дава́ть.

да́ч|а *f* [5] Geben *n*; Auszahlung; Dosis; Landhaus *n*, Villa, Sommerwohnung; на ~е auf dem Lande, in der Sommerfrische; на ~у aufs Land; лесна́я ~а Forstrevier *n*; **~ник** *m* [1] Villenbewohner; Sommerfrischler; **~ный** [14] Land..., Landhaus..., Villen...; ~ная ме́стность *f*, ~ное ме́сто *n* Sommerfrische *f*, -aufenthalt(sort) *m.*

Да́ша *f* [5], **Да́ш(ень)ка** *f* [5] *dim. v.* Да́рья.

дая́ние *n* [12] *s.* дар.

два *m u. n* [34], две *f* zwei; ни два ни полтора́ F weder Fisch noch Fleisch; в два счёта F im Handumdrehen; ум хорошо́, а два лу́чше (*Spr.*) vier Augen sehen mehr als zwei.

двадцати... (*in Zssgn*) zwanzig..., von zwanzig, *z.B.* **~ле́тие** *n* [12] Zeitraum *m* von zwanzig Jahren; Zwanzigjahrfeier *f*; **~ле́тний** [15] zwanzigjährig.

двадца́|тый [14] zwanzigste(r); ~тая (часть) *f* Zwanzigstel *n.*

два́дцать [35; -ти́] zwanzig.

два́жды zweimal.

две *f* [34] *s.* два.

двенадцати... (*in Zssgn*) zwölf..., Zwölf..., *z.B.* **~гра́нник** *m* [1] (*Geom.*) Zwölfflach *n*, Dodekaeder *n.*

двена́дца|тый [14] zwölfte(r); ~тая (часть) *f* Zwölftel *n.*

двена́дцать [35] zwölf.

дверно́й [14] Tür...

две́рца *f* [5; *g/pl.*: -рец] *mst pl.* Türchen *n*; (Wagen-)Schlag *m*; откидна́я ~ Klapptür.

дверь *f* [8; на -ри́; *ab g/pl. e.*: -ре́й, *instr.*: дверя́ми *u.* дверьми́] Tür.

две́сти [36] zweihundert.

дви́гатель *m* [4] Förderer; Motor.

дви́гать [1 *od.* 3; дви́жимый], <дви́нуть> [20] (В *od.* Т) bewegen, rühren; ~ вперёд fortbewegen; **-ся** sich bewegen, sich rühren (с ме́ста vom Fleck); befördert werden; ⚔ marschieren.

движе́ни|е *n* [12] Bewegung *f*; Verkehr *m*; во́льные ~я (*Sport*) Freiübungen *f/pl.*

дви́жимость *f* [8] Beweglichkeit; bewegliche Habe, Mobilien *pl.*

дви́жущий [17] bewegend; Treib...

Двина́ *f* [5] Düna (*Fluß*).

дви́нуть *s.* дви́гать.

ДВК (**Дальневосто́чный край** *m*) Fernöstliches Gebiet *n.*

дво́е [37] zwei (zusammen); нас бы́ло ~ es waren unser zwei; на свои́х на двои́х F auf Schusters Rappen; **~бра́чие** *n* [12] Doppelehe *f*, Bigamie *f*; **~ду́шие** *n* [12] Doppelzüngigkeit *f*, Falschheit *f*; **~ду́шный** [14; -шен, -шна] doppelzüngig, falsch; **~же́нец** *m* [1; -нца] in Doppelehe Lebender, Bigamist; **~же́нство** *n* [9] Zweiweiberei *f*, Bigamie *f*; **~то́чие** *n* [12] Doppelpunkt *m*, Kolon.

двои́ть [13], <раз-> (in zwei Teile) teilen; verdoppeln; **-ся** sich gabeln; doppelt erscheinen, alles doppelt sehen; у меня́ двои́тся в глаза́х F ich sehe alles doppelt.

дво́й|ка *f* [5; *g/pl.*: дво́ек] Zwei (*im Kartenspiel usw.*); Paar *n*; **~ни** *m/f pl.* [6; *g/pl.*: дво́ен] (*koll.*) Zwillinge *m/pl.*; **~ни́к** *m* [1*e.*] Doppelgänger; Doppelfaden; **~но́й** [14] doppelt, zweifach; Doppel...; **~ня**

f [6] *s.* ~ни; **~ственный** [14] doppelt, zweifach; Doppel...; ~ственное числó *n* (*Gram.*) Dual(is) *m*, Zweizahl *f*; **~чáтка** ⚘ *f* [5; *g/pl.*: -ток] Zwillingsfrucht.
двор *m* [1*e.*] Hof; постоялый ~ Einkehrhaus *n*, Ausspann; на ~é auf dem Hof; draußen; пó ~у auf dem Hof; идти пó ~у über den Hof gehen; идти (*od.* выходить) со ~á aus-, weg-gehen; у негó ни колá, ни ~á (*Spr.*) er hat weder Haus noch Hof; не ко ~ý F nicht passend, nicht angebracht.
дворéц *m* [1; -рцá] Palast, Schloß *n*.
двóрник *m* [1] Hausknecht; Portier; „(механический) ~" (*Auto*) Scheibenwischer.
двóрня *f* [6] *koll.* (Hof-)Gesinde *n*, Hausleute *pl.*; **~га** (-'ŋa-) *f* [5], **~жка** (-'ŋaʃ-) *f* [5; *g/pl.*: -жек] Hofhund *m*.
дворó|вый [14] Hof..., Haus...; ~вые *pl.* (*hist.*) Gesinde *n*.
дворцóвый [14] Palast..., Schloß...; Hof...
дворян|и́н *m* [1; *pl.*: -ря́не, -ря́н] Adlige(r); Edelmann.
двоюрод|ный [14]: ~ный брат *m* Vetter, Cousin; ~ная сестрá *f* Base, Cousine.
двоя́кий [16] doppelt, zweifach.
дву... (*in Zssgn*) *vgl. a.* двух...
дву|бóртный [14] zweireihig, mit zwei Knopfreihen; **~весéльный** [14; -лен, -льна] zweirud(e)rig; **~глáвый** [14] zweiköpfig; ~глáвый орёл *m* Doppeladler; **~глáсный** [14] doppellautig; ~глáсный звук *m*, ~глáсная *f* Doppellaut *m*, Diphthong *m*; **~голóсный** [14] zweistimmig; **~жи́льный** P [14; -лен, -льна] zäh, kerngesund; **~колёсный** [14] zweiräd(e)rig; **~кóлка** *f* [5; *g/pl.*: -лок] zweirädriger Karrenwagen *m*; **~копы́тный** [14] zweihufig; (*Zool.*) ~копы́тное живóтное *n* Zweihufer *m*; **~крáтный** [14] zweimalig; **~лéтний** [15] zweijährig; **~ли́чие** *n* [12] Heuchelei *f*, Falschheit *f*; **~ли́чный** [14] heuchlerisch, falsch; **~óкись** ⚗ *f* [8] Dioxyd *n*; **~пáлый** [14] zweizehig; **~пóлый** [14] Zwitter...; Zwitter *m*; **~пóлье** ⚒ *n* [10] Zweifelderwirtschaft *f*; **~рóгий** [16] zweihörnig; **~рýшник** *m* [1] Doppelzüngler; **~рушни́чество** *n* [9] Doppelzüngigkeit *f*, Doppelspiel; **~смы́сленный** [14] zweideutig, doppelsinnig; **~сти́шие** *n* [12] Doppelvers *m*, Distichon; **~утрóбка** *f* [5; *g/pl.*: -бок] (*Zool.*) Beutelratte.
дву|х... (*in Zssgn*) *vgl. a.* дву...; **~хколéйный** 🚂 [14] zweispurig; **~(х)мéстный** [14] zweisitzig; **~(х)скáтный** [14]: ~(х)скáтная кры́ша *f* Satteldach *n*; ~(х)скáтная ошинóвка *f* ⊕ Doppelbereifung; **~(х)слóжный** (*Ling.*) [14] zweisilbig; **~хсмéнный** [14] in zwei Schichten; **~хсóтый** [14] zweihundertste(r); **~(х)спáльный** [14] zweischläf(e)rig; **~(х)ствóлка** *f* [5; *g/pl.*: -лок] Doppelflinte; **~(х)ствóльный** [14] zweiläufig; **~(х)ствóрчатый** [14] zweiflüg(e)lig; ~(х)ствóрчатая дверь *f* Flügeltür.
двучлéн ⅍ *m* [1] Binom *n*.
двуязы́чный [14] zweisprachig.
-де nämlich, das heißt, soll; sagt er.
дебати́ровать [7] debattieren, beraten.
дебéлый F [14 *K.*] wohlbeleibt, stark.
дéбет ⚚ *m* [1] Debet *n*, Soll *n*; занести́ в ~ = **~овáть** [7] (Д/В *j-n* mit *et.*) debitieren, belasten.
деби́т (dɛ-) ⊕ *m* [1] Ausströmungsmenge *f*.
дебитóр ⚚ *m* [1] Debitor, Schuldner.
дебóш *m* [1; *g/pl.* -шей] Skandal, Radau; **~и́рить** [13], ‹на-› skandalieren, randalieren.
дéбри *f/pl.* [8] Dickicht *n*; **Urwald** *m*; (*fig.*) Labyrinth *n*.
дебю́т *m* [1] (*Thea.*) Debüt *n*, erstes Auftreten *n*; **~áнт** *m* [1], **~áнтка** *f* [5; *g/pl.*: -ток] Debütant(in *f*); **~и́ровать** [7] (*im*)*pf.* debütieren.
дéва *f* [5] Jungfrau.
деваль|вáция *f* [7] Entwertung; **~ви́ровать** [7] (*im*)*pf.* entwerten.
девáть [1], ‹деть› [дéну, -нешь; дéнь(те)!; дéтый] hintun, hinlegen; (*irgendwo*) lassen; (*Geld*) ausgeben, verbrauchen; **-ся** (hin)geraten, hinkommen; кудá мне -ся? wo soll ich hin?, wo bleibe ich?
дéверь *m* [4; *pl.*: -рья́, -рéй, -рья́м] Schwager (*des Mannes Bruder*).
деви́з *m* [1] Devise *f*, Wahlspruch; **~а** ⚚ *f* [5] Devise.
деви́|ца *f* [5] Mädchen *n*, Jungfrau; **~чий** (*a.* 'ɖe-) [18] jungfräulich;

Mädchen...; ~чья ('de-) *f* Mädchenzimmer *n*; Spinnstube; ~чий монасты́рь *m* Nonnenkloster *n*; ~**чник** (-ʃn-) *m* [1] Polterabend.
де́вка *f* [5; *g/pl.*: -вок] Magd; P Jungfer; Dirne.
де́вочка *f* [5; *g/pl.*: -чек] kleines Mädchen *n*.
де́вствен|ник *m* [1] keuscher Junggeselle; ~**ница** *f* [5] keusche Jungfrau.
де́вушка *f* [5; *g/pl.*: -шек] (erwachsenes) Mädchen *n*.
девча́та F *f/pl.* [2] Mädels *pl.*
девчи́на P *f* [5] Dirne.
девчо́нка *f* [5; *g/pl.*: -нок] Mädchen *n*; Dirne.
девяно́|сто [35] neunzig; ~**стый** [14] neunzigste(r); ~стая (ча́сть) *f* Neunzigstel *n*.
девятер|и́к *m* [1*e.*] Neunpud- *od.* Neuntschetwerik-maß *n*, -gewicht *n*; neun (*z.B. Lichte*) auf ein Pfund; ~**но́й** [14] neunfach.
девяти|деся́тый [14] *s.* девяно́стый; ~**со́тый** [14] neunhundertste(r).
девя́т|ка *f* [5; *g/pl.*: -ток] Neun (*im Kartenspiel*); ~**на́дцатый** [14] neunzehnte(r); ~на́дцатая (часть) *f* Neunzehntel *n*; ~**на́дцать** [35] neunzehn.
девя́|тый [14] neunte(r); ~тая (часть) *f* Neuntel *n*.
де́вять [35*e.*] neun; ~**со́т** [36] neunhundert; ~**ю** neunmal.
дегаз|ацио́нный ⚔ ⚗ [14] Entgiftungs...; ~**а́ция** *f* [7] Entgiftung; ~**и́ровать** [7] (*im*)*pf.* ent-gasen, -giften.
дегенера́ция *f* [7] Degeneration, Aus-, Ent-artung.
дёготь *m* [4; дёгтя ('dɔx-)] Birkenteer; купи́ть дёгтю Teer kaufen; ло́жка дёгтя в бо́чке мёда F ein Tropfen Wermut im Freudenbecher.
деград|а́ция *f* [7] Degradation; ~**и́ровать** [7] (*im*)*pf.* degradieren.
дегтя́р|ник (dɪx-) *m* [1] Teerbrenner; ~**ня** *f* [6; *g/pl.*: -рен] Teerbrennerei.
дегуст|а́тор *m* [1] Geschmackprüfer; ~**и́ровать** [7] (*im*)*pf.* durch Schmecken (die Güte) prüfen, feststellen.
дед *m* [1] Großvater; двою́родный ~ Großonkel.
де́довский [16] großväterlich.
де́душк|а *m* [5; *g/pl.*: -шек] Großväterchen *n*, -papachen *n*; ваш ~а Ihr (Herr) Großvater; ~**ин** großväterlich.
деепричá́стие *n* [12] (*Gram.*) Gerundium.
дееспосо́бный [14; -бен, -бна] arbeitsfähig; ⚖ handlungsfähig.
дежу́р|ить [13] du jour (*od.* Dienst) haben; ~**ка** *f* [5] Dienstraum *m*; Zündflamme; ~**ный** [14] diensthabend, -tuend; du jour; ~ное блю́до *n* Stammgericht.
дезерти́р ⚔ *m* [1] Deserteur, Fahnenflüchtige(r); ~**овать** ⚔ [7] (*im*)*pf.* desertieren, davonlaufen, ausreißen.
дезин|тегра́тор ⊕ *m* [1] Hammermühle *f*; ~**фе́кция** *f* [7] Desinfektion, Entseuchung; Entlausung; ~**фици́ровать** [7] (*im*)*pf.* desinfizieren, entseuchen.
дезорганизова́ть [7] (*im*)*pf.* desorganisieren, zerrütten.
дезориента́ция (dɛ-) *f* [7] Desorientierung, Irreleitung.
де́йстви|е *n* [12] Wirkung *f*; Handlung *f*; (*Thea.*) Aufzug *m*, Akt *m*; ⚔ Operation *f*, Gefecht; боевы́е ~я *pl.* Kampfhandlungen *f/pl.*; еди́нство *n* ~й (*Pol.*) Aktionseinheit *f*; обра́тное ~е (*fig.*) Rückwirkung *f*; ⚖ rückwirkende Kraft *f*; поле́зное ~е ⊕ Nutzeffekt *m*; четы́ре ~я арифме́тики die vier Grundrechnungsarten *f/pl.*; предоста́вить кому́-нибудь по́лную свобо́ду ~й j-m volle Handlungsfreiheit lassen; име́ть свобо́ду ~й freie Hand haben; ока́зывать ~е Einfluß ausüben; привести́ в ~е in Gang bringen, ins Werk setzen.
действи́тель|ный [14; -лен, -льна] wirklich, tatsächlich; echt, gültig; ~ный зало́г *m* (*Gram.*) Aktiv *n*; ~ная слу́жба ⚔ *f* aktiver Dienst *m*; ~но in der Tat, tatsächlich.
де́йст|вовать [7], <по-> wirken, handeln; einwirken (на В auf *ac.*); ⚔ operieren; funktionieren; in Kraft sein (*Gesetze usw.*); замо́к не ~вует das Schloß schließt nicht; ~вующий geltend (*Recht usw.*); ~вующая а́рмия ⚔ *f* Feldarmee.
дека́брь *m* [4*e.*] Dezember.
декла|ма́ция *f* [7] Deklamation, Rezitation, Vortrag *m*; ~**ми́ровать** [7], <про-> deklamieren, vortragen.

деклара́ция † *f* [7] Deklaration, Erklärung; Wertangabe.
деко́кт *m* [1] Absud, Abgesottene(s) *n*.
декольт|е́ (dɛkaļ'tɛ) *n* [*unv.*] ausgeschnittenes (*od.* dekolletiertes) Kleid; **~иро́ванный** [14*K.*] dekolletiert.
декора́|тор *m* [1] Dekorateur; Dekorationsmaler; **~ция** *f* [7] Dekoration(smalerei); Attrappe, Schaupackung.
декре́т *m* [1] Dekret *n*, Verfügung *f*; **~и́ровать** [7] (*im*)*pf.* dekretieren, verfügen.
де́ланный [14*K.*] gemacht, gekünstelt, geziert.
де́лать [1], <c-> tun, machen, verfertigen; ~ честь zur Ehre gereichen; ~ не́чего F da ist nichts zu machen; от не́чего ~ F aus lauter Übermut; ~—так ~! wenn schon, denn schon!; **-ся** werden (T); geschehen, vorgehen; c~ *pf.* sich abfinden (c T mit); что с ним сде́лалось? was ist aus ihm geworden?; что у вас сде́лалось с гла́зом? was fehlt Ihnen am Auge?; что у вас де́лается до́ма? wie geht es bei Ihnen zu Hause?
делега́|т *m* [1] Delegierte(r), Abgeordnete(r); **~ция** *f* [7] Delegation, Abordnung.
делёж *m* [1 *e.*; *g*/*pl.*: -леже́й], **~ка** *f* [5; *g*/*pl.*: -жек] Teilung *f*; по дележу́ durch Teilung.
деле́ние *n* [12] Teilen, Teilung *f*; Division *f*; Teilstrich *m*, Skala *f*.
деле́ц *m* [1; -льца́] (guter) Geschäftsmann; (*ver.*) Macher.
деликат|е́с *m* [1] Delikatesse *f*, Leckerbissen; '**~ный** [14] zart(fühlend, -sinnig); schonend; höflich.
дели́мый [14*K.*] teilbar; дели́мое (число́) *n* Dividend *m*.
дели́тель *m* [4] Divisor.
дели́ть [13; -елю́, -е́лишь], <раз-> teilen; dividieren (на B durch); **-ся** (untereinander) teilen; sich teilen (на B in *ac.*); -ся чу́вствами einander die Gefühle mitteilen.
дели́шко † *n* [9; *pl.*: -шки, -шек] kleines Geschäft, Geschäftchen.
де́л|о *n* [9; *pl. e.*] Sache *f*; Angelegenheit *f*; Tat *f*; Werk, Handlung *f*, Leistung *f*; Amt, Beruf *m*; † Geschäft(sunternehmen); Prozeß *m*, Rechtshandel *m*; Akte(nstück *n*) *f*; Gefecht, Schlacht *f*; бума́жное ~о Papierfabrikation *f*; вое́нное ~о Kriegs-wesen, -kunst *f*; ли́чное ~о Personalpapiere *n*/*pl.*; по ли́чному ~у in e-r Privatsache; подши́ть к ~а́м zu den Akten heften; держа́ться су́ти ~а beim Wesen der Sache bleiben, nicht abschweifen; говори́ть ~о F zur Sache sprechen; то и ~о in einem fort; име́ть ~о zu tun haben (c T mit); в чём ~о? um was handelt es sich?, was gibt's?; ~о в том die Sache ist die, es liegt (eben) daran; в том то и ~о F darauf kommt es eben an; мне ~а нет до него́ er geht mich nichts an; что вам за ~о? was geht das Sie an?; за чем (за кем) ~о ста́ло? woran (an wem) liegt es?; у меня́ ~о к нему́ ich habe ein Anliegen an ihn; на ~е praktisch; на (*od.* в) са́мом ~е in der Tat, in Wirklichkeit, wirklich; по ~а́м in Geschäften, geschäftlich; как ~а́? F wie geht's?; моё ~о сторона́ F damit habe ich nichts zu tun; ~о в шля́пе F die Sache geht in Ordnung.
дело|ви́тый [14*K.*] sachlich; **~во́д** *m* [1] Schriftführer.
дело|во́й [14] (geschäfts)tüchtig; Geschäfts...; Arbeits...; ~ва́я бума́га *f* Aktenstück *n*.
де́льный [14; *K. nur*: -но; -не́е] tüchtig, gescheit; vernünftig; Arbeits...; э́то де́льно F das hat Hand und Fuß.
деля́нка *f* [5; *g*/*pl.*: -нок] Waldparzelle.
деля́чество *n* [9] Geschäftemacherei *f*.
демаркацио́нный [14] Demarkations..., Scheide...
демилитариза́ция *f* [7] Entmilitarisierung.
демобилиз|а́ция *f* [7] Demobilisation; **~ова́ть** [7] (*im*)*pf.* demobilisieren.
демокра́тия *f* [7] Demokratie, Volksherrschaft.
де́мон *m* [1] Dämon, Teufel.
демонстр|а́ция *f* [7] Demonstration, Kundgebung; Beweis-, Vorführung, Beweis *m*; первома́йская ~а́ция Maidemonstration; **~и́ровать** [7] (*im*)*pf*, *a.* <про-> demonstrieren; beweisen; zeigen, vorführen.
демонта́ж *m* [1] Abmontierung *f*.
де́нди ('dɛn-) *m* [*unv.*] Geck, Stutzer, Dandy.

де́неж|ки *f/pl.* [5] (das liebe) Geld; **~ный** [14] Geld...; P reich.
денёк *m* [1; денька́] (lieber) Tag.
денни́к *m* [1 *e.*] (*Pferde-*)Box *f.*
денно́й [14] Tages...; am Tage; де́нно и но́щно F (bei) Tag und Nacht.
денско́й [16] *s.* день.
денщи́к *m* [1*e.*] Offiziersbursche.
день *m* [4; дня] Tag; днём am Tage, des Tages; на чёрный ~ F für den Notfall; ~ за́ ~ einen Tag um den (*od.* nach dem) andern; изо дня в ~ *od.* со дня на́ ~ Tag für Tag, täglich; ~ ото дня von Tag zu Tag, nach und nach; по це́лым дням tagelang; ~ денско́й den ganzen (lieben) Tag; на э́тих днях, на днях dieser Tage, nächstens; в три часа́ дня um drei (15) Uhr nachmittags; в ~ его́ (её) рожде́ния (а́нгела) an seinem (ihrem) Geburtstag (Namenstag); средь бе́ла дня F am hellichten Tag; тре́тьего дня vorgestern.
де́ньг|и *f/pl.* [де́нег, деньга́м] Geld *n*; ме́лкие **~и** Kleingeld *n*; нали́чные **~и** Bargeld *n*; он челове́к с **~ами** er ist bemittelt, er hat Geld.
деньжо́н(оч)ки *f/pl.* [5; *gen.*: -нок (-чек)] Geld *n*, Moneten *pl.*
департа́мент *m* [1] Departement *n*, Abteilung *f.*
депе́ша *f* [5] Depesche.
депо́ *n* [*unv.*] Depot, Niederlage *f.*
депози́т *m* [1] Depositum *n*, Einlage *f.*
депре́ссия *f* [7] Depression, gedrückte Stimmung.
депута́|т *m* [1] Deputierte(r), Abgeordnete(r); **~ция** *f* [7] Deputation, Abordnung.
дёрг P = дёрнул.
дёргать [1], <дёрнуть> [20] reißen, zupfen, ziehen (за B an *dat.*); дёрнуть F *pf.* veranlassen, anregen (zu); чёрт дёрнул меня́ (что́-нибудь сде́лать) P der Teufel hat mich geritten (das u. das zu tun); *vgl.* выдёргивать.
дерга́ч *m* [1 *e.*; *g/pl.*: -че́й] Wachtelkönig, Wiesenschnarcher (*Vogel*); ⊕ Nagelzieher.
дере|вене́ть [8], <о-> holzig werden; (*fig.*) steif werden, erstarren; **~ве́нский** [16] ländlich, landschaftlich; Land...; Dorf...; **~ве́нщина** *m/f* [5] Dorftölpel *m*, Bauern-trampel *m*, -trine *f*; **~ве́нька** *f* [5; *g/pl.*: -нек] Dörflein *n*; **~вня** (-ˈʒe-) *f* [6; *pl.*: -вни, -ве́нь, -вня́м] Dorf *n* (*ohne Kirche*); Land(gut) *n*; в **~вне** im Dorf; auf dem Lande; **~во** (ˈdʒe-) *n* [9; *pl.*: дере́вья, -вьев] Baum *m*; Holz; он как **~во** er ist der reine Holzklotz; родосло́вное **~во** (*fig.*) Stammbaum *m*; из-за дере́вьев ле́са не ви́дно (*Spr.*) man sieht den Wald vor lauter Bäumen nicht; **~вообде́лочный** [14] Holzbearbeitungs...; **~вору́бка** *f* [5; *g/pl.*: -бок] Baumfällmaschine; **~ву́шка** *f* [5; *g/pl.*: -шек] kleines (armes *od.* elendes) Dorf *n*; **~вцо́** *n* [9; *pl.*: -вца́, -ве́ц, -вца́м] Bäumchen; **~вя́нный** [14] hölzern; Holz...; **~вя́шка** *f* [5; *g/pl.*: -шек] Klotz *m* (*bsd. fig.*); Stelzfuß *m.*
держа́в|а *f* [5] Reich *n*, Staat *m*; Macht; **~ный** [14] regierend; mächtig.
де́ржаный [14*K.*] gebraucht, getragen; antiquarisch.
держа́ть [4] halten; (*Artikel*) führen; (*Korrektur*) lesen; ~ в ежо́вых рукави́цах F kurz halten; ~ в та́йне geheimhalten; ~ впра́во sich rechts halten; rechts gehen *od.* fahren; ~ пари́ wetten; ~ у́хо востро́ auf der Hut sein; ~ себя́ хорошо́ sich gut benehmen; ~ язы́к (за зуба́ми) verschweigen sein; ~ экза́мен eine Prüfung ablegen; **-ся** (за B *a.* P) sich (fest)halten (an *dat.*); -ся на (П) beruhen auf (*dat.*); держи́сь! halte durch!
дерз|а́ть [1], <~ну́ть> [20] wagen; **~а́ть** на (B) sich erkühnen (*od.* unterstehen) zu; **~и́ть** F [15; *ohne 1. Pers.*: -зи́шь], <на-> *j-m* frech kommen; ˈ**~кий** [16; -зок, -зка́, -о; -зче] frech, dreist; vermessen; он де́рзок на язы́к er hat ein freches Mundwerk; **~нове́нный** [14] kühn, vermessen.
дермо́ P *n* [9] Dreck *m*, Schund *m.*
дёрн *m* [1] (*koll.*) Rasen.
дерни́на *f* [5] Rasenstück *n.*
дерю́|га *f* [5], **~жина** *f* [5] grobes Gewebe *n*, Sackleinwand.
деса́нт *m* [1] Landung *f*; та́нковый ~ auf Panzern aufgesessene Infanterie; **~ный** [14] Landungs...
десе́рт *m* [1] Nachtisch, Dessert *n.*
де́скать *s.* -де.

десна́ *f* [5; *pl.*: дёсны, -сен, -снам] Zahnfleisch *n*.
де́спот *m* [1] Despot, Gewaltherrscher.
десть *f* [8; *ab g/pl. e.*: -те́й] Buch *n* (*Papier*).
де́сятеро [37] zehn (zusammen); нас бы́ло ~ es waren unser zehn.
десяти... (*in Zssgn*) zehn...; **~дне́вка** F *f* [5; *g/pl.*: -вок] Dekade; **~ле́тие** *n* [12] Jahrzehnt, Dezennium; **~ле́тка** *f* [5; *g/pl.*: -ток] zehnklassige Schule.
деся|ти́на *f* [5] Zehnte; Deßjatine (= 109,25 *Ar*); **~тирублёвка** P *f* [5; *g/pl.*: -вок] Zehnrubelschein *m*; **~ти́чный** [14] dezimal; Dezimal...; **~тка** (-ˈṣat-) *f* [5; *g/pl.*: -ток] Zehn (*im Kartenspiel*); **~тник** (-ˈṣat-) *m* [1] Aufseher; **~ток** (-ˈṣa-) *m* [1; -тка] zehn Stück *n/pl.*; ему́ идёт (*od.* пошёл) шесто́й ~ток er ist (*od.* steht) in den Sechzigern; он не ро́бкого ~тка F er ist nicht zaghaft; **~тый** (-ˈṣa-) zehnte(r); ~тая (часть) *f* Zehntel *n*; из пя́того в ~тое aus dem Hundertsten ins Tausendste; **~ть** (ˈḍe-) [35; -ти́] zehn; **~тью** (ˈḍe-) zehnmal.
дета́ль *f* [8] Detail *n*, Einzelheit; Nähere(s) *n*; дета́ли *pl.* Einzel-, Ersatz-teile.
детвора́ F *f* [5] (*koll.*) Kinderschar.
Дет|ги́з *m* [1] Staatsverlag für Kinderliteratur; **♀городо́к** *m* [1; -дка́] Ferienkinderlager *n*; **♀дом** *m* [1] Kinderheim *n*.
детёныш *m* [1; *g/pl.*: -шей] Junge(s) *n* (*v. Tieren*).
де́ти *pl.* [дете́й, де́тям, дете́й, детьми́, де́тях] (*pl. zu* дитя́ *u.* ребёнок) Kinder.
дети́на P *m* [5] junger (starker) Bursche.
де́тище *n* [11] Kind.
де́тки *f/pl.* [5; *gen.*: -ток] Kinderchen *n/pl.*
детона́ция *f* [7] Detonation, Knall *m*.
детоуби́й|ство *n* [9] Kindesmord *m*; **~ца** *m/f* [5] Kindesmörder(in *f*).
дет|площа́дка *f* [5; *g/pl.*: -док] Kinderspielplatz *m*; **~са́д** *m* [1; *pl. e.*] Kindergarten.
де́т|ский [16] kindlich; Kindes...; kindisch; ~ская *f* Kinderstube; **~ство** *n* [9] Kindheit *f*; с ~ства von Kindheit an; **~я́сли** *m/pl.* [4] Kleinkinderheim *n*.
дефи|ле́ *n* [*unv.*] Engpaß *m*; **~ли́ровать** [7], <про-> defilieren, vorüberziehen.
дефи́с *m* [1] Bindestrich.
дефля́ция *f* [7] Deflation, Einschränkung des Zahlungsmittelumlaufs.
деше|ве́ть [8; *nur 3. Pers.*], <по-> billig (*od.* wohlfeil) werden; **~ви́зна** *f* [5] Billigkeit, Wohlfeilheit; **~ви́ть** P [14; -влю́, -ви́шь] den Preis von *et.* herabsetzen; unterschätzen; **~вка** (-ˈʃɔf-) F *f* [5] *s.* ~ви́зна; **~вый** (-ˈʃɔ-) [14; дёшев, дешева́, дёшево; деше́вле] billig, wohlfeil; дёшево отде́латься F leichten Kaufes davonkommen; деше́вле всего́ am billigsten.
дешифри́ровать [7] (*im*)*pf.* dechiffrieren, entziffern.
де́ятель *m* [4] Wirkende(r), Faktor, Macher; **~ный** [14; -лен, -льна] tätig, wirksam.
джаз(-ба́нд) ♪ *m* [1] Jazz(kapelle) *f*.
дже́мпер *m* [1] Jumper.
джигитов|а́ть [7] Reiterkunststücke machen; **~ка** (-ˈtɔf-) *f* [5] Reiter(kunst)stück *n* (*der Kosaken usw.*).
джо́нка ⚓ *f* [5; *g/pl.*: -нок] Dschonke, Dschunke.
джу́нгли *f/pl.* [*gen.*: -глей] Dschungel *m*.
джут *m* [1] Jute *f*.
диа́гно|з ⚕ *m* [1] Diagnose *f*; **~стика** (-ˈnɔ-) *f* [5] Diagnostik.
диагона́ль *f* [8] (*Geom.*) Diagonale.
диама́т F *m* [1] (диалекти́ческий материали́зм) (*Phil.*) dialektischer Materialismus.
диа́метр *m* [1] (*Geom.*) Durchmesser.
диапазо́н ⊕ ⚡ *m* [1] Bereich.
диафра́гма *f* [5] Blende; (*Anat.*) Zwerchfell *n*.
диафрагми́ровать [7] (*im*)*pf.* abblenden.
ди́ва *f* [5] Diva, erste Sängerin *od.* Schauspielerin; (Film-)Star *m*.
дивер|са́нт ⚔ *m* [1] Saboteur (*an der Wehrkraft*); Volksschädling; **~сия** (-ˈʏɛr-) *f* [7] Sabotage, Zersetzung der Wehrkraft; Ablenkungsmanöver *n*.
дивиде́нд *m* [1] **Dividende** *f*, Gewinnanteil.

диви|зи́он *m* [1] ⚓ Division *f*; ⚔ Abteilung *f*; **~зио́нный** ⚔ ⚓ [14] Divisions...; Abteilungs...; **~зия** (-'zi-) ⚔ *f* [7] Division.

диви́ть [14; -влю́, -ви́шь], <у-> *v/t.* in Erstaunen setzen; **-ся,** <подиви́ться> (Д *od.* на В) sich wundern (über *ac.*), bewundern.

ди́вный [14; -вен, -вна] wundervoll.

ди́во *n* [9] Wunder(ding); на ~ ausgezeichnet, sehr gut; что за ~! F wunderbar!, ein wahres Wunder!; das ist gar nicht verwunderlich!

дие́та *f* [5] Diät; (Kranken-)Kost.

диете́тика *f* [5] Diätetik, Gesundheitslehre.

диети́ческий [16] Diät...; ~ стол *m* Krankenkost *f*.

ди́зель ⊕ *m* [4] Dieselmotor.

дизентер|и́йный [14] Dysenterie ...; **~и́я** ⚕ *f* [7] Dysenterie, rote Ruhr.

дика́р|ка *f* [5; *g/pl.*: -рок], **~ь** *m* [4 *e.*] Wilde(r).

ди́кий [16; *K.f*: -ка́] wild; roh, ungeschliffen (*Sitten usw.*); seltsam, befremdend; öde, wüst (*Gegend*); menschenscheu.

дикобра́з *m* [1] Stachelschwein *n*.

дико́вин|(к)а *f* [5; (*g/pl.*: -нок)] Wunderding *n*, Seltenheit; что за ~ка! was ist dabei Wunderbares!; **~ный** [14] wunderbar, seltsam.

дикта́нт *m* [1] Diktat *n* (*schriftliche Arbeit*).

диктов|а́ть [7], <про-> diktieren; vorschreiben; **~ка** (-'tɔ-) *f* [5; *g/pl.*: -вок] Diktieren *n*; Diktat *n*; под ~ку nach Diktat; unter dem Einfluß.

ди́ктор *m* [1] (*Radio*) Ansager.

ди́кция *f* [7] Diktion, Vortrags-, Ausdrucks-weise.

Дими́трий *s.* Дми́трий.

Дина́бург (*ehm.*) = Двинск.

дина́мика *f* [5] Dynamik, Kraftlehre.

дина́мо *n* [*unv.*] Dynamo *m*.

дина́стия *f* [7] Dynastie, Herrscher-familie, -geschlecht *n*.

диноза́вр *m* [1] (*Zool.*) Dinosaurus.

дипкурье́р *m* [1] (дипломати́ческий курье́р) diplomatischer Kurier.

директи́ва *f* [5] Direktive, Richtschnur; Weisung.

дире́ктор *m* [1; *pl. e.*: -pá] Direktor; ~-распоряди́тель *m* Betriebsdirektor.

дирек|три́са *f* [5] Vorsteherin, Direktrice; **~ция** (-'rɛk-) *f* [7] Direktion, Leitung.

дирижа́бль *m* [4] (lenkbares) Luftschiff *n*.

дири|жёр *m* [1] Dirigent, Kapellmeister; Tanzmeister; **~жёрский** [16] Dirigenten...; ~жёрская па́лочка *f* Taktstock *m*; **~жи́ровать** [7] (T) dirigieren, leiten.

дисгармо́ния *f* [7] Disharmonie, Mißklang *m*.

диск *m* [1] Diskus, Wurfscheibe *f*; (*Astr.*) Scheibe *f*; **~обо́л** *m* [1] (*Sport*) Diskuswerfer; **'~овый** [14] Scheiben...

диско́нт ☤ *m* [1] Diskont, Zinsabzug; **~и́ровать** [7] (*im*)*pf.* diskontieren.

дискообра́зный [14] scheibenförmig.

дислока́ция *f* [7] Dislokation, Versetzung.

диспансе́р (-'sɛr) *m* [1] (*ärztliche*) Beratungsstelle *f*, Sanatorium *n*; **~иза́ция** *f* [7] Krankenfürsorge.

диспе́тчер 🚂 *m* [1] Fahrdienstleiter; Dienststellenleiter; **~ский** [16]: ~ский пункт *m* Autoruf.

диспози́ция *f* [7] Disposition, Anordnung; Verfügung.

ди́спут *m* [1] Disput; Disputation *f*, (gelehrter) Streit; **~и́ровать** [7] disputieren, sich streiten.

диссерта́ция *f* [7] Dissertation.

диста́нция *f* [7] Distanz, Entfernung.

дистил|ли́ровать [7] (*im*)*pf.* destillieren, abziehen; **~лиро́вка** *f* [5], **~ля́ция** *f* [7] Destillation, Abziehen *n*.

дистрофи́я *f* [7] Dystrophie (*Ernährungsstörung*).

дисципли́на *f* [5] Disziplin, Zucht; Lehre; **~рный** (-'nar-) [14] Disziplinar...

дитя́ *n* [дитя́ти, дитя́ти, дитя́, дитя́тею, дитя́ти] Kind; *pl. s.* де́ти.

дифтер|и́т ⚕ *m* [1], **~и́я** *f* [7] Diphtheritis *f*, Rachenbräune *f*.

диффама́ция *f* [7] Verleumdung, Herabsetzung der Ehre.

диффере́нт ⚓ *m* [1] Trimmlage *f*.

дифференциа́льный & [14] Differenzial...

дича́ть [1], <о-> verwildern, menschenscheu werden.

дичи́на *f* [5] Wildbret *n*.

дичи́ться F [16; -чу́сь, -чи́шься] menschenscheu sein; (P) sich fürchten (vor *dat.*); (ver)meiden.

дичо́к *m* [1; -чка́] Wildling, wilder Baum.

дичь *f* [8] Wild *n*; Unsinn *m*; нести́ (*od.* поро́ть) ~ dummes Zeug (*od.* Unsinn) schwatzen, faseln.

длань *f* [8] (flache) Hand.

дли|на́ *f* [5] Länge; в **~ну́** der Länge nach; **~но́й** в (В) ... *od.* ... **~ны́** *od.* ... в **~ну́** ... lang.

длинно... (*in Zssgn*) lang..., *z.B.* ~во́лновый переда́тчик *m* Langwellensender; **~по́лый** [14*K.*] langschößig; **~ство́льный** ⚔ [14] Langrohr...; **~ты** (-ˈnɔtɨ) *f/pl.* [5] Weitschweifigkeiten.

дли́нный [14; -нен, -нна́, -о; -нне́е] lang; у него́ ~ язы́к F er hat eine große Klappe.

дли́тельный [14; -лен, -льна] langwierig; (*Gram.*) dauernd (*Aspekt*).

длить [13], <про-> (В *od.* Т) hinziehen, verlängern; **-ся** sich hinziehen, währen, dauern.

для (Р) für, zu, anläßlich; ~ того́ deswegen, deshalb; ~ того́, что́бы (*mit inf. od. pt.*) um zu; ~ чего́? weshalb?, weswegen?, wozu?; не́ ~ чего F es ist nicht notwendig; я́щик *m* ~ ча́я Teekiste *f*.

Дми́трий *m* [3] Demetrius (*Vn.*).

днев|а́лить ⚔ [13] Dienst haben; **~а́льный** [14] (*Stuben- usw.*) Dienst (*als Person*); Posten ohne Waffe; **~а́ть** [6] den Tag (*irgendwo*) zubringen; **~ка** ⚔ (ˈdnɔf-) *f* [5; *g/pl.*: -вок] Rasttag *m*; **~ни́к** *m* [1*e.*] Tagebuch *n*; (*Schule*) Aufgabenbuch *n*, Diarium *n*; ~ни́к боевы́х де́йствий Kriegstagebuch *n*; **~но́й** [14] Tages...

Днепр *m* [1 *e.*] Dnjepr (*Fluß*); **2о́вский** [16] den Dnjepr betreffend, Dnjepr...

Днепрогэ́с *m* [1] Dnjeprwasserkraftwerk *n*.

Днепропетро́вск *m* [1] (*früher* Екатериносла́в) Dnjeprpetrowsk *n* (*Stadt*).

Днестр *m* [1 *e.*] Dnjestr (*Fluß*); **2о́вский** [16] den Dnjestr betreffend, Dnjestr...

дни́ще *n* [11] Boden (*e-s Fasses*) *m*.

дно *n* [9; *pl.*: до́нья, -ньев] Boden *m*, Grund *m*; золото́е ~ (*fig.*) Goldgrube *f*; идти́ ко дну untersinken; **~очисти́тельный** [14] Bagger...; **~углуби́тель** *m* [4] Tiefenbagger.

до[1] (Р) bis (auf), bis zu; auf; an; vor; что ~ меня́ (каса́ется) was mich (an)betrifft; ~ того́ soweit; мне не ~ того́ ich bin nicht dazu aufgelegt.

до[2] ♪ *n* [*unv.*] C.

до... (*in Zssgn mst*) hinzu..., (da)zu...; vor...; *a.* aus = (bis) zu Ende.

доба́|вка *f* [5; *g/pl.*: -вок], **~вле́ние** *n* [12] Hinzufügung *f*, Ergänzung *f*; Zusatz *m*; *vgl.* доба́вок; **~вля́ть** [28], <~вить> [14] hinzufügen, ergänzen; **~вок** *m* [1; -вка] Zugabe *f*, Zuschlag; **~вочный** [14] ergänzend; Ergänzungs..., Zuschlags..., Einsatz, Zusatz...

до́бела́ (ganz) weiß; bis es weiß ist; раскали́ть ~ weißglühend machen.

добива́ть [1], <доби́ть> [-бью́, -бьёшь; -бе́й(те)!; -би́тый] völlig schlagen, den Rest geben; ganz zerschlagen; auch das letzte Stück zerschlagen; доби́ла таре́лки sie hat auch den letzten Teller zerschlagen; **-ся** (Р) streben, trachten (nach); sich bewerben um, erstreben; (*Achtung usw.*) erwerben; (*Geld*) machen, herausschlagen; -ся своего́ seine Absicht erreichen; таки́м о́бразом ничего́ не добьёшься F damit kommt man nicht weit.

добира́ть [1], <добра́ть> [-беру́, -рёшь; -брала́, -о; до́бранный] (*Zurückgebliebenes*) nachlesen *od.* einsammeln; (*Typ.*) aussetzen, zu Ende setzen; **-ся** (до Р) (*mit Mühe*) erlangen, erreichen; до него́ не доберёшься F bei ihm ist kein Ankommen.

до́блест|ный [14; -тен, -тна] mutig, heldenmütig; **~ь** *f* [8] Mut *m*, Heldenmut *m*.

добре́ть [8], <по-, раз-> zunehmen, stark werden; besser werden.

добро́ *n* [9] Gute(s); (до́брое де́ло) Wohltat *f*; Habseligkeiten *f/pl.*; добро́м gütlich, im guten; помина́ть добро́м im guten Andenken behalten; по добру́, по здоро́ву im guten *od.* im Frieden; *s. a.* до́брый.

добро|во́лец ⚔ *m* [1; -льца] Freiwillige(r); **~во́льный** [14; -лен,

-льна] frei-, gut-willig; **~детель** *f* [8] Tugend; **~детельный** [14; -лен, -льна] tugendhaft; **~душие** *n* [12] Gutmütigkeit *f*; **~душный** [14; -шен, -шна] gutmütig, gutherzig.

доброжелатель *m* [4], **~ница** *f* [5] Wohlwollende(r), Gönner(in *f*); **~ный** [14; -лен, -льна] wohlwollend, gewogen; относиться ~но к (Д) *j-m* gewogen sein; **~ство** *n* [9] Wohlwollen, Gunst *f*.

доброкачественный [14 *K.*] gut, von guter Qualität; ⚕ gutartig.

добронрав|ие *n* [12] Sittsamkeit *f*; **~ный** [14; -вен, -вна] (wohl-) gesittet, sittsam.

добросердеч|ие *n* [12] Gutherzigkeit *f*; **~ный** [14; -чен, -чна] gutherzig.

добросовестный [14; -тен, -тна] gewissenhaft.

добрососедский [16] gut nachbarlich.

доброта *f* [5] Güte, Herzensgüte.

добротный [14; -тен, -тна] dauerhaft, stark.

добрый [14; *K. f*: добра; добрейший] gut (нравом von Charakter); в ~ час! mit Gott!, glückauf!; всего доброго! alles Gute!; чего доброго am Ende gar, vielleicht (gar) noch; добро! gut! wohlan!; добро бы es wäre gut; добро пожаловать! willkommen!; люди доброй воли die Menschen, die guten Willens sind; твоя добрая воля F ganz wie du willst.

добряк *m* [1*e.*] gut(mütig)er Mensch.

добудиться [15] *pf.* (mit Mühe) aufwecken.

добы|вать [1], ‹добыть› [-буду, -дешь; добыл, добыла, добыло; добытый (добыт, добыта, добыто)] erwerben, gewinnen, erlangen; ausbeuten; **~ча** (-'bi-) *f* [5] Ausbeute; Beute; ~ча огня Raub *m* der Flammen.

довезти *s.* довозить.

доверен|ность *f* [8] Ver-, Zutrauen *n* (к Д zu); † ⚖ Vollmacht; по ~ности in (durch *od.* laut) Vollmacht, per Prokura; **~ный** [14] bevollmächtigt; Bevollmächtigte(r) *m*; Treuhänder *m*.

доверие *n* [12] Vertrauen (к Д zu).

доверху bis oben.

доверчивый [14] zutraulich, vertraulich.

довер|шать [1], ‹~шить› [16; -шу, -шишь; -шённый] vollbringen, vollenden; **~шение** *n* [12] Vollendung *f*.

доверять [28], ‹доверить› [13] (Д) vertrauen (auf *ac.*), *j-m* trauen; *j-m et.* anvertrauen; **-ся** sich verlassen (auf *ac.*).

довес *s.* привес.

довлеть [8; *nur 3. Pers.*] genügen, hinreichend sein.

довод *m* [1] Beweis(grund); **~ить** [15], ‹довести› [25] (до Р) (hin-) führen (bis [zu]); bringen (zu); ~ить до того, что ... dahinbringen, daß ...; **-ся** gelten (als); zufallen, zukommen; мне не довелось ... ich hatte keine Gelegenheit ...

довоенный [14] Vorkriegs..., Friedens...

довозить [15], ‹довезти› [24] (до Р) bringen (zu), fahren (bis [zu]).

доволь|ный [14; -лен, -льна] zufrieden (Т mit); ~но (das ist) genug, hinlänglich; ziemlich (viel); с меня (*od.* мне) этого ~но das genügt mir; с меня ~но! F ich hab's satt!, ~но бездельничать! genug gefaulenzt!; **~ствие** *n* [12] Genüge *f*, Hinlänglichkeit *f*; Überfluß *m*, Versorgung *f*, Beköstigung *f*; *a.* = **~ство** *n* [9] Zufriedenheit *f*; **~ствовать** [7] versorgen, versehen (Т mit); ~ствовать пищей (*od.* провизией) beköstigen, verpflegen, verproviantieren; **-ся**, ‹удовольствоваться› sich begnügen; versorgt werden.

довыборы *m/pl.* [1] (*Pol.*) Ergänzungs-, Nach-wahl *f*.

дог *m* [1] Dogge *f*.

догадаться *s.* догадываться.

догад|ка *f* [5; *g/pl.*: -док] (о П) Vermutung, Mutmaßung; **~ливость** *f* [8] Scharfsinn *m*; Ahnungsvermögen *n*.

дога|дываться, ‹~даться› [1] (о П) erraten, mutmaßen, ahnen.

доглядеть [11] *pf.* aufpassen; *mst* не ~ übersehen.

догмат *m* [1] Dogma *n*, Lehrsatz.

договаривать [1], ‹договорить› [13] zu Ende sprechen, ausreden; **-ся** (до Р) sich versteigen (zu); (о П) unterhandeln (wegen), verabreden, abmachen; договаривающийся vertragschließend.

договóр *m* [1] Vertrag; ~ о покýпке Kaufvertrag; **~ный** [14] vertragsmäßig; Vertrags...

догола́ ganz nackt, splitter(faser)-[nackt.]

догó|нка *f* [5] Einholen *n*, Einholung; **~ня́ть** [28], ‹догна́ть› [-гоню́, -гóнишь; дóгнанный] einholen.

догора́ть [1], ‹догорéть› [9] aus-, ver-brennen.

догрýзка *f* [5; *g/pl.*: -зок] Zu-[ladung.]

дода|ва́ть [5], ‹дода́ть› [дода́м, -да́шь, -да́ст, -дади́м, -дади́те, -дадýт; дóдал, додала́, дóдало; дóданный (-ан, -ана́, -о)] (da)zugeben; **~ток** (-'da-) *m* [1; -тка], **~ча** (-'da-) *f* [5] Zugabe *f*, Zuschuß *m*.

додéл|ывать, ‹~ать› [1] zu Ende machen, fertigmachen.

додýм|ываться, ‹~аться› [1] F auf e-n Einfall kommen.

доезжа́ть [1], ‹доéхать› [-éду, -éдешь; доезжа́й(те)!] (hin)fahren, kommen (до P bis [zu]); киломéтра два не доезжа́я до ... etwa 2 Kilometer vor ...

доéние *n* [12] Melken.

дожа́|ривать [1], ‹~рить› [13] durchbraten, gar braten.

дож|дева́ние *n* [12] Beries(e)lung *f*; **~деви́к** ⚘ *m* [1 *e.*] Staubpilz, Stäubling; Regenmantel; **~девóй** [14] Regen...; ~девóй зóнтик *m* Regenschirm; ~девóй червь *m* (*Zool.*) Regenwurm; **~дик** ('doʒ-) *m* [1] (leichter) Regen; **~ди́нка** F *f* [5; *g/pl.*: -нок] Regentropfen *m*; **~ди́ть** F [*unpers.*: -ди́т] es regnet, nieselt, sprüht; **~дли́вый** [14*K*.] regnerisch; Regen...; **~дь** *m* [4 *e.*] Regen; идёт (си́льный) ~дь es regnet (stark).

дожива́ть [1], ‹дожи́ть› [-живý, -вёшь; дóжил, -жила́, -о; дóжитый (дóжит, -та́, -о)] (до P) erleben; leben, existieren (bis zu); ~ до седы́х волóс ein hohes Alter erreichen; ~ недéлю в дерéвне das Wochenende auf dem Lande verbringen.

дожида́ться [1], ‹дожда́ться› [-дýсь, -дёшься; -да́лся, -ла́сь, -а́лóсь] (P) erwarten, warten (auf *ac.*); ~, что (*fig.*) es so weit bringen, daß; жду не дождýсь F ich kann es kaum erwarten.

дозарéзу † *s.* зарéз.

дозво|лéние *n* [12] Erlaubnis *f*, Bewilligung *f*; **~ля́ть** [28], ‹дозвóлить› [13] erlauben, gestatten.

дозвони́ться [13] *pf.* (*telefonisch*) erreichen, Anschluß bekommen (до P); klingeln, bis jemand öffnet.

дозна|ва́ться F [5], ‹дозна́ться› [1] ermitteln, feststellen; **~ние** (-'na-) *n* [12] ⚖ Ermitt(e)lung *f*.

дозóр ⚔ *m* [1] Spähtrupp, Streife *f*; ходи́ть ~ом patroullieren; **~ный** [14] Wacht...; Streifen...

дозрева́ть [1], ‹дозрéть› [8] aus-, nach-reifen.

дозыва́ться [1], ‹дозва́ться› [-зовýсь, -вёшься; -зва́лся, -звала́сь, -зва́лóсь] herbeirufen (*durch langes Rufen*).

доигрываться, ‹доигра́ться› [1] spielen bis; ~ до тогó, что ... es noch dahin bringen, daß ... (*von Unannehmlichkeiten*); вот и доигра́лся! F da hast du den Salat!

доискиваться [1], ‹доиска́ться› [3] (P) ausfindig machen, ermitteln.

дои́ть [13; дою́, дóишь; дóенный], ‹по-› melken; **-ся** Milch geben.

дóйный [14] milchend; Melk...

док ⚓ *m* [1] Dock *n*; пловýчий ~ Schwimmdock *n*; сухóй ~ Trockendock *n*.

дóка F *m* [5] Kenner; (großer) [Meister.]

дока|за́тельство *n* [9] Beweis (-grund *m*, -kraft *f*) *m*, Nachweis *m*; **~зывать** (-'ka-) [1], ‹~за́ть› [3] beweisen, nachweisen, dartun; überzeugen (Д *j-n*); P denunzieren (на B *j-n*).

дока́нчивать [1], ‹докóнчить› [16] beendigen.

дóкер *m* [1] Dockarbeiter.

доклáд *m* [1] Vortrag, Bericht, Referat *n* (о П über *ac.*); Anmeldung *f*; **~нóй** [14] zum Vortrag (bestimmt); Vortrags...; ~на́я запи́ска *f* Denkschrift; Aktennotiz; **~чик** *m* [1], **~чица** *f* [5] Vortragende(r), Referent(in *f*); **~ывать** [1] ‹доложи́ть› [16] hinzutun; vortragen, berichten, referieren; (о П) (an)melden; как о вас доложи́ть? wen soll ich anmelden?

докó|ле, ~ль so lange bis *od.* als; ~ле? wie lange?, bis wann?

дóкрасна́ bis zum Rotwerden, bis es rot ist.

докрича́ться [4; -чýсь, -чи́шься] *pf.* herbeirufen (*durch stetes Rufen*).

до́ктор *m* [1; *pl. e.*: -pá] Doktor, Arzt.
доктри́на *f* [5] Doktrin, Lehre.
доку́да bis wohin?
доку́ка P *f* [5] Belästigung.
докуме́нт *m* [1] Dokument *n*, Urkunde *f*.
докуча́ть [1] (Д/Т *j-n* mit *et.*) belästigen, bestürmen.
доку́чливый [14*K*.] zudringlich, lästig.
долбёж *m* [1*e*.], **~ка** *f* [5; *g/pl.*: -жек] ⊕ Zapfenloch *n*; F (*Schule*) Einpaukerei *f*.
дол|би́ть [14; -блю́, -би́шь; -блённый], <про-> aushöhlen, meißeln; ка́пля и ка́мень долби́т (*Spr.*) Steter Tropfen höhlt den Stein; (*Schule*) P sich einpauken; P einschärfen (*durch ständiges Wiederholen*).
долг *m* [1; в -у́; *pl. e.*: -ги́] Schuld *f*; Pflicht *f*, Schuldigkeit *f*; в ~ auf Kredit *od.* Borg; в долгу́ *od.* в долга́х in Schulden, verschuldet; по до́лгу слу́жбы in Amtspflicht, dienstlich.
до́лг|ий [16; до́лог, долга́, -о; *comp.* до́льше, до́лее, *poet. a.* до́ле] lang; (*fig.*) langwierig; э́то ~ая пе́сня F das ist eine lange Geschichte; откла́дывать в ~ий я́щик F auf die lange Bank schieben; ~о ли, ко́ротко ли F über kurz oder lang; до́лго ли до беды́ F wie schnell kann ein Unglück geschehen; до́лго ли застуди́ться F wie schnell kann man sich erkälten; во́лос до́лог, да ум коро́ток (*Spr.*) Lange Haare, kurzer Sinn.
долгове́чный [14; -чен, -чна] unverwüstlich.
долгово́й [14] Schuld(en)...
долго|вре́менный [14] lange während, langwierig; **~вя́зый** P [14*K*.] lang von Wuchs; **~игра́ющий** [17]: ~игра́ющая пласти́нка *f* Langspielplatte; **~ле́тие** *n* [12] langes Leben; **~ле́тний** [15] langjährig; **~но́жка** *f* [5; *g/pl.*: -жек] (*Zool.*) Schnake; **~но́сик** *m* [1] Rüsselkäfer; **~сро́чный** [14] auf längere Zeit (gegeben); ✝ lang-fristig, -sichtig (*Wechsel*); **~та́** *f* [5; *pl.*: долго́ты] Länge; Längengrad *m*; **~терпели́вый** [14*K*.] langmütig.
доле|та́ть [1], <~те́ть> [11] (до Р) fliegen (bis); (*Laut*) dringen bis (zu).
долж|а́ть [1], <за-> in Schulden geraten; **~ни́к** *m* [1*e*.] Schuldner; **'~но** [*unpers.*] man muß; не ~но man darf nicht; вам ~но Sie müssen; ~но́ быть wahrscheinlich, wohl, gewiß; **~ностно́й** [14] amtlich; Amts...; **'~ность** *f* [8] Amt *n*, Dienst *m*; **'~ный** [14; до́лжен, -жна́, -о́] schuldig, rückständig; verpflichtet; gehörig, gebührend; он до́лжен был (бу́дет) er mußte (wird müssen); *s.* до́лжно; **~о́к** *m* [1; -жка́] kleine Schuld *f*.
долива́ть [1], <доли́ть> [-лью́, -льёшь; -ле́й(те)!; до́ли́л, долила́, до́ли́ло; доли́тый (до́ли́т, -ли́та́, до́ли́то)] (hin)zugießen, zufüllen.
доли́на *f* [5] Tal *n*.
доложи́ть *s.* докла́дывать.
доло́й weg!; nieder!; hin-, herunter (damit)!; ша́пку ~! (den) Hut ab!; ~ поджига́телей войны́! nieder mit den Kriegsbrandstiftern!; уходи́ с глаз ~! F mach', daß du mir aus den Augen kommst!
долото́ *n* [9; *pl.*: -ло́та, -ло́т] Meißel *m*, Stechbeitel *m*.
до́лька *f* [5; *g/pl.*: -лек] Teilchen *n*; kleiner Anteil *m*; ~ апельси́на Apfelsinenscheibe.
до́льний [15] unten (*od.* im Tal) liegend.
до́люшка *f* [5; *g/pl.*: -шек] Los *n*, Schicksal *n*.
до́ля *f* [6; *ab g/pl. e.*: -ле́й] Teil *m*, Anteil *m*; ⩓ Bruch *m*; $^1/_{96}$ Solotnik *m* (*Gewicht* = $^1/_{22}$ g); Schicksal *n*, Los *n*; в восьму́ю до́лю (листа́) in Oktav(format); в э́том есть ~ и́стины darin liegt ein Körnchen Wahrheit; ~ здра́вого смы́сла ein Funke gesunden Menschenverstandes.
до́м *m* [1; и́з дому *u.* из до́ма; *pl. e.*: дома́] Haus *n*; Wohnung *f*; Familie *f*; ~ о́тдыха Erholungsheim *n*; ~ сою́зов Gewerkschaftshaus *n*; и́з дому aus dem Hause; на́ ~ nach Hause; на дому́ zu Hause; на до́ме auf dem Hause; *vgl. a.* до́ма *u.* домо́й.
до́ма zu Hause; у него́ не все ~ F er ist nicht ganz richtig im Kopf, er hat nicht alle Tassen im Schrank; **~шний** (-'maʃ-) [15] häuslich; Haus...; Hausgenosse *m*; Angehörige(r) *m*; ~шний стол *m* Hausmannskost *f*; по ~шнему häuslich, einfach; располага́йтесь по-дома́шнему

machen Sie sich's bequem, wie zu Hause.

до́мик *m* [1] Häuschen *n*; ка́рточный ~ (*fig.*) Kartenhaus *n*.

доміни́ровать [7] dominieren, beherrschen.

домино́ *n* [*unv.*] Domino(spiel).

доми́шко *m* [9; *pl.*: -шки, -шек] elendes Häuschen *n*.

домко́м *m* [1] (домо́вый комите́т) Hausverwaltung *f*.

домкра́т ⊕ *m* [1] Wagen-winde *f*, -heber.

до́мна ⊕ *f* [5; *g/pl.*: -мен] Hochofen *m*.

дом|ный ⊕ [14] Hochofen...; **~ная** печь *f* Hochofen *m*.

домо|ви́тый [14*K.*] häuslich, wirtschaftlich; **~владе́лец** *m* [1; -льца] Hausbesitzer; **~во́дство** *n* [9] Wirtschaft *f*, Haushaltung *f*; **~во́й** [14] Haus-, Polter-geist *m*.

домога́|тельство *n* [9] (P) Streben, Trachten (nach); Bewerbung *f* (um); **~ться** [1] (P) streben, trachten, (nach); sich bewerben (um).

домо́й nach Hause.

домо́к *m* [1; -мка́] Häuschen *n*.

домо|ро́щенный [14] zu Hause gezogen *od.* erzogen; F unbedeutend, hausbacken; **~се́д** *m* [1] Stubenhocker.

до́м-особня́к *m* [1; до́ма-особняка́] villenartiges Gebäude *n*, Einzelhaus *n*.

домо|строи́тельство *n* [9] Hausbau *m*; **~тка́нный** [14] hausgewebt; **~упра́в** *m* [1] (управля́ющий до́мом) Hausverwalter; **~управле́ние** *n* [12] Hausverwaltung *f*; **~хозя́ин** *m* [1; *pl.*: -зя́ева], **~хозя́йка** *f* [5; *g/pl.*: -я́ек] Hauswirt(in *f*); **~хозя́йство** *n* [9] Haushalt *m*; **~ча́дец** *m* [1; -дца] Hausgenosse; с ча́дами и **~ча́дцами** F mit Kind und Kegel.

домрабо́тница *f* [5] Haus-angestellte, -gehilfin.

до́мысел *m* [1; -сла] Vermutung *f*.

Дон *m* [1; на Дону́] Don (*Fluß*).

донага́ F splitternackt.

Донба́сс (Доне́цкий каменноуго́льный бассе́йн *m*) Donezkohlenbecken *n*.

доне́льзя bis aufs äußerste, außerordentlich.

доне|се́ние *n* [12] Bericht *m*, Berichterstattung *f*; **~сти́** *s.* доноси́ть.

доне́ц *m* [1; -нца́] Donkosak.

до́низу bis nach unten.

донима́ть [1], <доня́ть> [дойму́, -мёшь; до́нял, -а́, -о; до́нятый (-нят, -а́, -о)] aufreiben, *j-m* zusetzen, *j-n* quälen.

Дон Кихо́т *a.* **донкихо́т** *m* [1] (*fig.*) Phantast, weltfremder Idealist.

до́нник ♀ *m* [1] Steinklee.

до́нный [14] Boden...

до́нор ⚕ *m* [1] Blutspender.

доно́с *m* [1] Anzeige *f*, Denunziation *f*; **~и́ть** [15], <донести́> [25; -су́, -сёшь; -нёс, -ла́; -сённый] tragen *od.* bringen (bis zu); angeben, anzeigen, denunzieren (*a. mit* на В); berichten, Bericht erstatten (о П über *ac.*); **~чик** (-ˈnɔʃtʃ-) *m* [1] Angeber, Denunziant.

донско́й [16] donisch, am Don.

доны́не bis heutzutage, bis jetzt.

до́нышко *n* [9; *pl.*: -шки, -шек] kleiner Boden *m*.

доня́ть *s.* донима́ть.

доотва́ла † *s.* отва́л.

допека́ть [1], <допе́чь> [26] ausbacken; tadeln, zurechtweisen; *j-m* zusetzen.

допеча́тка *f* [5; *g/pl.*: -ток] Nachdruck *m*.

допива́ть [1], <допи́ть> [-пью, -пьёшь; до́пил, -а́, до́пило; -пе́й (-те)!; допи́тый (-та́, -о)] austrinken; **-ся** sich betrinken (до P bis).

допла́|та *f* [5] Nachzahlung; Nachporto *n*; **~чивать** [1], <**~ти́ть**> [15] nachzahlen.

доплыва́ть [1], <доплы́ть> [23] (hin)schwimmen bis (zu).

допо́длинный [14] tatsächlich, echt.

допоздна́ bis in die späte Nacht.

допол|не́ние *n* [12] Ergänzung *f*; Nachtrag *m*, Zuschlag *m*; **~ни́тельный** [14] ergänzend, nachträglich; Ergänzungs..., Zuschlags..., Nach-...; ~ни́тельная пло́щадь *f* zusätzlicher Wohnraum *m*; **~ня́ть** [28], <допо́лнить> [13] ergänzen, nachtragen.

допото́пный [14] vorsintflutlich.

допра́шивать [1], <допроси́ть> [15] befragen; (gerichtlich) verhören.

допре́жь P zuerst; früher.

допризы́вный ⚔ [14] vormilitärisch.

допро́с *m* [1] Befragung *f*; Verhör *n*; перекрёстный ~ Kreuzverhör *n*; **~ный** [14] Verhör...

допу|ска́ть [1], <**~сти́ть**> [15] zugeben, einräumen, gestatten, genehmigen; Zutritt gestatten, vorlassen; **~сти́мый** [14*K*.] zulässig, angängig; **~ще́ние** *n* [12] Zulassung *f*; Gestattung *f*.

допы́|тывать, <~та́ть> [1; допы́танный], **-ся** (от Р/о П aus *j-m et.*) herausbekommen, herauspressen.

до́пьяна́ bis man betrunken ist, bis zur Trunkenheit.

дора|ба́тывать, <~бо́тать> [1] die Arbeit an *et.* beenden; arbeiten bis; **-ся** sich erarbeiten (до Р *et.*); sich durch Überarbeitung *et.* zuziehen.

дораста́ть [1], <дорасти́> [25; -сту́, -стёшь; -ро́с, -ла́; -ро́сший] aus-, heran-wachsen; он ещё не доро́с, что́бы ... er ist noch nicht alt genug, um ...; не ~ (*fig.*) nicht gewachsen sein, nicht reif sein (до Р *e-r Sache od. für ac.*).

дорва́ться *s.* дорыва́ться.

доро́г|а *f* [5] Weg *m*, Straße; Reise; просёлочная ~а Feldweg *m*; больша́я ~а Landstraße; желе́зная ~а Eisenbahn; собира́ться в ~у sich reisefertig machen; ~ой *od.* в ~е auf der Reise, unterwegs; по ~е im Vorbeigehen, auf dem Wege; туда́ ему́ и ~а F das hat er auch verdient; ска́тертью ~а! F scher dich!

дорого|ва́тый [14*K*.] ziemlich teuer; **~ви́зна** *f* [5] Teuerung.

дорого́й [14; до́рог, -га́, -о; *comp.* доро́же] teuer, kostspielig; lieb.

доро́дный [14; -ден, -дна] wohlbeleibt; stattlich.

доро|жа́ть [1], <вз-, по-> teuer werden; **~жи́ть** [16; -жу́, -жи́шь] (Т) schätzen, viel geben (auf *ac.*); kargen (mit); **-ся** viel verlangen; (Т) hochschätzen.

доро́ж|ка *f* [5; *g/pl.*: -жек] Fußweg *m*, Pfad *m*; (*andersfarbiger*) Streifen *m*; (Treppen- *usw.*) Läufer *m*; беговая ~ка (*Sport*) Rennbahn; **~ный** [14] Wege...; Reise...; ~ные зна́ки *m/pl.* Verkehrszeichen *n/pl.*

дорыва́ться P [1], <дорва́ться> [-ву́сь, -вёшься; -ва́лся, -вала́сь] gierig herfallen (до Р über *ac.*); sich leichtsinnig stürzen in (*ac.*), durch Leichtsinn geraten in (*ac.*).

доса́|да *f* [5] Verdruß *m*, Ärger *m*; **~ди́тельный** [14; -лен, -льна] verdrießlich, ärgerlich; **~ди́ть** *s.* ~жда́ть; **~дливый** [14*K*.], **~дный** [14; -ден, -дна] verdrießlich, ärgerlich; мне ~дно es verdrießt mich; **~довать** [7] sich ärgern, ärgerlich sein (на В über *ac.*); **~жда́ть** [1], <~ди́ть> [15; -ажу́, -ади́шь] (Д/Т *j-n* mit *et.*) ärgern, belästigen.

досе́л|а́, ~ь bis jetzt; bis dahin.

доск|а́ *f* [5; *ac/sg.*: до́ску; *pl.*: до́ски, досо́к, -ска́м] Brett *n*; (Wand-) Tafel; кла́ссная ~а Wandtafel; кра́сная ~а Ehrentafel (*für Belobigungen*); набо́рная ~а (*Typ.*) (Setz-) Schiff *n*; распредели́тельная ~а ⚡ Schaltbrett *n*; от ~и́ до ~и́ von Anfang bis zu Ende, von A bis Z (*lesen*); поста́вить на одну́ до́ску auf gleiche Stufe stellen.

доска́|зывать [1], <~за́ть> [3] aus- (*od.* bis zu Ende) er-zählen.

доскона́льный [14; -лен, -льна] genau, richtig.

досло́вный [14] wörtlich, buchstäblich.

дослу́|живать [1], <~жи́ть> [16] (*seine Zeit*) ab-, aus-dienen; **-ся** (до Р) sich (v)erdienen, durch Dienen erlangen.

досма́тривать [1], <досмотре́ть> [9; -отрю́, -о́тришь; -о́тренный] zu Ende sehen; besichtigen, besehen; beaufsichtigen (*a. mit* за Т); не ~ übersehen, nicht bemerken.

досмо́тр *m* [1] Besichtigung *f*; **~щик** *m* [1] Besichtiger, Beseher, Beschauer; Aufseher.

доспева́ть [1], <доспе́ть> [8] reif werden, reifen.

доспе́хи *m/pl.* [1] (Aus-)Rüstung *f*.

досро́чный [14] vor dem Termin, noch nicht fällig; vorfristig.

доста|ва́ть [5], <доста́ть> [-ста́ну, -ста́нешь] (sich) ver-, herbeischaffen, bekommen; hervorholen, herunterholen; *v/i.* reichen, langen; у него́ не доста́нет ду́ху er hat nicht den Mut; э́того ещё не достава́ло das fehlte noch; до него́ руко́й не доста́нешь er ist unzugänglich; доста́нет на всех es langt für alle; **-ся** zuteil werden; ему́ ча́сто достаётся er bekommt oft Verweise (за В wegen); **~вка** (-ˈstaf-) *f* [5; *g/pl.*: -вок], **~вле́ние** *n* [12] Lieferung *f*, Zu-, Be-stellung *f*; с ~вкой (на ме́сто) franko geliefert; ~вкой на́ дом frei (ins) Haus; **~вля́ть** [28], <доста́вить> [14]

liefern, zustellen, bringen (в *od.* на В in *ac.od.* nach); be-, ver-schaffen; (*Freude usw.*) machen, gewähren; ˈ**~ток** *m* [1; -тка] Vermögen *n*; с ~тком vermögend, bemittelt; жить в ~тке genug zu leben haben; ˈ**~точный** [14; -чен, -чна] hinreichend, genügend; э́того для (*od.* с) меня́ ~точно das genügt mir.

дости|га́ть [1], <дости́гнуть> [21; *pt. a.*: -гнул], <дости́чь> [21; -сти́гну, -гнешь] (P) erreichen, erlangen, erringen, ausrichten (у P bei); (*Preis*) erzielen; gelangen (P *od.* до P bis); **~же́ние** *n* [12] Erreichung *f*, Errungenschaft *f*, Leistung *f*; **~жи́мый** [14*K*.] erschwinglich.

достове́рный [14; -рен, -рна] glaubwürdig, sicher.

досто́инство *n* [9] Wert *m*, Gehalt *m*; Verdienst; Vorzug *m*; (*amtliche*) Würde *f*.

досто́йный [14; -о́ин, -о́йна] (P) wert; würdig, achtenswert.

достопа́мятный [14; -тен, -тна] denkwürdig.

достопримеча́тельный [14; -лен, -льна] merkwürdig; bemerkenswert, sehens-wert, -würdig.

достоя́ние *n* [12] Vermögen, Eigentum; Erbschaft *f*, Erbe; всенаро́дное ~ Gemeingut des Volkes.

до́ступ *m* [1] Zutritt; ˈ**~ный** [14; -пен, -пна] zugänglich, erschwinglich.

досу́|г *m* [1] Muße *f*; на ~ге in den Mußestunden; **~жий** [17] müßig; ~жее вре́мя *n* Mußezeit *f*.

до́суха ganz trocken.

досчи́|тывать, <~та́ть> [1; досчи́танный] zählen (bis), auszählen; не -ся vermissen; конца́ не ~та́ешься man kommt an kein Ende.

до́сыта ganz satt, zur Genüge.

досю́да bis hierher.

досяг|а́ть [1], <~ну́ть> [20] (*a. mit* до P) erreichen; **~а́емый** [14*K*.] erreichbar.

дот *m* [1] (долговре́менная огнева́я то́чка) Maschinengewehr-Nest *n*, Artilleriekampfstand, Bunker.

дотла́ völlig, total.

дото́л|е, ~ь bis dahin; solange.

дото́шный F [14] pedantisch genau.

дотро́|гиваться [1], <~нуться> [20] (до P) an-, be-rühren, betasten.

доту́да bis dahin.

доупа́ду † *s.* упа́д.

доха́ *f* [5; *pl. st.*] Pelz *m* (*mit Fell nach innen u. außen*).

до́хлый [14] krepiert, verendet (*Tier*); matt, schwächlich.

дохля́тина P *f* [5] Aas *n*.

до́хнуть [21], <из-, по-> krepieren, verenden (*Tier*); му́хи до́хнут F es ist zum Sterben langweilig.

дохну́ть *s.* дыша́ть.

дохо́д *m* [1] Einnahme *f*; ~ы *pl.* Einkünfte; Einkommen *n*; чи́стый ~ Rein-, Netto-ertrag; **~и́ть** [15], <дойти́> [дойду́, -дёшь; дошёл, -шла́; -ше́дший] (до P) gelangen, kommen, gehen (bis [zu] *od.* an *ac.*); grenzen (an *ac.*); erreichen, sich belaufen (auf *ac.*); **~ный** [14; -ден, -дна] einträglich, gewinnbringend.

до́черин [19] töchterlich.

доче́рний [15] Tochter...

до́чиста ganz rein; vollständig, restlos.

дочи́|тывать, <~та́ть> [1; -чи́танный], <доче́сть> [-чту́, -чтёшь; -чёл, -чла́; -чтённый] (*Buch usw.*) lesen (до P bis [zu]); auslesen, zu Ende lesen.

до́чка *f* [5; *g/pl.*: -чек] Töchterchen *n*.

дочь *f* [*gen/dat/prpos.*: до́чери, *instr.*: -рью; *pl.*: до́чери, -ре́й, -ря́м, -рьми́, -ря́х] Tochter.

дошко́льник *m* [1] noch nicht schulpflichtiges Kind *n*, Junge.

до́шлый [14] durchtrieben, gerieben.

доща|но́й, ~тый (-ˈʃtʃa-) [14] brettern, aus Brettern; Bretter...

доще́чка *f* [5; *g/pl.*: -чек] Brettchen *n*; Täfelchen *n*.

доя́рка *f* [5; *g/pl.*: -рок] Melkerin.

дра́га ⊕ *f* [5] Goldwäsche; Baggernetz *n*.

драгоце́н|ность *f* [8] Kostbarkeit, Kleinod *n*; **~ный** [14; -це́нен, -це́нна] kostbar; ~ный ка́мень *m* Edelstein.

драже́ *n* [*unv.*] Dragée.

дразни́ть [13; дразню́, дра́знишь], <раз-> necken, reizen.

дра́ка *f* [5] Schlägerei, Rauferei.

драко́н *m* [1] Drache.

дра́ла P: (за)да́ть ~ davonlaufen.

дра́ма *f* [5] (*Thea.*) Drama *n*, Schauspiel *n*; **~ти́ческий** [16] dramatisch.

дра́н|ка *f* [5; *g/pl.*: -нок] Dachschindel; **~ь** *f* [8] (*koll.*) Dachschindeln *pl.*

дра́пать P [1] Reißaus nehmen.

драпиров|а́ть [7], <за-> drapieren; **~ка** (-ˈrɔf-) *f* [5] Drapierung.

дра́тва *f* [5] (Pech-)Draht *m.*

драть [деру́, -рёшь; дра́л, -а́, -о; дра́нный] **1.** <разо-> [разо́дранный] (zer)reißen; kratzen (*Wein usw.*); **2.** <со-> [со́дранный] (*Fell*) abziehen; (*fig.*) übervorteilen; **3.** <вы́-> (durch)prügeln; ziehen, zerren (за В an *dat.*); ~ го́рло F sich die Kehle wund schreien; ~ нос P wichtig tun, angeben; **-ся,** <по-дра́ться> fechten, sich schlagen.

драхва́ *f* [5] (*Zool.*) (Groß-)Trappe *f.*

драч|ли́вый [14*K.*] zänkisch; streitsüchtig; **~у́н** *m* [1*e.*] Zanksüchtige(r.)

дребеде́нь *f* [8] Unsinn *m*, Gewäsch *n*; Kitsch *m.*

дре́без|г *m* [1] Geklirr *n*, Klirren *n*; ~ги *pl.* Scherben *f/pl.*; разби́ть в ~ги in tausend Stücke zerschlagen; **~жа́ть** [4; *nur 3. Pers.*: -зжи́т] klirren.

древес|и́на *f* [5] Holzfaser; Holzstoff *m*; **~ный** (-ˈɣɛs-) [14] Baum-...; Holz...; ~ный спирт *m* Methylalkohol.

дре́вко *n* [9; *pl.*: -ки, -ков] Schaft *m*, Stange *f.*

дре́в|ний [15; -вен, -вня] alt, altertümlich, antik; **~ний** года́ми sehr alt, betagt; **~ность** *f* [8] Altertum *n*; ~ности *pl.* Altertümer, Antiquitäten.

древое́д *m* [1] (*Zool.*) Holz-bohrer, -fresser.

дрези́на *f* [5] Draisine.

дрейф ⚓ *m* [1] Drift *f*, Abtrift *f.*

дре́йфить P [14], <с-> zagen, zurückweichen.

дрейфова́ть ⚓ [7] driften, treiben.

дрель *f* [8] Drillbohrer *m.*

дрем|а́, дрёма *f* [5] Schlummer *m*; ⚘ Kuckucksblume; **~а́ть** [2], *einm.* <вздремну́ть> [20] schlummern, F duseln; ein Schläfchen machen; **~-о́та** *f* [5] Schläfrigkeit; Schlummer *m*; **~у́чий** [17] dicht; ~у́чий лес *m* Urwald.

дрени́ровать [7] (*im*)*pf.* dränieren, entwässern.

дрес|ва́ *f* [5] Kies *m*; **~вя́ный** [14*K.*] kiesig.

дрессиро́в|ка *f* [5; *g/pl.*: -вок] Dressur, Abrichtung; **~а́ть** [7] <вы́дрессировать> dressieren, abrichten; **~щик** *m* [1] Dresseur, Abrichter.

дро|би́лка ⊕ *f* [5; *g/pl.*: -лок] Schrotmaschine; **~би́льный** [14] zum Körnen (dienend); Körn...; **~би́на** *f* [5] Schrotkorn *n*; **~би́нка** *f* [5; *g/pl.*: -нок] Schrotkörnchen *n*; **~би́ть** [14; -блю́, -би́шь; -блён-ный], <раз-> zerstückeln; körnen, schroten; **-ся** zerfallen; **~бле́ние** *n* [12] Zerstück(e)lung *f*; Körnen; **~-блёный** [14] zerstückelt; körnig, gekörnt; **~бни́ца** *f* [5] Schrotbeutel *m*; ˈ**~бный** [14; -бен, -бна] zerteilt; Bruch...; ~бные това́ры *m/pl.* Kurzwaren *f/pl.*; ~бный стук *m* Geklapper *n*; ~бное число́ *n* Bruch (-zahl *f*) *m*; **~бови́к** *m* [1*e.*] F Schrotflinte *f*; **~бь** *f* [8; *ab g/pl. e.*: -бе́й] Bruchteil *m*; ⚕ Bruch *m*; (*koll.*) Schrot *m od. n*; бараба́нная ~бь (Trommel)Wirbel *m.*

дрова́ *n/pl.* [9] Brennholz *n*, Holz *n*; кто в лес, кто по ~ (*Spr.*) der eine sagt hü, der andere hott.

дро́вни *f/pl.* [6; дро́вне́й] Last-, Bauern-schlitten *m.*

дрово|загото́вка *f* [5] Holzaufbereitung, -beschaffung; **~ко́л** *m* [1] Holz-hauer, -hacker; **~се́к** *m* [1] Holz-fäller, -hacker; (*Zool.*) Holzbohrer, Holzkäfer.

дровя|ни́к *m* [1*e.*] Holzhändler; Holzschuppen; **~но́й** [14] Holz...

дро́ги *f/pl.* [5] Fuhrwagen *m* (*ohne Kasten*); (похоро́нные) ~ Leichenwagen *m.*

дро́гнуть 1. [21] frieren, (*vor Kälte*) frösteln; **2.** [20] *pf.* erbeben, schwanken, sich bewegen; ⚔ wanken (*Front, Feind*).

дрожа́ть [4; -жу́, -жи́шь] zittern, beben (от Р vor *dat.*); vibrieren; (за В) fürchten (für), besorgt sein (um).

дрож|жево́й [14] Hefe...; ˈ**~жи** *f/pl.* [5; *ab g/pl. e.*: -же́й] Hefe *f.*

дро́жки *f/pl.* [-жек, -жкам] Droschke *f.*

дрожь *f* [8] Zittern *n*; Schauder *m*, Frösteln *n.*

дрозд *m* [1*e.*] Drossel *f*; **~о́вый** [14] Drossel...

дрок ⚘ *m* [1] Ginster.
дромадéр *m* [1] Dromedar *n*.
дрóтик *m* [1] Wurfspieß, Speer.
дрофá *f* [5; *pl. st.*] (*Zool.*) Trappe.
друг *m* **1.** [1; *pl.*: друзья́, -зéй, -зья́м] Freund (P *od.* Д von); закады́чный ~ Busenfreund; (*Anrede*) мой ~ mein Bester, Liebster; **2.** [*K. v.* другóй] ~ дрýга einander; ~ за дрýгом nacheinander, einer nach dem andern; ~ с дрýгом miteinander; *vgl. a.* сам-~.
дру|гóй [14] andere(r); zweite(r); оди́н за ~ги́м nacheinander, einer nach dem andern.
дрýжба *f* [5] Freundschaft; не в слýжбу, а в дрýжбу F als Freundschaftsdienst.
друже|любие *n* [12] Freundlichkeit *f*; **~любный** [14] freundlich; **~ский** ('dru-) [16], **~ственный** ('dru-) [14] freundschaftlich; **~ство** ('dru-) *n* [9] Freundschaft *f*.
дружи́на *f* [5] Abteilung, Kommando *n*; (*ehm.*) Leibwache (*od.* Gefolge *n*) (*e-s Fürsten*); пожáрная ~ freiwillige Feuerwehr.
друж|и́ть [16; -жý, -жи́шь] gut Freund sein (с T mit); **1.** <по-> befreunden (с T mit); **2.** <у-> *j-m* e-n Gefallen erweisen *od.* tun, gefällig sein; **~и́ще** *m* [11] Herzensfreund, F altes Haus *n*; '**~ка** [5; *g/pl.*: -жек] **1.** *f* Seiten-, Gegen-stück *n*; **2.** *m* Brautführer; '**~ный** [14; -жен, -жнá, -о] freundschaftlich; einmütig, Hand in Hand; **~óк** *m* [1; -жкá] (liebes) Freundchen *n*.
дры́гать P [1], <дры́гнуть> [20] strampeln, zucken (*mit dem Fuß*).
дры́хнуть P [20 *od.* 21] fest schlafen.
дря́б|лый [14; дрябл, -лá, -о] welk, schlaff; **~нуть** [20] welk werden; gebrechlich werden.
дря́зги F *f/pl.* [5] Streitigkeiten, Gezänk *n*.
дрян|нóй F [14] lumpig, elend; **~ь** *f* [8] Kehricht *m*, Schmutz *m*; Schund *m*, Kitsch *m*; Gerümpel *n*; дéло ~ь F die Sache steht mulmig.
дрях|лéть [8], <о-> altersschwach (*od.* gebrechlich) werden; **~лый** ('dŗax-) [14; дряхл, -лá, -о] altersschwach, hinfällig, gebrechlich (T an *dat.*).
дуб *m* [1; *a.*: в -ý; *pl. e.*] Eiche *f*; Eichenholz *n*.
дубáсить P [15], <от-> (durch-) prügeln.

дуби́ль|ный [14] zum Gerben (gehörig); Gerb...; **~ня** *f* [6; *g/pl.*: -лен] Gerberei.
дуби́на *f* [5] Knüttel *m*; Dummkopf *m*, Flaps *m*.
дуби́ть [14; -блю́, -би́шь], <вы́-> gerben.
дублёр *m* [1] (*Thea., Film*) Double *n*.
дубли́ровать [7] eine Strecke gemeinsam befahren, *et.* mit *j-m* gemeinsam tun.
дубня́к *m* [1*e.*] Eichenwald.
дубо|вáтый [14*K.*] grob, klotzig; (*fig.*) schwer von Begriff; **~вый** (-'bɔ-) [14] eichen; Eichen...
дубрáва, дубрóва *f* [5] (Eichen-) Hain *m*; dichter Wald *m*, Urwald *m*.
дубьё *n* [10] (*koll.*) Knüttel *m/pl.*
дугá *f* [5; *pl. st.*] Bogen *m*; Krummholz *n* (*am Pferdegeschirr*).
дуго|вóй [14] Bogen...; ~вáя лáмпа ⚡ *f* Bogenlampe.
дудá *f* [5] Schalmei, Pfeife; и швец, и жнец, и в дудý игрéц (*Spr.*) er ist ein Tausendkünstler.
дудáк *m* [1*e.*] *s.* драхвá.
дудéть [11; *1. Pers. ungbr.*: -ди́шь] auf der Schalmei spielen; tuten.
дýдка *f* [5; *g/pl.*: -док] *s.* дудá; P дýдки! ja Kuchen!
дýдочка *f* [5; *g/pl.*: -чек] kleine Schalmei.
дýжка *f* [5; *g/pl.*: -жек] kleiner Bogen *m*; Henkel *m* (*am Eimer usw.*); Bügel *m* (*am Degengefäß usw.*).
дýл|о *n* [9] (*Gewehr-*)Mündung *f*; **~ьный** [14] Mündungs...; ~ьный чехóл ⚔ *m* Mündungsschoner.
дýльце ♪ *n* [11; *g/pl.*: -лец] Mundstück (*an Blasinstrumenten*).
дýма *f* [5] Gedanke *m* (о П an *ac.*); (*hist.*) Duma; (городскáя) ~ Stadt-, Rat-haus *n*; Stadtrat *m*, Stadtverordnetenversammlung; (Госудáрственная) ∼ Reichstag *m*, Duma; **~ть** [1], <по-> denken, glauben; beabsichtigen, gedenken; (о П *od.* про В) nachdenken (über *ac.*); bedenken, überlegen; и ~ть нéчего! F gar nicht dran zu denken!; дýмушку ~ть nach-sinnen, -brüten; **-ся** [*unpers.*] мне дýмается es scheint mir, es kommt mir vor.
дýмка F *f* [5; *g/pl.*: -мок] kleines Ohrenkissen *n*.
Дунáй *m* [3] Donau *f*.
дуновéние *n* [12] Blasen; Wehen; Hauch *m*.

Ду́нька *f* [5], **Ду́ня** *f* [6], **Дуня́ш(к)а** *f* [5] *dim. v.* Евдоки́я.

ду́пель *m* [4; *pl.*: -ля́, -ле́й] (*Zool.*) Pfuhl-, Doppel-schnepfe *f.*

дупли́|на *f* [5] kleine Höhlung; **~стый** [14*K.*] hohl (*bsd. v. Bäumen*); **~ть** [14] (*e-n Baum*) aushöhlen.

дупло́ *n* [9; *pl. st.*: ду́пла, ду́пел, ду́плам] Höhlung *f*; Zahnhöhle *f.*

ду́ра *f* [5] Närrin; **~к** (-'rak) *m* [1*e.*] Narr; ~к дурако́м ausgemachter Narr, Erzdummkopf; наби́тый ~к F kompletter Narr; оста́ться в ~ка́х F mit langer Nase abziehen; **~ле́й** P *m* [3] *s.* дура́к; **'~цкий** [16] närrisch, dumm; Narren...; **'~чество** *n* [9] Narrheit *f*; **~чи́на** *m* [5] Erznarr; **'~чить** [16], <о-> foppen; **-ся** Possen treiben, Dummheiten machen, albern sein; **~чи́ще** *m* [11] *s.* ~чи́на; **~чо́к** *m* [1; -чка́] kleiner Narr, Närrchen *n*; **~чьё** *n* [10] (*koll.*) Narrenvolk.

ду́рень *m* [4; -рня] Einfaltspinsel, F Kaffer.

дуре́ть [8], <о-> närrisch werden.

дурёха *f* [5] Närrin.

дури́ть [13] Possen treiben, albern sein.

дурма́н ⚘ *m* [1] Stechapfel; Bilsenkraut *n*; Tollkirsche *f*; **~ить** [13], <о-> betäuben.

дур|не́ть [8], <по-> häßlich werden; **~но́й** [14; ду́рен, -рна́, -о] schlecht; häßlich; ~на́я боле́знь *f* Geschlechtskrankheit; мне ду́рно mir ist unwohl *od.* übel; **~нота́** *f* [5] Häßlichkeit; Übelkeit, Schwindelanfall *m.*

ду́рочка *f* [5; *g/pl.*: -чек] kleine Närrin, Närrchen *n.*

дуршла́г *m* [1] Schaumkelle *f.*

дурь *f* [8] Albernheit, Eigensinn *m*; на него́ ~ нашла́ F er hat Raupen im Kopf.

ду́тый [14] aufgebauscht, übertrieben.

дуть [18] **1.** <по->, *einm.* <ду́нуть> [20] blasen; wehen (*Wind*); здесь ду́ет es zieht hier; он в ус не ду́ет F er läßt sich darüber keine grauen Haare wachsen; **2.** P <вз-> (durch-) prügeln; **-ся,** <наду́ться> sich aufblasen; schmollen, maulen (на В mit).

дух *m* **1.** [1] Geist; Mut; Stimmung *f*, Laune *f*; Gespenst *n*; Atem, Hauch; быть в ду́хе bei (guter) Laune sein; не в ду́хе schlecht gelaunt, mißgestimmt; у него́ нет ду́ху er wagt es nicht, er hat den Mut nicht; в моём ~е nach meinem Geschmack; P ду́хом im Nu, im Handumdrehen; одни́м ~ом in e-m Zuge; о нём ни слу́ху ни ~у F man hört nichts mehr von ihm; на духу́ in der Beichte; **2.** [1; *pl. e.*: -хи́] P Geruch; **~и́** *pl.* Parfüme *n/pl.*, Wohlgerüche *pl.*, Düfte *pl.*

духа́н *m* [1] Krug, kleines Gasthaus *n* (*im Kaukasus*).

ду́хов [19]: ~ день *m* Pfingstmontag.

духо|ве́нство *n* [9] (*koll.*) Geistlichkeit *f*; бе́лое ~ве́нство Weltgeistlichkeit *f*; чёрное ~ве́нство Klostergeistlichkeit *f*, Mönche *m/pl.*; **~ви́дец** *m* [1; -дца] Geisterseher; **~вка** (-'xɔf-) *f* [5; *g/pl.*: -вок] Bratofen *m*; **~вни́к** *m* [1*e.*] Beichtvater; **'~вный** [14] geistlich; geistig; ~вная *f* Testament *n*, Vermächtnis *n*; ~вный оте́ц *m* Beichtvater; ~вное лицо́ *n* Geistliche(r) *m*; **~во́й** [14] Atmungs..., Blas...; Luft...

духота́ *f* [5] Schwüle, erstickende Hitze.

душ *m* [1] Dusche *f*, Dusch-, Sturzbad *n*, Brause(bad *n*) *f*; принима́ть ~ sich duschen.

душа́ *f* [5; *ac/sg.*: ду́шу; *pl. st.*] Seele; Gemüt *n*; Geschöpf *n*; *ehm.* Leibeigene(r) *m*; ~ моя́ meine Liebe, mein Schatz *m*; жить ~ в ду́шу ein Herz und eine Seele sein; отвести́ ду́шу sich das Herz erleichtern; по душа́м говори́ть offen sprechen; от души́ von Herzen; у него́ ~ нара́спашку F er ist sehr offenherzig; у меня́ ~ в пя́тки ушла́ F das Herz ist mir in die Hosen gerutscht; у меня́ ~ не лежи́т к нему́ ich habe nichts für ihn übrig; как бог на́ душу поло́жит ganz gleich, wie es kommt; э́то мне (не) по душе́ das ist (nicht) nach meinem Sinn; ~ не принима́ет es ist mir zuwider; ни душо́й, ни те́лом не ... F ganz und gar nicht ...; ~-челове́к herzensguter Mensch *m.*

душе́|вный [14] Seelen..., Herzens...; ~вно herzlich, von Herzen; gemütvoll; **~гре́йка** *f* [5; *g/pl.*: -е́ек] Seelenwärmer *m* (*Kleidungs-*

stück); **~гу́б** *m* [1], **~гу́бец** *m* [1; -бца] Mörder; Seelenverderber; **~гу́бка** *f* [5; *g/pl.*: -бок] Mörderin; kleines Boot *n*, Paddelboot *n*; Vergasungswagen *m*.

ду́шенька *m/f* [5] Herzchen *n*, Herzliebchen *n*.

душе|полéзный [14; -зен, -зна] erbaulich; **~раздира́ющий** [17] herzzerreißend.

души́стый [14*K.*] duftend, wohlriechend.

души́ть [16] **1.** <за-> erwürgen; ersticken; quälen, plagen; schmoren, dämpfen; **2.** <на-> parfümieren.

ду́шка *m/f* [5] nettes Mädel *n*, netter Bursche *m*.

душни́к *m* [1*e.*] Luftrohr *n*, Ventilator; Ofen(röhren)klappe *f*.

ду́шный [14; -шен, -шна́, -о] schwül, drückend (heiß).

душо́к *m* [1; -шка́] übler Geruch; мя́со с душко́м F das Fleisch hat e-n Stich.

дуэ́ль *f* [8] Duell *n*, Zweikampf *m*; (*studentisch*) Paukerei.

ды́ба *f* [5] *ehm.* Folterbank; Wippgalgen *m*.

ды́бом sich sträubend, zu Berge (stehend) (*Haare*).

дыбы́: станови́ться на дыбы́ sich bäumen; он на дыбы́ F (*fig.*) er stemmte sich dagegen, stellte sich quer.

ды́лда P *m/f* [5] (*fig.*) Hopfenstange *f*.

дым *m* [1] Rauch; ⚔ (*künstlicher*) Nebel; ~коромы́слом tolles Durcheinander *n*, Höllenlärm; нет ды́ма без огня́ (*Spr.*) kein Rauch ohne Feuer, keine Wirkung ohne Ursache; **~и́ть** [14; -млю́, -ми́шь], <на->, **-ся** rauchen; **'~ка** *f* [5] Krepp(flor) *m*; **'~ный** [14] rauchig; **~ово́й** [14] Rauch...; ~ова́я труба́ *f* Schornstein *m*; **~озавéсчик** ⚓ *m* [1] Nebelboot *n*; **~о́к** *m* [1; -мка́] Rauchwölkchen *n*; **~охо́д** *m* [1] Rauchfang; **'~чатый** [14*K.*] rauchfarben.

ды́н|ька *f* [5; *g/pl.*: -нек] kleine Melone; **~я** *f* [6] Melone.

дыр|а́ *f* [5; *pl. st.*] *mst pl.* Loch *n*; в ды́рах voll(er) Löcher, durchlöchert; **'~ка** *f* [5; *g/pl.*: -рок], **~око́л** *m* [1] Locher (*für Papier*); **'~очка** *f* [5; *g/pl.*: -чек] Löchlein *n*; **~я́вить** P [14], <про-> durchlöchern; **~я́вый** [14*K.*] löch(e)rig, voll(er) Löcher, durchlöchert; ~я́вая голова́ *f* kurzes Gedächtnis *n*.

ды́ха|ло *n* [9], **~льце** *n* [11; *g/pl.* -лец] (*Anat.*) Luftröhre *f*; **~ние** (-'ха-) *n* [12] Atmen; Atem *m*, Odem *m*; с затаённым ~нием mit angehaltenem Atem; **~тельный** (-'ха-) [14] Atmungs...

дыша́ть [4], <дохну́ть> [20] atmen, Atem holen; wehen (*Wind*); ~ мщéнием Rache schnauben; éле ~ *od.* ~ на ла́дан F mit e-m Fuß im Grabe stehen.

ды́шло *n* [9] Deichsel *f*.

дья́вол *m* [1] Teufel; **~ьщина** *f* [5] Teufelei.

дьячо́к *m* [1; -чка́] Küster.

дю́жесть *f* [8] Leibesstärke, Kraft.

дю́жий [17; *K. f*: -жа́] kräftig, stark; stämmig; P дю́же sehr.

дю́жин|а *f* [5] Dutzend *n*; **~ами** *od.* по ~ам dutzendweise; **~ный** [14] dutzendweise (käuflich); ~ный человéк *m* Dutzend-, Alltagsmensch.

дюйм *m* [1] Zoll (= 0,025 *m*); **~о́вый** [14] einzöllig, einen Zoll dick (lang *usw.*).

дю́на *f* [5] Düne.

дюралюми́ний *m* [3; *prpos/sg.*: -ии] Duralumin *n*.

дя́гиль ⚘ *m* [4] Engelwurz.

дя́денька *m* [5] Onkelchen *n*.

дя́дин [19] dem Onkel gehörig.

дя́дька *m* [5; *g/pl.*: -дек] Onkelchen *n*; Kinderwärter; P Instrukteur, Drillmeister (*in Militäranstalten*).

дя́дюшка *m* [5] Onkelchen *n*.

дя́дя *m* [6; *g/pl.*: -дей] Onkel, Oheim.

дя́тел *m* [1; -тла] Specht.

Е

Е, е *n u. m* (*s.* А) **E, e** *n.*
'Ева *f* [5] Eva.
ева́нгелие *n* [12] Evangelium.
Евге́ни|й *m* [3] Eugen; **~я** *f* [7] Eugenie.
Евдоки́я *f* [7] Eudoxia (*Vn.*).
е́внух *m* [1] Eunuch, Verschnittene(r).
евра́шка *f* [5; *g/pl.*: -шек] Erdeichhörnchen *n.*
евре́й *m* [3] Hebräer, Jude.
Евро́|па *f* [5] Europa *n*; **2пе́ец** *m* [1; -пе́йца] Europäer.
Евфра́т *m* [1] Euphrat.
е́гер|ский [16] Jäger...; **~ь** *m* [4; *pl.*: -ри *u.* -ря́] Jäger.
Еги́пет *m* [1; -пта] Ägypten *n.*
египтя́нин *m* [1; *pl.*: -я́не, -я́н] Ägypter.
егоза́ *m/f* [5] unruhige Person *f*, Quirl *m*, Wildfang *m.*
егоз|и́ть [15; -ожу́, -ози́шь] F unruhig sein; **~ли́вый** F [14*K.*] zapp(e)lig.
Его́р P *m* [1], **~ий** *m* [3; *prpos/sg.* -ии], *dim.* **~(уш)ка** *m* [5] Georg.
еда́ *f* [5] Essen *n*, Speise.
едва́ sobald; ~ (ли) kaum, schwerlich; ~ ли не fast, beinahe; ~-~ mit Müh und Not.
едине́ние *n* [12] Einigung *f.*
едини́|ца *f* [5] Eins (*a. schlechteste Zensur*); Einheit; ⅍ Einer *m*; **~чный** [14; -чен, -чна] einzeln; einmalig, selten.
едино... (*in Zssgn mst*) (all)ein..., gleich... (*vgl. a.* одно...); **~бо́жие** *n* [12] Monotheismus *m*; **~бо́рец** *m* [1; -рца] Zweikämpfer; **~бра́чие** *n* [12] Einehe *f*, Monogamie *f*; **~ве́рец** *m* [1; -рца] Glaubensgenosse; Altgläubige(r); **~вла́стие** *n* [12] Alleinherrschaft *f*; **~вре́менный** [14] einmalig; **~гла́сие** *n* [12] Einstimmigkeit *f*; Einklang *m*; **~держа́вие** *n* [12] Alleinherrschaft *f*; **~ду́шие** *n* [12] Einmütigkeit *f*, Eintracht *f*; **~кро́вие** *n* [12] Blutsverwandtschaft *f*; **~ли́чник** *m* [1] Einzelbauer; **~мы́сленник** *m* [1] Gleichgesinnte(r), Gesinnungsgenosse; **~обра́зный** [14; -зен, -зна] ein-, gleichförmig; **~племе́нник** *m* [1] Stammesgenosse; **~ро́г** *m* [1] (*Zool.*) Narwal; Einhorn *n*; **~су́щность** *f* [8] Wesenseinheit.
еди́нст|венный [14] einzig; **~венное число́** *n* (*Gram.*) Einzahl *f*, Singular *m*; **~во** *n* [9] Einheit(lichkeit) *f*; Einigkeit *f.*
еди́ный [14*K.*] einheitlich; einzig; (all)ein; ~ фронт *m* Einheitsfront *f*; все до еди́ного alle ohne Ausnahme.
е́дкий [16; е́док, едка́, -о; е́дче] scharf; ätzend; Ätz...; (*fig.*) beißend, bissig.
едо́к *m* [1*e.*] starker Esser; Feinschmecker.
ёж *m* [1*e.*; *g/pl.*: ежéй] Igel; **~-ры́ба** *f* Igelfisch *m.*
ежа́ ⚘ *f* [5] Knäuelgras *n.*
ежеви́ка ⚘ *f* [5] Brombeere.
ежеви́чник *m* [1] Brombeerdickicht *n.*
ежего́дник *m* [1] Jahresschrift *f.*
ежедне́вный [14] (all)täglich.
е́жели wenn, sobald (als).
ежеме́сячник *m* [1] Monatsschrift *f.*
ежеминýтный [14] jeden Augenblick; immer-fort, -während.
еженеде́льник *m* [1] Wochenschrift *f.*
еженóщный [14] (all)nächtlich.
ежеча́сный [14] (all)stündlich.
ёжик *m* [1] kleiner Igel; F (*Flaschen-, Glaszylinder-*)Bürste *f*; причёска *f* **~ом** Bürstenhaarschnitt *m.*
ёжиться [16], <съ-> sich krümmen; zs.-schrumpfen.
ежи́ха *f* [5] (*Zool.*) weiblicher Igel *m.*
ежо́вник ⚘ *m* [1] Hühnerhirse *f.*
ежо́|вый [14] Igel...; держа́ть в **~вых** рукави́цах *j-n* streng (*od.* kurz) halten.
езда́ *f* [5] Fahrt; верхова́я ~ Reiten *n*, Ritt *m.*
е́здить [15] (hin u. her) fahren, fahren (können); gleiten (по Д an *et.* entlang).

ездов|о́й [14] Fahr..., Führer..., zum Fahren dienend; Führer *m*; ~о́е свиде́тельство *n* Führerschein *m*.
ездо́к *m* [1*e.*] Reiter; Fahrer; Fahrende(r), Fahrgast.
езжа́лый [14] viel gereist; eingefahren (*Pferd*).
е́зженый [14 *K.*] gebahnt (*Weg*).
ей: ~-бо́гу! bei Gott!, so wahr Gott lebt!; ~-~!, ~-же-~! P wahrhaftig!
е́йный P [14] ihr gehörig.
ёкать [1], <ёкнуть> [20] klopfen (*Herz*).
е́ле: ~-~ kaum, mit Müh und Not.
еле́й *m* [3] Olivenöl *n*; Salböl *n*; ~ный [14] Öl...; (*fig.*) sanft, süßlich.
Еле́на *f* [5] Helene.
Елизаве́та *f* [5] Elisabeth.
ели́ко: ~ (возмо́жно) soviel (wie möglich).
ёлк|а *f* [5; *g/pl.*: ёлок] (kleine) Tanne; (рожде́ственская) ~а Christ-, Weihnachts-baum *m*; подари́ть на ~у *od.* к ~е Weihnachtsgeschenke machen.
ело́в|ник *m* [1] (*Zool.*) Kreuzschnabel, ~ый [14] tannen; Tannen...; ~ая ши́шка *f* Tannenzapfen *m*.
ело́зить [15] P kriechen, krabbeln.
ель *f* [8] Tanne; Fichte; '~ник *m* [1] Tannenwald; Tannenzweig; Tannenholz *n*.
ёмкий [16; ёмок, ёмка] geräumig, viel fassend.
ёмкост|ь *f* [8] Geräumigkeit; Aufnahmefähigkeit, Fassungsvermögen *n*; ме́ра *f* ~и Hohlmaß *n*.
Енисе́й *m* [3] Jenissei (*Fluß in Sibirien*).
ено́т *m* [1] Waschbär.
епи́скоп *m* [1] Bischof.
е́ресь *f* [8] Ketzerei, Irrlehre.
ёрзать [1] sich bewegen *od.* rühren, nicht ruhig sitzen, umherkriechen, krabbeln; не ёрзай! F sitz doch still!
ермо́лка *f* [5; *g/pl.*: -лок] Käppchen *n* (*der Juden, Usbeken, Kasachen u. anderer asiatischer Völker, das meist buntbestickt ist u. auf dem Hinterhaupt getragen wird*).
е́рник¹ *m* [1] Kriechbusch.
ёрник² P *m* [1] Zotenreißer.
ерофе́ич *m* [1] Kräuterbranntwein.
еро́шить [16], <взъ-> (*die Haare*) zerzausen; **-ся** sich sträuben (*Haare*).

ерунда́ F *f* [5] Unsinn *m*, dummes Zeug *n*, Quatsch *m*.
ёрш *m* [1*e.*; *g/pl.*: ерше́й] Kaulbarsch (*Fisch*).
еса́ул ⚔ *m* [1] Kosakenhauptmann.
е́сли wenn, sofern, falls; ~ поду́мать wenn man bedenkt; что е́сли? und wenn aber?
есте́ствен|ник *m* [1] Naturalist, Naturforscher; ~ный [14] natürlich; Natur...; selbstverständlich.
естество́ *n* [9] Natur *f*, Naturell, Wesen; ~ве́дение, ~зна́ние *n* [12] Physik *f*, Naturkunde *f*; ~испыта́тель(ница *f*) *m* [4; (5)] Naturforscher(in).
есть¹ (es) ist, es gibt, es existiert, es sind; ~ ли у вас (нас)? haben Sie (wir)?; де́ньги ~? ist Geld da?; так и ~ P wirklich; ~ тако́е де́ло! P einverstanden!, wird gemacht!; ~! ⚔ zu Befehl!
есть² [ем, ешь, ест, еди́м, еди́те, едя́т; едя́; е́шь(те)!; ел; ...е́денный] essen, verzehren; fressen; zerfressen (*Rost*); beißen (*Rauch usw.*); мне хо́чется ~, ~ хочу́ mich hungert, ich möchte etwas essen; е́шь(те) на здоро́вье! lang(t) tüchtig zu!; wohl bekomm's!
Ефи́м *m* [1] Joachim.
ефре́йтор ⚔ *m* [1] Gefreite(r).
е́хать [е́ду, е́дешь; поезжа́й(те)!; *g. pr. a.*: е́дучи], <по-> fahren (*vgl.* е́здить); reisen (в B nach); laufen (*Wagen*); ~ на велосипе́де radfahren, radeln; ~ верхо́м reiten; ~ на изво́зчике (на колёсах) mit einer Droschke (per Achse) fahren; ~ за водо́й Wasser holen; е́дут! sie kommen (schon)!; да́льше ~ не́куда! P das ist die Höhe!
ехи́д|на *f* [5; *g/pl.*: -ден] Schnabeligel *m*; Schwarzotter; (*fig.*) Lästerzunge; ~ный [14; -ден, -дна] boshaft, tückisch.
ещё noch, genügend; noch mehr; bis jetzt; schon; ~ бы! das fehlte noch (gerade)!; und ob!; freilich!, natürlich!; kein Wunder!; das wäre noch schöner!; вот ~! warum nicht gar!; ~ и ~ раз immer und immer wieder ~ ничего́! das ist noch gar nichts!; ~ како́й! und was für einer!

Ж

Ж, ж *n u. m* (*s.* A).
ж *s.* же.
жа́ба *f* [5] Kröte; ⚕ (*a.* грудна́я ~) Angina, Bräune.
жа́берный [14] Kiemen...
жа́бий [18] Kröten...
жа́бра *f* [5] Kieme; взять за жа́бры P *j-m* das Messer an die Kehle setzen (*fig.*).
жа́воронок *m* [1; -нка] Lerche *f.*
жа́дина P *m/f* [5] Gierhals *m*, habsüchtiger Mensch *m.*
жа́д|ничать [1] gierig (*od.* habsüchtig) sein; **~ный** [14; -ден, -дна́, -о] gierig (до P *od.* к Д *od.* на В auf *ac. od.* nach), habsüchtig.
жа́ж|да *f* [5] Durst *m*; (*a. fig.*) Gier, Verlangen *n* (P nach); утоли́ть ~ду den Durst löschen; **~дать** [-ду, -дешь] dürsten; (*a. fig.* = алка́ть) heiß verlangen, lechzen (P nach), ersehnen.
жаке́т *m* [1] (*einreihiger*) Rock; **~ка** *f* [5; *g/pl.*: -ток] (*Damen-*)Jackett *n.*
жале́ть [8], <по-> (В *od.* о П) bedauern, beklagen; (P) schonen; он жале́ет де́нег das Geld ist ihm zu schade; не ~ трудо́в keine Mühe scheuen.
жа́лить [13], <у-> stechen (*Bienen usw.*); beißen (*Schlangen*); (*fig.*) sticheln (auf *ac.*).
жа́л|кий [16; -лок, -лка́, -о; жа́лче *u.* жалче́е, *sup.* жалча́йший] beklagenswert; elend, kläglich; **~ко** schade, es ist bedauerlich *od.* schade; es ist ein Jammer.
жа́ло *n* [9] Stachel *m*; Zunge *f* (*der Giftschlangen*).
жа́лоб|а *f* [5] Klage, Beschwerde; **~ный** [14; -бен, -бна] kläglich; Klage..., Beschwerde...; **~щик** *m* [1] *f* Kläger, Beschwerdeführer.
жа́лова|нье *n* [10] Besoldung *f*, Gehalt, Lohn *m*; **~ть** [7], <по-> (В/Т *od.* Д/В *j-m et.*) verleihen; befördern (в И мн/ч. zu); gern mögen gern haben; ~ть к (Д) besuchen; добро́ пожа́ловать! (seien Sie) willkommen!; прошу́ люби́ть да ~ть! nehmen Sie (*ihn, sie*) unter Ihre Fittiche; **-ся** sich beklagen *od.* beschweren (на В über *ac.*); *vgl. a.* пожа́луй.
жало|ви́дный, ~обра́зный [14] stachelförmig.
жа́лост|ливый [14*K.*] mitleidig; **~ный** [14; -тен, -тна] kläglich, bedauernswert; **~ь** *f* [8] Mitleid(en) *n*; кака́я ~ь! F wie schade!
жаль schade, es ist bedauerlich *od.* schade; мне его́ ~ er tut mir leid; мне ~ де́нег на э́то das Geld ist mir zu schade dafür; им бы́ло бы ~ es hätte ihnen leid getan.
жалюзи́ *n* [*unv.*] Jalousie *f*, Rolladen *m*, (*gitterförmiger*) Fensterladen *m.*
жар *m* [1; в жару́; *pl.*: *ungbr.*] Hitze *f*; Glut *f*; Fieberhitze *f*; Eifer, Feuer *n*; с жа́ру vor Hitze; зада́ли ему́ ~у F man hat ihm die Hölle heiß gemacht; *vgl.* жара́.
жара́ *f* [5] Hitze, Sommerhitze; heiße Tage *m/pl.*, Hundstage *m/pl.*
жа́ре|ный [14] gebraten; Back...; ~ное *n* Braten *m*; ~ная свини́на *f* Schweinebraten *m.*
жа́рить [13], <из-> (ɪ'ʒʒa-), <за-> braten; stechen, brennen (*Sonne*); P schnell, eifrig, heftig tun; жарь домо́й! F schnellstens nach Hause!
жа́ркий [16; -рок, -рка́, -о; жа́рче, *sup.* жарча́йший] heiß; (*fig.*) heftig; мне жа́рко mir ist heiß.
жарко́е [16] Braten *m.*
жаро́вня *f* [6; *g/pl.*: -вен] Feuer-, Kohlen-becken *n*; Kaffeetrommel.
жаросто́йкий [16] hitzebeständig.
жар-пти́ца *f* [5] (*im Märchen*) Wundervogel *m*, Phönix *m.*
жа́т|ва *f* [5] Ernte; **~венный** [14] Ernte...; ~венная маши́на *f* Mähmaschine (*kurz*: жа́тка).
жать¹ [жму́, жмёшь; жа́тый] drücken, pressen; ausdrücken, auspressen; (*fig.*) (be)drängen; **-ся** sich krümmen (от хо́лоду vor Kälte); sich drängen.
жать² [жну, жнёшь], <с-> [сожну́; сжа́тый] (ein)ernten.

жбан *m* [1] hölzerne Kanne *f*.
жва́ч|ка *f* [5] Wiederkäuen *n*; wiedergekäutes Futter *n*; **~ное** [14]: ~ное (живо́тное) *n* Wiederkäuer *m*.
жгут *m* [1*e*.] Plumpsack (*Spiel*); Geflecht *n*; ⚔ Achselschnur *f*; **ˈ~ик** *m* [1] (*Bio.*) Geißel *f*.
жгу́чий [17] brennend, ätzend; (*fig.*) aktuell.
ждать [жду, ждёшь; ждала́, -о] (В *od*. Р) warten (auf *ac*.), erwarten; ~ не дожда́ться mit größter Ungeduld warten, kaum erwarten können.
же aber, jedoch, hin-, da-gegen; он ~ ebenderselbe; там ~ (eben)daselbst; тот ~ derselbe; говори́те ~! (so) sprechen Sie doch!; что (когда́) ~? was (wann) denn?; ну и хитёр же ты! F bist du aber schlau!
жева́тельный [14] Kau...; ~ таба́к *m* Kautabak.
жева́ть [6; жую́, жуёшь; жёванный] kauen.
жезл *m* [1*e*.] Stab.
жела́н|ие *n* [12] Wunsch *m*, Verlangen; по ~ию nach (*od*. auf) Wunsch; согла́сно ~ию wunschgemäß; **~ный** [14] erwünscht, ersehnt.
жела́тель|ный [14 -лен, -льна] wünschenswert; *s. a.* жела́нный; ~но es ist zu wünschen; мне весьма́ ~но es liegt mir sehr daran.
желати́н *m* [1] Gelatine *f*, Gallert(e *f*) *n*.
жела́ть [1], <по-> (Р) wünschen, verlangen, wollen; mögen; жела́ющий *m* Reflektant, Bewerber; *vgl*. жела́нный.
желва́к ⚕ *m* [1*e*.] Beule *f*.
желдоро́га *f* [5] Eisenbahn.
желе́ *n* [*unv*.] Gelee *m od*. *n*.
железа́ *f* [5; *pl*.: же́лезы, желёз, железа́м] (*Anat*.) Drüse.
желе́з|истый [14 *K*.] eisenhaltig; drüsig, Drüsen...; **~ко** *n* [9; *pl*.: желе́зки, -зок, -зкам] Hobeleisen; **~нодоро́жник** *m* [1] Eisenbahnbeamte(r), Eisenbahner; **~нодоро́жный** [14] Eisenbahn..., Bahn...; **~ный** [14] eisern; Eisen...; ~ная доро́га *f* Eisenbahn; **~ня́к** *m* [1*e*.] Eisenerz *n*; hartgebrannter Ziegelstein; **~о** *n* [9] Eisen; листово́е ~о Eisenblech; прока́тное ~о Walzeisen; прутко́вое ~о Stabeisen; куй ~о пока́ горячо́ (*Spr*.) schmiede das Eisen, solange es heiß ist; ~ы *pl*. † Ketten *f*/*pl* **~обето́н** *m* [1] Eisenbeton; **~опрока́тный** [14: ~опрока́тный заво́д *m* Eisenwalzwerk *n*.
жёлоб *m* [1; *pl. e*.: -ба́] Rinne *f*; кро́вельный ~ Dachrinne *f*, Traufe *f*.
желобо́к *m* [1; -бка́] kleine Rinne *f*.
жёлтенький [16] gelblich, ziemlich gelb.
жел|те́ть [8], <по-> gelb werden; **~тизна́** *f* [5] Gelb(e) *n*, Gelbheit; **~ти́ть** [15; -лчу́, -лти́шь] gelb machen *od*. färben; **~това́тый** [14*K*.] gelblich; **~то́к** *m* [1; -тка́] Gelb(e) *n*, Ei-dotter *n*, -gelb *n*; **~ту́ха** ⚕ *f* [5] Gelbsucht; **~ту́шный** [14] gelbsüchtig.
жёлтый [14; жёлт, -та́, -о] gelb; (*Pol*.) kapitalistenfreundlich; жёлтая вода́ ⚕ *f* Glaukom *n*.
желудёвый [14] Eichel...; ~ ко́фе *m* Eichelkaffee.
желу́до|к *m* [1; -дка] Magen; **~чный** (-ʃn-) [14] Magen...
жёлудь *m* [4; *ab g*/*pl*. *e*.: -де́й] Eichel *f* (*a. Anat*.).
жёлчный [14] gallig; Gallen...; (*fig*.) reizbar, gehässig, böse.
жёлчь *f* [8] Galle.
жема́н|иться [13] sich zieren; **~ница** *f* [5] Zierpuppe; **~ный** [14] geziert.
же́мчу|г *m* [1; *pl. e*.: -га́] (*koll*., *echte*) Perlen *f*/*pl*.; иска́тель *m* ~га Perlenfischer; **~жин(к)а** (-ˈtʃu-) *f* [5; (*g*/*pl*.: -нок)] (*echte*) Perle; **~жный** (-ˈtʃu-) [14] Perlen...
жена́ *f* [5; *pl. st*.: жёны] Frau, Ehefrau, Gattin, Weib *n*; **~тый** [14*K*.] verheiratet (*Mann*).
Жене́ва *f* [5] Genf *n*.
же́нин [19] der Ehefrau gehörig.
жени́ть [13; женю́, же́нишь] (*im*)*pf*. (*e-n Mann*) verheiraten (на П mit); **-ся** (sich ver)heiraten, sich beweiben; **~ба** *f* [5] Heirat, Verheiratung (*e-s Mannes*) (на П mit).
жени́|х *m* [1*e*.], *dim*. **~шо́к** *m* [1; -шка́] Bräutigam, Freier, heiratsfähiger Mann.
жёнка *f* [5] Frauchen *n*, liebes Weib(chen) *n*.
жено... (*in Zssgn*) Weiber..., Frauen..., *z.B.* **~лю́б** *m* [1] Weiberfreund; **~ненави́стник** *m* [1] Weiberfeind.

женотде́л *m* [1] (отде́л же́нщин) Frauenschaft *f*.
жёночка *f* [5] (liebes) Frauchen *n*.
женрабо́та *f* [5] (рабо́та среди́ же́нщин) Aufklärung unter den Frauen.
же́нский [16] weiblich; Frauen-[...; Mädchen...]
же́нственный [14] weiblich, frauenhaft.
жёнушка *f* [5] *s.* жёночка.
же́нщина *f* [5] Frau, Weib *n*, Frauensperson; ~-врач Ärztin.
жёр|дочка *f* [5; *g/pl.*: -чек] kleine unbearbeitete Stange; **~дь** ('ʒerţ) *f* [8; *ab g/pl. e.*: -де́й] (*unbearbeitete*) Stange.
жерёбая [14] trächtig (*Stute*).
жере|бёнок *m* [2] Füllen *n*, Fohlen *n*; **~бе́ц** *m* [1; -бца́] Hengst; **~би́ться** [13], <о-> fohlen, füllen; **~бцо́вый** [14] Hengst...; **~бчик** (-'bɐ-) *m* [1] junger Hengst; **~бьёвка** *f* [5; *g/pl.*: -вок] Losung; Losziehung; **~бя́чий** [18] Füllen..., Fohlen...
жерло́ *n* [9; *pl.*: же́рла, жерл] Schlund *m*; Krater *m*; Mündung *f* (*e-s Geschützes*).
жерля́нка *f* [5; *g/pl.*: -нок] Feuerkröte.
жёрнов *m* [1; *pl. e.*: -ва́] Mühlstein.
же́ртва *f* [5] Opfer *n*; ~ огня́ Raub *m* der Flammen.
же́ртвенник *m* [1] Opfertisch.
же́ртво|вать [7], <по-> (Т) opfern; (*Leben*) einsetzen; (В) spenden; ~вать собо́й sich (auf)opfern; **~приноше́ние** *n* [12] Opferung *f*.
жест *m* [1] Geste *f*, Gebärde *f*.
жестикули́ровать [7] gestikulieren, sich gebärden.
жёсткий [16; -ток, -тка́, -о; жёстче] rauh, hart; herb; steif; (*fig.*) schroff, streng; ⊕ starr; F 🚃 ~ ваго́н *m* Wagen dritter Klasse; мя́гко сте́лет, да жёстко спать (*Spr.*) Honig im Mund, Galle im Herzen.
жесткокры́лые *pl.* [14] (*Zool.*) Deckflügler, Käfer.
жесто́|кий [16; -то́к, -тока́, -то́ко; -точа́йший] grausam, hart (к Д gegen); gewaltig; grimmig (*Kälte*); heftig, erbittert; ~ко ошиби́ться sich gewaltig irren.
жестокосе́рдие *n* [12] Hartherzigkeit *f*.
жесто́кость *f* [8] Härte, Grausamkeit; Greuel *n*.
жесть *f* [8] Blech *n*.
жестя́н|ик *m* [1] Klempner; **~ка** *f* [5; *g/pl.*: -нок] Blech-büchse, -dose; **~о́й** [14] blechern; Blech...
жето́н *m* [1] Denkmünze *f*; Spielmarke *f*.
жечь, <с-> [26; (со)жгу́, -жжёшь, -жгу́т; (с)жёг, (со)жгла́; сожжённый] brennen, (*a. Sonne*) stechen; sengen; **-ся** brennen.
жже́ние *n* [12] Brennen.
жжёнка *f* [5] *Art Glühpunsch* (*aus Rum od. Kognak, Zucker, Früchten u. Gewürzen*.
живе́ц *m* [1; -вца́] Köderfisch.
живи́тельный [14; -лен, -льна] belebend; heilend.
живи́ть [14; -влю́, -ви́шь] beleben.
жи́вность *f* [8] F Federvieh *n*, Geflügel *n*.
живодёр *m* [1] Abdecker, Schinder; **~ня** *f* [6; *g/pl.*: -рен] Abdeckerei *f*, Schinderei *f*.
жи|во́й [14; *K. f*: -ва́] lebendig; lebend; leibhaftig; lebhaft, rege, flink, fix; naturgetreu (*Porträt*); (всё) живо́е *n* das lebendige Fleisch, (alles) Lebende; ~ва́я ра́на *f* offene Wunde; ~во́й вес *m* Lebendgewicht *n*; ~во́е преда́ние *n* mündliche Überlieferung *f*; на живу́ю ни́тку oberflächlich, obenhin; оста́ться в ~вы́х am Leben bleiben; ~во́го ме́ста нет da ist auch kein heiler Fleck (geblieben); за ~во́е заде́ть (*fig.*) empfindlich treffen.
живопи|са́ть [7] (*im*)*pf.* malen; (*fig.*) lebhaft schildern; **~сец** (-'bi-) *m* [1; -сца] Maler; '**~сный** [14; -сен, -сна] malerisch; **~сь** ('ʒi-) *f* [8] Malerei.
жи́вость *f* [8] Lebendigkeit, Lebhaftigkeit; с ~ю lebhaft, lebendig.
живо́т *m* [1 *e.*] Unterleib; Leben *n*; у меня́ ~ подвело́ F mir knurrt der Magen.
животво́рный [14; -рен, -рна] belebend, beseelend.
живо́т|ик *m* [1] Unterleib; P надорва́ть ~ики sich krank lachen; **~ново́д** *m* [1] Viehzüchter; **~ново́дство** *n* [9] Viehzucht *f*; **~ный** [14] tierisch, animalisch; Tier...; Lebens-...; ~ные потре́бности *f/pl.* tierische Gelüste *n/pl.*; **~ное** *n* Tier.
животрепе́щущий [17] lebensvoll; brennend, aktuell.

живу́|честь *f* [8] Lebensfähigkeit, Zäh(leb)igkeit; **~чий** [17*K*.] lebensfähig, zäh(lebig).
жи́вчик *m* [1] (*fig.*) Quecksilber; (*Bio.*) Spermatozoon *n*; Köderfisch.
живьём lebend, lebendig; захвати́ть ~ в плен lebendig gefangen nehmen.
жид F *m* [1*e*.] Jude.
жи́д|енький [16] ziemlich flüssig *od.* dünn; **~кий** [16; -док, -дка́, -о; жи́же] flüssig, dünn; wäss(e)rig; gepanscht (*Milch*); gelichtet (*Wald, Fenn*); (*fig.*) inhaltsleer; **~кость** *f* [8] Flüssigkeit, Dünne; **~котеку́чий** [17] dünnflüssig.
жидо́в|ка *f* [5; *g/pl.*: -вок] Jüdin; **~ский** [16] jüdisch; Juden...
жи́ж|а, ~ица *f* [5] trübe schlammige Flüssigkeit, Brühe; наво́зная ~а ✓ Jauche.
жи́знен|ность *f* [8] Lebensfähigkeit; **~ный** [14] zum Lebensunterhalt dienend; Lebens...
жизне|описа́ние *n* [12] Lebensbeschreibung *f*, Lebenslauf *m*; **~ра́достный** [14; -тен, -тна] lebens-lustig, -freudig, -froh; **~спосо́бный** [14; -бен, -бна] lebens-fähig, -kräftig.
жиз|нь *f* [8] Leben *n*; о́браз *m* ~ни Lebens-art *f*, -weise *f*; при ~ни bei Lebzeiten; лиши́ть себя́ ~ни sich das Leben nehmen; не на ~нь, а на смерть auf Leben und Tod, auf Gedeih und Verderb.
жиклёр ⊕ *m* [1] Vergaserdüse *f*.
жи́ла *f* [5] (*Anat.*) Ader; Sehne; (*fig.*) F Geizkragen *m*.
жиле́т *m* [1] Weste *f*; **~ка** *f* [5; *g/pl.*: -ток] Weste.
жиле́ц *m* [1; -льца́] Be-, Ein-wohner; Mieter; он не жиле́ц на земле́ (*od.* све́те) er ist ein Todeskandidat, er hat nicht mehr lange zu leben.
жи́листый [14*K*.] ad(e)rig; sehnig; muskulös.
жи́лить P [13] prellen; mogeln; **-ся** P alle Kräfte anstrengen.
жили́ца *f* [5] Be-, Ein-wohnerin; Mieterin.
жили́щ|е *n* [11] Wohnung *f*, Behausung *f*; **~ный** [14] Wohnungs...
жи́лка *f* [5; *g/pl.*: -лок] kleine Ader, Äderchen *n*.
жил|кооперати́в *m* [1] Baugenossenschaft *f*; **~кри́зис** *m* [1] Wohnungsnot *f*.
жило́й [14] bewohnbar; bewohnt; Wohn...
жил|отде́л *m* [1] Wohnungsamt *n*; **~пло́щадь** *f* [8] jedem Sowjetbürger zustehender Wohnraum, Wohnfläche; **~стро́й** *m* [3] Wohnungsbau; **~това́рищество** *n* [9] Wohnungsgemeinschaft *f*.
жильё *n* [10] Wohnung *f*, Behausung *f*.
жи́льный [14] Ader..., Sehnen...
жи́молость ⚘ *f* [8] Geißblatt *n*.
жир *m* [1; *pl.e.*] Fett *n*; Speck; ры́бий ~ Fisch-, Leber-tran; без жи́ру ohne Fett, mager; с жи́ру vor Fett; (*fig.*) aus Überfluß; он с ~у бе́сится F ihn sticht der Hafer.
жира́ф *m* [1] Giraffe *f*.
жире́ть [8], <о-, раз-> fett werden.
жи́р|ный [14; -рен, -рна́, -о] fett; Fett...; (*fig.*) einträglich; ~но бу́дет F das ist des Guten zuviel.
жирова́ть [7] (*Jägersprache*) äsen.
жиро́вка F *f* [5; *g/pl.*: -вок] *s.* жироприка́з.
жирово́й [14] fett(haltig).
жироприка́з ✝ *m* [1] Giroanweisung *f*.
жирото́пня *f* [6; *g/pl.*: -пен] Fettschmelzerei.
жите́й|ский [16] Alltags...; Erden-...; Lebens...; ~ское *n* Irdische(s); де́ло *n* ~ское das ist etwas ganz Gewöhnliches.
жи́тель *m* [4], **~ница** *f* [5] Be-, Ein-wohner(in *f*); **~ство** *n* [9] Aufenthalt *m*; (*a.* ме́сто *n* ~ства) Wohn-ort *m*, -sitz *m*; пра́во *n* ~ства Niederlassungs-, Aufenthalts-recht; вид *m* на ~ство Aufenthaltsbewilligung(sschein *m*) *f*; име́ть ~ство = **~ствовать** [7] wohnen, wohnhaft sein.
житие́ *n* [12] Lebens-wandel *m*, -lauf *m* (*e-s Heiligen usw.*); Biographie *f*, Lebensbeschreibung *f*.
жи́т|ница *f* [5] Kornkammer, Speicher *m*; **~ный** [14] Gersten...; **~о** *n* [9] Gerste *f* (*im Norden*); Roggen *m* (*im Süden*); Getreide (*auf dem Halm od. als Korn*).
жить [живу́, -вёшь; жил, -а́, -о] leben (T von); wohnen; живём себе́ помале́ньку es geht so (ziemlich); ~ широко́ auf großem Fuße leben; здо́рово живёшь F mir nichts, dir nichts; um nichts und

wieder nichts; (*im Märchen*) жил-был es lebte einst, es war einmal; **-ся** (*gut od. schlecht*) leben; здесь хорошо́ живётся hier lebt (*od.* wohnt) es sich gut.

жить|ё *n* [10] Leben; **~ё-бытьё** *n* Lebens-art *f*, -weise *f*; **~я́** нет от него́! F es ist nicht auszuhalten mit ihm!

жму́р|ить [13], <за->: **~ить** глаза́ = **-ся** die Augen zu- (*od.* zs.-) kneifen; **~ки** *f/pl.* [5] Blindekuh *f* (*Spiel*).

жмы́хи́ *m/pl.* [4] Ölkuchen *m*.

жне́йка *f* [5; *g/pl.*: -еек] Mähmaschine.

жнец *m* [1*e.*] Schnitter.

жне́я *f* [6; *g/pl.*: жней] Schnitterin; Kornschneide-, Getreideschneide-, Mäh-maschine.

жни́во *n* [9], **жнивьё** *n* [10; *pl.*: жни́вья, жни́вьев], **жнитво́** *n* [9] Stoppelfeld.

жни́ца *f* [5] Schnitterin.

жоке́й *m* [3] Jockei.

жон|глёр *m* [1] Jongleur, Taschenspieler, Gaukler; **~гли́ровать** [7] jonglieren.

жо́па V *f* [5] P Hintern *m*, V Arsch *m*.

жох P *m* [1] Schuft, Gauner.

жраньё P *n* [10] Fresserei *f*.

жратва́ P *f* [5] Fresserei.

жрать [жру, жрёшь; жрал, -а́, -о], <со-> [со́жранный (-ран, -а́, -о)] fressen.

жре́бий *m* [3; *prpos/sg.*: -ии] (*Lotterie-*)Los *n*; (*fig.*) Schicksal *n*.

жрец *m* [1*e.*] (Opfer-)Priester.

жу́желица *f* [5] Laufkäfer *m*; P Schlacke.

жужжа́ть [4; жужжу́, -и́шь] summen, sausen.

жуи́р *m* [1] Genußmensch, Lebemann; **~овать** [7] (*das Leben*) genießen.

жук *m* [1*e.*] Käfer; Betrüger, Mogler; **~-моги́льщик** *m* (*Zool.*) Totengräber; ма́йский ~ Maikäfer; наво́зный ~ Mistkäfer.

жу́лик *m* [1] Schwindler, Taschendieb; Schrippe *f*.

жу́льничать F [1], <с-> mogeln, begaunern.

жупа́н *m* [1] warmer Überrock (*Ukraine*).

жу́пел *m* [1] Schreckgespenst *n*, Popanz.

жура|влёнок *m* [2] kleiner Kranich; **~вли́ный** [14] Kranich...

жура́вл|ь *m* [4*e.*] Kranich; коло́дец *m* с **~ём** Ziehbrunnen; не сули́ **~я́** в не́бе, дай сини́цу в ру́ки (*Spr.*) besser ein Sperling in der Hand als eine Taube auf dem Dach.

жури́ть F [13] ausschelten.

журна́л *m* [1] Journal *n*, Zeitschrift *f*; Tagebuch *n*; **~и́ст** *m* [1] Journalist, Zeitungsschreiber; **~и́стика** *f* [5] Journalistik, Zeitungswesen *n*; **~ьный** [14] Journal..., Zeitschriften...

журча́ть [4; *nur 3. Pers.*: -чи́т] rieseln, rauschen, murmeln.

жу́ткий [14; -ток, -тка́, -о; жу́тче] fühlbar, lästig; мне жу́тко ста́ло mir wurde angst und bange *od.* unheimlich zumute.

жу́чка[1] F *f* [5; *g/pl.*: -чек] schwarzer Hund *m*, Hofhund *m*.

Жу́чка[2] *f* [5; *g/pl.*: -чек] (*Hundename*).

жучо́к *m* [1; -чка́] kleiner Käfer, Käferchen *n*.

жюри́ *n* [*unv.*] Jury *f*, Preisgericht.

З

З, з *n u. m* (*s.* A) S, s *n.*

за 1. (В) hinter (*ac.*); für, zu; während; in (*ac.*); vor (*ac.*); gegen; binnen; **~тó** deshalb, deswegen; ~ что? wofür?, wozu?; ни ~ что um keinen Preis; ни зá что, ни прó что um nichts und wieder nichts; что ~ ...? was ist (*od.* sind) das für ...?; зá пять минýт до отхóда пóезда fünf Minuten vor Abgang des Zuges; поéхать зá город aufs Land fahren; емý ~ сóрок F er ist über vierzig; ~ вáше здорóвье! auf Ihr Wohl!; **2.** (Т) hinter; nach; wegen; vor; bei; an; mit; (*Brettspiel*) ~ вáми ход Sie sind am Zuge; Sie (müssen) ziehen; кóмната ~ мной ich belege das Zimmer; зимá не ~ горáми F der Winter steht vor der Tür; ~ столóм bei Tisch; ~ чем дéло стáло? F woran liegt es?; óчередь ~ тобóй du bist an der Reihe.

за... (*in Zssgn*) an..., er..., unter..., ver...; (*bei geographischen Namen mst*) trans...; jenseits.

Bezeichnet oft den Beginn der Handlung: „anfangen zu", oder dient zur Bildung des vollendeten Aspekts, in solchen Fällen sind die mit за *zs.-gesetzten Verben hier meist nicht besonders aufgeführt und unter dem Grundverb nachzuschlagen, z.B.* заблестéть *s.* блестéть.

заатлантúческий [16] transatlantisch.

забáв|а *f* [5] Erheiterung, Ergötzung; в (*od.* на) ~у *od.* для ~ы zum Zeitvertreib *od.* Spaß; **~лять** [28], <(по)забáвить> [13] (**-ся** sich) erheitern, ergötzen, belustigen (Т mit); **~ник** *m* [1] Spaßmacher; **~ный** [14; -вен, -вна] erheiternd, ergötzlich, spaßhaft.

Забайкáлье *n* [10] Transbaikalien.

забастó|вка *f* [5; *g/pl.*: -вок] Aufhören *n*; Arbeitseinstellung, Ausstand *m*, Streik *m*; **~вочный** [14] Streik...; **~вщик** *m* [1] Streiker, Ausständige(r); *vgl.* бастовáть.

забвéние *n* [12] Vergessen, Vergessenheit *f.*

забéг *m* [1] (*Sport*) Wettlauf; дáльний ~ Langstreckenlauf.

забе|гáть¹ [1], <~жáть> [4; -бегý, -жúшь, -гýт; -гú(те)!] hineinlaufen; zu weit weglaufen; vorsprechen (к Д bei); (~гáть вперёд) zuvorkommen, vorgreifen; **~гать²** (-'ḅɛ-) [1] *pf.* anfangen zu laufen; **-ся** F sich müde laufen; *vgl.* бéгать.

забé|ливать [1], **~лять** [28], <~лúть> [13; -лю, -лúшь; -лённый] über-weißen, -tünchen.

забивáть [1], <забúть> [-бью, -бьёшь; -бéй(те)!; -бúтый] einschlagen, eintreiben; verstopfen, zumachen; (~ гвоздями) vernageln; hervorsprudeln; ~ себé в гóлову F sich in den Kopf setzen; ~ комý-нибудь гóлову пустякáми F j-m Raupen in den Kopf setzen; **-ся** sich verbergen.

забúвка *f* [5] Einschlagen *n*; Vernageln *n.*

забирáть [1], <забрáть> [-берý, -рёшь; -брáл, -á, -о; зáбранный (-бран, -á, -о)] zs.-raffen; mitnehmen; festnehmen; einnähen, kürzer machen; ~ в счёт auf Rechnung nehmen; ~ влéво nach links lenken, sich nach links wenden; ~ горючее tanken; **-ся** sich verkriechen; sich einschleichen; -ся в гóлову zu Kopf steigen.

забúтый [14] eingeschüchtert.

забиякá *m/f* [5] Händel-macher(in *f*), -sucher(in *f*).

заблаго|врéменный [14] (recht-) zeitig; **~рассýдиться** [15; *unpers.*] für gut finden *od.* halten.

заблýдш|ий [17] verirrt; ~ая овцá *f* (*fig.*) verlorenes Schaf *n.*

заблу|ждáться [1], <~дúться> [15] (sich) verirren; **~ждéние** *n* [12] Verirrung *f*, Irrtum *m.*

забóй *m* [3] Schlachten *n*; ⚒ Ort *n.*

забóйка *f* [5; *g/pl.*: -бóек] (*Fisch-*) Wehr *n.*

забóйщик ⚒ *m* [1] Häuer.

забол|áчиваться [1], <~óтиться> [15; *nur 3. Pers.*] sich in e-n Sumpf verwandeln, versumpfen.

забо|левáть [1], <~лéть> [8] erkranken (T *od.* от P an *dat. od.* vor *dat.*).

заболóченный [14] sumpfig.

заболтáться F [1] *pf.* die Zeit verplaudern.

забóр *m* [1] Zaun, Umzäunung *f*; **~истый** [14*K.*] scharf, stark; (*fig.*) fesselnd; **~ный** [14] Zaun...; ~ная кни́жка *f* Lebensmittelbuch *n*; ~ная литератýра *f* Hintertreppenliteratur; ~ное слóво *n* Unflätigkeit *f*, Zote *f*.

забóртный [14] Außenbord...; ~ двигáтель *m* Außenbordmotor.

забóт|а *f* [5] Sorge (о П über *ac.*); Fürsorge; ~а о пи́ще Nahrungssorge; однóй ~ой мéньше eine Sorge weniger; нé было ~ы! F das hat noch gefehlt!; **~иться** [15], <по-> (о П) sorgen, Sorge tragen (für), besorgt sein (um); **~ливый** [14*K.*] sorgsam, sorgfältig; vorsorglich.

забракóванный [14] Ausschuß...

забрáло *n* [9] Visier (*des Helms*).

забрáсывать [1] **1.** <забрóсить> [15] (aus)werfen; vernachlässigen; **2.** <забросáть> [1; -брóсанный] bewerfen; überhäufen (T mit).

забрáть *s.* забирáть.

забрести́ [25] *pf.* sich verlaufen *od.* verirren, wohin geraten.

забрóс: быть в ~е vernachlässigt sein.

забро|сáть, '~сить *s.* забрáсывать.

забрóшенный [14] verlegt; vernachlässigt, verwildert (*z. B. Garten*).

забубённый P [14] liederlich; ausgelassen.

забулды́га P *m* [5] liederlicher Mensch; Wüstling; Trunkenbold.

забýхнуть [21; *nur 3. Pers.*] *pf.* vor Feuchtigkeit aufquellen.

забыв|áть [1], <забы́ть> [-бýду, -дешь; -бы́л, -а; -бы́тый] vergessen; **-ся** sich vergessen; einschlummern, einschlafen; что я там забы́л? F was habe ich dort verloren?; **'~чивый** [14*K.*] vergeßlich.

забы|тьё *n* [10; *prpos/sg.*: -тьи́] (leichter) Schlummer *m*; Ohnmacht *f*; в ~тьи́ ohnmächtig, bewußtlos.

завáл *m* [1] Verhau; ⚕ Verstopfung *f*.

завá|ливать [1] **1.** <~ли́ть> [13; -алю́, -áлишь; -áленный] zu-, ver-schütten, zuwerfen; versperren; überhäufen (T mit); **-ся** sich hinlegen; wegkommen, abhanden kommen; **2.** <~ля́ть> [28] beschmutzen; **-ся** sich beschmutzen; ~ля́ться *pf.* nicht abgehen, keinen Absatz finden (*Ware*).

завáлинка *f* [5; *g/pl.*: -нок] Erdaufwurf *m* (*rings ums Haus*).

зáваль P *f* [8] Ladenhüter *m*; (*fig.*) Schund *m*.

заваля́щий [17] unbrauchbar, schlecht.

завá|ривать [1], <~ри́ть> [13; -арю́, -áришь; -áренный] (ein-)kochen; (*Tee*) aufbrühen, machen; (*fig.*) ein-rühren, -brocken; ~ривать кáшу eine Suppe einbrocken.

заварнóй [14] abgebrüht; ~ хлеб *m* süßes Schwarzbrot *n* (*das vor dem Backen abgebrüht ist*).

заварýха P *f* [5] Wirrwarr *m*.

заве|дéние *n* [12] Anstalt *f*, Einrichtung *f*; (*Geschäfts- usw.*) Lokal; Gebrauch *m*; **~довать** (-'ɣɛ-) [7] (T) leiten, verwalten; **~домый** (-'ɣɛ-) wissentlich, notorisch; ~домо anerkanntermaßen; **~дующий** (-'ɣɛ-) [17] (T) Leiter *m*, Verwalter *m*; ~дующий *m* отдéлом Abteilungsleiter.

завезти́ *s.* завози́ть.

заве|рéние *n* [12] Zusicherung *f*; **'~рить** *s.* заверя́ть.

завертéть *s.* завёртывать.

завёр|тка ⊕ *f* [5; *g/pl.*: -ток] (*Fenster-*)Wirbel *m*; P Verpackung; **~тывать** [1] **1.** <завернýть> [20; завёрнутый] einwickeln (в В in *ac.*); zudrehen; *v/i.* einkehren (к Д bei); e-n Abstecher machen; aufkrempeln; (*unterwegs*) seitlich einbiegen; ~нýть зá угол um die Ecke biegen; **2.** <завертéть> [15] (anfangen zu) drehen; (*fig.*) durcheinanderbringen, den Kopf verdrehen.

завер|шáть [1], <~ши́ть> [16; -шý, -ши́шь; -шённый] vollenden, vollbringen, beendigen.

заверя́ть [28], <завéрить> [13] (В/в П *j-m et.*) zusichern.

завé|са *f* [5] Vorhang *m*; (*fig.*) Schleier *m*; у меня́ спáла с глаз ~са F mir fiel es wie Schuppen von den Augen; **~сить** *s.* завéшивать.

завестú *s.* заводúть.

завéт *m* [1] Vermächtnis *n*; (*biblisch*: вéтхий, нóвый das Alte, Neue) Testament *n*; (*biblisch*) Bund; **~ный** [14] heilig, geheiligt; lieb; sehnlich(st); heimlich, vertraulich.

завé|шивать [1], ‹~сить› [15] verhängen, vorhängen vor (*ac.*).

завещá|ние *n* [12] Vermächtnis, Testament; **~тель(ница** *f*) *m* [4; (5)] Testator(in *f*), Erblasser(in *f*); **~ть** [1] (*im*)*pf.* vermachen, testieren.

завзя́тый F [14] hartnäckig; echt, ausgesprochen, eingefleischt.

зави|вáть [1], ‹завúть› [-вью́, -вьёшь; -вéй(те)!; -вúл, -вилá, -о; -вúтый] (um)winden; (*Haare*) kräuseln, frisieren, ondulieren; **~вка** (-'ɣif-) *f* [5; *g/pl.*; -вок] Kräuseln *n*; Ondulation; холóдная ~вка Wasserwellen *pl.*; шестимéсячная ~вка Dauerwellen *pl.*

завúдеть F [11; *g.pt.a. a.* завúдя] *pf.* (úздали von weitem) erblicken.

зави́|дный [14; -ден, -дна] beneidenswert; neidisch (*s.* ~дýщий); мне ~дно, что он ... ich beneide ihn um ...; **~довать** [7], ‹по-› (Д) beneiden (um), neidisch sein (auf *j-n* wegen), *j-m et.* mißgönnen; **~дýщий** F [17 *K.*] neidisch, mißgünstig (на В auf *ac.*).

зави́н|чивать [1], ‹~тúть› [15; -инчý, -интúшь] fest-, zu-schrauben.

зави|рáльный F [14] albern, unsinnig; **~рáться** [1], ‹заврáться› [-врýсь, -врёшься; *pt. f*: -вралáсь] F Unsinn (*od.* dummes Zeug) reden; viel zs.-lügen; ври, да не завирáйся (*Spr.*) trage nicht zu stark auf.

зави́сеть [11] abhängen, abhängig sein (от Р von).

зави́симый [14*K.*] abhängig.

зави́ст|ливый [14*K.*] mißgünstig, neidisch; **~ник** *m* [1] Neider; **~ь** ('za-) *f* [8] Neid *m* (к Д über *ac.*).

зави|тóй [14; зáвит, -á, -о] lockig, frisiert, onduliert; **~тóк** *m* [1; -ткá], F **~тýшка** *f* [5; *g/pl.*: -шек] Haarwickel *m*, Locke *f*; Schnörkel *m*; Spirale *f*; ⚘ Ranke *f*; '**~ть** *s.* завивáть.

завкóм *m* [1] (заводскóй комитéт) Betriebs-rat (*e-r Fabrik*), -ausschuß (*der Gewerkschaft*).

завла|девáть [1], ‹~дéть› [8] (Т) sich (*e-r Sache*) bemächtigen, Besitz ergreifen (von); ~девáть внимáнием die Aufmerksamkeit fesseln.

завле|кáтельный [14; -лен, -льна] verlockend; spannend; **~кáть** [1], ‹завлéчь› [26] verlocken; ~кáющий *m* покупáтелей Anreißer.

завóд *m* [1] Fabrik *f*, Werk *n*; (*Typ.*) Auflage *f*; Aufziehen *n* (*der Uhr*); ⚒ гóрный ~ Hüttenwerk *n*; кирпúчный ~ Ziegelei *f*; кóнный (*od.* кóнский) ~ Pferdezüchterei *f*, Gestüt *n*; лесопúльный ~ Sägemühle *f*; и в ~е нет F so etwas kommt überhaupt nicht vor, so etwas kennt man (bei uns) nicht; **~úть** [15], ‹завестú› [25] hinführen; (*Ordnung usw.*) einführen; (*Geschäft*, *Fabrik*) anlegen, gründen; (*Bekanntschaft*) anknüpfen; (*Streit*) anstiften; (*Händel*) suchen; (*Sachen*, *Tiere*) anschaffen; (*Uhr*) aufziehen; (*Motor*) anlassen; ~úть речь о (П) die Rede lenken auf (*ac.*); **-ся**, ‹завестúсь› sich einnisten; sich einfinden; (*fig.*) sich einbürgern; мотóр завёлся der Motor sprang an; **~нóй** [14] zum Aufziehen; ~нáя игрýшка *f* mechanisches Spielzeug *n*; **~оуправля́ющий** [17] Fabrikleiter *m*; **~ский** [16] Fabrik...; Zucht... (*Pferd*); ⚒ Hütten...; **~чик** *m* [1] Fabrikbesitzer, Fabrikant.

зáводь *f* [8] kleine flache Bucht.

завоевáние *n* [12] Eroberung *f*.

завоевáтель *m* [4] Eroberer.

завоёвывать [1], ‹завоевáть› [6] erobern.

завозúть [15], ‹завезтú› [24] hinfahren, -bringen; anliefern; завозúться *pf.* unruhig werden, sich rühren.

заво|лáкивать [1], ‹~лóчь› [26], (mit sich) fortziehen; (sich) bedecken, überziehen.

завóлжский [16] jenseits der Wolga (*am Ostufer*).

заво|рáчивать [1], ‹~ротúть› [15] um-wenden, -kehren; aufstreifen; um-, ein-biegen; einkehren (к Д bei); **~рот** ('za-) *m* [1] Umwenden *n*; Aufstreifen *n*; Krümmung *f*; ~рот кишóк Darmverschlingung *f*.

заврáться *s.* завирáться.

завсегдá P immer; **~тай** *m* [3] ständiger Besucher, Stammgast; **~шний** [15] beständig, stetig.

за́втра morgen; не ны́нче-~ F heute oder morgen, sehr bald; **~к** *m* [1] Frühstück *n*; F корми́ть ~ками mit leeren Versprechungen abspeisen; **~кать** [1], <по-> frühstücken; **~шний** [15] morgig.

за́в|уч *m* [1] (заве́дующий уче́бной ча́стью) Studienleiter; **~хо́з** *m* [1] (заве́дующий хозя́йством) Leiter der Wirtschaftsabteilung.

завыва́ть [1], <завы́ть> [22] heulen.

завыша́ть [1], <завы́сить> [15]: ~ це́ны die Preise überhöhen.

завя́дший [17] verwelkt.

завя|за́ть [1], <завя́знуть> [21] steckenbleiben; ein-, ver-sinken; **~зка** (-ˈɣas-) *f* [5; *g/pl.*: -зок] Band *n*; Zugschnur (*an Beuteln*); Verwick(e)lung; Schürzung des Knotens (*in Dramen*); **~зывать** (-ˈɣa-) [1], <~за́ть> [3] zubinden; einbinden (в В in *ac.*); (*Beziehungen usw.*) anknüpfen; (*Streit*) anfangen; den Knoten schürzen (*im Drama*); **-ся** entstehen; sich entspinnen.

за́вязь ⚘ *f* [8] Fruchtknoten *m*.

завя́лый [14] verwelkt.

загада́ть *s.* зага́дывать.

зага́дить *s.* зага́живать.

зага́|дка *f* [5; *g/pl.*: -док] Rätsel *n*, Rebus *m od. n*; говори́ть ~дками in Rätseln sprechen; **~дочный** [14; -чен, -чна] rätselhaft; ~дочная карти́нка *f* Vexierbild *n*; **~дывать**, <~да́ть> [1; зага́данный] aussinnen, ausdenken; (*Rätsel*) aufgeben; nachdenken (о П über *ac.*); wahrsagen (на ка́ртах aus Karten).

зага́живать F [1], <зага́дить> [15] besudeln, beschmutzen.

зага́р *m* [1] Sonnenbrand (*der Haut*).

загаса́ть [1], <зага́снуть> [21] erlöschen; vergehen.

загво́здка F *f* [5; *g/pl.*: -док] Hindernis *n*, Schwierigkeit; тут есть одна́ ~ F die Sache hat e-n Haken.

заги́б *m* [1] Krümmung *f*; Wendung *f*; Einbuchtung *f*; Knick; **~а́ть** [1], <загну́ть> [20] umbiegen; (*Ärmel*) zurückschlagen; **~щик** F *m* [1] Nichtlinientreue(r) (*Pol., Kunst, Wissenschaft*).

загла́в|ие *n* [12] Titel *m* (*e-s Buches usw.*); **~ный** [14] Titel...; ~ная бу́ква *f* Anfangsbuchstabe *m*, Initiale, Majuskel; ~ное сло́во *n* Stichwort, Titel-kopf *m*, -wort.

загла́|живать [1], <~дить> [15] glatt machen, glätten; (*Fehler usw.*) (wieder) gutmachen; загла́женная скла́дка *f* Bügelfalte.

загла́зный F [14] hinter dem Rücken, hinterrücks.

загло́хший [17] verödet, verwildert.

заглуш|а́ть [1], <~и́ть> [16; -шу́, -ши́шь; -шённый] abdämpfen (*Laute*).

загля|де́нье F *n* [10] Augenweide *f*; **~дывать** (-ˈgʲa-) [1], <~ну́ть> [19] hinein-blicken, -sehen, einen Blick (hinein)werfen (в В in *ac.*); vorsprechen, Stippvisite machen (к Д bei); **-ся** F <~де́ться> [11] sich vergaffen (на В in *ac.*).

загна́ть *s.* загоня́ть.

заго|ва́ривать [1], <~вори́ть> [13] *v/i.* anfangen zu sprechen *od.* reden; (*fig.*) sich melden, sich regen; ein Gespräch anknüpfen (с Т mit *od.* о П über *ac.*); *v/t.* (*Krankheit usw.*) besprechen; müde (*od.* tot) reden; ~ва́ривать зу́бы F blauen Dunst vormachen; я с ним не так заговорю́ F ich werde noch ganz anders mit ihm reden; **-ся** sich (im Reden) vergessen; Unsinn reden, faseln.

за́говор *m* [1] Verschwörung *f*; Besprechung *f*; **~и́ть** *s.* загова́ривать; **~щик** (-ˈvɔr-) *m* [1] Verschwörer; Besprecher.

загогу́лина P *f* [5] Schnörkel *m*.

за́годя P beizeiten.

заголо́вок *m* [1; -вка] Überschrift *f*, Titel.

заго́н *m* [1] Eintreiben *n* (*des Viehs*); Gehege *n*; (*Schaf- usw.*) Hürde *f*; P gutgeschriebene Arbeitszeit *f*; в ~е unter dem Druck *od.* Daumen; **~щик** *m* [1] (Vieh-)Treiber; **~я́ть** [28], <загна́ть> [-гоню́, -го́нишь; -гна́л, -а́, -о; за́гнанный] (hin)eintreiben, hineinjagen; zu Schanden jagen *od.* reiten; P verkaufen, verklopfen.

заго|ра́живать [1], <~роди́ть> [15] einzäunen; (*Weg*) versperren; **-ся** sich absondern; vorhalten; -ся руко́й die Hand schützend vorhalten.

заго|ра́ть [1], <~ре́ть> [9] verbrannt (*od.* braun) werden, (sich) bräunen (*Haut*); **-ся** in Brand geraten, Feuer fangen; (*fig.*) entbrennen; загоре́лось ему́ е́хать F er brannte darauf zu fahren, er war nicht zu halten; *vgl.* сыр-бор; **~ре́лый** [14] (sonn)verbrannt; braun.

загород|и́ть *s.* загора́живать; **~ка** (-ˈrɔt-) *f* [5; *g/pl.*: -док] Verschlag *m*; Zaun *m*; **~ный** (ˈza-) [14] außerhalb der Stadt (gelegen); Vorort...; ~ный дом *m* Landhaus *n*.

заго|та́вливать [1] <~то́вить> [14] besorgen, verrichten; anschaffen (*als Vorrat*); **~тови́тельный** [14] Selbstkosten..., **~то́вка** *f* [5] Oberleder *n*, -teil *n* (*v. Schuhen*); **~товле́ние** *n* [12] Besorgung *f*, Anschaffung *f* (*v. Vorräten usw.*); **~товля́ть** [28] *s.* ~та́вливать; **~тпу́нкт** *m* [1] (заготови́тельный пункт) Vorratsbeschaffungsstelle *f*.

загради́ловка ⚔ *f* [5; *g/pl.*: -вок] Absperrtrupp *m*, Sperrposten *m*.

загради́тель ⚓ *m* [4] Sperrfahrzeug *n*; ми́нный ~ Minenleger; **~ный** [14] Sperr...; ~ный ого́нь *m* Sperrfeuer *n*, Feuerwalze *f*; ~ный отря́д *m* Sperrposten.

загра|жда́ть [1], <~ди́ть> [15; -ажу́, -ади́шь; -аждённый] versperren; **~жде́ние** *n* [12] Versperrung *f*; ⚔ (про́волочное Draht-) Verhau *m*.

загрaни́|ца F *f* [5] Ausland *n*; *s.* грани́ца; **~чный** [14] ausländisch, Auslands...

загре|ба́ть [1], <~сти́> [25; -ебу́, ебёшь; -грёб, -бла́; -ебённый] zs.-scharren; sich aneignen; ~бу́щие ру́ки *f/pl.* raff- (*od.* hab)gierige Hände.

загребно́й [14] (*Rudersport*) Schlagmann.

загри́вок *m* [1; -вка] Widerrist (*des Pferdes*); Genick *n*.

загро́бный [14] jenseit(s) (des Grabes); ~ го́лос *m* Grabesstimme *f*.

загромо|жда́ть [1], <~зди́ть> [15; -зжу́, -зди́шь; -ождённый] versperren, verramme(l)n; überladen; **~жде́ние** *n* [12] Versperrung *f*, Verramm(e)lung *f*; Überladung *f*.

загрубе́|ть [8] *pf.* verrohen; **~лый** [14] verhärtet, grob.

загру|жа́ть [1], <~зи́ть> [15; -ужу́, -у́зишь; -у́женный *u.* -ужённый] ⊕ beschicken (*Hochofen*); (*fig.*) überbürden; по́лностью ~жа́ть voll auslasten, voll ausnützen; **~зка** (-ˈgrus-) *f* [5] Beladung; ⊕ Beschickung.

загрыза́ть [1], <загры́зть> [24; *pt. st.*; загры́зенный] totbeißen; (*fig.*) zehren, nagen (В an *dat*); *vgl.* грызть.

загрязне́ние *n* [12] Verunreinigung *f*.

загс *m* [1] (отде́л за́писей а́ктов гражда́нского состоя́ния) Standesamt *n*.

загуби́ть F [14] *pf.* umbringen; vernichten; zu Grunde richten; (*Geld*) vergeuden.

загу́|ливать F [1], <~ля́ть> [28] (anfangen zu) bummeln, ein faules Leben führen.

загуля́ться F [28] beim Spazierengehen (Trinken) die Zeit vergessen.

зад *m* [1; на -у́; *pl. e.*] Hinter-teil *n*, -stück *n*, -seite *f*; P Hintere(r); ~ы́ *pl.* Hinterhof *m*; ~ы́ *pl.* (*früher*) Gelernte(s) *n*, abgegriffene Redensart *f*; на заду́ im Rücken; за́дом hinterwärts; rückwärts; сиде́ть (*od.* стоя́ть) за́дом (к Д *j-m*) den Rücken zukehren; повторя́ть ~ы́ F längst Bekanntes wiederholen.

зада́бривать [1], <задо́брить> [13] (*durch Geschenke usw.*) zu gewinnen suchen, begütigen.

задава́ть [5], <зада́ть> [-да́м, -да́шь, -да́ст, -дади́м, -дади́те, -даду́т; за́дал, -а́, -о; за́данный (-ан, -ана́, -о)] geben, bieten; (*Arbeit*) aufgeben; (*Aufgabe, Frage*) stellen; (*Ton*) angeben; P ~ тя́гу *od.* стрекача́ davonlaufen; я тебе́ задам́! F ich werde dir gleich (eins) geben!; **-ся** [*pt.*: -да́лся, -ла́сь] (T) (*Gedanken*) fassen; sich ereignen; P gelingen, glücken; P *s.* задира́ть.

зада́|вливать [1], <~ви́ть> [14] erwürgen; überfahren; zertreten; erdrücken.

зада́ние *n* [12] *s.* зада́ча.

зада|рма́ P, **~ром** (-ˈda-) umsonst; spottbillig.

зада́то|к *m* [1; -тка] Aufgeld *n*, Anzahlung *f*; зада́тки *pl.* (*Steuer-*) Veranlagung(en *pl.*) *f*, (*Geistes-*) Anlagen *f/pl.*; внести́ ~к eine Anzahlung machen; **~чный** [14] Anzahlungs...

зада́|ча *f* [5] Aufgabe, Exempel *n*, Thema *n*; (*fig.*) F Angeber(in *f*) *m*; **~чник** *m* [1] Aufgabensammlung *f*, Rechenbuch *n*.

задви|гáть [1], <задвúнуть> [20] (*Riegel*) vorschieben; (*Schublade*) hineinschieben; **~жка** (-ˈʤɣiʃ-) / [5; *g/pl.*: -жек] Riegel *m*, Vorschieber *m*; Klappe; **~жнóй** [14] zum Vorschieben (dienend).

задвóрки *pl.* [*gen.*: -рок] Hinterhof *m*.

задевáть [1], <задéть> [-дéну, -нешь; -дéтый] anhaken; ~ за *od.* о (В) *od.* по (Д) anstoßen an (*ac.*), berühren; reizen, necken; streifen; ⚔ angreifen; ~ за живóе empfindlich kränken; задéта верхýшка лёгкого die Lungenspitze ist angegriffen.

задé|лка *f* [5; *g/pl.*: -лок] Festmachen *n*; Vermauern *n*; Verpackung; **~лывать**, <~лать> [1] festmachen, zumachen; vermauern; ausbessern.

задéль|е *n* [10] (Lohn *m* für) Stückarbeit; **~ный** [14] Stück...; **~щик** *m* [1] Stückarbeiter.

задёрганный [14] (*fig.*) abgehetzt.

задёр|гивать [1], <~нуть> [20] (*Vorhang*) vorziehen.

задеревенéлый F [14] erstarrt.

задер|жáние *n* [12] Aufhalten; Festnahme *f*, Verhaftung *f*; Beschlagnahme *f*; **~живать** (-ˈʤɛr-) [1], <~жáть> [4] auf-, zurück-halten; hinhalten; verzögern; festnehmen, verhaften; zurück-, ein-behalten; in Beschlag nehmen; **-ся** sich aufhalten, sich länger aufhalten (*als vorgesehen*) (*z.B.* на день um e-n Tag); **~жка** (-ˈʤɛrʃ-) *f* [5; *g/pl.*: -жек] Aufhaltung, Verzögerung; Störung (*bei e-r Maschine*); без **~жки** ohne Verzug, unverzüglich.

задéть *s.* задевáть.

зáдешево F sehr wohlfeil *od.* billig.

задúр(áл)а *m/f* [5] Händelsucher (-in *f*).

задирáть [1], <задрáть> [-дерý, -рёшь; -дрáл, -дралá, -о; зáдранный (-ан, зáдранá, -о)] hochheben; anbinden (*od.* Händel suchen) mit, sticheln (auf *ac.*); ~ нос die Nase hochtragen, wichtig tun; не задирáй нóса! F hab dich nicht so!

зáд|ний [15] hinter; Hinter...; ~ний прохóд *m* (*Anat.*) After *n*; ~ним числóм nachträglich; **~ник** *m* [1] Hinter-teil *n*, -stück *n*; Hackenleder *n* (*am Schuh*); **~ница** P *f* [5] Hintere(r) *m*, Gesäß *n*.

задóк *m* [1; -дкá] Hinter-teil *n*, -stück *n*; Rückenlehne *f*; *vgl.* зáдник.

задóлго lange bevor, vor langer Zeit.

задóлженность *f* [8] Verschuldung, Rückstand *m*.

задóр *m* [1] Ereiferung *f*; Wetteifer; Übermut; войтú в ~ sich ereifern, hitzig werden.

задóрин|(к)а *f* [5; (*g/pl.*: -нок)] Schramme, Riß *m*; Unebenheit im gehobelten Holz; ни сучкá, ни **~ки** (*Spr.*) wie am Schnürchen.

задóрный [14; -рен, -рна] begeistert; herausfordernd, hitzig, händelsüchtig.

зáдорого sehr teuer.

задрúпанный P [14 *K.*] abgerissen, verwahrlost.

задувáть [1], <задýть> [18] (*Licht usw.*) ausblasen; anfangen zu blasen *od.* wehen.

задýманный [14] geplant, beabsichtigt.

задýмчивый [14*K.*] nach-denkend, -denklich, gedankenvoll; tiefsinnig.

задý|мывать, <~мать> [1] sich vornehmen, vorhaben, im Schilde führen; **-ся** in Nachdenken versinken; nachdenklich werden; zaudern.

задýть *s.* задувáть.

задушéвный [14; -вен, -вна] herzlich, traulich; Herzens...

задушéние *n* [12] Erstickung *f*.

задыхáться [1], <задохнýться> [21; *pt.a.*: -хнýлся] außer Atem kommen, ersticken.

заедáть [1], <заéсть> [-éм, -éшь, -éст, -едúм, -едúте, -едя́т; -éденный] nachessen (В/Т nach *et./et.*); zerreißen, zerfleischen; beißen (*Säure*); sich aneignen; klemmen, nicht aufgehen; замóк заéло das Schloß geht nicht auf.

заéзд *m* [1] Anfahren *n*, Einkehren *n* (к Д bei); ⚔ Schwenkung *f*; Wett-fahrt *f*, -ritt; **~ить** *s.* заéзживать; **~ом** auf der Durchreise.

заезжáть [1], <заéхать> [-éду, -éдешь; -езжáй(те)!] (к Д) anfahren, einkehren (bei), besuchen; irrefahren; hineingeraten (в В in *ac.*); (за Т) abholen; ⚔ schwenken (*Reiterei*); P eins hauen *od.* versetzen (Д/в В *od.* по Д *j-m ins Gesicht*).

заéзженный F [14] abgedroschen, trivial.
заéзживать [1], <заéздить> [15] zu Schanden fahren *od.* reiten.
заéзжий [17] zum Einkehren (dienend); durchreisend; *vgl.* приéзжий.
заём *m* [1; зáйма] Entlehnen *n*, Borgen *n*; Anleihe *f*; Darlehen *n*; **~ный** [14] geliehen, geborgt; Leih..., Schuld...; **~щик** *m* [1] Entleiher, Borger.
заéсть *s.* заедáть.
заéхать *s.* заезжáть.
зажá|ривать [1], <**~рить**> [13] braten.
зажáть *s.* зажимáть.
заждáться F [-ждýсь, -ждёшься; -áлся, -алáсь] *pf.* sehnsüchtig erwarten.
зажéчь *s.* зажигáть.
заживáть [1], <зажи́ть> [-живý, -вёшь; зáжил, -á, -о] *v/i.* (zu-, ver-, an)heilen; anfangen zu leben, aufleben; *v/t.* verdienen, abarbeiten; (*Schuld*) abwohnen; **-ся** [*pt.*: -жи́лся, -лáсь] lange wohnenbleiben; ungewöhnlich lange leben.
зáживо lebend(ig), bei lebendigem Leibe.
зажигá|лка *f* [5; *g/pl.*: -лок] Feuerzeug *n*; Brandbombe; **~ние** *n* [12] Zündung *f*; **~тель** *m* [4] Zünder; **~тельный** [14] zündend; Zünd..., Brenn...; (*fig.*) aufwiegelnd, zündend; Brand...; **~ть** [1], <зажéчь> [26; -жгý, -жжёшь; -жёг, -жглá; -жжённый] anzünden, anstecken; **-ся** sich entzünden, entbrennen.
зажи́м *m* [1] ⊕ Klemme *f*; (*fig.*) Unterdrückung *f*; Einschränkung *f*.
зажимáть [1], <зажáть> [-жмý, -жмёшь; -жáтый] zudrücken; (fest)klemmen; (*fig.*) unterdrücken; ~ комý рот *j-m* den Mund stopfen, *j-n* zum Schweigen bringen.
зажи́точный [14; **-чен, -чна**] wohlhabend.
зажóр *m* [1] Eisstauung *f*; Tauwasser *n* (*unter dem Schnee*).
заздрáвный [14] Gesundheits...; auf das Wohl; ~ тост *m* Trinkspruch; поднять ~ кýбок (за В *j-m*) zutrinken.
зазёвываться, <зазевáться> [1] F gaffen; ~ на (В) angaffen; zerstreut sein, nicht aufpassen.

зазем|лённый [14] Erd...; **~ля́ть** [28], <~ли́ть> [13] (*Antenne*) erden.
зазнавáться [5], <зазнáться> [1] sich überheben, sich viel herausnehmen; он зазнаётся F ihm schwillt der Kamm.
зазнáйка F *m/f* [5; *g/pl.*: -нáек] Angeber(in*f*), aufgeblasener Kerl *m*.
зазнó|ба *f* [5], **~бушка** P *f* [5] Liebesglut; Liebchen *n*, Geliebte.
зазóр *m* [1] † Schimpf, Schande *f*; ⊕ Zwischen-, Spiel-raum; **~ный** [14; -рен, -рна] schimpflich; anstößig.
зазрé|ние *n* [12] Vorwurf *m*; без ~ния (сóвести) ohne Gewissensbisse (zu empfinden).
зáзрить [*nur* зáзрит; зáзрил -а, -о]: сóвесть зáзрит das Gewissen wacht, läßt es nicht zu.
зазý|бривать [1], <~бри́ть> [13; -убрю́, -ýбри́шь; -ýбренный] schartig machen; (*fig.*) ein-pauken, -ochsen, -bleuen; **~брина** *f* [5] Scharte (*in e-r Schneide*).
зазывáть [1], <зазвáть> [-зовý, -вёшь; -звáл, -á, -о; зáзванный (-ан, -á, -о)] heranrufen; einladen.
заи́гранный [14] abgedroschen, abgeschmackt; abgegriffen.
заи́грывать, <заигрáть> [1; -и́гранный] (anfangen zu) spielen; *v/i.* schäkern, kokettieren (с Т mit); **-ся** zu lange spielen.
заи́ка *m/f* [5] Stotterer *m*, Stottrerin *f*; **~ние** (-'ka-) *n* [12] Stottern, Stammeln; **~ться** (-'ka-) [1], <заикнýться> [20] (о П) stottern, stammeln; erwähnen, eine Andeutung machen; не ~ться nicht mucksen.
заи́мка *f* [5; *g/pl.*: -мок] Landstück *n* (*zur Bebauung*), Parzelle.
заи́мствова|ние *n* [12] Entlehnung *f*; Lehnwort; **~ть** [7], <по-> entnehmen, entlehnen.
заи́ндевелый [14] bereift, mit Rauhreif bedeckt.
заинтересó|вывать [1], <**~вáть**> [7] (**-ся** sich) interessieren (Т *od.* в П für).
заинтригóванный [14] gespannt, neugierig.
зайти́ *s.* заходи́ть.
зáй|чик *m* [1] Häschen *n*; P Abspiegelung *f* des Sonnenstrahls, Sonnenfleck; пускáть ~чиков Sonnenflecke (*an der Wand usw.*) tanzen lassen; **~чи́ха** *f* [5] Häsin.

закаба|ля́ть [28], <~ли́ть> [13] (*ehm.*) zum Leibeigenen machen.
закавка́зский [16] transkaukasisch.
закады́чный F [14] Busen..., Herzens...
зака́з *m* [1] Bestellung *f*, Auftrag; ме́сто *n* ~а Bezugsquelle *f*; **~а́ть** *s.* ~ывать; **~ник** *m* [1] Schonung *f*; **~но́й** [14] bestellt; nach Maß; ~но́е письмо́ *n* eingeschriebener Brief *m*, Einschreibebrief *m*; (*als Briefaufschrift*) ~но́е! Einschreiben!; ~но́й лес *m* Schonung *f*; **~чик** *m* [1] Besteller, Auftraggeber, Kunde *m*; **~ывать** [1], <~а́ть> [3] (себе́ sich) bestellen, sich machen lassen; verbieten, abraten.
зака́иваться [1], <зака́яться> [27] schwören, geloben (*et. nicht zu tun*), abschwören.
зака́л *m* [1] Härtung *f*, Stählung *f*; (*fig.*) Schlag, Art *f*; **~ивать** [1], <~и́ть> [13] härten, stählen; ~ённый (ab)gehärtet; **~ка** *s.* зака́л.
зака́лывать [1], <заколо́ть> [17] (ab)schlachten; erstechen; an-, auf-stecken (mit Nadeln); у него́ заколо́ло в боку́ er bekam Stechen in der Seite.
закаля́ть [28] *s.* зака́ливать.
закамене́лый F [14] versteinert; (*fig.*) gefühllos.
зака́нчивать [1], <зако́нчить> [16] be-, voll-enden, abschließen.
зака́пывать [1] **1.** <закопа́ть> [1; зако́панный] vergraben, ver-, einscharren; **2.** <зака́пать> [1] betropfen, bespritzen; F tropfenweise einträufeln.
зака́т *m* [1] Untergang (*der Gestirne*); (*fig.*) Verfall; на ~е дней am Lebensabend.
зака́|тывать [1], <~ти́ть> [15] (*et. wohin od. in et.*) rollen, wälzen; (*Augen*) verdrehen; P *j-m* eins auswischen, *j-n* (tüchtig) durchprügeln; ~тывать исте́рику F eine Szene machen; ~тывать пир горо́й e-n mächtigen Schmaus veranstalten; **-ся** (*wohin*) rollen; untergehen (*Gestirne*); -ся от сме́ха *od.* сме́хом sich vor Lachen wälzen.
зака́яться *s.* зака́иваться.
заква́|ска *f* [5] Einsäuerung; Sauerteig *m*; (*fig.*) Schlag *m*, Sorte; **~шивать** [1], <~сить> [15] (ein)säuern.
заки́|дывать [1] **1.** <~да́ть> [1; заки́данный] zu-, ver-schütten; bewerfen (T mit); ~дывать вопро́сами mit Fragen überhäufen *od.* bestürmen; **2.** <~нуть> [20] verlegen; werfen (за B hinter *ac.*); wegwerfen; (*Netz usw.*) auswerfen; (*Kopf*) zurückwerfen; ~дывать но́гу на́ ногу die Beine übereinanderschlagen; ~дывать у́дочку F auf den Busch klopfen.
закип|а́ть [1], <~е́ть> [10; *nur 3. Pers.*: -пи́т] anfangen zu sieden *od.* kochen; рабо́та ~е́ло F die Arbeit ging flott vonstatten; *s.* кипе́ть.
закис|а́ть [1], <заки́снуть> [21] sauer werden, säuern.
за́кись ⚗ *f* [8] Oxydul *n.*
закла́д *m* [1] Pfand *n*; Wette *f*; в ~е verpfändet; (от)да́ть в (*od.* под) ~ verpfänden, versetzen; *s. a.* би́ться; **~ка** *f* [5; *g/pl.*: -док] Grundsteinlegung; Kiellegung; Vermauerung; Anspannen *n*; (Buch-, Lese-)Zeichen *n*; **~но́й** [14] verpfändet; Pfand...; Grund...; ~на́я *f* Pfand-brief *m*, -verschreibung; **~чик** *m* [1] Verpfänder; **~ывать** [1], <заложи́ть> [16] den Grundstein legen (zu); gründen; auf Kiel legen; verpfänden, versetzen; vermauern; (*Pferde*) anspannen; (*Buchzeichen usw.*) (hin-) einlegen (в B in *ac.*); [*unpers.*] verstopft sein; у него́ у́ши заложи́ло er ist schwerhörig; заложи́в ру́ки наза́д *od.* за́ спину mit den Händen auf dem Rücken.
заклёвывать [1], <заклева́ть> [6; -клюю́, -юёшь] zerhacken; (~ на́ смерть) totpicken; (*fig.*) zu Tode hetzen.
закле́|ивать [1], <~ить> [13] zu-, ver-kleben; **~йка** *f* [5; *g/pl.*: -е́ек] Zukleben *n*; verklebte Stelle.
заклеймённый [14] (*fig.*) gebrandmarkt.
заклёп|ка ⊕ *f* [5; *g/pl.*: -пок] Nietnagel *m*, Niet *m*, Niete; Vernietung; **~ывать** [1] *s.* клепа́ть.
заклина́ние *n* [12] Beschwörung *f.*
заклина́тель *m* [4] (*Schlangen-*) Beschwörer; ~ пого́ды Wettermacher.
заклина́ть [1] beschwören.
заклю|ча́ть [1], <~чи́ть> [16; -чу́, -чи́шь; -чённый] ein-schließen, -sperren; folgern (из P aus); (*Ver-*

trag usw.) (ab)schließen; vollenden; ~ча́ть *impf.* в себе́ (in sich) enthalten; ~ча́ть в ско́бки einklammern; **-ся** bestehen (в П aus *od.* in *dat.*); **~че́ние** *n* [12] Einschließung *f*, Einsperrung *f*; (*Gefängnis-*)Haft *f*; Folgerung *f*; Abschluß *m*, Schluß *m*; Gutachten; предвари́тельное ~че́ние Untersuchungshaft *f*; пожи́зненное ~че́ние lebenslängliche Haft *f*; в ~че́ние schließlich; **~чённый** [14] Häftling *m*, Gefangene(r) *m*; **~чи́тельный** [14] schließlich; Schluß...

закля́тый [14] geschworen; ~ враг *m* Erzfeind; Erbfeind.

зако́|вка *f* [5; *g/pl.*: -вок] Fesselung; **~вывать** [1], <~ва́ть> [7; -кую́, -куёшь] anschmieden, fesseln.

заковы́ристый F [14] schwierig, verwickelt.

заковы́чки P *f/pl.* [5; *gen.*: -чек] Hindernis *n*; Hinterlist *f*, Hintergedanke(n) *m*.

зако́л *m* [1] Fischwehr *n*.

закола́чивать [1], <заколоти́ть> [15] (hin)einschlagen; ~ гвоздя́ми vernageln.

заколдо́|вывать [1], <~ва́ть> [7] be-, ver-zaubern, behexen; ~ванный круг *m* ausweglose Lage *f*.

зако́лка *f* [5; *g/pl.*: -лок] Haarnadel.

заколоти́ть *s.* закола́чивать.

заколо́ть *s.* зака́лывать.

зако́н *m* [1] Gesetz *n*; Satzung *f*; ~ бо́жий Gesetz *n* Gottes; Religion(sunterricht *m*) *f*; вне ~а vogelfrei; по ~у gesetz-, vorschriftsmäßig; ~ о пате́нтах Patentgesetz *n*; вопреки́ ~у gesetzwidrig; охраня́емый ~ом gesetzlich geschützt; **~ник** *m* [1] Gesetzkundige(r), Rechtsgelehrte(r); **~норождённый** [14] ehelich, in rechtmäßiger Ehe (erzeugt); **~ный** [14; -о́нен, -о́нна] gesetzlich, gesetz-, rechtmäßig; Gesetz..., Rechts...

законо|ве́д *m* [1] Gesetzkundige(r), Rechtsgelehrte(r); **~ве́дение** *n* [12] Rechtskunde *f*.

законода́тель *m* [4] Gesetzgeber; **~ный** [14] gesetzgebend; **~ство** *n* [9] Gesetzgebung *f*.

законо|ме́рный [14] gesetzmäßig; **~положе́ние** *n* [12] Rechtssatzung *f*, Gesetzbestimmung *f*; **~прое́кт** *m* [1] Gesetzentwurf; **~учи́тель** *m* [4] Religionslehrer.

законтракто́|вывать [1], <~ва́ть> [7] kontraktlich sicherstellen *od.* bedingen; **-ся** sich kontraktlich verpflichten.

зако́нчить *s.* зака́нчивать.

закопа́ть *s.* зака́пывать.

закоп|те́лый [14] verräuchert; **~ти́ть** [15; -пчу́, -пти́шь] *pf.* einräuchern, verqualmen.

закоре|не́лый [14] eingewurzelt; verstockt; hartnäckig (*Krankheit*); verknöchert; **~не́ть** [8] *pf.* sich einwurzeln, Wurzel fassen.

зако́рки P *f* [5; *g/pl.*: -рок]: нести́ на зако́рках auf den Schultern *od.* auf dem Rücken tragen.

закорми́ть [14] *pf.* überfüttern; gut bewirten.

закорю́чка *f* [5; *g/pl.*: -чек] Häkchen *n*; (*fig.*) Hindernis *n*; Kniff *m*.

закос|не́лый [14] *s.* закорене́лый; **~не́ть** [8] *pf.* verharren; verstocken.

закостене́лый [14] verknöchert, verhärtet.

закоу́лок *m* [1; -лка] Neben-, Winkel-gasse *f*; versteckter Winkel; закоу́лки *pl.* (*fig.*) Winkelzüge.

закочене́лый [14] erstarrt, erfroren.

закра́|дываться [1], <~сться> [25; *pt. st.*] sich einschleichen.

закра́ина *f* [5] Rand *m*.

закра́|шивать [1], <~сить> [15] über-streichen, -malen; (*fig.*) beschönigen.

закре|пи́тельный ⚕ [14] stopfend; **~пле́ние** *n* [12] Befestigung *f*; (*gerichtliche*) Verschreibung *f*; **~пля́ть** [28], <~пи́ть> [14; -плю́, -пи́шь; -плённый] befestigen, festmachen; (*gerichtlich*) ver-, zuschreiben; reservieren; (*Phot.*) fixieren; его ~пи́ло ⚕ F er ist verstopft.

закрепо|ща́ть [1], <~сти́ть> [15; -ощу́, -ости́шь; -ощённый (*hist.*) zu Leibeigenen machen; (*fig.*) versklaven.

закро́йщик *m* [1] Zuschneider.

за́кром *m* [1; *pl. e.*: -ма́] Korn-, Futter-, Mehl-kasten.

закруг|ля́ть [28], <~ли́ть> [13] (ab)runden; (*fig.*) glätten, abschleifen (*Stil*).

закру|жа́ть [1], <~жи́ть> [16; -ужу́, -у́жи́шь; -ужённый] (her-)

umdrehen; schwind(e)lig machen; (*Kopf*) verdrehen; [*unpers.*] меня́ ~жи́ло es wurde mir schwind(e)lig; **-ся** umlaufen; kreisen; schwind(e)lig werden; у меня́ ~жи́лась голова́ es wurde mir schwind(e)lig.

закру́|чивать [1], ‹~тить› [15] zu-, fest-drehen, -binden; aufwirbeln; (*fig.*) (*den Kopf*) verdrehen.

закры|ва́ть [1], ‹закры́ть› [22] verdecken, zudecken; zumachen, (ab)schließen; ~ва́ть глаза́ (на что́-нибудь) F alle fünf gerade sein lassen; '~тое учёбное заведе́ние *n* Internatslehranstalt *f*; '~тое голосова́ние *n* geheime Abstimmung *f*; '~тый кооперати́в *m* interne Einkaufsstelle *f* (*nur gegen Erlaubnisschein*); **~тие** (-'kri-) *n* [12] Verdecken; Schließung *f*; Schluß *m*; **~шка** (-'kri-) *f* [5; *g/pl.*: -шек) Deckel *m*.

закрю́чина *f* [5] Haken *m*.

закули́сный [14] hinter den Kulissen (befindlich); geheim, verborgen; Hintertreppen...

закуп|а́ть [1], ‹~и́ть› [14] ein-, aufkaufen; '**~ка** *f* [5; *g/pl.*: -пок] Ein-, Auf-kauf *m*; **~но́й** [14] ein-, aufgekauft; Einkaufs...

заку́по|ривать [1], ‹~рить› [13] (*Flasche*) verkorken; (*Faß*) verspunden; (*fig.*) ver-, zu-stopfen; **~рка** *f* [5; *g/pl.*: -рок] Verkorkung; (*fig.*) Verstopfung.

заку́пщик *m* [1] Ein-, Auf-käufer.

заку́|ривать [1], ‹~ри́ть› [13; -урю́, -у́ришь; -у́ренный] (*Zigarre usw.*) anzünden, anrauchen.

заку́|ска *f* [5; *g/pl.*: -сок] Imbiß *m*; Vor-kost, -speise; Gabelfrühstück *n*; Nachessen *n*; холо́дная ~ска kalte Platte; на ~ску zu guter Letzt; **~сочный** [14] als (*od.* zum) Imbiß; ~сочная *f* Frühstücksstube; **~сывать** [1], ‹~си́ть› [15] ([hin]ein-) beißen (in *ac.*); e-n Imbiß (ein-) nehmen, frühstücken; (T) nachessen, dazu essen; ~сывать гу́бу, ~сывать язы́к sich auf die Lippen beißen, schweigen.

заку́|тывать, ‹~тать› [1] einhüllen.

зал *m* [1] Saal, Halle *f*.

зала́дить [15] *pf.* immer ein und dasselbe wiederholen, wiederkäuen; (+ *inf.*) sich et. zur Gewohnheit machen.

зала́мывать [1], ‹заломи́ть› [14] anbrechen; ~ (це́ну) überfordern.

залега́ние *n* [12] (*Geol.*) Lager; Anlagerung *f*.

залега́ть [1], ‹зале́чь› [26; -ля́гу, -ля́жешь; -ля́г(те)!] sich (hin-) legen; sich verstecken; im Hinterhalt liegen; ⚕ verschleimt sein (*Brust*).

залёглость ⚕ *f* [8] Verschleimung.

заледене́лый [14] vereist, eiskalt.

зале|жа́лый [14] verlegen (*Ware*); ~жа́лый това́р *m* Ladenhüter; **~живаться** (-'ʒɔ-) [1], ‹~жа́ться› [4; -жу́сь, -жи́шься] lange liegen-(bleiben); ✝ vom Liegen verderben, (sich) verliegen (*Ware*); **~жь** ('za-) *f* [8] ✝ verlegene Ware, Ladenhüter *m*; ~жи *pl.* liegengebliebene Reste; (*Steinkohlen- usw.*) Lager *n*; ⚒ Brache.

залеза́ть [1], ‹зале́зть› [24; *durchweg st.*] sich verkriechen; kriechen, sich einschleichen (в В in *ac.*).

зале́|пка *f* [5; *g/pl.*: -пок] Verklebung; verklebte Stelle; **~пля́ть** [28], ‹~пи́ть› [14] ver-, zu-kleben; F verpassen, verabfolgen; ~пля́ть пощёчину F eine Maulschelle kleben.

зале|та́ть [1], ‹~те́ть› [11] weit wegfliegen; hineinfliegen (в В in *ac.*); anfliegen; hin-gelangen, -kommen; **~тный** (-'ʝɔt-) [14] herbeigeflogen; ~тные пти́цы *f/pl.* Zugvögel *m/pl*.

зале́|чивать [1], ‹~чи́ть› [16] heilen; F zu Tode kurieren; **-ся** F verharschen (*Wunde*).

зале́чь *s.* залега́ть.

зали́в *m* [1] Bucht *f*, Bai *f*.

залива́ть [1], ‹зали́ть› [-лью́, -льёшь; за́лил, -а́, -о; за́литый (за́лит, -а́, -о)] begießen (T mit); überschwemmen; (*Feuer*) (aus)löschen; (*Öffnung*) zugießen; не залива́й! F flause nicht!, schneide nicht auf!; **-ся** [-ли́лся, -лила́сь] ausbrechen (сме́хом in ein Gelächter); -ся *impf.* ertönen lassen, schmettern lassen (пе́снями Lieder).

залив|но́е [14] Gallerte *f*; **~но́й** [14] überschwemmt; Lösch...; Golf...; ~на́я труба́ *f* Feuerspritze.

зали́ть *s.* залива́ть.

залихва́тский F [16] gewandt, kühn, keck.

зало́г *m* [1] Pfand *n*, Kaution *f*,

Sicherstellung *f*; (*Gram.*) Handlungsart *f* (*der Zeitwörter*); давать в ~ verpfänden; действительный ~ Aktiv *n*; страдательный ~ Passiv *n*; **~овый** [14] verpfändet; Pfand...

залож|ить *s.* закладывать; **~ник** (-ˈłɔʒ-) *m* [1] Bürge, Geisel *m od. f.*

заломи́ть *s.* заламывать.

залп *m* [1] Salve *f*; ~ом F in e-m Zug, in e-m Satz, hintereinanderweg; выпить ~ом auf e-n Zug austrinken *od.* leeren; сказать ~ом herausplatzen mit.

залуп|ля́ть P [28], <~и́ть> [14] (*Haut*) abschürfen; (*Aufgeklebtes u. dgl.*) ablösen.

залу|ча́ть F [1], <~чи́ть> [16; *a.* -чи́шь] verlocken.

зам (= замести́тель) *in Zssgn*: = Stellvertreter.

зама́|зка *f* [5; *g/pl.*: -зок] Verkittung; Kitt *m*; **~зывать** [1], <~зать> [3] verkitten, verkleistern; (*mit Lehm usw.*) verschmieren; beschmutzen; (*fig.*) vertuschen, verschleiern.

зама́лчивать [1], <замолча́ть> [4; -чу́, -чи́шь] verschweigen, totschweigen.

зама́н|ивать [1], <~и́ть> [13; -аню́, -а́нишь] (her)an-, ver-, hereinlocken; его́ калачо́м не зама́нишь (*Spr.*) er läßt sich durch nichts auf der Welt verlocken; **~чивый** [14*K.*] (ver)lockend, anziehend.

замара́шка *m/f* [5; *g/pl.*: -шек] F (*ver.*) Schmutzfink *m*, Aschenbrödel *n*.

зама́|рывать, <~ра́ть> [1; зама́ранный] besudeln, beschmutzen; verleumden.

замаскиро́|вывать [1],<~ва́ть> [7] maskieren, verhüllen, verdecken, verschleiern.

зама́с|ливать [1],<~лить> [13] mit Öl (*od.* Butter) beschmieren.

зама́тывать, <замота́ть> [1; замо́танный] aufwickeln, aufwinden; umwinden, umwickeln (T mit); irremachen, verwirren; wedeln (*Hund*); **-ся** (*fig.*) P abgespannt, erschöpft sein.

замах|а́ть [1] *s.* маха́ть, за...; **~ну́ться** [20] *pf.* ausholen (*zum Schlage*).

зама́чивать [1] *s.* мочи́ть.

зама́ш|истый [14*K.*] schlagfertig; hochmütig; **~ка** *f* [5; *g/pl.*: -шек] Angewohnheit; Manier, Gebaren *n*; Kunstgriff *m*.

зама́щивать [1], <замости́ть> [15; -мощу́, -мости́шь; -мощённый] bepflastern.

зама́яться [27] P *pf.* völlig erschöpft sein.

замед|ле́ние *n* [12] Verzögerung *f*, Verzug *m*; **~ля́ть** [28] <заме́длить> [13] verzögern, hinhalten; (*Gang*) mäßigen, verlangsamen.

заме́|на *f* [5] Ersetzung; Ersatz *m* (T durch); в ~ну *s.* взаме́н; **~ни́мый** [14*K.*] ersetzbar; **~ни́тель** *m* [4] Ersatz-, Austausch-stoff; **~ня́ть** [28], <~ни́ть> [13; -меню́, -ме́нишь] ersetzen (T durch); *j-n* (*od. j-s* Stelle) vertreten; vertauschen; ~ня́ющее сре́дство *n* Ersatzmittel.

замере́ть *s.* замира́ть.

замер|за́ние *n* [12] Zu-, Ge-frieren; то́чка *f* ~за́ния Gefrierpunkt *m*; **~за́ть** [1], <замёрзнуть> [21] (zu-, ge)frieren; erfrieren; я ~за́ю F ich friere.

замёрзлый P [14] gefroren; erfroren.

за́мертво (für) tot, bewußtlos.

замеси́ть *s.* заме́шивать.

замести́ *s.* замета́ть.

замести́тель *m* [4] Stellvertretende(r).

замести́ть *s.* замеща́ть.

заме́сто P (P) anstatt, an Stelle (von).

замёт *m* [1] Zs.-fegen *n*; Auswerfen *n* (*des Netzes*); Riegel (*an Türen usw.*); zs.-gewehter Schneehaufen, Schneewehe *f*.

заме|та́ть [1], <~сти́> [25; -мету́ *usw.*; т *statt* д] zs.-fegen; zs.-wehen; ver-, zu-wehen; (*Spuren*) verwischen; *s. a.* замётывать.

заме́т|ить *s.* замеча́ть; **~ка** *f* [5; *g/pl.*: -ток] Merkmal *n*, Zeichen *n*; Bemerkung, Notiz; ~ка на поля́х Randbemerkung; взять на ~ку F sich einprägen, notieren; **~ливый** [14*K.*] aufmerksam, achtsam; **~ный** [14; -тен, -тна] bemerkbar, merklich; ~но man sieht es, man kann sehen.

замётывать,<замета́ть> [1; -мётанный] anheften; замётано! P abgemacht!, einverstanden!

заме|ча́ние *n* [12] Bemerkung *f*, Notiz *f*; Verweis *m*; досто́йный ~ча́ния bemerkenswert; **~ча́тельный** [14; -лен, -льна] merkwürdig; bemerkenswert; **~ча́ть** [1], <заме́тить> [15] (be)merken; eine Bemerkung machen; (sich) notieren; заме́ть себе́ э́то! merke dir das!

замечта́ться [1] *pf.* (anfangen zu) schwärmen; in Gedanken versinken, sich vertiefen.

заме|ша́тельство *n* [9] Verwirrung *f*; Verlegenheit *f*; **~шивать** (-ˈmɛ-) [1] **1.** <~ша́ть> [1; -ме́шанный] verwickeln, hineinziehen (в В in *ac.*); **-ся** (*fig.*) F dazu kommen; **2.** <~си́ть> [15] (*Teig*) einrühren; (*mit Mehl*) anrühren.

заме́ш|киваться, <~каться> F [1] sich (zu lange) aufhalten; (Т) zögern (mit), verzögern; sich verspäten.

заме|ща́ть [1], <~сти́ть> [15; -ещу́, -ести́шь; -ещённый] vertreten; ersetzen (Т durch); (*Amt*) besetzen; **~ще́ние** *n* [12] Vertretung *f*; Ersetzung *f*; Ersatz *m*; Besetzung *f*.

замза́в *m* [1] stellvertretender Chef.

замин|а́ть [1], <замя́ть> [-мну́, -мнёшь; -мя́тый] (zer)treten; unterdrücken, vertuschen; (*Rede*) abbrechen; **-ся** steckenbleiben, stocken; den Faden verlieren; **~ка** (-ˈmʲin-) *f* [5; *g/pl.*: -нок] Steckenbleiben *n*; Stockung, Verzögerung.

зами|ра́ть [1], <замере́ть> [12; за́мер, -рла́, -о] erstarren; das Bewußtsein verlieren; stocken, stehenbleiben; ersterben, verhallen; се́рдце ~ра́ет das Herz stockt *od.* ist beklommen; **~ре́ние** *n* [12] Friedensstiftung *f*; **~ря́ть** [28], <~ри́ть> [13] Frieden stiften.

за́мкну|тый [14*K.*] abgeschlossen, eingezogen; zurückgezogen; verschlossen, (äußerst) verschwiegen; **~ть** *s.* замыка́ть.

за́мковый[1] [14] Schloß..., Burg...

замко́вый[2] Schloß... (*zum Schließen*)

за́мок[1] *m* [1; за́мка] Schloß *n*; Burg *f.*

замо́к[2] *m* [1; замка́] Schloß *n* (*an den Türen usw.*); францу́зский ~ Selbstschließer; Schnappschloß *n*; вися́чий ~ Hänge-, Vorlege-schloß *n*; ~-мо́лния Reißverschluß; держа́ть под замко́м verschlossen (*od.* unter Verschluß) halten; за семью́ замка́ми (*fig.*) hinter Schloß u. Riegel, sorgfältig verborgen.

замо́лвить F [14]: *pf.*: ~ сло́во *od.* слове́чко ein gutes Wort einlegen (за В für).

замоли́ть [13] anflehen.

замолка́ть [1], <замо́лкнуть> [21] verstummen, still werden, schweigen; verhallen.

замолча́ть *s.* зама́лчивать; ~ *pf.* schweigen, aufhören zu reden (singen *usw.*).

замо|ра́живать [1], <~ро́зить> [15] gefrieren lassen; ~ро́женное мя́со *n* Gefrierfleisch.

замори́ть [13] *pf.* zu Tode quälen; verhungern lassen; ~ червя(ч)ка́ F den Hunger stillen.

за́морозки *m/pl.* [1] Frühfrost *m.*

замо́рский [16] überseeisch; ausländisch.

замо́рыш *m* [1] F ein Häufchen Unglück *n.*

замо́рье *n* [10] überseeisches Land; P Ausland.

замости́ть *s.* зама́щивать.

замота́ть *s.* зама́тывать.

замо́ч|ек *m* [1; -чка] Schlößchen *n* (*zum Schließen*); **~ный** [14] (*Tür-*) Schloß...; ~ная сква́жина *f* Schlüsselloch *n.*

зампре́д *m* [1] stellvertretender Vorsitzender.

за́муж *s.* выдава́ть, выходи́ть; **~ем** (за Т mit j-m) verheiratet (*Frau*); **~ество** (-ˈmu-) *n* [9] Heirat *f*, Ehe *f* (*v. Frauen*); **~ний** (-ˈmu-) [15] verheiratet (*Frau*); ~няя (же́нщина) *f* verheiratete Frau, Ehefrau.

замуро́|вывать [1], <~ва́ть> [7] ein-, ver-, zu-mauern.

заму́с|ливать [1], <~лить> [13] *od.* <~о́лить> begeifern; beschmutzen (mit Fett *od.* Öl), fettig machen; *s. a.* му́с(о)лить.

заму́|чивать [1], <~чить> [16] abquälen, abplagen; zu Tode quälen.

за́м|ша *f* [5] Sämisch-, Wild-leder *n*; **~шевый** [14] sämischledern; wildledern.

замше́лый [14] bemoost.

замше́ть [8; *nur 3. Pers.*] *pf.* mit Moos bewachsen.

замы́згать P [1] *pf.* besudeln, verdrecken.

замыка́|ние *n* [12] Schließung *f*; ⚡ коро́ткое ~ние Kurzschluß *m*; **~ть** [1] **1.** *impf. et.* beschließen, am Ende von *et.* gehen (fahren); **2.** <замкну́ть> [20] (ver-, ein-) schließen; **-ся** (в себе́) sich (in sich selbst) verschließen.

за́мыс|ел *m* [1; -сла] Absicht *f*, Vorhaben *n*; **~лить** (-ˈmʲis-) *s.*

замышля́ть; **~лова́тый** [14*K*.] knifflich, verzwickt.
замы́чка *f* [5; *g/pl.*: -чек] Verschluß *m*; Schließband *n*; Klappe (*an Pumpen*).
замы|шле́ние *n* [12] Vorhaben; **~шля́ть** [28], ‹замы́слить› [15] vorhaben, sich *et.* vornehmen.
замя́ть *s.* замина́ть.
за́наве|с *m* [1] (*Thea.*) Vorhang, Gardine *f*; **~сить** (-ˈɣe-) *s.* занаве́шивать; **~ска** (-ˈɣɛs-) *f* [5; *g/pl.*: -сок] (*Fenster- usw.*) Vorhang *m*, Gardine; (*Anat.*) нёбная ~ска Gaumensegel *n*; задёрнуть ~ску den Vorhang zuziehen; **~сочный** (-ˈɣɛ-) Vorhangs-..., Gardinen...; **~шивать** (-ˈɣɛ-) [1], ‹занаве́сить› [15] verhängen (T mit), mit einem Vorhang verdecken.
зана́шивать [1], ‹занос́ить› [15] abtragen, abnutzen.
занемо́чь [26; -могу́, -мо́жешь; г *statt* к] *pf.* erkranken, krank werden.
занести́ *s.* заноси́ть.
занижа́ть [1], ‹зани́зить› [15] stark herabsetzen (*Forderung*, *Norm*).
зани|ма́ние *n* [12] Einnehmen; Unterhaltung *f*; *s.* занима́ть; **~ма́тельный** [14; -лен, -льна] anziehend, anregend, interessant; **~ма́ть** [1], ‹заня́ть› [займу́, -мёшь; за́нял, -а́, -о; за́нятый (*K. f*: -та́)] einnehmen; (*Wohnraum*) benutzen; (*Platz*) besetzen; ~ма́ть *impf.* (*Amt*) bekleiden; (*Haus*) bewohnen; beschäftigen (T mit); unterhalten, interessieren; entlehnen, (sich) borgen (у P von); in Anspruch nehmen (*Zeit*); займи́те ме́сто! einsteigen!; газе́та занята́ die Zeitung ist in Gebrauch *od.* wird gelesen; дух у меня́ за́няло F der Atem ging mir aus; **-ся** [заня́лся́, -ла́сь] (T) sich beschäftigen (mit), treiben; (*bsd. geistig*) arbeiten (an *dat.*); sich verlegen (auf *ac.*); Feuer fangen; sich zeigen (*Morgenröte*).
за́ново für neu; von neuem.
зано́|за [5] **1.** *f* Splitter *m*; **2.** *m/f* Krakeeler(in *f*), Händelsucher(in *f*); **~зистый** [14 *K.*] voller Splitter; F zänkisch, händelsüchtig; **~зи́ть** [15; -ожу́, -ози́шь] *pf.* (но́гу) sich e-n Splitter (in den Fuß) eintreten.
зано́с *m* [1] Verwehung *f*; сне́жный ~ (*mst pl.*) Schneewehe *f*.
заноси́ть [15], ‹занести́› [25; -несу́; *durchweg* с] (im Vorbeigehen her-[an]-, herbei- *od.* hin)bringen; verschleppen; [*unpers.*] (*Schiff*) verschlagen; [*unpers*]. verwehen, verschütten (сне́гом mit Schnee = verschneien, песко́м mit Sand = versanden); (empor)heben; ein-tragen, -schreiben; ~ но́гу за поро́г den Fuß über die Schwelle setzen; **-ся**, ‹занести́сь› hochmütig sein, zu hoch hinauswollen; *s.* зана́шивать.
зано́счивый [14*K*.] hochmütig.
заночёвывать [1], ‹заночева́ть› [6] übernachten, nächtigen.
зано́шенный [14] abgetragen; schäbig.
занумеро́|вывать [1], ‹~ва́ть› [7] numerieren.
заня́т|ие *n* [12] Beschäftigung *f*; Besetzung *f*; ⚔ Übung *f*; Ausübung *f* (ремесло́м e-s Gewerbes); ~ия *pl.* Studium *n*; часы́ ~ий Unterrichtszeit *f*; Büro-, Arbeits-zeit *f*, -stunden *f/pl.*; **~ный** [14; -тен, -тна] interessant, ergötzlich; **~о́й** [14; за́нят, -а́, -о] beschäftigt; besetzt; **~ь** *s.* занима́ть.
зао́блачный [14] hinter den Wolken (befindlich); (*fig.*) hochtrabend.
заодно́ zugleich, zusammen, im Einvernehmen, gemeinsam.
заокеа́нский [16] überseeisch.
заост|ря́ть [28], ‹~ри́ть› [13] zuspitzen; (ver)schärfen (*a. fig.*); verjüngen.
зао́ч|ник *m* [1] Fernstudent; **~ный** [14] in Abwesenheit; Fern...; ⚖ ~ное реше́ние *n* Versäumnisurteil; ~ное обуче́ние *n* Fernunterricht *m*.
за́пад *m* [1] West(en); Abend(land *n*).
запа|да́ть [1; *nur* 3. *Pers.*], ‹запа́сть› [25; *nur 3. Pers.*: -падёт; -па́л, -а] fallen (hinter *ac.*); einfallen (*Gedanke usw.*); sich eingraben (в В in *ac.*); untergehen (*Gestirne*); einsinken (*Augen*, *Wangen*).
за́пад|ник *m* [1] Westling, Westler (-in *f*); **~ный** [14] westlich; West...; abendländisch.
западня́ *f* [6; *g/pl.*: -не́й] Falle; [(*Vogel*) Garn *n*.]
запа́здывать, ‹запозда́ть› [1] sich verspäten, zu spät kommen (на В zu).
запа́ивать [1] **1.** ‹запои́ть› [13] übertränken, zu viel zu trinken geben; **2** ‹запая́ть› [28] ver-, zulöten.

запа́йка *f* [5; *g/pl.*: -па́ек] Verlötung; Lötstelle.

запако́|вывать [1], <~ва́ть> [7] einpacken, verpacken.

запа́л *m* [1] Zündloch *n*; Herzschlächtigkeit *f e-s Pferdes*; **~ивать** [1], <~и́ть> [13] anzünden; (*Pferd*) herzschlächtig machen, abhetzen; **~ьный** [14] Zünd..., Spreng..., Brand...

запа́льчивый [14*K*.] jähzornig, heftig.

запа́мятовать F [7] *pf*. vergessen.

запанибра́та F familiär, ganz ungezwungen.

запа́рывать [1], <запоро́ть> [17] F zu Tode prügeln; P (*durch Unverstand od. Fahrlässigkeit*) verderben, versauen.

запа́с *m* [1] Vorrat, Bestand (*a*. ⚔), Reserve *f*; в ~е vorrätig; **~а́ть** [1], <~ти́> [25; запасу́; *durchweg* c] vorrätig anschaffen; **-ся**, <~ти́сь> sich versehen *od*. versorgen (T mit); **~ливый** [14 *K*.] vorsorglich; **~но́й** [14] ⚔ Reserve...; Reservist *m*; **~ный** [14] vorrätig; Ersatz..., Reserve...; 🚂 tot (*Geleise*); ~ный вы́ход *m* Notausgang.

запа́сть *s*. запада́ть.

за́пах *m* [1] Geruch, Duft; **~ивать** (-ˈpa-) [1] **1.** <запаха́ть> ⚒ [3] ein-, unter-pflügen; **2.** <~ну́ть> [20] (*die Rockschöße*) übereinanderschlagen; zudecken (T mit); *s*. па́хнуть.

запа́шка ⚒ *f* [5] Ein-, Unterpflügen *n*; Ackerfeld *n*.

запая́ть *s*. запа́ивать.

запе́|в *m* [1] Anstimmung *f*; Solovorgesang (*e-s Liedes*); **~ва́ла** *m/f* [5] Vorsänger(in *f*); (*fig*.) Initiator; **~ва́ть** [1], <~ть> [-пою́, -поёшь; -пе́тый] (anfangen zu) singen; (*Lied*) (allein) anstimmen; (*als Vorsänger*) vorsingen.

запека́нка *f* [5; *g/pl*.: -нок] Auflauf *m* (*Speise*), Plinse; (*bsd. Art*) Branntwein *m*.

запека́ть [1], <запе́чь> [26] einbacken; **-ся** gerinnen (*Blut*).

запёкшийся [17] aufgesprungen, trocken; geronnen.

запере́ть *s*. запира́ть.

запе́тый [14] abgeleiert, abgedroschen.

запечат|лева́ть [1], <~ле́ть> [8] besiegeln; (*fig*.) einprägen (в П *dat*.).

запеча́|тывать, <~тать> [1] versiegeln; in e-n Briefumschlag stekken und zukleben.

запе́чь *s*. запека́ть.

запива́ть [1], <запи́ть> [-пью́, -пьёшь; за́пил, -а́, -о; -пе́й(те)!; -пи́тый (*K*. *f*: -та́)] *v/i*. stark trinken, sich betrinken; *v/t*. (T et.) nachtrinken (*auf et*. = *ac*.); (*e-n Kauf usw*.) begießen (mit); ~ лека́рство водо́й nach der Medizin Wasser trinken.

запин|а́ться [1], <запну́ться> [20] stolpern; anstoßen, stocken, stekkenbleiben (*beim Reden*); **~ка** (-ˈpin-) *f* [5] Stocken *n* (*beim Reden*); без ~ки ohne Anstoß, fließend.

запи|ра́тельство *n* [9] Leugnung *f*; Ableugnen; **~ра́ть** [1], <запере́ть> [12; за́пер, -ла́, -о; *g. pt. a*.: запере́в; за́пертый (*K*. *f*: -та́)] (ver-)schließen, zumachen; (ver)sperren; *j-n* einschließen; ~ра́ть на́ ключ *od*. на замо́к ab-, zu-schließen; **-ся** sich einschließen; ~ра́ться *impf*. (в П) leugnen.

запи|са́ть *s*. запи́сывать; **~ска** (-ˈpis-) *f* [5; *g/pl*.: -сок] Einschreibung, -tragung; Zettel *m*; (kurzer) Brief *m*; ~ски *pl*. Aufzeichnungen, Denkwürdigkeiten, Memoiren; **~сно́й** [14] zum Einschreiben (dienend); Notiz...; echt, eingefleischt; **~сочка** (-ˈpi-) *f* [5; *g/pl*.: -чек] Zettelchen *n*; Briefchen *n*; **~сывать** (-ˈpi-) [1], <~са́ть> [3] ein-schreiben, -tragen; notieren; (зара́нее ~сывать) vormerken (на В für); ~сывать звук den Ton aufnehmen; **-ся** sich einschreiben, -tragen; sich anmelden; beim Schreiben die Zeit vergessen; **-ся** на места́ Plätze bestellen *od*. mieten; **~сь** (ˈza-) *f* [8] Einschreibung, Eintragung; ✝ Zeichnung; Notiz; Urkunde; (*gerichtliche*) Verschreibung; граммофо́нная ~сь Schallplattenaufnahme; ~сь на плёнку Tonfilmaufnahme.

запи́ть *s*. запива́ть.

запи́х|ивать, <~а́ть> [1; запи́ханный], <~ну́ть> [20] hineinstopfen.

запла́ка|нный [14] verweint; **~ть** anfangen zu weinen.

запла́т|а *f* [5], **~ка** *f* [5; *g/pl*.: -ток] Flick(lapp)en *m*; наложи́ть ~у e-n Flicken aufsetzen.

заплéсневелый [14] verschimmelt.
запле|тáть [1], <~стú> [25; -плетý; т *statt* д] einflechten; **-ся** F versagen; язы́к ~тáется от волнéния vor Aufregung stammelt er (sie *usw.*); у негó нóги ~тáются от устáлости vor Müdigkeit gehorchen ihm die Beine nicht, er torkelt vor Müdigkeit.
заплéчный [14]: ~ мешóк *m* Rucksack; ~ мáстер † *s.* палáч.
заплутáться P [1] *pf.* sich verirren.
заплы́|в *m* [1] (*Sport*) Wettschwimmen *n*; дáльний ~в Langstreckenschwimmen *n*; **~вáть** [1], <~ть> [23] (*wohin*) schwimmen; sich überziehen (T mit); ~вáть жúром Fett ansetzen; ~вшие глазá *m/pl.* angeschwollene Augen *n/pl.*
запнýться *s.* запинáться.
заповé|дник *m* [1] Schonung *f*; Naturschutzpark; **~дный** [14; -ден, -дна] unter Naturschutz; ~дный лес *m* Schonung *f*; **~довать** [7], <~дать> [1] gebieten, verordnen; **~дь** (ˈza-) *f* [8] Gebot *n*, Verordnung.
запод|áзривать [1], <~óзрить> [13] (В/в П *j-n e-r Sache*) verdächtigen.
запоздá|лый F [14] verspätet, verzögert; Nach...; **~ть** *s.* запáздывать.
запои́ть *s.* запáивать.
запóй *m* [3] (*periodische*) Trunksucht *f*; пить запóем unaufhörlich saufen; F ein Hartsäufer sein; запóем F (*fig.*) ohne Ruh und Rast (*z.B. arbeiten, lesen*).
заполз|áть [1], <~тú> [24] (hinein-) kriechen; sich verkriechen.
заполня́ть [28], <запóлнить> [13] ausfüllen.
заполучи́ть P [16] *pf.* ergattern, erwischen; erwerben.
заполя́рный [14] jenseits des Polarkreises (gelegen).
запоминáть [1], <запóмнить> [13] (В) sich erinnern *od.* besinnen (auf *ac.*), (im Gedächtnis) behalten; запóмни э́то! F schreib dir das hinter die Ohren!
зáпонка *f* [5; *g/pl.*: -нок] Knopf *m* (*für Kragen usw.*).
зáпонь ⊕ *f* [8] Floßwehr *n.*
запóр *m* [1] Riegel; Verschluß; ⚕ Verstopfung *f*; вызывáть ~ stopfen; дверь на ~е die Tür ist verriegelt; **~ный** [14] Verschluß..., Sperr...
запорóжец *m* [1; -жца] Saporoge(r) (*ehm. jenseits der Stromschnellen des Dnjeprs wohnender Kosak*).
запорóть *s.* запáрывать.
запотéлый F [14] angelaufen, trübe (*Glas usw.*).
запра|ви́ла F *m* [5] Leiter, Hauptmacher; **~вка** (-ˈpraf-) *f* [5; *g/pl.*: -вок] Zutaten *pl.*, Würze; Tanken *n*; **~вля́ть** [28], <запрáвить> [14] zu-, an-richten (*Speisen*); einrichten; (T) leiten, verwalten; ~вля́ть горю́чим tanken *v/t.* (*Auto*); здесь он ~вля́ет F hier gibt er den Ton an; **-ся** P futtern, sich stärken.
запрáвский [16] F echt, wirklich.
запрáшивать [1], <запросúть> [15] schriftlich anfragen (В bei); (*Pol.*) interpellieren; ~ с когó j-n überfordern.
запрéт *m* [1] *s.* запрещéние; **~и́тельный** [14] verbietend; Verbots..., Prohibitiv...; **~и́ть** *s.* запрещáть; **~ный** [14] verboten; ~ная зóна, стреля́ю! verbotene Zone, es wird (*ohne Anruf*) geschossen! (*nicht betretbarer Streifen an der Innenseite der Umzäunung e-s Straf- usw. Lagers*).
запре|щáть [1], <~тúть> [15; -прещý, -претúшь; -прещённый] verbieten, untersagen; разнóска ~щáется! Hausieren verboten!; ~щённый verboten; Schwarz...; **~щéние** *n* [12] Verbot, Untersagung *f*; Beschlagnahme *f.*
запримé|тить P [15] *pf.* sich merken; wahrnehmen.
запро|давáть [5], ~дáть [-дáм, -дáшь, -дáст, -дадúм, -дадúте, -дадýт; -óдал, -á, -о; -óданный] (*auf Lieferung*) verkaufen; vorverkaufen; **~дáжа** *f* [5] Verkauf *m* (*auf Lieferung*); Vorverkauf *m.*
запрокú|дывать [1], <~нуть> [20] zurückwerfen (*Kopf*); **-ся** F sich zurückbiegen.
запропа|сти́ться P [15; -ащýсь, -астúшься] *pf.* verlorengehen; (*wohin*) geraten; где же вы (э́то) ~стúлись? wo haben Sie denn gesteckt?
запрóс *m* [1] Anspruch; Anfrage *f*; † ценá *f* без ~а fester Preis *m*; **~и́ть** *s.* запрáшивать.

зáпросто geradezu, ohne Umstände.

запрý|да *f* [5] Stauung; Damm *m*, Wehr *n*; **~живать** F [1], <~дúть> [15; *nur 3. Pers.*; *a.* -дúт; *a.* -ужён-ный] sich stauen.

запря|гáть [1], <запря́чь> [26; -ягý, -яжёшь; г *statt* к] (an-, vor-)spannen (в В vor *ac.*); (*fig.*) aufhalsen (*Arbeit*); **~жка** (-ˈprʲɛʃ-) *f* [5; *g/pl.*: -жек) Gespann *n*, Zug *m*; Vorspann *m*.

запря́|тывать [1], <~тать> [3] verstecken, verbergen, verlegen; einstecken, einkerkern.

запря́чь *s.* запрягáть.

запý|гивать [1], <~гáть> [1; -пý-ганный] (er)schrecken, in Schrekken setzen; запýганный verängstigt; меня́ не ~гáешь! F bange machen gilt nicht!

зáпуск *m* [1] Ankurbeln *n*, Ingangsetzung *f*; Steigenlassen *n*; в ~и um die Wette; **~áть** [1], <запус-тúть> [15] (hin)ein-treiben, -schlagen; (*Bart*) wachsen lassen; (*Garten usw.*) vernachlässigen, verwahrlosen lassen; (*Auto*) ankurbeln, in Gang setzen; schleudern; steigen lassen (*Drachen*); F (hinein)stecken.

запустé|ть [*nur 3. Pers.*: -éет] *pf.* veröden; **~лый** [14] verödet; verwildert, vernachlässigt.

запустúть *s.* запускáть.

запý|тывать, <~тать> [1] verwirren; verwickeln (в В in *ac.*).

запу|щéние *n* [12] Vernachlässigung *f*; **~щенный** (-ˈpu-) [14] ungepflegt; verwildert; zerrüttet.

запчáсть *f* [8; *ab g/pl. e.*: -тéй] (запаснáя часть) Ersatz-teil *n*, -stück *n*.

запылúться [13] *pf.* einstauben.

запыхáться F [1] außer Atem kommen.

запя́стье *n* [10] (*Anat.*) Handwurzel *f*; † Armband.

запя|тáя [14] Komma *n*, Beistrich *m*; тóчка *f* с ~тóй Semikolon *n*, Strichpunkt *m*; в э́том-то и вся ~тáя F (*scherz.*) darin liegt eben die ganze Schwierigkeit.

запя́тки *f/pl.* [5; *gen.*: -ток] (*hinterer*) Wagentritt *m*.

зара|бáтывать, <~бóтать> [1] erarbeiten, verdienen; ~бóтать *pf.* in Gang kommen, anspringen (*Motor*); **-ся** sich überarbeiten, sich abrakkern; **~ботный** (ˈza-) [14] erarbeitet; Arbeits...; ~ботная (плáта) *f* (Arbeits-)Lohn *m*; **~боток** (ˈza-) *m* [1; -тка] Verdienst, Erwerb, Arbeitslohn.

зара|жáть ⚕ [1], <~зúть> [15; -ажý, -азúшь; -ажённый] anstecken, infizieren; (~жáть чумóй) verpesten, verseuchen; (*fig.*) mitreißen, anstecken; **~жéние** ⚕ *n* [12] Infektion *f*, Ansteckung *f*.

зарáз[1] F auf einmal; zugleich.

зáраз[2] sofort.

зарá|за *f* [5] Seuche; Infektion, Ansteckung; Ansteckungsstoff *m*; **~зúтельный** [14; -лен, -льна] ansteckend (*a. fig.*); Ansteckungs...; **~зúть** *s.* заражáть; **~зный** [14; -зен, -зна] ansteckungsfähig, ansteckend; Infektions...

зарáнее beizeiten; im voraus.

зарапортовáться F [1] *pf.* sich vergaloppieren *od.* verhauen, sich irren.

зара|стáть [1], <~стú> [25; -стý, -стёшь; -рóс, -лá; -рóсший] ver-, zu-wachsen; vernarben.

зарвáться *s.* зарывáться.

зáрево *n* [9] Röte *f*; Feuerschein *m*.

зарéз *m* [1] Schlachten *n*; Halsstück *n* (*vom Schlachtvieh*); (*fig.*) F Elend *n*, Verderben *n*; до ~у bis aufs äußerste; dringend; дéньги емý бы́ли до ~у нýжны er hatte dringend Geld nötig, er war in äußerster Geldnot; **~áть** [3] *pf.* schlachten; (*den Hals*) abschneiden.

заре|кáться [1], <зарéчься> [26] *s.* закáиваться.

зарéчье *n* [10] Gegend *f* jenseit(s) des Flusses.

заржавéлый [14] rostig, verrostet.

зарисóвка *f* [5; *g/pl.*: -вок] Zeichnung, Skizze.

зáриться P [13], <по-> (на В) gelüsten, schielen (nach), erpicht sein (auf *ac.*).

зарнúца *f* [5] Wetterleuchten *n*; ~ сверкáет es wetterleuchtet.

зародúть *s.* зарождáть.

зарóдыш *m* [1; *g/pl.*: -шей] Keim; Leibesfrucht *f*; быть в ~е im Aufblühen begriffen sein; **~евый** [14] keimend; Keim...

заро|ждáть [1], <~дúть> [15; -ожý, -одúшь; -ождённый] erzeugen; **-ся** entstehen.

заро́к *m* [1] Gelöbnis *n* (*et. nicht zu tun*); Schwur.

зарони́ть [13; -роню́, -ро́нишь] *pf.* fallen lassen; (*fig.*) wachrufen, hervorrufen.

за́росль *f* [8] Unkraut *n*; Dickicht *n*, Gestrüpp *n*.

зарпла́та F *f* [5] (Arbeits-)Lohn *m*, Gehalt *n*.

зару|ба́ть [1], <~би́ть> [14] (*Zeichen usw.*) einhauen, einkerben; niedermetzeln; ~ба́ть на носу́ sich wohl merken, sich hinter die Ohren schreiben; **~бе́жный** [14] jenseit(s) der Grenze gelegen, ausländisch, fremd; **~бка** (-'rup-) *f* [5; *g/pl.*: -бок] Einschnitt *m*, Kerbe.

заруб|цо́вываться [1], <~цева́ться> [7] vernarben (*Wunde*).

зару|ча́ться [1], <~чи́ться> [16; -учу́сь, -учи́шься] (T) sich *et.* sichern.

зару́чка P *f* [5; *g/pl.*: -чек] einflußreiche Bekanntschaft *od.* Verbindung, Protektion.

зарыва́ть [1], <зары́ть> [22] vergraben; вот где соба́ка зары́та! F da liegt der Hund begraben!

зар|ыва́ться F [1], <~ва́ться> [-ву́сь, -вёшься; -ва́лся, -вала́сь] zu weit gehen, sich überheben, seine Kräfte überschätzen.

заря́ *f* 1. [6; *pl.*: зо́ри, зорь, зо́рям *od.* заря́м] (у́тренняя, вече́рняя Morgen-, Abend-)Dämmerung, Morgen-, Abend-röte, -rot *n*; (*fig.*) Anbruch *m*, Anfang *m*; ⚘ Liebstöckel *n*; ~ занима́ется der Morgen graut; от зари́ до зари́ die ganze Nacht hindurch; ни свет ни ~ in aller Herrgottsfrühe; встать с зарёй vor Tau und Tag aufstehen; 2. [*ac/sg.*: зо́рю; *pl.*: зо́ри, зорь, зо́рям] ⚔ у́тренняя ~ Reveille, Wecken *n*; вече́рняя ~ Zapfenstreich *m*.

заря́|д ⚔ ⚡ *m* [1] Laden *n*; Ladung *f*; боево́й ~д scharfe Ladung *f*; сосредото́ченный ~д geballte Ladung *f*; холосто́й ~д blinde Ladung *f*; **~дка** *f* [5] (*Sport*) Turnübung, Gymnastik; (*fig.*) Aufmunterung, Kräftesammlung, (*Energie-*, *Kräfte-*)Auftrieb; **~дный** [14] zum Laden gehörig *od.* dienend; Lade...; Munitions...; **~жа́ть** [1], <~ди́ть> [15; -яжу́, -яди́шь; -я́жённый] laden; (*Worte*) herleiern; unaufhörlich vor sich gehen; дождь заряди́л es regnete und regnete.

заса́|да *f* [5] Hinterhalt *m*, Versteck *n*; **~живать** [1], <~ди́ть> [15] an-, be-pflanzen; **-ся**, <засе́сть> [25; *durchweg st.*: -ся́ду, -дешь; -се́л; -ся́дь(те)!; -се́вший] (ruhig) sitzenbleiben; sich festsetzen *od.* niederlassen; sich verstecken *od.* verschanzen; -ся за рабо́ту an der Arbeit sitzen, fleißig arbeiten.

заса́ливать [1] 1. <заса́лить> [13] beschmutzen, fettig machen; 2. <засоли́ть> [13; -олю́, -о́ли́шь; -о́ленный] einsalzen.

заса́ривать [1], <засори́ть> [13] (*mit Kehricht usw.*) verstopfen, zuschütten; (*den Magen*) überladen (T mit).

заса́ха|ривать [1], <~рить> [13] über-, ver-zuckern; kandieren.

засвети́ть [13; -свечу́, -све́тишь; -све́ченный] *pf.* anzünden, anstecken.

за́светло bei Tageslicht.

засвиде́тельствование *n* [12] Bezeugung *f*; Bescheinigung *f*.

засе́|в ⸗ *m* [1] Besäen *n*; Aussaat *f*; **~ва́ть** [1], <~ять> [27] besäen.

заседа́ние *n* [12] Sitzung *f*, Konferenz *f*.

заседа́тель *m* [4] Beisitzer.

заседа́ть [1] beisitzen, Beisitzer sein; Sitzung abhalten; tagen; съезд заседа́ет der Kongreß tagt.

засе́|ка *f* [5] ⚔ Verhau *m*; Bannforst *m*, -wald *m*; **~ка́ть** [1], <~чь> [26; -се́к, -ла; -се́ченный] einkerben; ~чь *pf.* zu Tode peitschen; ~ка́ть вре́мя abstoppen (*auf der Stoppuhr*).

засекре́|чивать [1], <~тить> [15] vertraulich behandeln, geheimhalten.

засе|ле́ние *n* [12] Bevölkerung *f*, Besied(e)lung *f*; **~лённость** *f* [8] Bevölkerungsdichte; **~ля́ть** [28], <~ли́ть> [13] bevölkern, besiedeln.

засе́сть *s.* заса́живаться.

засе́ять *s.* засева́ть.

заси́|живать [1], <~де́ть> [11; *nur 3. Pers.*: -ди́т, -и́женный] (*von Insekten u. Vögeln*) beschmutzen (*durch Kot*); **-ся** sich (zu lange *od.* über die Zeit) aufhalten; sitzenbleiben (в де́вках als Mädchen).

заси́лье *n* [10] übermächtiger Einfluß *m*.

заско́к *m* [1] F Spleen, Vogel; у него́ ~ в голове́ F er hat e-n Vogel.
заскору́злый [14] schwielig (*Hände*); (*fig.*) hartnäckig, halsstarrig; zurückgeblieben.
засла́ть *s.* засыла́ть.
засло́н *m* [1] Schutzbrett *n*; ⚔ Truppen *f/pl.* zur Verschleierung von militärischen Operationen; **~ка** *f* [5; *g/pl.*: -нок] Ofen-tür, -klappe; ⊕ Schieber *m*; **~я́ть** [28], <**~и́ть**> [13] verdecken; (*das Licht*) entziehen, benehmen, *j-m* im Licht stehen.
заслу́|га *f* [8] Verdienst *n*; он получи́л по ~гам (*iron.*) das geschah ihm recht; **~женный**, F **~жённый** [14] verdienstvoll, erprobt; verdient (*Vorwurf*); **~живать** [1], <**~жи́ть**> [16] (P *od.* [*bsd. pf.*] (B) verdienen, erwerben.
заслу́|шивать, <~шать> [1] anhören; **-ся** (P) sich vertiefen *od.* versenken (in *ac.*), sich nicht satt hören können (an *dat.*).
засма́тривать [1], <засмотре́ть> [9; -отрю́, -о́тришь; -о́тренный] hineinsehen; **~ся** sich nicht satt sehen können (на В an *dat.*).
засну́ть *s.* засыпа́ть.
засня́ть (*Phot.*) [-ниму́, -ни́мешь; -я́тый (-я́т, -ята́, -о)] *pf.* aufnehmen, (ver)filmen.
засо́в *m* [1] Riegel, Vorschieber; **~ывать** [1], <засу́нуть> [20] (hinein)stecken; verlegen.
засоли́ть *s.* заса́ливать 2.
засоре́ние *n* [12] Verstopfung *f.*
засори́ть *s.* заса́ривать.
засоря́ть [28] *s.* заса́ривать.
засо́х|нуть *s.* засыха́ть; **~ший** [17] vertrocknet.
за́спанный [14] verschlafen.
заспа́ться F [-сплю́сь, -спи́шься; -спа́лся, -ла́сь, -а́лось] *pf.* die Zeit verschlafen.
заста́|ва *f* [5] Schlag(baum) *m*, Barriere; Schranke; ⚔ Wache, Sicherung(skommando *n*); (*hist.*) Stadttor *n*, Ortseingang *m*; **~ва́ть** [5], <~ть> [-а́ну, -а́нешь; -а́нь(те)!] (an-) treffen, (vor)finden; ~т врасплох überraschen, überrumpeln; **~вка** *f* [5; *g/pl.*: -вок] Vorsatz *m*, Schirm *m*; Kopfleiste (*Buch*); **~вля́ть** [28], <~вить> [14] zwingen, (veran-) lassen; verstellen, versperren (T mit).
застаре́лый [14] veraltet, verschleppt; eingewurzelt.
заста́ть *s.* застава́ть.
застё|гивать [1], <застегну́ть> [20; -стёгнутый] zuknöpfen; zuschnallen; **-ся** (*den Rock usw.*) zuknöpfen; застегни́сь! knöpf den Rock zu!; **~жка** *f* [5; *g/pl.*: -жек] Spange, Haken *m*.
застекл|я́ть [28], <**~и́ть**> [13] verglasen.
засте́нчивый [14*K.*] blöde, schüchtern, verlegen.
застига́ть [1], <засти́гнуть, засти́чь> [20; -и́гну, -нешь; -и́г, -и́гла; -и́гнутый] überraschen, überrumpeln; einholen.
засти|ла́ть [1], <застла́ть> [-телю́, -те́лешь; за́стланный] be-, überdecken; dielen; ~ла́ть глаза́ *od.* зре́ние den Blick verdunkeln *od.* trüben; **~лка** (-'ţił-) *f* [5] Belag *m*; Bedeckung.
за́стить P [15; за́сти(те)!] im Licht stehen.
застла́ть *s.* застила́ть.
засто́й *m* [3] Stillstand, Stockung *f*; ~ в дела́х Geschäfts-stillstand, -stockung *f*; **~ный** [14]: ~ный това́р *m* nichtabsetzbare Ware *f.*
засто́ль|ник *m* [1] Tischgenosse; **~ный** [14] während der Mahlzeit; Tisch...; ~ное *n* Kostgeld.
застоя́ться [-ою́сь, -ои́шься] *pf.* (zu) lange stehen *od.* bleiben; sich stauen (*Wasser*); stocken (*Blut*).
застра́ивать [1], <застро́ить> [13] bebauen; vorbauen; (*Aussicht*) verbauen.
застра́чивать [1], <застрочи́ть> [16; -очу́, -о́чи́шь; -о́ченный] durchsteppen; застрочи́ть ⚔ *pf.* loshämmern (*Maschinengewehr*).
застра́|щивать, <~щать> [1; застра́щанный] P einschüchtern.
застрева́ть [1], <застря́ть> [-я́ну, -я́нешь; -я́нь(те)!] steckenbleiben; ~ в кла́ссе на второ́й год sitzenbleiben (*Schüler*); де́ло застря́ло F die Sache ist auf dem toten Punkt angelangt.
застре|ли́ть [13; -елю́, -е́лишь; -е́ленный] *pf.* erschießen, erlegen; **~льщик** ('stʒel) *m* [1] **1.** † ⚔ Plänkler; **2.** (*fig.*) Rädelsführer, Anstifter.
застро́|ить *s.* застра́ивать; **~йка** *f* [5; *g/pl.*: -о́ек] Bebauen *n*; Vorbau *m*; **~йщик** *m* [1] Bau-führer, -herr.

засту́|живать [1], <~дить> [15] F erkalten lassen, abkühlen.
за́ступ *m* [1] Spaten.
засту|па́ть [1], <~пи́ть> [14] vertreten; **-ся** (за В) in Schutz nehmen, eintreten (für), *j-m* beistehen.
засту́пник *m* [1] Vertreter; Beschützer.
засты|ва́ть [1], <засты́(ну)ть> [-ы́ну, -ы́нешь; -ы́нь(те)!] erkalten, kalt werden; steif werden (*durch Abkühlung*); erstarren (*a. fig.*); F zufrieren (*Fluß*).
засу́нуть *s.* засо́вывать.
засу́с|ливать [1], <~лить> [13] begeifern.
за́сух|а *f* [5] Dürre, Trockenheit; **~оусто́йчивый** ✓ [14*K.*] dürrefest.
засу́|чивать [1], <~чи́ть> [16] (*Ärmel*) aufstreifen, aufkrempeln.
засу́|шивать [1], <~ши́ть> [16] vertrocknen lassen, aus-, ein-trocknen; **~шка** *f* [5] Aus-, Ein-trocknung.
засчи́т|ывать, <~а́ть> [1; засчи́танный] anrechnen; in Betracht ziehen.
засъёмка *f* [5; *g/pl.*: -мок] (*Phot.*) Aufnahme.
засыла́ть [1], <засла́ть> [зашлю́, -шлёшь; за́сланный] (*weit*) wegschicken; F an eine falsche Adresse schicken.
засыпа́ть [1] **1.** <засы́пать> [2] verschütten, zuschütten; vorschütten (*Futter*); ~ вопро́сами mit Fragen überhäufen; **-ся** eindringen (*Sand*); P (*fig.*) reinfallen; **2.** <засну́ть> [20] einschlafen.
засыха́ть [1], <засо́хнуть> [21] trocken werden, vertrocknen, trocknen.
зата́|ивать [1], <~и́ть> [13] verheimlichen, verhehlen; ~ивать оби́ду (на В *j-m*) eine Kränkung nachtragen; ~и́ть дыха́ние den Atem anhalten; он ~и́л на меня́ зло́бу F er hat e-n Pik auf mich.
зата́пливать [1], <затопи́ть> [14] an-, ein-heizen.
зата́птывать [1], <затопта́ть> [3] zertreten; (hin)ein-treten, -stampfen; (*mit den Füßen*) beschmutzen; ~ в грязь (*fig.*) in den Schmutz ziehen.
зата́|сканный [14] abgeschabt; (*fig.*) abgedroschen; **~скивать** [1] **1.** <**~ска́ть**> [1; **зата́сканный**] abtragen, abnutzen; **2.** <~щи́ть> [16] wegtragen, verschleppen.
затвер|дева́ть [1], <~де́ть> [8] sich verhärten, hart werden; **~де́лый** [14] verhärtet.
затве́рживать *s.* тверди́ть.
затво́р *m* [1] Riegel, Verschluß; Einsiedlerzelle *f*; (*Phonetik*) Verschluß; дверно́й ~ Türschließer; **~ник** *m* [1] Einsiedler; **~нический** [16] einsiedlerisch; **~я́ть** [28], <~и́ть> [13; -орю́, -о́ришь; -о́ренный] (ver)schließen, zumachen; **-ся** sich schließen, zugehen; sich absondern.
затева́ть [1], <зате́ять> [27] vorhaben, im Schilde führen; (*Streit*) anfangen; arrangieren, organisieren.
зате́й|ливый [14*K.*] erfinderisch, schlau, pfiffig; verschnörkelt, verwickelt; **~ник** *m* [1] Schlaukopf Tausendsasa, Mordskerl; Veranstalter von Massenbelustigungen, Massenspielleiter.
зате|ка́ть [1], <зате́чь> [26] fließen (hinter *dat.*); an-, unter-laufen (кро́вью mit Blut); (an)schwellen; F steif werden, einschlafen (*Bein usw.*); **~клый** (-ˈt̹ɔk-) [14] angelaufen; (an)geschwollen.
зате́м hierauf, (als)dann; später; ~ что́бы um (zu).
затем|не́ние *n* [12] Verdunk(e)lung *f*; (*fig.*) geistige Trübung *f*; **~но́** (ˈza-) F (noch) bei Dunkelheit; **~ня́ть** [28], <~ни́ть> [13] verdunkeln, verfinstern.
зате|ня́ть [28], <~ни́ть> [13] beschatten, schattieren.
зате́п|ливать [1], <~лить> [13] anzünden, anstecken.
зате́|ривать [1], <~ря́ть> [28] verlieren; **-ся** verlorengehen, abhanden kommen.
затёсывать [1], <затеса́ть> [3; -тёсанный] behauen, an-, zu-spitzen.
зате́чь *s.* затека́ть.
зате́я *f* [6; *g/pl.*: -те́й] Vorhaben *n*, Einfall *m*; зате́и *pl.* F Verschnörk(e)lung *f*; (*fig.*) Umschweife; **~ть** *s.* затева́ть.
затира́ть [1], <затере́ть> [12; *g. pt. a. auch*: -ре́в] überwischen; überstreichen (*mit Farbe*); (*fig.*) übertreffen, verdrängen; [*unpers.*] einklemmen; парохо́д затёрло льда́ми der Dampfer wurde von Treibeis eingeklemmt.

зати́с|кивать, <∼кать> [1], <∼нуть> [20] (hin)einzwängen; erdrücken.

затих|а́ть [1], <зати́хнуть> [21] still werden, sich beruhigen; sich legen (*Wind usw.*).

зати́шье *n* [10] Windstille *f*; windstiller Ort *m*, windstilles Plätzchen.

заткну́ть *s.* затыка́ть.

затме|ва́ть [1], <затми́ть> [14; *nur 3. Pers.*: -ми́т] ver-dunkeln, -finstern (*a. fig.*); **∼ние** (-ˈmje-) *n* [12] Verdunk(e)lung *f*; Finsternis *f*.

зато́ dafür, da(hin)gegen.

затова́р|ивать [1], <∼ить> [13] (*übermäßige Warenvorräte*) anhäufen; **-ся** keinen Absatz finden, liegenbleiben (*Ware*).

зато́н *m* [1] tiefe Flußeinbuchtung *f*; (*natürlich od. künstlich*) geschützter Liegeplatz für Flußschiffe.

затону́ть [19] *pf.* untergehen; überschwemmt werden.

затопля́ть [28], <затопи́ть> [14] über-schwemmen, -fluten; (*Schiff*) versenken, in den Grund bohren; *s. a.* зата́пливать.

затопта́ть *s.* зата́птывать.

зато́р *m* [1] Stauung *f*; Gedränge *n*; Maische *f*.

зато|ча́ть [1], <∼чи́ть> [16; -чу́, -чи́шь; -чённый] verbannen; einsperren; **∼че́ние** *n* [12] Verbannung *f*; Gefangenschaft *f*; **∼чи́ть** F [16] *pf.* anspitzen, anschärfen.

затра́|вливать [1], <∼ви́ть> [14] (*Jagd*) (an)hetzen; (*Kanone*) abfeuern; затра́вленный abgehetzt.

затрапе́з|ный [14] Tisch..., Tafel...; F **∼**ное пла́тье *n* Alltagskleid(ung *f*).

затра́|та *f* [5] Aufwand *m*, Verausgabung; (*geldliche*) Ausgabe; **∼чивать** [1], <∼тить> [15] auf-, verwenden, verausgaben.

затрепа́ть F [2] *pf.* verschleißen, vertragen (*Schuhe, Kleider*); verballhornen.

затре́щина P *f* [5] derber Hieb *m*; Ohrfeige, Backpfeife.

затро́|гивать [1], <∼нуть> [20] anrühren, berühren; (*Ehre*) verletzen.

затруд|не́ние *n* [12] Schwierigkeit *f*, Hindernis; Verlegenheit *f*, Klemme *f*; **∼ни́тельный** [14; -лен, -льна] schwierig; **∼ня́ть** [28], <∼ни́ть> [13] schwierig machen, erschweren; hemmen, hindern; belästigen; **-ся** auf Schwierigkeiten stoßen (в П bei); Bedenken tragen, es schwer haben ([с] T mit); sich stoßen (T an *dat.*).

зату|пля́ть [28], <∼пи́ть> [14] stumpf machen, abstumpfen.

затух|а́ть [1], <зату́хнуть> [21] erlöschen; nachlassen.

зату|ша́ть [1], <∼ши́ть> [16] (aus-)löschen; (*fig.*) unterdrücken.

зату|шёвывать [1], <∼шева́ть> [6] übertuschen; **-ся** verschwinden.

за́тхлый [14] muffig, dumpf(ig).

затыка́ть [1], <заткну́ть> [20] ver-, zu-stopfen; ∼ про́бкой verkorken; ∼ за́ пояс übertreffen, F in den Sack stecken.

заты́|лок *m* [1; -лка] Nacken, Genick *n*; станови́ться в ∼лок auf Vordermann (an)treten; **∼лочный** [14] Nacken..., Genick...

заты́чка *f* [5; *g/pl.*: -чек] Spund *m*, (*hölzerner*) Pfropf *m*; Lückenbüßer *m*.

затя́|гивать [1], <∼ну́ть> [19] ein-, zs.-, zu-ziehen *od.* -schnüren; (*Schraube usw.*) anziehen; verzögern, hinziehen; bedecken, überziehen; verwickeln (в В in *ac.*); (*Lied*) anstimmen; [*unpers.*] vernarben; его́ затяну́ло в боло́то er versank im Sumpf; **-ся** sich hinziehen, sich in die Länge ziehen; **∼жка** *f* [5; *g/pl.*: -жек] Ein-, Zs.-, Zu-ziehen *n od.* -schnüren *n*; Zugschnur (*an Beuteln*); Zug *m* (*beim Rauchen*); **∼жно́й** [14] langwierig; verzögert.

зау́мный [14] überklug, übergescheit.

зауны́вный [14; -вен, -вна] traurig, wehmutsvoll.

зауря́дный [14; -ден, -дна] mittelmäßig; Durchschnitts...

заусе́ница *f* [5] Niednagel *m*.

зау́тре|нний [15] vor Tagesanbruch; Morgen...; **∼ня** *f* [6] Frühmesse, -gottesdienst *m*.

зау́ч|ивать [1], <∼и́ть> [16] auswendig lernen, einlernen.

зау́ш|ина *f* [5] Ohrfeige, Backpfeife; **∼ник** *m* [1] Bügel (*e-r Brille*); **∼ница** ⚕ *f* [5] Mumps *m*, Ziegenpeter *m*.

зафрахто́|вывать [1], <∼ва́ть> [7] verfrachten.

заха́живать [1] dann und wann vorsprechen (к Д bei), verkehren.

заха́|ивать [1], <∼ять> P [27] (*fig.*) herunter-machen, -putzen.

захва́т *m* [1] Festnahme *f*; gewaltsame Aneignung *f*; Beute *f*; **~анный** [14] abgegriffen (*a. fig.*); **~а́ть** [1; -хва́танный] *pf.* abgreifen, abnutzen (*durch vieles Anfassen*); **~чик** *m* [1] (*ver.*) Eindringling, (*räuberischer*) Eroberer, Usurpator; **~ывать** [1], <~и́ть> [15] ergreifen, festnehmen; sich gewaltsam (*od.* unrechtmäßig) aneignen; mitnehmen (*a.* ~ывать с собо́й); über-raschen, -rumpeln; (*fig.*) fesseln, packen; ~ывать власть die Macht ergreifen; ~ывать плённых Gefangene machen; ~ывать до́ма P (j-n) zu Hause antreffen; я захвати́л ещё после́дний авто́бус F ich erwischte noch grade den letzten Bus; у меня́ дух захвати́ло es verschlug mir den Atem.

захвора́ть [1] *pf.* krank werden, erkranken.

захе́|ривать [1], <~рить> [13] aus-, durch-streichen.

захламлённый F [14] mit Plunderkram verrammelt, vollgestopft.

захлёбывать [1], <захлебну́ть> [20] nachtrinken (T auf *ac.*); **-ся** ersticken (*im Wasser*); sich verschlucken (T an *dat.*); -ся от сча́стья vor Glück außer sich sein; ата́ка захлебну́лась ⚔ der Angriff lief sich tot, mißlang.

захлёстывать [1], **1.** <захлеста́ть> [3; -хлёстанный] F (durch)peitschen; **2.** <захлестну́ть> [20; -хлёстнутый] zuziehen (*Schlinge*); überschwemmen.

захло́п|ывать [1], <~нуть> [20] (*Tür usw.*) zuschlagen, zuwerfen.

захо́д *m* [1] Untergang (*der Gestirne*); Besuch; без ~а в га́вань ⚓ ohne den Hafen anzulaufen.

заходи́ть [15], <зайти́> [зайду́, зайдёшь; зашёл, -шла́; заше́дший; зайдя́] vorsprechen (к Д bei); abholen (за T *j-n od. et.*); untergehen (*Gestirne*); (hinein)geraten (в B in *ac.*); ⚔ schwenken, umgehen; ~ за́ угол um die Ecke biegen; ~ в порт e-n Hafen anlaufen; бесе́да зашла́ за по́лночь die Unterhaltung zog sich bis nach Mitternacht hin; речь зашла́ о (П) die Rede kam auf (*ac.*), man sprach von.

захо́жий [17] P vorsprechend (к Д bei); Besucher *m*.

захолу́стье *n* [10] abgelegene (*od.* einsame) Gegend *f*, F Krähwinkel *m*.

захуда́лый [14] heruntergekommen (*fig.*).

зацвета́ть [1], <зацвести́> [25; т *statt* д: цвету́] Blüten treiben.

заце́|пка *f* [5; *g/pl.*: -пок] Häkchen *n*; Anhaken *n*; Händelsuchen *n*, Vorwand *m*; **~пля́ть** [28], <~пи́ть> [14] anhaken (за B an *ac.*); ⚓ entern; stoßen (за B an *ac.*); **-ся** ineinander greifen; hängenbleiben (за B an *dat.*).

зачаро́|вывать [1], <~ва́ть> [7] [verzaubern.]

зача|сти́ть [15; -ащу́, -асти́шь] *pf.* ständig (auf Besuch) kommen; дождь зачасти́л es regnet Bindfäden; **~сту́ю** öfter, sehr oft.

зача́|тие *n* [12] Empfängnis *f* (*der Frauen*); **~ток** *m* [1; -тка] Keim; ~тки *pl.* (*fig.*) Anfänge.

зача́ть *s.* зачина́ть.

заче́м weshalb, warum; **~-то** aus irgendeinem Grund; zu irgendeinem Zweck.

зачёркивать [1], <зачеркну́ть> [20; -чёркнутый] aus-, durchstreichen.

заче́р|нивать [1], <~ни́ть> [13] schwarz machen, schwärzen.

заче́рп|ывать [1], <~ну́ть> [20] schöpfen.

зачерстве́лый [14] verhärtet, altbacken (*Brot*); (*fig.*) hartherzig.

заче́сть *s.* зачита́ть[1].

зачёсывать [1], <зачеса́ть> [3] zurückkämmen.

зачёт *m* [1] Anrechnung *f*; (*studentisch*) Beleg; Kolloquium *n*; **не** в зачёт F nicht in Betracht; **~ный** [14] in Anrechnung gebracht; Abschlags...; ~ная кни́жка *f* Testierbuch *n*.

зачина́ть [1], <зача́ть> [-чну́, -чнёшь; за́ча́л, -ала́, за́ча́ло; -а́тый (-а́т, -ата́, -о)] anfangen; empfangen, schwanger werden.

зачи́нщик *m* [1] Anstifter. [mit.]

зачи|ня́ть [28], <~ни́ть> [13; -иню́, -и́нишь, -и́ненный] aus-bessern, -flicken.

зачис|ле́ние *n* [12] Anrechnung *f*, Zuzählung *f*; Aufnahme *f*; **~ля́ть** [28], <зачи́слить> [13] zuzählen; aufnehmen; (в B *zu et.*) überweisen.

за́чисто rein, bar.

зачи́|тывать[1] [1], <заче́сть> [25; зачту́, -чтёшь; -чёл, -чла́; -чтённый] anrechnen, gutschreiben; **~тывать[2]**, <~та́ть> [1; -чи́танный] (*geliehenes Buch*) behalten, sich aneignen; vorlesen; **-ся** lange lesen, sich (beim Lesen) vertiefen (T in *ac.*), verschlingen (*Buch*).

зачумлённый [14] verpestet; Pest...

защéина *f* [5] Genick *n*; Genick-stoß *m*.

заши|бáть [1], <~бúть> [-бý, -бёшь; -шúб, -бла; -шúбленный] P *v/t.* beschädigen, verletzen; (*Geld*) raffen; *v/i.* stark (*od.* gern) trinken.

зашивáть [1], <зашúть> [-шью́, -шьёшь; -úтый] zu-, fest-nähen.

зашнуро́|вывать [1], <~вáть> [7] zuschnüren.

зашпú|ливать [1], <~лить> [13] an-, zu-stecken (*mit Stecknadeln*).

заштáтный [14] nicht etatmäßig.

заштукатý|ривать [1], <~рить> [13] mit Stuck (*od.* Kalk) bewerfen.

защёл|ка *f* [5; *g/pl.*: -лок] Schubriegel *m*; Schnapper *m*; **~кивать** [1], <~кнуть> [20] zuklinken; *s.* щёлкать, за...; **-ся** schnappen.

заще|мля́ть [28], <~мúть> [14; -емлю́, -емúшь; -емлённый] einklemmen; [*unpers.*] (*fig.*) у меня́ защемúло на сéрдце mir wurde beklommen.

защúта *f* [5] (от Р) Verteidigung (gegen, *a. Fußball*); Schutz *m* (vor *dat. od.* gegen); ~ интерéсов Wahrung der Interessen; свидéтель *m* защúты ⚖ Entlastungszeuge.

защú|тник *m* [1] Verteidiger; Beschützer, Anwalt; **~тный** [14] Verteidigungs..., Schutz...; ~тный шлем *m* Sturzhelm; ~тного цвéта ⚔ feldgrau, schutzfarben; **~щáть** [1], <~тúть> [15; -ищý, -итúшь; ищённый] (от Р) verteidigen (gegen); (be)schützen (vor *dat. od.* gegen).

зая́в|ка *f* [5; *g/pl.*: -вок] Anmeldung (*von Rechten, zur Teilnahme* an на В); Anforderung; сдéлать заявку на (В) den Bedarf an... anmelden; **~лéние** *n* [12] offizielle Erklärung *f*; Gesuch; **~ля́ть** [28], <~úть> [14] angeben, anzeigen, (an-) melden; offiziell erklären.

зая́длый [14] F leidenschaftlich, passioniert.

зá|яц *m* [1; зáйца] Hase; 🚂 blinder Passagier; éхать зáйцем schwarzfahren; биржевóй ~ц ungesetzlicher Börsenmakler, Bönhase; однúм удáром двух зáйцев убúть (*Spr.*) zwei Fliegen mit e-r Klappe schlagen; **~чий** [18] Hasen...; зáячья губá *f* Hasenscharte.

звá|ние *n* [12] Ruf *m*; Beruf *m*, Stand *m*; **~ный** [14*K*.] gerufen, (ein)geladen; ~ный обéд *m* Festessen *n*; ~ный вéчер *m* Abendgesellschaft *f*; **~тельный** [14]: ~тельный падéж *m* (*Gram.*) Vokativ, Anredefall.

звать [зовý, зовёшь; звал, -á, -о; звáнный (зван, -á, -о)] **1.** <по-> rufen; einladen (к Д *od.* на В zu); ~ в гóсти zu Gast laden; ~ на пóмощь um (zu) Hilfe rufen; **2.** <на-> nennen, heißen (Т *bezeichnen als*); как вас зовýт? wie heißen Sie?; меня́ зовýт Петрóм ich heiße Peter; поминáй как звáли (*Spr.*) er (sie, es *usw.*) war spurlos verschwunden.

звезд|á *f* [5; *pl.*: звёзды] Stern *m*; пáдающая ~á Sternschnuppe; неподвúжная ~á Fixstern *m*; пятиконéчная ~á Sowjetstern; ~á экрáна Filmstar *m*; он звёзд с нéба не хватáет F er hat das Pulver nicht erfunden; считáть звёзды F Maulaffen feilhalten; **~ный** ('zʸɔznɨj) [14] Stern(en)...; sternenklar; ~ный пробéг *m* (*Sport*) Stern-lauf, -fahrt *f*.

звездо|вúк ⚘ *m* [1*e*.], **~цвéт** *m* [1] Sternblume *f*, Aster *f*; **~чёт** *m* [1] Sterndeuter; **~чка** ('zʸɔz-) *f* [5; *g/pl.*: -чек] Sternchen *n*.

звенéть [9], <за-, про-> (er)klingen, (er)tönen; schwirren; у меня́ звенúт в ушáх ich habe Ohrensausen.

звенó *n* [9; *pl.*: звéнья, -ьев] (*Ketten-*)Glied; Bestandteil *m*, ✈ Kette *f*; (*Unter-*)Gruppe *f*, -Abteilung *f*.

зверёк *m* [1; -рькá] Tierchen *n*.

зверён|ок *m* [2], **~ыш** *m* [1; *g/pl.*: -ей] junges Tier *n*.

зверéть [8], <о-> vertieren.

зверú|нец *m* [1; -нца] Tier-, Wildgarten, -park; Menagerie *f*.

зверо|бóй *m* [3] Jäger, Weidmann; Trapper, Fallensteller; **~бóйный** [14] Tierfang...; **~лóв** *m* [1] *s.* ~бóй.

звероподóбный [14; -бен, -бна] tier-artig, -ähnlich; grausam.

звéрский [16] tierisch, grausam; ~ постýпок *m* Greueltat *f*; äußerst, sehr, über die Maßen, tod..., hunde-... (*z.B. -müde*).

зверь *m* [4; *ab g/pl. e.*: зверéй] (wildes) Tier *n*; bestialischer

Mensch; ~-зверем F wie eine Bestie, wie ein Wilder; **~ё** *n* [10] (*koll. die*) (wilden) Tiere *pl.*

звон *m* [1] Klang; Geläut(e) *n*; ~ в ушах Ohrensausen *n*; **~а́рь** *m* [4*e.*] Glöckner; Schwätzer; **~и́ть** [13], <по-> läuten, klingeln; ~и́ть (кому́-нибудь по телефо́ну *j-n*) anklingeln, telefonieren; **'~кий** [16; -нок, -нка́, -нко; звонче] klingend, klangvoll, tönend; **~о́к** *m* [1; -нка́] Glöckchen *n*, Klingel *f*; Klingeln *n*, (Glocken-)Zeichen *n* (*z. B.* 🚂 *zur Abfahrt*); по ~ку́ auf das Glockenzeichen, wenn es klingelt.

звук *m* [1] Laut, Klang, Schall; пустой ~ leere Worte *n/pl.*; записать на ~ eine Tonaufnahme machen; **~ово́й** [14] Laut..., Schall...; ~ово́й фильм *m* Tonfilm; ~ово́й ме́тод *m* Lautiermethode *f*; ~ова́я разве́дка *f* ⚔ Schallmeßverfahren *n*; ~ова́я устано́вка *f* (*Kino*) Toneinrichtung.

звуко|глуши́тель *m* [4] Schalldämpfer; **~за́пись** *f* [8] Tonband-, Schallplatten-aufnahme; **~непроница́емый** [14] schalldicht; **~подража́ние** *n* [12] Lautnachahmung *f*; **~подража́тельный** [14] lautnachahmend; **~улови́тель** *m* [4] Horchgerät *n*.

звуч|а́ть [4; *nur 3. Pers.* -чи́т], <про-> (er)klingen, (er)schallen; **'~ность** *f* [8] Vollklang *m*, Tonfülle; **'~ный** [14; -чен, -чна́, -о; -чне́е] voll-, hell-klingend, klangvoll.

звя́к|ать [1], <~нуть> [20] klimpern, klirren (T mit).

зги: ни зги не вида́ть *od.* ви́дно es ist stockfinster.

зда́ние *n* [12] Gebäude.

здесь hier.

зде́шний [15] hiesig; я не ~ ich bin hier fremd.

здоро́|ваться [1], <по-> (с T) (sich) begrüßen, *j-m* guten Tag wünschen *od.* sagen; **~ве́нный** [14] kerngesund; stark (*Wuchs*); **~венький** [16] recht (*od.* hübsch) gesund; **~ве́ть** [8], <по-> gesund (*od.* stark) werden, gesunden; **~виться** [*nur unpers.*] мне что-то не ~вится (~вилось) ich fühle (fühlte) mich nicht recht wohl; **~вый** [14; *comp.* -ве́е] gesund, wohl; rüstig; ~во живёшь P guten Tag!; für nichts und wieder nichts; бу́дьте здоро́вы! leben Sie wohl!; ~во P ⚔ *a.* guten Tag!; P здо́рово sehr; prima, tüchtig, mächtig; вот э́то здо́рово! das ist aber prima!; э́то здо́рово! das ist allerhand!; *vgl. a.* до́брый; **~вье** *n* [10] Gesundheit *f*, Wohl-befinden, -sein; за (*beim Niesen*: на) ~вье! (zur) Gesundheit!, prosit!; за ва́ше ~вье! auf Ihr Wohl!; в по́лном ~вье ganz gesund, bei guter Gesundheit; расстро́ить ~вье seine Gesundheit zerrütten; **~вя́к** *m* [1*e.*] kerngesunder Mensch.

здра́ви|е *n* [12]: ~я жела́ю! † ⚔ Guten Tag (Morgen)! (*Gruß des Untergebenen*); *s. a.* здоро́вье; **~ца** *f* [5] Lebehoch *n*, Trinkspruch *m*.

здра́вница *f* [5] Sanatorium *n*.

здраво|мы́слящий [17] vernünftig denkend; **~тде́л** *m* [1] (отде́л здравоохране́ния) Gesundheitsbehörde *f*; **~охране́ние** *n* [12] Gesundheits-schutz *m*, -wesen.

здра́вствовать [7] ('zdrast-) gesund sein, sich wohl befinden; здра́вствуй(те)! guten Morgen!; guten Tag!; grüß' Gott!; да здра́вствует ...! es lebe ...!

здра́вый [14*K.*] gesund; vernünftig; ~ смысл *m* gesunder Menschenverstand; быть в здра́вом уме́ seine fünf Sinne beisammen haben; здрав и невреди́м heil und ganz.

зев *m* [1] Rachen, Schlund.

зева́ка F *m/f* [5] Gaffer(in *f*).

зева́ть [1], *einm.* <зевну́ть> [20] gähnen; <про~> gaffen, verpassen; не зева́й! pass' auf!; ~ по сторона́м Maulaffen feilhalten.

зево́к *m* [1; -вка́] einmaliges Gähnen *n*.

зево́та *f* [5] Gähnsucht.

Зевс *m* [1] (*Myth.*) Zeus.

зеву́н *m* [1*e.*] Gähner.

зелёненький [16] grünlich.

зеле|не́ть [8], <за-, по-> grünen, grün werden; **~нно́й** [14] Grün(-zeug)..., Gemüse...; **~нщи́к** *m* [1 *e.*] Gemüsehändler; **~ный** (-'lɔ-) [14; зе́лен, -а́, -о] unreif; grün; ~ные насажде́ния *n/pl.* Anlagen *f/pl.*; ~ный теа́тр *m* Freilichttheater *n*; ~ный юне́ц *m* F Grünschnabel, grüner Junge; напи́ться до ~ного зми́я F sich betrinken bis zur Bewußtlosigkeit, bis man weiße Mäuse sieht; ~ная у́лица *f* freie Fahrt (*bei grünem Verkehrslicht*); ~ное строи́тельство *n* Bau *m* von Stadtrandsiedlungen, Anlegung *f* von Grünflächen; ~ные *m/pl.* fahnenflüchtige Bauern (*Bürgerkrieg 1919 bis 1920*); **~нь** ('ʐe-) *f* [8] Grün(e) *n*, Grünkram *m*, Gemüse *n*; grüne Farbe, Grün *n*.

зело́ F sehr.

зелплоща́дка *f* [5; *g/pl.*: -док] (зелёная площа́дка) Grünfläche.

зе́лье *n* [10] Kraut; Heilkraut; Giftkraut.

зе́льтер|ский [16]: ~ская (вода́) *f* Selter(wasser *n*).

земгуса́р *m* [1] Heimkrieger; P Etappenschwein *n*.

земе́ль|ка *f* [5; *g/pl.*: -лек] Stückchen *n* Land; **~ный** [14] Land..., Boden...; ~ный банк *m* Bodenkreditbank *f*; ~ная со́бственность *f* Grundeigentum *n*; ~ный уча́сток *m* Grundstück *n*.

земле|ве́дение *n* [12] Geographie *f*, Erd-kunde *f*, -beschreibung *f*; **~владе́ние** *n* [12] Grundbesitz *m*; кру́пное ~владе́ние Großgrundbesitz *m*; **~де́лец** *m* [1; -льца] Landmann; **~де́лие** *n* [12] Ackerbau *m*, Landwirtschaft *f*; **~ко́п** *m* [1] Erdarbeiter; **~ме́р** *m* [1] Feldmesser, Geometer; **~па́шец** *m* [1; -шца] *s.* ~де́лец; **~по́льзование** *n* [12] Bodennutzung *f*; **~ро́йка** *f* [5; *g/pl.*: -ро́ек] Spitzmaus; **~трясе́ние** *n* [12] Erdbeben; **~черпа́лка** *f* [5; *g/pl.*: -лок] Bagger(maschine *f*) *m*.

земли́стый [14*K.*] erdartig; erdhaltig, erdig.

земля́ *f* [6; *ac/sg.*: зе́млю; *pl.*: зе́мли, земе́ль, зе́млям] Erde; Land *n*; (Grund *m* und) Boden *m*; сравня́ть с землёй (*fig.*) dem Erdboden gleichmachen; стере́ть с лица́ земли́ (*fig.*) vom Antlitz der Erde tilgen; э́то — не́бо и ~ (*fig.*) ein himmelweiter Unterschied, grundverschieden; **~к** *m* [1*e.*] Landsmann; **~ни́ка** *f* [5] Erdbeere(n *pl.*); **~ни́стый** [14] *s.* земли́стый; **~ни́чный** [14] Erdbeer...; ~ни́чное варе́нье *n* eingemachte Erdbeeren *f/pl.*; **~нка** *f* [5; *g/pl.*: -нок] Erdhütte; ⚔ Wohnbunker *m*; **~но́й** [14] Erd....

земново́д|ный [14] amphibisch, beidlebig; ~ное *n* Lurch *m*.

зем|но́й [14] irdisch; Erd(en)...; **'~ский** [16] (*hist.*) landschaftlich; Land(schafts)...; ~ский (нача́льник) *m* Landhauptmann; ⚔ ~ское ополче́ние *n* Landwehr *f*; **'~ство** *n* [9] Landstand *m*, Landschaftsvertretung *f*, Semstwo; (*koll.*) Landschaftsabgeordnete *m/pl.*

зензу́бель ⊕ *m* [4] Simshobel.

зени́т *m* [1] Zenit, Scheitelpunkt; **~ка** ⚔ F *f* [5; *g/pl.*: -ток] Flak; **~ный** ⚔ [14] Flugzeugabwehr...

зени́|ца *f* [5] *s.* зрачо́к; как ~цу о́ка (бере́чь) wie seinen Augapfel (hüten).

зе́ркало *n* [9; *pl. e.*: -ла́] Spiegel *m*.

зерка́ль|ный [14] Spiegel...; **~це** ('ʐɛr-) *n* [11; *pl.*: -цы, -цев] kleiner Spiegel *m*.

зерни́стый [14*K.*] (grob)körnig.

зерно́ *n* [9; *pl.*: зёрна, зёрен, зёрнам] (*Samen-*)Korn; Getreide; **~во́й** [14] aus Körnern (bestehend); Korn...; Getreide...; **~очисти́тельный** ⚒ [14]: ~очисти́тельная маши́на *f* Kornfege; **~поста́вка** *f* [5; *g/pl.*: -вок] Getreidepflichtlieferung; **~суши́лка** *f* [5; *g/pl.*: -лок] Korn-, Getreide-Darre; **~я́дный** [14] (*Zool.*) körnerfressend.

зёрнышко *n* [9; *pl.*: -шки, -шек, -шкам] Körnchen.

зима́ *f* [5; *ac/sg.*: зи́му; *pl. st.*: зи́мы] Winter; зимо́й im Winter; на́ зиму für den Winter; ско́лько лет, ско́лько зим! F endlich sieht man sich wieder!

зи́мний [15] winterlich; Winter...; überwinternd; по-зи́мнему wintermäßig.

зимо|ва́лый [14] überwintert; **~ва́ть** [7], <за-, пере-, про-> überwintern; **~ви́к** ⚘ *m* [1*e.*] Herbstzeitlose *f*; **~вка** (-'mɔf-) *f* [5; *g/pl.*: -вок] Überwinterung; оста́ться на ~вку überwintern; **'~вье** *n* [10] Winterquartier, Winterlager; **~го́р** *m* [1] Landstreicher, Vagabund; Moskauer, der wegen Wohnungsnot in Vororten hausen muß; **~ро́док** *m* [1; -дка] (*Zool.*) Eisvogel.

зимосто́йкий [16] winterfest.

ЗИС (заво́д *m* и́мени Ста́лина) Moskauer Autowerk *n*.

зия́ние *n* [12] (*Ling.*) Hiatus *m*.

зия́ть [28] den Rachen aufsperren; (entgegen-)gähnen *od.* klaffen (*Abgrund*).

злак *m* [1] Gras *n*; ~и *pl.* Grassorten *f/pl.*, Gräser *n/pl.*; хле́бные ~и *pl.* Getreide *n*.

зла́ч|ный [14] grasreich; ~ные места́ *n/pl.* (*scherz.*, *iron.*) Vergnügungs-stätten *f/pl.*, -lokale, Lasterhöhlen *f/pl.*

злить [13], <обо-, разо-> böse machen, erbosen; **-ся** böse werden, sich erzürnen (на В).

зло *n* [9; *im pl. ist nur der gen. gbr.*: зол] Böse(s), Übel; на ~ zum Ärger *od.* Trotz; употребля́ть во ~ mißbrauchen; из двух зол вы́брать ме́ньшее von zwei Übeln das kleinere wählen; *s.* злой; '**~ба** *f* [5] Bosheit; ~ба дня Tagesgespräch *n*, -frage; '**~бить** [14], <о-> böse machen, erbosen; '**~бный** [14; -бен, -бна] boshaft, tückisch. [aktuell; Tages...]

злободне́вный [14] brennend,

зло́бствовать [7] aufgebracht sein (про́тив Р über *od.* gegen); *j-m* grollen.

злове́щий [17] unheilverkündend; Unglücks...

зловó|ние *n* [12] Gestank *m*; **~ный** [14] stinkend.

зловре́дный [14; -ден, -дна] verderblich, schädlich; gehässig.

злоде́й *m* [3], **~ка** *f* [5; *g/pl.*: -де́ек] Verbrecher(in *f*), Missetäter(in *f*), Bösewicht *m*; **~ский** [16] verbrecherisch, meuchlerisch; boshaft; **~ство** *n* [9] Verbrechen, Misse-, Frevel-, Übel-tat *f*.

злодея́ние *n* [12] Missetat *f*.

злой [14; зол, зла; зле́йший] böse, boshaft, schlimm; со злым у́мыслом böswillig; зла́я насме́шка *f* beißender Spott *m*; ~ моро́з *m* grimmiger Frost.

злока́чественный [14] bösartig (*bsd. Krankheiten*).

злоключе́ние *n* [12] *mst pl.* Unglück(sfall *m*); Mißgeschick.

злоко́зненный [14] übelgesinnt; ränkevoll. [übelgesinnt.]

злонаме́ренный [14] böswillig,

злонра́в|ие *n* [12] Bösartigkeit *f*, böses Gemüt; **~ный** [14; -вен, -вна] bösartig, schlimm.

злопа́мятный [14; -тен, -тна] rachsüchtig; nachtragend.

злополу́чный [14; -чен, -чна] unglücklich; Unglücks...; Pech...

злопыха́тельский [16] gehässig; wutschnaubend. [denfroh.]

злора́дный [14; -ден, -дна] scha-

злоречи́вый [14*K.*] klatschsüchtig.

злосло́вить [14] verleumden, lästern, schlecht machen.

злóст|ный [14; -тен, -тна] boshaft; böswillig, vorsätzlich; **~ь** *f* [8] Bosheit; Groll *m*.

злосча́стный [14; -тен, -тна] unglücklich; Unglücks...

злоумы|шле́ние *n* [12] böse Absicht *f*, Böswilligkeit *f*; **~шленник** (-'mɨʃ-) *m* [1] Missetäter; **~шленный** (-'mɨʃ-) [14] böswillig, übelgesinnt; **~шля́ть** [28] auf Böses sinnen.

злоупотре|бля́ть [28], <~би́ть> [14; -блю́, -би́шь] (Т) mißbrauchen. [Läster...]

злоязы́чный [14] schmähsüchtig;

злю́(ч)ка *m/f* [5; (*g/pl.*: -чек)] Boshafte(r), Böse(r).

злю́щий F [17] sehr böse, wütend.

змеи́ный [14] Schlangen...; (*fig.*) heimtückisch, hämisch.

змеи́ться [13; *nur 3. Pers.*] sich schlängeln; (*fig.*) flüchtig gleiten (по Д über *ac.*).

змей *m* [3] (*a.* бума́жный ~) Papierdrache; запуска́ть ~ e-n Drachen steigen lassen; *s. a.* змея́; '**~ка** *f* [5; *g/pl.*: зме́ек] kleine Schlange; ⚔ Schützenreihe.

змея́ *f* [6; *pl. st.*: зме́и, змей] Schlange.

знай *adv.* (*a.* ~ себе́) ohne weiteres, rücksichtslos; unbekümmert; то и ~ in einem fort.

знак *m* [1] Zeichen *n*, Merkmal *n*; ~и *pl.* препина́ния Interpunktion *f*; ~ ра́венства ⩜ Gleichheitszeichen *n*; ~ разли́чия Dienstgradabzeichen *n*; поса́дочный ~ ✈ Landekreuz *n*; в ~ того́, что zum Zeichen, daß.

знако́м|ить [14], <по-> bekannt machen; **-ся** bekannt werden, Bekanntschaft machen (с Т mit); besichtigen; studieren; (я) о́чень рад с ва́ми познако́миться es freut mich, Ihre Bekanntschaft zu machen; **~ый** [14*K.*] bekannt; быть ~ым с (Т) kennen; Bekannte(r) *m*.

знамена́тел|ь *m* [4] ⩜ Nenner; о́бщий ~ь Hauptnenner; привести́ к одному́ ~ю auf e-n gemeinsamen Nenner bringen (*a. fig.*); **~ьный** [14; -лен, -льна] bezeichnend, bedeutsam.

знаме|ни́тость *f* [8] Berühmtheit; **~ни́тый** [14*K.*] berühmt.

знаменóсец *m* [1; -сца] Fahnenträger.
знáмо P bekanntlich; ~ дéло es ist eine bekannte Sache.
знáмя *n* [13; *pl.*: -мёна, -мён] Fahne *f*, Banner; переходя́щее ~ Wanderfahne *f*.
знáние *n* [12] Wissen; Kenntnis *f*; со ~м дéла mit Sachkenntnis.
знáт|ный [14; -тен, -тнá, -о; -тнéе] angesehen, vornehm; ansehnlich; ~ный рóдом von vornehmem Geschlecht; ~ные лю́ди = знáтники *m/pl.* verdienstvolle Persönlichkeiten *f/pl.* (*der UdSSR*); **~óк** *m* [1*e.*] Kenner (P *od.* в П von).
знать¹ [1] wissen; kennen; дать ~ *j-m* zu verstehen geben, *j-n* verständigen; он не даёт о себé ~ er läßt nichts von sich hören; ~ в лицó von Ansehen kennen; ~ по наслы́шке vom Hörensagen kennen; он в э́том знáет толк er kennt sich darin aus; почём ~? F wer weiß?; он знáет себé цéну er ist sich seines Wertes bewußt; кто егó знáет! F unbekannt!; weiß der Kuckuck!; **-ся** sich kennen, verkehren (с Т mit).
знать² 1. *f* [8] vornehme Welt, Aristokratie; 2. scheinbar, wahrscheinlich.
знáхар|ка *f* [5; *g/pl.*: -рок] Zauberin; Kurpfuscherin; **~ь** *m* [4] Zauberer; Kurpfuscher.
значéние *n* [12] Bedeutung *f*; Sinn *m*; Geltung *f*; Tragweite *f*; перенóсное ~ übertragener (figürlicher) Sinn *m*.
значи́тельный [14; -лен, -льна] bedeutend, beträchtlich, ansehnlich, erheblich; vielsagend; schwerwiegend.
знáчить [16] bedeuten; gelten; знáчит das heißt; dann, also; э́то ничегó не знáчит das hat nichts zu sagen *od.* auf sich.
значки́ст *m* [1] Abzeichenträger.
значóк *m* [1; -чкá] (kleines) Zeichen *n*; Werkzeichen *n*, Häkchen *n*; Fähnchen *n*.
зноб|и́ть [14; *unpers.*: -би́т], <за-> schütteln, frösteln machen; меня́ ~и́т es fröstelt mich; **~ь** *f* [8] Schauer *m*, Frösteln *n*.
зной *m* [3] (Sommer-)Hitze *f*, Schwüle *f*; (Sonnen-)Brand; **'~ный** [14; знóен, знóйна] (drückend) heiß, schwül.
зоб *m* [1; в зобу́] Kropf; **~óк** *m* [1; -бкá] Kröpfchen *n*.
зов *m* [1] Ruf; Einladung *f*.
зóд|ческий [16] architektonisch; **~чество** *n* [9] Baukunst *f*, Architektur *f*; **~чий** [17] Baumeister *m*, Architekt *m*.
золá *f* [5] Asche.
золóвка *f* [5; *g/pl.*: -вок] Schwägerin (*Schwester des Mannes*).
золо|тáрь *m* [4*e.*] Vergolder; (*iron.*) Abtritträumer; **~ти́льный** [14] zum Vergolden (dienend); **~ти́льщик** *m* [1] Vergolder; **~ти́стый** [14*K.*] gold-artig, -farben; **~ти́ть** [15; -очу́, -оти́шь; -очённый], <по-, вы́-> vergolden.
золотни́к *m* [1*e.*] ⊕ Schieber; мал ~, да дóрог (*Spr.*) klein, aber fein.
зóлот|о *n* [9] Gold; рубль *m* ~ом Rubel in Gold, Goldrubel; э́то цéнится на вес ~а das ist Gold wert; не всё то ~о, что блести́т (*Spr.*) es ist nicht alles Gold, was glänzt; **~оискáтель** *m* [4] Goldsucher, -wäscher; **~óй** [14] golden; Gold...; Goldstück *n*; ~óй телéц *m* (*fig.*) das Goldene Kalb; **~онóсный** [14] goldhaltig; **~ообрéзный** [14] mit Goldschnitt (versehen); Goldschnitt *m*; **~опогóнник** *m* [1] (*ver.*) zaristischer Offizier.
золотопромы́шленник *m* [1] Goldgräber; Goldgrubenbesitzer.
золототы́сячник ⚘ *m* [1] Tausendgüldenkraut *n*.
золоту́|ха ⚕ *f* [5] Skrofeln *pl.*; **~шный** [14; -шен, -шна] skrofulös.
золо|чéние *n* [12] Vergolden, Vergoldung *f*; **~чёный** [14] vergoldet.
зóлушка *f* [5] Aschenbrödel *n*.
зóльник *m* [1] Asch(en)kasten.
зóна *f* [5] Zone.
зонд *m* [1] Sonde *f*; Erdbohrer.
Зóндские [16]: ~ островá *m/pl.* Sundainseln *f/pl.*
зонт *m* [1] (großer) Schirm; **'~ик** *m* [1] Schirm, Sonnenschirm; (*a.* дождевóй ~ик) Regenschirm; ⚘ Dolde *f*; **'~ичный** [14] schirmförmig; Schirm...
зоóлог *m* [1] Zoologe; **~ия** (-'lɔ-) *f* [7] Zoologie, Tierkunde.
зоо|магази́н ... **зоо|палáтка** *f* [5; *g/pl.*: -ток] Tierhandlung; **~пáрк, ~сáд** *m* [1] Zoo, Tiergarten; **~тéхник** *m* [1] Zootechniker; Tierwärter; **~фéрма** *f* [5] Tierzuchtfarm.

зо́ркий [16; зо́рок, -рка́, -о; *comp.* зо́рче] scharfsichtig; (*fig.*) wachsam.

зра́зы *f/pl.* [5] Fleischklopse *m/pl.* [mit Kaschafüllung.]

врачо́к *m* [1; -чка́] (*Anat.*) Pupille *f.*

зре́лище *n* [11] Schauspiel; Anblick *m.*

зре́|лость *f* [8] Reife; аттеста́т *m* ~лости Reifezeugnis *n*; экза́мен *m* на ~лость Reifeprüfung *f*, Abitur *n*; **~лый** [14; *K./f*: -ла́] reif; reiflich.

зре́ни|е *n* [12] Gesicht, Sehkraft *f*; о́рган *m* ~я Sehorgan *n*; то́чка *f* ~я Standpunkt *m*; име́ть сла́бое ~е schwache Augen haben.

зре́ть 1. [8], <со-, вы́-> reif werden, reifen; **2.** † [9], <у-> (er)sehen, erblicken.

зри́тель *m* [4], **~ница** *f* [5] Zuschauer(in *f*); **~ный** [14] Zuschauer...; Seh...; ~ная труба́ *f* Fernrohr *n*; ~ная па́мять *f* visuelles Gedächtnis *n.*

зря P nachlässig; umsonst.

зря́чий [17] sehend.

ЗСФСР (Закавка́зская Социалисти́ческая Федерати́вная Сове́тская Респу́блика *f*) Transkaukasische Sozialistische Föderative Sowjetrepublik.

зуб *m* [1; *ab g/pl. e.*: зубо́в; ⊕: зу́бья; зу́бьев] Zahn; P по зуба́м mundgerecht; не по зуба́м (*fig.*) über j-s Kräfte; ухо́д *m* за ~а́ми Zahnpflege *f*; говори́ть сквозь ~ы in den Bart brummen; положи́ть ~ы на по́лку am Hungertuch nagen; ~ы загова́ривать *j-m* etwas vortäuschen; держа́ть язы́к за ~а́ми F die Zunge im Zaum halten; э́то у меня́ в ~а́х навя́зло F das hängt mir schon zum Halse heraus; о́ко за о́ко, зуб за́ зуб (*Spr.*) Auge um Auge, Zahn um Zahn; **~а́стый** [14*K.*] mit großen (*od.* scharfen) Zähnen (versehen), groß-, scharf-zähnig; unnachgiebig; (*fig.*) bissig; он зуба́ст F er hat Haare auf den Zähnen; **~е́ц** ⊕ *m* [1; -бца́] Zahn, Zacken; Zinne *f*; **~и́ло** *n* [9] Meißel *m*; **~но́й** [14] Zahn...

зубо|враче́бный [14] zahnärztlich; ~враче́бный кабине́т *m* Zahnatelier *n*; **~дёр** P *m* [1] Zahnarzt.

зубо́к *m* [1; -бка́] Zähnchen *n*; знать на ~ auswendig kennen, aus dem Effeff kennen.

зубоска́л *m* [1] Spötter; **~ить** [13] spotten; grinsen, feixen.

зуботы́чина *f* [5] P Maulschelle.

зубочи́стка *f* [5; *g/pl.*: -ток] Zahnstocher *m.*

зубр *m* [1] Auerochs, Wisent; (*fig.*) Erzreaktionär.

зубрёжка *f* [5] Einpauken *n*, Einochsen *n.*

зубр|е́ние ⊕ *n* [12] Zähne(l)n, Zähnelung *f*; **~и́л(к)а** *m/f* [5; (*g/pl.*: -лок)] Büffler(in *f*).

зубри́ть ⊕ [13; зубрю́, зу́бри́шь], **1.** <за-> zähne(l)n, mit Zähnen versehen; **2.** <вы́-, за-> (*fig.*) (ein-)pauken, einochsen, mechanisch (er)lernen.

зубча́тка ⊕ *f* [5; *g/pl.*: -ток] [Zahnrad *n.*]

зубча́|тый ⊕ [14] gezähn(el)t; zackig; Zahn...; ~тая желе́зная доро́га *f* Zahnradbahn.

зуд *m* [1] Jucken *n*; **~е́ть** [9; *nur 3. Pers.*] jucken; у меня́ ру́ки ~я́т (*fig.*) es juckt mir in den Fingern.

зуёк *m* [1; зуйка́] (*Zool.*) Regenpfeifer.

зулу́с *m* [1] Zulu(kaffer).

зу́ммерить [13] (*Telefon*) summen.

зы́б|ка *f* [5; *g/pl.*: -бок] Wiege; **~кий** [16; зы́бок, -бка́, -о; *comp.* зы́бче] schwankend; beweglich, locker; sumpfig; **~лемый** [14*K.*] schwankend; **~у́чий** [17*K.*] beweglich, Trieb...; ~у́чие пески́ *pl.* Triebsand *m*; **~ь** *f* [8] Kräuseln *n* (*des Wassers*); Wogen *n* (*des Nebels*); Moorgrund *m.*

зыря́нин *m* [1; *pl.*: -я́не, -я́н] Syrjäne (*alter Name der Komi: finno-ugrisches Volk im Bereich der Petschora*).

зы́чный [14; -чен, -чна; -чне́е] weithin schallend, gellend.

зюзю́кать F [1], <за-> lispeln.

зюйд ⚓ *m* [1] Südwind.

зя́б|кий [16; -бок, -бка́, -о] frostig, leicht frierend; **~левый** [14]: ~левая вспа́шка ⸙ *f* Herbststurz *m*; **~лик** *m* [1] Buchfink; **~лый** [14*K.*] durch Frost beschädigt; **~нуть** [21] **1.** <(пр)о-> frieren, frösteln; **2.** <за-> erfrieren; **~ь** ⸙ *f* [8] Herbstacker *m.*

зят|ёк *m* [1; зятька́] Schwiegersöhnchen *n*; **'~ин** [19] dem Schwiegersohn gehörig; **~ь** *m* [4; *pl. e.*: зятья́, -ьёв] Schwiegersohn; Schwager (*Mann der Schwester*).

И

И, и *n u. m* (*s.* A) I, i *n*.

и und; auch; sogar; gerade, eben; obgleich, zwar (+ бы); и ... и sowohl ... wie (*od.* als) auch; и так да́лее (*Abk.* и т. д.) usw.; и про́чее (*Abk.* и пр.) und anderes mehr; и тому́ подо́бное (*Abk.* и т. п.) und dergleichen mehr.

и́бо denn; weil, da.

и́ва ⚘ *f* [5] Weide; плаку́чая ~ Trauerweide.

Ива́н *m* [1] Iwan, Johann; ~ов Johannis...; ~ов день *m* Johanni *n*, Johannistag; ≗-да-ма́рья *f* [*g/sg.*: ива́н-да-ма́рьи] ⚘ Wachtelweizen *m*; ~-Купа́ла Johannistag; ≗-чай *m* ⚘ Antoniuskraut *n* **≗овский** [16]: крича́ть во всю ≗овскую F aus vollem Halse schreien.

ивня́к *m* [1*e.*] Weidengebüsch *n*.

и́волга *f* [5] (*Zool.*) Goldamsel.

иври́т *m* (*Sprache*) Iwrith.

игла́ *f* [5; *pl. st.*: и́глы, игл] Nadel; Stachel *m*; Borste.

игли́стый [14*K.*] voll(er) Stacheln *od.* Nadeln, stach(e)lig.

иглоко́жие *pl.* [17] (*Zool.*) Stachelhäuter.

Игна́тий *m* [3; *prpos/sg.*: -тии], *dim.* **Игна́ш(к)а** *m* [5] Ignaz, Ignatius.

игнори́ровать [7] (*im*)*pf.* ignorieren, nicht beachten.

и́го *n* [9] Joch; (*fig.*) Bedrückung *f*.

игол(оч)ка *f* [5; *g/pl.*: -лок (*g/pl.*: -чек)] Nadel, Nähnadel; Stachel *m*; с иго́лочки funkelnagelneu, wie aus dem Ei gepellt.

иго́ль|ник *m* [1] Nadel-büchse *f*, -kissen *n*; **~ный** [14] Nadel...; ~ное ушко́ *n* Nadelöhr.

иго́рный [14] Spiel...; ~ дом *m* Spiel-haus *n*, -hölle *f*.

игр|а́ *f* [5; *pl. st.*: и́гры] Spiel(en) *n*; Schäumen *n* (*s.* ~ать); Spielzeug *n*; зате́ять опа́сную ~у́ (*fig.*) ein gefährliches Spiel treiben; Олимпи́йские и́гры *pl.* Olympische Spiele *n/pl.*; ~а́ не сто́ит свеч es lohnt (sich) nicht (der Mühe); **~а́лище** † *n* [11] Spiel-ball *m*, -zeug; **~а́льный** [14] Spiel...; ~а́льная ка́рта *f* Spielkarte; **~а́ть** [1; и́гранный], <по-, сыгра́ть> spielen (*Sport*, *Karten*: в B, *Instrument*: на П); schäumen, moussieren, perlen; ~а́ть в пря́тки Versteck spielen; ~а́ть в молча́нку F sich ausschweigen; **~а́ючи** spielend leicht.

игри́|вый [14*K.*] scherzhaft; lebhaft; spiellustig; kokett; **~стый** [14*K.*] schäumend, moussierend, perlend; **~ще** ('i-) *n* [11] Volksbelustigung *f*.

игро́к *m* [1*e.*] Spieler.

игру́н *m* [1*e.*] Mutwillige(r), Ausgelassene(r), Verspielte(r).

игру́шеч|ник *m* [1], Spielzeugverfertiger, -händler; **~ный** [14] Spielzeug...

игру́шка *f* [5; *g/pl.*: -шек] Spielzeug *n*, -sache.

игу́мен *m* [1] Abt; **~ья** *f* [6; *g/pl.*: -ний] Äbtissin.

иде́я *f* [6; *g/pl.*: иде́й] Gedanke *m*, Idee, Einfall *m*; навя́зчивая ~ fixe Idee.

и́дол *m* [1] Götze; (*fig.*) Abgott; (*ver.*) Tölpel, F Blödmann.

идти́ [иду́, идёшь; шёл, шла; ше́дший; идя́ *od.* F и́дучи], <пойти́> [пойду́; пошёл] gehen; kommen; fahren; (nach)folgen (за T); heraus-, ent-strömen; führen; vergehen; Absatz finden; werden (в И/мн-ч. *et.*); nötig sein, gebraucht werden (на B für); kleiden, stehen; (*Thea. usw.*) gegeben werden; (ab)holen (за T); ziehen (*Wolken*); zustehen, zu bekommen haben; ~ в B (= *Passiv*: [getan]) werden, *z.B.*: ~ в прода́жу verkauft werden; ~ в го́сти auf Besuch gehen (kommen); ~ в разре́з с (T) im Widerspruch stehen mit, widersprechen; ~ в сравне́ние e-n Vergleich aushalten; ~ в уще́рб Abbruch tun; ~ ко дну sinken, untergehen; ~ на вёслах rudern; ~ на компроми́сс auf ein Kompromiß eingehen; ~ на поса́дку ✈ zur Landung ansetzen; ~ на при́быль (у́быль) zu-, (ab)nehmen (*Wasser-*

stand); ~ по бáтюшке dem Vater nacharten; идёт! F einverstanden!; пошёл! F los!, vorwärts!; пошёл (пошлá, пошли́) (вон *od.* прочь)! geh(t) weg!, scher(t) dich (euch) weg!; (ну) пошли́! F (na,) gehen wir!, laß(t) uns gehen!; дéло идёт о (П) es handelt sich um, es gilt (+*inf.*); дождь (снег, град) идёт es regnet (schneit, hagelt); дорóга идёт лéсом der Weg führt durch den Wald; жизнь идёт своим чередóм das Leben geht s-n Gang; зелёное не идёт к крáсному grün paßt nicht zu rot; идёт на пари́? F wollen wir wetten?; картóфель идёт на ботвý die Kartoffeln schießen ins Kraut; мне идёт двадцáтый год ich werde zwanzig; что идёт (в кинó)? was wird (im Kino) gegeben?; э́то ещё кудá ни шло das geht noch an; э́то (к) Вам идёт das steht Ihnen gut; э́то не идёт в счёт das gilt nicht.

иерóглиф *m* [1] Hieroglyphe *f*; **~и́ческий** [16] hieroglyphisch.

Иерусали́м *m* [1] Jerusalem *n*.

иждивéн|ец *m* [1; -нца] Haushaltsangehörige(r), Mitesser; **~ие** *n* [12] (*geldliche usw.*) Unterstützung *f*; Unkosten *pl.*; на моём ~ии auf meine Kosten.

из, изо (Р) aus; von; um ... willen; что ж ~ э́того? was schadet (*od.* macht) denn das?; из гóда в год jahraus, jahrein; и́зо дня в день tagaus tagein.

из... (*in Zssgn*) (her)aus..., be..., durch..., er..., voll..., zer...

избá *f* [5; *ac/sg.*: избý *od.* и́збу; *pl.st.*: и́збы] Bauern-haus *n*, -hütte; бéлая ~ Bauernhaus *n* mit Schornstein zum Rauchabzug; курнáя (*od.* чёрная) ~ Hütte ohne Rauchfang; моя́ ~ с крáю, я ничегó не знáю (*Spr.*) ich weiß von nichts.

избави́тель *m* [4] Befreier, Erlöser.

избa|влéние *n* [12] Befreiung *f*, Erlösung *f*; **~вля́ть** [28], ‹избáвить› [14] (от Р) befreien, erlösen (von), bewahren (vor *dat.*), verschonen (mit).

избáч *m* [1*e.*; *g/pl.*: -чéй] Leiter der Dorflesestube.

избá-читáльня *f* [5/6; избы́-читáльни] (*Pol.*) Dorflesestube.

избе|гáть[1] [1], ‹~жáть› [4; -егý, -ежи́шь, -егýт], ‹избéгнуть› [21] (Р) (ver)meiden; entgehen; **~гáть**[2] (-ˈʙɛ-) [1] *pf.* F durchlaufen; **~жáние** *n* [12] (Р) Vermeidung *f*; во ~жáние um ... zu vermeiden.

избёнка *f* [5; *g/pl.*: -нок] elende Bauernhütte.

изби|вáть [1], ‹изби́ть› [изобью́, -бьёшь; избéй(те)!; изби́тый] durchprügeln; zerschlagen, übel zurichten; niedermetzeln; ~вáть дó смерти totprügeln; изби́тый zerschlagen; (*fig.*) abgeschmackt; abgedroschen; изби́тое мéсто *n* Gemeinplatz *m*.

избиéние *n* [12] Massenmord *m*; Niedermetz(e)lung *f*; Verprüg(e)lung *f*.

избирáемый [14*K.*] wählbar; gewählt.

избирáтель *m* [4] Wähler; **~ный** [14] Wahl...; ~ный óкруг *m* Wahlkreis; ~ный учáсток *m* Wahlbezirk; ~ный бюллетéнь *m* Wahl-, Stimm-zettel.

избирáть [1], ‹избрáть› [-берý, -рёшь; -брáл, -á, -о; и́збранный] (auser)wählen.

избиркóм *m* [1] (избирáтельная комиссия) Wahlausschuß.

изби́ть *s.* избивáть.

избóина *f* [5] Lein-, Öl-kuchen *m*.

избрá|ние *n* [12] Wahl *f*; **~нник** *m* [1] Auserwählte(r); **~ть** *s.* избирáть.

избýшка *f* [5; *g/pl.*: -шек] Bauernhäuschen *n*.

избы́то|к *m* [1; -тка] Überfluß; Rest, Überschuß; с избы́тком (über)reichlich, im Überfluß; **~чный** [14; -чен, -чна] überzählig.

извая́|ние *n* [12] Bildhauerarbeit *f*; Standbild; **~ть** *s.* вая́ть.

изведéние *n* [12] Verbrauch *m*; Ausrottung *f*.

извé|дывать, ‹~дать› [1] aus-, erforschen; erproben; erfahren; erleben.

и́зверг *m* [1] Ungeheuer *n*, Scheusal *n*; Wüterich.

извер|гáть [1], ‹извéргнуть› [21] aus-scheiden, -werfen; (aus)speien; **~жéние** *n* [12] Ausscheidung *f*; Auswurf *m*, Ausbruch *m* (*e-s Vulkans usw.*).

извéриться [13] *pf.* das Zutrauen (*od.* den Glauben) verlieren (в П an *dat.*).

извёртываться [1], ‹извернýться› [20] F sich losreißen; (*fig.*) sich herauswinden.

известú *s.* изводи́ть.
изве́сти|е *n* [12] Nachricht *f* (о П von); **ˈ~ть** *s.* извеща́ть.
извёстка F *f* [5] Kalk *m.*
извест|кова́ть ⤢ [7] (*im*)*pf.* mit Kalk düngen; **~ко́вый** [14] kalkhaltig; Kalk...; ~ко́вый раство́р *m* (Kalk-)Mörtel.
изве́ст|ный [14;-тен,-тна] bekannt, bewußt; berühmt (T durch); bestimmt; berüchtigt; ~но es ist bekannt; наско́лько мне ~но soviel ich weiß; наско́лько мне ~но — нет nicht, daß ich wüßte.
извест|ня́к *m* [1*e.*] Kalkstein; **~ь** (ˈiz̧-) *f* [8] Kalk *m*; гашёная ~ь gelöschter Kalk *m.*
изве́чный [14; -чен, -чна] ewig, uralt.
изве|ща́ть [1], <~сти́ть> [15; -ещу́, -ести́шь; -ещённый] (В/о П *j-n* von *et.*) benachrichtigen, (*j-n et.*) wissen lassen, (*j-m et.*) mitteilen; **~ще́ние** *n* [12] Benachrichtigung *f*, Nachricht *f*, Mitteilung *f* (о П von); ~ще́ние о получе́нии Empfangsanzeige *f.*
изви́|в *m* [1] Biegung *f*; Windung *f*; **~ва́ться** [1] sich schlängeln; kriechen (пе́ред T vor *dat.*); **~лина** *f* [5] Krümmung, Windung; **~листый** [14 *K.*] gekrümmt, geschlängelt.
извине́ние *n* [12] Entschuldigung *f.*
извини́тельный [14; -лен, -льна] verzeihlich; Entschuldigungs...
изви|ня́ть [28], <~ни́ть> [13] (В/в П *j-n* wegen *et.*) entschuldigen; (В/за В *od.* Д В *j-m et.*) verzeihen; извини́те за беспоко́йство! entschuldigen Sie die Störung!; извини́те за выраже́ние! entschuldigen Sie den harten Ausdruck! (*bei Anwendung e-s groben, scharfen oder offenen Wortes*); нет, уж извини́те! o nein!, auf keinen Fall!; **-ся** (в П) sich entschuldigen (wegen); (*et.*) vorschützen; извиня́юсь! F Verzeihung!
изви́ть *s.* извива́ть.
извле|ка́ть [1], <извле́чь> [26] (her)ausziehen; befreien; ~ка́ть по́льзу Nutzen ziehen (из P aus); **~че́ние** *n* [12] Auszug *m.*
извне́ von außen, außerhalb.
изво́д *m* [1] Verbrauch; Vertilgen *n* (*von Ungeziefer*); (*Ling.*) Fassung *f* (*e-s Textes*); **~и́ть** [15], <известú> [25] verbrauchen; necken, reizen.
изво́з *m* [1] Fuhrwesen *n*; ~ом per Achse; **~чик** *m* [1] Fuhrmann; Droschkenkutscher; **~чичий** [18] Fuhrmanns...; Droschken...; ~чичья пролётка *f* Mietdroschke.
изво|ле́ние *n* [12] Belieben, Wille *m*; **~лить** (-ˈvɔ-) [13] *pf.* belieben, geruhen; изво́ль(те) F meinethalben, -wegen, einverstanden; изво́льте! belieben Sie!, bitte (schön)!; (вот) изво́льте ра́доваться! da haben wir die Bescherung!, da soll man sich noch freuen! (*iron.*, *verärgert*); чего́ изво́лите? was ist Ihnen gefällig?
извора́чиваться [1], <изверну́ться> [20] sich heraushelfen; sich behelfen.
изворо́тливый [14*K.*] geschickt, gewandt (*sich herauszuhelfen*).
извра|ща́ть [1], <~ти́ть> [15; -ащу́, -ати́шь; -ащённый] verdrehen, verkehren; ~щённый verkehrt; entartet, pervers.
изги́б *m* [1] Krümmung *f*, Biegung *f*; Windung *f*; *mst pl.* (*fig.*) Schärfe *f*, Feinheit *f*; **~а́ть** [1], <изогну́ть> [20] verbiegen; **-ся** sich winden (*od.* schlängeln, krümmen); **~истый** F [14 *K.*] gebogen, gekrümmt; geschmeidig.
изгла́|живать [1], <~дить> [15] glatt machen; (*aus dem Gedächtnis*) auslöschen, tilgen; **-ся** (из па́мяти) aus dem Gedächtnis verschwinden.
изгна́н|ие *n* [12] Vertreibung *f*; Ausweisung *f*, Verbannung *f*; **~ник** *m* [1] Ausgewiesene(r), Verbannte(r).
изголо́вье *n* [10] Kopfkissen; Kopfende.
изгоня́ть [28], <изгна́ть> [-гоню́, -го́нишь; -гна́л, -á, -о; и́згнанный] wegjagen, vertreiben; ausweisen, verbannen.
и́згородь *f* [8] Flecht-, Staketenzaun *m*; жива́я ~ Hecke.
изго|та́вливать [1] <~то́вить> [14] zubereiten; an-, ver-fertigen, fabrizieren; **~то́вка** *f* [5; *g*/*pl.*: -вок] Zubereitung; An-, Ver-fertigung; взять ружьё на ~то́вку ⚔ das Gewehr schußbereit halten; **~товля́ть** [28] *s.* ~та́вливать.
изгрыза́ть [1], <изгры́зть> [24; -гры́з, -зла; изгры́зенный] zernagen, -fressen.

изда|ва́ть [5], <изда́ть> [-да́м, -да́шь, -да́ст, -дади́м, -дади́те, -даду́т; -да́л, -а́, -о; и́зданный (*K.*/*f*: -дана́)] (her)ausgeben; (*Buch*) verlegen; (*Gesetz*) erlassen; (*Ton*) von sich geben.

и́здавна seit langer Zeit; von jeher; ~ изве́стный altbekannt.

изда|лека́ von weitem, von weit her; нача́ть издалека́ weit ausholen, umständlich beginnen (*beim Erzählen*); **~ли** ('iz-) von weitem, aus (*od.* von) der Ferne.

изда́ни|е *n* [12] Herausgabe *f*, Ausgabe *f*; Auflage *f* (*e-s Buches*); год *m* ~я Erscheinungsjahr *n*; Jahrgang (*e-r Zeitschrift*).

изда́тель *m* [4] Herausgeber, Verleger; **~ство** *n* [9] Verlag *m*.

изда́ть *s.* издава́ть.

изде|ва́тельство *n* [9] Spotten, Spötterei *f*; **~ва́ться** [1] spotten, sich lustig machen (над T über *ac.*); **~вка** (-'dɔf-) F *f* [5; *g*/*pl.*: -вок] Spott *m*, Hohn *m*.

изде́лие *n* [12] (*Hand-*)Arbeit *f*; Erzeugnis, Ware *f*.

издёр|ганный F [14] überreizt; nervös; **~гать** F [1] *pf.* zer-rupfen, -zupfen; (*fig.*) nervös machen; **-ся** die Nerven verlieren.

изде́р|живать [1], <**~жа́ть**> [4] verausgaben, ausgeben, verbrauchen; **-ся** sich (ganz) ausgeben, all sein Geld ausgeben; **~жка** *f* [5; *g*/*pl.*: -жек] Ausgabe; ~жки *pl.* Kosten, Spesen (по Д auf *dat.*).

издре́вле von alters her, von jeher.

издыха́ть [1] *s.* до́хнуть.

изжа́ри|вать [1], <~ть> [13] (aus-)braten.

и́зжелта gelblich, gelb... (*nur zs. mit anderen Farbbezeichnungen*).

изжи|ва́ть [1], <изжи́ть> [-живу́, -вёшь; -жи́л, -а́, -о; -жи́тый *u.* F -то́й (-и́т, -ита́, -о)] aus der Welt schaffen.

изжо́га ⚕ *f* [5] Sodbrennen *n*.

из-за (P) hinter ... hervor; wegen, vor; ~ вас Ihret-wegen, -halben; ~ чего́? weshalb?, wozu?; ~ э́того deshalb, darum; встать ~ стола́ vom Tisch aufstehen.

и́ззелена grünlich, grün... (*nur zs. mit anderen Farbbezeichnungen*).

изла́вливать [1], <излови́ть> [14] wegfangen; erwischen.

излага́ть [1], <изложи́ть> [16] darlegen, -stellen, erklären.

излёт *m* [1] Ende *n* des Fluges *od.* der Flugbahn; пу́ля *f* на ~е matte Flintenkugel.

изле|че́ние *n* [12] Heilung *f*, Wiederherstellung *f*; **~чивать** (-'le-) [1], <~чи́ть> [16] heilen, wiederherstellen; **~чи́мый** [14*K.*] heilbar.

излива́ть [1], <изли́ть> [изолью́, -льёшь; изли́л, -лила́, -ли́ло; -ле́й(те)!; изли́тый (-и́т, -ита́, -о)] aus-, er-gießen; ~ свой гнев (на В an *j-m*) seinen Zorn auslassen; **-ся** sich ergießen, münden.

изли́ш|ек *m* [1; -шка] Überschuß, Mehrbetrag; Überfracht *f*; **~ество** *n* [9] Überfluß *m*; Übermaß; Ausschweifung *f*, Exzeß *m*; вся́кое изли́шество вре́дно allzuviel ist ungesund; **~ний** [15; -шен, -шня] überflüssig, unnötig; übermäßig; ~нее was darüber ist, Überflüssige(s) *n*.

излия́|ние *n* [12] Er-, Aus-gießung *f*, Erguß *m*; **~ть** [28] *s.* излива́ть.

излови́ть *s.* изла́вливать.

изловчи́ться [16; -чу́сь, -чи́шься] *pf.* geschickt zustande (*od.* fertig-) bringen; den günstigen Augenblick abpassen.

изло|же́ние *n* [12] Dar-legung *f*, -stellung *f*, Erklärung *f*; **~жи́ть** *s.* излага́ть.

изло́жница ⊕ *f* [5] Kokille.

изло́м *m* [1] Bruch, angebrochene Stelle *f*.

излу́|чина *f* [5] Krümmung, Biegung; **~чистый** [14*K.*] geschlängelt, sich schlängelnd.

излю́бленный [14] erwählt; beliebt; Lieblings...

изме́на *f* [5] Verrat *m* (Д an *dat.*); госуда́рственная ~ Hoch-, Landes-verrat *m*.

измене́ни|е *n* [12] Veränderung *f*, Änderung *f*; ♪ знак *m* ~я Versetzungszeichen *n*; впредь до ~я bis auf weiteres.

измени́ть [13; -еню́, -е́нишь] *pf.* (Д) verraten; versagen, im Stich lassen (*Gedächtnis, Kräfte*); *s.* изменя́ть.

изме́нни|к *m* [1] Verräter; ~к оте́честву Vaterlandsverräter; **~ческий** [16] verräterisch.

изме́нчивый [14*K.*] veränderlich, unbeständig.

изме|ня́ть [28], <~ни́ть> [13; -еню́, -е́нишь] (ver)ändern; (*Gram.*) ab-

wandeln; ~ня́емый veränderlich; **-ся** sich (ver)ändern.
изме|ре́ние *n* [12] Aus-, Vermessung *f*; **~ри́мый** [14*K.*] meßbar; **~ри́тель** *m* [4] Messer; **~ря́ть** [28], <изме́рить> [13] (aus-, ver-) messen; ~ря́ть друг дру́га sich (*mit Blicken*) messen.
измина́ть [1], <измя́ть> [изомну́, -нёшь; измя́тый] zerknittern, zerknüllen; (*Lehm*) kneten.
измождённый [14 *K.*] erschöpft, entkräftet.
измока́ть [1], <измо́кнуть> [21] durchnäßt werden.
измо|ла́чивать ⛏ [1], <~лоти́ть> [15] ausdreschen; **~ло́т** ⛏ *m* [1] Ab-, Aus-drusch; **~ло́ть** *s.* моло́ть.
измо́р: взять ~ом ⚔ aushungern; (*fig.*) abzwacken (В *j-m*).
и́зморозь *f* [8] Rauhreif *m*.
и́зморось *f* [8] Niesel-, Staubregen *m*.
измо́танный [14] mitgenommen, zerrüttet (*Gesundheit*); ⚔ abgekämpft.
измоча́л|ивать F [1], <~ить> [13] zerfasern, et. abnutzen (*bis es zerfasert*); (*die Nerven*) völlig zerrütten (В *j-m*.).
изму́|чивать [1], <~чить> [16] abquälen, abmatten.
измыва́ться [1] (над Т *j-n*) verspotten, verhöhnen.
измы|шле́ние *n* [12] Ausdenken, Ersinnen; **~шля́ть** [28], <измы́слить> [13; -ы́шленный] ausdenken, ersinnen.
измя́ть *s.* измина́ть.
изна́нка *f* [5] Rückseite, linke Seite (*e-s Stoffes*); Kehrseite (*a. fig.*).
изнаси́ловать [7] *pf.* notzüchtigen, vergewaltigen.
изна́шивать [1], <износи́ть> [15] abtragen, abnutzen.
изне́|живать [1], <~жить> [16] verzärteln, verweichlichen.
изнемо|га́ть [1], <изнемо́чь> [26; -огу́, -о́жешь] von Kräften kommen, sich entkräften; **~же́ние** *n* [12] Entkräftung *f*, Erschöpfung *f*.
изно́с *m* [1] Abtragen *n*, Abnutzung *f* (*v. Kleidungsstücken*); Verschleiß; э́тот материа́л не зна́ет ~а F dieser Stoff ist unverwüstlich; до ~у bis es ganz abgetragen ist; **~и́ть** *s.* изна́шивать.
изну|ре́ние *n* [12] Erschöpfung *f*, Entkräftung *f*; **~рённость** *f* [8] Erschöpfung, Erschöpftheit; **~ри́тельный** [14; -лен, льна] erschöpfend; **~ря́ть** [28], <~ри́ть> [13] erschöpfen, entkräften; **-ся** sich überanstrengen.
изнутри́ von innen.
изныва́ть [1], <изны́ть> [22] vergehen (от Р vor *dat.*).
изоба́ра *f* [5] (*Meteorologie*) Isobare.
изоби́|лие *n* [12] Überfluß *m* (в П *od.* Р an *dat.*); **~ловать** [7] (Т) Überfluß haben (an *dat.*), reichlich versehen sein (mit); **~льный** [14; -лен, -льна] reichlich, (über)reich (Т an *dat.*).
изобли|ча́ть [1], <~чи́ть> [16; -чу́, -чи́шь; -чённый] überführen (в обма́не des Betruges); entlarven; ~ча́ть *impf.* offenbaren, zeigen.
изобра|жа́ть [1], <~зи́ть> [15; -ажу́, -ази́шь; -ажённый] abbilden, darstellen; schildern; ~жа́ть из себя́ (В *j-n od. et.*) vorgeben zu sein, spielen.
изобрести́ *s.* изобрета́ть.
изобрета́тель *m* [4] Erfinder; **~ный** [14; -лен, -льна] erfinderisch.
изобре|та́ть [1], <~сти́> [25; т *statt* д: -брету́, -тёшь] erfinden; **~те́ние** *n* [12] Erfindung *f*.
изогну́ть *s.* изгиба́ть.
изо́дранный F [14] zerlumpt, zerrissen.
изолга́вшийся [17] verlogen.
изоли́ровать [7] (*im*)*pf.* isolieren, absondern; (*Phys.*) изоли́рующая скаме́йка *f* Isolierschemel *m*.
изоля́|тор *m* [1] Isolator, Nichtleiter; ⚡ Isolierraum; Einzelhaftzelle *f*; **~ция** *f* [7] Isolation, Absonderung.
изощ|рённый [14] geübt, scharf; raffiniert, verfeinert; durchtrieben; **~ря́ть** [28], <~ри́ть> [13] schärfen, raffiniert machen.
из-под (Р) unter ... hervor; für, von; aus der Gegend (Nähe) von; я́щик *m* ~ папиро́с Zigarettenkiste *f*; ~ па́лки unter Zwang.
изразе́ц *m* [1; -зца́] (Ofen-)Kachel *f*.
Изра́иль *m* [4] Israel *n*.
изра́ненный [14] voll Wunden.
израсхо́довать [7] *pf.* ausgeben, verausgaben.
и́зредка selten, bisweilen; hie und da.

изре́|зывать [1], ‹~зать› [3] durch-, zer-schneiden.
изре|ка́ть [1], ‹изре́чь› [26] aussprechen; **~че́ние** *n* [12] Aus-, Denk-spruch *m*.
изрешети́ть [15; -ечу́, -ети́шь] *pf.* (*mit Kugeln*) durchlöchern.
изруб|а́ть [1], ‹~и́ть› [14] zerhacken; niedersäbeln.
изруга́ть [1] *pf.* tüchtig ausschelten.
изрыга́ть [1], *einm.* ‹изрыгну́ть› [20] auswerfen, (aus)speien.
изры́скать [1 *od.* 3] *pf.* durchstreifen, durchlaufen.
изря́дный [14; -ден, -дна] hübsch, gut, ordentlich, viel.
изуве́р *m* [1] Fanatiker, Glaubensschwärmer.
изуве́|чение *n* [12] Verstümm(e)lung *f*; **~чивать** [1], ‹~чить› [16] verstümmeln.
изукра́|шивать [1], ‹~сить› [15] ausschmücken.
изум|и́тельный [14; -лен, -льна] erstaunlich, überraschend; **~ле́ние** *n* [12] Erstaunen; **~ля́ть** [28], ‹~и́ть› [14; -млю́, -ми́шь; -млённый] in Erstaunen setzen, überraschen; **-ся** (er)staunen, sich wundern; bestürzt werden *od.* sein (Д über *ac.*).
изумру́д *m* [1] Smaragd.
изуро́до|вание *n* [12] Entstellung *f*, Verstümm(e)lung *f*; **~вать** [7] *pf.* entstellen, verstümmeln.
изу́стный [14] mündlich.
изу|ча́ть [1], ‹~чи́ть› [16] erlernen; studieren, wissenschaftlich untersuchen.
изъ|еда́ть [1], ‹~е́сть› [*nur 3. Pers.*: -ест, -едя́т; -е́л; -е́денный] zerfressen, zernagen.
изъе́здить [15] *pf.* durch-, bereisen.
изъе́зженный [14] ausgefahren, holprig (*Weg*).
изъя|ви́тельный [15] anzeigend; (*Gram.*) ~ви́тельное наклоне́ние *n* Indikativ *m*, Wirklichkeitsform *f*; **~вля́ть** [28], ‹~ви́ть› [14] äußern, (be)zeigen; (*Dank*) aussprechen.
изъя́н *m* [1] Schaden; Fehler.
изъяс|ня́ть [28], ‹~ни́ть› [13] erklären, erläutern; **-ся** sich ausdrücken.
изъя́тие *n* [12] Entnahme *f*; Ausschluß *m*; Beschlagnahme *f*; Ausnahme *f*; Abweisung *f*.
изыма́ть [1], ‹изъя́ть› [изыму́, изы́мешь] ausschließen; beseitigen; beschlagnahmen; **изъя́тый** ausgenommen (из P von).
изы́ск|ивать [1], ‹~а́ть› [3] ermitteln, ausfindig machen, auftreiben; erforschen; (*Worte usw.*) wählen; изы́сканный auserlesen, (aus-)gesucht; geziert, gezwungen.
изю́бр(ь) *m* [1 (4)] (*ostsibirischer*) Edelhirsch.
изю́м *m* [1] (*koll.*) Rosinen *f/pl.*; э́то тебе́ не фунт ~у F das ist doch kein Pappenstiel; **~ина** *f* [5] Rosine; **~инка** *f* [5; *g/pl.*: -нок] kleine Rosine; (*fig.*) Pointe, Würze; с ~инкой F pikant.
изя́щ|ный [14, -щен, -щна] schön, geschmackvoll, elegant; чу́вство *n* ~ного Schönheitssinn *m*.
Иису́с *m* [1; *Vokativ*: Иису́се] Jesus.
и́кать¹ [1] (*Ling.*) unbetontes e und я als и aussprechen.
ика́ть² [1], *einm.* ‹икну́ть› [20] den Schlucken (*od.* Schluckauf) haben.
ико́н|а *f* [5] Heiligenbild *n*; **~ник** *m* [1] Heiligenbilderschrank; Heiligenbilderhändler.
иконо|бо́рец *m* [1; -рца] Bilderstürmer; **~пи́сец** *m* [1; -сца] Heiligen(bilder)maler; **~пись** (ˈikə-) *f* [8] Heiligenmalerei; **~ста́с** *m* [1] Heiligen(bilder)wand *f*.
ико́та *f* [5] Schlucken *m*.
икра́ *f* [5] (*Fisch-*)Rogen *m*; Kaviar *m*; (*mst. pl. st.*) Wade *f*; мета́ть икру́ laichen; па́юсная ~ gepreßter Kaviar *m*; ке́товая ~ roter Kaviar *m* (*vom sibirischen Lachs*).
икри́стый [14*K.*] rogenreich.
икри́ться [13; *nur 3. Pers.*] laichen.
ил *m* [1] Schlamm.
и́ли oder; F etwa (*in verneinter Frage*); ~ ... ~ entweder ... oder.
Илиа́да *f* [5] (*Myth.*) Iliade, Ilias.
и́листый [14*K.*] schlammig.
иллю́зия *f* [7] Illusion, Täuschung.
иллюми|на́тор ⚓ *m* [1] Schiffsfenster *n*, Bullauge *n*; **~на́ция** *f* [7] Illumination, (festliche) Beleuchtung; **~нова́ть** [7] (*im*)*pf.* illuminieren.
иллюстри́ровать [7] (*im*)*pf.* illustrieren; erläutern.
илова́тый [14*K.*] etwas schlammig.
Ильи́ч [1*e.*] *s.* Илья́.
и́лька *f* [5; *g/pl.*: и́лек] (*amerikanischer*) Iltis *m*.

ильм ⚘ *m* [1] Ulme *f*.
Ильмень *m* [4]: óзеро ~ Ilmensee.
Илья́ *m* [6], *dim.* **Илю́ш(к)а** *m* [5] Elias.
имби́рь ⚘ *m* [4*e.*] Ingwer.
имéние *n* [12] Gut, Besitz *m*; (земéльное) ~ Landgut.
имени́н|ник *m* [1] Namenstagfeiernde(r); **~ы** *f/pl.* [5] Namenstag *m*.
имени́тельный [14]: (*Gram.*) ~ падéж *m* Nominativ, Wer- (*od.* Nenn)fall.
имени́тый [14*K.*] berühmt, angesehen; vornehm.
и́менно namentlich, gerade, besonders; а ~ nämlich, und zwar; вот ~! das ist es eben!, ganz recht!
имен|нóй [14] Namen(s)...; **~нóе** кольцó *n* Siegelring *m*.
именовáть [7], <на-> benennen, nennen.
имéть [8], <возымéть> haben; besitzen; возымéть *pf.* bekommen, erhalten; ~ дéло zu tun haben (с T mit); ~ в виду́ beabsichtigen; **-ся** [*unpers.*] имéется es gibt, es ist vorhanden.
иммортéль (-ˈtɛl) *f* [8] Strohblume.
импéрия *f* [7] Kaiserreich *n*, Reich [*n*.]
и́мпорт ⚓ *m* [1] Import, Einfuhr *f*; **~ёр** *m* [1] Importeur; **~и́ровать** [7] (*im*)*pf.* importieren, einführen.
импровизи́ровать [7] (*im*)*pf.* improvisieren, aus dem Stegreif dichten.
и́мпульс *m* [1] Impuls, (innerer) Antrieb.
иму́щество *n* [9] Vermögen, Habe *f*, Gut; госудáрственное ~ Staatsvermögen; дви́жимое ~ Mobiliar, Mobilien *pl.*
иму́щий [17] besitzend; Besitzende(r) *m*.
и́мя *n* [13] Name *m*; Ruf *m*; и́менем, во ~ im Namen; по и́мени namens; (*Gram.*) ~ существи́тельное *n* Substantiv(um), Hauptwort; ~ прилагáтельное *n* Adjektiv(um), Eigenschaftswort; ~ числи́тельное *n* Zahlwort.
инакомы́слящий † [17] Andersdenkende(r) *m*.
и́нáче anders; sonst, andernfalls; так и́ли ~ wie dem auch sei.
инби́рь *s.* имби́рь.
инвали́д *m* [1] Invalide; ~ войны́ Kriegsbeschädigte(r).
инвалю́та *f* [5] (инострáнная валю́та) fremde Währung; Devisen *pl.*
инвентáрь *m* [4*e.*] Inventar(ium) *n*.
инвéрсия *f* [7] (*Ling.*) Inversion.
ингаля́тор ⚕ *m* [1] Inhalationsapparat.
ингу́ш *m* [1*e.*; *g/pl.*: -шéй] Ingusche (*Volk im Kaukasus*).
и́ндеветь [8; *nur 3. Pers.*], <за-> bereifen, sich mit Reif bedecken.
индé|ец *m* [1; -дéйца] Indianer; **~йка** *f* [5; *g/pl.*: -дéек] Truthenne; **~йский** [16] indianisch; ~йский петýх *m* Truthahn.
индиáнка *f* [5; *g/pl.*: -нок] Indianerin; Inderin.
индиви́д *m* [1] Individuum *n*, Person *f*; **~уáльный** [14; -лен, -льна] individuell, persönlich; **~уум** *m* [1] *s.* индиви́д.
и́ндиго *n* [*unv.*] Indigo *m*.
инди́|ец *m* [1; -ди́йца] Indier; **~йский** [16] indisch.
индифферéнтный [14; -тен, тна] indifferent, gleichgültig.
Индия *f* [7] Indien *n*.
индо|европéйский [16] indogermanisch; **~нези́ец** *m* [1; -и́йца], **~нези́йка** *f* [5; *g/pl.*: -и́ек] Indonesier(in *f*); **~нези́йский** [16] indonesisch; **Ⓢнéзия** *f* [7] Indonesien *n*.
инду́кторный [14]: ~ вы́зов ☎ *m* [1] Weckeranruf.
инду́с *m* [1], **~ка** *f* [5; *g/pl.*: -сок] Indier(in *f*), Hindu(frau *f*); **~ский** [16] Hindu...
индустриализ|áция *f* [7] Industrialisierung; **~и́ровать** [7] (*im*)*pf.* industrialisieren.
инду́стрия *f* [7] Industrie.
индю́|к *m* [1*e.*] Truthahn; **~шка** *f* [5; *g/pl.*: -шек] Truthenne.
и́ней *m* [3] Reif, Rauhreif.
инéр|тный [14; тен, тна] untätig, träge; **~ция** *f* [7] (*Phys.*) Trägheit, Beharrungsvermögen *n*; по ~ции mechanisch.
инженéр *m* [1] Ingenieur; **~-строи́тель** *m* [1/4] Bau-ingenieur, -meister.
инжи́р ⚘ *m* [1] Feige(nbaum *m*) *f*.
и́нистый [14 *K.*] reifbedeckt.
инициати́ва *f* [5] Initiative.
инквизи́ция *f* [7] Inquisition, Ketzergericht *n*.

инове́рец *m* [1; -рца] Andersgläubige(r).
иногда́ manchmal, bisweilen, mitunter.
иногоро́д|ец *m* [1; -дца] aus einer anderen Stadt Gebürtiger, Fremdstädter; **~ний** [15] auswärtig, fremdstädtisch.
инозе́мец *m* [1; -мца] Ausländer.
ино́й [14] manche(r); andere(r); не кто ~ (не что ино́е), как kein anderer (nichts anderes), als; ~ раз manchmal.
и́нок *m* [1] Mönch; **~иня** *f* [6] Nonne.
иноплеме́нный [14] fremdstämmig.
иноро́д|ец *m* [1; -дца] Fremde(r), Nichtrusse; **~ный** [14] verschiedenartig; Fremd...; ~ное те́ло *n* Fremdkörper *m*; **~ческий** [16] fremd(stämmig).
иносказа́|ние *n* [12] bildlicher Ausdruck *m*, Allegorie *f*; **~тельный** [14; -лен, -льна] (sinn)bildlich.
ин(о)спе́ц *m* [1] ausländischer Facharbeiter.
иностра́н|ец *m* [1; -нца] Ausländer; **~ный** [14] ausländisch, fremd; министе́рство *n* ~ных дел Auswärtiges Amt.
инохо́д|ец *m* [1; -дца] (*Reitkunst*) Paßgänger, Zelter; **~ь** ('i-) *f* [8] Paßgang *m*.
иноязы́чный [14] fremdsprachig.
инсна́б *m* [1] (снабже́ние иностра́нцев) Ausländerladen.
инсоля́ция ⚕ (*Phys.*) *f* [7] Sonnenbestrahlung.
инспе́кция *f* [7] Inspektion, Beaufsichtigung.
инспири́ровать [7] (*im*)*pf.* inspirieren, begeistern; aufhetzen.
инста́нци|я ⚖ *f* [7] Instanz, Gerichtsbehörde; соотве́тствующие ~и *pl.* die zuständigen Stellen.
инстинкти́вный [14; -вен, -вна] instinktmäßig, instinktiv, triebartig; unwillkürlich.
институ́т *m* [1] Institut *n*, (Erziehungs-)Anstalt *f*, Stift *n*; **~ка** *f* [5; *g*/*pl.*: -ток] Stifts-, Pensionsfräulein *n*.
инстру́кция *f* [7] Instruktion, Anweisung.
инструме́нт *m* [1] Instrument *n* (*a.* ♪), Werkzeug *n*; **~о́вка** ♪ *f* [5] Instrumentierung.
инсцени́ров|ать [7] (*im*)*pf.* (*Thea.*) inszenieren; **~ка** (-'rɔf-) *f* [5; *g*/*pl.*: -вок] Inszenierung.
интеллиге́н|т *m* [1] Gebildete(r); **~ция** *f* [7] Intelligenz, Geistesarbeiter *m*/*pl.*; gebildeter Mittelstand *m*.
интенси́вный [14; -вен, -вна] intensiv, stark.
интерве́нция *f* [7] Intervention, Einmischung.
интервью́ *n* [*unv.*] Interview, Unterredung *f*; **~е́р** *m* [1] Interviewer, Ausfrager; **~и́ровать** [7] (*im*)*pf.* interviewen, ausfragen.
интере́с *m* [1] Interesse *n*; Teilnahme *f*; Nutzen, Vorteil; **~ный** [14; -сен, -сна] interessant, anziehend; в ~ном положе́нии in anderen Umständen, schwanger; **~ова́ть** [7], interessieren (T [*a.* **-ся** sich] für).
интерме́дия *f* [7] (*Thea.*) Intermezzo *n*, Zwischenspiel *n*.
Интернациона́л *m* [1] Internationale *f* (*Hymne*).
интерни́ровать [7] (*im*)*pf.* internieren.
интерпрета́ция *f* [7] Interpretation, Auslegung.
инти́мный [14; -мен, -мна] vertraut, intim.
интоксика́ция ⚕ *f* [7] Vergiftung.
интона́ция *f* [7] Intonation, Tonfall *m*, Betonung.
интри́|га *f* [5] Intrige; любо́вная ~га Liebesabenteuer *n*; **~га́н** *m* [1] Intrigant; **~гова́ть** [7], <за-> intrigieren, Ränke schmieden; neugierig machen.
интроду́кция *f* [7] Ein-führung, -leitung.
Интури́ст[1] *m* [1] (Госуда́рственное акционе́рное о́бщество иностра́нного тури́зма) staatliche Aktiengesellschaft *f* für Reisen von Ausländern in der Sowjetunion, sowjetamtliches Reisebüro *n*.
интури́ст[2] *m* [1] ausländischer Reisender.
инфе́кция ⚕ *f* [7] Infektion, Ansteckung.
инфизку́льт *m* [1] (институ́т физи́ческой культу́ры) Institut *n* für Leibesübungen.
инфля́ция *f* [7] Inflation, Überschwemmung mit Papiergeld.
информа́ция *f* [7] Information, Auskunft.

информбюро́ *n* [*unv.*] Informationsbüro.
инфузо́рия *f* [7] Infusorie, Aufgußtierchen *n.*
инъе́кция *f* [7] Injektion, Einspritzung.
и. о. (исполня́ющий обя́занности) i. V. (in Vertretung).
Иоаки́м *m* [1] Joachim.
Иоа́нн *s.* Ива́н.
'**Иов** *m* [1] Hiob.
ио́н *m* [1] (*Phys.*) Ion *n.*
Ио́на *m* [5; Ио́ныч, Ио́новна] Jonas.
Ионафа́н *m* [1] Jonathan.
ио́нный [14]: ~ная теóрия *f* Ionentheorie.
Ио́сиф *m* [1] Joseph.
ипри́т ⚗ *m* [1] Yperit *n*, Senfgas *n.*
ира́нец *m* [1; -нца] Iranier.
ири́дий ⚗ *m* [3] Iridium *n.*
и́рис ⚘ *m* [1] Schwertlilie *f.*
ири́ска F *f* [5; *g/pl.*: -сок] Sahnebonbon *m.*
ирла́нд|ец *m* [1; -дца] Irländer, Ire; **2ия** *f* [7] Irland *n.*
'**Ирод¹** *m* [1] Herodes.
и́род² *m* F [1] Unmensch.
ирони́|ческий [16] ironisch, spöttelnd; **~я** (-'rɔ-) *f* [7] Ironie, Spöttelei.
ирригáция *f* [7] Beries(e)lung.
Исáкий *m* [3; *prpos/sg.*: -ии] Isaak; F (= Исáкиевский собóр *m*) Isaakskathedrale *f.*
Иси́дор *m* [1] Isidor.
иск *m* [1] (gerichtliche) Klage *f od.* Forderung *f*; подавáть ~ на (В) *j-n* verklagen.
искa|жáть [1], <~зи́ть> [15; -ажу́, -ази́шь; -ажённый] entstellen, verdrehen.
искáтель *m* [4] Sucher; Bewerber; ~(ница *f*) приключе́ний Abenteurer (-in); **~ный** [14; -лен, -льна] strebsam; **~ство** *n* [9] Bestreben; Stellenjägerei *f.*
искáть [3; *p. pr. p.*: искóмый] (Р *od.* В) suchen; sich bewerben (um); ~ (Р судóм *j-n* gerichtlich) belangen, verklagen.
исклю|чáть [1], <~чи́ть> [16; -чу́, -чи́шь; -чённый] ausschließen; ~чáя (Р *od.* В) mit Ausnahme (von), außer; ~чáя оши́бки Irrtum vorbehalten; **~че́ние** *n* [12] Ausschließung *f*, Ausschluß *m*; Ausnahme(fall *m*) *f*; за ~че́нием (Р) mit Ausnahme (von), außer; abgesehen von; **~чи́тельный** [14; -лен, -льна] ausschließlich; Ausnahme...; ~чи́тельно äußerst, sehr.
исковóй [14] Klage...
иско|лáчивать [1], <~лоти́ть> [15] zerschlagen; prügeln.
искóмый [14] *s.* искáть; gesucht.
искони́ von jeher.
искóнный [14] althergebracht; Ur...; ~ враг *m* Erbfeind.
ископáе|мый [14] ausgegraben; fossil; ~мое *n* Fossil; ~мые (богáтства) *n/pl.* Bodenschätze *m/pl.*; цáрство *n* ~мых Mineralreich.
искоре|не́ние *n* [12] Ausrottung *f*, Vernichtung *f*; **~ня́ть** [28], <~ни́ть> [13] ausrotten, vernichten.
и́скорка *f* [5; *g/pl.*: -рок] Fünkchen *n.*
и́скоса etwas schief *od.* schräg, von der Seite (her).
и́скра *f* [5] Funke(n) *m.*
и́скренний [15; -ренен, -ренна] aufrichtig; herzlich, innig.
искри|вле́ние *n* [12] Krümmen, Verbiegung *f*; **~вля́ть** [28], <~ви́ть> [14; -влю́, -ви́шь; -влённый] krümmen, (ver)biegen.
искри́|стый [14*K.*] Funken sprühend, funkelnd; **~ться** ('is-) [13; *nur 3. Pers.*] Funken sprühen, funkeln.
искро|вóй [14] Funken...; **~мётный** [14*K.*] *s.* искри́стый.
искроуловитель ⊕ *m* [4] Funkenrost *n.*
иску|пáть [1], <~пи́ть> [14] erlösen, büßen, sühnen; (*e-n Fehler usw.*) wieder gutmachen; *s.* купáть; **~пи́тель** *m* [4] Erlöser; **~пле́ние** *n* [12] Erlösung *f*; Sühne *f.*
иску́с *m* [1] Versuch; Prüfung *f*; Probezeit *f*; **~áть** *s.* иску́сывать.
искуси́тель *m* [4] Versucher; **~ный** [14; -лен, -льна] verführerisch.
искус|и́ть *s.* искушáть; '**~ник** *m* [1] Kunstfertige(r); '**~ный** [14; -сен, -сна] kunstfertig, geschickt; '**~ственный** [14*K.*] künstlich; Kunst...; '**~ство** *n* [9] Kunst *f*; Fertigkeit *f*, Geschicklichkeit *f.*
иску́|сывать [1], <~сáть> [1; иску́санный] zerbeißen.
иску|шáть [1], <~си́ть> [15; -ушу́, -уси́шь; -ушённый] versuchen, verführen; prüfen; ~шённый geprüft, gewitzigt; bewandert, erfahren.

исла́м *m* [1] Islam.
исла́ндец *m* [1; -дца] Isländer.
Исла́ндия *f* [7] Island *n*.
испа́н|ец *m* [1; -нца] Spanier; **⁀ия** *f* [7] Spanien *n*.
испа́нка ⚕ *f* [5] Grippe.
испа|ре́ние *n* [12] Verdampfung *f*; Ausdünstung *f*, Verdunstung *f*; '**~рина** *f* [5] Schweiß *m*; **~ря́ть** [28], <~ри́ть> [13] verdampfen *od.* verdunsten (lassen); **-ся** verdampfen, verdunsten.
испека́ть [1], <испе́чь> [26] ausbacken.
испепел|я́ть [28], <~и́ть> [13] einäschern, in Schutt u. Asche legen; (*fig.*) verzehren.
испестри́ть [13] *pf.* bunt machen *od.* färben.
испе|щря́ть [28], <~щри́ть> [13] besäen, bedecken.
испива́ть [1], <испи́ть> [изопью́, -пьёшь; испи́л, -á, -o; испе́й(те)!; испи́тый (-и́т, -á, -o)] austrinken.
испи́|сывать [1], <~са́ть> [3] vollschreiben; (*Papier usw.*) verschreiben (*schreibend verbrauchen*); **-ся** sich ausschreiben (*sich schreibend erschöpfen*).
испито́й [14] abgezehrt, ausgemergelt.
испове́|дание *n* [12] Bekenntnis; **~дник** *m* [1] Beichter; **~довать** [7] (*im*)*pf.* bekennen; beichten lassen; (*fig.*) ausforschen; **-ся** beichten, Beichte ablegen *od.* tun; **~дь** ('is-) *f* [8] Beichte; на ~дь zur Beichte (*gehen*); на ~ди in der Beichte (*sein*).
и́сподволь F allmählich, nach und nach.
исподло́бья mürrisch, stirnrunzelnd.
испо́дний [15] untere(r); Unter...
исподтишка́ F heimlich, im geheimen, verstohlen.
испоко́н: ~ ве́ку (веко́в) von jeher, von Ewigkeit her.
исполи́н *m* [1] Riese.
исполко́м *m* [1] (исполни́тельный комите́т) Vollzugsausschuß.
испол|не́ние *n* [12] Erfüllung *f*, Vollziehung *f*; Ausführung *f*; Aufmachung *f*; приводи́ть в ~не́ние zur Ausführung bringen, ausführen; **~ни́мый** [14*K.*] erfüllbar; ausführbar; **~ни́тель** *m* [4] Vollzieher; (*Thea.*) Darsteller; **~ни́тельный** [14; -лен, -льна] vollziehend; Exekutiv...; pünktlich; ~ни́тельный лист ⚖ *m* Pfändungsbefehl; **~ня́ть** [28], <испо́лнить> [13] erfüllen, vollziehen; (*Rat*) befolgen; (*Arbeit usw.*) ausführen; (*Amt*) bekleiden *od.* vertreten; (*Thea.*) geben, spielen; **-ся** sich vollziehen, in Erfüllung gehen; ему́ испо́лнилось де́сять лет er ist zehn Jahre alt geworden; испо́лнилось пять лет с тех пор как ... es sind 5 Jahre verflossen, seit ...
испо́льзовать [7] (*im*)*pf.* ausnutzen, -nützen, -schlachten.
испо́рченный [14; -чен, -чена] verdorben, schlecht.
испоха́бить P [14] *pf.* (*j-n sittlich*) verderben.
исправдо́м *m* [1] (исправи́тельный дом) Besserungsanstalt *f*, Gefängnis *n*.
исправи́тель *m* [4] Verbesserer; **~ный** [14] Besserungs...; ~ный дом *m* Gefängnis *n*.
испра|вле́ние *n* [12] Besserung *f*, Verbesserung *f*; Verwaltung *f*; **~вля́ть** [28], <испра́вить> [14] (ver)bessern, korrigieren; verwalten; (*Amt*) bekleiden *od.* vertreten; ~вля́ющий *m* до́лжность Amtsverwalter; Stellvertreter.
испра́в|ник *m* [1] *ehm.* (*a.* уе́здный ~ник) Kreis(polizei)chef; **~ность** *f* [8] Richtigkeit; Genauigkeit; приводи́ть в ~ность instandsetzen; содержа́ть в ~ности instandhalten; **~ный** [14; -вен, -вна] richtig; genau; gut erhalten, intakt.
испраж|не́ние *n* [12] Ausleerung *f*; Stuhlgang *m*; **~ня́ть** [28], <~ни́ть> [13] ausleeren; **-ся** seine Notdurft verrichten, F sich ausleeren.
испра́шивать [1], <испроси́ть> [15] (P, *pf. mst* B) erbitten, bitten (um), auswirken, ausbitten.
испу́г *m* [1] Schreck.
испу|ска́ть [1], <~сти́ть> [15] (her-)auslassen; (*Wärme*) ausströmen; (*Seufzer*) ausstoßen; (*Geist*) aufgeben.
испы|та́емый [14] Prüfling *m*; **~та́ние** *n* [12] Prüfung *f*, Examen; Versuch *m*, Probe *f*; Heimsuchung *f*; **~та́нный** (-'pi-) [14] bewährt, erprobt; **~та́тельный** [14] Prüfungs..., Versuchs..., Probe-...; **~тывать** (-'pi-), <~та́ть> [1;

испы́танный] prüfen; versuchen, erproben, durchkosten; (*Leid*) erfahren.
и́ссера grau..., gräulich... (*nur zs. mit anderen Farbbezeichnungen*).
и́ссиня blau..., bläulich... (*nur zs. mit anderen Farbbezeichnungen*).
иссле́|дование *n* [12] Untersuchung *f*, Erforschung *f*; **~дователь** *m* [4] Untersucher; Forscher; **~довать** (*im*)*pf*. [7] untersuchen, erforschen.
иссо́х|нуть *s.* иссыха́ть; **~ший** [[17] vertrocknet.
и́сстари von alters her; ~ ведётся es ist ein alter Brauch.
исстрада́ться F [1] *pf.* sich abhärmen, vor Leid vergehen.
исстре́л|ивать [1], <~я́ть> [28] verschießen (*alle Munition*); (*mit Schüssen*) durchlöchern.
исступле́н|ие *n* [12] Schwärmerei *f*, Verzückung *f*; Wut *f*; **~ный** (-ˈpl̦ɔn-) [14] schwärmerisch, verzückt; wütend.
иссу|ша́ть [1], <~ши́ть> [16] austrocknen (lassen); (durch Kummer) aufreiben *od.* erschöpfen.
иссыха́ть [1], <иссо́хнуть> [21] austrocknen; verkümmern.
иссяка́ть [1], <исся́кнуть> [21; *nur 3. Pers.*] versiegen.
иста́|ивать [1], <~ять> [27] schmelzen, zergehen.
иста́птывать [1], <истопта́ть> [3] zertrampeln; (*Schuh usw.*) aus-, abtreten.
иста́|скивать [1], <~ска́ть> [1; иста́сканный] abtragen, abnutzen; **-ся** verbraucht sein (*Mensch*).
иста́чивать [1], <источи́ть> [16] zerfressen, zernagen; durchlöchern.
иста́ять *s.* иста́ивать.
истека́ть [1], <исте́чь> [26] ausfließen, entspringen; verfließen, vergehen; ablaufen (*Termin*); ~ кро́вью verbluten.
истере́ть *s.* истира́ть.
исте́ри|ка ⚕ *f* [5] Hysterie, Weinkrampf *m*; закати́ть ~ку F e-n hysterischen Anfall bekommen; **~я** ⚕ (-ˈți-) *f* [7] Hysterie.
исте́ц ⚖ *m* [1; -тца́] Kläger.
исте|че́ние *n* [12] Ausfluß *m*; Ab-, Ver-lauf *m*; по ~че́нии сро́ка nach Ablauf der Frist; ˈ**~чь** *s.* истека́ть.
и́стин|а *f* [5] Wahrheit; изби́тая ~а Binsenwahrheit; **~ный** [14; -нен, -нна] wahr, wahrhaft(ig); echt.
истира́ть [1], <истере́ть> [12; изотру́, -трёшь; истёр] (ganz) zerreiben.
исти́ца ⚖ *f* [5] Klägerin.
истлева́ть [1], <истле́ть> [8] vermodern, verwesen; verglimmen.
истма́т *m* [1] (истори́ческий материали́зм) historischer Materialismus.
и́стово inbrünstig, eifrig.
исто́к *m* [1] Quelle *f*.
истолко|ва́ние *n* [12] Auslegung *f*, Erklärung *f*; **~ва́тель** *m* [4] Ausleger, Erklärer; **~вывать** (-ˈkɔ-) [1], <~ва́ть> [7] auslegen, erklären, erläutern.
исто́|ма *f* [5] Abmattung, Mattigkeit; **~мля́ть** [28], <~ми́ть> [14; -млю́, -ми́шь; -млённый] abmatten, erschöpfen.
исто́п|ка *f* [5] Einheizen *n*; **~ни́к** *m* [1 *e.*] Heizer.
истопта́ть *s.* иста́птывать.
исторга́ть [1], <исто́ргнуть> [21] entreißen; befreien (из P von).
исто́ри|к *m* [1] Geschichtschreiber, Historiker; **~я** *f* [7] Geschichte, Historie; Geschichtskunde; об э́том ~я ума́лчивает F darüber schweigt des Sängers Höflichkeit; ве́чная ~я! F ewig dasselbe!
исто|ча́ть [1], <-чи́ть> [16] ausströmen, verbreiten; **~чи́ть** *s.* иста́чивать; **~чник** (-ˈtɔtʃ-) *m* [1] Quelle *f* (*a. fig.* = Ursprung); ~чник (получе́ния това́ров) Bezugsquelle *f*.
исто́шный F [14] heulend, durchdringend.
исто|ща́ть [1], <~щи́ть> [16; -щу́, -щи́шь; -щённый] erschöpfen, mürbe machen; verschwenden; **-ся** erschöpft werden; ausgehen.
истра́|чивать [1], <~тить> [15] ausgeben, aufwenden.
истре|би́тель *m* [4] Vernichter, Vertilger; ✈ (лётчик-истреби́тель) Jagdflieger; **~би́тельный** [14; -лен, -льна] vernichtend, vertilgend; ✈ Jagd...; ~би́тельно-противота́нковый Panzerjäger...; **~бле́ние** *n* [12] Vernichtung *f*, Vertilgung *f*; **~бля́ть** [28], <~би́ть> [14; -блю́, -би́шь; -блённый] vernichten, (ver)tilgen; **~би́мый** tilgbar.
истре́бование *n* [12] Forderung *f*.
истука́н *m* [1] Götze(nbild *n*).

и́стый [14] echt, wahr.
истя|за́ние *n* [12] Peinigung *f*, Quälen; **~за́ть** [1] peinigen, quälen, foltern.
исха́живать [1], <исходи́ть> [15] durchwandern, durchlaufen.
исхо́д *m* [1] Ausgang, Ende *n*; Neige *f*; Ergebnis *n*; в ~е апре́ля Ende April; весна́ на ~е der Frühling geht zu Ende; (*biblisch*) кни́га *f* ~а Exodus *m*, zweites Buch *n* Mosis.
исхода́тайствовать [7] *pf.* aus-, er-wirken.
исход|и́ть [15], <изойти́> [изойду́, -дёшь; -ошёл, -ошла́; -оше́дший] ausgehen, zu Ende gehen; ~и́ть кро́вью verbluten; ~и́ть *impf.* herstammen; **~ный** (-'xɔd-) [14] Ausgangs...
исху|да́ть [1] *pf.* mager werden, abmagern.
исцара́п|ывать, <~ать> [1] zerkratzen.
исце|ле́ние *n* [12] Heilung *f*; Genesung *f*; **~ля́ть** [28], <~ли́ть> [13] heilen; **-ся** genesen.
исча́дие *n* [12] Brut *f*, Gezücht; ~ а́да Höllenbrut *f*.
исчез|а́ть [1], <исче́знуть> [21] verschwinden (с *od.* из P von); **~нове́ние** *n* [12] Verschwinden.
исчёрк|ивать, <~ать, исчерка́ть> [1] kreuz u. quer durchstreichen.
и́счерна: ~-бу́рый schwarzbraun.
исче́р|пывать, <~пать> [1] ausschöpfen; erledigen, beilegen; ~пывающий erschöpfend.
исчис|ля́ть [28], <исчи́слить> [13] be-, aus-rechnen; aufzählen; ~ли́мый berechenbar; zählbar.
ита́к folglich, also, nun, somit.
Ита́лия *f* [7] Italien *n*.
италья́н|ец *m* [1; -нца] Italiener; **~ский** [16] italienisch; ~ская забасто́вка *f* passive Resistenz, Sitzstreik *m*.
и т. д. *Abk. für* и так да́лее.
ито́г *m* [1] Betrag, Bilanz *f*, Resultat *n*; **~о́** ('vɔ) im ganzen, (in) Summa insgesamt; **~овый** [14] Gesamt...
и т. п. *Abk. für* и тому́ подо́бное.
итти́ *s.* идти́.
Иу́да *m* [5] Judas.
иуде́й *m* [3] Jude (*der Konfession nach*).
их (*possessiv*) ihr(e).
ихневмо́н *m* [1] (*Zool.*) Ichneumon *n*.
и́хний P [15] ihnen gehörig.
ихтиоза́вр *m* [1] (*Zool.*) Ichthyosaurus.
ихтиоло́гия *f* [7] Ichthyologie, Fischkunde.
иша́к *m* [1 *e.*] Maulesel.
ишь F sieh mal an!; ~ ты! so siehst du aus!
ище́йка *f* [5; *g/pl.*: -е́ек] Spürhund *m*.
ию́ль *m* [4] Juli.
ию́нь *m* [4] Juni.

Й

Й, й *n u. m* (*s.* A) i, j *n*.
йод *m* [1] Jod *n*; '**~истый** [14 *K.*] jodhaltig.
йо́т|а *f* [5] Jota *n* (*Buchstabe*); ни на ~у F nicht im geringsten, nicht um ein Haar, um keinen Zollbreit; он ни на ~у не измени́лся er hat sich nicht im geringsten verändert.
йоти́ровать [7] (*im*)*pf.* (*Ling.*) jotieren, mit j-Anlaut sprechen.
йо́тованный [14] (*Ling.*) jotiert.

К

К, к *n u. m* (*s.* A) K, k *n.*

к, ко (Д) zu; gegen, gen; an (*wo?*, *wohin?*), nach.

ка (ein)mal, doch, *z.B.* скажите-ка! sagen Sie mal!

кабáк *m* [1*e.*] Schenke *f*, Kneipe *f.*

кабалá *f* [5] (*ehm.*) Leibeigenschaft.

кабали́ть [13], <за-> (*ehm.*) zum Leibeigenen machen.

кабáн *m* [1*e.*] Wildschwein *n*, wilder Eber; (*Eis- usw.*) Block.

кабаргá *f* [5; *g/pl.*: -рóг] Moschustier *n.*

кабарди́нец *m* [1; -нца] Kabardiner (*Volk im Kaukasus*).

кабарé (-'rɛ) *n* [*unv.*] Kabarett.

кабá|тчик *m* [1] Schankwirt; **~цкий** [16] Schank...

кáбель *m* [4] Kabel *n*; **~тов** *m* [1; *pl.*: -вы, -вых] Kabellänge *f* (= 185,2 m).

кабестáн ⊕ *m* [1] Göpel; ⚓ Gangspill *n.*

кабинéт *m* [1] Kabinett *n*; Arbeits-, Herren-zimmer *n.*

каби́н(к)а *f* [5; (*g/pl.*: -нок)] An-, Aus-kleideraum *m* (*im Bad*); Kabine.

каблý|к *m* [1*e.*] (*Schuh-*)Absatz; **~чóк** *m* [1; -чкá] kleiner Absatz, Absätzchen *n.*

каботáж *m* [1; *g/pl.*: -ей] Küstenhandel, -fahrt *f.*

кабы́ P wenn; éсли бы да ~! wenn das Wörtchen „wenn“ nicht wär’!

кавардáк *m* [1*e.*] Wirrwarr, Mischmasch.

кáверз|а *f* [5] Schikane, Intrige; **~ить** [15] <на-> Ränke schmieden, intrigieren, schikanieren; **~ник** *m* [1] Ränke-macher, -schmied *m*; **~ничать** [1] *s.* ~ить; **~ный** [14] ränkevoll, schikanös.

кавéрна ⚕ *f* [5] Kaverne.

Кавкáз *m* [1] Kaukasus; **2ец** *m* [1; -зца] Kaukasier.

кавминвóды *f/pl.* [5] kaukasische Mineralquellen.

кавы́чк|и *f/pl.* [5; *gen.*: -чек] Anführungszeichen *n/pl.*, Gänsefüßchen *n/pl*; в ~ах (*fig.*) mit Verlaub zu sagen; (*iron.*) sogenannter.

кади́ло *n* [9] Rauch-, Weihrauchfaß.

кади́ть [15; кажý, кади́шь] räuchern (*in Kirchen*); F(Д *j-m*) schmeicheln, Weihrauch streuen.

кáдка *f* [5; *g/pl.*: -док] Zuber *m*, Kufe.

кáдмий ⚗ *m* [3; *prpos/sg.*: -ии] Kadmium *n.*

кадр *m* [1] Filmausschnitt; **~ы** (*nur pl.*) Kader, Stamm (*Berufs-*, ⚔).

кáдровый [14] Kader..., Berufs..., aktiv.

кадýшка *f* [5; *g/pl.*: -шек] *s.* кáдка.

кады́к *m* [1*e.*] (*Anat.*) Adamsapfel.

каём|ка *f* [5; *g/pl.*: -мок] kleiner Saum *m od.* Rand *m*; **~чатый** [14] gesäumt.

каждéние *n* [12] Räucherung *f* (*in Kirchen*).

кáж|дый [14] jeder (einzelne); jedermann; ~дые пять часóв alle fünf Stunden; на ~дые дéсять für je zehn; от ~дого по егó спосóбности, ~дому — по егó трудý jeder nach s-n Fähigkeiten, jedem nach s-r Leistung.

кажи́сь P *s.* казáться.

кáжущийся [17] scheinbar.

казáк *m* [1*e.*; *pl. st. od. e.*] Kosak (*besser*: Kasak); **~и́н** *m* [1] Kosakenrock (*Art Halbkaftan*).

казáнец *m* [1; -нца] Kasaner.

Казáнь *f* [8] Kasan *n.*

казáрма *f* [5] Kaserne.

казáть P [3] zeigen; **-ся,** <по-> (T) sich zeigen (als); (zu sein) scheinen; кáжется (P кажи́сь) es scheint; казáлось es schien; он, кáжется, прав er scheint recht zu haben; кáжущийся scheinbar.

казáх *m* [1] Kasache; **казáшка** *f* [5; *g/pl.*: -шек] Kasachin (*Volk in Zentralasien*).

каземáт ⚔ *m* [1] Kasematte *f*, Wallgewölbe *n.*

казён|ка P *f* [5; *g/pl.*: -нок] (Monopol-)Branntweinstube, Schnapsbude; **~ный** [14] der Krone ge-

hörig; Krons...; staatlich; ~ная во́дка *f*, ~ное вино́ *n* Monopolbranntwein *m*, -schnaps *m*; **~щина** F *f* [5] Bürokratismus *m*.
кази́стый [14*K*.] hübsch, stattlich.
казна́ *f* [5] Krone; (госуда́рственная) ~ Fiskus *m*, Staatsschatz *m*; ⚔ Pulverkammer.
казначе́й *m* [3] Kassierer; Zahl-, Schatz-, Rent-meister; **~ство** *n* [9] Rent-amt, -kammer *f*, Quästur *f*; госуда́рственное ~ство Staats-, Reichs-schatz(kammer *f*) *m*.
казни́ть [13] (*im*)*pf*. hinrichten; hart strafen.
казно|кра́д *m* [1] Dieb an Staatsgeldern; **~храни́лище** *n* [11] Schatzkammer *f*.
казнь *f* [8] Hinrichtung; сме́ртная ~ Todesstrafe.
Каи́р *m* [1] Kairo *n*.
кайла́ *f* [5], **кайло́** *n* [9] Pickhacke *f* (*des Bergmanns*).
кайма́ *f* [5; *g*/*pl*.: каём] Saum *m* (*a. genähter s.* рубе́ц); Rand *m*; Kante; Einfassung.
как wie; als; ~ бу́дто, ~ бы als ob, gleichsam; F scheinbar, anscheinend; ~ бы не так! warum nicht gar!; ~ бы то ни́ было wie dem auch sei; ~ же! natürlich!, gewiß!; ~ когда́! F je nachdem!; ну да, ~ же! warum nicht gar!, das fehlte noch!; ~ же так? F wieso?; ~ знать? F wer weiß?; ~ раз gerade, eben; ~ мо́жно скоре́е möglichst bald; ~ не знать э́того! wer wüßte das nicht!; ~ есть P völlig, ganz und gar; ~ и что P wie die Sache steht; ~ ни- ~ F schließlich, letzten Endes, trotz alledem; ~ нельзя́ лу́чше (ху́же) möglichst gut (schlecht); ~ попа́ло F flüchtig, schlampig; kunterbunt; ~ ... так sowohl ... als auch; ~ **то́лько** sobald (nur).
какаду́ *m* [*unv*.] Kakadu.
кака́о *n* [*unv*.] Kakao *m*.
ка́к-либо irgendwie.
ка́к-нибудь irgendwie.
какову́й [14*K*.] welcher, der; како́в? wie (ist [beschaffen])?; was für (ein)?; како́в! F da sieh mal einer an!; каково́? was sagst du dazu?
како́й [16] was für ein(er)?; welcher; како́е там! F wie sollt' ich wohl!, kein Gedanke!, im Gegenteil!; ~ ни на е́сть P was gerade da ist, irgendein beliebiges; ни в каку́ю P auf keinen Fall, kommt gar nicht in Frage!; **~-либо**, **~-нибудь**, **~-то** irgendein, ein gewisser; eine Kleinigkeit von (*vor Zahlen*).
какофо́ния *f* [7] Mißklang *m*.
ка́к-то irgendwie; (*bei Aufzählungen*) wie folgt, zum Beispiel; und zwar, nämlich; ~ раз einst, einmal.
кал *m* [1] Unrat.
каламбу́р *m* [1] Wortspiel *n*, Witz (-wort *n*), F Kalauer.
каланча́ *f* [5; *g*/*pl*.: -че́й] Wachtturm *m*; (*fig*.) Hopfenstange.
кала́ч *m* [1*e*.; *g*/*pl*.: -че́й] Kalatsch (*Art Gebäck*); тёртый ~ Schlaukopf, geriebener Kerl.
Кале́ *n* [*unv*.] Calais.
калёвка ⊕ *f* [5; *g*/*pl*.: -вок] Simshobel *m*.
кале́ка *m*/*f* [5] Krüppel *m*.
календа́рь *m* [4*e*.] Kalender.
калёный [14; -ён, -ена́] glühend; (*im Ofen*) getrocknet, geröstet.
кале́чить [16], <ис-> verkrüppeln, zum Krüppel machen.
ка́лиевый [14] Kali...
ка́лий ⚗ *m* [3; *prpos*/*sg*.: -ии] Kalium *n*.
кали́ль|ный [14] zum Glühendmachen (dienend); Glüh...; **~ня** *f* [6; *g*/*pl*.: -лен] Glühofen *m*.
кали́на ⚘ *f* [5] Schneeball *m*.
кали́тка *f* [5; *g*/*pl*.: -ток] Pförtchen *n*.
кали́ть [13] *s*. калёный; **1.** <на-, рас-> glühend machen, glühen; (*im Ofen*) trocknen, rösten; **2.** <за-> härten, stählen.
калку́н *m* [1*e*.], **~ка** *f* [5; *g*/*pl*.: -нок] Trut-hahn *m*, -henne *f*.
калмы́|к *m* [1] Kalmück(e); **~цкий** [16] kalmückisch.
ка́ломель ⚗ *f* [8] Kalomel *n*.
калори́йность *f* [8] Kaloriengehalt *m*.
калори́фер *m* [1] Heizapparat; ~ы *pl*. Luftheizung *f*.
кало́рия *f* [7] Kalorie, Wärmeeinheit.
кало́|ша *f* [5] Galosche; высо́кие ~ши *pl*. Schneegaloschen; посади́ть в ~шу (*fig*.) j-n blamieren; (*fig*.) сесть в ~шу (he)reinfallen.
калы́м *m* [1] (*ehm*.) Brautgeld *n*; P Schwarzverdienst, Nebenverdienst.

ка́льк|а *f* [5; *g/pl.*: -лек] Pausleinwand; (*Ling.*) Lehnübersetzung; **~и́ровать** [7], <c-> durchpausen.
калькули́ровать [7], <c-> kalkulieren, berechnen.
кальсо́ны *f/pl.* [5] Unterhosen.
ка́льций ⚗ *m* [3; *prpos/sg.*: -ии] Kalzium *n.*
кальци́т ⚒ *m* [1] Kalkspat.
калья́н *m* [1] Kalian *m od. n*, Wassertabakspfeife *f.*
каля́кать P [1], <по-> plaudern, schwatzen.
кама́ринская [16] *russischer Volkstanz.*
ка́мбала *f* [5] (*Zool.*) Flunder, Scholle; (морска́я) ~ Butt *m*, Seezunge.
ка́мбуз ⚓ *m* [1] Kombüse *f.*
камво́льный [14] Kammgarn...
каме́дь *f* [8] Gummi *m* (*erstarrter Saft gewisser Pflanzen*).
камелёк *m* [1; -мелька́] Kamin.
каме́лия ⚘ *f* [7] Kamelie; (*fig.*) Halbweltdame.
камен|е́ть [8], <o-> (sich) versteinern; **~и́стый** [14*K*.] steinig; **~ноуго́льный** [14] Steinkohlen...; ~ноуго́льная кла́дка *f* Mauerwerk *n*; **~оло́мный** [14] Steinbruch...; **~оло́мня** *f* [6; *g/pl.*: -мен] Steinbruch *m*; **~отёс** *m* [1] Stein-hauer, -metz; **~щик** (ˈka-) *m* [1] Maurer; **~ь** (ˈka-) *m* [4; -мня; *pl.*: -мни, -мне́й *u.* P -ме́нья, -ме́ньев] Stein.
ка́мер|а *f* [5] Kammer; **~ный** [14] Kammer...
ка́мешек *m* [1; -шка] Steinchen *n*; бро́сить ~ в чужо́й огоро́д anzüglich werden.
каме́я *f* [6; *g/pl.*: -е́й] Kamee.
камила́вка *f* [5; *g/pl.*: -вок] Kalotte (*Priesterkäppchen*).
камка́ † *f* [5] Damast *m.*
камнело́мка ⚘ *f* [5; *g/pl.*: -мок] Steinbrech *m.*
ка́мора *f* [5] Kammer; ⚔ Pulverkammer.
камо́рка *f* [5; *g/pl.*: -рок] Kämmerchen *n.*
кампане́йщина F *f* [5] Überhandnehmen *n* von „Aktionen".
кампа́ния *f* [7] ⚔ Feldzug *m*; избира́тельная ~ Wahlkampf *m.*
камуфля́ж ⚔ *m* [1] Tarnanstrich.
камфара́ *f* [5] Kampfer *m.*
камфо́рка *s.* конфо́рка.
камчада́л *m* [1] Kamtschadale (*Volk in Kamtschatka*).
Камча́тка[1] *f* [5] Kamtschatka *n.*
камча́тка[2] *f* [5] † Damast *m.*
камы́ш *m* [1*e.*] Schilf(rohr) *n*, Rohr *n*; **~евка** *f* [5; *g/pl.*: -вок] (*Zool.*) Rohrdrossel; **~о́вый** [14] Schilf..., Rohr...
кана́в(к)а *f* [5; (*g/pl.*: -вок)] (*Straßen-*)Rinne, Gosse; (kleiner) Graben *m.*
канавокопа́тель ⊕ *m* [4] Grabenbagger.
кана́дец *m* [1; -дца] Kanadier.
кана́л *m* [1] Kanal; (*Anat.*) возду́шный ~ Luftröhre *f*; **~иза́ция** *f* [7] Kanalisation; **~изи́ровать** [7] (*im*)*pf.* kanalisieren.
кана́ль|ский [16] nichtswürdig, niederträchtig; **~я** *m/f* [6; *g/pl.*: -лий] Kanaille *f*, Schurke *m*, Schurkin *f.*
кана|ре́ечка *f* [5; *g/pl.*: -чек] Kanarienvögelchen *n*; **~ре́йка** *f* [5; *g/pl.*: -е́ек] Kanarienvogel *m.*
кана́т *m* [1] Seil *n*, Tau *n*; **~охо́дец** *m* [1; -дца], **~охо́дка** *f* [5; *g/pl.*: -док] Seiltänzer(in *f*); **~чик** *m* [1] Seiler.
кана́шка F *f* [5; *g/pl.*: -шек] nettes (*od.* hübsches) Ding *n* (*Mädchen*).
кан|ва́ *f* [5] Kanevas *m*, Hanfgewebe *n*; **~во́вый** [14] Kanevas...
кандалы́ *m/pl.* [1] Fesseln *f/pl.*, Ketten *f/pl.*
кани́кулы *f/pl.* [5] Ferien *pl.*
каните́ль *f* [8] Gold-, Silber-faden *m*; (*fig.*) Litanei, langer Salm *m*; тяну́ть ~ zögern, trödeln, dudeln.
канифа́с *m* [1] (grobes) Segeltuch *n.*
канифо́|лить [13], <на-> mit Geigenharz bestreichen; **~ль** *f* [8] Kolophonium *n*, Geigenharz *n.*
кано|на́да *f* [5] Kanonade; **~не́рка** ⚓ *f* [5; *g/pl.*: -рок] Kanonenboot *n.*
Кано́сс|а *f* [5]: идти́ в ~у nach Kanossa gehen.
кану́н *m* [1] Vorabend.
ка́нуть [20; *nur 3. Pers.*] *pf.* versinken, fallen; verschwinden; он как в во́ду ка́нул F er ist spurlos verschwunden.
канцеля́р|ия *f* [7] Kanzlei; **~ский** [16] Kanzlei...; ~ская кры́са *f* (*fig.*) Schreiberseele; **~щина** *f* [5] Amtsschimmel *m.*

канюк *m* [1*e.*] (*Zool.*) Weihe *f.*

канючить P [16] (er)betteln.

капать [1 *od.* 2], <на->, *einm.* <капнуть> [20] tröpfeln; (*fig.*) не каплет es hat keine Eile.

капель *f* [8] Tröpfeln *n*; F Tauwetter *n*; *s.* капля; **~ка** ('ka-) *f* [5; *g/pl.*: -лек] Tröpfchen *n*; ни ~ки F nicht im geringsten, keineswegs.

капель|ник *m* [1] (*Min.*) Tropfstein; **~ный** [14] tröpfelnd; Tropf(en)...; P sehr klein, niedlich.

капер ⚓ *m* [1] Kaper(schiff *n*).

каперсы ⚘ *m/pl.* [1] Kapern *f/pl.*

капитал *m* [1] Kapital *n*, Vermögen *n*; **~изация** *f* [7] Kapitalisierung; **~изировать** [7] (*im*)*pf.* kapitalisieren; **~изм** *m* [1] Kapitalismus; **~овложение** *n* [12] Kapitalanlage *f*; **~ьный** [14] Kapital...; solid, dauerhaft; Haupt...

капитан *m* [1] ⚔ Hauptmann; ⚓ Kapitän.

капитель △ *f* [8] Kapitell *n*; (Säulen-)Knauf *m.*

капиту|лировать ⚔ [7] (*im*)*pf.* kapitulieren, sich ergeben; **~ляция** *f* [7] Kapitulation; Übergabevertrag *m.*

капище *n* [11] Götzentempel *m.*

капкан *m* [1] Falle *f*, Wolfs-, Fuchseisen *n.*

каплун *m* [1*e.*] Kapaun.

капл|я *f* [6; *g/pl.*: -пель] Tropfen *m*; ~ями, ~я по ~е tropfenweise; как две ~и воды wie ein Tropfen Wasser (*od.* wie ein Ei) dem andern; ~я в море ein Tropfen auf e-n heißen Stein; подождите хоть ~ю F warten Sie doch noch ein wenig; ~я камень долбит (*Spr.*) steter Tropfen höhlt den Stein.

капнуть *s.* капать.

капор *m* [1] (*Frauen-*)Kapuze *f.*

капот *m* [1] Morgen-kleid *n*, -rock (*der Frauen*); (*Motor- usw.*) Haube *f.*

каприз *m* [1] Eigensinn, Laune *f*; **~ник** *m* [1] Eigensinnige(r), Launenhafte(r); **~ничать** [1] eigensinnig (*od.* launenhaft) sein; **~ный** [14; -зен, -зна] eigensinnig, launenhaft, kapriziös.

каприфолий ⚘ *m* [3; *prpos/sg.*: -ии] Geißblatt *n.*

капсула *f* [5] Kapsel.

капсюль ⚔ *m* [4] (*Zünd-*)Kapsel *f.*

каптенармус ⚔ *m* [1] Zeughauswärter; Kammerunteroffizier.

капуст|а ⚘ *f* [5] Kohl *m*; кислая ~а Sauerkohl *m*; брюссельская ~а Rosenkohl *m*; цветная ~а Blumenkohl *m*; **~ник** *m* [1] Kohlraupe *f*; Kohl-feld *n*, -garten; **~ница** *f* [5] (*Zool.*) Kohlweißling *m.*

капут F *m* [*unv.*] Garaus, Verderb; kaputt, P futsch; тут тебе и ~! F jetzt ist's aus mit dir! пришёл мне ~ F ich bin erledigt.

капуцин *m* [1] Kapuziner(mönch); (*Zool.*) Kapuzineraffe.

капюшон *m* [1] Kapuze *f.*

кара *f* [5] Strafe.

карабин *m* [1] Karabiner.

карабкаться [1], <вс-> hinaufklettern, -klimmen.

каравай *m* [3] Laib, Brot *n*; на чужой ~ рта не разевай (*Spr.*) Neid ist die Wurzel allen Übels.

караван *m* [1] Karawane *f*; ~-сарай *m* Karawanserei *f.*

караемый [14*K.*] strafbar.

караим *m* [1] Karäer (*Volk im Süden der Sowjetunion*).

каракалпак *m* [1] Karakalpake (*Volk in der zentralasiatischen Sowjetunion*).

каракатица *f* [5] Tintenfisch *m.*

караковый [14] dunkelbraun (*Pferd*).

каракул|евый [14] Persianer..., Astrachan...; **~ь** *m* [4] Karakulpelz, Persianer(pelz); **~ьский** (-'kul-) [16]: ~ьская овца *f* Karakulschaf *n*; **~ьча** *f* [5] (*Zool.*) Breitschwanz *m*; Fell *n* ungeborener Karakullämmer.

каракуля *f* [6] verkrüppelter Baum (-ast) *m*, Zwergbaum *m*; каракули *pl.* Kritzelei *f*, Krähenfüße *m/pl.*

карамболь *m* [4] Karambol(ag)e *f*; сделать ~ karambolieren.

карамель *f* [8] Karamelle.

карандаш *m* [1*e.*; *g/pl.*: -шей] Bleistift; химический ~ Tintenstift; цветной ~ Buntstift.

карантин *m* [1] Quarantäne *f.*

карапуз(ик) F *m* [1] Knirps; Dreikäsehoch.

карась *m* [4*e.*] Karausche *f.*

каратель|ный [14] (be)strafend; Straf...; ~ная мера *f* Maßreg(e)lung.

карать [1], <по-> (be)strafen; караемый судом strafbar.

караул ⚔ *m* [1] Wache *f*, Schildwache *f*; ~! (zu) Hilfe!; кричать ~ F Zeter und Mordio schreien; хоть

~ кричи́! F das ist nicht zum Aushalten!; стоя́ть (*od.* быть) на ~е Wache stehen; сде́лать на ~ das Gewehr präsentieren; **~ить** [13] bewachen, aufpassen (B auf *ac.*); **~ка** *f* [5; *g/pl.*: -лок] Wacht-, Schilder-haus *n*, Wächterhäuschen *n*; **~ьный** [14] wachhabend; Wach(t)...; ~ьная *f* Wachstube; **~ьщик** *m* [1] Wächter.

кара́чк|и: по́лзать на ~ах P auf allen vieren kriechen.

карачу́н: ему́ ~ пришёл P er ist verreckt.

ка́рба́с *m* [1] großer Frachtkahn.

карбо́ванец *m* [1; -нца] Silberrubel (*Ukraine*).

карбо́лка *f* [5] Karbolsäure.

карбо́л|овый [14] Karbol...; ~овая кислота́ *f s.* ~ка.

карбу́нкул *m* [1] (*Min.*) Karfunkel; ⚕ Karbunkel, Blutgeschwür *n.*

карбюра́тор *m* [1] Vergaser.

карга́ P *f* [5] (*ver.*) Vettel.

кардамо́н *m* [1] Kardamom *m od. n* (*Gewürz*).

кардиогра́мма ⚕ *f* [5] Kardiogramm *n.*

карди́т ⚕ *m* [1] Karditis *f*, Herzentzündung *f.*

карёжиться [16] zs.-schrumpfen; sich krümmen.

каре́л *m* [1] Karelier (*Volk im Norden der europäischen Sowjetunion*).

каре́та *f* [5] Kutsche.

ка́рий [15] (kastanien)braun.

карикату́р|а *f* [5] Karikatur, Zerrbild *n*; представля́ть в ~е karikieren.

Кари́нтия *f* [7] Kärnten *n.*

карио́зный [14] kariös, brüchig, hohl (*Zähne*).

карка́с *m* [1] Gerippe *n*; Gestell *n.*

ка́ркать [1], *einm.* <ка́ркнуть> [20] krächzen; unken.

ка́рли|к *m* [1], **~ца** *f* [5] Zwerg(in *f*).

кармази́нный [14] karmesinrot.

карма́н *m* [1] Tasche *f*; э́то мне не по ~у das kann ich mir nicht leisten; э́то бьёт по ~у F das läuft ins Geld; держи́ ~ ши́ре! F da kannst du lange warten!; он за сло́вом в ~ не ле́зет F er ist nicht auf den Mund gefallen; **~ник** *m* [1] P Taschendieb; **~ный** [14] Taschen...; ~ная кни́жка *f* Notizbüchlein *n.*

карма́шек *m* [1; -шка] Täschchen *n.*

карнава́л *m* [1] Karneval, Fastnacht *f.*

каро́тель ⚘ *f* [8] Karotte.

карп *m* [1] Karpfen.

Карпа́ты *f/pl.* [5] Karpathen.

ка́рт|а *f* [5] Karte; (географи́ческая ~а) Landkarte; ~а (ку́шаний *od.* ку́шаньям) Speisekarte; по ~е nach der Karte, à la carte; засе́сть в ~ы sich an den Kartentisch setzen; его ~а би́та (*fig.*) s-e Absicht ist vereitelt worden.

карта́|вить [14] schnarren (*beim Sprechen*); **~вый** [14*K.*] schnarrend.

картёж P *m* [1*e.*] Kartenspiel *n*; **~ник** *m* [1] leidenschaftlicher Kartenspieler; **~ничать** [1] leidenschaftlich Karten spielen.

карте́ль *m* [4] Kartell *n.*

ка́ртер *m* [1] Kurbelkasten, Gehäuse *n.*

карте́ч|ница ⚔ *f* [5] Kugelspritze, Kartätschengeschütz *n*; **~ь** *f* [8] Kartätsche.

карти́н|а *f* [5] Bild *n*, Gemälde *n*; **~ка** *f* [5; *g/pl.*: -нок] Bildchen *n*; Abbildung; **~ный** [14] Bilder...; malerisch.

карти́шки F *f/pl.* [5; *gen.*: -шек] (*Spiel-*)Karten.

карто́н *m* [1] Karton, Pappe *f*, Pappdeckel; **~ка** *f* [5; *g/pl.*: -нок] Pappschachtel; ~ка для шляп Hutschachtel.

картоте́ка *f* [5] Kartothek.

картофеле|копа́тель ⚒ *m* [4] Kartoffelpflug; **~сажа́лка** ⚒ *f* [5; *g/pl.*: -лок] Kartoffelpflanzmaschine.

карто́фелина *f* [5] (*einzelne*) Kartoffel.

карто́фель *m* [4] (*koll.*) Kartoffeln *f/pl.*

ка́рточ|ка *f* [5; *g/pl.*: -чек] Kärtchen *n*; продово́льственная ~ка Lebensmittelkarte; **~ный** [14] Karten...; ~ная систе́ма *f* Kartothek; Kartensystem *n*; ~ный до́мик *m* (*fig.*) Kartenhaus *n.*

карто́шка P *f* [5; *g/pl.*: -шек] *s.* карто́фель, карто́фелина.

карту́з *m* [1*e.*] (*Schirm-*)Mütze *f*; † Papiertüte *f*; ⚔ Kartuschbeutel.

карусе́ль *f* [8] Karussel *n.*

Карфаге́н *m* [1] Karthago *n*; **⁀я́нин** *m* [1; *pl.*: -я́не, -я́н] Karthager.

карье́р *m* [1] voller Lauf, schnellste Gangart *f* (*e-s Pferdes*); Steinbruch; по́лным ~ом in voller Karriere; с ме́ста в ~ (*fig.*) auf der Stelle, unverzüglich; **~а** *f* [5] Laufbahn, Karriere; **~и́ст** *m* [1] Streber.

каса́тель|ный [14] betreffend; Berührungs...; (*Geom.*) ~ная (ли́ния) *f* Berührungslinie, Tangente; ~но (P) in betreff, in bezug auf, hinsichtlich.

каса́т|ик *m* [1] (*Min.*) Schwalbenstein; ⚘ Kalmus; Wasserschwertlilie *f*; (*fig.*) Herzliebste(r); **~ка** *f* [5; *g/pl.*: -ток] Turm-, Mauerschwalbe; (*fig.*) Herzliebste.

каса́ться [1], ‹косну́ться› [20] ([до] P) berühren (*a. fig.* = betreffen, angehen); anrühren; zur Sprache bringen; де́ло каса́ется (P) es handelt sich um; что (до) меня́ каса́ется was mich anbelangt.

ка́ска ⚔ *f* [5; *g/pl.*: -сок] Helm *m*; Stahlhelm *m* (*Rote Armee*).

каска́д *m* [1] Kaskade *f*, Wasserfall; **~ный** [14] Kaskaden...; ~ная певи́ца *f* Tingeltangelsängerin.

ка́сса *f* [5] Kasse; 🚂 (*a.* биле́тная ~) Schalter *m*, Fahrkartenausgabe; (*Typ.*) (*Schrift-*)Kasten *m*; Geldschrank *m*.

кассаци|о́нный [14] Kassations...; ~о́нная жа́лоба *f* Revision; **~я** (-'sa-) *f* [7] Kassation.

кассе́т|а *f* [5], **~ка** *f* [5; *g/pl.*: -ток] (*Phot.*) Kassette.

касси́р *m* [1] Kassierer **~овать** [7] (*im*)*pf.* (*Urteil*) umstoßen, für ungültig erklären; **~ша** *f* [5] Kassiererin.

кастанье́ты *f/pl.* [5] Kastagnette(n *pl.*) *f*.

касте́т *m* [1] Schlagring.

касто́рка F *f* [5] Rizinusöl *n*.

касто́р|овый [14] Kastor..., Biber-...; ~овое ма́сло *n s.* ~ка.

кастри́ровать [7] (*im*)*pf.* kastrieren, beschneiden.

кастрю́ля *f* [6] Kasserolle.

катава́сия P *f* [7] Wirrwarr *m*.

катако́мба *f* [5] Katakombe.

катале́псия ⚕ *f* [7] Katalepsie, Starrkrampf *m*.

ката́ль|ный [14] Roll..., Walz...; ~ное кре́сло *n* Rollstuhl *m*; **~щик** *m* [1] Roller; Wälzer.

ката́ние *n* [12], **ката́нье** *n* [10] Rollen; Wälzen; Spazierenfahren; ~ на конька́х Schlittschuhlaufen; не мытьём так ка́таньем (*Spr.*) vor keinem Mittel zurückschrecken (*um et. zu erreichen*).

катастро́ф|а *f* [5] Katastrophe; Wendepunkt *m* (*zum Schlimmen*); **~и́ческий** [16] katastrophal.

ката́ть [1], *einm.* ‹катну́ть› [20] wälzen; (*Wäsche*) rollen; (*Pillen*) drehen; (*Metall*) walzen; ка́танный *a.* Walz...; **-ся** spazierenfahren; -ся на ло́дке (саня́х) Boot (Schlitten) fahren; -ся на конька́х Schlittschuh laufen; -ся с гор, -ся на сала́зках rodeln; -ся со́ смеху sich vor Lachen wälzen; как сыр в ма́сле -ся (*Spr.*) wie die Made im Speck leben.

катего|ри́ческий [16] kategorisch; bestimmt, entschieden; **~рия** (-'gɔ-) *f* [7] Kategorie, Klasse(nordnung), Gattung.

Ка́тенька *s.* Ка́тька.

ка́тер ⚓ *m* [1; *pl.e.*: -pа́] Kutter; Motorboot *n*; торпе́дный ~ Schnellboot *n*.

ка́тет △ *m* [1] Kathete *f*.

кати́ть [15] (hin)rollen, (hin-)wälzen; schnell fahren; **-ся** rollen; fließen; кати́сь! P hau ab!

кати́ца *f* [5] Latwerge.

ка́ткий [16; -ток, -тка́] leicht rollend.

катну́ть *s.* ката́ть.

като́д ⚡ *m* [1] Kathode *f*.

като́к *m* [1; -тка́] Walze *f*; (Wäsche-)Rolle *f*; Eis-, Schlitterbahn *f*; Rutschbahn *f*.

като́лик *m* [1] Katholik.

ка́тор|га *f* [5] Zwangsarbeit (*in den Bergwerken usw.*); Zuchthaus *n*; (*fig.*) Plackerei, Jammer *m*, Tretmühle; **~жа́нин** *m* [1; *pl.*: -а́не, -а́н] (entlassener) Zuchthäusler; **~жник** *m* [1] Zwangsarbeiter; **~жный** [14] Zwangs...; mühselig, schwer; Hunde...; *s. a.* ~жник.

кату́шка *f* [5; *g/pl.*: -шек] Spule; Rolle.

ка́тышек P *m* [1; -шка] (*Brot-*, *Papier-*)Kügelchen *n*.

Ка́тька, Катю́шка *f* [5], **Ка́тя** *f* [6] (*dim. v.* Екатери́на) Käthchen *n*, Käthe.

кау́|рка *f* [5; *g/pl.*: -рок] Fuchs *m* (*Pferd*); **~рый** [14] hellbraun (*Pferd*).

каучу́к *m* [1] Kautschuk *m*.

кафе́ (-ˈfɛ) *n* [*unv.*] (*a.* ~-рестора́н *m*) Kaffee(haus) *n*, Café *n*.
ка́федра *f* [5] Katheder *m od. n*; Lehrstuhl *m*.
ка́фель *m* [4] Kachel *f*.
кафете́рий (-ˈtɛ-) *m* [3; *prpos*/*sg.*: -ии] Automaten-Speisehalle *f*.
кафр *m* [1] Kaffer.
кацаве́йка *f* [5; *g*/*pl.*: -е́ек] kurze pelzverbrämte Jacke.
кача́|лка *f* [5; *g*/*pl.*: -лок] Wiege; (кре́сло-кача́лка) Schaukelstuhl *m*; Sänfte; Schwengel *m* (*e-r Pumpe*); **~ние** *n* [12] Schaukeln; Wiegen (*der Kinder*); Pumpen; Schwingen (*des Pendels*); **~ть** [1] **1.** *einm.* <качну́ть> [20] schaukeln; (*Kinder*) wiegen; ~ть голово́й den Kopf schütteln; **2.** <на-> pumpen; **-ся** sich schaukeln; ⚓ schlingern; schwanken, taumeln; schlenkern.
каче́ли *f*/*pl.* [8] Schaukel *f*.
ка́чест|во *n* [9] Eigenschaft *f*, Qualität *f*; Güte *f*; в ~ве in der Eigenschaft, als.
ка́ч|ка *f* [5] Schaukeln *n*; ⚓ бокова́я (килева́я) ~ка Schlingern *n* (Stampfen *n*) (*des Schiffes*); заболева́ть от ~ки seekrank werden; **~кий** [16] schwankend; wack(e)lig; **~ну́ть** *s.* кача́ть.
ка́ш|а *f* [5] Grütze; (*fig.*) Wirrwarr *m*; завари́ть ка́шу einen (schönen) Brei einrühren; с ним ~и не сва́ришь F (*fig.*) mit ihm ist nichts zu machen; сапоги́ ~и про́сят F (*fig.*) die Stiefel sind völlig zerrissen; ма́ло ~и ел F (*fig.*) er ist noch grün hinter den Ohren.
кашало́т *m* [1] Pottfisch.
кашева́р *m* [1] ⚔ Koch.
ка́шель *m* [4; -шля] Husten.
ка́шица[1] *f* [5] Breichen *n*.
каши́ца[2] *f* [5] dünner Brei *m*; Grützsuppe.
ка́шка *f* [5] Brei *m*; ⚘ Wiesenklee *m*; (*Typ.*) *s.* виньéтка.
ка́шля|ть [28], *einm.* <~нуть> [20] husten.
кашне́ *n* [*unv.*] Schal *m*, Halstuch *n*.
кашта́н *m* [1] Kastanie *f*.
каю́к: тут ему́ и ~ (пришёл)! P mit ihm ist's jetzt aus!
каю́т|а ⚓ *f* [5] Kajüte; ~-компа́ния *f* Messe.
ка́яться [27], <по-> (в П) bereuen; Buße tun (für).
ква́к|анье *n* [10] Quaken; **~ать** [1], *einm.* <~нуть> [20] quaken; schnattern.
ква́кер *m* [1] Quäker (*amerikanische Sekte*).
ква́кушка P *f* [5; *g*/*pl.*: -шек] Frosch *m*; Ente.
квалифи|ка́ция *f* [7] Qualifikation, Befähigung; **~ци́рованный** [14]: ~ци́рованный рабо́чий *m* gelernter Arbeiter, Facharbeiter; **~ци́ровать** [7] (*im*)*pf.* qualifizieren, befähigen.
кварта́л *m* [1] Stadtviertel *n*; Vierteljahr *n*, Quartal *n*; **~ьный** [14] Revier...; (*ehm.*) ~ьный (надзира́тель) *m* Polizeirevieraufseher.
кварти́р|а *f* [5] Wohnung; ⚔ Quartier *n*; сдаётся ~а Wohnung zu vermieten; **~ник** *m* [1] Heimarbeiter; **~ова́ть** [7] einquartiert sein; wohnen.
квас *m* [1; в -у́; *pl.e.*] Kwaß (*säuerliches Getränk aus Schwarzbrot u. Malz*); стака́н *m* ~у Glas *n* Kwaß; ˈ**~ить** [15], <за-> (ein)säuern; **~ни́к** *m* [1 *e.*] Kwaß-brauer, -verkäufer; **~но́й** [14] Kwaß...; (*fig.*) ~но́й патрио́т *m* übertriebener (*od.* Über-, Hurra-)Patriot, Chauvinist; ˈ**~нуть** [20], <за-> sauern; sitzenbleiben; **~о́к** *m* [1; -ска́] Säuerlichkeit *f*; Kwaß.
квасц|о́вый ⚗ [14] Alaun...; **~ы́** *m*/*pl.* [1] Alaun *m*.
ква́ш|а *f* [5] Sauerteig *m*, Hefe; **~ня́** *f* [6; *g*/*pl.*: -не́й] Backtrog *m*.
кве́рху hinauf, nach oben.
кви́нта ♪ *f* [5] Quinte.
квит *m* [1] † ⚘ Quitte *f*; **~а́нция** *f* [7] Quittung; 🚂 (бага́жная) ~а́нция Gepäckschein *m*; **~а́ться** [1], <с-, по-, рас-> quitt werden, (gegenseitig) abrechnen; **~о́к** P *m* [1; -тка́] Quittung *f*; ˈ**~ы** F quitt, ausgeglichen; мы с ва́ми ~ы F wir sind quitt.
кво́та *f* [5] Quote, Anteil *m*, Verhältnisteil *m*.
кегельба́н *m* [1] (*Sport*) Kegelbahn *f*.
ке́гля *f* [6; *g*/*pl.*: -лей] Kegel *m*; игра́ть в ке́гли Kegel schieben.
кедр ⚘ *m* [1] Zeder *f*; (*sibirische*) Zirbel(kiefer) *f*; **~о́вый** [14] Zeder(n)...
кейфова́ть F [7] (*scherz.*) (aus-) ruhen, sich dem süßen Nichtstun hingeben.
ке́лей|ка *f* [5; *g*/*pl.*: -еек] Zellchen *n* (*in Klöstern*); **~ный** (-ˈǰej-)

[14] Zellen...; geheim; ~но im geheimen, im stillen; abgesondert.
ке́лья *f* [6; *g/pl.*: -лий] (Kloster-) Zelle.
кена́ф ⚘ *m* [1] Eibisch.
кенгуру́ *m* [*unv.*] Känguruh *n*.
кенды́рь ⚘ *m* [4*e.*] Hundswolle *f*.
кента́вр *m* [1] Zentaur.
ке́ньги *f/pl.* [5] hohe Pelzstiefel *m/pl.* (*aus Rentierfellen*).
ке́пи ⚔ *n* [*unv.*] Käppi.
ке́пка *f* [5; *g/pl.*: -пок] Sportmütze.
кера́мика *f* [5] Keramik, Töpfer-kunst.
кероси́н *m* [1] Petroleum *n*; **~ка** *f* [5; *g/pl.*: -нок] (Petroleum-) Kocher *m*.
ке́сарев [19]: ~о сече́ние ⚕ *n* Kaiserschnitt *m*.
кессо́н ⊕ *m* [1] Senkkasten, Caisson.
ке́та *f* [5] sibirischer Lachs *m*.
кефа́ль *f* [8] (*Zool.*) Meeräsche.
кефи́р *m* [1] Kefir, Joghurt.
киби́тка *f* [5; *g/pl.*: -ток] Kibitka (*verdecktes Fuhrwerk*); (*halbverdeckter*) Reiseschlitten *m*; Nomadenzelt *n*.
кива́ть [1], <кивну́ть> [20] (T) winken (mit); ~ (голово́й mit dem Kopf) nicken; Ива́н кива́ет на Петра́, а Пётр на Си́дора (*Spr.*) einer schiebt dem anderen die Schuld zu.
ки́вер ⚔ *m* [1; *pl. e.*: -pá] Tschako.
киво́к *m* [1; -вка́] Kopfnicken *n*.
киво́т *m* [1] Heiligenschrank; (*biblisch*) Bundeslade *f*.
кида́ть [1], <ки́нуть> [20] werfen, schmeißen; weg-, hin-werfen; ~ жре́бий losen; **-ся** sich (hin und her) werfen; herfallen (на В über *ac.*); (*fig.*) -ся в глаза́ in die Augen springen, auffallen.
ки́дкий P [16; кидок, -дка́] bequem zum Werfen.
киев|ля́нин *m* [1; *pl.*: -я́не, -я́н] Kiewer; **~ский** (ˈķi-) [16] Kiewer, aus (*od.* von) Kiew (Ки́ев *m*).
кизи́л *m* [1], **~ь** *m* [4*e.*] Kornelkirsche *f*.
кизя́к *m* [1*e.*] getrockneter Mist (*zum Heizen*).
кий *m* [3*e.*; *prpos/sg.*: кий; *pl.*: кий, киёв] Queue *n*, Billardstock.
кики́мора *f* [5] (*Myth.*) weibliches Gespenst *n*, Phantom *n*; (*fig.*) P Vogelscheuche.
кила́ ⚕ *f* [5] Bruch(schaden) *m*.
киле|ва́ть ⚓ [6], <за-> kielholen; **~во́й** [14] Kiel...
киль ⚓ *m* [4] Kiel; **~ва́тер** ⚓ *m* [1] Kielwasser *n*.
ки́лька *f* [5; *g/pl.*: -лек] Strömling *m* (*Fisch*).
кильсо́н ⚓ *m* [1] Kielschwein *n*.
КИМ *m* [1] (Коммунисти́ческий Интернациона́л Молодёжи) Kommunistische Jugendinternationale *f*.
кимо́граф ⚕ *m* [1] Blutdruckmeßapparat.
кинжа́л *m* [1] Dolch.
кино́ *n* [*unv.*] Kino *n*; Film *m*; ~теа́тр *m* Lichtspiel-bühne *f*, -theater *n*; **~бу́дка** *f* [5; *g/pl.*: -док] Vorführraum *m*.
ки́новарь *f* [8] Zinnober *m*.
кино|монта́ж *m* [1; *g/pl.*: -ей] Filmschnitt: **~опера́тор** *m* [1] Kameramann; **~передви́жка** *f* [5; *g/pl.*: -жек] Wanderkino *n*; **~плёнка** *f* [5; *g/pl.*: -нок] Filmstreifen *m*; **~режиссёр** *m* [1] Filmregisseur; **~сеа́нс** *m* [1] Kinovorstellung *f*; **~сцена́рий** *m* [3; *prpos/sg.*: -рии] Drehbuch *n*; **~съёмка** *f* [5; *g/pl.*: -мок] Filmaufnahme; производи́ть ~съёмку e-n Film drehen; **~фици́ровать** [7] (*im*)*pf.* Kino einrichten, mit ständigen Filmvorführungen versorgen; (*e-n Roman usw.*) zur Verfilmung zurechtmachen; **~хро́ника** *f* [5] Wochenschau.
ки́нуть *s.* кида́ть.
кио́т *m* [1] Heiligenschrank.
ки́па *f* [5] Packen *m*, Ballen *m*; Stoß *m*; ~ тетра́дей Stoß *m* Hefte.
кипари́с *m* [1] Zypresse *f*.
кипе́|ние *n* [12] Kochen, Sieden; то́чка *f* ~ния Siedepunkt *m*; **~ть** [10; -плю́, -пи́шь], <вс-> kochen, sieden; (*fig.*) aufwallen, aufflammen (*Phantasie*); hervorquellen (*Gedanken*); ~ть гне́вом vor Wut kochen; ~ть нетерпе́нием vor Ungeduld brennen; кипя́щий siedend; рабо́та кипи́т es ist vollauf zu tun, man arbeitet mit Volldampf; у него́ рабо́та так и кипи́т F die Arbeit geht ihm flott von der Hand.
Ки́пр *m* [1] Zypern *n*.
кипу́чий [17*K.*] kochend, siedend; rastlos.
кипя|ти́льник *m* [1] Siedekessel; **~ти́ть** [15; -ячу́, -яти́шь; -ячён-

ный], <вс-> aufkochen, zum Sieden bringen; **-ся** sich ereifern; **~то́к** *m* [1; -тка́] kochendes Wasser *n*; **~че́ние** *n* [12] Kochen, Sieden.

Кир *m* [1] Cyrus.

кира́са ⚔ *f* [5] Küraß *m*.

кирги́з *m* [1] Kirgise.

кири́ллица *f* [5] kirchenslawisches Alphabet *n* (*nach dem Slawenapostel* Cyrillus Кири́лл).

кирка́[1] *f* [5; *pl. st.*: ки́рки, -рок] Grabscheit *n*, Spaten *m*, Hacke.

ки́рка[2] *f* [5; *g/pl.*: -рок] lutherische Kirche.

киркомоты́га ⚔ ⊕ *f* [5] Kreuzhacke.

кирпи́ч *m* [1*e.*; *g/pl.*: -ей] Ziegel (-stein), Backstein; **~ник** *m* [1] Ziegelbrenner; **~ный** [14] Ziegel (-stein)...; ~ный заво́д *m* Ziegelei *f*; ~ный чай *m* Ziegeltee (*geringste Teesorte*).

ки́са *f* [5] Mies, Mieze, Miesekatze.

кисе́й|ный [14] Musselin...; ~ная ба́рышня *f* Zierpuppe, Gans.

кисе́л|ь *m* [4*e.*] Kissel (*säuerlicher Mehlbrei*); седьма́я вода́ на ~е́ (*Spr.*) über den siebten Hund Verwandter.

кисе́т *m* [1] Tabaksbeutel.

кисе́я *f* [6] Musselin *m*.

ки́ска *f* [5; *g/pl.*: -сок] *s.* ки́са.

кис-ки́с Mies! Mies!

ки́с|ленький [16] ziemlich sauer; **~ли́нка:** с ~ли́нкой F mit säuerlichem Beigeschmack; **~ли́ть** [13; *nur 3. Pers.*: -ли́т] F säuerlich schmecken *od.* sein; **~ли́ца** ⚘ *f* [5] Sauerklee *m*.

кислова́тый [14*K.*] säuerlich.

кислоро́д *m* [1] Sauerstoff.

кис|ло-сла́дкий [16; -док, -дка] süßsauer; **~лота́** *f* [5; *pl. st.*: -о́ты] Säure; **~лотоупо́рный** [14] säurefest; **'~лый** [14; -сел, -сла́, -о; -сле́е] sauer; ~лый на вкус sauer schmeckend; **~ля́тина** *f* [5] saures Zeug *n*, Versäuerte(s) *n*; **'~нуть** [21], <про-> sauer werden; (ver)sauern.

ки́сточка *f* [5; *g/pl.*: -чек] Quästchen *n*; Pinselchen *n*; Träubchen *n*.

кисть *f* [8; *ab g/pl. e.*: кисте́й] Quast(e *f*) *m*, Troddel; (маля́рная Maler-)Pinsel *m*; Büschel *n*; (виногра́дная) ~ Traube; ~ (руки́) Hand.

кит *m* [1*e.*] Walfisch.

китаеве́д *m* [1] Sinologe.

кита́ец *m* [1; -та́йца] Chinese.

кита|и́ст *m* [1] *s.* ~еве́д.

Кита́й *m* [3] China *n*; **2ский** [16] chinesisch, China...

ки́тель *m* [4; *pl. e.*: -ля́] (Leinwand-) Kittel.

китобо́йный [14] Walfang...

кито́вый [14] Walfisch...

китоло́в *m* [1] Walfischfänger.

кичи́ться [16; -чу́сь, -чи́шься] sich brüsten.

кичли́вый [14*K.*] hochmütig.

кише́ть [*nur 3. Pers.*: -и́т] wimmeln, kribbeln (T von).

кишечнополостны́е *pl.* [14] (*Zool.*) Hohltiere, Zölenteraten.

киш|е́чный [14] Darm...; **~ка́** *f* [5; *g/pl.*: -шо́к] Darm *m*; Schlauch *m*; у него́ ~ка́ тонка́ (*od.* слаба́) P ihm mangelt's an Kraft, Fähigkeit.

кишла́к *m* [1*e.*] Dorf *n* (*in Zentralasien*).

кишми́ш *m* [1*e.*] (*koll.*) Korinthen *f/pl.*

кишмя́ wimmelnd; ~ киши́т es wimmelt (T von).

кла́виш ♪ *m* [1; *g/pl.*: -ей], **~а** *f* [5] Taste *f*.

клад *m* [1] Schatz.

кла́дбище *n* [11] Kirchhof *m*.

кла́дезь *m* [4]: ~ прему́дрости (*scherz.*) Ausbund an Weisheit.

клад|ене́ц *m* [1; -нца́] großes (Schlacht-)Messer *n*; **'~ень** *m* [4; -дня] Grundbalken; **'~ка** *f* [5] Legen *n*, Legung; Aufführung (*e-r Mauer*); **~ова́я** [14] Vorratskammer *f*; Lager *n*; **~овщи́к** *m* [1*e.*] Lagerverwalter; **'~чик** *m* [1] Schichter, Aufstapler; **~ь** *f* [8] Frachtgut *n*, (Wagen-)Ladung; пово́зка *f* для '~и Gepäckwagen *m*.

кла́няться [28], <поклони́ться> [13; -оню́сь, -о́нишься] (Д) sich verbeugen (vor *dat.*); demütig bitten; grüßen (lassen); beschenken (T mit); поклони́тесь ему́ от меня́! grüßen Sie ihn von mir!

кла́пан *m* [1] Klappe *f*; Ventil *n*.

класс *m* [1] Klasse *f*; **'~ик** *m* [1] Klassiker; **~ифика́ция** *f* [7] Klassifikation; **~ифици́ровать** [7] (*im*)*pf.* klassifizieren; **~и́ческий** [16] klassisch; **'~ный, '~овый** [14] Klassen...; ~ная (ко́мната) *f* Klassenzimmer *n*; ~ная доска́ *f* Schultafel; ~овая борьба́ *f* Klassenkampf *m*; ~овое созна́ние *n* Klassenbewußtsein; ~овочу́ждый klassenfeindlich.

класть [кладу́, -дёшь; клал] **1.** <положи́ть> [16] (hin)legen; hineintun; **2.** <сложи́ть> [16] (*Waffen usw.*) niederlegen; (*Ofen*) setzen; (*Mauer usw.*) errichten, aufführen; (~ в ку́чу) (auf)stapeln; (в В) schätzen (auf *ac.*), veranschlagen (zu).

клёв *m* [1] Anbeißen *n* (*v. Fischen*).

клева́ть [6; клюю́, клюёшь], <клю́нуть> [20] picken; anbeißen (*v. Fischen*); ~ (но́сом) ein Nickerchen (*od.* Schläfchen) machen; у него́ де́нег ку́ры не клюю́т (*Spr.*) er hat Geld wie Heu.

кле́вер ⚘ *m* [1; *pl. e.*: -pа́] Klee.

клевет|а́ *f* [5] Verleumdung; Schmährede; **~а́ть** [3; -вещу́, -ве́щешь], <на-> (на В) verleumden, beklatschen; **~ни́к** *m* [1*e.*] Verleumder; **~ни́ческий** [16] verleumderisch.

клевре́т *m* [1] Konsorte, Spießgeselle.

клее|ва́рня *f* [6; *g/pl.*: -рен] Leimsiederei; **~во́й** [14] Leim...

клеён|ка *f* [5; *g/pl.*: -нок] Wachstuch *n*, -leinwand; **~чатый** [14] Wachstuch...

кле́ить [13; кле́ю, кле́ишь], <с-> kleben, leimen; **-ся** F klappen, vonstatten gehen.

клей *m* [3; на клею́] Leim; древе́сный ~ Harz *n*; на клею́ geleimt.

кле́й|ка *f* [5] Leimung; **~кий** [16; кле́ек, кле́йка] klebrig; **~кови́на** ⚗ *f* [5] Kleber *m*.

клеймёный [14] gestempelt; geeicht.

клей|ми́ть [14; -млю́, -ми́шь; (за-) клеймлённый], <за-> stempeln; (*Verbrecher*) brandmarken; **~мо́** *n* [9; *pl. st.*: кле́йма] Stempel *m*; (*fig.*) Brandmal; Schandfleck *m*; фабри́чное ~мо́ Fabrikmarke *f*, Fabrikzeichen.

клёкот *m* [1] Adlergeschrei *n*.

клекота́ть [3; *nur 3. Pers.*: -о́чет] schreien (*Adler*).

кле́мма ⊕ *f* [5] Klemme.

клён ⚘ *m* [1] Ahorn.

кленóвый [14] Ahorn...

клепа́ло ⊕ *n* [9] Niethammer *m*.

клеп|а́ть **1.** [2], P <на-> verleumden; **2.** [1], <за-> (ver)nieten; dengeln; **~ка** ('k]əp-) *f* [5; *g/pl.*: -пок] Vernietung; Daube; (*iron.*) у него́ (в голове́) одно́й ~ки не хвата́ет bei ihm ist eine Schraube los.

клерова́ть ⊕ [7] klären; raffinieren.

клёст *m* [1*e.*] (*Zool.*) Kreuzschnabel.

клéт|ка *f* [5; *g/pl.*: -ток] Vogelbauer *n*, Käfig *m*; Würfel *m* (*auf Stoffen usw.*); (*Anat.*) Zelle; ле́стничная ~ка *f* Treppenhaus *n*; в ~ку kariert; **~очка** *f* [5; *g/pl.*: -чек] kleiner Käfig *m od.* Würfel *m*; (*Anat.*) Zelle; **~очный** [14] Käfig...; zellig; zellenförmig; Zellen...; **~у́шка** *f* [5; *g/pl.*: -шек] F (*ver.*) Zimmerchen *n*; **~ча́тка** *f* [5] Zellulose; Zellgewebe *n*; **~чатый** [14] gewürfelt, kariert; **~ь** P *f* [8; *ab g/pl. e.*: -те́й] Vorratskammer.

клёцка *f* [5; *g/pl.*: -цек] Mehlkloß *m*, Knödel *m*.

клешня́ *f* [6; *g/pl.*: -не́й] (Krebs-) Schere.

клещ *m* [1*e.*; *g/pl.*: -е́й] (*Zool.*) Zecke *f*.

клещеви́н|а ⚘ *f* [5] Rizinusstaude; **~ный** [14]: ~ное ма́сло *n* Rizinusöl.

кле́щи́ *f/pl.* [5; *ab gen. e.*: -ще́й] Zange *f*.

кли́вер ⚓ *m* [1] Klüver.

кли́зм|а ⚕ *f* [5] Klistier *n*; ста́вить ~у ein Klistier geben.

клик *m* [1] Zuruf; Ruf; **'~ать** [3], <'~нуть> [20] (zu)rufen.

клику́ша P *f* [5] Fallsüchtige; hysterisches Frauenzimmer *n*.

климакте́рий ⚕ *m* [3; *prpos/sg.*: -ии] Klimakterium *n*.

кли́мат *m* [1] Klima *n*.

клин *m* [1; *pl.*: -нья, -ньев] Keil; боро́дка *f* ~ом Spitzbart *m*; Zwikkel (*Kleidung*); ⚒ Acker; ярово́й ~ Sommeracker; ози́мый ~ Winteracker; ~ ~ом вышиба́ть (*Spr.*) den Teufel mit Beelzebub austreiben; свет не ~ом сошёлся Platz für alle hat die Erde; es gibt stets einen Ausweg.

кли́ни|ка *f* [5] Klinik; **~ци́ст** *m* [1] Kliniker.

клино|ви́дный, ~во́й [14] keilförmig, Keil...

клино́к *m* [1; -нка́] (Messer-) Klinge *f*.

клино|обра́зный [14] *s.* ~ви́дный.

кли́нопись *f* [8] Keilschrift.

кли́пер ⚓ *m* [1] Klipper.

кли́ринг ☤ *m* [1] Clearing *n*, Ab-, Ver-rechnung *f*.
кли́тор *m* [1] (*Anat.*) Klitoris *f*, Kitzler.
клич *m* [1] Geschrei *n*; (öffentliche) Ausrufung *f*; ⚔ Losung *f*; **'~ка** *f* [5; *g/pl.*: -чек] Ruf-, Spitz-name *m* (*für Tiere u. Menschen*).
клише́ ⊕ *n* [*unv.*] (*Typ.*) Klischee.
клобу́к *m* [1*e.*] Mönchskappe *f*.
клок *m* [1; *sg. e.*; *pl.*: кло́чья, -ьев *u.* клоки́, -ко́в] Büschel *n*; Fetzen.
кло́кот *m* [1] Brodeln *n*, Aufwallen *n*; **~а́ть** [3; *nur 3. Pers.*] brodeln, aufwallen; (hervor)sprudeln.
клони́ть [13; -оню́, -о́нишь] (nieder)beugen, neigen; lenken (к Д auf *ac.*); меня́ ко сну кло́нит mich schläfert, der Schlaf überfällt mich; **-ся** sich beugen; sich neigen; (к Д) abzielen (auf *ac.*), bezwecken.
клоп *m* [1*e.*] Wanze *f*; **~о́вник** *m* [1] Wanzennest *n*; **~о́вый** [14] Wanzen...
клох|та́ть [3] gackern; glucksen; **~ту́нья** *f* [6; *g/pl.*: -ний] Gluckhenne.
клочо́к *m* [1; -чка́] Büschelchen *n*; Fetzchen *n*.
клуб *m* **1.** [1; *pl. e.*] Ball; Knäuel *m od. n*; ~ ды́ма Rauchwolke *f*; **2.** [1] Klub; **'~ень** *m* [4; -бня] Wurzelknolle(n *pl.*) *f*; **~и́ть** [14; *nur 3. Pers.*: -и́т] (auf)wirbeln; **-ся** sich zs.-ballen.
клубнепло́д ⚘ *m* [1] Knollengewächs *n*.
клубни́|ка *f* [5] (*koll.*) (Garten-) Erdbeere(n); **~чка** *f* [5; *g/pl.*: -чек] kleine Erdbeere.
клуб|о́к *m* [1; -бка́] Knäuel *m od. n*; **~о́чек** *m* [1; -чка] Knäulchen *n*.
клу́мба *f* [5] Blumenbeet *n*.
клу́ша *f* [5] Glucke, Bruthenne.
клык *m* [1*e.*] Hauer, Hau-, Stoß-zahn.
клюв *m* [1] Schnabel.
клю́ка *f* [5] Krückstock *m*.
клю́к|ва *f* [5] (*koll.*) Moosbeere(n); **~венный** [14] Moosbeer(en)...
клю́кнуть F [20] einen heben.
клю́нуть *s.* клева́ть.
ключ *m* [1*e.*; *g/pl.*: -е́й] Schlüssel; ♪ (Noten-)Schlüssel; Quelle *f*; за́пертый на́ ~ zu-, ab-geschlossen; бить ~о́м (hervor)sprudeln, pulsieren; **~ево́й** [14] Quell...; ⚔ Schlüssel...; **'~ик** *m* [1] Schlüsselchen *n*; **~и́ца** *f* [5] (*Anat.*) Schlüsselbein *n*; **'~ница** *f* [5] Haushälterin.
клю́шка *f* [5; *g/pl.*: -шек] (*Sport*) Hockeyschläger *m*.
кля́кс|а *f* [5] Tintenklecks *m*; посади́ть ~у e-n Klecks machen.
кля́нчить P [16] beharrlich bitten (В *od.* о П um).
кляп *m* [1] Knebel.
клясть [кляну́, -нёшь; клял, -а́, -о; кля́тый] ver-fluchen, -wünschen; **-ся**, <покля́сться> schwören (Т bei); кляну́сь че́стью! auf Ehre!
кля́т|ва *f* [5] Eid *m*, Schwur *m*; **~венный** [14] eidlich.
клятвопреступ|ле́ние *n* [12] Meineid *m*, Eidbruch *m*; **~ник** (-'stup-) *m* [1] Meineidige(r), Eidbrüchige(r); **~ный** (-'stup-) [14] meineidig, eidbrüchig.
кля́уз|а *f* [5] F Quengelei; Schikane; Denunziation; Ränke *pl.*; **~ник** *m* [1] Quengler; **~ничать** [1] quengeln.
кля́ч(о́нк)а *f* [5; (*g/pl.*: -о́нок)] Schindmähre, Kracke.
кни́га *f* [5] Buch *n*; прихо́до-расхо́дная ~ Ausgabe- u. Einnahmebuch *n*; вам и кни́ги в ру́ки (*Spr.*) Sie sind Autorität, Ihr Urteil ist ausschlaggebend.
книго|но́ша *m* [5] Büchertrödler, Kolporteur; **~печа́тание** *n* [12] Buchdruckerkunst *f*, Buchdruck *m*; **~печа́тня** *f* [6; *g/pl.*: -тен] *s.* типогра́фия; **~прода́вец** *m* [1; -вца] Buchhändler; **~торго́вля** *f* [7] Buchhandel *m*; **~храни́лище** *n* [11] Büchermagazin.
кни́ж|(еч)ка *f* [5; *g/pl.*: -жек (-чек)] Büchlein *n*; кни́жка Blättermagen *m* (*der Wiederkäuer*); карма́нная (*od.* записна́я) ~(еч)ка Notizbüchlein *n*; сберега́тельная ~ка Sparkassenbuch *n*; трудова́я ~ка Arbeits-buch *n*, -paß *m*; положи́ть де́ньги на ~ку Geld auf die Kasse tragen; **~ник** *m* [1] (Schrift-) Gelehrte(r); **~ный** [14] Buch..., Bücher...; lebensfremd; ~ный челове́к *m* belesener Mensch; Stubengelehrte(r); **~о́нка** *f* [5; *g/pl.*: -нок] wertloses Buch *n*; ста́рая ~о́нка (alter) Schmöker *m*.
кни́зу nach unten (zu *od.* hin).
кно́пка *f* [5; *g/pl.*: -пок] Knopf *m* (*an Klingeln usw.*); Druckknopf *m*; Zwecke, Reißnagel *m*.

кнут *m* [1*e.*] Knute *f*, Peitsche *f*; **~ови́ще** *n* [11] Peitschenstiel *m*.
кня|зёк *m* [1; -зька́] (*Zool.*) Blaumeise *f*; **~зь** *m* [4; *pl.*: -зья́, -зе́й] Fürst; вели́кий ~зь Großfürst.
коалицио́нный [14] Koalitions...
кобе|лёк *m* [1; -лька́] (kleiner) junger Hund; **~ль** (-ˈbʲelʲ) *m* [4*e.*] (*männlicher*) Hund, Rüde.
кобе́ниться P [13] Grimassen schneiden; hartnäckig sein, sich sträuben.
ко́бза́ ♪ *f* [5] Kobsa (*Art achtsaitige Gitarre*).
кобура́ *f* [5] Revolvertasche; ⚔ Satteltasche.
ко́бчик *m* [1] (*Zool.*) Rotfußfalke.
кобы́|ла *f* [5] Stute; (*Sport*) Schwingpferd *n*; † Prügelbank; **~лий** [18] Stuten...; **~ли́ца** *f* [5] *s.* ~ла; **~лка** *f* [5; *g/pl.*: -лок] junge Stute, Stutenfohlen *n*; ♪ Steg *m* (*an Saiteninstrumenten*); (*Zool.*) Heuschreckengrille.
кова́ло *n* [9] Schmiedehammer *m*.
кова́ль *m* [4*e.*] Schmied; **~ня** *f* [6; *g/pl.*: -лен] Schmiede(werkstatt).
кова́рный [14; -рен, -рна] hinterlistig.
кова́ть [7; кую́, куёшь] **1.** ‹вы́-› schmieden; ко́ваное желе́зо *n* Schmiedeeisen; **2.** ‹под-› (*Pferd*) beschlagen.
ковбо́й *m* [3] Cowboy; **~ка** *f* [5; *g/pl.*: -бо́ек] breitkrempiger Cowboyhut *m*; buntkariertes (Cowboy-) Hemd *n*.
ковёр *m* [1; -вра́] Teppich; ~ для ног Fußteppich.
кове́ркать [1], ‹ис-› ver-zerren, -drehen; ~ *impf.* (*Sprache*) radebrechen.
ко́в|ка *f* [5] Schmieden *n*; Schmiedearbeit; Beschlagen *n* (*der Pferde*); **~кий** [16; -вок, -вка́, -o] schmiedbar; Schmiede...
коври́|га *f* [5] rundes Brot *n*; **~жка** *f* [5; *g/pl.*: -жек] rundes Brötchen *n*; Pfefferkuchen *m*; ни за каки́е ~жки F um nichts in der Welt.
ко́вр|ик *m* [1] kleiner Teppich; (*Bett-*)Vorleger; Fußteppich; **~о́вый** [14] Teppich...; ~о́вый плато́к *m* Umschlag(e)tuch *n*.
ковче́г *m* [1] Kasten; Heiligenschrank; (Но́ев ~) Arche *f* (*Noahs*).
ковш *m* [1*e.*; *g/pl.*: -е́й] Schöpfkelle *f*; Trinknapf; (*Bagger-*)Eimer; **ˈ~и(че)к** *m* [1; -и(ч)ка] kleine Schöpfkelle *f*.
ковы́ль ⚘ *m* [4*e.*] Pfriemen-, Reiher-gras *n*.
ковыля́ть F [28] hinken.
ковыр|я́ть F [28], *einm.* ‹~ну́ть› [20] ausklauben, ausstochern.
когда́ wann; (*cj.*) als, wenn; ~ бы то ни́ было wann es auch sei (*od.* wäre); **~-либо, ~-нибудь** irgendwann, einmal; je(mals); **~-то** einst (-mals); es fragt sich, wann...
КОˈГИЗ *m* [1] (Коммунисти́ческое госуда́рственное изда́тельство) Kommunistischer Staatsverlag.
ко́готь *m* [4; -гтя (ˈkɔxtʲə); *ab g/pl. e.*: -гте́й] Klaue *f*, Kralle *f*.
код *m* [1] Code, Schlüssel.
ко́е-где́ irgendwo, hie(r) und da.
ко́е|-ка́к irgendwie, zur Not, mit Mühe und Not; einigermaßen, halbwegs; **~-кто́** [23] irgendwer, mancher; **~-куда́** irgendwohin.
ко́ечный ⚕ [14] stationär, klinisch.
ко́е-что́ [23] irgend(et)was, einiges, dies und jenes.
ко́жа *f* [5] Haut; Fell *n*; Leder *n*; Schale; из ко́жи вон лезть sein möglichstes tun, sich die allergrößte Mühe geben; у него́ одна́ ~ да ко́сти F er ist nur Haut u. Knochen.
ко́жанка F *f* [5; *g/pl.*: -нок] Lederjacke.
ко́жаный [14] ledern; Leder...; ~ переплёт *m* Franzband.
коже́в|енный [14] Gerber...; **~ник** *m* [1] Gerber; Lederhändler; **~ня** *f* [6; *g/pl.*: -вен] Gerberei.
кожими́т *m* [1] Lederimitation *f*.
ко́жица *f* [5] Häutchen *n*; (*Apfel-*) Schale.
ко́жник F *m* [1] Hautarzt.
кожура́ *f* [5] dicke Schale, Hülse.
кожу́х *m* [1*e.*] Ledermantel; ⊕ Mantel.
коза́ *f* [5; *pl. st.*: ко́зы] Ziege; ди́кая ~ Reh *n*; лупи́ть как си́дорову ко́зу F windelweich prügeln.
козёл *m* [1; -зла́] (Ziegen-)Bock; Bockleder *n*; ~ отпуще́ния Sündenbock; пусти́ть козла́ в огоро́д (*Spr.*) den Bock zum Gärtner machen.
козеро́г *m* [1] Steinbock.
козе́тка *f* [5; *g/pl.*: -ток] kleines Sofa *n*.
ко́зий [18] Ziegen...; ко́зья но́жка *f* ⚕ Geißfuß *m*; (*in Form e-s*

gewickelten Trichters) selbstgedrehte Machorkazigarette.
козлёнок *m* [2] junge Ziege *f*, Zicklein *n*.
ко́злик *m* [1] (*männliches*) Zicklein *n*.
козло́вый [14] bockledern; Bockleder...
ко́злы *f/pl.* [5; *gen.*: -зел] Bock *m* (*zu Gerüsten usw.*); ⚔ (Gewehr-)Pyramide *f*; (Kutsch-)Bock *m*.
козля́тина *f* [5] Ziegenfleisch *n*.
ко́зни *f/pl.* [8] Ränke *m/pl*.
козодо́й *m* [3] (*Zool.*) Ziegenmelker.
ко́зочка *f* [5; *g/pl.*: -чек] (*weibliches*) Zicklein *n*.
козу́ля *f* [6] Reh *n*.
козыр|ёк *m* [1; -рька́] Trümpfchen *n*; Schirm (*an Mützen*); брать под ~ёк ⚔ militärisch grüßen; **~но́й, ~ный** (-'zɨr-) [14] Trumpf...; **~ь** ('kɔ-) *m* [4; *ab g/pl. e.*: -ре́й] Trumpf; ходи́ть ~ем einherstolzieren; **~я́ть** [28], <~ну́ть> [20] (auf)trumpfen; ⚔ grüßen, die Ehrenbezeigung erweisen (*Hand an die Kopfbedeckung*).
козя́вка P *f* [5; *g/pl.*: -вок] Käfer *m*.
кой *m*: ~, ка́я *f*, ко́е *n*, ко́и *pl.* [24] († *außer in einigen Redensarten*) welche(r, welches); F на кой чёрт? wozu denn in aller Welt?; *s. a.* век; (*in Zssgn*) *s.* кое...
ко́йка *f* [5; *g/pl.*: ко́ек] Hängematte; Schlaf-koje, -bank.
кой-како́й irgendeiner, jeder beliebige; *s. a.* небольшо́й.
ко́к|ать P [1], <~нуть> [20] zerschlagen; **-ся** sich stoßen; (*mit Eiern*) anschlagen; (*schweizerisch*) tüpfen (*Spiel*).
коке́т|ка *f* [5; *g/pl.*: -ток] Kokette; **~ливый** [14*K*.] kokett, gefallsüchtig; **~ничать** [1] kokettieren; **~ство** *n* [9] Koketterie *f*, Gefallsucht *f*.
коклю́ш *m* [1] Keuch-, Stick-husten.
коклю́шка *f* [5; *g/pl.*: -шек] (Spitzen-)Klöppel *m*.
ко́кнуть *s.* ко́кать.
ко́кон *m* [1] Kokon, Puppe *f* (*der Seidenraupe*).
коко́с *m* [1] Kokospalme *f*; Kokosnuß *f*; **~овый** [14] Kokos...
коко́тка *f* [5; *g/pl.*: -ток] Buhlerin, Kokotte.
коко́ш|ить P [16] (tot)prügeln; **~ник** *m* [1] (*russischer*) Frauenkopfputz.
кол *m* **1.** [1*e.*; *pl.*: ко́лья, -ьев] Pfahl; **2.** F [*pl.*: -ы́] schlechteste Schulzensur *f* (*russisch* = 1; *deutsch* = 6); у него́ ни ~а́ ни двора́ F er hat weder Haus noch Hof.
ко́лба *f* [5] (Destillier-)Kolben *m*.
колбас|а́ *f* [5; *pl.*: -а́сы] Wurst; **~ник** (-'bas-) *m* [1] Wurstmacher; (*ver.*) Deutsche(r).
колдов|а́ть [7] zaubern, hexen; **~ство́** *n* [9] Zauberei *f*, Hexerei *f*.
колду́н *m* [1*e.*] Zauberer; ~ы́ *pl.* Pirogen (*mit Fleischfüllung*).
коле|ба́ние *n* [12] Schwanken, Schwankung *f*; Schwingung *f*; **~ба́тельный** [14] schwankend; schwingend; **~ба́ть** [2; -е́блю; -е́бли(те)!; -е́бля; -е́блемый; (по-)коле́бленный], <по->, *einm.* <~бну́ть> [20] erschüttern, bewegen; (*fig.*) schwankend machen; **-ся** sich bewegen; (sch)wanken; (hin u. her) schwingen; unentschlossen sein.
-коле́йный [14] g(e)leisig.
коленко́р *m* [1] Kaliko *n*; э́то друго́й ~ P das ist ganz was anderes.
коле́нный [14] Knie...
коле́н|о *n* **1.** [9; *pl.*: -е́ни, -е́ней] Knie; стать на ~и niederknien; по ~о knie-tief, -hoch; **2.** [*pl.*: -е́на, -е́н] Stamm *m*; Wendung *f* (*des Weges*); ♪ Satz *m*; **3.** [*pl.*: -е́нья, -е́ньев] (*Ketten-*)Glied; ⚘ Knoten *m*; трость *f* с ~ьями Knotenstock *m*; **~опреклоне́ние** *n* [12] Kniebeuge *f*.
коле́н|це *n* [11; *g/pl.*: -нец] Knie (-glied); ⚘ Knötchen; вы́кинуть ~це tolle Streiche begehen; **~чатый** [14] gegliedert; Knie...; ⚘ knotig; ~чатый вал *m* Kurbelwelle *f*.
Ко́ленька *m* [5] *s.* Ко́ля.
ко́лер *m* [1] Farbe(nabstufung) *f*.
колё|сико *n* [9; *pl.*: -ки] Rädchen; крова́ть *f* (стул *m*) на ~сиках Roll-bett *n* (-stuhl).
коле|си́ть [15; -ешу́, -еси́шь; **1.** *v/i.* einen Umweg machen, umherfahren; **2.** <ис-> [исколешённый] *v/t.* befahren, bereisen; **~сник** (-'ʝes-) *m* [1] Radmacher; **~сни́ца** *f* [5] (*Parade-*)Wagen *m*; **~сный** (-'ʝɔs- [14] Rad..., Räder...; ~сная мазь *f* Wagenschmiere; **~со́** *n* [9; *pl.*: -лёса] Rad; на ~сах per Achse; свобо́дное ~со́ Freilauf *m* (*am Fahrrad*); но́ги *pl.*

~со́м F krumme Beine; **~сова́ть** [7] (*im*)*pf. j-n* rädern.
колёсочный [14] Rad...; ~ конёк *m* Rollschuh.
коле́ть F [8], <о-> krepieren, verenden.
коле́чко *n* [9; *pl.* -ки; -чек] Ringlein.
коле|я́ *f* [6; *g/pl.*: -ле́й] Geleise *n*; Spur; войти́ в ~ю́ (*fig.*) ins Geleise kommen; вы́йти из ~и́ aus dem Geleise geraten.
ко́ли (*fast* †) wenn.
коли́бри *m/f* [*unv.*] (*Zool.*) Kolibri.
Колизе́й *m* [3] Kolosseum *n.*
ко́лики *f/pl.* [5] Kolik *f*, Leibschmerz *m.*
колирова́ть ⸙ [7] okulieren, pfropfen.
коли́т ⚕ *m* [1] Kolitis *f*, Dickdarmentzündung *f.*
коли́че|ственный [14] quantitativ, der Menge nach; (*Gram.*) числи́тельное ~ственное *n* Grundzahl (-wort *n*) *f*; **~ство** *n* [9] Quantität *f*, Menge *f*; по ~ству der Menge nach, quantitativ.
ко́лкий [16; ко́лок, колка́, -о] spaltbar; anzüglich; giftig, beißend.
колле́га *m/f* [5] Kollege *m*, Kollegin *f.*
коллек|ти́в *m* [1] Kollektiv(um) *n*; **~тивиза́ция** *f* [7] Kollektivierung; сплошна́я ~тивиза́ция totale Kollektivierung; **~тор** (-ˈlɛk-) *m* [1] ⚡ Stromsammler; Sammelrohr *n* (*der Kanalisation*); **~ция** (-ˈlɛk-) *f* [7] (*Bücher- usw.*) Sammlung, Kollektion.
колло́дий *m* [3; *prpos/sg.*: -ии] Kollodium *n.*
колобо́к *m* [1; -бка́] kleiner Brotlaib.
колобро́дить [15] (umher)bummeln; lärmen.
коловоро́т *m* [1] Strudel; ⊕ Winden-, Drill-bohrer.
коловра́|тный [14; -тен, -тна] kreisend; Dreh...; unbeständig; **~ще́ние** *n* [12] Rotation *f*, kreisförmige Bewegung *f*, Kreislauf *m.*
коло́да *f* [5] (*Holz-*)Block *m*; Klotz *m* (*der Fleischer*); Futtertrog *m*; ~ (карт) Spiel *n* Karten.
коло́де|зный [14] Brunnen...; **~зь** *m* [4], **~ц** *m* [1; -дца], Brunnen, Schacht; поглоща́ющий ~ц Sickerschacht.
коло́д|ка *f* [5; *g/pl.*: -док] ⊕ Leisten *m*; (*Holz-*)Block *m*; ⊕ Bremsklotz *m*; **~ки** *f/pl.* [5] (*hist.*) (Fuß-) Block *m* (*für Verbrecher*); **~ник** *m* [1] Sträfling im Block.
ко́локол *m* [1; *pl.* -ла́] Glocke *f.*
колоко́ль|ня *f* [6; *g/pl.*: -лен] Glockenturm *m*; смотре́ть со свое́й ~ни F (на В *et.*) aus der Froschperspektive sehen; **~чик** *m* [1] Schelle *f*, Glöcklein *n*, Klingel *f*; ⚘ Glockenblume *f*; звони́ть в ~чик klingeln; **~щик** *m* [1] Glockengießer.
ко́ломазь *f* [8] Wagenschmiere.
коло́мен|ский [16] aus (*od.* von) Kolomna; (*fig.*) ~ская верста́ *f* Hopfenstange.
колони|а́льный [14] Kolonial...; **~за́ция** *f* [7] Kolonisation, Besied(e)lung; **~зи́ровать, ~зова́ть** [7] kolonisieren, besiedeln; **~я** (-ˈlɔ-) *f* [7] Kolonie, Sied(e)lung.
коло́нка *f* [5; *g/pl.*: -нок] Spalte (*Zeitung*); Hydrant *m*; Badeofen *m.*
коло́нна *f* [5] Säule; ⚔ Kolonne.
ко́лос ⚘ *m* [1; *pl.*: -ло́сья, -ьев] Ähre *f*; **~и́стый** [14*K.*] ährenreich; **~и́ться** [15; *nur 3. Pers.*: -и́тся], <вы́-> in Ähren schießen.
колосни́к *m* [1*e.*] (*mst. pl.*) ⊕ Rost (-stäbe *pl.*); (*Thea.*) Dekorationsgerüst *n.*
коло|ти́ть [15], <по-> schlagen, klopfen; (durch-, ver)prügeln; **~ту́шка** *f* [5; *g/pl.*: -шек] Schlegel *m*; (*hölzerner*) Hammer *m*; Handramme; F Keile, Schläge.
коло́ть [17] **1.** <рас-> (zer)spalten; (*Holz usw.*) hacken; ко́лотый са́хар *m* Stückenzucker; **2.** <кольну́ть> [20] stechen; (*a.* за~, пере~) erstechen; aufsticheln; ко́лотая ра́на *f* Stichwunde; ~ кому́ (*od.* кого́ в) глаза́ (Т) j-m *et.* vorwerfen *od.* unter die Nase reiben; э́то ему́ глаза́ ко́лет das ist ihm ein Dorn im Auge; пра́вда глаза́ ко́лет (*Spr.*) Wahrheit schmeckt bitter; у меня́ ко́лет в боку́ ich habe Seitenstechen; и хо́чется, и ко́лется F er will u. will nicht.
коло́тье *n* [10] Spalten; Hacken; Stechen.
колпа́к *m* [1*e.*] Schlafmütze *f* (*a. fig.*); (стекля́нный ~) Glasglocke *f*; (Schüssel-)Deckel, Kappe *f.*
колту́н ⚕ *m* [1*e.*] Weichselzopf.
колуп|а́ть [1], <вы́->, *einm.* <~ну́ть> [20] ausklauben.

колхо́з *m* [1] Kollektivwirtschaft *f*; **~-миллионе́р** *m* [1] Kolchose *f* mit jährlichem Millionenertrag; **~ник** *m* [1] Kollektivbauer; **~ный** [14]: ~ный ры́нок *m* Markt, auf dem die Kollektivbauern ihre Überschüsse verkaufen.

колча́н *m* [1] Köcher.

колчеда́н *m* [1] Kies; **~истый** [14 *K.*] kiesig, kiesreich.

колчено́гий P [16] hinkend, lahm.

колыбе́ль *f* [8] Wiege; **~ка** *f* [5; *g/pl.*: -лек] kleine Wiege, Wieglein *n*.

колых|а́ть [3; -ы́шу], *einm.* <~ну́ть> [20] bewegen, schaukeln; **-ся** schwanken, sich bewegen.

ко́лышек *m* [1; -шка] Pflock.

коль † wenn; ~ ско́ро sobald (als).

Ко́лька *m* [5] *s.* Ко́ля.

кольну́ть *s.* коло́ть.

кольра́би *f* [*unv.*] Kohlrabi *m*.

коль|цево́й [14] Ring...; **~цо́** *n* [9; *pl. st.*: ко́льца, коле́ц, ко́льцам] Ring *m*; **'~чатый** [14] geringelt; **~чу́га** *f* [5] Ring-, Ketten-panzer *m*.

колю́|чий [17 *K.*] stach(e)lig; (*fig.*) giftig, spitz; ~чее замеча́ние *n* bissige Bemerkung; ~чая про́волока *f* Stacheldraht *m*; **~чка** *f* [5; *g/pl.*: -чек] Stachel *m*, Zinke; **~шка** ('kɔ-) *f* [5; *g/pl.*: -шек] Stichling *m* (*Fisch*).

Ко́ля *m* [6] (*dim. v.* Никола́й) Kla(u)s, Nickel.

коля́ска *f* [5; *g/pl.*: -сок] Kalesche; де́тская ~ Kinderwagen *m*; бокова́я ~ Bei-, Seiten-wagen *m*.

ком *m* [1; *pl.*: ко́мья, -ьев] Klumpen; сне́жный ~ Schneeball.

кома́нд|а *f* [5] Kommando *n*, Befehl *m*; Mannschaft, Team; по ~е auf Kommando; пожа́рная ~а Feuerwehr.

команда́рм ⚔ *m* [1] Armeeführer.

команди́р *m* [1] Befehlshaber; **~ова́ть** [7], <от-> abkommandieren; **~о́вка** *f* [5; *g/pl.*: -вок] Abkommandierung, Dienstreise; **~о́вочные** *m/pl.* Tagegelder *n/pl.*

кома́н|дный [14] Kommando...; **~дование** *n* [12] Kommandieren, Kommando, Führung *f* (T über *ac.*); **~довать** [7] **1.** (T) das Kommando führen (über *ac.*), (*eine Truppe*) kommandieren, führen, befehligen; **2.** <с-> (Д) e-n Befehl (*od.* ein Kommando) geben *od.* erteilen, kommandieren.

кома́р *m* [1*e.*] Mücke *f*; ⊕ Lochmaschine *f*; **~и́ный** [14] Mücken...

комба́йн 🌾 *m* [1] Mähdrescher; ⊕ Combiner.

комба́т ⚔ *m* [1] Bataillonskommandeur.

комбина́т *m* [1] Vereinigung *f* sich ergänzender Großbetriebe.

комбинезо́н *m* [1] Kombination *f*, Arbeitsanzug, Trainingsanzug.

комву́з *m* [1] (коммунисти́ческое вы́сшее уче́бное заведе́ние) kommunistische Hochschule *f*.

комди́в *m* [1] (команди́р диви́зии) Divisionskommandeur.

коме́дия *f* [7] Komödie, Lustspiel *n*; ~-шутка *f* dramatischer Scherz *m*, Schwank *m*.

коменда́нт *m* [1] Kommandant.

комендату́ра *f* [5] Kommandantur.

коме́та *f* [5] Komet *m*.

ко́ми *m/f* [*unv.*] Komi (*Volk am Nordural*).

коми́|зм *m* [1] Komik *f*; **~к** ('kɔ-) *m* [1] Lustspieldichter; Komiker.

Коминте́рн *m* [1] (Коммунисти́ческий Интернациона́л) Kommunistische Internationale *f*.

комисса́р *m* [1] Kommissar, Bevollmächtigte(r).

комисси|о́нный [14] Kommissions...; ~о́нные (де́ньги) *f/pl.* Provision *f*; ~о́нная конто́ра *f* Vermittlungsbüro *n*; **~я** (-'mįş-) *f* [7] Kommission; Auftrag *m*; Ausschuß *m*.

комите́т *m* [1] Komitee *n*, Ausschuß.

коми́ческий [16] komisch.

ко́мкать [1], <ис-, с-> (zer)knüllen, (zer)knittern.

коммен|та́рий *m* [3; *prpos/sg.*: -ии] Kommentar, Erklärung *f*, Auslegung *f*; **~ти́ровать** [7] (*im*)*pf.* kommentieren, auslegen.

коммер|са́нт *m* [1] (Groß-)Kaufmann (*außerhalb der Sowjetunion*); **~ция** (-'mɛr-) *f* [7] Handel *m*; **~ческий** (-'mɛr-) kommerziell; geschäftlich; Handels..., Kommerz...

комму́|на *f* [5] Kommune, Gemeinde; **~ни́зм** *m* [1] Kommunismus; **~ни́ст** *m* [1] Kommunist; **~нисти́ческий** [14] kommunistisch; Kommunisten...; **~ни́стка** *f* [5; *g/pl.*: -ток] Kommunistin.

коммута́тор ⚡ *m* [1] Kommutator, Stromwender; Vermittlung(sstelle) *f*.

ко́мната *f* [5] Zimmer *n*, Stube.
комо́д *m* [1] Kommode *f*.
комо́|к *m* [1; -мка́], **~чек** *m* [1; -чка] Klümpchen *n*.
компа́ктный [14; -тен, -тна] kompakt, fest, gedrängt.
компан|е́йский ✝ [16] Kompanie-...; F gesellig, gesellschaftlich; **~ия** (-'pa-) *f* [7] Kompanie, Gesellschaft; войти́ в ~ию sich assoziieren (с T mit).
компа́унд ⊕ *m* [1] Verbundmaschine *f*.
компенси́ровать [7] *(im)pf.* kompensieren, ausgleichen.
компете́нтный [14; -тен, -тна] kompetent; zuständig, befugt.
компили́ровать [7], <с-> kompilieren, zs.-tragen, zs.-schreiben.
ко́мплек|с *m* [1] Komplex, Inbegriff, Umfang; **~т** (-'plɛkt) *m* [1] Sammlung *f*, Ganze(s) *n*, Gruppe *f*, Satz; **~тный** (-'plɛkt-) [14; -тен, -тна] komplett, vollständig; **~това́ть** [7], <с-, у-> komplettieren, vervollständigen; **~ция** (-'plɛk-) *f* [7] Leibesbeschaffenheit; Korpulenz.
композі́тор ♪ *m* [1] Komponist, Tondichter.
комполка́ *m* [*unv.*] (команди́р полка́) Regimentskommandeur.
компони́ровать ♪ [7], <с-> komponieren.
компо́ст|ер 🚂 *m* [1] Loch-, Knipsapparat (*für Billette*); **~и́ровать** [7], <про-> lochen.
компо́тница *f* [5] Kompottschüssel.
компре́сс *m* [1] Kompresse *f*, Bausche *f* (*auf Wunden*).
компромети́ровать [7], <с-> kompromittieren, bloßstellen.
комсо́д *m* [1] (коми́ссия соде́йствия) Unterstützungskommission *f*.
комсомо́л *m* [1] (Коммунисти́ческий Сою́з Молодёжи) Komsomol, Kommunistischer Jugendverband; **~ец** *m* [1; -льца] Komsomolze, Jungkommunist.
комсо́рг *m* [1] (комсомо́льский организа́тор) Jugendorganisator.
комсоста́в *m* [1] (кома́ндный соста́в) ⚔ Kommandobestand, Offizierkorps *n*.
комфорта́бельный [14; -лен, -льна] komfortabel, behaglich.
кона́рмия *f* [7] (ко́нная а́рмия) Reiterarmee.

кона́ть [1], *mst* <до-> bis aufs äußerste treiben; vernichten.
конве́йер ⊕ *m* [1] Fließband *n*.
конве́нция *f* [7] Konvention, Vertrag *m*, Abmachung.
конве́рсия *f* [7] Umrechnung.
конве́рт *m* [1] (Brief-)Umschlag, Kuvert *n*; Steckkissen *n* (*für Säuglinge*).
конвои́р *m* [1] ⚔ Begleitsoldat; ⚓ Geleitschiff *n*; **~овать** [7] eskortieren, (schützend) geleiten, begleiten.
конво́й ⚔ *m* [3] Eskorte *f*, Geleit *n*; Schutzwache *f*; P Begleit-mann, -soldat; **~ный** [14] Geleit...; Begleiter *m*.
конда|чо́к: с ~чка́ F leichtfertig, unüberlegt.
конденси́ровать [7] *(im)pf.* kondensieren, verdichten.
конди́терская [16] Konditorei *f*, Feinbäckerei *f*.
конди́ция *f* [7] Kondition, Bedingung; быть на ~х † in den Ferien als Hauslehrer tätig sein.
конду́ктор *m* [1] Kondukteur, Schaffner; ⚓ Maat; (*Phys.*) Leiter.
конево́д *m* [1] Pferdezüchter.
конёк *m* [1; -нька́] Pferdchen *n*; Schlittschuh; (*fig.*) Steckenpferd *n* First (*Dach*); (*Zool.*) (морско́й) ~ Seepferdchen *n*; *s. a.* ката́ться.
коне́ц *m* [1; -нца́] Ende *n*, Schluß (P *od.* Д von *od. gen.*); Strecke *f*; в конце́ концо́в schließlich, letzten Endes; в о́ба конца́ hin und zurück; тре́тий с конца́ drittletzter; свести́ концы́ с конца́ми (mit seinem Geld) auskommen; и де́ло с концо́м! F basta!, und damit Punktum!; на тот ~, что ... P für den Fall, daß ...; на худо́й ~ F schlimmstenfalls; под ~ zuallerletzt; оди́н ~ F es ist alles wurst, was auch geschehen möge; конца́ кра́ю нет F unabsehbar; нача́ть не с того́ конца́ et. am verkehrten Ende beginnen; концы́ в во́ду (*Spr.*) alle Spuren sind verwischt; концы́ в во́ду хорони́ть F alle Spuren verwischen; ~ де́лу вене́ц (*Spr.*) Ende gut, alles gut.
коне́ч|но (-ʃn-) freilich, allerdings, gewiß, selbstverständlich; **~ность** (-tʃ-) *f* [8] äußerstes Ende *n*; ~ности *pl.* Extremitäten; **~ный** (-tʃ-)

[14; -чен, -чна] endlich, vergänglich; End...; (*Gram.*) ~ный звук *m* Auslaut; в конéчном итóге letzten Endes.
конúна *f* [5] Pferdefleisch *n*.
конкрéтный [14; -тен, -тна] konkret, körperlich.
конку|рéнция *f* [7] Konkurrenz, Mitbewerb *m*; **~рúровать** [7] konkurrieren, wetteifern (c T mit).
кóнкурс ☨ *m* [1] Konkurs, Zahlungseinstellung *f*.
кóнник *m* [1] Kavallerist.
кóнница ⚔ *f* [5] Reiterei, Kavallerie.
конно|гвардéец ⚔ *m* [1; -дéйца] Gardekavallerist; **~желéзный** [14]: ~желéзная дорóга *f* Pferdebahn; **~завóдство** *n* [9] Pferdezucht *f*; Gestüt(verwaltung *f*).
кóнный [14] Pferde...; beritten; Reiter...; ~ завóд *m* Gestüt *n*, Stuterei *f*; ~ привóд ⊕ *m* Göpel.
коновáл *m* [1] (*nichtstudierter*) Roßarzt; (*ver.*) Kurpfuscher.
коновóд *m* [1] Pferdepfleger; ⚔ Pferde-halter, -wächter; P Rädelsführer.
конокрáд *m* [1] Pferdedieb.
конопáт|ить ⚓ [15], <за-> kalfatern; **~ка** *f* [5; *g/pl.*: -ток] Kalfaterung.
конопля́ *f* [6] Hanf *m*; **~нка** *f* [5; *g/pl.*: -нок] (*Zool.*) Hänfling *m*, Hanffink *m*; ⚘ Streichkraut *n*.
консер|ватúвный [14; -вен, -вна] konservativ; **~ватóрия** *f* [7] Konservatorium *n*; **~вúровать** [7] (*im*)*pf.*, <за-> konservieren; vorübergehend stillegen (*Fabrik usw.*), einfrieren lassen; **~вы** (-ˈʂɛr-) *m/pl.* [1] Konserven *f/pl.*; (*a.* очкú-консéрвы) Schutzbrille *f*.
кóнский [16] Pferde..., Roß...; ~ завóд *m* Gestüt *n*, Stuterei *f*.
консóль ⚠ *f* [8] Konsole; Tragstein *m*.
конспектúровать [7], <за-> ein Konzept abfassen, in Stichworten niederschreiben.
Константинóполь *m* [4] Konstantinopel *n*.
конститýция *f* [7] Konstitution, (*Staats*-)Verfassung.
контóр|а *f* [5] Kontor *n*, Büro *n*, Geschäftszimmer *n*; почтóвая ~а Post-amt *n*, -büro *n*; **~ка** *f* [5; *g/pl.*: -рок] (Schreib-)Pult *n*; **~щик** *m* [1], **~щица** *f* [5] Kontorist(in *f*), Büroangestellte(r).
контр... (*in Zssgn*) Konter..., Gegen...
контрабáн|да *f* [5] Konterbande, Schleichhandel *m*; Schmuggelware; **~дúст** *m* [1] Schleichhändler, Schmuggler.
контр-адмирáл ⚓ *m* [1] Konteradmiral.
контрамáрка *f* [5; *g/pl.*: -рок] Kontermarke.
контратáка ⚔ *f* [5] Gegenstoß *m*.
контрафáкция *f* [7] Nachahmung; (*Typ.*) Nachdruck *m*.
контргáйка ⊕ *f* [5; *g/pl.*: -гáек] Gegenmutter.
контрибýция *f* [7] Kontribution, Kriegssteuer.
контро|лúровать [7], <про-> kontrollieren, prüfen; **~ллер** ⚡ (-ˈtrɔɫ-) *m* [1] Stromregler, Schaltanlasser.
контрóль *m* [4] Kontrolle *f*, Aufsicht *f*.
контрреволю́ция *f* [7] Gegenrevolution.
контрфóрс ⚠ *m* [1] Strebe-mauer *f*, -pfeiler.
кóнтр|ы F *f/pl.* [5] Verfeindung *f*, Uneinigkeit *f*; быть в ~ах auf gespanntem Fuße sein (c T mit).
контý|зить [15] *pf.* (zer)quetschen; **~зия** *f* [7] Kontusion, Quetschung.
конурá *f* [5], **конýрка** *f* [5; *g/pl.*: -рок] Hunde-haus *n*, -hütte.
кóнус *m* [1] Kegel.
конферéнция *f* [7] Konferenz, Besprechung.
конфéт|(к)а *f* [5] *mst pl.* Konfekt *n*, Zuckerwerk *n*, Bonbon *m od. n*; **~тú** *n* [*unv.*] Konfetti; **~чик** *m* [1] Zuckerbäcker.
конфисковáть [7] (*im*)*pf.* konfiszieren, in Beschlag nehmen.
конфóрка *f* [5; *g/pl.*: -рок] Spirituslampe; Herdring *m*; oberer Aufsatz *m* des Samowars (*zum Aufstellen des Teekännchens*); плитá *f* на две конфóрки Zweiflammenherd *m*.
конфýз *m* [1] Konfusion *f*, Verwirrung *f*; **~ить** [15], <с-> ver-wirren, -blüffen, konfus machen, in Verlegenheit bringen; **-ся** verwirrt (*od.* konfus) werden; **~ливый** [14*K.*] schüchtern.
концевóй [14] End...; ⊕ Stirn...
концéссия *f* [7] Konzession, amtliche Genehmigung.

концла́герь *m* [4] (концентрацио́нный ла́герь) Konzentrations-, Zwangsarbeits-lager *n.*
концо́вка *f* [5; *g/pl.*: -вок] Schlußvignette.
конча́ть [1], ‹ко́нчить› [16] (be-) end(ig)en, schließen; (*Schule*) durchmachen; ко́нчено! abgemacht!, Schluß!; **-ся** end(ig)en, ein Ende nehmen, fertig werden.
ко́нчи|к *m* [1] Endchen *n*, Spitze *f*; верте́ться на **~**ке языка́ F auf der Zunge schweben; **~на** (-'tʃi-) *f* [5] Tod *m*; Ende *n.*
конь *m* [4; *sg. e.*; *pl.*: ко́ни, коне́й] Roß *n*, Pferd *n*; (*Schach*) Springer; **~**-кача́лка *f* Schaukelpferd *n*; дарёному коню́ в зу́бы не смо́трят (*Spr.*) e-m geschenkten Gaul schaut man nicht ins Maul.
конькобе́ж|ец *m* [1; -жца], **~ка** *f* [5; *g/pl.*: -жек] Schlittschuhläufer (-in *f*); **~ный** [14] Eislauf...; **~**ный спорт *m* Eissport.
конья́к *m* [1*e.*] Kognak; стака́н *m* **~**у́ Glas *n* Kognak.
ко́ню|х *m* [1] Stallknecht; **~шня** (-'ɲu-) *f* [6; *g/pl.*: -шен] (Pferde-) Stall *m.*
кооперати́в *m* [1] (*a.* потреби́тельский **~**) Konsum(verein, -genossenschaft *f*, -laden).
коопера́ция *f* [7] Kooperation, Mitwirkung.
коопремо́нт *m* [1] (кооперати́вный ремо́нт) staatliche Reparaturwerkstatt *f.*
координа́та ⅍ *f* [5] Koordinate.
копа́ть [1], ‹вы́-›, *einm.* ‹копну́ть› [20] graben; **~** лопа́той schaufeln; **-ся** wühlen, suchen; trödeln (с *od.* над T bei).
копе́еч|ка *f* [5; *g/pl.*: -чек] Kopeke; **~ник** *m* [1] Geizhals, Pfennigfuchser.
копе́йк|а *f* [5; *g/pl.*: -е́ек] Kopeke (*100 Kopeken = 1 Rubel*); **~**а в **~**у es stimmt auf Heller und Pfennig.
копёр *m* [1; -пра́] (Dampf-) Ramme *f.*
копи́лка *f* [5; *g/pl.*: -лок] Sparbüchse.
копи́рка F *f* [5; *g/pl.*: -рок] Kohlepapier *n.*
копиро|ва́льный [14] Kopier...; **~**ва́льная ле́нта *f* Farbband *n*; **~ва́ть** [7], ‹с-› kopieren, abschreiben; **~вщик** (-'rɔf-) *m* [1] Kopist, Abschreiber.
копи́ть [14], ‹на-› (an)sammeln; sparen.
ко́пия *f* [7] Kopie, Abschrift; Durchschlag *m.*
копле́ние *n* [12] Sammeln; Sparen.
копна́ *f* [5; *pl.*: ко́пны, копён, копна́м] Heu-, Getreide-)Haufen *m*, Schober *m*; F **~** воло́с Haarwald *m.*
копни́ть ⤢ [13], ‹с-› (*Heu usw.*) in Schober setzen.
копну́ть *s.* копа́ть.
копот|ли́вый F [14 *K.*] saumselig, zögernd, **~у́н** *m* [1*e.*] Trödler, Saumselige(r).
ко́поть *f* [8] Lampenruß *m*, Blak *m.*
копоши́ться [16; -шу́сь, -ши́шься] wühlen; wimmeln, kribbeln; trödeln.
копте́ть [8], ‹за-› (*vom Rauch*) schwarz werden; rußen; *fig. s.* корпе́ть.
копти́лка *f* [5; *g/pl.*: -лок] F (*primitive*) Petroleumfunzel (*ohne Zylinder*); (*a. etwa*) Hindenburglicht *n.*
копти́ль|ный [14] zum Räuchern (dienend); Räucher...; **~ня** *f* [6; *g/pl.*: -лен] Räucherkammer.
копти́ть [15; -пчу́, -пти́шь; -пчённый], ‹за-, на-› räuchern; (mit Rauch) schwarz machen, beblaken, schwärzen; **~** не́бо F seine Tage vergeuden, verbummeln
копу́ша *m/f* [5] Trödel-fritz *m*, -suse *f.*
копче́ние *n* [12] Räuchern.
копчёности *f/pl.* [8] Räucherwaren.
ко́пчик *m* [1] (*Anat.*) Steißbein *n.*
копы́то *n* [9] Huf *m.*
копь ⚒ *f* [8] (*mst. pl.*) Grube, Bergwerk *n*, Zeche.
копьё *n* [10; *pl.*: ко́пья, -пий] Lanze *f*, Speer *m.*
копьено́сец *m* [1; -сца] Lanzenträger.
кора́ *f* [5] Rinde; Kruste.
корабе́ль|ный [14] Schiff(s)...; **~щик** *m* [1] Schiffer; Schiffseigner.
корабле|вожде́ние *n* [12] Navigationslehre *f*; **~круше́ние** *n* [12] Schiffbruch *m*; **~строе́ние** *n* [12] Schiffbau *m*; **~строи́тель** *m* [4] Schiffbauer.
кора́блик *m* [1] (*Zool.*) Nautilus.
кора́бль *m* [4*e.*] Schiff *n.*

кора́лл *m* [1] Koralle *f*.
корга́ *f* [5] Krähe; F altes Weib *n*; Knieholz *n*; (*im Fluß versunkener*) Baumstamm *m*.
ко́рда *f* [5] Leitseil *n*, Longe (*für Pferde*).
кордега́рдия ⚔ *f* [7] Wachtstube.
коре́ец *m* [1; -е́йца] Koreaner.
корёжить P [16], <ис-, по-, с-> (*mst unpers.*) biegen, krümmen; меня́ корёжит от бо́ли ich krümme mich vor Schmerzen; **-ся** P sich krümmen, sich verziehen (*Holz, Bucheinband usw.*).
корен|а́стый [14*K.*] starkwurz(e)lig; stämmig; **~и́ться** [13; *nur 3. Pers.*] (*fig.*) wurzeln (в П in *dat.*); **~ни́к** *m* [1*e.*] Deichsel-, Mittelpferd *n* (*der Troika*); **~но́й** [14] Wurzel...; Stamm...; Grund...; ursprünglich, Ur...; echt; ~но́й зуб *m* Backenzahn; ~на́я (ло́шадь) *f s.* ~ни́к; **~ь** ('kɔ-) *m* **1.** [4; -рня; *pl.*: -рни, -рне́й] Wurzel *f*; на корню́ auf dem Halm (*Getreide*); в ко́рне von Grund auf; пусти́ть ко́рни Wurzel fassen (*a. fig.*); смотре́ть в ~ь (*e-r Sache*) auf den Grund gehen; **2.** [*pl.*: -ре́нья, -ьев] *nur pl.* Wurzel-gemüse, -werk *n*; (*mst* пря́ные коре́нья) Spezerei(en *pl.*) *f*.
корешо́к *m* [1; -шка́] Würzelchen *n*; Rücken (*e-s Buches*).
корзи́н|а *f* [5] Korb *m*; **~ка** *f* [5; *g/pl.*: -нок] Körbchen *n*; **~щик** *m* [1] Korbmacher.
кори́нка *f* [5; *g/pl.*: -нок] Korinthe (*Frucht*).
Кори́нф *m* [1] Korinth *n*.
кори́ть F [13] (В/в П *od.* за В *j-m et.*) vorwerfen; tadeln.
корифе́й *m* [3] Koryphäe; Berühmtheit *f*; Prominente(r).
кори́|ца *f* [5] Zimt *m*; **~чневый** [14] braun, zimtfarben.
ко́рк|а *f* [5; *g/pl.*: -рок] (*Frucht-*) Schale; (*Brot-*)Rinde; от ~и до ~и (прочита́ть) von A bis Z (durchlesen); на все ~и брани́ть P mächtig schimpfen.
корм *m* [1; *pl. e.*: -ма́] Futter *n*, Nahrung *f*; не в коня́ ~ F (*fig.*) das kapiert (*od.* frißt) er nicht; **~а́** ⚓ *f* [5] Schiffshinterteil *n*, Heck *n*; **~ёжка** *f* [5; *g/pl.*: -жек] *s.* ~ле́ние; **~и́лец** *m* [1; -льца], **~и́лица** *f* [5] Ernährer(in *f*); Wohltäter(in *f*); Amme *f*; **~и́ло** ⚓ *n* [9] Steuer (-ruder), Ruder; Lenkstange *f*; **~и́ть** [14] **1.** <на-, по-> füttern, zu (fr)essen geben, ernähren; **2.** <про-> (*fig.*) unterhalten; соловья́ ба́снями не ~ят (*Spr.*) genug der Worte, laßt Taten sehen; **~ле́ние** *n* [12] Füttern, Fütterung *f*, Ernährung *f*; **~ово́й** [14] zum Füttern (dienend); Futter...; ⚓ zum Schiffshinterteil gehörig; Heck...; ~ова́я часть *f* Hinterdeck *n*; '**~чий** ⚓ [17] Steuermann *m*; **~я́га** *f* [5] Krippe.
корна́ть [1], <о-> [око́рнанный] knapp (ab)schneiden, (ab)stutzen.
корне|ви́ще ⚘ *n* [11] Wurzelstock *m*; **~во́й** [14] Wurzel...; (*Ling.*) Stamm...; ~вы́е языки́ *m/pl.* isolierende Sprachen *f/pl.*; **~но́жки** *f/pl.* [5; *gen.*: -жек] (*Zool.*) Wurzelfüßler *m/pl.*, Rhizopoden *m/pl.*; **~обра́зный** [14; -зен, -зна] wurzelförmig; **~сло́в** *m* [1] (*Gram.*) Wurzelwort *n*.
корнишо́н *m* [1] Pfeffergurke *f*.
ко́роб *m* [1; *pl.*: -ба́] Korb; навра́ть с три ~а (*Spr.*) die Hucke voll lügen; **~е́йник** *m* [1] Hausierer; **~ить** (-'rɔ-) [14; *unpers.*], <по-> (*Holz*) verziehen, werfen; (*fig.*) peinlich berühren; **~ка** (-'rɔp-) *f* [5; *g/pl.*: -бок] Schachtel; Kästchen *n*; (*Uhr- usw.*) Gehäuse *n*; (*Tür- usw.*) Einfassung, Rahmen *m*; **~о́к** *m* [1; -бка́] Körbchen *n*; **~очка** (-'rɔ-) *f* [5; *g/pl.*: -чек] Schächtelchen *n*.
коро́в|а *f* [5] Kuh; идёт, как ~е седло́ (*Spr.*) das paßt wie die Faust aufs Auge.
корова́й *m* [3] Laib (*Brot*); Topfkuchen, Stolle *f*.
коро́в|ий [18] Kuh...; **~ка** *f* [5; *g/pl.*: -вок] kleine Kuh; ⚘ Engelwurz(el); бо́жья ~ка Marienkäfer *m*; **~ник** *m* [1] Kuhstall; Kuhhirt; **~ница** *f* [5] Kuhmagd; **~ушка** *f* [5; *g/pl.*: -шек] liebe Kuh.
короє́д *m* [1] (*Zool.*) Borkenkäfer.
коро|ле́ва *f* [5] Königin; **~ле́вич** *m* [1; *g/pl.*: -чей] Königssohn; **~ле́вна** *f* [5; *g/pl.*: -вен] Königstochter; **~ле́вство** *n* [9] Königreich; **~лёк** *m* [1; -лька́] (*Zool.*) Zaunkönig; Blutapfelsine *f*; '**~ль** *m* [4*e.*] König.
коромы́сло *n* [9; *g/pl.*: -сел] Schulterjoch, Tracht *f*; Balken *m*, Brücke *f* (*e-r Waage*); (*Zool.*) Was-

serjungfer *f*, Libelle *f*; дым стойт ~м F es herrscht ein Höllenlärm.

коро́н|а *f* [5] Krone; **~а́ция** *f* [7] Krönung; **~ка** *f* [5; *g/pl.*: -нок] kleine Krone, Krönchen *n*; зубна́я ~ка Zahnkrone; **~ова́ние** *n* [12] Krönen, Krönung *f*; **~ова́ть** [7] (*im*)*pf*. krönen; **-ся** sich krönen lassen.

коро́ста *f* [5] Schorf *m*, Grind *m*.

коросте́ль *m* [4*e*.] (*Zool*.) Wachtelkönig.

коро|та́ть [1], <c-> [скоро́танный] (*die Zeit*) verkürzen; **'~тенький** [16; -те́нек, -те́нька] recht (*od*. hübsch) kurz; **~ти́ть** [15; -очу́, -оти́шь], <y-> (ver)kürzen; **~ткий** (-'rɔt-) [16; ко́ро́ток, -тка́, ко́ро́тко, ко́ро́тки́; *comp*. коро́че] kurz; Kurz...; vertraut (*Bekanntschaft*); знать ко́ротко genau kennen; быть на ~ткой ноге́ auf vertrautem Fuß stehen; у него́ ру́ки ~тки́ das steht nicht in seiner Macht; коро́че говоря́ kurz u. gut; ко́ротко и я́сно kurz u. bündig; до́лго ли, ко́ротко ли über kurz od. lang; ум коро́ток etwas beschränkt; **~тকометра́жка** *f* [5; *g/pl.*: -жек] Kurzfilm *m*.

короты́шка *m/f* [5; *g/pl.*: -шек] F Dreikäsehoch *m*.

ко́рочка *f* [5; *g/pl.*: -чек] Rinde; Schale.

корочу́н P *m* [1*e*.] Garaus; Gnadenstoß.

корпе́ть [10; -плю́, -пи́шь] (над T) emsig arbeiten (an *dat*.), beständig sitzen (über *dat*. *od*. bei).

ко́рпия ⚕ *f* [7] Scharpie, Zupflinnen *n*.

ко́рпус *m* **1.** [1; *pl*.: -а́] Korps *n*; alleinstehendes Gebäude *n*, Gebäudeblock; Gehäuse *n* (*e-r Uhr*); (*Typ*.) Korpus(schrift) *f*; **2.** [1; *pl*.: -ы] Körper.

корректи́в *m* [1] Berichtigung *f*; внести́ ~ berichtigen.

корре́ктный [14; -тен, -тна] korrekt, fehlerfrei; höflich.

корректу́ра *f* [5] (*Typ*.) Korrektur, Fehlerverbesserung; Korrekturbogen *m*.

корро́зия ⚒ (*Geol*.) *f* [7] Korrosion.

корса́к *m* [1*e*.] Steppenfuchs.

корса́р *m* [1] Korsar, Seeräuber.

корте́ж *m* [1] Kortege *n*, Zug, Gefolge *n*.

ко́ртик *m* [1] Hirschfänger; ⚓ Dolch (*der Offiziere*).

ко́рточк|и *f/pl*. [5] geduckte Stellung *f*, Kniebeuge *f*; сиде́ть на ~ах kauern.

ко́рча ⚕ *f* [5; *g/pl*.: -чей] Krampf *m*.

корчева́ть [6; -чу́ю, -чу́ешь], <pac-> (aus)roden.

корче́м|ник *m* [1] (heimlicher) Schankwirt; **~ный** [14] Schank...; verboten (*Getränk*).

ко́рчить ⚕ [16], <c-> (*mst. unpers*.) (krampfhaft) zs.-ziehen; меня́ ко́рчит от бо́ли ich krümme mich vor Schmerzen; ~ ро́жу Grimassen schneiden; ~ из себя́ (*den Vornehmen*) spielen, herausbeißen; **-ся** sich krümmen, sich zs.-ziehen.

корчма́ *f* [5; *g/pl*.: -че́м] Schenke, Krug *m*; **~рь** *m* [4*e*.] Schank-, Krug-wirt.

ко́ршун *m* [1] Geier.

коры́стный [14; -тен, -тна] hab-, gewinn-süchtig.

корыстолюби́вый [14*K*.] gewinnsüchtig, eigennützig.

коры́сть *f* [8] Hab-, Gewinn-sucht; Gewinn *m*, Nutzen *m*.

коры́т|о *n* [9] Trog *m*; у разби́того ~а оста́ться (*Spr*.) mit zertrümmertem Glück (gescheiterten Hoffnungen *usw*.) dasitzen; **~це** *n* [11; *g/pl*.: -тец] kleiner Trog *m*, Tröglein.

корь ⚕ *f* [8] Masern *f/pl*.

ко́рюшка *f* [ↄ] Stint *m* (*Fisch*).

коря́вый [14*K*.] rauh; pockennarbig; runz(e)lig; knorrig, ästig; (*fig*.) ungefüge, schwerfällig (*Schrift, Stil*).

коря́га *f* [5] (*im Wasser versunkener*) knorriger Baum *m od*. Baumstumpf *m*.

коса́ *f* **1.** [5; *ac/sg*.: ко́су́; *pl. st*.] Sense; Landzunge; **2.** [*ac/sg*.: ко́су] (~ воло́с) Zopf *m*; нашла́ ~ на ка́мень (*Spr*.) Stahl auf Stein gibt Feuer; **~рь** *m* [4*e*.] Mäher; Hackmesser *n*.

ко́свенный [14] schief, schräg; indirekt, mittelbar; (*Gram*.) oblique, abhängig.

косе́ц *m* [1; -сца́] Mäher.

коси́лка ⚒ *f* [5; *g/pl*.: -лок] Mähmaschine.

коси́ть 1. [15; кошу́, ко́сишь], <c-> mähen; **2** [15; кошу́, коси́шь],

<по-> schief machen *od.* schneiden; ~ глаза́ *od.* (*v/i.*) ~ (глаза́ми) schielen; **-ся** schief werden; покоси́ться на (B) schief (*od.* scheel) ansehen.

коси́чка *f* [5; *g/pl.*: -чек] Zöpfchen *n.*

космá *f* [5; *pl. st.*] *mst pl.* (Haar-) Büschel *n*, Zotte(l); **~тить** [15] zerzausen; **~тый** [14*K.*] zerzaust, zottig; **~ч** *m* [1*e.*; *g/pl.*: -че́й] Zottel-, Struwwel-kopf.

космéтика *f* [5] Kosmetik; Schönheitsmittel *n.*

кос|нéть [8], <за-> verharren; versaue n, versinken (*fig.*); говори́ть ~нéющим языкóм mit schwerer Zunge sprechen; ~нéть в невéжестве verdummen; **~ность** ('kɔs-) *f* [8] Trägheits-, Beharrungs-vermögen *n*; **~ноязы́чный** [14; -чен, -чна] mit e-m Sprachfehler behaftet; (*fig.*) stotternd, stammelnd; **~нýться** *s.* касáться; '**~ный** [14; -сен, -сна] träge, beharrend.

косови́ца ✂ *f* [5] Heuernte.

косо|ворóтка *f* [5; *g/pl.*: -ток] russisches Hemd *n* (*mit Stehkragen u. seitlichem Schlitz*); **~гла́зый** [14] schielend; Schieler *m*; **~гóр** *m* [1] Berghang; Hang.

косó|й [14; косá, кóсо] schief, schräg; ~й ýгол 📐 *m* spitzer Winkel; **~ла́пый** [14*K.*], **~нóгий** [16] krummbeinig; klumpfüßig; (*fig.*) Tolpatsch *m*; **~угóльный** [14] schiefwink(e)lig.

костёл *m* [1] polnische (römisch--katholische) Kirche *f.*

костенéть [8], <о-> (sich) verknöchern, knochig werden; erstarren, steif werden.

костёр *m* [1; -трá] Scheiterhaufen; Lagerfeuer; пионéрский ~ „Pioniertreffen" *n* (*eine Art Heimattreffen*).

кост|и́стый [14*K.*] voller Knochen; starkknochig; grätig (*Fisch*); **~ля́вый** [14*K.*] knochig; hager; **~ный** ('kɔsnɨj) [14] Knochen...

косто|éда ☠ *f* [5] Knochenfraß *m*; **~лóм** *m* [1] Knochenschmerz; Knochenmühle *f*; **~чка** ('kɔs-) *f* [5; *g/pl.*: -чек] Knöchelchen *n*; (*Frucht-*) Kern *m*, Stein *m*; Würfel *m*; перемывáть ~чки F kein gutes Haar lassen (Д an j-m).

костромскóй [14] aus (*od.* von) Kostroma.

косты́ль *m* [4*e.*] Krücke *f*; Hakennagel; ⚔ Sporn.

костыля́ть P [28], <на-> *v/t.* (durch)prügeln; ~ *impf. v/i.* auf Krücken gehen.

кость *f* [8; *ab g/pl. e.*: костéй] Knochen *m*; (ры́бья ~ Fisch-)Gräte; (игрáльная) ~ Würfel *m*; слонóвая ~ Elfenbein *n*; бéлая ~ (*iron.*) blaues Blut *n*; игрáть в кóсти würfeln; пересчитáть комý-нибудь кóсти F j-m eine Tracht Prügel verabfolgen; лечь ~ми́ (*lit.*) im Kampf (in der Schlacht) fallen; я промóк до костéй ich bin bis auf die Haut naß.

костю́м *m* [1] Kostüm *n*, Tracht *f*; Anzug; **~ировáть** [7] (*im*)*pf.* (**-ся** sich) kostümieren; ~ирóванный бал *m* Kostümball.

Кóстя *m* [6] *dim. v.* Константи́н.

костя́|к *m* [1*e.*] Gerippe *n*, Knochengerüst *n*, Skelett *n*; **~нóй** [14] knöchern; Knochen...; ⊕ ~нóй нож *m* Falzbein *n*; **~шка** *f* [5; *g/pl.*: -жек] Beinknopf *m.*

косýля *f* [6] Reh *n.*

косы́нка *f* [5; *g/pl.*: -нок] (*dreieckiges*) (Frauen-)Hals-, Kopftuch *n.*

косьбá *f* [5] Mähen *n.*

кося́к *m* [1*e.*] (*Tür- usw.*) Pfosten; (*Rad-*)Felge *f*; ⊕ Gehre *f*; Herde *f*; Zug (*Vögel, Fische*).

кот *m* [1*e.*] Kater; ~ы́ *pl.* Bauernschuhe; Zuhälter; (*Zool.*) морскóй ~ Seebär; как ~ наплáкал F soviel wie die Katze auf dem Schwanz wegträgt; купи́ть ~á в мешкé die Katze im Sack kaufen.

котёл *m* [1; -тлá] Kessel; ⚔ (солдáтский) ~ Menage *f*; óбщий ~ (*fig.*) Gemeinschafts-küche *f*, -essen *n*; Gemeinschaftsnutzung *f.*

котелóк *m* [1; -лкá] Kesselchen *n*; Napf; steifer Hut, Glocke *f.*

котéль|ник *m* [1] Kesselschmied; **~ная** [14] Kessel-raum *m*, -haus *n*; **~щик** *s.* ~ник.

кóтик *m* [1] kleiner Kater; (морскóй ~) Seebär.

коти́ро|вать [7] (*im*)*pf.* kotieren, notieren; **~вка** (-'rɔf-) *f* [5; *g/pl.*: -вок] Kotierung, Notierung.

коти́ться [15; *nur 3. Pers.*; -и́тся], <о-> kätzeln, junge Katzen werfen.

котлéт(к)а *f* [5; (*g/pl.*: -ток)] Kotelett *n*; Bulette, Bratklops *m.*

котловáн ⚠ *m* [1] Baugrube *f.*

котлови́на *f* [5] (*Tal-*)Kessel *m*; Krater *m.*

кото́мка *f* [5; *g/pl.*: -мок] Quer-, Ruck-sack *m*, Umhängetasche.
кото́рый [14] welcher, der; P ein gewisser (*pl.*: einige); *s.* не́который; ~ час? wieviel Uhr ist es?; в кото́ром часу́? um wieviel Uhr?, um welche Zeit?; ~ тебе́ год? wie alt bist du?
ко́фе *m* [*unv.*] Kaffee; ча́шка *f* ~ Tasse Kaffee; ~ в зёрнах Bohnenkaffee; **~и́н** *m* [1] Koffein *n*.
ко́фей P *m* [3] *s.* ко́фе; **~ник** (-ˈʃe-) *m* [1] Kaffeekanne *f*; Kaffeekocher; **~ница** (-ˈʃe-) *f* [5] Kaffeebüchse; (*fig.*) Kaffeeschwester; **~ня** (-ˈʃe-) *f* [6; *g/pl.*: -éен] Kaffee(haus) *n*, Cafe *n*.
ко́ф|та *f* [5] (Frauen-)Jacke; вя́заная ~та Strickjacke; **~точка** *f* [5; *g/pl.*: -чек] (Frauen-)Jäckchen *n*.
коча́н *m* [1*e.*] Kohlkopf; **~ный** [14] Kopf... (*Salat usw.*).
коче|ва́ть [6; -чу́ю, -чу́ешь] nomadisieren, umherziehen; **~вка** (-ˈtʃɔf-) *f* [5] Nomadisieren *n*, Nomadenleben *n*; **~вник** (-ˈtʃev-) *m* [1] Nomade; **~во́й** [14] nomadisch; Nomaden..., **~вье** (-ˈtʃe-) *n* [10] Nomaden-lager, -zelte *n/pl.*
кочега́р *m* [1] Heizer; **~ка** ⊕ *f* [5; *g/pl.*: -рок] Kesselhaus *n*.
кочене́ть [8], <о-> erstarren, steif werden.
кочерга́ *f* [5; *g/pl.*: -pëг] Schüreisen *n*, Ofenkrücke.
кочеры́|га *f* [5], **~жка** *f* [5; *g/pl.*: -жек] Kohl-stengel *m*, -strunk *m*.
ко́ч|ка *f* [5; *g/pl.*: -чек] kleiner Erdhaufen *m*; **~кова́тый** [14*K.*] hüg(e)lig.
кош|а́тина *f* [5] Katzenfleisch *n*; **~а́чий** [18] Katzen...
кошево́й *m* [14] (*hist.*) (*a.* ~ атама́н) Lager-, Standort-kommandant (*der Saporoger Kosaken*).
кошел|ёк *m* [1; -лька́] Geldbeutel, -katze *f*; **~ка** (-ˈʃɔł-) *f* [5; *g/pl.*: -лок] Einholtasche; **~ь** (-ˈʃeʎ) *m* [4*e.*] Sack, Beutel.
коше́ние ⸔ *n* [12] Mähen.
кошени́ль *f* [8] Kochenille.
коше́рный [14] (*bei den Juden*) koscher, rein.
ко́ш|ечий [18] Katzen...; **~ечка** *f* [5; *g/pl.*: -чек] Kätzchen *n*.
ко́шка *f* [5; *g/pl.*: -шек] Katze; neunschwänzige Katze; ко́шки *pl.* Klettereisen *n*; чёрная ~ пробежа́ла ме́жду ни́ми (*fig.*) F sie gerieten in Streit, zankten sich.
кошма́р *m* [1] Alp(drücken *n*).
кошт *m* [1] Kosten *pl.*
коще́й *m* [3] hagerer Mensch; (*im Märchen*) wandelndes Gerippe *n*, Zauberer; (*fig.*) Geizhals.
КПГ (Коммунисти́ческая па́ртия *f* Герма́нии) KPD (Kommunistische Partei Deutschlands).
КПСС (Коммунисти́ческая па́ртия *f* Сове́тского Сою́за) KPdSU (Kommunistische Partei der Sowjetunion).
краб *m* [1] Krabbe *f*.
кра́вчий [17] Mundschenk *m*.
кра́ги *f/pl.* [5] Ledergamaschen.
кра́деное [14] Diebesgut *n*.
краеве́дение *n* [12] Heimatkunde *f*.
крае|во́й [14] lokal, Orts...; **~уго́льный** [14] Eck...; **~шек** (ˈkra-) *m* [1; -шка] (kleiner) Rand; Ecke *f*; Eselsohr *n* (*in e-m Buch*).
кра́жа *f* [5] Diebstahl *m*; ~ со взло́мом Einbruchsdiebstahl *m*.
край *m* [3; в краю́; *pl.*: края́, краёв] Rand; Kante *f*; Saum; Ende *n*; Grenze *f*; Gegend *f*, Land *n*; пере́дний ~ оборо́ны ⚔ Hauptkampflinie *f*; с кра́ю vom Rande; че́рез ~ im Übermaß; слу́шать кра́ем у́ха mit halbem Ohr zuhören; хвати́ть че́рез ~ F et. Unpassendes sagen (tun), sich unpassend benehmen; конца́ кра́ю нет da ist das Ende nicht abzusehen; моя́ ха́та с кра́ю, ничего́ не зна́ю (*Spr.*) mein Name ist Hase, ich weiß von nichts; **~ко́м** *m* [1] (краево́й комите́т па́ртии) Landeskomitee *n* der Partei; **ˈ~ний** [15] äußerster, letzter; Höchst...; ~не äußerst, sehr, dringend; в ~нем слу́чае im Notfall; по ~ней ме́ре wenigstens, zum wenigsten; ~няя ле́вая *f* (*Pol.*) die äußerste Linke; ~няя плоть *f* (*Anat.*) Vorhaut; **ˈ~ность** *f* [8] Äußerste(s) *n*; äußerste Not; до ~ности bis zum äußersten, aufs äußerste; ~ности схо́дятся (*Spr.*) Gegensätze ziehen sich an.
Кра́ков *m* [1] Krakau *n*; **♀я́к** *m* [1] Krakowiak (*Tanz*).
кра́|лечка F *f* [5; *g/pl.*: -чек] (liebe) Schöne; **~ля** P *f* [6] Dame (*im Kartenspiel*); F Schöne, Schönheit.

крамо́ла *f* [5] Aufstand *m*.
крамо́ль|ник *m* [1] Aufrührer; Wühler; **~ничать** [1] sich empören, rebellisch werden.
кран *m* [1] (*Wasser-*)Hahn; Kran.
крапи́в|а ⚘ *f* [5] (Brenn-)Nessel; **~ник** *m* [1] Zaunkönig (*Vogel*); uneheliches Kind *n*; **~ница** *f* [5] Nesselfieber *n*, -sucht; **~ный** [14] Nessel...; ⚕ ~ная сыпь *f od.* лихора́дка *f s.* ~ница.
кра́пин|а *f* [5] Tüpfel *m*; Tropfen *m*; **~ка** *f* [5; *g/pl.*: -нок] Tüpfelchen *n*; Tröpfchen *n*.
краса́ *f* [5] Schönheit, Zierde; **~вица** *f* [5] Schöne, Schönheit; ~вица-же́нщина *f* schöne Frau.
краси́|венький [16] recht schön, allerliebst; **~вый** [14 *K.*] schön, hübsch.
краси́ль|ник † *m* [1] Färber; *s.* ~щик; **~ный** [14] zum Färben (dienend); Farb..., Färbe(r)...; ~ная ле́нта *f* Farbband *n* (*der Schreibmaschine*); ~ное заведе́ние *n* = **~ня** *f* [6; *g/pl.*: -лен] Färberei; **~щик** *m* [1] Färber.
краси́тель ⚗ *m* [4] Farbstoff.
кра́сить [15], <на-, (п)о-, вы́-> färben, (an)streichen; schmücken (*s.* у~); **-ся** sich schminken.
кра́с|ка *f* [5; *g/pl.*: -сок] Farbe (*zum* Färben); ~ка на лице́ Gesichtsfarbe; сгуща́ть ~ки (*fig.*) F dick auftragen; **~комаскиро́вка** ⚔ *f* [5] Tarnbemalung; **~ненький** [16; -не́нек, -не́нька] hübsch (*od.* schön) rot; (*ehm.*) ~ненькая (бума́жка) *f* Zehnrubelschein *m*; **~не́ть** [8], <по-> rot werden, erröten; ~ *impf.* (*a.* **-ся**) rot (er-)scheinen.
красно|арме́ец *m* [1; -ме́йца] Rotarmist; **~ба́й** *m* [3], **~ба́йка** *f* [5; *g/pl.*: -ба́ек] Schönredner(in *f*); **~гварде́ец** *m* [1; -де́йца] Rotgardist; **~дере́вец** *m* [1; -вца], **~дере́вщик** *m* [1] Kunsttischler, Ebenist; **~знамённый** [14] mit dem Rote-Fahne-Orden ausgezeichnet; **~кали́льный** [14] glührot; **~ко́жий** [17] von roter Hautfarbe; Rothaut *f*, Indianer *m*; **~ле́сье** *n* [10; *g/pl.*: -ьев] Nadelholz; **~речи́вый** [14*K.*] beredt; **~ре́чие** *n* [12] Beredsamkeit *f*; **~та́** *f* [5] Röte; **~щёкий** [16] rotwangig.
красну́ха ⚕ *f* [5] Röteln *pl.*
кра́с|ный [14; -сен, -сна́, -о; -сне́е] rot (*a. fig.* = revolutionär); Rot...; [*comp.* кра́ше] schön, hübsch; ~ное де́рево *n* Mahagoni(holz); ~ные дни *m/pl.* schöne (glückliche) Tage; ~ная доска́ *f* Ehrentafel; ~ное крыльцо́ *n* Parade-treppe *f*, -aufgang *m*; ~ный лес *m* Nadelholz *n*; ~ная ры́ба *f* Knorpelfisch *m*; ~ное сло́во *n* Redeschmuck *m*; ~ная строка́ *f* neue Zeile, Absatz *m*; ~ный уголо́к *m* Rote Ecke *f*; Raum für politische Bildungsarbeit; ~ная цена́ *f* höchstmöglicher Preis *m*; Кра́сная ша́почка *f* Rotkäppchen *n*; долг платежём кра́сен (*Spr.*) wie du mir, so ich dir.
красо|ва́ться [7] prangen; **~та́** *f* [5; *pl. st.*: -со́ты] Schönheit; Schöne(s) *n*, Zierlichkeit; **~тка** (-ˈsɔt-) *f* [5; *g/pl.*: -ток] hübsches Mädchen *n*, Schöne, Schönheit.
красть [25; кра́ла; кра́денный; кра́вши(й)], <у-, по-> (В/у Р *et. j-m*) stehlen, entwenden; **-ся** schleichen.
кра́сящее [17] (~ вещество́ *n*) Farbstoff *m*.
кра́ткий [16; -ток, -тка́, -о *comp.* кра́тче, *sup.* кратча́йший] kurz; и кра́ткое (*Name des Buchstaben*) й.
кра́тное 𝔄 [14] Vielfache *n*; де́вять — ~ трёх 9 ist durch 3 teilbar.
крах † *m* [1] (*Bank-*)Krach.
крахма́л *m* [1] Stärke *f*, Stärkemehl *n*; **~ить** [13], <на-> (*Wäsche*) stärken; **~ьный** [14] Stärke...; gestärkt (*Wäsche*).
краю́|ха *f* [5] Brot-kanten *m*, -ranft *m*; **~шка** *f* [5; *g/pl.*: -шек] Brotkäntchen *n*, Brotränftchen *n*.
креве́тка *f* [5; *g/pl.*: -ток] (*Zool.*) Garnele.
крез *m* [1] Krösus.
кре́йсер ⚓ *m* [1] Kreuzer.
крейси́ровать ⚓ [7] kreuzen.
крема|то́рий *m* [3; *prpos/sg.*: -ии] Krematorium *n*; **~ция** (-ˈma-) *f* [7] Leichenverbrennung, Feuerbestattung.
кремéнь *m* [4; -мня́] Kiesel-, Feuer-stein.
кремлёвский [16] Kreml...
кремль *m* [4*e.*] Stadtfestung *f*; *bsd.* ⁀ *der* Kreml (*in Moskau*).
кремнёвый [14] Kiesel...
кремнезём *m* [1] Kieselerde *f*.

кре́мни|й ⚗ [3; *prpos*/*sg.*: -ии] Silizium *n*; **~стый** (-ˈn̡is-) [14*K.*] kiesig, kiesicht.

крен ⚓ ✈ *m* [1] Krängung *f*, Schlagseite *f*; дать ~ Schlagseite haben; **~гова́ть** [7] kielholen.

кренде|лёк *m* [1; -лька́] Kringelchen *n*; **~ль** (ˈkr̡en-) *m* [4; *ab g*/*pl. e.*: -ле́й] Kringel, Brezel *f*.

крени́ть ⚓ [13], <на-> (*ein Schiff*) (**-ся** sich) auf die Seite legen.

крепёжный ⚒ [14] Abspreiz...

крепи́тельный ⚕ [14] stopfend.

креп|и́ть [14; -плю́, -пи́шь; -плён-ный] befestigen; stärken; (*Fahne*) hissen; abstreben; **-ся** (*fig.*) nicht den Mut verlieren; **ˈ~кий** [16; -пок, -пка́, -о; *comp.* кре́пче] stark, kräftig; fest, dauerhaft, haltbar; ~кие напи́тки *m*/*pl.* geistige Getränke *n*/*pl.*; ~кий на́ ухо F schwerhörig; **~кова́тый** [14*K.*] ziemlich stark *od.* fest; **ˈ~нуть** [21], <о-> stark (kräftig *od.* fest) werden, erstarken.

крепост|ни́к *m* [1*e.*] Anhänger der Leibeigenschaft; **~но́й** [14] Festungs...; (*ehm.*) leibeigen; ~но́й (челове́к) *m* Leibeigene(r); **~ь** (ˈkr̡ɛ-) *f* [8; *ab g*/*pl. e.*: -те́й] Festung; Stärke; Festigkeit; (*hist.*) ку́пчая ~ь Kaufbrief *m*.

креп|ча́ть [1; *nur 3. Pers.*] stärker (*od.* heftiger) werden; **~ы́ш** *m* [1*e.*; *g*/*pl.*: -ше́й] gesunder, starker Mensch; Kraftmensch.

кре́сло *n* [9; *g*/*pl.*: -сел] Lehnstuhl *m*, Sessel *m*; (*Thea.*) ~ (парте́ра) Parkett(platz *m*), Sperrsitz *m*; ~--кача́лка *f* Schaukelstuhl *m*; вольте́ровское ~ Klubsessel *m*.

кресс ⚘ *m* [1] Kresse *f*; ~ водяно́й Brunnenkresse *f*; ~-сала́т *m* Gartenkresse *f*.

крест *m* [1*e.*] Kreuz *n*; ~ы́ P *pl.* Treff *n* (*im Kartenspiel*); ~-на́крест kreuzweise; на нём ~а́ нет F er hat kein Gewissen; **~е́ц** *m* [1; -тца́] (*Anat.*) Kreuz *n*; **ˈ~ик** *m* [1] kleines Kreuz *n*; стежо́к *m* ~иком Kreuzstich; **~и́льный** [14] zur Taufe gehörig; Tauf...; **~и́ны** *f*/*pl.* [5] Taufe *f*; **~и́тель** *m* [4] Täufer; **~и́ть** [15; крещённый] **1.** <о-> taufen; мне с ним дете́й не ~и́ть! er geht mich nichts an!, was geht er mich an!; (zu) Gevatter stehen bei; **2.** <пере-> bekreuzen; **ˈ~ник** *m* [1], **ˈ~ница** *f* [5] Täufling *m*, Patenkind *n*; **ˈ~ный** [14] **1.** Kreuz...; ~ный ход *m* (Kirchen-)Prozession *f*; **2.** (ˈkr̡ɔs-) Tauf...; ~ный (оте́ц) *m*, ~ная (мать) *f* Pate *m*/*f*, Gevatter(in *f*).

крестови́к *m* [1*e.*] (*Zool.*) Kreuzspinne *f*.

крестови́на ⚠ 🚂 *f* [5] Kreuzstück *n*.

кресто|но́сец *m* [1; -сца] Kreuzfahrer; **~цве́тные** ⚘ *pl.* [14] Kreuzblütler, Kruziferen.

крестья́н|ин *m* [1; -я́не, -я́н] Bauer; **~ка** *f* [5; *g*/*pl.*: -нок] Bäuerin; **~ский** [16] Bauer(n)...; **~ство** *n* [9] Bauernstand *m*.

кре́чет *m* [1] Gierfalke, Jagdfalke.

креще́ние *n* [12] Taufe *f*; ~ (госпо́дне) Dreikönigs-, Epiphanienfest; боево́е ~ (*fig.*) Feuertaufe *f*.

крива́я ⚔ [14] Kurve *f*; на криво́й не объе́дешь F blauen Dunst vormachen hilft hier nicht; ~ вы́везет F der Zufall wird schon helfen, irgendwie wird's schon werden.

кри́вда *f* [5] Unwahrheit, Lüge.

кри|ве́ть [8], <о-> krumm (*od.* schief) werden; **~визна́** *f* [5] Krümmung, Windung; **~ви́ть** [14; -влю́, -ви́шь; -влённый], <с-, по-> krümmen; (*Gesicht*) verzerren; ~ви́ть душо́й falsch sein, heucheln, gewissenlos handeln.

кривля́|ка F *m*/*f* [5] Zier-puppe *f*, -begel *m*; Fratzenschneider *m*; **~нье** *n* [10] Fratzenschneiden; Ziererei *f*; **~ться** [28] das Gesicht verzerren; Faxen machen; sich zieren.

криво|гла́зый [14] schief-, schieläugig; Schiefäugige(r) *m*; **~ду́шие** *n* [12] Heuchelei *f*.

кри|во́й [14; *K. f*: крива́] krumm, schief; falsch, unaufrichtig; einäugig; ~ва́я (ли́ния) *f* Kurve, krumme Linie; ~во́е зе́ркало *n* Zerrspiegel *m*.

криво|су́дие *n* [12] Ungerechtigkeit *f*; **~то́лки** *m*/*pl.* [1] (übles) Gerede *n*; **~ши́п** *m* [1] Kurbel *f*.

кри́зис *m* [1] Krise *f*, Krisis *f*, Wendepunkt.

крик *m* [1] Geschrei *n*, Schrei; Zuruf.

кри́кет *m* [1] (игра́ *f* в ~) Krikett (-spiel) *n*.

крик|ли́вый [14*K.*] gellend; (*fig.*) auffällig, schreiend; **ˈ~нуть** *s.*

кричáть; **~ýн** *m* [1*e.*] Schreier, Schreihals.

кри́нка *f* [5; *g/pl.*: -нок] irdener Topf *m.*

кристаллизовáть [7] (*im*)*pf.*, *a.* <за-> kristallisieren.

Крит *m* [1] Kreta *n.*

критéрий *m* [3; *prpos/sg.*: -ии] Kriterium *n*, Unterscheidungszeichen *n.*

кри́ти|к *m* [1] Kritiker; **~ка** *f* [5] Kritik, Beurteilung; **~кáн** *m* [1] F Kritikaster, Meckerer; **~кáнствовать** F [7] meckern, nörgeln; **~ковáть** [7] kritisieren, beurteilen.

кричáть [4; -чý, -чи́шь] schreien; *einm.* <кри́кнуть> [20] aufschreien; zurufen.

кров *m* [1] Obdach *n*, Dach *n*; без ~а obdachlos; **~áвить** [14], <о-> blutig machen, mit Blut beflecken; **~áвый** [14] blutig; ²áвое воскресéнье *n* der Blutige Sonntag (9. 1. 1905).

кровáт|ка *f* [5; *g/pl.*: -ток] kleine Bettstelle, Bettchen *n*; **~ь** *f* [8] Bettstelle, Bett(gestell) *n.*

крóвельщик *m* [1] Dachdecker.

кровенóсный [14] Blut enthaltend; Blut...

крови́нка *f* [5; *g/pl.*: -нок] Blutstropfen *m.*

крóвля *f* [6; *g/pl.*: -вель] (*bsd. Stroh-*)Dach *n.*

крóвн|ый [14] blutsverwandt; echt; Vollblut...; ~ая месть *f* Blutrache; ~ые дéньги *pl.* sauer verdientes Geld *n.*

крово|жáдный [14; -ден, -дна] blut-gierig, -dürstig, -rünstig; **~излия́ние** ⚕ *n* [12] Bluterguß *m*; **~мщéние** *n* [12] Blutrache *f*; **~обращéние** *n* [12] Blutkreislauf *m*; **~останáвливающий** ⚕ [17] blutstillend; **~очисти́тельный** [14; -лен, -льна] blutreinigend; **~пи́йца** *m/f* [5] Blutsauger(in *f*); **~подтёк** *m* [1] blutunterlaufene Stelle *f*; **~проли́тие** *n* [12] Blutvergießen; **~пускáние** *n* [12] Blutlassen, Aderlaß *m*; **~смеси́тель** *m* [4] Blutschänder; **~смешéние** *n* [12] Blutschande *f*; **~течéние** *n* [12] Blutung *f*; ~течéние из лёгких Lungenblutung *f*; **~точи́вость** ⚕ *f* [8] Bluterkrankheit; **~хáрканье** *n* [10] Blutspeien.

кровь *f* [8; в -ви́; *ab g/pl. e.*: -вéй] Blut *n*; Geblüt *n*; в крови́ im Blut; blutig; ~ с молокóм F wie Milch und Blut.

кровя|ни́стый [14*K.*] blutartig; **~нóй** [14] blutig; Blut...

крои́ть [13; крóенный], <с-, вы́-> zuschneiden; (*fig.*) zustutzen.

крóйка *f* [5; *g/pl.*: крóек] Zuschneiden *n*; Zuschnitt *m.*

крокéт *m* [1] (игрá *f* в ~) Krocket (-spiel) *n.*

крóлик *m* [1] Kaninchen *n.*

крольчáтник *m* [1] Kaninchenstall.

крóме (P) außer, ausgenommen; ~ тогó außerdem; ~ тогó, что abgesehen davon, daß; все, ~ одногó alle bis auf einen; ~ шýток F Scherz beiseite.

кромéшный [14] äußerst; völlig, total; ад *m* ~ F eine wahre Hölle *f*; тьма *f* кромéшная F ägyptische Finsternis.

крóмка *f* [5; *g/pl.*: -мок] (Web-) Kante.

кромсáть [1], <ис-> [искрóмсанный] zerstückeln.

крон *m* [1] Chromgelb *n.*

кроншáдтский [16] kronstädtisch; aus (*od.* von) Kronstadt (Кроншáдт *m*).

кронштéйн ⚓ ⊕ *m* [1] Konsole *f*; Träger, Lager *n.*

кропáтель *m* [4] Pfuscher.

кропáть [1], <на-, с-> (ver)pfuschen; (*Verse*) schmieden.

кропи́|ло *n* [9] Weihwasserwedel *m*; **~ть** [14; -плю́, -пи́шь; -плённый], <о-> besprengen; tüpfeln.

кропотли́вый [14*K.*] sorg-, mühsam; mürrisch.

крóсно *n* [9; *g/pl.*: -сен] Webstuhl [*m.*]

кросс *m* [1] (*Sport*) Querfeldeinlauf; **~вóрд** *m* [1] Kreuzworträtsel *n.*

крот *m* [1*e.*] (*Zool.*) Maulwurf; **ˈ~кий** [16; -ток, ткá, -о; *comp.* крóтче] sanft(mütig); ~кий нрáвом sanft von Charakter; **~óвый** [14] Maulwurfs...; **~óвина** *f* [5] Maulwurfshöhle; Maulwurfshügel *m.*

кро|хá *f* [5; *ac/sg.*: крóху; *pl.*: крóхи, крох, крохáм] Krume, Brocken *m*; **~хобóр** *m* [1] Kleinigkeitskrämer; **ˈ~хотный** [14] *s.* ˈ~шечный; **ˈ~шево** *n* [9] F Mischmasch *m*, Ragout; **ˈ~шечный** [14] sehr klein, winzig; **~ши́ть** [16], <на-, рас-, ис-> zer-bröckeln, -krümeln; **ˈ~шка** *f* [5; *g/pl.*: -шек] Krümchen *n*; kleines Kind *n*.

круг 1. *m* [1; в -ý; *pl. e.*: -й] Kreis; Scheibe *f*; Umweg; беговóй ~ Trab; Rennbahn *f*; поворóтный ~ 🚂 Drehscheibe *f*; порóчный ~ (*fig.*) F Sackgasse *f*; спасáтельный ~ Rettungsring; **2.** P (*adv.*) rings(her)um; **ˈ~ленький** [16] hübsch (*od.* schön) rund; **~лéть** [8], <(п)о-> rund werden, sich runden; **~лить** *s.* округлúть; **~ловáтый** [14*K.*] rundlich; **ˈ~лый** [14; кругл, -á, -o] rund; ganz, völlig; ~лый дурáк *m* ausgemachter Narr; ~лая горéлка *f* Rundbrenner *m*; ~лая сиротá *m/f* Vollwaise *f*.

круго|вóй [14] kreisförmig; Kreis...; solidarisch, gegenseitig (*Garantie*); пить ~вýю (чáшу) den Becher kreisen lassen; ~вáя желéзная дорóга *f* Ringbahn; **~ворóт** *m* [1] Kreislauf; **~зóр** *m* [1] Gesichtskreis.

кругó|м 1. rings(her)um; auf e-m Umweg; völlig, ganz und gar; ⚔ kehrt!; вы ~м виновáты Sie sind an allem schuld; **2.** (ˈkru-) in die Runde; rundum; **~оборóт** *m* [1] (*fig.*) Umlauf; **~обращéние** *n* [12] Kreisbewegung *f*, Kreislauf *m*, Rotation *f*; **~свéтный** [14] um die Welt (herum); ~свéтное плáвание *n* Weltumseg(e)lung *f*.

кружáло 🏛 *n* [9] Bogengerüst.

кружев|нúк *m* [1*e.*], **~нúца** *f* [5] Spitzenklöppler(in *f*); Spitzenhändler(in *f*); **~нóй** Spitzen...; **~о** (ˈkru-) ⚘ *n* [9; *pl. e.*: -á, крýжев, -áм] Spitze *f*. [~ головы́ Schwindel *m*.]

кружéние *n* [12] Drehung *f*; ⚕

крýжечный [14] Kannen...; Seidel...; Büchsen...

кружúть [16; кружý, крýжишь] kreisen (lassen), (her)umdrehen; *vgl.* за~; **-ся** kreisen, sich (herum)drehen, in die Runde gehen; у меня́ крýжится головá mir wird schwind(e)lig.

крýжка *f* [5; *g/pl.*: -жек] Kanne; (пивнáя Bier-)Seidel *n*; Büchse (*zum Geldsammeln*); ⚕ Irrigator *m*.

кружкóв|ец *m* [1; -вца] Angehöriger eines Zirkels; **~щина** *f* [5] (*ver.*) Sektierertum *n*; (*hist.*) illegale Parteiarbeit.

крýж|ный [14] Kreis...; **~ными путя́ми** auf Umwegen.

кружóк *m* [1; -жкá] kleiner Kreis, Ring; (*Tanz-*)Kränzchen *n*; (*Künstler usw.*) Vereinigung *f*, Zirkel; Scheibchen *n*; ~ под лáмпой *od.* лáмпу Lampenteller.

крумцúркуль ⊕ *m* [4] Krummzirkel.

круп *m* [1] ⚕ Krupp, häutige Bräune *f*; Kruppe *f* (*od.* Kreuz *n*) (*der Pferde*).

круп|á *f* [5] Grütze; идёт **~á** es graupelt; **~úнка** *f* [5; *g/pl.*: -нок] Samenkorn *n*; (*einzelnes*) Körnchen *n* (*der Grütze*); **~нéть** [8], <по-> gröber (stärker *od.* größer) werden; **ˈ~ный** [14; -пен, -пнá, -o; -пнée] grob; grobkörnig; stark, groß (*Wuchs*); Groß...; ~ный разговóр *m* scharfe Auseinandersetzung *f*; **~орýшка** *f* [5; *g/pl.*: -шек] Graupenmühle; **~чáнка** *f* [5; *g/pl.*: -нок]; **~чáтка** *f* [5; *g/pl.*: -ток] feinstes Weizenmehl *n*, Auszugmehl *n*; Grützmühle; **~чáтый** [14*K.*] (grob) körnig; **~янóй** [14] Grützen...

крýтень P *m* [4; -тня] Wirbel (-wind); Wasserstrudel.

крутизнá *f* [5] steiler Abhang *m*, Steile.

крутúл|о *n* [9] Seilrad; **~ьня** *f* [6; *g/pl.*: -лен] Seilerbahn.

крутúть [15], <за-, с-> (zs.-, fest-) drehen, winden; (*fig.*) schwindeln.

крутóй [14; *K. f*: -тá; *comp.* крýче] steil; drall (*Person*); dick (*Brei usw.*); hart(gesotten); streng, hart; ~ нрáвом schroff von Charakter; ~ кипятóк F siedend heißes Wasser; крýто посолúть stark salzen.

крýтость *f* [8] Steilheit; **Drall** *m*; Schroffheit.

крýча *f* [5] *s.* крутизнá.

крýче *s.* крутóй; **~ный** (-ˈtʃɔ-) [14] (zs.-)gedreht, gewunden.

кручú|на *f* [5] Gram *m*, Betrübnis; **~нить** [13] betrüben; **-ся**, <закручúниться> sich grämen.

крушéние *n* [12] Zertrümmerung *f*; (*fig.*) Scheitern, Zs.-bruch *m*; 🚂 Un(glücks)fall *m*, Entgleisung *f*.

крыжóв|ин(к)а *f* [5; (*g/pl.*: -нок)] (*einzelne*) Stachelbeere; **~ник** *m* [1] Stachelbeerstrauch; (*koll.*) Stachelbeeren *f/pl.*

кры|лáтый [14*K.*] geflügelt; ~лáтое слóво *n* geflügeltes Wort; **~лéчко** *n* [9; *pl.*: -чки, -чек] kleine Treppe *f*; **~лó** *n* [9; *pl.*: крылья, -льев]

Flügel *m*; (~ló от грязи) Kotflügel *m*; '~**лышко** *n* [9; *pl.*: -шки, -шек] Flügelchen; ~**льцó** *n* [9; *pl.*: крыльца, -лéц, -льцáм] Außen-, Freitreppe *f*.

Крым *m* [1; в -ý] Krim *f*.

кры́|са *f* [5] Ratte; ~**сий** [18] Ratten...; ~**солóв** *m* [1] Rattenfänger.

крыть [22], <по-> (be)decken; überziehen (T mit, *z.B.* облакáми mit Wolken); verbergen; (*Kartenspiel*) stechen; емý нéчем ~ P er kann nichts entgegnen; шúто-крыто F insgeheim; **-ся** sich verbergen (от P vor *dat.*); тут чтó-то крóется da steckt etwas dahinter; причúна крóется в том, что ... der Grund liegt darin (*od.* ist darin zu finden), daß ...

кры́ш|а *f* [5] Dach *n*; ~**ка** *f* [5; *g/pl.*: -шек] Dächlein *n*; Deckel *m*; Einbanddecke (*e-s Buches*); (*fig.*) Garaus *m*, Ende *n*; тут емý и ~ка! P nun ist's mit ihm aus!

крюк *m* **1.** [1*e.*; *pl.*: крю́чья, -ьев] Stützhaken (*für Rückenlasten*); Türangel *f*; **2.** [1*e.*] Haken; Umweg; отпóрный ~ ⚓ Bootshaken; ~**овóй** [14] *s.* крю́чник.

крю́чить [16; *unpers.*], <с-> krumm biegen, krümmen; меня́ крю́чит от ... ich krümme mich vor ...

крючковáтый [14*K.*] hakicht, hakig; schlau, verschlagen.

крючкотвóрство *n* [9] Schikane *f*, Rechtsverdrehung *f*; ~**вать** [7] schikanieren, Ränke schmieden.

крю́чник *m* [1] Lastträger (*mit e-m Haken*).

крючóк *m* [1; -чкá] Häkchen *n*; [(*fig.*) Kniff.]

крюшóн *m* [1] Bowle *f*.

кряж *m* [1; *g/pl.*: -ей] (*a.* гóрный ~) Gebirgskette *f*; Schicht *f*; '~**истый** [14*K.*] starkknochig, vierschrötig, untersetzt; dick (*Baum*).

кря́к|ать [1], *einm.* <~нуть> [20] schnattern (*v. Enten*); ächzen, aufseufzen.

кря́ква *f* [5] Wildente.

кряхтéть [11] (kr)ächzen.

ксёндз *m* [1*e.*] polnischer katholischer Geistlicher.

кстáти gelegen, wie gerufen, eben recht; apropos!; da fällt mir (eben) ein!; bei dieser Gelegenheit; не~ ungelegen, unpassend, unangebracht.

кто [23] wer?; (*relativ*) der, welcher; ~ ... ~ der eine ... der andere; ~ такóй? wer ist (es)?; комý (дать) э́ту кнúгу? wer bekommt dieses Buch?; не ~ инóй, как kein anderer als; ~ бы то нú был wer es auch sei; ~ в лес, ~ по дровá F der eine hü, der andere hott; '~**-либо,** '~**-нибудь** [23] (irgend) jemand, irgendein, ein beliebiger; '~**-то** [23] jemand, ein gewisser.

куб *m* [1; *pl. e*] Würfel; Kubus, Kubikzahl *f*; два в ~е ⅋ zwei hoch drei (2^3); (перегóнный) ~ Destillierkolben.

кубáнец *m* [1; -нца] Kubankosak.

кýбарем kopfüber, über Hals und Kopf.

кубáрь *m* [4*e.*] (Brumm-)Kreisel.

кубатýра *f* [5] Raum-, Kubikinhalt *m*.

кýбик *m* [1] kleiner Würfel; F Kubikzentimeter *n*.

кубúческий [16] würfelförmig; kubisch; Kubik...

кýбовый [14] indigo(farben)...

кýбок *m* [1; -бка] Becher, Pokal.

кубомéтр *m* [1] Kubikmeter *n*.

кýбрик ⚓ *m* [1] Zwischendeck *n*.

кубы́шка *f* [5; *g/pl.*: -шек] bauchiger Krug *m*; Sparbüchse; ⚘ gelbe Seerose.

кувáлда *f* [5] großer Schmiedehammer *m*.

кувéрт *m* [1] Gedeck *n*; P (Brief-) Umschlag; Geldbeutel.

кувшúн *m* [1] (Wasser- *usw.*) Krug, Kanne *f*; ~**ка** ⚘ *f* [5; *g/pl.*: -нок] Wasserlilie.

кувыр|кáть [1], <~кнýть> [20] umwälzen, überkippen, überschlagen; **-ся** sich überschlagen, einen Purzelbaum schlagen; ~**кóм** kopfüber; дать ~кá *s.* кувыркáться; ~**óк** *m* [1; -ркá] Purzelbaum.

кудá wohin; wozu; wie sehr; (*vor dem comp.*) bei weitem, weit; ~ вы? wohin wollen Sie?; (*iron.*) ~ как sehr, äußerst; хоть ~! F pikfein!; ~ тебé! F ach wo!, das kriegst du nicht fertig; ~ ни кинь F überall, wohin man auch blicken (sich wenden) mag; ~ ни шло! P meinetwegen!, von mir aus!; ~**-либо,** ~**-нибудь,** ~**-то** irgendwohin.

кудáхтать [3] gackern.

кудéль *f* [8] Flachs *m*.

кудéсни|к *m* [1] Zauberer; ~**чать** [1] zaubern.

кудла́тый [14] P zottig.
кудрева́тый F [14K.] kräuslich; zierlich (*Stil*).
ку́дри *pl.* [*ab g/pl. e.*: -ре́й] (Haar-) Locke(n *pl.*) *f*.
кудря́вый [14 *K.*] kraus, lockig; geziert (*Stil*).
Кузба́сс *m* [1] (Кузне́цкий каменно-у́гольный бассе́йн) Kusnetzker Steinkohlenbecken *n*.
кузне́|ц *m* [1*e.*] Schmied; **~чик** *m* [1] (*Zool.*) Heuschrecke *f*, Grille *f*.
ку́зница *f* [5] Schmiede.
ку́зов *m* [1; *pl.*: -а́] Korb; (каре́тный) ~ Kutschkasten, Wagenkasten, Karosserie *f*; назва́лся груздём, поле́зай в ~ (*Spr.*) wer A sagt, muß auch B sagen.
Кузьма́ *m* [5] Kusma (*Vorname*).
кукаре́кать [1] krähen, Kikeriki schreien.
кукареку́ kikeriki!
ку́киш F *m* [1] verächtliche Handbewegung *f* (*Faust mit dem Daumen zwischen Zeige- u. Mittelfinger*).
ку́кла *f* [5; *g/pl.*: -кол] (*Spiel*-) Puppe.
кукова́ть [7] kuckucken.
ку́колка *f* [5; *g/pl.*: -лок] Püppchen *n*; Puppe (*der Insekten*).
ку́коль|ный [14] Puppen...; (*Thea.*) ~ная коме́дия *f* Puppenspiel *n*; F Affentheater! *n*.
ку́кситься F [15] mißlaunig, verdrießlich sein.
кукуру́за ⚘ *f* [5] Mais *m*.
куку́ш|ечий [18] Kuckucks...; **~ка** *f* [5; *g/pl.*: -шек] Kuckuck *m*; **~кин** [19]: ~кин лён ⚘ *m* Goldhaar *n*; ~кины слёзки ⚘ *pl.* Kuckucksblume *f*.
кула́|к *m* [1*e.*] Faust *f* (*vgl.* кулачо́к); Aufkäufer; (*fig.*) Ausbeuter, Blutsauger; ⊕ Nocke *f*; Kulak, Großbauer; **~чный** [14] Faust...; ~чный бое́ц *m* Faustkämpfer, Boxer; **~чо́к** *m* [1; -чка́] Fäustchen *n*; дра́ться (*od.* би́ться) на кулачка́х (sich) boxen; **~чьё** *n* [10] F (*ver.*) Kulakenbrut *f*.
кулебя́ка *f* [5] *Art* gefüllte Pirogge.
кулёк *m* [1; кулька́] (*Papier*-)Tüte *f*; из кулька́ в рого́жку попа́сть F (*Spr.*) aus dem Regen in die Traufe kommen.
куле́ш P *m* [1*e.*] dünnflüssiger (*Hirse- usw.*) Brei.
кули́к *m* [1*e.*] (*Zool.*) Schnepfe *f*.
кули́са *f* [5] Kulisse.
кули́ч *m* [1*e.*; *g/pl.*: -е́й] Osterkuchen, -brot *n*.
кули́чий [18] Schnepfen...
кули́ч|ки: у чёрта на ~ках F (*Spr.*) wo sich die Füchse gute Nacht sagen.
куль *m* [4*e.*] Mattensack; Sack (*als Maß = etwa 10 Pud Mehl*).
культ *m* [1] Kult; **~ба́за** *f* [5] (культу́рно-просвети́тельная ба́за) Zentrale für Kulturaufklärungsarbeit; **~иви́ровать** [7] kultivieren, pflegen; **~ма́ссовый** [14]: ~ма́ссовая рабо́та *f* Kulturarbeit in den Massen; **~обслу́живание** *n* [12] kulturelle Betreuung *f*; **~у́ра** *f* [5] Kultur; **~у́рный** [14] kulturell; Kultur...; ~у́рно-бытовы́е усло́вия *n/pl.* kulturelle Lebensbedingungen *f/pl.*; **~ше́фство** *n* [9] kulturelle Patenschaft *f*.
кум *m* [1; *pl.*: -овья́, -овьёв] Gevatter; **~а́** *f* [5] Gevatterin; **~анёк** *m* [1; -нька́] lieber Gevatter.
кума́ч ✝ *m* [1*e.*] Kumatsch (*rotes Baumwollzeug*).
куми́р *m* [1] Götze(nbild *n*), Abgott; **~ня** *f* [6; *g/pl.*: -рен] Götzentempel *m*.
куми́ться [14; -млю́сь, -ми́шься], <по-> Gevatterschaft (*od.* Bekanntschaft) schließen (с T mit).
кумовство́ *n* [9] Gevatterschaft *f*; Vetternwirtschaft *f*, Nepotismus *m*.
ку́мушка *f* [5; *g/pl.*: -шек] liebe Gevatterin.
кумы́с *m* [1] Kumyß (*gegorene Stutenmilch*).
куна́к *m* [1*e.*] Gastfreund (*im Kaukasus*).
кунжу́т ⚘ *m* [1] Sesam.
ку́ни|й [18] Marder...; **~ца** *f* [5] Marder *m*.
ку́па *f* [5] Haufen *m*.
купа́ла P *m* [5] Täufer.
купа́ль|ня *f* [6; *g/pl.*: -лен] Bad *n* (*im Freien*); (~ное заведе́ние *n*) Bade-anstalt, -haus *n*; **~щик** *m* [1], **~щица** *f* [5] Badende(r), Badegast *m*; Bademeister *m*; Badefrau *f*.
купа́ть [1], <вы́-> baden; (*Pferde*) schwemmen; **-ся** (sich) baden.
купе́ 🚃 (ku'pɛ) *n* [*unv.*] Abteil.
купе́ль *f* [8] Tauf-becken *n*, -stein *m*.
купе́ц *m* [1; -пца́] Kaufmann; ~-бога́ч *m* reicher Kaufmann.

купи́ть *s.* покупа́ть.

купле́т *m* [1] Couplet *n*; Strophe *f*; Liedchen *n*.

ку́пля *f* [6] Kauf *m*, Handel *m*.

ку́пол *m* [1; *pl. e.*: -ла́] Kuppel *f*.

купоро́с *m* [1] Vitriol *n*.

ку́п|чая ✝ [14] (*a.* ~чая кре́пость *f*) Kaufbrief *m*; **~чик** *m* [1] (junger) Kaufmann; **~чи́на** *m* [5] Kaufmann; **~чи́ха** *f* [5] Kaufmannsfrau.

кур: как ~ во́ щи попа́л F (*Spr.*) er geriet unvermutet in des Teufels Küche.

кура́житься [16] großtun, wichtig tun.

кура́нты *m/pl.* [1] Turmuhr *f* mit Glockenspiel.

курга́н *m* [1] (*kegelförmiger*) (Grab-) Hügel, Hünengrab *n*.

кургу́|зить [15], <о-> (*den Schwanz*) stutzen; **~зый** [14] stutzschwänzig.

курдю́к *m* [1*e.*] Fettschwanz.

ку́ре|во *n* [9] Rauchmittel, Tabak *m*; **~ние** (-'ɪe-) *n* [12] Rauchen; Räucherung *f*.

курёнок *m* [2] Küchlein *n*.

куре́нь *m* [4*e.*] elende Hütte *f*, Erdhütte *f*; Kosakendorf *n*.

кури́лка P *f* [5; *g/pl.*: -лок] Rauchzimmer *n*; жив ~! F er ist nicht totzukriegen!

кури́ль|ный [14] zum Räuchern (dienend); Räucher...; **~щик** *m* [1] Raucher.

кури́|ный [14] Hühner...; ~ная па́мять *f* schlechtes (kurzes) Gedächtnis *n*; ~ная слепота́ *f* Nachtblindheit.

кури́тель *m* [4] Raucher; **~ный** [14] zum Rauchen (*od.* Räuchern) dienend; Rauch...; Räucher...; ~ная (ко́мната) *f* Rauchzimmer *n*.

кури́ть [13; курю́, ку́ришь; ку́ренный] **1.** <по-> rauchen; **2.** <на-> mit Rauch anfüllen, verqualmen; brennen; destillieren.

ку́рица *f* [5; *pl.*: ку́ры, кур, -рам] Huhn *n*, Henne; мо́края ~ F (*fig.*) Schlappschwanz *m*; как мо́края ~ wie ein begossener Pudel; ку́рам на́ смех! F da lachen ja die Hühner!; у него́ де́нег ку́ры не клюю́т F er hat Geld wie Heu.

курля́нд|ец *m* [1; -дца] Kurländer; **Ωия** *f* [7] Kurland *n*.

курно́й [14] ohne Schornstein, rauchig.

курно́сый [14] stülp-, stumpfnasig.

курово́дство *n* [9] Hühnerzucht *f*.

куро́к ⚔ *m* [1; -рка́] Hahn (*am Gewehr*).

куроле́с *m* [1] *s.* ~ник; **~ить** P [15], <на-> mutwillige Streiche machen; **~ник** *m* [1] Mutwillige(r).

куропа́тка *f* [5; *g/pl.*: -ток] Reb-, Feld-huhn *n*.

куро́рт *m* [1] Kur-, Bade-ort; **~ник** *m* [1] Kurgast.

курősле́п ⚘ *m* [1] Hahnenfuß.

ку́рочка *f* [5; *g/pl.*: -чек] Hühnchen *n*.

курс *m* [1] Kursus; Kurs (*a.* ✝ = Wechselkurs); держа́ть ~ на (В) zusteuern auf (*ac.*); держа́ть в ~е де́ла auf dem laufenden halten.

курса́нт *m* [1] Hörer, Kursusteilnehmer; Militärschüler.

курси́ровать [7] kursieren, verkehren.

курсо́вка *f* [5; *g/pl.*: -вок] Kurkarte.

курсово́д *m* [1] Kursusleiter.

курсово́й [14] Kurs...

курти́на *f* [5] rundes Beet *n*.

ку́ртка *f* [5; *g/pl.*: -ток] Jacke.

курча́вый [14*K.*] kraushaarig.

курчо́нок *m* [5; *pl.*: -ча́та] Küchlein *n*, Kücken *n*, Küken *n*.

ку́ры: ~ стро́ить *j-m* den Hof machen.

курьёз *m* [1] Kuriosität *f*, Seltenheit *f*.

куря́т|ина *f* [5] Hühnerfleisch *n*; **~ник** *m* [1] Hühnerstall.

куря́щий [17] rauchend; Rauch(er)-...; Raucher *m*.

кус *m* [1] *s.* кусо́к.

куса́ка P *m/f* [5] Beißer(in *f*).

куса́ть [1] <укуси́ть> [15], F *einm.* <кусну́ть> [20] beißen; stechen (*Mücken usw.*); brennen (*Pfeffer*); **-ся** bissig sein, beißen; (*fig.*) ins Geld gehen, rasend teuer sein.

куса́чки *f/pl.* [5; *gen.*: чек] Beißzange *f*.

куси́ще *n* [11] großes Stück.

кусково́й [14] Stück...

кусну́ть *s.* куса́ть.

кусо́|к *m* [1; -ска́] Stück *n*; Bissen, Happen (*Brot*); куска́ми stückweise; ~к в го́рло нейдёт der Bissen bleibt e-m im Halse stecken; ~к хле́ба F Auskommen *n*, Lebensunterhalt; **~чек** *m* [1; -чка] Stückchen *n*, Häppchen *n*.

куст *m* [1*e.*] Strauch, Busch; Verband, Vereinigung *f*.
куста́р|ник *m* [1] Gesträuch *n*; **~ничать** [1] Hausindustrie treiben; pfuschen; **~ный** [14] Haus(-fleiß)...; stümperhaft; **~ь** *m* [4*e.*] (*ländlicher*) Handwerker, Hausindustrielle(r), -gewerbler.
ку́ст|ик *m* [1] *s.* ~о́чек; **~ово́й** [14] Strauch...; **~о́чек** *m* [1; -чка] Sträuchlein *n*.
кустпро́м *m* [1] (куста́рная промы́шленность) Heimindustrie *f*.
ку́тать [1], <за-> einhüllen.
кутёж *m* [1*e.*; *g/pl.*: -жей] Zechen *n*, Kneiperei *f*, P Sauferei *f*.
кутерьма́ *f* [5] Wirrwarr *m*, Unordnung.
кути́ла *m/f* [5] Zecher(in *f*), Schlemmer(in *f*).
кути́ть [15], *einm.* <кутну́ть> [20] zechen, kneipen, P saufen.
куту́зка F *f* [5; *g/pl.*: -зок] Kittchen *n*, Gefängnis *n*, Karzer *m*.
кутья́ *f* [6] Brei *m* (*aus Graupen, Gerste od. Reis mit Honig u. Rosinen*).
куха́рка *f* [5; *g/pl.*: -рок] Köchin.
ку́хня *f* [6; *g/pl.*: ку́хонь] Küche; похо́дная ~ Feldküche; фа́брика-~ Großküche.
ку́хонька *f* [5; *g/pl.*: -нек] kleine Küche.
ку́цый P [14*K.*] kurz-, stutzschwänzig.
ку́ча *f* [5] Haufen *m*; ку́чами haufenweise; вали́ть всё в одну́ ку́чу F (*fig.*) alles in e-n Topf werfen.
куче|во́й [14] Haufen...; **~вы́е** облака́ *pl.* Kumuluswolken.
ку́чер *m* [1; *pl. e.*: -pá] Kutscher; **~ско́й** [16] Kutscher...; **~ска́я** *f* Kutscherstube.
ку́чка *f* [5; *g/pl.*: -чек] Häuflein *n*.
ку́чность ⚔ *f* [8] Trefferdichte.
куш F *m* [1] (*Spiel*) Einsatz, Satz; ~ (де́нег) hübsche Summe *f* Geldes.
куша́к *m* [1*e.*] (Leder-)Gurt, Gürtel.
ку́ша|нье *n* [10] Speise *f*, Gericht, Essen; **~ть** [1], <по-> essen, speisen; trinken; ~ть по́дано! das Essen ist aufgetragen!
кушачо́к *m* [1; -чка́] kleiner Gürtel.
куше́тка *f* [5; *g/pl.*: -ток] Schlafsofa *n*, Chaiselongue.
ку́ща *f* [5] Zelt *n*; пра́здник *m* ку́щей Laubhüttenfest *n* (*der Juden*).
кюве́та *f* [5] (*Phot.*) Schale.

Л

Л, л *n u. m* (*s.* A) L, l *n.*
лаба́з *m* [1] Mehl-bude *f*, -handlung *f*; **~ник** *m* [1] Mehlhändler.
лаберда́н *m* [1] Laberdan, (gesalzener) Kabeljau (*Fisch*).
лаборато́рия *f* [7] Laboratorium *n.*
ла́ва *f* [5] Lava; ⚔ Lava (*Angriffsweise der Kosaken*); ⚒ Ort *n.*
лава́нда ⚘ *f* [5] Lavendel *m.*
лави́на *f* [5] Lawine.
лави́ровать ⚓ [7] lavieren.
ла́вка *f* [5; *g/pl.*: -вок] (*Sitz-*)Bank; ⚚ Laden *m*, Bude.
ла́воч|ка *f* [5; *g/pl.*: -чек] kleine (*Sitz-*)Bank; ⚚ kleine Bude, kleiner Laden *m*; э́то одна́ ~ка! F (*Spr.*) die stecken alle unter einer Decke!; **~ник** *m* [1] Kleinhändler, (Buden-)Krämer.
лавр ⚘ *m* [1] Lorbeer(baum); почи́ть на ~ах auf seinen Lorbeeren ausruhen.
ла́вра *f* [5] Kloster *n* (*ersten Ranges*).
Лавре́нтий *m* [3; *prpos/sg.*: -ии] Laurentius, Lorenz.
лавро|ви́шня ⚘ *f* [6; *g/pl.*: шен] Kirschlorbeer *m*; **~вый** (-ˈvrɔ-) [14] Lorbeer...
ла́врский [16] Kloster...
лавчо́нка *f* [5; *g/pl.*: -нок] elende Bude.
лаг ⚓ *m* [1] Log *n.*
ла́гер|ник *m* [1] Lagerinsasse; **~ь** ⚔ [4; *pl.e.*: -ря́, -ре́й] (Feld-)Lager *n*; расположи́ться ~ем ein Lager beziehen; стоя́ть ~ем lagern; снять ~ь ein Lager abbrechen; [4] (*Pol.*) Lager *n*, Gruppe *f*.
лагу́на *f* [5] Lagune.
лад *m* [1; в -у́; *pl. e.*] Harmonie *f* (*a.* ♪), Eintracht *f*; в ~у́ einträchtig; идти́ на ~ in Fluß kommen, vonstatten gehen, klappen; на все ~ы́ auf jede Art und Weise; ме́жду на́ми нет ~у wir harmonieren nicht; *fig.* не в ~а́х с собо́й zerfahren, (sehr) zerstreut; настро́иться на друго́й ~ sich umstellen.
ла́дан *m* [1] Weihrauch; **~ка** *f* [5; *g/pl.*: -нок] Talisman *m*, Amulett *n.*
ла́дить [15] harmonieren, übereinstimmen, zurechtkommen (с T mit); не ~ с (T) sich schlecht stehen (*od.* nicht auskommen) mit; ~ одно́ и то́ же ein und dasselbe wiederkäuen; **-ся** vonstatten gehen, *vgl. a.* на~, ~при, с~, у~.
ла́дный F [14; -ден, -дна́, -о] gut, passend; ла́дно! (schon) gut!, schön!, einverstanden!
Ла́дож|ский [16]: ~ское о́зеро *n* Ladoga-See *m.*
ладо́|нь *f* [8], **~ша** P *f* [5] (*innere*) Handfläche; flache Hand; как на ~ни ganz deutlich *od.* klar; хло́пать (*od.* бить) в ~ши (in die Hände) klatschen.
ладья́ *f* [6; *g/pl.*: -де́й] (großer) Kahn *m*; (*Schach*) Turm *m.*
лаз *m* [1] ⊕ Mannloch *n*; Schlupfloch *n* (*Tiere*); Wildpfad.
Ла́зар|ь *m* [4] Lazarus; петь ≗я singend betteln; lamentieren, klagen.
лазе́йка *f* [5; *g/pl.*: -е́ек] (kleines) Schlupfloch *n*; (*fig.*) Hintertür.
ла́зить [15] klettern.
лазо́ревый [14] (*poet.*) azurfarben.
лазу́н *m* [1*e.*] Kletterer.
лазу́рь *f* [8] Lasur(blau *n*).
лазу́т|чество *n* [9] Auskundschaftung *f*; **~чик** *m* [1] Auskundschafter.
ла́зящ|ий [17] Kletter...; ~ие живо́тные *pl.* Klettertiere; ~ие пти́цы *pl.* Klettervögel.
лай *m* [3] Gebell *n.*
ла́йба *f* [5; *g/pl.*: ла́еб] großes Boot *n* (*mit Mast und Verdeck*).
ла́й|ка *f* [5; *g/pl.*: ла́ек] Handschuhleder *n*; Kläffer *m* (*Hund*); Eskimohund *m.*
лака́ть [1], <вы́-> (auf)lecken.
лаке́й *m* [3] Lakai, (Haus-)Diener; **~ский** [16] lakaienhaft; Diener...; ~ская *f* Bedientenzimmer *n*; **~ствовать** [7] kriechen, katzbuckeln (пе́ред T vor j-m).
лакиров|а́ть [7], <от-> lackieren, firnissen; лакиро́ванный lackiert; Lack...; **~ка** (-ˈrɔf-) *f* [5] Lackierung; **~щик** (-ˈrɔf-) *m* [1] Lackierer, Firnisser.

ла́ком|ить [14], <по-> mit Naschwerk versehen; **-ся** naschen; **~ка** *m/f* [5] Näscher(in *f*), F Leckermaul *n*; **~ство** *n* [9] Naschwerk; **~ый** [14 *K.*] naschhaft, naschig; schmackhaft, lecker; Lecker...; lüstern (до P nach).

лакри́ца *f* [5] Lakritze.

лакри́чник ⚘ *m* [1] Süßholz *n*.

лакто́за ⚗ *f* [5] Milchzucker *m*.

Ла-Ма́нш *m* [1]: проли́в ~ Ärmelkanal.

ла́мпа *f* [5] Lampe; **~д(к)а** (-'pa[t]-) *f* [5; (*g/pl.*: -док)] Lampe (*vor e-m Heiligenbild*); Ampel.

лампа́с *m* [1] äußere Hosennaht *f*, Biese *f*.

ла́мпо|вщик *m* [1] Lampenmacher; Lampen-, Laternenanzünder; **~вый** [14] Lampen...; ~вый приёмник ⚡ *m* Röhrenempfänger; **~чка** *f* [5; *g/pl.*: -чек] Lämpchen *n*, (kleine) Lampe; ⚡ Birne (*a.* ~чка Ильича́ [*nach Lenin benannt*]).

ландо́ *n* [*unv.*] Landauer *m* (*Wagen*).

ландша́фт *m* [1] (*Geogr., Malerei*) Landschaft *f*.

ла́ндыш ⚘ *m* [1; *g/pl.*: шей] Maiglöckchen *n*.

ланце́т *m* [1] Lanzette *f*.

лань *f* [8] Damhirsch *m*.

ла́па *f* [5] Pfote, Tatze.

ла́пка *f* [5; *g/pl.*: -пок] Pfötchen *n*.

лапла́нд|ец *m* [1; -дца] Lappländer; **2ия** *f* [7] Lappland *n*.

ла́пот|ник *m* [1] Bastschuh-flechter, -träger; **~ь** *m* [4; -птя; *ab g/pl. e.*: -пте́й] Bastschuh.

ла́почка *f* [5; *g/pl.*: -чек] Pfötchen *n*.

лапта́ *f* [5] Ballspiel *n*; Ballschlegel *m*, Schlagholz *n*.

ла́пчатый [14] pfotig; pfotenartig; Pfoten...; ⚘ gezackt; гусь *m* ~ F geriebener Kunde.

лапша́ *f* [5] Nudeln *f/pl.*; Nudelsuppe.

ларёк *m* [1; -рька́] Verkaufs-bude *f*, -stand; Bauchladen (*in den Gefängnissen*).

лар|е́ц *m* [1; -рца́], **~чик** ('łar-) *m* [1] (kleiner) Kasten, Kästchen *n*; ~чик про́сто открыва́лся F (*Spr.*) des Rätsels Lösung war einfach; **~ь** *m* [4*e.*] großer Kasten, Truhe *f*.

ла́ска *f* **1.** [5; *g/pl.*: ласк] Liebkosung, Schmeichelei; **2.** [5; *g/pl.*: -сок] (*Zool.*) Schneewiesel *n*.

ласка́тельный [14] schmeichelnd, zärtlich, Kose...

ласка́ть [1] freundlich behandeln, liebkosen; (*a.* ~ себя́) sich schmeicheln (T mit); ~ руко́й tätscheln; **-ся** (к Д *od.* о́коло P) sich einschmeicheln (bei), um ... herumsein.

ла́сковый [14*K.*] freundlich (к Д gegen).

ла́сочка *f* [5; *g/pl.*: -чек] (*Zool.*) Schneewiesel *n*.

ласт *m* [1] (*Zool.*) Flosse *f* (*Robbe u. dgl.*).

ла́стик ⊕ *m* [1] Gummi; Radiergummi; Wollsatin.

ла́ститься P [15] *s.* ласка́ться.

ластоно́гие *pl.* [16] (*Zool.*) Flossenfüßler.

ла́сточка *f* [5; *g/pl.*: -чек] Schwalbe.

лата́ния ⚘ *f* [7] Fächerpalme.

лататы́: зада́ть ~ P das Hasenpanier ergreifen.

лата́ть P [1; ла́танный], <за-> flikken, Flicken aufsetzen.

латви́|йский [16] lettisch; **2я** ('łat-) *f* [7] Lettland *n*.

латин|и́ст *m* [1] Lateiner; **~ица** (-'ţi-) *f* [5] lateinisches Alphabet *n*; **~ский** (-'ţin-) [16] lateinisch.

ла́тка P *f* [5; *g/pl.*: -ток] Flicken *m*.

ла́тный [14] Panzer...

лату́к ⚘ *m* [1] Lattich.

лату́н|ный [14] aus Messing(blech) (gemacht); Messing...; **~ь** *f* [8] Messing(blech) *n*.

ла́ты *f/pl.* [5] Panzer *m*, Harnisch *m*.

латы́нь P *f* [8] Latein *n*.

латы́ш *m* [1*e.*; *g/pl.*: -ше́й] Lette.

лафа́ P *f* [*unv.*] (unerwartetes) Glück *n*; ему́ тепе́рь ~! hat der jetzt ein Glück!

лафе́т ⚔ *m* [1] Lafette *f*.

лаха́н *s.* лохан...

ла́цкан *m* [1] Latz; ⚔ Rabatte *f*.

лачу́га *f* [5] elende Hütte.

ла́ять [27] bellen; ~ на (В) anbellen; (*fig.*) (aus)schelten; **-ся** (sich) zanken.

лганьё *n* [10] Lügen; Lügen *f/pl.*

лгать [лгу, лжёшь, лгут; лгал, -á, -о], <со-> (о П *od.* про В) lügen.

лгун *m* [1*e.*] Lügner; **~и́шка** *m* [5; *g/pl.*: -шек] kleiner Lügner.

лебеда́ ⚘ *f* [5] Melde.

лебе|дёнок *m* [2] junger Schwan **~ди́ный** [14] Schwanen...; **~дка**

(-ˈbɔt-) *f* [5; *g/pl.*: -док] Schwan *m* (*Weibchen*); Herzchen *n*, Herzblättchen *n*; ⊕ Winde; **~дь** (ˈlʲe-) *m* [4; *ab g/pl. e.*: -де́й] Schwan.

лебези́ть [15; -ежу́, -ези́шь] dienstfertig sein, scharwenzeln.

лебя́жий [18] Schwanen...

лев[1] *m* [1; льва] Löwe.

Лев[2] *m* [1; Льва] Leo (*Vn.*).

лева́да *f* [5] (*vom Hochwasser*) überschwemmte Uferwälder *m/pl.* (*im Süden des europäischen Rußlands*); Wald- oder Garten-grundstück *n* (*in der Nähe e-s Hauses oder Dorfes*).

лева́к *m* [1 *e.*] Schwarzfahrer.

леве́ть [8], <по-> (*Pol.*) sich der Linken nähern.

левизна́ *f* [5] (*Pol.*) (radikale) Einstellung, linke Abweichung.

левко́й ⚘ *m* [3] Levkoie *f*.

левобере́жный [14] linksuf(e)rig.

левре́тка *f* [5; *g/pl.*: -ток] Windspiel *n* (*Hund*).

левша́ *m/f* [5; *g/pl.*: -ше́й] Linkshänder(in *f*).

ле́вый [14] linke(r); (*Pol.*) ле́вая *f* Linke; ле́во links.

лега́вая [14] Hühner-, Vorstehhund *m*.

легализова́ть [7] (*im*)*pf*. legalisieren, beglaubigen.

лега́льный [14; -лен, -льна] gesetzlich, gesetzmäßig, legal.

леге́нда *f* [5] Legende, Sage; Märchen *n*; Begleittext *m*.

лёгкий (ˈlʲɔx-) [16; лёгок, легка́, -о́, -и́ *u.* лёгки; *comp.* ле́гче, *sup.* легча́йший] leicht; ему́ даётся всё легко́ ihm fällt alles leicht; вам легко́ говори́ть! Sie haben gut reden!; легко́ сказа́ть! das ist leicht gesagt!; лёгок на поми́не F (*Spr.*) wenn man den Wolf nennt, kommt er gerennt; с моéй лёгкой руки́ F (*Spr.*) den Anfang habe ich gemacht (geschafft).

легкоатле́т (-xk-) *m* [1] Leichtathlet.

легко|ве́рие (lʲɪx-) *n* [12] Leichtgläubigkeit *f*; **~ве́сный** [14; -сен, -сна] leichtgewichtig; ☨ ~ве́сный това́р *m* Leichtgut *n*.

лёгкое (-xk-) [16] Lunge *f*; ⚕ воспале́ние *n* лёгких Lungenentzündung *f*.

легкомы́|сленный (-xk-) [14 *K.*] leichtsinnig; **~слие** *n* [12] Leichtsinn *m*.

лёгонький [16; -о́нек, -о́нька] ganz leicht.

лёгочный [14] Lungen...

легча́ть (-xtʃ-) P [1; *nur 3. Pers.*], <по-> leichter werden.

легчи́ть (-xtʃ-) [16; -чу́, -чи́шь; -чённый] **1.** <об-> *s.* облегча́ть; **2.** P <вы́-> verschneiden, kastrieren.

лёд *m* [1; льда, на льду] (*koll.*) Eis *n*; ве́чные льды *pl.* ewiges Eis *n*; глы́ба *f* льду Eisblock *m*; ~ идёт по реке́ es ist Eisgang; на языке́ мёд, а в се́рдце ~ (*Spr.*) falsch wie die Katzen, die vorne lecken und hinten kratzen.

леда́щий P [17] kränklich, schwächlich.

леде|не́ть [8; *nur 3. Pers.*], <о(б)-> zu Eis werden, gefrieren; vereisen; **~не́ц** *m* [1; -нца́] Zuckerkandis; **~ни́ть** [13; *nur 3. Pers.*: -и́т], <о(б)-> zu Eis machen.

ле́дник[1] *m* [1] Eis-keller, -schrank.

ледни́к[2] *m* [1 *e.*] Gletscher.

ледо|ви́тый [14] Eis...; ♀ви́тый океа́н *m* Eismeer; **~ко́л** *m* [1] Eisbrecher (*Dampfer a.*: парохо́д-ледоко́л); **~ко́льня** *f* [6; *g/pl.*: -лен] Eisbruch *m* (*Ort*); **~ре́з** ⊕ *m* [1] Eisbock; ⚓ Eisbrecher; **~ру́б** *m* [1] Eispickel; **~ста́в** *m* [1] Zufrieren *n* (*der Flüsse*); **~хо́д** *m* [1] Eisgang.

ледяно́й [14] eisig; eiskalt; Eis...

ле́ечка *f* [5; *g/pl.*: -чек] kleine Gießkanne.

лежа́к *m* [1 *e.*] Liege-stuhl, -bank *f*.

лежа́лый [14] abgelagert.

лежа́нка *f* [5; *g/pl.*: -нок] Ofenbank; Liegestuhl *m*.

лежа́|ть [4; -жу́, -жи́шь; лёжа] liegen; sich befinden; lasten (на П auf *dat.*); obliegen (на П *dat.*); ~ть на столе́ ausliegen (*Zeitungen usw.*); **-ся** [*unpers.*] keine Lust haben zu schlafen, nicht liegen können; **~чий** [17] liegend; ~чий воротни́к *m* Umlegekragen; под ~чий ка́мень и вода́ не течёт (*Spr.*) rast' ich, so rost' ich.

ле́жбище *n* [11] (Land-)Liegestelle *f* (*der Robben u. dgl.*).

лежебо́ка *m/f* [5] Faulenzer(in *f*).

ле́жень *m* [4; -жня] Quer-, Sohlbalken, Schwelle *f*.

лёжка *f* [5] langes Liegen *n*; Tierlager *n*; идти́ в лёжку gelagert werden (*Obst*); лежа́ть в лёжку P

bettläg(e)rig sein; напи́ться в лёжку P sich sinnlos betrinken.
лежмя́: ~ лежа́ть F hilflos daliegen.
ле́звие *n* [12] Schneide *f.*
лезги́н *m* [1] Lesginer (*kaukasisches Volk*).
лезть [24; *durchweg st.*: ле́зу; лезь (-те)!; ле́з, -ла], klettern, steigen; hinein-passen, -gehen; belästigen; hineingreifen; sich einmischen; ausfallen (*Haare*); ~ не в своё де́ло sich in fremde Angelegenheiten mischen; хоть в пе́тлю лезь F es ist zum Haarausraufen; ~ из ко́жи вон aus der Haut fahren; не ~ за сло́вом в карма́н F nicht um eine Antwort verlegen sein; сапо́г не ле́зет (на́ ногу) der Stiefel paßt nicht.
лейб-гва́рдия ⚔ *f* [7] Leibgarde.
ле́йка *f* [5; *g/pl.*: ле́ек] Gießkanne; Leika (*Photoapparat*).
лейтена́нт *m* [1] Leutnant; мла́дший ~ Unterleutnant; ста́рший ~ Oberleutnant.
лека́ло ⊕ *n* [9] Schablone *f*, Lehre *f.*
лека́р|ка *f* [5; *g/pl.*: -рок] Ärztin; **~ственный** [14] arzneilich, medizinisch; **~ство** *n* [9] Arznei *f*, Heilmittel, Medizin *f* (от P gegen).
ле́карь *m* [4; *ab g/pl. e.*: -ре́й] Arzt.
ле́ксика *f* [5] (*Ling.*) Wortschatz *m.*
ле́к|тор *m* [1] Lektor, Dozent, Vorleser; **~то́рий** *m* [3; *prpos/sg.*: -ии] Vorlesungssaal; **~ция** *f* [7] Vorlesung; Vortrag *m.*
леле́ять [27] hätscheln, verzärteln, (hegen und) pflegen; ~ наде́жду die Hoffnung hegen.
ле́ме́х ⊕ *m* [1; -а *u.* -а́; *pl. e.*: -а́] Pflugschar *f.*
лён ⚘ *m* [1; льна] Flachs, Lein.
Ле́на *f* [5], **Ле́н(уш)ка** *f* [5] (*dim. v.* Еле́на) Lena, Lenchen *n.*
лени́|вец *m* [1; -вца], **~вица** *f* [5] Faulenzer(in *f*); **~вый** [14*K.*] faul, träge; ~вые щи *f/pl.* legierte (*od.* frische) Kohlsuppe *f.*
ле́нинец *m* [1; -нца] (*Pol.*) Anhänger Lenins.
ле́нин|ский [16]: ~ские дни *m/pl.* Todesgedenktage für Lenin; ~ский набо́р *m od.* призы́в *m* Lenin-Kommunisten *m/pl.* (*anläßlich des Todestages Lenins in die Partei aufgenommen*).
лени́ться [13; леню́сь, ле́нишься] faulenzen, faul sein *od.* werden.
ле́ность *f* [8] Faulheit, Trägheit.
ле́нта *f* [5] Band *n*; Farbband *n.*
ле́нточка *f* [5; *g/pl.*: -чек] Bändchen *n.*
лентя́й *m* [3], **~ка** *f* [5; *g/pl.*: -я́ек] Faulenzer(in *f*).
ленц|а́: рабо́тать с ~о́й F sich kein Bein ausreißen (*bei der Arbeit*); челове́к с ~о́й ein träger (indolenter) Mensch.
лень *f* [8] Faulheit; мне ~ ich bin (zu) faul *od.* träge; все, кому́ не ~ jeder x-beliebige.
лепесто́к *m* [1; -тка́] Blütenblatt *n.*
ле́пет *m* [1] Lallen *n*, Gelalle *n*; Stammeln *n*; **~а́ть** [4] lallen; stammeln; **~у́н** *m* [1*e.*] Laller; Stammler.
лепёха *f* [5] Fladen *m* (*Gebäck*).
лепёш|ка *f* [5; *g/pl.*: -шек] kleiner Fladen *m*; в ~ку расшиби́ться *od.* разби́ться P (*fig.*) sich ein Bein ausreißen.
леп|и́ть [14] **1.** <на-> kleben, leimen; **2.** <вы́-, с-> modellieren; **~ка** ('ʝɛp-) *f* [5] Modellieren *n*, Modellierung; **~но́й** [14] modelliert; Modellier...
ле́пта *f* [5] Scherflein *n.*
лес *m* [1; и́з лесу *u.* из ле́са; в лесу́; *pl. e.*: леса́] Wald, Forst; (Bau-) Holz *n*; ~а́ *pl.* Waldung(en *pl.*) *f*; ~а́ *pl.* Baugerüst *n*; чёрный ~ Laubwald; и́з ~у aus dem Wald (heraus); быть как в ~у́ F weder ein noch aus wissen; из-за дере́вьев не вида́ть ~а (*Spr.*) den Wald vor lauter Bäumen nicht sehen; ~ ру́бят — ще́пки летя́т (*Spr.*) wo gehobelt wird, da fallen Späne.
леса́ *f* [5; *pl.*: ле́сы *u.* лёсы) Angelschnur (*mit Haken*).
ле́сенка *f* [5; *g/pl.*: -нок] kleine Leiter *od.* Treppe.
леси́стый [14*K.*] waldig, waldreich; Wald...
лесни́|к *m* [1*e.*] Wald-hüter, -wärter; **~чество** *n* [9] Forstwirtschaft *f*; Forstrevier; **~чий** [17] Förster *m.*
лесно́й [14] Wald(es)..., Forst...; ~ царь *m* Erlkönig.
лесово́д *m* [1] Forstmann; **~ство** *n* [9] Wald-, Forst-bau *m*, -kultur *f*; Forstkunde *f.*

лесозаготóвки *f/pl.* [5; *gen.*: -вок] staatliche Holzbeschaffung *f.*
лесóк *m* [1; -скá] Wäldchen *n.*
лесонасаждéние *n* [12] Aufforstung *f.*
лесопи́лка *f* [5; *g/pl.*: -лок] Sägemaschine; Sägewerk *n.*
лесопи́ль|ный [14] Holzsäge...; **~**ный завóд *m* = **~ня** *f* [6; *g/pl.*: -лен] Säge-mühle, -werk *n.*
лесопромы́шлен|ник *m* [1] Holzhändler; **~ность** *f* [8] Holzindustrie.
лесо|рýб *m* [1] Holzfäller; **~сéка** *f* [5] Holzschlag *m*; **~сплáв** *m* [1] Flößerei *f*; **~стéпь** *f* [8] Waldsteppe.
лесóчек *m* [1; -чка] Wäldchen *n.*
лёсс *m* [1] Löß.
лéстни|ца *f* [5] Treppe; Leiter; **~чный** [14] Treppen...; Leiter...; **~**чная клéтка *f* Treppenhaus *n.*
лéст|ный [14; -тен, -тна] schmeichelhaft; **~ь** *f* [8] Schmeichelei.
лёт *m* [1] Flug; из летý im Fluge.
летáтельный [14] zum Fliegen (bestimmt); Flug...
летáть [1] fliegen (по вóздуху in der Luft).
летéть [11], <по-> (**~** тудá hin)fliegen; P fallen; лётом **~** rasend schnell dahinfliegen.
летнáб ✈ *m* [1] (лётчик-наблюдáтель) Fliegerbeobachter.
лéтний [15] sommerlich; Sommer...
лётный [14] Flug...; лётное пóле *n* Rollfeld; лётное расписáние *n* Flugplan *m.*
лéто *n* [9; *pl.*: летá] Sommer *m*; летá *pl.* Jahre (*vgl.* год); **~**м im Sommer; в летáх bejahrt; скóлько вам лет? wie alt sind Sie?; мы с ним однИх лет wir sind gleich alt *od.* in denselben Jahren; в цвéте лет in der Blüte der Jahre; на стáрости лет auf seine alten Tage; **~вáть** [7], <за-, пере-, про-> übersommern; **~пи́сец** *m* [1; -сца] Chronist, Chronikenschreiber; **~пись** *f* [8] Chronik; Jahrbuch *n*; **~счислéние** *n* [12] Zeitrechnung *f*; **~шний** [15] im (*od.* vom) vorigen Sommer.
летýн *m* [1*e.*] oft die Stelle wechselnder Arbeiter, Werkflüchtige(r).
летýч|ий [17] fliegend; Flug...; ⚗ flüchtig; **~**ая мышь *f* Fledermaus; **~ка** *f* [5; *g/pl.*: -чек] Flugblatt *n*, Flugschrift; Betriebsappell *m.*
лётчик *m* [1] Flieger.
лечéб|ник *m* [1] Arznei(mittel)-buch *n*; **~ница** *f* [5] Heilanstalt; глазнáя **~**ница Augenklinik; **~ный** [14] Heil...; medizinisch.
лечи́ть [16] heilen, kurieren, behandeln.
лечь *s.* ложи́ться.
Лёша *m* [5] (*dim.* zu Алексéй) [Alex.]
лéший [17] Wald-geist *m*, -gespenst *n*; ну тебя́ к лéшему! F scher' dich zum Teufel!
лещ *m* [1*e.*; *g/pl.*: -éй] (*Zool.*) Blei, Brachse(n *m*) *f.*
лещи́на ♀ *f* [5] Hasel-busch *m*, -nuß.
лже... (*in Zssgn*) falsch, Pseudo..., *z.B.* **~присяга** *f* [5] Meineid *m*; **~свидéтель** *m* [4] falscher Zeuge; **~учéние** *n* [12] Irrlehre *f.*
лжец *m* [1*e.*] Lügner.
лжи́|вость *f* [8] Lügenhaftigkeit; Verlogenheit; **~вый** [14*K.*] lügenhaft, verlogen; falsch (*Nachrichten*).
ли ob; вéрно **~** э́то? ist das richtig?; **~** ... **~** ob ... oder.
лиáна ♀ *f* [5] Liane.
Либáва *f* [5] Libau *n.*
ли́бо oder; **~** ... **~** entweder ... oder; *in* (*Zssgn*) ...-**~** irgend (*vgl.* гдé-**~**, ктó-**~** *usw.*).
Ливáн *m* [1] Libanon *m.*
ли́вень *m* [4; -вня] (Regen-)Guß; *vgl.* лить.
ли́вер *m* [1] Geschlinge *n*, Innereien *pl.*; ⊕ Heber (*für Flüssigkeiten*).
Ли́вий *m* [3; *prpos/sg.*: -ии] Livius.
ливмя́ *s.* лить.
ливрéя *f* [6; *g/pl.*: -рéй] Livree.
ли́га *f* [5] Liga, Bund *m*; ♀ Нáций Völkerbund *m*; **~тýра** *f* [5] Legierung; **~тýрный** [14] legiert.
лигни́т *m* [1] Braunkohle *f.*
ли́дер *m* [1] (*Sport*) Schrittmacher; (*Pol.*) **~** (пáртии) Partei-, Wortführer.
Ли́дия *f* [7] Lydien *n* (*Land*); Lydia (*Vn.*).
Ли́за, ~нька, Ли́з(оч)ка *f* [5] (*dim. v.* Елизавéта) Liese, Lieschen *n*, Lisbeth.
лизáть [3], *einm.* <лизнýть> [20] lecken; *s.* об**~**.
лизоблю́д *m* [1] F (*ver.*) Speichellecker.
ликбéз *m* [1] (ликвидáция безгрáмотности) Bekämpfung *f* des Analphabetentums.

ликвиди́ровать [7] (*im*)*pf*. liquidieren, auflösen.
ликова́ть [7], <воз-> frohlocken, jubeln.
ликопо́дий ⚘ *m* [3; *prpos*/*sg*.: -ии] Bärlapp.
ликпу́нкт *m* [1] (ликвидацио́нный пункт) Unterrichtsstelle *f* für Lesen- und Schreiben-lernen.
лиле́йный [14] lilienweiß; Lilien...
ли́лия ⚘ *f* [7] Lilie.
лило́вый [14] lila(farben, -blau).
лима́н *m* [1] Liman (*Meereseinschnitt an e-r Flußmündung*); Haff *n*.
лими́т ✝ *m* [1] Preisgrenze *f*, Limit(um) *n*; **~и́ровать** ✝ [7] (*im*)*pf*. limitieren, begrenzen.
лимитро́ф *m* [1] Puffer-, Randstaat.
лимо́н *m* [1] Zitrone *f*; **~а́д** *m* [1] Limonade *f*; **~ка** ⚔ *f* [5; *g*/*pl*.: -нок] F Ei(er)handgranate.
лимузи́н *m* [1] Limousine *f*.
ли́мфа *f* [5] Lymphe.
лингви́ст *m* [1] Sprachforscher; **~ика** *f* [5] Sprachwissenschaft.
лине́ечка *f* [5; *g*/*pl*.: -чек] kleines Lineal *n*.
лине́й|ка *f* [5; *g*/*pl*.: -е́ек] Lineal *n*; (*mehrsitziger*) Kremser *m*; счётная ~ка Rechenschieber *m*; **~ный** [14] Linien...; Strecken...; ~ный кора́бль *m* Linien-, Schlacht-schiff *n*; ~ный суд *m* Transportgericht *n*; **~щик** ⚔ *m* [1] Störungssucher.
линёк ⚓ *m* [1; -нька́] Tauende *n*.
ли́нза *f* [5] Linse.
ли́|ния *f* [7] Linie (*a. als Längenmaß* = 2,54 m); Strecke; е́хать в ~нию hintereinander fahren; по ~нии (P) bezüglich, in Hinsicht auf (*ac*.).
линко́р *m* [1] (лине́йный кора́бль) Schlachtschiff *n*.
линова́ть [7], <на-> liniieren.
Линч: суд *m* Ли́нча Lynchjustiz *f*; **~ева́ть** [6; -чу́ю] lynchen.
линь *m* [4*e*.] Schlei(e) *f* (*Fisch*); ⚓ (*Schiffs*-)Leine *f*.
ли́нька *f* [5] Haaren *n*, Mausern *n*, Häuten *n*.
линю́чий [17*K*.] (leicht) verschießend (*Farbe*).
линя́лый [14] verschossen, verblichen; gemausert.
линя́ть [28; *nur 3. Pers*.] **1.** <по-, с-> verschießen, verbleichen; **2.** <вы-> sich mausern *od*. haaren.
ли́п|а ⚘ *f* [5] Linde; P (*ver*.) Fälschung; **~ец** *m* [1; -пца] Lindenblütenhonig; **~кий** [16; -пок, -пка́, -о] kleb(e)rig; ~кий пла́стырь *m* Heftpflaster *n*, Leukoplast *n*; **~нуть** [21], <при-> kleben(bleiben) (к Д an *dat*.); **~ня́к** *m* [1*e*.] Lindenwald; **~овый** [14] linden; Linden...; unbegründet, fingiert; unecht, wertlos.
ли́ри|к *m* [1] Lyriker; **~ка** *f* [5] Lyrik.
лирохво́ст *m* [1] (*Zool*.) Leierschwanz.
лиса́ *f* [5; *pl. st*.: ли́сы], **лиси́ца** *f* [5] Fuchs *m*; чернобу́рая ~ Silberfuchs *m*; 2 Патрике́евна Reinecke Fuchs *m*.
ли́с(и́ч)ий [18] Fuchs...
лиси́чка *f* [5; *g*/*pl*.: -чек] Füchslein *n*; ⚘ Pfifferling *m*.
лист *m* **1.** [1*e*.] Blatt *n* (*Papier*); (*Papier*-)Bogen; ~ желе́за, желе́зный ~ Eisenblech *n*; опро́сный ~ Fragebogen; **2.** [1*e*.; *pl. st*.: ли́стья, -ьев] ⚘ Blatt *n*; александри́йский ~ ⚕ Sennesblätter *pl*.; дрожа́ть как оси́новый ~ (*Spr*.) wie Espenlaub zittern; игра́ть с ~а́ vom Blatt spielen; **~а́ть** F [1] (durch)blättern (*Buch*); **~ва́** *f* [5] Laub *n*; **'~венница** ⚘ *f* [5] Lärche; **'~венный** [14] belaubt; Laub...; **'~ик** *m* [1] *s*. ~о́к; **~о́вка** *f* [5; *g*/*pl*.: -вок] Flugblatt *n*; **~ово́й** [14] Blatt...; ~ово́е желе́зо *n* Eisenblech; ~ово́е о́лово *n* Zinnblech, Stanniol; **~о́к** *m* [1; -тка́] (kleines) Blatt *n*, Blättchen *n*; Zettel; **~опа́д** *m* [1] Laubfall; **~о́чек** *m* [1; -чка] *s*. листо́к.
лита́вра ♪ *f* [5] Pauke.
Литва́ *f* [5] Litauen *n*.
литви́н *m* [1] Litauer.
лите́й|ный [14] Gieß(haus)..., Guß...; ~ная *f* Gießerei; **~щик** *m* [1] (Metall-)Gießer.
ли́тер *m* [1] Freifahrtschein *oder* Fahrschein zu ermäßigtem Preis.
ли́тера *f* [5] Buchstabe *m*, Type.
лито́вец *m* [1; -вца] Litauer.
лито́й [14] gegossen; Guß...
ли́тр *m* [1] Liter *n*; **~а́ж** *m* [1 *e*.] Fassungsvermögen *n* (*an Litern*); **~о́вка** *f* [5; *g*/*pl*.: -вок] Literflasche Wodka; **~о́вый** [14] Liter...
лить [лью, льёшь; лил, -а́, -о; ле́й(те)!; ли́тый (лит, -а́, -о)] *s. a*. лито́й; gießen; triefen (*Schweiß*); льёт как из ведра́, дождь ли́вмя

(*od.* ли́внем) льёт es gießt (wie mit Mulden *od.* Kannen), es regnet Bindfaden; ~ во́ду на чью-нибудь ме́льницу (*Spr.*) Wasser auf j-s Mühle gießen; **-ся** fließen, sich ergießen.

литьё *n* [10] Gießen; Guß *m*.

лиф *m* [1] (Unter-)Taille *f* (*am Kleid*); Leibchen *n*, Mieder.

лифля́нд|ец *m* [1, -дца] Livländer; **♀ия** *f* [7] Livland *n*.

лифт *m* [1] Lift, Fahrstuhl; **~ёр** *m* [1] Liftboy.

лиха́ч *m* [1 *e.*; *g/pl.*: -е́й] Droschke *f* erster Klasse; (*fig.*) Tollkopf.

лих|ва́ *f* [5] Wucher(zins) *m*; с ~во́й im Überfluß, mit großem Gewinn.

ли́хо P *n* [9] Böse(s); keck; не помина́йте (меня́) ~м behalten Sie mich in gutem Andenken.

лиходе́й *m* [3] Arglistige(r), Bösewicht.

лихо́имец *m* [1; -мца] Wucherer.

лихо́й [14; *K. f*: -ха́] gewandt, flink; böse, arg; Böse(r) *m*; *vgl.* ли́хо; лиха́ беда́ нача́ло (*Spr.*) aller Anfang ist schwer; ~ ма́лый F Teufelskerl *m*.

лихора́|дка ⚕ *f* [5] Fieber *n*; **~дочный** [14; -чен, -чна] fieberhaft.

ли́хость *f* [8] Gewandtheit, Kühnheit; Bosheit.

ли́хтер ⚓ *m* [1] Lichter(schiff *n*).

лице|ва́ть [6; -цу́ю], <пере-> von außen verschönern; (*Kleid*) (umwenden; **~во́й** [14] Gesichts...; Stirn...; Außen..., Vorder...; **~зре́ние** *n* [12] Anschauung *f*.

лице́й *m* [3] Lyzeum *n*.

лицеме́р *m* [1] Heuchler; **~ить** [13] heucheln; **~ный** [14; -рен, -рна] heuchlerisch.

лицеприя́тие *n* [12] Parteilichkeit *f*.

лицо́ *n* [9; *pl. st.*: ли́ца] Gesicht; Vorderseite *f*; Person *f*; должностно́е ~ Amtsperson *f*; ча́стное ~ Privatperson *f*; в ~, с лица́ von Ansehen; от лица́ im Namen; на одно́ ~ zum Verwechseln ähnlich; ~м к лицу́ von Angesicht zu Angesicht; э́то вам (не) к лицу́ das kleidet Sie *od.* steht Ihnen (nicht) gut; на нём лица́ нет F er sieht ganz verstört aus; показа́ть това́р ~м F et. im günstigsten Licht zeigen; стере́ть с лица́ земли́ ausrotten, ausradieren, coventrieren (*2. Weltkrieg*).

ли́чико *n* [9; *pl.*: -ки, -ков] Gesichtchen.

личи́н|а *f* [5] Larve, Maske (*a. fig.*); (*Tür-, Koffer-*)Schloßbeschlag *m*; **~ка** *f* [5; *g/pl.*: -нок] Raupe, Larve (*e-s Insekts*); Made.

лично́|й [14] Gesichts...; **~сть** (ˈlʲitʃ-) *f* [8] Persönlichkeit.

ли́ч|ный [14] persönlich; ~ное обяза́тельство *n* Schuldschein *m*; ~ный соста́в *m* Personal *n*.

лиша́й ⚘ ⚕ *m* [3 *e.*; -шая́] Flechte *f*.

лиша́ть [1], <лиши́ть> [16; -шу́, -ши́шь; -шённый] (B/P *j-m et.*) entziehen, nehmen, rauben; (*j-n* um *et.*) bringen; **-ся** (P) verlieren, einbüßen.

ли́шек *m* [1; -шка] (*mst pl.*) Überschuß; Rest.

лише́нец *m* [1; -нца] F (*ver.*) Sowjetbürger, dem, als politischem Gegner, die bürgerlichen Rechte entzogen sind, Nichtwahlberechtigte(r), Entrechtete(r).

лише́ние *n* [12] Entziehung *f*, Beraubung *f*; Verlust *m* (*e-s Rechtes usw.*); лише́ния *pl.* Entbehrungen *f/pl.*, Strapazen *f/pl.*

лиши́ть *s.* лиша́ть.

ли́ш|ний [15] überflüssig; ~ний вес *m* Über-fracht *f*, -gewicht *n*; ~ние лю́ди *pl.* lebensuntüchtige Menschen; два рубля́ с ~ним über 2 Rubel; взять ~нее с кого́ j-n überteuern, -vorteilen; вы́пить ~нее zuviel trinken.

лишь nur, bloß, lediglich; (*a.* ~ то́лько) kaum; ~ бы (бы́ло) wenn nur (wäre); ~ в три часа́ erst um drei Uhr.

лоб *m* [1; лба, во лбу́] Stirn *f*; что в ~, что по́ лбу (*Spr.*) es ist Jacke wie Hose; семи́ пя́дей во лбу F verdammt schlau, gescheit; **~за́ть** [1] (**-ся** sich) küssen; **ˈ~зик** *m* [1] Laubsäge *f*; **ˈ~ный** [14] Stirn...; ~ное ме́сто *n* Richtplatz *m*, (*biblisch*) Schädelstätte *f*; (*in Moskau*: *Stelle auf dem Roten Platz, wo früher die Ukase der Zaren ausgerufen wurden und Hinrichtungen stattfanden*).

лоботря́с P *m* [1] Tagedieb.

лов *m* [1] Fang; **~ела́с** F *m* [1] Schürzenjäger; **~е́ц** *m* [1; -вца́] Fänger, Jäger; Fischer; на ловца́ и зверь бежи́т (*Spr.*) Kunst bringt Gunst; **~и́ть** [14], <пойма́ть> [1; по́йманный] fangen; ertappen, erwischen; поймáть зá руку bei der Hand ergreifen; **~кáч** *m* [1 *e.*: *g*/*pl.*: -éй] gewandter Mensch; '**~кий** [16; лóвок, ловкá, -o; *comp.* лóвче, ловчée] gewandt, geschickt, flink; bequem; '**~ля** *f* [6; *g*/*pl.*: лóвель] Fangen *n*; Fang *m*; **~ýшка** *f* [5; *g*/*pl.*: -шек] Falle; '**~чий** [17] zur Jagd abgerichtet; † Jägermeister *m*.

лог *m* [1; *a.* в -ý; *pl.e.*: -á] Hohlweg.

логари́фм *m* [1] Logarithmus, Verhältniszahl *f*.

логи́ческий [16] logisch, folgerichtig.

логови́|на *f* [5] Hohlweg *m*; **~ще** ('ɫɔ-) *n* [11], **лóгово** *n* [9] Lager (*wilder Tiere*).

лóдка *f* [5; *g*/*pl.*: -док] Boot *n*; модóрная ~ Motorboot *n*; подвóдная ~ U-Boot *n*; складнáя ~ Faltboot *n*; спасáтельная ~ Rettungsboot *n*.

лóдоч|ка *f* [5; *g*/*pl.*: -чек] kleines Boot *n*; Gondel (*am Luftschiff*); **~ник** ⚓ *m* [1] Bootsmann.

лоды́жка *f* [5; *g*/*pl.*: -жек] Knöchel(chen *n*) *m* (*am Fuße*).

лóдыр|ь P *m* [4] Taugenichts, Faulenzer; Arbeitsverweigerer; гонять ~я F faulenzen.

лóжа *f* [5] (*Thea.*) Loge; ⚔ (*Gewehr- usw.*) Schaft *m*; **~бенуáр** *m* Parterreloge *f*.

ложби́на *f* [5] Hohlweg *m*.

лóже *n* [11] Bett; прокрýстово ~ Prokrustesbett.

лóжечка *f* [5; *g*/*pl.*: -чек] Löffelchen *n*; (*Anat.*) Herzgrube; (чáйная) ~ Teelöffel *m*.

ложи́ться [16; -жýсь, -жи́шься], <лечь> [26; лягу, ля́жешь, ля́гут; ляг(те)!; лёг, леглá] sich (hin-) legen.

лóжка *f* [5; *g*/*pl.*: -жек] Löffel *m*; разливáтельная ~ Schöpflöffel *m*; столóвая ~ Eßlöffel *m*; чáйная ~ Teelöffel *m*; чéрез час по чáйной лóжке F in kleinen Dosen, sehr zögernd.

лóж|ный [14; -жен, -жна] unwahr, falsch; быть на ~ном пути́ auf dem Holzwege sein.

ложь *f* [8; лжи, *instr*/*sg.*: лóжью] Lüge.

лозá *f* [5; *pl. st.*: лóзы] Zweig *m*, Reis *n*; Rute; виногрáдная ~ Weinrebe, Weinstock *m*.

лози́на *f* [5] Weidenrute.

лозня́к *m* [1 *e.*] Weidengebüsch *n*.

лóзунг ⚔ *m* [1] Losung(swort *n*) *f*, Schlagwort *n*, Parole *f*; вы́двинуть *od.* вы́кинуть ~ Losung (Parole) ausgeben.

локализовáть [7] (*im*)*pf.* lokalisieren, örtlich beschränken.

локáут *m* [1] Aussperrung *f*.

лóкон *m* [1] (Haar-)Locke *f*.

локотни́к *m* [1 *e.*] Armlehne *f* (*Sessel*).

лóкоть *m* [4; -ктя; *ab g*/*pl. e.*: -ктéй] Ellbogen; Elle *f* (*als Maß*); ни́же лóктя am Unterarm.

локтевóй [14] Ellbogen...

лом *m* **1.** [1; *ab g*/*pl. e.*: -óв] Brecheisen *n*, -stange *f*; **2.** [1] (Glieder-) Reißen *n*; ~ в костя́х Knochenbruch; (*koll.*) Bruch, Bruchstücke *n*/*pl.*; Windbruch; ~-шоколáд *m* Bruchschokolade *f*.

ломáка F *m*/*f* [5] Zier-affe *m*, -puppe *f*.

лóман|ый [14] ge-, zer-brochen; это ~ого грошá не стóит F das ist keinen Heller wert.

ломáть [1; лóманный], <c-> (zer-) brechen; (*Haus*) ab-, nieder-reißen; ~ гóлову sich den Kopf (zer)brechen (над T über *ac.*); ~ дуракá F sich dumm stellen; ~ рýки die Hände ringen; **-ся** (zer)brechen; sich verstellen; sich zieren.

лом|и́ть [14] reißen; brechen; knicken; [*unpers.*] reißen, ziehen (*Schmerz*); **-ся** (ein)brechen; sich biegen; (*fig.*) brechend voll sein, strotzen von; '**~ка** *f* [5; *g*/*pl.*: -мок] Brechen *n*; (*Stein- usw.*) Bruch *m*; Umwälzung, Umstellung; '**~кий** [16; лóмок, ломкá, -o] zerbrechlich; brüchig; **~ови́к** *m* [1 *e.*] Frachtfuhrmann; Lastpferd *n*; **~овóй** [14] zum Brechen (dienend); Brech...; Last...

ломóта ⚕ *f* [5] (Glieder-)Reißen *n*.

ломóть *m* [4; -мтя́] Stück *n* (*Brot*); (*Brot-*)Scheibe *f*, Schnitte *f*, Stulle *f*.

лóмтик *m* [1] Stückchen *n* (*Brot*), kleine (*Brot-*)Scheibe *f*, Stüllchen *n*.

лóно † *n* [9] Schoß *m*; на лóне прирóды F im Grünen.

лопáрь *m* [4 *e.*] Lappländer.

лóпасть *f* [8; *ab g*/*pl. e.*: -стéй] (*Ruder- usw.*) Schaufel; ⊕ Schaufelblatt *n*.

лопáт|а *f* [8] Schaufel; Spaten *m*; ~ой дéньги загребáть F Geld scheffeln; **~ка** *f* [5; *g*/*pl.*: -ток]

(kleine) Schaufel; (*Anat.*) Schulterblatt *n*; ♀ junge Schote.
ло́пать [1] **1.** <ло́пнуть> [20] (*impf. mst* **-ся**) platzen, (zer)bersten; abspringen; **2.** <с-> P auffressen.
ло́пнуть [20] *pf.* ✝ verkrachen, bank(e)rott machen.
лопота́ть P [3] schnell und undeutlich sprechen.
лопу́х ♀ *m* [1*e.*] Klette *f*.
лоси́на *f* [5] Elchfleisch *n*; Elchleder *n.*
лоси́ный [14] Elen...
лоси́ха *f* [5] Elchkuh.
лоск *m* [1] Glanz; без ~у glanzlos.
лоску́т *m* [1*e.*; *pl. a.*: -ку́тья, -ьев] Lumpen, Lappen, Fetzen (*abgerissenes Stück*); **~ник** *m* [1] Lumpensammler, -händler; **~о́к** *m* [1; -тка́], **~о́чек** *m* [1; -чка] Läppchen *n*.
лощи́|ло ⊕ *n* [9] Glättbein; **~ться** [13] glänzen.
лосо́|сий [18] Lachs...; **~си́на** *f* [5] Lachsfleisch *n*.
ло́со́сь *m* [4] Lachs.
лось *m* [4; *ab g/pl. e.*: -се́й] Elen(-tier) *n*.
лотере́я (łɔte'rejə) *f* [6; *g/pl.*: -ре́й] Lotterie.
лото́|к *m* [1; -тка́] Mulde *f*; muldenförmiges Tragbrett *n* (*der Straßenverkäufer*), Taburett *n*; Schmutzblech *n*; **~чек** *m* [1; -чка] kleine Mulde *f*; **~чник** (-ʃn-) *m* [1] Straßenverkäufer (*mit Bauchladen*).
лоха́н|ка *f* [5; *g/pl.*: -нок] Kübel *m*, Waschbecken *n*; **~ь** *f* [8] Kübel *m*, Waschbecken *n*.
лохма́тить F [15], <вз-> (zer-)zausen.
лохма́тый [14*K.*] zerzaust.
лохмо́тья *n/pl.* [10; *gen.*: -тьев] Lumpen *m/pl.*, Lappen *m/pl.* (*zerrissene Kleider*).
ло́хмы P *f/pl.* [5] Zotteln.
ло́цман ⚓ *m* [1] Lotse.
лоша|дёнка *f* [5; *g/pl.*: -нок] Mähre; **~ди́ный** [14] Pferde...; ~ди́ная си́ла *f* Pferdestärke (PS); ~ди́ная фами́лия? (*Spr., scherz., wenn jemand sich auf ein entfallenes Wort nicht besinnen kann; nach dem Titel e-r Erzählung von* Че́хов); **~дка** (-'ʃat-) *f* [5; *g/pl.*: -док] Pferdchen *n*; **~дь** ('łɔ-) *f* [8; *ab g/pl. e.*: -де́й; *instr/pl. a.*: -дьми́] Pferd *n*; бегова́я ~дь Rennpferd *n*; верхова́я ~дь Reitpferd *n*; заводна́я ~дь ⚔ Handpferd *n*: заводска́я ~дь Zuchtpferd *n*; коренна́я ~дь Deichselpferd *n*; ломова́я ~дь Lastpferd *n*; подсе́дельная ~дь Sattelpferd *n*; полукро́вная ~дь Halbblut *n*; пристяжна́я ~дь Seitenpferd *n*; упряжна́я ~дь Wagenpferd *n*; чистокро́вная ~дь Vollblut *n*.
лоша́|к *m* [1*e.*] Maul-esel, -tier *n*; **~чи́ха** *f* [5] Mauleselin.
лощи́|лка ⊕ *f* [5; *g/pl.*: -лок], **~ло** ⊕ *n* [9] Polier-, Glätt-eisen; **~на** *f* [5] Talsenke; **~ть** [16; -щу́, -щи́шь; -щённый], <на-, вы́-> (aus)glätten, polieren.
луб *m* [1; *pl.*: -бья, -бьев] Bast(-schicht *f*); **~ово́й** [14] Bast...; **~о́к** *m* [1; -бка́] Stück(chen) *n* Bast; Baumrinde *f*; ⚕ Schiene *f*; **~о́чный** [14] Bast...; ~о́чный рома́н *m* Hintertreppenroman; ~о́чные карти́ны *f/pl.* einfache (primitive) Holzschnitte *m/pl.*
луг *m* [1; на -у́; *pl. e.*: -а́] Wiese *f*; **~ово́й** [14] Wiesen...
луди́ль|ный [14] zum Verzinnen (dienend); Verzinn...; **~щик** *m* [1] Verzinner.
луди́ть [15; лужу́, лу́ди́шь; лужённый], <вы́-> verzinnen.
лу́жа *f* [5] Pfütze, Lache; сесть в лу́жу F (*fig.*) in eine Patsche geraten, in der Tinte sitzen.
лужа́йка *f* [5; *g/pl.*: -а́ек] kleine Waldwiese.
лужёный [14] verzinnt; име́ть ~ желу́док F alles vertragen, einen Straußenmagen haben.
лу́жиц|а *f* [5] kleine Pfütze; **~кий** [16] Lausitzer..., lausitzisch, wendisch; **2ы** *f/pl.* [5] Lausitz *f*.
лужо́|к *m* [1; -жка́], **~чек** *m* [1; -чка] kleine Wiese *f*.
лу́за *f* [5] Beutel *m*; Loch *n* (*am Billard*).
лук *m* [1] Bogen (*zum Schießen*); Zwiebel *f*; со́ус *m* из лу́ку Zwiebelsoße *f*, -tunke *f*.
Лука́[1] *m* [5] Lukas.
лука́[2] *f* [5; *pl. st.*] Krümmung; Sattelbogen *m*; **~ве́ц** *m* [1; -вца́]; Hinterlistige(r); **~вить** [14], <с-> (hinter)listig sein *od.* handeln; **~вица** *f* [5] Hinterlistige; **~вый** [14*K.*] (hinter)listig, tückisch; Teufel *m*.
лу́ковица *f* [5] Zwiebel, Knolle.
лукомо́рье *n* [10; *g/pl.*: -ьев] Meeresbucht *f*.
луко́шко *n* [9; *pl.*: -шки, -шек] Korb *m* aus Baumrinde.

луна́ *f* [5; *pl. st.*] Mond *m*; **˷тик** *m* [1] Mondsüchtige(r); **˷ти́ческий** [16] mondsüchtig.

лунь *m* [4 *e.*] Turmfalke, Weihe *f*; бе́лый как ˷ schneeweiß (*Haar*).

лу́па *f* [5] Lupe.

лупи́н ⚘ *m* [1] Lupine *f*.

лупи́ть [14] **1.** <об-> (ab)schälen; (*fig.*) rupfen; **2.** <с-> (с P) überteuern; **3.** <от-> prügeln; **-ся** platzen, aufspringen; sich häuten.

лупогла́зый P [14] glotzäugig.

луч *m* [1 *e.*; *g/pl.*: -е́й] Strahl; (*Mond-, Sonnen-*)Schein.

луче|во́й [14] Strahlen...; **˷за́рный** [14; -рен, -рна] hell-strahlend, -leuchtend; **˷преломле́ние** *n* [12] Strahlenbrechung *f*.

лучи́н|а *f* [5] (Kien-)Span *m*; (*koll.*) Kleinholz *n*; **˷ка** *f* [5; *g/pl.*: -нок] Spänchen *n*.

лучи́стый [14*K.*] strahlig; strahlend; Strahlen...

лучи́ться [16; *nur 3. Pers.*: -чи́тся] strahlen, leuchten.

лучно́й [14] Bogen...

лучо́к *m* [1; -чка́] kleiner Bogen.

лу́чше (*s.* хоро́ший) besser; ˷ всего́ am besten; ему́ ˷ es geht ihm besser; как нельзя́ ˷ möglichst gut; ˷ не на́до! F lieber nicht!; prima!, darüber geht nichts!

лу́чший [17] *s.* хоро́ший; (*a.* са́мый ˷) beste(r); что ни на есть ˷ der denkbar beste.

лущи́ть [16; -щу́, -щи́шь], <об-> aushülsen.

лыж|а *f* [5] (*mst pl.*) Schneeschuh *m*, Schi *m od.* Ski *m*; навостри́ть ˷и F Reißaus nehmen; **˷ный** [14] Ski...; ˷ная ста́нция *f* Skihütte; ˷ные па́лки *f/pl.* Skistöcke *m/pl.*; **˷ня́** *f* [6; *g/pl.*: -не́й] Skispur.

лы́ко *n* [9; *pl.*: лы́ки, лык] Lindenbast *m*; не вся́кое ˷ в стро́ку man darf nicht alles so genau nehmen; он не ˷м шит (*Spr.*) F er ist nicht von gestern; лы́ка не вя́жет он P er ist sternhagelvoll (u. die Zunge gehorcht ihm nicht).

лысе́ть [8], <об-> kahl(köpfig) werden, eine Glatze bekommen.

лы́сина *f* [5] kahle Stelle, Glatze.

лы́сый [14; лыс, -а́, -о; *comp.* -се́е] kahl(köpfig).

лы́чный *s.* лы́ковый.

ль *s.* ли.

львёнок *m* [2] junger Löwe.

льви́|ный [14] Löwen...; ˷ная до́ля *f* Löwenanteil *m*; ˷ная пасть ⚘ *f* Löwenmaul *n*; **˷ца** *f* [5] Löwin.

Львов *m* [1] Lemberg *n*.

льго́та *f* [5] Befreiung (от P von); Vorrecht *n*, Begünstigung, Privileg *n*.

льди́|на *f* [5] Eis-scholle, -block *m*; **˷стый** [14] voll Eis, eisreich.

льново́дство *n* [9] Flachsbau *m*.

льнопряди́ль|ный [14]: ˷ная фа́брика *f* = **˷ня** *f* [6; *g/pl.*: -лен] Flachsspinnerei.

льно|тереби́лка ⚒ *f* [5; *g/pl.*: -лок] Flachsrupfmaschine; **˷трепа́лка** ⚒ *f* [5; *g/pl.*: -лок] Flachsbreche.

льнуть [20], <при-> sich anschmiegen (к Д an *ac.*).

льня́нка ⚘ *f* [5] Leinkraut *n*.

льняно́й [14] flächse(r)n; Lein..., Flachs...

льсте́ц *m* [1 *e.*] Schmeichler, Liebediener.

льсти́вый [14*K.*] schmeichlerisch; Schmeichel...

льстить [15], <по-> (Д *j-m*) schmeicheln; ˷ себя́ sich schmeicheln (T mit).

любвеоби́льный [14; -лен, -льна] liebreich.

любе́з|ничать [1] lieb(äug)eln, F Süßholz raspeln; **˷ный** [14; -зен, -зна] liebenswürdig; lieb, freundlich; Lieb(st)e(r) *m*.

люби́|мец *m* [1; -мца], **˷мица** *f* [5] Liebling *m*; (*in Zssgn*) Lieblings...; **˷мый** [14*K.*] beliebt; Lieblings...; мой ˷мый! mein Liebster!; наступи́ть на ˷мую мозо́ль F (*fig.*) j-m auf die Hühneraugen treten.

люби́тель *m* [4] Liebhaber, Dilettant; Amateur.

люби́ть [14] lieben, gern (*od.* lieb)haben; по˷ *pf.* liebgewinnen; ˷ да жа́ловать freundlich aufnehmen; лю́бишь ката́ться, люби́ и са́ночки вози́ть (*Spr.*) willst du den Genuß, so nimm auch den Verdruß.

лю́бо lieb, angenehm; es macht Freude; ˷ не́ любо man mag wollen oder nicht; **˷ва́ться** [7], <по-> (T *od.* на B) sich ergötzen *od.* weiden (an *dat.*), bewundern.

любо́в|ник *m* [1], **˷ница** *f* [5] Geliebte(r), Liebhaber(in *f*); **˷ный**

[14; -вен, -вна] verliebt; Liebes...; galant; ~ная связь *f* Liebschaft.

любо́вь[1] *f* [8; -бви́; *instr/sg.*: -бо́вью] Liebe.

Любо́вь[2] *f* [8] Amata, Amanda (*Vn.*).

любозна́тельный [14; -лен, -льна] wißbegierig.

любо́й [14] (jeder) beliebig(e); ~ ценой (*fig.*) um jeden Preis.

любопы́тный [14; -тен, -тна] neugierig; interessant, anziehend.

любостра́стный [14; -тен, -тна] wollüstig.

любостяжа́ние *n* [12] Gewinnsucht *f*.

лю́бушка *f* [5; *g/pl.*: -шек] Liebchen *n*.

люд *m* [1] (*koll.*) Volk *n*; '~и *m/pl.* [людéй, лю́дям, людьми́, лю́дях] Menschen, Leute; вы́биться *od.* вы́йти в ~и F eine gute Lebensstellung erreichen; на ~ях öffentlich; '~ный [14; -ден, -дна] volkreich, bevölkert, belebt.

людое́д *m* [1] Menschenfresser, Kannibale.

люд|ско́й [16] menschlich; Leute...; ~ска́я *f* Leute-, Bedienten-, Gesinde-zimmer *n*.

люк ⚓ *m* [1] Luke *f*.

люкс: оте́ль *m* ~ Luxushotel *n*.

лю́лечка *f* [5; *g/pl.*: -чек] kleine Wiege.

люли́: (ай, ой *od.* гей) ~! tralla(lala)!

лю́лька *f* [5; *g/pl.*: -лек] Wiege; Tabakspfeife.

люлю́кать [1], <у-> einlullen.

люмба́го ⚕ *n* [9] Hexenschuß *m*.

лю́стра *f* [5] Kronleuchter *m*.

лю́тик ⚘ *m* [1] Hahnenfuß.

лю́тня ♪ *f* [6; *g/pl.*: -тен] Laute.

лю́тый [14; *K. f*: люта́; *comp.* -те́е] grausam; grimmig (*Kälte*).

люфт ⊕ *m* [1] Spiel(raum *m*) *n*.

люце́рна ⚘ *f* [5] Luzerne.

ляга́|вый [14]: ~вая (соба́ка) *f* Wachtelhund *m*.

ляга́ть [1], <лягну́ть> [20], **-ся** (hinten) ausschlagen.

лягу́шка *f* [5; *g/pl.*: -шек] Frosch *m*.

ляда́щий P [17] erbärmlich.

ляду́нка *f* [5; *g/pl.*: -нок] Patronentasche (*Kavallerie*).

лязг *m* [1] Klirren *n* (*der Ketten*); Rasseln *n*, Gerassel *n* (*der Waffen*).

ля́м|ка *f* [5; *g/pl.*: -мок] Trag-, Zieh-riemen *m*; тяну́ть ~ку hart arbeiten, F schuften.

ля́пать [1] **1.** <ля́пнуть> [20] schlagen (*mit der flachen Hand*); herausplatzen mit; **2.** F <на-> (zs.-)pfuschen; **-ся** hin-fallen, -plumpsen.

ля́пис *m* [1] Höllenstein.

ля́сы F: точи́ть ~ scherzen, witzeln; klatschen.

M

М, м *n u. m* (*s.* A) M, m *n.*
мавзоле́й *m* [3] Mausoleum *n.*
маврита́нин *m* [1; *pl.*: -та́не, -та́н] Maure.
магази́н *m* [1] Magazin *n*, Lager (-haus) *n*; Kauf-laden, -haus *n*, Laden; **~ка** ⚔ *f* [5; *g/pl.*: -нок] Mehrladegewehr *n*; **~щик** *m* [1] unverkäufliche Ware *f*, F Ladenhüter.
магары́ч *m* [1*e.*] Bewirtung *f* (*bei Abschluß e-s Handels*).
магистра́ль *f* [8] Hauptverkehrslinie; Haupt-, Sammel-leitung.
магнети́ческий [16] magnetisch.
ма́гний *m* [3; *prpos/sg.*: -ии] Magnesium *n.*
магни́т *m* [1] Magnet; **~ить** [15], <на-> magnetisch machen, magnetisieren; **~офо́н** *m* [1] Tonbandgerät *n.*
магомета́нин *m* [1; *pl.*: -та́не, -та́н] Mohammedaner.
мадья́р *m* [1] Madjar, Magyar, Ungar.
маёвка *f* [5; *g/pl.*: -вок] Maifeier (*illegal zur Zarenzeit*).
маз *m* [1] (*Art*) Billardstock; (*Spiel*) Einsatz.
ма́занка *f* [5; *g/pl.*: -нок] Lehmhütte; (mit Lehm ausgestrichene) Holzhütte.
ма́зать [3; ма́занный], <на-, по->, *einm.* <мазну́ть> [20] bestreichen, schmieren (*a. fig.* = bestechen); einreiben.
мази́лка [5; *g/pl.*: -лок] **1.** *f* Streichpinsel *m*; **2.** F *m/f* Schmierer(in *f*), schlechter (schlechte) Maler(in *f*).
ма́ска *f* [5] Schmieren *n*, Einreiben *n.*
ма́зкий [16; -зок, -зка́, -о] abfärbend, schmutzend.
мазну́ть *s.* ма́зать.
мазня́ F *f* [6] Geklecksе *n*, Stümperei.
мазо́к *m* [1; -зка́] Pinselstrich; 𝄞 Abstrich.
мазу́н *m* [1*e.*] Schmierer.
мазу́рик P *m* [1] Gauner, Taschendieb.
мазу́рка *f* [5] Masurka (*Tanz*).
мазь *f* [8] Schmiere, Salbe; F де́ло на мази́ die Sache geht wie geschmiert.
майс *m* [1] Mais.
май *m* [3] (*der Monat*) Mai.
ма́йка *f* [5; *g/pl.*: ма́ек] ärmelloses Sporthemd *n.*
майоне́з *m* [1] Mayonnaise *f.*
ма́йский [16] Mai...; ~ жук *m* Maikäfer.
мак ♀ *m* [1] Mohn; ~-самосе́йка Klatschmohn.
Мака́р(ий) *m* [1; (3; *prpos/sg.*: -ии)] Makarius (*Vn.*).
мака́ть [1], <макну́ть> [20] eintauchen, eintunken.
македо́н|ец *m* [1; -нца] Makedonier; **♀ия** *f* [7] Makedonien *n.*
маке́т *m* [1] Modell *n*; ⚔ Attrappe *f.*
макла́к *m* [1*e.*] Aufkäufer; Zwischenhändler.
макну́ть *s.* мака́ть.
ма́ко|вка *f* [5; *g/pl.*: -вок] ♀ Mohnkopf *m*; P Scheitel *m*; Gipfel *m*; Zwiebelturm *m* (*Kirche*); **~вник** *m* [1] Mohnkuchen.
макре́ль *f* [8] Makrele (*Fisch*).
Макси́м *m* [1] Maxim (*Vn.*); **♀ка** F *f* [5; *g/pl.*: -мок] Güterzug *m*; als Personenwagen eingerichteter Güterwagen.
маку́ш(к)а *f* [5; (*g/pl.*: -шек)] Kopfwirbel *m*; Gipfel *m*, Scheitel *m*; у него́ у́шки на ~ке F er spitzt die Ohren.
мала́ец *m* [1; -ла́йца] Malaie.
малаха́й *m* [3] Pelzmütze *f.*
малев|а́ть [6], <на-> (schlecht) malen, anstreichen; не так стра́шен чёрт, как его́ малю́ют (*Spr.*) es wird nichts so heiß gegessen, wie es gekocht ist; **-ся** F sich schminken; **~ка** (-ˈlɔf-) *f* [5] Malen *n*, Malerei.
малёк *m* [1; -лька́] junger Fisch; мальки́ *pl.* Fischbrut *f.*
мале́нечко F ein klein bißchen.
ма́ленький [16] klein; geringfügig, unbedeutend; P мале́нько ein wenig; *vgl. a.* помале́ньку.
мале́ц P *m* [1; -льца́] Knabe, Bursche.
мали́|на *f* [5] (*koll.*) Himbeere(n

pl.) Himbeerstrauch *m*; не житьё, а ~и ein prima Leben; **~нинка** *f* [5; *g/pl.*: -нок] (*einzelne*) Himbeere; **~новка** *f* [5; *g/pl.*: -вок] Himbeerwein *m*; Rotkehlchen *n*; **~новый** [14] Himbeer...; karmesinrot.

ма́ло (*s.* ма́лый) wenig; ~ кто nur wenige; ~ того́, что ... nicht nur (*od.* bloß), daß ...; ~ ли чего́ was nicht (noch); ~ ли что говоря́т was man auch redet *od.* sagt; ~ ли где wer weiß, wo; ~-ма́льски (auch nur) einigermaßen; ни ~ не nicht im geringsten; *vgl. a.* нима́ло, ма́ло-пома́лу.

мало... (*in Zssgn oft*) klein...; gering...; wenig...; minder...; **~ва́жный** [14; -жен, -жна] geringfügig; **~во́дный** [14; -ден, -дна] wasserarm; **~вразуми́тельный** [14; -лен, -льна] nicht einleuchtend, nicht überzeugend; **~говоря́щий** [17] nichtssagend; **~ду́шествовать** [7], **~ду́шничать** [1] kleinmütig sein *od.* werden; **~зна́чащий** [17], **~значи́тельный** [14; -лен, -льна] unbedeutend, geringfügig; **~иму́щий** [17] minderbemittelt; **~кро́вие** *n* [12] Blutarmut *f*; **~ле́тний** [15] minderjährig; **~литра́жка** *f* [5; *g/pl.*: -жек]) Kleinauto *n*; **~литра́жный** [14]: ~литра́жный автомоби́ль *m* Kleinauto *n*; **~лю́дный** [14; -ден, -дна] wenig (*od.* schwach) bevölkert *od.* besucht; **~-ма́льски** ein (klein) wenig; einigermaßen, leidlich; **~общи́тельный** [14; -лен, -льна] ungesellig; **~-пома́лу** nach und nach, allmählich; **~со́льный** [14; -лен, -льна] wenig gesalzen.

ма́лость *f* [8] Kleinigkeit.

малочи́сленный [14 *K.*] schwach an Zahl, nicht zahlreich.

ма́лый [14; мала́, мало́; *comp.* ме́нее, ме́ньше, ме́ньший, *sup.* (са́мый) ме́ньший, *a.* мале́йший] klein; gering; (сла́вный ~ guter) Junge *m*, Bursche *m*; ~ ро́стом klein von Wuchs; без ма́лого beinahe; без ма́лого сто knapp hundert; мал и стар jung und alt; мал золотни́к, да до́рог (*Spr.*) klein, aber fein; мал мала́ ме́ньше F wie die Orgelpfeifen; ме́нее ста unter hundert; тем не ме́нее nichtsdestoweniger; ме́ньше всего́ am wenigsten.

малы́ш *m* [1 *e.*] Knirps.

ма́льчик *m* [1] Junge, Knabe; Bursche; Lehrling; ~ с па́льчик kleiner Knirps, Däumling; (*a. in Zssgn*) ~-учени́к *m* Lehrjunge; Schuljunge.

мальчи́ш|ество *n* [9] Kinderei *f*, Dummerjungenstreich *m*; **~ка** *m* [5; *g/pl.*: -шек] dummer (*od.* ungezogener) Junge, Bube; **~ник** *m* [1] Polterabend (*d. h. letzter Junggesellenschmaus*).

мальчуга́н F *m* [1] *s.* ма́льчик.

малю́тка *m/f* [5; *g/pl.*: -ток] kleines Kind *n*; ~ моя́ meine Kleine.

маля́р *m* [1*e.*] Maler, Anstreicher.

маляри́я ⚕ *f* [7] Malaria.

ма́ма *f* [5] Mama.

мамалы́га *f* [5] Maisbrei *m*, Polenta.

мам|а́ша *f* [5], **'~енька** *f* [5] Mamachen *n*; **'~ка** *f* [5; *g/pl.*: -мок] Amme.

ма́монт *m* [1] Mammut *n*.

мана́тки F *f/pl.* [5; *gen.*: -ток] Habseligkeiten.

мангу́ста *f* [5] (*Zool.*) Mungo *m*.

манёвр *m* [1] Manöver *n*.

маневри́ровать [7], <c-> manövrieren; 🚂 rangieren.

манеке́н *m* [1] Mannequin *n*, Gliedermann, -puppe *f* (*der Schneider*); **~щица** *f* [5] Probiermamsell, Vorführdame.

мане́р|а *f* [5] Art, Manier; **~ка** ⚔ *f* [5; *g/pl.*: -рок] Feldflasche; Kochgeschirr *n*; **~ничать** [1] sich zieren; **~ный** [14; -рен, -рна] gekünstelt, geziert.

манже́т(к)а *f* [5; (*g/pl.*: -ток)] Manschette.

маникю́р *m* [1] Maniküre *f*, Handpflege *f*.

мани́ловщина *f* [5] (*ver.*) fruchtlose, lebensfremde Träumerei, Phantasterei (*nach e-r Gestalt aus Gogols „Toten Seelen"*).

мани́ть [13; маню́, ма́нишь], <по-> winken (руко́й mit der Hand); locken (посу́лами durch Versprechungen).

мани́шка *f* [5; *g/pl.*: -шек] Chemisette *n*, Vorhemdchen *n*.

ма́ния *f* [7] Sucht, Manie.

ма́нка P *f* [5] Grieß *m*.

манки́ровать [7] (*im*)*pf.* fehlen; (T) (*Schule*) schwänzen.

ма́нна ⚘ *f* [5] Manna *f od. n*; Grieß *m*.

ма́нный [14] aus feinem Weizengrieß.
мановéние *n* [12] (~ рукú) Wink *m*.
манóметр *m* [1] Manometer *n*, Druckmesser.
мансúец *m* [1; -сúйца; *pl.*: мáнси, -сей] Mansi (*jetziger Name für die Wogulen*).
мáнтия *f* [7] langer Umhang *m*.
мантó *n* [*unv.*] (Damen-)Mantel *m*.
Мáнька *f* [5] *s.* Мáша.
Маньчжýрия *f* [7] Mandschurei.
Мáня *f* [6] *s.* Мáша.
маракóвать P [7] eine Ahnung haben, ein wenig verstehen (в П von).
марáл *m* [1] sibirischer Hirsch.
марáтель *m* [4] Schmierer, Pfuscher.
марáть [1; мáранный] **1.** <за-> beschmieren, fleckig machen; (~ репутáцию) verleumden; **2.** <на-> (hin)schmieren, pfuschen, sudeln.
марáшка *f* [5; *g/pl.*: -шек] (*Typ.*) Fliegenkopf *m*, Blockade.
мáрганец *m* [1; -нца] Mangan (-erz) *n*.
Маргарúт|а *f* [5] Margarete; **Չка** ⚘ *f* [5; *g/pl.*: -ток] Gänseblümchen *n*, Margarete(nblume).
мáрево *n* [9] Luftspieg(e)lung *f*; Dunst *m*.
мáри *m/f* [*unv.*], **марúец** *m* [1; -рúйца] Mari (*jetziger Name der Tscheremissen*).
марúна *f* [5] Seegemälde *n*.
маринoвáть [7], <за-> marinieren, einlegen; (*fig.*) aufschieben, auf die lange Bank schieben.
Марúя *f* [7] Maria, Marie.
мáрка *f* [5; *g/pl.*: -рок] ⚚ Mark (*Geldstück*); Marke (*Waren- u. Wert-zeichen*); почтóвая ~ Briefmarke.
маркúза *f* [5] (*Fenster-*)Markise.
мáркий [16; мáрок, -рка] leicht schmutzend.
маркитáнт ⚔ *m* [1] Marketender.
марксúзм *m* [1] Marxismus.
мáрл|евый [14] Mull..., Gaze...; **~я** *f* [6] Mull *m*, Gaze.
мармелáд *m* [1] Fruchtgeleebonbon(s).
марс[1] *m* [1] ⚓ Mastkorb.
Марс[2] *m* [1] Mars.
мáрсель[1] ⚓ *m* [4] Marssegel *n*.
Марсéль[2] *f* [8] Marseille *n*.
март *m* [1] März; **ˈ~овский** [16] März...
марты́шка *f* [5; *g/pl.*: -шек] Meerkatze.
Мáрфа *f* [5], *dim.* **Марфýш(к)а** *f* [5] Martha.
мáршевый [14] Marsch...
мáрши *m/pl.* [1; *gen.*: -шей] Marschen *f/pl.*, Marschland *n*.
маршúров|áть [7] marschieren; **~ка** (-ˈrɔf-) *f* [5] Marschieren *n*, Marsch *m*.
маршрýт *m* [1] Marsch-, Reiseroute *f*; (*Omnibus- usw.*) Linie *f*, Strecke *f*; direkter Güterzug (*ohne Umladung*).
Мáрья *f* [6] *s.* Марúя.
мáска *f* [5; *g/pl.*: -сок] Maske, Larve.
маскарáд *m* [1] Maskenball, Maskerade *f*.
маскировáть [7], <за-> maskieren, tarnen.
маскирóвка *f* [5; *g/pl.*: -вок] Tarnung.
мáсле|ная [14]: ~ная (недéля) *f* Butterwoche: **~нúстый** [14*K.*] butt(e)rig; ölicht, ölig (*Wein*); **~ница** *f* [5] Butterwoche; Fasching(szeit *f*) *m*; емý не житьё, а ~ница F er sitzt wie die Made im Speck; не всё котý ~ница (*Spr.*) es ist nicht alle Tage Sonntag; **~нка** (-ˈḷɔn-) *f* [5; *g/pl.*: -нок] Butterdose; Ölkanne; **~нок** (ḷɔ-) ⚘ *m* [2] Butterpilz.
маслúна ⚘ *f* [5] Ölbaum *m*; Olive.
мáслить [13], <на-, по-> ölen; (mit Butter) bestreichen.
мáсло *n* [9; *pl.*: -слá, -сел, -слáм] Öl; (корóвье) ~ Butter *f*; как по мáслу wie geschmiert; **~бóй** *m* [3] Ölschläger; **~бóйка** *f* [5; *g/pl.*: -бóек] Butterfaß *n*; **~бóйня** *f* [6; *g/pl.*: -бóен] Ölmühle; **~тóпня** *f* [6; *g/pl.*: -пен] Butterschmelzerei.
мáсля|ный [14] butt(e)rig; Butter...; ölig; Öl...; ~ные глáзки *m/pl.* schmachtend glänzende Augen *n/pl.*
масóн *m* [1] Freimaurer.
мáсса *f* [5] Masse; Menge; Brei *m*.
массáж *m* [1; *g/pl.*: -жей] Massage *f*, Massierung *f*; **~úст** *m* [1] Massierer, Masseur.
массúвный [14; -вен, -вна] massiv.
массúровать [7], <по-> massieren, kneten.
массовúк *m* [1*e.*] Massen-agitator, -organisator, -redner.

массо́вка F *f* [5; *g/pl.*: -вок] Massenausflug *m*.

ма́стер *m* [1; *pl. e.*: -pá] Meister; золоты́х дел ~ Juwelier; портны́х дел ~ Schneidermeister; он ~ на все ру́ки F er ist ein Tausendkünstler; де́ло ~а бои́тся (*Spr.*) das Werk lobt den Meister; **~и́ть** [13], <c-> (*selbständig*) machen, verfertigen, basteln; **~и́ца** *f* [5] Meisterin; **~ско́й** [16] meisterhaft (*adv.* ~ски́ = mit Meisterhand); Meister...; ~ска́я *f* Werkstatt; Atelier *n*; **~ство́** *n* [9] Meisterschaft *f*; Handwerk.

масти́ка *f* [5] Mastix *m* (*Art Harz*).

масти́тый [14*K.*] achtbar, ehrbar, ehrwürdig.

масть *f* [8; *ab g/pl. e.*: -те́й] Farbe (*bsd. im Kartenspiel*).

мат[1] *m* [1] Glanzlosigkeit *f*; (~ для ног) Matte *f*, Fußdecke *f*; (*Schach*) Matt *n*.

мат[2]: P бла́гим ~ом крича́ть aus Leibeskräften schreien.

Матве́й *m* [3] Matthäus.

матема́тик *m* [1] Mathematiker; **~а** *f* [5] Mathematik.

матереуби́йца *m/f* [5] Muttermörder(in *f*).

матери́к *m* [1*e.*] Festland *n*, Kontinent.

матери́н|ский [16] mütterlich; Mutter...; **~ство** *n* [9] Mutterschaft *f*.

матери́ться [13] unflätig fluchen (*bsd. den „Mutterfluch"*).

мате́рия *f* [7] Materie, Stoff *m*; ⚕ Eiter *m*.

ма́терный [14] unanständig; Schimpf...

матеро́й P [14] (sehr) groß, stark; (*fig.*) verstockt; gewiegt, schlau.

ма́тка *f* [5; *g/pl.*: -ток]; Weibchen *n* (*bei Tieren*); Bienenkönigin, Weisel *m*; (*Anat.*) Gebärmutter; сказа́ть пра́вду-ма́тку die nackte Wahrheit sagen.

ма́товый [14] matt, glanzlos.

ма́точ|ник *m* [1] Zelle *f* der Bienenkönigin; ♀ Melisse *f*; **~ный** (*Anat.*) Gebärmutter...; ~ная боле́знь *f* Unterleibsleiden *n* (*der Frauen*).

ма́трица *f* [5] Matrize.

матро́с *m* [1] Matrose; **~ка** *f* [5; *g/pl.*: -сок) Matrosenbluse.

ма́тушка *f* [5] (liebes) Mütterchen *n*; meine Lieb(st)e.

матч *m* [1] (*Sport*) Match, Wettkampf.

мать *f* [ма́тери, ма́тери, мать, ма́терью, ма́тери; *pl.*: ма́тери, матере́й] Mutter; ~-и-ма́чеха ♀ Huflattich *m*.

мах *m* [1] Schwung; одни́м ~ом in e-m Zuge; с ~у F plötzlich, blindlings; дать ~у fehl(schieß)en; (*fig.*) e-n Bock schießen; **~а́лка** *f* [5; *g/pl.*: -лок] Fliegenwedel *m*; **~а́ло** *n* [9] Fächer *m*; **~ао́н** *m* [1] Schwalbenschwanz (*Schmetterling*); **~а́ть** [3], <нуть> [20] (T) schwingen, schwenken; wedeln (*mit dem Schwanz*); (sich) fächeln; winken.

махи́на P *f* [5] große Sache; Maschine; **~ция** (-ˈna-) *f* [7] Machination, listiger Anschlag *m*.

махо|ви́к ⊕ *m* [1*e.*] Schwungrad *n*; **~во́й** [14] schwingend; Schwung...

ма́хонький P [16] sehr klein, winzig.

махо́р *s.* мохо́р; **~ка** *f* [5] Machorka (*Tabak*), Knaster *m*.

ма́чеха *f* [5] Stiefmutter.

ма́чта ⚓ *f* [5] Mast *m*.

Ма́ша *f* [5], **Ма́ш(ень)ка** *f* [5] (*dim. v.* Мари́я) Mariechen *n*, Mieze.

маши́|на *f* [5] Maschine; P Eisenbahn; Auto(mobil) *n*; **~ни́ст** *m* [1] Maschinist; Maschinenwärter; 🚂 Lokomotivführer; **~ни́стка** *f* [5; *g/pl.*: -ток] Stenotypistin, Maschinenschreiberin, Tippfräulein *n*; **~нка** *f* [5; *g/pl.*: -нок] kleine Maschine; ~нка (для папиро́с) Zigarettenmaschine; (пи́шущая) ~нка Schreibmaschine; **~нопись** *f* [8] Maschinenschreiben *n*; **~ностро́ение** *n* [12] Maschinenbau *m*.

Ма́ш(у́т)ка *s.* Ма́ша.

мая́к *m* [1*e.*] Leuchtturm; доро́жный ~ ⚔ Einweiser, Wegweiser (*Posten*).

ма́ятник *m* [1] Pendel.

ма́яться P [27] sich (ab)plagen *od.* (ab)quälen.

мая́чить F [16] schimmern, undeutlich scheinen.

МГБ (Министе́рство госуда́рственной безопа́сности) Ministerium für Staatssicherheit.

мгла *f* [5] (dichter) Nebel *m*; Finsternis.

мгли́стый [14*K.*] neb(e)lig; stockfinster.

мгнове́н|ие *n* [12] Augenblick *m*;

в ~ие óка F im Handumdrehen; **~ный** [14; -вéнен, -вéнна] augenblicklich, jäh.

МГУ (Москóвский Госудáрственный Университéт *m* и́мени Ломонóсова) Staatliche Moskauer Lomonossow-Universität *f*.

мéбель *f* [8] (*koll.*) Möbel *n*; **~щик** *m* [1] Möbelhändler.

меблирáшки P *f/pl.* [5; *gen.*: -шек] möblierte Zimmer *n/pl.*

меблиров|áть [7] (*im*)*pf.*, <об-> möblieren; **~ка** (-'rɔf-) *f* [5; *g/pl.*: -вок] Möblierung, (Wohnungs-) Einrichtung.

мёд *m* [1; в медý; *pl. e.*: меды́] Honig; Met; кýбок *m* мёду Becher Honig; сóтовый ~ Scheibenhonig.

медáл|ь *f* [8] Medaille, Denkmünze; оборóтная сторонá *f* ~и (*fig.*) Kehrseite der Medaille.

медвé|дица *f* [5] Bärin; (*Astr.*) Большáя (Мáлая) ~дица Großer (Kleiner) Bär *m*; **~дка** 🚋 *f* [5; *g/pl.*: -док] Blockwagen *m*; **~дь** *m* [4] (*Zool.*) Bär; ungeschliffener Mensch; **~жáтина** *f* [5] Bärenfleisch *n*; **~жáтник** *m* [1] Bärenführer; **~жий** [18] Bären...; ~жий ýгол *m* Krähwinkel; ~жья лáпа ⚘ *f* Bärenklau *m od. f*; оказáть ~жью услýгу e-n schlimmen Dienst erweisen; **~жóнок** *m* [2; *pl.*: -жáта] junger Bär.

мéдик *m* [1] Mediziner; Arzt.

мéдистый [14*K.*] kupferähnlich; kupferhaltig.

медици́на *f* [5] Medizin, Heilkunde.

меди́чка *f* [5; *g/pl.*: -чек] Medizinstudentin.

мéдленный [14*K.*] langsam.

медли́тельный [14; -лен, -льна] langsam, saumselig, träge.

мéдлить [14] zögern, zaudern (T mit).

мéдник *m* [1] Kupferschmied.

медно|лóбый [14*K.*] F engstirnig; **~плави́льный** [14]: ~плави́льный завóд *m* Kupferhammer(werk *n*); **~рýдный** [14] Kupfererz...

мéдный [14] kupfern; Kupfer...; Messing...; (*fig.*) ~ лоб *m* sturer Mensch; учи́ться на мéдные дéньги mit kargen Mitteln studieren.

медовáр *m* [1] Metbrauer; **~ня** *f* [6; *g/pl.*: -рен] Metbrauerei.

медо|ви́к *m* [1*e.*] Honigkuchen; **~вый** (-'dɔ-) [14] honigsüß; Honig...; ~вый мéсяц *m* Honigmonat -mond, Flitterwochen *f/pl.*; **~точи́вый** [14*K.*] (*fig.*) honigsüß.

мед|пóмощь *f* [8] ärztliche Hilfe; **~пýнкт** *m* [1] Unfallstation *f*; **~санбáт** ⚔ *m* [1] (мéдико-санитáрный батальóн) Sanitätsabteilung *f*; **~сестрá** *f* [5; *pl. st.*: -сёстры, -сестёр, -сёстрам] Krankenschwester; **~тéхник** *m* [1] Feldscher; **~фáк** *m* [1] Medizinische Fakultät *f*.

медь *f* [8] Kupfer *n*; Kupfergeld *n*; жёлтая ~ Messing *n*.

медяни́ца *f* [5] (*Zool.*) Blindschleiche.

медя́нка *f* [5; *g/pl.*: -нок] Grünspan *m*; (*Zool.*) Schlingnatter.

меж *s.* мéжду.

межá *f* [5; *pl.*: мéжи, меж, межáм] Grenze; Rain *m*, Mark.

междо|мéтие *n* [12] (*Gram.*) Interjektion *f*, Empfindungswort; **~усóбие** *n* [12] innerer Krieg *m*, Bürgerkrieg *m*, innere Fehde *f*.

мéжду (T; † P) zwischen (*dat.*), unter (*dat.*); ~ дéлом nebenbei; ~ нáми говоря́ unter uns gesagt; ~ прóчим unter anderem, beiläufig; ~ тем inzwischen, einstweilen, unterdessen; ~ тем, как indessen; während; **~горóдный** [14] interurban, Fern...; **~нарóдный** [14] international, zwischenstaatlich; ~нарóдное сообщéние *n* Fernverkehr *m*; ~нарóдный почтóвый сою́з *m* Weltpostverein; **~рéчье** *n* [10] Zwischenstromland; **~ря́дье** ⚒ *n* [10] Reihenabstand *m* (*der Pflanzen*); **~стрóчие** *n* [12] (*Typ.*) Durchschuß *m*; Zeilenabstand *m*; **~стрóчный** [14] zwischenzeilig; Interlinear...; **~ тем** indessen; **~цáрствие** *n* [12] (*Pol.*) Zwischenherrschaft *f*, Interregnum.

меже|вáние *n* [12] *s.* ~вка; **~вáть** [6; межýю], <от-> (*Feld*) (ver-, ab)messen; (*a.* <раз->) abgrenzen; **~вка** (-'ʒɔf-) *f* [5; *g/pl.*: -вок] Ver-, Ab-messung; **~вóй** [14] Grenz...; Meß...; Feldmeß...; **~нь** (-'ʒeɲ) *f* [8] normaler Wasserstand *m*; **~ýмок** P *m* [1; -мка] beschränkter Kopf.

межпланéтный [14] interplanetar.

Межрабпóм *m* [1] (Междунарóдное óбщество пóмощи рабóчим) Internationale Arbeiterhilfe *f*.

мездра́ *f* [5] Abschabsel *n*; Fleisch-, Aas-seite (*der Haut bei der Gerberei*).
мезозо́й *m* [3] (*Geol.*) Mesozoikum *n*.
мека́ть P [1] denken, meinen.
Ме́ксика *f* [5] Mexiko *n*.
мексика́нец *m* [1; -нца] Mexikaner.
мел *m* [1; в мелу́] Kreide *f*; кусо́(че)к *m* ~у *s.* мело́к.
меланези́ец *m* [1; -зи́йца] Melanesier.
мела́сса *f* [5] Melasse.
меле́ть [8; *nur 3. Pers.*], <об-> seicht werden, versanden.
мели́сса ⚘ *f* [5] Melisse.
мели́ть [13], <на-> ankreiden.
ме́л|кий [16; -лок, -лка́, -o; *comp.* ме́льче, *sup.* мельча́йший] fein; klein (*Schrift usw.*); seicht, untief; flach; (*fig.*) unbedeutend; **~кие** де́ньги *f/pl.* Kleingeld *n*; **~кая** со́шка *m/f* (*fig.*) kein großes Licht *n od.* Tier *n*.
мелко|во́дный [14; -ден, -дна] seicht, untief; **~во́дье** *n* [10] niedriger Wasserstand *m*, Seichtheit *f*; **~поме́стный** [14] ein kleines Gut besitzend; **~сидя́щий** ⚓ [17] mit geringem Tiefgang; **~сть** ('mɛł-) *f* [8], **~та́** *f* [5] Feinheit; Kleinheit; Seichtheit.
мелово́й [14] Kreide...
мело́к *m* [1; -лка́] Stück(chen) *n* Kreide; на ~ auf Kredit.
мелоч|но́й geringfügig, klein(lich); Klein..., Detail...; **~на́я** кри́тика *f* Krittelei; **~на́я** ла́вка *f* Kramladen *m*; **~ный** ('mɛ-) [14] kleinlich, unbedeutend (*Mensch*); **~ь** ('mɛ-) *f* [8; *ab g/pl. e.*: -че́й] Kleinigkeit; Kleingeld *n*; разме́ниваться на **~и** sich verzetteln.
мель ⚓ *f* [8; на мели́] Sandbank, Untiefe; сиде́ть (как рак) на мели́ F (*fig.*) schön in der Klemme sitzen; **~ка́ть** [1], <**~кну́ть**> [20] flimmern; vorüber-, vorbei-huschen; auftauchen; **'~ком** (blitz)schnell, flüchtig, **'~ник** *m* [1] Müller; **'~ница** *f* [5] Mühle; **'~ничиха** *f* [5] Müllerin; **~ча́ть** [1], <из-> klein(er) werden; (*fig.*) verflachen; **~чи́ть** [16; -чу́, -чи́шь], <из-> [измельчённый] klein(er) machen, verkleinern.
мелюзга́ *f* [5] (*koll.*) Kleinigkeiten *pl.*; kleine Fische *m/pl.*; (де́ти) ~ kleine Kinder *n/pl*; unbedeutende Menschen *m/pl.* („*Nullen*").
мембра́на *f* [5] Membran(e), Häutchen *n*; Schalldose.
ме́на *f* [5] Tausch *m*.
ме́нзула *f* [5] Meßtisch *m*.
мензу́рка *f* [5; *g/pl.*: -рок] (*burschenschaftlich*) Mensur; Meßglas *n*.
менов|о́й [14] Tausch...; **~щи́к** *m* [1*e.*] Tauschhändler.
ме́нтик *m* [1] Dolman, Husarenjacke *f*.
ме́ньше *s.* ма́лый.
меньшеви́к *m* [1*e.*] (*Pol.*) Menschewist.
ме́нь|ший [17] *s.* малый; **~шинство́** *n* [9] (*koll.*) Minderheit *f*; die wenigsten; **~шо́й** P [17] jüngster, der jüngere.
меню́ *n* [*unv.*] Menü, Speisenfolge *f*, Speisekarte *f*.
меня́|ла *m* [5] Geldwechsler; **~льный** [14] zum Wechseln (dienend); Wechsel...; **~ть** [28], <по-, об-> tauschen (на В gegen); wechseln (*vgl.* переменя́ть); **-ся** gegenseitig tauschen (Т *od.* на В mit); sich (ver)ändern.
ме́ра *f* [5] Maß *n*; Maßregel; по ме́ре (P) nach Maßgabe, gemäß, (je) nach; по кра́йней ме́ре wenigstens; не в ме́ру maßlos, übermäßig, -schwenglich; ~ длины́ Längenmaß *n*; всему́ есть ~ alles hat seine Grenzen; по ме́ре того́, как ... während; dementsprechend, wie ...
ме́ргель *m* [4] Mergel.
мере́жка *f* [5; *g/pl.*: -жек] Hohlsaum *m*.
мере́щиться [16], <по-> nicht deutlich sehen; erscheinen (als), scheinen (zu sein).
мерза́вец *m* [1; -вца] abscheuliche Person *f*, Ekel *n*.
мер|зе́ть [8], *mst* <о-> abscheulich (*od.* ek[e]lig) werden; **~зи́ть** [13], <о-> Ekel erregen; **'~зкий** [16; -зок, -зка́, -o] abscheulich, ek(e)lig, garstig.
мерз|лота́ *f* [5] (ewiger) Frostboden *m*; **~лый** ('mɔ-) [14] gefroren; **~нуть** ('mɔ) [21], <за-> (ge)frieren.
ме́рзост|ный [14; -тен, -тна] abscheulich, ek(e)lig; **~ь** *f* [8] Abscheulichkeit.
мери́ло *n* [9] Maß(stab *m*).

ме́рин *m* [1] Wallach; врёт как си́вый ~ P er lügt wie gedruckt; глуп как си́вый ~ dumm wie Bohnenstroh.

мерино́с *m* [1] Merino(schaf *n*, [-wolle *f*).

ме́рить [13], <по-> (aus)messen.

ме́рка *f* [5; *g/pl.*: -рок] Maß *n*; по ме́рке nach Maß.

ме́ркнуть [21; *nur 3. Pers.*], <по-> dunkel werden, sich verdunkeln.

мерку́рий[1] *m* [3; *prpos/sg.*: -ии] Quecksilber *n*.

Мерку́рий[2] *m* [3; *prpos/sg.*: -ии] [Merkur.

мерлу́шка *f* [5; *g/pl.*: -шек] gegerbtes Lammfell *n*, Astrachan *m*.

ме́рный [14] (ab)gemessen, rhythmisch.

мероприя́тие *n* [12] Maßnahme *f*, Mittel.

ме́рочка *f* [5; *g/pl.*: -чек] kleines [Maß *n*.

мёрт|венный [14] leichenblaß (*a.* ~венно-бле́дный); abgestorben; **~ве́ть** [8], <о-> erstarren, absterben; verwelken; **~ве́ц** *m* [1 *e.*] Tote(r), Leiche *f*; **~ве́цкий** [16] besinnungslos; ~ве́цки пья́ный sinnlos betrunken; ~ве́цкая *f* Totenlager *n*; Totenkammer; **~вечи́на** *f* [5] F Aas *n*; **~ви́ть** *s.* умерщвля́ть; **~ворождённый** [14] totgeboren; **~вый** ('mɔrt-) [14; мёртв, мертва́, мёртво *u.* мертво́] tot; Tote(r) *m*, Leiche *f*; ~вый сезо́н *m* Sauregurkenzeit *f*; ~вый час *m* Ruhestunde *f* (*nach dem Mittagessen in Erholungsheimen u. dgl.*).

мерца́ть [1] dämmern; flackern.

ме́рять [28] *s.* ме́рить.

ме́сиво *n* [9] Mengfutter; (*fig.*) [Fraß *m*.

меси́|лка *f* [5; *g/pl.*: -лок] Knetscheit *n*; **~ть** [15] kneten; ~ть грязь durch den Schmutz stapfen.

мессия *m* [7] Messias.

места́ *n/pl.* [9] Provinz-, Ortsbehörde *f* (*im Gegensatz zu den Zentralbehörden*); на ~х draußen auf dem flachen Lande.

месте́чко *n* [9; *g/pl.*: -чек] kleiner Ort *m*, Plätzchen, Flecken *m*.

мести́ [25; мету́, -тёшь; мётший] fegen, kehren; [*unpers.*] метёт es stöbert (*Schnee*).

местко́м *m* [1] (ме́стный комите́т профсою́за) Gewerkschaftskomitee *n*.

ме́стничество *n* [9] (*ehm.*) Amtsbesetzung *f* nach Geburtsrecht.

ме́ст|ность *f* [8] Örtlichkeit, Gegend, Gelände *n*; (Orts-)Lage; **~ный** [14] örtlich, lokal; Land...; Lokal...; ✝ Platz...; (*in Zssgn*) ...sitzig.

ме́сто *n* [9; *pl. e.*: места́] Ort *m*, Platz *m*; 🚂 Gepäckstück; ✝ Kollo; Stelle *f*, Posten *m*; (*Parlament*) Mandat; отхо́жее ~ Abort *m*; де́тское ~ (*Anat.*) Nachgeburt *f*; о́бщее ~ allgemeine Redensart *f*, Gemeinplatz *m*; у́зкое ~ Achillesferse *f*; знать своё ~ sich taktvoll benehmen; ста́вить кого́-нибудь на ~ j-n zurechtweisen; не к ме́сту nicht am Platze, unangebracht; у неё глаза́ на мо́кром ме́сте F sie hat nah am Wasser gebaut, bei ihr kommen immer gleich die Tränen; не ~ (Д *od. inf.*) es ist unangebracht, fehl am Platz; места́ми stellenweise; по места́м! auf die Plätze!; ⚔ (*Wache*) (he)raus!; **~жи́тельство** *n* [9] Wohnsitz *m*; **~име́ние** *n* [12] (*Gram.*) Fürwort, Pronomen; **~положе́ние** *n* [12] Ortslage *f*; Ort *m*; **~пребыва́ние** *n* [12] Aufenthalts-, Wohn-ort *m*; **~рожде́ние** *n* [12] Geburtsort *m*; Lager(stätte *f*), Fundort *m*.

месть[1] *s.* мести́.

месть[2] *f* [8] Rache(akt *m*).

ме́ся|ц *m* [1] Monat; Mond; в ~ц monatlich; ~ц на уще́рбе abnehmender Mond; молодо́й ~ц zunehmender Mond; Neumond; как молодо́й ~ц F alle Jubeljahre einmal; **~чник** *m* [1] Werbemonat; **~чный** [14] monatlich; Monats...; Mond...; ~чное *n* Monatliche(s), monatliche Reinigung *f* (*der Frauen*).

мета́лл *m* [1] Metall *n*; **~и́ст** *m* [1] Metallarbeiter; **~у́ргия** *f* [7] Metallurgie.

мета́н *m* [1] Methan *n*, Gruben-, Sumpf-gas *n*.

мета́тель *m* [4] Schleuderer, [Werfer.

мета́ть [3], <метну́ть> [20] schleudern; werfen (*a. Junge*); heften, mit großen Stichen nähen; ~ банк die Bank halten; ~ жре́бий losen; ~ икру́ laichen; ~ би́сер пе́ред сви́ньями Perlen vor die Säue werfen; *vgl. a.* намётывать; **-ся** sich (hin und her) werfen; losgehen (на В auf *ac.*).

мета́фо|ра *f* [5] Metapher, bildlicher Ausdruck *m*; **~ри́ческий** [16] metaphorisch, bildlich.

мете́лица *f* [5] Schneegestöber *n*.
метёл(оч)ка *f* [5; *g/pl.*: -лок (-чек)] kleiner Besen *m*; Wedel *m*.
мете́ль *f* [8] Schneegestöber *n*; **~щик** *m* [1] (*Straßen-*)Feger.
мете́ние *n* [12] Fegen, Kehren.
метеоро́лог *m* [1] Meteorologe; **'~ия** *f* [7] Meteorologie, Wetterkunde.
метиза́ция *f* [7] (*Bio.*) Kreuzung.
мети́л ⚗ *m* [1] Methyl *n*.
ме́т|ить [15] **1.** <по-> (*Wäsche*) (be-)zeichnen; **2.** <на-> (на *od.* в В) zielen, trachten nach, es abgesehen haben (auf *ac.*); **~ка** *f* [5; *g/pl.*: -ток] (Merk-)Zeichen *n*, Bezeichnung; **~кий** [16; -ток, -тка́, -о; *comp.* ме́тче] (genau) treffend, sicher; scharf (*Gesicht*); schlagfertig (*Antwort*).
метла́ *f* [5; *pl. st.*: мётлы, мётел, мётлам] Besen *m*; но́вая ~ чи́сто метёт (*Spr.*) neue Besen kehren gut.
метлови́ще *n* [11] Besenstiel *m*.
метну́ть *s.* мета́ть.
ме́тод *m* [1] Methode *f*; **~и́ческий** [16] methodisch.
ме́точка *f* [5; *g/pl.*: -чек] kleines (Merk-)Zeichen *n*.
метр *m* [1] Meter *n*.
метра́ж *m* [1*e.*] Meterlänge *f*, Länge *f* in Metern; фильм *m* ма́лого ~а́ Kurzfilm.
метранпа́ж *m* [1; *g/pl.*: -ей] (*Typ.*) Metteur.
ме́тр|ика *f* [5] Geburts- (*u.* Tauf-)schein *m*, -urkunde; **~и́ческий** [16] metrisch; ~и́ческое свиде́тельство *n s.* ме́трика.
метро́ *n* [*unv.*] Untergrundbahn *f*.
метро́вый [14] Meter...
метрополите́н (-'tɛn) *m* [1] *s.* [метро́.]
метропо́лия *f* [7] Kolonialstaat *m*.
метчи́к ⊕ *m* [1*e.*] Gewindebohrer.
Мефо́дий *m* [3; *prpos/sg.*: -ии] Methodius.
мех *m* **1.** [1; *pl.*: -и́] Blasebalg; (ко́жаный ~) Schlauch; **2.** [1; на -у́; *pl.*: -а́] Pelzwerk *n*; на ~у́ mit Pelz (*gefüttert*); на ры́бьем ~у́ F (*iron.*) sehr leicht gefüttert.
механи́|зм *m* [1] Mechanismus; Triebwerk *n*; Vorrichtung *f*; **~к** (-'xa-) *m* [1] Mechaniker; **~ка** (-'xa-) *f* [5] Mechanik.
мехо|ви́к *m* [1*e.*] Pelzdecke *f*; **~во́й** [14] Pelz...; на ~вой подкла́дке mit Pelz gefüttert; **~вщи́к** *m* [1*e.*] Pelzhändler; Kürschner.
мецена́т *m* [1] Mäzen, Kunstfreund.
меч *m* [1*e.*; *g/pl.*: -е́й] Schwert *n*; преда́ть огню́ и ~у́ mit Feuer u. Schwert ausrotten.
мече́ть *f* [8] Moschee.
меч-ры́ба *f* [5; меч-ры́бы] (*Zool.*) Schwertfisch *m*.
мечта́ *f* [5] Einbildung; Träumerei; Hirngespinst *n*, Trugbild *n*, Wahn *m*; мечты́ *pl. das* Dichten und Trachten (*der Menschen*); **~ние** *n* [12] Schwärmerei *f*.
мечта́тель *m* [4] Schwärmer, Träumer; **~ность** *f* [8] Verträumtheit; **~ный** [14; -лен, -льна] schwärmerisch, träumerisch.
мечта́ть [1] (о П) schwärmen, träumen (von), dichten und trachten nach, sinnen auf (*ac.*).
меша́лка P *f* [5; *g/pl.*: -лок] Rührholz *n*, -stock *m*, -maschine, Mischmaschine.
мешани́на F *f* [5] Mischmasch *m*.
меша́ть [1; ме́шанный] **1.** <по-, с-> (ver)mischen, (ver)mengen, (um)rühren; verwirren; **-ся** sich vermischen; in Verwirrung geraten; **2.** <по-> (Д) *j-n* stören (в П *od.* + *inf.*) (in *dat.*), hindern (an *dat.*); [*unpers.*] не меша́ет das schadet (*od.* macht) nichts.
ме́шкать [1] zögern, zaudern.
мешко|ва́тый [14*K.*] weit, sackig (*Kleider*); schwerfällig; **~ви́на** *f* [5] Sackleinen *n*.
ме́шкотный [14; -тен, -тна] saumselig.
мешо́|к *m* [1; -шка́] Sack; (*fig.*) Tolpatsch; **~чек** *m* [1; -чка] Säckchen *n*; **~чник** *m* [1] Sackträger; Schleichhändler; (*fig.*) Hamster(er); **~чничество** *n* [9] Hamsterei *f*.
мещан|и́н *m* [1; *pl.*: -ща́не, -ща́н] (Klein-)Bürger; Spießbürger, F Philister; Spießer; **~ство** (-'ʃ,ʃan-) *n* [9] Kleinbürgertum, Spießbürgertum, Philistertum.
мещеря́к *m* [1 *e.*] Meschtscherjak (*Turkvolk an der mittleren Wolga*).
мзда *f* [5] Belohnung; Schmiergeld *n*.
мздоим|ец *m* [1; -мца] bestechlicher Mensch; **~ство** *n* [9] Bestechlichkeit *f*.
миг *m* [1] Augenblick; ~ом im Nu.
мига́ть [1], <мигну́ть> [20] blinzeln (Т mit); *j-m* zublinzeln.

мигре́нь ⚕ *f* [8] Migräne, (halbseitiger) Kopfschmerz *m*.

мидӣ|ец *m* [1; -ди́йца] Meder; **~и́ский** [16] medisch.

Ми́дия *f* [7] Medien *n*.

мизги́рь *m* [4] (*Zool.*) Tarantel *f*.

мизе́рный [14; -рен, -рна] dürftig, armselig.

мизи́нец *m* [1; -нца] kleiner Finger; kleine Zehe *f*.

мики́тки P *f/pl.* [5; *gen.*: -ток] (*Anat.*) Weichen.

микро́б *m* [1] Mikrobe *f*.

Мила́н *m* [1] Mailand *n*; **♀ец** *m* [1; -нца] Mailänder.

мила́шка F *m/f* [5; *g/pl.*: -шек] netter Mensch *m*, nette Person *f*.

ми́ленький [16] allerliebst, niedlich; как ~ попа́лся P (*iron.*) es ist ihm recht geschehen.

милици|оне́р *m* [1] Milizsoldat; Schutzmann, Polizist; **~я** (-ˈʝi-) *f* [7] Polizei.

милли... (*in Zssgn*) Milli...

миллиа́рд *m* [1] Milliarde *f*.

миллиме́тр *m* [1] Millimeter *n*.

ми́ло|вать 1. [7] <по-> begnadigen; поми́луй(те)! aber ich bitte dich (Sie)!; bedenke(n Sie) doch!; поми́луй бог! Gott behüte!; го́споди поми́луй! Gott erbarme dich unser *od.* meiner!; **2.** (-ˈvaţ) liebkosen; **~ви́дный** [14; -ден, -дна] lieblich, holdselig; **~се́рдие** *n* [12] Barmherzigkeit *f*; сестра́ *f* ~се́рдия barmherzige Schwester; **~се́рдный** [14; -ден, -дна] barmherzig; **~се́рдствовать** [7] Mitleid haben; **~сти́вец** *m* [1; -вца], **~сти́вица** *f* [5] Wohltäter(in *f*), Gönner(in *f*); **~сти́вый** [14*K.*] gütig, gnädig; **~сты́нька** *f* [5; *g/pl.*: -нек] kleines Almosen *n*; **~сты́ня** *f* [6] Almosen *n*; **~сть** *f* [8] Gnade; Gewogenheit, Gunst; ~сти про́сим! (seien Sie) willkommen!; (*iron.*) скажи́те на ~сть! sieh mal einer an!; сде́лайте ~сть! haben Sie die Güte!, seien Sie so gut!; **~чка** *f* [5; *g/pl.*: -чек] Herz(blätt)chen *n*.

милу́ша F *m/f* [5] netter Junge *m*; nettes Mädchen *n*.

ми́лый [14; ми́л, -á, -о] lieb(lich), hold, liebenswürdig; gewogen.

ми́льдью 🌱 *n* [*unv.*] Me(h)ltau *m*.

мильто́н P *m* [1] *s.* милиционе́р.

ми́ля *f* [6] Meile.

ми́мика *f* [5] Mimik, Gebärdenspiel *n*.

ми́мо 1. (*adv.*) vorüber, vorbei; ~! F gefehlt!, fehlgeschossen!; **2.** (*prp.* P) an vorüber *od.* vorbei; **~е́здом** im Vorbeifahren; nebenbei; **~е́зжий** [17] vorbeifahrend; **~лётный** [14; -тен, -тна] schnell (vorüberfliegend); vorübergehend, flüchtig; **~хо́дом** im Vorbeigehen; beiläufig.

ми́на *f* [5] ⚒ ⚔ Mine, Werfergranate, Torpedo *m*; Miene, Gesichtsausdruck *m*.

мингре́л *m* [1] Mingrelier (*Volk im Kaukasus*).

минда́лин|а *f* [5] Mandel(kern *m*); ~ы ⚕ *pl.* Mandeln.

минда́ль *m* [4 *e.*] (*koll.*) Mandeln *f/pl.*; **~ник** *m* [1] Mandelbaum; **~ничать** F [1] süßlich tun, Süßholz raspeln.

минёр ⚒ ⚔ *m* [1] Mineur, Minierer.

минера́л *m* [1] Mineral *n*, Gestein *n*; **~о́гия** *f* [7] Mineralogie, Steinkunde.

миниатю́ра *f* [5] Miniatur(malerei).

ми́нимум *m* [1] Minimum *n*, Mindest-betrag, -wert; прожи́точный ~ Existenzminimum *n*.

мини́ровать [7] (*im*)*pf.* minieren, unterwühlen.

министе́р|ский [16] ministeriell; Minister(ial)...; **~ство** *n* [9] Ministerium.

мини́стр *m* [1] Minister.

минова́ть [7] (*im*)*pf.*, <мину́ть> [20; *nur 3. Pers.*] über-gehen, -sehen; vermeiden, entgehen; *v/i.* vorüber-, ver-gehen; [*pt.*: ми́-ну́л] werden (*Alter*); мне ми́нуло два́дцать лет ich bin zwanzig Jahre alt (geworden); мину́я подро́бности ohne auf Einzelheiten einzugehen; чему́ быть, того́ не минова́ть (*Spr.*) was kommen soll, kommt doch; двум смертя́м не быва́ть, и одно́й не минова́ть (*Spr.*) zwei Tode stirbt man nicht und einem entgeht man nicht.

мино́га *f* [5] (*Zool.*) Neunauge *n*.

миномёт ⚔ *m* [1] Granatwerfer.

миноно́сец ⚓ *m* [1; -сца] Torpedoboot *n*; эска́дренный ~ Zerstörer.

минота́вр *m* [1] (*Myth.*) Minotaur(us).

ми́нус *m* [1] Minus(zeichen) *n*; (*a. adv.*) weniger; ~ на ~ даёт плюс minus mal minus gibt plus.

мину́т|а *f* [5] Minute; Augenblick *m*; сию́ ~у sofort, im Augenblick; пять мину́т второ́го (es ist) fünf Minuten nach eins; без пяти́ мину́т два часа́ (es ist) fünf Minuten vor zwei; **~(оч)ка** *f* [5; *g/pl.*: -ток (-чек)] kleine Minute; Augenblickchen *n*; (одну́) ~ку! einen Moment!, einen Augenblick!

мину́ть *s.* минова́ть.

мир[1] *m* [1] Friede(n); (с) ~ом friedlich, in Frieden.

мир[2] *m* [1; на -у́; *pl. e.*] Welt *f*; Weltall *n*; (Bauern-)Gemeinde *f*; ходи́ть по́ миру betteln (gehen); пусти́ть по́ ~у F an den Bettelstab bringen; не от ~а сего́ (*fig.*) lebensfremd; на ~у́ и смерть красна́ (*Spr.*) geteiltes Leid ist halbes Leid.

мирабе́ль ⚘ *f* [8] Mirabelle(nbaum *m*).

мира́ж *m* [1; *g/pl.*: -ей] Luftspieg(e)lung *f*, Fata Morgana *f*.

мирво́лить [13] (Д) nachsichtig sein (gegen), verziehen, verwöhnen.

мириа́ды *f/pl.* [5] Miriade *f*, Unzahl *f*.

мири́тель *m* [4] Versöhner; **~ный** [14] versöhnend.

мири́ть [13], <по-> ver-, aus-söhnen (с Т mit); **-ся** (с Т) sich vertragen, sich versöhnen; sich begnügen (*od.* abfinden) mit.

ми́рный [14; -рен, -рна] friedlich; Friedens...

миро... (*in Zssgn mst*) Welt...; **~воззре́ние** *n* [12] Weltanschauung *f*; **~во́й** [14] Welt...; Friedens...; P prächtig, erstklassig; ~ва́я (сде́лка) F *f* friedlicher Vergleich *m*; де́лать (*od.* идти́ на) ~ву́ю sich vertragen *od.* versöhnen; **~е́д** *m* [1] Ausbeuter, Blutsauger; **~зда́ние** *n* [12] Weltgebäude; **~лю́бец** *m* [1; -бца] Friedfertige(r); **~люби́вый** [14*K.*] friedfertig; **~лю́бие** *n* [12] Friedfertigkeit *f*; **~созерца́ние** *n* [12] Weltanschauung *f*; **~тво́рец** *m* [1; -рца] Friedensstifter.

ми́рра ⚘ *f* [5] Myrrhe.

мирско́й [16] weltlich; **Welt...**; Gemeinde...

мирт ⚘ *m* [1] Myrte *f*.

миря́нин *m* [1; *pl.*: **-я́не**, -я́н] Weltliche(r), Laie.

ми́с|ка *f* [5; *g/pl.*: -сок] Suppenschüssel, -terrine; **~очка** *f* [5; *g/pl.*: -чек] kleine Suppenschüssel.

миссионе́р *m* [1] Missionar.

ми́ссия *f* [7] Mission, Sendung; Gesandschaft.

ми́сти|к *m* [1] Mystiker; **~ка** *f* [5] Mystik, Geheimlehre; **~фика́ция** *f* [7] Mystifikation; Betrug *m*; **~фици́ровать** [7] (*im*)*pf.* mystifizieren; zum besten haben *od.* halten, foppen.

мита́вский [16] mitauisch, aus (*od.* von) Mitau (Мита́ва *f*).

Ми́тенька *m* [5] *dim. v.* Дми́трий.

ми́тинг *m* [1] Versammlung *f*, Meeting *n*; **~ова́ть** [7] eine Massenversammlung abhalten; (*fig. ver.*) große Reden führen.

митка́ль *m* [4*e.*] *Art* grobes Baumwollzeug *n*.

ми́тра *f* [5] Bischofsmütze.

Ми́тька *m* [5], **Ми́тя** *m* [6] *dim. v.* Дми́трий.

миф *m* [1] Mythe *f*, Sage *f*; **~и́ческий** [16] mythisch, sagenhaft; **~оло́гия** *f* [7] Mythologie, Sagenkunde.

Михаи́л *m* [1], **Миха́йла** P *m* [5] Michael.

ми́чман ⚓ *m* [1] Obermaat, Fähnrich (*in der Sowjetunion*); (*hist.*) Unterleutnant zur See.

Ми́ша *m* [5] (*dim. v.* Михаи́л) Michel(chen *n*); (*im Märchen*) Petz (*Bär*).

мише́нь *f* [8] (Schieß-)Scheibe.

Ми́ш(ень)ка *m* [5] *s.* Ми́ша.

мишура́ *f* [5] Flittergold *n*; (*fig.*) Flitter-kram *m*, -staat *m*, Tand *m*.

Мишу́тка *m* [5] *s.* Ми́ша.

младе́н|ец *m* [1; -нца] Kind *n* (*unter sieben Jahren*); Kleinkind *n*; **~чество** *n* [9] Kindheit *f*, Kindesalter.

млад|о́й *s.* молодо́й; **'~ший** [17] jüngerer; jüngster; Unter...

млекопита́ю|щий [17] säugend; ~щее (живо́тное) *n* Säugetier.

млеть [8], <обо-> vergehen, ohnmächtig werden (от P vor *dat.*).

мле́чный [14]: (*Astr.*) ~ путь *m* Milchstraße *f*.

мне́|ние *n* [12] Meinung *f*, Ansicht *f*; Gutachten; по ~нию nach Ermessen, nach der Meinung.

мни|моуме́рший [17] scheintot; Scheintote(r) *m*; **'~мый** [14] scheinbar; mutmaßlich; ✝ fingiert; **Schein...**

мни́тельный [14; -лен, -льна] argwöhnisch.

мнить † [13] meinen, glauben; ~ о себе́ sich einbilden; мне мни́тся es scheint mir.

мно́|гий [16] viel; **~гие из нас** viele (*od.* manche) von uns.

мно́го [*comp.* бо́льше *od.* бо́лее] (P) viel; höchstens; ~ слов, а ма́ло де́ла viel Geschrei u. wenig Wolle; ~ шу́му из ничего́ viel Lärm um nichts; ни ~, ни́ ма́ло nicht mehr u. nicht weniger, genau; (*in Zssgn mst*) viel...; Viel...; mehr...; **~бо́жие** *n* [12] Vielgötterei *f*; **~ва́то** F ziemlich viel; **~во́дный** [14; -ден, -дна] wasserreich; **~гра́нник** *m* [1] (*Geom.*) Vielkant *n*, Polyeder *n*; **~де́тный** [14; -тен, -тна] kinderreich; **~жёнство** *n* [9] Polygamie *f*, Vielweiberei *f*; **~значи́тельный** [14; -лен, -льна] vielbedeutend, bedeutsam; **~кра́тный** [14] vielmalig, -fach; ~кра́тно wiederholt, oft; **~ле́тие** *n* [12] langes Leben; **~ле́тний** [15] vieljährig; **~лю́дие** *n* [12], **~лю́дность** *f* [8] Belebtheit *f*; Menschenmenge *f*; **~лю́дный** [14; -ден, -дна] belebt, volkreich; sehr besucht; **~обра́зие** *n* [12] Mannigfaltigkeit *f*; **~обра́зный** [14; -зен, -зна] mannigfaltig, vielartig; **~по́лье** ⚘ *n* [10] Vielfelderwirtschaft *f*; **~сло́вный** [14; -вен, -вна] redselig; **~стано́чник** *m* [1] Arbeiter, der mehrere Maschinen od. dgl. gleichzeitig bedient; **~сторо́нний** [15; -о́нен, -о́ння] vielseitig; **~страда́льный** [14; -лен, -льна] schwergeprüft, leidgeprüft; **~то́чие** *n* [12] Gedankenpunkte *m/pl.*; **~тру́дный** [14; -ден, -дна] mühevoll; **~уважа́емый** [14] sehr geehrter; **~уго́льник** *m* [1] Vieleck *n*; **~чи́сленный** [14 *K.*] zahlreich; **~член** *m* [1] ⅍ vielglied(e)rige Größe *f*, Polynom *n*; **~язы́чный** [14] vielsprachig.

мно́жествен|ный [14] vielfach; (*Gram.*) ~ное число́ *n* Mehrzahl *f*, Plural(is) *m*.

мно́жество *n* [9] Menge *f*, große Anzahl *f*.

мно́жи|мый [14] multipliziert; ⅍ ~мое (число́) *n* Multiplikand *m*; **~тель** *m* [4] ⅍ Multiplikator; **~ть**, <по- v-> *s.* умножа́ть.

мобили|за́ция ⚔ *f* [7] Mobilisation, Mobilmachung; **~зова́ть** [7] (*im*)*pf*, <*a.* от-> mobilisieren, mobil machen.

могика́не *m/pl.* [*gen.*: -а́н]: после́дний из могика́н der letzte der Mohikaner.

моги́ла *f* [5] Grab *n*; Grabhügel *m*.

могилёвский [16] aus (*od.* von) Mohilew (Могилёв *m*).

моги́ль|ник *m* [1] (*Archäologie*) Grabstätte *f*; **~ный** [14] Grab...; **~щик** *m* [1] Totengräber.

моrо|та́ *f* [5] Kraft; э́то мне не в ~ту́ das geht über meine Kräfte.

могу́|честь *f* [8] *s.* ~щественность; **~чий** [17*K.*] *s.* ~щественный; **~щественность** *f* [8] Mächtigkeit; **~щественный** [14] mächtig, stark; **~щество** *n* [9] Macht *f*.

МОГ'ЭС (Моско́вская госуда́рственная электри́ческая ста́нция *f*) Moskauer staatliches Elektrizitätswerk *n*.

мо́да *f* [5] Mode; Sucht; по мо́де nach der Mode.

моделестрое́ние *n* [12] Modellflugzeugbau *m*.

моде́ль (-ˈdeḷ) *f* [8] Modell *n*.

модерниз|и́ровать, ~ова́ть (-dɛr-) [7] (*im*)*pf*. modernisieren.

моди́стка *f* [5; *g/pl.*: -ток] Modistin, Putzmacherin.

модифици́ровать [7] (*im*)*pf*. modifizieren, abändern.

мо́дни|к *m* [1] Modenarr; **~ца** *f* [5] Modenärrin; **~чать** [1] sich nach der (neuesten) Mode kleiden.

мо́дный [14; -ден, -дна́, -о] modern; мо́дная пе́сня *f* Schlager *m*.

мо́дуль ⅍ *m* [4] Modul.

мо́ечн|ый [14]: ~ая ка́мера *f* Autowanne.

мо́жет: ~ быть, ~ ста́ться vielleicht, kann sein.

можже|ве́линка ⚘ *f* [5; *g/pl.*: -нок] Wacholderbeere; **~вёловый** [14] Wacholder...; **~ве́льник** *m* [1] Wacholder(strauch).

мо́жно man kann *od.* darf; как ~ скоре́е möglichst bald *od.* schnell; как ~! undenkbar! (*Ablehnung*).

моза́и|ка *f* [5] Mosaik *n*; **~чный** (-ˈitʃ-) [14] Mosaik...

мозг *m* [1; -а (-у); в -у́; *pl. e.*: -и́] Gehirn *n*; (ко́стный Knochen-) Mark *n*; ~и́ *pl.* (*Kochk.*) Bregen *m*; F мозга́ми шевели́ть *od.* рабо́тать **geistig arbeiten, denken, den Ver-**

stand anstrengen; до **~а** костей (*z.B.*: глуп) durch u. durch (dumm = saudumm); **'~лый** [14] verdorben, muffig; abgemagert; **'~нуть** [20; *nur 3. Pers.*], <про-> faulen, verderben, muffig werden; abmagern; **~овой** [14] Hirn...; Mark...

мозжечок *m* [1; -чка] (*Anat.*) Kleinhirn *n*.

мозо|листый [14*K*.] schwielig, hornhäutig; schwielenartig, schwielicht; **~лить** [13], <на-> schwielig machen, Schwielen erzeugen an (*z.B. den Füßen*); это ему глаза **~лит** das ist ihm ein Dorn im Auge; **~ль** ⚕ *f* [8] Schwiele, Hühnerauge *n*.

Моисе|ев [19] mosaisch; **~й** *m* [3] Moses.

мой *m*: **~**, моя *f*, моё *n*, мои *pl.* [24] mein(e); der (die, das) meinige, die meinigen; по-моему nach m-r Meinung.

мой|ка *f* [5] Waschen *n*; Wäscherei; **~кий** [16] waschecht; **~щик** *m* [1] Autowäscher.

мокко *n* [*unv.*] Mokka *m* (*Kaffee*).

мокнуть [21], <про-> naß werden.

мокренький [16] ziemlich naß.

мокрица *f* [5] (*Zool.*) Assel; ⚘ Vogelmiere.

мокрота[1] *f* [5] Nässe.

мокро|та[2] *f* [5] Schleim *m*; **~тистый** [14*K*.] verschleimt; **~тный** [14] schleimig; Schleim...

мокрый [14; мокр, -а, -о] naß.

мол[1] P nämlich, folglich, demnach; (*indirekte Rede*) sagt er (sie *usw.*).

мол[2] *m* [1] (*a.* портовый **~**) Hafendamm.

мол|ва *f* [5] Gerede *n*, Gerücht *n*; людская **~ва** — что морская волна (*Spr.*) die Meinung der Welt ist veränderlich; heute „Hosianna", morgen „Kreuziget ihn"; **'~вить** (*im*)*pf.* [14] sprechen, sagen.

Молдава *f* [5] Moldau (*Fluß*).

Молдавия *f* [7] Moldau *n* (*Land*).

молебен *m* [1; -бна] (*kurzes* Dank- *od.* Bitt-)Gebet *n* (*in der Kirche*).

молекул|а *f* [5] Molekül *n*; **~ярный** [14] Molekular...

молельня *f* [6; *g/pl.*: -лен] Bethaus *n*; Betzimmer *n*.

молеточина *f* [5] Mottenfraß *m*.

молит|ва *f* [5] Gebet *n* (о П um); **~венник**, **~вослов** *m* [1] Gebetbuch *n*.

молить [13; молю, молишь] flehen, demütig (*od.* inständig) bitten (о П um); **~** бога zu Gott beten, Gott anflehen; **-ся**, <помолиться> beten (Д zu).

молкнуть [21] verstummen.

моллюск *m* [1] (*Zool.*) Molluske *f*, Weichtier *n*.

молниенос|ный [14*K*.] Blitze führend (*Wolken*); Gewitter...; blitzschnell, blitzartig; *a.* = с **~ной** быстротой blitzschnell.

молниеотвод *m* [1] Blitzableiter.

молнировать [7] (*im*)*pf.* ein Blitztelegramm senden.

молния *f* [7] Blitz *m*; Reißverschluß *m*; **~** блистает *od.* сверкает es blitzt; телеграмма-**~** Blitztelegramm *n*.

моло|дёжь *f* [8] (*koll.*) Jugend (= *junge Leute*); **~денький** (-'lɔ-) [16] ganz jung; **~деть** [8], <по-> jung werden, sich verjüngen; **~дец** *m* [1; -дца] wackerer (*od.* braver) Mensch *od.* Junge *od.* Bursche, Prachtkerl; † junger Mann; **~децкий** [16] wacker, brav; **~дить** [15; -ожу, -одишь], <о-> jung machen, verjüngen; **~дица** *f* [5], **~дка** (-'lɔt-) *f* [5; *g/pl.*: -док] junge (Ehe-)Frau; **~дняк** *m* [1 *e.*] ⚘ junges Gewächs *n*, Unterholz *n*; Jungvieh *n*; Nachwuchs; **~дожёны** *m/pl.* [1] Jungverheiratete(n); **~дой** [14; молод, молода, -о; *comp.* моложе] jung (годами an Jahren); Neuvermählte(r) *m*; **~дость** ('mɔ-) *f* [8] Jugend (-zeit); **~духа** *f* [5] junge Frau; **~дцеватый** [14*K*.] stattlich; gewandt, schneidig; *s. a.* **~децкий**; **~дчик** (-'lɔt-) *m* [1] fescher Bursche; **~дчина** *m* [5] kräftiger (*od.* strammer) Bursche; **~дь** ('mɔ-) *f* [8] junge Fischbrut; **~жавый** [14*K*.] jugendlich (aussehend).

молозиво *n* [9] Biestmilch *f* (*Erstmilch nach der Geburt*).

молоки *f/pl.* [5] Milch *f* (*der Fische*).

молоко *n* [9] Milch *f*; ⚘ Milchsaft *m*; кислое **~** Dickmilch *f*; парное **~** kuhwarme Milch *f*; сгущённое **~** kondensierte Milch *f*; снятое **~** Magermilch *f*; цельное **~** Vollmilch *f*; у него **~** на губах не обсохло (*Spr.*) er ist noch nicht trocken hinter den Ohren; обжёгшись на молоке, дуешь и на воду (*Spr.*) gebranntes Kind scheut das Feuer; **~сос** *m* [1] grüner Junge, Milchbart, Grünschnabel.

мóлот *m* [1] (großer) Hammer; (*Sport*) Wurfhammer; ~-ры́ба *f* Hammerhai *m*.

молоти́л|ка *f* [5; *g/pl.*: -лок] Dreschmaschine; **~о** *n* [9] Dreschflegel *m*.

молоти́ль|ня *f* [6; *g/pl.*: -лен] Dreschtenne; **~щик** *m* [1] Drescher.

молоти́ть [15], <с-> dreschen.

молото|бóец *m* [1; -бóйца] Hammerschmied, Zuschläger; **~к** (-ˈtɔk) *m* [1; -тка́] Hammer; купи́ть с молотка́ (auf der Auktion) erstehen; прод(ав)а́ть с молотка́ (öffentlich) versteigern; **~чек** (-ˈtɔ-) *m* [1; -чка] Hämmerchen *n*.

молóть [17; мелю́, мéлешь; мели́ (-те)!; мéлющий; меля́], <с-> mahlen; **~ба́** *f* [5] Dreschen *n*; Dreschzeit.

молоча́й *m* [3] Wolfsmilch *f*.

молоч|кó *n* [9] Milch *f*; **~ник** (-ˈłɔtʃ-) *m* [1] Milchkanne *f*; Milchmann; **~ница** (-ˈłɔtʃ-) *f* [5] Milchfrau; ⚕ Milchschwamm *m*; **~ный** (-ˈłɔtʃ-) [14] Milch...; ~ная *f* Milchgeschäft *n*; ~ное (ку́шанье) *n* Milchspeise *f*.

мол|чали́вый [14*K*.] schweigsam; **~ча́линство** *n* [9] Katzbuckelei *f* (*nach e-r Gestalt aus Gribojedows Komödie* „Гóре от умá“); **~ча́льник** *m* [1] Schweiger; **~ча́ние** *n* [12] Schweigen; ~ча́ние знак соглáсия (*Spr.*) Schweigen heißt „ja“; **~ча́нка** *f* [5] (*a.* игрá *f* в ~ча́нку) Schweigespiel *n*; **~ча́ть** [4; -лчу́, -чи́шь; (*adv.*) мóлча] (still)schweigen; **~чóк** *m* [1; -чкá] (Still-)Schweigen *n*; ~чкóм schweigend, im stillen; ~чкóм молча́ть beharrlich schweigen.

моль *f* [8] Motte; ♪ (*ohne pl.*) Moll *n*; **~ба́** *f* [5] Flehen *n*; **~бéрт** *m* [1] (*Malerei*) Staffelei *f*.

момéнт *m* [1] Augenblick, Moment; **~а́льный** [14] augenblicklich, momentan.

монасты́рь *m* [4*e*.] Kloster *n*.

монáх *m* [1] Mönch; **~иня** *f* [6] Nonne; постри́чься в монáхи (монáхини) Mönch werden (den Schleier nehmen).

монáше|нка *f* [5; *g/pl.*: -нок] Nonne (*a. Zool.*); (*a.* аромати́ческая ~нка) Räucherkerzchen *n*; **~ский** [16] mönchisch; Mönchs...; ~ская ря́са *f* Mönchskutte; **~ство** *n* [9] Mönchswesen, Mönchtum.

монгóл *m* [1] Mongole; **2ия** *f* [7] Mongolei.

монéт|а *f* [5] Münze; Geld *n*; плати́ть той же ~ой F (*fig.*) mit gleicher Münze zahlen; приня́ть за чи́стую ~у (et.) für bare Münze nehmen; **~ный** [14] Münz...; ~ный двор *m* Münz(stätt)e *f*; **~чик** *m* [1] Münzpräger.

мони́сто *n* [9] Halsschmuck *m*.

моно|гра́мма *f* [5] Monogramm *n*; **~гра́фия** *f* [7] Monographie; **~плáн** ✈ *m* [1] Eindecker; **~пóлия** *f* [7] Monopol *n*, Allein-handel *m*, -verkauf *m*; **~пóлька** P *f* [5] (*ehm.*) *s.* вóдка; **~тóнный** [14; -нен, -нна] eintönig, einförmig, monoton.

монтáж *m* [1*e*.; *g/pl.*: -éй] Montierung *f*, Montage *f*.

монтёр *m* [1] Monteur.

монти́ров|ать ⊕ [7], <с-> montieren, auf-, zs.-stellen; **~ка** (-ˈrɔf-) *f* [5; *g/pl.*: -вок] Montierung, Montage.

МОПР (междунарóдная организáция *f* пóмощи борцáм революции) Internationale Rote Hilfe (I.R.H.).

мор ⚕ *m* [1] Pest *f*; Massensterben *n*.

морáв|ец *m* [1; -вца] Mähre; **2ия** *f* [7] Mähren *n*.

морáль *f* [8] Moral, Sitte(nlehre); читáть ~ (Д j-m) eine Moralpredigt (Standpauke) halten.

морато́рий † *m* [3; *prpos/sg.* -ии] Moratorium *n*, Stundungsbefehl.

морг *m* [1] Leichenschauhaus *n*.

морг|áть [1], <~нýть> [20] blinzeln; **~ýн** *m* [1*e*.] Blinzler.

мóр|да *f* [5] Maul *n*, Schnauze; (Fisch-)Reuse; **~дáстый** [14*K*.] mit großer Schnauze, großschnauzig; **~дáшка** *f* [5; *g/pl.*: -шек] kleiner Bullenbeißer *m*.

мордвá *f* [5] (*koll.*) Mordwinen *pl*.

мордви́н *m* [1] Mordwine.

мóрдочка *f* [5; *g/pl.*: -чек] Schnäuzchen *n*.

мóре *n* [10; *pl. e.*] Meer, See *f*; ~м zur See, auf dem Seewege; зá ~ ins Ausland; в откры́том ~ auf hoher See; из-за мóря aus fernen Län-

dern, aus Übersee; сиде́ть у мо́ря и ждать пого́ды F (*fig.*) die Hände in den Schoß legen.
море́на *f* [5] (*Geol.*) Moräne.
морёный [14] F schwächlich; F vergiftet; ebenholzfarbig; gebeizt.
морепла́вание *n* [12] Seefahrt *f*.
морепла́ватель *m* [4] Seefahrer.
морехо́дец *m* [1; -дца] Seefahrer.
морж *m* [1*e*.; *g/pl.*: -е́й] Walroß *n*; **~о́вый** [14] Walroß...
Мо́рзе [*unv.*]: а́збука *f* ~ Morsealphabet *n*.
мори́лка *f* [5] Beize (*für Holz*).
мори́ть [13], <за-, у-> zu Tode quälen; vertilgen, vergiften; beizen (*Holz*); *vgl.* за~.
морко́в|ка *f* [5; *g/pl.*: -вок] (einzelne) Möhre; **~ь** ✿ *f* [8] (*koll.*) Möhren *pl.*, Mohrrüben *pl.*
моро́вой ⚕ [14] pestartig; Pest...
моро́же|ница *f* [5] Eismaschine; **~ное** [14] Gefrorene(s) *n*, Speiseeis *n*; **~нщик** *m* [1] Speiseeisverkäufer.
моро́з *m* [1] Frost; на дворе́ треску́чий ~ es friert Stein u. Bein; уда́рили ~ы F starker Frost setzte plötzlich ein; стоя́т ~ы es herrscht Frost(wetter); **~ец** *m* [1; -зца] gelinder Frost; **~ить** [15], <по-> gefrieren lassen; [*unpers.*] на дворе́ ~ит es friert draußen.
морозосто́йкий [16; -о́ек, -о́йка] frost-beständig, -fest.
мороси́ть [15; *unpers.*: -си́т] sprühen, fein regnen.
моро́|чение *n* [12] Trugwerk; **~чить** [16], <об-> betrügen, hintergehen, hinters Licht führen.
моро́шка ✿ *f* [5; *g/pl.*: -шек] Mult-, Molt-beere, Sumpfbrombeere.
морс *m* [1] Fruchtsaft.
мор|ско́й ⚓ [14] Meer(es)...; See..., Marine...; ~ска́я ба́за *f* Flottenbasis, -station; ~ско́е министе́рство *n* Marineministerium; ~ско́й волк *m* (*fig.*) Seebär; заболе́ть ~ско́й боле́знью seekrank werden.
морти́ра ⚔ *f* [5] Mörser *m*.
Морфе́й *m* [3] Morpheus.
мо́рфий *m* [3; *prpos/sg.*: -ии] Morphium *n*.
морщи́|на *f* [5] Runzel; Falte; **~нистый** [14*K*.] runz(e)lig; faltig; **~нка** *f* [5; *g/pl.*: -нок] kleine Runzel *od.* Falte; **~ть** (ˈmɔr-) [16], <с-> runzeln; falten; (*die Nase*) rümpfen.
моря́к *m* [1*e*.] Seemann, Seefahrer.
москате́льн|ый [14]: ~ая ла́вка *f* Drogerie.
Москва́ *f* [5] Moskau *n*; ~(-река́) *f* Moskwa (*Fluß*).
москви́ч *m* [1*e*.; *g/pl.*: -е́й] Moskauer; Personenauto(marke; *vgl. VW, Opel-Kapitän u. dgl.*); да́чник-~ Moskauer Sommerfrischler.
моски́т *m* [1] Moskito, Stechmücke *f*.
Моссове́т *m* [1] (Моско́вский сове́т депута́тов трудя́щихся) Moskauer Sowjet der Deputierten der Werktätigen.
мост *m* [1 *od.* 1*e*.; на -у́; *pl. e.*] Brücke *f*; с ~у von der Brücke (aus); навести́ ~ eine Brücke schlagen; развести́ ~ eine Brücke abbrechen; перебро́сить ~ (ме́жду T zwischen *j-n*) eine Brücke schlagen (*fig.*); ˈ~ик *m* [1] kleine Brücke *f*.
мости́|льщик *m* [1] Pflasterer; **~ть** [15; мощу́, мости́шь; мощённый], <вы́-> pflastern.
мостки́ *m/pl.* [1] Brettersteg *m*; погру́зочные ~ Laderampe *f*.
мостов|о́й [14] gepflastert; Brükken...; ~а́я *f* (Straßen-)Pflaster *n*, Fahrdamm *m*; **~щи́к** *m* [1*e*.] Pflasterer.
мо́ська *f* [5; *g/pl.*: -сек] Möpschen *n*; Haushündchen *n*.
мот *m* [1] Verschwender.
мота́ть [1; мо́танный] **1.** <на-, за-> haspeln, aufwickeln; ~ себе́ на ус F (*fig.*) sich et. hinter die Ohren schreiben; **2.** <про-> verschwenden; **3.** <мотну́ть> [20] schlenkern wackeln (T mit); **-ся** hin- u. herschaukeln, bammeln; umherirren; -ся без де́ла herumlungern.
мотиви́ровать [7] (*im*)*pf.* motivieren, begründen.
мотня́ *f* [6; *g/pl.*: -не́й] Netzsack *m* (*beim Fischfang*).
мотови́ло ⊕ *n* [9] Haspel *f*.
мото́в|ка *f* [5; *g/pl.*: -вок] Verschwenderin; **~ско́й** [16] verschwenderisch; **~ство́** *n* [9] Verschwendung(ssucht) *f*.
мотого́нки *f/pl.* [5; *gen.*: -нок] Kradrennen *n*.
мото́к *m* [1; -тка́] Strähne *f*, Docke *f* (*Garn*).
мото|мехча́сть ⚔ *f* [8; *ab g/pl. e.*: -те́й] Kraftfahrtruppe; **~пехо́та** *f* [5] motorisierte Infanterie.
мото́р *m* [1] Motor, Kraftmaschine *f*; подвесно́й ~ Außenbordmotor;

~иза́ция *f* [7] Motorisierung; **~изова́ть** [7] (*im*)*pf*. motorisieren; **~ка** F *f* [5; *g*/*pl*.: -рок] Motorboot *n*.

мотоци́кл|(**е́тка** *f*) *m* [1; (5; *g*/*pl*.: -ток.] Motor(fahr)rad *n*; **~е́тный** [14] Kraftrad...; ~е́тный батальо́н *m* ⚔ Kradschützenbataillon *n*.

моты́|**га** *f* [5] Hacke, Haue, Pickel *m*; **~жить** [16] umhacken.

мотылё|**к** *m* [1; -лька́], **~чек** *m* [1; -чка] Schmetterling, Falter.

моты́ль *m* [4*e*.] (*koll*.) Mückenlarven *f*/*pl*.; **~ко́вые** ⚘ *pl*. [14] Schmetterlingsblütler.

мох *m* [1; мха; во мху] Moos *n*.

мохна́|**тый** [14*K*.] zottig, haarig; ~тое полоте́нце *n* Frottierhandtuch.

мохо|**ви́к** ⚘ *m* [1*e*.] Kuhpilz; **~во́й** [14] moosig; Moos...

мох|**о́р** *m* [1; -хра́] (*mst pl*.) Franse *f*; **~ро́вый** [14] befranst, mit Fransen besetzt; ⚘ gefüllt (*Blume*).

моча́ *f* [5] Harn *m*, Urin *m*.

моча́|**лить** [13] <из-, раз-> zerfasern; **~лка** *f* [5; *g*/*pl*.: -лок] (Linden-)Bastwisch *m*; **~ло** *n* [9] (zerfaserter) Lindenbast *m*.

моче|**во́й** [14] Harn...; **~го́нный** [14] harntreibend; **~изнуре́ние** ⚕ *n* [12] (са́харное ~изнуре́ние) Harnruhr *f*, Diabetes *f*; **~испуска́тельный** [14] harnlassend; (*Anat*.) ~испуска́тельный кана́л *m* Harnröhre *f*.

мочёный [14] angefeuchtet, eingeweicht; eingemacht, eingelegt.

мочетече́ние ⚕ *n* [12] Harnfluß *m*.

мочи́ть [16], <на-, за-> *s. a.* мочёный; anfeuchten, naß machen, einweichen; (*Obst*) einmachen; **-ся** naß werden; <помочи́ться> F harnen, Urin lassen, F pinkeln.

мо́чка *f* [5; *g*/*pl*.: -чек] Einweichen *n*; Einmachen *n*; Ohrläppchen *n*.

мочь 1. *f* [8] Kraft, Macht, Vermögen *n*; во всю ~, изо всей (*od*. что есть) мо́чи aus allen Kräften, aus Leibeskräften; мо́чи нет es ist unmöglich, es geht nicht; **2.** [могу́, мо́жешь, мо́гут; мог, -ла́; могу́щий] <с-> können, vermögen; я не могу́ не ... ich kann nicht umhin zu ...; [*unpers*.] мне не мо́жется ich fühle mich nicht wohl; не мо́жет быть! unmöglich!, undenkbar!; как живёте-мо́жете? F wie geht's, wie steht's?

моше́нни|**к** *m* [1] Spitzbube, Schurke; Schieber; **~чать** [1], <с-> Spitzbüberei treiben, betrügen; **~ческий** [16] spitzbübisch, schurkisch; **~чество** *n* [9] Spitzbüberei *f*, Schurkerei *f*.

мо́шка *f* [5; *g*/*pl*.: -шек] sehr kleine Fliege *od*. Mücke, Gnitze, Schnake; **~ра́** *f* [5] (*koll*.) Schnaken *f*/*pl*., Gnitzen *f*/*pl*.

мошна́ F *f* [5; *g*/*pl*.: -шо́н] (Geld-) Beutel *m*.

мошо́нка *f* [5; *g*/*pl*.: -нок] (*Anat*.) Hodensack *m*.

моще́ние *n* [12] Pflastern (*der Straßen*).

мо́щи *f*/*pl*. [5; *ab gen. e*.: -е́й] Reliquien; живы́е ~ (*fig*.) lebender Leichnam *m*, Haut und Knochen.

мо́щ|**ность** *f* [8] Leistung (*e-r Maschine*); Stärke; **~ный** [14; -щен, -щна́, -о; -щне́е] mächtig, kräftig, stark; Kraft...; Groß...

мощь *f* [8] Macht, Kraft.

мразь F *f* [8] Abscheulichkeit; F Schweinerei.

мрак *m* [1] Dunkel(heit *f*) *n*.

мракобе́с *m* [1] Dunkelmann, Reaktionär; **~ие** *n* [12] Obskurantismus *m*.

мра́мор *m* [1] Marmor; **под ~** marmorartig, marmoriert.

мрач|**не́ть** [8], <по-> dunkel werden, sich verdunkeln; **~ный** [14; -чен, -чна́, -о] dunkel, finster.

мсти́тель *m* [4] Rächer; **~ный** [14; -лен, -льна] rachsüchtig.

мстить [15], <от(о)-> (Д/за В an j-m für et.) Rache nehmen, sich (an j-m für et.) rächen.

МТС (маши́нно-тра́кторная ста́нция *f*) Maschinen- u. Traktorenstation.

муа́ровый [14] moiriert, geflammt (*Seide*).

мудр|**ёный** [14; -ён, -ена́; -ене́е] knifflich, schwierig; wunderbar, seltsam, rätselhaft; schlau; что́-то ~ёное etwas Verwickeltes *od*. Verzwicktes; ничего́ нет ~ёного, не ~ено́ (es ist) kein Wunder; у́тро ве́чера мудрене́е (*Spr*.) guter Rat kommt über Nacht; **~е́ц** *m* [1*e*.] Weise; меха́ник-мудре́ц geschickter Mechaniker; **~и́ть** [13], <на-, с-> klügeln, tüfteln, grübeln; **'~ость** *f* [8] Weisheit; зуб *m* ~ости Weisheitszahn; **'~ый** [14; *K. f*: -а́; -е́е] weise.

муж *m* **1.** [1; *pl.*: -ья́, -е́й, -ья́м] (Ehe-)Mann; **2.** [1; *pl.*: -и́, -е́й, -а́м] Mann (*im Staat*); **~а́ть** [1], <воз-> mannbar werden; **-ся** *impf.* sich ermannen, Mut fassen.

муже|нёк *m* [1; -нька́] liebes Männchen *n*; **~ственный** ('mu-) [14*K.*] männlich, tapfer; **~ство** ('mu-) *n* [9] Mut *m*, Mannhaftigkeit *f*; **~убийца** *f* [5] Gattenmörderin.

мужи́|к *m* [1*e.*] Bauer; ungeschliffener (*od.* roher) Mensch; **~кова́тый** [14*K.*] plump, roh; **~цкий** [16] bäu(e)risch; Bauern...; roh, ungeschliffen; **~чий** [18] bäu(e)risch; Bauern...; **~чка** *f* [5; *g/pl.*: -чек] Bäuerin; **~чо́к** *m* [1; -чка́] Bäuerlein *n*; **~чьё** *n* [10] (*koll.*) Bauernvolk; Pöbel *m*.

му́ж|ний [15], **~нин** [19] dem (Ehe-)Mann gehörig; Gatten...; **~ско́й** [16] Mann(e)s...; Herren...; männlich; ~ско́й монасты́рь *m* Mönchskloster *n*; ~ско́й род *m* Maskulinum *n*; **~чи́на** *m* [5] Mann(sperson *f*).

му́за *f* [5] Muse.

музе́й *m* [3] Museum *n*.

му́зык|а *f* [5] Musik; положи́ть на ~у vertonen; испо́ртил нам всю ~у F er hat uns die ganze Sache (das Spiel) verdorben.

му́ка[1] *f* [5] Qual, Pein; му́ки *pl.* Танта́ла Tantalusqualen; ~ мне с тобо́й F ich habe meine liebe Not mit dir; хожде́ние *n* по ~м Leidensweg *m* (*Titel e-s Romans von A. Tolstoj*).

мука́[2] *f* [5] Mehl *n*.

мукомо́л *m* [1] Müller; **~ьня** *f* [6; *g/pl.*: -лен] Mahl-, Getreidemühle.

мукосе́йня *f* [6; *g/pl.*: -се́ен] Beutelkammer.

мул *m* [1] Maul-esel, -tier *n*.

мула́т *m* [1] Mulatte.

мультфи́льм *m* [1] (мультипликацио́нный филм) Zeichenfilm.

му́мия *f* [7] Mumie; Eisenmennige.

мунди́р *m* [1] Uniform *f*, Dienstkleidung *f*; карто́фель *m* в ~е F Pellkartoffeln *f/pl.*

мундшту́к (-nʃ-) *m* [1*e.*] Mundstück *n*, Spitze *f*; Kandare *f*, Gebiß *n* (*am Zaum*).

Муни́ (Моско́вское управле́ние *n* недви́жимым иму́ществом) Moskauer Wohnungsamt.

МУР (Моско́вский уголо́вный ро́зыск *m*) Moskauer Kriminalpolizeiverwaltung *f*.

мурава́ *f* [5] Rasen *m*; junges Gras *n*; Glasur, Schmelz *m*.

мураве́й *m* [3; -вья́; *pl.*: -вьи́, -вьёв] Ameise *f*; **~ник** *m* [1] Ameisenhaufen; **~ный** *s.* муравьи́ный.

мура́в|ить [14], <за-> glasieren; **~чатый** [14*K.*] getüpfelt, gesprenkelt.

мура|вье́д *m* [1] Ameisenbär; **~вьи́ный** [14] Ameisen...; ~вьи́ная жизнь *f* ameisenartiges Leben *n*; **~ш(ка** *f*) (-'raʃ-) *m* [1 *e.*; *g/pl.*: -ше́й; (5; *g/pl.*: -шек)] kleine Ameise *f*; ~шки бе́гали у меня́ по спине́ es überlief mich (eis)kalt.

мурлы́ка *m* [5] (*a.* кот *m* ~) Kater; **~ть** [3; *nur 3. Pers.*: -ы́чет] schnurren (*Katze*).

муса́т *m* [1] Wetzstahl.

муска́т *m* [1] Muskateller(traube *f*); **~е́ль** *m* [4] Muskateller(wein); **~ник** ⚘ *m* [1] Muskat(nuß)baum.

му́скул *m* [1] (*Anat.*) Muskel; **~и́стый** [14*K.*] muskulös, muskelig.

му́скус ⚘ *m* [1] Moschus.

му́слить, мусо́лить F [13], <за-, на-> befeuchten, benetzen (*mit Speichel*).

му́сор *m* [1] Schutt, Müll, Kehricht *m od. n*; **~ить** F [13], <на-> Schmutz machen; **~щик** *m* [1] Schutt(ab)fahrer, Müllkutscher.

мусси́ровать [7] moussieren, schäumen; ~ слу́хи Gerüchte breittreten.

муссо́н *m* [1] Monsun, Passatwind.

мусульма́нин *m* [1; *pl.*: -а́не, -а́н] Moslem.

мута́ция *f* [7] Stimmwechsel *m*, Mutation.

мут|и́ть 1. [15; мучу́, му́ти́шь], <вз-> trüben (*Flüssigkeit*); **2.** [мучу́, мути́шь], <за-, по-> (*fig.*) trüben; auf-bringen, -hetzen; Übelkeit erregen; [*unpers.*] меня́ мути́т mir wird übel; **~не́ть** [8; *nur 3. Pers.*], <по-> trübe werden, sich trüben; '**~ный** [14; -тен, -тна́, -о; -тне́е] trübe; лови́ть ры́бу в ~ной воде́ (*Spr.*) im trüben fischen; **~о́вка** *f* [5; *g/pl.*: -вок] Quirl *m*; **~ь** *f* [8] trübe Flüssigkeit, Bodensatz *m*; ~ь на душе́ gedrückte Stimmung.

му́фель *m* [4] (*a.* ~ная печь *f*) Muffel(ofen) *m*.

му́фта *f* [5] Muff *m*; ⊕ Muffe *f*.
му́х|а *f* [5] Fliege; F Schwips *m*; быть под ~ой P e-n Schwips haben; де́лать из ~и слона́ F aus e-r Mücke e-n Elefanten machen; кака́я-то ~а его́ укуси́ла? F was ist ihm denn in die Krone gefahren?
мухо|ло́вка *f* [5; *g/pl.*: -вок] Fliegenfänger *m*, Fliegenstock *m*; (*Zool.*) Fliegenschnäpper *m*; **~мо́р** ⚘ *m* [1] Fliegen-pilz, -schwamm.
муче́ние *n* [12] Qual *f*, Pein *f*.
му́ченик *m* [1] Märtyrer.
мучи́тель *m* [4] Quäler, Peiniger; **~ный** [14; -лен, -льна] quälend, peinigend; qualvoll, schmerzlich; **~ство** *n* [9] Grausamkeit *f*.
му́чить [16], <за-, из-> quälen, peinigen, martern; **-ся** sich (ab-)quälen (*a.*: mit e-r Arbeit над рабо́той).
муч|ни́к *m* [1*e.*] Mehlhändler; **~ни́стый** [14*K.*] mehlig; **~но́й** [14] Mehl...; ~но́е *n* Mehlspeise *f*.
муш|и́ный [14] Fliegen...; **'~ка** *f* [5; *g/pl.*: -шек] kleine Fliege; Schönheitspflästerchen *n*; Zielkorn *n* (*am Gewehr*); (*Apotheke*) (шпа́нская ~ка) spanische Fliege.
мушке́т *m* [1] Muskete *f*; **~ёр** ⚔ *m* [1] Musketier.
мушмула́ ⚘ *f* [5] Mispel.
муштр|а́ ⚔ *f* [5] (строева́я ~а́) Drill *m*; **~ова́ть** [7], <вы́-> streng halten *od.* behandeln; abrichten; ⚔ drillen; **~о́вка** ⚔ *f* [5] Drill *m*.
мчать [4], <по-, у-> rasch wegschaffen, dahinreißen; **-ся** (spornstreichs) davon-laufen, -jagen; rennen, stürzen, (dahin)eilen.
мши́стый [14*K.*] bemoost, moosig.
мще́ние *n* [12] Rächen, Rache *f*.
мы [20] wir; ~ с тобо́й ich und du.
мы́за *f* [5] Pachthof *m*, Meierei.
мы́кать [1], <от-, пере-> *v/t.* (*Flachs*) hecheln; (*Wolle*) rupfen; *v/i.* (*a.* ~ го́ре) sich kümmerlich durchschlagen; **-ся** umherschlendern.
мы́лить [13], <на-> (ein)seifen; (*fig.*) ~ го́лову *j-m* den Kopf waschen, die Leviten lesen.
мы́лкий [16; -лок, -лка́, -о] gut schäumend.
мы́ло *n* [9; *pl. e.*: -ла́] Seife *f*; Schaum *m* (*auf Pferden*); жи́дкое ~ Schmierseife *f*.
мылова́р *m* [1] Seifensieder; **~е́ние** *n* [12] Seifen-sieden, -siederei *f*; **~енный** [14] zum Seifensieden (dienend); ~енный заво́д *m* = **~ня** *f* [6; *g/pl.*: -рен] Seifensiederei, -fabrik.
мыль|ница *f* [5] Seifen-napf *m*, -schale; **~ный** [14] seifig; Seifen...; **~я́нка** ⚘ *f* [5; *g/pl.*: -нок] Seifenkraut *n*.
мыс *m* [1] Kap *n*, Vorgebirge *n*.
мы́слен|ный [14] vermeintlich; Gedanken...; ~но in Gedanken.
мы́слимый [14*K.*] denkbar.
мысли́тель *m* [4] Denker.
мы́сли|ть [15] (nach)denken; sich et. vorstellen; как вы ~те себе́ э́то? wie stellen Sie sich das vor?
мысль *f* [8] Gedanke *m* (о П an *ac.*); Meinung; Einfall *m*.
мыта́рство *n* [9] Plackerei *f*; мыта́рства *pl.* Strapazen *f/pl.*
мы́тарь *m* [4] (*biblisch*) Zöllner.
мы́тник ⚘ *m* [1] Läusekraut *n*.
мыть [22], <по-> waschen; **~ё** *n* [10] Waschen, Wäsche *f*; не ~ём так ка́таньем F koste es, was es wolle.
мыча́ть [4; -чу́, -чи́шь] brüllen (*Kuh*); F (*fig.*) unartikulierte Laute ausstoßen.
мышело́в *m* [1] Mäusefänger; (*Zool.*) Mäusefalk; **~ка** *f* [5; *g/pl.*: -вок] Mäusefalle.
мы́ш|ечный [14] Muskel...; **~и́ный** [14] Mäuse...; **~ка** *f* [5; *g/pl.*: шек] Mäuschen *n*; Muskel *m*; Arm-, Achsel-höhle; игра́ть в ко́шки-мы́шки Katz u. Maus spielen; под мы́шками, под мы́шкой unter dem Arm; под мы́шки, под мы́шку unter den Arm.
мышле́ние *n* [12] Denken.
мышо́нок *m* [2; *pl.*: -ша́та] junge Maus *f*, Mäuschen *n*.
мы́шца *f* [5] Muskel *m*.
мышь *f* [8; *ab g/pl. e.*: -ше́й] (*Zool.*) Maus.
мышья́к *m* [1*e.*] Arsen *n*, Arsenik *n*; **~о́вый** [14] Arsenik...
МЮД (Междунаро́дный ю́ношеский день *m*) Internationaler Jugendtag (Weltjugendtag).
мю́зик-хо́лл *m* [1] Revuetheater *n*.
мя́гк|ий (-xk-) [16; -гок, -гка́, -о; *comp.* мя́гче, *sup.* -ча́йший] weich; mild; ~о выража́ясь gelinde gesagt.
мягко|ва́тый (-xk-) [14*K.*] weichlich; **~се́рде́чие** *n* [12] Weichherzigkeit *f*; **~се́рде́чный** [14;

-чен, -чна] weichherzig, gütig; **~сть** (ˈmʲax-) *f* [8] Weichheit; **~телый** (-xk-) [14*K*.] (*fig.*) charakter-, energie-los, schlapp.

мягчи́тельный ⚕ [14; -лен, -льна] Linderungs..., lindernd.

мягчи́ть (-xtʃ-) [16; *nur 3. Pers.*: -и́т] erweichen, weich machen.

мяки́на *f* [5] Spreu.

мя́к|иш *m* [1] *das* Weiche (*des Brotes*), Krume *f*; **~лый** [14] erweicht; **~нуть** [21], <на-, раз-> weich werden; sich erweichen; **~онький** [16] ziemlich weich; **~оть** *f* [8] *das* Weiche; Fleisch *n* (*der Früchte*).

мя́лка ⊕ *f* [5; *g*/*pl.*: -лок], **мя́ло** *n* [9] (Flachs-, Hanf-)Breche *f*.

мя́м|лить [13] langsam handeln; zagen; unverständlich sprechen; **~ля** *m*/*f* [6; *g*/*pl.*: -лей] langsam Handelnde(r); Zaghafte(r), Schlappschwanz *m*.

мяс|и́стый [14*K*.] fleischig; **~ни́к** *m* [1*e*.] Fleischer; **~но́й** [14] fleischig; Fleisch...; ~на́я *f* Fleischerladen *m*; ~но́е (блю́до) *n* Fleischspeise *f*.

мя́со *n* [9] Fleisch; ни ры́ба, ни ~ weder Fisch noch Fleisch; **~е́д** *m* [1] Fleischzeit *f* (*vor od. nach den Fasten*); **~е́дный** [14] fleischessend; **~пу́ст** *m* [1] Fasttag; **~пу́стный** [14] Fasten...; **~ру́бка** *f* [5; *g*/*pl.*: -бок] Fleischhackmaschine; (*fig.*) Gemetzel *n*; **~торго́вец** *m* [1; -вца] Fleisch-händler, -verkäufer; **~хладобо́йня** *f* [6; *g*/*pl.*: -бо́ен] Schlachthaus *n* mit Kühlanlage.

мя́та ⚘ *f* [5] Minze; пе́речная (*od.* англи́йская) ~ Pfefferminze.

мяте́ж *m* [1*e*.; *g*/*pl.*: -е́й] Aufruhr, Rebellion *f*; **~ник** *m* [1] Aufrührer, Rebell.

мя́тный ⚘ [14] Minz...

мя́тый [14] zerknüllt; ⊕ ~ пар *m* Abdampf.

мять [мну, мнёшь; мя́тый] **1.** <с-, по-, из-> [сомну́; изомну́; разомну́] zerknittern; quetschen; P knutschen; **2.** <пере-> (*Lehm*) kneten; (*Flachs usw.*) brechen; **-ся** unschlüssig sein; nicht mit der Sprache herauswollen.

мяу́ miau!; **~кать** [1], *einm.* <~кнуть> [20] miauen.

мяч *m* [1*e*.; *g*/*pl.*: -е́й] (Spiel-)Ball; **ˈ~ик** *m* [1] kleiner Spielball.

Н

Н, н *n u. m* (*s.* A) N, n *n.*

на[1] **1.** (B) (*wohin?*, *wofür?*, *wozu?*, *wann?*) auf, an, nach, gegen, für, zu; um; ~ что? wozu?, weshalb?; *oft betont, z.B.* нá воду auf das Wasser; нá два für zwei; **2.** (П) (*wo?*, *worauf?*, *wann?*) auf, in, an; um; *der prpos/sg. lautet nach* ~ *oft auf betontes* у *od.* ю *aus, z.B.* ~ носý auf der Nase; ~ краю́ am Rande; ~ весý in der Schwebe.

на[2] F da!, nu(n)!; da, nimm! (*a.* нáте); ~ тебé! da hast du's!

на... (*in Zssgn*) *oft* auf..., be..., zusammen... (*Wo* на... *nur die verstärkte Handlung im Sinne v.* „viel", „in Menge" *usw. bedeutet od. zur Bildung des vollendeten Aspektes dient, sind die Verben meist nicht besonders aufgeführt u. unter dem Grundwort aufzusuchen, z. B.* наболтáть *s.* болтáть).

набáв|ка *f* [5; *g/pl.*: -вок] Aufschlag *m*, Erhöhung, Zulage; **~лять** [28], ‹~ить› [14] erhöhen, steigern; zu-geben, -legen.

набалдáшник *m* [1] Stockknopf.

набаловáться F [7] *pf.* sich austoben.

набáт *m* [1] Sturmläuten *n*; (Brand-) Alarm; бить (*od.* ударя́ть) в ~ Sturm läuten.

набé|г *m* [1] Andrang, Zufluß; Überfall; ~гом plötzlich; **~гáть** [1], ‹~жáть› [4; -егý, -ежи́шь, -егýт; -еги́(те)!] geraten (на B auf *ac.*); zs.-strömen, -laufen; heraufziehen (*Wolken*); (*fig.*) sich ansammeln; **~гáться** sich müde laufen, genug (sich satt) laufen.

набекрéнь schief, auf e-r Seite (*Hut*).

нáбело ins reine (*schreiben*).

нáбереж|ный [14] am Ufer liegend *od.* gelegen; Ufer...; ~ная *f* Ufer *n*, Kai *m*; Strandpromenade.

набив|áть [1], ‹наби́ть› [-бью́, -бьёшь; -бéй(те)!; -би́тый] (*a.* битко́м voll)stopfen, füllen, dichten; (*Möbel*) polstern; (*Kattun*) (be-) drucken; (*Preis*) (hoch)schrauben, (hoch)treiben; ~áть рýку F (на П in et.) Erfahrung haben, von der Hand gehen; **~ка** (-ˈbif-) *f* [5; *g/pl.*: -вок] Stopfen *n*; Polstern *n*; Bedrucken *n*, Druck *m*; **~нóй** [14] vollgestopft; Stopf...; Druck...

набирáть [1], ‹набрáть› [-берý, -рёшь; -брáл, -á, -о; нáбранный (нáбран, -á, -о)] sammeln; dingen, einstellen; heuern (*Matrosen*); (*a.* ~ в солдáты) (an)werben; (*Typ.*) setzen; (*fig.*) zs.-flicken; ~ высотý ✈ Höhe gewinnen; ~ нóмер (*Telefon: Selbstanschluß*) eine Nummer wählen; слóвно воды́ в рот ~ F den Mund nicht auftun; ~ скóрость die Fahrgeschwindigkeit steigern.

наби́тый [14*K.*] *s.* набивáть; vollgestopft, -gepfropft (*a.* битко́м наби́то); ~ дурáк *m* ausgemachter Narr.

наблюдáтель *m* [4] Beobachter; **~ность** *f* [8] Beobachtungsgabe.

наблю|дáть [1], ‹~сти́› [25] (за T) beobachten, beaufsichtigen, überwachen; **~дéние** *n* [12] Beobachtung *f*, Überwachung *f*; Kontrolle *f* (за T über *ac.*).

нáбожный [14; -жен, -жна] fromm, devot.

набóй|ка *f* [5; *g/pl.*: -бóек] gedruckte Leinwand; Gummiabsatz *m*; **~щик** *m* [1] Stopfer; Polsterer; Leinwanddrucker.

нáбок schief, zur Seite.

наболéвший [16] schmerzhaft; (*fig.*) äußerst aktuell, brennend.

набóр *m* [1] ⚔ Werbung *f*, Anwerbung *f*; (*Typ.*) Setzen *n*; Garnitur *f*; (*Typ.*) Satz; **~ный** [14] (*Typ.*) zum Setzen dienend; Setz...; ~ная *f* Setzerei, Setzersaal *m*; **~щик** *m* [1] Werber; (*Typ.*) Setzer.

набрáсывать [1] **1.** ‹набросáть› [1; набрóсанный] (in Menge) werfen (на B auf *ac.*); (flüchtig) entwerfen, skizzieren; **2.** ‹набрóсить› [15] (*Mantel usw.*) umwerfen; werfen; **-ся** (на B) sich werfen (auf *ac.*), herfallen (über *ac.*).

набра́ть *s.* набира́ть.

набрести́ F [25] *pf.* (zufällig) stoßen (на B auf *ac.*).

набро́сок *m* [1; -ска] Entwurf, Skizze *f.*

набрю́шник *m* [1] Leibbinde *f.*

набуха́ть [1], <набу́хнуть> [21] anschwellen.

нава́га *f* [5] (*Zool.*) Navaga (*Dorschart*).

нава́ливать [1], <навали́ть> [13; -алю́, -а́лишь; -а́ленный] aufhäufen, -türmen; [*unpers.*] zs.-laufen (*Volk*); ~ на (B) *j-m* aufbürden; навали́ло сне́гу es ist Schnee gefallen. [-schicht *f.*

нава́р *m* [1] Fett-augen *n/pl.*,

нава́|ривать [1],<~ри́ть> [13; -арю́, -а́ришь; -а́ренный] vorrätig kochen *od.* brauen; ⊕ anschweißen.

нава́ристый [14*K.*] F mit Fettaugen.

нава́стривать [1], навостри́ть [13] schärfen; F gewöhnen (на B an *ac.*); (*Ohren*) spitzen; **-ся** P [+ *inf.*] Gewandtheit erlangen.

навева́ть [1], <наве́ять> [27] zuwehen, -fächeln.

наве́даться *s.* наве́дываться.

наведе́ние *n* [12] Richten (*des Fernrohrs*); Auftragen (*der Farben*); Schlagen (*e-r Brücke*); Induktion *f*; ~ спра́вок Einziehen von Erkundigungen, Nachforschung *f.*

наве́д|ываться, <~аться> F [1] besuchen; vorsprechen (к Д bei).

наве́к, ~**и** auf immer *od.* ewig.

наве́р|но(е) wahrscheinlich; ~но(е) *od.* ~**няка́** sicherlich, ganz sicher, bestimmt.

навёрстывать, <наверста́ть> [1; навёрстанный] (упу́щенное Versäumtes) nachholen; (*Verlust*) ersetzen.

навёртывать [1], <наверну́ть> [20; навёрнутый] auf-wickeln, -drehen; **-ся** sich aufwickeln; hervorbrechen (*Tränen*); sich einfinden, zufällig kommen.

наве́рх aufwärts, nach oben; ~**у́** oben.

наве́с *m* [1] Schutzdach *n*, Markise *f*; (*offener*) Schuppen.

навеселе́ F angeheitert, im angeheiterten Zustand.

наве́сить *s.* наве́шивать.

наве́ска ⊕ *f* [5; *g/pl.*: -сок] Tür-, Fenster-band *n.*

наве́сный [14] Schutzdach...; aufgehängt; Steil...

навести́ *s.* наводи́ть.

навести́ть *s.* навеща́ть.

наве́т *m* [1] Verleumdung *f*; ~**ный** [14] verleumderisch.

наве́тренный [14] dem Wind ausgesetzt; Wind...

наве́тчик *m* [1] Verleumder.

наве́чно auf ewig.

наве́|шивать, <~шать> [1], <~сить> [15] (in Menge) aufhängen; (*Tür*) einhängen.

наве|ща́ть [1], <~сти́ть> [15; -ещу́, -murmeln; -ести́шь; -ещённый] besuchen.

наве́ять *s.* навева́ть.

на́взничь rücklings.

навзры́д schluchzend.

навига|цио́нный [14] nautisch; Schiffahrts...; ~**ция** (-'ga-) *f* [7] Schiffahrt.

навида́ться: ~ вся́кого *od.* ви́дов F allerhand durchmachen.

нави́н|чивать [1], <~ти́ть> [15; -нчу́, -нти́шь] aufschrauben.

нависа́ть [1], <нави́снуть> [21] überhängen; vorspringen; (*fig.*) drohen.

нави́с|лый [14], ~**ший** [17] überhängend; ~шие бро́ви *pl.* buschige Augenbrauen.

навле|ка́ть [1], <навле́чь> [26] herbeiführen; (*Verdacht*) lenken (на B auf *ac.*); ~ка́ть на себя́ sich zuziehen; ~**че́ние** *n* [12] Herbeiführen.

наводи́ть [15], <навести́> [25] bringen (на B auf *ac.*); (*Fernrohr usw.*) richten; (*Farben usw.*) auftragen; (*Brücke*) schlagen; (*Erkundigungen*) einziehen; (*Langeweile usw.*) herbeiführen, verursachen; ~ на кого́ страх j-m Furcht einjagen.

наво́д|ка ⚔ *f* [5] Richten *n.*

навод|не́ние *n* [12] Überschwemmung *f*, Hochwasser; ~**ня́ть** [28], <~ни́ть> [13] überschwemmen; (*fig.*) überfluten.

наво́дчик ⚔ *m* [1] Richtschütze.

наводя́щий [17] richtunggebend.

навожде́ние *n* [12] Verleitung *f.*

наво́з *m* [1] Mist, Dünger; ~**ить** [15], <у-> düngen; ~**и́ть** [15], <навезти́> [24] fahren (на B gegen); fuhrenweise heranschaffen; ~**ник** *m* [1] (*Zool.*) Mistkäfer; ~**ный** [14] Mist..., Dünger...; ~ная жи́жа *f* Jauche.

навóй ⊕ *m* [3] Weberbaum.
наволáкивать P [1], <наволóчь> [26] zs.-schleppen (*in rauhen Mengen*).
нáволо(ч)ка *f* [5; (*g/pl.*: -чек)] (Kissen-)Bezug *m*, Überzug *m*.
навор|áчивать F [1], <~отúть> [15] aufstapeln; (*fig.*) anrichten, anstellen.
наворó|вывать [1], <~вáть> [7] zs.-stehlen.
навострúть *s.* навáстривать.
наврядˊ (*a.* ~ ли) schwerlich, kaum.
навсегдá auf (*od.* für) immer; раз ~ ein für allemal.
навстрéчу entgegen; идтú ~ entgegengehen.
навы́ворот verkehrt; umgekehrt; дéлать чтó-нибудь шúворот-~ F das Pferd beim Schwanz aufzäumen.
нáвык *m* [1] Gewohnheit *f*; Geübtheit *f*, Fertigkeit *f* (в П in *dat.*); **~ат** (-ˈvɨ-) vorstehend, vorquellend (*Augen*), Glotz...; **~áть** P [1], <навы́кнуть> [21] sich gewöhnen (к Д an *ac.*).
навы́лет: ранéние *n* ~ Durchschuß *m*.
навы́нос F: продавáть ~ (*Getränke*) über die Straße verkaufen.
навы́пуск (*Hosen*) frei herabfallend (*nicht in die Stiefelschäfte gesteckt*); (*Hemden*) über der Hose (*nicht hineingesteckt*).
навы́рез mit dem Recht auf eine Kostprobe; купúть арбýз ~ eine Wassermelone erst schmecken und dann kaufen.
навы́тяжку stramm, mit den Händen an der Hosennaht.
навяз|áть [1; *nur 3. Pers.*], <~нуть> (-ɣaz-) [21; *nur 3. Pers.*] stecken-, hängen-bleiben; ~áть в зубáх F (*fig.*) zum Halse heraushängen; *s. a.* навя́зывать.
навя́зчивый [14*K.*] aufdringlich.
навя́|зывать [1], <~зáть> [3] auf-, an-binden; anschnallen; (Д/В *od.* на В/В *j-m et.*) aufdrängen, aufbürden; **-ся** sich aufdrängen.
нагáйка *f* [5; *g/pl.*: -гáек] (Kosaken-)Peitsche.
нагáн *m* [1] Nagan (*Revolver, Art Colt*).
нагáр *m* [1] Angebrannte(s) *n* (*an Lichten usw.*), Lichtschnuppe *f*.
нагибáть [1], <нагнýть> [20] (nieder)biegen; **-ся** sich bücken, sich verbeugen.
нагишóм splitter(faser)nackt, nakkend.
наглáзник *m* [1] Augenschützer, Schutzbrille *f*; Scheuklappe *f* (*der Pferde*).
наг|лéц *m* [1*e.*] frecher Mensch, Freche(r); ˈ**~лость** *f* [8] Frechheit; э́то верх ~лости! das ist die Höhe!, das ist ein starkes Stück!
нáглухо dicht, fest, hermetisch.
нáглый [14; нагл, -á, -о] frech, unverschämt.
нагляд|éться [11] *pf.* sich satt sehen (на В an *dat.*); **~ный** (-ˈglad-) [14; -ден, -дна] anschaulich.
нагнáиваться [1], <нагнóиться> [13; *nur 3. Pers.*] eitern.
нагнáть *s.* нагоня́ть.
нагнетáтельный [14] Druck...
нагноéние ⚕ *n* [12] Eiterung *f*.
нагнýть *s.* нагибáть.
наго|вáривать [1], <~ворúть> [13] viel reden *od.* erzählen; verklatschen, verleumden; besprechen, bezaubern (*durch Worte*); ~вáривать с три кóроба F das Blaue vom Himmel herunterschwatzen; ~вáривать пластúнку eine Schallplatte besprechen; **~вóр** *m* [1] Klatscherei *f*, Verleumdung *f*; Bezauberung *f*.
нагóй [14; *K. f*: нагá] nackt.
нáголó entblößt, blank (*Säbel usw.*); kahl.
нáголову aufs Haupt, ganz und gar.
наго|ня́й *m* [3] Verweis; **~ня́ть** [28], <нагнáть> [-гоню́, -гóнишь; -гнал, -á, -о; нáгнанный] einholen; zs.-bringen, -treiben; verursachen; (*Furcht*) einjagen.
наго|рáть [1], <~рéть> [9] anbrennen, Ruß ansetzen; [*unpers.*] емý нагорéло F er hat e-n Anschnauzer bekommen; **~рéлый** [14] angebrannt.
нагóр|ный [14] auf dem Berge gelegen; Berg...; **~ье** *n* [10] Hochland.
наготá *f* [5] Nacktheit.
наго|тáвливать [1], <~тóвить> [14] als Vorrat anschaffen; in Menge vorbereiten; **~тóве** bereit, in Bereitschaft, schußbereit; **~товля́ть** [28] *s.* ~тáвливать.
нагрá|да *f* [5] Belohnung, Lohn *m*; Auszeichnung, Preis *m*; в ~ду zur (*od.* als) Belohnung; **~днóй** [14] Belohnungs...; ~дны́е *f/pl.* Gratifi-

kation(sgeld *n*) *f*; **~ждáть** [1], <~дúть>[15; -ажý, -адúшь; -аждённый] belohnen (T mit); **~ждéние** *n* [12] Belohnung *f*.

нагрéв ⊕ *m* [1] Erhitzung *f*; повéрхность *f* ~a Heizfläche.

нагре|вáтельный [14] zum Wärmen (dienend); Wärm(e)...; Heiz...; **~вáть** [1], <нагрéть> [8; нагрéтый] (er)wärmen; (*fig.*) betrügen; ~ть себé рýки sein Schäfchen ins Trockene bringen.

нагрýд|ник *m* [1] Brustlatz; Brustblatt *n*; **~ный** [14] Brust...

нагру|жáть [1],<~зúть>[15; -ужý, -ýзишь; -ужённый] befrachten, beladen, verladen; (T) (*Ballast*) einnehmen; (*fig.*) sich betrinken, e-n geladen haben; **~зка** (-'grus-) *f* [5; *g/pl.*: -зок] Befrachtung, Verladung; Fracht, Ladung; Belastung; Pflichtarbeit; **~зчик** (-'gruʃtʃɪk) *m* [1] Befrachter, Verlader.

нагря́нуть [20] *pf.* (на B) überrumpeln, -fallen.

нагýл|ивать [1], <~я́ть>[28] Fett ansetzen, fett werden (*v. Vieh*); ~ивать брю́шко F (*scherz.*) e-n Bauch ansetzen, sich e-n Bauch zulegen.

над (T) über; ~ чем worüber; надо мнóй über mir.

над... (*in Zssgn*) an..., auf..., über..., hinauf..., hinzu...

надá|вливать [1],<~вúть>[14] viel auspressen; drücken, pressen; (*Tasten*) anschlagen.

надбá|вка *f* [5; *g/pl.*: -вок] Zulage, Auf-, Zu-schlag *m*; **~вля́ть** [28], <~вить>[14] zugeben, zulegen, aufschlagen; ~вля́ть на (B) erhöhen, steigern; **~вочный** [14] zugegeben, zugelegt; Zugabe...

надвигáть [1], <надвúнуть> [20] (hinauf)rücken, (hinauf)schieben; **-ся** heraufziehen, sich zs.-ziehen (*Gewitter usw.*).

надвóдный [14] über (*od.* auf) dem Wasser (befindlich).

нáдвое zur Hälfte.

надвóр|ный [14] Hof...; ~ная пострóйка *f* Nebengebäude *n*; **~ье** *n* [10] Hofseite *f* (*e-s Hauses*); Hofraum *m*.

надвя́|зывать [1], <~зáть> [3] anstricken; anstücken.

надгортáнник *m* [1] (*Anat.*) Kehlkopfdeckel.

надгрóбный [14] über dem Grabe (befindlich); Grab...; ~ пáмятник *m* Grabmal *n*.

надда|вáть [5], <наддáть> [-дáм; -дáшь, -дáст, -дадúм, -дадúте, -дадýт; -дáл, -á, -о; нáдданный (-ан, -анá, -о)] hinzufügen, zugeben; **~ча** ('-da-) *f* [5] Zugabe, Übergebot *n*.

наддвéрный [14] über der Tür (befindlich).

надевáть [1], <надéть> [-дéну, -нешь; -день(те)!; -дéвший; -дéтый] (~ на себя́ sich) anziehen, anlegen; (*Hut usw.*) aufsetzen; ~ (вокрýг пóяса) umschnallen; ~ на шéю um den Hals hängen, sich umhängen.

надéжда[1] *f* [5] Hoffnung.

Надéжда[2] *f* [5] Esperantia (*Vn.*).

надёжный [14; -жен, -жна] zuverlässig, sicher.

надéл *m* [1] Anteil, Erbteil *n*; Flurstück *n*; **~ать** [1] *pf.* viel machen; (*Verwirrung usw.*) anrichten; ~ать мнóго шýму viel Staub aufwirbeln; **~я́ть** [28], <~úть> [13] (B/T *j-n* mit *et.*) versehen, versorgen, *j-m et.* zu(er)teilen.

Нáденька *f* [5] *dim. v.* Надéжда.

надёр|гивать [1] **1.** <~гать> [1] viel auszupfen; **2.** <~нуть> [20] bedecken; schnell anziehen; ~гивать одея́ло на себя́ die Decke über die Ohren ziehen.

надéяться [27], <по-> hoffen, sich verlassen (на B auf *ac.*); надéясь hoffend, in der Hoffnung.

надзвёздный [14] über den Sternen (befindlich); Himmels...

надзéм|ный [14] über der Erde (befindlich), über-, ober-irdisch; Hoch-...; ~ная желéзная дорóга *f* Hochbahn; ~ное сооружéние *n* Hochbau *m*.

надзирáтель *m* [4] Aufseher.

надзирáть [1] (за T) beaufsichtigen, die Aufsicht haben *od.* führen (über *ac.*).

надзóр *m* [1] Aufsicht *f*, Beaufsichtigung *f* (за T über *ac.*); отдáть под ~ unter Aufsicht stellen.

надивúться [14; -влю́сь, -вúшься] sich satt (*od.* zur Genüge) wundern (Д über *ac.*).

надкáливать [1], <надколóть> [17] aufspalten, e-n kleinen Spalt machen; anstecken (*mit e-r Nadel*).

надколе́нник *m* [1] *od.* надколе́нная ча́шка *f* (*Anat.*) Kniescheibe *f.*
надкры́лье *n* [10] (*Zool.*) Flügeldecke *f.*
надку́с|ывать [1], <~и́ть> [15] anbeißen.
надла́мывать, <надлома́ть> [1; -ло́манный], <надломи́ть> [14] einknicken; (*Kraft usw.*) brechen (в В an *dat.*).
надлежа́|ть [4; *unpers.*] sich gebühren *od.* gehören; **~щий** [17] gebührend, gehörig, richtig; ~щим о́бразом wie es sich gehört, gehörig.
надло́м *m* [1] Knick; Bruchstelle *f*; (*fig.*) Bedrücktheit *f.*
надло|ма́ть, ~ми́ть *s.* надла́мывать.
надме́нный [14; -е́нен, -е́нна] anmaßend, stolz, hochmütig.
на(-)днях dieser Tage, in diesen Tagen, nächstens; neulich, unlängst.
на́до 1. (es ist) nötig; man muß; мне ~ ich brauche, mir fehlt; ich muß; па́рень что ~ F ein ganzer Kerl; о́чень ему́ ~! F (*iron.*) er fragt viel danach!; так ему́ и ~! F das geschieht ihm ganz recht!; как не ~ лу́чше am besten, sehr gut; ~ быть P anscheinend; **2.** (*statt* над *vor bestimmten Konsonantenverbindungen*) *s.* над.
на́добиться [14], <по-> notwendig (*od.* nötig) sein.
на́доб|ность *f* [8] Notwendigkeit, Bedürfnis *n*; име́ть ~ность до (Р) nötig haben; в слу́чае ~ности nötigen-, erforderlichen-falls; **~ный** [14; -бен, -бна] notwendig, nötig; ~но *s.* на́до 1.
надоед|а́ть [1], <надое́сть> [-е́м, -е́шь, -е́ст, -еди́м, -еди́те, -едя́т; -е́л] (Д/Т) *j-n* langweilen; *j-m* überdrüssig werden (mit); **~ливый** (-ˈjed-) [14*K.*] langweilig, überdrüssig.
надо́й *m* [3] Melkertrag.
на́долба ⚔ *f* [5] (Beton-)Höcker *m*; Sperr-, Prell-pfosten *m.*
надо́лго auf lange (Zeit).
надо́мник *m* [1] Heimarbeiter.
надорва́ть *s.* надрыва́ть.
надоу́|мливать F [1], <~мить> [14] (В *j-m*) e-n Rat geben, e-n Ausweg weisen (*aus e-r schwierigen Lage*).
надпа́рывать [1], <надпоро́ть> [17] ein wenig auftrennen.
надпи́л|ивать [1], <~и́ть> [13; -илю́, -и́лишь; -и́ленный] ansägen; anfeilen.
надпи́|сывать [1], <~са́ть> [3] überschreiben; **~сь** (ˈnat-) *f* [8] Über-, Auf-schrift, Adresse; Inschrift; ✝ (переводна́я) ~сь Indossament *n.*
надпо́чечники *m/pl.* [1] (*Anat.*) Nebennieren *f/pl.*
надре́з *m* [1] An-, Ein-schnitt; **~а́ть**, **~ывать** [1], <~ать> [3] an-, ein-schneiden, ritzen.
надру|ба́ть [1], ~би́ть [14] einhauen, -kerben.
надруга́тельство *n* [9] Beschimpfung *f.*
надры́|в *m* [1] Riß; ⚕ **Ver-, Überhebung** *f*; **~ва́ть** [1], <надорва́ть> [-ву́, -вёшь; -ва́л, -вала́, -о; -о́рванный] an-, ein-reißen; ⚕ ~вать себя́ = **-ся** sich ver-, überheben; -ся со сме́ху bersten vor Lachen, sich krank lachen; **~вный** [14] überreizt, hysterisch.
надса́|живать [1], <~ди́ть> [15] ⚕ verheben, überheben; schwächen; (*fig. das Herz*) brechen.
надсма́тривать [1] (над *od.* за Т) beaufsichtigen, die Aufsicht haben (über *ac.*).
надсмо́тр *m* [1] Aufsicht *f*; **~щик** *m* [1] Aufseher (над *od.* за Т über *ac.*).
над|ставля́ть [28], <~ста́вить> [14] ansetzen, länger machen.
надстр|а́ивать △ [1], <~о́ить> [13] überbauen, aufbauen, aufstocken; **~о́йка** *f* [5; *g/pl.*: -о́ек] Auf-, Überbau *m.*
надстро́чный [14] über der Zeile (befindlich); (*Typ.*) hochstehend.
надтре́снутый [14*K.*] mit e-m kleinen Riß, eingerissen.
наду|ва́ла *m/f* [5] Betrüger(in *f*); **~ва́ть** [1], <наду́ть> [18] schwellen, aufblasen; zs.-wehen; anführen, betrügen; ~ва́ть гу́бы schmollen; **-ся** sich aufblähen; schmollen; **~вно́й** [14] aufblasbar, Luft...; ~вна́я поду́шка *f* Luftkissen *n*; **~льник** (-ˈdul-) ⚔ *m* [1] Mündungsschoner; **~тый** (-ˈdu-) [14*K.*] aufgeblasen; hochmütig.
надуши́ть [16] *pf.* mit Wohlgeruch erfüllen, parfümieren.
На́дька *f* [5], **Надю́ш(к)а** *f* [5], **На́дя** *f* [6] *dim. v.* Наде́жда.
наеда́ть [1], <нае́сть> [-е́м, -е́шь, -е́ст, -еди́м, -еди́те, -едя́т; -е́л]

aufessen; -ся sich satt essen; -ся до отвáла sich überessen.
наединé allein, unter vier Augen.
наéзд *m* [1] Streiferei *f*; Anfahren *n* (на В gegen); Zusammenfahren *n* (*Wagen*); kurzer Besuch; ~ом zufällig; vorübergehend; **~ник** *m* [1] (Kunst-)Reiter; (*Zool.*) Schlupfwespe *f*; **~ничество** *n* [9] (Kunst-) Reiten.
наезжáть [1], ‹наéхать› [éду, éдешь; наезжáй(те)!] an-, losfahren (на В gegen); (in Menge) zs.-fahren, zs.-kommen.
наéзженный [14] ausgefahren, befahren (*Weg*).
наéзжий [17] zugereist.
наём *m* [1; нáйма] Mieten *n*; (плáта за ~) Miete *f*, Mietzins; *s.* внаём; **~ник** *m* [1] Tagelöhner, Mietling; Söldling; **~ный** [14] gemietet; Miet...; **~щик** *m* [1], **~щица** *f* [5] [Mieter(in *f*).]
наéсть *s.* наедáть.
наéхать *s.* наезжáть.
нажáр|ивать [1], ‹**~ить**› [13] (*viel*) braten; P tüchtig einheizen.
нажáть *s.* нажимáть.
наждá|к *m* [1 *e.*] Schmirgel; **~чный** [14] Schmirgel...
нажи́|ва *f* [5] Gewinn *m* (*auf Kosten anderer*); Köder *m*; **~вáть** [1], ‹**~ть**› [-живý, -вёшь; нáжил, -á, -о; -жи́вший; нáжитый *u.* -тóй (-ит, -итá, -ито)] erwerben, verdienen; ~вáть себé sich zuziehen; **-ся** reich werden; **~внóй** [14] erworben; einträglich; э́то дéло ~внóе F das läßt sich erlernen (erlangen, erwerben, kriegen).
нажи́м *m* [1] Drücken *n*; Druck; **~áть** [1], ‹нажáть› [-жмý, -жмёшь; -жáтый] (auf)drücken (на В auf *ac.*); auspressen; (*fig.*) zu bestimmen suchen, e-n Druck ausüben; P sich energisch machen an (*ac.*); ~áть на все рычаги́ (*fig.*) alle Hebel in Bewegung setzen.
нажи́|ток *m* [1; -тка] Erworbene(s) *n*; **~ть** *s.* наживáть.
назáвтра tags darauf.
назáд zurück, rückwärts; три дня (томý) ~ vor drei Tagen; **~и́** hinten.
назализáция *f* [7] (*Ling.*) Nasalierung.
назвá|ние *n* [12] Benennung *f*; Name *m*; **~ный** [14] Pfleg(e)..., Adoptiv...; **~ть** *s.* называ́ть.
наздрáв|ствоваться (-'zdrastv-): на вся́кое чихáнье не ~ствуешься (*Spr.*) allen kann man es nicht recht machen.
назём *m* [1] Dung, Stallmist.
назéмный [14] auf der Erdoberfläche, über der Erde; ⚔ Land..., Boden..., Erd...
нáземь auf die Erde, herab.
назидáтельный [14; -лен, -льна] lehrhaft; erbaulich.
нáзлó zum Ärger *od.* Trotz.
назна|чáть [1], ‹назнáчить› [16] bestimmen, festsetzen; ernennen (T zu); **~чéние** *n* [12] Bestimmung *f*, Festsetzung *f*; Ernennung *f*.
назóйливый [14*K.*] aufdringlich.
назревáть [1], ‹назрéть› [8; *nur 3. Pers.*] reif werden, reifen; (*fig.*) aktuell werden.
назубóк F sehr gut, auswendig.
называ́ть [1], ‹назвáть› [-зовý, -зовёшь; -звáл, -á, -о; нáзванный (-ан, -анá, -о)] nennen, heißen, rufen (T *bezeichnen als*); namhaft machen, aufzählen; (*Gäste*) zs.-laden; **-ся** (T) sich nennen, heißen; что называ́ется F wahrhaftig, gerade; зимá былá, что называ́ется, сирóтская F der Winter war, wie man so sagt, verwaist (*d. h. sehr milde*).
наи... (*in Zssgn*) aller...; **~бóлее** am meisten; ~бóлее чáсто am (*od.* zum) öftesten; **~бóльший** [17] allergrößter; Meist...
наи́вный [14; -вен, -вна] naiv, einfältig; natürlich.
наивы́сший [17] allerhöchster.
наигрывать, ‹наигрáть› [1; нáигранный] durch Spielen erwerben, erspielen; (vor)spielen; **-ся** sich satt spielen.
нáигрыш *m* [1] Gekünsteltheit *f*, Gemachtheit *f*.
наизнáнку verkehrt, auf die linke [Seite.]
наизýсть auswendig.
наилýчший [17] allerbester.
наимéнее wenigst(ens), mindest (-ens), am (aller)wenigsten.
наименовáние *n* [12] Benennung *f*, Bezeichnung *f*, Name *m*.
наимéньший [17] allerkleinster.
наипáче F am meisten.
наискосóк, **нáискось** schräg (gegenüber).
наи́тие *n* [12] Eingebung *f*, Erleuchtung *f*; по наи́тию F von plötzlicher Ahnung erfaßt.

начáще öfter; ~ всегó am häufigsten.

найдёныш *m* [1; *g/pl.*: -ей] Find-[ling.]

наймúт *m* [1] (*ver.*) Söldling.

найтú *s.* находúть.

накáз *m* [1] Vorschrift *f*, Anweisung *f*; Geschäftsordnung *f*; **~áние** *n* [12] Strafe *f*, Züchtigung *f*; в ~áние zur Strafe; это сýщее ~áние F das ist eine wahre Plage; **~ýемый** strafbar; **~ывать** [1], <~áть> [3] (be)strafen, züchtigen (за В für *od.* wegen); (Д/В *j-m et.*) auftragen, befehlen.

накáл *m* [1] Glühen *n*; Glut *f*; (*Radio*) Heizung *f*; **~ивать** [1], <~úть> [13] glühend machen; ~ённый (*fig.*) gespannt, geladen.

накáлывать [1], <наколóть> [17] durchlöchern; (mit Stecknadeln) anstecken; viel (*Holz*) spalten.

наканýне tags zuvor, am Vorabend (P vor *dat.*); ~ Нóвого гóда am Neujahrsabend *od.* Sylvester.

накáпчивать [1], <накоптúть> [15; -пчý, -птúшь; -пчённый] räuchern *v/t.* (*Schinken usw.*); qualmen, blaken *v/i.*

накáпывать [1] **1.** <накáпать> [1] volltröpfeln; **2.** <накопáть> [1; накóпанный] viel ausgraben.

накáркать F [1] *pf.* den Teufel an die Wand malen.

накá|чивать, <~чáть> [1; накáчанный] vollpumpen; **-ся** nach herzenslust schaukeln; P sich besaufen.

накú|дка *f* [5; *g/pl.*: -док] Über-, Um-wurf *m* (*für Damen*); в ~дку umgeworfen; **~дывать** [1] **1.** <~дáть> [1; накúданный] überall hinwerfen; **2.** <~нуть> [20] hinzu-fügen, -tun; (*Preis*) erhöhen; (*Mantel usw.*) über-, um-werfen; **-ся** (на В) sich werfen (auf *ac.*), herfallen (über *ac.*).

наки|пáть [1], <~пéть> [10; -плю, -пúшь] sich ansetzen (*beim Kochen*).

нáкипь *f* [8] Ansatz *m* (*an Kochgeschirren*), Bodensatz *m*; котéльная ~ Kesselstein *m*.

наклáд *m* [1] Nachteil; быть не в ~е (от Р) F auf seine Kosten kommen; **~ка** *f* [5] Auflage, Aufsatz *m*; Besatz *m* (*am Kleid*); (рéльсовая) ~ка Lasche; пить чай в ~ку Tee trinken, wobei man den Zucker ins Glas legt (*vgl.* прикýска); **~нóй** [14] aufgelegt; Beleg...; Zuschlags...; Neben...; falsch (*Haare*); eingelegt (*Arbeit*); plattiert (*Silber*); ✝ ~нáя *f* Frachtbrief *m*; ~нóе дéрево *n* Furnier; **~ный** [14] nachteilig; **~ывать** [1] **1.** <наклáсть> [25; *pt. st.*: -клáл, -а (*a.*: -лá), -о] auflegen, auftragen; aufladen; **2.** <наложúть> *s.* налагáть.

наклёвыва|ться [1], <наклю́нуться> [20] sich (*od.* die Eierschale) durchpicken (*Küchlein usw.*); (*fig.*) in Aussicht haben; ~ется (*fig.*) die Sache hat Chancen; ничегó у меня́ не ~ется F ich habe gar keine Aussichten; ~ться на (В) anbeißen (*Fisch*).

наклé|ивать [1], <~ить> [13] aufkleben, anleimen; **~йка** *f* [5; *g/pl.*: -éек] Aufkleben *n*; Etikett *n*.

накликáть [1], <наклúкать> [3] heraufbeschwören, berufen (*Unglück u. dgl.*).

наклóн *m* [1] Abhang; **~éние** *n* [12] Niederbeugen; Neigung *f*; (*Gram.*) Modus *m*; **~ность** *f* [8] Neigung, Veranlagung; Abhang *m*; **~ный** [14] geneigt; schief; abschüssig; Neigungs...; катúться по ~ной плóскости (*fig.*) auf die schiefe Ebene geraten; **~я́ть** [28], <~úть> [13; -оню́, -óнишь; -онённый] (nieder)beugen, senken; **-ся** sich bücken *od.* niederbeugen.

наклю́нуться *s.* наклёвываться.

наковáльня *f* [6; *g/pl.*: -лен] Amboß *m*.

накóжный [14] Haut...

наколáчивать [1], <наколотúть> [15] an-, auf-nageln.

наколéнник *m* [1] Kniewärmer; (*Sport*) Knieleder *n*.

накóлка *f* [5; *g/pl.*: -лок] Kopfputz *m*; Häubchen *n*.

наколóть *s.* накáлывать.

наконé|ц endlich, am Ende; ~ц-то! na, endlich!; **~чник** *m* [1] Endstück *n*; Zwinge *f* (*am Stock usw.*); ⊕ Haube *f*, Kappe *f*, Schuh.

накопáть *s.* накáпывать.

нако|плéние *n* [12] Anhäufung *f*; **~пля́ть** [28], <~пúть> [14] anhäufen, (an)sammeln; *s. a.* копúть.

накороткé aus geringer Entfernung; auf kurze Zeit.

накóст|ник *m* [1] (*Anat.*) Überbein *n*; **~ный** [14] Knochen...

накра́|шивать [1], <\~сить> [15] anmalen, schminken.
на́крепко (*a.* кре́пко-\~) sehr fest; aufs strengste.
на́крест (крест-\~) kreuzweise.
накру́|чивать [1],<\~ти́ть>[15] aufwinden, -wickeln, umwinden; (*fig.*) Dummheiten machen; vorlügen.
накрыва́ть [1],<накры́ть>[22](be-) decken; (*Verbrecher usw.*) abfassen; \~ (на) стол den Tisch decken.
наку|па́ть [1],<\~пи́ть>[14] (P) auf-, zs.-kaufen.
наку́|ривать [1],<\~ри́ть>[13; -урю́, -у́ришь; -у́ренный] vollräuchern; verqualmen.
наку́с|ывать, <\~а́ть> [1] zerstechen (*v. Insekten*).
налага́ть [1], <наложи́ть> [16] auf-(er)legen; (*Trauer usw.*) anlegen; нало́женным платежо́м gegen Nachnahme; наложи́ть на себя́ ру́ки Hand an sich legen.
нала́|живать [1], <\~дить> [15] in Ordnung bringen, ordnen; anbahnen.
налга́ть [-лгу́, -лжёшь, -лгу́т; -лга́л, -а́, -о] *pf.* zs.-lügen.
нале́во links, zur Linken.
налега́ть [1], <нале́чь> [26; -ля́гу, -ля́жешь, -ля́гут; -лёг, -легла́; -ля́г(те)!] (на В) liegen (auf *dat.*); drücken, Druck ausüben (auf *ac.*); sich anstrengen (bei), sich verlegen (auf *ac.*).
налегке́ leicht (gekleidet); ohne Gepäck.
налеза́ть [1], <нале́зть> [24; *durchweg st.*; *nur 3. Pers.*] F angehen (*Schuhzeug*); (*haufenweise*) zs.-kriechen.
нале|пля́ть [28], <\~пи́ть> [14] auf-, an-kleben; **\~пно́й** [14] zum Auf- *od.* An-kleben (dienend); angeklebt.
налёт *m* [1] Heranfliegen *n*; plötzlicher Überfall; ✈ *fig.* Anflug, Hauch; ⚕ Belag; с \~а im Fluge; unerwartet; возду́шный \~ Luftangriff.
налет|а́ть [1], <\~е́ть> [11] (in Menge) heranfliegen; herfallen (на В über *ac.*); vorstoßen.
налёт|ный [14] (her)angeflogen; **\~чик** *m* [1] dreister Angreifer; Straßenräuber.
нале́чь *s.* налега́ть.
нали́в *m* [1] Eingießen *n*; Reife(zeit) *f* (*der Früchte*); Saft; Fruchtsaft; **\~а́ть** [1], <нали́ть> [-лью́, -льёшь; на́лил, -ила́, на́лило; -ле́й(те)!; -ли́вший; -ли́тый (на́ли́т, -ита́, на́ли́то)] (ein)gießen, einschenken; \~а́ть по ка́плям, \~а́ть ка́плями (ein)tröpfeln; как нали́то́й F gedrungen (*Körper*); нали́вшиеся кро́вью глаза́ blutunterlaufene Augen; **-ся** sich füllen; reifen; \~а́ться *impf.* saftig werden (*Früchte*); **\~ка** *f* [5; *g/pl.*: -вок] (*Frucht-*) Likör *m*; Saft *m* (*v. Obst usw.*); **\~но́й** [14] saftig (*Frucht*); ⚓ Tank-...; \~но́е су́дно *n* Tanker *m*; **\~очный** [14] Likör...
нали́|зываться [1], <\~за́ться> [3] sich satt lecken; F sich (e-n Schwips) antrinken.
нали́м *m* [1] Aalraupe *f*, Quappe *f*.
налипа́ть [1], <нали́пнуть> [20; *nur 3. Pers.*] klebenbleiben, sich ansetzen.
нали́ть *s.* налива́ть.
налицо́ vorhanden, da; име́ться (*od.* находи́ться *od.* быть) \~ vorhanden sein, vorliegen.
нали́ч|ие *n* [12] Vorhandensein; Anwesenheit *f*; **\~ник** △ *m* [1] Einfassung *f*; Fensterverkleidung *f*; **\~ность** *f* [8] Barschaft; в \~ности (in) bar; (wirklich) vorhanden, vorrätig; **\~ный** [14] (wirklich) vorhanden, bar (*Geld*), Bar...; \~ной моне́той, \~ными(де́ньга́ми) in bar(er Münze); за \~ные per Kasse, gegen bar; платёж *m* \~ными (де́ньга́ми) Barzahlung *f*; \~ный соста́в *m* Präsenzstärke *f* (*des Heeres*).
нало́г *m* [1] Steuer *f*, Abgabe *f*; **\~оплате́льщик** *m* [1] Steuerzahler.
нало|же́ние *n* [12] Auf(er)-legen, -legung *f*; \~же́ние ви́зы Sichtvermerk *m*; с \~же́нием платежа́ gegen Nachnahme; **\~жи́ть** *s.* налага́ть.
нало́жница *f* [5] Kebsweib *n*; Konkubine.
налома́ть [1; нало́манный] *pf.* zerbrechen; abbrechen; \~ бока́ P verprügeln; \~ дров P Dummheiten, Irrtümer begehen.
нама́тывать, <намота́ть> [1; намо́танный] aufwinden; \~ (на кату́шку) aufspulen; \~ на ус sich hinters Ohr schreiben.
нама́чивать [1] *s.* мочи́ть.
нама́яться P [28] *pf.* ermüden, totmüde werden.

наме́дни P jüngsthin, unlängst, neulich.
намёк *m* [1] Anspielung *f*, Wink.
намек|а́ть [1], <~ну́ть> [20] (на В) anspielen (auf *ac.*), andeuten; недвусмы́сленно ~а́ть (Д j-m) e-n Wink mit dem Zaunpfahl geben.
намере|ва́ться [1] beabsichtigen, vorhaben; **~ние** (-'mʲe-) *n* [12] Absicht *f*, Vorhaben; Entschluß *m*; **~нный** (-'mʲe-) [14] absichtlich.
намерза́ть [1], <намёрзнуть> [21; *nur 3. Pers.*] sich mit Eis bedecken; P stark frieren, vor Kälte starr sein (*Körperteile*).
на́мертво untrennbar fest; ganz fest (*zugemacht*).
намести́ *s.* намета́ть.
наме́стни|к *m* [1] Statthalter; **~чество** *n* [9] Statthalterschaft *f*.
намёт *m* [1] Wetter-, Schirm-dach *n*; großer Kescher (*zum Fischfang*); **~анный** F [14] geschärft, geübt (*Auge*).
намета́ть [1], <намести́> [25; т statt д] zs.-wehen, zs.-fegen; *s.* намётывать.
намёт|ка *f* [5; *g/pl.*: ток] Aufwerfen *n*; Entwurf *m*; Flicken *m*; Schließhaken *m*; Fischernetz *n*; **~ывать** [1], <намета́ть> [3] (auf)werfen; leicht annähen; **-ся** sich vervollkommnen.
намеча́ть [1] *s.* ме́тить.
наме́ш|ивать, <~а́ть> [1; наме́шанный] hinein-, zs.-mischen.
намина́ть [1], <намя́ть> [-мну́, -мнёшь; -мя́тый] (zurecht)kneten; quetschen.
намока́ть [1], <намо́кнуть> [21] durchnässen.
намо́рдник *m* [1] Maulkorb.
намота́ть *s.* нама́тывать.
намы́|в *m* [1] (*Geol.*) Schwemmland *n*; **~ва́ть** [1], <~ть> [22] (на́ берег ans Land) spülen.
намя́ть *s.* намина́ть.
нана́ец *m* [1; -а́йца], **нана́й** *m* [3] Nanaier (*tungusisch-mandschurisches Volk im Amurgebiet*; *früher*: „го́льды Golden" *genannt*).
нане|се́ние *n* [12] Zufügen (*usw.*); **~сти́** *s.* наноси́ть.
нани́|зывать [1], <~за́ть> [3; нани́занный] aufreihen.
нанима́ть [1], <наня́ть> [найму́, -мёшь; на́нял, -а́, -о; -я́вший; на́нятый (-ят, -ята́, -о)] mieten, einstellen; **-ся** [*pt.*: -я́лся́, -яла́сь, -яло́сь] sich vermieten *od.* verdingen (в кучера́ als Kutscher).
на́нка † *f* [5] Nanking *m*.
на́ново aufs neue.
нано́с *m* [1] Anschwemmung *f*; Angeschwemmte(s) *n*; Herangewehte(s) *n*; **~и́ть** [15], <нанести́> [25; с *bleibt*: -несу́, -сёшь; -нёс, -несла́] zufügen; (*Schlag*) versetzen; heranwehen; (~и́ть тече́нием) anschwemmen, anspülen; viel (*Eier*) legen; **~ный** [14] angeschwemmt; Trieb...
наня́ть *s.* нанима́ть.
наобеща́ть [1] *pf.* viel versprechen.
наоборо́т umgekehrt; im Gegenteil; как раз ~! umgekehrt wird ein Schuh daraus!
наобу́м aufs Geratewohl.
нао́тмашь mit umgekehrter Hand (ausholend); mit aller Wucht.
наотре́з entschieden, kategorisch.
напа|да́ть [1] **1.** <напа́сть> [25; *pt. st.*: -па́л, -а; -па́вший (*a.*: -па́дший)] (на В) angreifen; überfallen, herfallen (über *ac.*); verfallen (auf *ac.*); **2.** <напа́дать> in Menge herabfallen (*Schnee, Obst usw.*); **~да́ющий** [17] (*Fußball*) Stürmer *m*; **~де́ние** *n* [12] Angriff *m*; Überfall *m*; **~дки** (-'pat-) *f/pl.* [5; *gen.*: -док] Angriffe *m/pl.*, Verfolgung(en *pl.*) *f*; Beschuldigungen.
напа́ивать [1], <напои́ть> [13] (zuviel) zu trinken geben *od.* tränken.
напа|са́ть *s.* запаса́ть; **~сть** (-'paşţ) P *f* [8] Unglück *n*; Mißgeschick *n*; *s.* напада́ть.
напе́в ♪ *m* [1] Weise *f*, Melodie *f*; **~а́ть** [1], <напе́ть> [-пою́, -поёшь; -пе́тый] trällern, leise vor sich hin singen (*a.* ~а́ть вполго́лоса); vorsingen; ersingen.
напека́ть [1], <напе́чь> [26] in Menge backen; verbrennen (*Sonne den Kopf*).
наперебо́й durcheinander, um die Wette.
наперев́ес ⚔: держа́ть ружьё ~ das Gewehr fällen.
наперего́нки́ um die Wette.
наперёд vorher, voran.
напере|ко́р zuwider, zum Trotz; **~ре́з**: бежа́ть кому́-нибудь ~рез j-m den Weg abschneiden; **~ры́в** *s.* **~хва́т**.

напере́ть *s.* напира́ть.
напере|хва́т um die Wette, wetteifernd; **~чёт** ohne Ausnahme, insgesamt; nur wenig, an den Fingern abzuzählen.
напе́рсни к *m* [1], **~ца** *f* [5] Vertraute(r), Busen-freund (-freundin *f*).
напе́рсный [14] Brust...
напёрсток *m* [1; -тка] Fingerhut.
наперстя́нка ⚘ *f* [5; -нок] Fingerhut *m*.
напе́ть *s.* напева́ть.
напе́чь *s.* напека́ть.
напива́ться [1], <напи́ться> [-пью́сь, -пьёшься; -пи́лся, -пила́сь; -пе́йся, -пе́йтесь!] (sich satt) trinken (P an *dat.*); ~ (пья́ным) sich betrinken.
напи́л|ок *m* [1; -лка], **~ьник** *m* [1] Feile *f*.
напира́ть [1], <напере́ть> [12; на́пертый] (an)drängen (на В gegen); stark drücken; ~ на (В) *j-m* heftig (*od.* scharf) zusetzen; sich verlegen auf (*ac.*).
напи́|ток *m* [1; -тка] Getränk *n*; **~тывать**, <~та́ть> [1; напи́танный] sättigen; tränken; ♉ schwängern; **-ся** sich sättigen; sich vollsaugen; **~ться** *s.* напива́ться.
напи́х|ивать, <~а́ть> [1] hineinquetschen, -stopfen.
наплавно́й [14] schwimmend; ~ мост *m* Floßbrücke *f*.
наплаву́ ⊕ im schwimmenden Zustand.
напла́каться [3] *pf.* sich ausweinen; она́ ещё напла́чется das wird sie noch Tränen kosten.
напластова́ние *n* [12] (*Geol.*) Aufschichtung *f*.
наплева́тельский F [16] verächtlich, wegwerfend.
напле|та́ть P [1], <~сти́> [25; т *statt* д: -плету́, -тёшь] dummes Zeug schwatzen; ~та́ть на (В) verleumden.
напле́ч|ие *n* [12], **~ник** *m* [1] Schulterstück *n*.
наплы́в *m* [1] Angeschwemmte(s) *n*; Andrang; **~а́ть** [1], <наплы́ть> [24] auf-fahren, -schwimmen, geraten (на В auf *ac.*); sich ansetzen; angeschwemmt werden; **~но́й** [14] angeschwemmt.
напова́л mit einem Schlag; auf der Stelle (*erschießen*).
наподо́бие ähnlich; nach Art von.
напои́ть *s.* напа́ивать.
напока́з zur Schau.
напол|не́ние *n* [12] Anfüllung *f*; **~ня́ть** [28], <напо́лнить> [13] (an-)füll n (T mit).
наполови́ну zur Hälfte, halb(part).
напома́живать [1] *s.* пома́дить.
напомина́тель *m* [4] Erinnerer; Mahner; **~ный** [14] erinnernd; mahnend; Mahn...
напомина́ть [1], <напо́мнить> [13] (Д/о П *od.* Д/В *j-n* an *ac.*) erinnern; mahnen.
напо́р *m* [1] Andrang; Druck; Elan; **~истый** [14*K.*] drängend; zielstrebig; **~ный** [14] Druck...
напосле́|док, **~дях** P zu guter Letzt.
напр. *Abk. für* наприме́р.
напра|вле́ние *n* [12] Richtung *f*; Führung *f*; (на рабо́ту) Beorderung *f*, Überweisung *f*; ⚓ Kurs *m*; **~вленность** (-'prav-) *f* [8] Tendenz; **~вля́ть** [28], <напра́вить> [14] richten, lenken, anleiten; **~вля́ть** путь в (В) steuern nach; напра́вленная переда́ча (*Radio*) Richtsendung; направля́ющий Führungs...; **-ся** sich wenden *od.* begeben (к Д *od.* в В nach).
напра́во rechts, zur Rechten.
напра́с|лина F *f* [5] falsche Beschuldigung; **~ный** [14; -сен, -сна] vergeblich; **~но** unnütz(erweise), umsonst, vergebens, ohne Grund.
напра́шивать [1], <напроси́ть> [15] zs.-laden; zs.-betteln; **-ся** sich anbieten (на В zu); sich aufdrängen (в го́сти als Gast); herbeisehnen, herbeiwünschen.
наприме́р zum Beispiel.
напро|ка́т leihweise; **~лёт** hindurch; durch und durch; **~ло́м** direkt (hindurch), geradeaus; rücksichtslos; **~палу́ю** F verwegen, tollkühn; unüberlegt; **~си́ть** *s.* напра́шивать; **~тив** (-'prɔ-) **1.** (*prp.* P) gegenüber; **2.** (*cj.*) aber, hingegen; **3.** (*adv.*) im Gegenteil.
на́прочь völlig, ganz und gar.
напру́ж|иваться F [1], <~иться> [16] sich anspannen, anschwellen (*Muskeln*).
напря|га́ть [1], <напря́чь> [26; г *statt* к: -ягу́, -яжёшь; -пря́г (-'prɔk), -ягла́; -жённый] anstrengen; spannen; **~же́ние** *n* [12] Anstrengung *f*; Spannung *f*; **~ми́к**, **~мки́** F gerade(her)aus, aufrichtig; **~чь** *s.* напряга́ть.

напуга́ть [1; напу́ганный] *pf.* einschüchtern.

напу́льсник *m* [1] Pulswärmer.

на́пу|ск *m* [1] Einschlag (*am Kleid*), Falten *f/pl.* (*Stiefel*); **~ска́ть** [1], ‹~сти́ть› [15] in Menge (her)einlassen; loslassen; ~ска́ть страх на (B) *j-m* Furcht einjagen; ~ска́ть на себя́ ва́жность F sich wichtig tun; **-ся** (на B) herfallen (über *ac.*), sich stürzen (auf *ac.*); **~скно́й** [14] (*fig.*) gekünstelt, gemacht, Schein...

напу́т|ственный [14] für die Reise (dienend); Reise...; Geleit...; zum Geleit; **~ствие** *n* [12] Reiseversorgung *f*; Darreichung *f* des Abendmahls; Begleitwort; **~ствовать** [7] (*im*)*pf.* für die Reise versorgen (T mit); (*e-m Sterbenden*) das Abendmahl (dar)reichen.

напуха́ть [1], ‹напу́хнуть› [21; *nur 3. Pers.*] anschwellen.

напы́щенный [14 *K.*] schwülstig (*Rede*); aufgeblasen (*Mensch*).

напя́|ливать [1], ‹~лить› [13] spannen (на B über *ac.*); P aufspannen, aufzwängen.

нара|ба́тывать, ‹~бо́тать› [1] verfertigen; erarbeiten, verdienen.

наравне́ (с T) ebenso wie, gleichwie; auf gleicher Höhe.

нараспа́шку aufgeknöpft (*Rock usw.*); (*fig.*) offen, freimütig; жить ~ offenes Haus halten.

нараспе́в langgezogen, in singendem Tonfall.

нара|ста́ть [1], ‹~сти́› [25; *nur 3. Pers.*: -стёт; -ро́с, -ла́; -ро́сший] wachsen über *od.* auf; anwachsen, sich vermehren; **~сти́ть** *s.* нара́щивать.

нарасхва́т F rasch, schnell; това́ры беру́т ~ man reißt sich um die Ware(n).

нара́|щивать [1], ‹~сти́ть› [15; -ащу́, -асти́шь; -ащённый] steigern; ⊕ anstücken.

наре́з *m* [1] Einschnitt; ⚔ Zug (*der Büchse*); Windung *f* (*e-r Schraube*); **~а́ть** [1], ‹~ать› [3] ein-schneiden, -kerben; (*in Menge*) zuschneiden; **-ся** schlecht ankommen; **~но́й** [14] zum Schneiden (dienend); Schneide...; ⚔ gezogen (*Büchse*).

наре|ка́ние *n* [12] Vorwurf *m*; **~ка́ть** [1], ‹наре́чь› [26] benennen; **~че́ние** *n* [12] Benennung *f*; **~чённый** [14] genannt; ausersehen, erkoren; Verlobte(r) *m*; **~чие** (-ˈʐe-) *n* [12] Mundart *f*, Dialekt *m*; (*Gram.*) Adverb, Umstandswort; **ˈ~чь** *s.* ~ка́ть.

нарица́|ние *n* [12] Benennung *f*; **~тельный** [14] Nenn..., Nominal-...; Gattungs...

нарко́з *m* [1] Narkose *f*, Betäubung *f*.

нарко́м *m* [1] (наро́дный комисса́р) Volkskommissar.

нарко́тик *m* [1] Betäubungsmittel *n*.

наробра́з *m* [1] (отде́л наро́дного образова́ния) Volksbildungsamt *n*.

наро́д *m* [1] Volk *n*, Nation *f*; мно́го ~у viele Leute *od.* Menschen; **~и́ть** *s.* нарожда́ть; **~ник** *m* [1] (*hist.*) Narodnik, Volkstümler; **~ность** *f* [8] Volkstümlichkeit, Nationalität, Volksangehörigkeit; Nation; **~ный** [14] volkstümlich, völkisch, national; Volks...; ~ный фронт *m* (*Pol.*) Volksfront *f*; **~онаселе́ние** *n* [12] Bevölkerung *f*; **~осчисле́ние** *n* [12] Volkszählung *f*.

наро|жда́ть [1], ‹~ди́ть› [15; нарождённый] (*in Menge*) gebären *od.* erzeugen; **-ся** geboren werden, entstehen; zunehmen (*Mond*); ме́сяц народи́лся P es ist Neumond; **~жде́ние** *n* [12] Erzeugung *f*; ~жде́ние ме́сяца Neumond *m*.

наро́ст *m* [1] Auswuchs, Gewächs *n*.

нарочи́тый [14*K.*] absichtlich, vorsätzlich.

наро́чн|о (-ʃn) vorsätzlich, absichtlich; **~ый** (ˈnarətʃ-) Eilbote *m*.

нарпи́т *m* [1] (наро́дное пита́ние) Volksküche *f*.

на́рта *f* [5] (*mst. pl.*) Polar-, Rentierschlitten *m*.

наруб|а́ть [1], ‹~и́ть› [14] (*in Menge*) hacken, fällen; klein machen; **~ка** (-ˈrup-) *f* [5; *g/pl.*: -бок] Einschnitt *m*, Kerbe.

нару́ж|ность *f* [8] Äußere(s) *n*, Außenseite; по ~ности dem Äußeren nach; **~ный** [14] äußerlich; Außen-...; ~ная дверь *f* Haustür; **~у** nach außen; ins Freie; де́ло вы́шло ~у F (*fig.*) die Sache wurde ruchbar.

нарука́вник *m* [1] Über-, Schutzärmel.

нару́чники *m/pl.* [1] Handschellen *f/pl.*

нару|ша́ть [1], ‹нару́шить› [16] stören; verletzen, übertreten; (*Eid*) brechen; **~ше́ние** *n* [12] Störung *f*;

Übertretung *f*; Verstoß *m* (gegen); Bruch *m*; **~ши́тель** *m* [4] Störer; Übertreter.

нарци́сс ⚘ *m* [1] Narzisse *f*.

на́ры *f/pl.* [5] Schlafbank *f*, Pritsche *f*.

нары́в ⚕ *m* [1] Geschwür *n*.

нарыва́ть [1] **1.** ‹нарва́ть› [-рву́, -рвёшь; -рва́л, -ала́, -о; на́рванный (-ан, -ана́, -о)] *v/t.* pflücken (*mehreres*); **-ся** (на В) stoßen (auf *ac.*); (*Grobheit*) einstecken müssen; *v/i.* eitern; **2.** ‹нары́ть› [22] (aus-) graben.

нарывно́й [14] eiterziehend; Zug...

наря́|д *m* [1] Order *f*; Anordnung *f*; Auftragsschein; Verteilung *f*; Putz, Ausschmückung *f*, Schmuck; Gewand *n*, Kleid *n*; по ~ду auf Befehl; **~дный** [14; -ден, -дна] geputzt, schmuck; **~ду́** neben; gleich; **~дчик** *m* [1] Arbeits-anweiser, -einteiler (*bsd. in Straf- u. ähnlichen Lagern*); **~жа́ть** [1], ‹~ди́ть› [15; -яжу́, -я́ди́шь; -я́женный *u.* -яжённый] beordern; (aus)schmücken; **-ся** sich verkleiden (в В mit).

насади́ть *s.* наса́живать.

наса|жда́ть [1] (*Künste usw.*) verbreiten; **~жде́ние** *n* [12] Anpflanzung *f*; Verbreitung *f*; **~живать** (-'sa-), ‹~жа́ть› [1], ‹~ди́ть› [15] (*in Menge*) (an)pflanzen, setzen; aufsetzen, bestielen.

наса́хар|ивать F [1], ‹~ить› [13] (reichlich) zuckern, süßen.

насве́чивать [1] bestrahlen.

насви́|стывать [1], ‹~ста́ть› [3] (*ein Lied*) (vor sich hin) pfeifen.

насед|а́ть [1], ‹насе́сть› [25; -ся́ду, -дешь; -ся́дь(те)!; -се́л, -а; -се́вший] sich ansetzen, kleben(bleiben); sich (*in Menge*) (hinein)setzen; bedrängen, *j-m* zusetzen; **~ка** (-'ʂɛt-) *f* [5; *g/pl.*: -док] Bruthenne.

насе|ка́ть [1], ‹насе́чь› [26; *pt.*: -се́к, -се́кла; -се́ченный] einhauen, einkerben, anhauen.

насеко́мо|е [14] Insekt *n*; **~я́дный** [14] insektenfressend.

насе|ле́ние *n* [12] Bevölkern, Besied(e)lung *f*; Bevölkerung *f*; **~лённость** *f* [8] Bevölkerungsdichte; **~ля́ть** [28], ‹~ли́ть› [13] bevölkern, besiedeln; ~ля́ть *impf.* bewohnen.

насе́ст *m* [1] Hühnerstange *f*.

насе́сть *s.* наседа́ть.

насе́|чка *f* [5; *g/pl.*: -чек] Einkerbung; Kerbe; **~чь** *s.* насека́ть.

насиде́ть *s.* наси́живать.

наси́|женный [14]: ~женное яйцо́ *n* angebrütetes Ei; ~женное ме́сто *n* Stammplatz *m*, Futterkrippe *f*; **живать** [1], ‹~де́ть› [11] lange sitzen; bebrüten; sich durch langes Sitzen(bleiben) zuziehen (*Krankheit*); **-ся** sich müde sitzen; des Sitzens überdrüssig werden.

наси́|лие *n* [12] Gewalt(tätigkeit) *f*, Zwang *m*; Notzucht *f*; **~ловать** [7], ‹из-› (В) zwingen, *j-m* Gewalt antun; notzüchtigen; **~лу** mit knapper Not, kaum; **~льник** *m* [1] Bedrücker, Erpresser; **~льно** gewaltsam; ~льно мил не бу́дешь (*Spr.*) Liebe läßt sich nicht erzwingen; **~льственный** [14] gewaltsam; Gewalt...

насквозь durch und durch.

наско́к *m* [1] Anlauf, Anprall; с ~а F im Sturm, kurzerhand.

наско́лько wie viel *od.* sehr; inwieweit; ~ мне изве́стно soviel ich weiß.

на́скоро obenhin, in der Eile, flüchtig.

наскуча́ть [1], ‹наску́чить› [16] (Д) *j-n* langweilen, *j-m* lästig fallen (Т mit).

насла|жда́ться [1], ‹~ди́ться› [15; -ажу́сь, -ади́шься] (Т) genießen, sich ergötzen (an *dat.*); **~жде́ние** *n* [12] Genuß *m* (Т an *dat.*).

насла́ивать [1], ‹наслои́ть› [13] (auf)schichten.

насле́д|ие *n* [12] kulturelles Erbe; **~и́ть** F [15; -ежу́, -еди́шь] *pf.* Fußspuren hinterlassen, vertrampeln; **~ник** *m* [1] (Р *od.* Д) Erbe; ~ник престо́ла Thronfolger; **~ный** [14] erblich; ~ный принц *m* Kron-, Erb-prinz; **~овать** [7] (*im*)*pf. u.* ‹у-› (er)erben, **~ственность** *f* [8] Erblichkeit, Vererbung; **~ственный** [14] erblich, ererbt; Erb(schafts)...; **~ство** *n* [9] Erbschaft *f*; получи́ть по ~ству ererben.

наслое́ние *n* [12] Schichtung *f*.

наслои́ть *s.* насла́ивать.

насло|ня́ть [28], ‹~ни́ть› [13] anlehnen.

наслу́|шиваться, ‹~шаться› [1] (Р) (zur Genüge) anhören.

наслы́шаться F [4] (allerhand) zu Ohren kommen (о П über *ac.*).

насльíш|ка *f* [5; *g/pl.*: -шек] Gerücht *n*; по **~**ке vom Hörensagen.
насмáрку F: идти́ **~** zum Teufel gehen, futsch gehen.
нáсмерть zu Tode, tödlich; стоя́ть **~** auf Tod und leben kämpfen.
насме|хáться [1], <**~**я́ться> [27; -еюсь, -еёшься] (над Т) spotten, lachen (über *ac.*), auslachen.
насмéш|ка *f* [5; *g/pl.*: -шек] Spott *m*; **~ливость** *f* [8] Spott *m*; Spottsucht; **~ник** *m* [1] Spötter.
насмея́ться *s.* насмехáться.
нáсморк ⚕ *m* [1] Schnupfen; схвати́ть **~** sich den Schnupfen holen; сеннóй **~** Heuschnupfen.
насоли́ть [13; -олю́, -óли́шь; -óленный] *pf.* einsalzen (*a. fig.*).
насóс *m* [1] Pumpe *f*.
нáспех in aller Eile; flüchtig; achtlos.
наст *m* [1] Schneekruste *f*.
наста|вáть [5], <настáть> [*nur 3. Pers.*: -стáнет] nahen, heranrücken, anbrechen; **~ви́тельный** [14; -лен, -льна] belehrend, lehrreich; **ˈ~вить** *s.* наставля́ть; **~вка** (-ˈstaf-) *f* [5; *g/pl.*: -вок] angesetztes Stück *n*, Aufsatz *m*; (*Gram.*) Suffix *n*; **~влéние** *n* [12] Belehrung *f*, Anleitung *f*; Vorschrift *f*; **~вля́ть** [28], <настáвить> [14] in Menge aufstellen; ansetzen, anstücken; (be-)lehren, anleiten, unterweisen; **~вник** (-ˈstav-) *m* [1] Lehrer, Leiter; **~внóй** [14] angesetzt, angestückt; Ansatz...; Aufsatz...
настáивать [1], <настоя́ть> [-стою́, -ои́шь; -óянный] *v/t.* (*Tee usw.*) ziehen lassen (*a.* дать [Д] -ся); *v/i.* (на П) bestehen (auf *ac.*), drängen (auf *ac.*); **~** на своём seinen Willen durchsetzen.
Настáсья *f* [6] Anastasia.
настáть *s.* наставáть.
нáстежь sperrangelweit offen.
Нáстенька *f* [5] *dim. v.* Настáсья.
настигáть [1], <насти́гнуть, насти́чь> [21; -и́гну, -и́гнешь; -и́г, -и́гла; -и́гнутый] erreichen, einholen.
насти́л *m* [1] Bretterbelag; **~áть** [1], <настлáть> [-телю́, -тéлешь; нáстланный] belegen; (*Fußboden*) dielen; **~ка** (-ˈʂʈiɫ-) *f* [5] Belegen *n*; Dielung.
настóечный [14] Aufguß...
настóй *m* [3] Aufguß; **~ка** *f* [5; *g/pl.*: -óек] Aufguß *m*; Likör *m*; **~чивый** [14*K.*] beharrlich, nachdrücklich.
настóлько so, dermaßen.
настóльный [14] Tisch...; **~** словáрь *m* Handwörterbuch *n*.
насто|рáживать [1], <**~**рожи́ть> [16; -жу́, -жи́шь] (*Ohren*) spitzen; **-ся** stutzen, bedenklich (*od.* aufmerksam) werden; **~рожé** auf der Hut, vorsichtig.
настоя́тель *m* [4] Vorsteher; Prior; **~ный** [14; -лен, -льна] beharrlich; dringend.
настоя́ть *s.* настáивать.
настоя́щий [17] gegenwärtig; echt, wahr, wirklich; (*Gram.*) **~**щее врéмя *n* Gegenwart *f*, Präsens; в **~**щее врéмя zur Zeit, jetzt; в **~**щую минýту augenblicklich; по-настоя́щему wie es sich gehört.
настрáивать [1], <настрóить> [13] viel (*Häuser*) bauen; ♪ (*Instrument*) stimmen; (*Radio*) einstellen; anregen; я вéсело настрóен ich bin heiter gelaunt.
нáстрого (*a.* стрóго-**~**) strengstens, aufs strengste.
настроéние *n* [12] Stimmung *f*, Gesinnung *f*; Haltung *f* (*der Börse*).
настрóить *s.* настрáивать.
настрóйка ♪ *f* [5; *g/pl.*: -óек] Stimmen *n*.
настýк|ивать, <**~**ать> F [1] et. durch Klopfen feststellen, abklopfen.
насту|пáтельный [14] angreifend, offensiv; **~пáть** [1], <**~**пи́ть> [14] treten (на В auf *ac.*); (her)an-rücken, -brechen, nahen; **~**пáть на (В) angreifen; емý **~**пи́л двадцáтый год er geht ins zwanzigste Jahr; **~**пáющий kommend; **~плéние** *n* [12] Heranrücken, Eintritt *m*; Angriff *m*, Vormarsch *m*, Offensive *f*.
настýрция ⚘ *f* [7] Kapuzinerkresse.
настывáть F [1], <насты́ть> [*nur 3. Pers.*; -ы́нет; -ы́л] kalt werden; an-, fest-frieren.
Нáстя *f* [6] *dim. v.* Анастáсья, Настáсья.
насý|пливать [1], <**~**пить> [14] (*die Augenbrauen*) zs.-ziehen; **-ся** mürrisch aus- (*od.* drein)sehen.
насупроти́в P gegenüber, drüben.
нáсухо ganz trocken.
насýш|ивать [1], <**~**и́ть> [16] trocknen, dörren (*Obst u. dgl.*).
насýщный [14; -щен, -щна] (all)täglich, lebensnotwendig.
насчёт (P) betreffs, betreffend.

насчи́тывать, <**~**а́ть> [1; насчи́танный] (auf)zählen; **-ся** [*nur impf. u. nur 3. Pers.*] (*an Zahl*) vorhanden sein.

насып|а́ть [1], <насы́пать> [2] auf-, voll-schütten, aufstreuen; **~ка** (-'sip-) *f* [5] Aufschütten *n*; **~но́й** [14] aufgeschüttet; Damm-...; **~ь** ('na-) *f* [8] (Erd-)Aufwurf *m*, Aufschüttung; Damm *m*.

насы|ща́ть [1], <насы́тить> [15] sättigen; ⚕ schwängern; **~ще́ние** *n* [12] Sättigung *f*; ⚕ Schwängerung *f*.

Ната́лия *f* [7] Natalie.

ната́лкивать [1], <натолкну́ть> [20], **-ся** stoßen (на В auf *ac.*).

ната́пливать [1], <натопи́ть> [14] (gehörig) einheizen.

ната́|скивать, <**~**ска́ть> [1; ната́сканный] zs.-schleppen.

натвори́ть F [13] *pf.* anrichten; ну, и натвори́л же ты! da hast du was Schönes angerichtet!

на́(те) da nimm!

натёк *m* [1] Hineinfließen *n*; Zuzug; Tropfstein.

натека́ть [1], <нате́чь> [26] (hin-) einfließen.

нате́льный [14] Leib...

натира́ть [1], <натере́ть> [12] einreiben (Т mit); zerreiben; **~** мозо́ли Hühneraugen bekommen; **-ся** sich einreiben.

на́тиск *m* [1] Hineinpressen *n*; Andrang; '**~ивать,** <нати́скать> [1] hineinpressen; vollstopfen, vollpfropfen.

наткну́ться *s.* натыка́ться.

натолкну́ть *s.* ната́лкивать.

натопи́ть *s.* ната́пливать.

натоpе́лый P [14] gewohnt, geübt.

натоща́к nüchtern, mit nüchternem Magen.

натр *m* [1] Natron *n*.

натра́|вливать [1], <**~ви́ть**> [14] aufhetzen, aufreizen.

на́трий *m* [3; *prpos*/*sg.*: -ии] Natrium *n*.

на́тровый [14] Natron...; natronhaltig.

нату́га *f* [5] Anstrengung; **~** при испражне́нии Stuhlzwang *m*.

на́туго sehr stramm, straff.

нату́|живать [1], <**~**жить> [16] (*mst* **-ся** sich) anstrengen.

нату́р|а *f* [5] Natur, Charakter *m*; **~**ой in Naturalien; с **~**ы nach der Natur; **~али́ст** *m* [1] Naturalist; Naturforscher.

нату́рщи|к *m* [1], **~ца** *f* [5] Modellsteher(in *f*).

натыка́ть, <наты́кать> [1] (in Menge) einstecken; vollstopfen, vollpfropfen; (*auf Stecknadeln*) aufstecken; aufspießen; **-ся,** <наткну́ться> [20] stoßen (на В auf *ac.*).

натя́|гивать [1], <**~**ну́ть> [19] (auf-) spannen, straff ziehen; (mit Mühe) anziehen; натя́нутый steif, gezwungen; **~жка** *f* [5; *g*/*pl.*: -жек] Spannen *n*, Spannung; gezwungene Erklärung; Rechtsverdrehung; э́то **~**жка F das ist an den Haaren herbeigezogen; с **~**жкой mit Ach u. Krach; **~жно́й** [14] spannend; Spann...; **~**жно́й винт *m* Zugschraube *f*; **~ну́ть** *s.* натя́гивать.

науга́д aufs Geratewohl; про́ба *f* **~** Stichprobe.

науго́льник ⚠ *m* [1] Winkelband *n*; Winkelmaß *n*, rechtwinkliges Zeichendreieck *n*.

наyда́чу aufs Geratewohl, auf gut Glück.

нау́ка *f* [5] Wissenschaft; Lehre; э́то тебе́ **~**! F das soll dir eine Lehre sein!

нау́сь|кивать, <**~**кать> F [1] *s.* натра́вливать.

наутёк davoneilend; пусти́ться **~** F Reißaus nehmen.

нау́тро am (nächsten) Morgen.

науча́ть [1], <научи́ть> [16] belehren, unterrichten; (В/Д *j-n et.*) lehren; **-ся** (Д) (er)lernen; *s.* учи́ть.

нау́чный [14] wissenschaftlich.

нау́шни|к *m* [1] Ohrenklappe *f*; Ohrenbläser, Verleumder; (*Radio*) Kopfhörer; **~чать** [1] Ohrenbläserei treiben, verleumden (Д/на В bei *j-m j-n*).

нау|ща́ть [1], <**~**сти́ть> [15; -ущу́, усти́шь; -ущённый] (*zum Bösen*) anreizen, antreiben; **~ще́ние** *n* [12] Anreizung *f*, Anreiz *m*.

наха́л *m* [1], **~ка** *f* [5; *g*/*pl.*: -лок] Unverschämte(r); **~ьный** [14; -лен, -льна] unverschämt, frech; **~ьство** *n* [9] Unverschämtheit *f*, Frechheit *f*.

нахва́|тывать, <**~**та́ть> [1; нахва́танный] zs.-raffen, -scharren;

-ся (P) (*Kenntnisse*) sich (*obenhin*) aneignen, aufschnappen.

нахле́бник *m* [1] Kostgänger, Gnadenbrotesser.

нахлобу́ч|ивать [1], <**~ить**> [16] aufstülpen, (*Hut*) tief ins Gesicht drücken; **~ка** F *f* [5; *g/pl.*: -чек] Rüffel *m*; задáть **~ку** (*fig.*) den Kopf waschen.

нахлы́нуть [20; *nur 3. Pers.*] *pf.* herbeiströmen.

нахму́|ривать [1], <**~рить**> [13] (*die Stirn*) runzeln; (*die Augenbrauen*) zs.-ziehen; ~ривать лицó = **-ся** ein finsteres Gesicht machen, finster aus (*od.* drein-) sehen.

находи́ть [15], <найти́> [найду́, -дёшь; нашёл, нашлá; наше́дший; нáйденный (-ен, -енá, -о)] (vor)finden; ermitteln; **~** на (В) stoßen (*od.* kommen) auf (*ac.*), *j-m* begegnen; auflaufen (*Schiff*); что э́то на тебя́ нашлó? F was ist in dich gefahren?; на негó нашлá грусть ihn überkam Schwermut; ту́ча нашлá на сóлнце eine Wolke verdeckte die Sonne; **1. -ся,** <найти́сь> sich (vor)finden; -ся *impf.* sich *wo* befinden; не найдётся ли у вас ...? haben Sie (vielleicht) ...?; находя́щийся befindlich, gelegen; **2.**-ся *pf.* sich müde gehen *od.* laufen.

нахо́д|ка *f* [5; *g/pl.*: -док] Fund *m*; бюрó *n* ~ок Fundbüro; **~чивый** [14*K.*] findig, gewandt, schlagfertig.

нахожде́ние *n* [12] Finden, Ermitt(e)lung *f*, Vorfinden; Befinden (*an e-m Ort*).

нахрáпом gewaltsam, mit Gewalt.

нацé|живать [1], <~ди́ть> [15] einsickern lassen.

нацéл|ивать [1], <~ить> [13] zielen; (*fig.*) auf ein Ziel richten.

нáцело F ohne Rest, ganz.

нацéнка ☨ *f* [5; *g/pl.*: -нок] Auf-, Zu-schlag *m*.

наце|пля́ть [28], <~пи́ть> [14] anhaken.

национáльность *f* [8] Nationalität, Volkstum *n*; Nation.

нацúст *m* [1] (*Pol.*) Nazi.

нáция *f* [7] Nation, Volk *n*.

нацмéн *m* [1] (национáльное меньшинствó) nationale Minderheit *f*; Angehöriger e-r nationalen Minderheit.

начáл|о *n* [9] Anfang *m*, Beginn *m*; Oberbefehl *m*; Grundsatz *m*; Grundlage *f*; с (сáмого) ~а (ganz) von Anfang an, von vornherein; (пéрвые) ~а *pl.* Anfangsgründe *m/pl.*; положи́ть ~о den Grundstein legen.

начáль|ник *m* [1] Vorgesetzte(r), Vorsteher, Chef; Befehlshaber; (*ehm.*) зéмский ~ник Landvogt; 🚂 ~ник стáнции Bahnhofsvorsteher; (*ehm.*) ⚔ уéздный вóинский ~ник Bezirkskommandeur; **~ный** [14] anfänglich; Anfangs..., Elementar...; (*Gram.*) ~ный звук *m* Anlaut; **~ственный** [14] obrigkeitlich; **~ство** *n* [9] Oberbefehl *m*; Obrigkeit *f*.

начáт|ки *m/pl.* [1] Anfangsgründe; **~ь** *s.* начинáть.

начди́в *m* [1] (начáльник диви́зии) Divisionskommandeur.

начеку́ bereit, auf der Hut.

нáчерно ins unreine.

начер|тáние *n* [12] Entwurf *m*, Konzept; Abriß *m*; Schreibung *f*; Gestalt *f*, Form *f* (*der Buchstaben*); **~тáтельный** [14] beschreibend, deskriptiv; **~чивать** (-ˈtʃɛr-) [1], <~ти́ть> [15] (auf)zeichnen, entwerfen.

начёт *m* [1] Defizit *n*, (*Kassen*-) Defekt, Fehlbetrag.

начинáть [1], <начáть> [-чну́, -чнёшь; нáчал, -á, -о; начáвший; нáчатый (нáчат, -á, -о)] anfangen, beginnen; **-ся** anfangen (Т *od.* с Р mit).

начи́|нка *f* [5; *g/pl.*: -нок] Füllung; Füllsel *n*; **~ня́ть** [28], <~ни́ть> [13] füllen.

начислéние *n* [12] Anrechnung *f*; Zuschlag *m*.

нáчисто ins reine; rund(weg); **~ту́** F ganz offen(herzig), aufrichtig.

начи́|танный [14; -тан, -танна] belesen; **~тывать,** <~тáть> [1; начи́танный] (*eine gewisse Anzahl Bücher*) durch-, zs.-lesen; **-ся** *pf.* sich satt lesen (P an *dat.*); belesen sein.

начищáть [1], <начи́стить> [15] F ganz sauber putzen, gut säubern.

начсостáв ⚔ *m* [1] (начáльствующий состáв) Führerkorps *n*; Vorgesetzte *pl.*

наш *m*: ~, ˈ~а *f*, ˈ~е *n*, ˈ~и *pl.* [25] unser, uns(e)re; der (die, das) uns(e)rige, die uns(e)rigen; по-

-на́шему nach unserer Meinung *od.* Ansicht; ~а взяла́! F wir haben's (*geschafft, erreicht, durchgesetzt*)!
нашаты́рь *m* [4*e.*] Salmiak.
наше́йный [14] am Halse (befindlich); Hals...
нашёптывать [1], ‹нашепта́ть› [3] zuflüstern (о П über *ac.*).
наше́ствие *n* [12] (*feindlicher*) Einfall *m*, Invasion *f*, Eroberungszug *m*.
нашив|а́ть [1], ‹наши́ть› [-шью́, -шьёшь; -ше́й(те)!; -ши́тый] aufnähen; **~ка** (-'ʃɨf-) *f* [5; *g/pl.*: -вок] Aufnähen *n*; Aufgenähte(s) *n*, aufgenähte Tresse; **~но́й** [14] aufgenäht.
нашпи́л|ивать [1], ~ить [13] F anstecken; aufspießen (*auf eine Nadel*).
нащу́п|ывать, ‹~ать› [1] abtasten, sondieren (*a. fig.*).
наяву́ im Wachen, wachend.
не nicht; (*bsd. in Zssgn*) un...; ~ говоря́ уже́ (о ...) ohne (über ...) zu sprechen, geschweige denn; я ~ могу́ ~ ich kann nicht umhin (zu); мне не до ... ich kann (mag) nicht, habe keine Lust ...; не то F andernfalls, sonst; не то ... не то ... entweder ... oder ...; не то е́хать, не то нет? soll man fahren oder nicht?
небезызве́стный [14; -тен, -тна] (*mst iron.*) nicht unbekannt; berüchtigt.
небе́сный [14] himmlisch; Himmel(s)...; ца́рство ему́ небе́сное! Gott habe ihn selig!
неблаго|ви́дный [14; -ден, -дна] unerquicklich; **~да́рный** [14; -рен, рна] undankbar; **~зву́чный** [14; -чен, -чна] mißtönig; **~надёжный** [14; -жен, -жна] unzuverlässig; **~полу́чный** [14; -чен, -чна] mißglückt; ~полу́чно nicht in Ordnung; **~ро́дный** [14; -ден, -дна] unedel; unfein, unfair; **~скло́нный** [14; -о́нен, -о́нна] übelwollend; **~устро́енный** [14; -о́ен, -о́ена] unkomfortabel, schlecht eingerichtet; ungeordnet.
нёбный [14] Gaumen...
нёбо[1] *n* [9] Gaumen *m*.
не́бо[2] *n* [9; *pl.*: небеса́] **Himmel** *m*; как ~ от земли́ himmelweit verschieden; копти́ть ~ F auf der Bärenhaut liegen.
неболь|шо́й [16] nicht groß, klein; сто с ~ши́м etwas über hundert.
небо|сво́д *m* [1] Himmelsgewölbe *n*; **~скло́н** *m* [1] Gesichtskreis, Horizont; **~скрёб** △ *m* [1] Wolkenkratzer, Hochhaus *n*.
небо́сь P vielleicht, wohl, etwa.
небре́жный [14; -жен, -жна] nachlässig.
небы|ва́лый [14] (noch) nie dagewesen; ~ва́ло до́рого unerhört (*od.* übermäßig) teuer; **~ли́ца** *f* [5] Unding *n*; Fabel; ~ли́цы *pl.* в ли́цах unglaubliche Geschichten.
небью́щийся [17] unzerbrechlich; stoßfest.
Нева́ *f* [5] Newa (*Fluß*).
нева́жный [14; -жен, -жна́, -о] geringfügig, unbedeutend, unwichtig, nicht besonders gut.
невдалеке́ unweit.
невдомёк: мне ~ ich kann (es) nicht begreifen *od.* verstehen.
неве́дение *n* [12] Unkenntnis *f*.
неве́домый [14*K.*] unbekannt.
неве́|жа *m/f* [5] Flegel *m*, Grobian *m*; **~жда** *m* [5] Ungebildete(r); **~жество** *n* [9] Unwissenheit *f*; **~жливый** [14*K.*] unhöflich.
неве́р|ие *n* [12] Unglaube *m*; **~ность** *f* [8] Unrichtigkeit; Untreue; **~ный** [14; -рен, -рна́, -о] unrichtig; falsch; unzuverlässig; untreu; Ungläubige(r) *m*.
невероя́тный [14; -тен, -тна] unwahrscheinlich, unglaublich.
невесо́мый [14*K.*] unwägbar.
неве́ст|а *f* [5] Braut; erwachsenes (heiratsfähiges) Mädchen *n*; **~ка** *f* [5; *g/pl.*: -ток] Schwiegertochter; Schwägerin (*Frau des Bruders*).
неве́сть F (*s.* весть[2]) Gott (*od.* wer) weiß (куда́ wohin); наговори́л ~ чего́ er hat weiß Gott was zs.-geschwatzt.
невзго́д|а *f* [5] Unglück *n*; ~ы *pl.* die Unbilden.
невзира́я *s.* несмотря́.
невзнача́й unvermutet, zufällig.
невзра́чный [14; -чен, -чна] unansehnlich.
невзыска́тельный [14; -лен, -льна] anspruchslos.
не́видаль *f* [8] Wunder(ding) *n* (*iron.*); э́ка ~! was ist daran schon wunderbar!
невиди́мка *m/f* [5; *g/pl.*: -мок] Unsichtbare(r); ша́пка-невиди́мка Tarnkappe.
неви́нный [14; -и́нен, -и́нна] schuldlos; jungfräulich, unberührt; einfältig.

невменя́емый [14*K.*] unzurechnungsfähig.
невмеша́тельство *n* [9] Nichteinmischung *f.*
невмоготу́, невмо́чь F unerträglich.
невнима́ние *n* [12] Mißachtung *f.*
невня́тный [14; -тен, -тна] undeutlich.
не́вод *m* [1; *pl. e.*: -да́] großes Fischnetz *n.*
невозврат|и́мый [14*K.*], **~ный** (-ˈvrat-) [14; -тен, -тна] unwiederbringlich; unersetzlich.
невозвраще́нец *m* [1; -нца] (*Pol.*) Nichtrückkehrer (*z. B. v. e-r Dienstreise ins Ausland*).
невозде́ланный [14] unbebaut, brachliegend.
невозде́рж|анный [14] unmäßig; он **~ан** на язы́к F er hat eine lose Zunge; **~ный** [14; -жен, -жна] unenthaltsam; unausgeglichen, haltlos.
невозмо́жный [14; -жен, -жна] unmöglich.
невозмути́мый [14*K.*] unerschütterlich, ruhig.
нево́лить [13], <при-> (Т *od.* к Д) nötigen (zu), Zwang antun.
нево́ль|ник *m* [1], **~ница** *f* [5] Sklave *m*, Sklavin *f*, (*a. fig.* = плéнник) Gefangene(r).
нево́|ля *f* [6] Sklaverei; Gefangenschaft; Not; во́лей-нево́лей gern oder ungern, wohl oder übel; охо́та пу́ще **~ли** (*Spr.*) des Menschen Wille ist sein Himmelreich.
невообрази́мый [14*K.*] undenkbar.
невосприи́мчивый ⚕ [14*K.*] unempfänglich, immun.
невостре́бованный [14*K.*] nicht abgeholt, nicht in Empfang genommen.
невпопа́д unpassend, ungelegen.
невралги́я ⚕ *f* [ ] Neuralgie, Nervenschmerz *m.*
невреди́мый [14*K.*] unversehrt.
неври́т ⚕ *m* [1] Neuritis *f.*
невро́з ⚕ *m* [1] Neurose *f*, **Nervenkrankheit** *f.*
невтерпёж P unerträglich.
невы́деланный [14] roh, ungegerbt.
невы́держанный [14*K.*] undiszipliniert; unbeständig (*Mensch*); uneben (*Stil*); frisch, jung, nicht abgelagert (*Käse, Wein u. dgl.*).
невыла́з|ный [14] F: **~ные** долги́ *m/pl.* drückende Schulden *f/pl.*
невыноси́мый [14*K.*] unerträglich.
невырази́мый [14*K.*] unaussprechlich; unsäglich, unsagbar.
невы́спавшийся [17] verschlafen (*Aussehen*).
невысыха́ющий [17] unversiegbar (*Quelle u. dgl.*).
невы́ход *m* [1] Nichterscheinen *n*; Arbeitsversäumnis *f od. n.*
невя́зка *f* [5; *g/pl.*: -зок] Ungereimtheit.
не́га *f* [5] Verzärtelung; Wonne.
не́где nirgendwo; **~** сесть es ist kein Platz da, wo man sich setzen könnte; мне э́то **~** взять ich weiß nicht, woher ich das nehmen soll.
негла́сный [14] heimlich, geheim.
него́д|ник *m* [1] Nichtsnutz, Taugenichts; **~ный** [14; -ден, -дна́, -о] untauglich; nichtsnutzig; покуше́ние с **~ными** сре́дствами Versuch mit untauglichen Mitteln.
негодо|ва́ние *n* [12] Unwille *m*, Entrüstung *f*; с **~ва́нием** unwillig, entrüstet; **~ва́ть** [7], <воз-> unwillig (*od.* entrüstet) sein (на В über *ac.*).
негодя́й *m* [3], **~ка** *f* [5; *g/pl.*: -я́ек] Lump *m*, Schuft *m.*
негр *m* [1] Neger.
негра́мотность *f* [8] *s.* безгра́мотность.
негритя́нка *f* [5; *g/pl.*: -нок] Negerin.
неда́в|ний [15] jüngst; **~но** neulich, unlängst.
недалё|кий [16; -ёк, -ека́, -ёко *u.* -еко́] nahe; beschränkt; **~ко́** unweit; он недалёк F mit ihm ist nicht viel los; за приме́ром идти́ недалеко́ ein Beispiel liegt auf der Hand.
неда́ром nicht umsonst, nicht ohne Grund.
недви́жимый [14 *K.*] unbeweglich; недви́жимое (иму́щество) *n* unbewegliches Vermögen, Immobilien *pl.*
недействи́тельный [14; -лен, -льна] ungültig, nichtig; wirkungslos.
недели́мый [14*K.*] unteilbar; **~** фонд *m* Geldrücklage *f* (*im Kolchos*).
неде́|лька *f* [5; *g/pl.*: -лек] (kurze) Woche; **~ля** *f* [6] Woche; че́рез **~лю** in acht Tagen, in e-r Woche.

недоброжела́тельный [14; -лен, -льна] mißgünstig, übelwollend.
недобросо́вестный [14; -тен, -тна] gewissenlos.
недове́р|ие *n* [12] Mißtrauen; **~чивый** [14*K*.] mißtrauisch (к Д gegen).
недове́|с *m* [1] Gewichts-abgang, -manko *n*, Untergewicht *n*; **~сок** F *m* [1; -ска] Gegenstand mit Untergewicht; мешо́к-недове́сок nicht vollgewichtiger Sack; **~шивать** [1], <~сить> [15] zu knapp wiegen; Untergewicht haben.
недово́льный [14; -лен, -льна] unzufrieden.
недовы́работка *f* [5] Nichterfüllung des Arbeitsplanes; Produktionsausfall *m*.
недовы́ручка *f* [5] Manko *n*, Fehlende(s) *n* (*an e-r Einnahme*).
недога́дли|вость *f* [8] Mangel *m* an Scharfsinn; **~вый** [14*K*.] begriffsstutzig, nicht gleich auf etwas verfallend.
недода́ть [-дода́м, -да́шь, -да́ст, -дади́м, -дади́те, -даду́т; -до́дал, -á, -о] *pf.* zu wenig abliefern *od.* erzeugen.
недоде́лка F *f* [5; *g/pl.*: лок] nicht beendigte Arbeit.
недоде́ржка *f* [5; *g/pl.*: -жек] (*Phot.*) Unterbelichtung.
недоеда́ние *n* [12] Unterernährung *f*.
недои́м|ка *f* [5; *g/pl.*: -мок] Rückstand *m* (*z. B. an Steuern*); ~ки *pl.* Außenstände *m/pl.*; **~очный** [14] rückständig.
не́докись ⚗ *f* [8] Suboxyd *n*.
недолга́ F: вот и вся ~! das ist das Ende vom Liede!
недо́лго nicht lange, kurz; F leicht; ~ и простуди́ться da kann man sich leicht erkälten.
недолёт ⚔ *m* [1] Kurzschuß.
недоме́|ривать [1], <~рить> [13] zu knapp messen.
недоме́рок *m* [1; -рка] Gegenstand von unzureichendem Maß; о́бувь-~ zu kleines Schuhwerk *n*.
недомога́ть [1] unpäßlich sein.
недомо́лвка *f* [5; *g/pl.*: -вок] (*mst pl.*) Auslassung, Unausgesprochene(s) *n*.
недоно́сок *m* [1; -ска] Frühgeburt *f*.
недооце́нивать [1] unterschätzen.
недопусти́мый [14*K*.] unzulässig.
недоразу|мева́ть [1], <~ме́ть> [8] mißverstehen, nicht (recht) verstehen; **~ме́ние** *n* [12] Mißverständnis, Irrtum *m*.
недоро́д 🌾 *m* [1] Mißwachs, Mißernte *f*.
не́доросль *m* [4] Minderjährige(r); Muttersöhnchen *n*.
недослы́шать [1] *pf.* überhören, nur halb hören.
недосмо́тр *m* [1] Übersehen *n* (*e-s Fehlers*); Flüchtigkeitsfehler; по ~у aus Versehen; **~е́ть** [9; -отрю́, -о́тришь; -о́тренный] *pf.* (*Fehler usw.*) übersehen.
недосо́л *m* [1] Mangel an Salz (-gehalt).
недоста|ва́ть [5], <недоста́ть> [*unpers.*: -ста́нет] mangeln, fehlen (Р an *dat.*); э́того ещё ~ва́ло! das hat noch gefehlt!; **~вка** (-ˈstaf-) *f* [5; *g/pl.*: -вок] Nichtlieferung; **~ток** (-ˈsta-) *m* [1; -тка] Mangel (в П an *dat.*); Gebrechen *n*, Fehler; **~точный** (-ˈsta-) [14; -чен, -чна] mangelhaft, unzureichend; dürftig, arm; **ˈ~ть** *s.* недостава́ть; **~ча** (-ˈsta-) *f* [5] Mangel *m*, Ausfall *m* (в ве́се an Gewicht).
недостижи́мый [14*K*.] unerreichbar.
недосу́г *m* [1] Zeitmangel; мне ~ ich habe keine Zeit; за ~ом aus Zeitmangel.
недосяга́емый [14*K*.] unerreichbar.
недотро́га *m/f* [5] Empfindliche(r).
недоу́здок *m* [1; -дка] Halfter *f* (*a. m od. n*).
недоуме|ва́ть [1] nicht begreifen (*od.* verstehen) können; zweifeln; **~ние** (-ˈmʲe-) *n* [12] Verständnislosigkeit *f*; Zweifel *m*; быть в ~нии Bedenken tragen, im Zweifel sein.
недоу́чка *m/f* [5; *g/pl.*: -чек] Halbgebildete(r).
недохва́т(ка *f*) F *m* [1; (5; *g/pl.*: -ток)] Fehlen *n*, Mangel *m*; Fehlbetrag *m*.
недохо́дный [14] nicht gewinnbringend.
недочёт *m* [1] Defizit *n*, Fehlbetrag, Manko *n*; Mangel, Fehler.
не́дра *n/pl.* [*gen.*: недр] Innere(s) *n*; в не́драх земли́ im Schoß der Erde.
недре́млющий [17] wachsam.
недружелю́бие *n* [12] Feindseligkeit *f*.

неду́г *m* [1] (*andauernde*) Krankheit *f*, Leiden *n*.
недурно́й [14; -рён, -рна́, -у́рно] nicht übel; ganz nett.
недю́жинный [14] hervorragend, außergewöhnlich.
нежела́ние *n* [12] Unlust *f*.
не́жели als (*s.* чем).
не́женка *m/f* [5; *g/pl.*: -нок] Verzärtelte(r), Zärtling *m*.
неже́нственный [14*K*.] unweiblich.
нежи́зненный [14*K*.] nicht lebenswichtig; unnütz; unanwendbar.
нежило́й [14] unbewohnt; unbewohnbar.
не́ж|ить [16] verzärteln, verhätscheln; **-ся** sich et. zugute tun; **~ничать** [1] zärtlich tun; schonungsvoll behandeln; **~ный** [14; -жен, -жна́, -о] zärtlich; zart, sanft; empfindsam; schmelzend (*Töne*); ~ный пол *m* das zarte Geschlecht *n*.
незабве́нный [14; -ве́н, -ве́нна] unvergeßlich.
незабу́дка ⚘ *f* [5; *g/pl.*: -док] Vergißmeinnicht *n*.
незави́симый [14*K*.] unabhängig.
незада́ч|а *f* [5] Unglück *n*, F Pech *n*; **~ливый** [14*K*.] unglücklich; (*fig.*) ~ливый (челове́к) *m* Pechvogel.
незадо́лго: ~ до (P) kurz vor (*dat.*).
незазо́рный [14; -рен, -рна] untadelhaft.
незакон|норождённый [14] unehelich (gezeugt); **~ный** (-ˈkɔn-) [14; -о́нен, -о́нна] ungesetzlich; (*Radio*) schwarz (*Hörer usw.*).
незамени́мый [14*K*.] unersetzlich.
незаме́тный [14; -тен, -тна] unmerklich, unauffällig.
незаме́ченный [14] unbemerkt.
незамо́жник *m* [1] Unbemittelte(r).
незамыслова́тый [14*K*.] einfach; primitiv.
незапа́мятный [14] undenklich, uralt.
незате́йливый [14*K*.] schlicht, anspruchslos.
незауря́дный [14; -ден, -дна] außergewöhnlich; von Format (*Mensch*).
не́зачем (es ist) zwecklos.
незва́ный [14] ungerufen, ungeladen.
нездоро́виться [14; *unpers.*] мне нездоро́вится ich fühle mich nicht wohl.
незло́би́вый [14*K*.] sanft(mütig).
незнако́мый [14*K*.] unbekannt.
незна́чащий [17] unwichtig; leer (*Worte*).
незре́лый [14*K*.] unreif.
незри́мый [14*K*.] unsichtbar.
незы́блемый [14*K*.] unerschütterlich.
неизбе́жный [14; -жен, -жна] unvermeidlich.
неизве́данный [14*K*.] unerforscht.
неизглади́мый [14*K*.] unauslöschlich.
неизме́нный [14; -е́нен, -е́нна] unveränderlich.
неизу́ченный [14*K*.] unerforscht.
неизъясни́мый [14*K*.] unerklärlich.
неиме́ние *n* [12] Mangel *m* (P an *dat.*).
неимове́рный [14; -рен, -рна] unglaublich.
неиму́щий [17] arm, unbemittelt.
неискорени́мый [14*K*.] unausrottbar.
неиску́сный [14; -сен, -сна] ungeschickt.
неиспол|не́ние *n* [12] Nichterfüllung *f*; в слу́чае ~не́ния im Unterlassungsfalle; **~ни́мый** [14*K*.] unausführbar.
неисправи́мый [14*K*.] unverbesserlich.
неиспра́вный [14; -вен, -вна] unordentlich; schadhaft; saumselig (*im Zahlen usw.*).
неиссяка́емый [14*K*.] unversiegbar, unerschöpflich.
не́истовство *n* [9] Raserei *f*, Wut *f*; **~вать** [7] rasen, wüten.
неистощи́мый [14*K*.] unversiegbar.
неистреби́мый [14*K*.] unvertilgbar, unausrottbar.
неисцели́мый [14*K*.] unheilbar.
неисчерпа́емый [14*K*.] unerschöpflich.
неисчисли́мый [14*K*.] unberechenbar.
неймёт: хоть ви́дит о́ко, да зуб ~ (*Spr.*) man möchte wohl, aber kann nicht; die Trauben hängen zu hoch; **~ся** [*unpers.*]: ей ~ся sie hat ein unbändiges Verlangen (*et. zu tun*).
нейтрализова́ть ⚗ [7] (*im*)*pf.* neutralisieren.
нейтро́н *m* [1] (*Phys.*) Neutron *n*.

некази́стый F [14*K*.] unansehnlich (*Mensch*); unschön (*Ding*).
не́кий [24; *st.*: не́коего] ein gewisser, irgendeiner.
не́когда ehemals, einst; **мне ~** ich habe keine Zeit.
не́кого [23; *prp. trennt*: не́ от кого, не́ с кем]: ~ посла́ть (*mit prp.*: не́ у кого спроси́ть) es ist niemand da, den man schicken (fragen) könnte.
не́кото|рый [14] ein gewisser; **~рые** из них einige von ihnen; **~рое** вре́мя *n* eine Zeitlang; **~рым** о́бразом gewissermaßen.
некраси́вый [14*K*.] unschön.
некста́ти ungelegen, unpassend.
не́кто [*nur nom. gbr.*] ein gewisser, jemand.
не́куда es ist kein Platz da, wo(hin) zu..., man kann nirgendwohin...
некуря́щий [17] Nichtraucher *m*.
нела́дный [14; -ден, -дна] untauglich, ungeschickt; nicht in Ordnung, schlecht; тут что́-то нела́дно! da stimmt doch was nicht!
нелады́ F *m*/*pl.* [1] Zerwürfnis *n*, Reibereien *f*/*pl.*
нелега́льщина F *f* [5] illegale Tätigkeit, Literatur.
нелёгкая P [16] (*a.* ~ си́ла) Teufel *m*.
неле́пый [14*K*.] abgeschmackt; sinnlos, blöd.
нелицеприя́тный [14; -тен, -тна] unparteiisch.
нели́шне F es ist angebracht (nicht abwegig, am Platze + *inf.*).
нело́в|кий [16; -вок, -вка́, -о] unbeholfen, ungeschickt; мне **~ко** es ist mir peinlich.
нельзя́ (es ist) unmöglich; man kann (*od.* darf) nicht; мне ~ (бы́ло) ich kann (konnte) nicht; как ~ бо́лее кста́ти das kommt höchst gelegen; как ~ лу́чше aufs beste; in bester Ordnung, vorzüglich; ника́к ~ es geht durchaus nicht.
не́льма *f* [5] sibirischer Weißlachs *m*.
нелюбо́вь *f* [8; -бви́, *instr*/*sg.*: -бо́вью] Widerwille *m*, Haß *m*.
не́люди P *pl.* [*unv.*] üble (schlechte) Menschen.
нелюди́м *m* [1] Menschenscheue(r); **~ый** [14*K*.] menschenscheu, unumgänglich, ungesellig.
нема́ло nicht wenig, genug.
Не́ман *m* [1] Njemen (*Fluß*).
неме́длен|ный [14] umgehend, unverzüglich; **~но** sofort, ohne Verzug.
неме́для *s.* неме́дленно.
неме́ть [8], <за-, о-> stumm werden, verstummen; abgestorben sein.
не́мец *m* [1; -мца] Deutsche(r); P Ausländer; (*in Zssgn oft*) deutsche(r), *z. B.*: бо́нна-не́мка *f* deutsche Bonne *od.* Erzieherin; **~кий** (-ˈmʲɛts-) [16] deutsch; ausländisch; **2кое** мо́ре *n* Nordsee *f*.
немило|се́рдный [14; -ден, -дна] unbarmherzig; **~стивый** (-ˈmʲi-) [14*K*.] ungnädig; **~сть** (-ˈmʲi-) *f* [8] Ungnade.
немину́емый [14*K*.] unvermeidlich.
не́мка *f* [5; *g*/*pl.*: -мок] Deutsche; P Ausländerin.
немно́|го ein wenig, etwas; э́то совсе́м **~го** das ist gar nicht viel; **~гие** *pl.* wenige; **~ж(еч)ко** ein klein wenig, ein bißchen.
немо́й [14; нем, -а́, -о] stumm; abgestorben.
немо́лчный [14] nicht (*od.* nie) schweigend, unaufhörlich.
немота́ *f* [5] Stummheit.
не́мочь *f* [8] Krankheit; бле́дная ~ Bleichsucht; *s. a.* за~.
не́мощ|ный [14; -щен, -щна] schwach; krank, siech; **~ь** *f* [8] Schwachheit; Krankheit, Siechtum *n*.
немудрёный F [14*K*.] einfach, unkompliziert.
немудря́щий [17] schlicht, einfach.
немы́слимый [14*K*.] undenkbar; unmöglich.
ненави́деть [11], <воз-> hassen; verabscheuen.
ненави́ст|ный [14; -тен, -тна] hassend; gehässig; hassenswert; **~ь** (ˈnʲɛ-) *f* [8] Haß *m* (к Д gegen); по **~и** aus Haß.
ненагля́дный F [14] wunderschön, reizend.
ненадёжный [14; -жен, -жна] unzuverlässig; unsicher.
ненадлежа́щий [17] ungehörig, unpassend.
нена́доб|ный [14; -бен, -бна] entbehrlich; **~но** (es ist) nicht nötig.
ненаме́ренный [14] unabsichtlich.
ненападе́|ние *n* [12] Nichtangriff *m*; догово́р *m* о **~нии** Nichtangriffspakt.
ненаро́ком unabsichtlich, ohne Absicht.

нена́ст|ный [14; -тен, -тна] regnerisch, schlack(e)rig; ~ная пого́да *f* = **~ье** *n* [10] Regen-, Schlackerwetter.
ненасы́тный [14; -тен, -тна] unersättlich.
не́нец *m* [1; -нца] Nenze (*Volk in der UdSSR im Taimyrgebiet; früher*: „самое́ды = Samojeden" *genannt*).
необде́ланный [14] unbearbeitet.
необеспе́ченный [14] nicht gesichert; unbemittelt.
необита́емый [14*K*.] unbewohnt.
необлага́емый [14*K*.] steuerfrei.
необозри́мый [14*K*.] unübersehbar.
необу́зданный [14*K*.] zügellos, ungezügelt.
необходи́|мый [14*K*.] unentbehrlich, nötig, notwendig; мне ~мо ich brauche; ich muß; ~мая оборо́на ⚖ *f* Notwehr; **~тельный** [14; -лен, -льна] ungesellig, umgänglich.
необщи́тельный [14; -лен, -льна] ungesellig.
необъя́тный [14; -тен, -тна] unermeßlich.
необы́чный [14; -чен, -чна] ungewohnt; sonderbar.
неоге́новый [14] (*Geol.*) jungtertiär.
неоднокра́т|ный [14] mehrmalig; ~но mehrmals, mehrfach.
неодо|бре́ние *n* [12] Mißbilligung *f*; **~бри́тельный** [14; -лен, -льна] mißbilligend.
неодоли́мый [14*K*.] unüberwindlich.
неодушевлённый [14] unbelebt.
неожи́дан|ность *f* [8] Überraschung; **~ный** unvermutet, unerwartet; überraschend.
неозо́йский [16] (*Geol.*) neozoisch.
неопису́емый [14*K*.] unbeschreiblich.
неопла́|тный [14] unbezahlbar; zahlungsunfähig; **~ченный** [14] unbezahlt; unfrankiert.
неопоро́ченный [14] unbescholten.
неопреде|лённый [14; -ёнен, -ённа] unbestimmt; (*Gram.*) ~лённое наклоне́ние *n* Infinitiv *m*; **~ли́мый** [14*K*.] unbestimmbar.
неопровержи́мый [14*K*.] unwiderlegbar, stichhaltig.
неопроки́дывающийся ⚓ [17] unkenterbar.
неопря́тный [14; -тен, -тна] unsauber.
нео́пытный [14; -тен, -тна] unerfahren.
неосе́длый [14] nicht seßhaft.
неосла́бный [14; -бен, -бна] unablässig.
неосмотри́тельный [14; -лен, -льна] unvorsichtig, unbedacht.
неоснова́тельный [14; -лен, -льна] grundlos, unbegründet, haltlos.
неоспори́мый [14*K*.] unbestreitbar.
неосторо́жный [14; -жен, -жна] unvorsichtig.
неосуществи́мый [14*K*.] unerreichbar, unerfüllbar.
неосяза́емый [14*K*.] unfühlbar.
неотврати́мый [14*K*.] unabwendbar, unvermeidlich.
неотвя́зчивый [14*K*.] aufdringlich.
неотзы́вчивый [14*K*.] nicht mitfühlend, unempfänglich.
не́откуда nirgend(s)woher.
неотло́жный [14; -жен, -жна] unaufschiebbar.
неотрази́мый [14*K*.] unwiderstehlich.
неотсту́п|ный [14; -пен, -пна] unablässig; проси́ть ~но dringend (*od.* inständig) bitten.
неотчётливый [14*K*.] undeutlich, unklar.
неотчужда́емый ⚖ [14*K*.] unveräußerlich.
неотъе́млемый [14*K*.] unveräußerlich, unabdingbar, verbrieft, integrierend.
неохо́т|а *f* [5] Unlust; мне ~а ich habe keine Lust; **~но** ungern.
неоцени́мый [14*K*.] unschätzbar.
непарнокопы́тные *pl.* [14] (*Zool.*) Unpaarzeher.
непа́рный [14] unpaarig; ungerade (*Zahl*).
непередава́емый [14*K*.] nicht wiederzugeben, unaussprechlich.
неперехо́дный [14] (*Gram.*) intransitiv.
непеча́тный F [14] nicht druckfähig, unanständig (*z.B. Fluch*).
непла́вкий [16; -вок, -вка] unschmelzbar.
неплатёж *m* [1*e*.; *g/pl.*: -ей́] Nichtzahlung *f*; **~еспосо́бный** ⚖ [14; -бен, -бна] zahlungsunfähig.
непло́тный [14] undicht, lose.

неповинове́ние *n* [12] Ungehorsam *m*, Widersetzlichkeit *f*.
неповоро́тливый [14*K.*] schwerfällig, plump.
непого́да *f* [5] schlechtes Wetter *n*, Unwetter *n*.
непогреши́мый [14*K.*] unfehlbar.
неподалёку unweit.
неподатливый [14*K.*] unnachgiebig.
неподатно́й [14] abgabenfrei.
неподви́ж|ный [14; -жен, -жна] unbeweglich, (nagel)fest; ~ная звезда́ *f* Fixstern *m*.
неподде́льный [14; -лен, -льна] echt, unverfälscht.
неподку́пный [14; -пен, -пна] unbestechlich.
неподоба́ющий [17] ungehörig.
неподража́емый [14*K.*] unnachahmlich.
неподходя́щий [17] unangemessen, unpassend.
неподчине́ние *n* [12] Unbotmäßigkeit *f*.
непоколеби́мый [14*K.*] unerschütterlich.
непоко́рный [14; -рен, -рна] ungehorsam, unbotmäßig.
непола́дка F *f* [5; *g/pl.*: -док] Störung; Mißstand *m*.
непоме́рный [14; -рен, -рна] unmäßig.
непоня́тливый [14*K.*] ungelehrig, schwer von Begriff.
непоня́тный [14; -тен, -тна] unbegreiflich.
непопада́ние *n* [12] Fehlschuß *m*.
непоправи́мый [14*K.*] nicht wiedergutzumachend.
непоро́чный [14; -чен, -чна] rein, keusch.
непоря́д|ок *m* [1; -дка] Unordnung *f*; ~ки *pl.* Unregelmäßigkeiten *f/pl.*
непосе́да *m/f* [5] unruhige Person *f*, Mensch *m* ohne Sitzfleisch.
непоси́льный [14; -лен, -льна] die Kräfte übersteigend.
непосле́довательный [14; -лен, -льна] inkonsequent, folgewidrig.
непослуш|а́ние *n* [12] Ungehorsam *m* (Д gegen); ~**ный** (-'słuʃ-) [14; -шен, -шна] ungehorsam.
непосре́дственный [14*K.*] unmittelbar, direkt; unbefangen.
непостижи́|мый [14*K.*] unbegreiflich; уму́ ~мо F völlig unbegreiflich.
непотре́б|ный [14; -бен, -бна] unzüchtig, liederlich; ~ная же́нщина *f* Hure; ~**ство** *n* [9] Unzucht *f*.
непохо́жий [17*K.*] unähnlich.
непоча́тый F [14] nicht angefangen, nicht angeschnitten (*Brot*), nicht angebrochen (*Flasche*); ~ край *m* (*fig.*) Überfluß (P an *dat.*), unendlich viel.
непочти́тельный [14; -лен, -льна] unehrerbietig.
непра́вда *f* [5] Unwahrheit; все́ми пра́вдами и ~ми добива́ться чего́-нибудь kein Mittel unversucht lassen, um et. zu erreichen.
неправдоподо́бный [14; -бен, -бна] unwahrscheinlich, unglaubwürdig.
непра́ведный [14; -ден, -дна] ungerecht.
неправомо́чный ⚖ [14; -чен, -чна] unbefugt.
неправота́ *f* [5] Unrecht *n*.
непра́вый [14; -а́в, -ава́, -о] un(ge)recht.
непревзойдённый [14] unübertroffen.
непрекло́нный [14; -о́нен, -онна] unbeugsam.
непрело́жный [14; -жен, -жна] unabänderlich.
непреме́н|ный [14; -е́нен, -е́нна] unabänderlich, beständig; ~но unbedingt, auf jeden Fall, ganz bestimmt.
непреодоли́мый [14*K.*] unüberwindlich.
непререка́емый [14*K.*] unanfechtbar.
непреры́в|ка *f* [5; -вок] ununterbrochene Arbeitswoche; ~**ный** [14; -вен, -вна] fortdauernd, ununterbrochen.
непреста́нный [14; -а́нен, -а́нна] unaufhörlich.
неприві́чка *f* [5; *g/pl.*: -чек] Ungewohntheit.
непригля́дный [14; -ден, -дна] unschön, unansehnlich.
неприго́дный [14; -ден, -дна] untauglich, unbrauchbar.
непри́знанный [14] nicht anerkannt; verkannt.
неприкоснове́нный [14; -е́нен, -е́нна] unantastbar.
неприкра́шенный [14] (*fig.*) unverblümt, ungeschminkt.
неприкры́тый [14] (*fig.*) offen (-sichtlich), unverhohlen (*z. B. Lüge*).

неприли́чный [14; -чен, -чна] unanständig, unschicklich.
неприме́тный [14; -тен, -тна] unmerklich.
непримири́мый [14*K*.] unversöhnlich.
непринуждённый [14*K*.] ungezwungen, zwanglos.
неприня́тие *n* [12] Nichtannahme *f*.
непритво́рный [14; -рен, -рна] ungeheuchelt, aufrichtig.
неприхотли́вый [14*K*.] anspruchslos, bescheiden.
непричáстный [14; -тен, -тна] unbeteiligt (к Д bei *od.* an *dat.*); Außenseiter *m*.
неприя́зненный [14] feindselig.
неприя́знь *f* [8] Feindschaft.
неприя́тель *m* [4] Feind.
непробу́дный [14] nicht aufzuwecken; fest (*Schlaf*); notorisch (*Saufen*).
непроводни́к *m* [1 *e*.] (*Phys*.) Nichtleiter.
непрогля́дный [14; -ден, -дна] stockfinster.
непрое́зжий [17] un(be)fahrbar.
непроизводи́тельный [14; -лен, -льна] unproduktiv, unergiebig.
непроизво́льный [14; -лен, -льна] unwillkürlich.
непрола́зный F [14; -зен, -зна] undurchwatbar.
непромокáемый [14*K*.] wasserdicht.
непроницáемый [14*K*.] undurchdringlich.
непроходи́|мый [14*K*.] unpassierbar, unwegsam; undurchdringlich; ~мо глу́пый F erzdumm.
непро́шеный [14] ungebeten.
непутёвый P [14] locker, unsolide, leichtsinnig.
непутём P nicht ordentlich, nicht wie es sein müßte, liederlich (*machen, anfertigen u. dgl*.).
нерáвенство *n* [9] Ungleichheit *f*.
неравноме́рный [14; -рен, -рна] ungleichmäßig.
нерáвный [14; -вен, -вна́, -о] ungleich.
нера|де́ние *n* [12] Fahr-, Nachlässigkeit *f*; **~де́ть** [8] fahr-, nachlässig sein (о П in *dat*.); **~ди́вый** [14*K*.] fahrlässig, nachlässig.
неразбери́ха F *f* [5] Wirrwarr *m*, Tohuwabohu *n*.
неразбо́рчивый [14*K*.] nicht wählerisch; undeutlich, unleserlich.

нераз|дели́мый [14*K*.] unteilbar; **~де́льный** [14; -лен, -льна] ungeteilt, ungetrennt.
неразлу́чный [14; -чен, -чна] unzertrennlich.
неразреши́мый [14*K*.) unlösbar (*Aufgabe*).
неразры́в ⚔ *m* [1] Blindgänger; **~ный** [14; -вен, -вна] unzertrennbar.
неразу́мие *n* [12] Unverstand *m*.
нерасположе́ние *n* [12] schlechte Stimmung *f*; Ungeneigtheit *f* (к Д zu).
нерассуди́тельный [14; -лен, -льна] unüberlegt.
нерастворимый ⚗ [14*K*.] unauflösbar.
нерв *m* [1] Nerv; де́йствовать на ~ы F auf die Nerven fallen; ~ы сдаю́т die Nerven versagen; **~и́ровать** [7] nervös machen; **~нобольно́й** [14] Nervenkranke(r) *m*; **'~(о́з)ность** *f* [8] Nervosität; **'~(о́з)ный** [14; -вен, -вна́, -о (-зен, -зна)] nervös; Nerven...
нервю́ра *f* [5] Rippe.
нере́дко nicht selten, häufig, oft.
не́рест *m* [1] (*Bio*.) Laichen *n*.
нереши́|мость *f* [8] Unentschlossenheit; **~тельный** [14; -лен, -льна] unentschlossen.
неро́б|кий [16; -бок, -бкá, -о] nicht zaghaft; он **~кого деся́тка** F er ist kein Bangbüx.
неро́вный [14; -вен, -вна́, -о] ungleich; uneben; *s. a*. ро́вный.
не́рпа *f* [5] (*Zool*.) gemeine Robbe.
неруши́мый [14*K*.] unzerstörbar, unvergänglich.
неря́ха *m*/*f* [5] unordentlicher Mensch *m*, Liederliche(r), Schlamp *m*, Schlampe *f*.
неря́ш|ество *n* [9] Unordentlichkeit *f*; **~ливый** [14*K*.] unordentlich, unsauber, nachlässig.
несбы́точный [14; -чен, -чна] unmöglich, unerfüllbar.
несваре́ние *n* [12]: ~ желу́дка ⚕ Verdauungsstörung *f*.
несвари́мый [14*K*.] unverdaulich.
несве́дущий [17*K*.] unkundig, unerfahren.
несвоевре́менный [14; -менен, -менна] unzeitig, unzeitgemäß.
несво́йственный [14*K*.] nicht eigen, fremd.
несвя́зный [14; -зен, -зна] zusammenhanglos.

несгово́рчивый [14*K*.] schwer zu überreden, unverträglich.
несгора́емый [14] unverbrennbar; feuerfest.
несказа́нный [14; *K. m ungbr.*, -а́нна] (*poet.*) unaussprechlich, unsagbar.
несклад|ица F *f* [5] Ungereimtheit; **~ный** [14; -ден, -дна] ungereimt, plump.
несклоня́емый [14*K*.] (*Gram.*) [undeklinierbar.]
не́сколь|ко [32] (P) etwas, ein wenig; einige; ~ (*od.* по ~ку) раз mehrmals.
нескро́мный [14; **-мен, -мна́**, -о] unbescheiden.
несло́жный [14; -жен, -жна́, -о] einfach.
несль́іханный [14] unerhört.
несменя́емый [14*K*.] unabsetzbar.
несме́тный [14; -тен, -тна] unzählbar; unzählig.
несмотря́ (на В) ungeachtet, trotz; ~ на то, что ... obgleich, obwohl, ungeachtet dessen.
несмышлёныш P *m* [1] begriffsstutziger Mensch.
несно́сный [14; -сен, -сна] unerträglich, unausstehlich.
несня|тый [14]: ~тое молоко́ *n* Vollmilch *f*.
несоблюде́ние *n* [12] Nichtbefolgung *f*, Nichtbeachtung *f*.
несовершенноле́т|ие *n* [12] Minderjährigkeit *f*, Unmündigkeit *f*; **~ний** [15] minderjährig, unmündig.
несоверше́нный [14; -е́нен, -е́нна] unvoll-kommen, -endet; (*Gram.*) ~ вид *m* imperfektiver Aspekt (*impf.*).
несовмести́мый [14*K*.] unver- [einbar.]
несогла́с|ие *n* [12] Uneinigkeit *f*, Meinungsverschiedenheit *f*; **~ный** [14; -сен, -сна] uneinig; я не ~ен ich bin nicht einverstanden.
несоизмери́мый [14*K*.] unvergleichbar.
несокруши́мый [14*K*.] unzerstörbar, unverwüstlich.
несо́лоно ungewürzt, ohne Salz; уйти́ ~ хлеба́вши P leer ausgehen.
несомне́нный [14; -е́нен, -е́нна] zweifellos.
несообра́зный [14; -зен, -зна] nicht entsprechend, unangemessen, widersinnig.
несоотве́тствие *n* [12] Mißverhältnis.
несоразме́рный [14; -рен, -рна] unverhältnismäßig.
несостоя́тельный [14; -лен, -льна] zahlungsunfähig, insolvent.
несподру́чный P [14; -чен, чна] unbequem, unhandlich.
неспроста́ F nicht ohne Grund.
нестерпи́мый [14*K*.] unerträglich.
нести́ [25; с *bleibt durchweg*: несу́; нёс, несла́] **1.** <по-> *v/t.* tragen; bringen (*s.* при~); jagen, treiben; erdulden, ertragen; ~*impf.* (*Pflicht*) erfüllen; ~ вздор *od.* дичь ungereimtes Zeug reden, faseln; *v/i.* ausreißen, durchgehen (*Pferde*); [*unpers.*] riechen (T nach); из-под по́лу несёт F es zieht von unten; отку́да вас несёт? F wo kommen Sie hergeschneit?; от него́ несёт лу́ком F er riecht nach Zwiebeln; **2.** <с-> (*Eier*) legen; **~сь** dahineilen, -jagen; (*auf dem Wasser*) treiben; (*Eier*) legen.
несто́йкий ⚗ [16] unbeständig. [flüchtig.]
несто́ящий F [17] nicht lohnend.
нестроево́й [14] nicht in der Front dienend.
нестро́йный [14; -о́ен, -о́йна́, -о́йно] unförmlich; unharmonisch.
несура́зный [14; -зен, -зна] zusammenhanglos, albern.
несхо́дный [14; -ден, -дна] unähnlich; unvorteilhaft.
несчаст|ли́вец *m* [1; -вца] Unglückliche(r); **~ли́вый** [14*K*.] unglücklich, nicht glücklich; Unglücks...; **'~ный** [14; -тен, -тна] unglücklich; ~ный слу́чай *m* Un(glücks)fall; **~ье** (-'ʃtʃæ-) *n* [12] Unglück; к ~ью leider; по ~ью unglücklicherweise
несчётный [14; -тен, **-тна**] unzählig.
нет nein; [*unpers.*; *pt.* не́ было, *ft.* не бу́дет] (es) ist (*od.* gibt) nicht, (es) ist nicht vorhanden; у меня́ ~ де́нег ich habe kein Geld; на ~ и суда́ ~ wo nichts ist, (da) ist auch nichts zu holen; ..., так ~, ... F jedoch, trotz allem; пироги́ с ~ом (*scherz.*) ungefüllte Pirogen; а (то) ~? P (ist's) etwa nicht (so)?; не́т-не́т да и ... F ab und zu ...
нетерпе|ли́вый [14*K*.] ungeduldig; **~ние** ('-ṗe-) *n* [12] Ungeduld *f*.
нетерпи́мый [14*K*.] unduldsam.
нетле́нный [14; -е́нен, -е́нна] unverweslich; (*fig.*) unvergänglich.

нетопы́рь *m* [4*e*.] Fledermaus *f*.
нетре́бовательный [14; -лен, -льна] genügsam.
нетре́звый [14; -тре́зв, -а́, -о] betrunken.
не́ту P *s*. нет.
неува|же́ние *n* [12] Nichtachtung *f*; **~жи́тельный** [14; -лен, -льна] nicht beachtenswert; geringschätzig; ~жи́тельная причи́на *f* kein triftiger Grund.
неувяда́емый [14*K*.] unverwelklich.
неугаси́мый [14*K*.] unauslöschlich.
неуго́дный [14; -ден, -дна] mißliebig, unangenehm.
неугомо́нный [14; -о́нен, -о́нна] unruhig; rastlos.
неуда́ч|а *f* [5] Mißlingen *n*; Fehlschlag *m*, Fehlgriff *m*; (*a*. ⚔) Schlappe; **~ник** *m* [1] Unglückskind *n*, -mensch, F Pechvogel; **~ный** [14; -чен, чна] mißlungen; erfolglos.
неудержи́мый [14*K*.] unaufhaltsam, unbändig.
неудо́б|ный [14; -бен, -бна] unbequem; ungelegen; schwierig; **~овари́мый** [14*K*.] schwer verdaulich; **~опроизноси́мый** [14 *K*.] schwer auszusprechen; (*scherz*.) unanständig; **~очита́емый** [14*K*.] schwer lesbar, unleserlich; **~ство** *n* [9] Unbequemlichkeit *f*; Schwierigkeit *f*; **~ь**: F ~ь сказу́емый nicht aussprechbar (*da unanständig*).
неудовлетвори́тельный [14; -лен, -льна] unbefriedigend, ungenügend.
неуже́ли wirklich; wäre (*od*. ist) es möglich?; ~ он бо́лен? er ist doch nicht etwa krank?
неужи́вчивый [14*K*.] unverträglich, zänkisch.
неу́жто P *s*. неуже́ли.
неузнава́емый [14*K*.] unkenntlich.
неукло́нный [14; -о́нен, -о́нна] standhaft, unentwegt, fest.
неуклю|жесть *f* [8] Plumpheit; **~жий** [17*K*.] plump.
неукосни́тельный [14; -лен, -льна] strikt.
неукроти́мый [14*K*.] unbändig, unzähmbar.
неулови́мый [14*K*.] nicht zu erfassen, unfaßbar.
неуме́лый [14*K*.] ungeschickt, stümperhaft.
неуме́ние *n* [12] Unkenntnis *f*, Unfähigkeit *f*.
неуме́ренный [14*K*.] unmäßig, maßlos.
неуме́стный [14; -тен, -тна] unschicklich, unpassend.
неумоли́мый [14*K*.] unerbittlich.
неумо́лчный [14] unaufhörlich (laut).
неумы́шленный ⚖ [14*K*.] nicht vorsätzlich.
неупотреби́тельный [14; -лен, -льна] ungebräuchlich.
неурожа́й *m* [3] Mißwachs, Mißernte *f*.
неуро́чный [14] ungelegen.
неуря́дица *f* [5] Unordnung, Wirrwarr *m*.
неуси́дчивый F [14*K*.] ohne Sitzfleisch.
неуспе́х *m* [1] Mißerfolg.
неуста́нный [14] unermüdlich.
неусто́й|ка *f* [5; *g/pl*.: -о́ек] Nichterfüllung (e-r Verpflichtung); Konventionalstrafe; проце́нты *m/pl*. за ~ку Verzugszinsen; **~чивый** [14 *K*.] wankelmütig, schwankend.
неустраши́мый [14*K*.] unerschrocken.
неустро́йство *n* [9] Unordnung *f*; Mißwirtschaft *f*.
неусту́пчивый [14*K*.] unnachgiebig.
неусы́пный [14; -пен, -пна] unermüdlich, rastlos.
неуте́шный [14; -шен, -шна] untröstlich.
неутоли́мый [14*K*.] unstillbar.
неутоми́мый [14*K*.] unermüdlich.
не́уч *m/f* [1; *g/pl*.: -ей] Ungebildete(r); Flegel *m*; **~е́нье** *n* [10] Unwissenheit *f*; (*Schule*) schulfreier Tag *m*, kein Unterricht.
неучти́вый [14*K*.] unhöflich.
неуязви́мый [14*K*.] unverwundbar.
нефри́т ⚕ *m* [1] Nephrit, Nierenstein; Nephritis *f*, Nierenentzündung *f*.
нефтепромы́шленность *f* [8] Erdölindustrie.
неф|ть *f* [8] Naphtha *n od*. *f*, Erdöl *n*; **~тяно́й** [14] Naphtha...
нехва́тка *f* [5; *g/pl*.: -ток] Mangel *m*.
не́хотя ungern, unwillig.
нецелесообра́зный [14; -зен, -зна] unzweckmäßig.

нечáянный [14] zufällig, unverhofft.
нéчего [23; *prp. trennt*: нé от чего] es ist unnötig, es hat keinen Zweck; ~ сказáть dagegen ist nichts zu sagen; вам ~ боя́ться Sie brauchen sich nicht zu fürchten; емý нéчем жить er hat nichts zu leben; и говори́ть ~! ausgeschlossen!; от ~ дéлать aus Langerweile; (*mit prp.*) нé о чём говори́ть es ist nichts, worüber man sprechen könnte.
нечéстный [14; -тен, -тнá, -о] unehrlich, unredlich.
нéчет *m* [1] ungerade Zahl *f*; **~кий** (-ˈtʃɔt-) [16] undeutlich, unleserlich; **~ный** (-ˈtʃɔt-) [14] ungerade (*Zahl*).
нечистоплóтный [14; -тен, -тна] unsauber, unreinlich.
нечи|стотá *f* [5; *pl.*: -тóты] Unreinlichkeit; Schmutz *m*; ~стóты *pl.* Kehricht *m od. n*, Unrat *m*; **~стый** (-ˈtʃis-) [14; *K. f*: -тá] unrein; schmutzig; ~стый (дух) *m* böser Geist, Teufel; быть ~стым нá руку F nicht zwischen mein u. dein unterscheiden können; **~сть** (ˈn̡e-) *f* [8] (*koll.*) Teufel *m*; Teufelsbrut, Teufelspack *n*.
нéчто (irgend) etwas.
нечувстви́тельный [14; -лен, -льна] gefühllos; unmerkbar.
нéшто P *s.* рáзве.
нешýточный [14; -чен, -чна] ernsthaft, nicht spaßhaft.
нещáдный [14; -ден, -дна] schonungslos.
нея́вка *f* [5] Ausbleiben *n*; Nichterscheinen *n* (в суд vor Gericht).
нея́ркий [16; -я́рок, -ярκá, -о] mild, nicht grell (*Licht*).
ни nicht; auch; ~ ... ~ weder ... noch (*s. a.* за *u.* то); что я емý ~ говори́л was ich ihm auch (immer) sagen mochte; ~ на час auch nicht für eine Stunde; как он ~ старáлся trotz aller (s-r) Mühe; как бы онó ни́ было мáло so klein es auch immer sei; ни с тогó ни с сегó mir nichts, dir nichts.
ни́ва *f* [5] (Acker-)Feld *n*, Flur; (*fig.*) (Wirkungs-)Feld *n*.
нивели́р *m* [1] Nivellierinstrument *n*, Libelle *f*; **~овать** [7] (*im*)*pf.* nivellieren, eb(e)nen; **~óвка** *f* [5; *g/pl.*: -вок] Nivellieren *n*, Nivellierung, Eb(e)nung.
нигдé nirgends.
нижáйший [17] *s.* ни́зкий niedrigster, tiefster; untertänigster.
ни́же (*s.* ни́зкий) niedriger, tiefer; weiter unten; ~ пяти́ рублéй unter fünf Rubel; пять грáдусов ~ нуля́ 5° unter Null; (*in Zssgn mst*) unten..., endes..., *z. B.* **~излóженный** [14] unten dargelegt; **~подписáвшийся** [17] Endesunterzeichnete(r) *m*; **~поимено́ванный** [14] unten-, endes-genannt; **~слéдующий** [17] weiter unten folgend.
нижненемéцкий [16] plattdeutsch.
ни́жний [15] unterer; Unter...
низ *m* [1; *pl. e.*] Unterteil *n*, Untere(s) *n*; Erdgeschoß *n*; ~ы́ *pl.* Niederungen *f/pl.*
низ... (*in Zssgn*) nieder..., herab..., herunter...
низáть [3] (*Perlen*) aufreihen.
низведéние *n* [12] Hinabführen; Herabsetzung *f*.
низвер|гáть [1], <низвéргнуть> [21] hinabwerfen, (herab)stürzen (c P von); **~жéние** *n* [12] Hinabwerfen; Niederwerfung *f*, Sturz *m*.
низводи́ть [15], <низвести́> [25] hinabführen; herabsetzen, erniedrigen.
ни́зенький [16] ziemlich niedrig.
низи́на *f* [5] Niederung, Mulde.
ни́зкий [16; -зок, -зкá, -о; *comp.* ни́же, *comp. u. sup.* ни́зший, *sup.* нижáйший] niedrig (T von); gering; gemein; Nieder...
низкопоклóн|ник *m* [1] Kriecher; **~ный** [14] (*fig.*) kriechend, kriecherisch.
низкопрóбный [14; -бен, -бна] geringhaltig, minderwertig.
низлагáть [1], <низложи́ть> [16] niederlegen; stürzen.
низложéние *n* [12] Niederlegung *f*; Sturz *m*.
ни́змен|ность *f* [8] Niederung; **~ный** [14*K.*] niedrig (gelegen).
низо|вóй [14] unten (*od.* an der Mündung) gelegen; aus den unteren Volksschichten stammend; **~вье** (-ˈzɔ-) *n* [10] Gegend *f* an der Mündung e-s Flusses, Unterland.
низойти́ *s.* нисходи́ть.
ни́зость *f* [8] Niedrigkeit, Gemeinheit.
никáк auf keinerlei Weise; ~ не ganz und gar (*od.* durchaus) nicht; **~óй** [16; *prp. trennt*: ни в какóм] kei-

ner(lei); ни в како́м слу́чае in keinem Fall, keinesfalls; и никаки́х! P Schluß (*mit dem Reden*)!, zwecklos weiterzureden!
ни́кель *m* [4] Nickel *n*.
ни́кнуть [21], <по-, с-> sich neigen, die Köpfe hängen lassen, welken (*Gras, Blumen*).
никогда́ nie(mals).
нико́й: нико́им о́бразом *od.* **ни** в ко́ем слу́чае auf keinen Fall.
никто́ [23; *prp. trennt*: ни с кем] niemand.
никуда́ nirgend(s)hin; (zu) nichts.
никуды́шный P [14] nichtsnutzig.
никчёмный F [14] unnütz, zwecklos.
нима́ло *s.* ниско́лько.
ниотку́да nirgend(s)woher.
нипочём P spottbillig; es ist sehr leicht; es macht nichts aus, hat nichts zu sagen; um keinen Preis.
ни́ппель ⊕ *m* [4; *pl. e.*: -ля́] Nippel.
нис... (*vor stimmlosen Konsonanten*) *s.* низ...
ниско́лько keineswegs, nicht im geringsten, gar nicht.
ниспада́ть [1], <ниспа́сть> [25; *pt. st.*; -па́вший; *nur 3. Pers.*] herabfallen.
ниспо|сыла́ть [1], <~сла́ть> [-ошлю́, -ошлёшь; -о́сланный] herab-, hinab-senden (*durch Gott*).
нис|ходи́ть [15], низойти́ [-зойду́, -дёшь; нисшёл, низошла́; нисше́дший] herab-, hinab-steigen; ~ходя́щий (her)absteigend; **~хожде́ние, ~ше́ствие** *n* [12] Herab-, Hinab-steigen.
ни́т|ка *f* [5; *g/pl.*: -ток] Faden *m*; ~ки *pl.* Zwirn *m*; как по ~ке schnurgerade; ши́то бе́лыми ~ками (*fig.*) springt sofort in die Augen; ши́то на живу́ю ~ку mit der heißen Nadel genäht; *s. a.* живо́й; **~очка** *f* [5; *g/pl.*: -чек] Fädchen *n*; ходи́ть по ни́точке (*fig.*) aufs Wort gehorchen; **~ча́тка** *f* [5; *g/pl.*: -ток] (*Zool.*) Fadenwurm *m*; **~ь** *f* [8] Faden *m*; **~я́ный** [14] zwirnen; Zwirn...
ниц *s.* ничко́м.
ничего́ [*gen. v.* ничто́] nichts; (э́то) ~ das schadet (*od.* macht) nichts; ~ (себе́) es geht an, leidlich, einigermaßen; ~ подо́бного F nichts dergleichen, keine Spur.
нич|е́й *m*: ~, ~ья́ *f*, ~ьё *n*, ~ьи́ *pl.* [26] niemand(em) gehörig.
ничко́м mit dem Gesicht zur Erde; пасть ~ sich bis zur Erde verbeugen, Kotau machen.
ничто́ (-ʃt-) [23; *prp. trennt*: ни к чему́] *s.* ничего́; nichts.
ничто́же: ~ сумня́ся *od.* сумня́шеся (*scherz., iron.*) ohne auch nur zu zweifeln, zu schwanken.
ничто́жный [14; -жен, -жна] nichtig, wertlos, unbedeutend.
ничу́ть durchaus nicht, keineswegs; ~ не быва́ло nicht im geringsten, ganz und gar nicht.
ничья́ (*Sport*) unentschieden; **remis** (*Schach*).
ни́ша *f* [5] Nische.
нища́ть [1], <об-> verarmen; совсе́м об~ gänzlich verarmen, F auf den Hund kommen.
ни́щен|ка *f* [5; *g/pl.*: -нок] Bettlerin; **~ство** *n* [9] Bettelei *f*; **~ствовать** [7] betteln (gehen); Not leiden.
нищ|ета́ *f* [5] Armut, Dürftigkeit; **~ий** ('ɲi-) [17; нищ, -á, -е] (bettel)arm, dürftig; Bettler *m*.
НКВД (Наро́дный комиссариа́т *m* вну́тренних дел) Volkskommissariat *n* für Inneres (*jetzt*: МВД Ministerium *n* des Inneren).
но aber; не то́лько ..., но и ... nicht nur ..., sondern auch ...; hü! (*Zuruf an Pferde*).
нов. *Abk. für* но́вый.
нова́тор *m* [1] Neuerer; **~ство** *n* [9] Neuerung *f*; Neuerertum.
нове́лла *f* [5] (*lit.*) Novelle; ⚖ Ergänzungsgesetz *n*.
но́венький [16] ganz neu.
нови|зна́ *f* [5] Neuheit; **~нка** (-'ɣin-) *f* [5; *g/pl.*: -нок] Neuigkeit; etwas Neues *n*, Neuheit; **~чо́к** *m* [1; -чка́] Neuling.
ново... (*in Zssgn mst*) neu..., Neu...; **~бра́нец** ⚔ *m* [1; -нца] Rekrut; **~бра́чный** [14] neuvermählt; Neuvermählte(r) *m*; **~введе́ние** *n* [12] Neuerung *f*; **~го́дний** [15] Neujahrs...; ~го́дний ве́чер *m* Silvesterabend; **~заве́тный** [14] neutestamentlich; **~ле́тие** *n* [12] Jahreswechsel *m*; **~лу́ние** *n* [12] Neumond *m*; **~образова́ние** *n* [12] Neubildung *f*; **~обращённый** [14] neubekehrt; **~се́лье** *n* [10] neue Wohnung *f od.* Ansied(e)lung *f*;

Einzugsfeier *f*; **~стро́йка** *f* [5; *g/pl.*: -óек] Neubau *m*; **~сть** ('nɔ-) *f* [8; *ab g/pl. e.*: -тéй] Neuigkeit; Neuheit.

но́вшество *n* [9] Neuerung *f*.

но́вый [14; нов, -á, -o] neu; ♀ год *m* Neujahr *n*; что нóвого? was gibt es (*od.* gibt's) Neues?

но́вь *f* [8] Neuland *n*, Neubruch *m*.

нога́ *f* [5; *ac/sg.*: нóгу; *pl.*: нóги, ног, ногáм] Bein *n*; Fuß *m*; по ногé passend (*Schuhwerk*); постáвить (*od.* поднять) когó нá ноги j-n auf die Beine bringen, j-m aufhelfen; со всех ног aus Leibeskräften, über Hals und Kopf; идтѝ в нóгу Schritt halten; сбиться с ногѝ nicht Schritt halten; сбиться с ног sich die Hacken ablaufen; стать нá ноги wieder zu Kräften kommen; selbständig werden; положить нóгу нá ногу die Beine übereinanderschlagen; валяться в ногáх F flehentlich bitten; без зáдних ног F hundemüde; под ~ми вертéться F (*fig.*) dauernd vor den Füßen herumtrampeln, stören, behindern; éле нóги унестѝ F sich mit knapper Not durch die Flucht retten; встать с лéвой ногѝ (*fig.*) mit dem linken Bein zuerst aufstehen, schlechter Stimmung sein; на корóткой ногé F auf vertrautem Fuß; к ногé! ⚔ Gewehr ab!

нога́ец *m* [1; -áйца] Nogaier (*Turkvolk bei Astrachan*).

ногото́|к *m* [1; -ткá], **~чек** *m* [1; -чка] (kleiner) (*Finger- u. Zehen-*) Nagel.

но́готь *m* [4; нóгтя (-xt-); *ab g/pl. e.*: ногтéй] (*Finger- u. Zehen-*) Nagel.

ногтево́й (-xt-) [14] Nagel...

нож *m* [1 *e.*; *g/pl.*: -éй] Messer *n*; э́то мне как ~ в сéрдце das ist mir ein Stich ins Herz; быть на ~áх с (Т) *j-m* sehr (*od.* F spinne)feind sein; **'~ик** *m* [1], **'~ичек** *m* [1; -чка] Messer(chen) *n*; **'~ка** *f* [5; *g/pl.*: -жек] Beinchen *n*; Füßchen *n*; Fuß *m* (*an Stühlen usw.*); **'~ницы** *f/pl.* [5] (для ногтéй Nagel-)Schere *f*; (*fig*) Preisschere *f*; ~ницы для жéсти Blechschere *f*; **~но́й** [14] Fuß...; ~нáя вáнна *f* Fußbad *n*; **~ны́** *f/pl.* [5; *gen.*: -жóн] (Degen-)Scheide *f*.

ножо́вка ⊕ *f* [5; *g/pl.*: -вок] Fuchsschwanz *m* (*Säge*).

ножо́вый [14] Messer...

ноздрева́тый [14 *K.*] porös, löch(e)rig, schwammartig.

ноздря́ *f* [6; *pl.*: нóздри, ноздрéй] Nasenloch *n*.

Ной *m* [3] Noah.

нока́ут *m* [1] (*Boxen*) Knockout, (*entscheidender*) Niederschlag; **~и́ровать** [7] (*im*)*pf.* knockout schlagen.

ноль *s.* нуль.

нома́д *m* [1] Nomade.

номенклату́ра *f* [5] Nomenklatur, Namenverzeichnis *n*.

но́мер *m* [1; *pl. e.*: -pá] Nummer *f*; Hotelzimmer *n*; **~о́к** *m* [1; -рка] (*Garderoben- usw.*) Nummer *f*.

номина́льный [14; -лен, -льна] nominell; Nominal..., Nenn...

но́нче P *s.* ны́нче.

нора́ *f* [5; *ac/sg.*: нóрý; *pl. st.*] Loch *n*, Höhle (*e-s Tieres*).

Норве́гия *f* [7] Norwegen *n*.

норве́жец *m* [1; -жца] Norweger.

норд *m* [1] Nord(en); ⚓ Nordwind; **~-ве́ст** *m* [1] Nordwest(en); ⚓ Nordwestwind; **~-ост** ⚓ *m* [1] Nordost(wind).

но́рка *f* [5; *g/pl.*: -рок] kleine Höhle; (*Zool.*) Sumpfotter, Nerz *m*.

но́рма *f* [5] Norm, Richtschnur; Arbeitssoll *n*, Pflichtsoll *n*; **~ти́вный** [14] Norm..., Richt...

нормир|ова́ть [7] (*im*)*pf.* normieren, Norm festsetzen; **~о́вщик** *m* [1] Normierer, Zeitnehmer (*ist der, der die Arbeitsnorm festsetzt u. die geleistete Arbeit nachprüft*).

но́ров *m* [1] Sitte *f*; Eigensinn, Mucke *f* (*bsd. v. Pferden*); **~и́стый** [14 *K.*] eigensinnig; **~и́ть** [14; -влю, -вишь] eine (günstige) Gelegenheit abwarten; zielen (в В auf *ac.*).

нос *m* [1; в носу́; *pl. e.*: -ы́] Nase *f*; Schnabel; Spitze *f*; ⚓ (Vorder-) Steven, Bug, Schiffsschnabel; и́з носу aus der Nase; на носу́, пóд носом, пéред нóсом vor der Nase; ganz nahe; говорить в ~ näseln; у меня идёт кровь ~ом ich habe Nasenbluten; водить зá ~ F zum Narren halten; задирáть ~ F die Nase rümpfen; держáть ~ по вéтру F (*fig.*) den Mantel nach dem Winde hängen; совáть ~ кудá-нибудь F (*fig.*) seine Nase in fremde Angelegenheiten stecken; взять из-под ~а F (et.) vor der Nase wegschnappen;

ѐто емý не пó ~у F das ist ihm nicht nach der Nase, geht ihm wider den Strich; **~áстый** [14*K.*] großnasig; **ˈ~ик** *m* [1] Näschen *n.*
носи́лки *f/pl.* [5; *gen.*: -лок] (Trag-)Bahre *f*; Sänfte *f.*
носи́ль|ный [14] zum Tragen (bestimmt); Trag...; ~ное бельё *n* Leibwäsche *f*; **~щик** *m* [1] 🚂 Gepäckträger; Dienstmann.
носи́ть [15] tragen (*im allgemeinen, vgl.* нести́); **-ся** schweben; нóсится слух es geht das Gerücht.
нóс|ка *f* [5] Tragen *n*; ~ка яиц Eierlegen *n*; **~кий** [16; нóсок, -ска] dauerhaft (im Tragen); ~кая кýрица *f* gute Legehenne.
носо|вóй [14] Nasen...; ~вóй платóк *m* Taschen-, Schnupf-tuch *n*; ⚓ ~вáя часть *f* Schiffsvorderteil *n*; **~грéйка** *f* [5; *g/pl.*: -éек] Nasenwärmer *m*, kurze Tabakpfeife *f*; **~к** (-ˈsɔk) *m* [1; -скá] Näschen *n*; Spitze *f*; Schnauze *f* (*an Gefäßen*); (*mst pl.*) Socken *f/pl.*; **~рóг** *m* [1] (*Zool.*) Nashorn *n*; **~чек** (-ˈsɔ-) *m* [1; -чка] *s.* носóк.
носýха *f* [5] (*Zool.*) Nasenbär *m.*
нóта ♪ *f* [5] Note; по ~м nach Noten.
нотáриус *m* [1] Notar.
нотá|ция *f* [7] Bemerkung, Notierung; читáть комý ~цию j-m den Text (*od.* die Leviten) lesen.
ночев|áть [6; -чýю], <пере-> übernachten, nächtigen; **~ка** (-ˈtʃɔf-) *f* [5; *g/pl.*: -вок] Übernachten *n*, Nächtigung.
нóч(ень)ка *f* [5; *g/pl.*: -чек (-нек)] (liebe) Nacht.
ночлéг *m* [1] Nacht-lager *n*, -quartier *n.*
ночлéжка *f* [5; *g/pl.*: -жек] Nachtasyl *n*, Kaschemme.
ночни́к *m* [1*e.*] Nachtlampe *f*; ✈ Nachtflieger.
ночн|óе [14] nächtliches Weiden *n* der Pferde, Nachtweide *f*; **~óй** [14] nächtlich; Nacht...
ночь *f* [8; в ночи́; *ab g/pl. e.*: ночéй] Nacht; зá~ nachtsüber; нá~ für die Nacht(zeit); ~ю nachts, in der Nacht; глухáя~ stockfinstere Nacht; спокóйной нóчи! gute Nacht!
нóша *f* [5] Last; Gepäck *n.*
нóшеный [14] getragen (*z.B. Wäsche*).
нóщно *s.* деннóй.
ноя́брь *m* [4*e.*] November.
нрав *m* [1] Gemüt(sart *f*) *n*, Wesen *n*, Charakter; ~ы *pl.* Sitten *f/pl.*; не по ~у F wider den Strich (gehen).
нрáвиться [14], <по-> gefallen; schmecken.
нрáвный P [14; -вен, -вна] schroff (*Wesen*).
нравоучéние *n* [12] Moralpredigt *f*; moralische Nutzanwendung *f.*
нравоучи́тель *m* [4] Sittenlehrer, Moralist; **~ный** [14; -лен, -льна] moralisch, erbaulich; Sitten...
нрáвственный [14*K.*] sittlich, moralisch; Sitten..., Moral...
ну nu(n), wohlan; hör' auf, genug; los, fix!; ~ егó! hol ihn der Kuckuck!; ~ же! nun denn!; wird's bald!; ~ тебя́! F hau ab!; ~ и погóда! das ist aber ein Wetterchen!; ~ так что ж? na, und?; ~, ~, не бýду schon gut, schon gut, ich werd's nicht wieder tun; (да) ~? ist's möglich?; ~ и ~! F was Sie nicht sagen!, was es nicht alles gibt! (*Verwunderung*).
нугá *f* [5] Nougat *m.*
нýдный [14; нýден, -дна, -о; -днée] langweilig; wehmütig.
нужд|á *f* [5; *pl. st.*] Not; Bedürfnis *n*; ~á в дéньгах Geldnot; ~ы́ нет es schadet nichts, es hat nichts auf sich; по ~é aus Not, notgedrungen; в слýчае ~ы́ im Notfall, nötigenfalls; **~áться** [1] (в П) nötig haben, bedürfen, brauchen; Not leiden.
нýжник P *m* [1] Abtritt, Abort, Klosett *n.*
нýж|ный [14; нýжен, -жнá, -о] notwendig, nötig; ~но es ist nötig, man braucht; мне ~но ich habe nötig, ich brauche.
ну-ка F na, los!
нулевóй [14] Null...
нуль *m* [4*e.*] Null *f.*
нýмер *s.* нóмер; **~áция** *f* [7] Zählung, Numerierung; **~овáть** [7], <за-> numerieren.
нýнций *m* [3; *prpos/sg.*: -ии] Nuntius, päpstlicher Gesandter.
ну-тка P *s.* ну-ка.
нутр|ó *n* [9] Innere(s); не по ~ý (*fig.*) gegen den Strich.
ны́не jetzt, heutzutage; не ны́нче-зáвтра F heute oder morgen, sehr bald; **~шний** F [15] jetzig, heutig.
ны́нче *s.* ны́не.
нырóк *m* [1; -ркá] (*Zool.*) Tauchente *f.*

нырꞁя́ть [28], <~ну́ть> [20] untertauchen; hineinschlüpfen.

ны́тик F *m* [1] Kopfhänger, Flau-, Mies-macher.

ныть [22] weh tun, schmerzen; schwermütig sein, wehklagen; **~ё** *n* [10] Wehklagen.

н. э. (на́шей э́ры) n. Chr. (nach Christi Geburt).

НЭП *m* [1] (Но́вая Экономи́ческая Поли́тика) neue Wirtschaftspolitik *f* (*ab 1921 vorübergehende Einführung gewisser kapitalistischer Wirtschaftselemente*); **'⌣ман** *m* [1] Neureiche(r), F Raffke; Privatunternehmer in der NEP-Zeit.

ню́ни: распусти́ть ~ F (*ver.*) flennen.

нюх *m* [1] Spürsinn, Witterung *f* (*Hund*); у него́ хоро́ший ~ (*fig.*) er hat eine feine Nase.

ню́хательный [14] Riech...; Schnupf...

ню́хать [1], <по->, *einm.* <ню́хнуть> [20] *v/t.* riechen; (*Tabak*) schnupfen; **-ся** sich beriechen *od.* beschnüffeln.

ня́нчить [16] (*ein Kind*) warten; **-ся** sich (viel) abgeben (с T mit).

ня́нька *f* [5; *g/pl.*: -нек], **ня́нюшка** *f* [5; *g/pl.*: -шек] *s.* ня́ня.

ня́ня *f* [6] Kinder-frau, -wärterin; у семи́ ня́нек дитя́ без гла́зу (*Spr.*) viele Köche verderben den Brei.

O

O, o[1] *n u. m* (*s.* A) O, o *n.*

o[2], об, обо **1.** (B) an; auf; gegen; um; рука́ о́б руку Hand in Hand; Arm in Arm; **2.** (П) von; über; für; mit; об э́том davon; darüber; обо мне über mich; дом *m* о двух этажа́х zweistöckiges Haus *n.*

o[3] o(h)!; ach!

оа́зис *m* [1] Oase *f.*

о(б)... (*in Zssgn*) be...; (her)um, ringsum, über.

о́ба [37] *m u. n* beide; смотре́ть в ~ F auf der Hut sein, scharf aufpassen.

обагря́ть [28], ‹обагри́ть› [13] (purpur)rot färben; ~ кро́вью mit Blut beflecken.

обалд|е́лый P [14] blöde; verblüfft; **~е́ть** P [8] *pf.* benommen, verdattert werden.

обая́|ние *n* [12] Zauber *m*; **~тельный** [14; -лен, -льна] bezaubernd, berückend.

обва́л *m* [1] Einsturz; Erd-rutsch, -sturz; **~ивать** [1] **1.** ‹~и́ть› [13; -алю́, -а́лишь; -а́ленный] umgeben, bewerfen (T mit); **2.** ‹~я́ть› [28] einrollen, einwälzen (*Fleisch in Mehl u. dgl.*); **~и́ться** [13; -алю́сь, -а́лишься] *pf.* einstürzen.

обва́|ривать [1], ‹~ри́ть› [13; -арю́, -а́ришь; -а́ренный] verbrühen.

обвезти́ *s.* обвози́ть.

обвёртывать [1], ‹обверну́ть› [20; обвёрнутый] (В/в В *od.* Т) umwickeln (mit); einschlagen, einwickeln (in *ac.*).

обве́с *m* [1] Falschwiegen *n.*

обвести́ *s.* обводи́ть.

обве́тренный [14] wetter-gebräunt, -hart.

обветша́лый [14] baufällig.

обве́|шивать [1] **1.** ‹~шать› [1] behängen (T mit); **2.** ‹~сить› [15] beim Wiegen übervorteilen, *j-m* falsches Gewicht geben.

обвива́ть [1], ‹обви́ть› [обовью́, -вьёшь; -ви́л, -вила́, -о; -ве́й(те)!; -ви́тый (-ви́т, -вита́, -о)] umwickeln, -winden (T mit); (**-ся** sich) winden, ranken (вокру́г Р um).

обвине́|ние *n* [12] Beschuldigung *f*; Anklage *f* (в П *e-r Sache*); по ~нию wegen einer Anklage.

обвини́тель *m* [4] Ankläger; **~ный** [14] beschuldigend; Anklage...; ~ный акт *m* Anklageschrift *f.*

обви|ня́ть [28], ‹~ни́ть› [13] (В/в П *od.* за В *j-n e-r Sache*) beschuldigen, anklagen; ~ня́емый Angeklagte(r) *m.*

обвис|а́ть [1], ‹обви́снуть› [21] herabhangen; ˈ**~лый** F [14] herabhangend.

обви́ть *s.* обвива́ть.

обво́д *m* [1] Umzäunung *f*; **~и́ть** [15], ‹обвести́› [25] (herum)führen (um); umgeben, umzäunen (T mit); Striche ziehen um, ausziehen; **~не́ние** ⊕ *n* [12] Bewässerung *f*; **~ный** [14] umgebend, umzäunend; Umleitungs...; ~ная стена́ *f* Ringmauer; **~ня́ть** ⊕ [28], ‹~ни́ть› [13] bewässern.

обвози́ть [15], ‹обвезти́› [24] (herum)fahren um.

обвола́кивать F [1], ‹обволо́чь› [26; *nur 3. Pers.*: -лочёт, -локу́т; -ло́к, -локла́] verhüllen, verdecken; **-ся** sich bewölken.

обво|ра́живать [1], ‹~рожи́ть› [16; -жу́, -жи́шь; -жённый] bezaubern, berücken.

обворо́|вывать [1], ~ва́ть [7] bestehlen.

обворожи́тельный [14; -лен, -льна] bezaubernd, berückend.

обворожи́ть *s.* обвора́живать.

обвыка́ть P [1], ‹обвы́кнуть› [21] sich gewöhnen (к Д an *ac.*).

обвя́|зывать [1], ‹~за́ть› [3] umwickeln (T mit).

обга́|живать P [1], ‹~дить› [15] beschmutzen, beschmieren.

обгиба́ть [1], ‹обогну́ть› [20] biegen (*od.* herumfahren) um; ⚓ um-schiffen, -segeln.

обгла́дывать [1], ‹обглода́ть› [3] ringsum benagen.

обгло́док P *m* [1; -дка] benagter Knochen (*u. dgl.*).

обго́н *m* [1] Überholen *n*; **~я́ть** [28] ‹обогна́ть› [обгоню́, -о́нишь; -а́л, -а́, -о; обо́гнанный] überholen.

обго|рáть [1], <~рéть> [9] ringsum verbrennen; **~рéлый** [14] ringsum verbrannt.

обгрызáть [1], <обгры́зть> [24; *pt. st.*: -гры́з, -зла; -гры́зенный] benagen.

обдавáть [5] <обдáть> [-áм, -áшь, -áст, -ади́м, -ади́те, -аду́т; óбдал, -á, -о; óбданный (-ан, -анá, -о)] übergießen; меня́ óбдало хóлодом es überlief mich kalt.

обдé|лка *f* [5; *g/pl.*: -лок] Bearbeitung; **~лывать,** <~лать> [1] bearbeiten; fertig machen *od.* bringen; betrügen; ~лывать дéло F eine Sache deichseln; **~ля́ть** [28], <~ли́ть> [13; -елю́, -éлишь] übervorteilen (*bei e-r Teilung*).

обдёр|гивать, <~гать> [1], *einm.* <~нуть> [20] ausrupfen; zurechtziehen; (ringsum) verhängen.

обдирá|ла F *m/f* [5] Leuteschinder (-in *f*); **~ть** [1], <ободрáть> [обдеру́, -рёшь; обóдранный] (ringsum) abreißen; abrinden; abziehen; (*fig.*) rupfen, schinden.

обдувáть [1], <обду́ть> [18] (*Staub*) wegpusten; sich (*vom Wind*) durchpusten lassen; prellen.

обду́|мывать, <~мать> [1] bedenken, überlegen.

обдур|я́ть P [28], <~и́ть> [13] hinters Licht führen, betrügen.

óбе *f* [37] beide.

обегáть [1], <обежáть> [4; -егу́, -ежи́шь, -егу́т] umlaufen; (~ кругóм) herumlaufen um.

обéд *m* [1] Mittag(szeit *f*); Mittagessen *n*.

обéд|ать [1] **1.** <по-> zu Mittag essen; **2.** <от-> mit dem Essen fertig sein; **~енный** [14] Mittags...

обéдня *f* [6; *g/pl.*: -ден] Mittagsgottesdienst *m*.

обежáть *s.* обегáть.

обез.. (*in Zssgn oft*) ent..., ver...

обезбóл|ивать ⚕ [1], <~ить> [13] anästhesieren, den Schmerz betäuben.

обезвó|живать ⊕ [1], <~дить> [15] entwässern; die Feuchtigkeit entziehen.

обезглá|вливать [1], <~вить> [14] enthaupten.

обездóленный [14*K.*] elend, unglücklich.

обездó|ливать [1], <~лить> [13] des Anteils berauben, unglücklich machen.

обезжи́рить [13] *pf.* entfetten.

обезлéсить [13] *pf.* entwalden.

обезли́|ченный [14] jeweils von e-m andern Führer bedient (*Traktor*); **~чивать** [1], <~чить> [16] verallgemeinern; *j-m* das Persönliche (*od.* Individuelle) nehmen; **~чка** *f* [5] Verantwortungsmangel *m*, Uninteressiertheit (*an der Arbeit*).

обезлю|деть [8; *nur 3. Pers.*] *pf.* entvölkert werden; **~дить** [15; *nur 3. Pers.*] *pf.* entvölkern.

обезнадё|живать [1], <~жить> [16] (B *j-m*) die Hoffnung nehmen.

обезобрá|живать [1], <~зить> [15] verunstalten, entstellen.

обезору́|живать [1], <~жить> [16] entwaffnen, wehrlos machen; (*a. fig.*) beruhigen, beschwichtigen.

обезья́н|а *f* [5] Affe *m*; **~ий** [18] affenartig; Affen...; **~ник** *m* [1] Affenkäfig (*im Zoo*); **~ничать** [1] nachäffen.

обеля́ть [28], <обели́ть> [13] weißen; ~ себя́ sich weiß brennen, rechtfertigen.

оберегáть [1], <оберéчь> [26; г, ж *statt* к, ч: -регу́, -режёшь] beschützen; **-ся** sich schützen ([от] P vor *dat.*).

обёр|тка *f* [5; *g/pl.*: -ток] Umwick e lung; Umschlag *m*; Schutzumschlag *m* (*Buch*); **~точный** [14] zum Umwickeln (dienend); Umschlag..., Einwickel...; **~тывать** *s.* обвёртывать.

обёртываться [1], <оберну́ться> [20] sich umdrehen; sich verwandeln in (*ac.*).

обесвши|вля́ть [28], <~ви́ть> [14; -влю́, -ви́шь] entlausen.

обескурá|живать [1], <~жить> [16] entmutigen.

обеспé|чение *n* [12] Sicherstellung *f*; Deckung *f*, Kaution *f*; **~ченность** *f* [8] Versorgtsein *n*; Wohlstand *m*; **~чивать** [1], <~чить> [16] sicherstellen (от P vor *dat.*), (~чивать себé *od.* за собóй sich) sichern, decken, gewährleisten.

обесплó|живать [1], ~дить [15] unfruchtbar machen, entkeimen; (*fig.*) fruchtlos machen.

обесси́|ливать [1], <~лить> [13] entkräften, schwächen.

обессмéртить [15] *pf.* unsterblich machen.

обессмы́сл|ивать [1], <~ить> [13] unverständlich (*od.* sinnlos) machen.

обесцве́|чивать [1], <~тить> [15] farblos machen, entfärben.
обесце́|нивать [1], <~нить> [13] entwerten, wertlos machen.
обе́т *m* [1] Versprechen *n*, Gelübde *n*; **~ова́нный** [14] versprochen, verheißen; ~ова́нная земля́ *f das* gelobte Land (*Kanaan*).
обеща́ть [1; обе́щанный] (*im*)*pf*., <по-> versprechen, zusagen.
обжа́ловать [7] *pf*. anklagen, Klage führen über (*ac*.).
обже́чь *s*. обжига́ть.
обжи|ва́ться [1], <обжи́ться> [-иву́сь, -ивёшься; -и́лся, -ила́сь] sich einleben *od*. einwohnen.
обжига́|тельный ⊕ [14] zum Rösten *od*. Brennen (dienend); Röst..., Brenn...; **~ть** [1], <обже́чь> [26; обожгу́, обожжёшь, обожгу́т; обжёг, обожгла́; обожжённый] verbrennen; verbrühen; ⊕ (*Ziegel usw*.) brennen; (*Metalle*) rösten; **-ся** sich verbrennen *od*. verbrühen (T an *dat*.).
обжи́мки *m*/*pl*. [1] Preßrückstände.
обжира́ться [1], <обожра́ться> [-жру́сь, -жрёшься] sich überfressen.
обжи́ться *s*. обжива́ться.
обжо́г *s*. ожо́г.
обжо́р|а *m*/*f* [5] Gefräßige(r), F Vielfraß *m*; **~ливый** [14*K*.] gefräßig; **~ный** [14] Eßwaren...
обжу́л|ивать P [1], <~ить> [13] begaunern.
обза|веде́ние *n* [12] Einrichtung *f*, Ausstattung *f*; **~води́ться** [15], <~вести́сь> [25] sich einrichten; sich versehen (T mit).
обзира́ть *s*. обозрева́ть.
обзо́р *m* [1] Besichtigung *f*; Überblick; Rundschau *f*; **~ный** [14] Beobachtungs...
обзыва́ть [1], <обозва́ть> [обзову́, -вёшь; -а́л, -а́, -о; обо́званный] nennen, schimpfen.
обив|а́ть [1], <оби́ть> [обобью́, -бьёшь; обе́й(те)!; оби́тый] (*mit Brettern usw*.) beschlagen; (*Kleider usw*.) abnutzen; ~а́ть обо́ями (aus-)tapezieren; **~ка** (-'bif-) *f* [5; *g*/*pl*.: -вок] Beschlagen *n*; Beschlag *m*.
оби́д|а *f* [5] Beleidigung, Kränkung; не в **~у** будь ска́зано nichts für ungut; не дава́ть себя́ в ~у sich nichts gefallen lassen; **~еть** *s*. обижа́ть; **~ный** [14; -ден, -дна] beleidigend; мне ~но за тебя́ es kränkt mich um deinetwegen; **~чивый** [14*K*.] empfindlich; **~чик** *m* [1] Beleidiger.
обижа́ть [1], <оби́деть> [11] beleidigen, kränken; übervorteilen; **-ся** sich beleidigt fühlen; ~ на (B) übelnehmen.
оби́|лие *n* [12] Überfluß *m* (P an *dat*.); Reichtum *m*, Ausgiebigkeit *f*; **~льный** [14; -лен, -льна] reich (T an *dat*.), reichlich, ausgiebig.
обиня́к *m* [1 *e*.] (*mst pl*.) Umschweif; говори́ть ~а́ми Ausflüchte machen.
обира́ть F [1], <обобра́ть> [оберу́, -рёшь; -ал, -а́, -о; обо́бранный] einsammeln, berauben.
обита́|емый [14*K*.] bewohnbar; **~лище** *n* [11] Wohnung *f*; **~тель** *m* [4], **~тельница** *f* [5] Bewohner(in *f*); **~ть** [1] wohnen.
оби́ть *s*. обива́ть.
обихо́д *m* [1] Haushalt, Wirtschaft *f*; Bedarf; Herkommen *n*, Sitte *f*; **~ный** [14; -ден, -дна] häuslich, wirtschaftlich; alltäglich; Bedarfs...; Wirtschafts...
обка́рмливать [1], <обкорми́ть> [14] überfüttern.
обка́т|ывать, <~а́ть> [1; обка́танный] eben walzen (*Weg*); einfahren (*Maschine*), Probe fahren.
обкла́д|ка *f* [5] Besetzen *n*; Besatz *m*; Belegung; ⚠ Verkleidung, Futtermauer; **~ывать** [1] *s*. облага́ть.
обкле́|ивать [1], <~ить> [13] bekleben; ⊕ furnieren; ~ивать обо́ями (aus)tapezieren; **~йка** *f* [5] Beklebung; ⊕ Furnierung; ~йка обо́ями Austapezierung.
обко́м *m* [1] (областно́й комите́т) Gebietskomitee *n*.
обкра́дывать [1], <обокра́сть> [25; обкраду́, -дёшь; -а́денный; *pt*. *st*.] bestehlen.
обку́р|ивать [1], <~и́ть> [13; -урю́, -у́ришь; -у́ренный] an-, einrauchen (*Pfeife*); ausräuchern (*Bienenstock*).
обла́ва *f* [5] Treibjagd; Razzia.
облага́ть [1], <обложи́ть> [16] ⚔ belagern; (B/T *j-m et*.) auferlegen, (*mit Abgaben*) belasten *od*. belegen.
облаго|ра́живать [1], <~ро́дить> [15] (*Sitten usw*.) veredeln.
облада́ть [1] (T) besitzen; verfügen (über *ac*.); beherrschen.

обла́|ивать [1], <~ять> [27] anbellen; (aus)schimpfen.

о́блако *n* [9; *pl. e.*: -ка́, -ко́в] Wolke *f.*

обла́мывать, <обломать> [1; обло́манный], <обломи́ть> [14] (ringsum) abbrechen.

облапо́ш|ивать P [1], <~ить> [16] begaunern, schröpfen.

област|но́й [14] Distrikt..., Provinzial...; **~ь** (ˈɔ-) *f* [8; *ab g/pl. e.*: -те́й] Distrikt *m*, Provinz, Gebiet *n*; (*fig.*) Sphäre, Bereich *m*.

обла́тка *f* [5; *g/pl.*: -ток] Oblate, Hostie.

обла|ча́ть [1], <~чи́ть> [16; -чу́, -чи́шь; -чённый] bekleiden (*mit e-m Ornat*); **~че́ние** *n* [12] Bekleiden; Ornat, Amtstracht *f*.

о́блач|ко *n* [9; *pl. e.*: -ка́, -ко́в] Wölkchen; **~ный** [14; -чен, -чна] bewölkt.

обла́ять *s.* обла́ивать.

облега́ть [1], <обле́чь> [26; *nur 3. Pers.*: -ля́жет, -ля́гут; -лёг, -легла́] anschließen, anliegen (*Kleider*).

облег|ча́ть (-xtʃ-) [1], <~чи́ть> [16; -чу́, -чи́шь; -чённый] erleichtern, lindern; **~че́ние** (-xtʃ- *n* [12] Erleichterung *f*, Linderung *f*.

облеза́ть F [1], <обле́зть> [24; *nur 3. Pers.*: -зет; -лез, -ле́зла] haaren; kahl werden; abbröckeln; abfärben.

обле́злый F [14] räudig, kahl; (*fig.*) schäbig.

облека́ть [1], <обле́чь> [26] bekleiden, einkleiden.

обле|пля́ть [28], <~пи́ть> [14] bekleben; bedecken.

обле|та́ть [1], <~те́ть> [11] herumfliegen (um); herabfallen; ✈ einfliegen.

облече́ние *n* [12] Bekleidung *f*, Einkleidung *f*.

обле́чь *s.* облега́ть, облека́ть.

обли|ва́ть [1], <обли́ть> [оболью́, -льёшь; о́блил, -а́, -о; обле́й(те)!; о́бли́тый (о́бли́т, -а́, -о)] begießen, übergießen; **-ся** [*pt.*: -ли́лся, -лила́сь, -ли́ло́сь] sich übergießen (T mit); -ся слеза́ми sich in Tränen auflösen; **~вка** (-ˈlif-) *f* [5; *g/pl.*: -вок] Begießung; (Über-)Guß *m*, Glasur.

обли́|зывать [1], <~за́ть> [3] belecken; па́льчики обли́жешь F da leckt man sich die Finger ab.

о́блик *m* [1] Antlitz *n*, Angesicht *n*.

облисполко́м *m* [1] (областно́й исполни́тельный комите́т) Gebietsexekutivkomitee *n*.

обли́ть *s.* облива́ть.

обли|цо́вка ⊕ *f* [5] Be-, Verkleidung; (äußerer) Kalkbewurf *m*, Stukkatur; **~цо́вывать** [1], <~цева́ть> [6; -цу́ю; -цо́ванный] bekleiden, belegen (*mit Brettern*); mit Kalk bewerfen.

обли|ча́ть [1], <~чи́ть> [16; -чу́, -чи́шь; -чённый] (B/в П *j-n e-r Sache*) überführen; entlarven; **~че́ние** *n* [12] Überführung *f*; Entlarvung *f*.

обличи́тельный [14; -лен, -льна] überführend; entlarvend.

облобыза́ть F [1] *pf.* (*scherz.*) (ab-) küssen.

обло|же́ние *n* [12] Belegen; ⚔ Belagerung *f*; Auferlegung *f*; (нало́говое ~же́ние) Besteuerung *f*; **~жи́ть** *s.* облага́ть; **~жка** (-ˈłɔʃ-) *f* [5; *g/pl.*; -жек] Einfassung; (*Buch-*) Umschlag *m*; **~жно́й** [14]: ~жно́й дождь *m* Landregen.

обло|ка́чиваться [1], <~коти́ться> [15] sich auf die Ell(en)bogen stützen.

обло|ма́ть *s.* обла́мывать; **~мовщина** (-ˈłɔ-) *f* [5] Trägheit, Untätigkeit (*nach Gontscharoffs Romanhelden „Oblomov"*); **~мок** (-ˈłɔ-) *m* [1; -мка] abgebrochenes Stück *n*, Bruchstück *n*; ~мки *pl.* Trümmer.

облу|ча́ть ☢ [1], <~чи́ть> [16; -чу́, -чи́шь; -чённый] bestrahlen (*z. B. mit Röntgenstrahlen*).

облучо́к *m* [1; -чка́] Kutscherbock.

облы́жный P [14; -жен, -жна] lügenhaft; falsch; verleumderisch.

облюбова́ть [7] *pf.* liebgewinnen, Geschmack (*od.* Gefallen) finden an (*dat.*).

обма́|зывать [1], <~за́ть> [3] beschmieren, bestreichen; einfetten; △ tünchen, kalken.

обма́к|ивать [1], <~ну́ть> [20] eintunken, eintauchen.

обма́н *m* [1] Betrug; Täuschung *f*; ~ зре́ния optische Täuschung *f*; (*Fechtkunst*) Finte *f*; **~ка** *f* [5] (*Min.*) (ци́нковая Zink-)Blende; **~ный** [14] betrügerisch; **~чивый** [14*K.*] täuschend; trügerisch; **~щик** *m* [1] Betrüger; **~ывать** [1], <~у́ть> [19] betrügen; täuschen.

обма́тывать, <обмота́ть> [1; обмо́танный] (be-, um)wickeln.

обма́х|ивать [1], <~ну́ть> [20] (*Fliegen*) abwedeln, abwehren; **-ся** sich fächeln (T mit).

обма́чивать [1], <обмочи́ть> [16] naß machen, anfeuchten; ins Bett nässen.
обме́н *m* [1] Tausch, Ein-, Aus-, Um-tausch; ~ веще́ств Stoffwechsel; **~ивать** [1], <~я́ть> [28] wechseln; ein-, umtauschen (на В gegen); **-ся** (Т) wechseln, (ver-) tauschen; **~ный** [14] Tausch...
обме́р *m* [1] Vermessen *n*; Übervorteilung *f* beim Messen.
обмере́ть *s.* обмира́ть.
обмерза́ть [1], <обмёрзнуть> [21; *nur 3. Pers.*] (ringsum) gefrieren.
обме́|ривать [1], <~рить> [13] ausmessen; beim Messen übervorteilen (на В um).
обме|та́ть [1], <~сти́> [25; т *statt* д: обмету́] (ringsum) abfegen.
обмётывать [1], <обмета́ть> [3] benähen.
обмина́ть [1], <обмя́ть> [обомну́, -нёшь; обмя́тый] zerknittern, kneten.
обмира́ть F [1], <обмере́ть> [12; обомру́, -рёшь; о́бмер, -ла́, -о; -ме́рший] erstarren (*vor Furcht usw.*).
обмозго́в|ывать P [1], <~а́ть> [7] bedenken, überlegen.
обмока́ть [1], <обмо́кнуть> [21] durchnäßt werden.
обмо́лв|иться [14] *pf.* sich versprechen; ~иться о (П) erwähnen; **~ка** *f* [5] Sichversprechen *n*.
обмоло́т ⚒ *m* [1] Ausdrusch.
о́бморок *m* [1] Ohnmacht *f*; па́дать в ~ ohnmächtig werden.
обмот|а́ть *s.* обма́тывать; **~ка** (-'mɔt-) *f* [5; *g/pl.*: -ток] ⚡ Wick(e)lung *f*; ~ки *pl.* Wickelgamaschen.
обмочи́ть *s.* обма́чивать.
обмундиро́|вка ⚔ *f* [5; *g/pl.*: -вок] Uniformierung; Uniform, Montur; **~вывать** [1], <~ва́ть> [7] uniformieren, einkleiden, montieren.
обмы|ва́ть [1], <обмы́ть> [22] ringsum abwaschen; **~лок** (-'mɨ-) *m* [1; -лка] Seifenrest.
обмя́ть *s.* обмина́ть.
обнадё|живать [1], <~жить> [16] (В) *j-n* vertrösten, *j-m* Hoffnung machen (Т *od.* в П auf *ac.*).
обна|жа́ть [1], <~жи́ть> [16; -жу́, -жи́шь; -жённый] entblößen, bloßlegen; (*den Degen*) ziehen.
обнаро́довать [7] *pf.* veröffentlichen, bekanntmachen.
обнару́|живать [1], <~жить> [16] aufdecken, an den Tag bringen; feststellen; **-ся** zu Tage treten, sich zeigen.
обна́шивать F [1], <обноси́ть> [15] eintragen, einlaufen (*z.B. Schuhe, damit sie durch Tragen bequem, passend werden*).
обнести́ *s.* обноси́ть.
обни́|зывать [1], <~за́ть> [3] (*mit Perlen usw.*) besetzen.
обнима́ть [1], <обня́ть> [обниму́, обни́мешь *u. Prov.* обойму́, -мёшь; о́бнял, -а́, -о; о́бнятый (о́бнят, -а́, -о)] umarmen; umfassen; ergreifen; ~ взо́ром überblicken.
обни́м|ка F *f* [5]: в ~ку umarmt, umschlungen.
обнища́лый [14] verarmt.
обно́|ва *f* [5], **~вка** *f* [5; *g/pl.*: -вок] neue Sache, Neuheit; Neuanschaffung; **~вля́ть** [28], <~ви́ть> [14; -влю́, -ви́шь; -влённый] erneuern, wiederherstellen; beleben.
обноси́ть [15], <обнести́> [25; с *bleibt*: -несу́; -нёс; -несла́] herumreichen; übergehen; umgeben (Т mit); ~ забо́ром umzäunen.
обно́сок *m* [1; -ска] (*mst pl.*) abgetragenes Kleid(ungsstück) *n*.
обню́|хивать, <~хать> [1] beriechen, beschnüffeln.
обня́ть *s.* обнима́ть.
обобра́ть *s.* обира́ть.
обоб|ща́ть [1], <~щи́ть> [16; -щу́, -щи́шь, -щённый] verallgemeinern.
обобщест|вля́ть [28], <~ви́ть> [14; -влю́, -ви́шь; -влённый] vergesellschaften, sozialisieren.
обога|ща́ть [1], <~ти́ть> [15; -щу́, -ти́шь; -щённый] bereichern; ⚒ aufbereiten.
обогна́ть *s.* обгоня́ть.
обогну́ть *s.* огиба́ть.
обогре|ва́ть [1], <обогре́ть> [8; -гре́тый] erwärmen; beheizen.
о́бод *m* [1; *pl.*: обо́дья, -дьев], **~о́к** *m* [1; -дка́], **~о́чек** *m* [1; -чка] Reif(en), Ring, Felge *f*; **~о́чный** [14] gereift, gerundet; Reif(en)...; (*Anat.*) ~о́чная кишка́ *f* Grimmdarm *m*.
обо́дранный [14*K.*] abgerissen, zerlumpt, schäbig.
ободра́ть *s.* обдира́ть.
ободря́ть [28], <ободри́ть> [13] ermuntern, ermutigen; **-ся** Mut fassen.
обоепо́лый ⚥ [14] doppelgeschlechtig.

обожа́ть [1] anbeten.
обожда́ть = подожда́ть (*s.* ждать) abwarten.
обожра́ться *s.* обжира́ться.
обо́з *m* [1] (*koll.*) Wagenzug, Transport; ⚔ Troß.
обозва́ть *s.* обзыва́ть.
обозна́ться [1] *pf.* für einen anderen (*od.* für etwas anderes) halten.
обознача́ть [1], ‹обозна́чить› [16] bezeichnen, angeben.
обозре|ва́ть [1], ‹обозре́ть› [9] über-schauen, -blicken; **~ние** (-ˈzʀe-) *n* [12] Übersicht *f*, Überblick *m*, Rundschau *f*; (*Thea.*) Revue *f*.
обо́и *m/pl.* [3] Tapeten *f/pl.*
обо́йма ⚔ *f* [5; *g/pl.*: обойм] Ladestreifen *m*, Patronenrahmen *m*; ⊕ Zwinge.
обо́й|ный [14] Tapeten...; **~щик** [*m* [1] Tapezierer.]
обойти́ *s.* обходи́ть.
обокра́сть *s.* обкра́дывать.
оболга́ть F [-лгу́, -лжёшь, -лгу́т; -а́л, -а́, -о; обо́лганный] *pf.* verleumden.
оболо́чка *f* [5; *g/pl.*: -чек] Umhüllung; (*Anat.*) Haut, Häutchen *n*, Membran(e); ⊕ Mantel *m*.
обо́лтус P *m* [1] Dummkopf.
обольсти́тель *m* [4], **~ница** *f* [5] Verführer(in *f*); **~ный** [14; -лен, -льна] verführerisch.
оболь|ща́ть [1], ‹**~**сти́ть› [15; -льщу́, -льсти́шь; -льщённый] verführen, verleiten; **-ся** sich trügerischen Hoffnungen hingeben.
обомше́|лый [14] mit Moos bewachsen; **~ть** [*nur 3. Pers.*: -е́ет] mit Moos bewachsen.
обоня́|ние *n* [12] Riechen; Geruch (-ssinn) *m*; **~тельный** [14] Riech..., Geruchs...; **~ть** [28] *et.* riechen.
обора́чивать [1], ‹оберну́ть› [20] (*mst* **-ся** sich) umdrehen, umwenden; verwandeln (*im Märchen*).
оборва́нец *m* [1; -нца] Zerlumpte(r), Vagabund.
оборва́ть *s.* обрыва́ть.
обо́р|выш *m* [1; *g/pl.*: -ей] *s.* **~**[ва́нец.]
обо́рка *f* [5; *g/pl.*: -рок] Faltenbesatz *m*; Volant *m*.
обормо́т F *m* [1] (*Schimpfwort*) Grobian; Dummkopf.
оборо́|на *f* [5] Verteidigung; **~ни́тельный** [14] verteidigend; Verteidigungs..., Defensiv...; **~нный** [14] Wehr..., Verteidigungs..., Rüstungs...; **~ня́ть** [28], ‹**~**ни́ть› [13] verteidigen, beschützen.
оборо́т *m* [1] Wendung *f*; Umdrehung *f*; Rückseite *f*; ☩ Umsatz, Betrieb; Umlauf; торго́вый **~** Warenumsatz; име́ть в **~**е umsetzen; на **~**е umstehend, auf der Rückseite; взять в **~** F ins Gebet nehmen, in die Mache nehmen; *vgl. a.* на**~**; **~ень** (ˈɔ-) *m* [4; -тня] Werwolf; **~и́ть** † *s.* обора́чивать; **~ливый** [14*K.*] gewandt; **~ный** [14] umgekehrt; Rück...; Umsatz..., Betriebs...; **~**ная сторона́ *f* Rück-, Kehr-, *a.* Innenseite.
обору́дование *n* [12] Ausstattung *f*, Einrichtung *f*, Installierung *f*; Ausrüstung *f*.
обо́рыш P *m* [1; *g/pl.*: -ей] Überbleibsel *n* (*nach Aussortierung der besten z.B. Äpfel usw.*).
обосно́|вывать [1], ‹**~**ва́ть› [7] begründen.
обособля́ть [28], ‹обосо́бить› [14] absondern, isolieren.
обостр|я́ть [28], ‹**~**и́ть› [13] zuspitzen, verschärfen.
обо́чина *f* [5] Straßenrand *m*.
обою́дный [14; -ден, -дна] gegenseitig, beiderseitig.
обоюдоо́стрый [14*K.*] zweischnei-[dig.]
обра|ба́тывать, ‹**~**бо́тать› [1] bearbeiten; ✍ bestellen; feilen (*Artikel u. dgl.*); (*fig.*) F j-n bearbeiten, ins Gebet nehmen; **~бо́тка** *f* [5; *g/pl.*: -ток] Bearbeitung.
обра́внивать [1], ‹обровня́ть› [28] gleichmachen, ausgleichen.
о́браз *m* **1.** [1] Form *f*, Gestalt *f*; Bild *n*; Art (und Weise) *f*; Typ, Charakter (*im Roman u. dgl.*); **~** жи́зни Lebens-art *f*, -weise *f*; гла́вным **~**ом hauptsächlich, wesentlich; каки́м (таки́м) **~**ом auf welche (diese) Art (und Weise); не́которым **~**ом einiger-, gewisser-maßen; нико́им **~**ом keineswegs; ра́вным **~**ом gleicherweise; **2.** [1; *pl. e.*: -за́] Heiligenbild *n*; **~е́ц** *m* [1; -зца́] Muster *n*, Probe *f*; Beispiel *n*; (*Waren-*) Muster *n*; Musterkarte *f*; **~и́на** P *f* [5] Affengesicht *n*, Fratze; **~но́й** [14] Heiligenbild(er)...; **~**ная *f* Betzimmer *n*; **~ный** [14; -зен, -зна] bilderreich, bildlich.
образо|ва́ние *n* [12] Bildung *f*; Gestaltung *f*; ни́зшее **~**ва́ние Elementarschulbildung *f*; сре́днее **~**ва́ние

höhere Schulbildung *f*; высшее ~ва́ние Hochschul-, Universitätsbildung *f*; **~ванность** ('-zɔ-) *f* [8] Bildung(s-grad *m*, -stand *m*); **~ванный** (-'zɔ) [14 *K*.] gebildet; **~ва́тельный** [14; -лен, -льна] bildend; Bildungs...; **~вывать** (-'zɔ-) [1], <~ва́ть> [7] (aus)bilden; gestalten; **-ся** entstehen, zustandekommen.

образу́|мливать [1], <~мить> [14] (**-ся**) zur Vernunft *od.* Einsicht bringen (kommen).

образ|цо́вый [14] mustergültig, vorbildlich; Muster..., Probe...; **~чик** (-'braʃ-) *m* [1] *s.* образе́ц.

обрамля́ть [28], <обра́мить> [14] ein-, um-rahmen.

обра|ста́ть [1], <~сти́> [25; -сту́, -стёшь; обро́с, -ла́] bewachsen; ~ста́ть жи́ром Fett ansetzen.

обра́т|ный [14] umgekehrt; Kehr..., Rück(wärts)..., Retour...; ~но zurück; биле́т *m* туда́ и ~но Rückfahrkarte *f*, Retourbillet *n*; получи́ть ~но zurückbekommen; ~ной по́чтой postwendend; име́ть ~ную си́лу ⚖ rückwirkende Kraft haben.

обра|ща́ть [1], <~ти́ть> [15; -ащу́, -ати́шь; -ащённый] umdrehen, wenden, richten; verwandeln; bekehren; an-, ver-wenden; ~ща́ть внима́ние на (В) die Aufmerksamkeit richten (*od.* lenken) auf (*ac.*), beachten, in Betracht ziehen; **-ся** zirkulieren, umlaufen; -ся с (Т) behandeln, umgehen (mit); -ся к (Д) sich wenden an (*ac.*); **~ще́ние** *n* [12] Umdrehung *f*, Wenden; Verwandlung *f*; Bekehrung *f*; Umlauf *m*, Zirkular; Verkehr *m*; Anrede *f*.

обре́з *m* [1] Schnitt; Format *n*; (*Mauer- usw.*) Absatz; gestutztes Gewehr *n*; в ~ knapp; **а́ть** [1] *s.* ~ывать; **~ок** *m* [1; -зка] Schnitzel (-chen) *n*; ~ки *pl.* Abfälle; **~ывать** [1], <~ать> [3] (ab)schneiden; beschneiden.

обрека́ть [1], <обре́чь> [26] verfallen sein, weihen (*z.B.* на́ смерть dem Tode).

обреме|ни́тельный [14; -лен, -льна] schwer(lastend), beschwerlich; **~ня́ть** [28], <~ни́ть> [13] belasten, überladen.

обре|та́ть [1], <~сти́> [25; т *statt* д: -рету́; -рёл, -ела́; -ре́тший; -ретённый; *g.pt. a.*: -ретя́] finden.

обре́чь *s.* обрека́ть.

обри|ва́ть [1], <обри́ть> [обре́ю, обре́ешь; обри́тый] abrasieren.

обрисо́|вка *f* [5; *g/pl.*: -вок] Entwurf *m*, Skizze; (*fig.*) Schilderung, Darstellung; **~вывать** [1], <~ва́ть> [7] entwerfen, skizzieren; **-ся** sich abheben, hervortreten.

обри́ть *s.* обрива́ть, брить.

обровня́ть *s.* обра́внивать.

обро́к *m* [1] (*ehm.*) jährliche Abgabe *f* (*der Bauern*), Zins.

обро́сший [17] bewachsen.

обро́чный [14] abgabenpflichtig (*vgl.* обро́к).

обру|ба́ть [1], <~би́ть> [14] behauen; (be)säumen; **~бок** (-'ru-) *m* [1; -бка] (abgehauener) Klotz, Stumpf.

обру|се́лый [14] verrußt, russifiziert; **~се́ть** [8] *pf.* verrussen, russisch werden.

о́бруч *m* [1; *ab g/pl. e.*: -е́й] Reif(en) (*am Faß*), Ring; **~а́льный** [14] Verlobungs...; **~а́ть** [1], <~и́ть> [16; -чу́, -чи́шь; -чённый] (**-ся** sich) verloben.

обру́|шивать [1], <~шить> [16] umstürzen; umstoßen; **-ся** zs.-, einstürzen; herfallen (на В über *ac.*).

обры́в *m* [1] steiler (*od.* jäher) Abhang; **~а́ть** [1], <оборва́ть> [-ву́, -вёшь; -ва́л, -вала́, -о; обо́рванный] (ringsum) abreißen, abpflükken; *j-n* heruntermachen; обо́рванный *a.* zerlumpt; **-ся** (zer)reißen; herunterfallen; stocken (*beim Reden*); **~истый** [14*K*.] steil, jäh; **~ок** *m* [1; -вка] abgerissenes Stück *n*, Fetzen; Bruchstück *n* (*a. fig.*).

обры́з|гивать, <~гать> [1], *einm.* <~нуть> [20] bespritzen.

обрю́зглый [14] schlaff, welk (*Gesicht u. dgl.*); beleibt; aufgedunsen.

обря́д *m* [1] Gebrauch; Zeremonie *f*; **~ность** *f* [8] Zeremoniell *n*, Ritual *n*.

обря|жа́ть [1], <~ди́ть> [15; -яжу́, -яди́шь; -я́женный] bekleiden, schmücken.

оса́|дка *f* [5; *g/pl.*: -док] Bepflanzung; **~живать** [1], <~ди́ть> [15] be-, um-pflanzen.

обса́сывать [1], <обсоса́ть> [-осу́, -осёшь; -о́санный] besaugen.

обса́ха|ривать [1], <~рить> [13] über-, be-zuckern.

обсева́ть [1], <обсе́ять> [27] besäen.

обсеме|ня́ть [28], <~ни́ть> [13] besamen.

обсерва|то́рия *f* [7] Observatorium *n*, Sternwarte; **ˈ~ция** *f* [7] Beobachtung.
обсе́ять *s.* обсева́ть.
обсле́довать [7] (*im*)*pf.* untersuchen, nachprüfen.
обслу́га *f* [5] Betreuungs-, Versorgungs-dienste *pl.*, -brigade (*bsd. in Arbeits- u. anderen Lagern*).
обслу́ж|ивать [1], <~и́ть> [16] bedienen, betreuen.
обсоса́ть *s.* обса́сывать.
обсо́х|лый [14] vertrocknet; **~нуть** *s.* обсыха́ть.
обставля́ть [28], <обста́вить> [14] umstellen, besetzen (T mit); (*Wohnung usw.*) ausstatten, einrichten; (*mit Zeremoniell*) verbinden; (*fig.*) prellen.
обстано́|вка *f* [5; *g/pl.*: -вок] Ausstattung, Einrichtung, Mobiliar *n*; Lage; **~вочный** [14] Ausstattungs-...; ~вочная пье́са *f* (*Thea.*) Dekorationsstück *n*.
обстоя́тель|ный [14; -лен, -льна] umständlich, ausführlich; **~ственный** [14] (*Gram.*) adverbial; **~ство** *n* [9] Umstand *m*; Verhältnis.
обстоя́ть [*nur 3. Pers.*: -ои́т] sein, sich verhalten; как обстои́т де́ло с ... (T)? wie steht es mit ...?
обстра́гивать ⊕, <обстрога́ть> [1; обстро́ганный] behobeln.
обстр|а́ивать [1], <~о́ить> [13] bebauen.
обстре́л *m* [1] Beschießung *f*, Beschuß; **~ивать** ⚔ [1], <~я́ть> [2] beschießen; **~янный** ⚔ [14*K.*] kampferfahren, fronterfahren.
обстрига́ть [1], <обстри́чь> [26; г, ж *statt* к, ч: -игу́, -ижёшь; *pt. st.*] (**-ся** sich) (*die Haare*) (ringsum) beschneiden (lassen).
обстрога́ть *s.* обстра́гивать.
обстро́ить *s.* обстра́ивать.
обстру́кция *f* [7] (*Parlament*) Obstruktion.
обсту|па́ть [1], <~пи́ть> [14] umgeben, umringen, umstehen.
обсу|жда́ть [1], <~ди́ть> [15; обсуждённый] erörtern, besprechen.
обсу́|шивать [1], <~ши́ть> [16] (aus)trocknen lassen, abtrocknen.
обсчи́|тывать, <~та́ть> [1; обсчи́танный] (beim Rechnen) übervorteilen *od.* betrügen (на B um); **-ся** sich verrechnen.
обсыпа́ть [1], <обсы́пать> [2] bestreuen.
обсыха́ть [1], <обсо́хнуть> [21] trocken werden, (aus)trocknen.
обта́чивать [1] **1.** <обточи́ть> [16] abdrechseln; (zu)spitzen; **2.** <обтача́ть> [1; обта́чанный] (*Schuhe*) absteppen.
обтека́е|мый [14] Stromlinien...; автомоби́ль *m* ~мой фо́рмы Stromlinienauto *n*.
обтёсывать [1], <обтеса́ть> [3] (*Steine, Holz usw.*) behauen; (*fig.*) F abschleifen (*Manieren*).
обтир|а́ть [1], <обтере́ть> [12; оботру́; обтёр; *g. pt. a.*: -тёрши *u.* -терёв] abwischen, abreiben; **~ка** (-ˈţir-) *f* [5; *g/pl.*: -рок] Abwischen *n*, Abreibung.
обточи́ть *s.* обта́чивать.
обтрёпанный [14*K.*] abgetragen, ausgesetzt, zerlumpt.
обтя́|гивать [1], <~ну́ть> [19] beziehen, überziehen; bereiten; **~жка** *f* [5] Be-, Über-ziehen *n*; в ~жку eng anliegend, prall.
обу|ва́ть [1], <обу́ть> [18] mit Fußbekleidung versehen, beschuhen; (*Auto*) bereifen; **~вь** (ˈɔ-) *f* [8] Fußbekleidung, Schuh-werk *n*, -zeug *n*; магази́н *m* ~ви Schuhwarenladen.
обу́г|ливать [1], <~лить> [13] (ver-)kohlen.
обу́|живать [1], <~зить> [15] enger machen (*Ärmel u. d. l.*).
обу́за *f* [5] Last, schwere Bürde, Sorge.
обу́з|дывать, <~да́ть> [1; обу́зданный] bändigen, zügeln.
обурева́ть [1; *nur 3. Pers.*] bestürmen.
обусло́|вливать [1], <~вить> [14] (sich aus)bedingen (T durch), sich vorbehalten.
обу́ть *s.* обува́ть.
о́бух *m* [1; о́буха *u.* обуха́] (*Beil- usw.*) Rücken.
обу|ча́ть [1], <~чи́ть> [16] (B/Д *j-n et.*) lehren, (*j-n* in *dat.*) unterrichten; **-ся** (Д) lernen, studieren.
обхва́т *m* [1] Umfassen *n*, Umfassung *f*; де́рево *n* в два ~а Baum *m*, den zwei Mann umfassen können; **~ывать** [1], <~и́ть> [15] umfassen, erfassen.
обхо́д *m* [1] Umgehung *f*; Umweg; Runde *f*; Umhergehen *n*; Patrouille *f* (*zu Fuß*); **~и́тельный** [14; -лен, -льна] umgänglich, gesellig; **~и́ть**

[15], <обойти́> [обойду́, -дёшь; обошёл, -шла́; обоше́дший; -ойдённый; обоше́дши *u.* обойдя́] herumgehen um; durch-wandern, -gehen; um-, über-gehen (молча́нием mit Stillschweigen); **-ся,** <обойти́сь> zu stehen kommen, kosten; umgehen (с T mit); ~и́ться без (P) fertig werden (*od.* abgehen) ohne, entbehren (können).

обхожде́ние *n* [12] Umgang *m.*

обчища́ть [1], <обчи́стить> [15] reinigen, putzen; ausbeuteln.

обша́|ривать [1], <~рить> [13] durchwühlen, durchsuchen.

обши|ва́ть [1], <обши́ть> [обошью́, -шьёшь; обше́й(те)!; -ши́тый] besetzen; Kleider (*od.* Wäsche) nähen (B für *j-n*); be-, ver-kleiden, verschalen (*mit Brettern*); **~вка** (-ˈʃɨf-) *f* [5] Besetzen *n*; Besatz *m*; Bekleidung (*mit Brettern*).

обши́рный [14; -рен, -рна] umfangreich, ausgedehnt.

обши́ть *s.* обшива́ть.

обшла́г *m* [1*e.*; *pl.*: -га́] Aufschlag (*bsd. am Ärmel*).

обща́ться [1] Beziehungen (*od.* Verkehr) unterhalten (с T mit).

обще... (*in Zssgn*) all..., gemein...; **~досту́пный** [14; -пен, -пна] allen (*od.* jedem) zugänglich; erschwinglich; allgemeinverständlich; **~жите́йский** [16] gewöhnlich, alltäglich; **~жи́тельный** [14; -лен, -льна] gesellschaftlich verträglich; **~жи́тие** *n* [12] gemeinschaftliches (*od.* geselliges) Leben (*in Schulen usw.*), Gemeinleben; Gemeinschaftswohnung *f*; студе́нческое ~жи́тие Studentenheim; **~изве́стный** [14; -тен, -тна] allbekannt.

обще́ние *n* [12] Gemeinschaft *f*; (gegenseitiger) Verkehr *m.*

обще|обяза́тельный [14; -лен, -льна] obligatorisch, Pflicht...; **~поле́зный** [14; -зен, -зна] gemeinnützig; **~поня́тный** [14; -тен, -тна] gemeinverständlich; **~при́нятый** [14*K.*] allgemein üblich, landläufig.

обще́ствен|ность *f* [8] Gemeinwesen *n*; **~ный** [14] gemeinschaftlich, öffentlich; Gemein(de)...

о́бщество *n* [9] Gesellschaft *f*; Verein *m*; Gemeinde *f.*

обще|употреби́тельный [14; -лен, -льна] allgemein gebräuchlich; **~устано́вленный** [14*K.*] üblich.

о́б|щий [17] gemein(schaftlich), allgemein; Total..., Gesamt...; ~щий стол *m* Wirtstafel *f*, Table d'hote *f*; ~щее голосова́ние *n* Urabstimmung *f*; ~щее ме́сто *n* (*fig.*) Gemeinplatz *m*; в ~щей сло́жности zusammenfassend; де́лать ~щее де́ло an e-m Strang ziehen; в ~щем и це́лом im großen und ganzen.

о́бщин|а *f* [5] (*hist.*) Gemeinde; gemeinschaftlicher Besitz *m*; **~ный** [14] Gemeinde...

общи́|пывать [1], <~па́ть> [2] (aus)rupfen.

общи́тельный [14; -лен, -льна] umgänglich, leutselig.

о́бщность *f* [8] Gemeinschaft.

общо́ F in großen (groben) Zügen (*z.B. darstellen*), ohne Einzelheiten.

объего́|ривать P [1], <~рить> [13] betrügen.

объеда́ть [1], <объе́сть> [-е́м, -е́шь, -е́ст, -еди́м, -еди́те, -едя́т; -е́л; -е́шь(те)!; -е́денный] benagen; schmarotzen bei, auf *j-s* Kosten leben; **-ся** sich überessen.

объеди|не́ние *n* [12] Vereinigung *f*; **~ня́ть** [28], <~ни́ть> [13] verein(ig)en; Объединённые На́ции *f/pl.* die Vereinten Nationen.

объе́дки *m/pl.* [1] Überbleibsel *n/pl.* vom Essen; Speisereste.

объе́|зд *m* [1] Umfahrt *f*, Rundfahrt *f*; Umweg; reitende Wache *f*; **~здчик** *m* [1] berittener (Strand-, Forst- usw.) Wächter; Bereiter; **~зжа́ть** [1] **1.** <~хать> [-е́ду, -е́дешь] herumfahren um; bereisen; überholen; **2.** <~здить> [15] zureiten; bereisen.

объе́кт *m* [1] Objekt *n*, Gegenstand.

объекти́в *m* [1] Objektiv(glas) *n*; **~ный** [14; -вен, -вна] objektiv, gegenständlich, unparteiisch.

объём *m* [1] Umfang, Rauminhalt; **~истый** [14*K.*] umfangreich; **~ный** [14] erhaben, körperhaft.

объе́сть *s.* объеда́ть.

объе́хать *s.* объезжа́ть.

объя|вле́ние *n* [12] Ankündigung *f*, Anzeige *f*, Bekanntmachung *f*; (*a.* ~вле́ние в газе́тах) Inserat; ~вле́ние войны́ Kriegserklärung *f*; † ~вле́ние о несостоя́тельности Insolvenzerklärung *f*; **~вля́ть** [28], <~ви́ть> [14] ankündigen, anzeigen, bekanntmachen; (*Krieg usw.*) erklären; ~влять в газетах inserieren (*a. v/i.* ~влять о П); с объявленной ценностью mit Wertangabe.

объядение *n* [12] Über-essen, -sättigung *f*.

объяс|нение *n* [12] Erklärung *f*, Erläuterung *f*; Auseinandersetzung *f*; ~нение в любви Liebeserklärung *f*; **~нительный** [14] erklärend; **~нять** [28], <~нить> [13] erklären, erläutern; ~нимый erklärbar; **-ся** sich erklären *od.* aussprechen; sich auseinandersetzen (с Т mit).

объят|ие *n* [12] Umarmung *f*; в ~иях umarmt, in den Armen; принять с распростёртыми ~иями mit offenen Armen aufnehmen; **~ь** *s.* обнимать.

обыватель *m* [4] Ein-, Be-wohner; (*fig.*) Spießer.

обыгр|ывать, <~ать> [1; обыгранный] (*im Spiel*) besiegen, schlagen; abgewinnen; ♪ (*ein Instrument*) einspielen.

обыденный [14] Eintags...; täglich; gewöhnlich.

обыдёнщина F *f* [5] (*ver.*) Alltägliche(s) *n*; серая ~ der graue Alltag.

обыкновен|ие *n* [12] Gewohnheit *f*; Gebrauch *m*; по ~ию wie üblich, herkömmlich; **~ный** [14; -енен, -енна] gewöhnlich, üblich; einfach.

обыск *m* [1] Durchsuchung *f*; домашний ~ Haussuchung *f*; личный ~ Leibesvisitation *f*; **~ивать** (-'bɨs-) [1], <~ать> [3] durchsuchen.

обыч|ай *m* [3] Gebrauch, Sitte *f*; Gewohnheit *f*; **~ный** [14; -чен, -чна] gebräuchlich, üblich; Gewohnheits...

обязан|ность *f* [8] Verpflichtung, Pflicht, Schuldigkeit; **~ный** [14; -ан, -ана] verpflichtet, schuldig; этим я вам очень обязан dafür bin ich Ihnen sehr verbunden.

обязатель|ный [14; -лен, -льна] verbindlich, verpflichtend, obligatorisch; fest, bindend; ~но sicher (-lich); **~ство** *n* [9] Verbindlichkeit *f*, Verpflichtung *f*; без ~ства unverbindlich; ☨ freibleibend.

обязывать [1], <обязать> [3] verpflichten, verbindlich machen, verbinden; *vgl. a.* обязанный; **-ся** sich verpflichten.

ОВ (отравляющее вещество *n*) ⚔ ⚗ (*ehm.*) Kampfstoff *m*.

овдове|лый [14] verwitwet; **~ть** [8] *pf.* Witwe(r) sein *od.* bleiben.

овёс *m* [1; овса] Hafer.

овеч|ий [18] Schaf...; **~ка** *f* [5; *g/pl.*: -чек] Schäfchen *n*.

овин *m* [1] Korn-, Getreide-darre *f*.

овладевать [1], <овладеть> [8] (Т) sich bemächtigen (*gen.*), Besitz nehmen *od.* ergreifen (von).

овод *m* [1; *pl. a.*: -а] (*Zool.*) Bremse.

овощ|и *m/pl.* [1; *ab gen. e.*: -ей] Gemüse *n*; **~ник** *m* [1 *e.*] Gemüsehändler; **~ной** [14] Gemüse...

овра|г *m* [1] Schlucht *f*; **~жный** [14] Schluchten...

овсинка *f* [5; *g/pl.*: -нок] (einzelner) Hafer-halm *m*, -korn *n*.

овсянка *f* [5; *g/pl.*: -нок] Hafersuppe; Gartenammer (*Vogel*).

овца *f* [5; *pl. st.*: овцы, овец, овцам] Schaf *n*.

овцевод *m* [1] Schafzüchter; **~ство** *n* [9] Schafzucht *f*.

овчар *m* [1] Schafhirt, Schäfer; **~ка** *f* [5; *g/pl.*: -рок] Schäferhund *m*; **~ня** *f* [6; *g/pl.*: -рен] Schafhürde, Schafstall *m*.

овчин|(к)а *f* [5; (*g/pl.*: -нок)] Schaf-, Lamm-fell *n*; мне небо с ~ку показалось (*Spr.*) ich hörte die Engel im Himmel singen, mir wurde schwarz vor Augen.

огарок *m* [1; -рка] Licht-stummel, -stumpf.

ОГИЗ (Объединение *n* государственных издательств СССР) OGIS (Vereinigung *f* der Staatsverlage der UdSSR).

оглавление *n* [12] Inhaltsverzeichnis.

огла|ска *f* [5] Bekanntwerden *n*; **~шать** [1], <~сить> [15; -ашу, -асишь; -ашённый] verkünd(ig)en, bekanntmachen; (*Verlobte*) aufbieten; (*die Luft*) durchtönen, durchschallen, erfüllen; **~шение** *n* [12] Verkünd(ig)ung *f*, Bekanntmachung *f*; Aufgebot; не подлежит ~шению! vertraulich!; **~шенный** F [14] rasend, verrückt; кричит как ~шенный er schreit wie am Spieß.

оглобля *f* [6; *g/pl.*: -бель] Deichsel (-stange).

оглу|шать [1] *s.* глушить; **~шительный** [14; -лен, -льна] ohrenbetäubend.

огля́|дка *f* [5] Vorsicht, Umsicht; Zurückhaltung; без ~дки ohne sich umzusehen; **~дывать** [1], <~де́ть> [11], *einm.* <~ну́ть> [19] (genau *od.* ringsum) besehen, betrachten; überblicken; **-ся** (наза́д) sich umsehen, zurückblicken, zurückschauen; не успе́л ~ну́ться, как ... im Handumdrehen ...

огне|ды́шащий [17] feuerspeiend; **~мёт** ⚔ *m* [1] Flammenwerfer.

о́гненный [14] feurig; Feuer...; ~ шар *m* Leuchtkugel *f*.

огне|опа́сный [14; -сен, -сна] feuergefährlich; **~покло́нник** *m* [1] Feueranbeter; **~припа́сы** ⚔ *m/pl.* [1] Munition *f*; **~сто́йкий** [16] *s.* ~упо́рный; **~стре́льный** [14] zum Schießen (dienend); Schieß..., Feuer...; **~туши́тель** *m* [4] Feuerlöschapparat; **~упо́рный** [14; -рен, -рна] feuerfest, feuersicher; **~упо́ры** *m/pl.* [1] feuerfeste Stoffe.

огни́во *n* [9] Stahl *m* (*zum Feuerschlagen*).

огни́ще *n* [11] (verlassene) Feuerstelle *f*; Waldrodung *f*.

ого́ oho!

огова́ривать [1], <оговори́ть> [13] (sich) vorbehalten; vereinbaren; verleumden; **-ся** sich versprechen; einen Vorbehalt machen.

огово́р *m* [1] Beschuldigung *f*; **~ка** *f* [5; *g/pl.*: -рок] Vorbehalt *m*; с ~кой mit (*od.* unter) Vorbehalt, vorbehaltlich.

оголте́лый [14] ausgelassen, närrisch.

оголя́ть [28], <оголи́ть> [13] entblößen.

огонёк *m* [1; -нька́] Flämmchen *n*; Licht *n*.

ого́нь *m* [4; огня́] Feuer *n* (*a. fig.*), Licht *n*; развести́ ~ Feuer (an-) machen; днём с огнём не найдёшь F unauffindbar; иска́ть днём с огнём wie eine Stecknadel suchen; попа́сть из огня́ да в по́лымя (*Spr.*) aus dem Regen in die Traufe kommen.

огора́живать [1], <огороди́ть> [15; -ожу́, -о́ди́шь; -о́женный] umgeben (Т mit); ~ забо́ром umzäunen.

огоро́д *m* [1] Gemüsegarten; **~ник** *m* [1] Gemüsegärtner; **~ничество** *n* [9] Gemüsebau *m*.

огоро́|шивать [1], <~шить> [16] bestürzt (*od.* stutzig) machen; verblüffen.

огор|ча́ть [1], <~чи́ть> [16; -чу́, -чи́шь; -чённый] betrüben, kränken; **~чи́тельный** [14; -лен, -льна] betrübend, kränkend.

ограбле́ние *n* [12] Beraubung *f*, Raub *m*.

огра́да *f* [5] Einfried(ig)ung, (Schutz-)Mauer, Gitter *n*.

огра|жда́ть [1], <~ди́ть> [15; -ажу́, -ади́шь; огражде́нный] einfried(ig)en, umgeben (Т mit); (~жда́ть забо́ром) umzäunen; (be-) schützen; **~жде́ние** *n* [12] Einfried(ig)ung *f*; (~жде́ние забо́ром) Umzäunung *f*; Schutz *m*.

ограни|че́ние *n* [12] Be-, Einschränkung *f*; Begrenzung *f*; без ~че́ния unbeschränkt; **~ченность** (-ˈŋi-) *f* [8] Beschränktheit; **~ченный** (-ˈŋi-) [14*K.*] begrenzt; beschränkt; borniert; **~чивать** (-ˈŋi-) [1], <~чить> (-ˈŋi) [16] begrenzen; be-, ein-schränken (в П in *dat.*); **-ся** sich beschränken (Т auf *ac.*); **~чи́тельный** [14; -лен, -льна] beschränkend.

огреба́ть [1], <огрести́> [25; б *statt* д: -ебу́; *pt.*: -ёб, -ебла́] zs.-kratzen, -scharren; P (*Geld*) zs.-kratzen.

огре́ть P [8; огре́тый] eins überziehen (В j-m).

огре́х 🌱 *m* [1] Bodenglatze *f* (*ausgelassene od. schlecht bestellte, besäte Stelle*).

огро́мный [14; -мен, -мна] sehr groß, riesig, ungeheuer, kolossal.

огрубе́лый [14] grob, rauh; (*fig.*) verroht.

огры|за́ть F [1], <огры́зть> [24; *pt. st.*: -ы́з, -зла] benagen; **-ся** (sich) zanken, bissig sein; (*fig.*) bissig antworten; **~зок** (-ˈgrɨ-) *m* [1; -зка] abgenagter Knochen, Überbleibsel *n* vom Nagen.

огу́зок *m* [1; -зка] Schwanzstück *n*.

огу́льный [14; -лен, -льна] wahllos, in Bausch u. Bogen, summarisch.

огур|е́ц *m* [1; -рца́] Gurke *f*; **~е́чный** [14] Gurken...; **~чик** (-ˈgur-) *m* [1] kleine Gurke *f*.

ода́|ривать [1], **~ря́ть** [28], <~ри́ть> [13] beschenken; begaben.

одева́ть [1], <оде́ть> [-е́ну, -е́нешь; -е́нь(те)!; -е́тый] *j-n* anziehen (*a. Rock*), ankleiden, bekleiden (в В mit).

оде́жда *f* [5] Kleidung; Kleid *n*; произво́дственная ~ Arbeitskleidung; фо́рменная ~ Uniform.

одёжк|а: по ~е протя́гивать но́жки (*Spr.*) sich nach der Decke strecken.

одеколо́н *m* [1] Kölnischwasser *n*.

оде|ля́ть [28], <~ли́ть> [13] beschenken.

одёр F (*ver.*) *m* [1; одра́] alter, klappriger Gaul.

одеревене́|лый [14] holzig (*od.* hart) geworden; erstarrt; **~ть** *s.* деревене́ть.

одер|живать [1], <~жа́ть> [4] erlangen; ~живать верх *od.* побе́ду den Sieg davontragen, die Oberhand gewinnen (над Т über *ac.*); **~жи́мый** [14 *K.*] (Т) befallen (von), leidend (an *dat.*).

оде́ть *s.* одева́ть.

одея́|ло *n* [9] Bettdecke *f*, Decke *f*; стёганое ~ло Steppdecke *f*; **~льце** *n* [11; *g/pl.*: -лец] kleine Bettdecke *f*.

оди́н *m*: ~, одна́ *f*, одно́ *n*, одни́ *pl.* [33] ein(e); allein; в одно́ окно́ einfenstrig; все до одного́ alle zusammen, sämtlich; ~ друго́го (друго́му) einander; ~ за други́м hintereinander; ~ на ~ unter vier Augen; ~ на одного́ Mann gegen Mann; э́то всё одно́ das ist alles eins; ~ в по́ле не во́ин (*Spr.*) einer allein ist machtlos; ~-одинёшенек mutterseelenallein; все, как ~ F einstimmig.

одина́кий [16] gleich.

одина́ковый [14*K.*] gleich(artig), identisch.

одинё|хонек, ~шенек [16] mutterseelenallein.

оди́ннадца|тый [14] elfte(r); ~тая (часть) *f* Elftel *n*; *vgl.* восьмо́й; **~ть** [35] elf; ~тью elfmal.

одино́кий [16 *K.*] einsam, allein; ledig, alleinstehend.

одино́ч|ество *n* [9] Einsamkeit *f*; **~ка** [5; *g/pl.*: -чек] **1.** *m/f* alleinstehender Mensch *m*; в ~ку allein; по ~ке einer nach dem andern; **2.** *f* Einer *m* (*Boot*); Einzelzelle *f*; **~ный** [14] einzeln; Einzel...

Одиссе́я *f* [6] Odyssee.

одича́лый [14] verwildert.

одна́жды einmal, einst.

одна́ко, ~ж(е) aber, (je)doch, indessen; allerdings; ~! da hört doch alles auf!

одно́ *s.* оди́н; (*in Zssgn mst*) ein..., gleich... (*s. a.* едино...); **~бо́ртный** [14] einreihig (*Rock*); **~вре́менный** [14] gleichzeitig; **~го́рбый** [14]: ~го́рбый верблю́д *m* einhöck(e)riges Kamel *n*, Dromedar *n*; **~дне́вка** *f* [5; *g/pl.*: -вок] (*Zool.*) Eintagsinsekt *n*, Eintags...; ба́бочка-однодне́вка Eintagsschmetterling *m*; **~зна́чащий** [17] gleichbedeutend; **~зна́чный** 🕭 [14] einstellig; gleichbedeutend; ~зна́чные слова́ *n/pl.* Synonyme; **~имённый** [14] gleichnamig; **~ка́шник** *m* [1] Dienst-, Tisch-genosse, (Schul- *usw.*) Kamerad; **~кла́ссник** *m* [1] Klassenkamerad; **~коле́йный** [14] einspurig; **~ко́лка** *f* [5; *g/pl.*: -лок] zweiräd(e)riger Wagen *m*; **~копы́тный** [14] einhufig; ~копы́тное (живо́тное) *n* Einhufer *m*; **~кра́тный** [14; -тен, -тна] einmalig; **~ле́тний** [15] einjährig; **~лёток** *m* [1; -тка] Gleichjährige(r), -alterige(r); Einjährige(r); **~ме́стный** [14] einsitzig; **~обра́зие** *n* [12] Einförmigkeit *f*, Einerlei; **~племе́нный** [14] stammverwandt; **~полча́нин** ⚔ *m* [1; *pl.*: -а́не, -а́н] Regimentskamerad; **~по́лый** [14] einschößig (*Rock*); eingeschlechtig; **~пу́тка** F *f* [5; *g/pl.*: -ток] eingleisige Eisenbahn; **~ро́дный** [14; -ден, -дна] gleichartig; **~сельча́нин** *m* [1; -а́не, -а́н] Dorfgenosse; **~сло́жный** [14; -жен, -жна] einsilbig (*a. fig.* = wortkarg); **~сосло́вник** *m* [1] Standesgenosse; **~спа́льный** [14] einschläf(e)rig (*Bett*); **~ство́льный** ⚔ [14] einläufig (*Gewehr*); **~ство́рчатый** [14] einflüg e lig (*Tür*); einschalig (*Molluske*); **~сторо́нний** [15] einseitig; **~фами́лец** *m* [1; -льца] Namensvetter (*durch den Familiennamen*); **~цве́тный** [14] einfarbig; ⚘ einblumig.

одо|бре́ние *n* [12] Billigung *f*, Gutheißen, Beifall *m*; **~бри́тельный** [14; -лен, -льна] billigend, beifällig; **~бря́ть** [28], <одо́брить> [13] billigen, gutheißen.

одолева́ть [1], <одоле́ть> [8] überwältigen, -winden.

одол|жа́ть [1], ~жи́ть [16; -жу́, -жи́шь] (Д/В *j-m et.*) leihen; (В/Т *j-n durch et.*) verpflichten, verbinden; **~же́ние** *n* [12] Gefälligkeit *f*; сде́лайте ~же́ние! bitte sehr; tun Sie

mir den Gefallen!; seien Sie so gut *od.* gütig!
одома́шн|ивать [1], ‹~ить› [13] zähmen (*Tiere*).
одр *m* [1*e.*] Bett *n*; Totenbahre *f*.
одува́нчик ⚘ *m* [1] Löwenzahn.
оду́мываться, ‹оду́маться› [1] sich (anders) besinnen.
о́дурь *f* [8] Betäubung, Geistesabwesenheit; ~ берёт его́ (~ напа́ла на него́) er verliert (verlor) den Kopf *od.* die Sinne.
одуря́ть [28] betäuben; berauschen.
одутлова́тый [14*K.*] aufgedunsen.
одухотворённый [14] durchgeistigt.
одуше|вля́ть [28], ‹~ви́ть› [14; -влю́, -ви́шь; -влённый] beseelen, begeistern.
оды́шка ⚕ *f* [5] Atemnot, Kurzatmigkeit, Asthma *n*.
ожере́лье *n* [10] Halsschmuck *m*.
ожесто|ча́ть [1], ‹~чи́ть› [16; -чу́, -чи́шь; -чённый] erbittern.
оже́чь *s.* обже́чь.
ожи|ва́ть [1], ‹ожи́ть› [-иву́, -ивёшь; о́жил, -а́, -о] auferstehen; aufleben; **~ви́ть** *s.* оживля́ть, живи́ть; **~вля́ть** [28], ‹~ви́ть› [14; -влю́, -ви́шь; -влённый] beleben; auferwecken; **~влённый** belebt; verkehrsreich; **-ся** sich beleben, aufleben.
ожида́льня F *f* [6; *g/pl.*: -лен] Warteraum *m*.
ожида́|ние *n* [12] Erwartung *f*; она́ в ~нии F sie ist guter Hoffnung (in anderen Umständen); **~ть** [1] (P *od.* B) erwarten, warten (auf *ac.*); его́ ожида́ет ... er hat zu gewärtigen.
ожи́ть *s.* ожива́ть.
ожо́г *m* [1] Brandwunde *f*; Brandmal *n*.
озабо́|чивать [1], ‹~тить› [15] beunruhigen (T wegen); **-ся** besorgt sein (T um).
озагла́|вливать [1], ‹~вить› [14] betiteln.
озада́|чивать [1], ‹~чить› [16] stutzig (*od.* bestürzt) machen, bestürzen.
оза|ря́ть [28], ‹~ри́ть› [13] erleuchten, bescheinen; меня́ озари́ло F mir ging ein Licht auf.
озвере́ть [8] *pf.* zum Tier werden, vertieren.
озву́ч|ивать [1], ‹~ить› [16] (*Film*) vertonen, tönend machen, synchronisieren.
оздо|ра́вливать [1], ‹~рови́ть› [14] gesund machen; ertüchtigen; **~ровле́ние** *n* [12] Genesung *f*, Gesundung *f*; Ertüchtigung *f*.
озелене́ние *n* [12] Grünanpflanzung *f*.
о́земь zu Boden.
озёрный [14] See... [*m*.
о́зеро *n* [9; *pl.*: озёра] (Land-)See
ози́м|ый [14]: ~ые (хлеба́) *m/pl.* = **~ь** ('ɔ-) *f* [8] Wintersaat.
озира́ть [1] ringsum an-, be-sehen; **-ся** (вокру́г) sich umsehen, Umschau halten.
озло|бле́ние *n* [12] Erbostheit *f*, Ingrimm *m*; **~бля́ть** [28] *s.* злоби́ть.
ознакомля́ть [28], ‹ознако́мить› [14] bekannt (*od.* vertraut) machen (с T mit); **-ся** sich vertraut machen.
ознамено́|вывать [1], ‹~ва́ть› [7] auszeichnen; verherrlichen; *s.* знаменова́ть.
означа́ть [1], ‹озна́чить› [16] bezeichnen, angeben; bedeuten.
озно́б *m* [1] Frösteln *n*, Schaudern *n*.
озолоти́ть [15; -лочу́, -лоти́шь; -лочённый] *pf.* vergolden, bereichern.
озо́н *m* [1] Ozon.
озорни́|к *m* [1*e.*] Wildfang; Raufbold; **~ча́ть** [1] Unfug treiben, mutwillige Streiche verüben.
озор|но́й [14] mutwillig, ausgelassen; händelsüchtig; **~ство́** *n* [9] Unfug *m*.
ой ach!; P ~ ли? wirklich?; ой-ой-ой (ɔjɔj'ɔj) o weh!, ei, ei!, ach!; ~ како́й F beträchtlich, fühlbar.
ока́зия *f* [7] Gelegenheit(skauf *m*); günstige Gelegenheit; (seltener, ungewöhnlicher) Fall *m*, (*desgleichen*) Begebenheit.
ока́зывать [1], ‹оказа́ть› [3] erweisen, bezeigen; (*Hilfe*) leisten; (*Einfluß*) ausüben (на B auf *ac.*); **-ся** sich erweisen *od.* herausstellen (T als); sich vorfinden.
окай|мля́ть [1] ‹~ми́ть› [14; -млю́, -ми́шь] einfassen, besetzen; umrahmen.
ока́лина ⊕ *f* [5] Zunder *m*, Hammerschlag *m*.
окамене́лый [14] versteinert, fossil.
оканто́вка *f* [5; *g/pl.*: -вок] Umrahmung, -randung; Vorstoß *m* (*an der Uniform*).

ока́нчивать [1], ‹око́нчить› [16] (be)end(ig)en, (be)schließen; (*e-n Lehrkursus*) absolvieren, durchmachen; **-ся** zu Ende gehen, ablaufen.

о́канье *n* [10] (*Ling.*) o-Aussprache des unbetonten o.

ока́пывать, ‹окопа́ть› [1; око́панный] umgraben, umschanzen; **-ся** sich verschanzen, sich ver-, eingraben.

ока́рмливать [1], окорми́ть [14] überfüttern; mit Nahrung (*od.* Futter) vergiften.

о́кать [1] unbetontes o als o aussprechen.

ока́чивать [1],‹окати́ть›[15] begießen (*z.B. im Bad*); ~(ся) ду́шем (sich) duschen.

окая́нный [14] verflucht, verdammt; P Teufel *m*.

океа́н *m* [1] Ozean.

оки́дывать [1], ‹оки́нуть› [20] (T) bewerfen (mit); ~ взо́ром *od.* глаза́ми überblicken, überschauen.

окис|а́ть [1] *v/i.* oxydieren; **~лый** (-ˈķis-) oxydiert; **~ля́ть** [28], ‹~ли́ть› [13] *v/t.* oxydieren.

о́кись *f* [8] Oxyd *n*.

оккупи́ровать ⚔ [7] (*im*)*pf.* okkupieren, besetzen.

окла́д *m* [1] Beschlag (*an Heiligenbildern*); festgesetzte Steuer *f*; (etatmäßiges) Gehalt *n*; Deputat *n*; **~и́стый** [14*K.*]: ~и́стая борода́ *f* Vollbart *m*; **~но́й** [14] laut Steuerregister festgesetzt; etatmäßig.

о́клик *m* [1] Anruf(ung *f*); Zuruf; **~а́ть** [1], ‹окли́кнуть› [20] (B) *j-n* anrufen; *j-m* zurufen.

окно́ *n* [9; *pl.*: о́кна, о́кон, о́кнам] Fenster; слухово́е ~ Bodenluke *f*, Dachfenster; в одно́ ~ einfenstrig.

о́ко *n* [9; *pl.*: о́чи, оче́й] ✎ (*u.poet.*) Auge.

око́вка *f* [5; *g/pl.*: -вок] Beschlag *m*.

око́вы *f/pl.* [5] Fesseln, Ketten.

око́вывать [1],‹окова́ть›[7; окую́, окуёшь; око́ванный] (*Räder*) beschlagen; fesseln.

окола́чиваться P [1] (*ver.*) herumlungern.

околдо́|вывать [1],‹~ва́ть›[7] bezaubern, behexen.

околева́ть [1], ‹околе́ть› [8] krepieren, verrecken.

околёсица *f* [5] Unsinn *m*, dummes Zeug *n*, F Quatsch *m*.

око́лица *f* [5] Einfried(ig)ung, Gehege *n*; (nächste) Umgebung (*e-s Ortes*).

околи́чно|сть *f* [8] Weitschweifigkeit; без ~стей ohne Umschweife.

о́коло (P) um (... herum) neben, an, in der Nähe von; gegen, ungefähr, etwa, zirka.

околопло́дник ⚘ *m* [1] Fruchthülle *f*, Samengehäuse *n*.

около́то|к *m* [1; -тка] (*ehm.*) Polizeirevier *n*; Umkreis, Nachbarschaft *f*; **~чный** [14] Revier...; (*ehm.*) ~чный (надзира́тель) *m* Polizeirevieraufseher.

околпа́ч|ивать [1],‹~ить›[16] zum Narren halten; betrügen.

око́лыш *m* [1; *g/pl.*: -ей] Verbrämung *f*; ~ (фура́жки) Mützenrand.

око́льный [14] umliegend, benachbart; ~ путь *m* Um-, Ab-weg.

оконе́чност|ь *f* [8] (äußerstes) Ende *n*; ~и *pl.* Extremitäten.

око́н|ница *f* [5] Fensterrahmen *m*; **~ный** [14] Fenster...; **~це** *n* [11; *pl.*: -цы, -цев] Fensterchen.

окон|ча́ние *n* [12] Beendigung *f*, Schluß *m*; Endung *f* (*e-s Wortes*); Absolvierung *f* (*e-s Lehrkursus*); **~ча́тельный** [14] schließlich, endgültig; Schluß...; ˈ**~чить** *s.* ока́нчивать.

око́п *m* [1] (*mst pl.*) Erdwall, Verschanzung *f*; Schützengraben; **~а́ть** *s.* ока́пывать.

о́корок *m* [1; *pl. e.*: -ка́] (ganzer) Schinken; Schenkel, Hinterviertel *n* (*der Tiere*).

окостене́лый [14] verknöchert.

окочене́лый [14] erstarrt.

окочу́риться P [14] abkratzen, ins Gras beißen.

око́ш|ечко *n* [9; *pl.*: -чки, -чек] Fensterchen; **~ко** *n* [9; *pl.*: -шки, -шек] Fenster; F (*Schule*) Freistunde *f*.

окра́ина *f* [5] (äußerster) Rand *m*, Grenze; Grenzgebiet *n*, abgelegener Teil *m od.* Ort *m*.

окра́|ска *f* [5] Anstreichen *n*; Anstrich *m*; **~шивать** [1],‹~сить›[15] (an)streichen.

окре́пший [17] hart (*od.* stark) geworden.

окре́ст (P) um (... herum); **~ность** *f* [8] Umgegend, Umgebung; **~ный** [14] aus der Umgebung, umliegend, benachbart.

окрова́|вливать [1], ‹~вить› [14]

mit Blut beflecken, bespritzen, blutig machen.

окро|пля́ть [28], <~пи́ть> [14; -плю́, -пи́шь; -плённый] besprengen.

окро́шка *f* [5; *g/pl.*: -шек] *Gericht aus Fleischstücken od. Fisch u. Kwaß usw.*; (*fig.*) Sammelsurium *n*.

о́круг *m* [1; *pl. e.*: -á] Bezirk, Kreis; **~лость** (-ˈkrug-) *f* [8] Rundung; **~лый** (-ˈkrug-) [14*K*.] rund(lich); **~ля́ть** [28], <~ли́ть> [13] rund machen, abrunden.

окруж|а́ть [1], <~и́ть> [16; -жу́, -жи́шь; -жённый] um-geben, -ringen; **~а́ющее** [17] Milieu *n*, Umgebung *f*; **~е́ние** *n* [12] Einkreisung *f*; Umgebung *f*; **~но́й** [14] Bezirks..., Kreis...; umliegend; Umlauf...; ~но́й суд *m* Amtsgericht *n*; **~ность** (aˈkruʒ-) *f* [8] Umfang *m*, Umkreis *m*; Peripherie; Umgegend.

окру́|чивать [1], <~ти́ть> [15] umwickeln, umwinden.

окры|ля́ть [28], <~ли́ть> [13] beflügeln; ermutigen.

окры́ситься P [15; *1. Pers. ungbr.*] (на В j-m) die Zähne zeigen, bissig antworten.

октябрёнок *m* [2] 6-10jähriges Kind *n*, das e-r „Pionier"-gruppe beitritt.

октябри́ны *f/pl.* [5] (*Pol.*) kommunistische Taufe *f*.

октя́брь *m* [4*e*.] Oktober; **~ский** [16] Oktober...; ~ские торжества́ *n/pl.* sowjetische Staatsfeiern *f/pl.*, Jahrestag *m* der Oktoberrevolution.

оку́кл|иваться [1], <~иться> [13; *nur 3. Pers.*] (*Zool.*) sich verpuppen.

окули́ров|ать ⚘ [7] (*im*)*pf.* okulieren, veredeln; **~ка** (-ˈrɔf-) *f* [5; *g/pl.*: -вок] Okulierung, Veredelung.

окули́ст *m* [1] Augenarzt.

оку|на́ть [1], <~ну́ть> [20] (*a.* **-ся**) ein-, unter-tauchen.

окунёк *m* [1; -нька́] kleiner Barsch.

о́кунь *m* [4; *ab g/pl. e.*: -не́й] (gemeiner) Barsch (*Fisch*).

оку|па́ть [1], <~пи́ть> [14] bezahlt machen, lohnen; **-ся** sich bezahlt machen, sich rentieren.

оку́ривать [1], <окури́ть> [13; -урю́, -у́ришь; -у́ренный] beräuchern.

оку́рок *m* [1; -рка] Zigarren-, Zigaretten-stummel.

оку́|тывать, <~тать> [1] einhüllen.

оку́ч|ивать ⚒ [1], <~ить> [16] (*Kartoffeln*) häufeln; **~ник** *m* [1] Häufelpflug.

ола́дья *f* [6; *g/pl.*: -дий] Pfannkuchen *m*, Fladen *m* (*Gebäck*).

олеа́ндр ⚘ *m* [1] Oleander(baum).

оледене́лый [14] zu Eis geworden, vor Kälte erstarrt.

оле́|ний [18] Hirsch...; **~нина** *f* [5] Hirschfleisch *n*; Hirschfell *n*; **~нь** *m* [4] Hirsch.

ˈОленька *f* [5] *dim. v.* ˈОльга.

оли́в|а *f* [5] Oliven-, Öl-baum *m*; **~ка** *f* [5; *g/pl.*: -вок] Olive; **~ковый** [14] Oliven...

олим|пиа́да *f* [5] Olympiade; **~пи́йский** [16] olympisch.

оли́фа *f* [5] (Leinöl-)Firnis *m*.

олицетво|ря́ть [28], <~ри́ть> [13] personifizieren, verkörpern.

о́ло|во *n* [9] Zinn; **~вя́нный** [14] zinnern; Zinn...

о́лух *m* [1] Tölpel, Rüpel.

ˈОльга *f* [5] Olga.

оль|ха́ ⚘ *f* [5; *pl. st.*] Erle; **~хо́вый** [14] Erlen...; **~ша́ник** *m* [1], **~шня́к** *m* [1*e*.] Erlen-gehölz *n*, -wald.

ˈОля *f* [6] *dim. v.* ˈОльга.

ом ⚡ *m* [1] Ohm *n*.

ома́р *m* [1] Hummer.

оме́ла ⚘ *f* [5] Mistel.

омер|зе́ние *n* [12] Ekel *m*, Widerwille *m*; **~зи́тельный** [14; -лен, -льна] widrig, abscheulich.

омертве́лый [14] abgestorben.

омёт ⚒ *m* [1] Garben-, Getreidehaufen.

омеща́н|иваться [1], <~иться> [13] verspießern.

омле́т *m* [1] Omelett(e *f*) *n*.

омоложе́ние *n* [12] Verjüngung *f*.

омо́ним *m* [1] (*Ling.*) Homonym *n*.

омо|ча́ть [1], <~чи́ть> [16] benetzen, naß machen.

омра|ча́ть [1], *mst* <~чи́ть> [16; -чу́, -чи́шь; -чённый] verdunkeln, verdüstern.

о́мут *m* [1] tiefe Stelle *f* (*im Wasser*), Untiefe *f*; Strudel; в ти́хом ~е че́рти во́дятся (*Spr.*) stille Wasser sind tief.

омыва́ть [1], <омы́ть> [22] (*Geogr.*) be-, um-spülen.

он *m*: ~, она́ *f*, оно́ *n*, они́ *pl.* [22] er, sie, es.

она́гр *m* [1] (*Zool.*) Wildesel.

онани́ровать [7] (*im*)*pf.* onanieren.

Оне́ж|ский [16]: ~ское о́зеро *n* Onegasee *m*.

онемéлый [14] stumm geworden; betäubt.
онемé|чивать [1], <**~чить**> [16] germanisieren, verdeutschen.
онýча *f* [5] (*mst pl.*) Fußlappen *m* (*der Bauern*).
óный ⚒ [14] jener; во врéмя óно (*statt* в óное врéмя) zu jener Zeit, dazumal.
опадáть [1], <опáсть> [25; *pt. st.*] abfallen; abnehmen; ~ с тéла (ab)magern.
опáздывать, <опоздáть> [1] sich verspäten; ~ на (В), ~ к (Д) zu spät kommen zu, versäumen; часы́ опáздывают нá пять минýт die Uhr geht fünf Minuten nach.
опáивать [1], <опойть> [13] (mit schlechtem Getränk) vergiften; übertränken.
опáла *f* [5] Acht, Ungnade.
опáлубить ⊕ [14] *pf.* verschalen.
опáльный [14] in Acht getan, in Ungnade gefallen, geächtet.
опа|ля́ть [28], <**~ли́ть**> [13] versengen.
опáмятоваться [7] *pf.* (wieder) zur Besinnung kommen.
опáра *f* [5] Sauerteig *m*.
опáри|вать [1], <**~ть**> [13] abbrühen.
опасáться [1] (Р) befürchten, sich fürchten (vor *dat.*); sich in acht nehmen (vor *dat.*).
опас|éние *n* [12] Befürchtung *f*, Besorgnis *f* (Р wegen); под **~éнием** auf die Gefahr hin, bei Gefahr; **~ка** (-ˈpas-) *f* [5] Vorsicht, Besorgnis; с **~кой** F zaghaft; mit Zittern und Zagen; **~ливый** (-ˈpas-) [14*K*.] furchtsam, zaghaft; **~ность** (-ˈpas-) *f* [8] Gefahr; **~ный** (-ˈpas-) [14; -сен, -сна] gefährlich.
опáсть *s.* опадáть.
опахáло *n* [9] Fächer *m*.
опáх|ивать [1] **1.** <**~áть**> [3] (ringsum) pflügen; **2.** <**~нýть**> [20] (weg)fächeln; abwischen.
опéка *f* [5] Vormundschaft, Obhut.
опекáть [1] bevormunden; опекáемый *m* Mündel *m/f*.
опекýн *m* [1*e*.] Vormund; **~ство** *n* [9] Vormundschaft *f*.
опёнок *m* [1; -нка] Eierschwamm (*Pilz*).
óпера ♪ *f* [5] Oper; **~ти́вный** [14] operativ; **~ти́вная** свóдка *f* Kriegsbericht *m*; Frontbericht *m*; **~тор** (-ˈra-) *m* [1] Operateur, Wundarzt; (*Kino*) Kameramann; **~ция** (-ˈra-) *f* [7] Operation; ⚕ Umsatz *m*.
опере|жáть [1], <**~ди́ть**> [15; -ежý, -еди́шь; -ежённый] (В *j-m*) zuvorkommen, voraneilen.
оперéтка ♪ F *f* [5; *g/pl.*: -ток] Operette.
оперéть *s.* опирáть.
опери́ровать [7] (*im*)*pf.* operieren (*a. fig.*)
оперя́ть [28], <опери́ть> [13] (*mst* **-ся** sich) befiedern; ermuntern.
опечá|тка *f* [5; *g/pl.*: -ток] Druckfehler *m*; **~тывать,** <**~тать**> [1] (gerichtlich) versiegeln.
опéшить [16] *pf.* stutzig werden; sprachlos sein.
опивáть P [1], <опи́ть> [обопью́, -пьёшь; опéй(те)!; опи́л, -á, -о] (В) auf *j-s* Kosten viel trinken; **-ся** sich zu Tode trinken.
опи́вки F *m/pl.* [1] Getränkereste (*in Gläsern usw.*).
óпий *m* [3; *prpos/sg.*: -ии] *s.* óпиум.
опи́ливать [1], <опили́ть> [13; -илю́, -и́лишь; -и́ленный] (ringsum) befeilen *od.* besägen.
опи́лки *f/pl.* [5; *gen.*: -лок] Feil-, Säge-späne *m/pl.*
опирáть [1], <оперéть> [12; обопрý, -рёшь; опёр, оперлá; опёртый (-ёрт, -á, -о); опёрши *u.* оперéв F] (auf)lehnen, (auf)stützen; **-ся** sich (an)lehnen *od.* stützen (о В an *ac. od.* gegen), fußen (auf *dat.*).
опи|сáние *n* [12] Beschreibung *f*, Schilderung *f*; **~сáтельный** [14] beschreibend, deskriptiv; **~ска** (aˈpis-) *f* [5; *g/pl.*: -сок] Schreibfehler *m*; **~сывать** (aˈpi-) [1], <**~сáть**> [3] beschreiben, schildern; konfiszieren, mit Beschlag belegen; ни в скáзке сказáть, ни перóм описáть (*Spr.*) unbeschreiblich, mit Worten nicht ausdrückbar; **-ся** sich verschreiben; **~сь** (ˈɔ-) *f* [8] (gerichtliche) Aufnahme; Verzeichnis *n*, Inventar *n*; ⚕ Sortenzettel *m*.
опи́ть *s.* опивáть.
óпиум *m* [1] Opium *n*.
оплá|кивать [1], <**~кать**> [3] beweinen.
оплá|та *f* [5] Bezahlung; **~чивать** [1], <**~ти́ть**> [15] bezahlen; (*Brief*) freimachen; **-ся** sich bezahlt machen; bezahlt werden, sich lohnen.
оплёвывать [1], <оплевáть> [6; -плюю́, -юёшь; оплёванный] bespeien.

опле|та́ть [1], <~сти́> [25; т *statt* д: оплету́] umflechten; (*fig.*) umgarnen.
оплеу́ха *f* [5] Ohrfeige.
оплодотво|ря́ть [28], <~ри́ть> [13] befruchten.
опло́т *m* [1] Schutz(wehr *f*), Bollwerk *n*.
опло́ш|ка P *f* [5; *g/pl.*: -шек] Fehlgriff *m*; Fahrlässigkeit; **~ный** [14; -шен, -шна] fahrlässig.
оплыва́ть [1], <оплы́ть> [23] *v/t.* umschiffen; umschwimmen; *v/i.* fließen (*Licht*); anschwellen.
опове|ща́ть [1], <~сти́ть> [15; -ещу́, -ести́шь; -ещённый] benachrichtigen; verkünd(ig)en.
опо́ек *m* [1; опо́йка] Kalbsleder *n*.
опозда́|ние *n* [12] Verspätung *f*; Verzug *m*; **~ть** *s.* опа́здывать.
опозна|ва́тельный [14] Erkennungs...; ~ва́тельный знак ⚔ *m* Erkennungszeichen *n*; **~ва́ть** [5] <опозна́ть> [1; опо́знанный] (wieder)erkennen, identifizieren.
опои́ть *s.* опа́ивать.
опола́скивать [1], <ополоска́ть> F [1 *od.* 3], <ополосну́ть> [20] ausspülen (*Glas usw.*).
о́ползень *m* [4; -зня] Erdrutsch; Absturz.
опол|ча́ть ⚔ [1], <~чи́ть> [16; -чу́, -чи́шь; -чённый] (*mst* **-ся** sich) (aus)rüsten (на В gegen); **~че́нец** ⚔ *m* [1; -нца] Landwehrmann; **~че́ние** ⚔ *n* [12] Landwehr *f*; поголо́вное ~че́ние Landsturm *m*.
ополя́|чивать [1], <~чить> [16] polonisieren.
опо́мниться [13] *pf.* sich eines Besser(e)n besinnen.
опо́р: во весь ~ sehr schnell, mit verhängten Zügeln, im vollen Galopp; **~а** *f* [5] Stütze; ⊕ Widerlager *n*; то́чка *f* ~ы Stützpunkt *m*.
опора́жнивать [1], <опоро́жнить> [13] (aus)leeren; (aus)räumen.
опо́рки *m/pl.* [1] zerfetzte Schuhe.
опо́рный [14] zum Stützen (dienend); Stütz...
опоро́чение *n* [12] Entehrung *f*.
опосты́лый [14] überdrüssig (geworden).
опохме|ля́ться [28], <~ли́ться> [13] sich den Katzenjammer vertreiben.
опочи|ва́льня *f* [6; *g/pl.*: -лен] Schlaf-kammer, -gemach *n*.
опош|ле́ние *n* [12] Verflachung *f*; **~ля́ть** [28], <опо́шлить> [13] abgeschmackt, banal machen.
опоя́|сывать [1], <~сать> [3] umgürten.
опра́ва *f* [5] Einfassung.
оправ|да́тельный [14] rechtfertigend; freisprechend; ~да́тельный докуме́нт *m* Beweisurkunde *f*; **~дывать** (-ˈprav-), <~да́ть> [1; опра́вданный] rechtfertigen; freisprechen; **-ся** sich rechtfertigen *od.* reinigen (в П von), sich ausreden.
оправля́ть [28], <опра́вить> [14] einfassen; zurechtmachen, ordnen; **-ся** sich (wieder) erholen (от Р von); F austreten, Bedürfnis verrichten.
опра́стывать P, <опроста́ть> [1; опро́станный] leeren.
опра́шивать [1], <опроси́ть> [15] ausfragen.
опреде|ле́ние *n* [12] Bestimmung *f*; Verordnung *f*, Beschluß *m*; Anstellung *f* (в В in *dat.*); **~лённый** [14] bestimmt, genau, ausdrücklich; **~ли́мый** [14*K.*] bestimmbar; **~ля́ть** [28], <~ли́ть> [13] festsetzen, bestimmen; verordnen, beschließen; einstellen (в В in *dat.*, Т als); ernennen (в В zu); **-ся** (ein)treten (в В in *ac.*); ⚔ -ся на вое́нную слу́жбу sich anwerben lassen, Kriegsdienste nehmen.
опре́снок *m* [1] ungesäuertes Brot *n* (*bei den Juden*); ~и *pl.* Passah-, Oster-fest *n* (*der Juden*).
опресн|я́ть [28], <~и́ть> [13] entsalzen.
опри́ч|нина *f* [5] *ehm.* Leibwache (*des Zaren Iwan IV.*); **~ник** *m* [1] Leibwächter.
опри́чь P (P) außer.
опровер|га́ть [1], <опрове́ргнуть> [21] widerlegen, widerrufen; **~же́ние** *n* [12] Widerlegung *f*, Widerruf *m*.
опроки́|дывать [1], <~нуть> [20] umwerfen; umreißen; ⚔ zurückwerfen, überrennen; **-ся** umkippen; kentern.
опроме́т|чивый [14*K.*] übereilt; **~ью** (ˈɔ-) hastig, Hals über Kopf.
опро́с *m* [1] Ausfragen *n*, Nachfrage *f*; Verhör *n*; **~и́ть** *s.* опра́шивать.
опростоволо́ситься [15] sich blamieren, F reinfallen.
опро|ща́ться [1], <~сти́ться> [15; -ощу́сь, -ости́шься] verbauern, versimpeln.

опры́с|кивать, <~кать> [1], <~нуть> [20] bespritzen, besprengen.

опря́тный [14; -тен, -тна] rein, reinlich, sauber.

о́птик *m* [1] Optiker; **~а** *f* [5] Optik, Lichtlehre.

опти́ровать [7] (*im*)*pf.* optieren.

опти́ческий [16] optisch; ~ обма́н *m* Augentäuschung *f*.

опто|вщи́к *m* [1 *e.*] Engros-, Großhändler, Grossist; '**~вый** [14] im großen; Engros..., Groß...

о́птом im großen, en gros.

опу|ска́ть [1], <~сти́ть> [15] herunterlassen, (ver)senken; aus- (los- *od.* weg)lassen; sich entgehen lassen; ~ска́ть ру́ки die Ohren hängen lassen, entmutigt sein; как в во́ду опу́щенный wie ein begossener Pudel; **-ся** sich (nieder)senken, fallen; (*fig.*) он опусти́лся er ist heruntergekommen.

опусте́|лый [14] verödet; **~ть** *s.* пусте́ть.

опусти́вшийся [17] heruntergekommen (*Mensch*).

опусто|ша́ть [1], <~ши́ть> [16; -шу́, -ши́шь; -шённый] verwüsten, verheeren; **~ше́ние** *n* [12] Verwüstung *f*, Verheerung *f*; **~ши́тельный** [14; -лен, -льна] verwüstend, verheerend.

опу́|тывать, <~тать> [1] umwikkeln; (*fig.*) umstricken.

опух|а́ть [1], <опу́хнуть> [21] (auf)schwellen; **~оль** ('ɔ-) *f* [8] Geschwulst; ра́ковая ~оль Krebsgeschwulst.

опуш|а́ть [1], <~и́ть> [16; -шу́, -ши́шь; -шённый] verbrämen, einfassen; **~ка** (-'puʃ-) *f* [5; *g/pl.*: -шек] Verbrämung (*am Kleid*); Saum *m* (*des Waldes*).

опуще́ние *n* [12] Herunterlassen (*usw.*).

опыл|я́ть ⚘ [28], <~и́ть> [13] bestäuben.

о́пыт *m* [1] Erfahrung *f*; Versuch, Experiment *n*; **~ный** [14; -тен, -тна] erfahren, routiniert; empirisch, erfahrungsmäßig; Experimental..., Versuchs...

опьяне́|лый [14] betrunken; **~ние** *n* [12] Trunkenheit *f*, Rausch *m*; **~нный** (-'ŋ·n-) [14] (*fig.*) berauscht, trunken; **~ть** *s.* пьяне́ть.

опя́ть wieder(um), aufs neue, erneut; ~-таки wiederum; außerdem, überdies.

ора́ва P *f* [5] (Menschen-)Menge, Rotte, Bande.

ора́кул *m* [1] Orakel *n*.

ора́ла P *m/f* [5] Schreihals *m*.

орангута́нг *m* [1] (*Zool.*) Orang-Utan.

ора́нже|вый [14] orange(gelb); **~ре́йный** [14] Orangerie...; **~ре́я** *f* [6; *g/pl.*: -ре́й] Orangerie, Treibhaus *n*.

ора́ть 1. [ору́, орёшь] laut schreien, brüllen; **2.** [орю́, о́решь, о́рют] pflügen (*s.* паха́ть).

орби́та *f* [5] (*Astr.*) Planetenbahn; (*Anat.*) Augenhöhle; (*fig.*) Bereich *m*.

о́рган[1] *m* [1] Organ *n*, Werkzeug *n*.

орга́н[2] ♪ *m* [1] Orgel *f*.

организова́ть [7] (*im*)*pf.*, *a.* <с-> organisieren, einrichten.

орга́нный ♪ [14] Orgel...

орга́нчик ♪ *m* [1] Harmonium *n*; Spieldose *f*.

о́ргия *f* [7] Orgie, Schwelgerei.

орда́ *f* [5; *pl. st.*] Horde.

о́рден *m* **1.** [1; *pl.*: -на́] Orden(szeichen *n*); **2.** [1] Orden(sverbrüderung *f*).

о́рдер *m* [1; *pl.*: -ра́] Order *f*, Befehl; по ~у im Auftrage.

ордина́р *m* [1] mittlerer Wasserstand, Normalwasserstand.

ордина́р|ец ⚔ *m* [1; -рца] Ordonnanz *f*, Melder; **~ный** [14; -рен, -рна] ordinär, gewöhnlich; ~ный профе́ссор † *m* ordentlicher Professor.

орёл *m* [1; орла́] Adler.

оре́|х *m* [1] Nuß *f*; (лесно́й) ~х Haselnuß *f*; гре́цкий ~х Walnuß *f*; коко́совый ~х Kokosnuß *f*; ему́ попа́ло на ~хи F er hat tüchtig eins gekriegt (*Schimpfe*, *Strafe*); **~ховый** [14] Nuß(baum)...; **~шек** *m* [1; -шка] kleine Nuß *f*; черни́льный ~шек Gallapfel; **~шник** *m* [1] Nußbaum(gehölz *n*); Hasel-strauch, -busch; **~шный** [14] Nuß...

оригина́ль|ничать [1], <с-> den Sonderling spielen; **~ный** [14; -лен, -льна] originell, ursprünglich, eigenartig; Original...

ориенти́р *m* [1] Orientierungs-, Richt-punkt; **~ова́ться** [7] (*im*)*pf.* sich orientieren, sich zurechtfinden; **~о́вка** *f* [5; *g/pl.*: -вок] Orientierung; **~о́вочный** [14; -чен, -чна] annähernd, ungefähr; schätzungsweise.

оркéстр ♪ *m* [1] Orchester *n*.
орлáн *m* [1] (*Zool.*) Seeadler.
орлёнок *m* [2] junger Adler.
óрли|к *m* [1] kleiner Adler; **~ный** (-'ļi-) [14] Adler...; **~ца** (-'ļi-) *f* [5] Adlerweibchen *n*.
орля́нка *f* [5] Kopf oder Schrift (*Spiel*).
орнáмент *m* [1] Ornament *n*, Verzierung *f*.
ороговéть [8; *nur 3. Pers.*] *pf.* verhornen.
оро|шáть [1], <~сить> [15; -ошу́, -оси́шь; -ошённый] bewässern, berieseln; **~шéние** *n* [12] Bewässerung *f*, Beries(e)lung *f*.
ортопéд ⚕ *m* [1] Orthopäde.
ору́|дие *n* [12] Werkzeug, Gerät, Instrument; Mittel; ⚔ Geschütz; **~ди́йный** ⚔ [14] Geschütz...; **~довать** [7] (Т) hantieren (mit); wirken, tätig sein; **~жéйник** *m* [1] Waffenschmied; **~жéйный** [14] Waffen...; (*ehm.*) Оружéйная палáта *f* Rüstkammer, Waffensaal *m* (*im Kreml zu Moskau*); **~женóсец** *m* [1; -сца] Waffenträger, Knappe; **~жие** *n* [12] Waffe *f*; Gewehr; товáрищ *m* по ~жию Waffenbruder; огнестрéльное ~жие Schußwaffe *f*; холóдное ~жие blanke Waffe *f*.
Орфéй *m* [3] Orpheus.
орфографи́|ческий [16] orthographisch; **~я** (-'gra-) *f* [7] Orthographie, Rechtschreibung.
орфоэ́пия *f* [7] (*Ling.*) Orthoepie, Lehre von der richtigen Aussprache.
орхидéя ⚘ *f* [6; *g/pl.*: -éй] Orchidee.
осá *f* [5; *pl. st.*] Wespe.
осá|да ⚔ *f* [5] Belagerung; **~ди́ть** *s.* осаждáть, осáживать; **~дка** *f* [5] Senkung, Tiefgang *m*; **~дный** ⚔ [14] Belagerungs...; **~док** ⚗ *m* [1; -дка] (Boden-)Satz; **~дки** *pl.* atmosphärische Niederschläge (*Regen, Schnee*); (*fig.*) Nachgeschmack; *vgl.* осáдка; **~дочный** ⚗ [14] sedimentär; Sediment...; **~ждáть** [1], <~ди́ть> [15; -аждённый] ⚔ belagern; ⚗ niederschlagen; **~живать** [1], <~ди́ть> [15; осáженный] zurückschieben, anhalten; ⚗ niederschlagen; stutzig machen; ~ди́ть *pf.* abblitzen lassen; zurechtweisen.
осáн|истый [14*K.*] stattlich, würdevoll; **~ка** *f* [5] (würdevolle) Haltung (*des Körpers*).
осатанéлый F [14] fuchsteufelswild.
освáивать [1], <освóить> [13] beherrschen, meistern; heimisch machen (*Pflanzen*); **-ся** sich einleben; sich einarbeiten; sich anpassen.
осведомля́ть [28], <освéдомить> [14] benachrichtigen, informieren (о П von); **-ся** (о П) sich erkundigen (nach), anfragen (nach).
осве|жáть [1], <~жи́ть> [16; -жу́, -жи́шь; -жённый] (**-ся** sich) er-, auf-frischen, erquicken; **~жи́тельный** [14; -лен, -льна] erfrischend, erquickend.
осве|ти́тельный [14] Beleuchtungs..., Leucht...; **~щáть** [1], <~ти́ть> [15; -ещу́, -ети́шь; -ещённый] beleuchten, erleuchten; **~щéние** *n* [12] Be-, Er-leuchtung *f*.
освидéтельствование *n* [12] Untersuchung *f*, Prüfung *f*.
осви́|стывать [1], <~стáть> [3] auspfeifen.
освобо|ди́тель *m* [4] Befreier; **~ждáть** [1], <~ди́ть> [15; -ожу́, оди́шь; -ождённый] befreien, entbinden (от Р von); entlassen (из-под aus); räumen, freimachen; **~ждéние** *n* [12] Befreiung *f*; Freisprechung *f*.
ОСВОД *m* [1] ('Общество спасáния на водáх) Lebensrettungsgesellschaft *f*.
освоéние *n* [12] Aneignung *f*; Meisterung *f*; Anpassung *f*.
освя|ти́тельный [14] (ein)weihend; Einweihungs...; **~щáть** [1], <~ти́ть> [15; -ящу́, -яти́шь; -ящённый] (ein)weihen, heiligen; **~щéние** *n* [12] Einweihung *f*, Weihe *f*.
осевóй [14] Achsen...
осе|дáть [1], <осéсть> [25; ося́ду, -я́дешь; ося́дь(те)!; осéл] sich senken; sich (fest)setzen; ⚗ sich niederschlagen.
осед|лáть *s.* седлáть; **~лывать** (-'§ɔd-), <~лáть> [1; осёдланный] satteln; ⚔ (*Weg, Straße*) verlegen (*nicht durchlassen*); **~лый** (-'§ɛd-) [14] (dauernd) ansässig.
осекáться P [1], <осéчься> [26; *pt. st.*: -ёкся, -ёклась] sich spalten; versagen (*v. Gewehren*); fehlschießen.
осёл *m* [1; ослá] Esel.
осёлок *m* [1; -лка] Schleifstein, Wetzstein.

осеме|ня́ть [28], <~ни́ть> [13] besamen.
осе́н|ний [15] herbstlich; Herbst...
о́сень *f* [8] Herbst *m*; ~ю im Herbst; глубо́кая ~ Spätherbst *m*; цыпля́т по о́сени счита́ют (*Spr.*) man soll den Tag nicht vor dem Abend loben.
осеня́ть [28], <осени́ть> [13] beschatten; segnen; (*fig.*) aufblitzen; ~ себя́ кре́стным зна́мением sich bekreuzigen; его́ осени́ло ihm ging ein Licht auf.
осеребря́ть [28] *s.* серебри́ть.
осе́сть *s.* оседа́ть.
осётр *m* [1 *e.*] Stör.
осетр|и́на *f* [5] Störfleisch *n*; **~о́вый** [14] Stör...
осе́ч|ка *f* [5] Versagen *n* (*e-s Gewehres*); **~ься** *s.* осека́ться.
оси́ли|вать [1], <~ть> [13] bewältigen.
оси́н|а ♀ *f* [5] Espe; **~ник** *m* [1] Espenwald; Espenholz *n.*
оси́ный [14] Wespen...
'Осип *s.* Ио́сиф.
оси́п|лый [14] heiser; **~нуть** [21] *pf.* heiser werden.
осироте́лый [14] verwaist.
оска́бливать [1], <оскобли́ть> [13; -облю́, -обли́шь; -о́бленный] abschaben.
оска́ли|вать [1], <~ть> [13] (*die Zähne*) fletschen.
осквер|ни́тельный [14] entweihend; **~ня́ть** [28], <~ни́ть> [13] entweihen.
осклабля́ться [28], (*mst*) <оскла́биться> [14] lächeln; schmunzeln.
оско́лок *m* [1; -лка] Splitter.
о́скольз|ень *m* [4; -зня] (*Billard*) Fehlstoß, Kicks; дать ~ня kicksen.
оско́ми|на *f* [5] Stumpfwerden *n* der Zähne; наби́ть ~ну sich die Zähne stumpf machen; (Д) (*j-m*) überdrüssig werden, (*j-n*) langweilen.
оско|пля́ть [28], <~пи́ть> [14; -плю́, -пи́шь; -плённый] verschneiden, kastrieren.
оскор|би́тель *m* [4] Beleidiger; **~би́тельный** [14; -лен, -льна] beleidigend, kränkend; **~бле́ние** *n* [12] Beleidigung *f*, Kränkung *f*; **~бля́ть** [28], <~би́ть> [14; -блю́, -би́шь; -блённый] beleidigen, kränken; **-ся** sich beleidigt (*od.* gekränkt) fühlen.
оскре|ба́ть [1], <~сти́> [25; б *statt* д: -ебу́; -ёб, -ебла́] abschaben; **~бок** (-'kɽɔ-) *m* [1; -бка] Abschabsel *n.*
оскуде|ва́ть [1], <оскуде́ть> [8] verarmen; **~лый** (-'ɖɛ-) [14] verarmt, heruntergekommen; erschöpft.
осла|бева́ть [1], <~бе́ть> [8] *einm.* <~бнуть> (o'slab-) [21] schwach (*od.* schlaff) werden; erschlaffen, nachlassen, abflauen; **~бе́лый** [14] geschwächt; **~бля́ть** [28], <осла́бить> [14] (ab)schwächen; lockern.
осла́вить [14] *pf.* in üblen Ruf bringen, verrufen.
ослёнок *m* [2] Eselsfüllen *n.*
осле|пи́тельный [14; -лен, -льна] blendend; **~пле́ние** *n* [12] Blendung *f*, Verblendung *f*; **~пля́ть** [28], <~пи́ть> [14; -плю́, -пи́шь; -плённый] (ver)blenden.
осли́злый [14] verschleimt; glitschig; schmierig.
о́сли|к *m* [1] Eselchen *n*, Eselein *n*; **~ный** (-'ʎi-) [14] Esels...; **~ца** (-'ʎi-) *f* [5] Eselin.
ослож|ня́ть [28], <~ни́ть> [13] verwickeln, kompliziert machen; erschweren.
ослуш|а́ние *n* [12] Ungehorsam *m* (Д *od.* P gegen); **'~иваться**, <~аться> (-'słu-) [1] ungehorsam sein, nicht gehorchen; **~ливый** (-'słuʃ-) [14] ungehorsam; **~ник** (-'słuʃ-) *m* [1] Ungehorsame(r).
ослы́шаться [4] *pf.* sich verhören.
осма́тривать [1], <осмотре́ть> [9; -отрю́, -о́тришь; -о́тренный] besehen, besichtigen; durchsuchen; **-ся** sich umsehen; sich orientieren *od.* zurechtfinden (в П in *dat.*).
осме́|ивать [1], <~я́ть> [27; -ею́, -еёшь; осме́янный] auslachen, verspotten.
осме́ли|ваться [1], <~ться> [13] sich erkühnen, erdreisten *od.* unterstehen (на В zu).
осмея́|ние *n* [12] Verspottung *f*; **~ть** *s.* осме́ивать.
о́смий ⚗ *m* [3; *prpos/sg.*: -ии] Osmium *n.*
осмо́тр *m* [1] Besichtigung *f*; Durchsuchung *f*; тамо́женный ~ Zollrevision *f*; **~е́ть** *s.* осма́тривать.
осмотри́тельный [14; -лен, -льна] umsichtig, vorsichtig.
осмы́слен|ность *f* [8] Verständnis *n*; **~ный** [14] verständig.
осна́|стка ⚓ *f* [5; *g/pl.*: -сток] Auftakeln *n*, Takelung; Takelage,

Takelwerk *n*; **~щивать** ⚓ [1], ‹~стить› [15; -ащу, -астишь; -ащённый] (auf)takeln; ausrüsten.
основа *f* [5] Grundlage; Grundriß *m*; (*Gram.*) Stamm *m*; лежать в основе zugrunde liegen; **~ние** (-'va-) *n* [12] Gründung *f*; Grund (-lage *f*) *m*; ⚗ Base *f*.
основатель *m* [4] Gründer; **~ный** [14; -лен, -льна] gründlich; triftig.
осно|вной [14] grundlegend; Grund..., Stamm..., Haupt...; **~вывать** (-'nɔ-) [1], ‹~вать› [7] (be)gründen, stiften; **-ся** beruhen (на П auf *dat.*).
Осоавиахим ('Общество *n* содействия обороне и авиационному и химическому строительству СССР) Gesellschaft *f* zur Förderung der Verteidigung, der Luftfahrt und Chemie.
особа *f* [5] Person; (hohe) Persönlichkeit.
особен|ность *f* [8] Besonderheit; Eigentümlichkeit; в ~ности insbesondere, besonders; **~ный** [14] besonder, speziell, Spezial...; eigentümlich; ~но besonders, namentlich.
особливый P [14] *s.* особенный.
особняк *m* [1 *e.*] einzelnes (*od.* abgesondertes) Gebäude *n*, Einzelhaus *n* (*s.* дом-~); ~ом einzeln, abgesondert; жить ~ом für sich allein leben.
осо|бый [14] besonder, speziell; ~бо besonders; abgesondert, für sich.
особь[1] *f* [8] Einzelwesen *n*.
особь[2]: ~ статья F ein Ding für sich, etwas ganz anderes.
осове|лый F [14] stier (*Blick*); **~ть** [8] *pf.* einen stieren Blick bekommen *od.* annehmen.
осока ⚘ *f* [5] Riedgras *n*.
осокорь ⚘ *m* [4] Schwarzpappel *f*.
осоловелый [14] matt, trübe (*Auge*).
осот ⚘ *m* [1] Distel *f*.
оспа ⚕ *f* [5] Blattern *f/pl.*, Pocken *f pl.*
оспаривать [1] kämpfen (о В um); ‹оспорить› [13] bestreiten, anfechten.
оспенный ⚕ [14] Blattern..., Pocken...
оспина ⚕ *f* [5] Blatter, Pocke.
оспопрививание *n* [12] Blattern-, Pocken-impfung *f*.
осрамление *n* [12] Beschimpfung *f*.
ост[1] *m* [1] Ost(en); ⚓ Ostwind.
ОСТ[2] (общесоюзный стандарт *m*) ⊕ UdSSR-Standard, IN.
оставаться [5], ‹остаться› [-анусь, -анешься] (ver)bleiben; nachbleiben; за ним осталось два рубля er ist zwei Rubel schuldig geblieben; ~ верным своему долгу seiner Pflicht treu bleiben; номер остаётся за мной ich nehme das Zimmer; ~ с носом mit langer Nase abziehen, das Nachsehen haben; ~ в дураках F den kürzeren ziehen; ~ не при чём (*od.* ни с чем) F leer ausgehen; пусть так и остаётся! und dabei bleibt es!
оставлять [28], ‹оставить› [14] (bleiben *od.* liegen) lassen; verlassen, aufgeben; ~ по себе *od.* ~ после себя hinterlassen; ~ за собой *od.* ~ у себя (zurück)behalten; оставь (-те)! laß das! (lassen Sie das!); ~ желать лучшего zu wünschen übrig lassen.
остальной [14] übrig(geblieben).
останавливать [1], ‹остановить› [14] anhalten; auf-, zurück-halten; (*Maschine*) abstellen; **-ся** (an)halten, Halt machen, stehenbleiben, verweilen (на П bei); absteigen, einkehren (у Р bei, в П in *ac.*).
останки *m/pl.* [1] (*sterbliche*) Überreste.
останов ⊕ *m* [1] Fangstück *n*.
остано|вка *f* [5; *g/pl.*: -вок] An-, Auf-halten *n*; Aufenthalt *m*; Stillstand *m*; Unterbrechung; Haltestelle; ~вка только (за Т) F es fehlt nur (an *dat.*), es liegt nur (an *dat.*); **~вочный** [14] aufhaltend; Auf(ent)halts...
остато|к *m* [1; -тка] Rest, Überrest, Rückstand; **~чный** übriggeblieben; Rest...
остаться *s.* оставаться.
остепе|нять [28], ‹~нить› [13] **-ся** gesetzt (*od.* ernst) machen (werden).
остерве|нелый [14] wütend geworden; **~неть** [8] *pf.* wütend werden, in Wut geraten.
остерегать [1], ‹остеречь› [26; г, ж *statt* к, ч: -регу, -ежёшь] warnen; hüten; **-ся** sich hüten *od.* vorsehen *od.* in acht nehmen (Р vor *dat.*).
остзеец *m* [1; -зейца] Ostseeprovinzler, Balte.

Ост-ˈИндия *f* [7] Ostindien *n*.
ости́стый ⚘ [14*K*.] grannig.
о́стов *m* [1] Gerippe *n*, Skelett *n*; Grundstock.
остóйчивый ⚓ [14*K*.] kippsicher, stabil.
остолбене́|лый [14] bestürzt; **~ние** *n* [12] Bestürzung *f*.
остоло́п *m* [1] Tölpel.
осторо́жный [14; -жен, -жна] vorsichtig, behutsam.
осточерте́ть P [8] *pf*. über sein, zum Halse heraushängen; э́то мне осточерте́ло das ist mir über.
стра́стка F *f* [5; *g/pl*.: -ток] Drohung, F Bangemachen *n*.
о́стренький [16] recht (*od*. hübsch) scharf.
остри|га́ть, <ˈ~чь> *s*. обстрига́ть.
остриё *n* [12; *g/pl*.: -иёв] (*Messer-*) Schneide *f*; (*Degen-*)Spitze *f*.
остри́ть [13], <за-> schärfen, spitzen; <с-> witzeln *v/i*., Witze machen.
о́стров *m* [1; *pl*.: -ва́] Insel *f*.
острове́рхий [16] spitz zulaufend.
остров|итя́нин *m* [1; *pl*.: -я́не, -я́н] Inselbewohner, Insulaner; **~но́й** [14] Insel...; **~о́к** *m* [1; -вка́] kleine Insel *f*.
остро́г *m* [1] (*hist*.) Gefängnis *n*, Strafanstalt *f*.
острога́ *f* [5] Harpune.
остро|гла́зый [14*K*.] scharfsichtig; **~гу́бцы** *m/pl*. [1; *gen*.: -цев] Kneifzange *f*.
остро́жник *m* [1] (*hist*.) Sträfling.
остро|коне́чный [14; -чен, -чна] spitz zulaufend; **~ли́ст** ⚘ *m* [1] Stechpalme *f*; **~но́сый** [14] spitznasig; **~сло́в** *m* [1] Witzbold; **~та́** *f* [5; *pl*.: -о́ты] Schärfe; Witz(wort *n*) *m*; **~уго́льный** [14; -лен, -льна] spitzwink(e)lig; **~у́мие** *n* [12] Scharfsinn *m*; **~у́мный** [14; -мен, -мна] scharfsinnig; geist-, sinnreich; witzig.
о́стрый [14; о́стр (F *a*.: остёр), остра́, -о] scharf; spitzig; Spitz...; witzig, geweckt; schnippisch; akut (*Krankheit*); держа́ть у́хо (в)остро́ die Ohren spitzen, auf der Hut sein; он остёр на язы́к F er hat eine scharfe Zunge.
остря́к *m* [1*e*.] Witzbold.
остыва́ть [1], <осты́(ну)ть> [21; -ы́ну] sich abkühlen, erkalten.
ость ⚘ *f* [8; *ab g/pl*. *e*.: осте́й] Granne.
остя́к *m* [1*e*.] Ostjake (*früherer Name der Chanten, e-s Volkes in Nordostsibirien*).
осу|жда́ть [1], <~ди́ть> [15; осуждённый] verurteilen; tadeln.
осу́нуться [20] *pf*. abmagern.
осуш|а́ть [1], <~и́ть> [16] trocknen (lassen), trockenlegen; (*Glas usw*.) leeren; **~ка** (-ˈsuʃ-) *f* [5] Trocknen *n*; Trockenlegung.
осущест|вля́ть [28], <~ви́ть> [14; -влю́, -ви́шь; -влённый] verwirklichen, realisieren.
осчастли́вить [14] *pf*. beglücken.
осыпа́ть [1], <осы́пать> [2] bestreuen; besetzen (брилья́нтами mit Brillanten); überhäufen, überschütten; **-ся** sich verschütten; abfallen.
о́сыпь *f* [8] (*Geol*.) Geröll *n*.
ось *f* [8; *ab g/pl*. *e*.: осе́й] Achse.
осьми... (*in Zs gn*) acht..., *z.B.* **~гра́нник** *m* [1] Achteck *n*; **~но́г** *m* [1] (*Zool*.) Krake *f*.
осьму́шк|а *f* [5; *g/pl*.: -шек] Achtel *n*; ~а ча́ю ein achtel Pfund Tee; в ~у in Oktav(format).
осяза́емый [14*K*.] fühl-, tast-bar.
осяза́|ние *n* [12] Befühlen; Gefühl(ssinn *m*), Tastsinn *m*; **~тельный** [14; -лен, -льна] Fühl..., Tast...; greifbar; **~ть** [1] befühlen, betasten.
от, ото (P) **von**; vor; gegen; seit; день ото дня́ von Tag zu Tag; ~ си́лы höchstens; ~ и́мени im Namen; писа́ть ~ руки́ mit der Hand schreiben.
от... (*in Zssgn mst*) ab..., aus..., ent..., los..., ver..., weg..., zurück...; zu Ende ...
ота́ва ⚒ *f* [5] Grum(me)t(heu) *n*.
ота́пливать [1], <отопи́ть> [14] (be)heizen; ота́пливаемый heizbar.
ота́ра *f* [5] große Schafherde.
отбавля́ть [28], <отба́вить> [14] vermindern; wegnehmen; хоть отбавля́й F im Überfluß.
отбе|га́ть [1], <~жа́ть> [4; -бегу́, -бежи́шь, -бегу́т; -беги́(те)!] weglaufen.
отбива́ть [1], <отби́ть> [отобью́, -бьёшь; отбе́й(те)!; -и́тый] abschlagen, parieren; zurückschlagen; (у P/B *j-m et*.) entreißen, (weg-) nehmen; **-ся** sich befreien (от P von); sich verteidigen; **-ся от рук** auf Abwege geraten.

отбира́ть [1], <отобра́ть> [отберу́, -рёшь; отобра́л, -а́, -о; ото́бранный] (у P/B *j-m et.*) ab-, wegnehmen; aussuchen, auswählen.

о́тблеск *m* [1] Abglanz, Widerschein.

отбо́й *m* [3] Zurückschlagen *n*; ⚔ Rückzugssignal *n*; Rikoschett-, Prell-schuß; (*Telefon*) Abklingeln *n*; (*fig.*) дать ~ widerrufen; den Hörer abhängen (*Telefon*); ~ возду́шной трево́ги ✈ Entwarnung *f*; от него́ нет отбо́ю man kann ihn nicht loswerden; **~ка** ⚒ *f* [5] Abbau *m*.

отбо́р *m* [1] Auslese *f*; **~ный** [14] auserlesen.

отбоя́|риваться F [1], <~риться> [13] sich losmachen (от P von).

отбра́сывать [1], <отбро́сить> [15] zurück-, weg-, ver-werfen.

отбрива́ть [1], <отбри́ть> [-ре́ю, -ре́ешь; -и́тый] abrasieren; F kurz abfertigen.

отбро́с *m* [1] (*mst pl.*) Abfall, Auswurf, Müll; **~ить** *s.* отбра́сывать.

отбы|ва́ть [1], <отбы́ть> [*ft.*: -бу́ду, -бу́дешь; -был, -а́, -о] *v/i.* abreisen (из P von); *v/t.* (*Pflicht usw.*) (ab)leisten; **~тие** (-ˈbɨ-) *n* [12] Abreise *f*.

отва́|га *f* [5] Kühnheit; **~живать** [1], <~дить> [14] (B/от P *j-m et.*) abgewöhnen; **-ся**, <~житься> [16] (на B) (es) wagen, sich erkühnen (zu); **~жный** [14; -жен, -жна] kühn, gewagt.

отва́л *m* [1] Abwälzen *n*; Abstoßen *n* (*v. Lande*); ⊕ Streichbrett *n* (*am Pflug*); ⚒ Halde *f*; есть до ~а sich ganz satt essen; **~ивать** [1], <~и́ть> [13; -алю́, -а́лишь; -а́ленный] abwälzen; P bezahlen; **-ся** sich loslösen, abfallen; abstoßen (*v. Lande*); **~я́ть** [28] *pf.* (*Gerberei*) durchwalken.

отва́р *m* [1] Absud, Dekokt *n*; Brühe *f*; **~ивать** [1], <~и́ть> [13; -арю́, -а́ришь -а́ренный] abkochen **~но́й** [14] abgekocht.

отве́|дывать, <~дать> [1] (P) erschmecken, kosten; versuchen.

отвезти́ *s.* отвози́ть.

отверга́ть [1], <отве́ргнуть> [21] verwerfen, ablehnen; verstoßen.

отверде|ва́ть [1] *s.* тверде́ть; **~лый** (-ˈdʲɛ-) [14] verhärtet; **~ние** (-ˈdʲe-) *n* [12] Verhärtung *f*.

отве́ржен|ец *m* [1; -нца] Verstoßene(r); **~ие** (-ˈʒe-) *n* [12] Verwerfung *f*, Ablehnung *f*; **~ный** [14] verstoßen.

отверну́ть *s.* отвёртывать.

отве́рстие *n* [12] Öffnung *f*, Loch; заднепрохо́дное ~ (*Anat.*) After *m*.

отвёр|тка *f* [5; *g/pl.*: -ток] Schraubenzieher *m*; **~точный** [14] zum Losdrehen (dienend); **~тывать** [1], <отверте́ть> [10], <отверну́ть> [20; отвёрнутый] abwenden; losdrehen; **-ся** F sich drücken (от P vor *dat.*), um et. herumkommen.

отве́с *m* [1] Richtschnur *f*, Richtscheit *n*; Senkblei *n*; Senkrechte *f*; steiler Abhang; ⚓ Gewichtsnota *f*; **~ить** *s.* отве́шивать; **~ность** *f* [8] senkrechte Richtung *od.* Lage; **~ный** [14; -сен, -сна] senkrecht, lotrecht.

отвести́ *s.* отводи́ть.

отве́т *m* [1] Antwort *f*, Erwiderung *f*; Verantwortung *f*; в ~ на (B) in Beantwortung; быть в ~е verantwortlich sein; держа́ть ~ sich verantworten.

ответв|ля́ться [28], <~и́ться> [*nur 3. Pers.*: -и́тся] sich abzweigen.

отве́тить *s.* отвеча́ть.

отве́тственный [14*K.*] verantwortlich.

отве́тчик *m* [1] Verklagte(r); Verantwortliche(r).

отвеча́ть [1], <отве́тить> [15] (на B) antworten, erwidern (auf *ac.*), beantworten; (за B) verantworten, (ein)stehen (für); (Д) entsprechen, zusagen; ~ уро́к die Aufgabe aufsagen.

отве́|шивать [1], <~сить> [15] abwägen; (ab-, zu)wiegen; ~шивать покло́н eine (tiefe) Verbeugung machen.

отви́ливать F [1], <отвильну́ть> [20] ausweichen, Ausflüchte (*od.* Winkelzüge) machen.

отви́н|чивать [1], <~ти́ть> [15; -нчу́, -нти́шь] losschrauben.

отвис|а́ть [1], <отви́снуть> [21; *nur 3. Pers.*] herabhängen; erschlaffen; **~лый** (-ˈvʲis-) [14] herabhängend.

отвле|ка́ть [1], <отвле́чь> [26] ablenken; abstrahieren, abziehen; **~чённость** *f* [8] Abstraktion, Begriffsbildung; **~чённый** [14*K.*] abstrakt, begrifflich.

отвóд *m* [1] Wegführung *f*; Ableitung *f*; ⚖ Ablehnung *f*; **~и́ть** [15], <отвести́> [25] wegführen, abführen; ableiten; ablenken; anweisen; ⚖ ablehnen; ~и́ть комý-нибудь глазá F (*fig.*) j-m Sand in die Augen streuen; ~и́ть дýшу F s-m Herzen Luft machen; **~ка** ⊕ *f* [5; *g/pl.*: -док] Ausrücker *m*; **~ный** [14] ableitend; Ableitungs..., Abzugs...; **~ок** ✿ *m* [1; -дка] Absenker, Senkreis *n*.

отвоёвывать [1], <отвоевáть> [6] (zurück)erobern.

отвоз|и́ть [15], <отвезти́> [24] ab-, weg-fahren, -führen (*mit dem Wagen*); **~ка** (-ˈvɔs-) *f* [5; *g/pl.*: -зок] Abführung, Transport *m*.

отво|рáчивать [1], <~роти́ть> [15] abwenden, aufkrempeln, zurückschlagen; losdrehen.

отворóт *m* [1] Aufschlag (*am Kleid*); Stulpe *f* (*am Stiefel*); **~ный** [14; -тен, -тна] zum Aufkrempeln *od.* Zurückschlagen (eingerichtet); Stulp...

отво|ря́ть [28], <~ри́ть> [13; -орю́, -óришь; -óренный] öffnen, aufmachen; ⚕ ~ря́ть кровь zur Ader lassen.

отврати́тельный [14; -лен, -льна] widrig, ekelhaft, abscheulich.

отвра|щáть [1], <~ти́ть> [15; -ащý, -ати́шь; -ащённый] abwenden; verhüten; **~щéние** *n* [12] Abwendung *f*; Verhütung *f*; Widerwille(n) *m*, Abscheu *m od. f*, Abneigung *f* (к Д gegen).

отвы|кáть [1], <отвы́кнуть> [21] (от Р) sich *et.* abgewöhnen, sich entwöhnen (von); отвы́кший abgewöhnt, entwöhnt; **~чка** (-ˈvɨtʃ-) *f* [5] Abgewöhnung, Entwöhnung.

отвя́|зывать [1], <~зáть> [3] losbinden; **-ся** (от Р) sich losmachen (von); от негó не отвя́жешься man kann ihn nicht loswerden.

отгá|дка *f* [5; *g/pl.*: -док] Erratung; Lösung (*e-s Rätsels*); **~дывать**, ~дáть [1; отгáданный] erraten; (*Rätsel*) lösen.

отги́б *m* [1] umgebogene Stelle *f*; **~áть**, [1], <отогнýть> [20] zurückbiegen.

отглагóльный [14] (*Gram.*) verbal, auf das Zeitwort bezüglich.

отглá|живать [1], <~дить> [15] (ab)bügeln, plätten.

отгнивáть [1], <отгни́ть> [*nur 3. Pers.*: -иёт] abfaulen.

отго|вáривать [1], <~вори́ть> [13] (В/от Р *j-m et.*) ausreden, *j-m* abraten (von); **-ся** (Т) sich (her)ausreden (mit), vorschützen; **~вóрка** *f* [5; *g/pl.*: -рок] Ausrede, Vorwand *m*.

отголóсок *m* [1; -ска] Widerhall, Echo *n*.

отгóн *m* [1] Destillat *n*; Weideaufenthalt (*des Viehs*).

отгоня́ть [28], <отогнáть> [отгоню́, отгóнишь; отогнáл, -áлá, -о; отóгнанный] wegjagen, wegtreiben.

отго|рáживать [1], <~роди́ть> [15; -ожý, -óди́шь]; abzäunen; **~рóдка** *f* [5; *g/pl.*: -док] Verschlag *m*.

отграни́ч|ивать [1], <~ить> [16] abgrenzen.

отгребáть [1], <отгрести́> [25; *durchweg* б *statt* д, л: -ебý; -ёб] weg-schaufeln, -hacken (*Schnee, Gras usw.*).

отгру|жáть [1], <~зи́ть> [15; -ужý, -ýзи́шь; -ýженный *u.* -ужённый] verladen.

отгры|зáть [1], <отгры́зть> [24; *pt. st.*; отгры́зенный] abnagen.

отгýл F *m* [1] Ausgang, Freizeit *f*; **~ивать** [1], <~я́ть> [28] F (*Urlaub*) beenden; (*für geleistete Überstunden*) frei haben.

отдавáть [5], <отдáть> [-дáм, -дáшь, -дáст, -дади́м, -дади́те, -дадýт; óтдал, -á, -о; óтданный (-ан, -анá, -о)] *v/t.* ab-, hin-geben; wiedergeben; (*Geld*) anlegen (на В in *dat.*); (*Ehre usw.*) erweisen; (*Befehl*) erteilen; (*Gruß*) ausrichten; (*Besuch*) abstatten; ~ (на пóчту) (*Brief*) aufgeben; ~ в наём vermieten; ~ в арéнду verpachten; ~ в солдáты unter die Soldaten stecken; ~ я́корь ⚓ vor Anker gehen; отдáй концы́! ⚓ Leinen los!; *v/i.* stoßen (*Gewehr*); schmecken, riechen (Т nach); **-ся** sich ergeben; sich hingeben (*od.*) widmen; widerhallen.

отдá|вливать [1], <~ви́ть> [14] (zer-, ab)quetschen.

отдалéн|ие *n* [12] Entfernen; Entfernung *f*; **~ность** (-ˈlɔn-) *f* [8] Entfernung, Abstand *m*; **~ный** (-ˈlɔn-) [14 *K*] entfernt, weit.

отда|ля́ть [28], <~ли́ть> [13] entfernen; **-ся** (от P) sich entfernen (von).
отда́|ривать [1], <~ри́ть> [13] (B *j-m*) Gegengeschenke machen.
отда́|ть *s.* отдава́ть; **~ча** *f* [5] Abgabe; Rückerstattung.
отде́л *m* [1] Abteil(ung *f*) *n*; Abschnitt; ~ труда́ Arbeitsamt *n*; **~ать** *s.* ~ывать; **~е́ние** *n* [12] Abteil(ung *f*); Trennung *f*, Absonderung *f*, Ausscheidung *f*; Filiale *f*; Fach; Teil *m* (*e-s Konzerts*); ⚔ Gruppe *f*; **~и́мый** [14*K.*] trennbar; **~и́ть** *s.* ~я́ть; **~ка** *f* [5; *g/pl.*: -лок] Bearbeitung; Ausstattung, Aufmachung; Garnitur, Besatz *m* (*am Kleid*); **~ывать,** <~ать> [1] bearbeiten; fertigstellen; ausstatten; besetzen, garnieren; (*fig.*) abtrumpfen; **-ся** (от P) sich losmachen (von); wegkommen (bei); дёшево (стра́хом) -ся F leichten Kaufes (mit dem Schrecken) davonkommen.
отде́ль|ность *f* [8] Abgeteiltheit; в ~ности einzeln, im einzelnen; **~ный** [14] abgeteilt, einzeln, besonder(s); Sonder..., Einzel..., Extra...
отде|ля́ть [28], <~ли́ть> [13; -елю́, -е́лишь] abteilen, trennen; absondern; ⊕ (*Metalle*) scheiden; **-ся** abfallen, sich trennen (от P von).
отдёр|гивать [1], <~нуть> [20] weg-, zurück-ziehen.
отдира́ть [1], <отодра́ть> [отдеру́, -рёшь; отодра́л, -а́ла́, -о; ото́дранный] abreißen; отодра́ть *pf.* durchprügeln.
отдох|нове́ние *n* [12] Erholung *f*; **~ну́ть** *s.* отдыха́ть.
отду|ва́ть [1] **1.** <отду́ть> [18] durchprügeln; **2.** <отду́нуть> [20] wegblasen; **-ся** keuchen; P (*fig.*) die Suppe auslöffeln; **~шина** (-ˈdu-) *f* [5] Luft-, Zug-loch *n*.
о́тдых *m* [1] Erholung(spause) *f*; Ruhe *f*; **~а́ть** [1], <отдохну́ть> [20] sich erholen, (aus)ruhen.
отдыша́ться [4] *pf.* sich verpusten.
отёк ⚕ *m* [1] (Wasser-)Geschwulst *f*.
отека́ть [1], <оте́чь> [26] fließen (*Licht*); (an)schwellen.
отёл *m* [1] Kalben *n*.
оте́ль (aˈtɛɫ) *m* [4] Hotel *n*, Gasthof.
отепл|я́ть [28], <~и́ть> [13] (*Bus, Gebäude usw.*) heizbar machen.
оте́ц *m* [1; отца́] *s. a.* о́тче; Vater (Д *od.* P von *od. gen.*).
оте́че|ский [16] väterlich; **~ственный** [14] vaterländisch; **~ство** *n* [9] Vaterland; Vaterschaft *f*; **~ствове́дение** *n* [12] Heimatkunde *f*.
оте́чь *s.* отека́ть.
отжива́ть [1], <отжи́ть> [-живу́, -вёшь; о́тжил, -а́, -о; отжи́тый (о́тжи́т, -а́, о́тжито)] ab-, ausleben; aus der Mode kommen; veraltet sein; ~ своё (вре́мя) sich überleben.
о́тзву|к *m* [1] Widerhall, Echo *n*, Schall; **~ча́ть** [4; -чу́, -чи́шь] *pf.* verklingen.
отзоли́ть ⊕ [13] *pf.* enthaaren (*v. Häuten durch eine Asche-Kalklösung*).
о́тзыв[1] *m* [1] Widerhall; Äußerung *f*, Besprechung *f*, Gutachten *n* (о П über *ac.*); ⚔ Parole *f*.
отзы́в[2] *m* [1] Abberufung *f*; **~а́ть** [1], <отозва́ть> [отзову́, -вёшь; отозва́л, -а́ла́, -о; ото́званный] *v/t.* zurückrufen, abberufen; *v/i. u.* -ся schmecken, riechen (T nach); **-ся** widerhallen; schallen; sich äußern (о П über *ac.*); **~но́й** [14] (*Pol.*) Abberufungs...
отзы́вчивый [14*K.*] mitfühlend, teilnahmsvoll.
отира́ть *s.* обтира́ть.
отка́з *m* [1] (в П *od.* от P) Absage *f*, Verzicht (auf *ac.*); Verweigerung *f*, abschlägige Antwort *f*; ~ в приня́тии Annahmeverweigerung *f*; ♪ (*a.* знак ~а) Wiederherstellungs-, Auflösungs-zeichen *n*; без ~а wie geschmiert, ohne Stocken; до ~а bis zum äußersten; **~ывать** [1], <~а́ть> [3] (Д/в П *j-m et.*) absagen, abschlagen, verweigern; (Д/В *j-m et.*) vermachen; **-ся** (от P) abstehen, absehen (von), verzichten (auf *ac.*), aufgeben, ablehnen; (*Amt*) niederlegen; не откажу́сь F ich habe nichts dagegen.
отка́лывать [1], <отколо́ть> [17] abspalten; losstecken; ~ шту́ку F (*fig.*) sich ein Ding leisten; **-ся** abfallen (от P von).
отка́пывать, <откопа́ть> [1; отко́панный] ausgraben; ausfindig machen, aufstöbern; (*Schatz*) heben.
отка́рмливать [1], <откорми́ть> [14] abfüttern, mästen.
отка́т *m* [1] Abwälzen *n*; Rückstoß; **~ка** ⚒ *f* [5] Förderung; **~ывать**

[1] **1.** <~и́ть> [15] ab-, wegwälzen; **2.** <~а́ть> P [1; отка́танный] durchprügeln; **-ся** zurückrollen, -gehen.

отка́|чивать, <~ча́ть> [1; отка́чанный] auspumpen; ⚓ lenzen; (*e-n Ertrunkenen durch Pumpbewegungen*) wieder ins Leben zurückrufen.

отка́ш|ливать [1], <~лять> [28], *einm.* <~лянуть> [20] aushusten; **-ся** sich räuspern.

отки|дно́й [14] zum Zurückschlagen (eingerichtet); Umlege...; Klapp...; **~дывать** (-ˈk̡i-) [1], <ˈ~нуть> [20] zurückschlagen; wegwerfen; **-ся** sich zurücklehnen.

откла́дывать [1], <отложи́ть> [16] auf-, hinaus-schieben; ausspannen; zurückschlagen; zurück-, beiseitelegen, sparen.

откла́|ниваться [1], <~няться> [28] sich verabschieden (Д von).

откле́|ивать [1], <~ить> [13] (*Geleimtes*) los-, auf-machen; **-ся** losgehen.

отклёпывать, <отклепа́ть> [1; отклёпанный] losnieten.

о́тклик *m* [1] Antwort *f* (*auf den Ruf*); Widerhall; (*fig.*) Äußerung *f* (*z. B. in der Presse*); **~а́ться** [1], <откли́кнуться> [20] (*auf den Ruf*) antworten; widerhallen.

откло|не́ние *n* [12] Abwendung *f*, Ablenkung *f*; Ablehnung *f*; Abweichung *f*; **~ня́ть** [28], <~ни́ть> [13; -оню́, -о́нишь] abwenden, ablenken (от P von); ablehnen; **-ся** abweichen.

отключ|а́ть [1], <~и́ть> [16; -чу́, -чи́шь; -чённый] abschalten, trennen (*v. Elektro-, Telefon-Netz*).

отковы́р|ивать F [1], <~я́ть> [28] ab-, weg-kratzen.

откозы́|ривать [1], <~ря́ть> [28] (*Kartenspiel*) abtrumpfen; ⚔ F grüßen.

отко́л *m* [1] Abplatzen *n*; Abblättern *n.*

отко|ла́чивать F [1], <~лоти́ть> [15] abschlagen; durchprügeln.

отко́ле P *s.* отку́да.

отколо́ть *s.* отка́лывать.

откопа́ть *s.* отка́пывать..

откорми́ть *s.* отка́рмливать.

отко́с *m* [1] Abschüssigkeit *f*; Böschung *f*; Halde *f*; **~ный** [14; -сен, -сна] abschüssig.

открепи́ться [14; -плю́сь, -пи́шься] *pf.* sich abmelden; sich loslösen.

откре́щиваться [1], <открести́ться> [15] sich (durch Bekreuzen) lossagen (от P von); F loszukommen suchen.

открове́н|ие *n* [12] Offenbarung *f*; **~ность** *f* [8] Aufrichtigkeit; **~ный** [14; -е́нен, -е́нна] aufrichtig, offen.

откру́|чивать [1], <~ти́ть> [15] losdrehen; **-ся** (от P) F (*fig.*) sich (et.) vom Halse schaffen.

откры|ва́ть [1], <откры́ть> [22] öffnen, aufmachen; eröffnen; entdecken; enthüllen; offenbaren; **-ся** sich öffnen; sich zeigen, sich erweisen; (пе́ред T) sich *j-m* anvertrauen *od.* entdecken; **~тие** (-ˈkrɨ-) *n* [12] Öffnen; (*Thea.*) Wiederbeginn *m*; Eröffnung *f*; Öffnung *f*; Entdeckung *f*; Enthüllung *f*; **~тка** (-ˈkrɨ-) *f* [5; *g/pl.*: -ток] Postkarte; **~тый** (-ˈkrɨ-) [14*K.*] offen; eröffnet; frei; entdeckt; (*fig.*) erklärt; де́йствовать в ~тую mit offenen Karten spielen; **ˈ~ть** *s.* открыва́ть.

отку́да woher?, von wo (aus)?; ~-нибудь irgendwoher.

о́ткуп *m* [1; *pl.*: -па́] (*hist.*) Pacht *f*; **~а́ть** [1], <~и́ть> [14] abkaufen; pachten; (**-ся** sich) loskaufen; **~но́й** [14] gepachtet; Pacht...

отку́по|ривать [1], <~рить> [13] entkorken; öffnen; **~рка** *f* [5] Entkorkung.

откупщи́к *m* [1*e.*] (*hist.*) Steuerpächter.

отку́|сывать [1], <~си́ть> [15] abbeißen; abzwicken.

отку́|шивать, <~шать> [1] (P) kosten, schmecken; ~шать *pf.* die Mahlzeit beend(ig)en, abspeisen.

отлага́тельств|о *n* [9] Aufschub *m*; де́ло не те́рпит ~а die Sache duldet keinen Aufschub.

отлага́ться [1], <отложи́ться> [16] sich ablagern; abfallen (от P von).

отла́мывать, <отлома́ть> [1; отло́манный], <отломи́ть> [14] abbrechen.

отле|га́ть [1], <отле́чь> [26; *unpers.*: -ля́жет; -легло́] leicht(er) werden (от се́рдца ums Herz).

отле|жа́лый [14] abgelagert; **~живать** (-ˈɭɔ-) [1], <~жа́ть> [4; -ежу́, -ежи́шь] sich durchliegen; **-ся** durch Liegen besser werden.

отле|плять [28], <~пить> [14] (*Geleimtes*) losmachen; **-ся** losgehen.
отлёт *m* [1] Abflug; Strich (*Vögel*); жить на ~е F abseits wohnen; быть на ~е F im Begriff sein aufzubrechen; держаться на ~е F einsiedlerisch leben, ungesellig leben.
отлет|áть [1], <~éть> [11] davon-, weg-fliegen.
отлéчь *s.* отлегáть.
отли́в *m* [1] Ebbe *f*; Schillern *n*; прили́в и ~ Ebbe *f* und Flut *f*, Gezeiten *f/pl.*; **~áть** [1], <отли́ть> [отолью́, -льёшь; о́тли́л, -á, -о; отлéй(те)!; отли́тый (о́тли́т, -á, -о)] *v/t.* abgießen; gießen; P harnen; *v/i.* schillern (*Stoff*); **~ка** *f* [5; *g/pl.*: -вок] Abgießen *n*; Guß *m*; **~нóй** [14] Guß...; Auslaß...
отлипáть [1], <отли́пнуть> [21] nicht kleben(bleiben), abgehen.
отли́ть *s.* отливáть.
отли|чáть [1], <~чи́ть> [16; -чý, -чи́шь; -чённый] unterscheiden (от P von); auszeichnen; **~чие** (-ˈʝi-) *n* [12] Unterschied *m*; Auszeichnung *f*; **~чи́тельный** [14] unterscheidend; Unterscheidungs...; **~чник** (-ˈʝitʃ-) *m* [1] glänzender (vorzüglicher) Schüler, Arbeiter, Qualitäts-, Best-arbeiter; **~чный** (-ˈʝitʃ-) [14; -чен, -чна] vortrefflich, ausgezeichnet; verschieden; ~чно *adv.* recht (*od.* sehr) wohl.
отлóгий [16*K.*; *comp.*: отлóже] abschüssig.
отлож|éние *n* [12] Ablagerung *f*, Schicht *f*; **~и́ть** *s.* откла́дывать, отлагáться; **~нóй** [14] zum Zurückschlagen (eingerichtet); Umlege...
отло|мáть, ~ми́ть *s.* отлáмывать; **~мóк** (-ˈłɔ-) *s.* облóмок.
отлу|чáть [1], <~чи́ть> [16; -чý, -чи́шь; -чённый] ausschließen; ~чáть от цéркви exkommunizieren, in den Kirchenbann tun; **-ся** sich entfernen, weggehen; **~чéние** *n* [12] Ausschließung *f*; ~чéние от цéркви Exkommunikation *f*, Kirchenbann *m*; **~чка** (-ˈłutʃ-) *f* [5] Abwesenheit.
отлы́|нивать P [1], <~нуть> [20] (от P) zurückweichen (vor *dat.*); (*die Arbeit*) meiden, schwänzen.
отмáливать [1], <отмоли́ть> [13; -олю́, -óлишь; -óленный] betend sühnen, abbeten.
отмáлчиваться F [1], <отмолчáться> [4; -чýсь, -чи́шься] sich ausschweigen.
отмáтывать, <отмотáть> [1; отмóтанный] abwickeln.
отмáх|ивать [1], <~áть> [3], <~нýть> [20] wegfächeln, wegwedeln; abhauen; P (*Strecke*) zurücklegen; **-ся** от (P) (durch eine Handbewegung *usw.*) abwehren; von *et.* nichts wissen wollen.
отмáчивать [1], <отмочи́ть> [16] losweichen.
óтмель *f* [8] Sandbank.
отмé|на *f* [5], **~нéние** *n* [12] Abänderung *f*; Aufhebung *f*, Wegfall *m*; **~нный** [14; -éнен, -éнна] vorzüglich; **~ня́ть** [28], <~ни́ть> [13; -еню́, -éнишь] abändern; aufheben, abbestellen, widerrufen.
отмерзáть [1], <отмёрзнуть> [21; *nur 3. Pers.*: -нет; -ёрз, -ёрзла] abfrieren.
отмé|ривать [1], **~ря́ть** [28], <~рить> [13] abmessen; семь раз отмéрь, оди́н отрéжь (*Spr.*) erst wägen, dann wagen.
отмéстк|а *f* [5] Vergeltung; в ~у aus Rache.
отметáть [1], <отмести́> [25; т *statt* д: -етý] wegfegen; wegwerfen, verwerfen.
отмéтина *f* [5] Fleck *m*, Mal *n* (*bei Tieren*).
отмé|тка *f* [5; *g/pl.*: -ток] Bezeichnung; Vermerk *m*, Angabe, Notiz; Note, Zensur; **~чáть** [1], <~тить> [15] bezeichnen; auszeichnen; vermerken, angeben, notieren.
отмокáть [1], <отмóкнуть> [21] aufweichen.
отмоли́ть *s.* отмáливать.
отмо|рáживать [1], <~рóзить> [15] sich *et.* abfrieren lassen.
отмотáть *s.* отмáтывать.
отмочи́ть *s.* отмáчивать.
отмщáть *s.* мстить.
отмщéние *n* [12] Rächen, Rache *f*.
отмывáть [1], <отмы́ть> [22] ab-, aus-waschen.
отмы|кáть [1], <отомкнýть> [20] aufschließen; ~кáть штык ⚔ das Bajonett abnehmen; **~чка** (-ˈmɨtʃ-) *f* [5; *g/pl.*: -чек] Dietrich *m*, Nachschlüssel *m*.
отнé|киваться, <~каться> [1] (от P) leugnen; (T) vorschützen.
отнести́ *s.* относи́ть.

отнима́ть [1], <отня́ть> [-ниму́, -ни́мешь; о́тнял, -а́, -о; о́тнятый (-ят, -ята́, -о)] (В/у [*od.* от] Р *et. j-m*) (weg)nehmen, entziehen; (*ein Glied usw.*) abnehmen *od.* amputieren; ~ от груди́ entwöhnen; **-ся** erstarren; gelähmt werden (*Zunge usw.*).

относи́тель|ный [14; -лен, -льна] bezüglich, relativ; verhältnismäßig, bedingt; ~но (Р) in betreff, in bezug (auf *ac.*), hinsichtlich.

отно|си́ть [15], <отнести́> [25; *durchweg* с *statt* д, л: -есу́; -ёс, -есла́] hin-, weg-bringen, -tragen; (к Д) beziehen (auf *ac.*), zuschreiben; **-ся**, <отнести́сь> (к Д) sich beziehen (auf *ac.*), betreffen (*a. mit* до Р); ⚒ sich wenden (an *ac.*); sich verhalten (zu), sich benehmen (gegen[über]); **~ше́ние** *n* [12] Beziehung *f*; Verkehr *m*; (schriftliche) Mitteilung *f*, (amtliche) Zuschrift *f*; Verhältnis, Hinsicht *f*; по ~ше́нию ко мне mir gegenüber; како́е э́то име́ет ~ше́ние? welchen Zusammenhang hat das?

отны́не von jetzt (*od.* nun) an.

отню́дь: ~ не keineswegs, durchaus nicht.

отня́|тие *n* [12] Wegnahme *f*; Abnahme *f od.* Amputation *f* (*e-s Gliedes*); **~ть** *s.* отнима́ть.

отображе́ние *n* [12] Darstellung *f*.

отобра́ть *s.* отбира́ть.

отова́р|ивать [1], <~ить> [13] mit Waren beliefern.

отовсю́ду von allen Seiten her.

отогна́ть *s.* отгоня́ть.

отогну́ть *s.* отгиба́ть.

отогрева́ть [1], <отогре́ть> [8; -гре́тый] erwärmen; aufwärmen, wieder warm machen.

отодра́ть *s.* отдира́ть.

отождест|вля́ть [28], <~ви́ть> [14; -влю́, -ви́шь; -влённый] identifizieren, gleichmachen.

отозва́|ние *n* [12] Abberufung *f*, Abruf *m*; **~ть** *s.* отзыва́ть.

отойти́ *s.* отходи́ть.

отомкну́ть *s.* отмыка́ть.

отопл|е́ние *n* [12] Beheizung *f*, Heizung *f*; **~я́ть** [28] *s.* ота́пливать.

отора́чивать [1], <оторочи́ть> [16; -чу́, чи́шь] (mit Band) einfassen.

оторва́ть *s.* отрыва́ть.

оторопе́|лый F [14] schüchtern, befangen; **~ть** *s.* торопе́ть.

о́торопь F *f* [8] Verwirrung, Verdutztheit.

отороч|и́ть *s.* отора́чивать; **~ка** (-ˈrɔtʃ-) *f* [5; *g/pl.*: -чек] (*Band-*) Einfassung.

отосла́ть *s.* отсыла́ть.

отосужде́ние *n* [12] Aberkennung *f*.

отохо́|чивать [1], <~тить> [15] (В/от Р *j-m*) die Lust (zu *et.*) nehmen *od.* vertreiben.

отоща́лый [14] abgemagert.

отпада́ть [1], <отпа́сть> [25; *pt. st.*] (от Р) abfallen (von), abtrünnig werden; in Wegfall kommen, wegfallen; охо́та у меня́ отпа́ла die Lust ist mir vergangen.

отпа́|ивать [1] **1.** <~я́ть> [28] loslöten; **2.** <отпои́ть> [13] tränken; durch Tränken entgiften, ein Gegengift geben.

отпа́рывать [1], <отпоро́ть> [17] los-, ab-trennen; отпоро́ть *pf.* durchprügeln.

отпа́сть *s.* отпада́ть.

отпая́ть *s.* отпа́ивать.

отпе|ва́ние *n* [12] Totenamt; **~ва́ть** [1], <отпе́ть> [-пою́, -поёшь; -пе́тый] das Totenamt halten für *od.* über (*ac.*).

отпере́ть *s.* отпира́ть.

отпе́тый F [14] unverbesserlich, hoffnungslos.

отпеча́|ток *m* [1; -тка] Abdruck; Gepräge *n*; **~тывать**, <~тать> [1] abdrucken; abtippen; abdrücken.

отпива́ть [1], <отпи́ть> [отопью́, -пьёшь; о́тпил, -а́, -о; отпе́й(те)!; отпи́тый (о́тпит, -а́, -о)] abtrinken.

отпи́ливать [1], <отпили́ть> [13; -илю́, -и́лишь; -и́ленный] absägen.

отпи|ра́тельство *n* [9] Ableugnung *f*; **~ра́ть** [1], <отпере́ть> [12; отопру́, -прёшь; о́тпер, -рла́, -о; отпёрший; о́тпертый (-ерт, -а́, -о); отпёрши *u.* отпере́в] öffnen, aufschließen; **-ся** sich öffnen, aufgehen; (от Р) ableugnen.

отпи́ска F *f* [5; *g/pl.*: -сок] nichtssagender Wisch *m*.

отпи́сывать [1], <~са́ть> [3] zurückschreiben; (В/у Р *et. j-m*) konfiszieren, einziehen; **-ся** schriftlich antworten; sich (durch Zurückschreiben) etwas vom Halse schaffen.

отпи́ть *s.* отпива́ть.

отпи́х|ивать [1], <~ну́ть> [20] wegstoßen, zurückstoßen.

отпла́|та *f* [5] Wiedervergeltung (за В wegen); **~чивать** [1], <~ти́ть>

[15] wiedervergelten, zurück-, heimzahlen (той же монетой mit gleicher Münze).

отплёвывать [1], ‹отплю́нуть› [20] (*zur Seite*) ausspucken.

отплы|ва́ть [1], ‹отплы́ть› [23] wegschwimmen; absegeln, abfahren, in See gehen *od.* stechen; **~тие** (-ˈpłi-) *n* [12] Absegeln, Abfahrt *f* (*v. Schiffen*).

отпля́|сывать [1], ‹~са́ть› [3] abtanzen; wundtanzen.

о́тповедь *f* [8] scharfe Erwiderung, Abfuhr.

отпои́ть *s.* отпа́ивать.

отпо́р *m* [1] Widerstand, Gegendruck; Abfuhr *f*; **~о́ть** *s.* отпа́рывать.

отпот|ева́ть F [1; *nur 3. Pers.*], ‹~е́ть› [8; *nur 3. Pers.*] anlaufen (*Glas*); feucht sein (*Wand*).

отпочко́в|ываться [1; *nur 3. Pers.*], ‹~а́ться› [7; *nur 3. Pers.*] (*Bio.*) sich durch Zellteilung vermehren.

отпра|ви́тель *m* [4] Absender; **~вка** (-ˈpraf-) *f* [5], **~вле́ние** *n* [12] Absendung *f*; Beförderung *f*; (*nur* ~вле́ние) (Amts-)Verrichtung *f*; Funktion *f*; **~вля́ть** [28], ‹отпра́вить› [14] (ab)senden, (ab)schikken, befördern, bringen (в B nach); verrichten; F ~вля́ть на тот свет ins Jenseits befördern; ~вля́ть мо́рем verschiffen; **-ся** sich begeben; (*a.* -ся в путь) abreisen, sich auf den Weg machen, aus-ziehen, -gehen (на B auf *ac.*); **~вно́й** [14] Ausgangs...

отпра́шиваться [1], ‹отпроси́ться› [15] sich er- (*od.* aus)bitten; um die Erlaubnis bitten wegzugehen.

отпры́г|ивать [1], ‹~нуть› [20] zurückspringen, zurückprallen.

о́тпрыск ♀ *m* [1] Nebenschößling; Nachkomme.

отпря|га́ть [1], ‹отпря́чь› [26; г, ж *statt* к, ч: -ягу́, -яжёшь] ab-, aus-spannen; **~жка** (-ˈprąʃ-) *f* [5] Ab-, Aus-spannen *n*.

отпу́г|ивать [1], ‹~ну́ть› [20] abschrecken.

о́тпуск *m* [1; *a.*: в -у́; *pl. e.*: -а́] Urlaub; Verabfolgung *f*; Versendung *f*; Erlassung *f*; в ~у́ auf Urlaub; ~ по боле́зни Krankheitsurlaub; декре́тный ~ Schwangerschaftsurlaub; **~а́ть** [1], ‹отпусти́ть› [15] entlassen, beurlauben; verabfolgen; erlassen; nachlassen; (себе́ sich) wachsen lassen; **~ни́к** *m* [1 *e.*] Beurlaubte(r), Urlauber; **~но́й** [14] beurlaubt; Urlaubs...; ~на́я *f* Freibrief *m*; ~ны́е *pl.* Urlaubsgeld *n*.

отпуще́н|ие *n* [12] Erlassung *f*; ~ие грехо́в Sündenerlaß *m*; (*fig.*) козёл *m* ~ия Sündenbock; **~ник** (-ˈpu-) *m* [1] Freigelassene(r).

отра|ба́тывать, ‹~бо́тать› [1] abarbeiten; gründlich durcharbeiten.

отра́|ва *f* [5] Gift *n*; **~ви́тель** *m* [4] Giftmischer, Vergifter; **~вле́ние** *n* [12] Vergiftung *f*; **~вля́ть** [28], ‹~ви́ть› [14] vergiften (T mit; *a. fig.*).

отра́д|а *f* [5] Trost *m*, Freude, Erquickung; **~ный** [14; -ден, -дна] tröstlich, erfreulich, erquickend.

отра|жа́тель *m* [4] Reflektor, Scheinwerfer; **~жа́тельный** [14] zurückwerfend, reflektierend; ~жа́тельное зе́ркало *n* Hohlspiegel *m*, Scheinwerfer *m*; **~жа́ть** [1], ‹~зи́ть› [15; -ажу́, -ази́шь; -аже́нный] zurückwerfen, reflektieren, abspiegeln; abwehren; **-ся** sich (wider)spiegeln.

о́трасль *f* [8] (*Geschäfts-*)Zweig *m*, Branche.

отра|ста́ть [1], ‹~сти́› [25; -сту́, -стёшь; -ро́с, -росла́; -ро́сший] nachwachsen; **~щивать** (-ˈra-) [1], ‹~сти́ть› [15; -ащу́, -асти́шь; -ащённый] wachsen lassen.

отре́бье *n* [10] (*koll.*) Gerümpel, Plunder *m*; (*fig.*) Abhub *m*, Abschaum *m*.

отре́з *m* [1] abgeschnittenes Stück *n*, Abschnitt; Stoffrest; ме́сто *n* для ~а Schnittlinie *f* (*auf Bestellzetteln usw.*); на ~ *s.* на~; **~а́ть** [1], ‹отре́зать› [3] abschneiden; wegnehmen.

отрез|вля́ть [28], ‹~ви́ть› [14; -влю́, -ви́шь; -влённый] ernüchtern.

отрез|но́й [14] abgeschnitten; **~ок** (-ˈr̦ɛ-) *m* [1; -зка] abgeschnittenes Stück *n*; (*Geom.*) Abschnitt, Segment *n*.

отре|ка́ться [1], ‹отре́чься› [26] (от P) (ver)leugnen; sich lossagen (von), verzichten (auf *ac.*), entsagen.

отре́пье *n* [10] (*koll.*) abgetragene Kleider *pl.*; Lumpen *m/pl.*

отре|че́ние *n* [12] (от P) Lossagung *f* (von), Verzicht(leistung *f*) *m* (auf *ac.*); **'~чься** *s.* отрекáться; **~ша́ть** [1], <~ши́ть> [16; -шу́, -ши́шь; -шённый] (от P) ausschließen (von), entsetzen (*e-s Amtes*); **~ше́ние** *n* [12] Ausschließung *f*, (Amts-)Entsetzung *f*; **~шённость** *f* [8] Weltabgeschiedenheit.

отрица́|ние *n* [12] Verneinung *f*, Ab-, Ver-leugnung *f*; **~тельный** [14; -лен, -льна] verneinend, negativ; abschlägig; Verneinungs...; **~ть** [1] verneinen, ab-, ver-leugnen.

отро́г *m* [1] Gebirgsausläufer, Gebirgszweig.

о́троду von Geburt an.

отро́дье F *n* [10] Ausgeburt *f*; Sippschaft *f*; Gesindel.

отродя́сь P seit der Geburt.

о́трок *m* [1] Knabe.

отро́сток *m* [1; -тка] ♀ Schößling; (*Anat.*) Auswuchs; Ende *n* (*am Geweih*).

о́троче|ский [16] Knaben...; Mädchen...; **~ство** *n* [9] Knabenalter; Backfischalter.

отру|ба́ть[1],<~би́ть>[14] abhauen; ⚓ (*e-n Mast*) abkappen; **~би** ('ɔt-) *f/pl.* [8; *ab gen. e.*: -бе́й] Kleie *f*.

отры́в *m* [1] Abreißen *n*; Entfremdung *f*; ⚔ Loslösen *n* (*v. Feind*); учёба *f* без ~а от произво́дства Studium *n* ohne Arbeitsunterbrechung; **~а́ть** [1] **1.** <оторва́ть> [-ву́, -вёшь; -ва́л, -ва́ла́, -о; ото́рванный] abreißen; ablenken (от P von); не отрыва́ясь ohne Rast und Ruh; **2.** <отры́ть> [22] auf-, heraus-graben; **~истый** [14*K*.] abgebrochen, abgerissen, unzusammenhängend; **~но́й** [14] zum Abreißen (dienend); Abreiß...; **~ок** *m* [1; -вка] abgerissenes Stück *n*; Bruchstück *n*, Fragment *n*; ~ками bruchstückweise, fragmentarisch; **~очный** [14; -чен, -чна] in Bruchstücken, fragmentarisch, unzusammenhängend.

отры|га́ть [1], <~гну́ть> [20] aufstoßen (*aus dem Magen*); ~га́ть жва́чку wiederkäuen; **~жка** (-'riʃ-) *f* [5; *g/pl.*: -жек] Aufstoßen *n* (*aus dem Magen*); (*fig.*) F Überbleibsel [*n.*]

отры́ть *s.* отрыва́ть.

отря́|д *m* [1] Abteilung *f*; ⚔ Trupp *n*; **~жа́ть** [1], <~ди́ть> [15; -яжу́, -яди́шь; -яжённый] abschicken, abordern, detachieren.

отря|са́ть [1], <~сти́> [25; *durchweg* с *statt* д, л: -ясу́; -тря́с (-tʒɔs), -трясла́] abschütteln.

отря́х|ивать [1], <~ну́ть> [20] abschütteln.

отса́|живать [1], <~ди́ть> [15] versetzen, verpflanzen.

о́тсве́|т *m* [1] Widerschein, Reflex; **~чивать** (-'ʂʏe-) [1] widerscheinen; blenden.

отсебя́тина *f* [5] (*Thea.*) Extempore *n*; eigene Worte *n/pl.* (*statt des vorgeschriebenen Textes*).

отсе́вки ⸙ *m/pl.* [1] Spreu *f*.

отсе́|ивать [1], <~ять> [27] aussieben; (*fig.*) ausscheiden.

отсе́к ⚓ ✈ *m* [1] Schott *n*, Zelle *f*.

отсека́ть [1], <отсе́чь> [26; *pt.*: -се́к, ла; -се́ченный] abhauen; (*Dampf*) absperren.

отсе́ле P, **отсе́ль** von nun an; von hier an *od.* ab, von da.

отсече́ние *n* [12] Abhauen; дать го́лову на ~ mit s-m Kopf haften.

отсе́чка-отража́тель ⚔ [*gen.*: -ки - -ля] Patronensperre *f*.

отси́|живать [1], <~де́ть> [11] absitzen; sich (*die Glieder*) steif (*od.* starr) sitzen.

отска́бливать [1], <отскобли́ть> [13; -облю́, -о́бли́шь; -о́бленный] abschaben.

отска́кивать [1], <отскочи́ть> [16] abprallen, abspringen.

отскре́|бать [1], <~сти́> [25; *durchweg* б *statt* д, л: -ебу́; -ёб] abkratzen, abschaben; **~бок** (-'skrɔ-) *m* [1; -бка] (*mst pl.*) Abschabsel *n*.

отсла́иваться [1], <отслои́ться> [13; *nur 3. Pers.*] sich ablagern; (*fig.*) sich herauskristallisieren.

отсло|ня́ть [28], <~ни́ть> [13; -оню́, -о́ни́шь] ab-, weg-rücken.

отслу́|живать [1], <~жи́ть> [16] (*seine Zeit*) ausdienen; (*Gottesdienst*) abhalten.

отсове́товать [7] *pf.* abraten, ausreden (Д/*inf. j-m/et. zu tun*).

отсохну́ть *s.* отсыха́ть.

отсро́|чивать [1], <~чить> [16] verlängern, † prolongieren, stunden; aufschieben; **~чка** *f* [5; *g/pl.*: -чек] (Frist-)Verlängerung, † Prolongation, Stundung; Aufschub *m*.

отстава́ть [5], <отста́ть> [-а́ну, -а́нешь] (от P) nach-, zurückbleiben (hinter *dat.*); (ab)lassen (von); abfallen, sich loslösen (von);

отста́ть *pf.* in Ruhe lassen; часы́ отста́ли на́ пять мину́т die Uhr geht fünf Minuten nach; от свои́х отста́ть, к чужи́м не приста́ть (*Spr.*) sich zwischen zwei Stühle setzen.
отста́|вка *f* [5; *g/pl.*: -вок] Abschied *m*, Entlassung; в **~вке** verabschiedet, außer Dienst; вы́йти в **~вку** in den Ruhestand treten; **~вля́ть** [28], ‹отста́вить› [14] wegstellen; aufgeben, verzichten auf (*ac.*); verabschieden, entlassen; **~вно́й** [14] verabschiedet, außer Dienst; Ruhestands...
отста́ивать [1], ‹отстоя́ть› [-ою́, -ои́шь] (*seine Zeit usw.*) abstehen; verteidigen, schützen; halten, behaupten; отстоя́ть *pf.* entfernt sein, abstehen; **-ся** abstehen (*Flüssigkeit*); (stehend) ausruhen (*Pferde*).
отста́|лый [14] nach-, zurück-geblieben, rückständig; ⚔ Versprengte(r) *m*; **~ть** *s.* отстава́ть.
отстега́ть [1; отстёганный] *pf.* auspeitschen.
отстёгивать [1], ‹отстегну́ть› [20; отстёгнутый] aufknöpfen; abschnallen.
отсто́й *m* [3] Bodensatz; **~ник** ⊕ *m* [1] Klärwanne *f*; **~ный** [14] Reinigungs..., Filtrier...
отстоя́ть *s.* отста́ивать.
отстра́ивать [1], отстро́ить [13] (*Haus usw.*) ausbauen, fertigbauen; (*Radio*) genau einstellen.
отстра|ня́ть [28], ‹**~**ни́ть› [13] beseitigen; entfernen; **-ся** auf die Seite (*od.* aus dem Licht) gehen.
отстре́л|иваться [1], ‹**~**я́ться› [28] Feuer erwidern, (от Р j-n) durch schießen fernhalten (sich erwehren).
отсту́к|ивать, ‹**~**ать› F [1] heruntertippen (*Schreibmaschine*); den Takt trommeln.
о́тступ *m* [1] Zwischenraum; (*Typ.*) Absatz, Alinea *n*, Einzug.
отсту|па́ть [1], ‹**~**пи́ть› [14] zurücktreten; sich zurückziehen; abfallen, abweichen (от Р von); **-ся** (от Р) verzichten (auf *ac.*), abstehen (von); -ся от своего́ сло́ва sein Wort nicht halten; **~пле́ние** *n* [12] Rücktritt *m*; (*bsd.* ⚔) Rückzug *m*; Abweichung *f*; **~пник** (-ˈstup-) *m* [1] Abtrünnige(r), Renegat; **~пно́й** [14]: **~**пно́е *n*, **~**пны́е (де́ньги) *f/pl.* Abstands-, Reu-geld *n*, Abfindungssumme *f*; **~пя́** weiter unten; unweit; weiter zurück.
отсу́т|ствие *n* [12] Abwesenheit *f*; Fehlen, Mangel *m*; **~**ствие возмо́жности Unmoglichkeit *f*; **~ствовать** [7] abwesend sein.
отсу́ч|ивать F [1], ‹**~**и́ть› [16] runterkrempeln (*Ärmel usw.*).
отсчёт *m* [1] Abzählen *n*.
отсчи́|тывать, ‹**~**та́ть› [1; отсчи́танный] abzählen; abziehen.
отсыл|а́ть [1], ‹отосла́ть› [-ошлю́, -ошлёшь; -о́сланный] abschicken, versenden; **~**а́ть к (Д) verweisen an (*ac.*); **~ка** (-ˈsɨɫ-) *f* [5; *g/pl.*: -лок] Abschickung, Versendung.
отсыпа́ть [1], ‹отсы́пать› [2] abschütten.
отсыре́лый [14] angelaufen, feucht.
отсыха́ть [1], ‹отсо́хнуть› [21] ab-, ver-trocknen; отсохни́ язы́к, е́сли я вру! P meine Zunge soll verdorren, wenn ich lüge.
отсю́да von hier (aus); hieraus; **~** сле́дует hieraus folgt.
отта́|ивать [1], ‹**~**ять› [27] abtauen, auftauen; **~лина** *f* [5] aufgetaute Stelle.
отта́лкивать [1], ‹оттолкну́ть› [20] ab-, weg-stoßen.
отта́птывать F [1], ‹оттопта́ть› [3] abtreten, abtrampeln; **~** себе́ но́ги sich müde laufen.
отта́|скивать [1], ‹**~**щи́ть› [16] wegschleppen; *s. a.* таска́ть.
отта́чивать [1], ‹отточи́ть› [16] (ab)schleifen, wetzen.
отта́ять *s.* отта́ивать.
отте́|нок *m* [1; -нка] Schattierung *f*, (Farben-)Abstufung *f*, Nuance *f*; с се́рым **~**нком mit e-m Stich ins Graue; **~ня́ть** [28], ‹**~**ни́ть› [13] schattieren, nuancieren; betonen.
о́ттепель *f* [8] Tauwetter *n*.
оттес|ня́ть [28], ‹**~**ни́ть› [13] zurück-, ver-drängen.
оттёсывать [1], ‹оттеса́ть› [3; оттёсанный] behauen.
оттира́ть [1], ‹оттере́ть› [12; ототру́, -рёшь; оттёрши *u.* оттере́в] ab-, weg-reiben; durch Reiben erwärmen; verdrängen.
о́ттис|к *m* [1] Abdruck; **~кивать** (-ˈţis-) [1], ‹**~**нуть› (-ˈţis-) [20] abdrucken.
оттого́ deshalb; **~** что weil.
отто́к *m* [1] Abfluß; Abflußröhre *f*.
отто́ле von da.

оттолкну́ть *s.* отта́лкивать.
отто́ль *s.* отто́ле.
оттома́н|ка *f* [5; *g/pl.*: -нок] Ottomane, Ruhebett *n.*
оттопы́|ривать [1], ‹~рить› [13] ausspreizen; spitzen, schürzen (*Lippen*).
отторга́ть [1], ‹отто́ргнуть› [21] los-, weg-reißen.
отточи́ть *s.* отта́чивать.
оттрепа́ть [2] *pf.* (zer)zausen, zerreißen.
отту́да von dort *od.* da.
отту|шёвывать [1], ‹~шева́ть› [6; -шу́ю] (aus)tuschen, schattieren.
оття́|гивать [1] **1.** P ‹~га́ть› [1; -я́ганный] (B/y P *et. j-m*) abprozessieren, durch Ränke wegnehmen; **2.** ‹~ну́ть› [19] wegschleppen; ausrecken; ver-, auf-schieben; **~жка** *f* [5; *g/pl.*; -жек] Verzögerung, Aufschub *m.*
оття́п|ывать, ‹~ать› P [1] abhauen, abreißen.
отума́|нивать [1], ‹~нить› [13] be-, um-nebeln, trüben, verdunkeln; **-ся** berauscht (*od.* F benebelt) werden.
отупе́ть [8] *pf.* stumpfsinnig werden, verblöden.
оту|ча́ть [1], ‹~чи́ть› [16] (B/от P *j-m et.*) abgewöhnen.
отха́живать [1], ‹отходи́ть› [15] F gesundpflegen; P sich müde gehen.
отха́р|кивать, ‹~кать› [1], *einm.* ‹~кнуть› [20] aushusten, (*hustend*) auswerfen.
отхва́т|ывать [1], ‹~и́ть› [15] F ab-reißen, -schneiden; P (et.) schnell und gewandt tun.
отхлёбывать, ‹отхлеба́ть› F [1; -ёбанный], *einm.* ‹~бну́ть› [20] (schlürfend) trinken.
отхлёстывать F [1], ‹отхлеста́ть› [3] auspeitschen, verprügeln.
отхлы́нуть [20] *pf.* zurückweichen.
отхо́д *m* [1] Abgang; ~ы *pl.* Abfallprodukte *n pl.*; 🚂 Abfahrt *f*; Ende *n*; **~и́ть** [15], ‹отойти́› [-ойду́, -дёшь; отошёл, -шла́; отоше́дший; отойдя́ (*g. pt. a.*)] ab-, weg-gehen; 🚂 abfahren; auftauen; end(ig)en; sterben, verscheiden; у неё отошло́ от се́рдца ihr fiel ein Stein vom Herzen; **~ник** *m* [1] Wanderarbeiter; **~ный** [14] abgelegen; ~ная *f* Sterbegebet *n*; **~чивый** [14 *K.*] nicht nachtragend *od.* rachsüchtig.
отхо́|жий [17]: † ~жий про́мысел *m* Wandergewerbe *n* (*Saisonarbeit der Bauern in Städten*); **~жее** ме́сто *n* Abtritt *m*, Klosett.
отцве|та́ть [1], ‹~сти́› [25; **т** *statt* д: -цвету́; *g. pt. a.*: -цветя́] ab-, ver-blühen.
отце́|живать [1], ‹~ди́ть› [15] ab-zapfen, seihen.
отце|пля́ть [28], ‹~пи́ть› [14] loshaken; entkuppeln; **-ся** P (*fig.*) in Ruhe lassen; отцепи́сь ты от меня́! laß mich in Ruh'!, hau ab!
отцеуби́й|ство *n* [9] Vatermord *m*; **~ца** *m/f* [5] Vatermörder(in *f*).
отцо́в|ский [16] väterlich; Vater...; **~ство** *n* [9] Vaterschaft *f.*
отча́|иваться [1], ‹~яться› [27] (в П) verzweifeln (an *dat.*); aufgeben.
отча́ли|вать [1], ‹~ть› [13] (*Boot usw.*) losbinden; отча́ливай! F hau ab!
отча́сти teilweise, zum Teil.
отча́ян|ие *n* [12] Verzweiflung *f*; **~ный** [14 *K.*] verzweifelt; tollkühn.
отча́яться *s.* отча́иваться.
о́тче (*poet. od. im Gebet*: *Vokativ zu* оте́ц): ~(-)наш *m* Vaterunser *n.*
отчего́ weshalb, warum, aus welchem Grund; **~-то** aus irgendeinem Grund.
отчека́|нивать [1], ‹~нить› [13] ausprägen; markieren; deutlich aussprechen.
отчёркивать [1], ‹отчеркну́ть› [20; -ёркнутый] anstreichen, mit einem Strich anmerken.
отчёрп|ывать F [1], ‹~ну́ть› [20] abschöpfen.
о́тчеств|о *n* [9] Patronymikon, Vatersname *m*; как вас (зову́т) по ~у? wie heißen Sie mit Vatersnamen?
отчёт *m* [1] Rechenschaftsbericht; Rechenschaft *f*; годово́й ~ Jahresbericht; ~ ба́нка Bankausweis; **~ливый** [14 *K.*] genau, deutlich; **~ность** *f* [8] Rechenschaft(sablegung); **~ный** [14] Rechenschafts..., Rechnungs...
отчи́зна *f* [5] Vaterland.
о́тчим *m* [1] Stiefvater.
отчис|ле́ние *n* [12] Abzählung *f*; Entlassung *f*, Verabschiedung *f* (*e-s Beamten*); **~ля́ть** [28], ‹отчи́слить› [13] ab-zählen, -rechnen; (*e-n Beamten*) entlassen, verabschieden.
отчи́|тывать, ‹~та́ть› [1; -йтанный] *j-m* die Leviten lesen; **-ся** Rechenschaft ablegen.

отчи|ща́ть [1], <отчи́стить> [15] reinigen, (ab)putzen.

отчу|жда́ть [1], <~ди́ть> [15; -ужу́, -уди́шь; -уждённый] (В/от Р *j-m et.*) entfremden; ⚖ enteignen; **~жде́ние** *n* [12] Entfremdung *f*; Enteignung *f*.

отшаба́шить F [16] *pf.* aufhören zu feiern.

отша́|гивать, <~га́ть> [1] (schrittweise) abmessen; durchschreiten; **~гну́ть** F [20] *pf.* e-n Schritt seitwärts tun.

отшатну́ться [20] *pf.* zurückwanken.

отшвы́р|ивать F [1], <~ну́ть> [20] fortschleudern.

отше́льник *m* [1] Einsiedler.

отши́б F *m* [1]: на ~е abseits (*e-s Ortes*).

отши|ба́ть [1], <~би́ть> [-бу́, -бёшь; -ши́б, -ла; -ши́бленный] abschlagen; (*fig.*) [*unpers.*] rauben; па́мять отши́бло F mein Gedächtnis ist futsch; *s.* отбива́ть.

отшлё|пывать, <~пать> [1] klapsen, (*mit der flachen Hand*) schlagen.

отшлифо́|вывать [1], <~ва́ть> [7] abschleifen.

отшпи́|ливать [1], <~лить> [13] losstecken; **-ся** losgehen (*Stecknadeln*).

отшу́|чиваться [1], <~ти́ться> [15] (*e-r Sache*) scherzend ausweichen, *et.* mit e-m Scherz abtun.

отще|пе́нец *m* [1; -нца] Sektierer, Abtrünnige(r), Renegat; **~пля́ть** [28], <~пи́ть> [14; -плю́, -пи́шь; -плённый] abspalten.

отщи́п|ывать [1], <~а́ть> [2], *einm.* <~ну́ть> [20] abrupfen.

отъеда́ть [1], <отъе́сть> [-е́м, -е́шь, -е́ст, -еди́м, -еди́те, -едя́т; -е́л; -е́шь(те)!; -е́денный] abfressen; wegätzen; **-ся** von gutem Essen fett werden.

отъе́|зд *m* [1] Abreise *f*, Abfahrt *f*; **~зжа́ть** [1], <~хать> [-е́ду, -е́дешь] abreisen, abfahren.

отъе́млемый [14*K*.] veräußerlich.

отъе́сть *s.* отъеда́ть.

отъе́хать *s.* отъезжа́ть.

отъя́вленный [14] allbekannt, berüchtigt; Erz...

оты́|грывать, <~гра́ть> [1; -ы́гранный] ab-, aus-spielen; **-ся** das Verlorene zurückgewinnen; **~грыш** ('ɔt-) *m* [1] Zurückgewonnene(s) *n*.

отымённый [14] (*Ling.*) nominal.

оты́|скивать [1], <~ска́ть> [3] (auf)suchen; nachschlagen.

отяго|ща́ть [1], <~ти́ть> [15; -ощу́, -оти́шь; -ощённый] beschweren, belasten; **~ще́ние** *n* [12] Beschwerung *f*; Überbürdung *f*, Überladung *f*.

отяг|ча́ть (-xtʃ-) [1], <~чи́ть> [16; -чу́, -чи́шь; -чённый] beschweren, bedrücken, belasten.

офе́ня *m* [6] Hausierer.

офице́р *m* [1] Offizier; ~ действи́тельной слу́жбы aktiver Offizier; ~ запа́са Reserveoffizier; строево́й ~ Frontoffizier.

офици|а́льный [14; -лен, -льна] offiziell, amtlich; **~а́нт** *m* [1] Kellner; **~о́зный** [14; -зен, -зна] offiziös, halbamtlich.

оформ|ле́ние *n* [12] Formgebung *f*; **~ля́ть** [28], <офо́рмить> [14] regeln; ausgestalten; rechtsgültig machen.

офо́рт *m* [1] Radierung *f*, Gravüre *f*.

офранцу́|живать [1], <~зить> [15] französieren.

ох ach!, o weh!

оха́льник P *m* [1] Frechling, Flegel.

о́ханье *n* [10] Stöhnen, Ächzen.

оха́п|ка *f* [5; *g/pl.*: -пок] Armvoll *m*; схвати́ть в ~ку mit beiden Händen umfassen.

о́хать [1], *einm.* <о́хнуть> [20] stöhnen, ächzen.

охво́стье *n* [10] (*koll., fig., ver.*) Helfershelfer *m*, Spießgeselle *m*.

охла|дева́ть [1], <~де́ть> [8] sich abkühlen, kalt werden; erkalten (*bsd. fig.*); **~де́лый** [14] erkaltet; **~ди́тель** ⊕ *m* [4] Kühler; **~жда́ть** [1], <~ди́ть> [15; -ажу́, -ади́шь; -аждённый] (ab)kühlen; erkalten lassen; **~жде́ние** *n* [12] Abkühlung *f*, Kühlung *f*; Erkaltung *f*.

охме|ле́лый [14] berauscht; **~ля́ть** [28], <~ли́ть> [13] berauschen, (be-)trunken machen; де́йствовать ~ля́ющим о́бразом berauschend wirken.

о́хнуть *s.* о́хать.

охора́шиваться F [1] sich schönmachen.

охо́|та *f* [5] (к Д) Lust (zu), Liebhaberei (für); Jagd (за Т *od.* на В auf *ac. od.* nach); с ~той (sehr) gern.

охо́т|иться [15] jagen, Jagd machen (за Т *od.* на В auf *ac. od.* nach); ~-

ка *f* [5]: P в ~ку sehr gern, mit großem Vergnügen; **~ник** *m* [1] Jäger; ⚔ Freiwillige(r); Freund, Liebhaber (до P von); **~ничий** [18] Jäger...; Jagd...; **~ность** *f* [8] Bereitwilligkeit; **~ный** [14; -тен, -тна] (bereit)willig; ~но gern; ~нее всего́ am liebsten.

охо́чий P [17*K.*] geneigt, willig (до P zu); он охо́ч er ist ein Freund (до P von).

о́хра *f* [5] Ocker *m.*

охра́|на *f* [5] Schutz *m*; Verwahrung; (*a.*: ~нка *ehm.*) Geheimpolizei; ~на матери́нства и младе́нчества Mutter- u. Säuglings-fürsorge; **~не́ние** *n* [12] Beschützung *f*, Schutz *m*; Wahr(nehm)ung *f*; ⚔ Sicherung *f*; **~ни́тель** *m* [4] Beschützer; **~ни́тельный** [14] (be)schützend; Schutz...; **~ня́ть** [28], <~ни́ть> [13] beschützen, bewachen; wahr(nehm)en.

охри́плый F [14] heiser (geworden).

оху́л|ка *f* [5; *g/pl.*: -лок] Tadel *m*; ~ки на́ руку не положи́ть P nicht zu kurz kommen.

оце́н|ивать [1], <~и́ть> [13; -еню́, -е́нишь; -нённый] (ab)schätzen, taxieren (в В auf *ac.*); *vgl.* цени́ть; **~ка** *f* [5; *g/pl.*: -нок] Abschätzung, Taxation; **~очный** [14] Abschätzungs..., Taxations...; **~щик** *m* [1] Abschätzer, Taxator.

оцепене́|лый [14] erstarrt; **~ние** *n* [12] Erstarrung *f.*

оцеп|ля́ть [28], <~и́ть> [14] umzingeln; absperren, zernieren.

оча́г *m* [1*e.*] Herd; де́тский ~ Kinderheim *n.*

очаро|ва́ние *n* [12] Bezauberung *f*; **~ва́тельный** [14; -лен, -льна] bezaubernd; **~вывать** (-ˈrɔ-) [1], <~ва́ть> [7] bezaubern, fesseln.

очеви́д|ец *m* [1; -дца] Augenzeuge; **~ный** [14; -ден, -дна] augenscheinlich, klar.

о́чень sehr; не **то, что́бы** ~ nicht gerade sehr.

очере|дно́й [14] der Reihe nach (folgend), reihenweise; von Zeit zu Zeit auftretend; ordentlich; zur Tagesordnung gehörig; **~дь** (ˈɔ-) *f* [8; *ab g/pl. e.*: **де́й**] Reihe(nfolge); Bauabschnitt *m*; (*fig.*) Schlange; пулемётная ~дь ⚔ Feuerstoß *m*; тепе́рь ва́ша ~дь jetzt ist die Reihe an Ihnen, jetzt sind Sie dran; на ~ди an der Reihe *od.* Tagesordnung; по ~ди der Reihe nach; в мою́ (*od.* свою́) ~дь meinerseits; стоя́ть в ~ди anstehen; стать в ~дь sich anstellen.

о́черк *m* [1] Skizze *f*, Umriß, Abriß; **~и́ст** *m* [1] (*lit.*) Novellist, Erzähler.

очерня́ть [28] *s.* черни́ть.

очерстве́|лый [14] hart (geworden); **~ть** *s.* черстве́ть.

очерта́ние *n* [12] Entwurf *m*, Umriß *m*, Skizze *f.*

оче́р|чивать [1], <~ти́ть> [15] entwerfen, skizzieren; очертя́ го́лову F unbesonnen, unbedacht; Hals über Kopf.

оче́чник (-ʃn-) *m* [1] Brillen-etui *n*, -futteral *n.*

о́чи *s.* о́ко.

очи́нка *f* [5] Anspitzen *n* (*z.B. Bleistift*).

очисти́тель *m* [4] Reiniger; **~ный** [14] reinigend; Reinigungs...; ~ная прися́га *f* Offenbarungseid *m.*

очи́ст|ка *f* [5; *g/pl.*: -ток] Reinigung; Räumung; Abpellen *n*; ~ки *pl.* Abfälle *m/pl.*; ~ка по́шлиной Verzollung; для ~ки со́вести zur Beruhigung des Gewissens.

очища́ть [1], <очи́стить> [15] reinigen, säubern, raffinieren; räumen; (*a.* ~ от коры́) abschälen; bezahlen; ~ по́шлиной verzollen, (aus)klarieren; ~ счёт ☦ Rechnung begleichen; **-ся** sich reinigen; (ото льда) eisfrei werden.

очище́|ние *n* [12] *s.* очи́стка; пра́здник *m* ~ния Versöhnungsfest *n* (*der Juden*).

очк|о́ *n* [9; *pl.*: -ки́, -ко́в] Auge (*auf Spielkarten usw.*, *a.* ⊕ ♀); ~и́ *pl.* Brille *f*; стёкла *n/pl.* для ~о́в Brillengläser; быть в ~а́х eine Brille tragen; надева́ть ~и́ eine Brille aufsetzen; игра́ть в ~о́ F 17 und 4 spielen; **~овтира́тель** F *m* [4] Betrüger; **~овира́тельство** *n* [9] Irreführung *f*; Schönfärbung *f*; **~о́вый** [14] Brillen...; (*Sport*) nach Punkten; ~о́вая **змея́** *f* Brillenschlange.

очну́ться [20] *pf.* (wieder) zur Besinnung kommen.

о́ч|ный [14] Augen...; ~ная ста́вка *f* Gegenüberstellung, Konfrontation.

очуме́лый P [14] wie von Sinnen.

очути́ться [15; *1. Pers. ungbr.*] *pf.*

sich plötzlich befinden *od.* einfinden (*od. wohin*) geraten.

очу́хаться P [1] *pf. s.* очну́ться.

ошале́лый F [14] kopflos, wie von Sinnen.

ошара́ш|ивать [1], <~ить> [16] P kräftig schlagen, prügeln; (*fig.*) F verblüffen.

ошварт|ова́ть ⚓ [7], <~о́вить> [14] vertäuen.

ошé йник *m* [1] Halsband *n* (*der Hunde*).

ошело|мля́ть [28], <~ми́ть> [14; -млю́, -ми́шь; -млённый] (*durch e-n Schlag auf den Kopf*) betäuben; verblüffen.

оши|ба́ться [1], <ошиби́ться> [-бу́сь, -бёшься; -и́бся, -и́блась] (sich) irren, sich versehen; ~би́ться в доро́ге den Weg verfehlen, sich verlaufen; ~би́ться в ре́чи sich versprechen; ~би́ться в счёте (письме́) sich verrechnen (verschreiben); **~бка** (-ˈʃɨp-) *f* [5; *g/pl.*: -бок] Irrtum *m*, Fehler *m*; по ~бке irrtümlicherweise, aus Versehen; **~бочный** (-ˈʃɨ-) [14; -чен, -чна] fehlerhaft, falsch.

оши́кать [1] *pf.* (*Thea.*) auszischen.

ошлифо́|вывать [1], <~ва́ть> [7] ringsum (ab)schleifen.

ошмётки P *m/pl.* [1] zerrissene Schuhe (Kleider *n/pl. u. dgl.*); Schmutzbrocken.

ошпа́|ривать [1], <~рить> [13] verbrühen; abbrühen.

ощу́|пывать, <~пать> [1] befühlen, betasten; **-ся** umhertasten; **~пь** (ˈɔ-) *f* [8] Befühlen *n*, Betasten *n*; ~пью, на ~пь (um sich) tastend *od.* tappend, beim Betasten.

ощути́тельный [14; -лен, -льна] fühlbar, empfindlich.

ощу|ща́ть [1], <~ти́ть> [15; -ущу́, -ути́шь; -ущённый] empfinden, fühlen; **-ся** sich fühlbar machen; **~ще́ние** *n* [12] Empfindung *f*, Gefühl.

П

П, п *n u. m* (*s.* A) P, p *n.*
па́ва *f* [5] Pfauhenne.
Па́вел *m* [1] Paul.
павиа́н *m* [1] Pavian.
павильо́н *m* [1] Pavillon, Garten-, Lust-häuschen *n*; **~ная** съёмка *f* Atelieraufnahme.
павли́н *m* [1] Pfau; **~ий** [18] Pfauen...
Павлу́ш(к)а *m* [5] *dim. v.* Па́вел; Paulchen *n.*
па́водок *m* [1; -дка] Hochwasser *n* (*durch Schnee, Regen*).
пагина́ция *f* [7] (*Typ.*) Paginierung.
па́года *f* [5] Pagode, Götzentempel *m.*
па́голенок *m* [1; -нка] Bein *n* (*der Strümpfe*), Schaft (*Stiefel*).
па́губ|а *f* [5] Verderben *n*, Unheil *n*; **~ный** [14; -бен, -бна] verderblich, unheilvoll.
па́даль *f* [8] gefallenes Vieh *n*, Kadaver *m*, Aas *n.*
па́дать [1], <(у)па́сть> [25; *pt. st.*] fallen; sinken; um-fallen, -stürzen; krepieren; ausfallen, ausgehen (*Haare, Zähne*); ~ ду́хом verzagen, den Mut sinken lassen; ~ в о́бморок ohnmächtig werden; па́дающий fallend; Fall...; (*Astr.*) па́дающая звезда́ *f* Sternschnuppe.
падёж[1] *m* [1 *e.*] Fall(en *n*); (~ скота́ Vieh-)Seuche *f.*
паде́ж[2] *m* [1 *e.*] (*Gram.*) Kasus, Fall.
паде́ние *n* [12] Fallen; Verfall *m*; ~ цен Preissturz *m.*
па́д|кий [16; -док, -дка́] versessen, erpicht (до P *od.* на B auf *ac.*).
па́дуб ⚘ *m* [1] Stechpalme *f.*
паду́|чий [17] fallend; ⚕ **~чая** боле́знь *f* Fallsucht.
па́дчерица *f* [5] Stieftochter.
падь *f* [8] tiefe Schlucht.
паево́й [14] Anteil...; Aktien...
паёк *m* [1; пайка́] (Mehl- *usw.*) Ration *f*, Verpflegungsrate *f.*
паж *m* [1 *e.*; *g/pl.*: паже́й] Page.
пажи́лина ⚓ *f* [5] Rödelbalken *m.*
паз *m* [1; в -у́; *pl. e.*: -ы] Fuge *f*; Falz; **'~уха** *f* [5] (*Anat.*) Busen *m*, Höhle; Busentasche.
па́инька F *m/f* [5; *g/pl.*: -нек] artiges, gehorsames Kind *n.*
пай *m* [3; *pl. e.*: пай, паёв] Anteil (-schein), Aktie *f*; **~-ма́льчик** artiges Kind *n*; това́рищество *n* на пая́х Aktiengesellschaft *f*; **'~ка** ⊕ *f* [5] Löten *n*, Lötung; Lötstelle; **'~щик** *m* [1] Teilhaber, Aktionär.
пакга́уз *m* [1] Packhaus *n.*
паке́т *m* [1] Paket *n*; Tüte *f*; Dienstschreiben *n* (*im verschlossenen Umschlag*); индивидуа́льный ~ ⚔ Verbandpäckchen *n.*
па́кля *f* [6] Werg *n*, Hede; **~ный** [14] heden; Werg...
пакова́ть [7], <за-, у-> (ver-, ein-) packen.
па́ковый [14]: ~ лёд *m* Packeis *n.*
па́кост|ить F [15] **1.** <за-> beschmutzen; **2.** <ис-> verpfuschen; **~ник** *m* [1] garstige Person *f*; Unheilstifter; **~ничать** [1], <на-> (Д) schaden; Unheil (an)stiften; **~ный** [14; -тен, -тна] unheilvoll; garstig, häßlich; unflätig, zotig; **~ь** *f* [8] Unheil *n*; Gemeinheit; Zote; Unrat *m.*
пала́та *f* [5] (großes) Gemach *n*; Kranken-saal *m*, -zimmer *n*; Parlament *n*, Kammer; (суде́бная) ~ Obergerichts-behörde, -hof *m*; ве́рхняя (ни́жняя) ~ (*englisches*) Ober- (Unter-)haus *n*; у него́ ума́ ~ er ist sehr klug, er ist ein heller Kopf.
палатализа́ция *f* [7] (*Ling.*) Palatalisation.
пала́тка *f* [5; *g/pl.*: -ток] Zelt *n*; Verkaufsbude.
пала́ч *m* [1 *e.*; *g/pl.*: -е́й] Henker, Scharfrichter; **~еские** приёмы *pl.* Henkermethoden.
пала́ш ⚔ *m* [1 *e.*; *g/pl.*: -е́й] Pallasch, Reitersäbel.
па́левый [14] strohgelb.
палё|ный [14] leicht verbrannt, versengt; **~ное** *n* Brandgeruch *m.*
палеозо́й *m* [3] (*Geol.*) Paläozoikum *n.*
Палести́на[1] *f* [5] Palästina *n.*

палести́на[2] *f* [5] (*bsd. pl.*) Heimat *f*; в на́ших ~х bei uns (zu Hause), in unserer Gegend.

пале́тка ⚔ *f* [5; *g/pl.*: -ток] Kartenschutzhülle.

па́лец *m* [1; па́льца] Finger; Zehe *f*; ⊕ Bolzen, Zapfen; большо́й ~ Daumen; как по па́льцам рассказа́ть ganz ausführlich erzählen; ~ о ~ не уда́рить keinen Finger rühren, nichts tun; вы́сосать из па́льца F (*fig.*) sich (et.) aus den Fingern saugen; попа́сть па́льцем в не́бо etwas zur Unzeit sagen; ему́ па́льца в рот не клади́ F ihm darf man nicht trauen.

палиса́д ⚔ *m* [1] (*mst pl.*) Palisade *f*, Pfahlwerk *n*; **~ник** *m* [1] Staketen-, Pfahl-zaun; Vorgarten.

пали́тра *f* [5] Palette, Farbenbrett *n*.

пали́ть [13] **1.** <с-> (ver)brennen, (ver)sengen; **2.** <вы́-> ⚔ (ab)feuern, schießen; (*fig.*) herausplatzen mit; п(а)ли́! Feuer!

па́лица *f* [5] Keule; Stock *m*.

па́лка *f* [5; *g/pl.*: -лок] (Spazier-)Stock *m*; ~ сургуча́ *od.* сургучу́ Stange Siegellack; ~ о двух конца́х F (*fig.*) ein zweischneidiges Schwert *n*.

паллиати́в *m* [1] Palliativ(mittel) *n*, Linderungsmittel *n*.

пало́мни|к *m* [1] Wallfahrer; **~чество** *n* [9] Wallfahrt *f*.

па́лочка *f* [5; *g/pl.*: -чек] Stöckchen *n*; ⚕ Bazillus *m*; ~ Ко́ха Tuberkelbazillus *m*.

па́лтус *m* [1] (*Zool.*) Steinbutt.

па́луба ⚓ *f* [5] Verdeck *n*, Deck *n*.

па́лый [14] gefallen; krepiert.

пальба́ ⚔ *f* [5] Feuer *n*, Schießen *n*; Salve.

па́льма *f* [5] Palme.

пальни́к ⚔ *m* [1 *e.*] Luntenstock.

пальто́ *n* [*unv.*] Paletot *m*, Mantel *m*, Überzieher *m*; ~ на меху́ Pelzmantel *m*.

па́льчатый ⚘ [14] fingerförmig, gezackt.

па́льчик *m* [1] Fingerchen *n*.

пампа́сы *m/pl.* [1] die Pampas *f/pl.* (*in Südamerika*).

памфле́т *m* [1] Pamphlet *n*, Flug-, Schmäh-schrift *f*; **~и́ст** *m* [1] Pamphletist, Flug-, Schmäh-schriftenschreiber.

па́мят|ка *f* [5; *g/pl.*: -ток] Merkblatt *n*; (*fig.*) Lehre, Lektion; **~ли́вый** [14*K.*] gedächtnisstark; **~ник** *m* [1] (Д *od.* Р) Denkmal *n*, Monument *n*; **~ный** [14; -тен, -тна] denkwürdig; Gedenk..., Denk...; ~ная кни́жка *f* Notizbuch *n*; **~овать** [7] *s.* по́мнить; **~уя** eingedenk (о П *gen.*); **~ь** *f* [8] Gedächtnis *n*; Erinnerung, Andenken *n* (о П an *ac.*); зри́тельная ~ь visuelles Gedächtnis *n*; без ~и ohne Besinnung, besinnungslos; для ~и für Notizen; на ~ь zum Andenken; auswendig; по ~и aus dem Kopf *od.* Gedächtnis; быть без ~и (от Р in j-n *od.* et.) vernarrt sein.

пан *m* [1; *pl. e.*] (*polnisch*) Herr; жить пан-па́ном auf großem Fuße leben.

пана́м|а *f* [5] Panamahut *m*; (*fig.*) Skandalaffäre; **~ский** [16]: Ꙩский кана́л *m* Panamakanal.

панаце́я *f* [6; *g/pl.*: -ей] Allheil-, Universal-mittel *n*.

пан-Евро́па *f* [5] Pan-Europa *n*.

пане́ль *f* [8] Paneel(werk) *n*; Bürgersteig *m*, Trottoir *n*.

панибра́т *m* [1] Vertraute(r), Busenfreund; быть за ~а auf Duzfuß sein (с Т mit); **~ство** *n* [9] Vertraulichkeit *f*.

па́ника *f* [5] Panik, heftige Bestürzung.

паникёр *m* [1] (*ver.*) Panikmacher; Angsthase.

панихи́да *f* [5] Seelen-, Totenmesse.

пансио́н *m* [1] Pension(sanstalt) *f*, Kostschule *f*; **~е́р** *m* [1] Pensionär, Kostgänger, Kostschüler.

пантало́н|чики *m/pl.* [1] Kinderhöschen *n/pl.*; **~ы** *m/pl.* [1] (Damen-)Beinkleider *n/pl.*, Hosen *f/pl.*

пантали́к *m* [1; *g/sg. a.*: -у] Ordnung *f*; сбить с ~у aus dem Konzept (*od.* Gedankenzusammenhang) bringen.

пант́ера *f* [5] Panther *m*.

пантоми́ма *f* [5] Pantomime, Gebärdenspiel *n*.

па́нцирь *m* [4] Panzer, Harnisch.

Па́ня *m* [6] *s.* Павлу́ша.

па́па *m* [5] Papa; Papst.

папа́ха *f* [5] Pelzmütze (*Kaukasus*).

папа́ша *m* [5], **па́пенька** *m* [5] Papachen *n*.

па́перть *f* [8] Vorhof *m*, Vorhalle (*e-r Kirche*).

папильо́тка *f* [5; *g/pl.*: -ток] Haarwickel *m*.

папиро́с|а *f* [5], **~ка** *f* [5; *g/pl.*: -сок] Zigarette (*mit Papphohlmundstück*); **~ница** *f* [5] Zigarettenschachtel, -tasche; Zigarettenarbeiterin.

па́пка *f* [5; *g/pl.*: -пок] Pappe, Karton *m*; Mappe, Aktendeckel *m*.

па́поротник ⚘ *m* [1] Farn(kraut *n*).

па́почный [14] pappen; Papp..., Karton...

папуа́с *m* [1] Papua.

папье́-маше́ *n* [*unv.*] Papiermaché.

пар *m* [1; в -у́; *pl. e.*] Dampf; ⚒ Brache *f*; без па́ру ohne Dampf; на всех пара́х mit Volldampf; mit Hochdruck; ⚒ под ~ом brach (-liegend).

па́ра *f* [5] Paar *n*; ~ (пла́тья) F Anzug *m*; соединя́ть ~ми paaren.

пара́бо|ла *f* [5] Parabel; **~ли́ческий** [16] parabolisch, gleichmäßig.

парава́н ⚔ ⚓ *m* [1] Minenabweiser.

Парагва́й *m* [3] Paraguay *n*.

пара́граф *m* [1] Paragraph(zeichen *n*).

пара́д *m* [1] Parade *f*, Heerschau *f*; Gepränge *n*; в по́лном ~е in Gala; **~ный** [14] prunkhaft; Parade..., Gala..., Staats...; ~ное *n* Haupteingang *m*; ~ный обе́д *m* Festessen *n*.

парадо́кс *m* [1] Paradoxon *n*; **~а́льный** [14; -лен, -льна] paradox, widersinnig.

парази́т *m* [1] Parasit, Schmarotzer (-tier *n*, -pflanze *f*); **~и́ровать** [7] schmarotzen.

парали|зова́ть [7] (*im*)*pf.* lähmen; **-ся** erlahmen; **~тик** (-'ʝi-) *m* [1] Gelähmte(r).

парали́ч *m* [1 *e.*] Lähmung *f*; поража́ть ~о́м lähmen.

паралле́ль *f* [8] (*Geom.*) Parallele; **~ный** [14; -лен, -льна] parallel, gleichlaufend; ~ные бру́сья *m/pl.* (Turn-)Barren *m*.

паранджа́ *f* [5] Parandscha (*in Mittelasien weibliches Oberkleid mit Schleier zum Verhüllen des Gesichts*).

парапе́т *m* [1] Brustwehr *f*.

парати́ф ⚕ *m* [1] Paratyphus.

парафра́з *m* [1] Paraphrase *f*, Umschreibung *f*; **~и́ровать** [7] (*im*)*pf.* umschreiben.

парашю́т (-'ʃut) *m* [1] Fallschirm; **~и́ст** *m* [1] Fallschirmspringer; ⚔ Fallschirmjäger.

паре́ние¹ *n* [12] Schweben (*in der Luft*).

па́рен|ие² *n* [12] Ausbrühen (*usw.*) (*s.* па́рить²); **~ый** [14] gedämpft; деше́вле ~ой ре́пы (*scherz.*) spottbillig.

па́рень F *m* [4; -рня; *ab g/pl. e.*: -рне́й] Bursche.

пари́ *n* [*unv.*] Wette *f*; держа́ть ~ eine Wette eingehen, wetten; (хо́чешь) ~? was gilt die Wette?

Пари́ж *m* [1] Paris *n*; **≗а́нин** *m* [1; *pl.*: -а́не, -а́н] Pariser.

пари́к *m* [1 *e.*] Perücke *f*; **~ма́хер** *m* [1] Friseur, Barbier; Perückenmacher; **~ма́херский** [16] Friseur..., Perückenmacher...; ~ма́херская *f* Friseur-stube, -salon *m*.

пари́ровать [7], <от-> parieren, abwehren.

пари́ть¹ [13] (*in der Luft*) schweben.

па́рить² [13] (aus)brühen; dämpfen (*Essen*); **-ся** ein Dampfbad nehmen, saunieren.

паричо́к *m* [1; -чка́] kleine Perücke *f*.

парк *m* [1] Park, *a.* ⚔; Kolonne *f*; ~ культу́ры и о́тдыха Vergnügungs-, Volks-park.

парла́мент *m* [1] Parlament *n*; **~ёр** *m* [1] Parlamentär, Unterhändler.

парни́к *m* [1 *e.*] Mistbeet *n*; **~о́вый** [14] Mistbeet...

парни́шка *m* [5; *g/pl.*: -шек] Bürschchen *n*.

пар|но́й [14] frisch (geschlachtet), (noch) warm; ~но́е молоко́ *n* frisch gemolkene (*od.* kuhwarme) Milch *f*.

па́рный [14] paarig, gepaart; zweispännig.

паро... (*in Zssgn*) Dampf...; **~ви́к** *m* [1 *e.*] Dampfkessel; **~во́з** *m* [1] Dampfmaschine *f*, 🚂 Lokomotive *f*; **~во́й** [14] Dampf...; ⚒ Brach...

паро́дия *f* [7] Parodie.

пароксизм ⚕ *m* [1] (krampfartiger) Anfall.

паро́ль ⚔ *m* [4] Parole *f*, Losung(s-wort *n*) *f*.

паро́м *m* [1] Fähre *f*; **~щик** *m* [1] Fährmann.

парохо́д *m* [1] Dampf-schiff *n*, -boot *n*, Dampfer; *s.* ледоко́л; **~ик** *m* [1] kleiner Dampfer; **~ный** [14] Dampfschiffahrts..., Dampfer...; **~ство** *n* [9] Dampfschiffahrt *f*; Reederei *f*; **~чик** *m* [1] Reeder, Schiffseigner.

па́рочка *f* [5; *g/pl.*: -чек] Pärchen *n*.

па́рта *f* [5] Schulbank.

партакти́в *m* [1] (*koll.*) aktive Parteimitglieder *n/pl.*

партбиле́т *m* [1] Parteibuch *n*.
парте́р (-'tɛr) *m* [1] Parterre *n*.
парти́ец *m* [1; -ийца] Parteigenosse, -mann.
партиза́н *m* [1] Parteigänger, Partisan; **~щина** *f* [5] Arbeit ohne Organisation und Plan.
парти́йность *f* [8] Parteiangehörigkeit; Parteigeist *m*.
па́ртия *f* [7] Partei; † Partie, Posten *m*; ⚔ Trupp *m*; † **~ми** partie(n)weise.
партко́м *m* [1] (парти́йный комите́т) Parteikomitee *n*.
партнагру́зка *f* [5] (*koll.*) Parteipflichten *pl*.
партнёр *m* [1] Partner, Teilhaber; Mitspieler.
парт|о́рг *m* [1] (парти́йный организа́тор) Partei-organisator, -obmann; **~ста́ж** *m* [1] Parteialter *n*; **~съе́зд** *m* [1] Parteitag.
па́рус *m* [1; *pl. e.*: -cá] Segel *n*; (*pl. a.*) Segelwerk *n*; пла́вать на **~а́х** segeln; **~и́на** *f* [5] Segeltuch *n*, grobe Leinwand; **~ник** *m* [1] Segelmacher; ⚓ Segelboot *n*, Segler.
парфюме́рия *f* [7] Parfümerie (-fabrikation).
парч|а́ *f* [5] Brokat *m*; **~о́вый** [14] Brokat...
парша́ ⚕ *f* [5] Grind *m*; Schorf *m*.
парши́|веть [8], <о-> grindig (*od.* räudig) werden; **~вец** *m* [1; -вца] Grindige(r); P Lausejunge *m*; **~вка** P *f* [5; *g/pl.*: -вок] gemeines Weibsbild *n*; **~вый** [14*K*.] grindig; räudig; erbärmlich, abscheulich.
паря́щий ✈ [17] Gleit..., Segel...
пас *m* [*unv.*] (*Kartenspiel*) Passen *n*; (*Sport*) Weitergabe *f* (*des Fußballes usw.*); ~ сюда́! gib (*den Ball*) hierher ab!
па́сека *f* [5] Bienenstand *m*.
пасе́ние *n* [12] Weiden, Hüten.
па́сечник *m* [1] Bienenzüchter.
па́сквиль *m* [4] Pasquill *n*, Schmähschrift *f*.
паску́дный P [14; -ден, -дна] garstig, unflätig.
паслён ⚘ *m* [1] Nachtschattengewächs *n*.
па́смурный [14; -рен, -рна] trübe; finster, unfreundlich.
пасова́ть [7] **1.** <с-> ([*pt. des impf. a. pf.*] *Kartenspiel*) passen; versagen; **2.** <пасну́ть> [20] F (*Sport*) den Ball weitergeben, abgeben.
па́сочница *f* [5] Kuchenform (*für den Osterkuchen*; *s.* па́сха).
па́спорт *m* [1; *pl. e.*: -та́] Paß; **~иза́ция** *f* [7] Paßzwang *m*.
пасса́ж *m* [1] Durchgang, Passage *f*; ♪ Tonfolge *f*; unangenehme Überraschung *f*.
пассажи́р *m* [1], **~ка** *f* [5; *g/pl.*: -рок] Passagier *m*, Fahrgast *m*, Reisende(r); 🚂 зал *m* для **~ов** Wartesaal.
пасса́т *m* [1] Passat(wind).
пасси́в † *m* [1] Passiva *n/pl.*; (*Gram.*) Leideform *f*.
па́ссия *f* [7] Passion, Leidenschaft.
па́ста *f* [5] Paste.
па́стбище *n* [11] Weide(platz *m*) *f*.
па́ства *f* [5] (christliche) Herde, Gemeinde.
пасте́ль (-'tɛl) *f* [8] (*Malerei*) Pastell *n*, Farbstift *m*; Pastellbild *n*.
пастеризова́ть (-stɛ-) [7] (*im*)*pf.* pasteurisieren.
пастерна́к ⚘ *m* [1] Pastinake *f*.
пасте́ровский [16] Pasteur...; ♀ институ́т *m* Pasteurinstitut *n*.
пасти́ [25; *durchweg* с *statt* д, л] weiden, hüten.
пастила́ *f* [5; *pl. st.*: -и́лы] Obstpastete.
пасту́х *m* [1*e*.] Hirt.
пасту́|шеский [16], **~ший** [18] Hirten...; **~шка** *f* [5; *g/pl.*: -шек] Hirtin; **~шо́к** *m* [1; -шка́] Hirtenknabe.
па́стырь *m* [4] (Seelen-)Hirt, Priester.
пасть *f* [8] Rachen *m*; *s.* па́дать.
пастьба́ *f* [5] Weiden *n*, Hüten *n*.
па́сха *f* [5] Ostern *n od. pl.*; Osterfest *n*; Passahfest *n* (*der Juden*); Osterkuchen *m* (*pyramidenförmig aus Quark*); **~льный** (-'xal) [14] Oster...
па́сынок *m* [1; -нка] Stiefsohn.
пасья́нс *m* [1] Patience *f*, Geduldspiel *n*; Kartenlegen *n*.
пат *m* [1] Marmeladepastete *f*; (*Schach*) Patt *n*.
пате́нт *m* [1] Patent *n*; **~ова́ть** [7], <за-> patentieren.
патефо́н *m* [1] Grammophon *n*, Plattenspieler (*ohne Schalltrichter*).
патова́ть [7], <за-> (*Schach*) patt setzen.
па́тока *f* [5] Honigseim *m*; Sirup *m*.
патоло́гия *f* [7] Pathologie, Krankheitslehre.
па́точный [14] Sirup...

патри́ций *m* [3; *prpos/sg.*: -ии] (*hist.*) Patrizier.

патро́н *m* [1] Patron; Gönner; Schutzengel; Patrone *f*, Pulverhülse *f*; Zigarettenhülse *f*; ⊕ Fassung *f*; Schnittmuster *n*; **~ник** ⚔ *m* [1] Patronenlager *n*; **~ный** [14] Patronen...; **~та́ш** *m* [1; *g/pl.*: -шей] Patronentasche *f*, Patronengürtel.

па́трубок ⊕ *m* [1; -бка] Stutzen.

патру́ль ⚔ *m* [4 *e.*] Patrouille *f*, Streif(wach)e *f*.

па́уза *f* [5] Pause.

па́узок ⚓ *m* [1; -зка] Leichter.

пау́к *m* [1 *e.*] Spinne *f*.

паути́на *f* [5] Spinn(en)gewebe *n*.

паучо́к *m* [1; -чка́] kleine Spinne *f*.

па́фос *m* [1] Pathos *n*, Schwung.

пах *m* [1; в -у́] (*Anat.*) Leiste(ngegend) *f*, Weiche *f*.

пахáб|ный [14; -бен, -бна] unzüchtig, schamlos; **~ство** *n* [9] Unzucht *f*.

па́харь *m* [4] Ackerbauer, Pflüger.

паха́ть [3] <вс-> ackern, pflügen.

пахну́ть¹ F [20; *nur 3. Pers.*] *pf.* wehen.

па́хнуть² [21] riechen, duften (T [nach).

пахово́й [14] (*Anat.*) Leisten...

па́хот|а *f* [5] Ackern *n*, Pflügen *n*; **~ь** *f* [8] Ackerland *n*.

па́хта|нье *n* [10] Buttern; **~ть** [1] buttern.

паху́|честь *f* [8] Wohlgeruch *m*; **~чий** [17*K.*] wohlriechend.

пацие́нт *m* [1] Patient, Kranke(r).

па́че F mehr als, noch mehr; **~** ча́яния wider Erwarten; тем **~** um so mehr.

па́чечный [14]: ⚔ **~** ого́нь *m* Schnellfeuer *n*.

па́чка *f* [5; *g/pl.*: -чек] Bund *n*, Päckchen *n*; Brief *m* (*Stecknadeln*); Ballettröckchen *n*.

па́чкать [1], <за-, ис-, вы́-> beschmieren, besudeln.

пачкотня́ *f* [6; *g/pl.*: -не́й] Schmiererei, Sudelei.

пачку́н *m* [1 *e.*] Sudler, Schmierfink.

паша́¹ *m* [5; *g/pl.*: -ше́й] Pascha.

Па́ша² *m* [5] *dim. zu* Праско́вья, Па́вел.

па́шня *f* [6; *g/pl.*: -шен] Acker (-feld *n*) *m*.

паште́т *m* [1] Pastete *f* (*mit Fleischfüllung*).

па́юс|ный [14]: **~ная** икра́ *f* gepreßter Kaviar *m*.

пая́ль|ник *m* [1] Lötkolben; **~ный** [14] zum Löten (dienend); Löt...; **~щик** *m* [1] Löter.

пая́сничать [1] Possen reißen.

пая́ть [28] löten.

пая́ц *m* [1] Bajazzo, Hanswurst.

ПВО (противовозду́шная оборо́на *f*) Luft-abwehr, -schutz *m*.

певе́ц *m* [1; -вца́], **певи́ца** *f* [5] Sänger(in *f*).

певи́чка *f* [5; *g/pl.*: -чек] Tingeltangelsängerin.

певу́н *m* [1 *e.*], **~ья** [6; *g/pl.*: -ний] Singfreudige(r).

певу́|честь *f* [8] Melodische(s) *n*, Wohlklang *m*; **~чий** [17*K.*] melodisch, wohlklingend; singend.

пе́в|ческий [16] Sänger...; **~чий** [17] singend; Sing... (*v. Vögeln*); (Chor- *usw.*) Sänger *m*, Chorknabe *m*.

Пега́с¹ *m* [1] Pegasus, Dichterroß *n*.

пега́с² *m* [1] (*Zool.*) Seedrache.

пега́шка *f* [5; *g/pl.*: -шек] Scheck(e) *m* (*Pferd*).

пе́гий [16] scheckig; пе́гая (ло́шадь) *f* Scheck(e) *m*.

педаго́г *m* [1] Pädagoge, Erzieher; **~ика** *f* [5] Pädagogik; **~и́ческий** [16] pädagogisch.

педа́ль *f* [8] Pedal *n*, Trittbrett *n*.

педву́з *m* [1] (педагоги́ческое вы́сшее уче́бное заведе́ние) Pädagogische Hochschule *f*.

педиа́тр ⚕ *m* [1] Kinderarzt.

пейза́ж *m* [1; *g/pl.*: -жей] (*Malerei*) Landschaft *f*.

пека́р|ный [14] Back...; **~ня** *f* [6; *g/pl.*: -рен] Bäckerei; Backstube; **~ский** ('pɛ-) [16] Bäcker...; **~ь** ('pɛ-) *m* [4; *pl. e.*: -ря́] Bäcker.

пеклева́н|ка *f* [5] gebeuteltes Roggenmehl *n*; **~ник** *m* [1] Graubrot *n*; **~ный** [14] gebeutelt; aus gebeuteltem Roggenmehl (hergestellt).

пе́кло *n* [9] Glut *f*; Hölle *f*.

Пелаге́я *f* [6] Pelagia.

пеларго́ния ⚘ *f* [7] Pelargonie, Storchschnabel *m*.

пелен|а́ *f* [5; *g/pl.*: пелён] (viereckiges Stück) Tuch *n*; Schleiertuch *n*; Windel; **~а́ть** [1], <за-, с-> (ein)windeln, (ein)wickeln.

пе́ленг ⚓ ✈ *m* [1] Peilung *f*; **~а́тор** *m* [1] Peilgerät *n*; **~а́торный** [14] Peil...; **~ова́ть** [7], <за-> peilen.

пелёнка *f* [5; *g/pl.*: -нок] Windel; с пелёнок von klein auf.

пелько́мпас ⚓ *m* [1] Peilkompaß.

пельме́ни *pl.* [*gen.*: -ней] Pelmeni (*gekochte, mit Fleisch gefüllte Teigklößchen*).
пе́мза *f* [5] Bimsstein *m*.
пе́на *f* [5] Schaum *m*.
пена́л *m* [1] Pennal *n*, Federbüchse *f*.
пена́ты *m/pl.* [1] Penaten, Hausgötter; (*fig.*) Heim *n*.
пенёк *m* [1; -нька́] kleiner Baumstumpf.
пе́нзенский [16] Pensaer, aus (*od.* von) Pensa.
пе́ние *n* [12] Singen, Gesang *m*.
пе́нистый [14 *K.*] schäumend, schaumig; Schaum...
пе́нить [13], <вс-> schäumen machen, zum Schäumen bringen; **-ся** schäumen; sprudeln.
пе́н|ка *f* [5; *g/pl.*: -нок] Häutchen *n* (*auf Flüssigkeiten*); морска́я ~ка Meerschaum *m*; **~ковый** [14] Meerschaum...; **~ный** [14] schaumig; Schaum...
пе́ночка *f* [5; *g/pl.*: -чек] Laubsänger *m* (*Vogel*).
пенсионе́р *m* [1] Pensionierte(r), Pensionär, Rentner.
пе́нсия *f* [7] Pension, Ruhegehalt *n*; (Alters-)Rente.
пенсне́ (-ˈnɛ) *n* [*unv.*] Kneifer *m*.
пе́нтюх P *m* [1] Tölpel.
пе́нь *m* [4; пня] Baumstumpf; (*fig.*) Klotz; **~ка́** *f* [5] (bereiteter) Hanf *m* (*zum Spinnen*); **~ко́вый** [14] hanfen; Hanf...
пе́ня *f* [6; *g/pl.*: -ней] Geldstrafe.
пеня́ть [28], <по-> (Д *od.* на В *j-m*) Vorwürfe machen (за В wegen); (*j-m et.*) verdenken; пеня́й на себя́! geschieht dir recht!
пе́пе|л *m* [1; пе́пла] Asche *f*; **~ли́ть** [13], *mst* <ис-> veraschen, einäschern; **~ли́ще** *n* [11] Brandstätte *f*.
пе́пель|ница *f* [5] Asch(en)becher *m*; **~ный** [14] aschfarben, aschgrau.
перва́ч † *m* [1 *e.*] (*in Zssgn*) Primaware *f*; мука́-~ erstklassiges Mehl *n*.
пе́рвен|ец *m* [1; -нца] Erstgeborene(r); **~ство** *n* [9] Erstgeburtsrecht; Vorrang *m*; Meisterschaft *f*; **~ствовать** [7] den Vorrang haben, der Erste sein.
перви́н|ка F *f* [5]: в ~ку zum ersten Mal.
первы́чный [14; -чен, -чна] ursprünglich, anfänglich, primär.
перво... (*in Zssgn mst*) erst..., ober...; **~бы́тность** *f* [8] Urzustand *m*; **~бы́тный** [14; -тен, -тна] ursprünglich; Ur...; primitiv; **~го́док** *m* [1; -дка] Kind *n* im ersten Lebensalter; **2ма́й** *m* [3] Erste-Mai-Feier *f*; **~-на́перво** F zuallererst; **~нача́льный** [14; -лен, -льна] (ur)anfänglich, ursprünglich, allererst; Anfangs..., Grund...; Stamm ...; **~о́браз** *m* [1] Urbild *n*; Urgestalt *f*; **~обра́зный** [14; -зен, -зна] ursprünglich; Stamm..., Wurzel...; **~осно́вы** *f/pl.* [5] Anfangsgründe *m/pl.*; **~очередно́й** [14] allerwichtigste; **~престо́льный** [14]: ~престо́льный го́род *m*, ~престо́льная (Москва́) *f* erste Residenz(stadt) *f*; **~пу́ток** F *m* [1; -тка] Schlittenbahn *f* auf dem ersten Schnee; по ~пу́тку F mit dem ersten Schnee; **~ро́дный** [14; -ден, -дна] erstgeboren; Erstlings...; **~степе́нный** [14; -нен, -нна] erstklassig, erster Klasse, ersten Ranges; **~цве́т** ⚘ *m* [1] Primel *f*.
пе́рвый [14] erster; Haupt...; † ~ ве́ксель *m* Primawechsel; в пе́рвом часу́ zwischen zwölf und eins; ~ попа́вшийся der erstbeste; перве́йший allererster.
перга́мент *m* [1] Pergament *n*.
пере... (*in Zssgn mst*) durch..., (hin-) über..., nach(einander); um..., wieder..., zer...; zuviel; von neuem.
перебази́ровать [7] *pf.* verlagern (*Werkstätten, Industrien*).
переба́рщивать P (*fig.*) [1], <переборщи́ть> [16; -щу́, -щи́шь] überspitzen, übertreiben.
перебе|га́ть [1], <~жа́ть> [4; -егу́, -ежи́шь-, -егу́т] (hin)überlaufen; **~жка** (-ˈʐɛʃ-) *f* [5; *g/pl.*: -жек] Überlaufen *n*; ⚔ Sprung *m*; де́лать ~жку sprungweise vorgehen; **~жчик** (-ˈʐɛʃtʃ-) *m* [1] Überläufer.
перебеси́ться [15] *pf.* sich austoben, sich die Hörner ablaufen.
пере|бива́ть [1], <~би́ть> [-бью́, -бьёшь; -бе́й(те)!; -би́тый] (in Stücke) zerschlagen; unterbrechen; überbieten; neu beziehen (*Bett, Sessel usw.*) noch einmal aufschütteln (*Betten, Matratzen*); (*Bemerkung usw.*) fallen lassen; **-ся** sich (kümmerlich) durchschlagen *od.* behelfen; -ся с хле́ба на квас F am Hungertuch nagen.
пере|бира́ть [1], <~бра́ть> [-беру́,

-рёшь; -áл, -á, -о; перéбранный (-ан, -анá)] durchsehen; sichten; (*die Saiten*) berühren; zuviel nehmen; (*Typ.*) umsetzen; **-ся** umziehen; hinübersetzen.

перебóй *m* [3] Ungleichmäßigkeit *f*; Stockung (*in der Produktion usw.*).

перебóр *m* [1] Überschuß, Mehreinnahme *f*; Mehrverbrauch; **~ка** △ *f* [5; *g/pl.*: -рок] Scheidewand, Schott *n*; Sortieren *n*, Auslesen *n*; (*Typ.*) Umsetzen *n*.

перебрáнка *f* [5; *g/pl.*: -нок] gegenseitiges Geschimpfe *n*, Schimpferei.

пере|брáсывать [1], <~брóсить> [15] hinüberwerfen; (*Brücke*) schlagen; (*woandershin*) versetzen; **-ся** (T) einander zuwerfen; -ся словáми einige Worte miteinander wechseln.

перебрáть *s.* перебирáть.

перевáл *m* [1] (höchster) Gebirgspaß, Paß; **~ивать** [1], <~и́ть> [13; -алю́, -áлишь; -áленный] hinüberwälzen; емý ужé за сóрок (*od.* зá сорок) ~и́ло er ist schon über 40 (Jahre alt); ~и́ло зá полночь F Mitternacht ist schon vorbei; **-ся** watscheln.

перевá|ривать [1], <~ри́ть> [13; -арю́, -áришь; -áренный] verdauen; verkochen, zu lange kochen; не ~ривать *impf.* nicht mögen; ~ри́мый verdaulich.

перевезти́ *s.* перевози́ть.

перевёртывать [1] **1.** <перевернýть> [20] umdrehen, umwenden; **2.** <перевертéть> [11; -ерчý, -éртишь] verdrehen.

перевéс *m* [1] Übergewicht *n* (*a. fig.*); (чи́сленный) ~ Übermacht *f*.

перевести́ *s.* переводи́ть.

перевé|шать [1] *pf.* (alle) nacheinander (auf)hängen; **~шивать** [1], <~сить> [15] umhängen, anderswo aufhängen; nachwiegen; überwiegen; **-ся** überhängen; sich überbeugen.

пере|вивáть [1], <~ви́ть> [-вью́, -вьёшь; -ви́л, -вилá, -о; -вéй(те)!; -ви́тый (-и́т, -итá, -о)] umwinden; durchflechten (T mit).

перевидáть F [1; -ви́данный] *pf.* viel gesehen (erlebt) haben; скóлько он всегó перевидáл на своём векý! was hat er nicht alles Zeit seines Lebens erlebt!

переви́н|чивать [1], <~ти́ть> [15; -нчý, -нти́шь] überdrehen.

пере|вирáть [1], <~врáть> [-врý, -врёшь; -éвранный] anders (*od.* falsch) wiedergeben, lügen; im Lügen übertreffen.

переви́ть *s.* перевивáть.

перевóд *m* [1] Überführung *f*, Versetzung *f*; Übersetzung *f*; Übertragung *f*; Überweisung *f*; Anweisung *f*; Vernichtung *f*; в ~е übersetzt; ⚕ нали́чный ~ Barsendung *f*; 🚂 ~ стрéлки Weichenstellung *f*; **~и́ть** [15], <перевести́> [25] (hin)überführen, versetzen; über-weisen, -tragen (на В *j-m*); über-setzen, -tragen (с Р/на В aus ... in *ac.*); vernichten, vertilgen; (*Geld*) verbrauchen, ausgeben; umrechnen (на В in *ac.*); ~и́ть дух Atem holen; ~и́мый übersetzbar; **-ся**, <перевести́сь> aussterben; ausgehen (*Geld*); sich versetzen lassen; **~нóй, ~ный** [14] übertragen; übersetzt; ⚕ ~ный банк *m* Girobank *f*; ~ная литератýра *f* Übersetzungsliteratur; ⚕ ~ный вéксель *m* Tratte *f*; ⚕ ~ная нáдпись *f* Indossament *n*; ~ная распи́ска *f* Anweisung; ~ная бумáга *f* Durchschreibe-, Abzieh-papier *n*; **~чик** *m* [1] Übersetzer, Dolmetscher.

перевóз *m* [1] Überfahrt *f*, Fähre *f*; *s. a.* ~ка; **~и́ть** [15], <перевезти́> [24] (hin)über-setzen, -fahren; transportieren, befördern; **~ка** *f* [5; *g/pl.*: -зок] (Hin-)Über-fahren *n*, -setzen *n*; Transport *m*; Beförderung; Umzug *m*; **~ный** [14] Transport...; **~чик** *m* [1] Fährmann.

перево|рáчивать [1], <~роти́ть> [15] (um)wenden, umkehren; **~рóт** *m* [1] Wendung *f* (*e-r Sache*); Umwälzung *f*, Umsturz, Revolution *f*; государственный ~рóт Staatsstreich.

перевоспитáние *n* [12] Umerziehung *f*.

перееврáть *s.* перевирáть.

перевы́бор *m* [1] (*mst pl.*) Wiederwahl *f*, Neuwahl *f*.

перевыполня́ть [28], <перевы́полнить> [13] übererfüllen.

перевя́|зка *f* [5; *g/pl.*: -зок] Verbinden *n*; ⚕ Verband *m*; **~зочный** [14] Verband...; ~зочная *f* Verbandraum *m*; **~зывать** [1], ~зáть [3] von neuem binden; umbinden;

verbinden; у него́ рука́ ~зана er trägt den Arm in der Binde *od.* Schlinge; **~зь** ('pe-) *f* [8] Tragriemen *m*; Schärpe; ⚔ Degenkoppel *n*.

перега́р *m* [1] Aus-, Durch-brennen *n*; Ausgebrannte(s) *n*; Übermaß *n* an Spiritusgehalt; F unangenehmer Spritgeruch (*aus dem Munde*); несёт ~ом F er stinkt nach Sprit.

перегй́б *m* [1] Biegung *f*; (*fig.*) Überspitzung *f*; Eselsohr *n* (*im Buch*); Übergriff, Auswuchs; **~а́ть** [1], <перегну́ть> [20; пере́гнутый] umbiegen; ~а́ть па́лку F (*fig.*) den Bogen überspannen.

перегласо́вка *f* [5; *g/pl.*: -вок] (*Gram.*) Umlaut *m*.

перегля́|дываться [1], <~ну́ться> [19] einander zublinzeln *od.* Blicke zuwerfen.

перегна́ть *s.* перегоня́ть.

перегн|ива́ть [1], <~и́ть> [-ию́, -иёшь; -и́л, -ила́, -о] vermodern.

перегно́й *m* [3] Humus.

перегну́ть *s.* перегиба́ть.

перего|ва́ривать [1], <~вори́ть> [13] (с T/о П mit *j-m et.*) besprechen, (mit *j-m* über *ac.*) verhandeln, unterhandeln *od.* Rücksprache nehmen; **-ся** *impf.* sich besprechen, unterhandeln; **~во́рный** [14] Unterhandlungs...; ~во́рная ста́нция *f* Fernsprech-stelle, -amt *n*; **~во́ры** *m/pl.* [1] Unterredungen *f/pl.*, Verhandlungen *f/pl.* (о П über *ac.*); вести́ ~во́ры verhandeln (с T mit).

перего́н 🚂 *m* [1] Strecke(nabschnitt *m*) *f* (*zwischen zwei Bahnstationen*).

пере|го́нка ⚗ *f* [5; *g/pl.*: -нок] Destillation; **~гоня́ть** [28], <~гна́ть> [-гоню́, -го́нишь; -гна́л, -а́, -о; пере́гнанный] (*woandershin*) treiben; überjagen, überholen; ⚗ destillieren.

перего|ра́живать [1], <~роди́ть> [15] verschlagen, abzäunen.

перего|ра́ть [1], <~ре́ть> [9] verbrennen; **~ре́лый** [14] verbrannt.

перегоро́дка *f* [5; *g/pl.*: -док] Verschlag *m*, Trennwand.

перегрева́ть [1], <перегре́ть> [8; -е́тый] überhitzen.

перегру|жа́ть [1], <~зи́ть> [15; -ужу́, -у́зи́шь; -у́жённый] umladen; überladen; **~зка** (-'grus-) *f* [5; *g/pl.*: -зок] Umladung; Überladung, -lastung.

перегруппиро́в|ка *f* [5; *g/pl.*: -вок] Umgruppierung; **~ывать** [1], <~ать> [7] umgruppieren.

перегрыза́ть [1], <перегры́зть> [24; *pt. st.*; -ы́зенный] durchnagen; **-ся** sich herumbeißen (*Hunde*); F (*fig.*) sich verzanken.

пе́ред[1], ~о (T) vor; ~о мно́й vor mir.

перёд[2] *m* [1; пе́реда; *pl. e.*: -а́] Vorder-teil *m od. n*, -seite *f*; *vgl.* наперёд.

переда|ва́ть [5], <переда́ть> [-да́м, -да́шь, -да́ст, -дади́м; дади́те, -даду́т; пе́редал, -а́, -о; пе́реданный] über-geben, -reichen; überweisen, -tragen; (*Speisen*) herumreichen; mitteilen; zuviel geben (von); (*Laut*) wiedergeben; † ~ва́ть (на́дписью) indossieren; **~то́чный** (-'da-) [14] übergebend; übertragbar; Übertragungs...; (*Radio*) Sende...; † ~то́чная на́дпись *f* Indossament *n*; ~то́чная ве́тка 🚂 *f* Verbindungs-, Zweig-bahn; **~тчик** (-'da-) *m* [1] Übergeber; Hinterbringer; (*Radio*) Sender; **~ть** *s.* ~ва́ть; **~ча** (-'da-) *f* [5] Übergabe; Überweisung; Mitteilung; Wiedergabe (*e-s Lautes*); (*Radio*) Sendung, Funkspruch *m*; Lebensmittelpäckchen *n* (*für Gefangene*); ⊕ Übersetzung, Getriebe *n*; † ⚕ Übertragung.

передви|га́ть [1], <передви́нуть> [20] weiterrücken; verschieben, versetzen, ⚔ dislozieren, (*Truppen*) verteilen; **~же́ние** *n* [12] Verschiebung *f*; Versetzung *f*, ⚔ Dislokation *f*; (Truppen-)Verteilung *f*; сре́дство *n* ~же́ния Beförderungsmittel; '**~жка** *f* [5; *g/pl.*: -жек] Verschiebung; (*in Zssgn*) Wander...; библиоте́ка-передви́жка Wanderbücherei; **~жно́й** [14] stellbar; fahrbar, ambulant; Wander...; Schiebe...

переде́л *m* [1] neue Teilung *f*; **~ка** *f* [5; *g/pl.*: -лок] Um-arbeitung, -änderung; попа́сть в ~ку F in eine heikle Lage geraten; **~ывать**, <~ать> [1] umarbeiten, umändern; **~я́ть** [28], <~и́ть> [13; -елю́, -е́лишь] neuaufteilen.

передёр|гивать [1], <~нуть> [20] F (*Karte*) unterschlagen, verschwinden lassen; unterschieben, mogeln mit; [*unpers.*] sich krampfen;

передёрнуло от отвращéния vor Ekel krampfte sich alles (*in mir usw.*).
передéр|живать [1], <~жáть> [4] zu lange halten; übertreiben; **~жка** *f* [5; *g/pl.*: -жек] Mehrausgabe; Nachexamen *n*; Mogelei, Unterschiebung; (*Phot.*) Überbelichtung.
перéд|ний [15] vordere(r); Vor(der)...; ~няя *f* Vorzimmer *n*; **~ник** *m* [1] Schürze *f*.
пéредо *s.* пéред[1]; **~ви́к** *m* [1*e.*] Spitzenarbeiter; **~ви́ца** *f* [5] Leitartikel *m* (*in der Zeitung*;) **~вóй** [14] vorangehend, vordere(r); tonangebend, führend; Vor(der)...; Leit...; fortschrittlich, progressiv; ~вы́е *pl.* Kampfgebiet *n*, Frontlinie *f*, Hauptkampflinie (HKL) *f*.
передóк *m* [1; -дкá] Vorderteil *m od. n*; Vorder-raum, -gestell *n*; ⚔ Protzwagen; Vorschuh.
передóм P vorweg, vorn, voran.
передóхнуть[1] [21] *pf.* aussterben.
передохнýть[2] [20] *pf.* Atem holen *od.* schöpfen; (*für kurze Zeit*) haltmachen.
передрáз|нивать [1], <~ни́ть> [13; -азню́, áзнишь] nachäffen.
передря́га F *f* [5] Klemme, Patsche.
передý|мывать, <~мать> [1] sich anders besinnen.
передуши́ть [16] *pf.* nacheinander erwürgen.
переды́шка *f* [5; *g/pl.*: -шек] Unterbrechung, Erholung(spause).
пере|едáть [1], <~éсть> [-éм, -éшь, -éст, -еди́м, -еди́те, -едя́т; -éшь (-те)!] sich überessen; F (j-n) im Essen übertreffen; [*nur 3. Pers.*] zerfressen (*v. Rost u. dgl.*).
пере|éзд *m* [1] Überfahrt *f*; 🚂 Übergang; Umzug; Einzug (на B in *ac.*); **~езжáть** [1], <~éхать> [-éду, -éдешь; -езжáй(те)!] *v/i.* (hin-) überfahren; (um)ziehen (B *od.* на B nach); einziehen (на B in *ac.*); *v/t.* überfahren.
пережáр|ивать [1], <~ить> [13] (*beim Braten*) verbrennen.
пережд́ать *s.* пережидáть.
пережёвывать [1], <пережевáть> [6; -жую́, -жуёшь] zerkauen; wiederkäuen (*a. fig.*).
пережи|вáние *n* [12] Erlebnis; **~вáть** [1], <пережи́ть> [-живý, -вёшь; пéрежил, -á, -о; пéрежитый (пéрежит, -á, -о)] über-leben, -dauern; er-, durch-leben, durchmachen.
пере|жидáть [1], <~ждáть> [-ждý, -ждёшь; -áл, -á, -о] abwarten, vorübergehen lassen.
пережи́ток *m* [1; -тка] Überbleibsel *n*; ~ старины́ (*fig.*) Zopf.
пережóг ⚡ *m* [1]: ~ электри́чества Strommehrverbrauch.
перезабы́ть [-забýду, -забýдешь; -забы́л; -забы́тый] *pf.* nach u. nach vergessen.
перезаря|жáть ⚔ [1], <~ди́ть> [15; -яжý, -я́ди́шь; я́жённый] durchladen.
перезимó|вка *f* [5; *g/pl.*: -вок] Überwinterung; **~вывать** [1], <~вáть> [7] überwintern.
перезре|вáть [1], <перезрéть> [8] überreifen; **~лый** (-ˈzʐɛ-) [14] überreif.
перезя́бнуть [21] *pf.* erfrieren.
переизбрáние *n* [12] Neuwahl *f*.
переиздáние *n* [12] Neuausgabe *f*.
переименó|вывать [1], <~вáть> [7] umbenennen, umtaufen.
переи́мчивый [14*K*.] gelehrig.
переинá|чивать [1], <~чить> [16] anders machen, ändern; verdrehen.
перейти́ *s.* переходи́ть.
пере|кáпывать, <~копáть> [1; -óпанный] umgraben; durchgraben.
пере|кáрмливать [1], <~корми́ть> [14] überfüttern.
перекáт *m* [1] Rollen *n* (*des Donners*); Sandbank *f* (*in Flüssen*); **~и́-пóле** ⚘ *n* [10; *pl. e.*: -поля́] Männertreu; **~ный** [14] in ständiger Bewegung; rollend (*Donner*); ~ные пески́ *pl.* Flugsand; ~ные камéнья *pl.* erratische Blöcke **~ывать** [1] **1.** <~áть> [1; -áтанный] von neuem (*od.* nacheinander) rollen; **2.** (*auch*) <~и́ть> [15] hin(über)-rollen, -wälzen.
переквалифици́ровать [7] *pf.* umschulen (*beruflich*).
переки|днóй [14] Kipp...; Umhänge...; **~дывать** (-ˈki-) [1], <ˈ~нуть> [20] (hin)überwerfen; **-ся** (T) einander zuwerfen.
переки|пáть [1], <~пéть> [10; -плю́, -пи́шь] überkochen.
пéрекись *f* [8] Übersäuerung; ⚗ Super-, Hyper-oxyd *n*.
перекла́д|ина *f* [5] Quer-balken *m*, -holz *n*; Steg *m*; **~ка** *f* [5] Umla-

den *n*; Umpacken *n*; Umsetzen *n* (*e-s Ofens*); Umlegen *n*; **~ной** [14] zum Umspannen bestimmt; éхать на ~ных mit Wechselpferden, mit Gespannwechsel (*auf den Posthaltereien*) reisen; **~ывать** [1] **1.** <перекла́сть> [25; *pt. st.*] umladen; (*Ofen*) umsetzen; **2.** <переложи́ть> [16] umpacken, dazwischenlegen, durchschießen (бума́гой mit Papier); anders legen, umlegen; (*Pferde*) umspannen; *vgl.* перелага́ть.

перекли|ка́ть [1], <перекли́кнуть> [20] ab-, auf-rufen; **-ся** einander zurufen; **~чка** (-'kʎitʃ-) *f* [5; *g/pl.*: -чек] Namensaufruf *m*, Appell *m*; (*in Betrieben*) Aussprache über geleistete Arbeit, Erfahrungsaustausch *m*.

переклю|ча́тель *m* [4] Umschalter; **~ча́ть** ⚡ [1], <~чи́ть> [16; -чу́, -чи́шь; -чённый] umschalten.

перекóвка *f* [5; *g/pl.*: -вок] (*fig.*) Umerziehung.

перекóп *m* [1] Quergraben; **~ать** *s.* перека́пывать.

перекорми́ть *s.* перека́рмливать.

перекоря́ться P [28] sich gegenseitig Vorwürfe machen.

перекочёвывать [1], <перекочева́ть> [6; -чу́ю] das Lager abbrechen, weiterziehen (*Nomaden*).

перекóшенный F [14] verzerrt (*Gesicht*).

перекра́|шивать [1], <~сить> [15] umfärben; nachfärben.

перекрест|и́ть *s.* перекре́щивать, крести́ть; **~ный** (-'kʀɔsn-) [14] sich durchkreuzend, gekreuzt; Kreuz...; **~ок** (-'kʀɔs-) *m* [1; -тка] (Straßen-)Kreuzweg; **~ье** (-'kʀes-) *n* [10] (*Optik*) Fadenkreuz.

перекре|ще́нец *m* [1; -нца] Wiedertäufer; **~ще́ние** *n* [12] Umtaufe *f*; Kreuzung *f*; **~ще́нка** *f* [5; *g/pl.*: -нок] Wiedertäuferin; **'~щивать** [1], <~сти́ть> [15; -ещённый] umtaufen; bekreuz(ig)en; (durch-) kreuzen.

перекри́|кивать [1], <~ча́ть> [4; -чу́, -чи́шь] überschreien.

перекру́|чивать [1], <~ти́ть> [15] überdrehen; abdrehen.

перекры́т|ие ⌂ *n* [12] Über-, Be-deckung *f*; **~ь** [22] *pf.*: ~ь реко́рд e-n Rekord überbieten; ~ь но́рму вы́работки die Leistungsnorm übererfüllen.

перекувырну́ть F [20] umkippen; **-ся** (um)fallen, F (um)purzeln.

перекуп|а́ть [1], <~и́ть> [14] aufkaufen; он ~и́л у меня́ после́дний экземпля́р er schnappte mir das letzte Exemplar vor der Nase weg; **~ка** (-'kup) *f* [5; *g/pl.*: -пок] Auf-, Ver-kauf *m*; **~но́й** [14] aufgekauft; **~щик** (-'kup-) *m* [1] Aufkäufer, Zwischenhändler.

перекýр *m* [1] Rauchpause *f*; **~ивать** [1], <~и́ть> [13; -урю́, -у́ришь; -у́ренный] (*Tabaksorte*) proberauchen; zuviel rauchen, sich im Rauchen übernehmen; P eine Rauchpause machen; **~ка** *f* [5] *s.* переку́р.

переку́|сывать [1], <~си́ть> [15] zerbeißen; (ein wenig) essen, einen Imbiß nehmen.

пере|ла́вливать [1], <~лови́ть> [14] auf-, weg-fangen.

пере|лага́ть [1], <~ложи́ть> [16] über-setzen, -tragen; ♪ (*Musikstück*) umsetzen, vertonen; *vgl.* перекла́дывать.

пере|ла́мывать [1] **1.** <~ломи́ть> [14] in Stücke zerbrechen, entzweibrechen; ~ломи́ть себя́ sich bezwingen; ~ломи́ть себе́ но́гу sich das Bein brechen; **2.** <~лома́ть> [1; -ло́манный] in Menge zerbrechen.

пере|леза́ть [1], <~ле́зть> [24; -е́зу, -е́зешь; -е́з, -е́зла] hinüberklettern.

переле́|сок *m* [1; -ска] junges lichtes Wäldchen *n*, Schonung *f*; Waldparzelle *f*; **~сье** *n* [10; *g/pl.*: -ьев] Lichtung *f* (*im Wald*).

перелёт *m* [1] Hinüberfliegen *n*; Flug, Zug (*Vögel*); Flug-weite *f*, -bahn *f*.

перелет|а́ть [1], <~е́ть> [11] hinüberfliegen.

перелёт|ный [14] Flug...; ~ные пти́цы *f/pl.* Zugvögel *m/pl.*

переле́чь [26; -ля́гу, -ля́жешь, -ля́гут; -лёг, -легла́; -ля́г(те)!] *pf.* sich um- (*od.* anders) legen.

перели́в *m* [1] Umgießen *n*; ♪ Läufer, Lauf, Tonfolge *f*; ~ цвето́в Farbenspiel *n*; **~а́ть** [1], <перели́ть> [-лью́, -льёшь; -и́л, -а́, -о; -ле́й(-те)!; -ли́тый (-ли́т, -а́, -о)] umgießen; ⚕ (*Blut*) übertragen; ~а́ть из пусто́го в поро́жнее F leeres Stroh dreschen; **-ся** überfließen;

~áться *impf.* sich (melodisch) ergießen (*Töne*); spielen, schillern (*Farben*). [durchblättern.]

перели́|стывать, <~стáть> [1]

перели́ть *s.* переливáть.

перели|цóвывать [1], <~цевáть> [6; -цýю; -цóванный] (*Anzug*) wenden.

перелови́ть *s.* перелáвливать.

перелóг *m* [1] (neu eingeackertes) Brachfeld *n*.

перело|жéние *n* [12] Über-setzung *f*, -tragung *f*; ♪ Umsetzung *f*, Vertonung *f*; Nacherzählung *f*; **~жи́ть** *s.* переклáдывать, перелагáть.

перелóй ⚕ *m* [3] Gonorrhöe *f*, Tripper.

перелóм *m* [1] Bruch; Krisis *f*; Umschwung; Wendepunkt; **~áть, ~и́ть** *s.* перелáмывать.

пере|мáлывать [1], <~молóть> [17; -мелю́, -мéлешь; -мели́(те)!; -мéлющий; -меля́] alles mahlen; nachmahlen; ⚔ aufreiben.

перемá|нивать [1], <~ни́ть> [13; -аню́, -áнишь; -áненный] weg-, ab-locken.

перемежáть [1] *v/t.* abwechseln; **-ся** *v/i.* abwechseln; ⚕ перемежáющаяся лихорáдка *f* Wechselfieber *n*.

перемéн|а *f* [5] Veränderung, Wechsel *m*; (Zwischen-)Pause (*zwischen einzelnen Lehrstunden*); (*Thea.*) ~а декорáции Umbau *m*, Szenenwechsel *m*; **~ный** [14] veränderlich; Wechsel...; **~чивый** [14*K.*] veränderlich; unbeständig; **~я́ть** [28], <~и́ть> [13; -еню́, -éнишь] (ver-)ändern, (aus)wechseln; (ver)tauschen.

перемёрзнуть [21] *pf.* sehr frieren, durchfrieren; erfrieren (*Obst, Pflanzen*).

перемé|ривать [1], <~рить> [13] nach-, um-messen.

переместúть *s.* перемещáть.

перемё|тный [14]: ~тная сýмка *f* Quersack *m*; сумá *f* ~тная (*fig.*) Wetterfahne, wetterwendischer Mensch *m*; **~тывать,** <переметáть> [1; -ётанный] hinüberwerfen; übernähen.

перемéш|ивать, <~áть> [1] umrühren; vermischen; durcheinanderbringen (*a. fig.*).

переме|щáть [1], <~сти́ть> [15; -ещý, -ести́шь; -ещённый] umstellen; versetzen, verlegen.

перемиг|иваться [1], <~нýться> [20] sich (*od.* einander) zublinzeln.

переминáть [1], <перемя́ть> [-мнý, -мнёшь; -мя́тый] (nochmals) durchkneten; zerknittern; **-ся** *impf.* sich verlegen benehmen *od.* gebärden; -ся с ноги́ нá ногу F (*fig.*) verlegen von e-m Fuß auf den andern treten; *vgl.* мять.

переми́рие ⚔ *n* [12] Waffenstillstand *m*.

перемо|гáть [1], <перемóчь> [-могý, -мóжешь, -мóгут; -мóг, -моглá] überwinden, überwältigen; **-ся** sich kümmerlich durchschlagen; (*gegen Krankheit, Schwäche*) ankämpfen.

перемóл *m* [1] Nachmahlen *n*.

перемóлвиться F [14] *pf.* ein paar Worte wechseln.

перемолóть *s.* перемáлывать.

переmори́ть [13] *pf.* verhungern lassen, aushungern.

перемóчь *s.* перемогáть.

перемывáть [1], <перемы́ть> [22] (alles *od.* nochmals) auswaschen; ~ (Д) кóсточки *j-n* tadeln, durchhecheln, herziehen über (*ac.*).

перемы́чка ⛬ *f* [5; *g/pl.*: -чек] Oberschwelle; Fangdamm *m*.

перемя́ть *s.* переминáть.

перенапряжéние *n* [12] Überanstrengung *f*.

перенасе|лéние *n* [12] Übervölkerung *f*; **~ля́ть** [28], <~ли́ть> [13] übervölkern.

перенести́ *s.* переноси́ть.

пере|нимáть [1], <~ня́ть> [переймý, -еймёшь; пéренял, -á, -о; -я́вший; пéренятый (-ят, -ятá, -о)] ab-, auffangen; (у Р/В *j-m et.*) ablernen.

перенóс *m* [1] Hinübertragen *n*; Übertragung *f*; † Übertrag, Transport; Vortrag (*Saldo*); ~ слов Silbentrennung *f*; **~и́ть** [15], <перенести́> [25; *durchweg* с *statt* д, л: -несý; -нёс] hinübertragen, versetzen; übertragen; verlegen; † (*Saldo*) vortragen; erdulden, ertragen; vertragen; **~ица** *f* [5] (*Anat.*) Nasenwurzel; **~ный** [14] übertragbar; übertragen, figürlich; **~ье** *n* [10] *s.* перенóсица.

переня́ть *s.* перенимáть.

переобреме|ня́ть [28], <~ни́ть> [13] überbürden, überlasten.

пере|обува́ть [1], <~обу́ть> [18] andere Schuhe anziehen (В *j-m*); ~обува́ть боти́нки die Schuhe wechseln; **-ся** sich andere Schuhe anziehen.

пере|одева́ть [1], <~оде́ть> [-де́ну, -де́нешь; -де́нь(те)!; -де́тый] (**-ся** sich) umkleiden.

переоце́н|ивать [1], <~и́ть> [13; -еню́, -е́нишь] überschätzen; umwerten; **~ка** *f* [5; *g/pl.*: -нок] Überschätzung; Umwertung.

перепа́дать[1] [1; *nur 3. Pers.*] *pf.* (nacheinander) herab-, hin-fallen.

пере|пада́ть[2] [1; *nur 3. Pers.*], <~па́сть> [25; *pt. st.*; *nur 3. Pers.*] bisweilen (*od.* zeitweise) fallen (*Regen usw.*); abfallen (*Gewinn*).

пере|па́ивать [1] **1.** <~пая́ть> [28] anders löten; **2.** <~пои́ть> [13] übertränken; (alle) betrunken machen.

перепако́вка *f* [5; *g/pl.*: -вок] Umpackung.

перепа́лка *f* [5; *g/pl.*: -лок] Kanonade; Zank *m*, Streit *m*.

перепа́сть *s.* перепада́ть.

перепа́|хивать [1], <~ха́ть> [3] umpflügen, nochmals pflügen.

перепа́ч|кивать, <~кать> [1] völlig beschmutzen.

перепа́шка ⸗ *f* [5] Umpflügen *n*.

перепая́ть *s.* перепа́ивать.

пере|пека́ть [1], <~пе́чь> [26] (*Kuchen usw. durch zu langes Backen*) verbrennen.

пе́репел *m* [1; *pl.*: -ла́] Wachtel *f* (*Vogel*); **~и́ный** [14] Wachtel...; **~ка** (-'pɔł-) *f* [5; *g/pl.*: -лок] Wachtel (*Weibchen*); **~я́тник** *m* [1] Sperber (*Vogel*).

перепеча́|тка *f* [5; *g/pl.*: -ток] Nachdruck *m*; **~тывать,** <~тать> [1] (*Typ.*) nachdrucken, umdrucken; abtippen (*Schreibmaschine*).

пере|пива́ть [1], <~пи́ть> [-пью́, -пьёшь; -пи́л, -а́, -о; -пе́й(те)!] übermäßig trinken; **-ся** sich stark betrinken.

перепи|са́ть *s.* перепи́сывать; **~ска** (-'pis-) *f* [5; *g/pl.*: -сок] Ab-, Um-schreiben *n*, Umschrift; Briefwechsel *m*, Korrespondenz; **~счик** (-'pis-) *m* [1] Abschreiber, Kopist; **~сывать** (-'pi-) [1], <~са́ть> [3] ab-, um-schreiben; (*nacheinander*) verzeichnen; **-ся** korrespondieren, im Briefwechsel stehen (с T mit); **~сь** ('pe-) *f* [8] Verzeichnis *n*; statistische Erhebung; ~сь населе́ния Volkszählung.

перепи́ть *s.* перепива́ть.

переплавля́ть [28], <перепла́вить> [14] umschmelzen.

перепла́|та *f* [5] Überbezahlung; **~чивать** [1], <~ти́ть> [15] zuviel bezahlen (für), überzahlen.

переплёт *m* [1] Einband; Flechtwerk *n*, Geflecht *n*; (*fig.*) Zwickmühle *f*; отд(ав)а́ть в ~ (*Buch*) (ein)binden lassen.

переплета́ть [1], <переплести́> [25; т *statt* д: -ету́] umflechten; durchflechten (T mit); (*Buch*) (ein-)binden; ~ в па́пку kartonnieren.

переплёт|ный [14] Buchbinder...; Einband...; ~ная *f* Buchbinderei; **~чик** *m* [1] Buchbinder.

переплы|ва́ть [1], <переплы́ть> [23] hinüberschwimmen über (*ac.*), überschwimmen.

переподгото́вка *f* [5] Umschulung.

пере|пои́ть *s.* перепа́ивать; **~по́й** *m* [3] übermäßiges Trinken *n*, Völlerei *f*; с ~по́я durch übermäßiges Trinken.

перепол|за́ть [1], <~зти́> [24] hinüberkriechen.

перепол|не́ние *n* [12] Überfüllung *f*; **~ня́ть** [28], <перепо́лнить> [13] überfüllen (T mit); э́то переполня́ет ча́шу терпе́ния F (*fig.*) das schlägt dem Faß den Boden aus, das setzt allem die Krone auf.

переполо́|х *m* [1] Unruhe *f*, Trubel, (plötzlicher) Schreck(en); **~ши́ть** [16; -шу́, -ши́шь; -шённый] *pf.* beunruhigen, erschrecken.

перепо́н|ка *f* [5; *g/pl.*: -нок] (*Anat.*) Häutchen *n*, Membran(e); бараба́нная ~ка Trommelfell *n* (*im Ohr*); **~чатокры́лые** *pl.* [14] (*Zool.*) Hautflügler; **~чатый** [14 *K.*] häutig; häutchenartig; Membran...

перепра́|ва *f* [5] (Hin-)Übersetzen *n*, Übergang *m* (*zu Wasser*); Überfahrt; **~вка** *f* [5; *g/pl.*: -вок] Hinübersetzen *n*; (*wiederholte*) Verbesserung, Korrektur; **~вля́ть** [28], <~вить> [14] (hin)übersetzen, hinüberfahren (*v/i.* **-ся**); verbessern, korrigieren.

перепре|ва́ть [1], <перепре́ть> [8] vermodern, verfaulen; verderben (*durch zu langes Kochen*); **~лый** (-'prɛ-) [14] verfault.

перепре́чь *s.* перепря́чь.
перепро́|бывать [1], <~бовать> [7], durchprobieren, durchkosten.
перепро|дава́ть [5], ~да́ть [-да́м, -да́шь, -да́ст, -дади́м; -дади́те, -даду́т; -о́дал, -а́, -о; -о́данный (-ан, -ана́, -о)] wiederverkaufen; **~даве́ц** *m* [1; -вца́] Wiederverkäufer; **~да́жа** *f* [5] Wiederverkauf *m.*
перепроизво́дство *n* [9] Überproduktion *f*, -angebot.
перепры́г|ивать [1], <~нуть> [20] hinüber-springen, -setzen.
перепряга́ть [1], <перепря́чь> [26; г, ж *statt* к, ч; -пря́г (-ˈprʲɔk)] ˈumspannen.
перепу́г *m* [1] Schreck; с ~у vor Schreck.
перепу́|тывать, <~тать> [1] verwirren, in Unordnung bringen; **~тье** *n* [10] Kreuzweg *m.*
перера|ба́тывать, <~бо́тать> [1] umarbeiten; verarbeiten; Überstunden machen; **~бо́тка** *f* [5; *g/pl.*: -ток] Umarbeitung; Überstunden *pl.*
перера|ста́ть [1], <~сти́> [-ту́, -тёшь; -ро́с, -росла́] (B) größer werden als, *j-m* entwachsen.
перерасхо́д *m* [1] Mehrausgabe *f*; **~овать** [7] *pf.* zuviel verausgaben.
перерасчёт *m* [1] Um-, Neu(be)-rechnung *f.*
перерва́ть *s.* перерыва́ть.
перере́з *m* [1] Durchschneiden *n*; durchschnittene Stelle *f*; **~а́ть** [1], **~ывать** [1], <~ать> [3] durchschneiden; (*den Weg*) abschneiden, absperren.
перереш|а́ть [1], <~и́ть> [16; -шу́, -ши́шь; -шённый] anders beschließen; anders lösen (*Aufgabe*).
перержа́веть [8; *nur 3. Pers.*] *pf.* durchrosten.
переро|жда́ть [1], <~ди́ть> [15; -ожу́, -оди́шь; -ождённый] umschaffen, -bilden; **-ся** wiedergeboren werden, wiederaufleben; ausarten; **~жде́ние** *n* [12] Wiedergeburt *f*; Ausartung *f.*
перееро́сток *m* [1; -тка] überalterter Jugendlicher; учени́к-~ überalterter Schüler.
переру|ба́ть [1], <~би́ть> [14] (in Stücke) zerhauen.
переру́гиваться F [1] einander beschimpfen.
пере|ры́в *m* [1] Unterbrechung *f*, Pause *f*; обе́денный ~ры́в Tischzeit *f*; **~рыва́ть** [1] **1.** <~ры́ть> [22] umgraben; durch-wühlen, -graben; **2.** <~рва́ть> [-рву́, -рвёшь; пере́рванный] zerreißen.
переря|жа́ть [1], <~ди́ть> [15] umkleiden; verkleiden.
переса́|дка *f* [5; *g/pl.*: -док] Um-, Ver-pflanzung; Umsteigen *n*; без ~док ohne umzusteigen; **~дочный** 🚂 [14] Umsteige...; **~живать** [1], <~ди́ть> [15] um-, ver-pflanzen; **-ся,** <пересе́сть> [25; -ся́ду, -дешь; -ся́дь(те)!; -се́л; -се́вший] den Platz wechseln, sich umsetzen; 🚂 umsteigen.
пере|са́ливать [1], <~соли́ть> [13; (*a.* -о́лишь); о́ленный] versalzen; übertreiben.
пере|сдава́ть [5], <~сда́ть> [-да́м, -да́шь, -да́ст, -дади́м, -дади́те, -даду́т; -да́л, -а́, -о; -да́нный (-ан, -а́)] untervermieten; F (*Prüfung*) nochmals ablegen.
пересека́ть [1], <пересе́чь> [26; -се́к, секла́; -сечённый] durchkreuzen, durchschneiden; (*den Weg*) abschneiden; (in Menge) durchpeitschen; **-ся** sich schneiden.
пересе|ле́нец *m* [1; -нца] Übergesiedelte(r); Auswanderer; strafverbannter Umsiedler; **~ле́ние** *n* [12] Übersied(e)lung *f*; Auswanderung *f*; ~ле́ние наро́дов Völkerwanderung *f*; **~ля́ть** [28], <~ли́ть> [13] übersiedeln; versetzen; **-ся** übersiedeln, auswandern.
пересе́сть *s.* переса́живать.
пере|сече́ние *n* [12] Durchschneiden, Durchschnitt *m*; (*Wege-*)Kreuzung *f*; (*a.* то́чка *f* ~сече́ния) Schnittpunkt *m*, Kreuzungspunkt *m*; **~се́чь** *s.* пересека́ть.
переси́|живать F [1], <~де́ть> [11] (*z.B.* всех госте́й) länger (*z.B. als alle Gäste*) sitzen bleiben; zu lange sitzen, länger sitzen als gut ist (*z.B. in der Sonne*).
переси́|ливать [1], <~лить> [13] überwältigen.
переска́|з *m* [1] Wieder-, Nacherzählen *n*; **~зывать** [1], <~за́ть> [3] wieder-, nach-erzählen.
пере|ска́кивать [1], <~скочи́ть> [16] (hin)überspringen; Sprünge machen.
пересла́ть *s.* пересыла́ть.

пересла́|щивать [1], <~сти́ть> [15; -ащу́, -асти́шь; -ащённый] zu süß machen, versüßen.

пере|сма́тривать [1], <~смотре́ть> [9; -отрю́, -о́тришь; -о́тренный] nochmals durchsehen, revidieren; nacheinander besehen.

пересме́иваться F [1] einander zulächeln.

пересме́шник *m* [1] Spötter; многоголо́сый ~ (*Zool.*) Spottdrossel *f*.

пересмо́тр *m* [1] nochmalige Durchsicht *f*, Revision *f*.

пересни́мок *m* [1; -мка] Kopie *f* (*eines Bildes*).

пересо́л *m* [1] Versalzung *f*; Übertreibung *f*; **~ить** *s.* переса́ливать.

пересо́хнуть *s.* пересыха́ть.

переспа́ть *s.* пересыпа́ть.

переспе́(ва́)ть *s.* перезре́(ва́)ть.

переспо́р|ить [13] *pf.* (*im Meinungsstreit*) siegen (В über *ac.*); его́ не **~ишь** er ist nicht zu überzeugen.

пере|спра́шивать [1], <~спроси́ть> [15] nochmals be- *od.* ab-fragen.

перессо́|ривать [1], <~рить> [13] entzweien, veruneinigen.

пере|става́ть [5], <~ста́ть> [-а́ну, -а́нешь] aufhören.

переста|вля́ть [28], <переста́вить> [14] umstellen, versetzen; stellen (*Uhr*); ~вля́ть ша́шку einen Stein verschieben; ~вля́емый verstellbar; **~ивать** (-'sta-) [1], <перестоя́ть> [-ою́, -ои́шь] zu lange stehen, (*durch zu langes Stehen*) verderben; **~на́вливать** [1], <~нови́ть> [14] umstellen; **~но́вка** *f* [5; *g/pl.*: -вок] Umstellung, Versetzung.

переста́рок F *m* [1; -рка] Überalterte(r) (*zu alt für et.*).

переста́ть *s.* перестава́ть.

пере|стра́ивать [1], <~стро́ить> [13] umbauen; ♪ umstimmen; ⚔ umgruppieren.

перестра|хо́вка *f* [5; *g/pl.*: -вок] Rückversicherung; **~хо́вщик** *m* [1] (*ver.*) Drückeberger, Verantwortungsscheue(r); **~хо́вывать** [1], <~хова́ть> [7] rück-, wieder-versichern.

перестре́|ливать [1], <~ля́ть> [28] (in Menge) erschießen; ~ля́ть *pf.* (*alle Patronen*) verschießen; **-ся** ⚔ *impf.* plänkeln; **~лка** ⚔ *f* [5; *g/pl.*: -лок] Gewehrfeuer *n*, Feuergefecht *n*, Geplänkel *n*.

перестр|о́ить *s.* перестра́ивать; **~о́йка** *f* [5; *g/pl.*: -о́ек] Umbau *m*.

престу́киваться F [1] sich durch Klopfzeichen verständigen (*im Gefängnis*).

пересту|па́ть [1], <~пи́ть> [14] überschreiten; übertreten.

пересу́|ды *m/pl.* [1] Gerede *n*, Klatscherei(en *pl.*) *f*; Krittelei *f*; **~живать** [1] tadeln, kritteln.

пересчёт *m* [1] Nach-rechnen *n*, -zählen *n*; знать на ~ (*wie am Schnürchen*) herzählen können.

пересчи́|тывать, <~та́ть> [1; -и́танный] nachrechnen, nachzählen; her-, auf-zählen.

пере|сыла́ть [1], <~сла́ть> [-ешлю́, -шлёшь; -е́сланный] übersenden; **~сы́лка** *f* [5; *g/pl.*: -лок] Übersendung; Durchgangsgefängnis *n*; **~сы́льный** [14] Etappen... (*für Strafgefangene*); ~сы́льная тюрьма́ *f s.* пересы́лка.

пере|сыпа́ть [1] **1.** <~сы́пать> [2] umschütten; zuviel hineintun; **2.** <~спа́ть> [-плю́, -пи́шь; -а́л, -а́, -о] zuviel schlafen, die Zeit (*od.* sich) verschlafen.

пере|сыха́ть [1], <~со́хнуть> [21] (völlig) ein-, ver-trocknen.

перета́|скивать [1], <~щи́ть> [16] hinüberschleppen.

перетасо́|вка *f* [5] vollständiges Vertauschen *n*; **~вывать** [1], <~ва́ть> [7] durcheinandermischen.

перетерпе́ть [10] *pf.* erdulden.

пере|тира́ть [1], <~тере́ть> [12; -тёрши *u.* -тере́в] von neuem abwischen *od.* (ab)reiben; durchreiben, durchscheuern.

перето́лки *m/pl* [1] entstellende Gerüchte; то́лки и ~ einander widersprechende Gerüchte.

перетолко́|вывать [1], <~ва́ть> [7] falsch auslegen, verdrehen; nochmals erklären.

перето́ржка *f* [5; *g/pl.*: -жек] nochmalige Versteigerung.

перетру́сить F [15] *pf.* schreckliche Angst bekommen.

перетря́х|ивать [1], <~ну́ть> [20] durchschütteln; (*fig.*) auffrischen (*Kenntnisse usw.*).

пере́ть [12] drücken, drängen; P gehen, wuchten, mühsam tragen.

перетя́|гивать [1], <~ну́ть> [19] hinüberziehen; umschnüren; überwiegen.

переубе|жда́ть [1], <~ди́ть> [15; *1. Pers. sg. ungbr.*: -ди́шь; -еждённый] überreden, umstimmen; **-ся** sich umstimmen lassen, seine Ansicht ändern.

переу́лок *m* [1; -лка] Neben-, Quer-gasse *f*; глухо́й ~ Sackgasse *f*.

переупако́вка *f* [5; *g/pl.*: -вок] Umpackung.

переупря́м|ить F [14] *pf.* (*fig.*) j-n kleinkriegen (*durch eigene Hartnäckigkeit*); меня́ не ~ишь ich lasse mich nicht kleinkriegen, ich bleibe stur.

переусе́рдствовать F [7] *pf.* (*iron., fig.*) des Guten zu viel tun (в П mit).

переустро́йство *n* [9] Umbau *m*; Umgestaltung *f*.

переутомле́ние *n* [12] Übermüdung *f*.

переучёт *m* [1] Inventur *f*.

перехва́|тывать [1], <~ти́ть> [15] aufgreifen, abfangen; schnell zu sich nehmen; (*Geld*) für kurze Zeit borgen; umschlingen.

перехитри́ть [13] *pf.* überlisten.

перехо́д *m* [1] Übergang; Umzug; ⚔ Tage(s)marsch; **~и́ть** [15], <перейти́> [перейду́, -дёшь; перешёл, -шла́; -ше́дший; -ейдя́ (*g. pt. a.*); -ейдённый] (hin)übergehen, übertreten (к Д *od.* в В zu); übersiedeln, (um)ziehen; umschlagen, abschwenken (in *ac.*); **~ный** [14] Übergangs-...; (*Gram.*) transitiv; **~я́щий** [17] Wander...; ~я́щее зна́мя *n* Wanderfahne *f*; ~я́щий приз *m* Wanderpreis; ~я́щий ку́бок *m* Wanderpokal.

перехо́жи|й [17]: кали́ки ~е (*hist.*) wandernde blinde Sänger.

пе́рец *m* [1; -рца] Pfeffer.

пе́речень *m* [4; -чня] Verzeichnis *n*, Register *n* (Р *od.* Д von); ~ жела́емого Wunschzettel.

перечёркивать, <перечерка́ть> [1; -ёрканный], <перечеркну́ть> [20] durchstreichen.

перечисля́ть [28], <перечи́слить> [13] nach-, auf-, durch-zählen; transferieren (*Geld*).

перечи́|тывать, <~та́ть> [1; -и́танный] von neuem (durch)lesen.

пе́речить F [16] widersprechen; zuwiderhandeln.

пе́речница (-ʃn-) *f* [5] Pfefferbüchse, Pfefferdose; чёртова ~ P zänkische Alte, Teufelsweib *n*.

переша́г|ивать [1], <~ну́ть> [20] hinüber-, hinweg-schreiten (*a. fig.*).

переше́ек *m* [1; -ше́йка] Landenge *f*.

перешёптываться [1], <перешепну́ться> [20] (о П) (einander) *et.* zuflüstern, tuscheln.

перешива́ть [1], <переши́ть> [-шью́, -шьёшь; -ше́й(те)!; -ши́тый] umnähen, anders nähen; nachnähen.

перещеголя́ть F [28] *pf.* übertrumpfen, -flügeln, -bieten.

переэкзамено́|вка *f* [5; *g/pl.*: -вок] nochmalige Prüfung, Nach-prüfung, -examen *n*; **~вывать** [1], <~ва́ть> [7] nochmals prüfen, nachprüfen.

пери́ла *n/pl.* [9] Geländer *n*.

пери́метр ⩓ *m* [1] Umfang.

пери́на *f* [5] Feder-, Daunen-unterbett *n*.

пери́од *m* [1] Periode *f*, Zeitraum; **~ика** (-ˈɔ-) *f* [5] Zeitschriftenliteratur; **~и́ческий** [16] periodisch.

пе́ристый [14] gefiedert; Feder...

перифери́я *f* [7] Peripherie, Umkreis *m*; Provinz.

пёрка ⊕ *f* [5; *g/pl.*: -рок] Beißel *m*.

перл *m* [1] (echte) Perle *f*; (*Typ.*) Perl(schrift) *f*.

перламу́тр *m* [1] Perlmutter *f*; **~овый** [14] perlmuttern; Perlmutter...

перло́ вый [14]: ~вая крупа́ *f* Perlgraupe.

перлюстра́ция *f* [7] Briefzensur.

пермане́нт *m* [1] Dauerwellen *f/pl.*

пермя́к *m* [1 *e.*] Permjake (*früherer Name der Komi*; *Volk im Nordural-gebiet*).

перна́тый [14*K.*] befiedert.

перо́ *n* [9; *pl.*: пе́рья, -ьев] Feder *f*; Schreibfeder *f*; э́того перо́м не описа́ть das ist nicht zu beschreiben; что напи́сано ~м, того́ не вы́рубишь топоро́м (*Spr.*) was geschrieben steht, kann man getrost nach Hause tragen; **~чи́нный** [14]: ~чи́нный но́жик *m* Federmesser *n*; **~чи́стка** *f* [5; *g/pl.*: -ток] Tintenwischer *m*.

перпендикуля́р *m* [1] Perpendikel *m od. n*, Senkrechte *f*; **~ный** [14; -рен, -рна] perpendikulär, lot-, senk-recht.

перси́дский [16] persisch; ~ порошо́к *m* Insektenpulver *n*.
пе́рсик *m* [1] Pfirsich; Pfirsichbaum.
Пе́рсия *f* [7] Persien *n*; ♀нин (-'ja-) *m* [1; *pl.*: -я́не, -я́н] Perser.
персо́на *f* [5] Person.
перспекти́ва *f* [5] Perspektive, Fern-, Aus-sicht.
перст *m* [1*e*.] Finger; оди́н как ~ mutterseelenallein; '**~ень** *m* [4; -тня] Fingerring.
перуа́нец *m* [1; -нца] Peruaner.
перфора́тор ⊕ *m* [1] Lochapparat; ⚒ Perforiermaschine *f*.
перха́ть F [1], <(по)перхну́ть> [20] (*a.* **-ся** sich) räuspern, hüsteln; sich verschlucken.
пе́рхоть ⚕ *f* [8] Schuppe, Schinn[*m*, Schinne.]
перцо́вка *f* [5; *g/pl.*: -вок] Schnaps *m* mit Pfeffer.
перча́|тка *f* [5; *g/pl.*: -ток] Handschuh *m*; **~точник** *m* [1] Handschuhmacher; Handschuhhändler.
пе́рчить [16], <на-, по-> pfeffern.
перши́ть [16; *unpers.*: -и́т] kratzen (*im Hals*).
пёрышко *n* [9; *pl.*: -шки, -шек, -шкам] Federchen (*s.* перо́).
пёс *m* [1; пса] Hund, F Köter.
пе́сен|ка *f* [5; *g/pl.*: -нок] Liedchen *n*; **~ник** *m* [1] (guter) Liedersänger; Liederbuch *n*.
песе́ц *m* [1; песца́] Eis-, Polar-, Stein-fuchs.
пёсий [18] Hunde..., Hunds...
пёсик *m* [1] kleiner Hund.
песка́рь *m* [4*e*.] Gründling (*Fisch*).
песнь *f* [8] (*kirchlich u. poet.*) Lied *n*; ~ пе́сней *das* Hohelied (*Salomonis*).
пе́сня *f* [6; *g/pl.*: -сен] (*Volks- usw.*) Lied *n*; Gesang *m*; ста́рая (*od.* всё та же) ~ immer die alte Leier; лебеди́ная ~ Schwanengesang *m*, Abgesang *m*; его́ ~ спе́та F (*fig.*) er hat ausgespielt; э́то до́лгая ~ F das ist eine lange Geschichte.
песо́к *m* [1; -ска́] Sand; пески́ *pl.* Sandgegend *f*; крупи́нка *f* песку́ Sandkörnchen *n*; са́харный ~ Kristall-, Puder-zucker.
песо́ч|ница *f* [5] Sand-büchse, -faß *n*; Spucknapf *m*.
пест *m* [1*e*.] (Mörser-)Keule *f*, Stößel; '**~ик** *m* [1] kleine Mörserkeule *f*; ⚘ Stempel, Pistill *n*.
пестре́ть [8] bunt scheinen *od.* werden; bunt flimmern.
пестри́ть [13] *v/t.* bunt machen; *v/i.* [*unpers.*] schimmern, flimmern.
пестрота́ *f* [5] Buntfarbigkeit, Buntscheckigkeit.
пестру́шка *f* [5; *g/pl.*: -шек] Bachforelle.
пёстрый [14; пёстр, пестра́, -о́ (*a.*: пёстро)] bunt, buntscheckig.
песча́|ник *m* [1] Sandstein; **~ный** [14] sandig; Sand...
песчи́нка *f* [5; *g/pl.*: -нок] Sandkörnchen *n*.
пе́телька *f* [5; *g/pl.*: -лек] kleine Schlinge, Schlaufe, Masche.
пети́т *m* [1] (*Typ.*) Petit(schrift) *f*.
петли́ца *f* [5] Knopfloch *n*; Litze; ⚔ Kragenspiegel *m*.
пе́тля *f* [6; *g/pl.*: -тель] Schlinge, Öse; Masche; Knopfloch *n*; (две́рная, око́нная Tür-, Fenster-) Angel.
Пётр *m* [1*e*.] Peter.
петро́вки *f/pl.* [5; *gen.*: -вок] Petrifasten *n/pl.*
Петро́вский [16] Peter...; ~ пост *m s.* петро́вки.
Петропа́вловский [16] Peter-Pauls...
Петру́ша *m* [5] Peterchen *n*.
Петру́шка[1] *m* [5; *g/pl.*: -шек] Kasperle *m od. n*, Hanswurst (*im Marionettenspiel*); Kasperletheater *n*; *s. a.* Петру́ша.
петру́шка[2] ⚘ *f* [5] Petersilie.
пету́нья ⚘ *f* [6; *g/pl.*: -ний] Petunie.
пету́|х *m* [1*e*.] Hahn; (*fig.*) Streithammel; встава́ть с ~ха́ми *od.* до (ра́нних) ~хо́в sehr früh (*od.* mit dem ersten Hahnenschrei) aufstehen; пусти́ть кра́сного ~ха́ F den roten Hahn aufs Dach setzen; **~ши́ный** [14] Hahnen...; **~шо́к** *m* [1; -шка́] Hähnchen *n*; Wetterhahn; ~ко́м (*iron.*) unterwürfig, scharwenzelnd.
петь [пою́, поёшь; по́й(те)!; пе́тый] **1.** <с-, про-> singen; vorsingen; **2.** <про-> krähen.
Пе́тька *m* [5], **Пе́тя** *m* [6] (*dim. v.* Пётр) *s.* Петру́ша.
пехо́т|а ⚔ *f* [5] Fußvolk *n*, Infanterie; **~и́нец** ⚔ *m* [1; -нца] Fußsoldat, Infanterist; **~ный** ⚔ [14] Infanterie...
печа́лить [13], <о-> betrüben; **-ся** betrübt (*od.* traurig) sein (о П über *ac.*).

печа́ль *f* [8] Traurigkeit, Gram *m*, Kummer *m* (о П über *ac.*); тебе́ что за ~? P was hast du damit zu schaffen?; вот не́ было печа́ли! P das kommt aber verdammt verquer!; **~ный** [14; -лен, -льна] traurig, betrübt, vergrämt; bedauerlich.

печа́т|ать [1], <на-> drucken, aufdrucken; tippen (*Schreibmaschine*); ... ~ается ... ist unter der Presse; **~ник** *m* [1] (Buch-)Drucker; **~ный** [14] gedruckt, Druck...; **~ня** *f* [6; *g*/*pl.*: -тен] (Buch-)Druckerei.

печа́т|ь *f* [8] Siegel *n*, Petschaft *n*; (*Typ.*) Druck *m*; (Zeitungs-)Presse; отда́ть в ~ь drucken lassen; вы́йти из ~и erscheinen (*Buch*); гото́виться в ~и in Vorbereitung (sein); кни́га за семью́ ~ями (*fig.*) ein Buch mit sieben Siegeln.

пече́ние *n* [12] Backen; *s.* пече́нье.

печёнка *f* [5; *g*/*pl.*: -нок] (*Speise*; P *Anat.*) Leber.

печёночник ⚘ *m* [1] Leberpilz.

печёный [14] gebacken; Back...

пе́чень *f* [8] (*Anat.*) Leber.

пече́нье *n* [10] Backwerk, Gebäck; ~ к ча́ю Teegebäck.

пе́ч|ка *f* [5; *g*/*pl.*: -чек] (kleiner) Ofen *m*; танцева́ть от пе́чки F (*iron.*) nur nach Schema F handeln (verfahren *usw.*) können; **~ни́к** *m* [1 *e.*] Ofensetzer; **~но́й** [14] Ofen...; **~у́рка** *f* [5; *g*/*pl.*: -рок] Öfchen *n*.

печь[1] *f* [8; в печи́; *ab g*/*pl. e.*: -че́й] Ofen *m*.

печь[2] [26], <ис-> backen; brennen (*v. der Sonne*); **-ся** *impf.* sorgen (о П für).

пешехо́д *m* [1] Fußgänger.

пеше́чком hübsch zu Fuß.

пе́ший [17] zu Fuß (gehend); Fuß...

пе́шка *f* [5; *g*/*pl.*: -шек] Bauer *m* (*im Schachspiel*); Stein *m* (*im Damespiel*); (*fig.*) unbedeutender Mensch *m*, Marionette.

пешко́м zu Fuß.

пеще́ра *f* [5] Höhle, Grotte.

пив|но́й [14] Bier...; ~на́я (ла́вка) *f* Bier-ausschank *m*, -stube.

пивну́шка P *f* [5; *g*/*pl.*: -шек] Bierkneipe, -lokal *n*.

пи́во *n* [9] Bier.

пивова́р *m* [1] Bierbrauer; **~е́ние** *n* [12] Bierbrauen; **~енный** [14] Bierbrau...; ~енный заво́д *m* = **~ня** *f* [6; *g*/*pl.*: -рен] Bierbrauerei *f*.

пи́гал|ица *f* [5] Kiebitz *m* (*Vogel*); kleine(s) Frau(chen *n*).

пигме́й *m* [3] Pygmäe, Zwerg.

пиджа́к *m* [1 *e.*] (*Herren-*)Jackett *n*.

пижа́ма *f* [5] Schlafanzug *m*.

пижо́н *m* [1] *ver.* Geck, Stutzer.

пик *m* [1] Pik, Bergspitze *f*; часы́-~ Spitzenverkehr(szeit *f*); Belastungsspitze *f*.

пи́ка *f* [5] Pike, Lanze; в пи́ку zum Trotz.

пика́п *m* [1] Kombiwagen; Kleintransporter.

пике́ ✈ *n* [*unv.*] Sturzflug *m*.

пике́т *m* [1] Pikett *n* (*Spiel*, ⚔); Streikposten; **~и́ровать** [7] Streikposten stehen.

пи́ки *f*/*pl.* [5] Pik *n* (*Farbe im Kartenspiel*).

пики́ровать ✈ [7] (*im*)*pf.* (*pf. a.*: с~) im Sturzflug heruntergehen; пики́рующий бомбардиро́вщик *m* Stuka.

пикни́к *m* [1 *e.*] Picknick *n*.

пи́кнуть F [20] *pf.* piep(s)en; muck(s)en.

пико́|вка *f* [5; *g*/*pl.*: -вок] Pik(karte *f*) *n*; **~вый** (ˈpi-) [14] Pik...; оста́ться при ~вом интере́се F das Nachsehen haben; ~вое положе́ние *n* heikle (peinliche) Lage *f*.

пи́кули *f*/*pl.* [*gen.*: -лей] (*Kochk.*) Mixed Pickles.

пила́ *f* [5; *pl. st.*] Säge; (*fig.*) Quälgeist *m*, Nervensäge; ~ для желе́за Eisensäge; ~-ры́ба *f* Sägefisch *m*.

пилёный [14] gesägt; ~ са́хар *m* Würfelzucker.

пили́кать [1] kratzen, fiedeln.

пили́ть [13; -илю́, -и́лишь; -и́ленный] sägen; F nörgeln (В an *dat.*), quälen.

пи́лка *f* [5; *g*/*pl.*: -лок] Sägen *n*; kleine Säge.

пилора́ма *f* [5] Sägegatter *n*.

пило́т *m* [1] Pilot, (Flugzeug-)Führer; **~и́ровать** [7] fliegen, lenken (*Flugzeug*); **~ка** *f* [5; *g*/*pl.*: -ток] Feldmütze, Schiffchen *n*.

пи́лочка *f* [5; *g*/*pl.*: -чек] kleine Säge.

пи́ль|ный [14] Säge...; **~щик** *m* [1] Säger.

пилю́|лька *f* [5; *g*/*pl.*: -лек] kleine Pille, Pillchen *n*; **~ля** *f* [6] Pille.

пиме́нт *m* [1] Nelkenpfeffer.

пимы́ *m*/*pl.* [1 *e.*] Rentierfellstiefel.

пина́с ⚓ *m* [1] Pinasse *f*.

пина́ть [1], <пнуть> [20] mit dem Fuß stoßen.

пингви́н *m* [1] (*Zool.*) Pinguin.
пи́ния ⚘ *f* [7] Pinie.
пино́к *m* [1; -нка́] Stoß mit dem Fuß, Fußtritt.
пинце́т *m* [1] Pinzette *f.*
пио́н ⚘ *m* [1] Pfingstrose *f,* Päonie *f.*
пионе́р *m* [1] Pionier (*Pol., fig.*).
пир *m* [1; в -ý; *pl. e.*] Schmaus; Gastmahl *n*; у него́ ~ на весь мир *od.* у него́ ~ горо́й F bei ihm geht es hoch her.
пирами́да *f* [5] Pyramide.
пирова́ть [7] schmausen, zechen.
пиро́г *m* [1 *e.*] Pirogge *f* (*Art Pastete*); мясно́й ~ Fleischkloß.
пиро́ж|ник *m* [1] Piroggen-, Pasteten-, Kuchen-bäcker, -verkäufer; **~ный** [14] Piroggen...; Kuchen...; ~ная *f* Piroggen-, Pasteten-bäckerei; ~ное *n* Kuchen *m*; **~о́к** *m* [1; -жка́] kleine Pirogge *f.*
пиро́метр *m* [1] Pyrometer *n,* Hitzemesser.
пи́ррова [19]: ~а побе́да *f* Pyrrhussieg *m.*
пиру́шка *f* [5; *g/pl.*: -шек] kleiner Schmaus *m,* Zechgelage *n,* Zeche.
пи́ршество *n* [9] Schmaus *m,* Gastmahl, Gelage.
писа́|ка *m* [5] schlechter Schriftsteller, Schmierer; **~ние** *n* [12] Schreiben; свяще́нное ~ние die Heilige Schrift; **~ный** ('pi-) [14] geschrieben; gemalt; ~ная краса́вица *f* bildschönes Mädchen *n*; говори́ть как по-пи́саному F reden wie ein Buch.
пи́сарь *m* [4; *pl. e.*: -ря́] Schreiber.
писа́тель *m* [4] Schriftsteller.
писа́ть [3], <на-> schreiben; abfassen; malen (ма́сляной кра́ской in Ölfarbe); пи́шущая маши́н(к)а *f* Schreibmaschine; пи́шущий *m* на маши́не Maschinenschreiber; пиши́ пропа́ло! F das ist futsch!; P das ist in die Hose gegangen!; не про нас напи́сано F das ist nichts für uns (*bestimmt od. zu begreifen*); зако́н не пи́сан кому́-нибудь F handeln wie es e-m gerade in den Sinn kommt; сего́дня мне не пи́шется heute habe ich keine Lust zum Schreiben.
писе́ц *m* [1; -сца́] *s.* пи́сарь.
писк *m* [1] Gewinsel *n,* Gepiepe *n*; **~ли́вый** [14*K.*] winselnd.
пи́скнуть *s.* пища́ть.
пискотня́ *f* [6] Winselei, Gequäke *n.*
писку́н *m* [1 *e.*] Wins(e)ler.
пистоле́т *m* [1] Pistole *f*; **~**-пулемёт Maschinenpistole *f.*
писцо́в|ый [14]: ~ые кни́ги *f/pl.* (*hist.*) Grundbuch *n.*
писчебума́ж|ный [14] Schreibpapier...; ~ный магази́н *m* Papierhandlung *f*; ~ная фа́брика *f* Papierfabrik.
пи́счий [17] Schreib...
письмен|а́ *n/pl.* [13] Buchstaben *m/pl.*; **~ность** ('pis-) *f* [8] Schriftkunde, -tum *n*; **~ный** ('pis-) [14] schriftlich; Schreib...
письмецо́ *n* [9; *pl.*: **-цы́**, -цо́в] Briefchen.
письмо́ *n* [9; *pl. st.*: пи́сьма, пи́сем, пи́сьмам] Brief *m*; Schreiben; Schriftsystem; **~вник** *m* [1] Briefsteller (*Buch*); **~но́сец** *m* [1; -сца] Briefträger.
пита́ние *n* [12] Ernährung *f*; ⊕ Speisung.
пита́тель|ность *f* [8] Nahrhaftigkeit, Nährwert *m*; **~ный** [14; -лен, -льна] nahrhaft; (er)nährend; ⊕ ~ный прибо́р *m* Speiseapparat.
пита́ть [1; пи́танный] (er)nähren; (*a.* ⊕) speisen; (*Haß usw.*) hegen (к Д gegen).
пите́й|ный [14] Trink...; Schank...; ~ное заведе́ние *n* Schankwirtschaft *f.*
Пи́тер F *s.* Петербу́рг.
пито́|мец *m* [1; -мца], **~мица** *f* [5] Zögling *m*; Pflegebefohlene(r); **~мник** *m* [1] Pflanz-, Baumschule *f.*
пито́н *m* [1] (*Zool.*) Python.
пить [пью, пьёшь; пил, **-á**, -о; пе́й(те)!; пи́тый (пит, -á, -о)], <вы-> trinken; как ~ дать F todsicher.
питьё *n* [10; *pl. nur gen.*: **-те́й**] Getränk; Trinken.
питьево́й [14] trinkbar.
Пифаго́р *m* [1] Pythagoras; **2**ова теоре́ма ⅍ *f* Pythagoreischer Lehrsatz *m.*
Пи́фия *f* [7] Pythia.
пиха́ть [1], <пихну́ть> [20] stoßen, schieben; **-ся** F drängeln.
пи́хта *f* [5] Edel-, Weiß-tanne.
пи́чкать [1], <на-> vollstopfen (T mit) (*a. fig.*).
пичу́|га *f* [5], **~жка** *f* [5; *g/pl.*: -жек] Vöglein *n.*

пи́шущий [17] schreibend; Schreib...

пи́ща *f* [5] Nahrung, Speise, Kost.

пища́ть [4; -щу́, -щи́шь], *einm.* <пи́скнуть [20] winseln; piepen; quäken.

пище|варе́ние *n* [12] Verdauung *f*; **~вари́тельный** [14] Verdauungs...; **~во́д** *m* [1] (*Anat.*) Speiseröhre *f*; **~во́й** [14] Nähr..., Nahrungs...; ~вы́е проду́кты *m/pl.* Lebens-, Nähr-mittel *n/pl.*

пи́щик *m* [1] Lockflöte *f* (*zum Vogelfang*).

пия́вка *f* [5; *g/pl.*: -вок] Blutegel *m*.

пла́ва|ние *n* [12] Schwimmen; (морско́е) ~ние Seefahrt *f*; **~тельный** [14] Schwimm...; **~ть** [1] schwimmen (*a. fig.*); schwimmen können; nicht untergehen.

плави́ль|ник ⊕ *m* [1] Schmelztiegel; **~ня** ⊕ *f* [6; *g/pl.*: -лен] Schmelzhütte.

пла́в|ить [14], <рас-> schmelzen; **~ка** *f* [5] Schmelzen *n*, Schmelzung; **~ки** *f/pl.* [*gen.*: -вок] (*Sport*) Schwimmhose *f*; **~кий** [16; -вок, -вка] schmelzbar; **~леный** [14]: ~леный сыр *m* Schmelzkäse; **~ни** *f/pl.* [*gen.*: -ней] niedrige Flußufer *n/pl.* *od.* Inseln (*die im Frühling überschwemmt werden*) **~ни́к** *m* [1 *e.*] Flosse *f*; **~ность** *f* [8] Fluß *m* (*der Rede usw.*); Leichtigkeit (*des Ausdrucks*); **~ный** [14; -вен, -вна] fließend, leicht; ~ный согла́сный *m* (*Gram.*) Liquida *f*, Fließlaut (r *u.* l).

плавуне́ц *m* [1; -нца́] Schwimmkäfer.

плаву́чий [17] Schwimm...

пла́кальщица *f* [5] (*ehm.*: gedungenes) Klageweib *n* (*bei Begräbnissen*).

пла́кать [3] weinen (от P vor *dat.*); ~ по (П) beweinen; пла́кали де́нежки P das Geld ist futsch; **-ся** (sich be)klagen (на В über *ac.*).

пла́к|са *m/f* [5] Greiner(in *f*); **~си́вый** [14*K.*] weinerlich.

плаку́н-трава́ ⚘ *f* [5; ~-травы́; *pl. st.*] Weiderich *m*.

плаку́|чий [17] wie verweint; ⚘ ~чая и́ва *f* Trauerweide.

пламен|е́ть [8] flammen; (*fig.*) glühen (T vor *dat.*); **~ный** (ˈpła-) [14] flammend; Flamm...; (*fig.*) glühend, heiß.

пла́мя *n* [13] Flamme *f*.

план *m* [1] Plan, Entwurf; за́дний ~ Hintergrund; пе́рвый ~, пере́дний ~ Vordergrund.

планёр ✈ *m* [1] Gleiter, Segelflugzeug *n*.

планери́зм *m* [1] Segelflugsport.

плане́та *f* [5] Planet *m*.

плани́ровать [7] **1.** <рас-> eb(e)nen, planieren; **2.** ✈ <с-> im Gleitflug fliegen; плани́рующий полёт *m* Gleitflug; **3.** (-ˈvaʈ) planen.

пла́нка *f* [5; *g/pl.*: -нок] Latte; Leiste.

планкто́н *m* [1] (*Bio.*) Plankton *n*.

планови́к *m* [1 *e.*] Fachmann für Wirtschaftsplanung.

пла́но|вый [14] nach Plan, Plan...; ~вое хозя́йство *n* Planwirtschaft *f*; ~вые ци́фры *pl.* Sollziffern; **~ме́рный** [14] planmäßig.

планперево́зка *f* [5; *g/pl.*: -зок] Verkehrsplanung.

планта́|тор *m* [1] Plantagenbesitzer, Pflanzer; **~ция** *f* [7] Plantage, Pflanzung.

планше́т *m* [1] Meßtischplatte *f*; (durchsichtige) Kartentasche *f*; Korsettstäbchen *n*.

пласт *m* [1 *e.*] Schicht *f*; Scheibe *f*; (*Geol.*) Lage *f*; ~о́м platt.

пласта́ть [1; пла́станный] in Schichten, Scheiben schneiden.

пла́стика *f* [5] Plastik.

пласти́н|а *f* [5] (*Metall- usw.*) Platte; **~ка** *f* [5; *g/pl.*: -нок] Fotoplatte; Lamelle; Schallplatte; **~чатый** [14] Platten...; Blätter...

пластма́сса *f* [5] Kunststoff *m*, Preßstoff *m*.

пласто|ва́ть [7] (ab)schichten; **~во́й** [14] schicht(en)weise; ~во́й мёд *m* Scheibenhonig.

пла́стырь *m* [4] Pflaster *n*.

пла́та *f* [5] Zahlung, Gebühr: Lohn *m*.

плата́н ⚘ *m* [1] Platane *f*.

плата́ть P [1; пла́танный], <за-> Flicken aufsetzen.

платёж *m* [1 *e.*; *g/pl.*: -же́й] Zahlung *f*; ~ в рассро́чку Ratenzahlung *f*; долг ~о́м кра́сен (*Spr.*) wie du mir, so ich dir; *s.* наложе́ние; **~еспосо́бный** (płaʈɔʒɨspaˈsɔbnɨj) [14; -бен, -бна] zahlungsfähig; **~ный** [14] Zahlungs...

плате́льщик *m* [1] Zahler.

пла́тина *f* [5] Platin *n*.

плат|и́ть [15], <за-, у-> (Д) bezahlen, zahlen (Т in *dat.*, за В für); vergelten; **~и́ть по счёту** die Rechnung bezahlen; **-ся** <поплати́ться> (*fig.*) (Т) bezahlen (mit), büßen (durch); **'~ный** [14] bezahlbar; bezahlt.

плато́|к *m* [1; -тка́] (*Taschen- usw.*) Tuch *n*; **~чек** *m* [1; -чка] Tüchelchen *n*.

платфо́рма *f* [5] Plattform (*a. fig.*); 🚂 Bahnsteig *m*; Haltestelle; *s. a.* площа́дка.

пла́тье *n* [10; *g/pl.*: -ьев] Kleid(ung *f*), Anzug *m*; гото́вое ~ Konfektion *f*.

пла́тьице *n* [11] Kleidchen.

платяно́й [14] Kleider...

плау́н ⚘ *m* [1 *e.*] Bärlapp.

плафо́н *m* [1] (Zimmer-)Decke *f*.

пла́ха *f* [5] (Richt-)Block *m*.

плац *m* [1; на -у́] (Parade-, Exerzier- *usw.*) Platz; **~да́рм** ⚔ *m* [1] Aufmarschraum; Brückenkopf; **~-ка́рта** 🚂 *f* [5] Platzkarte.

плач *m* [1] Weinen *n*; Klagelied *n*; пла́чем пла́кать bitterlich weinen; **~е́вный** [14; -вен, -вна] traurig, kläglich.

плашко́ут *m* [1] Brückenboot *n*.

плашмя́ mit der flachen Seite; längelang.

плащ *m* [1 *e.*; *g/pl.*: -е́й] (*ärmelloser*) (*Herren-*)Mantel, Umhang; ~ от дождя́ Regenmantel; **~-пала́тка** *f* [5; плащ-пала́тки] wasserdichtes Segeltuch *n*, Zeltbahn.

плебе́й *m* [3] Plebejer.

плева́ *f* [5] Membran(e), Häutchen *n*.

плева́ка *m* [5] Spucker, Speier.

плева́тельница *f* [5] Spucknapf *m*.

плева́ть [6; плюю́, плюёшь], <на->, *inm.* <плю́нуть> [20] spucken, speien; (*fig.*) ~ на (В) pfeifen auf (*ac.*).

пле́вел *m* [1] (*mst pl.*) Unkraut *n*; (*fig.*) üble Nachreden *f/pl.*

плево́к *m* [1; -вка́] Ausgespuckte(s) *n*, F Spucke *f*.

плеври́т ⚕ *m* [1] Rippenfellentzündung *f*.

плёвый F [14] geringfügig; э́то де́ло плёвое das ist eine Kleinigkeit.

плед *m* [1] Plaid *m od. n*, Reisedecke *f*.

племенно́й [14] Rassen...; Zucht...; Stammes...

пле́мя *n* [13] Stamm *m*, Geschlecht; Rasse *f*; Zucht *f*.

племя́нни|к *m* [1] Neffe; **~ца** *f* [5] Nichte.

плен *m* [1; в плену́] Gefangenschaft *f*; **~е́ние** *n* [12] Gefangennahme *f*; **~и́тельный** [14; -лен, -льна] fesselnd, bezaubernd.

плен|и́ть *s.* ~я́ть; **~ник** ('pl̦en-) *m* [1] Gefangene(r); Sklave (*der Leidenschaften usw.*); **~ный** (-'pl̦en-) [14] gefangengenommen; Gefangene(r) *m*.

плён(оч)ка *f* [5; *g/pl.*: -нок (-чек)] Häutchen *n*; Film *m* (*Photo, Kino*).

пле|ня́ть [28], <~ни́ть> [13] gefangennehmen; fesseln, bezaubern; **-ся** hingerissen werden *od.* sein (Т von).

плёс *m* [1] Flußstrecke *f*.

пле́сень *f* [8] Schimmel *m*, Kahm *m*.

плеск *m* [1] Plätschern *n*; **~а́ть** (**-ся**) [3] plätschern, plantschen; *v/t.* <плесну́ть> [20] vergießen, verspritzen; *s.* расплеска́ть.

пле́сневе|лый [14] verschimmelt; **~ть** [8; *nur 3. Pers.*], <за-> verschimmeln, schimm(e)lig (*od.* kahmig) werden.

плести́ [25; т *statt* д: плету́], <с-> flechten; ~ F *impf.* lügen, faseln; **~сь**, <проплести́сь> sich schleppen.

плете́льщик *m* [1] Flechter.

плете́ние *n* [12] Flechten; Flechtwerk.

плетё|ный [14] geflochten; **~ная** ме́бель *f* Korbmöbel *n*.

плете́нь *m* [4; -тня́] Flechtwerk *n*; (geflochtener) Zaun.

плётка *f* [5; *g/pl.*: -ток], **плеть** *f* [8; *ab g/pl. e.*: -те́й] (geflochtene) Peitsche, ⚘ Ranke (*Schlingpflanzen*).

плечево́й [14] Schulter...

плечено́гие *pl.* [16] (*Zool.*) Armfüßler *m*.

пле́чики F *pl.* [1] Kleiderbügel *m*.

плечи́стый [14*K.*] breitschult(e)rig.

плечо́ *n* [9; *pl.*: пле́чи, плеч, плеча́м] Schulter *f*, Achsel *f*; ⊕ Arm *m* (*am Hebel*); ⚔ на ~! das Gewehr über!; с плеч доло́й F diese Sorge bin ich los; со всего́ плеча́ mit aller Kraft; э́то ему́ по плечу́ F dem ist er gewachsen; руби́ть с плеча́ F mit der Tür ins Haus fal-

len; э́тот вопро́с нельзя́ реша́ть с плеча́ diese Frage kann man nicht so ohne weiteres lösen; на плеча́х у проти́вника ⚔ dem Feind dicht auf den Fersen; пожа́ть плеча́ми die Schultern zucken.
плеши́|веть [8], <о-> einen Kahlkopf bekommen, kahlköpfig (*od.* glatzig) werden; **~вец** *m* [1; -вца] Kahlkopf; **~вый** [14*K.*] kahlköpfig, glatzig; **~на** P *f* [5] kahle Stelle; Kahlkopf *m*, Glatze; Lichtung (*im Wald*).
плешь *f* [8] Glatze.
плея́д|а *f* [5] (*fig.*) Plejaden *f/pl.*; **2ы** *pl.* [5] (*Astr.*) Plejaden, Siebengestirn *n*.
пли *s.* пали́ть.
пли́нтус △ *m* [1] Scheuerleiste *f*.
плит|а́ *f* [5; *pl. st.*] (Stein-)Platte, Fliese; Eisenplatte; (ку́хонная) ~а́ Herdplatte, Kochherd *m*; **~ка** (ˈpl̡it-) *f* [5; *g/pl.*: -ток] kleine Platte; Tafel (*Schokolade usw.*); (Plätt-)Bolzen *m*; elektrische Heizplatte; **~ня́к** *m* [1 *e.*] Fliesenstein.
пло|ве́ц *m* [1; -вца́] Schwimmer; **~ву́чий** [17] Schwimm..., Floß...
плод *m* [1 *e.*] Frucht *f*; ~ы́ *pl. a.* Obst *n*.
плоди́ть [15; пложу́, -ди́шь], <рас-> [-ожённый] (*durch Zucht*) vermehren, ziehen, züchten.
плодо|ви́тый [14*K.*] fruchtbar; **~во́дство** *n* [9] Obst-bau *m*, -zucht *f*; **~вый** (-ˈdɔ-) [14] Frucht..., Obst...; **~но́жка** ⚘ *f* [5; *g/pl.*: -жек] Fruchtstiel *m*; **~носи́ть** ⸙ [15; *nur 3. Pers.*] Frucht tragen (*Baum*); **~но́сный** [14] *s.* ~ро́дный; **~ро́дие** *n* [12] Fruchtbarkeit *f*; **~ро́дный** [14; -ден, -дна] fruchtbar, fruchtbringend, ergiebig; **~тво́рный** [14; -рен, -рна] befruchtend, ersprießlich.
плое́ние *n* [12] Fälteln.
плои́ть [13], <на-> fälteln, in Falten legen.
пло́йка *f* [5] Fälteln *n*.
пло́мба *f* [5] Plombe, (Zahn-)Füllung.
пломби́р *m* [1] Sahneeis *n*.
пломбирова́ть [7], <за-> plombieren.
пло́ский [16; -сок, -ска́, -о; *comp.* пло́сче *u.* пло́ще] flach, eben, platt (*a. fig.*); Flach...
плоско|го́рье *n* [10] Hochebene *f*; **~гу́бцы** *m/pl.* [1; *gen.*: -цев] Flachzange *f*; **~до́нный** [14] mit flachem Boden; ⚓ flachgehend; **~сто́пие** ⚕ *n* [12] Plattfüßigkeit *f*; **~сть** (ˈpłɔs-) *f* [8; *ab g/pl. e.*: -те́й] (ebene) Fläche; Flach-, Platt-heit.
плоску́ша *f* [5] Scholle (*Fisch*).
плот *m* [1*e.*] Floß *n*.
плотва́ *f* [5] Plötze (*Fisch*).
плоти́на *f* [5] Damm *m*, Wehr *n*; Talsperre.
пло́тни|к *m* [1] Zimmermann; **~чать** [1] zimmern, das Zimmerhandwerk ausüben; **~чество** *n* [9] Zimmerhandwerk.
пло́тный [14; -тен, -тна́, -о; -тне́е] dicht, fest, kompakt, stark.
плотовщи́к *m* [1*e.*] Flößer.
плотоя́дный [14; -ден, -дна] fleischfressend; (*fig.*) grob sinnlich.
пло́тский [16] fleischlich, sinnlich.
плоть *f* [8] Fleisch *n*; (menschlicher) Körper *m*, Leib *m*; (*Anat.*) кра́йняя ~ Vorhaut; умерщвля́ть ~ kasteien.
плохо́й [16; плох, -а́, -о; *comp.* ху́же] schlimm, schlecht; с э́тим шу́тки пло́хи F damit ist nicht zu spaßen.
плоша́ть P [1] Dummheiten machen, Fehler begehen; смотри́, не плоша́й! mach' ja keine Dummheiten!
пло́ш(еч)ка *f* [5; *g/pl.*: -шек (-чек)] (irdene) Schale; Öllämpchen *n*.
площа́д|ка *f* [5; *g/pl.*: -док] kleiner Platz *m*; Plattform; Treppenabsatz *m*; Spiel-, Tummel-platz *m*; нару́жная ~ка (*Wagen*) Plattform, Außenbrett *n*; поса́дочная ~ка Fluglandeplatz *m*; **~но́й** [14] unflätig, gemein; ~на́я брань *f* gemeine Schimpfwörter *n/pl.*, Zoten *f/pl.*; **~ь** (ˈpłɔ-) *f* [8; *ab g/pl. e.*: -де́й] (öffentlicher) Platz *m*, Markt(platz) *m*; Fläche(ninhalt *m*); (жила́я) ~ь Wohn-fläche, -raum *m*.
площи́ца *f* [5] Filzlaus.
плуг *m* [1; *pl. e.*: -и́] Pflug; ~-лущи́льник Schälpflug; **~а́рь** *m* [4*e.*] Pflüger.
плут *m* [1*e.*] Schelm, Betrüger, Gauner.
плута́ть F [1] umherirren, umherstreifen.
плут|и́шка *m* [5; *g/pl.*: -шек] kleiner Gauner, Schalk; **~ня** (ˈpłut-) *f* [6] Schelmenstreich *m*, Gaunerei.
плутов|а́ть [7], <с-> Gaunereien begehen, betrügen, mogeln; **~ка**

(-ˈtɔf-) *f* [5; *g/pl.*: -вок] Schelmin, Betrügerin; **~ско́й** [16] spitzbübisch; betrügerisch; **~ство́** *n* [9] Betrügerei *f*, Gaunerei *f*.
Плуто́н *m* [1] Pluto.
плыву́н *m* [1 *e.*] (*Geol.*) schlammiger Untergrund.
плыть [23], <по-> schwimmen; segeln, (*zu Wasser*) fahren; ~ в ру́ки F mühelos zufallen.
плювио́метр *m* [1] Regenmesser.
плюга́вый P [14*K.*] ekelhaft.
плюма́ж *m* [1] Federbusch.
плю́нуть *s.* плева́ть.
плюс 1. plus, zuzüglich; **2.** *m* [1] Plus(zeichen) *n* (+); Überbleibsel *n*, Überschuß; Vorteil.
плюсна́ *f* [5; *pl. st.*: плю́сны, плю́сен] (*Anat.*) Mittelfuß *m*.
плю́снуть *s.* плющи́ть.
плю́ха *f* [5] Ohrfeige.
плю́хнуть(ся) P [20] hinplumpsen.
плю́ш *m* [1] Plüsch.
плю́шка *f* [5; *g/pl.*: -шек] Butterplätzchen *n*; Schnecke (*Gebäck*).
плющ *m* [1 *e.*] Efeu.
плю́щение *n* [12] Platten, Strecken (*der Metalle*).
плющи́ль|ный [14] Plätt..., Streck-...; **~ня** *f* [6; *g/pl.*: -лен] Plättmühle, Streckwerk *n*; **~щик** *m* [1] Metallplätter, -strecker.
плющить [16], <с-> (*Metalle*) plätten, strecken.
пляж *m* [1] (Bade-)Strand.
пляс *m* [1] *s.* пля́ска; **~а́ть** [3], <с-> tanzen (*nach russischer Art*); **ˈ~ка** *f* [5; *g/pl.*: -сок] Tanzen *n*, Volkstanz *m*; **~ово́й** [14] Tanz...; ~ова́я (пе́сня) *f* Tanzlied *n*; **~у́н** *m* [1 *e.*] Tänzer.
пневма́ти|к *m* [1] Luftreifen; **~ка** *f* [5] Pneumatik; **~ческий** (-ˈţi-) [16] pneumatisch; ~ческая ши́на *f* Luftreifen *m*, Bereifung; ~ческая по́чта *f* = **ˈ~чка** *f* [5] Rohrpost.
пневмо|ни́я ⚕ *f* [7] Pneumonie, Lungenentzündung; **~то́ракс** ⚕ *m* [1] Pneumothorax.
пнуть *s.* пина́ть.
по 1. (В) (*bis wie weit?*, [*bis*] *wann?*, *zu wieviel?*, *wonach?*) bis an, bis zu; zu; nach; по́ уши bis über die Ohren (hinaus); P по́ воду (*statt* за водо́й) nach Wasser (*gehen*); **2.** (Д) (*worauf?*, *wonach?*, *wann?*, *zu wieviel?*) an, auf (... hin), über; infolge (von), gemäß, nach (*vgl. a.* по-), von (... her), von seiten, wegen, zu; je; ~ доро́ге unterwegs; ~ мне meinetwegen; ~ воскресе́ньям sonntags, an (den) Sonntagen; ~ ме́сяцам monatlich; ~ це́лым часа́м ganze Stunden lang; това́рищ *m* ~ полку́ Regimentskamerad; идти́ по́ двору über den Hof gehen; **3.** (П) (*wonach?*, *wann?*) nach.
по... (*in Zssgn*) an..., auf..., be..., durch...; er...; ein wenig, etwas; eine Zeitlang; (*bei Iterativen*) bisweilen, hin und wieder, dann und wann, pflegen (zu ...).
(*Verben, bei denen* по *bloß den vollendeten Aspekt bezeichnet, sind unter dem Grundwort* [*d. h. ohne* по] *aufzusuchen, z.B.* поберéчь *s.* берéчь.)
по- (*in Zssgn*) in der (*od.* nach) Art, wie *z.B.* по-дворя́нски wie ein Edelmann; по-ру́сски (auf) russisch; (*vgl.* по 1.) nach; по-мо́ему (по-ва́шему) nach meiner (Ihrer) Meinung.
поба́иваться [1] sich (ein wenig) fürchten (P vor *dat.*).
побасёнка F *f* [5; *g/pl.*: -нок] Märchen *n*, Geschichtchen *n*.
побе́г *m* [1] Flucht *f*; ⚘ Schößling, Trieb; **~у́шки:** служи́ть (*od.* быть) на ~у́шках als Laufbursche dienen.
побе́|да *f* [5] Sieg *m*; **~ди́мый** [14 *K.*] besiegbar; **~ди́тель** *m* [4] Sieger; **~ди́ть** *s.* ~жда́ть; **~дный** [14] Sieges...; **~доно́сец** *m* [1; -сца] Sieger; **~доно́сный** [14; -сен, -сна] siegend, siegreich; **~жда́ть** [1], <~ди́ть> [15; *1. Pers. ungbr.*; -и́шь; -еждённый] (В) siegen (über *ac.*), besiegen.
побе́жка *f* [5] Gangart (*e-s Pferdes*).
побере́|жный [14] Strand...; **~жье** *n* [10] Küste *f*, Strand *m*.
побива́ть [1], <поби́ть> [-бью́, -бьёшь; -бе́й(те)!; -би́тый] (tot-)schlagen; besiegen; niederschlagen (*v. Hagel*); ~ камня́ми steinigen.
побира́ть P [1], <побра́ть> [-беру́, -берёшь; -бра́л, -ала́, -о; по́бранный (-ан, -á, -о)] (massenhaft) wegnehmen; чёрт тебя́ побери́! hol' dich der Teufel; **-ся** *impf.* sich durchbetteln.
побла́жка F *f* [5; *g/pl.*: -жек] Nachsicht.
поблёклый [14] verwelkt.
побли́|же etwas näher; **~зости** in der Nähe.

побо́и *m/pl.* [3; *gen.*: -о́ев] Prügel(ei *f*) *pl.*; **~ще** *n* [11] große Schlacht *f*; Schlachtfeld.
побо́льше etwas mehr.
побо́р *m* [1] (*mst pl.*) unerlaubte Sporteln *f/pl. od.* Nebeneinkünfte *f/pl.*; **~ник** *m* [1] Verteidiger (*e-r Sache*); **~о́ть** [17] *pf.* überwältigen, bezwingen; *s.* боро́ться.
побо́ч|ный [14] Neben..., Seiten...; ~ное дитя́ *n* uneheliches Kind; ~ные дохо́ды *pl.* Nebenverdienst *m*.
по-бра́тски brüderlich.
побра́ть *s.* побира́ть.
побря́|кивать, <~кать> [1] klirren (*Sporen*); **~ку́шка** *f* [5; *g/pl.*: -шек] Schelle, (Kinder-)Klapper; Berlocke.
побуди́тель|ный [14] anregend; ~ная причи́на *f* Beweggrund *m*.
побу́дка ⚔ *f* [5; *g/pl.*: -док] Weckruf *m*, -signal *n*.
по-бу́днишнему alltagsmäßig.
побу|жда́ть [1], <~ди́ть> [15; -ужу́, -уди́шь; -уждённый] anregen, bewegen; **~жде́ние** *n* [12] Anregung *f*, Veranlassung *f*; (innerer) Trieb *m*.
побы́вка *f* [5; *g/pl.*: -вок] kurzer Aufenthalt *m*.
пова́|диться [15] *pf.* sich angewöhnen; **~дка** *f* [5; *g/pl.*: -док] (*üble*) Angewohnheit.
пова́л|ка *f* [5]: ложи́ться (спать) в ~ку ausgestreckt (nebeneinander) liegen *od.* schlafen.
пова́льный [14] epidemisch; allgemein.
по́вар *m* [1; *pl.*: -ра́] Koch; **~енный** (-ˈva-) Koch...; **~ёнок** *m* [2] Küchenjunge; **~ёшка** F *f* [5; *g/pl.*: -шек] Suppenkelle; **~и́ха** *f* [5] Köchin; **~ня** (-ˈvar-) *f* [6; *g/pl.*: -рен] Küche; **~ско́й** [16] dem Koch eigen; Koch...; Küchen...
пове́дать [1] *pf.* erzählen, mitteilen.
поведе́|ние *n* [12] Betragen, Aufführung *f*; Benehmen, Verhalten; свиде́тельство *n* о ~нии Führungsattest.
повелева́ть [1] (Т) befehligen; <повеле́ть> [9] (Д) gebieten; *vgl.* веле́ть.
повели́тель *m* [4] Gebieter; **~ный** [14; -лен, -льна] gebieterisch.
поверга́ть [1], <пове́ргнуть> [21] niederwerfen; stürzen, versetzen (В in *ac.*); ~ к стопа́м zu Füßen legen.
пове́ренный [14] anvertraut; Bevollmächtigte(r) *m*; Anwalt *m*; ~ в дела́х Geschäftsträger *m*; ча́стный ~ Privatrechtsanwalt *m*; быть пове́ренным betraut sein (по Д mit).
поверже́ние *n* [12] Niederwerfen.
пове́рка *f* [5; *g/pl.*: -рок] Prüfung, Kontrolle; Durchsicht; Ѧ Probe; namentlicher Appell *m*.
поверну́ть *s.* повора́чивать, повёртывать.
повёрстный [14] nach Wersten (berechnet); Werst...
повёртывать [1], <поверну́ть> [20; -ёрнутый] *s.* повора́чивать.
пове́рх (Р) oberhalb; **~ностный** [14] oberflächlich; Flächen...; **~ность** *f* [8] Oberfläche; Fläche; ме́ра *f* ~ности Flächenmaß *n*; ~ность воды́ Wasserspiegel *m*.
пове́рье *n* [10] Sage *f*, Volksglaube *m*.
поверя́ть [28], <пове́рить> [13] prüfen, kontrollieren, durchsehen; (Д/В *j-m et.*) anvertrauen; *vgl.* пове́ренный, ве́рить.
пове́|са *m/f* [5] Windbeutel *m*; Wildfang *m*; **~сить** *s.* ве́шать; **~сничать** [1] mutwillig sein.
повествова́|ние *n* [12] Erzählung *f*; **~тель** *m* [4] Erzähler; **~тельный** [14] erzählend; **~ть** [7] erzählen (о П von).
повести́ [25] *pf.* eine rasche Bewegung machen, zucken (Т mit).
пове́ст|ка *f* [5; *g/pl.*: -ток] (*schriftliche*) Anzeige, Vorladung; (Post-)Benachrichtigung; ~ка (дня) Tagesordnung; **~ь** (ˈpɔ-) *f* [8; *ab g/pl.e.*: -те́й] Erzählung, Novelle.
пове́трие *n* [12] Epidemie *f*, Seuche *f*.
пове́шение *n* [12] Erhängung *f*.
пове|ща́ть [1], <~сти́ть> [15; -ещу́, -ести́шь; -ещённый] benachrichtigen (о П von).
повива́|льный [14] Entbindungs...; ~льная ба́бка *f* Hebamme; **~ть** [1], <пови́ть> [-вью́, -вьёшь; -и́л, -ила́, -о; -ве́й(те)!; -и́тый (-и́т, -а́, -о)] ein-windeln, -wickeln; (*Frau*) entbinden.
по-ви́димому wie es scheint, anscheinend, scheinbar, dem Anschein nach.
пови́дло *n* [9] Marmelade *f*.
пови́н|ность *f* [8] Verpflichtung, Schuldigkeit; Leistung, Abgabe;

во́инская ~ность Militärpflicht; подлежа́ть во́инской ~ности militärpflichtig sein; **~ный** [14; -нен, -нна] verpflichtet, schuldig; ~ная *f* (Schuld)Geständnis *n*; **~ова́ться** [7] gehorchen; **~ове́ние** *n* [12] Gehorsam *m*.
повиту́ха P *f* [5] Hebamme.
пови́ть *s.* повива́ть.
по́вод *m* **1.** [1] Anlaß, Veranlassung *f*, Beweggrund; по ~у anläßlich (P *gen.*); **2.** [1; на -ý; *pl.*: -о́дья, -о́дьев] Zügel, Leitseil *n*.
поводы́рь *m* [4 *e.*] (*Blinden*-)Führer.
пово́зка *f* [5; *g/pl.*: -зок] Fuhrwerk *n*; ~-мастерска́я Werkstattwagen *m*.
пово́зочный ⚔ [14] Fahrer *m*.
Пово́лжье *n* [10] Wolgagebiet.
поволо́|ка *f* [5]: глаза́ *m/pl.* с ~кой verschleierte (umflorte, schmachtende) Augen *n/pl.*
пово|ра́чивать P [1], <~роти́ть> [15] (um)drehen, umkehren; einbiegen; **-ся** sich (um)drehen; sich rühren.
поворо́т *m* [1] Drehung *f*, Wendung *f*, Umschwung; ⚔ Schwenkung *f*; ~ со́лнца Sonnenwende *f*; **~ливый** [14*K*.] rührig, behend; **~ный** [14] drehbar, drehbar...; (*fig.*) Wende...; ~ный круг *m* 🚂 Drehscheibe *f*.
повре|жда́ть [1], <**~ди́ть**> [15; -ежу́, -еди́шь; -еждённый] beschädigen; verletzen; ~ждённый в уме́ F nicht ganz richtig im Kopf; **~жде́ние** *n* [12] Beschädigung *f*; Verletzung *f*; Störung *f*.
повремен|и́ть [13] *pf.* warten, sich gedulden; **~ный** (-'mɛn-) [14] regelmäßig wiederkehrend, periodisch; ~ное изда́ние *n* Zeitschrift *f*.
повсе... (*in Zssgn mst*) all..., *z.B.* **~дне́вный** [14] für alle Tage, Tages-...; **~ме́стный** [14] allgemein; ~ме́стно überall, allenthalben.
повста́нец *m* [1; -нца] Insurgent, Aufständische(r).
повстреча́ть [1] *pf.* (**-ся** einander) treffen (*zufällig*).
повсю́ду überall.
повто|ре́ние *n* [12] Wiederholung *f*; **~ри́тельный** [14] wiederholend; Wiederholungs..., Repetitions..., Repetier...; **~ря́ть** [28], <~ри́ть> [13] wiederholen, repetieren; **-ся** wiederkehren.
повы|ша́тель *m* [4] (~ша́тель цен) Preistreiber; **~ша́ть** [1], <повы́сить> [15] erhöhen; befördern; повы́шенный erhöht, gesteigert; **-ся** steigen, aufrücken; Aufschwung nehmen; **~ше** (-'vɨ-) etwas höher; etwas weiter hinauf; **~ше́ние** *n* [12] Erhöhung *f*; Beförderung *f*; Steigen; ~ше́ние в чина́х Rangerhöhung *f*.
повя́|зка *f* [5; *g/pl.*: -зок] Umbinden *n*; Binde, Verband *m*; **~зывать** [1], <~за́ть> [3] umbinden; zs.-, ver-binden.
пога́|нец F *m* [1; -нца] Unreine(r), Unfläte(r); **~нить** [13], <о-> verunreinigen; **~нка** *f* [5; *g/pl.*: -нок] F Unreine; nicht eßbarer Pilz *m*; **~ный** [14] unrein, unflätig; ~ное ведро́ *n* F Mülleimer *m*; **~нь** ('pɔ-) *f* [8] Unflat *m*, Unrat *m*; Unsauberkeit; Pack *n*, Gesindel *n*.
пога|ша́ть [1], <~си́ть> [15] (aus-)löschen; (*Schulden*) tilgen; **~ше́ние** *n* [12] Löschen, Löschung *f*; Tilgung *f* (*der Schulden*).
поги|ба́ть [1] *s.* ги́бнуть; **~бель** (-'gʲi-) *f* [8] Verderben *n*, Untergang *m*.
погло|ща́ть [1], <~ти́ть> [15; -ощу́; -ощённый> verschlingen; einsaugen; **~ще́ние** *n* [12] Verschlingen; Einsaugen.
поглу́бже etwas tiefer.
погля́дывать [1] (dann u. wann) hinsehen, hinblicken.
погна́ть *s.* погоня́ть, гнать.
пого|ва́ривать [1], <~вори́ть> [13] *impf.* (öfter) sprechen (о П von); ~ва́ривают man sagt *od.* munkelt; ~вори́ть *pf.* sich aussprechen (с T mit); **~во́рка** *f* [5; *g/pl.*: -рок] (sprichwörtliche) Redensart.
пого́да *f* [5] Wetter *n*, Witterung; Unwetter *n*; э́то не де́лает пого́ды (*fig.*) das ist nicht entscheidend.
погоди́(те) P warte(t)! (*drohend*).
пого́дный [14] Jahres...; Wetter...
пого́жий [17] heiter, hell (*Wetter*).
поголо́вный [14] allgemein, gesamt; Kopf..., Massen...
поголо́вье ⚒ *n* [10] Viehbestand *m*.
пого́н *m* [1] Achselklappe *f*; **~ный** [14] Längen...; ~ный метр *m* laufendes Meter *n*; **~щик** *m* [1] Treiber; **~я** *f* [6] Verfolgung, Nachsetzen *n*; Haschen *n* (за T nach); (*koll.*) Verfolger *m/pl.*; **~я́ть** [28], <погна́ть> [-гоню́, -го́нишь; -гна́л, -á, -о; по́гнанный (-ан, -á, -о)] antreiben; *vgl.* гнать.

погоре́|лец *m* [1; -льца] Abgebrannte(r), Brandgeschädigte(r); **~лый** [14] abgebrannt; **~ть** [9] *pf.* abbrennen; [*nur 3. Pers.*] eine Zeitlang brennen.

пого́ст *m* [1] (Dorf-)Kirchhof; (*ehm.*) Kirchspiel *n*.

грани́ч|ник *m* [1] Grenzschutzsoldat; Grenzwächter; **~ный** [14] Grenz...

погранохра́на *f* [5] Grenzschutz*m*.

по́греб *m* [1; *pl.*: -ба́] Keller; пороховóй ~ Pulvermagazin *n*; **~е́ние** *n* [12] Beerdigung *f*, Beisetzung *f*; **~е́ц** *m* [1; -бца́] Reiseprovianttasche *f*; **~но́й** [14] Keller...; **~о́к** *m* [1; -бка́] kleiner Keller.

погрему́шка *f* [5; *g/pl.*: -шек] Klapper.

погреш|а́ть [1], <**~и́ть**> [16; -шу́, -ши́шь] sich versündigen; sich irren; **~ность** (-ˈgrɛʃ-) *f* [8] Versündigung; Irrtum *m*, Verstoß *m*; **~ный** (-ˈgrɛʃ-) [14] schuld (в П an *dat.*).

погро́м *m* [1] Verwüstung *f*, Zerstörung *f*; Krawall; (еврéйский) ~ Pogrom, Juden-hetze *f*, -verfolgung *f*; **~щик** *m* [1] Teilnehmer an e-m Pogrom.

погру|жа́ть [1], <**~зи́ть**> [15; -ужу́, -у́зишь; -у́женный *u.* -ужённый] eintauchen, versenken; (ver)laden; **-ся** versinken, einsinken.

погру́зка *f* [5; *g/pl.*: -зок] Verladung.

погряза́ть [1], <погря́знуть> [21] steckenbleiben, versinken (*a. fig.*).

погу́дка *f* [5; *g/pl.*: -док] Melodie, Weise; стáрая ~ на нóвый лад F die alte Leier im neuen Gewand.

под[1], подо **1.** (В) (*wohin?*) unter; in die Nähe von (*vgl.* 2.); (*wann?*) gegen, kurz vor; ~ диктóвку nach Diktat; ~ мрáмор marmorartig; э́то мне не ~ си́лу das geht über meine Kraft; ~ гóру bergab; **2.** (Т) (*wo?*) unter; (nahe) bei, unweit von, in der Nähe von; ~ горóй am Fuß des Berges; пóд носом vor der Nase; ~ тéнью im Schatten; пóле *n* ~ рóжью Roggenfeld; подо мной unter mir.

под[2] *m* [1; на -у́] Heiz-, Herd-fläche *f* (*des russischen Ofens*).

под... (*in Zssgn*) ab..., an..., auf..., be..., er..., heran..., herbei..., hinzu..., unter..., vor...

подава́льщик *m* [1] Servierkellner; Handlanger.

подава́ть [5], <пода́ть> [-да́м, -да́шь, -да́ст, -дади́м, -дади́те, -даду́т; пóдал, -á, -о; пóданный (-ан, -á, -о)] (dar)reichen; (ab)geben; auftragen, servieren; (*Gesuch usw.*) einreichen; zuführen; (*Sport*) zuspielen (*Ball*); ~ карéту vorfahren; подавáй! fahre vor!; автомоби́ль пóдан das Auto ist vorgefahren; э́то рукóй подáть F es ist nur ein Katzensprung; **-ся** nachgeben; rücken; -ся назáд zurückgehen.

пода|вля́ть [28], <**~ви́ть**> [14] er-, unter-drücken; (*Schmerz*) verbeißen; **~вля́ющий** überwältigend; erdrückend (*Mehrheit*); подáвленный niedergeschlagen, betrübt.

пода́вно F um so (*od.* desto) mehr, erst recht, vollends.

пода́|гра ⚕ *f* [5] Podagra *n*, Fußgicht; **~гри́ческий** [16] podagrisch.

пода́льше F etwas weiter; so weit wie möglich.

пода́ро|к *m* [1; -рка] Geschenk *n*; **~чек** *m* [1; -чка] kleines Geschenk *n*, Geschenkchen *n*; **~чный** [14] Geschenk(s)...

пода́тель *m* [4] Überbringer, Aufgeber.

пода́тливый [14*K.*] nachgiebig, willfährig, gefügig; geschmeidig.

подат|но́й [14] steuerpflichtig; Steuer...; **~ь** (ˈpɔ-) *f* [8; *ab g/pl. e.*: -те́й] Steuer, Abgabe; *s.* подавáть.

пода́ч|а *f* [5] Dar-, Ein-reichung; **~а** гóлоса Stimmabgabe; **~а** пóмощи Hilfeleistung; **~ка** *f* [5; *g/pl.*: -чек] (kleine) Gabe.

подая́ние *n* [12] milde Gabe *f*, Almosen; жить **~м** von Almosen leben.

подбавля́ть [28], <подбáвить> [14] hinzutun, hinzufügen.

подбе|га́ть [1], <**~жа́ть**> [4; -бегу́, -бежи́шь, -бегу́т] hinzu-, herbeilaufen.

подберёзовик ♀ *m* [1] Birkenpilz.

подбива́ть [1], <подби́ть> [подобью́, -бьёшь; подбéй(те)!; -и́тый] (von) unten beschlagen; (*Kleid*) füttern; aufhetzen, drängen (на В zu); с подби́тым глáзом mit blauem Auge.

подбира́ть [1], <подобрáть [подберу́, -рёшь; -ал, -á, -о; подóбранный (-ан, -á, -о)] auflesen, auf-

sammeln (с P von); aufschürzen, raffen; (*Flagge*) hissen; (*et. Passendes*) aussuchen; (*Karten*) zurechtlegen; **-ся** sich heranschleichen.
подбо́р *m* [1] Auflesen *n*, Aufschürzen *n* (*s.* подбира́ть); Auslese *f*; как на ~ wie ausgesucht.
подборо́до|к *m* [1; -дка] Kinn *n*; **~чный** [14] Kinn...
подбоче́|ниваться [1], <~ниться> [13] die Hände in die Seiten stemmen.
подбра́сывать [1], <подбро́сить> [15] (hin)zuwerfen; emporwerfen.
подбрю́ш|ник *m* [1] Leibbinde *f*; Bauchgurt (*bei Pferden*).
подва́л *m* [1] Kellergewölbe *n*; Erdgeschoß *n*, Keller(geschoß *n*); Feuilleton *n* (*Zeitung*); **~ивать** [1], <~и́ть> [13; -алю́, -а́лишь; -а́ленный] hinzuschütten; P hinzufügen; наро́ду подвали́ло P immer mehr Menschen kamen hinzu.
подве́домственный [14*K.*] untergeordnet; zuständig.
подвезти́ *s.* подвози́ть.
подвене́ч|ный [14] Trau(ungs)...; ~ное пла́тье *n* Brautkleid.
подвер|га́ть [1], <подве́ргнуть> [21] unter-ziehen, -werfen, aussetzen; **~же́ние** *n* [12] Unterziehung *f*, Unterwerfung *f*; **~женный** (-ˈɣɛr-) [14] neigend (Д zu, *z.B. Anfälle*).
подвёртывать [1], <подверну́ть> [20; -ёрнутый] unterwickeln; umschlagen; **-ся** fallen, geraten (под В unter *ac.*); F zufällig in die Hände geraten; он мне подверну́лся (случа́йно) ich traf ihn zufällig.
подве́с|ка *f* [5; *g/pl.*: -сок] Anhängsel *n*, Berlocke; **~но́й** [14] angehängt; Hänge...; ~на́я желе́зная доро́га *f* Schwebebahn.
подвести́ *s.* подводи́ть.
подве́тренный [14] unter dem Wind (⚓ leewärts) liegend.
подве́|шивать [1], <~сить> [15] unterhängen.
подвздо́шный [14] Weichen..., Hüft...
по́двиг *m* [1] (геро́йский Helden-) [Tat *f*.
подвига́ть [1], <подви́нуть> [20] (weiter)rücken, (weiter)schieben (к Д an *ac.*); подви́нуть *pf.* bewegen (на В zu); **-ся** (vor-) rücken, vorwärts schreiten.
подви́жни|к *m* [1] (Glaubens-) Eiferer; **~чество** *n* [9] asketisches Leben.
подвиж|но́й [14] beweglich, verstellbar; Betriebs...; 🚂 ~но́й соста́в *m* rollendes Material *n*; **~ный** (-ˈdʑiʒ-) [14; -жен, -жна] rege, mobil.
подвиза́ться [1] tätig sein, sich betätigen; ~ на по́прище нау́к den Wissenschaften obliegen.
подви́нуть *s.* подвига́ть.
подвла́стный [14; -тен, -тна] untertan, botmäßig.
подво́да *f* [5] Pferdefuhrwerk *n*.
подводи́ть [15], <подвести́> [25] (*unter et.*) herbei-, vor-führen; in Verlegenheit bringen; schminken, untermalen (*z.B. Augen*); ~ под пра́вило unter eine Regel bringen; ~ ито́г die Summe ziehen; ~ подко́пы под (В) unter-minieren, -höhlen.
подво́дный [14] unter dem Wasser befindlich; unterseeisch; Untersee...; ~ ка́мень *m* Klippe *f*; подво́дная ло́дка *f* Untersee-, Tauchboot *n*, U-Boot *n*.
подво́дчик *m* [1] Fuhrmann.
подво́з *m* [1] Zufuhr *f*; **~и́ть** [15], <подвезти́> [24] zuführen, herbeifahren (*mit dem Wagen usw.*); **~ный** [14] Zufuhr...; zugeführt.
подворотничо́к *m* [1; -чка́] (*Uniform-*)Kragenpaspel *m od. f*.
подворо́тня *f* [6; *g/pl.*: -тен] Brett *n* unter dem Hoftor.
подво́рье † *n* [10] (Kloster-)Hof *m*; Logier-, Gast-haus, Herberge *f*.
подво́х *m* [1] böse Absicht *f*, Falle *f*.
подвы́пивший [17] angeheitert, angetrunken.
подвя́|зка *f* [5; *g/pl.*: -зок] Strumpfband *n*; (*Chir.*) Tragband *n*; **~зывать** [1], <~за́ть> [3] unterbinden; umbinden; aufschürzen.
подга́дить [15] *pf. j-m* schaden; *et.* verderben.
подгиба́ть [1], <подогну́ть> [20] unterbiegen; **-ся** sich einbiegen; (zs.-)knicken (*Beine*).
подгля́|дывать [1], <~де́ть> [11] belauern.
подгнива́ть [1], <подгни́ть> [-ию́, -иёшь; -и́л, -ила́, -о] anfaulen.
подго|ва́ривать [1], <~вори́ть> [13] überreden, verleiten (к Д zu);

~вóр *m* [1] Überredung *f*, Verleitung *f*.

подголóвник *m* [1] Keil(kissen *n*); Kopfstütze *f* (*am Stuhl beim Zahnarzt, Friseur*).

подгоня́ть [28], <подогнáть> [подгоню́, -гóнишь; подогнáл, -áлá, -о; подóгнанный] herbeitreiben; antreiben; anpassen.

подго|рáть [1], <~рéть> [9] (von unten) anbrennen.

подгото|ви́тельный [14] Vorbereitungs...; ~ви́тельная рабóта *f* Vorarbeit; ~ви́тельная шкóла *f* Vorschule; **~вка** (-ˈtɔf-) *f* [5; *g/pl.*: -вок] Vorbereitung; Vorbildung; Ausbildung; боевáя ~вка Gefechtsausbildung; строевáя ~вка Exerzieren *n*; **~вля́ть** [28], <подготóвить> [14] vorbereiten.

подгуля́ть P [28] *pf.* sich einen (Rausch) antrinken; (*scherz.*) mißraten, mißlingen.

подда|вáть [5], <поддáть> [-дáм, -дáшь, -дáст, -дади́м, -дади́те, -даду́т; пóддал, -á, -о; пóдданный (-ан, -á, -о)] (hin)zugeben, verstärken; **-ся** nachgeben; поддаю́щийся nachgiebig; не поддаю́щийся описáнию unbeschreiblich, nicht zu beschreiben.

поддавки́ *m/pl.* [1*e.*]: игрá *f* в ~ Schlagdame(spiel *n*); игрáть в ~ Schlagdame spielen.

поддáк|ивать F [1], <~нуть> [20] (Д *e-r Sache*) zustimmen, ja sagen (zu).

пóддан|ный [14] untertan; Untertan *m*, Staatsangehörige(r) *m*; **~ство** *n* [9] Untertanenschaft *f*, Staatsangehörigkeit *f*.

поддáть *s.* поддавáть.

поддевáть [1], <поддéть> [-éну, -éнешь; -éтый] hoch-heben, -ziehen (*mit Forke oder Haken*); (*fig.*) hänseln.

поддёвка *f* [5; *g/pl.*: -вок] Herrenmantel (*auf Taille*).

поддé|лка *f* [5; *g/pl.*: -лок] Nachahmung, Fälschung; **~лывать**, <~лать> [1] nachahmen, nachmachen, (ver)fälschen; **~льный** [14] nachgeahmt, nachgemacht; ge-, ver-fälscht.

поддéр|живать [1], <~жáть> [4] (unter)stützen; unterhalten, aufrechterhalten; **~жка** *f* [5; *g/pl.*: -жек] Unterstützung, Nachhilfe, Stütze.

поддéть *s.* поддевáть.

поддóнник *m* [1] Untersatz (*für Blumentöpfe*).

поддувáло *n* [9] Zugloch (*im Ofen*); Aschkasten *m*.

поде|лóм F ganz recht; ~лóм емý за э́то es geschieht ihm ganz recht dafür; **~лочный** (-ˈdʲɛ-): ~лочный лес *m* Nutzholz *n*; **~лывать** (-ˈdʲɛ-), <ˈ~лать> [1] (dann und wann) tun; что (вы) ~лываете? was treiben Sie?, wie geht's Ihnen?; с ним ничегó не ~лаешь mit ihm ist nichts anzufangen.

подёнка *f* [5; *g/pl.*: -нок] (*Zool.*) Eintagsfliege.

подённый [14] einen Tag dauernd; Tage(s)...

подёнщи|к *m* [1] Tagelöhner; **~на** *f* [5] Arbeiten *n* im Tagelohn, Tagearbeit.

подёр|гивать [1] leicht zupfen; nervös zucken mit; [*unpers.*] sich schütteln (от P vor *dat.*).

подержáн|ие *n* [12] zeitweilige Benutzung *f*; **~ный** (-ˈdʲɛr-) [14] gebraucht, getragen; antiquarisch.

подёрнуть [20; *unpers.*] *pf.* (leicht) überziehen (T mit).

подешéвле recht billig; etwas billiger.

поджá|ривать [1], <~рить> [13] braun braten; (*Brot*) rösten; **~ристый** [14*K.*] braun gebraten; **~рый** [14] hager, dürr.

поджáть *s.* поджимáть.

поджелу́доч|ный [14] (*Anat.*): ~ная железá *f* Bauchspeicheldrüse.

поджéчь *s.* поджигáть.

поджигáтель *m* [4] Brandstifter.

поджигáть [1], <поджéчь> [26; подожгу́, -жжёшь, -жгу́т; поджёг, подожглá; подожжённый] (absichtlich) anzünden, anstecken.

поджидáть [1], <подождáть> [-ду́, -дёшь; -áл, -á, -о] (P *od.* B) warten (auf *ac.*), erwarten.

поджи́лки *f/pl.* [5; *gen.*: -лок] Kniesehnen; у негó ~ трясу́тся F er zittert am ganzen Leib (*vor Angst usw.*).

поджимáть [1], <поджáть> [подожму́, -мёшь; -áтый] (*die Beine usw.*) unterschlagen (*a.* ~ под себя́); einziehen (*Schwanz*); zs.-pressen (*Lippen*).

поджóг *m* [1] Brandstiftung *f*.

подзаголóвок *m* [1; -вка] Untertitel.

подзадо́|ривать [1], <~рить> [13] aufhetzen.

подзаты́|лок *m* [1; -лка] Genick *n*; **~льник** *m* [1] Klaps (*ins Genick*).

подзащи́тный [14] Mandant *m*, Klient *m*, Auftraggeber *m*.

подзем|е́лье *n* [10] unterirdisches Gewölbe; **~ка** (-ˈzɛm-) F *f* [5; *g*/*pl.*: -мок] U-Bahn; **~ный** (-ˈzɛm-) [14] unterirdisch; ~ная (желе́зная) доро́га *f* Untergrundbahn.

подзерка́льник *m* [1] Spiegeltisch.

подзо́л ⚒ *m* [1] Podsol (*russische Bodenart: unfruchtbarer, grauweißer, salzloser Boden*); ⊕ Walkerde *f*.

подзо́р|ный [14] zum Ausschauen (dienend); ~ная ба́шня *f* Wachtturm *m*; ~ная труба́ *f* Fernrohr *n*.

подзыва́ть [1], <подозва́ть> [подзову́, -вёшь; -а́л, -а́, -о; подо́званный (-ан, -а́, -о)] herbei-, heran-rufen.

поди́ (*statt* пойди́) geh, komm (doch)!; wohl, halt, eben; sieh mal!; на́ поди! P da bleibt einem die Spucke weg!

подира́ть [1; *nur 3. Pers.*]: меня́ по ко́же моро́з подира́ет es überläuft mich kalt.

подка́пывать, <подкопа́ть> [1; -о́панный] unter-graben, -höhlen; **-ся** (под В *j-m*) eine Grube graben; под э́то не подкопа́ешься F daran ist nicht zu tippen.

подкарау́|ливать [1], <~лить> [13] (В *j-m*) auflauern.

под|ка́рмливать [1], <~корми́ть> [14] hoch-, auf-füttern; ⚒ zusätzlich düngen.

подка́|тывать [1], <~ти́ть> [15] (heran)rollen, wälzen (unter *ac.*); к се́рдцу подкати́ло F (mir *usw.*) wurde ganz beklommen.

подка́ч|ивать, <~а́ть> [1] aufpumpen (*Reifen*); P j-n hereinlegen; не ~а́й! daß es ja klappt!

подка́шивать [1], <подкоси́ть> [15] abmähen; **-ся** (zs.-)knicken, versagen (*Beine*).

подка́шл|ивать F [1], <~януть> [20] hüsteln, sich räuspern (*um j-s Aufmerksamkeit zu erregen*).

подки|дно́й [14] untergeschoben; **~дывать** (-ˈki-) [1], <ˈ~нуть> [20] (hin)zuwerfen; unterschieben; **~дыш** (-ˈki-) *m* [1; *g*/*pl.*: -ей] untergeschobenes Kind *n*.

подкла́|дка *f* [5; *g*/*pl.*: -док] Unterlage; Futter(zeug) *n*; (*fig.*) Unterlage, Triebfeder; **~дно́й** [14] Unterlege...; ~дно́е су́дно *n* Steckbecken; **~дывать** [1], <подложи́ть> [16] unterlegen.

подкле́|ивать [1], <~ить> [13] unterkleben; **~йка** *f* [5; *g*/*pl.*: -е́ек] Unterkleben *n*; Untergeklebte(s) *n*.

подко́|ва *f* [5] Hufeisen *n*; **~ванный** [14] (*fig.*) bewandert, beschlagen; **~ва́ть** *s.* подко́вывать; **~вка** *f* [5] Beschlagen *n* (*der Pferde*); kleines Hufeisen *n* (*a. am Stiefelabsatz*); **~вывать** [1], <~ва́ть> [7; -кую́, -куёшь] (*Pferde*) beschlagen.

подко́жный [14] unter der Haut (befindlich), subkutan; Haut...

подколе́нок *m* [1; -нка] Kniebeuge *f*.

подколо́д|ный [14]: змея́ *f* ~ная heimtückische Person, falsche Schlange.

подко́п *m* [1] Mine *f*, Sappe *f*; **~а́ть** *s* подка́пывать; **~ный** [14] Minen...

подкоси́ть *s.* подка́шивать.

подко́стный [14] unter dem Knochen befindlich.

подкра́|дываться [1], <~сться> [25; -аду́сь, -адёшься; -а́лся] sich heranschleichen.

подкра́|шивать [1], <~сить> [15] anfärben, anstreichen; *et.* Farbe auflegen; **-ся** sich schminken.

подкре|пле́ние *n* [12] Verstärkung *f*; Stärkung *f*; ⚔ Zuzug *m*; **~пля́ть** [28], <~пи́ть> [14; -плю́, -пи́шь; -плённый] verstärken; stärken (*durch Speise usw.*).

подкузьми́ть P [14; -млю́, -ми́шь] *pf.* j-n narren, eins auswischen.

подкула́чник *m* [1] (*Pol.*) Kulakenhandlanger, -helfershelfer.

по́дкуп *m* [1] Bestechung *f*, F Schmieren *n*; **~а́ть** [1], <~и́ть> [14] kaufen, bestechen, F schmieren; **~но́й** [14] käuflich, bestechlich.

подку́ривать [1], <подкури́ть> [13; -урю́; -у́ришь; -у́ренный] ausräuchern.

подла́|живать [1], <~дить> [15] (В/к Д *od.* под В *et. e-r Sache*) anpassen; **-ся** sich einschmeicheln (к Д *od.* под В bei).

по́дле 1. *prp.* (P) neben, bei; **2.** *adv.* nebenan.

подлежа́|ть [4; -жу́, -жи́шь] unterliegen; gehören; **~щий** [17] unterliegend; betreffend, zuständig; ~щий уплáте fällig; ~щий сбóру steuerpflichtig; (*Gram.*) ~щее *n* Subjekt.

подлезáть [1], <подлéзть> [24; *durchweg st.*: -лéзу; -лéзла] unterkriechen; sich einschmeicheln (к Д bei).

подле|тáть [1], <~тéть> [11] herbei-, (hin)zu-fliegen; herbeistürzen.

подлéц *m* [1 *e.*] Schurke.

подли|вáть [1], <подлúть> [подолью, -льёшь; подлúл, -á, -о; -úтый (-úт, -á, -о)] (hin)zugießen; **~вка** (-'ʝif-) *f* [5; *g/pl.*: -вок] Zuguß *m*; Soße, Tunke.

подлú|за *m/f* [5] Speichellecker(in *f*); **~зывать** [1], <~зáть> [3] auflecken; **-ся** sich einschmeicheln (под В *od.* к Д bei).

пóдлин|ник *m* [1] Original *n*, Urschrift *f*; **~ный** [14; -нен, -нна] authentisch, echt; Original...; ~но wahrlich; wahrhaft(ig).

подлúть *s.* подливáть.

пóдличать [1], <с-> gemein handeln.

подлó|г *m* [1] Unterschleif, Fälschung *f*; **~дка** *f* [5; *g/pl.*: -док] U-Boot *n*; **~жечный** [14] (*Anat.*): ~жечная я́мка *f* Herzgrube; **~жúть** *s.* подклáдывать; **~жный** [14; -жен, -жна] unecht, falsch, untergeschoben.

пóдлый [14; подл, -á, пóдло] gemein, niederträchtig, infam.

подмá|зывать [1], <~зать> [3] (von unten) bestreichen; (*fig.*) bestechen, F schmieren; **-ся** sich einschmeicheln (к Д bei).

подмалёвывать [1], <подмалевáть> [6] (*Gemälde*) übermalen, auffrischen.

подмандáт|ный [14] (*Pol.*) Mandat...; ~ная террито́рия *f* Mandatgebiet *n*.

подмáнивать [1], <подманúть> [13; -аню́, -áнишь] herbeilocken.

подмарéнник ⚘ *m* [1] Labkraut *n*.

подмáс|ливать [1], <~лить> [13] einfetten, mit Öl (*od.* Butter) bestreichen; (*fig.*) bestechen, F schmieren.

подмастéрье *m* [10; *g/pl.*: -рьев] (Handwerks-)Geselle.

подмáх|ивать [1], <~ну́ть> [20] schnell unterschreiben.

подмáчивать [1], <подмочúть> [16] (von unten) anfeuchten; (*Waren*) naß werden lassen; подмóченная репутáция *f* F schlechter, angeknackster Ruf *m*.

подмéн *m* [1] (heimliche) Vertauschung *f*, Unterschiebung *f*; **~ивать** [1], <~úть> [13; -еню́, -éнишь; -енённый] (heimlich) vertauschen, unterschieben.

под|мерзáть [1], <~мёрзнуть> [21; *nur 3. Pers.*] leicht anfrieren.

пóдмесь *f* [8] Beimischung.

подме|тáть [1], <~стú> [25; т *statt* д: -мету́] auskehren; *s. a.* подмётывать; **~тка** (-'mɔt-) *f* [5; *g/pl.*: -ток] (*Stiefel*-)Sohle; **~тный** (-'mɔt-) [14] heimlich zugesteckt, untergeschoben; **~тывать** (-'mɔ-) [1], <~тну́ть> [20; -ётнутый] heimlich zustecken *od.* unterschieben.

подмечáть [1], <подмéтить> [15] erfassen, herausfinden (*den versteckten Sinn, Fehler*).

подмé|шивать, <~шáть> [1; -éшанный] (Р/в В *od.* к Д *e-r Sache et.*) beimischen; ~шивать воды́ в винó den Wein mit Wasser untermengen *od.* mischen.

подмúг|ивать [1], <~ну́ть> [20] zublinzeln.

подмóга *f* [5] Hilfe, Beistand *m*, Stütze.

подмокáть [1], <подмóкнуть> [21] (von unten) naß werden.

подмо|рáживать [1], <~рóзить> [15] *v/t.* (*ein wenig*) gefrieren lassen; *v/i.* anfangen zu frieren.

подмóстки *m/pl.* [1] (Bau-)Gerüst *n*; театрáльные ~ (Theater-) Bühne *f*.

подмочúть *s.* подмáчивать.

подмы|вáть [1], <подмы́ть> [22] aufwaschen; unter-, weg-spülen; меня́ так и ~вáет es treibt mich zu (+ *inf.*), es zuckt mir ordentlich in den Fingern.

подмы́ш|ка *f* [5; *g/pl.*: -шек] (*Anat.*) Achsel-grube, -höhle; **~ники** *m/pl.* Arm-, Schweiß-blätter *n/pl.*

поднажáть Р [-жму́, -жмёшь] *pf.* e-n leichten Druck ausüben (*a. fig.*).

поднебéсный [14] (*poet.*) irdisch; поднебéсная *f* Welt.

подневóльный [14] erzwungen, Zwangs...

подне|сéние *n* [12] Überreichung *f usw.*; **~стú** *s.* подносúть.

поднима́ть [1], <подня́ть> [-ниму́, -ни́мешь; по́днял, -а́, -о; по́днятый (-ят, -а́, -о)] auf-, empor-, hervor-heben, hochheben (с P von); aufnehmen; (hin)aufziehen; erhöhen; (*Kragen*) hochklappen; (*Anker*) lichten; (*Flagge*) hissen; urbar machen; aufscheuchen (*Wild*); (*Gelächter usw.*) erheben; ~ нос sich brüsten; ~ трево́гу Lärm schlagen; ~ це́ну на (В) überteuern; ~ кого́ на́ смех j-n lächerlich machen; он подни́мет э́то де́ло F er wird mit dieser Sache fertig werden; **-ся** [*pt.*: -ня́лся́, -ла́сь] sich erheben, (auf)steigen, in die Höhe gehen, aufgehen; hinauffahren, -gehen, -steigen; -ся на дыбы́ sich bäumen; поднима́ющийся steigend; aufklappbar.

подно|вля́ть [28], <~ви́ть> [14; -влю́, -ви́шь; -влённый] renovieren, erneuern; (*Hut*) aufbügeln.

подного́т|ный [14] unter dem (Finger-)Nagel befindlich; ~ная F *f* tiefstes Geheimnis *n*.

подно́ж|ие *n* [12] Fuß-gestell, -schemel *m*; Fuß *m* (*des Berges*); **~ка** *f* [5; *g/pl.*: -жек] Trittbrett *n*; (*Sport*) Beinstellen *n*; **~ный** [14] unter den Füßen befindlich; ~ный корм *m* Grasfutter *n*.

подно́с *m* [1] Präsentier-brett *n*, -teller, Tablett *n*; **~и́ть** [15], <поднести́> [25; *durchweg* с *statt* д, л] über-, dar-reichen; anbieten, offerieren, präsentieren; (hin)zutragen.

подноше́ние *n* [12] (*wertvolles*) Geschenk, Spende *f*; *s. a.* поднесе́ние.

подня́т|ие *n* [12] Auf-, Emporheben; Erhöhung *f*, Steigerung *f*; **~ь** *s.* поднима́ть.

подоба́ть [1; *unpers.*] sich (geziemen, gebühren.

подо́бие *n* [12] Ähnlichkeit *f*; Ebenbild; на ~ nach (Art von).

подо́блачный [14] unter den Wolken befindlich.

подо́б|ный [14; -бен, -бна] (Д) ähnlich, gleichartig; ~но ebenso (wie); и тому́ ~ное (*Abk.* и т. п.) und dergleichen (mehr); ничего́ ~ного! keine Rede davon!

подобостра́стие *n* [12] Kriecherei *f*.

подобра́ть *s.* подбира́ть.

подогна́ть *s.* подгоня́ть.

подогну́ть *s.* подгиба́ть.

подогрева́ть [1], <подогре́ть> [8; -е́тый] aufwärmen.

пододвига́ть [1], <пододви́нуть> [20] heranrücken.

пододея́льник *m* [1] Überschlaglaken *n*.

подожда́ть *s.* поджида́ть.

подозва́ть *s.* подзыва́ть.

подозр|ева́ть [1] verdächtigen, in Verdacht haben, beargwöhnen (в П wegen); vermuten, ahnen; **~и́тельный** [14; -лен, -льна] verdächtig; mißtrauisch, argwöhnisch.

подо́йник *m* [1] Melkeimer.

подойти́ *s.* подходи́ть.

подоко́нник *m* [1] Fensterbrett *n*.

подо́л *m* [1] Schoß (*am Kleid*).

подо́лгу (auf) längere Zeit.

Подо́лия *f* [7] Podolien *n*.

подоль|ща́ться [1], <~сти́ться> [15; -льщу́сь, -льсти́шься] sich einschmeicheln (к Д bei).

по-дома́шнему häuslich, einfach.

подо́нки *m/pl.* [1] Bodensatz *m*; (*fig.*) Auswurf *m*, Hefe *f* (*der Gesellschaft*).

подопе́чный [14] unter Vormundschaft stehend.

подоплёка *f* [5] Leinwandfutter *n*; (*fig.*) Unterlage, Beweggrund *m*.

подо́пытный [14] Versuchs..., für wissenschaftliche Versuchszwecke.

подорва́ть *s.* подрыва́ть.

подоро́ж|ник *m* [1] Ammer (*Vogel*); ⚘ Wegerich; F Reiseverpflegung *f*; **~ный** [14] am Wege liegend; Reise...; ~ная *f* Anweisung auf Postpferde (*hist.*).

подосла́ть *s.* подсыла́ть.

подоспе́ть [8] *pf.* eben recht kommen.

подостла́ть *s.* подстила́ть.

подотде́л *m* [1] Unterabteilung *f* (*Abk.*: п/о).

подотчётный [14] verrechnungs-, rechenschafts-pflichtig.

подохо́дный [14] Einkommen...

подо́шва *f* [5; *g/pl.*: -шев] (*Stiefel-*) Sohle; ~ горы́ Fuß *m* des Berges.

подпада́ть [1], <подпа́сть> [25; *pt. st.*] (под В) fallen, geraten (unter *ac.*).

подпа́ивать [1] **1.** <подпои́ть [13] betrunken machen; **2.** <подпая́ть> [28] von unten anlöten.

подпа́лзывать *s.* подполза́ть.

подпа́ливать [1], <подпали́ть> [13] von unten versengen; anstecken, anzünden.

подпа́лина *f* [5] Fleck *m*.

подпа́сок *m* [1; -ска] Hirtenjunge.
подпа́сть *s.* подпада́ть.
подпа́хивать F [1; *nur 3. Pers.*] faulig riechen (*Fisch, Fleisch*).
подпева́ла F *m/f* [5] (*ver.*) Handlanger *m*, Helfershelfer(in *f*).
подпева́ть [1] (durch Mitsingen) begleiten, einstimmen, mitsingen.
подпи́|ливать [1], ‹~ли́ть› [13; -илю́, -и́лишь; -и́ленный] von unten ansägen *od.* anfeilen.
подпи́лок *m* [1; -лка] Feile *f*.
подпира́ть [1], ‹подпере́ть› [12; подопру́, -прёшь] (ab)stützen.
подпи|са́ть *s.* подпи́сывать; **~ска** (-ˈp̡is-) *f* [5; *g/pl.*: -сок] Unterschrift; Zeichnung, Subskription; Abonnement *n* (на В auf *ac.*); дать ~ску einen Revers ausstellen (в П über *ac.*); **~сно́й** [14] gezeichnet (*Kapital*); Subskriptions...; Abonnements...; **~счик** (-ˈp̡iʃ-) *m* [1] Unterzeichner, Subskribent; Abonnent, Bezieher; **~сывать** (-ˈp̡i-) [1], ‹~са́ть› [3] unter-zeichnen, -schreiben; **-ся** (unter)zeichnen; subskribieren; abonnieren (на В auf *ac.*); **~сь** (ˈpɔt-) *f* [8] Unterschrift.
подплыва́ть [1], ‹подплы́ть› [23] schwimmen (unter *dat.*); heranschwimmen.
подпои́ть *s.* подпа́ивать.
по́дпол *m* [1] Keller (*unter der Diele*).
подпол|за́ть [1], ‹~зти́› [24] kriechen (unter *ac.*); herankriechen.
подполко́вник ⚔ *m* [1] Oberstleutnant.
подпо́ль|е *n* [10] Raum *m* unter dem Fußboden; (*fig., Pol.*) Illegalität *f*, Untergrundbewegung *f*; **~ный** [14] unter dem Fußboden befindlich; geheim, unterirdisch; Winkel...; **~щик** *m* [1] geheimer Revolutionär.
подпо́р|(к)а *f* [5; (*g/pl.*: -рок)] Stütze; Strebe(pfeiler *m*); Träger *m*, Tragbalken *m*.
подпору́чик ⚔ † *m* [1] Leutnant.
подпо́чва *f* [5] Untergrund *m*.
подпоя́|сывать [1], ‹~сать› [3] umgürten.
подправля́ть [28], ‹подпра́вить› [14] ein wenig ausbessern, nachhelfen.
подпра́порщик ⚔ † *m* [1] Unterfähnrich.
подпру́га *f* [5] Sattelgurt *m*; Bauchriemen *m*.
подпры́г|ивать [1], ‹~нуть› [20] (auf)springen.
по́дпуск *m* [1] Senkangel *f* (*im Eisloch*).
подпу|ска́ть [1], ‹~сти́ть› [15] heran-, zu-lassen; hinzutun, beimischen (*von Flüssigkeiten*); (*fig.*) einflechten.
подпя́тник ⊕ *m* [1] Stützzapfenlager *n*.
подраб|а́тывать F, ‹~о́тать› [1] zuverdienen.
подра́внивать [1], ‹подровня́ть› [28] gerademachen; beschneiden; gleichmachen.
подража́тель *m* [4] Nachahmer; **~ный** [14; -лен, -льна] nachahmend.
подража́ть [1] (Д *j-m od. et.*) nach-ahmen, -machen.
подразде|ле́ние *n* [12] Unterabteilung *f*, Gliederung *f*; **~ля́ть** [28], ‹~ли́ть› [13] unterabteilen, weiter (ein)teilen, gliedern (на В in *ac.*); **-ся** in Unterabteilungen zerfallen.
подразумева́ть [1] sich (*im Geist*) vorstellen (под Т unter *dat.*).
подра́мник *m* [1] Spannrahmen.
подра|ста́ть [1], ‹~сти́› [25; -расту́, -ро́с, -ла́] heranwachsen.
подра́ть *s.* подира́ть.
подреза́ть, подре́зывать [1], ‹подре́зать› [3] (von unten) beschneiden, (ab)stutzen.
подрисо́|вывать [1], ‹~ва́ть› [7] nachhelfend zeichnen; malen.
подро́б|ность *f* [8] Ausführlichkeit, Einzelheit, Detail *n*; **~ный** [14; -бен, -бна] ausführlich, eingehend, detailliert, spezifiziert; genau.
подро́сток *m* [1; -стка] Halbwüchsige(r); Backfisch (*Mädchen*).
подру|ба́ть [1], ‹~би́ть› [14] (von unten) abhauen; (*Stoff*) (be)säumen.
подру́га *f* [5] Freundin; Gespielin.
по-дру́жески freundschaftlich.
подру́|жка *f* [5; *g/pl.*: -жек] *dim v.* ~га.
подрумя́|нивать [1], ‹~нить› [13] rot schminken.
подру́чный [14] unter (*od.* bei) der Hand (befindlich); bequem; Hand...; ~ (челове́к) *m* Handlanger, Gehilfe.
подры́|в *m* [1] Schaden, Nachteil, Verlust; ⚔ ⚒ Sprengung *f*; **~ва́ть** [1] **1.** ‹~ть› [22] unter-graben, -wühlen; **2.** ‹подорва́ть› [-рву́,

-рвёшь; -рва́л, -а́ла́; -о; подо́рванный] sprengen, erschüttern; **~вно́й** [14] Wühl...; gemeinschädlich; Spreng...

подря́|д 1. *m* [1] (*vertragsmäßige*) Lieferung *f* (на В von); Übernahme *f*; Submission *f*; Kontrakt; Lieferungsvertrag; рабо́та *f* по ~ду Akkordarbeit; **2.** (*adv.*) nacheinander, der Reihe nach; **~ди́ть** *s.* ~жа́ть; **~дный** [14] Lieferungs...; ~дная рабо́та *f* Akkordarbeit; **~дчик** *m* [1] Lieferant, Unternehmer; ~дчик-строи́тель *m* Bauunternehmer; **~жа́ть** [1], <~ди́ть> [15; -яжу́, -яди́шь; -я́женный] dingen, verpflichten; **-ся** (на В) sich verdingen (zu), in Verding(arbeit) (*od.* Akkord) nehmen *od.* übernehmen.

подса́|живать [1], <~ди́ть> [15] hinaufhelfen; nachpflanzen; **~живаться** *s.* подсе́сть.

подсве́чник *m* [1] Leuchter.

подсева́ть [1], <подсе́ять> [27] nachsäen.

подсе́сть [25; -ся́ду, -ся́дешь; -се́л, -а] *pf.* (к Д) sich heransetzen (an *ac.*), sich näher setzen (zu).

подси́|живать [1], <~де́ть> [11] (В *j-m*) auflauern; sticheln, necken.

под|ска́бливать [1], <~скобли́ть> [13; -облю́, -обли́шь] auskratzen.

подска́|зчик *m* [1] Vorsager, Souffleur; **~зывать** [1], <~за́ть> [3] vorsagen, soufflieren; (*fig.*) nahelegen.

подска́|кивать [1] **1.** <~ка́ть> [3] heransprengen (*auf dem Pferd*); **2.** <подскочи́ть> [16] (hin)zuspringen; aufspringen.

подсла́|щивать [1], <~сти́ть> [15; -ащу́, -асти́шь; -ащённый] süßer machen.

подсле́дственный [14] Untersuchungsgefangene(r) *m*.

подслепова́тый [14*K.*] sehr kurzsichtig *od.* schwachsichtig.

подслу́|живаться [1], <~жи́ться> [16] sich einschmeicheln (к Д bei).

подслу́|шивать, <~шать> [1] belauschen, behorchen; horchen auf (*ac.*).

подсма́тривать [1], <подсмотре́ть> [9; -отрю́, -о́тришь; -о́тренный] belauern, heimlich beobachten.

подсме́иваться [1] (над Т) auslachen, zum besten haben, spötteln (*od.* sich lustig machen) über (*ac.*).

подсне́ж|ник ⚘ *m* [1] Schneeglöckchen *n*; **~ный** [14] unter dem Schnee befindlich.

подсо|бля́ть F [28], <~би́ть> [14; -блю́, -би́шь] helfen; **~бный** (-ˈsɔb-) [14] unterstützend, untergeordnet; Hilfs...

подсо́вывать [1], <подсу́нуть> [20] (*heimlich*) unter-, zu-schieben, zustecken.

подсозна́тельный [14; -лен, -льна] unterbewußt, instinktiv.

подсо́лнечник ⚘ *m* [1] Sonnenblume *f*.

подсо́лнух F *m* [1] Sonnenblumenkern.

подсо́хнуть *s.* подсыха́ть.

подспо́рье F *n* [10] Hilfe *f*, Stütze *f*.

подста́|ва *f* [5] Vorspann *m*; **~вка** *f* [5; *g/pl.*: -вок] Unter-gestell *n*, -lage, -satz *m*, Stativ *n*; Stütze; ♪ Steg *m* (*an Saiteninstrumenten*); ~вка для ноже́й Messerbänkchen *n*; **~вля́ть** [28], <~вить> [14] unterstellen, -setzen; vorsetzen; unterschieben; ~вля́ть кому́ но́гу *od.* но́жку j-m ein Bein stellen; **~вно́й** [14] untergestellt; untergeschoben; Ersatz...; (*fig.*) ~вно́е лицо́ *n* vorgeschobene Person *f*, Strohmann *m*; **~вочный** [14] zum Stützen (dienend); Stütz...

подстака́нник *m* [1] (*Tee-*)Glashalter.

подстано́вка ⚗ *f* [5] Vertauschung.

подстёгивать [1], <подстегну́ть> [20; -ёгнутый] F (*Pferd durch leichten Schlag*) antreiben; P (*fig.*) antreiben (*zu schnellerer Arbeit*).

подсте́нок *m* [1; -нка] Strebemauer *f*, -pfeiler.

подстерега́ть [1], <подстере́чь> [26; г, ж *statt* к, ч: -регу́, -режёшь; -рёг, -регла́] (В *j-m*) auflauern.

подстил|а́ть [1], <подостла́ть> [подстелю́, -е́лешь; подо́стланный *u.* подсте́ленный] unterlegen; unterstreuen (*dem Vieh*); **~ка** (-ˈʂʈiɫ-) *f* [5; *g/pl.*: -лок] Unterlage; (= соло́ма *f* для ~ки) Streu.

подстра́ивать [1], <подстро́ить> [13] unterbauen; ♪ stimmen (под В nach).

подстрека́тель *m* [4] Auf-hetzer, -wiegler; **~ный** [14] auf-hetzend, -wiegelnd; **~ство** *n* [9] Aufhetzerei *f*, -wiegelei *f*.

подстрек|а́ть [1], <∼ну́ть> [20] auf-hetzen, -wiegeln, (auf)reizen; anstiften.

подстре́|ливать [1], <∼ли́ть> [13; -елю́, -е́лишь; -е́ленный] (*Wild*) anschießen.

подстрига́ть [1], <подстри́чь> [26; -игу́, -ижёшь; -и́г, -и́гла; -и́женный] schneiden, kürzen (*Haare*); stutzen (*Bart*); **-ся** sich die Haare schneiden lassen.

подстро́ить *s.* подстра́ивать.

подстро́ч|ник *m* [1] (*fig.*) Schlüssel (*wörtliche Interlinearübersetzung*); **∼ный** [14] unter der Zeile befindlich, Interlinear...; wortgetreu.

по́дступ *m* [1] Zugang(sweg); F (*fig.*) к нему́ ∼а нет an ihn ist nicht (he)ranzukommen, er ist schwer zugänglich; **∼а́ть** [1], <∼и́ть> [14] heran-nahen, -rücken, andringen, steigen; **-ся** *pf.* sich nähern.

подсуд|и́мость *f* [8] Anklagezustand *m*; **∼и́мый** [14] Angeklagte(r) *m*; **∼ность** (-'sud-) *f* [8] Gerichtsstand *m*; Zuständigkeit, Kompetenz; **'∼ный** [14] unter e-r Gerichtsbarkeit stehend; zuständig.

подсу́мок ⚔ *m* [1; -мка] Patronentasche *f*.

подсу́нуть *s.* подсо́вывать.

подсчёт *m* [1] Berechnung *f*; Zählung *f*; Abrechnung *f*.

подсчи́|тывать, <∼та́ть> [1; -и́танный] berechnen; zs.-rechnen.

подсыла́ть [1], <подосла́ть> [-шлю́, -шлёшь; -о́сланный] heimlich (zu)schicken.

подсыпа́ть [1], <подсы́пать> [2] hinzuschütten.

подсыха́ть [1], <подсо́хнуть> [21] allmählich trocknen.

подта́|ивать [1], <∼ять> [27] (von unten) schmelzen.

подта́кивать *s.* подда́кивать.

подта́лкивать [1], <подтолкну́ть> [20] (zufällig) anstoßen; (leicht) stoßen (под В unter *ac.*).

подтасо́|вывать [1], <∼ва́ть> [7] (*Karten*) betrügerisch mischen; tendenziös zs.-stellen (*Nachrichten usw.*).

подта́чивать [1], <подточи́ть> [16] ein wenig schleifen; von unten benagen; (*fig. Gesundheit*) untergraben; кома́р но́са не подто́чит F niemand kann daran herummekkern (*da alles aufs beste gemacht ist*).

подта́ять *s.* подта́ивать.

подтвер|жда́ть [1], <∼ди́ть> [15; -ржу́, -рди́шь; -рждённый] bestätigen, bekräftigen; **-ся** sich bestätigen, sich bewahrheiten; **∼жде́ние** *n* [12] Bestätigung *f*, Bekräftigung *f*.

подтёк *m* [1] (крова́вый Blut-) Unterlauf(ung *f*).

подтека́ть [1], <подте́чь> [26] unterlaufen.

подтира́ть [1], <подтере́ть> [12; подотру́; подтёр] aufwischen.

подтолкну́ть *s.* подта́лкивать.

подточи́ть *s.* подта́чивать.

подтру́нивать [1], <подтруни́ть> [13] sich lustig machen (над Т über *ac.*).

подтя́|гивать [1], <∼ну́ть> [19] von unten zs.-ziehen; straffziehen, anziehen; mitsingen; nachhelfen; (*fig.*) zurechtweisen.

подтя́жки *f/pl.* [5; *gen.*: -жек] Hosenträger *m/pl.*

подура́чить [16] *pf.* zum besten haben.

подурне́вший [17] häßlich geworden.

поду|ча́ть [1], <∼чи́ть> [16] (heimlich) ab-, unter-richten, anweisen; **-ся** (noch dazu)lernen.

поду́ш|ечка *f* [5; *g/pl.*: -чек] kleines Kissen *n*; **∼ка** *f* [5; *g/pl.*: -шек] Kissen *n*; Polster *n*; ⚔ (*Lafetten-*) Riegel *m*; 🚂 Querschwelle; ⊕ (Zapfen-)Lager *n*; **∼ный** [14] nach Köpfen (*od.* Seelen) gerechnet; Kopf...

подхали́м *m* [1] Schleicher; Speichellecker.

подхва́|тывать [1], <∼ти́ть> [15] (von unten) anfassen; rasch aufheben; auffangen; (*in den Chor*) einfallen.

подхво́стник *m* [1] Schwanzriemen.

подхо́д *m* [1] Heran-rücken *n*, -treten *n*; (*fig.*) Einstellung *f*, Stellungnahme *f*; **∼и́ть** [15], <подойти́> [-ойду́, -дёшь; -ошёл, -ошла́; *g.pt. a.*: -ойдя́] (к Д) auf *j-n* zugehen, sich *j-m* nähern, herantreten (an *ac.*); passen, sich eignen; **∼я́щий** [17] passend, geeignet.

подце|пля́ть [28], <∼пи́ть> [14] (von unten) anhaken; erwischen, aufgabeln.

подча́с mitunter, manchmal, zuweilen.

подчёркивать [1], <подчеркну́ть> [20; -ёркнутый] unterstreichen; betonen.

подчи|не́ние *n* [12] Unter-ordnung *f*, -werfung *f*; **~нённый** [14] unterstellt; Untergebene(r) *m*; **~ня́ть** [28], <~ни́ть> [13] unter-ordnen, -stellen, -werfen; **-ся** sich fügen (Д in *ac.*); sich unterordnen; *j-m* unterstehen.

подчи́|стка *f* [5; *g/pl.*: -ток] Radierung; radierte Stelle; Ausästen *n* (*Baum*); **~сту́ю** P ganz und gar, reinweg (alles); **~ща́ть** [1], <~стить> [15] (stellenweise) reinigen; (*Bäume*) ausputzen; (aus)radieren.

подше́фный [14] unter Patenschaft, Paten…

подши|ба́ть [1], <~би́ть> [-бу́, -бёшь; -ши́б, -бла; -ши́бленный] von unten umstoßen; blauschlagen; anschießen.

подши|ва́ть [1], <подши́ть> [подошью́, -шьёшь; подше́й(те)!; -и́тый] unternähen; **~вка** (-'ʃɨf-) *f* [5] Unternähen *n*; Untergenähte(s) *n*; zs.-geheftetes Bündel *n*.

подши́пник ⊕ *m* [1] (Zapfen-) Lager *n*; ша́риковый ~ Kugellager *n*.

подшле́мник ⚔ *m* [1] Kopfschützer.

подшта́нники P *m/pl.* [1] Unterhosen *f/pl.*, -beinkleider *n/pl.*

подшто́п|ывать, <~ать> [1] notdürftig stopfen.

подшу́|чивать [1], <~ти́ть> [15] (над Т) sich lustig machen (über *ac.*), auslachen.

подъ|еда́ть [1], <~е́сть> [-е́м, -е́шь, -е́ст, -еди́м, -еди́те, -едя́т; -е́шь (-те)!; -е́денный] (von unten) zerfressen.

подъе́зд *m* [1] An-, Auf-, Zu-fahrt *f*, Rampe *f*, Paradetreppe *f*, Portal *n*; **~но́й, ~ный** [14] An-, Auffahrts…; 🚂 ~но́й путь *m* Neben-, Sekundär-bahn *f*.

подъ|езжа́ть [1], <~е́хать> [-е́ду, -е́дешь] heran-fahren, -reiten; sich einschmeicheln (к Д bei).

подъём *m* [1] Auf-heben *n*, -ziehen *n*; ⊕ Aufzug; Aufbruch; Auffahrt *f*, Steigung *f*; Aufstieg; Erhebung *f*; Spann (*des Fußes*); ⊕ Hebebaum; (*fig.*) Schwung; лёгкий на ~ flink, rasch; тяжёлый на ~ schwerfällig.

подъём|ник *m* [1] Aufzug, Fahrstuhl; Hebezeug *n*; **~ный** [14] zum Aufheben (*od.* Aufziehen) dienend; Aufzug(s)…, Hebe…; ~ная маши́на *f* Fahrstuhl *m*; ~ный мост *m* Zugbrücke *f*; ~ная си́ла *f* Tragkraft; ✈ Auftrieb *m*; ~ные (де́ньги) *f/pl.* Reisegelder *n/pl.*

подъе́сть *s.* подъеда́ть.

поды́гр|ывать ♪, <~а́ть> [1; -ы́гранный] begleiten.

подыма́ть *s.* поднима́ть.

поды́|скивать [1], <~ска́ть> [3] (*Passendes*) aussuchen.

подыто́ж|ивать [1], <~ить> [16] zs.-rechnen, die Summe ziehen.

подья́чий [17] *ehm.* Amtsschreiber *m*.

подю́жинно dutzendweise.

поеда́ть [1], <пое́сть> [-е́м, -е́шь, -е́ст, -еди́м, -еди́те, -едя́т; -е́шь (-те)!; -е́денный] (ein bißchen) essen; (alles) aufessen; zerfressen.

поеди́нок *m* [1; -нка] Zweikampf, Duell *n* (на П auf *ac.*).

поедо́м P: ~ есть schikanieren.

по́езд *m* [1; *pl.*: -да́] (Eisenbahn-) Zug, Bahn *f*; Wagenzug; Fest-, Parade-zug; 🚂 курье́рский ~ D-Zug; пассажи́рский ~ Personenzug; това́рный ~ Güterzug; при́городный ~ Vorortzug; 🚂 ~-люкс *m* Luxuszug; **~ка** (-'jɛ-) *f* [5; *g/pl.*: -док] Fahrt, Reise; Abreise; **~но́й** 🚂 [14] Zug…; ~на́я брига́да *f* Zugpersonal *n*.

поём *m* [1; по́йма] Überschwemmung *f*; по́ймы *pl.* (= ~ные луга́ *m/pl.*) überschwemmte Wiesen *f/pl.*; **~ный** [14] der Überschwemmung ausgesetzt.

пое́ние *n* [12] Tränken.

пое́сть *s.* поеда́ть.

пожа́луй (*s.* жа́ловать) vielleicht, am Ende, schließlich; allenfalls; meinetwegen; **~ста** (pa'ʒałstə) sei(en Sie) so gut!; bitte!; **~те** treten (*Kutscher*: steigen) Sie ein, bitte!; ~те сюда́! bemühen Sie sich (*od.* treten Sie) hierher, bitte!

пожа́р *m* [1] Brand, Feuer(sbrunst *f*) *n*; ~! es brennt!; **~ище** *n* [11] Brandstätte *f*; **~ный** [14] Brand…, Feuer…; Lösch…; Feuerwehrmann *m*; ~ные *m/pl.* Löschmannschaften *f/pl.*; ~ная дружи́на *f* freiwillige Feuerwehr; ~ная кома́нда *f* Feuerwehr; ~ный сара́й *m* Spritzenhaus *n*; на вся́кий ~ный слу́чай

F für den Notfall; в ~ном поря́дке F (*scherz.*) mit unnützer Hast.
пожа́|тие *n* [12] Drücken; ~тие руки́ Händedruck *m*; **~ть** *s.* пожима́ть, пожина́ть.
пожела́ние *n* [12] Wunsch *m*.
пожелте́лый [14] vergilbt.
поже́ртвование *n* [12] Spende *f*.
пожи́|ва *f* [5] Vorteil *m*, Gewinn *m*; **~ва́ть** [1] leben (*vgl.* жить); как (вы) ~ва́ете? wie geht es Ihnen?; wie befinden Sie sich?; **~ве́е** etwas (*od.* ein wenig) flink(er) *od.* schnell(er); **~ви́ться** F [-влю́сь, -ви́шься] *pf.* viel verdienen, F seinen Schnitt machen (T bei).
пожи́|зненный [14] lebenslänglich; **~ло́й** [14] bejahrt, bei Jahren, alt.
пожима́ть [1], ‹пожа́ть› [-жму́, -жмёшь; -а́тый] leicht (*od.* von Zeit zu Zeit) drücken; ~ плеча́ми die Achseln zucken; *vgl.* жать[1].
пожина́ть [1], ‹пожа́ть› [-жну́, -жнёшь; -а́тый] (ein)ernten; *vgl.* жать[2].
пожира́ть [1], ‹пожра́ть [-ру́, -рёшь; -а́л, -а́, -о; по́жранный (-ан, -а́, -о)] verschlingen, verzehren; auffressen.
пожи́тки *m/pl.* [1] Habseligkeiten *f/pl.*; со все́ми пожи́тками F mit Sack u. Pack.
по́за *f* [5] Stellung, Positur, Pose.
позабыва́ть [1], ‹позабы́ть› [-бу́ду, -бу́дешь; -бы́тый] vergessen.
позавчера́ vorgestern.
позади́ 1. (*adv.*) hinten; оста́ться ~ zurückbleiben; **2.** (*prp.*) (P) hinter.
позапро́шлый [14] vorvergangen, vorvorig.
позво|ле́ние *n* [12] Erlaubnis *f*; с ва́шего ~ле́ния F wenn Sie gestatten; с ~ле́ния сказа́ть F mit Verlaub zu sagen; **~ли́тельный** [14; -лен, -льна] erlaubt, statthaft; **~ля́ть** [28], ‹позво́лить› [13] erlauben, gestatten; ~ля́ть себе́ sich leisten; позво́льте узна́ть sagen Sie mir gütigst.
позвоно́|к *m* [1; -нка́] Kuhglocke *f*, Schelle *f*; (*Anat.*) Wirbel; **~чник** *m* [1] (*Anat.*) Wirbelsäule *f*, Rückgrat *n*; **~чный** [14] Wirbel..., Rückgrat...; ~чный столб *m s.* ~чник.
поздне́нько ziemlich verspätet.
по́зд|ний [15; *comp.* -не́е, по́зже *u.* (*a. sup.*) -не́йший] spät; verspätet; ~но es ist (zu) spät; до ~ней но́чи bis spät in die Nacht; ~ним ве́чером am späten Abend; двумя́ часа́ми по́зже *od.* поздне́е zwei Stunden später; ра́но и́ли ~но über kurz oder lang; *vgl.* по́зже.
поздорове́е recht gesund.
поздрави́тель *m* [4] Gratulant; **~ный** [14] glückwünschend; Gratulations...
поздра|вле́ние *n* [12] Glückwunsch *m*, Gratulation *f* (с T zu); ~вле́ние с Но́вым го́дом Neujahrsglückwunsch *m*; **~вля́ть** [28], ‹поздра́вить› [14] (B) *j-m* Glück wünschen, gratulieren, *j-n* beglückwünschen (с T zu).
позев|о́та *f* [5] Gähnen *n*; **~ывать** (-ˈzɔ-) [1] dann und wann gähnen.
позём ⸗ *m* [1] Stalldünger.
поземе́льный [14] Agrar..., Grund...
позёрство *n* [9] Wichtigtuerei *f*.
по́зже (*s.* по́здний) später; не ~ (P) nicht später (als), spätestens (in *od.* nach).
пози́ровать [7] (*e-m Maler*) zu einem Bildnis sitzen.
позици|о́нный [14] Positions...; ~о́нная война́ *f* Stellungskrieg *m*; **~я** (-ˈzi-) (*bsd.*) ⚔ *f* [7] Position, Stellung; исхо́дная ~я Ausgangsstellung, Bereitstellung; запасна́я ~я Ausweichstellung; передова́я ~я vorderste Linie, Hauptkampflinie (HKL) (*s. a.* передово́й).
позла|щ́ать [1], ‹~ти́ть› [15; -ащу́, -ти́шь; -ащённый] vergolden.
позна|ва́ть [5], ‹позна́ть› [1; по́знанный] (самого́ себя́ sich selbst) erkennen; **~ние** (-ˈzna-) *n* [12] Erkenntnis *f*; *pl.* Kenntnisse *f/pl.*
Позна́нь *f* [8] Posen *n*.
позоло́т|а *f* [5] Vergoldung; **~чик** *m* [1] Vergolder.
позо́р *m* [1] Schande *f*, Schmach *f*; Beschimpfung *f*; **~ить** [13], ‹о-› entehren, schänden; **~ный** [14; -рен, -рна] schändlich, schmachvoll.
позы́в *m* [1] Verlangen *n*, Drang (на B nach); ~ на рво́ту Brechreiz; **~а́ть** [*unpers.*]: меня́ ~а́ет es verlangt (*od.* drängt) mich (на B nach); **~ны́е** [14] *pl.* (*Radio*) Rufzeichen; Morsenamen.

поилка ⸗ *f* [5; *g/pl.*: -лок] (Vieh-) Tränke (*bsd. Gefäß, Vorrichtung*).
поимённый [14] namentlich; Namen...
поимено|вывать [1], <~вать> [7] benennen, bezeichnen; ~вывать подробно einzeln aufführen, spezifizieren.
поим|ка *f* [5] Fang(en *n*) *m*, Ertappen *n*; **~щик** *m* [1] Häscher.
поиск *m* [1] Suchen *n*, Nachforschung *f*, Recherche *f*; ~и *pl.* Spähtruppunternehmen *n*; в ~ах auf der Suche.
поистине wahrlich, wirklich, fürwahr.
поить [13], <на-> tränken; (В *j-m*) zu trinken geben.
пойло *n* [9] Tränke *f*; schlechtes Getränk, Gesöff.
пойма *f* [5] *s.* поём.
поймать *s.* ловить.
пойти, P **~ть** *s.* идти.
пока vorläufig, einstweilen; während; ~ (не) (solange) bis, solange (nicht); F ~! auf (baldiges) Wiedersehen!; ~ что vorläufig; ~ ещё *od.* ~-то ещё es dauert noch eine ganze Weile, bis ...
показ *m* [1] Ansicht *f*; Schaustellung *f*, Vorführung *f*; на ~ zur Schau *od.* Ansicht; **~ание** *n* [12] Vorzeigen; Angabe *f*; (*Zeugen-*) Aussage *f*; (*Thermometer-*)Stand *m*; **~атель** *m* [4] Zeiger; ⩚ Exponent; Kennziffer *f*; Index; **~ательный** [14; -лен, -льна] charakteristisch; Schau...; **~ной** [14] zur Schau gestellt; ostentativ, augenfällig; Schein...; ~ная роскошь *f* Protzentum *n*; **~ывать** [1], <~ать> [3] (vor)zeigen; angeben; bezeichnen; (*gerichtlich*) aussagen; ~ывать вид Miene machen, sich anschicken; и виду не ~ывать nichts merken lassen; **-ся** sich zeigen, sich sehen lassen; (Т) erscheinen (als), (zu sein) scheinen.
покамест P solange bis, unterdessen; vorläufig.
пока|тость *f* [8] Abschüssigkeit, Abhang *m*, Böschung; **~тывать** [1] (hin und her) rollen; -ся со смеху sich vor Lachen wälzen; **~тый** [14*K.*] abschüssig, steil; ~тый лоб *m* fliehende Stirn *f*.
покач|ивать, <~ать> [1; -ачанный] schaukeln, wiegen; schütteln (*Kopf*); (*eine Zeitlang*) pumpen.
покашливать [1] hüsteln.
покая|ние *n* [12] Buße *f*; Beichte *f*; день *m* ~ния Bußtag; без ~ния unbußfertig; быть на ~нии Buße tun.
покидать [1], <покинуть> [20] verlassen, im Stich lassen.
покладая: не ~ рук F fleißig, ohne Unterlaß.
покладистый [14*K.*] nachgiebig.
поклажа *f* [5] Ladung, Fracht; Gepäck *n*.
поклёп F *m* [1] Verleumdung *f*.
поклон *m* [1] Verbeugung *f*; Gruß; идти к кому на ~ *j-n* bitten (um); **~ение** *n* [12] (Д) Anbetung *f*, Verehrung *f*; **~ник** *m* [1] Anbeter, Verehrer; **~яться** [28], <~иться> [13; -онюсь, -онишься] (Д) anbeten, verehren.
покоить [13] (В *j-m*) Ruhe verschaffen; **-ся** ruhen; здесь покоится прах ... hier ruht ....
покой *m* [3] Ruhe *f*; Gemach *n*; приёмный ~ ⚕ Ambulanzzimmer *n*; удалиться на ~ † sich in den Ruhestand begeben; **~ник** *m* [1], **~ница** *f* [5] Verstorbene(r), Leiche *f*, Tote(r); **~ницкая** [14] Leichenhalle *f*; **~ный** [14; -оен, -ойна] ruhig; friedlich; verstorben, selig; *s. a.* покойник; ~ной ночи! gute Nacht!
поколение *n* [12] Geschlecht, Generation *f*.
покончить [16] *pf.* beend(ig)en, erledigen; ~ с собой sich das Leben nehmen; ~ (с Т) aufhören (mit).
покорение *n* [12] Unterwerfung *f*; Eroberung *f*.
покоритель *m* [4] Eroberer.
покорить *s.* покорять.
покор|ность *f* [8] Ergebenheit (Д in *ac.*), Gehorsam *m*; **~ный** [14;-рен, -рна; *sup.* -нейший] ergeben(st), gehorsam(st); ~но (*od.* ~нейше) благодарю! danke bestens!; besten Dank!
поко|рять [28], <~рить> [13] unterwerfen, bezwingen; erobern; **-ся** sich fügen (Д in *ac.*).
покос ⸗ *m* [1] Mähen *n*; Heumahd *f*.
покража *f* [5] Diebstahl *m*; Gestohlene(s) *n*.
покрепче etwas stärker.
покрикивать [1] bisweilen schreien; (на В) anschreien.
покров *m* [1] Decke *f*; Obdach *n*, Schutz.

покрови́тель *m* [4] Beschützer, Gönner; **~ственный** [14] beschützend; Schutz...; ✝ ~ственная систе́ма *f* Schutzzollsystem *n*; **~ство** *n* [9] (Д) Schutz *m*; **~ствовать** [7] (Д) beschützen, begünstigen, fördern.

покро́й *m* [3] Schnitt (*e-s Kleides*); на оди́н ~, одного́ покро́я von demselben (*od.* einem) Schlage.

покро́мка *f* [5; *g/pl.*: -мок] Kante (*bsd. am Tuch*), Sal-, Tuch-leiste.

покры|ва́ло *n* [9] Decke *f*; Schleier *m*; **~ва́ть** [1], <покры́ть> [22] (be-, ver)decken, überziehen (*vgl.* крыть); (*Kosten*) bestreiten; (*Stimme*) übertönen; (*Strecke*) zurücklegen; P scharf kritisieren, heruntermachen; **~тие** (-ˈkri-) *n* [12] Deckung *f*; Überzug *m*; Bestreitung *f* (*der Kosten*); **ˈ~шка** *f* [5; *g/pl.*: -шек] Deckel *m*; Überzug *m*; Reifenmantel *m* (*Auto*).

поку́да P *s.* пока́.

покупа́тель *m* [4], **~ница** *f* [5] Käufer(in *f*), Kunde *m*, Kundin *f*; **~ный** [14] Einkaufs...

покупа́ть¹ [1], <купи́ть> [14] (ein-) kaufen (у P von *od.* bei).

покупа́ть² [1] *pf.* ein wenig (*od.* etwas) baden.

поку́п|ка *f* [5; *g/pl.*: -пок] Kaufen *n*, Kauf *m*; Einkauf *m*; Paket *n*; **~но́й** [14] (ein)gekauft; Einkaufs..., Kauf...

поку|ша́ться [1], <~си́ться> [15; -ушу́сь, -уси́шься] (на В) versuchen, einen Anschlag machen (auf *ac.*); ~ша́ться на уби́йство einen Mordversuch machen; **~ше́ние** *n* [12] Anschlag *m* (на В auf *ac.*); ~ше́ние (на уби́йство) Mordversuch *m*, Attentat.

пол *m* **1.** [1; на -у́; *pl. e.*] Fußboden, Diele *f*; **2.** [1; *ab g/pl. e.*] Geschlecht *n* (*männlich od. weiblich*); (*in Zssgn, wobei das Hauptwort im nom.* [*z.B* по́лдень] *od. gen.* [*z.B.* полфу́нта] *steht*) halb; Halb...; (*bei Uhrzeiten statt* полови́на) halb; пол пя́того halb fünf.

пола́ *f* [5; *pl. st.*] (Rock-)Schoß *m*; из-под полы́ hinten(he)rum, im Schleichhandel.

полага́ть [1], <положи́ть> [16] hin-, nieder-legen; bestimmen; ~ *impf.* glauben, meinen, annehmen; поло́жим, что ... gesetzt den Fall (*od.* angenommen), daß ...; **-ся** rechnen, vertrauen, sich verlassen (на В auf *ac.*); -ся *impf.* vorgesehen sein; полага́ется es gehört (*od.* gebührt) sich.

пола́ти *f/pl.* [8] (*erhöhte*) Schlafstelle *f* (*in Bauernstuben*), Pritsche *f*; Hängeboden *m*.

по-латы́ни lateinisch.

полго́да [1; *gen.*: полуго́да] ein halbes Jahr.

по́лдень *m* [4; *gen.*: полу́дня *u.* по́лдня, *pl.*: по́лдни, полдён] Mittag; в ~ mittags; до (по́сле) полу́дня vor- (nach)mittags.

по́лдни|к *m* [1; полу́дника] Vesperbrot *n*; **~чать** [1] vespern.

полдня́ [4; *gen.*: полудня́) ein halber Tag.

полдоро́ги [на полдоро́ге] der halbe Weg (auf dem halben Weg); (*fig.*) останови́ться на ~ (*eine Arbeit*) nicht zu Ende bringen.

полдю́жины [5; *gen.*: полуда́жины] ein halbes Dutzend.

по́ле *n* [10; *pl. e.*] Feld (*a. fig.*); Acker *m*; (weißer) Rand *m* (*in Büchern usw.*); Grund *m* (*in farbigem Zeug*); Krempe *f* (*am Hut*); ~ с ро́жью Roggenfeld; заме́тки *pl.* на поля́х Randbemerkungen; ~м querfeldein.

полеве́ние *n* [12] (*Pol.*) Linksschwenkung *f*.

полёвка *f* [5; *g/pl.*: -вок] (*Zool.*) Wühlmaus.

полево́й [14] Feld...

полега́ние ⚘ *n* [12] Lagern (*des Getreides*).

полего́ньку sachte, behutsam; allmählich.

поле́гче (-xtʃ-) etwas leichter *od.* vorsichtiger.

полежа́лое [14] Lagergeld *n*.

поле́з|ный [14; -зен, -зна] nützlich, dienlich; Nutz...; ~ная нагру́зка ⊕ *f* Nutzlast; коэффицие́нт *m* ~ного де́йствия ⊕ Nutzeffekt.

полеми|зи́ровать [7] polemisieren, streiten; **~ка** (-ˈlʲe-) *f* [5] Polemik, Streit *m*; **~ческий** (-ˈmʲi-) [16] polemisch, streitend.

поле́нница *f* [5] (Holz-)Stoß *m*.

поле́|но *n* [9; *pl.*: -нья, -ньев] Holzscheit; Schwanz *m* (*des Wolfes; Jägersprache*); **~сье** *n* [10] Waldgegend *f*, -land.

полёт *m* [1] Flug; ~ на продолжи́тельность Dauerflug; ~ на да́льность Langstreckenflug; бре́-

ющий ~ Tiefflug; планирующий ~ Gleitflug; пикирующий ~ Sturzflug; фигурный ~ Kunstflug; с птичьего ~а aus der Vogelschau; линия *f* ~а Flug-linie, -bahn; билет *m* на ~ Flugschein.

пóлз|ать [1] kriechen; **~кóм** kriechend; ~кóм приползти auf allen vieren herankriechen; **~ти́** [24], <по-> kriechen; F sich verbreiten (*Gerüchte*); F mürbe werden (*von Geweben*); ~ти́ пó двору auf dem (*od.* im) Hof umherkriechen; **~у́н** *m* [1*e.*] Kriecher; ⊕ Gleitstück *n*; **~у́чий** [17] kriechend.

поли́ва ⊕ *f* [5] Glasur, Schmelz *m*.

поли|ва́ть [1], <поли́ть> [-лью́, -льёшь; -и́л, -а́, -о; -ле́й(те)!; -и́тый (-и́т, -а́, -о)] begießen, (be-)sprengen; **~вка** (-ˈlif-) *f* [5] Begießen *n*, Begießung; ~вка у́лиц(ы) Straßen(be)sprengung; **~вно́й** [14] Bewässerungs...

полига́мия *f* [7] Polygamie, Vielweiberei.

полиго́н *m* [1] (*Geom.*) Vieleck *n*; ⚔ Schießplatz (*für Artillerie*).

поликли́ника *f* [5] Poliklinik.

полин|ези́ец *m* [1; -и́йца] Polynesier; **2е́зия** *f* [7] Polynesien *n*.

полиня́лый [14] verfärbt, verschossen.

полиров|а́льный [14] Polier...; **~а́ть** [7], <от-> polieren, glätten; **~ка** (-ˈrɔf-) *f* [5; *g/pl.*: -вок] Polierung, Politur; **~щик** (-ˈrɔf-) *m* [1] Polierer.

по́лис *m* [1] (Versicherungs-)Police (*f od.* Vertrag.)

полиспа́ст ⊕ *m* [1] Flaschenzug.

поли́стный [14] nach der Bogenzahl (berechnet).

политгра́мота *f* [5] politisches ABC *n*.

полите́хни|кум *m* [1] Polytechnikum *n*; **~ческий** (-ˈɲi-) [16] polytechnisch; ~ческое учи́лище *n od.* ~ческий институ́т *m* Polytechnikum *n*, technische Hochschule *f*.

политзаключённый [14] politischer Häftling *m*.

поли́ти|к *m* [1] Politiker; **~ка** *f* [5] Politik; **~ка́нствовать** [7] politisieren, F kannegießern; **~па́ж** *m* [1; *g/pl.*: -ей] Holzstich (*Zeichnung*); **~ческий** (-ˈʈi) [16] politisch; Staats...; ~ческая эконо́мия *f* Volkswirtschaftslehre, Nationalökonomie.

полит|кружо́к *m* [1; -жка́] politischer Zirkel; **~просветрабо́та** *f* [5] politische Aufklärungsarbeit; **~ру́к** ⚔ *m* [1] Politleiter, Politkommissar.

политу́ра *f* [5] Glanzpappe; Politur, Firnis *m*.

политучёба *f* [5] politische Schulung.

поли́ть *s.* полива́ть, лить.

поли|ц(ей)ме́йстер *m* [1] Polizeichef, -meister; **~це́йский** [16] polizeilich; Polizei...; ~це́йский (чин) *m* Polizei-diener, -soldat; **~ция** (-ˈʈi-) *f* [7] Polizei; под надзо́ром ~ции unter polizeilicher Aufsicht.

поли́ч|ное [14] Beweisstück *n*, Korpus delikti *n*; пойма́ть с ~ным auf der (*od.* auf frischer) Tat ertappen.

полишине́л|ь *m* [4] Hanswurst; секре́т *m* ~я öffentliches Geheimnis *n*.

полк ⚔ *m* [1*e.*; в -у́] Regiment *n*.

по́лка *f* [5; *g/pl.*: -лок] Fach *n* (*e-s Schrankes usw.*); Wandbrett *n*; Regal *n*; (кни́жная) ~ Bücherbrett *n*; Pfanne (*am Gewehr*); 🖍 Jäten *n*.

полко́|вник ⚔ *m* [1] Oberst; **~вничий** [18] Oberst(en)...; **~во́дец** *m* [1; -дца] Feldherr; **~во́й** ⚔ [14] Regiments...

полкру́жки [5; *gen.*: полукру́жки] ein halber Krug.

пол-листа́ [1*e.*] halber Bogen.

поллитро́вка *f* [5; *g/pl.*: -вок] Halbliterflasche.

полмиллио́на [1; *gen.*: полумиллио́на] eine halbe Million.

полмину́ты [5; *gen.*: полуминуты] eine halbe Minute.

полне́ть [8], <по-> voll werden; stark werden, zunehmen.

по́лно voll (*s.* по́лный); ~(те)! (schon) gut!, genug!, hör(en Sie) auf!; laß (lassen Sie) es gut sein!; ~ тебе́ дура́читься! F hör auf mit dem Unfug!; **~ве́сный** [14; -сен, -сна] vollwichtig; **~вла́стный** [14; -тен, -тна] volle Macht habend, unumschränkt; **~во́дный** [14; -ден, -дна] wasserreich; **~кро́вие** *n* [12] Vollblütigkeit *f*; **~лу́ние** *n* [12] Vollmond *m*; **~мо́чие** *n* [12] Vollmacht *f*, Bevollmächtigung *f*, Mandat; **~пра́вный** [14; -вен, -вна] vollberechtigt, befugt; **~стью**

ganz, voll(ständig, -zählig); **~тá** *f* [5] Fülle; Beleibtheit; **~те** *s.* пóлно; **~цéнный** [14; -éнен, -éнна] vollwertig.
полнóчи [*unv.*] die halbe Nacht.
полнóчный [14] mitternächtlich.
пóлночь *f* [8; *gen.*: полýночи] Mitternacht.
пóлный [14; пóлон, полнá, пóлнó; полнée] voll (P *a.* T von); ganz, vollständig, komplett; wohlbeleibt, stark; Voll..., Gesamt...; ~ слёз tränenvoll; полны́м-полнó über u. über voll; *vgl.* пóлно.
полóва ⸙ *f* [5] Spreu.
полови́к *m* [1*e.*] (Stuben-)Läufer; (солóменный Stroh-)Matte *f.*
полови́н|а *f* [5] Hälfte; дражáйшая ~а bessere Hälfte, Gattin; на ~у zur Hälfte; ~а пя́того (чáса) halb fünf; в ~е ию́ня Mitte Juni; два с ~ой фýнта zwei und ein halbes Pfund; **~ка** *f* [5; *g/pl.*: -нок]: **~ка** двéри Türflügel *m*; **~ный** [14] halb; **~чатость** *f* [8] Halbheit; **~чатый** [14] halbiert; (*fig.*) unentschlossen.
полови́ца *f* [5] Diele(nbrett *n*).
полóвник *m* [1] Schöpflöffel.
половóдье *n* [10] hoher Wasserstand *m* (*im Frühjahr*), Hochwasser.
поло|вóй [14] Geschlechts...; Fußboden..., Dielen...; Kellner *m* (*in e-r Schenke*); ~вáя зрéлость *f* Pubertät, Geschlechtsreife; ~вóе бесси́лие *n* Impotenz *f.*
пóловцы *m/pl.* [1; *gen.*: -цев] die Polowzer (*Nomadenvolk in Südosteuropa des* XI. *u.* XII. *Jahrhunderts*).
пóлог *m* [1] Bettvorhang.
полóгий [16] sanft geneigt, abfallend.
поло|жéние *n* [12] Lage *f*, Stellung *f*; Zustand *m*; Verordnung *f*, Bestimmung *f*; These *f*, Leitsatz *m*; на воéнном (ми́рном) ~жéнии auf dem Kriegs-, (Friedens)fuß; онá в ~жéнии F sie ist in andern Umständen; **~жи́тельный** [14; -лен, -льна] bestimmt, entschieden, positiv; wirklich; (*Gram.*) ~жи́тельная стéпень *f* Positiv *m*; **~жи́ть** F [16] *pf.* töten, „umlegen"; *s.* класть, полагáть.
пóлоз *m* [1; *pl.*: -лóзья; -лóзьев] (сáнный Schlitten-)Kufe *f*; крéсло *n* на полóзьях Stuhl-, Stoß-schlitten *m.*
полóк *m* [1; -лкá] Pritsche *f*, Schwitzbank *f* (*im russischen Dampfbad*); Lastwagen.
полóльник ⸙ *m* [1] Jäthacke *f.*
полóмка *f* [5; *g/pl.*: -мок] Brechen *n*; Bruch *m*; Panne.
поломóйка P *f* [5; *g/pl.*: -óек] Scheuerfrau.
полонéз *m* [1] Polonäse *f* (*Tanz*).
полосá *f* [5; *pl.*: пóлосы, полóс, -сáм] Streifen *m*; (*Land-*)Strich *m*, Zone; (*Eisen-*)Stange; (*Typ.*) Fahne; Zeitspanne; полосóй strichweise; **~тый** [14*K.*] streifig, gestreift.
полóска *f* [5; *g/pl.*: -сок] kleiner Streifen *m*, Streifchen *n.*
полоскá|ние *n* [12] Spülen; Gurgeln; Gurgelwasser; **~тельница** *f* [5] Spül-gefäß *n*, -napf *m*; **~тельный** [14] Spül...; Gurgel...; **~ть** [3], <про-> (aus)spülen; ~ть себé (гóрло) sich (den Hals) gurgeln; **-ся** plätschern (*im Wasser*); (*im Wind*) flattern.
полосо|вáть [7] **1.** <рас-> in Streifen teilen; (*Eisen*) in Stangen ziehen; **2.** P <ис-> tüchtig peitschen; **~вóй** [14] Stangen..., Stab...; Band...
пóлость *f* [8; *ab g/pl. e.*: -тéй] (*Anat.*) Höhle, Höhlung; Fußdecke.
полотéнце *n* [11; *g/pl.*: -нец] Handtuch.
полотёр *m* [1] (Dielen-)Bohner.
полóт|нище *n* [11] Bahn *f*, (*bestimmte*) Breite *f* (*e-s Stoffes usw.*); grobe Leinwand *f*; **~нó** *n* [9; *pl.*: -óтна, -óтен, -óтнам] Leinwand *f*, Leinen; (Fahr-)Damm *m*; 🚂 Bahnkörper *m*; (Tür)flügel *m*; ~нó пилы́ Sägeblatt; полотнó полотнóм P bleich wie der Tod; **~ня́ный** [14] leinen; Leinwand...
полóть ⸙ [17], <вы́-> (aus)jäten.
полоýмный F [14; -мен, -мна] halbverrückt, schwachsinnig.
пóлочка *f* [5; *g/pl.*: -чек] kleines Fach *n* (*s.* пóлка).
полоши́ть P [16; -шý, -ши́шь], <вс-> [-шённый] beunruhigen, (auf)scheuchen.
полслóв|а [9; *gen.*: пол(у)слóва] ein halbes Wort; на ~а auf ein paar Worte; на ~е mitten im Satz; с ~а sofort, bei der ersten Andeutung.

полсо́тни [6; *gen.*: полусо́тни; *g/pl.*: полусо́тен] ein halbes Hundert.

полти́н|а *f* [5], **~ник** *m* [1] halber Rubel *m* (*50 Kopeken*).

полтор|а́ *Zahlwort m u. n* [*gen.*: полу́тора] *s.* **~ы́**; **~а́ста** [*ac.*=*nom.*, *übrige Fälle*: полу́тораста] anderthalb hundert; **~ы́** *Zahlwort f* [*gen.*: полу́тора] anderthalb.

полу... (*in Zssgn mit dem Hauptwort im nom.*) *s.* пол...; **~бо́г** (-ˈbɔx) *m* [1] Halbgott; **~гла́сный** [14] halböffentlich; ~гла́сная (*Gram.*) Halbvokal *m*; **~го́дие** *n* [12] Halbjahr, Semester; **~годи́чный** [14] halbjährlich; **~годова́лый** [14] halbjährig; **~годово́й** [14] *s.* ~годи́чный.

полу́да *f* [5] Verzinnung.

полу́|денный [14] mittägig, mittäglich, südlich; Mittags...; **~защи́тник** *m* [1] Läufer (*Sport*); **~кро́вка** *f* [5; *g/pl.*: -вок] Halbblut *n*; **~кру́глый** [14] halbrund; **~ме́ра** *f* [5] halbe Maßregel; **~ме́сяц** *m* [1] Halbmond; **~мра́к** *m* [1] Halbdunkel *n*; **~но́чник** (-ʃn-) *m* [1] Nachtschwärmer; **~ночный** (-ʃn-) [14] mitternächtlich; **~оборо́т** *m* [1] halbe Wendung *f*; **~о́стров** *m* [1; *pl.*: -ва́] Halbinsel *f*; **~све́т** *m* [1] trübes Licht *n*; Halbwelt *f*; **~спу́щенный** [14] halbmast; **~ста́нок** *m* [1; -нка] Zwischenstation *f*.

полу́тора *s.* полтора́; (*in Zssgn*) **~годова́лый** [14] anderthalbjährig.

полу́торка *f* [5; *g/pl.*: -рок] Anderthalbtonner *m* (*Lastwagen*).

полутьма́ *f* [5] Halbdunkel *n*.

получасово́й [14] halbstündig.

полу|ча́тель *m* [4] Empfänger, Adressat; **~ча́ть** [1], <~чи́ть> [16] empfangen, erhalten, bekommen; (*Gehalt usw.*) beziehen; **-ся** eingehen; sich ergeben, sich erweisen, sich herausstellen; **~че́ние** *n* [12] Empfang *m*, Erhalten, Eingang *m*; **~чка** (-ˈʝutʃ-) P *f* [5; *g/pl.*: -чек] Lohngeld *n*; Lohn-, Zahl-tag *m*.

полуша́рие *n* [12] Halbkugel *f*, Hemisphäre *f*.

полу|шу́бок *m* [1; -бка] Halbpelz; **~шутя́** halb im Scherz.

пол|фу́нта [1; *gen.*: полуфу́нта] ein halbes Pfund; **~цены́**: за ~цены́ für den halben Preis; **~часа́** [1; *gen.*: получа́са] eine halbe Stunde.

по́лчище *n* [11] Horde *f*; (*fig.*) Menge *f*.

по́лый [14] leer; hohl; eisfrei; aus den Ufern getreten.

по́лымя P *s.* пла́мя.

полы́н|ный [14] Wermut...; **~ь** ⚘ *f* [8] Wermut *m*.

полынья́ *f* [6; *g/pl.*: -не́й] eisfreie Stelle; Eisloch *n*, Wake, Wune.

полых|а́ть F [1], <~ну́ть> [20; *nur 3. Pers.*] lodern.

по́ль|за *f* [5] Nutzen *m*, Vorteil *m*; в (*od.* на) ~зу (P) zum Besten, zugunsten; не в ~зу zuungunsten; ему́ от э́того ~зы не бу́дет er wird davon keinen Nutzen haben.

по́льзо|вание *n* [12] (T) Benutzung *f*, Gebrauch *m*, Genuß *m* (*e-r Sache*); (*ärztliche*) Behandlung *f*; **~вать** [7] (*ärztlich*) behandeln; **-ся**, <воспо́льзоваться> (T) benutzen, gebrauchen, sich (*e-r Sache*) bedienen; genießen, sich (*e-r Sache*) erfreuen.

По́льша *f* [5] Polen *n*.

полюбо́вный [14] gütlich.

по́люс *m* [1] Pol, Dreh-, Angelpunkt.

поля́к *m* [1] Pole.

поля́на *f* [5] (kleines) Feld *n*; Lichtung.

поляр|иза́ция *f* [7] (*Phys.*) Polarisation; **~ник** (-ˈʝar-) *m* [1] Polarforscher; **~ность** (-ˈʝar-) *f* [8] Polarität; **~ный** (-ˈʝar-) [14] Polar...

поля́чка *f* [5; *g/pl.*: -чек] Polin.

пома́д|а *f* [5] Pomade, Haarsalbe; губна́я ~а Lippenstift *m*; **~ить** [15], <на-> (ein)pomadisieren.

пома|зо́к *m* [1; -зка́] Rasierpinsel; **~зывать** (-ˈma-) [1], <ˈ~зать> [3] (*mit Öl*) salben, bestreichen; ~зать *pf.* bestechen; ~зывать по губа́м F (*fig.*) j-m Honig ums Maul schmieren; *s.* ма́зать.

помале́ньку P leidlich, sachte; allmählich, nach und nach.

пома́лкивать F [1] stillschweigen.

пома́рка *f* [5; *g/pl.*: -рок] Ausstreichen *n*; Ausgestrichene(s) *n*.

помело́ *n* [9; *pl.*: поме́лья, -ьев] Ofen-besen *m*, -wisch *m*.

поме́льче etwas kleiner *od.* feiner.

поме́ньше etwas weniger *od.* kleiner.

помера́нец ⚘ *m* [1; -нца] Pomeranze *f*.

Помера́ния *f* [7] Pommern *n*.

помера́нцевый [14] Pomeranzen...

помертве́лый [14] leichenblaß.

помести́тельный [14; -лен, -льна] geräumig.

помести́ть *s.* помеща́ть.

помéст|ный [14] örtlich; Guts...; ~но stellenweise; **~ье** *n* [10] Gut, Landgut.

по́месь *f* [8] Mischling *m*, Kreuzung (*von Tieren*).

помéсячный [14] monatlich.

помёт *m* [1] Kot, Mist; Wurf (*v. Tieren*).

помéт(к)а *f* [5; (*g*/*pl.*: -ток)] (Merk-) Zeichen *n*, Vermerk *m*; Randbemerkung.

помéха *f* [5] Hindernis *n*; Störung.

помеча́ть [1], <помéтить> [15] bezeichnen; vermerken.

помéша|нный [14 *K.*] verrückt, wahn-, irr-sinnig; F (*fig.*) versessen (на П auf *ac.*); **~тельство** (-ˈʃa-) *n* [9] Verrücktheit *f*, Irrsinn *m*; **~ть** (-ˈʃaţ) [1] *s.* меша́ть; **-ся** verrückt sein *od.* werden; versessen sein (на П auf *ac.*); он помеша́лся на э́том das ist eine fixe Idee von ihm.

поме|ща́ть [1], <~сти́ть> [15; -ещу́, -ести́шь; -ещённый] unterbringen, plazieren; anbringen; (*Kapital*) anlegen; (*Inserat usw.*) einrücken (в П in *ac.*); ~ща́ть в ско́бках in Klammern setzen; **-ся** Platz finden; angebracht sein *od.* werden; **~щéние** *n* [12] Unterbringung *f*, Plazierung *f*; Raum *m*; Lokal, Wohnung *f*; ~щéние капита́ла Kapitalanlage *f*.

помéщи|к *m* [1] Gutsbesitzer; **~чий** [18] gutsherrlich; Gutsbesitzer...

помидо́р ⚘ *m* [1] Tomate *f*.

поми́лование *n* [12] Begnadigung *f*.

поми́луй(те) aber ich bitte dich (Sie)!

поми́мо (Р) ohne *j-s* Vorwissen, abgesehen (von), außer; ~ меня́ (его́) ohne mein (sein) Wissen.

поми́н *m* [1] Erwähnung *f*; об э́том и ~у нет man denkt gar nicht (mehr) daran; **~а́льный** [14] Gedächtnis...; ~а́льный обéд *m* Leichen-mahl *n*, -schmaus; **~а́ние** *n* [12] Toten-, Sterbe-liste *f*; **~а́ть** [1], <помяну́ть> [19] (В) eine Gedächtnisfeier abhalten (*od.* eine Seelenmesse lesen) für (*e-n Verstorbenen*); (В *od.* о П) erwähnen, (*j-s od. e-r Sache*) gedenken; ~а́й, как зва́ли er ist über alle Berge, er ist weg; не помина́йте ли́хом! F behalten Sie mich in gutem Andenken!; **~ки** *f*/*pl.* [5], **~овéние** *n* [12] Leichen-mahl *n*, -schmaus *m*; Gedächtnisfeier *f*.

помину́тно jeden Augenblick.

помира́ть [1] *s.* умира́ть; ~ со́ смеху sich totlachen.

по́мнить [13] (В *od.* о П) sich (*e-r Sache usw.*) erinnern, denken (an *ac.*), (*e-r Sache*) gedenken; мне по́мнится ich erinnere (*od.* entsinne) mich.

помно́гу (jedes Mal) viel.

помножа́ть [1] *s.* умножа́ть.

помога́ть [1], <помо́чь> [-огу́, -о́жешь, -о́гут; -о́г, -огла́] (Д/Т *od.* в П) *j-m* helfen (mit *od.* bei), *j-n* unterstützen (in *dat.*).

по-мо́ему *s.* мой.

помо́и *m*/*pl.* [3] Spülwasser *n*, Spülicht *n*.

помо́йка *f* [5; *g*/*pl.*: -о́ек] Müllkasten *m*.

помо́йный [14] Spül..., Spülicht...

помо́л *m* [1] Mahlen *n*; Mahlgebühr *f*.

помо́лв|ить [14] *pf.* (с Т *j-n*) verloben; **-ся** sich verloben (с Т mit); **~ка** *f* [5; *g*/*pl.*: -вок] Verlobung.

помо́р *m* [1] Küstenbewohner (*bsd. der sowjetischen Nordküsten*); **~ье** *n* [10] Küstenland.

помо́ст *m* [1] Brettergerüst *n*; Schaubühne *f*, Podium *n*.

по́мочи *f*/*pl.* [8; *ab gen. e.*: -чéй] Hosenträger *m*/*pl.*; Tragbänder *n*/*pl.*; Gängelband *n*.

помо́щник (-ʃn-) *m* [1] Helfer; Gehilfe, Stellvertreter.

по́мощ|ь *f* [8] Hilfe, Unterstützung, Beistand *m*; с ~ью *od.* при ~и (Р) mit Hilfe, (ver)mittelst; ско́рая ~ь Erste Hilfe.

по́мпа *f* [5] ⊕ Pumpe; Pomp *m*, Prunk *m*.

помра|ча́ть [1], <~чи́ть> [16; -чу́, -чи́шь; -чённый] verfinstern.

помутнéние *n* [12] Trübung *f*.

помыка́ть [1] nicht viel Wesens machen, umspringen (Т mit).

по́мы|сел *m* [1; -сла] Gedanke, Vorhaben *n*; (böse) Absicht *f*; **~шлéние** *n* [12] Gedanke *m*, Vorhaben.

помы|шля́ть [28], <**~**слить> (-ˈmɨs) [13] (в *od.* о П) sinnen (auf *ac.*), vorhaben.

помяну́ть *s.* помина́ть.

понапра́сну umsonst, vergeblich.

по-на́шему *s.* наш.

понево́ле notgedrungen.

понеде́ль|ник *m* [1] Montag; по **~**никам montags; **~ничный** [14] Montags...; **~ный** [14] wöchentlich; Wochen...

понемно́|гу, ~жку allmählich; ein wenig.

по́ни *m* [*unv.*] Pony *n* (*Pferdchen*).

пони|жа́ть [1], <пони́зить> [15] niedriger machen, herabsetzen, ermäßigen, abbauen, reduzieren; **-ся** hinuntergehen, fallen, sinken; **~же** (-ˈɲi-) et. niedriger; **~же́ние** *n* [12] Herabsetzung *f*, Ermäßigung *f*, Abbau *m*; Fallen, Sinken, Rückgang *m*; (*Börse*) Baisse *f*; Degradierung *f*.

поник|а́ть [1], <пони́кнуть> [21] (sich) senken; **~**а́ть голово́й den Kopf senken; **~ший** (-ˈɲik-) [17] gesenkt; niedergeschlagen.

понима́|ние *n* [12] Verständnis, Einsehen; Einstellung *f* (Т/Р *j-s* für); (Hin-)Einfühlung *f*; **~ть** [1], <поня́ть> [пойму́, -мёшь; по́нял, поняла́, -о; по́нятый (по́нят, -а́, -о)] verstehen (*a.* = wissen в П), begreifen; sich hineinfühlen.

поножо́вщина *f* [5] Messerstecherei.

поно́с ⚕ *m* [1] Durchfall, Diarrhöe *f*; крова́вый **~** Ruhr *f*.

поноси́тель *m* [4] Lästerer; **~ный** [14] lästernd, schmähend; Schmäh-..., Schimpf...

поноси́ть [15] lästern, schmähen, schlechtmachen; *vgl.* носи́ть.

поно́ска *f* [5; *g/pl.*: -сок] (*Jagd*) Apportieren *n*; das Apportierte.

поноше́ние *n* [12] Lästerung *f*, Schmähung *f*.

понто́н ⚔ *m* [1] Ponton, Brückenboot *n*; **~ёр** ⚔ *m* [1] Pontonier.

пону|ди́тельный [14] Zwangs...; **~жда́ть** [1], <пону́дить> [15; -уждённый] zwingen, nötigen; **~жде́ние** *n* [12] Nötigung *f*, Zwang *m*.

понука́ть [1] antreiben.

пону́|рить [13]: **~**рить го́лову den Kopf hängen lassen; **~рый** [14] finster, düster, niedergeschlagen.

понутру́ † = по нутру́ *s.* нутро́.

по́нчик *m* [1] Pfannkuchen.

поны́не bis jetzt.

поня́т|ие *n* [12] Begriff *m*, Idee *f*, Vorstellung *f*; соста́вить себе́ **~**ие sich e-n Begriff machen (о П von); я **~**ия не име́ю ich habe keine Ahnung; **~ливость** *f* [8] (leichtes) Fassungsvermögen *n*, Verständigkeit; **~ливый** [14*K.*] leicht verstehend, verständig; **~ность** *f* [8] Verständlichkeit; **~ный** [14; -тен, -тна] verständlich, begreiflich; **~**но? verstanden?

понято́й *m* [14] (*von der Polizei herangezogener*) Zeuge *od.* Beistand.

поня́ть *s.* понима́ть.

поо́даль in einiger Entfernung.

поодино́ч|ке, ~но einzeln.

поору́дийно ⚔ geschützweise.

поочерёдный [14] der Reihe nach, abwechselnd.

поощре́ние *n* [12] Anspornung *f*.

поощри́тель *m* [4] Ansporner; **~ный** [14; -лен, -льна] anspornend, aufmunternd.

поощ|ря́ть [28], <**~**ри́ть> [13] anspornen, aufmuntern.

поп F *m* [1*e.*] Pope, (*russischer*) Priester; на **~**а́ ста́вить P senkrecht stellen.

попада́ть [1], <попа́сть> [25; *pt. st.*: -па́ла] (в *od.* на В) geraten, fallen (in *ac.*), stoßen, verfallen (auf *ac.*), kommen (auf *ac. od.* zu), gehen (in *ac.*); treffen (in *ac.*); не **~** в (В) verfehlen; как (ни) попа́ло wie es (gerade) kommt, auf gut Glück; тебе́ попадёт! F du kriegst noch was!; ему́ попа́ло от отца́ F er hat was von seinem Vater gekriegt (*Strafe*); кому́ попа́ло dem ersten besten; чем попа́ло was einem gerade unter die Hände geriet; **-ся** (*vereinzelt*) vorkommen; (he)reinfallen (*bei e-r Sache*); ertappt werden (в П bei); **~**(ся) кому́ навстре́чу j-m (zufällig) begegnen; -ся на чью́-нибудь у́дочку (*fig.*) j-m auf den Leim gehen; пе́рвый попа́вшийся der erste beste.

попадья́ *f* [6; *g/pl.*: -де́й] Frau eines Popen.

попа́рно paarweise.

поперёк **1.** (*adv.*) quer, in die Quere; **2.** (*prp.*) (Р) quer über *od.* durch; **~** го́рла zuwider.

попереме́нный [14] abwechselnd.
попере́ч|ина *f* [5] Quer-balken *m*, -stange, -riegel *m*; **~ник** *m* [1] Durchmesser; Breite *f*; **~ный** [14] querüber liegend; Quer...; ка́ждый встре́чный и ~ный F der erste beste.
попече́ние *n* [12] Fürsorge *f*, Pflege *f*.
попечи́тель *m* [4] Fürsorger, Pfleger; Kurator (*e-s Lehrbezirks*); ~ над бе́дными Armenpfleger; **~ный** [14] fürsorglich; Fürsorge...; ~ный сове́т *m* Kuratorium *n*.
попива́ть [1], <попи́ть> [-пью, -пьёшь; по́пи́л, попила́, по́пи́ло по́пи́ли; -пе́й(те)!; по́пито] (öfter) trinken; не ма́ло бы́ло по́пито ѐs ist gehörig (*od.* nicht wenig) getrunken worden.
поплаво́к *m* [1; -вка́] Schwimmer (*an der Angel usw.*); Schwimmklotz (*am Netz*); ⚔ Floßsack; Restaurant *n* (*im Wasser*).
поплати́ться [15] *pf.* bezahlen, büßen (T mit).
попо́в|ич *m* [1; *g*/*pl.*: -ей] Popensohn; **~на** *f* [5; *g*/*pl.*: -вен] Popentochter; **~ский** [16] Popen...
попо́йка *f* [5; *g*/*pl.*: -о́ек] Trinkgelage *n*.
попола́м zur Hälfte, halbpart; mittendurch.
поползнове́ние *n* [12] Neigung *f*; Anspruch *m*.
попол|не́ние *n* [12] Ergänzung *f*, Vervollständigung *f*; **~ня́ть** [28], <попо́лнить> [13] ergänzen, vervollständigen; komplettieren; remontieren.
пополу́|дни nach Mittag, nachmittags; **~ночи** nach Mitternacht.
попо́на *f* [5] Pferdedecke.
попра́|вка *f* [5; *g*/*pl.*: -вок], **~вле́ние** *n* [12] Verbesserung *f*, Reparatur *f*; Korrektur *f*, Berichtigung *f*; Wiederherstellung *f* (*der Gesundheit*); Zusatzantrag *m*; **~вля́ть** [28], <попра́вить> [14] verbessern, reparieren; korrigieren, berichtigen; (*Gesundheit*) wiederherstellen; (*Hut*) aufbügeln; (*Kissen*) zurechtlegen; **-ся** sich (ver-) bessern.
по-пре́жнему wie früher *od.* ehedem
попрёк *m* [1] Vorwurf, Tadel.
попрек|а́ть [1], <~ну́ть> [20] (В/Т *od.* в П) *j-m et.* vorwerfen, *j-m* Vorwürfe machen (wegen).
по́прище *n* [11] Wirkungskreis *m*, Arbeitsfeld, Gebiet.
по́просту ganz einfach, ohne Umstände, schlicht.
попроша́й|ка *m*/*f* [5; *g*/*pl.*: -а́ек] lästiger Bettler *m*, lästige Bettlerin *f*; **~ничать** [1] zudringlich bitten *od.* betteln.
попрыгу́н *m* [*nur nom. gbr.*] Hüpfer, Springer; (*fig.*) unruhiger Geist (*jemand der Pfeffer im Hintern hat* P).
попуга́й *m* [3] Papagei.
популяр|изи́ровать [7] (*im*)*pf.* popularisieren, populär (*od.* volkstümlich) machen; **~ный** (-ˈḷar-) [14; -ля́рен, -ля́рна] populär, volkstümlich; gemeinverständlich; Volks...
попурри́ ♪ *n* [*unv.*] Potpourri.
попу|ска́ть [1], <~сти́ть> [15] zulassen; (Д/В *j-m et.*) nachsehen, durchgehen lassen, mit *j-m* Nachsicht haben; **~сти́тельство** *n* [9] Nichtverhinderung *f*, Gewährenlassen, Duldung *f* (*von etwas Gesetzwidrigem*).
по-пусто́му, по́пусту unnütz(erweise), vergebens, zwecklos.
попу́тать [1] *pf.* verleiten; verwirren; чёрт тебя́ попу́тал F der Teufel hat dich geritten.
попу́тный [14] günstig (*Wind*); beiläufig, gelegentlich.
попу́тчик *m* [1] Reisegefährte; (*Pol.*) Mitläufer.
попы́тка *f* [5; *g*/*pl.*: -ток] Versuch *m*; ~ с него́дными сре́дствами Versuch mit untauglichen Mitteln; ~ не пы́тка (*Spr.*) Probieren geht über Studieren.
попя́тный [14] zurückweichend; идти́ на ~ F sein Wort zurücknehmen, sich eines andern besinnen.
пора́[1] **1.** *f* [5; *ac*/*sg.*: по́ру] (*geeignete*) Zeit, Weile; Jahreszeit; **2.** (*adv.*) ~ es ist (an der) Zeit; давно́ ~ es ist höchste Zeit; во вся́кую по́ру дня zu jeder Tageszeit; в (са́мую) по́ру zur rechten Zeit, gerade recht; *s. a.* впо́ру; до поры́ bis zur gelegenen Zeit; до поры́ до вре́мени bis zu einer gegebenen Zeit; до каки́х пор? wie lange?; до сих пор bis jetzt *od.* hierher; до тех пор(, пока́) so lange (bis); на

пе́рвых пора́х anfangs; с каки́х пор? seit wann?; с тех пор(, как) seitdem, seither; поро́й von Zeit zu Zeit, zeitweise, mitunter; вече́рней поро́й des Abends, abends.

по́ра[2] *f* [5] Pore.

порабо|ти́тель *m* [4] Unterjocher; **~щáть** [1], <~ти́ть> [15; -ощу́, -оти́шь; -ощённый] unterjochen, knechten; **~ще́ние** *n* [12] Unterjochung *f*, Knechtung *f*.

поражáе|мый [14]: ⚔ ~мое простра́нство *n* bestrichener Raum *m*.

пора|жáть [1], <~зи́ть> [15; -ажу́, -ази́шь; -ажённый] schlagen, treffen (T mit); überraschen, in Erstaunen (ver)setzen, betroffen machen; ⚕ angreifen, befallen, beschädigen; ~жáть кинжа́лом erdolchen; **~же́нец** *m* [1; -нца] Mies-, Flau-macher, Defätist; **~же́ние** *n* [12] Schlag *m*; Niederlage *f*; ⚕ Affektion *f*, Erkrankung *f*; ~же́ние в права́х ⚖ Aberkennung *f* der bürgerlichen Rechte; **~же́нчество** *n* [9] (*Pol.*) Defätismus *m*; **~зи́тельный** [14; -лен, -льна] erstaunlich, unglaublich; зи́тельное схо́дство *n* auffallende Ähnlichkeit *f*; **~зи́ть** *s.* поражáть.

поразмя́ть [-зомну́, -нёшь] *pf.*: ~ но́ги F sich et. die Beine vertreten.

пора|не́ние *n* [12] leichte Verwundung *f*; **~нить** (-ˈra-) [13] *pf.* leicht verwunden.

пора|стáть [1], <~сти́> [25; -ту́, -тёшь; -ро́с, -сла́; -ро́сший] bewachsen (T mit).

порвáть *s.* порывáть.

поредéвший [17] gelichtet; licht, schütter geworden.

поре́з *m* [1] Einschnitt; Schnittwunde *f*; **~ать** [3] *pf.* einschneiden; ritzen; **-ся** sich schneiden.

поре́й ⚘ *m* [3] Porree.

поре́чье *n* [10] Ufergegend *f*.

пореши́ть [16; -шу́, -ши́шь; -шённый] *pf.* (endgültig) entscheiden.

по́ристый [14*K*.] porös, durchlässig.

порицá|ние *n* [12] Tadel *m*, Rüge *f*; **~тельный** [14] tadelnd, rügend; **~ть** [1] tadeln, rügen.

по́рка *f* [5; *g/pl.*: -рок] Züchtigung; Auftrennen *n*.

по́ровну gleichmäßig, zu gleichen Teilen.

поро́г *m* [1] Schwelle *f*; **~и** *pl.* Stromschnelle(n) *f*; обивáть у кого́ ~и *j-n* überlaufen (*mit Bitten usw.*).

поро́|да *f* [5] Herkunft; Art, Rasse, Gattung; *Geol.* Gestein(sschicht) *n*; **~дистый** [14*K*.] rassig, rasserein; Rassen...; **~ждáть** [1], <~ди́ть> [15; -ожу́, -оди́шь; -ождённый] erzeugen; hervorbringen, verursachen; **~жде́ние** *n* [12] Erzeugung *f*; Ausgeburt *f*; ~жде́ние (дья́вола Teufels-)Brut *f*.

поро́жистый [14*K*.] reich an Stromschnellen.

порож|нём unbeladen, ohne Ladung *od.* Gepäck; **~ний** (-ˈrɔʒ-) P [15] leer; unbesetzt; **~ня́к** *m* [1 *e.*] Leerzug; ~няко́м ohne Ladung (*od. Fahrgäste*).

по́рознь einzeln, abgesondert.

поро́к *m* [1] Laster *n*; Gebrechen *n*; ⚕ ~ се́рдца Herzfehler; *vgl.* по́рка.

поро|сёнок *m* [2] Ferkel *n*; **~си́ться** [15; *nur 3. Pers.*: -си́тся], <о-> ferkeln, Ferkel werfen.

по́росль *f* [8] Gewächs *n*; junger Holzaufwuchs *m*; Anflug *m*.

поростáть *s.* порастáть.

поро́сший [17] bewachsen (T mit).

порося́|та *s.* поросёнок; **~тина** *f* [5] Ferkelfleisch *n*; **~чий** [18] Ferkel...

поро́ть [17] **1.** <рас-> (auf)trennen; aufschneiden; verwunden; **2.** <вы́-> (mit der Rute) peitschen, stäupen; ~ *impf.* вздор *od.* дичь Unsinn reden, faseln.

по́рох *m* [1] (Schieß-)Pulver *n*; он ~у не вы́думает er hat das Pulver nicht erfunden; не хватáет ~у F es langt nicht (*an Kräften, Beharrlichkeit usw.*); ни синь ~у нет F überhaupt nichts, nicht die Bohne; **~овни́ца** *f* [5] Pulver-flasche, -horn *n*; **~ово́й** [14] Pulver...

поро́ч|ить [16], <о-> herabsetzen, schmälern; verleumden; **~ный** [14; -чен, -чна] lasterhaft; fehlerhaft.

поро́|ша *f* [5] lockerer Schnee *m*, Spurschnee *m*; **~ши́ть** [16; *nur 3. Pers.*: -и́т], <за-> bestäuben; снег ~ши́т es schneit fein, der Schnee fällt in feinen Flocken; **~шо́к** *m* [1; -шкá] Pulver *n* (*allgemein*); ~шо́к от насеко́мых Insektenpulver *n*.

порт *m* [1; в -у́; *pl. e.*] Hafen; (*poet.*) Port; во́льный ~ Freihafen.

портати́вный [14; -вен, -вна] tragbar, handlich.
портве́йн *m* [1] Portwein.
по́ртер *m* [1] Porter(bier *n*).
по́ртить [15] **1.** <ис-> verderben, (be)schädigen; **-ся** verderben, (an-)faulen; **2.** <по-> pfuschen, stümpern.
портки́ P *m*/*pl*. [1 *e*.] Unterhosen *f*/*pl*.
порт|ни́ха *f* [5] Schneiderin; **~но́вский** [16] Schneider...; **~но́й** [14] Schneider *m*.
портня́|жничество *n* [9] Schneidern, Schneiderei *f*; **~жить** [16] das Schneiderhandwerk treiben, schneidern.
портови́к *m* [1 *e*.] Hafenarbeiter.
порто́вый [14] Hafen...
по́рто-фра́нко *n* [*unv*.] Freihafen *m*.
портре́т *m* [1] Porträt *n*, Bild(nis) *n*; ~ во весь рост Bild in Lebensgröße; поясно́й ~ Brustbild *n*.
портсига́р *m* [1] Zigarettenetui *n*.
португа́|лец *m* [1; -льца] Portugiese; **♀лия** *f* [7] Portugal *n*.
портупе́я *f* [6; *g*/*pl*.: -е́й] Portepee *n*, Degenkoppel *n*.
портфе́ль *m* [4] Portefeuille *n*; Mappe *f*, Aktentasche *f*.
портье́ра *f* [5] Portiere, Türvorhang *m*.
портя́нка *f* [5; *g*/*pl*.: -нок] (*mst pl*.) Fußlappen *m*.
пору́б|ка *f* [5; *g*/*pl*: -бок] (*a*. ~ка ле́са) Holzfrevel *m*; **~щик** *m* [1] Holzfrevler.
поруга́ние *n* [12] Beschimpfung *f*.
пору́ка *f* [5] Bürgschaft.
пору|ча́тель *m* [4] Auftraggeber; **~ча́ть** [1], <~чи́ть> [16] (be)auftragen; übertragen, anvertrauen; ~ча́ть купи́ть kaufen lassen; **-ся** (sich ver)bürgen (за В für); -ся за по́дпись eine Unterschrift schützen; **~че́ние** *n* [12] Beauftragung *f*; Auftrag *m*; по ~че́нию im Auftrag.
по́ручень *m* [4; -чня] (*mst pl*.) Griff(stange *f*), Geländer *n*.
пору́чик ⚔ † *m* [1] Oberleutnant.
поручи́тель *m* [4] Bürge.
порфи́ра *f* [5] Purpur(mantel) *m*.
порх|а́ть [1], <~ну́ть> [20] flattern.
порци|о́нный [14]: ~о́нные де́ньги *f*/*pl*. Zehrgeld(er *pl*.) *n*; ~о́нно nach der Karte (*speisen*); **~я** (ˈpɔr-) *f* [7] Portion, Anteil *m*.

по́р|ча *f* [5] Verderben *n*, Beschädigung; Verdorbenheit; Behexung; **~ченый** [14] verdorben; behext.
по́рш|ень *m* [4; -шня] (*Pumpen- usw*.) Kolben; **~нево́й** [14] Kolben...
поры́в *m* [1] Drang, Trieb; Impuls, Regung *f* (*des Gemüts*); ~ ве́тра Windstoß; **~а́ть** [1], <порва́ть> [-ву́, -вёшь; -а́л, -а́, -о; по́рванный (-ан, -а́, -о)] zerreißen; brechen (с Т mit); **-ся** einen Riß bekommen; -ся *impf*. sich anstrengen; **~истый** [14 *K*.] heftig; ruckweise; ~истый ве́тер *m* Windstoß, Bö *f*.
порыже́лый [14] mißfarbig, ausgeblichen.
поря́дковый [14] Ordnungs...
поря́|док *m* [1; -дка] Ordnung *f*; Reihe *f*, Reihenfolge *f*; ~дки *pl*. Zustände; ~док движе́ния ⚔ Marschfolge *f*; ~док дня Tagesordnung *f*; по ~дку ordnungsgemäß, der Reihe nach; номера́ *m*/*pl*. по ~дку fortlaufende Nummern *f*/*pl*.; в ~дке веще́й üblich, normal; ~дком ordentlich; (ganz) gehörig; идти́ свои́м ~дком s-n Gang gehen; зако́нным ~дком auf gesetzlichem Wege, gesetzlich; суде́бным ~дком auf gerichtlichem Wege; ну, и ~дки здесь! F das ist ja hier eine schöne Wirtschaft!; **~дочный** [14; -чен, -чна] ordentlich; bedeutend, gehörig; ehrlich.
поса́д † *m* [1] Vorstadt *f*; kleinerer Ort; **~ка** *f* [5; *g*/*pl*.: -док] Pflanzen *n*, Setzen *n*; Pflanzung; Einsteigen *n*; ~ка (на зе́млю) Landung; ~ка в пути́ Zwischenlandung; вы́нужденная ~ка Notlandung; **~ник** *m* [1] (*ehm*.) (Stadt-)Oberhaupt *n*; **~очный** [14] ⚘ Pflanz..., Setz...; ✈ Lande..., Landungs...
посаже́нный [14] faden-, klafterweise.
посажё|ный [14] (*bei Trauungen*) stellvertretend; ~ный оте́ц *m* (~ная мать *f*) Trau-vater (-mutter).
по́свист *m* [1] Pfiff; (*Nachtigallen*-) Schlag.
по-своему, по-сво́йски nach eigenem Gutdünken *od*. Willen.
посвя|ща́ть [1], <~ти́ть> [15; -ящу́, -яти́шь; -ящённый] (себя́ Д sich *e-r Sache*) widmen; zueignen, dedizieren; einweihen, einführen (в В in *ac*.); weihen (в В zu).

посе́в *m* [1] Säen *n*; Aussaat *f*, Saat(zeit) *f*; пло́щадь *f* ~а Anbaufläche.

поседе́вший [17] grau geworden (*Haar*).

посейча́с P: и ~ bis jetzt.

посе|ле́нец *m* [1; -нца] Ansiedler, Siedler; *a.* ссы́льнопоселе́нец (*nach Sibirien*) Verbannte(r), Strafansiedler; **~ле́ние** *n* [12] Ansied(e)lung *f*, Sied(e)lung *f*; сосла́ть на ~ле́ние (zur Ansied(e)lung) (*nach Sibirien*) verbannen, deportieren; **~ле́нка** *f* [5; *g/pl.*: -нок] Ansiedlerin, Siedlerin; **~ло́к** (-'ʂɔ-) *m* [1; -лка] Dörfchen *n*; Zweigniederlassung *f*, Siedlung *f*; да́чный ~ло́к Villenkolonie *f*; **~ля́ть** [28], <**~ли́ть**> [13] (В/на [*od.* в] П *j-n wo*) ansiedeln; (в П/В *j-n et.*) einflößen; **-ся** sich niederlassen; Wohnung nehmen.

посеме́йный [14] Familien...

посему́ † dementsprechend; (*in Erlassen*) быть ~ so soll es sein.

посереди́ P, **посереди́не, посерёдке** P in der Mitte, inmitten.

посе|ти́тель *m* [4] Besucher; **~ща́емость** *f* [8] Zulauf *m*, Frequenz; **~ща́ть** [1], <**~ти́ть**> [15; -ещу́, -ети́шь; -ещённый] besuchen.

посиде́лки *f/pl.* [5; *gen.*: -лок] (ländliche) Abendgesellschaft *f* (*bei gemeinschaftlicher Arbeit od. Unterhaltung*); Plauderstündchen *n*.

поси́льный [14; -лен, -льна] den Kräften angemessen, nach Kräften.

посине́вший [17] blau geworden.

поскользну́ться [20] *pf.* ausgleiten, rutschen.

поско́льку wieviel; soweit, sofern, inwiefern; da ... ja.

поско́н|ина *f* [5] Hanfleinwand; **~ный** [14] hanfen; Hanf...; **~ь** ('pɔ-) *f* [8] männlicher (*od.* tauber) Hanf *m*.

поскоре́е (etwas) schneller, rascher.

послабле́ние *n* [12] Nachlassen, Lockerung *f*; Nachsicht *f*; ока́зывать ~ (Д/в П *j-m et.*) nachsehen *od.* durchgehen lassen.

посла́н|ец *m* [1; -нца] Abgesandte(r), Sendling; **~ие** *n* [12] Sendung *f*; (*Rel.*) Sendschreiben, Epistel *f*; **~ник** *m* [1] Gesandte(r).

посла́ть *s.* посыла́ть.

посла́ще et. süßer.

по́сле **1.** (*prp.*) (P) nach; ~ обе́да nachmittags; ~ того́, как nachdem; ~ чего́ worauf; **2.** (*adv.*) nachher, später; **~вое́нный** [14] Nachkriegs...

после́д ⚕ *m* [1] Nachgeburt *f*; **~ки** P *m/pl.* [1] die Reste (*z.B. des Essens*).

после́д|ний [15] letzter; allerschlechteste, -schlimmste; gemeinste; vorig; jüngste; в ~нем счёте zu guter Letzt.

после́дователь *m* [4] Nachfolger; Anhänger; **~ный** [14; -лен, -льна] folgerichtig, konsequent; aufeinanderfolgend; Reihen...; Serien...

после́|дствие *n* [12] Folge *f*; Ergebnis; ~дствия *pl.* Weiterungen *f/pl.*, Auswirkungen *f/pl.*; **~дыш** *m* [1; *g/pl.*: -ей] Nachkömmling; (*ver.*) letzter Anhänger (*von etwas Veraltetem, Reaktionärem*), letzter „Mohikaner".

послеза́втра übermorgen.

после|ло́г *m* [1] (*Ling.*) Postposition *f*; **~родово́й** [14]: ~родовы́е бо́ли *f/pl.* Nachwehen; ~родово́й пери́од *m* Kind-, Wochenbett *n*; **~сло́вие** *n* [12] Nachwort, Epilog *m*.

посло́ви|ца *f* [5] Sprichwort *n*; войти́ в ~цу sprichwörtlich werden; **~чный** [14] sprichwörtlich.

послуш|а́ние *n* [12] Gehorsam *m*; (Kloster-)Dienst *m*; **~ник** (-'słuʃ-) *m* [1] Klosterbruder; Novize; **~ный** [14; -шен, -шна] gehorsam, folgsam.

посма́тривать [1] ab und zu schauen.

посме́иваться [1] still in sich hineinlachen.

посме́нно schichtweise.

посме́ртный [14] nachge-, hinterlassen, posthum (*Schriften*).

посме́|шище *n* [11] Gegenstand *m* (*od.* Zielscheibe *f*) des Spottes; станови́ться ~шищем zum Gelächter werden; **~я́ние** *n* [12] Verspotten, Gespött.

посо́|бие *n* [12] Hilfe *f*, Unterstützung *f*; Hilfsmittel (при П für); ~бие безрабо́тным *od.* ~бие по безрабо́тице Arbeitslosenunterstützung *f*; де́нежное ~бие Zuwendung *f*; Lehrbuch, Handbuch; уче́бное ~бие Lehrmittel; нагля́дные ~бия *pl.* Anschauungsmaterial *n*; **~бля́ть** P [28], <**~би́ть**> [14; -блю́, -би́шь] helfen, unterstützen; **~бник** *m* [1] Helfer(shelfer).

посо́л *m* [1; -сла́] Botschafter, Gesandte(r) (*ersten Ranges*); **~ьство** *n* [9] Botschaft *f*, Gesandtschaft *f*.
посо́тенно hundertweise.
по́сох *m* [1] Stab.
поспева́ть [1], <поспе́ть> [8] rechtzeitig (an)kommen; fertig werden; reifen, reif werden; (за T) Schritt halten (mit), *j-m* nachkommen; не поспе́ть на (B) (*den Zug*) verpassen.
поспеш|а́ть [1] *s.* спеши́ть; **~ный** (-'sp̡ɛʃ-) [14; -шен, -шна] eilig.
посра|мля́ть [28], <~ми́ть> [14; -млю́, -ми́шь; -млённый] bloßstellen; entehren.
посреди́, ~не (P) inmitten, in der Mitte (von), mitten durch *od.* auf.
посре́д|ник *m* [1] Vermittler, Mittelsperson *f*; Schiedsrichter, Schlichter; **~нический** [16] vermittelnd; schiedsrichterlich; **~ственный** [14*K.*] mittelmäßig, durchschnittlich; **~ство** *n* [9] Vermitt(e)lung *f*; че́рез ~ство, ~ством (P) (ver)mittelst, durch, mit Hilfe.
пост *m* **1.** [1*e.*] Fasten *pl.*, Fastenzeit *f*; **2.** [1*e.*; на -у́] Posten, Stand.
поста́в *m* [1; *pl.*: -ва́] Mahlgang; Heimwebstuhl; **~е́ц** *m* [1; -вца́] Ständer (*für Schirme usw.*); Büfett *n*, Anrichtetisch; **~ка** *f* [5; *g/pl.*: -вок] Lieferung; **~ля́ть** [28], <поста́вить> [14] liefern; *s. a.* ста́вить; **~но́й** [14] geliefert; Lieferungs...; **~щи́к** *m* [1*e.*] Lieferant, Belieferer.
постано|ви́ть *s.* ~вля́ть; **~вка** (-'nɔf-) *f* [5; *g/pl.*: -вок] Aufstellung; Stellung; Errichtung; (*Thea.*) Inszenierung, Inszenesetzung, Einstudierung; **~вле́ние** *n* [12] Bestimmung *f*, Verordnung *f*, Verfügung *f*; **~вля́ть** [28], <~ви́ть> [14] bestimmen, verordnen, festsetzen, beschließen; **~вочный** (-'nɔ-) [14] effektvoll; Regie...; ~вочная пье́са *f* Ausstattungsstück *n*; **~вщик** (-'nɔf-) *m* [1] (*Thea.*) Regisseur, Spielleiter.
постате́йный [14] in einzelnen Artikeln; abschnitts-, kategorieweise.
посте́ль *f* [8] Bett(lager) *n*; ~-кре́сло *n* Krankenstuhl *m*; **~ник** *m* [1] (Stroh-)Sack (*als Matratze*).
постепе́н|ность *f* [8] Stufen-folge, -gang *m*, Abstufung; **~ный** [14; -е́нен, -е́нна] stufenweise, allmählich.
пости|га́ть [1], <пости́гнуть, пости́чь> [21] (auf)fassen, begreifen; heimsuchen, widerfahren; **~жи́мый** [14*K.*] faßlich, begreiflich.
постил|а́ть [1], <постла́ть> [-стелю́, -е́лешь; по́стланный] ausbreiten; (*Bretter usw.*) legen; ~а́ть посте́ль das Bett machen, (sich) betten; **~ка** (-'ʂʈiɫ-) *f* [5; *g/pl.*: -лок] Unterlage; Streu.
пости́р|ки *f/pl.* [5; *gen.*: -рок], **~у́шка** *f* [5] kleine Wäsche *f*.
пости́ться [15; пощу́сь, -сти́шься] fasten.
пости́чь *s.* постига́ть.
постла́ть *s.* постила́ть.
по́ст ничать [1] fasten; **~ный** [14; -тен, -тна́, -о] Fasten...; mager (*Fleisch*); scheinheilig; ~ное ма́сло *n* Pflanzenöl; у него́ ~ное лицо́ er macht ein Gesicht wie drei Tage Regenwetter.
постово́й [14] Posten..., auf Posten.
посто́й *m* [3] Quartier *n*; Einquartierung *f*; ~(те)! warte(t) mal!
посто́льку: поско́льку..., ~... (in-)sofern..., (*bleibt unübersetzt*)...; ~, поско́льку mal so, mal so.
посторо́н|ний [15] fremd, nebensächlich; unbefugt; Neben...; Außenseiter *m*; ~нее те́ло ⚕ *n* Fremdkörper *m*.
постоя́|лец *m* [1; -льца] Mieter; Quartiernehmer; **~лый** [14] Quartier...; ~лый двор *m* Gasthof, Wirtshaus *n* mit Ausspann; ~лое *n* Quartiergeld; **~нный** [14] ständig, unveränderlich, konstant, stehend; ⚡ ~нный ток *m* Gleichstrom.
пострада́вший [17] leidtragend.
постре́л *m* [1] ungebärdige Person *f*, Wildfang; ⚕ Hexenschuß; наш ~ везде́ поспе́л (*Spr.*) Hansdampf in allen Gassen.
пострига́ть [1] <постри́чь> [26; г, ж *statt* к, ч; *pt. st.*] (*die Haare*) scheren; ~ в мона́хи(ни) als Mönch (Nonne) einkleiden; **-ся** Mönch (*od.* Nonne) werden; sich die Haare schneiden lassen.
построе́ни е *n* [12] Aufbauen, Aufbau *m*; △ Konstruktion *f*; ⚔ Gliederung *f*, Aufstellung *f*; Bildung *f*; ~я *pl.* Darlegungen *f/pl.*
постро́йка *f* [5; *g/pl.*: -о́ек] Bau *m*, Erbauung; Gebäude *n*.

постро́мка *f* [5; *g/pl.*: -мок] Strang *m* (*zum Anschirren*).
постро́чный [14] zeilenweise.
посту|па́тельный [14] fortschreitend, progressiv; **~па́ть** [1], <~пи́ть> [14] handeln, verfahren, vorgehen (с T mit); eintreten (в *od.* на B in *ac.*); ein-gehen, -laufen; ~па́ть в секретари́ Sekretär werden; **-ся** verzichten (T *od.* в П auf *ac.*); **~пок** (-'stu-) *m* [1; -пка] Handlung *f*, Tat *f*, Vorgehen *n*; ~пки *pl.* Benehmen *n*.
по́ступь *f* [8] Gang *m*, Schritt *m*.
посты́дный [14; -ден, -дна] schändlich; Schand...; Schimpf...
посты́|леть [8], <о-> widerlich (*od.* gleichgültig) werden.
посу́д|а *f* [5] (*koll.*) (*Küchen- usw.*) Geschirr *n*, Gerät *n*; **~ина** *f* [5] (*einzelnes Küchen-*)Gefäß *n*, Geschirr *n*.
посуди́ть *s.* суди́ть; посуди́ сам! F überleg' mal selbst!; bedenke doch!
посу́л P *m* [1] Versprechen *n*.
посу́точный [14] tagweise, vierundzwanzigstündig.
по́суху F zu Lande.
посчастли́виться [14; *unpers.*] *pf.* glücken, gelingen.
посыл|а́ть [1], <посла́ть> [пошлю́, -шлёшь; по́сланный] senden, schicken; ~а́ть за (T) holen lassen; **~ка** (-'sil-) *f* [5; *g/pl.*: -лок] Sendung; (Post-)Paket *n*; (*Logik*) Voraussetzung, Prämisse; **~очный** (-'si-) [14] Paket...; **~ьный** (-'sil-) [14] Bote *m*; ⚔ Melder *m*.
посыпа́ть [1], <посы́пать> [2] bestreuen (T mit); **-ся** *pf.* in Menge herabfallen; rieseln; (her)niederprasseln (*a. fig.*).
посяг|а́ть [1], <~ну́ть> [20] (на B) eingreifen (in *ac.*); e-n Anschlag (*od.* ein Attentat) machen (auf *ac.*); es abgesehen haben (auf *ac.*).
пот *m* [1; в поту́; *pl. e.*] Schweiß; весь в ~у́ in Schweiß gebadet, schweißtriefend. [⊕ versenkt.]
потайно́й [14] geheim, verborgen;
потака́ть [1] Nachsicht üben, nachsichtig sein (Д/в П gegen *j-n* wegen).
потаску́|ха *f* [5], **~шка** *f* [5; *g/pl.*: -шек] Herumtreiberin, Dirne.
потасо́вка *f* [5; *g/pl.*: -вок] Rauferei, Prügelei.
пота́чка *f* [5] Nachsicht; да(ва́)ть пота́чку *s.* потака́ть.
пота́ш *m* [1 *e.*] Pottasche *f*.
потво́рство *n* [9] Nachsicht *f*.
потёмки *f/pl.* [5; *gen.*: -мок] Dunkel *n*; в потёмках im Dunkeln; броди́ть в потёмках (*fig.*) im Dunkeln (Finstern) tapsen; чужа́я душа́ ~ (*Spr.*) man kann niemandem ins Herz sehen.
поте́нция (-tɛ-) *f* [7] Potenz.
потере́ть *s.* потира́ть.
потерпе́вший [17] Geschädigte(r) *m*; ~ кораблекруше́ние Schiffbrüchige(r) *m*; ~ от пожа́ра Brandgeschädigte(r) *m*.
потёртый [14 *K.*] schäbig (*Kleider*).
поте́ря *f* [6] Verlust *m* (P an *dat.*).
поте́ть [8] **1.** <вс-> schwitzen, in Schweiß geraten; **2.** <за-> (sich) beschlagen (*Fensterscheiben usw.*); ~ P *impf.* (над T) sich abmühen (über *ac.*), schwitzen (bei).
поте́ха *f* [5] Belustigung, Ulk *m*, Kurzweil, Spaß *m*; пошла́ ~! da ging's los! (*et. Nichtaufzuhaltendes*).
потеш|а́ть [1], <поте́шить> [16] belustigen, unterhalten; **-ся** sich ergötzen (T an *dat.*); **~ник** (-'ţɛʃ-) *m* [1] Spaßmacher, Possenreißer; '**~ный** [14; -шен, -шна] lustig, spaßig; ~ный челове́к *m* Spaßmacher.
потира́ть [1], <потере́ть> [12] (ein wenig) reiben.
потихо́ньку (ganz) leise; allmählich; unter der Hand.
потли́вый [14 *K.*] zum Schwitzen neigend.
потни́к *m* [1 *e.*] Woilach (*unter dem Sattel*).
пото|во́й [14] Schweiß...; Schwitz-...; **~го́нный** [14] schweißtreibend.
пото́к *m* [1] Strom; (Gieß-)Bach; Fließband(verfahren) *n*; ~ ре́чи Redefluß; ~ом in Strömen, stromweise.
потоло́|к *m* [1; -лка́] (Zimmer-)Decke *f*; ✈ Scheitel-, Gipfelhöhe *f*; взять с ~лка́ F (*fig.*) aus der Luft greifen; **~чный** [14] Decken-...; unbegründet, aus der Luft gegriffen.
пото́м darauf, da(r)nach, nachher; **~ок** *m* [1; -мка] Nachkomme; **~ственный** [14] erblich; Erb...; **~ство** *n* [9] Nachkommenschaft *f*, Nachwelt *f*; Nachwuchs *m*.

потому́ deshalb; ~ что weil, denn.
пото́п *m* [1] Überschwemmung *f*; (*a.* всеми́рный ~) Sintflut *f*; **~ля́ть** [28], <~и́ть> [14] versenken; unter Wasser setzen, überschwemmen.
пото́чный ⊕ [14] Fließband...
потра́ва *f* [5] Abweiden(lassen) *n*, Flurschaden *m*.
потрафля́ть P [28], <потра́фить> [14] genau treffen; ~ на (В) es *j-m* recht machen.
потре́|ба *f* [5] Bedarf *m* (в П an *dat.*); **~би́тель** *m* [4] Konsument, Verbraucher, Abnehmer; о́бщество *n* ~би́телей Konsumverein *m*; **~бля́ть** [28], <~би́ть> [14; -блю́, -би́шь; -блённый] verbrauchen, konsumieren, verzehren; **~бность** *f* [8] (в П) Erfordernis *n*, Bedarf *m* (an *dat.*); Bedürfnis *n* (nach); **~бный** [14; -бен, -бна] erforderlich, nötig.
потрёпанный F [14] abgetragen, zerschlissen, abgenutzt; ⚔ zerschlagen; (*fig.*) verlebt; mitgenommen (*durch Krankheit usw.*).
потро|ха́ *m/pl.* [1] Eingeweide *n*, Gekröse *n*; гуси́ные ~ха́ Gänseklein *n*; со все́ми ~ха́ми (*fig.*) mit Haut u. Haar, ganz u. gar; **~ши́ть** [16; -шу́, -ши́шь; -шённый], <вы́-> ausweiden, die Eingeweide ausnehmen aus.
потря|са́ть [1], <~сти́> [25; *durchweg* с *statt* д, л: -трясу́; -тря́с (*a.* -ˈtʀɔs), -сла́] schütteln; erschüttern.
поту́ги *f/pl.* [5] (Geburts-)Wehen; (vergebliche) Bemühungen.
потупля́ть [28], <поту́пить> [14] (*Augen*) niederschlagen; (*Kopf*) senken.
потуха́ть [1] *s.* ту́хнуть.
по́тчевать [7; -чую], <по-> bewirten, traktieren (T mit); (*zum Essen und Trinken*) nötigen.
поты́сячно tausendweise.
потя́|гивать [1], <~ну́ть> [19] allmählich ziehen; ~гивать *impf.* langsam trinken (rauchen); **-ся** sich (aus)strecken, sich recken; sich hinziehen.
поуро́чный [14] je Unterrichtsstunde.
поутру́ des Morgens, (früh-) morgens.
поу|ча́ть [1], <~чи́ть> [16] (В/Д *j-n et.*) lehren; schulmeistern; **~че́ние** *n* [12] Lehre *f*; Erbauung *f*, Andacht *f*; **~чи́тельный** [14; -лен, -льна] belehrend, instruktiv; (*fig.*) erbauend.
поха́б|ник *m* [1] Zotenreißer; **~ничать** [1] Zoten reißen; **~ный** [14; -бен, -бна] zotenhaft, zotig, schlüpf(e)rig; **~ство** *n* [9], **~щина** *f* [5] Zote *f*, Schlüpfrigkeit *f*.
похвал|а́ *f* [5] Lob *n*; досто́йный ~ы́ lobens-, rühmens-wert, löblich.
похваль|ба́ *f* [5] Prahlerei; **~ный** (-ˈxval̦-) [14; -лен, -льна] lobenswert, löblich; Belobungs...; ~ное сло́во *n* Lobrede *f*, Belob(ig)ung *f*; ~ный лист *m* Belob(ig)ungsschreiben *n*.
похваля́ться [28] prahlen; *s.* хвали́ть.
похе́рить P [13] *pf.* aus-, durchstreichen; aus der Welt schaffen.
похи|ща́ть [1], <похи́тить> [15; -и́щу] (у Р/В *j-m et.*) entwenden, rauben; entführen; **~ще́ние** *n* [12] Entwendung *f*, Raub *m*; Entführung *f*.
похлёбка P *f* [5; *g/pl.*: -бок] (Kartoffel-, Graupen-)Suppe *od.* Brühe.
похме́лье *n* [10] Katzenjammer *m*.
похо́д ⚔ *m* [1] Feldzug; Marsch; кресто́вый ~ Kreuzzug; гото́вый в ~ marschfertig; **~и́ть¹** [15] *impf.* (на В *j-m*, *e-r Sache*) gleichen, ähnlich sein; **~и́ть²** [15] *pf.* ein wenig gehen; **~ка** *f* [5] Gang *m*, Gangart, Tritt *m*; **~ный** ⚔ [14] Feld..., Marsch...; **~я** (ˈpɔ-) im Gehen; so nebenbei.
похо|жде́ние *n* [12] Abenteuer; **~жий** (-ˈxɔ-) [17*K.*] (на В) ähnlich; э́то ни на что не ~же das ist ja unerhört, das ist (*od.* hat) keine Art; ~же на дождь es sieht nach Regen aus; он ~ж на своего́ отца́ er gleicht seinem Vater.
похоро́|нный [14] Beerdigungs..., Begräbnis..., Leichen..., Trauer...; бюро́ *n* ~нных проце́ссий Beerdigungsinstitut; **~ны** (ˈpɔ-) *f/pl.* [5; -о́н, -она́м] Beerdigung *f*, Beisetzung *f*, Begräbnis *n*, Bestattung *f*.
по-хоро́шему im guten.
похотли́вый [14*K.*] lüstern, geil.
по́хоть *f* [8] Geilheit, Wollust, grobe Sinnlichkeit.
поцелу́й *m* [3] Kuß (**в В auf** *ac.*).
поча́сно stündlich.
поча́сту öfter.

почá|ток ⚘ *m* [1; -тка] Kolben; **~тый** (*a.* ˈpɔ-) [14] angeschnitten, angebrochen.
почáть *s.* починáть.
почáще öfter.
пóчва *f* [5] Boden *m*, Grund *m* (*a. fig.*); на пóчве чегó-нибудь infolge von.
почвоуглубитель ⚒ *m* [4] Kultivator.
почём wie teuer (ist); ~ фунт? was kostet das Pfund?; ~ я знáю? P wie soll ich das wissen?!; ~ знать! wer weiß!
почемý warum, weshalb; **~-то** aus irgendeinem Grund.
пóчерк *m* [1] Handschrift *f*.
почерп|áть [1], ‹**~нýть**› [20] schöpfen (*a. fig.*); entlehnen.
пóчесть *f* [8] Ehre(nbezeigung); Würde.
почёт *m* [1] Ehre *f*, Hochachtung *f*; **~ный** [14; -тен, -тна] ehrenvoll; ehrenamtlich; Ehren...
пóчеч|ка *f* [5; *g/pl.*: -чек] (*Anat.*) kleine Niere; ⚘ Knöspchen *n*.
почечýй ⚕ *m* [3] Hämorrhoiden *f/pl.*
почивáльня *f* [6; *g/pl.*: -лен] [Schlafgemach *n*.]
почивáть [1], ‹почи́ть› [-и́ю, -и́ешь] ruhen, schlafen; entschlafen.
почи́н *m* [1] Anfang; Anregung *f*, Initiative *f*; P erste Einnahme *f* (*des Tages*); для ~у um einen Anfang zu machen; по ~у auf Anregung; **~áть** [1], ‹почáть› [-чнý, -нёшь; пóчáл, -á, -о; почáтый] anfangen; (*Brot usw.*) anschneiden; (*Faß*) anstechen; **~и́ть** *s.* починя́ть, чини́ть; **~ка** *f* [5; *g/pl.*: -нок] Ausbesserung, Reparatur; отд(ав)áть в ~ку zum Ausbessern geben, ausbessern (*od.* reparieren) lassen; **~я́ть** [28], ‹**~и́ть**› [13; -иню́, -и́нишь; -и́ненный] ausbessern, reparieren.
почитáй P beinahe (*s.* почти́); (*Prov.*) vermutlich.
почитáть [1] **1.** ‹почти́ть› [15; -тý, -ти́шь; -тённый] achten, ehren; beehren (T mit); **2.** *ohne pf.* ein wenig lesen; **3.** ‹почéсть› [25; -чтý, -чтёшь; -чёл, -члá; -чтённый] (за В) halten (für), erachten (als); ansehen (als); **-ся** gelten (T für).
почи́ть *s.* почивáть.
пóчка *f* [5; *g/pl.*: -чек] (*Anat.*) Niere; ⚘ Knospe.
почковáться [7] knospen.
пóчта *f* [5] Post; пóчтой mit der (*od.* per) Post.
почтальóн *m* [1] Briefträger, Postbote.
почтáмт *m* [1] Postamt *n*.
почтéн|ие *n* [12] Achtung *f* (к Д vor *dat.*), Ehrerbietung *f*; Gruß *m*; моё ~ие! ich habe die Ehre!, ich empfehle mich!; (*als Briefschluß*) с совершéнным (*od.* глубóким) ~ием (hoch)achtungsvoll; **~ный** [14; -éнен, -éнна] achtbar, geehrt, (ehren)wert, ehrwürdig.
почти́ beinahe, fast; ~ (что) ничегó so gut wie gar nichts.
почти́тельный [14; -лен, -льна] ehrerbietig (к Д gegen).
почти́ть *s.* почитáть, чтить.
почтó P *s.* почемý.
почтóво(-)... (*in Zssgn*) Post..., *z.B.* **~-телегрáфный** [14] Post... und Telegraphen...
почтóвый [14] Post...; Brief...; ~ я́щик *m* (*Abk.*: п/я) Postfach *n*; Briefkasten; почтóвая мáрка *f* Briefmarke.
пошатнýть [20] *pf.* ins Wanken bringen (*a. fig.*); **-ся** zerrüttet sein; baufällig werden.
пошáтываться [1] torkeln.
пошехóн|ец *m* [1; -нца] Schildbürger, Narr; **~ье** *n* [10] Schilda.
поши́б F *m* [1] Schlag, Art *f*.
пóшлин|а *f* [5] Zoll *m*; Abgabe; ~а с винá Weinzoll *m*; **~ный** [14] zollpflichtig; Zoll...
пóшлый [14; *K. f* -лá] abgeschmackt, fade, platt, schal.
поштýчный [14] stückweise; Stück..., Akkord...
пощáда *f* [5] Schonung, Schonen *n*; Gnade, Erbarmen *n*.
пощéние *n* [12] Fasten.
пощёчина *f* [5] Backpfeife, Ohrfeige.
поэ́|зия *f* [7] Poesie, Dichtkunst; **~ма** *f* [5] Gedicht *n*, Poem *n*.
поэ́т *m* [1] Poet, Dichter.
поэ́тому deshalb, deswegen.
поя|влéние *n* [12] Erscheinen, Erscheinung *f*; Entstehen; **~вля́ться** [28], ‹**~ви́ться**› [14] erscheinen, entstehen, auftreten, sich einstellen.
поярко|вый [14] von Lammwolle gemacht; ~вая шля́па *f* Filzhut *m*.
поя́рок *m* [1; -рка] Lammwolle *f*.

по́яс *m* **1.** [1; *pl. e.*: -cá] Gürtel, Gurt; за ~ом im Gürtel; **2.** [1] Zone *f*.

поясни́тельный [14] erläuternd; Erläuterungs...

пояс|ни́ца *f* [5] (*Anat.*) Kreuz *n*; ⚕ боль *f* в ~ни́це Hexenschuß *m*; **~но́й** [14] Gürtel..., Gurt...; Zonen-...; ~но́й портре́т *m* Brustbild *n*.

пояс|ня́ть [28], <~ни́ть> [13] erklären, erläutern.

пра... (*in Zssgn oft*) Ur..., ur...; **~ба́б(уш)ка** *f* [5; *g/pl.*: -бок (-шек)] Urgroßmutter, Urahne.

пра́вда 1. *f* [5] Wahrheit; Recht *n*; ва́ша ~ Sie haben recht; э́то ~ das ist wahr; не ~ ли? nicht wahr?; ~-матка P die reine Wahrheit; так и ре́жет пра́вду-ма́тку P er nimmt gar kein Blatt vor den Mund, er knallt einem die ungeschminkte Wahrheit ins Gesicht; **2.** (*cj.*) zwar, obschon; wirklich; wohl.

правди́вый [14*K.*] wahr(haftig), wahrheitsgemäß.

правдо|люби́вый [14*K.*] wahrheitsliebend; **~лю́бие** *n* [12] Wahrheitsliebe *f*; **~подо́бие** *n* [12] Wahrscheinlichkeit *f*; **~подо́бный** [14; -бен, -бна] wahrscheinlich.

пра́вед|ник *m* [1] Gerechte(r); **~ный** [14; -ден, -дна] rechtschaffen, gerecht.

пра́ви|ло[1] *n* [9] Regel *f*; Grundsatz *m*, Prinzip; Vorschrift *f*; (руководи́тельные) ~ла *pl.* Richtlinien *f/pl.*; четы́ре ~ла арифме́тики die vier Spezies *f/pl.* *od.* Grundrechnungsarten *f/pl.*; нет ~ла без исключе́ний (*Spr.*) keine Regel ohne Ausnahmen.

прави́ло[2] *n* [9] Steuerruder; ⚒ Richtscheit, Richtbaum *m*.

пра́вильный [14; -лен, -льна] regelmäßig; richtig.

прави́тель *m* [4] Verwalter, Verweser; Regent; ~ дел Geschäftsführer; **~ственный** [14] behördlich; Regierungs...; **~ство** *n* [9] (Staats-)Regierung *f*; Behörde *f*; **~ствовать** [7] regieren; dirigieren.

пра́вить [14] **1.** (T) regieren, lenken, leiten, führen, verwalten; ~ лошадьми́ kutschieren; **2.** <в-> ein-renken, -richten; **3.** <с-> feiern; aus-, ver-richten; **4.** <на-, вы́-> (*Rasiermesser*) abziehen; **5.** (В *et.*) ausbessern (*Fehler*); ~ корректу́ру Korrektur lesen.

пра́вка *f* [5; *g/pl.*: -вок] Abziehen *n*; Korrektur(abzug *m*).

правле́ние *n* [12] Regierung *f*, Verwaltung *f*, Leitung *f*; Vorstand *m*; Regentschaft *f*.

пра́вну|к *m* [1], **~чка** *f* [5; *g/pl.*: -чек] Urenkel(in *f*).

пра́во 1. *n* [9; *pl. e.*: -ва́] Recht; Befugnis *f*; ~ на·жи́тельство Heimatrecht; по пра́ву von Rechts wegen; быть в пра́ве das Recht haben, berechtigt sein; брать свои́ права́ in seine Rechte treten; **2.** (*adv.*) wahrlich, wahrhaftig; **~ве́д** *m* [1] Rechtsgelehrte(r), Jurist; **~ве́дение** *n* [12] Rechtswissenschaft *f*, Jurisprudenz *f*; учи́лище *n* ~ве́дения Rechtsschule *f*; **~ве́рный** [14; -рен, -рна] rechtgläubig; **~во́й** [14] rechtlich; Rechts...; **~мо́чие** *n* [12] Machtbefugnis *f*; **~писа́ние** *n* [12] Rechtschreibung *f*, Orthographie *f*; **~сла́вие** *n* [12] Rechtgläubigkeit *f*; orthodoxes Glaubensbekenntnis; **~сла́вный** [14; -вен, -вна] rechtgläubig, (griechisch-)orthodox; **~су́дие** *n* [12] Rechtspflege *f*; Gerechtigkeit *f*; **~та́** *f* [5] Rechtlichkeit; Rechthaben *n*.

пра́|вый [14; прав, -а́, -о; е́е] recht; gerecht; wahr; Rechts...; вы ~вы Sie haben recht; ~ве́е mehr (nach) rechts.

пра́дед *m* [1] Urgroßvater, Urahn.

пра́здни|к *m* [1] Feiertag; Fest *n*; (поздравля́ю вас) с ~ком! ich gratuliere!; бу́дет и на на́шей у́лице ~к! (*Spr.*) auch unser Weizen blüht einmal!; **~чный** [14] Feier(tags)..., Fest...; по-пра́здничному feiertagsmäßig.

пра́здно|вать [7], <от-> *v/t.* feiern; *v/i.* müßig gehen, feiern; **~сло́вие** *n* [12] leeres Geschwätz; **~сть** *f* [8] Müßiggang *m*; **~шата́ющийся** [17] müßiggängerisch; Müßiggänger *m*.

пра́здный [14; -ден, -дна] müßig; unbenutzt; пра́здные слова́ *n/pl.* unnütze Worte.

пра́кти|к *m* [1] Praktiker, praktischer Mensch; **~ка** *f* [5] Praxis; Gebrauch *m*; Übung (P *od.* в П in *dat.*); на ~ке praktisch; **~кова́ть** [7] praktizieren, ausüben; **~ку́ющий**

Praktiker *m*; **-ся 1.** üblich sein; **2.** <напрактикова́ть(ся)> sich üben; **~ческий** (-ˈţi-) [16] praktisch; **~чность** (-ˈţitʃ-) *f* [8] praktischer Sinn *m*; **~чный** (-ˈţitʃ-) [14; -чен, -чна] praktisch (veranlagt).

пра́отец *m* [1; -тца] Urvater; отпра́виться к пра́отцам (*scherz.*) sich zu den Vätern versammeln (= *sterben*).

пра́порщик ⚔ *m* [1] Fähnrich.

прапра... (*in Zssgn*) Urur...

прароди́тель *m* [4] Urvater, Ahn; **~ница** *f* [5] Urmutter, Ahne.

Праско́вья *f* [6] *weiblicher Vorname.*

пра́сол *m* [1] Aufkäufer; Viehhändler; Fischhändler.

прах *m* [1] Staub; Asche *f*, sterbliche Überreste *pl.*; пойти́ ~ом zugrunde gehen, umkommen; в пух и в ~ F ganz und gar; разоде́тый в пух и в ~ F in vollem Wichs.

пра́ч|ечный (-tʃɛʃn-) [14] Wasch-...; ~ечная *f* Wasch-haus *n*, -anstalt; **~ка** *f* [5; *g/pl.*: -чек] Wäscherin.

праща́ *f* [5; *g/pl.*: -ще́й] Schleuder.

пра́щур *m* [1] Ururgroßvater.

пре... (*in Zssgn*) (= пере...) durch..., (hin)über..., ver..., zer...; *bei der Bildung des sup.* all(er)..., äußerst, sehr, *z.B.* преу́мный sehr klug(er), klügster; преумне́йший allerklügster.

пребыва́ть [1] sich aufhalten, verbleiben, verweilen.

превали́ровать [7] prävalieren, überwiegen, vorherrschen.

превзойти́ *s.* превосходи́ть.

превоз|мога́ть [1], <~мо́чь> [-огу́, -о́жешь, -о́гут; -о́г, -гла́] überwältigen, -winden; **~носи́ть** [15], <~нести́> [25; *durchweg* с *statt* д, л: -несу́; -нёс, -несла́] erheben, (hoch)preisen; **-ся** sich überheben (T *gen.*).

превосход|и́тельство *n* [9] Exzellenz *f*; **~и́ть** [15], <превзойти́> [-йду́, -дёшь; -ошёл, -шла́; -оше́дший; -йдённый] (В/Т *od.* в П *j-n* an *dat. od.* in *dat.*) übertreffen; **~ный** (-ˈxɔd-) [14; -ден, -дна] vortrefflich, ausgezeichnet; überlegen; (*Gram.*) ~ная сте́пень *f* Superlativ *m*.

превра́тный [14; -тен, -тна] verdreht; widerwärtig; irrig, falsch.

превра|ща́ть [1], <~ти́ть> [15; -ащу́, -ати́шь; -ащённый] verwandeln, umgestalten; ~ща́ть в газ vergasen; ~ща́ть в у́голь verkohlen, karbonisieren; я весь ~ти́лся в слух ich bin ganz Ohr.

превыша́ть [1], <превы́сить> [15] überragen; über-treffen, -steigen; (*die Macht*) überschreiten.

превы́ше: ~ всего́ höher als alles, über alles.

прегра́|да *f* [5] Schranke; Hindernis *n*; (*Anat.*) Scheidewand; грудобрю́шная ~да (*Anat.*) Zwerchfell *n*; **~жда́ть** [1], <~ди́ть> [15; -ажу́, -ади́шь; -аждённый] versperren; (ver)hindern.

прегре|ша́ть [1], <~ши́ть> [16] (sich ver)sündigen.

пред *s.* пе́ред.

пред... (*in Zssgn*) vor(aus)..., vorher...

преда|ва́ть [5], <преда́ть> [-да́м, -да́шь, -да́ст, -дади́м, -дади́те, -даду́т; пре́дал, -а́, -о; -да́й(те)!; пре́данный (-ан, -а́, -о)] (*dem Gericht usw.*) über-geben, -liefern; verraten; ~ва́ть земле́ beerdigen; **-ся** sich er- (*od.* hin)geben; **~ние** (-ˈda-) *n* [12] Überlieferung *f*, Übergabe *f* (Д an *ac.*); Sage *f*; Tradition *f*; Verrat *m*.

пре́данность *f* [8] Ergebenheit.

преда́тель *m* [4] Verräter; **~ский** [16] verräterisch; **~ство** *n* [9] Verräterei *f*, Verrat *m*.

преда́ть *s.* предава́ть.

предба́нник *m* [1] Ankleideraum (*im Bad*).

предва|ри́лка F *f* [5; *g/pl.*: -лок] Untersuchungsgefängnis *n*; **~ри́тельный** [14] vorläufig, einleitend; Einleitungs...; Vor...; Präventiv..., Schutz...; ~ри́тельно vorher; ~ри́тельное сле́дствие *n* Voruntersuchung *f*; ~ри́тельное заключе́ние ⚖ *n* Untersuchungshaft *f*; по ~ри́тельному соглаше́нию nach vorheriger Vereinbarung; **~ря́ть** [28], <~ри́ть> [13] (В) (*e-r Sache*) zuvorkommen *od.* vorbeugen (Т durch); im voraus benachrichtigen (о П von).

предве́стник *m* [1] Vorbote.

предве́чный [14; -чен, -чна] anfangslos, ewig.

предвеща́ть [1] vorherverkündigen, vorher-, weis-sagen, prophezeien.

предвзя́|тый [14*K.*] vorgefaßt; ~тое мне́ние *n* Vorurteil.
предви́деть [11] voraussehen.
предвку|ша́ть [1], <~си́ть> [15] vorgenießen; vorempfinden.
предводи́тель *m* [4] Anführer; ~ дворя́нства Adelsmarschall; **~ство** *n* [9] Anführerschaft *f*, Oberbefehl *m*; **~ствовать** [7] (T) anführen, den Oberbefehl haben *od.* führen (über *ac.*).
предвосхища́ть [1], <предвосхи́тить> [15; -и́щу] (B) vorgreifen, voraus-, vorweg-nehmen.
предвы́бор|ный [14]: ~ная кампа́ния *f* Wahlkampf *m*.
предго́рье *n* [10] Vorgebirge.
преддве́рие *n* [12] Vorhof *m*; Vorhalle *f*.
преде́л *m* [1] Grenze *f*; Ende *n*; ~ы *pl.* Gebiet *n*, Weichbild *n*; **~ьный** [14] Grenz...; äußerst, höchst; ~ьный вес *m* Höchstgewicht *n*.
предзнаменова́ние *n* [12] Vorbedeutung *f*, Anzeichen, Omen.
предисло́|вие *n* [12] Vor-wort, -rede *f*; без вся́ких ~вий F ohne langes Drumherumgerede.
предлага́ть [1], <предложи́ть> [16] anbieten, antragen, vorschlagen; vorlegen.
предло́|г *m* [1] Vorwand; (*Gram.*) Verhältniswort *n*, Präposition *f*; **~же́ние** *n* [12] Anerbieten, Antrag *m*, Vorschlag *m*; (*Gram.*) Satz *m*; **~жи́ть** *s.* предлага́ть; **~жный** [14] (*Gram.*) präpositionell; (*Gram.*) ~жный паде́ж *m* Präpositiv (*Kasus*).
предме́стье *n* [10] Vorstadt *f*, Vorort *m*.
предме́т *m* [1] Gegenstand, Sache *f*; Lehrfach *n*; Zweck; на ~ zwecks (P); **~ный** [14; -тен, -тна] objektiv, gegenständlich, sachlich, dinglich.
предмо́ст|ный [14]: ~ное укрепле́ние *n* ⚔ Brückenkopf *m*.
предназна|ча́ть [1], <предназна́чить> [16] (voraus-, vorher-) bestimmen; (*Ziel*) stecken; **~че́ние** *n* [12] (Voraus-, Vorher-)Bestimmung *f*.
преднаме́ренный [14 *K.*] vorsätzlich, absichtlich.
предначерта́ть [1; -е́ртанный] *pf.* voraus-, vorher-bestimmen.
пре́док *m* [1; -дка] Vorfahr, Ahnherr.
предопреде|ля́ть [28], <~ли́ть> [13] vorher-, voraus-bestimmen, prädestinieren.
предоста|вля́ть [28], <предоста́вить> [14] überlassen, anheimstellen; gewähren, einräumen; ~вля́ть в распоряже́ние zur Verfügung stellen.
предостерега́тельный [14] warnend; Warnungs...
предостере|га́ть [1], <предостере́чь> [26; г, ж *statt* к, ч] warnen (от P vor *dat.*), zur Vorsicht mahnen; **~же́ние** *n* [12] Warnung *f* (от P vor *dat.*).
предосторо́жный [14; -жен, -жна] vorsichtig.
предосуди́тельный [14; -лен, -льна] anstößig.
предотвра|ща́ть [1], <~ти́ть> [15; -ащу́, -ати́шь; -ащённый] (B) rechtzeitig abwenden, (*e-r Sache*) vorbeugen *od.* begegnen.
предохра|ни́тель *m* [4] Schutzvorrichtung *f*; Sicherung *f* (от P gegen); **~ни́тельный** [14] verhütend; Vorbeugungs..., Sicherheits..., Schutz...; **~ня́ть** [28], <~ни́ть> [13] (от P) behüten, (be-)schützen (vor *dat.*), verhüten, (*e-r Sache*) vorbeugen.
предпи|са́ние *n* [12] Vorschrift *f*, Anordnung *f*; **~сывать** (-'pi-) [1], <~са́ть> [3] vorschreiben, anordnen.
предпле́чье *n* [10] Unterarm *m*.
предпо|лага́ть [1], <~ложи́ть> [16] voraussetzen; vermuten; beabsichtigen, planen; ~лага́емый voraussichtlich, mutmaßlich; **~ложи́тельный** [14; -лен, -льна] vermutlich.
предпо́лье ⚔ *n* [10] Vorfeld.
предпосле́дний [15] vorletzt.
предпо|сыла́ть [1], <~сла́ть> [-шлю́, -шлёшь; -о́сланный] vorausschicken; **~сы́лка** *f* [5; *g/pl.*: -лок] Voraussetzung, Vorbedingung.
предпо|чита́ть [1], <~че́сть> [25; -чту́, -чтёшь; -чёл, -чла́; -чтённый] vorziehen, bevorzugen (Д vor *dat.*); **~чте́ние** *n* [12] Vorzug *m*, Bevorzugung *f*; по́льзоваться ~чте́нием bevorzugt werden; **~чти́тельный** [14; -лен, -льна] bevorzugt; ~чти́тельно vorzugsweise.
предприи́мчивый [14*K.*] unternehmungslustig, unternehmend, rührig.

предпринима́тель *m* [4] Unternehmer.

предпри|нима́ть [1], ‹**~ня́ть**› [-иму́, -и́мешь; -и́нял, -а́, -о; -и́нятый] unternehmen; **~я́тие** *n* [12] Unternehmung *f*.

предраспо|лага́ть [1], ‹**~ложи́ть**› [16] (im voraus) empfänglich (*od.* geneigt) machen; **~ложе́ние** *n* [12] (vorläufige) Empfänglichkeit *f*, Geneigtheit *f*, Disposition *f*.

предрассу́док *m* [1; -дка] Vorurteil *n*.

предрека́ть [1] *s.* предска́зывать.

предре|ша́ть [1], ‹**~ши́ть**› [16; -шу́, -ши́шь; -шённый] im voraus entscheiden.

председа́тель *m* [4] Vorsitzende(r), Präsident; **~ство** *n* [9] Vorsitz *m*, Präsidium; **~ствовать** [7] den Vorsitz führen, präsidieren.

предсе́рдие *n* [12] (*Anat.*) Vorkammer *f* des Herzens.

предска́|зывать [1], ‹**~за́ть**› [3] voraussagen, prophezeien.

предсме́ртный [14] (kurz) vor dem Tode (geschehend); Todes...

представи́тель *m* [4] Vertreter, Repräsentant; **~ный** [14; -лен, -льна] wohlgestalt(et), stattlich, repräsentabel; (*Pol.*) Repräsentativ...; **~ство** *n* [9] Vertretung *f*.

предста|вле́ние *n* [12] Vorstellung *f*; Aufführung *f*, Veranstaltung *f*, Darbietung *f*; Eingabe *f*, Bericht *m*; Begriff *m*; **~вля́ть** [28], ‹предста́вить› [14] *j-n* vorstellen; aufweisen; vorlegen; aufführen, dar-, vor-stellen; vertreten; vorschlagen (к Д für); bereiten (*fig.*); **~вля́ть** нагля́дно veranschaulichen; **~вля́ть** собо́й смесь (P) eine Mischung von ... darstellen; **-ся** (T) sich vorstellen (als); sich bieten; erscheinen; -ся больны́м sich krank stellen.

предста́тель *m* [4] Fürsprecher; **~ствовать** [7] Fürsprache einlegen (за В für).

предста́ть [-а́ну, -а́нешь; -а́нь(те)!] *pf.* (пе́ред T) vorstellig werden, erscheinen (vor *dat.*).

предстоя́|ть [*nur 3. Pers.*: -ои́т] bevorstehen; **~щий** bevorstehend, künftig.

предте́ча *m/f* [5] Vorläufer(in *f*) (*bsd. Bezeichnung für Johannes den Täufer*).

предубежде́н|ие *n* [12] Vorurteil; **~ный** (-ˈd͡ʒn-) [14] voreingenommen (про́тив P gegen).

предуведомля́ть [28], ‹предуве́домить› [14] vorher benachrichtigen (о П von).

предуга́дывать, ‹**~да́ть**› [1; -а́данный] im voraus erraten, voraussehen.

предумы́шленный [14] vorbedacht, vorsätzlich, absichtlich.

предупреди́тельный [14; -лен, -льна] zuvorkommend; vorbeugend; ⚕ prophylaktisch.

предупре|жда́ть [1], ‹**~ди́ть**› [15; -ежу́, -еди́шь; -еждённый] (B) *j-m* zuvorkommen (T bei *od.* in *dat.*); (*e-r Sache*) vorbeugen; *j-n* warnen (о П vor *dat.*); на́до его́ **~ди́ть** об э́том man muß ihn das wissen lassen *od.* ihn vorher davon benachrichtigen; **~жде́ние** *n* [12] Vorbeugung *f*; Vorbereitung *f* (о П auf *ac.*); **~жде́ние** бере́менности Fortpflanzungsverhütung *f*.

предусма́тривать [1], ‹предусмотре́ть› [9; -отрю́, -о́тришь; -о́тренный] vorher-, voraus-sehen; vorsehen, enthalten.

предусмотри́тельный [14; -лен, -льна] umsichtig.

предчу́в|ствие *n* [12] Vorgefühl, Ahnung *f*; **~ствовать** [7] vorempfinden, ahnen.

предше́ственник *m* [1] Vorgänger.

предше́ствовать [7] voran-, vorher-gehen; предше́ствующий vorangehend; vorangegangen.

предъя|ви́тель *m* [4] Vorzeiger; Überbringer; **~вля́ть** [28], ‹**~ви́ть**› [14] vorzeigen, vorweisen; (*Ansprüche*) geltend machen; † (*Wechsel*) präsentieren.

преды́ду́щий [17] vorhergehend, vorig.

прее́мник *m* [1] Nachfolger.

пре́жде 1. (*adv.*) vorher, zuerst, früher, ehemals; **2.** (*prp.*) (P) vor; ~ всего́ vor allem, vor allen Dingen, zu allererst, zunächst; **3.** (*cj.*) ~ чем bevor.

преждевре́менный [14; -нен, -нна] vor-, früh-zeitig; zu früh.

пре́жний [15] früher, ehemalig.

презира́ть [1], ‹презре́ть› [9] verachten, verschmähen, geringschätzen.

презре́н|ие *n* [12] Verachtung *f* (к Д gegen); **~ный** [14; -ре́н, -ре́на] verächtlich; schnöde; (*scherzhaft*) ~ный мета́лл *m* Geld *n*, schnöder Mammon.

презри́тель|ность *f* [8] Verächtlichkeit; **~ный** [14; -лен, -льна] verächtlich.

преизбы́ток *m* [1; -тка] großer Überfluß.

преиму́щест|венный [14] hauptsächlich, überwiegend; Vorzugs...; ~венно vorzugsweise; **~во** *n* [9] Vorzug *m*, Vorrecht; по ~ву vorzugsweise.

преиспо́д|ний [15] allerunterst; (*Myth.*) ~няя *f* Unterwelt.

прейскура́нт *m* [1] Preis-kurant, -liste *f*, -verzeichnis *n*; ~ ви́н(ам) Weinliste *f*.

преклон|е́ние *n* [12] Beugung *f*, Neigen; Verehrung *f*; **~ность** (-ˈkłɔn-) *f* [8] Hinfälligkeit (*des Alters*); **~ный** (-ˈkłɔn-) [14] hinfällig, vorgerückt (*Alter*); **~я́ть** [28], <~и́ть> [13] beugen, neigen; **-ся** sich beugen (пе́ред Т vor *dat.*); verehren, vergöttern.

прекосло́|вие *n* [12] Widerspruch *m*; **~вить** [14] widersprechen; он всегда́ ~вит er will immer das letzte Wort haben.

прекра́сный [14; -сен, -сна] schön, herrlich; vortrefflich, ausgezeichnet, sehr gut, sehr wohl.

прекра|ща́ть [1], <~ти́ть> [15; -ащу́, -ати́шь; -ащённый] abbrechen, einstellen, aufhören (mit); (*Arbeit*) niederlegen; (*Streit*) beilegen; aufgeben; **-ся** aufhören, sich auflösen.

преле́ст|ный [14; -тен, -тна] reizend, wunderschön; **~ь** (ˈpr̦e-) **1.** *f* [8] Reiz *m*; **2.** (*adv.*) reizend, entzückend.

прело|мля́ть [28], <~ми́ть> [14; -млённый] brechen; **-ся** sich brechen (*Strahlen*).

пре́лый [14*K.*] faul(ig).

прель|ща́ть [1], <~сти́ть> [15; -льщу́, -льсти́шь; -льщённый] verführen, verlocken, reizen, fesseln; **-ся** sich verführen (*od.* reizen) lassen (Т durch).

прелю́дия ♪ *f* [7] Präludium *n*, Vorspiel *n*.

преми́лый [14] allerliebst.

премину́ть *s.* минова́ть.

преми|рова́ть [7] (*im*)*pf.* prämiieren (Т mit); **~я** (ˈpr̦e-) *f* [7] Prämie; Beilage, Zugabe.

прему́дрый [14*K.*] allweise.

премье́р *m* [1] (*Pol.*) Premier, Erste(r); ~-мини́стр *m* Premierminister; **~а** *f* [5] (*Thea.*) Premiere, Ur-, Erst-aufführung.

пренебре|га́ть [1], <пренебре́чь> [26; г, ж *statt* к, ч] (Т) vernachlässigen, verschmähen, mißachten; **~же́ние** *n* [12] Vernachlässigung *f*, Verschmähung *f*; **~жи́тельный** [14; -лен, -льна] verächtlich, geringschätzig.

пре́ния *n/pl.* [12] Streit *m*; (*Parlament*) Debatte *f*.

преоблада́ть [1] vorherrschen; ~ над (Т) überwiegen.

преобра|жа́ть [1], <~зи́ть> [15; -ажу́, -ази́шь; -ажённый] umgestalten, verändern; **-ся** sich verwandeln; sich verklären; **~же́ние** *n* [12] Umgestaltung *f*; ~же́ние госпо́дне Verklärung *f* Christi.

преобразо|ва́тель *m* [4] Reformator; ⊕ Umformer; **~вывать** (ˈzɔ) [1], <~ва́ть> [7] umgestalten, umbilden, reformieren, reorganisieren.

преодо|лева́ть [1], <~ле́ть> [8] überwinden, überwältigen.

препари́ровать [7] (*im*)*pf.* (*Anat.*) präparieren.

препина́|ние *n* [12]: (*Gram.*) знак *m* ~ния Interpunktionszeichen *n*.

препира́ться [1] (*mit j-m*) streiten, disputieren, rechten.

преподава́ние *n* [12] Unterricht *m*; Vortrag *m*.

преподава́тель *m* [4] Lehrer (*an höheren Schulen, Universität*).

преподава́ть [5] unterrichten, lehren.

препо́на *f* [5] Hindernis *n*.

препору|ча́ть [1], <~чи́ть> [16] anvertrauen, übertragen.

препрово|ди́лка F *f* [5; *g/pl.*: -лок] Begleitschreiben *n*; **~ди́тельный** [14] beifolgend, beiliegend; Begleit...; **~жда́ть** [1], <~ди́ть> [15; -ожу́, -оди́шь; -ождённый] übersenden, -mitteln; wegbringen, fortschaffen (*Häftling*); **~жде́ние** *n* [12] Übersendung *f*; ~жде́ние вре́мени Zeitvertreib *m*.

препя́т|ствие *n* [12] Hindernis; **~ствовать** [7], <вос-> (Д/в П) *j-n* hindern (an *dat.*), *j-m* hinderlich sein bei.

прерва́ть *s.* прерыва́ть.
перека́ние *n* [12] Reiberei *f*, Streitigkeit *f*, Wortstreit *m*.
пре́рия *f* [7] Prärie.
прерогати́ва *f* [5] Vorrecht *n*.
преры|ва́тель ⚡ *m* [4] Unterbrecher; **~ва́ть** [1], <прерва́ть> [-ву́, -вёшь; -а́л, -а́ла́, -о; пре́рванный (-ан, -а́, -о)] unterbrechen; **~ви́стый** (-ˈrʲi-) [14*K*.] abgebrochen; holp(e)rig (*Stil*).
пресе|ка́ть [1], <пресе́чь> [26; *pt. st.*] einstellen, abschneiden; verhindern; **-ся** aufhören; abbrechen; stocken (*Stimme*); **~че́ние** *n* [12] Verhinderung *f*.
пресле́до|вание *n* [12] Verfolgung *f*; **~ватель** *m* [4] Verfolger; **~вать** [7] verfolgen, *j-m* nachstellen.
преслову́тый [14] viel zitiert *od.* angeführt; berüchtigt.
пресмыка́ться [1] kriechen (*a. fig.*); пресмыка́ющееся (живо́тное) Kriechtier *n*, Reptil *n*.
пресно|ва́тый [14*K*.] süßlich (*Wasser*); wenig gesäuert (*Brot*); **~во́дный** [14] Süßwasser...
пре́сный [14; -сен, -сна́, -о] süß (*Wasser*); ungesäuert (*Brot*); (*fig.*) fade, ohne Pointe.
преспоко́йно seelenruhig.
пресс *m* [1] Presse *f* (*Werkzeug*); ˈ**~а** *f* [5] (*Zeitungs-*)Presse; **~-конфере́нция** *f* [7] Pressekonferenz; **~ова́ть** [7], <с-, от-> pressen; **~-папье́** *n* [*unv.*] Briefbeschwerer *m*; Löscher *m*.
престаре́лый [14] bejahrt, hochbetagt.
прести́ж *m* [1] Prestige *n*, Ansehen *n*.
престо́л *m* [1] Thron; Altar (*im Allerheiligsten*); **~онасле́д(ован)ие** *n* [12] Thronfolge *f*; **~ьный** [14] Thron...; Altar...; (*ehm.*) ~ьный го́род *m* Residenzstadt *f*.
престу|па́ть [1], <~пи́ть> [14] (*Gesetz usw.*) übertreten, verletzen; **~пле́ние** *n* [12] Übertretung *f*, Verletzung *f*; Verbrechen, Freveltat *f*; на ме́сте ~пле́ния auf frischer Tat; **~пник** (-ˈstup-) *m* [1] Verbrecher; вое́нный ~пник Kriegsverbrecher.
пресыща́ть [1], <пресы́тить> [15; -сы́щу; -сы́щенный] übersättigen.
претво|ря́ть [28], <~ри́ть> [13] um-, ver-wandeln, umsetzen; ~ря́ть в жизнь verwirklichen.
претендова́ть [7] (на В) sich bewerben (um), Anspruch machen *od.* erheben (auf *ac.*), beanspruchen.
прете́н|зия *f* [7] Prätention, Anspruch *m* (на В *od.* к Д auf *ac.*), Forderung; без (безо вся́ких) ~зий anspruchslos; я за э́то не в ~зии на вас ich nehme es Ihnen nicht übel.
претер|пева́ть [1], <~пе́ть> [10] erdulden, ertragen.
прети́ть [15; *nur 3. Pers.*: -и́т] zuwider sein.
преткнове́ни|е *n* [12]: ка́мень *m* ~я Stein des Anstoßes.
преть [8] **1.** <взо-> F schwitzen; **2.** <со-> (ver)faulen; **3.** <у-> *v/i.* dämpfen, schmoren.
преувели|че́ние *n* [12] Übertreibung *f*; **~чивать** (-ˈʲi-) [1], <~чить> [16] übertreiben.
преуспева́ть [1], <преуспе́ть> [8] gedeihen, Fortschritte machen (в П in *dat.*).
пре́фикс *m* [1] (*Gram.*) Präfix *n*, Vorsilbe *f*.
прехоро́шенький [16] allerliebst.
прецеде́нт *m* [1] Präzedenzfall, früherer Fall.
при (П) bei; an; unter (der Regierung), zur Zeit; im Beisein; ~ мне bei mir; in meiner Gegenwart; ~ нём in seiner Umgebung; ~ всём том bei alledem, dessenungeachtet; ~ э́том dabei; ~ ору́жии in Waffen, bewaffnet; † ~ сём (письме́) anbei, bei-, in-liegend.
при... (*in Zssgn*) an..., heran..., herbei..., hinzu...; ein wenig; *a.* an ... gelegen, *z. B.* ♀аму́рье *n* [10] Amurgebiet.
приба́|вка *f* [5; *g/pl.*: -вок] Zulegen *n*; Zulage, Zugabe; **~вля́ть** [28], <~вить> [14] (hin)zu-legen, -tun, -fügen; ~вля́ть шагу den Schritt beschleunigen *od.* verdoppeln; **-ся** hinzukommen; zunehmen (*Tag usw.*); **~вочка** *f* [5; *g/pl.*: -чек] kleine Zugabe; **~вочный** [14] (hin)zugefügt; Mehr...
прибалти́йский [16] an der Ostsee gelegen, baltisch, Ostsee...
прибау́тка *f* [5; *g/pl.*: -ток] Redensart; Witz-, Scherz-wort *n*.
прибе|га́ть [1] **1.** <~жа́ть> [4; -егу́, -ежи́шь, -егу́т] herbei-, hinzulaufen; **2.** <прибе́гнуть> [20] (к Д) sich wenden (an *ac.*); seine Zuflucht

nehmen (zu); **~жище** (-'ʒɛ-) *n* [11] Zuflucht(sort *m*) *f*, Asyl.

приберега́ть [1], ‹прибере́чь› [26; г, ж *statt* к, ч] beiseitelegen, (auf)sparen.

прибере́жье *n* [10] Uferland, Küstenstrich *m*; Strand *m*.

приби|ва́ть [1], ‹приби́ть› [-бью́, -бьёшь; -бе́й(те)!; -би́тый] annageln, anschlagen; niederschlagen (*vom Hagel*); P durchprügeln; **~вка** (-'ʒif-) *f* [5] Annageln *n*, Anschlagen *n*.

прибира́ть [1], ‹прибра́ть› [-беру́, -рёшь; -бра́л, -а́, -о; при́бранный (-ан, -а́, -о)] aufräumen; ~ к рука́м *od.* к себе́ an sich reißen, sich aneignen; **-ся** sich zurechtmachen; sich (her)ausputzen.

приби́ть *s.* прибива́ть.

прибли|жа́ть [1], ‹прибли́зить› [15] (В/к Д *et. e-r Sache*) nähern, näher bringen; **-ся** sich nähern, heranrücken; **~жённый** [14] (к Д *j-m*) nahestehend, vertraut; ~жённые *m/pl.* Umgebung *f*; **~зи́тельный** [14; -лен, -льна] annähernd, ungefähr; '**~зить** *s.* приближа́ть.

приблу́дный P [14] zugelaufen.

прибо́й *m* [3] Brandung *f*, Wellenschlag.

прибо́р *m* [1] Vorrichtung *f*, Gerät *n*; (Tisch-)Besteck *n*, Gedeck *n*; насто́льный ~ Tafelaufsatz; пи́сьменный ~ Schreibzeug *n*; ча́йный ~ Tee-geschirr *n*, -zeug *n*.

прибра́ть *s.* прибира́ть.

прибре́жный [14] am Ufer gelegen; Ufer..., Strand..., Küsten...

прибы|ва́ть [1], ‹прибы́ть› [-бу́ду, -дешь; при́был, -а́] anlangen, -kommen, eintreffen (в В in *dat.*); einlaufen (к Д bei); wachsen, zunehmen; steigen (*Wasser*); **~ль** ('prʲi-) *f* [8] Gewinn *m*, Vorteil *m*, Nutzen *m*; Zunahme; Steigen *n* (*des Wassers*); **~тие** (-'bɨ-) *n* [12] Ankunft *f*, Eintreffen; **~ток** (-'bɨ-) *m* [1; -тка] Gewinn; **~ть** *s.* прибыва́ть.

прива́|живать [1], ‹~дить› [15] gewöhnen (к Д an *ac.*); ~живать к рука́м zähmen.

прива́л *m* [1] Anlegen *n* (*ans Ufer*); ⚔ Halt, Rast *f*; **~ивать** [1], ‹~и́ть› [13; -алю́, -а́лишь; -а́ленный] (sich) heranwälzen; herbeiströmen; anlegen (*ans Ufer*).

прива́рок *m* [1; -рка] Dazugekochte(s) *n*, Zutat *f*; ⚔ warme Verpflegung *f*.

приведе́ние *n* [12] Her(bei)führen; ~ в поря́док Instandsetzung *f*.

привезти́ *s.* привози́ть.

приверед|ливый [14*K*.] wählerisch, mäk(e)lig; **~ничать** [1] mäkeln, tadeln.

приве́ржен|ец *m* [1; -нца] Anhänger; **~ный** [14*K*.] anhänglich, zugetan.

приве́с *m* [1] Gewichtszunahme *f*; **~ить** *s.* приве́шивать; **~ок** *m* [1; -ска] Anhängsel *n*.

привести́ *s.* приводи́ть.

приве́т *m* [1] Gruß; ~! willkommen!, guten Tag!; **~ливый** [14*K*.] leutselig, freundlich, zuvorkommend (к Д gegen); **~ственный** [14] bewillkommnend; Begrüßungs...; **~ствовать** [7; *pt. a. pf.*] begrüßen, bewillkommnen.

приве́|шивать [1], ‹~сить› [15] anhängen.

приви|ва́ть [1], ‹приви́ть› [-вью́, -вьёшь; -и́л, -и́ла́, -о; -ве́й(те)!; -и́тый *u.* -ито́й (-и́т, -а́, -о)] ⚘ pfropfen; impfen; **-ся** sich durchsetzen, Fuß fassen; '**~вка** *f* [5] ⚘ Pfropfen *n*; (~вка о́спы Pocken-) Impfung; '**~вок** ⚘ *m* [1; -вка] Pfropfreis *n*.

привиде́|ние *n* [12] Gespenst, Erscheinung *f*; **~ться** (-'ʒi-) [9; *unpers.*] erscheinen (*im Traum*); мне ~лось mir träumte *od.* es träumte mir.

привилегиро́ванный [14] privilegiert, bevorrechtigt.

приви́н|чивать [1], ‹~ти́ть› [15; -нчу́, -нти́шь] an-, fest-schrauben.

при|вира́ть [1], ‹~вра́ть› [-вру́, -врёшь; -вра́л, -а́, -о; при́вранный (-ан, -а́, -о)] aufschneiden, übertreibend lügen.

Приви́сленье *n* [10] Weichselgebiet.

приви́тие *n* [12] *s.* приви́вка.

приви́ть *s.* привива́ть.

при́вкус *m* [1] Bei-, Nachgeschmack.

привлека́тельный [14; -лен, -льна] anziehend, anmutig, reizend.

привлека́ть [1], ‹привле́чь› [26] (к Д) heran-, herbei-ziehen; anlocken, -ziehen (zu); ~ к суду́ vor Gericht ziehen.

привнос́ить [15], <привнест́и> [25; *durchweg* с *statt* д, л: -нес́у; -нёс, -сл́а] (*fig.*) beitragen, einflechten.

прив́од *m* [1] Herbeiführung *f*; ⚖ zwangsweise Vorführung *f*; ⊕ Antrieb; ручн́ой ~ Handbetrieb; ~ к прис́яге Vereidigung *f*; **~́ить** [15], <привест́и> [25] her(bei)-führen, -bringen; anführen, zitieren; (в В *od.* к Д) bringen (in *ac. od.* unter *ac. od.* zu); (ver)setzen (in *ac.*); ~́ить в д́ействие antreiben; ~́ить к прис́яге vereidigen; **-ся** sich ereignen *od.* fügen; ему́ привел́ось мн́ого в́ыстрадать er mußte viel leiden; **~н́ой** ⊕ [14] Treib..., Antriebs..., Transmissions...

прив́оз *m* [1] Einfuhr *f*, Import; **~́ить** [15], <привезт́и> [24] herbeifahren, -führen, (her)bringen (*mit dem Wagen*); importieren; ~́ить с соб́ой mitführen; **~н́ой, ~ный** [14] ein-, zu-geführt; Einfuhr..., Import...

прив́ой ⚘ *m* [3] Pfropfreis *n.*

прив́оль|е *n* [10] weite, offene Fläche *f*; (*fig.*) Behaglichkeit *f*, volle Freiheit; **~ный** [14] behaglich, gemächlich.

приво|р́аживать [1], <~рож́ить> [16; -жу́, -ж́ишь; -жённый] bezaubern, bestricken; **~р́отный** [14] Zauber...

приврáтник † *m* [1] Pförtner, Türhüter.

приврáть *s.* привирáть.

привставáть [5], <привстáть> [-стáну, -нешь; -стáнь(те)!] ein wenig aufstehen.

привходя́щий [17] einschlägig, hingehörig, Neben...

привы|кáть [1], <привы́кнуть> [21] sich gewöhnen (к Д an *ac.*); я привы́к к э́тому ich bin daran gewöhnt; **~чка** (-'vitʃ) *f* [5; *g/pl.*: -чек] Gewohnheit, Angewohnheit...

привя́занный [14; -ан, -ана] angebunden; anhänglich, zugetan.

привязáть *s.* привя́зывать.

привя́зчивый [14*K.*] anhänglich; aufdringlich, lästig.

привя́|зывать [1], <~зáть> [3] (к Д) anbinden, befestigen (an *dat.*); fesseln (an *ac.*); **-ся** (к Д) *j-m* anhängen; *j-m* zugetan sein; sich lästig anschließen (an *ac.*); (mit *j-m*) anbinden, Händel suchen; et. auszusetzen haben (an *dat.*); **~зь** ('prị-) *f* [8] Strick *m*, Leine.

пригáр F *m* [1] angebrannte (verkohlte) Stelle *f* (*an Gebratenem usw.*); **~ь** ('prị-) *f* [8] brandiger Geruch *m* (*Geschmack*).

пригво|ждáть [1], <~зд́ить> [15; -ожу́, -озд́ишь; -ождённый] annageln.

пригибáть [1], <пригну́ть> [20] herunterbiegen, beugen.

приглá|живать [1], <~дить> [15] glattstreichen.

пригла|с́ительный [14] einladend; Einladungs...; **~шáть** [1], <~с́ить> [15; -ашу́, -ас́ишь; -ашённый] einladen, auffordern (на В *od.* к Д zu).

приглуш|́ать [1], <~́ить> [16; -шу́, -ш́ишь; -шённый] (*Feuer*) ersticken; ♪ dämpfen; betäuben (*Fisch*).

пригля́|дка *f* [5]: (*scherzhaft*) пить чай в ~дку Tee trinken, indem man den Zucker „ansieht" (*bei Knappheit*); **~дывать** [1], <~д́еть> [11] achtgeben (за Т auf *ac.*); **-ся** (к Д) genau betrachten; sich durch öfteres Sehen gewöhnen an (*ac.*).

пригнáть *s.* пригоня́ть.

пригну́ть *s.* пригибáть.

приго|вáривать [1], <~вор́ить> [13] verurteilen (к Д zu); ~вáривать *impf.* dabei reden (*bei einer anderen Tätigkeit*).

пригов́ор *m* [1] Urteil(sspruch *m*) *n*; заóчный ~ Verurteilung *f* in Abwesenheit; оправдáтельный ~ Freispruch.

приѓодный [14; -ден, -дна] tauglich, brauchbar; passend.

приѓожий [17*K.*] schön, hübsch; tauglich.

приѓон *m* [1] Heimtreiben *n*; Stall, Hürde *f*; **~ка** *f* [5] Heran-, Herbei-treiben *n*; Anpassen *n*; ⚔ Verpassen *n* (*v. Bekleidung*); **~я́ть** [28], <пригнáть> [-гоню́, -ѓонишь; -гнáл, -áлá, -о; пр́игнанный (-ан, -á, -о)] heran-, herbei-treiben; (genau) an-, ein-, zs.-passen.

приго|рáть [1], <~р́еть> [9; *nur 3. Pers.*] anbrennen; **~р́елый** [14] angebrannt, brandig.

пр́игород *m* [1] Vorort, Vorstadt *f.*

пригор́ок *m* [1; -рка] Hügel.

пр́иѓоршня *f* [6; *g/pl.*: -ней *u.* -шен] hohle Hand(voll); ~ми mit vollen Händen, reichlich.

пригорю́|ниваться [1], <~ниться> [13] betrübt (*od.* traurig) sein.

пригота́вливать [1] *s.* приготовля́ть.

пригото|ви́тельный [14] Vorbereitungs..., Vor...; **~вле́ние** *n* [12] Vorbereitung *f*; Zubereitung *f*, Anfertigung *f*; без ~вле́ния unvorbereitet, aus dem Stegreif; vom Blatt weg (*spielen*); **~вля́ть** [28], <пригото́вить> [14] (**-ся** sich) vorbereiten (к Д *od.* для Р zu); (zu-) bereiten, (fertig) machen, anfertigen.

пригрева́ть [1], <пригре́ть> [8; -е́тый] erwärmen; ~ змею́ на груди́ (*Spr.*) eine Schlange am Busen nähren.

пригу́бить F [14] *pf.* nippen (В an *dat.*).

придава́ть [5], <прида́ть> [-да́м, -да́шь, -да́ст, -дади́м, -дади́те, -даду́т; при́дал, -а́, -о; при́данный (-ан, -а́, -о)] zugeben; verleihen, beilegen; ~ значе́ние Wert legen (Д auf *ac.*).

прида́|вливать [1], <~ви́ть> [14] niederdrücken; quetschen.

прида́|ное [14] Mitgift *f*, Aussteuer *f*; **~ток** *m* [1; -тка] Zugabe *f*; Anhängsel *n*; **~точный** [14] (hinzu)gegeben; (*Gram.*) ~точное предложе́ние *n* Nebensatz *m*.

прида́ть *s.* придава́ть.

прида́ча *f* [5] Zugabe, Zuschlag *m*; в прида́чу als Zugabe, obendrein.

придвига́ть [1], <придви́нуть> [20] (her)anrücken (к Д an *ac.*).

придво́рный [14] Hof...; Hofmann *m*, Höfling *m*.

приде́л *m* [1] Nebenaltar; **~ка** *f* [5] Anmachen *n*, Ansetzen *n*; **~ывать**, <~ать> [1] an-machen, -setzen.

приде́рживать [1], <придержа́ть> [4] an-, zurück-halten; ~ язы́к F die Zunge im Zaum halten; **-ся** *impf.* (Р) sich festhalten an (*dat.*); (*fig.*) bleiben (Р bei *e-r Meinung usw.*); -ся пра́вой стороны́ sich rechts halten.

приди́р|а F *m/f* [5] Meckerer *m*, Nörgler(in *f*); **~а́ться** [1], <придра́ться> [-деру́сь, -рёшься; -дра́лся, -ала́сь, -а́лось] (к Д) Händel (*od.* Streit) suchen, anbinden (mit); nörgeln (an *dat.*); ~а́ться к слу́чаю die Gelegenheit beim Schopf packen; **~ка** *f* [5; *g/pl.*: -рок] Händelsuchen *n*; Nörgelei, Schikane; **~чивый** [14*K.*] händelsüchtig.

придоро́жный [14] am Wege gelegen.

придра́ться *s.* придира́ться.

приду́|мывать, <~мать> [1] ausdenken, sinnen auf (*ac.*); ~мать *pf.* ersinnen.

придур|кова́тый [14*K.*] einfältig, beschränkt; **~ь** ('pr̦i-) *f* [8] Albernheit, närrisches Wesen *n*; с ~ью F bockig, mit Mucken (*z.B. Pferd.*)

придуши́ть [16] *pf.* erwürgen.

приды|ха́ние *n* [12] (*bsd. Ling.*) Hauch *m*, Aspiration *f*; **~ха́тельный** [14] (*Ling.*) aspiriert, gehaucht; Hauch...

приеда́ть [1], <прие́сть> [-е́м, -е́шь, -е́ст, -еди́м, -еди́те, -едя́т] (alles) aufessen; **-ся** überdrüssig (*od.* zuwider) werden.

прие́з|д *m* [1] Ankunft *f* (*mit dem Wagen*); **~жа́ть** [1], <прие́хать> [-е́ду, -е́дешь] (an)kommen, angereist kommen, anlangen (*mit dem Wagen*); **~жий** [17] angereist; Angereiste(r) *m*, Fremde(r) *m*.

приём *m* [1] Empfang; Annahme *f*; Aufnahme *f*; Dosis *f*; Handgriff; Verfahren *n*, Vorgehen *n*, Manier *f*; в оди́н ~ mit e-m Griff, auf e-n Zug; в два ~а mit zweimal, mit zweimal Ansetzen (*z.B. austrinken*); **~ка** *f* [5] Empfangen *n*; Empfang *m*; Abnahme; **~ник** *m* [1] Empfänger; *bsd.* Behälter; ⊕ Empfangsapparat; **~ный** [14] Annahme..., Empfangs...; Adoptiv..., Pflege...; ~ная *f* Empfangszimmer *n*; ~ный час *m* Sprechstunde *f*; ~ный экза́мен *m* Aufnahmeprüfung *f*; ~ный поко́й *m* Rettungswache *f*; Lazarett *n*; **~ыш** *m* [1; *g/pl.*: -шей] Pflegekind *n*.

прие́сть *s.* приеда́ть.

прие́хать *s.* приезжа́ть.

прижа́ть *s.* прижима́ть.

прижéчь *s.* прижига́ть.

прижи|ва́лка *f* [5; *g/pl.*: -лок], **~ва́льщик** *m* [1], Gnadenbrotempfänger(in *f*); **~ва́ть** [1], <прижи́ть> [-иву́, -ивёшь; при́жил, -а́, -о; -ито́й *u.* -и́тый (прижи́т, -а́, -о)] Р (*mst. außerehelich Kinder*) zeugen; **-ся** sich einleben, einwohnen, sich akklimatisieren.

при|жига́ть [1], <~жéчь> [26; -жгу́, -жжёшь; -жгу́т; -жжённый] P anbrennen lassen (*Speisen*); (*Wunde*) ausbrennen.

прижи́зненный [14] noch bei Lebzeiten (geschehen).

прижим|áть [1], <прижáть> [-жмý, -жмёшь; -áтый] (an-) drücken (к Д an *ac.*); verfolgen, schikanieren; **-ся** sich anschmiegen (к Д an *ac.*); **~ка** (-ˈʒɨm-) *f* [5; *g/pl.*: -мок] Andrücken *n*; Schikane.

прижи́ть *s.* приживáть.

приз *m* [1] Preis (*bei Wettrennen usw.*); ⚓ Prise *f*, Beute *f*.

призадý|мываться, <~маться> [1] ein wenig nachdenken (над Т über *ac.*), in Gedanken versinken.

призвá|ние *n* [12] Beruf *m*; Berufung *f*; **~ть** *s.* призывáть.

призéмистый [14*K.*] niedrig (wachsend); untersetzt.

приземл|éние ✈ *n* [12] Landung *f*; **~я́ться** [28], <~и́ться> [13] (*aus der Luft*) landen.

призёр *m* [1] (*Sport*) Preisträger.

призна|вáть [5], <признáть> [1; при́знанный] (Т *od.* за В) anerkennen (als), erklären, finden (für); wiedererkennen; **-ся** (в П) (ein)gestehen; признáться (сказáть) *od.* признаю́сь offen (*od.* aufrichtig) gestanden; **~к** (ˈpri-) *m* [1] Kennzeichen *n*, Merkmal *n*; **~ние** (-ˈzna-) *n* [12] Anerkennung *f*; Geständnis; ~ние в винé Schuldbekenntnis; ~ние в любви́ Liebesgeständnis; **~тельный** (-ˈzna-) [14; -лен, -льна] dankbar, erkenntlich.

признáть *s.* признавáть.

призовóй [14] Preis...; ⚓ Prisen...

призóр *m* [1] Aufsicht *f*.

при́зра|к *m* [1] Erscheinung *f*, Trugbild *n*, Phantom *n*; Gespenst *n*; **~чный** [14; -чен, -чна] illusorisch, eingebildet; Schein...

призревáть [1], <призрéть> [призрю́, при́зри́шь; при́зренный] (ver)pflegen, versorgen.

призы́в *m* [1] Herbeirufen *n*; Ruf, Aufruf, Appell; ⚔ Einberufung *f*, Aufgebot *n*; Лéнинский ~ Leninaufgebot *n* (*Masseneintritt in die Kommunistische Partei im Todesjahr Lenins*); **~áть** [1], <призвáть> [-зовý, -зовёшь; -звáл, -á, -о; при́званный] (herbei)rufen; vorladen (к Д vor *Gericht*); ⚔ einberufen, einziehen; при́званный berufen, zuständig; **~нóй** [14] (herbeirufend; Ruf...; ⚔ Einberufungs...; Militärpflichtige(r) *m*.

при́иск *m* [1] Fundgrube *f*, Fundort; золоты́е ~и *pl.* Goldgrube *f*; **~ивать** (-ˈis-) [1], <~áть> [3] aufsuchen, auffinden, ausfindig machen, ermitteln.

прийти́ *s.* приходи́ть.

прикáз *m* [1] Befehl, Order *f*; (*ehm.*) Behörde *f*, Amt *n*; по ~у im Auftrag; ~ по áрмии Armeebefehl; **~áть** *s.* прикáзывать; **~ный** [14] (*hist.*) Kanzlei...; ~ная строкá *f* (*ver.*) Schreiberseele; **~чик** *m* [1] Kommis, Handlungsgehilfe, Verkäufer; † Verwalter; **~ывать** [1], <~áть> [3] befehlen, gebieten; что прикáжете? was steht zu Diensten?, was ist gefällig?; что прикáжете дéлать? was soll man nun tun?, was ist zu machen?; приказáл дóлго жить (*fig.*) er ist gestorben; † (*auf Wechseln*) и́ли комý он прикáжет oder an dessen Order.

при|кáлывать [1], <~колóть> [17] (*mit Nadeln*) anstecken; totstechen.

прикáнчивать [1], <прикóнчить> [16] *j-m* den Garaus machen.

прикáрмливать [1] ködern; Zusatznahrung geben.

прикасáться [1], <прикосну́ться> [20] (к Д) an-, be-rühren, anfassen.

прикá|тывать [1], <~ти́ть> [15] heran-, herbei-rollen, -wälzen.

прики́|дывать [1], <~нуть> [20] hinzuwerfen, zulegen; anpassen, anprobieren; (в умé) nachrechnen; (на весáх) abwägen; ~дывать на глаз nach dem Augenmaß abschätzen; **-ся** sich verstellen; (Т *den Dummen usw.*) spielen.

прикла́д *m* [1] Zutaten *pl.* (*zu e-m Kleid*); Kolben (*am Gewehr*); **~ка** ⚔ *f* [5] Anschlag *m*; ~ка с колéна kniend(er Anschlag); ~ка лёжа liegend(er Anschlag); ~ка с руки́ freihändig(er Anschlag); ~ка стóя stehend(er Anschlag); ~ка с упóра aufgelegt(er Anschlag); **~нóй** [14] angewandt, praktisch (*Wissenschaft*); **~ывать** [1], <приложи́ть> [16] (к Д) (hin)zulegen (zu); (an)legen (an *ac. od.* auf *ac.*); ~ывать печáть das Siegel beidrücken; **-ся:** -ся ко крестý das Kreuz küssen.

приклé|ивать [1], <~ить> [13] an-kleben, -leimen; **~йка** *f* [5;

g/pl.: -éек] Anklebung, Anleimung; Angeklebte(s) *n*, Angeleimte(s) *n*.

прикло|ня́ть [28], <~ни́ть> [13; -оню́, -о́нишь; -онённый] neigen, senken; ему́ не́где го́лову ~ни́ть F er ist obdachlos.

приклю|ча́ться [1], <~чи́ться> [16; *nur 3. Pers.*: -и́тся] sich ereignen, geschehen; **~че́ние** *n* [12] Ereignis, Vorfall *m*; Abenteuer; любо́вное ~че́ние Liebesabenteuer; **~че́нческий** [16] abenteuerlich; Abenteuer...

прико́|вывать [1], <~ва́ть> [7; -кую́, -куёшь] anschmieden; anketten; (*fig.*) an sich ziehen, fesseln.

прико|ла́чивать [1], <~лоти́ть> [15] anschlagen, annageln.

приколо́ть *s.* прика́лывать.

прикомандиро́|вывать [1], <~ва́ть> [7] (к Д) abkommandieren (zu); *j-m* zuteilen *od.* beigeben.

прико́нчить *s.* прика́нчивать.

прико́рм F *m* [1], **~ка** *f* [5] Beifutter *n* (*Vieh*); Zusatznahrung *f*.

прикоснове́н|ие *n* [12] Berührung *f*; **~ность** *f* [8] Beteiligung (к Д an *dat.*); **~ный** [14] beteiligt (к Д an *dat.*).

прикосну́ться *s.* прикаса́ться.

прикра́|са *f* [5] (*mst pl.*) (*fig.*) Ausschmückung; Beschönigung; без ~с ungeschminkt, unverblümt.

прикра́|шивание *n* [12] Schönfärberei *f*, Beschönigung *f*; **~шивать** [1], <~сить> [15] (aus-) schmücken; beschönigen.

прикре|пи́тельный [14] Anmelde..., Überweisungs..., Zuteilungs...; **~пле́ние** *n* [12] Befestigung *f*; **~пля́ть** [28], <~пи́ть> [14; -плю́, -пи́шь; -плённый] befestigen; (к Д *j-m*) zuteilen; **-ся** sich eintragen lassen (к Д in *ac.*).

прикри́к|ивать [1], <~нуть> [20] (на В) anschreien.

прикры|ва́ть [1], <прикры́ть> [22] be-, ver-, zu-decken; (*fig.*) bemänteln; ~ва́ющий ⚔ Verschleierungs...; **~тие** (-ˈkri-) *n* [12] Be-, Ver-deckung *f*; Geleit; Schutzwache *f*; Deckmantel *m*.

при́куп *m* [1] Zukaufen *n*; Zukauf; (*Kartenspiel*) Kaufkarte *f*; **~а́ть** [1], <~и́ть> [14] zukaufen; (*Karten*) kaufen; **~ка** (-ˈkup-) *f* [5] *s.* при́куп; **~но́й** [14] zugekauft; Kauf...

прику́р|ивать [1], <~и́ть> [13; -курю́, -ку́ришь; -ку́ренный] (*eine Zigarette an e-r schon brennenden*) anrauchen.

прику́|с *m* [1] (*Anat.*) Zahnbiß, Zubiß; **~ска** *f* [5] Zubeißen *n*; пить чай в ~ску Tee trinken, wobei man den Zucker zerbeißt; **~сывать** [1], <~си́ть> [15] (da)zubeißen; ~сывать язы́к sich auf die Zunge beißen; (*fig.*) schweigen.

прила́вок *m* [1; -вка] Ladentisch.

прилага́тельное [14]: (*Gram.*) (и́мя) ~ *n* Eigenschaftswort, Adjektiv.

прилага́ть [1], <приложи́ть> [16] (к Д) (hin)zulegen (zu); (*e-r Sache*) beifügen; (*Sorgfalt usw.*) an-, verwenden (auf *ac.*); ⚚ прилага́емый beifolgend, beiliegend; приложи́ть *pf.* ру́ку unterzeichnen; ума́ не приложу́ *od.* приложи́ть не могу́ F ich kann's nicht fassen, da steht mir der Verstand still.

прила́|живать [1], <~дить> [15] anpassen, passend machen.

приле|га́ть [1] **1.** (к Д) anstoßen, angrenzen (an *ac.*); (на В) sich (an-)lehnen (an *ac.*); **2.** <приле́чь> [26; -ля́гу, -ля́жешь, -ля́гут; -лёг, -легла́; -ля́г(те)!] sich ein wenig (hin)legen; (на В) sich legen (auf *ac.*); **~жа́ние** *n* [12] Fleiß *m*; **~жа́щий** Å [17] Neben... (*Winkel*); **~жный** (-ˈʝɛʒ-) [14; -жен, -жна] fleißig.

приле|пля́ть [28], <~пи́ть> [14] ankleben.

прилёт *m* [1] Heranfliegen *n*; Strichzeit *f* (*der Vögel*).

прилет|а́ть [1], <~е́ть> [11] heran-, herbei-fliegen.

прилётный [14] herangeflogen; [Zug...]

приле́чь *s.* прилега́ть.

прили́|в *m* [1] Zufluß; Flut *f*; Andrang; **~ва́ть** [1], <~ть> **1.** [-лью́, -льёшь] *v/t.* (hin)zugießen; **2.** [*nur 3. Pers.*: -льёт; -и́л, -а́, -о] *v/i.* (hin)zu-fließen, -strömen; ~ва́ть к голове́ zu (*od.* in den) Kopf steigen.

прили́|зывать [1], <~за́ть> [3] belecken.

прилип|а́ть [1], <прили́пнуть> [21] kleben(bleiben) (к Д an *dat.*); anhaften; **~чивый** (-ˈʝip-) [14*K.*] ansteckend; kleb(e)rig.

прили́ть *s.* прилива́ть.

прили́ч|ие *n* [12] Anstand *m*, Schicklichkeit *f*; ~ия *pl.* Anstandsrücksichten *f/pl.*; из ~ия anstandshalber; **~ный** [14; -чен, -чна] anständig, angemessen, geziemend.

прило|жéние *n* [12] Bei-legen, -fügen; ✝ Beilage *f*, Anlage *f*; Anwendung *f* (к Д auf *ac.*); ~жéние печáти Beidrückung *f* des Siegels; **~жи́ть** *s.* приклáдывать, прилагáть.

примá|зывать [1], <~зать> [3] anleimen; **-ся** sich einschleichen (к Д in *ac.*), sich anbiedern.

примáн|ка *f* [5] Anlockung; Köder *m*; **~чивый** [14*K.*] anlockend.

примелькáться F [1] *pf.* (*durch häufiges Sehen*) *j-m* völlig gewohnt, ganz und gar bekannt werden.

приме|нéние *n* [12] Anwendung *f*; **~ни́мый** [14*K.*] anwendbar; **~ни́тельно** (к Д) in bezug auf (*ac.*), entsprechend (*dat.*); **~ня́ть** [28], <~ни́ть> [13; -ню́, -éнишь; -енённый] (к Д) anwenden (auf *ac.*); **-ся** sich richten (nach).

примéр *m* [1] Beispiel *n*; Muster *n*; не в ~ (Д) im Gegensatz zu; не в ~ лу́чше ungleich besser; он мне не ~ er ist für mich nicht maßgebend; приводи́ть ~ ein Beispiel anführen.

примерзáть [1], <примёрзнуть> [21] anfrieren.

примéр|ивать [1] <~ить> [13] anpassen, anprobieren; **~ка** *f* [5; *g/pl.*: -рок] Anprobieren *n*, Anprobe; **~ность** *f* [8] Musterhaftigkeit; **~ный** [14; -рен, -рна] musterhaft; Versuchs...; ~но beispielhaft; annähernd, ungefähr; **~я́ть** [28] *s.* примéривать.

при́месь *f* [8] Beimischung, Zusatz *m*.

примé|та *f* [5] Kennzeichen *n*, Merkmal *n*; ~ты *pl.* Signalement *n*; имéть на ~те im Auge haben; **~тить** *s.* примечáть; **~тливый** [14*K.*] aufmerksam; **~тный** [14; -тен, -тна] merklich; **~чáние** *n* [12] Bemerkung *f*; Anmerkung *f*; Fußnote *f*; **~чáтельный** [14; -лен, -льна] merkwürdig, bemerkenswert; **~чать** [1], <~тить> [15] bemerken, be(ob)achten, achtgeben auf (*ac.*).

примé|шивать, <~шáть> [1; -éшанный] beimischen, beimengen.

приминáть [1], <примя́ть> [-мну́, -мнёшь; -я́тый] zerdrücken, zertreten.

прими|рéние *n* [12] Aus-, Versöhnung *f*; **~ри́тельный** [14; -лен, -льна] aus-, ver-söhnend; Versöhnungs...; Einigungs...; **~ря́ть** [28], <~ри́ть> [13] aus-, versöhnen; (*fig.*) überbrücken; **-ся** (с Т) sich ergeben in (*ac.*), *et.* hinnehmen.

примкну́ть *s.* примыкáть.

примóр|ский [16] am Meer gelegen; See...; **~ье** *n* [10] Küstengebiet.

примости́ться F [15*e.*] *pf.* sich recht und schlecht hinhocken.

примóчка *f* [5; *g/pl.*: -чек] ⚕ Kompresse, Umschlag *m*.

при́мус *m* [1] Primuskocher (*Petroleumkocher*).

примчáть [4; -мчу́, -чи́шь] *pf.* schnell herbeibringen; **-ся** heranjagen, -sprengen.

примывáть [1], <примы́ть> [22] (her)anspülen.

прим|ыкáть [1], <~кну́ть> [20] (к Д) (sich) anschließen (an *ac.*).

принадлеж|áть [4; -жу́, -жи́шь] ([к] Д *j-m*) (an)gehören, zugehören (zu); **~ность** (-'lɛʒ-) *f* [8] Zugehörigkeit; ~ности *pl.* Zubehör *n*, Material *n*; Ausrüstung *f*; по ~ности wie es sich gehört; bei der zuständigen Behörde.

прине|сéние *n* [12] Bringen; ~сéние прися́ги Eidesleistung *f*; **~сти́** *s.* приноси́ть.

приникáть [1], <прини́кнуть> [21] sich niederducken; sich anschmiegen (к Д an *ac.*).

принимáть [1], <приня́ть> [приму́, -и́мешь; при́нял, -á, -о; при́нятый (-ят, -á, -о)] an-, entgegennehmen; empfangen; aufnehmen; (*Arznei*) einnehmen; ~ во вниманиe in Betracht (*od.* Erwägung) ziehen, berücksichtigen; ~ к свéдению zur Kenntnis nehmen; ~ на себя́ auf sich nehmen, übernehmen; ~ на свой счёт sich getroffen fühlen; ~ в дурну́ю стóрону übel aufnehmen; ~ мéры Maßregeln ergreifen *od.* treffen; ~ учáстие Anteil (*od.* teil)nehmen (в П an *dat.*); у нас не при́нято es ist bei uns nicht üblich; **-ся** [-ня́лся́, -лáсь] (за В) anfangen, sich anschicken; vornehmen, sich machen (an *ac.*); gedeihen (*Pflanzen*).

прино|ра́вливать [1], <~рови́ть> [14; -влю́, -ви́шь] anpassen (к Д *e-r Sache*); **-ся** sich richten (к Д nach).

приноси́ть [15], <принести́> [25; *durchweg* с *statt* д, л: -есу́; -ёс, -есла́] (dar)bringen; ein-bringen, -tragen; (*Früchte*) tragen; (*Dank*) abstatten; (*Eid*) leisten; (*Klage*) vorbringen; herantreiben; ~ в дар schenken.

прину|ди́ловка P *f* [5] Zwangsarbeit; **~ди́тельный** [14] Zwangs...; Kopplungs...; **~жда́ть** [1], <прину́дить> [15; -уждённый] zwingen, nötigen; **~ждённый** [14] gezwungen, geziert; ~ждённо gezwungenerweise.

при́нцип *m* [1] Prinzip *n*, Grundsatz.

приня́|тие *n* [12] An-, Entgegennahme *f*; Aufnahme *f*; ~тие прися́ги Eidesleistung *f*; **~тый** (ˈpṛi-) [14; -ят, -ята́, -ято] zugelassen; üblich; **~ть** *s.* принима́ть.

приобо|дря́ть [28], <~дри́ть> [13] auf-, er-muntern.

приобре|та́ть [1], <~сти́> [25; т *statt* д: -ету́; -бре́тший *u.* -брёвший; -бре́тши *u.* -бретя́] erwerben, erlangen, bekommen; **~те́ние** *n* [12] Erwerbung *f*, Erlangung *f*; Erwerb *m*, Errungenschaft *f*.

приоб|ща́ть [1], <~щи́ть> [16; -щу́, -щи́шь; -щённый] (к Д) hinzufügen (zu), (*e-r Sache*) einverleiben.

приоса́|ниваться [1], <~ниться> [13] eine würdevolle Haltung annehmen.

приоста|на́вливать [1], <~нови́ть> [14] (*eine Zeitlang*) einstellen, anhalten mit; aussetzen (*Urteil*); **-ся** stocken, anhalten; **~но́вка** *f* [5; *g/pl.*: -вок], **~новле́ние** *n* [12] Einstellung *f*, Anhalten, Stillstand *m*.

приохо́|чивать [1], <~тить> [15] (В) *j-m* Lust machen (к Д zu); **-ся** Lust bekommen (к Д zu).

припа|да́ть [1], <припа́сть> [25; *pt. st.*; -а́вший] (sich) nieder-, hinfallen (lassen); ~да́ть к нога́м zu Füßen fallen; **~до́к** (-ˈpa-) *m* [1; -дка] ⚕ Anfall; Anwandlung *f*.

припа́|ивать [1], <~я́ть> [28] anlöten: **~йка** *f* [5; *g/pl.*: -а́ек] Anlötung.

припа́рка *f* [5; *g/pl.*: -рок] Bähung; heißer Umschlag *m*.

припас|а́ть [1], <~ти́> [25; *durchweg* с *statt* д, л: -пасу́; -па́с, -ла́; -сённый] vorrätig anschaffen, sich versorgen mit; (*fig.*) bereithalten.

припа́сть *s.* припада́ть.

припа́сы *m/pl.* [1] Vorräte; съестны́е ~ Lebensmittel *n/pl.*, Eßwaren *f/pl.*, Proviant *m*; боевы́е ~ Munition *f*, Schießbedarf *m*.

припа́хивать F [1; *nur 3. Pers.*] riechen, stinken (Т nach) (*a. fig.*); ры́ба припа́хивает der Fisch stinkt; припа́хивает изме́ной es stinkt nach Verrat.

припая́ть *s.* припа́ивать.

припе́в *m* [1] Kehrreim, Schlußvers, Refrain; **~а́ть** [1] mitsingen, singend begleiten; жить ~а́ючи sorgenlos leben.

припёк *m* [1] Sonnenseite *f*; Gewichtszunahme *f* (*beim Backen*); на ~е in der prallen Sonne; **~а** *f* [5] ange- (*od.* ver)brannte Stelle (*am Gebäck*); (*fig.*) с бо́ку ~а das fünfte Rad am Wagen; zur Unzeit.

припека́ть [1], <припе́чь> [26] brennen, stechen (*Sonne*).

припеча́|тывать, <~тать> [1] bei-, hinzu-drucken.

припира́ть [1], <припере́ть> [12; -пёрши *u.* -пере́в] andrücken; versperren; anlehnen.

припи́|ска *f* [5; *g/pl.*: -сок] Nachschrift, Zusatz *m*, Postskriptum *n*; **~сывать** [1], <~са́ть> [3] (hin)zuschreiben; beimessen.

припла́|та *f* [5] Zuzahlung, Zuschlag(zahlung *f*) *m*; **~чивать** [1], <~ти́ть> [15] zuzahlen.

приплe|та́ть [1], <~сти́> [25; т *statt* д: -ету́] (hin)zuflechten; verwickeln (к Д in *ac.*); **-ся**, <~сти́сь> sich mühsam heranschleppen.

припло́д *m* [1] Zuwachs (*Vieh*).

приплыва́ть [1], <приплы́ть> [23] heran-, hinzu-schwimmen.

приплю́|щивать [1], <~снуть> [20] plattdrücken.

припля́сывать [1] (*zur Musik od. zum Gesang*) tanzen; tänzeln.

припод|нима́ть [1], <~ня́ть> [-ниму́, -ни́мешь; -по́днял, -а́, -о; -по́днятый (-ят, -а́, -о)] ein wenig auf-, hoch-nehmen *od.* -heben; erhöhen; **-ся** sich ein wenig erheben, sich aufrichten.

припо́й ⊕ *m* [3] Lötmaterial *n*.

припол|за́ть [1], <~зти́ [24] heran-, hinzu-kriechen; ползко́м ~за́ть auf allen vieren (her)angekrochen kommen.

припомина́ть [1], <припо́мнить> [13] (В) sich erinnern (an *ac.*), sich besinnen (auf *ac.*); я э́то тебе́ припо́мню! F das werde ich dir eintränken; **-ся** einfallen; angerechnet werden.

припра́|ва *f* [5] Zubereitung; Würze, Zutat, Beikost; **~вка** *f* [5] Zubereitung; (*Typ.*) Zurichten *n*, Zurichtung; **~вля́ть** [28], <~вить> [14] zubereiten, würzen; (*Typ.*) zurichten.

припры́|гивать [1], <~гнуть> [20] heran-, hinzu-hüpfen *od.* -springen; **~жка** *f* [5] Hüpfen *n*; в ~жку hüpfend.

припря|га́ть [1], <припря́чь> [26; г, ж *statt* к, ч: -ягу́, -яжёшь] bei-, hinzu-spannen; **~жка** (-ˈprаʃ-) *f* [5] Beispann(en *n*) *m*; **~жно́й** [14] beigespannt; ~жна́я (ло́шадь) *f* Beipferd *n*.

припря́|тывать [1], <~тать> [3] (heimlich) verstecken.

припря́чь *s.* припряга́ть.

припу|ска́ть [1], <~сти́ть> [15] heran-, (hin)zu-lassen; (*Schneiderei*) zugeben; decken lassen (*Stute*); P antreiben (*zu schnellerem Lauf*); P losstürmen; P stärker werden (*Regen*).

припу́|тывать, <~тать> [1] verwickeln.

припуха́ть [1], <припу́хнуть> [21] etwas anschwellen.

при́работок *m* [1; -тка] Mehr-, Neben-verdienst.

прира́в|нивать [1], <~ня́ть> [28] eben machen, eb(e)nen; gleichmachen, -stellen.

прира|ста́ть [1], <~сти́> [25; *nur 3. Pers.*: -стёт; -ро́с, -сла́] anwachsen (к Д an *ac.*); sich vermehren; ~ста́ть проце́нтами sich verzinsen; **~щáть** [1], <~сти́ть> [15; -ащу́, -асти́шь; -ащённый] anwachsen lassen; vermehren; **~ще́ние** *n* [12] Vermehrung *f*, Zuwachs *m*; Verzinsung *f*.

припе́|зывать [1], <~за́ть> [3] totstechen, abschlachten (*verwundetes Tier*).

прире́чный [14] am Fluß gelegen.

приро́|да *f* [5] Natur; Wesen *n*; от ~ды von Geburt; von Natur aus; э́то у меня́ от ~ды das liegt mir im Blut, ist mir angeboren; **~дный** [14] natürlich; angeboren; **~ждённый** [14] angeboren; echt.

приро́|ст *m* [1] Zuwachs, Zunahme *f*; **~сший** [17] angewachsen.

прирубе́жный [14] Grenz...

приру|ча́ть [1], <~чи́ть> [16; -чу́, -чи́шь; -чённый] zähmen; ~чи́мый zähmbar.

приса́живаться [1], <присе́сть> [25; -ся́ду; -се́л, -а; -ся́дь(те)!] sich ein Weilchen hinsetzen.

присва́ивать [1], <присво́ить> [13] (себе́ sich) aneignen; (Д/В *j-m et.*) einräumen; verleihen; zuerkennen.

присва́|тывать, <~тать> [1] (Д/В) (*j-m eine Braut*) anfreien; **-ся** freien *od.* werben (к Д um).

присви́ст|ывать [1], <~нуть> [20] mitpfeifen, zu e-m Lied pfeifen.

присвое́ние *n* [12] Aneignung *f*.

присе|да́ние *n* [12] Kniebeuge *f*; Knicks *m*; **~да́ть** [1], <присе́сть> [25; -ся́ду; -се́л, -а; -ся́дь(те)!] niederhocken; e-n Knicks machen, knicksen; ~сть *pf.* sich ein Weilchen (hin)setzen.

присе́ст *m* [1] Sitzzeit *f* (*bei der Arbeit usw.*); за оди́н ~ in einem Zug, auf einmal.

присе́сть *s.* приседа́ть, приса́живаться.

при́сказка *f* [5; *g/pl.*: -зок] Ausschmückung, Einleitung (*zu e-m Märchen*).

приска́|кивать [1] **1.** <~ка́ть> [3] heran-, herbei-sprengen; **2.** <прискочи́ть> [16] herbei-, hinzuspringen.

приско́рб|ие *n* [12] Kummer *m*; к моему́ ~ию zu meinem Bedauern *od.* Leidwesen; **~ный** [14; -бен, -бна] betrübend, traurig.

прискочи́ть *s.* приска́кивать 2.

приско́ч|ка *f* [5] Hüpfen *n*; в ~ку hüpfend, springend.

приску́|чивать [1], <~чить> [16] (Д) *j-m* langweilig werden, *j-n* langweilen; э́то мне ~чило ich habe es über *od.* satt.

присла́ть *s.* присыла́ть.

присло|ня́ть [28], <~ни́ть> [13; -оню́, -о́нишь] anlehnen (к Д an *ac.*).

прислу́|га *f* [5] Bedienung; Dienstboten *m/pl.*, Dienerschaft; ⚔ Bedienungsmannschaft; штат *m* **~ги** Dienerschaft *f*, Bedienungspersonal *n*; **~живать** [1] (Д *od.* у Р) bedienen; **-ся** (Д) durch Dienstfertigkeit *j-m* zu gefallen suchen; (*fig.*) kriechen (vor *dat.*); **~жник** *m* [1] Meßdiener; (*fig.*) Kriecher.

прислу́|шивание ⚔ *n* [12] Horchdienst *m*; пост *m* **~шивания** Horchposten; **~шиваться**, <**~шаться**> [1] (к Д) horchen (auf *ac.*); hören (auf *ac.*); das Ohr gewöhnen (an *ac.*).

присма́тривать [1], <присмотре́ть> [9; -отрю́, -о́тришь; -о́тренный] (за Т) die Aufsicht führen (über *ac.*), achtgeben (auf *ac.*), beaufsichtigen; **-ся** (к Д) genau ansehen *od.* betrachten; sich orientieren (über *ac.*).

присмире́вший [17] ruhig geworden.

присмо́тр *m* [1] Aufsicht *f* (за Т über *ac.*); ~ за детьми́ Beaufsichtigung *f* der Kinder; **~е́ть** *s.* присма́тривать; **~щик** *m* [1] Aufseher.

присовоку|пля́ть [28], <**~пи́ть**> [14; -плю́, -пи́шь; -плённый] (hin-)zu-fügen, -setzen.

присоеди|не́ние *n* [12] Hinzufügung *f*, Einverleibung *f*; Beitritt *m*; **~ня́ть** [28], <**~ни́ть**> [13] hinzufügen, einverleiben; **-ся** (к Д) sich anschließen (an *ac.*), (*e-r Sache*) beitreten.

присосе́диться [15] *pf.* sich (к Д *neben j-n*) hinsetzen.

присо́ска ⊕ *f* [5; *g/pl.*: -сок] Saugvorrichtung.

присо́х|нуть *s.* присыха́ть; **~ший** [17] angetrocknet.

приспева́ть [1], <приспе́ть> [8] zur rechten Zeit (an)kommen; herannahen, -rücken (*Zeit*).

приспе́шник *m* [1] Helfershelfer, Spießgeselle.

приспи́чить P [16; *unpers.*] (+ *inf.*) es eilig haben, versessen sein (auf *ac.*); приспи́чило ему́ е́хать er wollte durchaus fahren.

приспосо|бле́нец *m* [1; -нца] Konjunktur-politiker, -ritter; **~бле́ние** *n* [12] (к Д) Anpassung *f* (an *ac.*), Anwendung *f* (auf *ac.*); Vorrichtung *f*; **~бля́емость** *f* [8] Anpassungsfähigkeit; **~бля́ть** [28], <приспо-со́бить> [14] (к Д) anpassen (an *ac.*), anwenden (auf *ac.*); einrichten (für); **-ся** sich richten (nach).

при́став *m* [1; *pl.*: -ва́] (*ehm.*) Aufseher; Kommissar; суде́бный ~ Gerichtsvollzieher; ча́стный (*od.* участко́вый) ~ Polizeivorsteher eines Stadtteils.

пристава́ние *n* [12] Aufdringlichkeit *f*.

пристава́ть [5], <приста́ть> [-а́ну, -а́нешь; -а́нь(те)!] (к Д) kleben-(*od.* haften)bleiben (an *dat.*); sich anschließen (an *ac.*); sich aufdrängen (к Д *j-m*); ⚓ anlegen (an *ac.*); ~ (к бе́регу) landen; belästigen (с Т mit); sich schicken (Д für); anstekken (*von Krankheiten*); не пристава́й! laß mich in Ruh'!

приста́|вка *f* [5; *g/pl.*: -вок] Ansetzen *n*; Angesetzte(s) *n*; (*Gram.*) Präfix *n*, Vorsilbe; **~вля́ть** [28], <**~вить**> [14] (к Д) (an)setzen, stellen (an *ac.*); anstellen (bei *od.* zu); **~вно́й** [14] angesetzt, angestückt.

при́стальный [14; -лен, -льна] aufmerksam, unverwandt.

приста́нище *n* [11] Zufluchtsort *m*.

пристанодержа́тель *m* [4] Hehler; **~ство** *n* [9] Hehlerei *f*.

при́ста|нь *f* [8; *ab g/pl. e.*: -не́й] Landungsplatz *m*, Anlegestelle, Kai *m*; Zufluchtsort *m*; **'~ть** *s.* пристава́ть.

пристёгивать [1], <пристегну́ть> [20; -ёгнутый] anknöpfen.

присто́йный [14; -о́ен, -о́йна] schicklich, anständig.

пристра́ивать [1], <пристро́ить> [13] anbauen (к Д an *ac.*); unterbringen, anstellen; **-ся** sich einrichten; eine Anstellung erhalten.

пристра́ст|ие *n* [12] Parteilichkeit *f*; Leidenschaft *f*, besondere Vorliebe *f* (к Д für); **~ный** [14; -тен, -тна] parteiisch, befangen; leidenschaftlich.

пристра|ща́ть[1] [1], *mst* <**~сти́ть**> [15; -ащу́, -асти́шь; -ащённый] (В *j-s*) Leidenschaft (*od.* besondere Vorliebe) erregen *od.* (er)wecken (к Д für); **-ся** eine besondere Vorliebe haben, Feuer u. Flamme sein (к Д für).

пристраща́ть[2] [1] *pf.* einschüchtern.

пристре́л *m* [1] Schußprobe *f*; **~ивать** [1], <~я́ть> [13; -елю́, -е́лишь; -е́ленный] niederschießen; **-ся**, <~я́ться> [28] sich einschießen; **~ка** ⚔ *f* [5] Einschießen *n*.

пристро́|ить *s.* пристра́ивать; **~йка** *f* [5; *g/pl.*: -о́ек] Anbauen *n*; Anbau *m*.

пристру́|нивать [1], <~нить> [13] (В) *j-n* rügen; gegen *j-n* streng vorgehen.

при́ступ *m* [1] Zutritt; Beginn; ⚔ Sturm(lauf); ~ ка́шля Hustenanfall; ~у не́т es ist nicht anzukommen; unerschwinglich; ⚔ взять ~ом im Sturm (ein)nehmen, erstürmen; **~а́ть** [1], <~и́ть> [14] (к Д) (hin)zugehen (auf *ac.*); herantreten, gehen (an *ac.*); schreiten (zu); beginnen, einleiten; **-ся** (к Д) sich *j-m* nähern; **~ок** (-ˈstu-) *m* [1; -пка] Trittbrett *n*, Stufe *f*.

присты|жа́ть [1], <~ди́ть> [15; -ыжу́, -ыди́шь; -ыжённый] beschämen.

пристя́ж|ка, ~но́й *s.* припря́жка, припряжно́й.

прису|жда́ть [1], <~ди́ть> [15; -уждённый] verurteilen (к Д zu); (Д/В *j-m et.*) zuerkennen, zusprechen; ~ди́ть до́кторскую сте́пень promovieren, die Doktorwürde erteilen.

прису́т|ственный [14] Amts..., Sitzungs...; ~ственные часы́ *pl.* Dienststunden; **~ствие** *n* [12] Anwesenheit *f*, Beisein; Sitzung *f*; Amt(szimmer); в моём ~ствии in meiner Gegenwart; ~ствие ду́ха Geistesgegenwart *f*; **~ствовать** [7] (при П) anwesend (*od.* zugegen) sein (bei), beiwohnen; ~ствующий *m* Anwesende(r).

прису́щий [17*K.*] eigen(tümlich).

присыл|а́ть [1], <присла́ть> [пришлю́, -шлёшь; при́сланный] (ein-, zu)senden, schicken; **ˈ~ка** *f* [5; *g/pl.*: -лок] Ein-, Zu-sendung; Sendung.

присып|а́ть [1], <при́сыпать> [2] be-, hinzu-streuen; **~ка** (-ˈsip-) *f* [5] Streupulver *n*.

присыха́ть [1], <присо́хнуть> [21] antrocknen.

прися́г|а *f* [5] Eid *m*; под ~ой eidlich; привести́ к ~е vereidigen; во́инская ~а Fahneneid *m*; **~а́ть** [1], <~ну́ть> [20] einen Eid leisten *od.* ablegen, schwören (в П auf *ac.*); ~а́ть на ве́рность den Eid der Treue (*od.* den Treueid) leisten.

прися́дка *f* [5] (*Sinken in die Kniebeuge, Hinhocken, Vonsichschnellen der Beine u. Wiederaufspringen beim russischen Nationaltanz*).

прися́жный [14] vereidigt; Geschworene(r) *m*; (*fig.*) unentwegt; ~ пове́ренный *m* (vereidigter) Rechtsanwalt.

прита́ивать [1], *mst* <притаи́ть> [13] (*Atem*) anhalten; **-ся** sich verstecken.

прита́птывать [1], <притопта́ть> [3] festtreten; ~ *impf.* mit den Füßen den Takt schlagen.

прита́|скивать [1], <~щи́ть> [16] herbeischleppen.

притво́р|ный [14; -рен, -рна] verstellt, heuchlerisch; **~я́ть** [28], <~и́ть> [13; -орю́, -о́ришь; -о́ренный] (*Tür usw.*) nicht ganz zumachen, anlehnen; **-ся 1.** zugehen (*Tür usw.*); **2.** <-ся> [13] sich verstellen, heucheln; -ся больны́м (мёртвым) sich krank (tot) stellen.

притека́ть [1], <прите́чь> [26] zufließen, zuströmen; herbeiströmen.

притерпе́ться F [10] *pf.* sich abfinden (к Д mit), sich schicken (in *ac.*).

притес|ни́тель *m* [4] Bedrücker; **~ня́ть** [28], <~ни́ть> [13] bedrükken, knebeln (*fig.*).

прите́чь *s.* притека́ть.

прити́с|кивать [1], <~нуть> [20] andrücken, anpressen, quetschen.

притиха́ть [1], <прити́хнуть> [21] still werden; sich legen (*Wind*).

приткну́ть *s.* притыка́ть.

прито́к *m* [1] Zustrom, Zufluß; Nebenfluß.

при́толока *f* [5] (*Tür-*)Sturz *m*.

прито́м dabei; außerdem, überdies.

прито́н *m* [1] Spelunke *f*.

притопта́ть *s.* прита́птывать.

приторго́|вывать [1], <~ва́ть> [7] erhandeln, durch Handel erwerben; **-ся** (к Д) sich nach dem Preis von *et.* erkundigen.

при́торный [14; -рен, -рна] widerlich, übersüß, süßlich.

притра́ва *f* [5] Köder *m*.

при|тра́гиваться [1], <~тро́нуться> [20] (до Р) leicht berühren.

притули́ться P [13] *pf.* sich kauern.

приту|пля́ть [28], <~пи́ть> [14] abstumpfen; (**-ся**) stumpf machen (werden).

притуши́ть F [16] *pf.* abblenden.

при́тча *f* [5] Gleichnis *n*, Parabel; э́то ~ во язы́цех (*Spr.*) es ist schon in aller Leute Mund, die Spatzen pfeifen es schon von allen Dächern.

притыка́ть [1], <приткну́ть> [20] anstecken (T mit *Stecknadeln*); приткну́ться F *pf.* recht und schlecht unterkommen.

притя|га́тельный [14; -лен, -льна] anziehend, zugkräftig; Anziehungs…; **~гивать** (-ˈʒa-) [1], <~ну́ть> [19] (her)anziehen; ~гивать за во́лосы an den Haaren herbeiziehen; **~жа́тельный** [14] an-, zu-eignend, (*Gram.*) ~жа́тельное местоиме́ние *n* besitzanzeigendes Fürwort, Possessivpronomen; **~же́ние** *n* [12] Anziehung(skraft) *f*.

притяза́|ние *n* [12] Anspruch *m* (на B auf *ac.*); **~тельный** [14; -лен, -льна] anspruchsvoll; arrogant; **~ть** [1] (к Д) Anspruch machen *od.* erheben (auf *ac.*).

притяну́ть *s.* притя́гивать.

приуменьша́ть [1], <приуме́ньши́ть> [16; -ме́ньшу, -ме́ньшишь *u.* -меньшу́, -меньши́шь] ein wenig verkleinern.

приумножа́ть [1], <приумно́жить> [16] vermehren; **-ся** zunehmen.

приумо́лкнуть [20] *pf.* verstummen.

приуны́ть F [*nur pt.*] *pf.* den Kopf hängen lassen.

приуро́|чивать [1], <~чить> [16] (*Zeit*[*punkt*] *usw.*) bestimmen; anpassen.

приуса́дебный [14] am Haus (Hof) gelegen; ~ уча́сток *m* Eigenland *n* (*der Kolchosbauern*).

приу|ча́ть [1], <~чи́ть> [16] (к Д) gewöhnen (an *ac.*), abrichten (zu).

прифранти́ться F [15; -нчу́сь, -нти́шься] *pf.* sich putzen.

прифронтово́й ⚔ [14] an der Front gelegen, im Frontbereich.

прихва́рывать [1] kränkeln.

прихва́ст|ывать [1], <~ну́ть> [20] aufschneiden, prahlen.

прихва́|тывать [1], <~ти́ть> [15] mitnehmen; an sich raffen; leicht (flüchtig) befestigen; [*unpers.*] leicht beschädigen; плоды́ ~ти́ло моро́зом die Früchte haben durch den Frost gelitten.

прихворну́ть [20] *pf.* (vorübergehend) leicht erkranken.

при́хвостень P *m* [4, -тня] (*ver.*) Mitläufer, Schleppenträger.

прихлеба́тель *m* [4] Schmarotzer.

прихлёбывать F [1] in kleinen Schlucken (dazu) trinken, gemächlich schlürfen.

прихло́п|ывать [1], <~нуть> [20] (*Tür usw.*) zuschlagen; ~нуть *pf.* einklemmen; ~нуть *pf.* P *j-m* das Handwerk legen, *j-n* unterdrücken.

прихо́д *m* [1] Ankunft *f*; Einnahme *f*; Pfarre(i) *f*, Kirchspiel *n*, Gemeinde *f*; ~ и расхо́д ✝ Soll u. Haben; **~и́ть** [15], <прийти́> [приду́, -дёшь; пришёл, -шла́; -ше́дший; *g. pt. a.*: придя́] (an-) kommen, anlangen; heranrücken; geraten (в B in *ac.*); ~и́ть за (T) kommen nach, abholen ~и́ть в себя́ (в чу́вство) zu sich (zur Besinnung) kommen; **-ся,** <прийти́сь> zutreffen, passen; zukommen, fallen (на B auf *ac.*); -ся *impf.* verwandt sein (T); мне прихо́дится (пришло́сь) ich muß (mußte); **~ный** [14] Einnahme…; **~о-расхо́дный** [14] (~о-расхо́дная кни́га *f*) Einnahme und Ausgabe-, Kassa (-buch *n*); **~ский** [16] pfarreilich; Pfarr…, Gemeinde…; **~я́щий** [17] ambulant, auswärtig; Aushilfs…, Aufwarte…

прихо́жая [17] Vorzimmer *n*, Diele *f*.

прихотли́вый [14*K.*] launenhaft, wählerisch; seltsam, bizarr.

при́хоть *f* [8] Laune, Schrulle.

прихра́мывать [1] etwas hinken.

прицве́тник ⚘ *m* [1] Deckblatt *n*.

прице́л *m* [1] Zielen *n*; Ziel *n*; Visier(korn) *n* (*am Gewehr*); опти́ческий ~ Zielfernrohr *n*; постоя́нный ~ Standvisier *n*; ~ бомбарди́рования ✈ Bombenzielgerät *n*; **~иваться** [1], <~иться> [13] (в B) zielen (nach), (ружьём das Gewehr) anlegen (auf *ac.*).

прице́|ниваться [1], <~ни́ться> [13; -еню́сь, -е́нишься] (к Д) sich nach dem Preis (*e-r Sache*) erkundigen.

прице́п *m* [1] Beiwagen, Anhänger; **~ка** *f* [5; *g/pl.*: -пок] Anhaken *n*;

🚃 (Wagen-)Kupp(e)lung; Anhängsel *n*; Schikane; **~ля́ть** [28], ‹~и́ть› [14] anhaken; 🚃 ankuppeln (к Д an *ac.*); **-ся** sich an- *od.* fest-klammern (за В an *ac.*); anbinden, Händel (*od.* Streit) suchen (к Д mit); mäkeln, nörgeln (к Д an *dat.*); **~но́й** [14]: ~но́й ваго́н *m* Anhängewagen, Anhänger.

прича́л *m* [1] Seil *n*; Tau *n*, ⚓ Sorrtau *n*; **~ивать** [1], ‹~ить› [13] (*mit e-m Tau*) an-, fest-binden, ⚓ sorren; *v/i.* landen, anlegen.

прича́|стие *n* [12] das heilige Abendmahl; (*Gram.*) Partizip(ium), Mittelwort; **~стник** *m* [1] Teilnehmer am heiligen Abendmahl, Kommunikant; **~стный** [14; -тен, -тна] (к Д) (*e-r Sache*) teilhaftig, beteiligt (an *dat.*); partizipial; **~ща́ть** [1], ‹~сти́ть› [15; -ащу́, -асти́шь; -ащённый]: (-ся) святы́х та́ин das heilige Abendmahl reichen, (empfangen).

причём wobei.

Причерномо́рье *n* [10] Schwarzmeergebiet.

причё|ска *f* [5; *g/pl.*: -сок] Haartracht, Frisur; **~сывать** [1], ‹причеса́ть› [3] (*das Haar*) kämmen, frisieren.

приче́тник *m* [1] Kirchen-, Meßdiener.

причи́|на *f* [5] Ursache, Grund *m*; по ~не infolge (von), durch; он был тому́ ~ной er war die Veranlassung dazu *od.* die Ursache davon; **~нность** *f* [8] Ursächlichkeit, Kausalität; **~ня́ть** [28], ‹~ни́ть› [13] verursachen, zufügen.

причисля́ть [28], ‹причи́слить› [13] (hin)zu-zählen, -rechnen; ⚔ abkommandieren; zählen zu; **-ся** gehören; zählen (к Д zu).

причита́ть [1] (*bei Begräbnissen*) wehklagen, jammern.

причита́ться [1] (Д) zukommen, fallen (auf *ac.*).

причмо́к|ивать [1], ‹~нуть› [20] schmatzen, schnalzen.

причт *m* [1] Kirchenpersonal *n*, Klerisei *f*, Geistlichkeit *f*.

причу́д|а *f* [5] (*mst pl.*) Laune *f*, Grille *f*; **~ливый** [14*K.*] launenhaft, wunderlich; **~ник** *m* [1] Sonderling, Grillenfänger.

пришéлец *m* [1; -льца] Ankömmling; Zugewanderte(r).

пришепётывать F [1] (ein wenig) lispeln.

прише́ствие *n* [12] Ankunft *f*; (*Rel.*) ~ госпо́дне Erscheinung *f* des Herrn; до второ́го прише́ствия auf den Nimmermehrstag.

приши|ба́ть [1], ‹~би́ть› [-бу́, -бёшь; -ши́б, -бла; -и́бленный] (*durch einen Schlag*) verletzen, beschädigen; ~би́ть на́ смерть totschlagen; приши́бленный niedergeschlagen.

пришив|а́ть [1], ‹приши́ть› [-шью́, -шьёшь; -ше́й(те)!; -ши́тый] annähen; (*fig.*) P *j-m et.* anhängen; **~ка** (-ˈʃif-) *f* [5; *g/pl.*: -вок] Annähen *n*; **~но́й** [14] angenäht.

при́шлый [14] zugereist, nicht hiesig.

пришпи́|ливать [1], ‹~лить› [13] (*mit Stecknadeln*) anstecken.

пришпо́|ривать [1], ‹~рить› [13] anspornen.

прищёлк|ивать [1], ‹~нуть› [20] (*mit den Fingern*) knipsen *od.* schnalzen; (*mit der Peitsche*) knallen; P einklemmen.

прище|мля́ть [28], ‹~ми́ть› [14; -млю́, -ми́шь; -млённый] einklemmen.

приц́еп ⚘ *m* [1] Pfropfstelle *f*; **~ля́ть** [28], ‹~и́ть› [14; -плю́, -пи́шь; -плённый] pfropfen.

прищу́р|иваться [1], ‹~иться› [13] die Augen zs.-kneifen.

прию́т *m* [1] Zuflucht(sort *m*) *f*, Obdach *n*; де́тский ~ Kleinkinderbewahranstalt *f*, Findelhaus *n*; Waisenhaus *n*; **~и́ть** [15; -ючу́, -юти́шь] *pf.* (В) unterbringen, *j-m* Zuflucht (*od.* Obdach) gewähren.

прия́з|ненный [14*K.*] freundschaftlich, wohlwollend; **~нь** *f* [8] Freundschaft, Wohlwollen *n*.

прия́тель *m* [4], **~ница** *f* [5] Freund(in *f*).

прия́тный [14; -тен, -тна] angenehm, lieb.

про (В) über; von; für; ни за что, ни ~ что für nichts u. wieder nichts.

про... (*in Zssgn*) durch..., über..., ver..., vorbei..., vorüber...; eine Zeitlang.

про́ба *f* [5] Probe; Versuch *m*; Feingehalt *m* (*v. Edelmetallen*); ~ на вы́бор Stichprobe; зака́з *m* на про́бу Probeauftrag.

проба|вля́ться [28] (Т) sich durchschlagen (mit); die Zeit zubringen (mit).

проба́лтывать F, <проболта́ть> [1; -о́лтанный] tratschen; verplaudern (*Zeit*); **-ся** sich verschnappen, -plappern; проболта́ться *pf.* umherschlendern.

пробе́|г *m* [1] Wett-lauf, -rennen *n*; (*zurückgelegte*) Strecke *f*, Laufzeit *f*; **~га́ть**[1] [1], <~жа́ть> [4; -егу́, -ежи́шь, -егу́т] *v/i.* hindurch-, vorüber-laufen; *v/t.* durchlaufen; (*Buch*) durch-blättern, -fliegen; **~гать**[2] (-'ɦɛ-) [1] *pf.* (*eine Zeitlang*) umherlaufen; (*durch Laufereien*) versäumen.

пробе́л *m* [1] unbeschriebene (*od.* unbedruckte) Stelle *f*; Lücke *f*.

пробива́ть [1], <проби́ть> [-бью́, -бьёшь; -бе́й(те)!; про́бил, проби́ла, про́било; -и́тый] durchschlagen, durchbrechen; (*Fahrkarten*) (durch)lochen, knipsen, kupieren; schlagen (*Uhr*); ско́лько про́било (на часа́х)? wieviel hat die Uhr geschlagen?; **-ся** sich durchschlagen, durchkommen; sich emporarbeiten; sich durchreiben; проби́ться *pf.* sich ab-plagen, -mühen (над *od.* с T mit).

про|бира́ть [1], <~бра́ть> [-беру́, -рёшь; -а́л, -а́, -о; про́бранный (-ан, -а́, -о)] vornehmen, durchhecheln, *j-m* den Kopf waschen; меня́ ~бира́ет моро́з ich friere (*od.* mich friert) fürchterlich; его́ не проберёшь F (*fig.*) er hat ein dickes Fell; **-ся** sich durcharbeiten (*im Gedränge*); durch-, ein-dringen.

проби́рка ⚗ *f* [5; *g/pl.*: -рок] Reagenz-, Probier-glas *n*.

проби́ть *s.* пробива́ть.

про́бка *f* [5; *g/pl.*: -бок] Pfropfen *m*, Kork *m*; (*fig.*) Verkehrsstockung; ⚡ Stauung; он глуп, как ~ er ist bodenlos dumm.

пробле́ма *f* [5] Problem *n*, Aufgabe; **~ти́ческий** [16], **~ти́чный** [14; -чен, -чна] problematisch, zweifelhaft, fraglich.

про́блеск *m* [1] Schimmer, (flüchtiger) Schein.

про́бный [14] Probe...; (*Typ.*) ~ лист *m* Aushängebogen.

про́бовать [7], <ис-, по-> (B *od.* P) (aus)probieren, versuchen; kosten, schmecken.

прободе́ние *n* [12] Durchbohrung *f*.

пробо́ина *f* [5] (durchgeschlagenes) Loch *n*; Durchbruch *m*; ⚓ Leck *n*.

пробо́й ⊕ *m* [3] Krampe *f*, Klammer *f* (*an Türen*); **~ник** *m* [1] Locheisen *n*, Durchschlag(eisen *n*); **~ный** [14] Durchschlag...; (*Tür-*) Klammer...

проболта́ть *s.* проба́лтывать.

пробо́р *m* [1] Scheitel (*des Kopfhaares*); прямо́й ~ Scheitel in der Mitte; косо́й ~ Scheitel auf der Seite.

про́боч|ка *f* [5; *g/pl.*: -чек] kleiner Pfropfen *m od.* Kork *m*, Pfröpfchen *n*; **~ник** *m* [1] Pfropfen-, Korkzieher.

пробра́сывать F [1], <пробро́сить> [15] zs.-rechnen (*auf dem Rechenbrett*); sich verrechnen (B um).

пробра́ть *s.* пробира́ть.

пробу|жда́ть [1], <~ди́ть> [15; -уждённый] (*fig.*) (auf)wecken, erwecken; (*fig.*) wachrufen; **-ся** auf-, er-wachen; **~жде́ние** *n* [12] Auf-, Er-wachen.

пробура́|вливать [1], <~вить> [14] durchbohren.

пробыва́ть [1], *mst* <про́быть> [-бу́ду, -бу́дешь; про́был, -а́; -бу́дь(те)!] sich aufhalten, verweilen.

прова́л *m* [1] Einsturz(stelle *f*), Öffnung *f*; Versenkung *f*; Durchfall (*beim Examen*); ~ па́мяти Versagen *n* des Gedächtnisses.

прова́|ливать [1], <~ли́ть> [13; -алю́, -а́лишь; -а́ленный] zum Einsturz bringen; durchfallen lassen; **-ся** durchfallen (на экза́мене bei der Prüfung); einbrechen, einstürzen; куда́ вы провали́лись? wo sind Sie denn hingeraten?, wo haben Sie denn gesteckt?; -ся сквозь зе́млю in die Erde versinken, verschwinden; провали́сь ты! hol' dich der Henker!; прова́ливай(те)! P scher' dich (schert euch) zum Henker!, hau(t) ab!

провинса́ль *m* [4] Mayonnaise *f*.

прова́н|ский [16]: ~ское ма́сло *n* Olivenöl.

прова́щивать [1], <провощи́ть> [16; -щу́, -щи́шь; -щённый] wachsen, mit Wachs tränken.

проведе́ние *n* [12] Durchführen; Durchsetzen; Zubringen.

прове́|дывать, <~дать> [1] (B) besuchen; erfahren, dahinterkommen.

провезти́ *s.* провози́ть.

прове́|рка *f* [5; *g/pl.*: -рок] Durchsicht, (Nach-)Prüfung, Kontrolle.
провёртывать [1], <проверну́ть> [20; -ёрнутый] F durchbohren; F durchdrehen (*Fleisch*); P (*fig.*) den Laden schmeißen, hinkriegen; мы э́то жи́во провернём wir werden das Kind schon schaukeln.
проверя́ть [28], <прове́рить> [13] durch-, nach-sehen, (nach)prüfen, kontrollieren.
прове́с *m* [1] Durchgang; Gewichtsmanko *n*.
провести́ *s.* проводи́ть.
прове́|тривать [1], <~трить> [13] (aus-, durch)lüften; **-ся** gelüftet sein; sich auslüften; (*fig.*) neue Eindrücke sammeln.
про|виде́ние[1] *n* [12] Vorsehung *f*; **~ви́дение**[2] *n* [12] Voraussehen; **~ви́деть** [15] voraus-, vorher-sehen.
прови́зия † *f* [7] Mundvorrat *m*.
провин|и́ться *s.* провиня́ться; **~ность** (-ˈɣin-) *f* [8] Vergehen *n*.
провинти́ть *s.* прови́нчивать.
прови́нция *f* [7] Provinz.
прови́н|чивать [1], <~ти́ть> [15; -нчу́, -нти́шь] durchschrauben.
прови|ня́ться [28], <~ни́ться> [13] (в П) sich *et.* zu Schulden kommen lassen, verschulden, sich vergehen (an *dat.*).
про|вира́ться [1], <~вра́ться> P [-ру́сь, -рёшься; -а́лся, -ала́сь, -ало́сь] Unsinn schwatzen; sich verplappern.
провиса́ть [1], <прови́снуть> [21; *nur 3. Pers.*] durchhängen.
про́вод *m* **1.** [1; *pl. e.*: -да́] ⊕ Leitung *f*; **2.** [1] ~ы *pl.* Geleit *n*, Abschied *m*; **~и́мость** ⊕ *f* [8] Leitungsfähigkeit; **~и́ть** [15], <провести́> [25] hindurchführen; (*Plan*) durchsetzen; (*Wasser*) leiten; (*Strich, Grenze*) ziehen; (*Weg*) anlegen; (*Zeit*) zu-, ver-bringen (за T mit); провести́ *pf.* anführen, betrügen; ~и́ть руко́й по лицу́ mit der Hand über das Gesicht fahren; *s.* провожа́ть; **~ка** (-ˈvɔt-) *f* [5; *g/pl.*: -док] ⊕ Leitungsnetz *n*; Durchführung; **~ни́к** *m* [1 *e.*] Begleiter, Führer; Schaffner; (*Phys.*) ~ни́к теплоты́ Wärmeleiter.
прово|жа́тый [14] *s.* проводни́к; **~жа́ть** [1], <~ди́ть> [15] begleiten, geleiten.
прово́з *m* [1] Durchfuhr *f*, Transport, Beförderung *f*.

провозве|ща́ть [1], <~сти́ть> [15; -ещу́, -ести́шь; -ещённый] vorhersagen, prophezeien; verkünd(ig)en.
провозгла|ша́ть [1], <~си́ть> [15; -ашу́, -аси́шь; -ашённый] verkünd(ig)en; ausrufen (T zu); (*e-n Trinkspruch*) ausbringen.
провози́ть [15] **1.** <провезти́> [24] hin-, vorbei-fahren, befördern, transportieren; **2.** провози́ться *pf.* sich ab-mühen, -plagen (с T mit).
провока́|тор *m* [1] Spitzel, Lockspitzel; **~ция** *f* [7] Provokation, Herausforderung.
прово|ла́кивать P [1], <~ло́чь> [26] (eine Strecke weit) schleppen, ziehen; durchziehen; **~лока** (ˈprɔ-) *f* [5] Draht *m*; колю́чая ~лока Stacheldraht *m*; **~ло́чка** *f* [5; *g/pl.*: -чек] Verschleppung, Verzögerung; без ~ло́чки unverzüglich; **~лочник** (ˈprɔ-) *m* [1] Drahtzieher.
провоня́лый P [14] stinkend.
прово́р|ный [14; -рен, -рна] gewandt, geschwind, fix, flink; **~ство** *n* [9] Gewandtheit *f*, Geschwindigkeit *f*.
провоци́ровать [7] (*im*)*pf.*, *a.* <с-> provozieren, herausfordern, (*Streit*) herbeiführen.
провра́ться *s.* провира́ться.
прога́|дывать, <~да́ть> [1; -а́данный] (*fig.*) hereinfallen.
прога́лина *f* [5] (eis)freie (*od.* lichte) Stelle; Lichtung, Schneise.
прогла́тывать [1], <проглоти́ть> [15] verschlingen, verschlucken; язы́к проглоти́шь F da leckt man sich alle Finger ab.
прогля́|дывать [1] **1.** *mst* <~де́ть> [11] übersehen, verpassen; (flüchtig) durchsehen; ~дывать все глаза́ F sich die Augen aussehen (*d. h. vergeblich warten*); **2.** <~ну́ть> [19] durchblicken, zum Vorschein kommen.
прогна́ть *s.* прогоня́ть.
прогнива́ть [1], <прогни́ть> [-ию́, -иёшь; -и́л, -а́, -о] durchfaulen; morsch werden.
прого|ва́ривать [1], <~вори́ть> [13] (*die Zeit*) verplaudern; ~вори́ть *pf.* sagen; **-ся** sich versprechen, sich verschnappen.
прого́н *m* [1] Treiben *n* (*des Viehs*); Flößen *n* (*des Holzes*); Strecke *f*; ⚠ Längs-, Streck-balken; коньковый

~Dachfirst; ~ы *pl.* † Fahrgeld *n* (*für Postreisen*); **~я́ть** [28], <прогна́ть> [-гоню́, -го́нишь; -а́л, -ла́, -о; про́гнанный (-ан, -а́, -о)] vertreiben, -jagen; (*Vieh*) (vorbei)treiben; ~я́ть *impf.* (*Holz*) (vorbei-)flößen; ⚔ ~я́ть сквозь строй Spießruten laufen lassen.

прого|ра́ть [1], <~ре́ть> [9] durchbrennen (*v. Feuer*); pleite gehen; (*fig.*) ins Wasser fallen; **~ре́лый** [14] durchgebrannt.

прого́рклый [14] bitter geworden, ranzig.

програ́мма *f* [5] Programm *n*; Lehrplan *m*.

про|грева́ть [1], <~гре́ть> [8; -е́тый] durchwärmen.

прогре́сс *m* [1] Fortschritt; **~и́вный** [14; -вен, -вна] fortschrittlich, progressiv, ansteigend; **~ия** & *f* [7] Progression, Reihe.

прогре́ть *s.* прогрева́ть.

прогрыза́ть [1], <прогры́зть> [24; *pt. st.*] durchnagen, durchbeißen.

прогу́л *m* [1] Versäumen *n*, Verbummeln *n*; Nichterscheinen *n* (*bei der Arbeit*); **~ивать** [1], <~я́ть> [28] versäumen, verbummeln, schwänzen; vertun, verprassen; **-ся** spazierengehen; **~ка** *f* [5; *g/pl.*: -лок] Spaziergang *m*; ~ка верхо́м Spazierritt *m*; ~ка по воде́ Wasserfahrt; **~ьный** [14] ver-säumt, -bummelt; **~ьщик** *m* [1] Arbeitsschwänzer.

прода|ва́ть [5], <прода́ть> [-да́м, -да́шь, -да́ст, -дади́м, -дади́те, -даду́т; про́дал, -а́, -о; про́данный (-ан, -а́, -о)] verkaufen, absetzen; (*Fahrkarten*) ausgeben; (*fig.*) verraten; **~ве́ц** *m* [1; -вца́], **~вщи́ца** *f* [5] Verkäufer(in *f*).

прода́ж|а *f* [5] Verkauf *m*; **~ный** [14; -жен, -жна] verkäuflich, feil; Verkaufs...; bestechlich.

прода́лбливать [1], <продолби́ть> [14; -блю́, -би́шь; -блённый] durch-meißeln, -stemmen.

прода́ть *s.* продава́ть.

продви|га́ть [1], <продви́нуть> [20] durchschieben; vorrücken; (*fig.*) hinein-, heran-tragen; (*fig.*) deichseln; **~же́ние** *n* [12] Vorstoß *m*.

продева́ть [1], <проде́ть> [-де́ну, -де́нешь; -день(те)!; -де́тый] durchziehen, einfädeln.

проде́|лка *f* [5; *g/pl.*: -лок] Kniff *m*, (Schelmen-, Buben-)Streich *m*, Machenschaft; **~лывать**, <~лать> [1] (*ein Loch usw.*) durch-brechen, -stoßen; (*dumme Streiche*) machen, anstellen.

продёр|гивать, <~гать> [1], <~нуть> [20] durchziehen, einfädeln; (*fig.*) *j-n* durchhecheln, über *j-n* herziehen.

продéр|живать [1], <~жа́ть> [4] (*eine Zeitlang*) (zurück)behalten, warten lassen.

проде́ть *s.* продева́ть.

продира́ть [1], <продра́ть> [-деру́; дерёшь; -а́л, -ала́, -о; про́дранный (-ан, -а́, -о)] durch-, zer-reißen; durchreiben; **-ся** sich durchreiben; sich durchdrängen.

продле́ние *n* [12] Hinziehen, Verlängerung *f*.

прод|ма́г *m* [1] (продово́льственный магази́н) Lebensmittelgeschäft *n*; **~нало́г** *m* [1] (продово́льственный нало́г) Naturalsteuer *f*.

продово́ль|ственный [14] Verpflegungs...; Proviant...; **~ствие** *n* [12] Verpflegung *f*, Beköstigung *f*; Proviant *m*, Mundvorrat *m*, Lebensmittel *n/pl.*; **~ствовать** [7] verpflegen, -sorgen, verproviantieren (T mit).

продолби́ть *s.* прода́лбливать.

продол|гова́тый [14*K.*] länglich; (*Anat.*) ~гова́тый мозг *m* verlängertes Mark *n*; **~жа́ть** [1] **1.** fortsetzen, fortfahren (mit); **2.** <продо́лжить> [16] verlängern; **-ся** (fort-, an)dauern, währen; **~же́ние** *n* [12] Fortsetzung *f*; Fortdauer *f*; в ~же́ние (P) während, im Verlauf (von); **~жи́тельный** [14; -лен, -льна] (lange) dauernd, anhaltend, langwierig; на ~жи́тельное вре́мя auf die Dauer.

продо́льный [14] der Länge nach (genommen); Längen..., Längs...

продразвёрстка *f* [5] (продово́льственная развёрстка) Getreideablieferungspflicht (*während des Kriegskommunismus von 1918-1921*).

продра́ть *s.* продира́ть.

проду|ва́тельный [14] Ausblase...; **~ва́ть** [1], <проду́ть> [18] durchblasen; ausblasen, reinigen; (*Gold*) läutern; F verprassen; [*unpers.*] durchwehen (*Wind*); **-ся** F verspielen; **~вно́й** [14] geläutert (*Gold*); verschmitzt, durchtrieben.

проду́кт *m* [1] Produkt *n*, Erzeugnis *n*; съестны́е ~ы *pl.* Eßwaren *f/pl.*; ~ы *pl.* пе́рвой необходи́мости lebensnotwendige Nahrungsmittel *n/pl.*
продукти́вный [14; **-вен, -вна**] produktiv, ertragsfähig.
продукто́вый [14] Lebensmittel...
проду́|мывать, <~мать> [1] (reiflich) durchdenken, überlegen.
проду́ть *s.* продува́ть.
проду́шина *f* [5] Luftloch *n*.
продыша́ться F [4] *pf.* (einigemal) aufatmen, Atem holen; an der frischen Luft spazieren gehen.
про|еда́ть [1], <~е́сть> [-е́м, -е́шь, -е́ст, -еди́м, -еди́те, -едя́т; -е́денный] (*Geld*) verzehren; durch-, zerfressen; **-ся** sich arm essen, F alles verfressen.
прое́зд *m* [1] Durchfahrt *f*, Durchreise *f*; Fahrt *f*; ~ом auf der Durchreise; ~а нет (Durchfahrt) gesperrt; **~ить** *s.* проезжа́ть; **~ка** *f* [5; *g/pl.*: -док] Einfahren *n* (*der Pferde*); **~но́й** [14] zur Durchfahrt dienend; Passier...; ~на́я пла́та *f*, ~ны́е *f/pl.* Fahrgeld *n*.
про|езжа́ть [1] **1.** <~е́хать> [-е́ду, -е́дешь; -езжа́й(те)!] *v/i.* durchfahren, -reisen; ~езжа́ть ми́мо vorbei-fahren, -reiten; *v/t.* (*Weg*) zurücklegen; **-ся** spazierenfahren; **2.** <~е́здить> [15] *v/t.* (*Geld usw.*) verfahren, verreisen; (*Pferd*) einfahren; *v/i.* umherreisen; **-ся** *pf.* all sein Geld verfahren; ~езжа́ться (~е́хаться) на че́й-нибудь счёт über j-n witzeln; **~е́зжий** [17] zum Durchfahren (bestimmt); Fahr...; Durchreisende(r) *m*.
прое́кт *m* [1] Projekt *n*, Plan, Entwurf; **~и́ровать** [7] projektieren, planen, entwerfen.
прое́кция *f* [7] Projektion, Ansichtszeichnung.
проём ⚠ *m* [1] (Tür-, Fenster-) Öffnung *f*.
прое́сть *s.* проеда́ть.
прое́хать *s.* проезжа́ть.
прожа́|ривать [1], <**~рить**> [13] durchbraten.
прожёвывать [1], <прожева́ть> [6; -жую́, -жуёшь] durchkauen.
прожектёр *m* [1] Projekten-, Plänemacher.
проже́ктор *m* [1] Scheinwerfer.
прожива́ть [1], <прожи́ть> [-иву́, -ивёшь; про́жил, -а́, -о; про́житый (-ит, -а́, -о)] *v/i.* wohnen; ~ до́ ста лет hundert Jahre alt werden; *v/t.* verleben; vertun.
про|жига́ть [1], <~же́чь> [26; г, ж *statt* к, ч: -жгу́, -жжёшь] durchbrennen; ~жига́ть *impf.* жизнь F ein liederliches Leben führen, prassen.
прожи́лка *f* [5; *g/pl.*: -лок] Ader [(*a.* ♀).]
прожи́тие *n* [12] Existenz *f*; на ~ zum Lebensunterhalt.
прожи́точный [14]: ~ ми́нимум *m* Existenzminimum *n*.
прожи́ть *s.* прожива́ть.
прожо́рливый [14*K.*] gefräßig, verfressen.
про|зва́ние *n* [12] Beiname *m*; **~зва́ть** *s.* прозыва́ть.
про́звище *n* [11] Beiname *m*.
прозё|вывать, *mst* <прозева́ть> [1; -ёванный] versäumen, verpassen.
прозоде́жда *f* [5] (произво́дственная оде́жда) Arbeitszeug *n*, Overall *m*.
прозорли́вый [14*K.*] scharfsichtig.
прозра́чный [14; -чен, -чна] durchsichtig; klar (*Wasser*).
прозре́ть [9] *pf.* das Gesicht (*od.* die Sehkraft) wieder erlangen, wieder sehend werden; я прозре́л (*fig.*) mir ging ein Licht auf.
про|зыва́ть [1], <~**зва́ть**> [-зову́, -вёшь; -а́л, -а́, -о; про́званный (-ан, -а́, -о)] (B) *j-m* e-n Beinamen geben, *j-n* benennen; **-ся** heißen, einen Beinamen haben.
прозяба́ть [1] vegetieren, kümmerlich dahinleben.
прозя́бнуть P [21] *pf.* stark frieren, durchfrieren.
прои́грыватель *m* [4] elektrischer Plattenspieler (*am Radio*).
прои́гр|ывать, <~а́ть> [1; -и́гранный] durchspielen; verspielen, verwetten, verlieren; **-ся** alles (*od.* sein ganzes Geld) verspielen.
про́игрыш *m* [1; *g/pl.*: -ей] Verlust.
произве|де́ние *n* [12] Hervorbringen; Erzeugnis, Produkt, Werk; Ab-, Her-leitung *f*; **~сти́** *s.* производи́ть.
производи́тель *m* [4] Hervorbringer, Erzeuger, Produzent; **~ность** *f* [8] Leistungsfähigkeit; Erzeugungskraft; ~ность рабо́ты Arbeitsleistung; **~ный** [14; -лен, -льна] erzeugend, produktiv, leistungsfähig.

производ|и́ть [15], <произвести́> [25] hervorbringen, erzeugen, produzieren; (aus)führen, anstellen; (*Zahlung usw.*) leisten; ab-, herleiten; befördern (в генера́лы zum General); (*Eindruck usw.*) machen; ~и́ть расчёт abrechnen; **-ся,** <произвести́сь> vor sich gehen, erfolgen, geschehen; **~ный** (-ˈvɔd-) [14] abgeleitet; **~ственный** (-ˈvɔt-) [14] erzeugend; Betriebs...; ~ственная одежда *f* Berufskleidung; **~ство** (-ˈvɔt-) *n* [9] Erzeugung *f*, Produktion *f*; Betrieb *m*; Ausführung *f*; Verfahren; Ab-, Her-leitung *f*; Beförderung *f* (в И zu).

произво́л *m* [1] Willkür *f*; оста́вить на ~ судьбы́ seinem Schicksal überlassen.

произ|несе́ние *n* [12] Aussprechen (*e-s Wortes*); Halten (*e-r Rede*); **~носи́ть** [15], <~нести́> [25; *durchweg* с *statt* д, л: -есу́; -ёс, -есла́] (*Wort*) aussprechen; (*Rede*) halten; **~ноше́ние** *n* [12] Aussprache *f* (*e-s Wortes*).

произойти́ *s.* происходи́ть.

произра|ста́ть [1], <~сти́> [25; *nur 3. Pers.*: -тёт; -ро́с, -сла́] (hervor-) wachsen.

про́иск *m* [1] (*mst pl.*) Ränke *m/pl.*, Intrigen *f/pl.*

проис|тека́ть [1], <~те́чь> [26] entspringen, herrühren.

проис|ходи́ть [15], <произойти́> [*nur 3. Pers.*: -зойдёт; -зошёл, -ошла́] entstehen; her-rühren, -kommen, abstammen (от Р von); sich ereignen, vorfallen, stattfinden, spielen; **~хожде́ние** *n* [12] Entstehung *f*; Herkunft *f*, Ursprung *m*; **~ше́ствие** *n* [12] Ereignis, Vorfall *m*.

пройдо́ха *m/f* [5] durchtriebener Mensch *m*, Schlaufuchs *m*.

про́йма *f* [5] (durchgehende) Öffnung, Loch *n*; Einschnitt *m*, Schlitz *m*.

пройти́ *s.* проходи́ть.

прок *m* [1] Nutzen, Vorteil; без ~у nutzlos; из него́ (из э́того) не бу́дет ~у F aus ihm (daraus) wird nichts gescheites; что в э́том ~у? was habe ich (hast du usw.) davon?; в ~ *s.* впрок.

прока|жённый ⚕ [14] aussätzig; Aussätzige(r) *m*; **~за** ⚕ (-ˈka-) *f* [5] Aussatz *m*; *s. a.* прока́зы.

прока́з|ить [15], <на-> mutwillige Streiche machen, Schabernack treiben; **~ник** *m* [1] Mutwillige(r), Schelm; **~ничать** [1] *s.* ~ить; **~ы** *f/pl.* [5] mutwillige Streiche *m/pl.*, Schabernack *m*.

про|ка́лывать [1], <~коло́ть> [17] durchbohren, durchstechen (шпа́гой mit dem Degen).

про|ка́пывать, <~копа́ть> [1; -о́панный] durchgraben.

прока́рмливать [1], <прокорми́ть> [14] ernähren; verfüttern.

прока́т *m* [1] Vermieten *n*; Miete *f* (*für geliehene Sachen*); **~ный** [14] Miet(s)..., Leih...; ⊕ Walz...

прока́|тывать, <~та́ть> [1; -а́танный], <~ти́ть> [15] rollen, wälzen; ⊕ walzen; (*v/i.* **-ся**) umherfahren, spazierenfahren; P vorbeisausen; P (*fig.*) durchhecheln, herunterputzen; ~тываться *impf.* на че́й-нибудь счёт über *j-n* witzeln.

проки|па́ть [1], <~пе́ть> [10; *nur 3. Pers.*: -пи́т] durchkochen.

прокла́|дка *f* [5; *g/pl.*: -док] Zwischenlage; Zwischenfutter *n*; (*Typ.*) Durchschuß *m*; отделя́ть ~дками (*Zeilen*) durchschießen; ~дка ка́беля Kabellegung; **~дно́й** [14] Einlage..., Zwischen...; **~дчик** *m* [1]: ~дчик труб Rohrleger; **~дывать** [1], <проложи́ть [16] dazwischenlegen; (*Typ.*) durchschießen (Т mit); (*Weg usw.*) anlegen, durchführen (по П durch); ~дывать себе́ доро́гу sich Bahn brechen.

проклама́ция *f* [7] Proklamation, Verkünd(ig)ung; Flugblatt *n*, Flugschrift.

про|клина́ть [1], <~кля́сть> [-яну́, -янёшь; про́клял, -а́, -о; про́клятый (-ят, -а́, -о)] verfluchen, verwünschen; **~кля́тие** *n* [12] Verfluchung *f*, Verwünschung *f*; Fluch *m*.

проко́л *m* [1] Durchstechen *n*, Durchstich; **~о́ть** *s.* прока́лывать.

прокопа́ть *s.* прока́пывать.

прoко́рм *m* [1] Ernährung *f*; **~и́ть** *s.* прока́рмливать.

прокра́|дываться [1], <~сться> [25; *pt. st.*] sich durch-, einschleichen.

прокурату́ра *f* [5] Staatsanwaltschaft.

проку́|ривать [1], <~ри́ть> [13; -урю́, -у́ришь; -у́ренный] durch-, ver-räuchern; (*Geld*) verrauchen.
прокуро́р *m* [1] Staatsanwalt.
проку́|сывать [1], <~си́ть> [15] durchbeißen.
проку́|чивать F [1], <~ти́ть> [15] verprassen, verjubeln.
пролага́ть *s.* прокла́дывать.
прола́за *m/f* [5] Schleicher(in *f*); Schnüffler(in *f*).
про|ла́мывать, <~лома́ть> [1; -о́манный], <~ломи́ть> [14] durchbrechen; **-ся** durch-, ein-brechen (*Eis usw.*).
пролега́ть [1] (*wohin*) führen, sich erstrecken, (ver)laufen.
про́ле|жень *m* [4; -жня] (*mst pl.*) durchgelegene Stelle *f*; **~живать** (-ˈlɔ-) [1], <~жа́ть> [4; -жу́, -жи́шь; -лёжанный] *v/i.* (*eine Zeitlang*) liegen (bleiben); *v/t.* sich (*die Haut*) durchliegen.
пролеза́ть [1], <проле́зть> [24; *durchweg st.*: -ле́зу; -ле́з, -ла] durchkriechen.
проле́сок *m* [1; -ска] Durchhau.
пролёт *m* [1] Vorbei-, Vorüberfliegen *n*; Strich (*der Vögel*); (*weite*) Öffnung *f*; Spannweite *f*; ~ мо́ста Brücken-durchgang, -durchlaß.
пролета́рий *m* [3; *prpos/sg.*: -ии] Proletarier.
проле|та́ть [1], <~те́ть> [11] vorbei-, vorüber-fliegen.
пролётка *f* [5; *g/pl.*: -ток] leichte Einspännerdroschke.
проле́|чивать [1], <~чи́ть> [16] eine Zeitlang kurieren; (*Geld*) für die Kur ausgeben.
проли́|в *m* [1] Meerenge *f*; **~ва́ть** [1], <проли́ть> [-лью́, -льёшь; про́лил, -а́, -о; -ле́й(те)!; -ли́тый *u.* -лито́й (про́лит, -а́, -о)] ver-, ausgießen; ~ва́ть свет на (В) aufklären; **-ся** überlaufen; **~вно́й** [14]: ~вно́й дождь *m* Platz-, Guß-regen, Wolkenbruch; **~тие** *n* [12] Vergießen; **~ть** *s.* ~ва́ть.
проложи́ть *s.* прокла́дывать.
проло́м *m* [1] Durchbrechen *n*, Durchbruch; durchgebrochene Stelle *f*; идти́ на ~ sich durchdrängen; **~а́ть, ~и́ть** *s.* прола́мывать.
прома́з|ывать [1], <~ать> [3] ver-, durch-schmieren, -ölen, -kitten.
прома́тывать, <промота́ть> [1; -о́танный] ver-schwenden, -geuden; **-ся** verarmen, herunterkommen.
про́мах *m* [1] Fehl-schlag, -schuß, -griff, -tritt, Versehen *n*; дать (*od.* сде́лать) ~ einen Fehlschlag tun, F einen Bock schießen; он ма́лый не ~ er läßt sich nicht hinters Licht führen; **~иваться** (-ˈma-) [1], <~ну́ться> [20] fehlschlagen, fehlschießen, nicht treffen.
прома́чивать [1], <промочи́ть> [16] *v/t.* durchnässen, durchweichen; ~ го́рло F die Kehle anfeuchten, einen Kleinen heben.
про́мбанк *m* [1] (промы́шленный банк) Industriebank *f*.
промедле́ние *n* [12] Verzögerung *f*.
проме́|ж(ду) (Р) zwischen; **~жность** *f* [8] (*Anat.*) Damm *m*; разры́в *m* ~жности Dammriß; **~жу́ток** *m* [1; -тка] Zwischenraum, Abstand; ~жу́ток вре́мени Zeit-raum, -abstand; Zwischenzeit *f*; с ~жу́тками in Zwischenräumen.
промельк|а́ть [1], <~ну́ть> [20] auftauchen, aufflimmern; dahinfliegen (*Zeit*).
проме́|нивать [1], <~ня́ть> [28] (um)tauschen, umwechseln (на В gegen); он ~ня́л куку́шку на я́стреба (*Spr.*) er ist vom Regen in die Traufe gekommen.
проме́р *m* [1] Aus-, Ver-messung *f*; ⚓ Peilung *f*; Versehen *n* im Messen.
промерз|а́ть [1], <промёрзнуть> [21] durchfrieren; **~лый** (-mɔ-) [14] durchgefroren.
проме́|ривать [1], **~ря́ть** [28], <~рить> [13] aus-, ver-messen; ⚓ peilen.
промина́ть [1], <промя́ть> [-мну́, -мнёшь; -мя́тый] (*Lehm*) durchkneten; (*Flachs*) brechen; (*Pferd*) umherführen; eindrücken.
промо́зглый [14] muffig, mod(e)rig.
промо́ина *f* [5] (*v. Wasser*) ausgespülte Stelle.
промок|а́тельный [14]: ~а́тельная бума́га *f* Löschpapier *n*; **~а́ть** [1], <промо́кнуть> [21] durchnäßt werden; **~а́шка** F *f* [5; *g/pl.*: -шек] Löschblatt *n*; **~лый** (-ˈmɔk-) [14] durchnäßt.
промолча́ть [4; -чу́, -чи́шь] *pf.* stillschweigen; (о П) verschweigen.
промота́ть *s.* прома́тывать, мота́ть.
промочи́ть *s.* прома́чивать.
пром|това́ры *m/pl.* [1] (промы́шленные това́ры) Bedarfsartikel; ~-

то́рг *m* [1] Bedarfsartikelzentrale *f*; **~финпла́н** *m* [1] (промы́шленно-финáнсовый план) Produktions- u. Finanz-plan.

промыва́ль|ный [14] zum Waschen (dienend); Wasch...; **~ня** ⚒ *f* [6; *g/pl.*: -лен] Waschwerk *n*; **~щик** *m* [1] (Erz-)Wäscher.

промы|ва́ть [1], ‹промы́ть› [22] (*bsd.* ⚒) waschen; unterspülen, unterwaschen; (*den Magen*) ausspülen; **~вка** (-ˈmɨf-) *f* [5; *g/pl.*: -вок] Waschen *n*; Spülung; ~вка желу́дка Magenausspülung; ~вка зо́лота Goldwäsche(rei).

про́мысел *m* [1; -сла] Gewerbe *n*; Erwerbszweig; (Tier-)Fang, Jagd *f*; го́рный ~ Bergwerk *n*.

промы́|слить *s.* промышля́ть; **~сло́вый** [14] Gewerbe...

промы́ть *s.* промыва́ть.

промы́шлен|ник *m* [1] Gewerbetreibende(r), Industrielle(r); **~ность** *f* [8] Industrie; тяжёлая ~ность Schwerindustrie; **~ный** [14] gewerbtätig, gewerblich, industriell; Gewerbe..., Industrie...

промышля́ть [28] (*Jagd, Fang berufsmäßig*) betreiben (T); (*Tiere*) fangen (B).

промя́ть *s.* проминáть.

прона́шивать [1], ‹проноси́ть› [15] (*eine Zeitlang*) tragen; ab-, durch-tragen.

пронести́ *s.* проноси́ть.

прон|за́ть [1], ‹~зи́ть› [15; -нжу́, -нзи́шь; -нзённый] (T *mit dem Degen, Blick*) durchbohren; **~зи́тельный** [14; -лен, -льна] durchdringend, schneidend; ~зи́тельный крик *m* gellendes Geschrei *n*.

прони́|зывать [1], ‹~за́ть› [3] durchdringen; auffädeln.

проник|а́ть [1], ‹прони́кнуть› [21] durch-, ein-dringen; ergründen; vordringen; **~нове́ние** *n* [12] Ein-, Durch-dringen; (*fig.*) Eindringlichkeit *f*.

понима́ть [1], ‹проня́ть› [пройму́, -мёшь; про́нял, -á, -о; про́нятый (-ят, -á, -о)] durchdringen (*Kälte*); kleinlaut (*od.* mürbe) machen; меня́ дрожь пронима́ет mich schauert; его́ ниче́м не проймёшь F ihm ist überhaupt nicht beizukommen, er hat ein dickes Fell.

проница́емый [14*K.*] durchlässig.

проница́тельный [14; -лен, -льна] durchdringend; scharfsinnig.

проница́ть *s.* проника́ть.

проноси́ть [15] ‹пронести́› [25; *durchweg* с *statt* д, л: -есу́; -ёс, -еслá] (vorbei-, vorüber)tragen; ver-, vorüber-treiben; ⚕ [*unpers.*] Durchfall haben; его́ пронесло́ er hat Durchfall gehabt; **-ся,** ‹пронести́сь› vorbeijagen; sich verbreiten (*Gerücht*); *s.* прона́шивать.

проны́р|а F *m/f* [5] Schleicher (-in *f*); Leisetreter(in *f*); **~ливый** [14 *K.*] verschmitzt.

проню́|хивать, ‹~хать› [1] ausschnüffeln; (*fig.*) Wind bekommen von.

проня́ть *s.* пронима́ть.

прообраз *m* [1] Ur-, Vor-bild *n*.

пропа|да́ть [1], ‹пропа́сть› [25; *pt. st.*] verlorengehen, weg-, abhanden-kommen; hingeraten; zugrunde gehen, hin sein, verpfuscht sein; verschwinden; аппети́т у меня́ пропа́л mir ist der Appetit vergangen; куда́ же вы пропа́ли? wo blieben (*od.* steckten) Sie denn?; пиши́ пропа́ло! das ist verloren *od.* futsch!; пропа́л бе́з вести er ist verschollen; пропади́ (ты) про́падом! hol' dich der Kuckuck!, hau ab!; **~жа** (-ˈpa-) *f* [5] Verlorengehen *n*; Verlust *m*, verlorene Sache.

про́паст|ь[1] *f* [8] Abgrund *m*, Kluft; große Menge; на краю́ ~и (*fig.*) am Rande des Abgrundes; у него́ ~ь де́нег er hat Geld wie Heu, er ist steinreich; тьфу ~ь! zum Teufel auch!

пропа́сть[2] *s.* пропада́ть.

пропа́щий [17] verloren; (*fig.*) verkommen (*Mensch*).

пропеде́втика *f* [5] Propädeutik.

пропека́ть [1], ‹пропе́чь› [26] durchbacken lassen; durchbrennen (*v. der Sonne*).

пропе́ллер ⊕ *m* [1] Propeller; шаг *m* ~а Propellerhub.

пропеча́т|ывать, ‹~ать› P [1] (in der Presse) heruntermachen, herziehen (B über *ac.*).

пропива́ть [1], ‹пропи́ть› [-пью, -пьёшь; про́пил, -á, -о; -пе́й(те)!; про́пи́тый (про́пит, -á, -о)] vertrinken.

пропи са́ть *s.* ˈ~сывать; **~ска** (-ˈpis-) *f* [5; *g/pl.*: -сок] Eintragung, Einschreiben *n*; (*polizeiliche*) Anmeldung; ⚕ (*ärztliche*) Verordnung; **~сно́й** [14]: ~сна́я бу́ква *f* Anfangsbuchstabe *m*, Initiale, großer Buchstabe *m*; abgedroschen, Binsen..., Gemein...; **~сывать** (-ˈpi-) [1], <~са́ть> [3] ein-tragen, -schreiben; melden; (*Arznei*) verschreiben; (*eine Zeitlang*) schreiben; таку́ю я тебе́ шту́ку пропишу́! P ich werde dir ordentlich eins auswischen!, du wirst dein blaues Wunder erleben!; тебе́ за э́то пропи́шут! P das wird dir nicht so durchgehen!; я тебе́ и́жицу пропишу́! ich werde dich Mores lehren!; **-ся** sich anmelden; **~сь** (ˈprɔ-) *f* [8] Schreibvorlage; ~сью in Buchstaben *od.* Worten (schreiben; *v. Zahlen*).

пропи|та́ние *n* [12] Ernährung *f*, (Lebens-)Unterhalt *m*; зарабо́тать себе́ на ~та́ние seinen Lebensunterhalt verdienen; **~тывать** (-ˈpi-), <~та́ть> [1; -и́танный] (durch-) tränken; ⊕ imprägnieren.

пропи́ть *s.* пропива́ть.

пропи́|хивать, <~ха́ть> [1; -и́ханный], <~хну́ть> [20] durch-stoßen, -schieben.

проплы́в *m* [1] (*Sport*) Wettschwimmen *n*.

проплыва́ть [1], <проплы́ть> [23] schwimmen (*eine gewisse Strecke*); durchschwimmen; (*fig.*) vorübergleiten; F einherstolzieren.

пропове́дник *m* [1] Prediger; Verkünder.

пропове́|довать [7] predigen; verbreiten; **~дь** (ˈprɔ-) *f* [8] Predigt.

пропо́йный P [14] versoffen; ~ го́лос *m* versoffene Stimme *f*.

пропо́йца P *m* [5] Säufer, Trunkenbold.

пропол|за́ть [1], <~зти́> [24] (hin-) durchkriechen.

прополка ✓ *f* [5; *g/pl.*: лок] Jäten *n*.

пропорциона́льный [14; -лен, -льна] verhältnismäßig, proportioniert; ⩓ обра́тно ~ umgekehrt proportional.

пропо́рция *f* [7] Proportion, Verhältnis *n*.

про́пу|ск *m* **1.** [1] Durchlassung *f*, Durchlaß; ausgelassene Stelle *f*, Auslassung *f*; Passierschein; **2.** [*pl.* -á] ⚔ Losung *f*; **~ска́ть** [1], <~сти́ть> [15] durchlassen; vorübergehen (*od.* ablaufen) lassen; versäumen; aus-, weg-lassen; **~скно́й** [14] zum Durchlassen dienend; Durchlaß..., Passier...; ~скна́я бума́га *f* Löschpapier *n*.

пропья́нствовать [7] *pf.* vertrinken; ~ всю ночь die ganze Nacht durchzechen.

прора́б *m* [1] (производи́тель рабо́т) Bau-führer, -leiter, Arbeitsleiter.

прораб|а́тывать, <~о́тать> [1] (*eine Zeitlang*) arbeiten; (*Bücher*) durchnehmen, durcharbeiten; *j-n* heruntermachen.

прора|ста́ть [1], <~сти́> [25; *nur 3. Pers.*: -тёт; -ро́с, -росла́] (hervor)keimen; ausschlagen; durchwachsen.

про́рва *f* [5] Untiefe; P Unmenge; **~ть** *s.* прорыва́ть.

проре́з *m* [1] Ein-, Aus-schnitt; **~а́ть** [1], <~ать> [3] durch-, einschneiden; **-ся** durchbrechen (*Zähne*).

прорези́ненный [14 *K.*] gummiert.

проре́зывать *s.* прореза́ть.

про́резь *f* [8] Schlitz *m*; Kimme (*am Visier*).

проре́ха *f* [5] Riß *m* (*im Kleid*); Hosenschlitz *m*; Mangel *m*, Lücke.

прорица́|лище *n* [11] Orakel; **~тельница** *f* [5] Wahrsagerin.

проро́к *m* [1] Prophet.

пророни́ть [13; -оню́, -о́нишь; -о́ненный] *pf.* (*Bemerkung usw.*) fallen lassen; verlieren; сло́ва не пророни́л за весь ве́чер er tat den ganzen Abend den Mund nicht auf.

проро́|ческий [16] prophetisch; **~чество** *n* [9] Prophezeiung *f*; **~чить** [16], <на-> prophezeien.

прору|ба́ть [1], <~би́ть> [14] durchhauen; ~ба́ть про́секу durchforsten, lichten; **~бь** (ˈprɔ-) *f* [8] Eisloch *n*, Wake, Wuhne.

прору́ха F *f* [5] (*fig.*) Bock *m*; быва́ет и на стару́ху ~ (*Spr.*) Alter schützt vor Torheit nicht.

проры́в *m* [1] Durchriß, Durchbruch; Minderleistung *f* (*in der Planerfüllung*), Versorgungslücke *f*; **~а́ть** [1] **1.** <прорва́ть> [-ву́, -вёшь; -а́л, -ала́, -о; про́рванный (-ан, -á, -о)] durch-reißen, -brechen; его́ прорва́ло F (*fig.*) er ging hoch; **2.** <проры́ть> [22] durchgraben; **-ся** (нару́жу) hervorbrechen, hervortreten.

прос́а|живать [1], <~ди́ть> [15] verschwenden; P durchbohren.

прос́ак *m* [1] Verlegenheit *f*; попа́сть в ~ in große Verlegenheit (*od.* in die Patsche) geraten.

проса́ливать [1] **1.** <просоли́ть> [13; -олю́, -о́ли́шь; -о́ленный] durchsalzen; **2.** <проса́лить> [13] einfetten, durchfetten.

проса́чиваться [1], <просочи́ться> [16; *nur 3. Pers.*: -и́тся] durchsickern.

просва́|тывать, <~тать> [1] (В/за В *seine Tochter j-m*) versprechen, zusagen (*zur Ehe*).

просве|жа́ть [1], <~жи́ть> [16; -жу́, -жи́шь; -жённый] durchlüften.

просве́р|ливать [1], <~ли́ть> [13] (*mit dem Bohrer*) durchbohren.

просве́т *m* [1] Durchschimmern *n*; Lichtstreif; Freude *f*, Lichtblick; △ Fenster-, Tür-öffnung *f*; **~и́тельный** [14] aufklärend, bildend; **~и́ть** *s.* просвеща́ть; **~ле́ть** [8] *pf.* sich aufklären (*Himmel*); **~ля́ть** [28], <~ли́ть> [13] klar(er) machen, klären.

просве́чивать [1] **1.** durch-schimmern, -scheinen; **2.** <просвети́ть> ⚕ [15] durchleuchten.

просве|ща́ть [1], <~ти́ть> [15; -ещу́, -ети́шь; -ещённый] aufklären, bilden; **~ще́нец** *m* [1; -нца] Aufklärungsfunktionär, Lehrer; **~ще́ние** *n* [12] Aufklärung *f*, Bildung *f*.

просвирня́к ⚘ *m* [1*e.*] Feld-, Gänse-malve *f*.

про́седь *f* [8] (einzelne) graue Haare *n/pl.*; с ~ю graulich, gräulich, (grau)meliert.

просе́ивать [1], <просе́ять> [27] sieben, durchsieben, beuteln.

про́се|ка *f* [5] Durchhau *m*, Schneise (*im Wald*); **~ка́ть** [1], <просе́чь> [26; *pt. st.*; -чённый] durchhauen.

просё|лок *m* [1; -лка] (*a.* ~лочная доро́га *f*) Feld-, Neben-weg *m*; е́хать ~лком auf Feldwegen fahren.

просе́ять *s.* просе́ивать.

проси́|живать [1], <~де́ть> [11; -си́женный] (*eine Zeitlang*) sitzen (bleiben) *od.* aufbleiben; (*Stuhl*) durchsitzen; ~де́ть ве́чер den Abend zubringen (у P bei).

проси́тель *m* [4] Bittsteller.

проси́ть [15], <по-> (у P/P *od.* В/о П *j-n* um *et.*) bitten, ersuchen; sich verwenden (В/за В bei *j-m* für *j-n*); про́сят man bittet, es wird gebeten, bitte; ~ сло́ва ums Wort bitten; ~ в кумовья́ zu Gevatter bitten; **-ся** (в *od.* на В) sich erbitten, bitten (um); -ся домо́й bitten, nach Hause gehen zu dürfen; -ся в о́тпуск um Urlaub bitten.

просия́ть [28] *pf.* erglänzen.

про|ска́кивать [1] **1.** <~скочи́ть> [16] (hin)durchspringen; **2.** <~скака́ть> [3] vorbeisprengen (*zu Pferde*).

проска́льзывать [1], <проскользну́ть> [20] durch-, hinein-schlüpfen; (*fig.*) leise anklingen.

просквоз|и́ть F [*nur 3. Pers.*: -и́т] *pf.*: меня́ ~и́ло в по́езде ich habe in der Bahn Zug bekommen.

проскочи́ть *s.* проска́кивать.

просла|вля́ть [28], <просла́вить> [14] verherrlichen; berühmt machen.

просла́ивать [1], <прослои́ть> [13] schichten, mit Schichten durchsetzen; ~ торт клубни́чным варе́ньем eine Torte mit Erdbeerkonfitüre schichten.

просле́довать [7] *pf.* durchreisen, sich begeben.

просле́|живать [1], <~ди́ть> [15; -ежу́, -еди́шь; -е́женный] aufspüren, verfolgen (*a. fig.*).

прослези́ться [15; -ежу́сь, -ези́шься] *pf.* zu Tränen gerührt sein, Tränen vergießen.

просло́йка *f* [5; *g/pl.*: -о́ек] Zwischenschicht.

прослу́|шивать, <~шать> [1] (*bis zu Ende*) anhören; sich vortragen lassen; sich hersagen lassen; ~шать *pf.* überhören; ⚕ abhorchen.

прослы́шать P [4] *pf.* (vom Hörensagen) erfahren.

про|сма́тривать [1], <~смотре́ть> [9; -отрю́, -о́тришь; -о́тренный] durchsehen; über-sehen, -gehen; **~смо́тр** *m* [1] Durch-sicht *f*, -sehen *n*; Übersehen *n*.

просну́ться *s.* просыпа́ться.

про́со ⚘ *n* [9] Hirse *f* (*als Pflanze*).

просо́вывать [1], <просу́нуть> [20] durchstecken, durchschieben.

просоли́ть *s.* проса́ливать.

просо́|нки *m/pl.* [1], **~нье** *n* [10] Halbschlaf *m*, (leichter) Schlummer *m*.

просору́шка ⸗ *f* [5; *g/pl.*: -шек] Hirsemühle.
просо́х|лый [14] ausgetrocknet; **~нуть** *s.* просыха́ть.
просочи́ться *s.* проса́чиваться.
проспа́ть *s.* просыпа́ть.
проспе́кт *m* [1] Prospekt; Ankündigung *f*, Anzeige *f*; Prachtstraße *f*.
проспирто́в|ывать [1], <~а́ть> [7] in Spiritus legen.
просро́|чивать [1], <~чить> [16] die Frist (*e-r Sache*) versäumen; (*Wechsel*) verfallen lassen; ~чивать о́тпуск die Urlaubszeit überschreiten; ~ченный abgelaufen, verfallen, überfällig; **~чка** *f* [5; *g/pl.*: -чек] Versäumung *f* (*e-r Frist*); Urlaubsüberschreitung *f*; Verfallenlassen *n*, Verfall *m* (*e-s Wechsels*).
про|ставля́ть [28], <~ста́вить> [14] einsetzen (*Datum, Namen an die dafür vorgesehene Stelle in e-m Schriftstück*).
проста́ивать [1], <простоя́ть [-ою́, -ои́шь] (*eine Weile*) stehen (bleiben); still stehen (*Maschine usw.*).
проста́к *m* [1*e.*] einfacher, schlichter Mensch; *s. a.* простофи́ля.
просте́йшие *pl.* [14] Einzeller, Protozoen.
просте́но|к *m* [1; -нка] Scheide-, Zwischen-wand *f*; Pfeiler (*zwischen zwei Fenstern*); **~чный** [14] Scheidewand...; ~чное зе́ркало *n* Pfeilerspiegel *m*.
простира́ть [1], <простере́ть> [12] aus-breiten, -strecken; ausdehnen; **-ся** (до P) sich erstrecken *od.* ausdehnen (bis), sich belaufen (auf *ac.*).
прости́р|ывать F, <~а́ть> [1; -и́ранный] (sorgfältig) durchwaschen.
прости́тельный [14; -лен, -льна] verzeihlich.
проститу́|тка *f* [5; *g/pl.*: -ток] Prostituierte, P Hure; **~ция** *f* [7] Prostitution, P Hurerei.
прости́ть *s.* проща́ть.
про́сто (*s.* просто́й) einfach, geradezu; ohne Umstände; **~ва́тый** [14*K.*] einfältig; **~воло́сый** P [14*K.*] barhäuptig, ohne Kopfbedeckung; **~ду́шие** *n* [12] Treuherzigkeit *f*, Biedersinn *m*.
просто́й 1. [14; *K. f*: -та́; *comp.* про́ще] einfach, schlicht; gemein, gewöhnlich; aufrichtig, treuherzig; просте́йшие живо́тные *n/pl.* Urtierchen, Protozoen; просты́м гла́зом mit bloßem Auge; **2.** *m* [3] Warten *n* (*über die bestimmte Zeit*), Wartezeit *f*; Liegezeit *f*; Leerstehen *n* (*e-s Hauses*); Stillegung *f* (*e-r Fabrik*); **~ный** [14] für das Warten bezahlt; Warte...; ~ные де́ньги *pl.* Warte-, ⚓ Liege-geld *n*.
просто|ква́ша *f* [5] saure Milch; **~люди́н** *m* [1] Mann aus dem Volk; **~-на́просто** ganz einfach, ohne Umstände *od.* Umschweife; **~наро́дный** [14] volkstümlich; **~наро́дье** *n* [10] das niedere Volk.
просто́р *m* [1] Geräumigkeit *f*; weiter Raum; Freiheit *f*.
просто|ре́чие *n* [12] Volkssprache *f*; **~серде́чие** *n* [12] Treuherzigkeit *f*; **~серде́чный** [14; -чен, -чна] treuherzig, aufrichtig; **~та́** *f* [5] Einfachheit; Treuherzigkeit; Einfalt; свята́я ~та́! heilige Einfalt!; **~фи́ля** *m/f* [6] einfältige Person *f*, F Einfaltspinsel *m*.
простоя́ть *s.* проста́ивать.
простра́н|ный [14; -нен, -нна] geräumig; weitläufig, ausgedehnt; **~ство** *n* [9] Raum *m*, Ausdehnung *f*; ⚕ боя́знь *f* ~ства Platzangst; жи́зненное ~ство Lebensraum *m*.
простре́л *m* [1] Durchschuß; F Hexenschuß; **~ивать** [1], <~и́ть> [13; -елю́, -е́лишь; -е́ленный] (*mit e-r Kugel*) durchschießen.
просту́|да ⚕ *f* [5] Erkältung; схвати́ть ~ду F sich erkälten; **~жа́ть, ~живать** [1], <~ди́ть> [15] (**-ся** sich) erkälten.
просту|па́ть [1], <~пи́ть> [14; *nur 3. Pers.*] hervortreten; **~пок** (-ˈstu-) *m* [1; -пка] Fehltritt, Vergehen *n*.
простыва́ть [1], <просты́нуть> [20], <просты́ть> [-ы́ну, -ы́нешь] kalt werden, erkalten; его́ и след просты́л F er ist auf und davon.
простыня́ *f* [6; *pl.*: про́стыни, просты́нь, -ня́м] Bettlaken *n*.
просу́нуть *s.* просо́вывать.
просу́|шивать [1], <~ши́ть> [16] (durch)trocknen; **~шка** *f* [5] Durchtrocknen *n*, Trocknung.
просфора́ *f* [5] Hostie.
просчёт *m* [1] Rechenfehler; Nachrechnen *n*.
просчи́|тывать, <~та́ть> [1; -и́танный] durch-, nach-rechnen, -zählen; (**-ся**) sich ver-rechnen, -zählen (на В um).

про́сып *m* [1] Erwachen *n*; без ~у ohne aufzuwachen; он пьёт без ~у er ist nie nüchtern; **~а́ть** [1] **1.** <проспа́ть> [-плю́, -пи́шь; -а́л, -а́, -о] *v/i.* (*eine Zeitlang*) schlafen; *v/t.* verschlafen; **2.** <просы́пать> [2] verschütten; verstreuen; **-ся,** <просну́ться> [20] auf-, er-wachen; проспа́ться *pf.* (sich *od.* den Rausch) ausschlafen.

просыха́ть [1], <просо́хнуть> [21] durchtrocknen.

про́сь|ба *f* [5] Bitte; Gesuch *n*; по ~бе auf die Bitte hin; у меня́ ~ба до вас (*od.* к вам) *od.* я к вам с ~бой ich habe eine Bitte (Anliegen) an Sie.

просяно́й ⚘ [14] Hirse(n)...

прота́лина *f* [5] aufgetaute Stelle, Tauschneepfütze.

про|та́лкивать, <~толка́ть> [1; -о́лканный], *einm.* <~толкну́ть> [20] durchstoßen; **-ся** sich durchdrängen.

про|та́пливать [1], <~топи́ть> [14] ein wenig heizen.

про|та́птывать [1], <~топта́ть> [3] (*Weg*) austreten.

прота́скивать [1], <протащи́ть> [16] (durch)schleppen; F (*fig.*) (hin)einschmuggeln; F (*fig.*) durchhecheln.

проте|жé (-tɛ'ʒɛ) *m* [*unv.*] Günstling, Schützling; **~жи́ровать** (-tɛ'ʒi-) [7] (Д *j-n*) protegieren, begünstigen, fördern.

проте́з (-'tɛs) *m* [1] Prothese *f*.

протека́ть [1], <проте́чь> [26] durchfließen; durchsickern, durchschlagen; verfließen, verstreichen.

протекци|они́зм *m* [1] Schutzzollsystem *n*; Günstlingswirtschaft *f*; **~я** (-'ʦɛk-) *f* [7] Protektion, Beschützung, Gönnerschaft.

протере́ть *s.* протира́ть.

протестова́ть [7] (*im*)*pf.* protestieren, Protest erheben *od.* einlegen (про́тив Р gegen).

проте́чь *s.* протека́ть.

про́тив (Р) gegenüber; gegen, wider.

про́тивень *m* [4; -вня] Kuchenblech *n*, Brat(en)pfanne *f* (*viereckig*).

проти́в|иться [14], <вос-> sich widersetzen, Widerstand leisten; **~ник** *m* [1] Gegner, Widersacher; **~ный** [14; -вен, -вна] entgegengesetzt; Gegen...; widrig, widerlich; в ~ном слу́чае widrigen-, andernfalls, sonst, im entgegengesetzten Fall; он мне проти́вен er ist mir zuwider.

противо... (*in Zssgn mst*) gegen..., wider...; **~бо́рство** *n* [9] Widerstreit *m*; **~бо́рствовать** [7] (Д) widerstreiten, *et.* bekämpfen; **~ве́с** *m* [1] Gegengewicht *n*; **~возду́шный** [14]: ~возду́шная оборо́на *f* Luftschutz *m*, Fliegerabwehr; **~га́з** *m* [1] Gasmaske *f*; **~де́йствие** *n* [12] Gegenwirkung *f*; **~де́йствовать** [7] entgegenwirken; **~есте́ственный** [14*K.*] widernatürlich; **~зако́нный** [14; -нен, -нна] gesetzwidrig, widerrechtlich; **~зача́точный** [14] empfängnisverhütend; **~ипри́товый** ⚔ [14]: ~ипри́товый костю́м *m* Gasanzug; **~обще́ственный** [14] antisozial; **~полага́ть** [1], <~положи́ть> [16] entgegen-stellen, -setzen; **~положе́ние** *n* [12] Entgegen-stellung *f*, -setzung *f*; Gegensatz *m*; **~поло́жность** *f* [8] Gegensatz *m*, Gegenteil *n*; ~поло́жности схо́дятся (*Spr.*) Gegensätze ziehen sich an; **~поло́жный** [14; -жен, -жна] entgegengesetzt; gegenüberliegend; gegenteilig; **~речи́вый** [14*K.*] widersprechend; **~ре́чие** *n* [12] Widerspruch *m*; **~ре́чить** [16] widersprechen; **~стоя́ть** [-ою́, -ои́шь] gegenüberstehen; sich widersetzen; **~та́нковый** ⚔ [14] Panzerabwehr...; ~та́нковое загражде́ние *n* Panzersperre *f*; **~хими́ческий** ⚔ [16] Gasschutz...; **~я́дие** *n* [12] Gegengift.

протира́ть [1], <протере́ть> [12] durchreiben; (ab)reiben.

прoти́рка *f* [5; *g/pl.*: -рок] Wischlappen *n*.

прoти́с|кивать, <~кать> [1], <~нуть> [20] durch-drängen, -zwängen.

проткну́ть *s.* протыка́ть.

прото́к *m* [1] Durchfluß, Verbindungskanal (*zwischen zwei Wasserbecken*).

протолк|а́ть, ~ну́ть *s.* прота́лкивать.

прото́н *m* [1] Proton *n*.

прото́пать Р [1] *pf.* (zu Fuß) zurücklegen, ablaufen (*Weg*), abtrotten.

протопи́ть *s.* прота́пливать.

протопта́ть *s.* прота́птывать.

проторго́|вывать [1], <~ва́ть> [7] durch den Handel verlieren, ein-

büßen; **-ся** sich durch den Handel ruinieren *od.* zugrunde richten.
про́тори *f/pl.* [8] (Gerichts-) Kosten *pl.*
прото|ря́ть [28], <~ри́ть> [13] bahnen, (*Weg*) einfahren, austreten; ~рённая доро́жка *f* (*fig.*) altes Geleise *n.*
прото́чина *f* [5] Wurm- (*a.* Motten)fraß *m*; ausgespülte(s) Stelle (Loch *n*).
прото́чный [14] durchfließend.
протра́ва *f* [5] Beizen *n*, Ätzen *n*; Beize.
протрез|вля́ть [28], <~ви́ть> [14; -влю́, -ви́шь; -влённый] nüchtern machen, ernüchtern; **-ся** nüchtern werden, sich ernüchtern.
протруби́ть [14; -блю́, -би́шь] *pf.* (*eine Zeitlang*) blasen (*auf der Trompete usw.*); (о П *et.*) ausposaunen (*fig.*).
протух|а́ть [1], <проту́хнуть> [21; *nur 3. Pers.*] faulen, muffig werden; ˈ~лый [14] verfault, anrüchig.
протыка́ть [1], <проткну́ть> [20] durchstechen, durchstoßen.
протя́|гивать [1], <~ну́ть> [19] ausdehnen; (*Hand*) ausstrecken, entgegenstrecken, (dar)reichen; hinziehen; F ~ну́ть но́ги sterben, abkratzen; **~же́ние** *n* [12] Ausdehnung *f*; на всём ~же́нии auf der ganzen Strecke; **~жность** *f* [8] Gedehntheit; (*Gram.*) знак *m* ~жности Dehnungszeichen *n*; **~жный** [14; -жен, -жна] gedehnt, lang(gezogen).
проу́лок P *m* [1; -лка] Gasse *f*.
проу|ча́ть [1], <~чи́ть> [16] belehren, zurechtweisen; я тебя́ ~чу́! ich werde dich (Mores) lehren!
проу́шина *f* [5] Öse.
профа́н *m* [1] Uneingeweihte(r), Laie; **~и́ровать** [7] (*im*)*pf.* entwürdigen.
проф|биле́т *m* [1] (чле́нский биле́т профсою́за) Gewerkschafts(mitglieds)buch *n*; **~вре́дность** *f* [8] Berufsschäden *m/pl.*; **~движе́ние** *n* [12] Gewerkschaftsbewegung *f*.
професси|она́л *m* [1] (*Sport*) Berufsspieler; **~она́льный** [14] professionell, berufsmäßig, zünftig; Berufs...; ~она́льный сою́з *m* Gewerkschaft *f*; **~я** (-ˈɛs-) *f* [7] Profession, Handwerk *n*, Beruf *m*; по ~и von Beruf, seines Zeichens.
профе́ссор *m* [1; *pl.*: -pá] Professor.
про́филь *m* [4] Profil *n*, Seitenansicht *f*; (*fig.*) die erforderlichen Kenntnisse und Fertigkeiten *pl.*
профо́рг *m* [1] (профсою́зный организа́тор) Gewerkschaftsbevollmächtigte(r).
профо́рма *f* [5]: F простая ~ reine Formsache.
профсою́з *m* [1] Gewerk-schaft *f*, -verein; **~ник** *m* [1] Gewerkschaftler.
проха́живаться [1] umhergehen; spazierengehen; F ~ на че́й--нибудь счёт auf j-n sticheln, über j-n witzeln.
прохарчи́ться P [16; -чу́сь, -чи́шься] *pf.* (*alles Geld*) verfressen.
прохва́|тывать [1], <~ти́ть> [15] durchdringen (*Kälte*); (*fig.*) *j-m* eine Lektion (*od.* Zurechtweisung) erteilen; durchhecheln (*in der Presse*).
прохла́|да *f* [5] Kühlung, Kühle, Frische; **~де́ц** F *m* [1; -дца] Lauheit *f*, Larifari *n*; с ~дцем *od.* с ~дцей рабо́тать (lau, gleichgültig), so larifari arbeiten; **~ди́тельный** [14; -лен, -льна] kühlend, erfrischend; Kühl...; **~дный** [14; -ден, -дна] kühl, frisch; (*fig.*) kühl, abweisend; **~дца** *f* [5] *s.* ~де́ц; **~жда́ться** [1], <~ди́ться> [15; -ажу́сь, -ади́шься] sich abkühlen, erfrischen (*an der Luft*); ~жда́ться *impf.* F müßig sitzen; **~жде́ние** *n* [12] Abkühlung *f*; Erfrischung *f*.
прохо́|д *m* [1] Durchgehen *n*; Durchgang, Passage *f*; (*Geol., Anat.*) Gang; го́рный ~д Gebirgspaß; (*Anat.*) за́дний ~д After(öffnung *f*); мне от него́ ~да нет *od.* ~да не даёт F (*fig.*) er geht mir nicht von der Pelle; **~ди́мец** *m* [1; -мца] Hochstapler, Abenteurer; **~ди́мость** *f* [8] Geländegängigkeit; **~ди́ть** [15], <пройти́> [пройду́, -дёшь; прошёл, -шла́; -ше́дший; про́йденный *u.* -дённый; *g. pt. a.*: пройдя́] *v/i.* durchgehen, passieren; ver-gehen, -streichen, -laufen; ~ди́ть (ми́мо) vorüber-gehen, -ziehen; aufhören; ~ди́ть по всему́ до́му durch das ganze Haus gehen; ~дя́ ми́мо im Vorübergehen; э́то не пройдёт да́ром F das wird noch ein Nachspiel haben; стол прошёл в дверь der Tisch

ging durch die Tür; *v/t.* durchwandern; zurücklegen (*Strecke*); (*Rechnung usw.*) (flüchtig) durchsehen; durch-nehmen, -machen; ~ди́ть молча́нием (В *et.*) mit Schweigen übergehen; **~дно́й** [14] zum Durchgehen (dienend); Durchgangs...; **~жде́ние** *n* [12] Durchgehen, Passieren (*s.* проходи́ть); **~жий** [17] vorübergehend; Vorübergehende(r) *m*, Passant *m*; Wanderer *m*.

процве|та́ть [1], <~сти́> [25; т *statt* д: -ету́] (auf)blühen, (wachsen und) gedeihen, florieren.

процеду́ра *f* [5] Prozedur, Verfahren *n*.

проце́|живать [1], <~ди́ть> [15] durchseihen, filtrieren.

проце́нт *m* [1] Prozent *n*; Zins; сло́жные ~ы *pl.* Zinseszinsen; разме́р *m* ~а Zinsfuß; у́ровень *m* ~а Zinssatz; отдава́ть на ~ы verzinslich anlegen; приноси́ть ~ы sich verzinsen; вы́полнить на (все) сто проце́нтов hundertprozentig erfüllen.

проце́сс *m* [1] Prozeß, Rechtsstreit, (Gerichts-)Verfahren *n*; Entwick(e)lung *f*; **~ия** *f* [7] Prozession, feierlicher Auf-, Um-zug *m*.

проче́сть *s.* прочи́тывать.

прочёсывать [1], <прочеса́ть> [3] durchkämmen; (*Flachs*) durchhecheln.

прочёт P *m* [1] Rechenfehler, falsch berechnete Summe *f*; Durchlesen *n*; **~ный** [14] falsch berechnet.

про́|чий [17] übrig, ander; и ~чее (*Abk.* и пр.) und so weiter; ме́жду ~чим unter anderem, nebenbei; „про́чие" „Sonstige" (*in Sowjetstatistiken*).

прочи́ст|ить *s.* прочища́ть; **~ка** *f* [5] Reinigung, Ausputzen *n*.

прочи́|тывать, <~та́ть> [1; -и́танный], <проче́сть> [25; -чту́, -чтёшь; -чёл, -чла́; -чтённый] (*Buch usw.*) durchlesen.

про́чить [16] (voraus)bestimmen, vorsehen (на *od.* в В für).

прочи|ща́ть [1], <прочи́стить> [15] reinigen, (aus)putzen; **-ся** sich aufklären *od.* aufheitern (*Himmel*).

про́чный [14; -чен, -чна́, -о] dauerhaft, haltbar, solid(e), stabil.

прочте́ние *n* [12] Durchlesen.

прочь weg, fort; я не ~ (от э́того) ich bin nicht abgeneigt, ich habe nichts dagegen; ру́ки ~! Hände weg! (от P von); ~ с доро́ги! Platz da!

проше́дший [17] *s.* проходи́ть; vorübergegangen; vergangen; (*Gram.*) проше́дшее вре́мя *n* Vergangenheit *f*, Präteritum.

проше́ние *n* [12] Bitten; Bittschrift *f*, Gesuch; пода́ть ~ eine Eingabe machen.

проше́ствие *n* [12] Verlauf *m*; по проше́ствии nach Ablauf.

проши|ба́ть P [1], <~би́ть> [-бу́, -бёшь; -ши́б, -бла; -и́бленный] durchschlagen; (*fig.*) (меня́, его́ *usw.*) пот проши́б (mir, ihm) brach der Schweiß aus; слеза́ его́ проши́бла ihm kamen die Tränen, er vergoß Tränen.

проши|ва́ть [1], <проши́ть> [-шью́, -шьёшь; -ше́й(те)!; -и́тый] durchnähen; **~вка** (-ˈʃif-) *f* [5; *g/pl.*; -вок] Durchnähen *n*; Einsatz *m* (*am Kleid*); **~вно́й** [14] durchgenäht (*z.B. Sohle*).

прошлого́дний [15] vorjährig.

про́шлый [14] vergangen, vorig; ~лое *n* Vergangenheit *f*, Vorleben.

прошмы́г|ивать F [1], <~ну́ть> [20] (unbemerkt) vorbeihuschen.

прошнуро́|вывать [1], <~ва́ть> [7] durchschnüren.

проща́|льный [14] Abschieds...; **~ние** *n* [12] Abschiednehmen, Abschied *m*; **~ть** [1], <прости́ть> [15; -ощу́, -ости́шь; -ощённый] (Д/В *od.* В/за *j-m et.*) vergeben, verzeihen; erlassen; проща́й(те)!; leb(en Sie) wohl!; **-ся** (с Т) sich verabschieden (von), sich *j-m* empfehlen, Abschied nehmen von; -ся за́ руку sich beim Verabschieden die Hand reichen.

про́ще *s.* просто́й.

прощелы́га *s.* пройдо́ха.

проще́|ние *n* [12] Verzeihung *f*, Vergebung *f*; **~ный** (-ˈʃtʃɔ-) [14]: ~ный день *m*, ~ное воскресе́нье *n* (*kirchlich*) Versöhnungs(sonn)tag *m*.

прощу́п|ывать, <~ать> [1] abfühlen; F sondieren, auf den Zahn fühlen.

проя|ви́тель *m* [4] (*Phot.*) Entwickler; **~вле́ние** *n* [12] Offenbaren, Erscheinen, Hervortreten; (*Phot.*) Entwicklung *f*; **~вля́ть** [28], <~ви́ть> [14] zeigen, offenbaren, bekunden; (*Phot.*) entwickeln; **-ся** sich zeigen, erscheinen, hervortreten.

прояс|ня́ть [28], <~ни́ть> [13] klarmachen, aufklären; **-ся** sich aufklären *od.* aufheitern (*Himmel*).

пруд *m* [1*e.*; на -у́] Teich, Weiher *m*; **~и́ть** [15; -ужу́, -у́ди́шь], <за-> [-пру́женный *u.* -пружённый] stauen, eindämmen; хоть пруд ~и́ F im Überfluß, reichlich, wie Sand am Meer.

пружи́н|а *f* [5] (Sprung-)Feder; (*fig.*) Triebfeder; **~истый** F [14*K.*] elastisch, spannkräftig.

руса́к *m* [1*e.*] (Küchen-)Schabe *f*.

прус|са́к *m* [1*e.*] Preuße; **Ѕсия** ('pru-) *f* [7] Preußen *n*; **~сы** ('prus-) *m/pl.* Pruzzen, die alten Preußen.

прут *m* **1.** [1; пру́та *u.* -а́; *pl.*: пру́тья, пру́тьев] Rute *f*, Gerte *f*; **2.** [*pl.*: пруты́, -то́в] (*Metall-*)Stange *f*; **~ко́вый** [14] stangenförmig; Stangen..., Stab...

прыг F = пры́гнул er sprang; **'~ать** [1], <'~нуть> [20] springen, hüpfen; e-n Satz nehmen *od.* machen; **~у́н** *m* [1*e.*] Springer.

прыжо́к *m* [1; -жка́] Sprung, Satz.

пры́с|кать [1], <~нуть> [20] spritzen; ~нуть со́ смеху in ein Gelächter ausbrechen.

пры́т|кий [16; -ток, -тка́, -о; *comp.* пры́тче] geschwind, hurtig, fix, behende.

прыть *f* [8] schneller Lauf *m*; Hurtigkeit; во всю ~ im vollen Galopp.

прыщ ⚕ *m* [1*e.*; *g/pl.*: -е́й] (Hitz-)Bläschen *n*, Pickel; **~ева́тый** [14 *K.*] pick(e)lig; **'~ик** *m* [1] kleines Bläschen *n*, Pickelchen *n*.

прюне́ль ✝ *f* [8] Prünell *m*, Lasting *m* (*Gewebe*).

пряде́ние *n* [12] Spinnen.

пряди́ль|ный [14] Spinn...; ~ный заво́д *m* = **~ня** *f* [6; *g/pl.*: -лен] Spinnerei *f*; **~щик** *m* [1], **~щица** *f* [5] Spinner(in *f*).

прядь *f* [8] (Spinn-)Faden *m*; (*Haar-*)Strähne; Ducht (*e-s Taues*).

пря́жа *f* [5] Gespinst *n*; Garn *n*.

пря́ж|ечка *f* [5; *g/pl.*: -чек] kleine Schnalle; **~ка** *f* [5; *g/pl.*: -жек] Schnalle.

пря́лка *f* [5; *g/pl.*: -лок] Spinnrocken *m*.

прями|зна́ *f* [5] Geradheit; **~к** (-'mik) *m* [1*e.*] gerader Weg; ~ко́м geradeaus; querfeldein; *s.* напрями́к; **~ть** (-'mit) [14; -млю́, -ми́шь; -млённый], <с-> gerademachen.

прямоду́ш|ие *n* [12] Geradheit *f*, Freimut *m*; **~ный** [14; -шен, -шна] gerade, freimütig, offen.

пря|мо́й [14; прям, -а́, -о] gerade; direkt, unmittelbar; recht; aufrichtig; unverblümt; пря́мо geradezu; geradeaus; ~ма́я (ли́ния) *f* gerade Linie, Gerade; расстоя́ние *n* по ~мо́й Luftlinie *f* (*Geogr.*); ~ма́я кишка́ *f* (*Anat.*) Mastdarm *m*; по́езд *m* ~мо́го сообще́ния D-Zug; ~мо́е дополне́ние *n* (*Gram.*) direktes Objekt; ~ма́я речь *f* (*Gram.*) direkte Rede; ~мо́й у́гол ∡ *m* rechter Winkel (90°); ~мы́м путём geradewegs.

прямолине́йный [14; -е́ен, -е́йна] geradlinig.

прямота́ *f* [5] Geradheit, Aufrichtigkeit.

прямоуго́ль|ник *m* [1] Rechteck *n*; **~ный** [14] rechteckig, rechtwink(e)lig.

пря́ни|к *m* [1], **~чек** *m* [1; -чка] Pfeffer-, Leb-kuchen; **~чник** *m* [1] Pfeffer-, Leb-kuchenbäcker.

пря́|ность *f* [8] Würzhafte(s) *n*, Würzige(s) *n*; ~ности *pl.* Gewürz *n*; **~ный** [14] gewürzt, würzig, scharf.

прясть [25; *pt.*: -я́л, -а́, -о], <с-> spinnen.

пря́т|ать [3], <с-> verstecken, verbergen (от P vor *dat.*); ~ать под замо́к hinter Schloß und Riegel legen; **~ки** *f/pl.* [5] Versteckspiel *n*; игра́ть в ~ки Versteck spielen.

пря́ха *f* [5] Spinnerin.

псало́м *m* [1; -лма́] Psalm.

псалты́рь *m* [4*e.*] Psalter, Psalmenbuch *n*.

псár|ный [14] Hunde...; **~ня** *f* [6; *g/pl.*: -рен] Hundehaus *n*; **~ь** *m* [4*e.*] Hundeaufseher, Pikör.

псевдони́м *m* [1] Pseudonym *n*, Deck-, Schein-name.

пси́на *f* [5] Hundefleisch *n*.

психи|ка *f* [5] Psyche, Seele; **~ческий** (-'χi-) [16] psychisch, seelisch.

психо́лог *m* [1] Psychologe; **~ия** (-'lɔ-) *f* [7] Psychologie, Seelenlehre.

псо́вый [14] Hunde..., Hunds...

пта́ш|ий [18] Vogel...; **~ка** *f* [5; *g/pl.*: -шек] Vögelchen *n*.

птен|е́ц *m* [1; -нца́], **~чик** ('pten-) *m* [1] junger Vogel, Nestling; kleines Kind *n*, Zögling.

пти́ца *f* [5] Vogel *m*; F хороша́ ~ ein sauberer Zeisig *m od.* Vogel *m*; он стре́ляная ~ F er ist allen mit Wassern gewaschen, er hat es faustdick hinter den Ohren; не велика́ ~ F (*fig.*) kein großes Tier *n*, unwichtige Person.

птице|во́д *m* [1] Vogelzüchter; **~ло́в** *m* [1] Vogel-fänger; -steller.

пти́ч|ий [18] Vogel...; Geflügel...; с (высоты́) ~ьего полёта aus der Vogel-perspektive *od.* -schau; то́лько пти́чьего молока́ нет F (*scherz.*) es ist von allem im Überfluß da; **~ка** *f* [5; *g/pl.*: -чек] Vögelchen *n*, Vög(e)lein *n*; **~ник** *m* [1] Vogel-, Geflügel-händler, -wärter; Vogelhaus *n*; Heckbauer *n*; Geflügelhof.

ПТО (противота́нковая оборо́на *f*) ⚔ Panzerabwehr.

пу́бли|ка *f* [5] Publikum *n*; **~ка́ция** *f* [7] Publikation, Veröffentlichung; Inserat *n*, (Zeitungs-)Anzeige, Annonce; **~кова́ть** [7], <о-> publizieren, veröffentlichen, bekanntmachen; inserieren, annoncieren.

публи́ч|ность *f* [8] Öffentlichkeit; **~ный** [14; -чен, -чна] öffentlich; ~ная же́нщина *f* Prostituierte, P Hure; ~ная купа́льня *f* Freibad *n*.

пу́гало *n* [9] Vogelscheuche *f*, Schreckgespenst.

пуга́ть [1; пу́ганный], <ис-> *einm.* <пугну́ть> [20] erschrecken; einschüchtern; **-ся** erschrecken, scheuen (P vor *dat.*).

пуга́ч *m* [1*e.*; *g/pl.*: -е́й] (*Zool.*) Uhu; Scheintodpistole *f*.

пугачёвщина *f* [5] Aufruhr *m* (*od.* Aufstand *m*) Pugatschows (*1773-1774*).

пугли́вый [14*K.*] schreckhaft; scheu, furchtsam.

пугну́ть *s.* пуга́ть.

пу́го|вица *f* [5] Knopf *m*; сапоги́ *m/pl.* на ~вицах Knöpfstiefel; **~вичник** *m* [1] Knopfmacher; **~вка** *f* [5; *g/pl.*: -вок] kleiner Knopf *m*, Knöpfchen *n*.

пуд *m* [1; *pl. e.*] Pud *n* (= *40 russische Pfund od. 16,38 kg*).

пу́дель *m* [4; *pl.*: -ли *u.* -ля́] Pudel; (*Jagd*) Fehlschuß.

пудлинго|ва́ть ⊕ [7] puddeln; **~вый** (ˈpud-) [14] Puddel...

пудо|ви́к *m* [1*e.*] Pudgewicht *n*; **~во́й** [14] ein Pud schwer *od.* wiegend.

пу́др|а *f* [5] Puder *m*; са́харная ~а Streu-, Puder-zucker *m*; **~еница** *f* [5] Puder-büchse, -schachtel; **~ить** [13], <на-> (**-ся** sich) pudern.

пуза́н P *m* [1*e.*], **~чик** *m* [1] Dickbauch, F Dickwanst.

пуза́|теть P [8], <о-> schwanger werden; **~тый** [14*K.*] dickbäuchig, F dickwanstig.

пу́зо P *n* [9] Bauch *m*, F Wanst *m*; отрасти́ ~ sich e-n Bauch zulegen.

пузыр|ёк *m* [1; -рька́], **~ёчек** *m* [1; -чка] Bläschen *n*; (Arznei-)Gläschen *n*; **~истый** (-ˈzɨ-) [14*K.*] blasig, voller Blasen; **~иться** (-ˈzɨ-) [13] Blasen werfen; **~чатый** (-ˈzɨr-) [14*K.*] *s.* ˈ~истый; **~ь** (-ˈzɨr̦) *m* [4*e.*] Blase *f*; (*fig.*) Knirps.

пук *m* [1] Bündel *n*, Bund *n*; Büschel *n*.

пу́к|ать [1], <~нуть> [20] knallen; P pupen.

пулемёт ⚔ *m* [1] Maschinengewehr *n*; ручно́й ~ leichtes Maschinengewehr *n*; станко́вый ~ schweres Maschinengewehr *n*; спа́ренные ~ы *pl.* Zwillings-Maschinengewehr *n*; **~чик** *m* [1] Maschinengewehrschütze.

пулеотража́тель ✈ *m* [4] Geschoßabweiser (*am Propeller*).

пульвериза́тор *m* [1] Zerstäuber.

пу́лька *f* [5; *g/pl.*: -лек] kleine (Flinten-)Kugel; (*Kartenspiel*) Einsatz *m*; Partie (*Spiel*).

пульс *m* [1] Puls(schlag); **~и́ровать** [7] pulsieren.

пу́ля *f* [6] (Flinten-)Kugel; трасси́рующая ~ Leuchtspurgeschoß *n*; ~ на излёте matte Kugel; лить (*od.* отлива́ть) пу́ли F lügen, flausen.

пуля́рка *f* [5; *g/pl.*: -рок] Masthühnchen *n*, Poularde.

пункт *m* [1] Punkt; Artikel, Abschnitt; Ort; по ~ам artikel-, abschnitt-weise; ˈ**~ик** *m* [1] Pünktchen *n*; у него́ ~ик er hat e-n Vogel (Spleen).

пункти́|рный [14] punktiert; Punktier...; **~рование** *n* [12] Punktierung *f*; **~рова́ть** [7] punktieren; **~ро́вка** *f* [5; *g/pl.*: -вок] *s.* ~рование.

пунктуа́|льный [14; -лен, -льна] pünktlich; **~ция** *f* [7] Interpunktion.

пунсо́н *m* [1] Prägestempel, Punze *f*; Matrize *f*.

пунцо́вый [14] hochrot, ponceau.

пуп *m* [1*e.*] (*Anat.*) Nabel; P Mittelpunkt (*der Erde*); **~ови́на** *f* [5] (*Anat.*) Nabelschnur; **~о́к** *m* [1; -пка́] (kleiner) Nabel; **~о́чный** [14] Nabel...
пурга́ *f* [5] Schneesturm *m*.
пуск *m* [1]: ~ (в ход) Ingangsetzung *f*, Inbetriebnahme *f*; **~а́й** *s.* пусть; **~а́ть** [1], <пусти́ть> [15] (los)lassen; (ab)schießen; (*Knospen usw.*) treiben; (*Fontäne*) spielen (*od.* springen) lassen; (*Ballon*) steigen lassen; ~ка́ть кровь zur Ader lassen; ~ка́ть ло́шадь ры́сью ein Pferd in Trab setzen; ~ка́ть по́езд под отко́с e-n Zug zum Entgleisen bringen; ~ка́ть в ход in Gang setzen, anlassen; (*Auto*) ankurbeln; ~ка́ть на во́лю freilassen; ~ка́ть по́ миру zum Bettler machen; **-ся** (в В) sich einlassen (in *ac.*); losgehen, sich stürzen (auf *ac.*); -ся в путь sich auf den Weg begeben *od.* machen; **~ово́й** [14] Anlaß...
пусте́ть [8; *nur 3. Pers.*], <о-> leer werden; veröden.
пусти́ть *s.* пуска́ть.
пустобрёх P *m* [1] eitler Schwätzer.
пусто|ва́ть [7; *nur 3. Pers.*] leer stehen; unangebaut (*od.* brach-) liegen; **~голо́вый** [14] hohlköpfig, dumm; **~звон** *m* [1] geistiger Habenichts, Blender.
пусто́й [14; *K. f*: -стá] leer; unnütz, vergeblich; gehaltlos; taub (*Ähre usw.*); пусто́е! das hat nichts zu sagen!; пусто́е (де́ло) *n s.* пустя́к; ~ челове́к *m* fader (*od.* unbedeutender) Mensch; пуста́я поро́да *f* (*Geol.*) taubes Gestein *n*; чтоб тебе́ пу́сто бы́ло! daß dich der Kuckuck hole!
пусто|ме́лить [13] dummes Zeug reden, faseln; **~ме́ля** *m*/*f* [6] Schwätzer(in *f*), Salbader(in *f*); **~поро́жний** [15] unangebaut, brach(liegend); **~свя́т** *m* [1] Scheinheilige(r); **~сло́вить** [4] *s.* ~ме́лить; **~та́** *f* [5; *pl.*: -о́ты] Leere, leerer Raum *m*; Nichtigkeit; **~те́лый** [14] hohl; durchbrochen; **~цве́т** ♀ *m* [1] taube (*od.* männliche) Blüte *f*; **~шь** ('pus-) *f* [8] unangebautes (*od.* brachliegendes) Land *n*, Wildnis.
пусты́н|ник *m* [1] Einsiedler; **~ный** [14] wüst(enartig), öde; **~ь** ('pus-) *f* [8] Einsiedelei; **~я** *f* [6] Wüste, Einöde.

пусты́рь *m* [4*e.*] unbebauter Platz (*zwischen Häusern*).
пусты́шка *f* [5; *g/pl.*: -шек] Niete (*Lotterie*); (*fig.*) F Null (*Mensch*); Schnuller *m*.
пусть mag, möge, laß; ~ (он) подождёт! möge (*od.* mag) er warten!; ~ (они́) иду́т! laß (*od.* mögen) sie gehen!
пустя́|к *m* [1*e.*] Kleinigkeit *f*, Lappalie *f*; **~ки́** *pl.* dummes Zeug *n*, Unsinn *m*; **~чный** (-ʃn-) F [14] nichtig, unbedeutend.
пу́та|ница *f* [5] Wirrwarr *m*, Verwirrung, Verworrenheit; **~ный** [14] wirr, verworren; **~ть** [1], <на-> verwickeln; verwirren; faseln; **-ся** konfus (*od.* verwirrt) werden, sich einlassen (с T mit).
путёвка *f* [5; *g/pl.*: -вок] Fahrbefehl *m*; Einweisung(sschein *m*); Fahrausweis *m*.
путеводи́тель *m* [4] Wegweiser; Führer; Kursbuch *n*; ~ по Москве́ Führer (*Buch*) durch Moskau.
путево́дный [14] (an)leitend; Leit...
путево́й [14] Reise...; де́ньги *pl.* на путевы́е изде́ржки Reisespesen.
путе́ец *m* [1; -те́йца] Beamter des Wege(bau)amtes, Eisenbahningenieur.
путеобхо́дчик 🚂 *m* [1] Streckenwärter.
путепрово́д *m* [1] Bahn-, Wegeüberführung *f*.
путеше́ст|венник *m* [1] Reisende(r); **~вие** *n* [12] Reise *f*; ~вие по Во́лге Wolgareise *f*; **~вовать** [7] reisen.
пу́тик *m* [1] Falle *f* (*für wilde Tiere*).
пути́на *f* [5] Fischzug *m*; Fischfangsaison.
пу́тлище *n* [11] Steigbügelriemen *m*.
пу́тник *m* [1] Reisende(r).
пу́тный F [14] gescheit, brauchbar, nützlich.
путч *m* [1; *g/pl.*: -ей] Putsch, Handstreich, (mißlungener) Aufstand.
пу́ты *f/pl.* [5] Fesseln; Spannstrick *m*.
путь *m* [-ти́, -ти́, путь, -тём, -ти́; *pl.*: -ти́, -те́й, -тя́м] Weg, Bahn *f*; Geleise *n*, Gleis *n*, Strecke *f*; Reise *f*; путём P gehörig, tüchtig; (P) durch; таки́м путём auf diese Weise; водяны́м (сухи́м) путём zu Wasser

(Lande); в два пути́ zweig(e)leisig; по пути́ den gleichen Weg (*mit j-m haben*); im Vorbeigehen; зайти́ по пути́ im Vorbeigehen vorsprechen; нам не по пути́ unsere Wege trennen sich (*a. fig.*); без пути́ P vergebens, umsonst; око́льными путя́ми auf Umwegen; счастли́вого пути́! gute Reise!; P Vorteil, Nutzen, Sinn.

пуф *m* [1] gepolsterter Hocker.

пух *m* [1; в -у́] Daunen *f/pl.*, Flaum (-federn *f/pl.*); **'~ленький** [16] hübsch weich (und rund); **'~лый** [14; пухл, -á, -o] aufgeschwollen; weich und rund; **'~нуть** [21] <вс-> (auf)schwellen; **~ови́к** *m* [1*e.*] Daunen-, Flaum(feder)-bett *n*; **~о́вка** *f* [5; *g/pl.*: -вок] Puderquaste; **~о́вый** [14] Daunen..., Flaum(feder)...

пучегла́зый [14*K.*] glotzäugig.

пучи́на *f* [5] Abgrund *m*; Strudel *m*.

пу́чить [16], <вс-> blähen; ~ глаза́ die Augen aufsperren; ⚕ его́ пу́чит er hat Magenblähungen.

пучо́к *m* [1; -чкá] Bündelchen *n*, Büschelchen *n*.

пу́шечный [14] Kanonen...

пуши́|нка *f* [5; *g/pl.*: -нок] Daune, Flaumfeder; **~стый** [14*K.*] daunig, flaumig; dichthaarig.

пуши́ть [16; -шу́, -ши́шь; (рас)пушённый] **1.** <вс-> (auf)lockern, locker machen; **2.** <рас-> F schimpfen, fluchen; **-ся** den ersten Flaum (*od.* die ersten Federn) bekommen.

пу́шка *f* [5; *g/pl.*: -шек] Kanone; P Lüge; взять кого́-нибудь на пу́шку j-m e-n Bären aufbinden; **~рь** P (-'kaŗ) *m* [4*e.*] Artillerist.

пушн|и́на *f* [5] Pelz-, Rauchwerk *n*; **~о́й** [14] Pelz...; ~о́й това́р *m* Rauchware *f*.

пушо́к *m* [1; -шкá] erster Flaum, Milchbart.

пушь *f* [8] Pelzwerk *n*.

пу́ще (noch) mehr; ~ всего́ am meisten; am schlimmsten.

пу́щий [17]: для пу́щей ва́жности der größeren Wichtigkeit wegen.

ПХЗ (противохими́ческая защи́та *f*) ⚔ Gasschutz *m*.

пчел|á *f* [5; *pl.*: пчёлы] Biene; **~и́ный** [14] Bienen...; **~ка** ('ptʃɔł-) *f* [5; *g/pl.*: -лок] Bienchen *n*.

пчелово́д *m* [1] Bienenzüchter, Zeidler.

пче́льник *m* [1] Bienengarten; ⚘ Melisse *f*.

пшени́|ца *f* [5] Weizen *m*; **~чный** [14] Weizen...

пшённый [14] Hirse(n)...

пшено́ ⚘ *n* [9] (echte) Hirse *f* (*als Gericht*); сарачи́нское ~ Reis *m*.

пыж ⚔ *m* [1*e*; *g/pl.*: -е́й] (Lade-) Pfropf.

пы́жи|к *m* [1] kleiner Dickbauch; **~ться** [16] sich (*erfolglos*) bemühen; prahlen, F (sich) dick(e) tun.

пыл *m* [1; в -у́] Glut *f*, Hitze *f* (*a. fig.*); в ~у́ im Eifer, in der Hitze.

пыла́ть [1], <вос-> (auf)lodern, (ent)flammen; ~ любо́вью vor Liebe gluhen.

пылесо́с *m* [1] Staubsauger.

пыли́нка *f* [5; *g/pl.*: -нок] Stäubchen *n*.

пыли́ть [13], <за-> stauben; Staub aufwirbeln; **-ся** staubig werden.

пы́лкий [16; -лок. -лкá, -o] lebhaft, heftig, feurig.

пыль *f* [8; в -ли́] Staub *m*; в пыли́ voll Staub, bestaubt; (*fig.*) пуска́ть ~ в глаза́ *j-m* Sand in die Augen streuen; **'~ник** ⚘ *m* [1] Staubbeutel; Staubmantel; **'~ный** [14; -лен, -льнá, -o] staubig, bestaubt; **~цá** ⚘ *f* [5] Blütenstaub *m*, Pollen *m*.

пыре́й ⚘ *m* [3] Quecke *f*.

пырну́ть [20] *pf.* stoßen (рога́ми mit den Hörnern).

пыта́ть [1; пы́танный] peinlich be- (*od.* aus)fragen; foltern (*a. fig.*); **-ся,** <по-> versuchen.

пы́тка *f* [5; *g/pl.*: -ток] peinliche Frage; Folter, Tortur.

пытли́вый [14*K.*] forsch-, wißbegierig; neugierig.

пы́хать [3], <пыхну́ть> [20] glühen (*a. fig.*); ~ гне́вом vor Zorn entbrannt sein; ~ здоро́вьем vor Gesundheit strotzen; от пе́чки пы́шет жа́ром der Ofen strömt eine Gluthitze aus.

пыхте́ть [11] keuchen, außer Atem sein.

пы́шка *f* [5; *g/pl.*: -шек] Striezel *m*, Hefekuchen *m*; Dickerchen *n*.

пы́ш|ность *f* [8] Üppigkeit; Pracht, Prunk *m*, Aufwand *m*; **~ный** [14; -шен, -шнá, -o] üppig; prachtvoll, prunkvoll.

пье́ксы *f/pl.* [5] (*Sport*; *finnische*) Skischuhe *m/pl.*

пье́с|а *f* [5], **~ка** *f* [5; *g/pl.*; -сок] (Theater-, Musik-)Stück *n*.

пьян|е́ть [8], <о-> betrunken werden; (*fig.*) trunken sein (от P vor *dat.*); **~и́ца** ('ра-) *m/f* [5] Trunkenbold(in *f*), P Säufer(in *f*); **'~ка** *f* [5; *g/pl.*: -нок] Saufgelage *n*; **'~ство** *n* [9] Trunksucht *f*, P Sauferei *f*, Suff *m*; **'~ствовать** [7] dem Trunk ergeben sein, P saufen; **~чу́га** *m/f* [5] *s.* пья́ница; **~ый** ('ра-) [14; пья́н, -á, -о] betrunken, P besoffen.

пяде́ница *f* [5] Spanner *m* (*Schmetterling*).

пядь *f* [8; *ab g/pl. e.*: -де́й] Spanne; Fußbreit *m*; семи́ пяде́й во лбу F superklug.

пя́лить [13], <рас-> (auf)spannen, (aus)recken; ~ глаза́ die Augen aufsperren; glotzen.

пя́льцы *pl.* [*gen.*: -лец] Näh-, Stickrahmen *m*.

пясть *f* [8] (*Anat.*) Mittelhand.

пята́ *f* [5; *pl.*: пя́ты, пя́т, пята́м] Ferse, Hacke(n *m*); ходи́ть за кем по пята́м *j-m* auf den Fersen (*od.* Hacken) sein; под пято́й (*fig.*) unter dem Joch.

пята́|к *m* [1 *e.*], **~чо́к** *m* [1; -чка́] (*ehm.*) Fünfkopekenstück *n*, Fünfer; (пятачо́к) F Schweinerüssel.

пятер|и́к *m* [1 *e.*] Fünfpudgewicht *n*; Fünfarschinmaß *n*; fünf (*z.B. Lichte*) auf ein Pfund; **~и́чный** [14] fünffach; **~ка** (-'tɔr-) *f* [5; *g/pl.*: -рок] Fünf (*im Kartenspiel*); sehr gut, ausgezeichnet (*als Zensur*); Fünfrubelschein *m*; **~ня́** *f* [6] Handfläche, Handvoll; всей ~нёй F mit allen fünf Fingern; **~о** ('pæ-) [37] fünf (zusammen); нас бы́ло ~о wir waren unser fünf.

пяти... (*in Zssgn*) fünf...; **~бо́рье** *n* [10] (*Sport*) Fünfkampf *m*; **~гла́вый** fünfkuppelig; **~гра́нник** *m* [1] Fünfflach *n*; **~десятиле́тний** [15] fünfzigjährig; **~деся́тый** [14] fünfzigste(r); ~деся́тая (часть) *f* Fünfzigstel *n*; **~дне́вка** *f* [5] Fünftagewoche; **~зна́чный** 𝔄 [14] fünfstellig; **~коне́чный** [14] fünfzackig; **~кра́тный** [14] fünfmalig; **~ле́тка** *f* [5; *g/pl.*: -ток] Fünfjahr(es)plan *m*; **~ле́тний** [15] fünfjährig; **~по́лье** ⚘ *n* [10] Fünffelderwirtschaft *f*; **~проце́нтный** [14] fünfprozentig; **~рублёвка** P *f* [5; *g/pl.*: -вок] Fünfrubelschein *m*; **~сотле́тие** *n* [12] 500-Jahrfeier *f*; **~со́тый** [14] fünfhundertste(r); **~сто́пный** [14] fünffüßig (*Vers*); **~то́нка** *f* [5; *g/pl.*: -нок] Fünftonner *m* (*Lastkraftwagen*).

пя́тить [15], <по-> zurückdrängen; **-ся** zurückweichen, zurückgehen.

пяти|уго́льник *m* [1] Fünfeck *n*; **~эта́жный** [14] fünfstöckig.

пя́тка *f* [5; *g/pl.*: -ток] Ferse, Hacke(n *m*); ~ яйца́ das stumpfe Ende des Eies; пя́тки показа́ть davonlaufen, F Fersengeld geben.

пятнадца|ти... (*in Zssgn*) fünfzehn-..., *z.B.* **~тиле́тний** [15] fünfzehnjährig; **~тый** (-'na-) [14] fünfzehnte(r); ~тая (часть) *f* Fünfzehntel *n*; *vgl.* восьмо́й; **~ть** (-'na-) [35] fünfzehn.

пятна́ть [1; (за)пя́тнанный], <за-> beflecken; brandmarken.

пятна́шки *f/pl.* [5; *gen.*: -шек] Abschlagspiel *n*; Völkerball *m*.

пя́тни|ца *f* [5] Freitag *m*; по ~цам freitags; у него́ семь ~ц на неде́ле er ist sehr wetterwendisch.

пятно́ *n* [9; *pl.*: пя́тна, пя́тен, -тнам] Fleck *m* (*a. fig.*); Klecks *m*; роди́мое ~ Muttermal; в пя́тнах befleckt, fleckig.

пя́тнышко *n* [9; *pl.*: -шки, -шек, -шкам] Fleckchen.

пято́|к *m* [1; -тка́], **~чек** *m* [1; -чка] fünf (Stück), Fünfer.

пя́тый fünfte(r); пя́тая (часть) *f* Fünftel *n*; из пя́того в деся́тое vom Hundertsten ins Tausendste; *vgl.* восьмо́й.

пять [35] fünf; **~деся́т** [35] fünfzig; **~со́т** [36] fünfhundert; **'~ю** fünfmal.

Р

Р, р *m u. n* (*s.* А) R, r *n.*

раб *m* [1*e.*] Sklave; Knecht; **~á** *f* [5] Sklavin; Dienerin.

раб|кóоп *m* [1] (рабóчий кооператúв) Arbeiterkonsumgenossenschaft *f*; **~кóр** *m* [1] (рабóчий корреспондéнт) Arbeiterkorrespondent.

рабовладéлец *m* [1; -льца] Sklavenhalter.

раболéп|ие *n* [12] knechtisches Wesen, Kriecherei *f*; **~ный** [14; -пен, -пна] sklavisch; knechtisch (ergeben); **~ствовать** [7] unterwürfig sein, kriechen.

рабóт|а *f* [5] Arbeit; ⊕ (Arbeits-) Leistung (*e-r Maschine usw.*); подённая ~а Arbeit im Tagelohn; сверхурóчная ~а Überstunden *pl.*; сдéльная ~а Stück-, Akkord-arbeit; удáрная ~а Stoßarbeit; физúческая ~а körperliche Arbeit; чёрная ~а (*fig.*) ungelernte Arbeit; **~ать** [1] arbeiten; laufen (*Motor*); (над Т *an et. geistig*) arbeiten; ~ать над собóй an sich arbeiten; ~ать на свою́ семью́ für seine Familie arbeiten; **~ишка** *f* [5; *g/pl.*: -шек] schlechte Arbeit; **~ник** *m* [1], **~ница** *f* [5] Arbeiter(in *f*); Knecht *m*, Magd *f*; Tagelöhner(in *f*); Funktionär(in *f*), Angestellte(r); Schaffende(r); **~ничий** [18] Arbeiter...; **~ный** [14] Arbeits...

работо|дáтель *m* [4] Arbeitgeber, Dienst-, Brot-herr; **~спосóбный** [14; -бен, -бна] arbeitsfähig.

работя́|га P *m/f* [5] fleißiger, unermüdlicher Arbeiter *m*; **~щий** F [17] arbeitsam, fleißig.

рабóчий [17] Arbeits..., Arbeiter...; ⊕ Betriebs...; arbeitsam; (*bsd.* Fabrik-)Arbeiter *m*, Arbeitnehmer *m*; восьмичасовóй ~ день *m* achtstündiger Arbeitstag; рабóчее колесó *n* Triebrad.

рабсúла *f* [5] (рабóчая сúла) Arbeitskräfte *pl.*

ráб|ский [16] sklavisch; knechtisch, devot; **~ство** *n* [9] Sklaverei *f*; Knechtschaft *f.*

рабфáк *m* [1] (рабóчий факультéт) Arbeiterfakultät *f.*

рабы́ня *f* [6] *s.* рабá.

раввúн *m* [1] Rabbiner.

равен|дýк ⚓ *m* [1] Ravenstuch *n* (*russisches Segeltuch*); Sackleinwand *f*; **~ство** ('ra-) *n* [9] Gleichheit *f*; ⩘ Gleichung *f.*

равнéние *n* [12] Eb(e)nen; Gleichstellen; ⚔ Richtung *f* (*e-r Truppenlinie*); ~ напрáво! Augen rechts!

равнúна *f* [5] Ebene, Fläche.

равнó (*vgl.* рáвный) gleich(mäßig), auf gleiche Weise; всё ~ ohnehin; einerlei, sowieso; trotzdem; для меня́ (*od.* мне) всё ~ es ist mir egal *od.* einerlei.

равно... (*in Zssgn mst*) gleich..., Gleich...; **~бéдренный** [14] gleichschenk(e)lig (*Dreieck*); **~вéсие** *n* [12] Gleichgewicht; **~дéйствующий** [17] gleich wirkend; ⊕ ~дéйствующая (сúла) *f* Resultante, Mittel-, Gesamt-kraft; **~дéнствие** *n* [12] Tag- und Nacht-gleiche *f*; весéннее (осéннее) ~дéнствие Frühlings- (Herbst)äquinoktium; **~дýшие** *n* [12] Gleich-gültigkeit *f*, -mut *m*; **~дýшный** [14; -шен, -шна] gleich-gültig, -mütig (к Д gegen); **~знáчный** [14; -чен, -чна] gleichbedeutend; **~мéрный** [14; -рен, -рна] gleichmäßig; **~плéчий** [17] (*Phys.*) gleicharmig; **~прáвие** *n* [12] Gleichberechtigung *f*; **~прáвный** [14; -вен, -вна] gleichberechtigt; **~сúльный** [14; -лен, -льна] gleich kräftig; gleichbedeutend; **~сторóнний** [15] gleichseitig (*Dreieck*); **~цéнный** [14; -éнен, -éнна] gleichwertig, ebenbürtig.

рáвный [14; рáвен, равнá] gleich; рáвным óбразом gleichfalls.

равня́ть [28] ausgleichen, eb(e)nen; gleichstellen (с Т mit); ⚔ (*die Glieder*) richten; **-ся** ⩘ gleich sein; (с Т) sich *j-m* gleichstellen, (*e-r Sache od. j-m*) gleichkommen (Т in *dat.*); ⚔ равня́йсь! richt't euch!

рад [14; ра́да] froh, erfreut (Д über *ac.*); bereit (*et. zu tun*); ~ не ~ (*f* ра́да не ра́да) unwillkürlich, gern oder ungern; я э́тому о́чень ~ ich freue mich sehr darüber, das freut mich sehr; ~-радёшенек heilfroh; hocherfreut; ~ стара́ться! ich will es gern tun!; я ~ вам услужи́ть ich tue Ihnen gern einen Gefallen; чем бога́т, тем и ~ was ich habe, das gebe ich gern; nehmen Sie vorlieb.

рада́р *m* [1] Radargerät *n*, Ortungsgerät *n*.

раде́|ние *n* [12] Sorgfalt *f*, Beflissenheit *f*; **~ние** к ве́ре Glaubenseifer *m*; **~тельный** [14; -лен, -льна] beflissen, eifrig; **~ть** [8], <по-> (Д *od.* о П) sich eifrig bemühen (um), sorgen (für).

ра́ди (Р) um ... willen, wegen; ~ тебя́ deinetwegen; ~ приме́ра des Beispiels wegen, beispielshalber.

радиа́тор *m* [1] Radiator, Heizkörper, Heizung *f*; Kühler (*am Motor*).

ра́дий *m* [3; *prpos/sg.*: -ии] Radium *n*.

радика́л *m* [1] (*Pol.*) Radikale(r); 𝔄 (знак ~а) Wurzelzeichen *n*; ⚗ Radikal *n*; **~ьный** [14; -лен, -льна] radikal, gründlich; Radikal...

ра́дио *n* [*unv.*] Radio, Rundfunk *m*; (*in Zssgn*) Funk...; Rundfunk...; **~акти́вный** [14; -вен, -вна] radioaktiv; **~ба́шня** *f* [6; *g/pl.*: -шен] Funkturm *m*; **~веща́ние** *n* [12] Sendung *f*; **~за́яц** *m* [1; -за́йца] Schwarzhörer; **~ла** (-'ɔ-) *f* [5] Musikschrank *m* (*Radio u. Plattenspieler*); **~лока́тор** *m* [1] Funk-, Ortungs-gerät *n*; **~люби́тель** *m* [4] Radio-amateur, -bastler; **~мая́к** *m* [1*e.*] Funkleitsender; **~обозрева́тель** *m* [4] Radiokommentator; **~пеленга́тор** *m* [1] Funkpeilanlage *f*; **~переда́тчик** *m* [1] Funksendestelle *f*; **~переда́ча** *f* [5] Rundfunksendung; **~приём** *m* [1] Funkempfang; **~приёмник** *m* [1] Radioempfänger; **~-пье́са** *f* [5] Hörspiel *n*; **~свя́зь** *f* [8] Funkverkehr *m*; **~ста́нция** *f* [7] Funk-stelle, -station; **~(теле)гра́мма** *f* [5] Funkspruch *m*; **~телегра́ф** *m* [1] Funkentelegraph; передава́ть по ~телегра́фу funken; **~телегра-фи́ст** *m* [1] Funker; **~телегра́фия** *f* [7] Funkentelegraphie; **~теле-фо́н** *m* [1] Sprechfunk; Funksprechgerät *n*; **~у́зел** *m* [1; -узла́] Funkleitstelle *f*; **~устано́вка** *f* [5; *g/pl.*: -вок] Funkanlage; **~фотогра́фия** *f* [7] Phototelegraphie.

ради́ровать [7] (*im*)*pf.* funken.

ради́ст *m* [1] Funker.

ра́диус *m* [1] 𝔄 (*usw.*) Radius, Halbmesser; (*Anat.*) Speiche *f*.

ра́довать [7], <об-, по-> erfreuen; э́то меня́ о́чень ра́дует das freut mich sehr, das macht mir große Freude; **-ся** sich freuen (Д über *ac.*); ра́дующийся (про себя́ still-) vergnügt.

ра́дост|ный [14; -тен, -тна] freudig, froh, vergnügt; Freuden...; **~ь** *f* [8] Freude (über *ac.*).

ра́ду|га *f* [5] Regenbogen *m*; **~жный** [14] regenbogenfarbig; Regenbogen...; (*fig.*) rosig, gut; ~жная оболо́чка *f* Regenbogenhaut (*des Auges*).

раду́ш|ие *n* [12] Gastlichkeit *f*, Gastfreundschaft *f*; **~ный** [14; -шен, -шна] gast(freund)lich; dienstfertig.

раёк *m* [1; райка́] Guckkasten; (*Thea.*) Galerie *f*, Olymp; Puppentheater *n*.

раёшник *m* [1] (*Thea.*) Galeriebesucher; Inhaber e-s Puppentheaters.

ра́жий [17] korpulent, (wohl)beleibt; stattlich.

раз 1. *m* [1; *pl.*: разы́, раз] Mal *n*; (*beim Zählen*) ~, два, три *usw.* eins, zwei, drei *usw.*; ра́зом mit e-m Schlag, gleichzeitig; два ра́за zweimal; пять ~ fünfmal; не́сколько ~ mehrmals; не ~ wiederholt, mehrmals, öfters; ни ра́зу (auch) nicht ein einziges Mal; ~ навсегда́ ein für allemal; на э́тот ~ diesmal, für dieses Mal; в пе́рвый ~ zum erstenmal; как ~ gerade (recht), zur rechten Zeit; ино́й ~ mitunter; в са́мый ~ F rechtzeitig; вот тебе́ ~! da haben wir's!; **2.** (*adv.*) einst, einmal; **3.** (*cj.*) wenn ... schon mal, ...; **4.** P *m* [1*e.*: *nur nom. u. gen.*] Ohrfeige *f*; дала́ ему́ раза́ sie gab ihm eine Ohrfeige; **5.** (*präd.*) er schlug plötzlich, blitzschnell; ~ его́ по руке́ er schlug ihm (ruck-zuck) auf die Hand.

раз... (*in Zssgn*) aus(einander)..., ent(zwei)..., los..., ver..., zer...; (*bei*

Adjektiven u. bsd. bei reflexiven Verben oft a. zum Ausdruck der Verstärkung) äußerst, sehr (*vgl. a.* пре 2.).

разбавля́ть [28], <разба́вить> [14] (*mit Wasser*) verdünnen.

разбаза́р|ивать P [1], <**~ить**> [13] (für ein Butterbrot) verschleudern; (*fig.*) vergeuden.

разба́лтывать, <разболта́ть> [1; -о́лтанный] durchrühren; ausplaudern.

разбе́|г *m* [1] schneller Lauf; Anlauf, -satz; ✈ Startweg; с **~гу** mit e-m Anlauf; со всего́ **~га** (*od.* **~гу**) im vollen Lauf; **~га́ться** [1], <**~жа́ться**> [4; -егу́сь, -ежи́шься; -егу́тся] e-n Anlauf nehmen; auseinanderlaufen; у него́ мы́сли **~жа́лись** F er hatte s-e Gedanken nicht beisammen.

разбив|а́ть [1],<разби́ть>[разобью́, -бьёшь; разбе́й(те)!; -и́тый] zerbrechen, -schlagen; (**~а́ть** вдре́безги) zertrümmern; (*Feind*) (völlig) schlagen; (*Zelt usw.*) aufschlagen; abstecken (*Feld usw.*), anlegen; zerteilen; (*Kräfte*) zersplittern; (*Typ.*) **~а́ть** на страни́цы umbrechen; **~а́ть** нос в кровь die Nase blutig schlagen; **-ся** zerbrechen, entzweigehen; (sich) zersplittern (*Wahlstimmen*); -ся на́ смерть tödlich stürzen; **~ка** (-'b̦if-) *f* [5] Zerbrechen *n*, -schlagen *n*; Anlage (*e-s Gartens usw.*), Abstecken *n*; в **~ку** stückweise, einzeln; (*Typ.*) gesperrt.

разбинто́в|ывать [1], <**~а́ть**> [7] den Verband abnehmen (В von); **-ся** sich lösen (*Verband*).

разбира́тельство *n* [9] Untersuchung *f*, Erörterung *f*; Schlichtung *f*; суде́бное **~** Gerichtsverhandlung *f*.

разбира́ть [1], <разобра́ть> [разберу́, -рёшь; разобра́л, -а́ла́, -о; разо́бранный] auseinandernehmen, zerlegen (по Д in *ac.*); (*Buch usw.*) rezensieren, besprechen; **~** (в суде́) verhandeln; **~** (по сорта́м) sortieren; (*Ware usw.*) ausverkaufen; (*Gebäude*) abtragen; ⊕ ab-montieren, -bauen; untersuchen, auseinandersetzen, entziffern; я тут ничего́ не разберу́ das verstehe ich nicht, F das kommt mir spanisch vor; подро́бно (*od.* основа́тельно) **~** (*e-r Sache*) auf den Grund gehen; **-ся** in Ordnung kommen; sich durch- *od.* zurecht-finden, sich orientieren.

разби́т|ие *n* [12] Zer-brechen, -schlagen, -trümmern; ⚔ Niederlage *f*; **~ный** [14] gewandt, schlagfertig, geweckt, flink, fix.

разби́ть *s.* разбива́ть.

разблоки́ровать [7] *pf.* die Blokkade aufheben.

разбо́й *m* [3] Raub, räuberischer Überfall; **~ник** *m* [1] Räuber; **~ник** с большо́й доро́ги Straßenräuber; **~ничать** [1] räubern; **~нический** [16] räuberisch; Räuber...; **~ничество** *n* [9] Straßenraub *m*; Räuberei *f*; **~ничий** [18] *s.* **~нический**.

разболта́ть *s.* разба́лтывать.

разбомби́ть ✈ [14; -блю́, -би́шь; -блённый] *pf.* zerbomben, durch Bombenwurf vernichten.

разбо́р *m* [1] Untersuchung *f*; Analyse *f*; Rezension *f*, Kritik *f*, Besprechung *f*; Qualität *f*, Sorte *f*; Absatz (*der Ware*); без **~у** ohne Unterschied; прийти́ к ша́почному **~у** F kurz vor Toresschluß kommen; **~ка** *f* [5; *g/pl.*: -рок] Auseinandernehmen *n*, Zerlegung, Abmontieren *n*; Sortierung; Untersuchung (*usw.*) (*s.* разбира́ть); **~чивость** *f* [8] wählerisches Wesen *n*; **~чивый** [14 *K.*] wählerisch, vorsichtig (на В in *dat.*); leserlich, lesbar.

разbrани́ть [13] *pf.* gehörig ausschelten.

разбра́сывать, <разброса́ть> [1; -о́санный], <разбро́сить> [15] auseinanderwerfen, zerstreuen; (*Kräfte*) zersplittern; (*Geld*) vertun; разбро́санный zerstreut liegend; **-ся** *impf.* (*fig.*) sich zersplittern, vieles auf einmal anfangen.

разбрести́сь [25; *nur 3. Pers.*: -едётся] *pf.* sich nach allen Seiten hin zerstreuen, auseinandergehen.

разбро́д *m* [1] Unstimmigkeit *f*, Uneinigkeit *f*; Zerfahrenheit *f*.

разбро́с *m* [1] Auseinanderwerfen *n*, Zerstreuung *f*; **~а́ть, ~ить** *s.* разбра́сывать.

разбры́з|гивать, <**~гать**> [1] verspritzen.

разбуха́ть [1], <разбу́хнуть> [21] (auf)quellen.

разбушева́ться [6; -шу́юсь] *pf.* ins Toben (*od.* Wogen) hineingeraten, (anfangen zu) wüten (*Sturm*); (*fig.*) in Wut geraten, aufbrausen.

разва́л *m* [1] Auseinanderfallen *n*, Verfall, Zs.-bruch.

разва́лец F: идти́ (*od.* ходи́ть) с разва́льцем watscheln.

разва́ли|вать [1], <~и́ть> [13; -алю́, -а́лишь; -а́ленный] auseinanderwerfen; desorganisieren, zerrütten; **-ся** zerfallen, zs.-stürzen; hingestreckt liegen *od.* sitzen; **~на** *f* [5] (*mst pl.*) Ruine(n *pl.*), Trümmer *pl.*

развальцо́вка ⊕ *f* [5; *g/pl.*: -вок] Rohraufweiter *m*.

разва́р|ивать [1], <~и́ть> [13; -арю́, -а́ришь; -а́ренный] zerkochen, weich kochen; **~ка** *f* [5] Zerkochen *n*; **~но́й** [14] zerkocht, weichgekocht.

ра́зве etwa, vielleicht; (es sei) denn; wirklich?; ~ то́лько es sei denn, daß ..., falls nicht.

развева́ть [1], <разве́ять> [27] auseinanderwehen; (*Fahne*) flattern lassen; **-ся** sich entfalten; wehen, flattern (*Fahne*); zerstieben.

разве́|дать *s.* разве́дывать; **~де́ние** *n* [12] Auseinanderbringen; Verdünnen; Anbau *m*, Anpflanzung *f*; Zucht *f*; **~дённый** [14; -ён -ена́] geschieden (*Eheleute*); geöffnet (*Brücke*); **~дка** *f* [5; *g/pl.*: -док] Auskundschaftung, Ausforschung; ⚔ Erkundung; ⚒ Schürfung (*e-s Schachtes*); **~дочный** [14] Ausforschungs...; ⚒ Schurf..., Schürf...; **~дчик** ⚔ *m* [1] Kundschafter, Plänkler; **~дывательный** ⚔ [14] Aufklärungs..., Erkundungs...; ~дывательная слу́жба *f* Feindnachrichtendienst *m*, Ic-Dienst *m*; **~дывать,** <~дать> [1] auskundschaften, ausforschen; ⚒ schürfen.

развезти́ *s.* развози́ть.

разве́н|чивать, <~ча́ть> [1; -е́нчанный] entthronen; (*Eheleute*) scheiden; (*des Ruhmes*) entkleiden.

раз|верза́ться [1], <~ве́рзнуться [21; *nur 3. Pers.*: -знется; -зся, -злась] sich auftun.

развёр|стка *f* [5; *g/pl.*: -ток] gleichmäßige Verteilung, Repartition; Umlage; **~стывать,** <~ста́ть> [1; -вёрстанный> verhältnismäßig verteilen, repartieren; **~тка** ⚕ *f* [5; *g/pl.*: -ток] Mantelfläche; ⊕ Reibahle; **~тывать** [1], <разверну́ть> [20; -вёрнутый] auseinander-wickeln, -rollen; (*fig.*) entfalten; auf-machen, -schlagen; развёрнутый строй ⚔ *m* Linie *f*; **-ся** sich öffnen, aufgehen; entrollen; sich entfalten.

разве́с *m* [1] Abwiegen *n*.

развеселя́ть [28] *s.* весели́ть.

разве́систый [14*K.*] ringsum bezweigt.

разве́сить *s.* разве́шивать.

развести́ *s.* разводи́ть.

развет|вле́ние *n* [12] Verzweigung *f*; **~вля́ться** [28], <~ви́ться> [14; *nur 3. Pers.*: -и́тся] sich verzweigen.

разве́|шивать [1] **1.** <~шать> [1] auf-, aus-hängen (*an verschiedenen Stellen*); **2.** <~сить> [15] abwiegen; nach allen Seiten hin hängen lassen; ~шивать у́ши aufmerksam zuhören; F die Ohren spitzen.

разве́ять *s.* развева́ть.

развива́ть [1], <разви́ть> [разовью́, -вьёшь; -и́л, -и́ла́, -о; -ве́й(-те)!; -и́тый (-и́т, -ита́, -о)] auseinander-, los-wickeln; entwickeln; (*Thema*) ausspinnen; (*Fahrgeschwindigkeit*) steigern *od.* erhöhen (до P bis); fördern; entfalten; **-ся** fortkommen, gedeihen.

разви́л|ина *f* [5] Gabelung; **~истый** [14*K.*] gabelförmig (geteilt); **~ка** *f* [5; *g/pl.*: -лок] Gabel; ~ка доро́г Wegegabelung.

разви́н|чивать [1], <~ти́ть> [15; -нчу́, -нти́шь; -и́нченный] losschrauben, lockern; **-ся** F (*fig.*) versagen (*Nerven*).

разви́тие *n* [12] Entwick(e)lung *f*, Aufschwung *m*.

развито́й [14; ра́звит, -а́, -о] gut entwickelt (*körperlich u. geistig*), hochgebildet, gut beschlagen.

разви́ть *s.* развива́ть.

развле|ка́ть [1], <развле́чь> [26] zerstreuen, unterhalten; **-ся** (T) sich unterhalten (mit), Zerstreuung suchen (in *dat.*); **~че́ние** *n* [12] Zerstreuung *f*, Unterhaltung *f*.

разво́д *m* [1] (бра́чный Ehe-) Scheidung *f*; Verteilung *f*; Hinausführen *n*, Ausmarsch (*zur Arbeit, bsd. aus Lagern*); ⚔ ~ (карау́лов) Wachtparade *f*, Wachablösung *f*; ~ы *pl.* Muster *n* (*auf Zeugen*); с ~ами gemustert; **~и́тель** *m* [4] Anbauer;

Züchter; **~и́ть** [15], ‹развести́› [25] auseinanderbringen; trennen, scheiden; verdünnen; vermehren; (*Feuer*) anmachen; anlegen, anpflanzen; (auf)ziehen, züchten; ⊕ (*Säge*) schränken; **-ся**, ‹развести́сь› sich scheiden lassen; sich vermehren, sich verbreiten; **~ка** *f* [5; *g/pl.*: -док] Öffnen *n* (*e-r Brücke*); Schränken *n* (*Säge*); P geschiedene Frau; **~ный** [14] (Ehe-) Scheidungs...; ~ный ключ *m* Schraubenschlüssel.

разво́дье *n* [10] (Frühlings-)Hochwasser; Wasserfläche *f* (*zwischen Eisschollen*).

развоз|и́ть [15], ‹развезти́› [24] (*Waren usw.*) ausfahren, herumbringen (*mit dem Wagen*), transportieren; **~ка** (-ˈvɔs-) *f* [5; *g pl.*: -зок] Versand *m* (*v. Waren*), Transport *m*; **~чик** (-ˈvɔʃ-) *m* [1] Transporteur.

разво|ра́чивать [1], ‹~роти́ть› P [15] auseinander-rollen, -reißen; aufreißen, unbefahrbar machen (*Weg*).

разворо́|вывать [1], ‹~ва́ть› [7] (alles) stehlen, ausrauben.

развра́т *m* [1] Sittenverderbnis *f*, Unzucht *f*; **~и́тель** *m* [4] Sittenverderber; **~и́ть** *s.* развраща́ть; **~ник** *m* [1] Ausschweifende(r), Wüstling; **~ничать** [1] ausschweifend leben; **~ный** [14; -тен, -тна] ausschweifend, liederlich.

развра|ща́ть [1], ‹~ти́ть› [15; -ащу́, -ати́шь; -ащённый] verführen, (sittlich) verderben; ~ща́ющий sittenverderblich, verführerisch; **-ся** ausschweifend werden, (sittlich) verderben; **~ще́ние** *n* [12] Verführung *f*; (Sitten-)Verderbnis *f*; **~щённость** *f* [8] Ausschweifung, Liederlichkeit.

развью|чивать [1], ‹~чить› [16] abpacken.

развя́з|ка *f* [5; *g/pl.*: -зок] Losbinden *n*; Lösung (*a. des Knotens im Drama usw.*); Ausgang *m*; **~ность** *f* [8] vorlautes Wesen *n*; **~ный** [14; -зен, -зна] vorlaut; ungezwungen; **~ывать** [1], ‹~а́ть› [3] los-binden, -machen; (*Zunge*) lösen; ~ывать кому́ ру́ки j-m freie Hand lassen; **-ся** los-, auf-gehen (*Knoten usw.*); sich auseinandersetzen, sich abfinden (с T mit).

разга́д|ка *f* [5; *g/pl.*: -док] Auflösung, Lösung (*e-s Rätsels*); Enträtselung; **~ывать**, ‹~а́ть› [1; -а́данный] (*Rätsel*) (auf)lösen; enträtseln.

разга́р *m* [1] Entflammen *n*; Hitze *f*, Heftigkeit *f* (*des Kampfes usw.*); Höhepunkt; Hochbetrieb; в са́мом (*od.* по́лном) ~е in vollem Gange, in voller Entfaltung; в разга́ре чего́-нибудь Hoch... (*Sommer, Saison usw.*).

разгиба́ть [1], ‹разогну́ть› [20] auseinander-biegen, -bringen; разгиба́ющий му́скул *m* (*Anat.*) Streckmuskel.

разгильдя́й *m* [3] Herumtreiber, Liederjan.

разглаго́льствовать F [7] viele Worte machen, salbadern.

разгла́|живать [1], ‹~дить› [15] ausglätten, ausplätten.

разгла|ша́ть [1], ‹~си́ть› [15; -ашу́, -аси́шь; -ашённый] (*Gerücht usw.*) verbreiten, aussprengen; **~ше́ние** *n* [12] Verbreitung *f* (*e-s Gerüchtes usw.*).

разгля́|дывать [1], ‹~де́ть› [11] genau betrachten.

разгнева́ться [1] *pf.* erzürnen, in Zorn geraten.

разгова́ривать [1] sich unterhalten.

разгово́р *m* [1] Gespräch *n*, Unterhaltung *f*; ~ шёл об э́том man hat darüber gesprochen; без (вся́ких) ~ов ohne Widerrede; об э́том и ~у не мо́жет быть F davon kann gar keine Rede sein; **~и́ть** [13] *pf.* P abraten, ausreden; **-ся** ins Reden hineinkommen, gesprächig werden; **~ник** *m* [1] Gesprächsbuch *n*, Sprachführer; **~ный** [14] zum Sprechen (dienend); Gesprächs...; ~ный язы́к *m* Umgangssprache *f*; **~чивый** [14*K.*] gesprächig, redselig.

разго́н *m* [1] Auseinander-jagen *n*, -treiben *n*; Anlauf; Zwischenraum, Abstand (*in der Schrift*); ⊕ Einsatz (-stück *n*), Keil; в ~е ausgegeben, unterwegs (*Postpferde*); **~истый** [14*K.*] weitläufig (*Schrift*); **~я́ть** [28], ‹разогна́ть› [разгоню́, -о́нишь; -а́л, -ала́, -о; -о́гнанный] auseinander-, ver-jagen, -treiben.

разго|ра́живать [1], ‹~роди́ть› [15; -ожу́сь, -о́ди́шь; -о́женный] abteilen, abzäunen.

разго|ра́ться [1], ‹~ре́ться› [9]

auflodern, entbrennen; erglühen; у него́ глаза́ (и зу́бы) разгоре́лись (на В) er war (auf et.) erpicht; das Wasser lief ihm im Munde zusammen.

разграбля́ть [28], <разгра́бить> [14] (aus)plündern.

разграни́|чивать [1], <~чить> [16] abgrenzen.

разграфля́ть [28] *s.* графи́ть.

разгро́м *m* [1] Zertrümmerung *f*, Zerstörung *f*; **~ля́ть** [28] *s.* громи́ть.

разгру|жа́ть [1], <~зи́ть> [15; -ужу́, -у́зи́шь; -у́жённый] ⚓ ausladen, löschen; entlasten; **~зка** (-ˈgrus-) *f* [5; *g/pl.*: -зок] Ausladen *n*, Löschung; Entlastung; **~зочный** (-ˈgru-) ⚓ [14] Auslade..., Lösch...; ~зочное су́дно *n* Leichter *m*, Lichter(schiff *n*) *m*.

разгрыза́ть [1] *s.* грызть.

разгу́л *m* [1] heiteres Gelage *n*, Schmaus; freier Spielraum (*der Leidenschaften usw.*); Zügellosigkeit *f*; **~ивать 1.** umherspazieren, lustwandeln; **2.** <~я́ть> [28] durch Spazierengehen vertreiben; **-ся** sich (im Freien) ergehen, lustwandeln; bummeln; sich aufklären (*Wetter*); **~ьный** [14; -лен, -льна] frei, locker, unbändig, in Saus und Braus.

раздава́ть [5], <разда́ть> [-да́м, -да́шь, -да́ст, -дади́м, -дади́те, -даду́т; ро́здал, раздала́, ро́здало; ро́зданный (ро́здан, раздана́, ро́здано)] ver-, aus-teilen, (herum-) reichen; ausweiten; **-ся** sich ausweiten, -dehnen; auseinandergehen, Platz machen; ertönen, erschallen; fallen (*Schuß*).

разда́|вливать [1], <~ви́ть> [14] zerdrücken, (zer)quetschen; ~ви́ть *pf.* (е́дучи) überfahren.

разда́|ривать [1], <~ри́ть> [13; -дарю́, -да́ришь; -да́ренный] verschenken.

разда́|точный [14] zum Ver- (*od.* Aus)teilen (bestimmt), Verteilungs..., Ausgabe...; **~тчик** *m* [1] Ver-, Aus-teiler; **~ть** *s.* раздава́ть; **~ча** *f* [5] Ver-, Aus-teilung.

раздва́ивать [1] *s.* двои́ть.

раздви|га́ть [1], <раздви́нуть> [20] auseinande schieben, verrükken; **~жно́й** [14] zum Auseinanderschieben (eingerichtet); ~жно́е око́шко *n* Schiebefenster, Schalter *m*; ~жно́й стол *m* Ausziehtisch.

раздвое́ние *n* [12] Teilung *f* in zwei Teile, Zweiteilung *f*; Gabelung *f*.

разде|ва́лка F *f* [5; *g/pl.*: -лок], **~ва́льн(а)я** *f* [6; *g/pl.*: -лен (14)] Auskleidezimmer *n*, Kleiderablage; **~ва́ть** [1], <разде́ть> [-де́ну, -де́нешь; -де́тый] ausziehen, entkleiden; **-ся** sich ausziehen, ablegen.

разде́л *m* [1] Teilung *f*; Abschnitt (*e-s Textes*); **~ать** *s.* разде́лывать; **~е́ние** *n* [12] Teilung *f*, Ein-, Zer-teilung *f*; ~е́ние труда́ Arbeitsteilung *f*; **~и́тельный** [14] teilend; Teilungs-...; (*Gram.*) ausschließend, disjunktiv; **~и́ть** *s.* разделя́ть, дели́ть; **~ка** *f* [5; *g/pl.*: -лок] Teilung; Abrechnung; **~ывать,** <~ать> [1] her-, zu-richten; F (*fig.*) herunterputzen; **-ся** abrechnen, sich abfinden (с Т mit), loswerden; **~ьный** [14] geteilt, getrennt; Teilungs..., Scheide...; **~я́ть** [28], <~и́ть> [13; -елю́, -е́лишь; -елённый] (ein-, zer-) teilen (на В in *ac.*); trennen; (*fig.*) nachfühlen; шесть ~и́ть на́ два sechs durch zwei dividieren; **-ся** sich teilen, zerfallen (на В in *ac.*).

разде́ть *s.* раздева́ть.

раздира́ть [1], <разодра́ть> [-раздеру́, -рёшь; -а́л, -а́ла́, -о; -о́дранный] auseinander-, zer-reißen; **-ся** (zer)reißen.

раздоб|ыва́ть F [1], <~ы́ть> [-бу́ду, -бу́дешь; -будь(те)!] auftreiben, beschaffen.

раздо́лье *n* [10] freies, sorgloses Leben, Behagen; Weite *f*, (*weiter*) Raum *m*.

раздо́р *m* [1] Zwietracht *f*, Zwist(igkeit *f*), Händel *pl.*; я́блоко *n* ~а Zankapfel *m*.

раздоса́дованный [14] ungehalten, aufgebracht (Т über *ac.*).

раздра|жа́ть [1], <~жи́ть> [16; -жу́, -жи́шь; -жённый] (auf)reizen, erregen; erzürnen; его́ ~жа́ет вся́кая безде́лица F ihn ärgert die Fliege an der Wand; **~жи́тельный** [14; -лен, -льна] reizbar, erregbar; Reiz...

раздро|бле́ние *n* [12] Zerstückelung *f*, Zerteilung *f*; **~бля́ть** [28], <~би́ть> [14; -блю́, -би́шь; -о́бленный *u.* -облённый] zer-stückeln, -teilen.

разду|ва́льный [14] zum Anfachen (dienend); Blase...; **~ва́ть** [1], <разду́ть> [18] (*Feuer usw.*) anfachen, aufblasen; aufbauschen; auseinanderblasen, verwehen; **-ся** anschwellen, sich aufblähen; **~вно́й** [14] aufgeblasen.

разду́|мывать [1] **1.** (о П) nachdenken, grübeln (über *ac.*), überlegen; **2.** <~мать> [1] sich (anders) bedenken; **~мье** *n* [10] Bedenken, Unentschlossenheit *f*; меня́ взя́ло ~мье ich kann (konnte) mich nicht entschließen, ich bin (war) unschlüssig.

разду́ть *s.* раздува́ть.

разева́ть [1], <рази́нуть> [20] (*den Mund*) aufsperren, aufmachen; стоя́ть, рази́нув рот F Maulaffen feilhalten.

разжа́лобить [14] *pf.* erweichen, rühren; **-ся** Mitleid empfinden.

разжа́ло|вание ⚔ *n* [12] Degradierung *f*, (Rang-)Herabsetzung *f*; **~вать** [7] *pf.* degradieren (в И мн/ч. zu, *ehm.* ⚔ в рядовы́е *od.* в солда́ты zum Gemeinen), herabsetzen.

разжа́ть *s.* разжима́ть.

разжёвывать [1], <разжева́ть> [6; -жую́, -жуёшь; -жёванный] zerkauen; (*fig.*) kapieren; F (Д/В *j-m et.*) vorkauen, klar machen.

разже́чь *s.* разжига́ть.

разжи́|ва *f* [5] Gewinn *m*, Vorteil *m*; на ~ву zum Leben(sunterhalt); **~ва́ться** P [1], <разжи́ться> [-иву́сь, -ивёшься; -и́лся, -ила́сь] reich werden (на П *od.* от Р von).

разжига́ть [1], <разже́чь> [26; разожгу́, -жжёшь, -жгу́т; разжёг, разожгла́; разожжённый] entflammen, entzünden; anfachen.

разжи|жа́ть F [1], <~ди́ть> [15; ижу́, -иди́шь; -ижённый] flüssig machen, verdünnen; **~же́ние** *n* [12] Verdünnung *f*; ~же́ние мозго́в (*fig.*) Gehirnerweichung *f*, Beklopptheit *f*.

разжима́ть [1], <разжа́ть> [разожму́, -мёшь; -а́тый] auseinandermachen, -drücken; aufmachen.

разжи́ться *s.* разжива́ться.

раззаво́д P: на ~ zur Zucht.

раззадо́|ривать [1], <~рить> [13] anreizen, anfeuern.

раз|зва́нивать P [1], <~звони́ть> [13] (*überall u. allen*) erzählen (о П von).

раззнако́миться [14] *pf.* sich veruneinigen, entzweien, die Bekanntschaft aufgeben.

ра́зик *m* [1] (nur) ein einziges Mal.

рази́нуть *s.* разева́ть.

рази́ня P *m/f* [6] Schlafmütze *f*.

рази́|тельный [14; -лен, -льна] auffallend, schlagend, kraß; **~ть** [15; ражу́, рази́шь], <по-> schlagen, treffen; (*Feind*) aufs Haupt schlagen, zerschmettern; ~ть P *impf.* [*unpers.*] stinken; от него́ рази́т перега́ром er stinkt nach Schnaps.

разлага́ть [1], <разложи́ть> [16] zerlegen; zersetzen, auflösen; **-ся** verwesen, verfaulen.

разла́д *m* [1] Zwietracht *f*, Uneinigkeit *f*.

разла́|живать [1], <~дить> [15] verderben; F (*fig.*) verstimmen, (zer)stören, verkorksen; **-ся** sich zerschlagen, nicht zustande kommen.

разла́комить F [14] *pf.* (В j-m) den Mund wäßrig machen; **-ся** Appetit auf mehr bekommen.

разла́мывать, <разлома́ть> [1; -о́манный], <разломи́ть> [14] zerbrechen; (*Gebäude*) niederreißen.

разлёживаться F [1] faul herumliegen; дово́льно тебе́ ~! steh auf, du hast genug gefaulenzt!

разлеза́ться P [1], <разле́зться> [*nur 3. Pers.*: -ле́зется; -е́зся, -е́злась] fadenscheinig werden, aus dem Leim gehen.

разле́|ниваться [1], <~ни́ться> [13; -еню́сь, -е́нишься] faul (*od.* träge) werden.

разле|та́ться [1], <~те́ться> [11] auseinander-, zer-fliegen; (*fig.*) in die Brüche gehen.

разли́в *m* [1] *s.* разли́вка; Austreten *n* (*e-s Flusses*), Hochwasser *n*; **~а́нный:** ~а́нное мо́ре *n* Überfluß *m* an Getränken; **~а́тельный** [14] zum Eingießen (dienend); ~а́тельная ло́жка *f* Suppen-, Vorlegelöffel *m*; **~а́ть** [1], <разли́ть> [разолью́, -льёшь; -и́л, -ила́, -о; -ле́й(те)!; -и́тый (-и́т, -а́, -о)] aus-, vergießen; eingießen (*mehreren*); abziehen, füllen (*in Flaschen*); (*mit dem Vorlegelöffel*) schöpfen; их водо́й не разольёшь (*Spr.*) sie halten zusammen wie Pech und Schwefel; **-ся** überlaufen, austreten (*Fluß*); **~ка** *f* [5] Aus-, Ver-gießen *n* (*s.* разлива́ть).

разлинó|вывать [1], <~вáть> [7] liniieren.

разли́|тие *n* [12] Abfüllen (*in kleinere Gefäße*); Verschütten; **~ть** *s.* разливáть.

разли|чáть [1], <~чи́ть> [16; -чу́, -чи́шь; -чённый] unterscheiden; **-ся** *impf.* sich unterscheiden; **~чие** (-'ʝi-) *n* [12] Unterschied *m*, Verschiedenheit *f*; **~чи́тельный** [14] unterscheidend; Unterscheidungs...; **~чный** (-'ʝitʃ-) [14; -чен, -чна] verschieden; ~чно *od.* ~чным óбразом auf verschiedene Art *od.* Weise.

разло|жéние *n* [12] Aus(einander-)legen; Zerlegung *f*, Zersetzung *f*, Verfall *m*; Verwesung(sprozeß *m*) *f*; **~жи́ть** *s.* разлагáть, расклáдывать.

разлóм *m* [1] Bruch(stelle *f*); **~áть**, **~и́ть** *s.* разлáмывать.

разлу́|ка *f* [5] Trennung (с T von); в ~ке getrennt, geschieden; **~чáть** [1], <~чи́ть> [16; -чу́, -чи́шь; -чённый] (**-ся** sich) trennen, scheiden (с T von); **~чник** P *m* [1] Störenfried.

разлюби́ть [14] *pf.* nicht mehr mögen; (+ *inf.*) nicht mehr gern tun.

размазня́ *f* [6*e.*] dünne Grütze; (*fig.*) Schlafmütze, Waschlappen *m*.

размá|зывать [1], <~зать> [3] auseinander-schmieren, -wischen; F weitschweifig erzählen, ausmalen, breittreten.

размá|иваться P [1], <~яться> [27] wach bleiben, nicht schlafen wollen.

размалёвывать [1], <размалевáть> [6] (*unkünstlerisch*) bemalen, bepinseln.

размáлывать [1], <размолóть> [17; -мелю́, -мéлешь; -óлотый] zermahlen.

размáтывать, <размотáть> [1; -óтанный] auseinander-, ab-wickeln, ab-haspeln; ~ дéньги Geld verschwenden.

размáх *m* [1] Schwingen *n*; Schwung, Schwingung *f*; Spannweite *f* (*Flügel*); со всегó ~у, во весь ~ mit voller Gewalt *od.* Wucht, wuchtig; **~ивать** [1], <~ну́ть> [20] schwingen, hin und her schwenken; ~ивать рукáми mit den Händen herumfuchteln *od.* gestikulieren; **-ся** (рукóй mit der Hand) ausholen (*zum Schlag*).

размáчивать [1], <размочи́ть> [16] aufweichen.

размáшистый [14 *K.*] weit ausholend, weitläufig, umständlich; schwungvoll (*Schrift*).

размежёвывать [1], <размежевáть> [6; -жу́ю] (*Ländereien usw.*) aus-, ver-messen.

размель|чáть [1], <~чи́ть> [16; -чу́, -чи́шь; -чённый] zerreiben, zermalmen, zerstoßen.

размéн *m* [1] Tausch(en *n*), (Aus-, Ein-)Wechseln *n*; **~ивать** [1], <~я́ть> [28] (*in kleineres Geld*) umwechseln **-ся** sich verzetteln, zerstreuen; **~ный** [14] Tausch...; ~ная монéта *f* Klein-, Wechselgeld *n*.

размéр *m* [1] Ausmessung *f*; Ausmaß *n*, Größe *f*, Umfang; Versmaß *n*; ♪ Zeitmaß *n*, Takt; в ~е im Betrage von; ~ в три чéтверти Dreivierteltakt; **~я́ть** [28], <~ить> [13] ausmessen, abmessen.

размеси́ть *s.* размéшивать.

размести́ть *s.* размещáть.

размéтить *s.* размечáть.

размéтка *f* [5; *g/pl.*: -ток] Kennzeichnung, Markierung.

размётывать [1], <разметáть> [3] auseinanderwerfen, zerstreuen.

размечáть [1], <размéтить> [15] kennzeichnen, markieren.

размé|шивать [1] **1.** <~шáть> [1; -éшанный] umrühren (*zwecks Auflösung*); **2.** <~си́ть> [15] (durch-)kneten.

разме|щáть [1], <~сти́ть> [15; -ещу́, -ести́шь; -ещённый] aufstellen, unterbringen (в П *od.* по Д in *dat. od.* bei); **-ся** die Plätze einnehmen, Platz finden; **~щéние** *n* [12] Aufstellung *f*, Unterbringung *f*.

разминáть [1], <размя́ть> [разомну́, -мнёшь; -мя́тый] durchkneten; (*Pferd*) umherführen; (*Glieder*) durch Bewegung gelenkig machen.

размину́ться P [20] *pf.* (с T einander) verfehlen; aneinander vorbeikommen können.

размно|жáть [1], *mst* <размнóжить> [16] ver-mehren, -vielfältigen; **~жéние** *n* [12] Vermehrung *f*, Vervielfältigung *f*; Fortpflanzung *f*; Zucht *f*.

размозжи́ть [16; -жу́, -жи́шь; -жённый] *pf.* zerschmettern, zermalmen.

размо́ина *f* [5] Wasserloch *n*.

размока́ть [1], <размо́кнуть> [21] aufweichen, aufquellen.

размо́л *m* [1] Zermahlung *f*; Schrotmehl *n*; кру́пного ~а grob gemahlen.

размо́лвка *f* [5; *g/pl.*: -вок] Uneinigkeit, Verstimmung.

размоло́ть *s.* разма́лывать.

размота́ть *s.* разма́тывать.

размоч|и́ть *s.* разма́чивать; **~ка** (-ˈmɔtʃ-) *f* [5] Aufweichung.

размусо́л|ивать P [1], <~ить> [13] ausspinnen (*Erzählung*).

размыва́ть [1], <размы́ть> [22] unterspülen; wegschwemmen.

размыка́ть [1], <разомкну́ть> [20] ϟ ausschalten; ⊕ öffnen.

размы́к|ивать, <~ать> [1] (*Sorgen*) vergessen.

размы|шле́ние *n* [12] Nachdenken, Überlegung *f*; Betrachtung *f*; **~шля́ть** [28], <размы́слить> [13] (о П, *pf. a.* В) nachdenken (über *ac.*), überlegen.

размяг|ча́ть (-xtʃ-) [1], <~чи́ть> [16; -чу́, -чи́шь; -чённый] auf-, durch-weichen; erweichen.

размя́ть *s.* размина́ть.

разна́шивать [1], <разноси́ть> [15] (*Stiefel usw.*) austreten; **-ся** sich ausweiten, die Form verlieren.

разне́|живать [1], <~жить> [16] zärtlich stimmen; **-ся** sentimental werden.

разнести́ *s.* разноси́ть.

разнима́ть [1], <разня́ть> [-ниму́, -ни́мешь; ро́знял *u.* разня́л, разняла́, ро́зняло *u.* разня́ло; разня́тый (-я́т, -а́, -о *u.* ро́знят, -о)] auseinandernehmen; (*Streitende*) auseinanderbringen, trennen.

ра́зни|ться [13] sich unterscheiden, verschieden sein, abweichen (от Р von); **~ца** *f* [5] Unterschied *m*; ~ца в цене́ Preisunterschied *m*.

разно|бо́й *m* [3] Divergenz *f*, Meinungsverschiedenheit *f*, Mißklang; **~ви́дность** *f* [8] Verschiedenartigkeit; Abart, Spielart; **~вре́менный** [14] zu verschiedenen Zeiten; **~гла́сие** *n* [12] Disharmonie *f*, Mißklang *m*; Uneinigkeit *f*, Unstimmigkeit *f*; **~голо́сица** *f* [5] Stimmenverschiedenheit, Mißklang *m*; **~ма́стный** [14; -тен, -тна] verschiedenfarbig, scheckig; **~мы́слие** *n* [12] Meinungsverschiedenheit *f*; **~мы́слящий** [17] andersdenkend; **~обра́зие** *n* [12] Mannigfaltigkeit *f*; Verschiedenartigkeit *f*; **~племённый** [14] verschiedenen Volksstämmen angehörend; **~речи́вость** *f* [8], **~ре́чие** *n* [12] Widerspruch *m*; **~ро́дный** [14; -ден, -дна] ungleichartig.

разно́с *m* [1] Verweis, F Wischer; Austragen *n* (*Briefe, Pakete*); торго́вля *f* в ~ Hausierhandel *m*; **~и́ть** [15], <разнести́> [25; *durchweg* с *statt* д, л: -есу́; -нёс] (*Briefe usw.*) austragen; hausieren (gehen) mit, kolportieren; (*Gerücht*) verbreiten; verjagen, verwehen; *j-m* den Kopf waschen, *j-n* scharf tadeln; [*unpers.*] anschwellen; его́ разнесло́ F er ist in die Breite gegangen; *s.* разна́шивать; **~ка** *f* [5; *g/pl.*: -сок] Austragen *n* (*der Briefe usw.*); (*Brief-*)Bestellung; Austreten *n* (*der Stiefel usw.*); Hausieren *n*, Kolportage; **~ный** [14] Hausier..., Kolportage...

разносторо́н|ний [15; -нен, -ння] ungleichseitig; vielseitig (*Bildung*); **~ность** *f* [8] Vielseitigkeit.

ра́зность *f* [8] Verschiedenheit, Unterschied *m*, Differenz.

разно́счик *m* [1] Austräger; (пи́сем Brief-)Träger; (депе́ш Depeschen-)Bote; Hausierer, Ausrufer, Kolporteur.

разно|чи́нец *m* [1; -нца] (*ehm.*) nichtadliger Intellektuelle(r); **~чте́ние** *n* [12] verschiedene Lesart *f*, Variante *f*; **~ше́рстный** [14; -тен, -тна] verschiedenfarbig (*Pferd*); (*fig.*) gemischt, bunt.

разну́з|дывать, <~да́ть> [1; -у́зданный] abzäumen; ~данный entfesselt (*Leidenschaft*).

ра́зный [14] verschieden(artig); ра́зное *n* Verschiedene(s), Gemischte(s).

разню́|хивать, <~хать> P [1] (aus-)wittern, ausspüren, F ausschnüffeln; Lunte riechen.

разня́ть *s.* разнима́ть.

разобла|ча́ть [1], <~чи́ть> [16; -чу́, -чи́шь; -чённый] entkleiden; enthüllen, entlarven; **-ся** sich entkleiden.

разобра́ть *s.* разбира́ть.

разоб|ща́ть [1], <~щи́ть> [16; -щу́, -щи́шь; -щённый] trennen, absondern; (*Phys.*) isolieren; ~ща́ющая скаме́йка *f* Isolierschemel *m.*
ра́зовый [14] ein-, jedes-malig.
разогна́ть *s.* разгоня́ть.
разогну́ть *s.* разгиба́ть.
разогрева́ть [1], <разогре́ть> [8; -е́тый] auf-, er-wärmen.
разодева́ть [1], <разоде́ть> [-де́ну, -де́нешь] (**-ся** sich) herausputzen; **-ся** в пух и прах F sich wie ein Pfingstochse herausputzen.
разодолж|а́ть [1], <~и́ть> [16; -жу́, -жи́шь] F (B *j-m*) e-n Bärendienst erweisen.
разодра́ть *s.* раздира́ть, драть.
разойти́сь *s.* расходи́ться.
разо́к *m* [1 *e.*] (nur) ein einziges Mal.
разомкну́ть *s.* размыка́ть.
разомле́ть F [8] *pf.* ermatten, schlapp werden.
разопрева́ть [1], <разопре́ть> [8] (auf)quellen (*z.B. Erbsen*); P schlapp werden (*vor Hitze*).
разорва́ть *s.* разрыва́ть, рвать.
разоре́ние *n* [12] Zerstörung *f*, Untergang *m*, Ruin *m*, Verarmung *f.*
разори́|тельный [14; -лен, -льна] zerstörend, ruinierend; **~ть** *s.* разоря́ть.
разору|жа́ть [1], <~жи́ть> [16; -жу́, -жи́шь; -жённый] entwaffnen, abrüsten.
разо|ря́ть [28], <~ри́ть> [13] zerstören, ruinieren, zu Grunde richten; **-ся** herunterkommen, sich ruinieren (от P durch).
разосла́ть *s.* рассыла́ть.
разостла́ть *s.* расстила́ть.
разохо́|чивать [1], <~тить> [15] (B/к Д *j-m* zu *et.*) Lust machen *od.* erwecken; **-ся** (große) Lust bekommen.
разочаро́|вывать [1], <**~ва́ть**> [7] enttäuschen.
разо́чек *m* [1] *s.* разо́к.
разра|ба́тывать, <~бо́тать> [1] bearbeiten; ⚒ (*Grube*) ausbeuten; (*Frage*) erörtern; **~бо́тка** *f* [5; *g/pl.*: -ток] Bearbeitung; Ausbeutung; Ausbau *m*; ⚒ го́рная ~бо́тка Abbau *m.*
разра|жа́ться [1], <~зи́ться> [15; -ажу́сь; -зи́шься] ausbrechen (T in *ac.*); sich entladen (*Gewitter*).
разра|ста́ние *n* [12] Wachsen in die Höhe und Breite, Wucherung *f*; **~ста́ться** [1], <~сти́сь> [25; *nur 3. Pers.*: -тётся; -ро́сся, -сла́сь] in die Höhe und Breite wachsen, wuchern.
разре|жа́ть [1], <~ди́ть> [15; -ежу́, -еди́шь; -ежённый] lichten; verdünnen; **~же́ние** *n* [12] Lichtung *f*; Verdünnung *f.*
разре́з *m* [1] Zerschneiden *n*; Schnitt, Einschnitt, Schlitz; △ Durchschnitt; продо́льный ~ Längsschnitt; в э́том ~е unter diesem Gesichtswinkel; в ~ im Gegensatz (c T zu); **~а́ть** [1], <~ать> [3] zer-, auf-schneiden, aufschlitzen; **~но́й** [14] aufgeschnitten, aufgeschlitzt; ~но́й но́жик *m* Papiermesser *n*; **~ывать** [1] *s.* ~а́ть.
разре|ша́ть [1], <~ши́ть> [16; -шу́, -ши́шь; -шённый] erlauben, gestatten; (auf)lösen, entscheiden; (В/от P *j-n* von *et.*) entbinden, befreien; **-ся** sich befreien, entbunden werden (от P von); -ся от бре́мени niederkommen, entbunden werden (*v. Frauen*); **~ше́ние** *n* [12] Erlaubnis *f*; Lösung *f*, Entscheidung *f*; Entbindung *f* (от P von); ~ше́ние на вы́воз Ausfuhrbewilligung *f*; **~ши́тельный** [14] lösend, entscheidend; entbindend; Erlaubnis...
разрисо́|вывать [1], <~ва́ть> [7] ausmalen, ausschmücken.
разро́з|нивать [1], <~нить> [13] voneinander trennen; (*Stiefel*) verwechseln.
разру|ба́ть [1], <~би́ть> [14] zer-, entzwei-hauen.
разруга́ть [1; -у́ганный] *pf.* ausschimpfen; **-ся** ins Schimpfen hineinkommen; sich verfeinden (c T mit).
разру́ха *f* [5] Zerrüttung.
разруша́ть [1], <разру́шить> [16] zerstören, vernichten; **-ся** einstürzen (*Gebäude*); verfallen.
разруши́тельный [14; -лен, -льна] zerstörend.
разры́в *m* [1] Zerreißen *n*; Riß; Bruch; Uneinigkeit *f*; Explosion *f*; **~а́ть** [1] **1.** <разорва́ть> [-ву́, -вёшь; -а́л,- ала́, -о; -о́рванный] zerreißen; sprengen; [*unpers.*] platzen; **-ся** (zer)reißen; bersten (от P vor *dat.*); explodieren; **2.** <разры́ть> [22] aufgraben, durchwühlen; **~но́й** [14] Spreng..., Explosions...

разря́д *m* [1] Entladung *f*; Klasse *f*, Rang(ordnung *f*); Abteilung *f*, Stufe *f*, Kategorie *f*; **~и́ть** *s.* разряжа́ть; **~ка** *f* [5; *g/pl.*: -док] (*Typ.*) Sperrdruck *m*, Sperrung; **~ник** *m* [1] ⚡ Entlader; qualifizierter Sportler; **~ный** [14] Entladungs...; Klassen..., Rang...

разря|жа́ть [1], <~ди́ть> **1.** [15; -яжу́, -я́ди́шь] (her)ausputzen; **2.** [15; -яжу́, -яди́шь; -яжённый] entladen; (*Typ. Zeilen*) durchschießen; (*Wörter*) sperren; **~же́ние** *n* [12] Ausputzen; Entladung *f*.

разубе|жда́ть [1], <~ди́ть> [15; -ежу́, -еди́шь; -еждённый] (В/в П *j-m et.*) ausreden; **-ся** sich anders besinnen.

разува́ть [1], <разу́ть> [18] (*Stiefel usw.*) ausziehen; (*Füße*) entblößen.

разуверя́ть [28], <разуве́рить> [13] vom Gegenteil überzeugen; **-ся** enttäuscht sein *od.* werden.

разузнава́ть [5], <разузна́ть> [1; -у́знанный] (В *od.* о П) in Erfahrung bringen, sich erkundigen (nach), nachforschen.

разукомплектова́ть [7] *pf.* (*Fabrik, Maschine usw.*) zum Stillstand (Erliegen) bringen (*durch Wegnahme v. Teilstücken*).

разукра́|шение *n* [12] Ausschmückung *f*; **~шивать** [1], <~сить> [15] ausschmücken.

разукруп|ня́ть [28], <~ни́ть> [13] zerstückeln; verkleinern; dezentralisieren.

ра́зум *m* [1] Vernunft *f*, Verstand; у него́ ум за ~ захо́дит F er ist nicht ganz dicht, er hat nicht alle Tassen im Schrank; **~е́ть** [8], <у-> verstehen, begreifen; **-ся** [*unpers.*] (само́ собо́й) разуме́ется es versteht sich (von selbst), natürlich, selbst-redend, -verständlich; **~ник** (-ˈzum-) *m* [1] Vernünftige(r); **~ничать** (-ˈzum-) [1] vernünfteln; **~ный** (-ˈzum-) [14; -мен, -мна] vernünftig, einsichtig, gescheit.

разу́ть *s.* разува́ть.

разуха́бистый P [14*K.*] ausgelassen, forsch; ungezwungen.

разу́чивать [1], <разучи́ть> [16] ein-üben, -studieren; **-ся** (+ *inf.*) verlernen.

разъеда́ть [1], <разъе́сть> [*nur 3. Pers.*: -е́ст, -едя́т; -е́денный] zerfressen.

разъеди|не́ние *n* [12] Trennung *f*, Absonderung *f*; **~ни́тельный** [14] trennend, absondernd; ⊕ Auslöse...; **~ня́ть** [28], <~ни́ть> [13] trennen, absondern; ⚡ (*Strom*) unterbrechen.

разъ|е́зд *m* [1] Auseinanderfahren *n*, Aufbruch; Ausweichen *n*; 🚂 (*a.* ме́сто *n* ~е́зда) Ausweichstelle *f*; ⚔ reitende Patrouille *f*, Streifwache *f*; **~ездно́й** [14] Reise...; **~езжа́ть** [1] umher-fahren, -reisen; **-ся**, <~е́хаться> [-е́дусь, -е́дешься; разъезжа́йся (-а́йтесь)!] auseinanderfahren, aufbrechen; ausweichen (*Kutscher usw.*); (с Т an *j-m*) vorüberfahren (*ohne ihn zu sehen*), verfehlen; auseinander-gehen, -reißen, fadenscheinig werden.

разъе́сть *s.* разъеда́ть.

разъя|ря́ть [28], <~ри́ть> [13] (**-ся**) in Wut bringen (geraten), wütend machen (werden).

разъяс|ня́ть [28], <~ни́ть> [13] erklären, erläutern; **-ся** klar (*od.* deutlich) werden, sich aufklären.

разы́гр|ывать, <~а́ть> [1; -ы́гранный] (durch-, ab)spielen; verlosen; foppen; **-ся** in Spieleifer geraten; sich abspielen (*Ereignis*); sich erheben, losbrechen (*Sturm*).

разы́ск|ивать [1], <~а́ть> [3] ausfindig machen, auffinden.

рай *m* [3; в раю́] Paradies *n*.

райко́м *m* [1] (райо́нный комите́т) Bezirksausschuß.

райо́н *m* [1] Rayon, Bezirk, Umkreis, Gebiet *n*; ~ слы́шности Hörweite *f*; ⚔ ~ комплектова́ния Ersatzbezirk.

райсове́т *m* [1] (райо́нный сове́т) Bezirkssowjet.

рак *m* [1] Krebs (*a. Astr.*, ⚕); морско́й ~ Hummer; он зна́ет, где ра́ки зиму́ют er weiß wo Barthel den Most holt; я покажу́ тебе́, где ~и зиму́ют F ich werde dir schon zeigen, wo der Pfeffer wächst; когда́ ~ сви́стнет F (zu) Pflaumenpfingsten, niemals.

раке́т|а *f* [5] Rakete; **~ка** *f* [5; *g/pl.*: -ток] Rackett *n*, (Tennis-)Schläger *m*; **~ница** *f* [5] Leucht-, Signalpistole; **~ный** [14] Raketen...

раки́та ⚘ *f* [5] Bruchweide.

раки́тник ⚘ *m* [1] Goldregen.

ра́ковина *f* [5] Muschel(schale); (*Küchen-*)Ausguß *m*; ⊕ (*Gießerei*) Galle, Grube.

ракообра́зные *pl.* [14] (*Zool.*) Krebs-, Krusten-tiere.
раку́шка *f* [5; *g/pl.*: -шек] Miesmuschel; Muschel(tier *n*).
ра́ма *f* [5] Rahmen *m*; ⊕ (*Wagen-*) Gestell *n*.
ра́мка [5; *g/pl.*: -мок] *s.* ра́мочка.
ра́мочка *f* [5; *g/pl.*: -чек] (kleiner) Rahmen *m*, Rähmchen *n*.
ра́мпа *f* [5] (*Thea.*) Rampe.
ра́на *f* [5] Wunde; ~ в го́лову Kopfwunde; ~ от поре́за (уко́ла) Schnitt-(Stich)wunde.
ранг *m* [1] Rang, Würde *f*.
ранго́ут ⚓ *m* [1] Mastwerk *n*.
ра́нее *s.* ра́ньше.
ра́неный [14] verwundet; Verwundete(r) *m*.
ране́нько ziemlich früh.
ране́т ⚘ *m* [1] Renette *f* (*Apfelart*).
ранёхонько sehr (*od.* recht) früh.
ра́нец *m* [1; -нца] Ranzen, ⚔ Tornister; (Schul-)Mappe *f*.
ранжи́р *m* [1]: (постро́ить) по ~у ⚔ der Größe nach (*in e-r Linie aufstellen*).
ра́нить [13] (*im*)*pf.* (*s.* по~) verwunden, verletzen (в В an *dat.*).
ра́нка *f* [5; *g/pl.*: -нок] kleine Wunde.
ра́нний [15; (*adv.*) ра́но; *comp.* ра́ньше *u.* ра́нее] früh(zeitig); ра́нним у́тром am frühen Morgen; ещё ра́но es ist noch (zu) früh; ра́но или по́здно über kurz oder lang; ра́но пта́шечка запе́ла, как бы ко́шечка не съе́ла (*Spr.*) den Vogel, der zu früh singt, frißt die Katze.
ранова́тый [14] ziemlich früh.
рант *m* [1; на -у́] Rand, Kante *f*; на ~у́ randgenäht (*Schuhe*).
рантье́ *m* [*unv.*] Rentner, Rentier.
рану́нкул ⚘ *m* [1] Ranunkel *f*.
рань *f* [8] (Morgen-)Frühe; ˈ**~ше** (*s.* ра́нний) früher; ~ше нас vor uns; ме́сяцем ~ше (um) e-n Monat früher; не ~ше (P) nicht vor (*dat.*), nicht früher als.
рапа́ *f* [5] Salzlake.
рапи́ра *f* [5] (*Fechtkunst*) (Stoß-) Rapier *n*.
ра́порт *m* [1] Rapport, Bericht; **~ова́ть** [7] (*im*)*pf.*, *a*, <от-> melden, berichten.
рапсо́дия ♪ *f* [7] Rhapsodie.
ра́са *f* [5] Rasse, Art.
раси́зм *m* [1] (*Pol.*, *ver.*) Rassentheorie *f* (*der „höheren" u. „niederen" Menschenrasse*).
раска́|иваться [1], <~яться> [27] (в П) bereuen.
раска́лывать [1], <расколо́ть> [17] (zer)spalten.
раска|ля́ть [28], <~ли́ть> [13] glühend machen.
раска́пывать, <раскопа́ть> [1; -о́панный] auf-, aus-graben; ausfindig machen, auftreiben.
раска́т *m* [1] Gleit-, Rutsch-bahn *f*; ~ы *pl.* Rollen *n*, Dröhnen *n* (*des Donners*); **~истый** [14*K.*] rollend, dröhnend.
раска́|тывать, <~та́ть> [1; -а́танный] auseinanderrollen; **-ся,** <~ти́ться> [15] rollen, dröhnen (*Donner*); ins Rollen kommen.
раска́|чивать, <~ча́ть> [1; -а́чанный] (**-ся**) in Schwung bringen (kommen *a. fig.*; stark schaukeln).
раска́ш|ливаться [1], <~ляться> [28] einen (heftigen) Hustenanfall bekommen.
раска́я|ние *n* [12] Reue *f*; **~ться** *s.* раска́иваться.
расквартиро́|вывать ⚔ [1], <~ва́ть> [7] einquartieren.
расква́сить P [15] *pf.* platt (zu Brei *od.* blutig) schlagen; zerquetschen.
раски́дистый [14*K.*] weitverzweigt (*Baum*).
раски|дно́й [14] zum Auseinanderschlagen (eingerichtet); Aufschlage-..., Klapp...; **~дывать** (-ˈkʲi-) [1] **1.** <~да́ть> [1; -и́данный] auseinander-schlagen, -werfen; **2.** <~нуть> (-ˈkʲi-) [21] ausbreiten; (*Netz*) auswerfen; (*Zelt*) aufschlagen; ~дывать умо́м überlegen, erwägen.
раскиса́ть [1], <раски́снуть> [21] sauer werden; erschlaffen, müde werden.
раскла́|дка *f* [5; *g/pl.*: -док] Aus-(einander)legung; Verteilung, Umlage; **~дывать** [1], <разложи́ть> [16] aus(einander)legen; verteilen, repartieren; zerlegen; (*Karten*) legen; (*Feuer*) anmachen.
раскла́|ниваться [1], <~няться> [28] einander begrüßen.
раско́|вывать [1], <~ва́ть> [7; -кую́, -куёшь] (*e-m Pferd*) die Hufeisen abnehmen; entfesseln; **-ся** ein Eisen verlieren.
раскове́|ривать [1], <~ря́ть> [28] aufkratzen (*Wunde*); (auf)stochern.

раско́кать P [1] *pf.* in Scherben schlagen (*durch Fallenlassen*).
раско́л *m* [1] Riß, Spalte *f*; Zwiespalt; Schisma *n*, Kirchenspaltung *f*.
расколо́ть *s.* раска́лывать, коло́ть.
раско́льник *m* [1] Schismatiker, Sektierer; (*fig.*) Spalter.
раскоп|а́ть *s.* раска́пывать; **~ка** (-'kɔp-) *f* [5; *g/pl.*: -пок] Ausgrabung.
раско́сый [14]: ~ глаз *m* Schlitzauge *n.*
раскоше́|ливаться [1], <~литься> [13] den Beutel auftun, freigebig werden; ~ливаться на де́сять рубле́й zehn Rubel springen lassen.
раскраса́вица *f* [5] holde Schönheit, Allerschönste.
раскрасне́ться [8] *pf.* ganz rot werden, erglühen, rote Wangen bekommen.
раскра́|шивать [1], <~сить> [15] aus-, be-malen.
раскрепо|ща́ть [1], <~сти́ть> [15; -ощу́, -34сти́шь; -ощённый] von der Leibeigenschaft befreien; befreien; **~ще́ние** *n* [12] Aufhebung *f* der Leibeigenschaft; Befreiung *f*.
раскритико́|вывать [1], <~ва́ть> [7] streng kritisieren *od.* beurteilen, schwer heruntermachen.
раскрича́ться [4; -чу́сь, -чи́шься] *pf.* losschreien (на В auf *ac.*); anbrüllen.
раскроши́ть [16] *pf.* zerkrümeln; (*Schädel*) zerschmettern; *s.* кроши́ть.
раскру́|чивать [1], <~ти́ть> [15] losdrehen, loswinden.
раскрыва́ть [1], <раскры́ть> [22] auf-decken, -machen, -schlagen, öffnen; (*Schirm*) aufspannen.
раскула́ч|ивать [1], <~ить> [16] (*Pol.*) entkulakisieren, die Großbauernschaft liquidieren.
раску|па́ть [1], <~пи́ть> [14] auf-, weg-kaufen; **-ся** Absatz finden.
раску́по|ривать [1], <~рить> [13] entkorken; öffnen; **~рка** *f* [5; *g/pl.*: -рок] Entkorkung.
раску́|ривать [1], <~ри́ть> [13; -урю́, -у́ришь; -у́ренный] (*Zigarre usw.*) anrauchen.
раску́|сывать [1], <~си́ть> [15] aufbeißen, aufknacken; ~си́ть *pf.* durchschauen; я раскуси́л, в чём де́ло F mir ist ein Licht aufgegangen.
раску́тывать, <~тать> [1] loswickeln.
распада́ться [1], <распа́сться> [*nur 3. Pers.*: -адётся; -а́лся; -а́вшийся] auseinander-, zer-fallen (на В in *ac.*).
распаде́ние *n* [12] Auseinander-, Zer-fallen, Zerfall *m*.
распа́|ивать [1], <~я́ть> [28] loslöten; **-ся** los-, ab-gehen (*gelötete Sachen*).
распако́|вывать [1], <~ва́ть> [7] auspacken.
распа|ля́ть [28], <~ли́ть> [13] glühend machen; (*Leidenschaften*) anfachen; erzürnen.
распа́|ривать [1], <~рить> [13] (*im Dampf*) aufweichen.
распа́рывать [1], <распоро́ть [17] (*Naht usw.*) auf-, los-trennen; aufritzen; **-ся** auf-, los-gehen, (auf-)platzen.
распа́сться *s.* распада́ться.
распа́|хивать [1] **1.** <~ха́ть> [3] aufpflügen; **2.** <~хну́ть> [20] (*Tür usw.*) (weit) aufreißen; (*Rockschöße*) zurückschlagen; **~шка** *f* [5; *g/pl.*: -шек] Aufpflügen *n*; Öffnung (*e-s Netzes*); на ~шку *s.* нараспа́шку; **~шник** ⚒ *m* [1] Messeregge *f*; **~шно́й** [14] Paddel...; ~шно́е весло́ *n* Paddel; ~шна́я ло́дка *f* Paddelboot *n*; **~шо́нка** *f* [5; *g/pl.*: -нок] Säuglingsjäckchen *n* (*ohne Knöpfe*).
распая́ть *s.* распа́ивать.
распе́в *m* [1] Einüben *n* (*Gesang*); gedehnte Rede *f*; на ~ langsam singend; **~а́ть** [1] vor sich hin singen.
распека́ть [1], <распе́чь> [26] (tüchtig) ausschelten.
распелёнывать, <распелена́ть [1; -ёнатый] (*Wickelkind*) auf-, auswickeln.
распере́ть *s.* распира́ть.
распетуши́ться F [16; -шу́сь, -ши́шься] hochgehen, aufbrausen.
распеча́|тывать, <~тать> [1] entsiegeln, aufbrechen.
распе́чь *s.* распека́ть.
распива́ть [1], <разпи́ть> [разопью́, -пьёшь; -и́л, -а́, -о *u.* ро́спил, распила́, ро́спило; распи́тый (-и́т, -а́, -о)] (gemeinschaftlich) leeren, (aus)trinken.
распи́воч|ный [14] Schank...; ~ная *f* Schenke, Ausschank *m*; продава́ть ~но (*geistige Getränke*) ausschenken.

распи́|ливать [1], <~ли́ть> [13; -илю́, -и́лишь; -и́ленный] zersägen; **~лка** *f* [5] Zersägung.

распина́ть [1], <распя́ть> [-пну́, -пнёшь; -я́тый] kreuzigen; **-ся** *impf.* mit Leib und Seele eintreten, sich die Beine ausreißen (за В für).

распира́ть P [1], <распере́ть> [12; разопру́, -прёшь] auseinanderreißen, -sprengen; ~ *impf.* anschwellen.

распи|са́ние *n* [12] Verzeichnis, Liste *f*; 🚂 ~са́ние поездо́в Fahrplan *m*; по ~са́нию fahrplanmäßig; ~са́ние уро́ков Stundenplan *m*; **~са́ть** *s.* '~сывать; **~ска** (-'pis-) *f* [5; *g/pl.*: -сок] Verzeichnen *n*; Ausmalen *n*; Quittung; (в получе́нии Empfangs-)Bescheinigung; обра́тная ~ска Rückgabeschein *m*; счёт *m* с~ской quittierte Rechnung *f*; под ~ску gegen Quittung; **~сывать** (-'pi-) [1], <~са́ть> [3] verzeichnen; ausmalen, ausführlich beschreiben; **-ся** unterschreiben; sich standesamtlich trauen lassen; -ся в получе́нии (P) den Empfang von ... bescheinigen, quittieren über (*ac.*).

распи́ть *s.* распива́ть.

распи́|хивать P, <~ха́ть> [1; -и́ханный] auseinander-stoßen, -drängen.

распла́|вка *f* [5] Schmelzen *n*; **~вля́ть** [28], **<~вить>** [14] *v/t.* (**-ся** *v/i.*) (zer)schmelzen.

распла́каться [3] *pf.* in Weinen (*od.* Tränen) ausbrechen.

распла́|та *f* [5] Aus-, Be-zahlung, Abfindung; Vergeltung, Sühne; **~чиваться** [1], <~ти́ться> [15] (с Т) sich abfinden (mit), aus-, bezahlen.

расплёск|ивать [1], <~а́ть> [3], *einm.* <расплесну́ть> [20; -ёснутый] ver-spritzen, -plätschern, -schütten.

распле|та́ть [1], <~сти́> [25; т *statt* д: -ету́] losflechten.

распло|жа́ть [1] *s.* плоди́ть; **~жéние** *n* [12] Vermehrung *f* (*durch Zucht*), Fortpflanzung *f*, Züchtung *f*.

расплыва́ться [1], <расплы́ться> [23] auseinander-, zer-fließen; (*fig.*) zunehmen.

расплы́в|чатый [14*K.*] unklar, verschwommen; **~чивый** [14*K.*] (leicht) zerfließbar.

расплю́|щивать ⊕ [1], <~щить> [16], <~снуть> [20] platt schlagen (drücken).

распо|знава́ть [5], <~зна́ть> [1; -о́знанный] erkennen, unterscheiden.

распо|лага́ть [1], <~ложи́ть> [16] *s.* располо́женный; anordnen; aufstellen; stimmen, geneigt machen (к Д zu); ~лага́ть *impf.* verfügen (Т über *ac.*), gedenken, beabsichtigen; **-ся** sich niederlassen; **~лага́ющий** [17] sympathisch.

распол|за́ться [1], <~зти́сь> [24] auseinanderkriechen; auseinandergehen (*alte Kleider usw.*); zerfallen.

располо|же́ние *n* [12] Anordnung *f*; Anlage *f*, Neigung *f* (к Д zu); ⚔ Stellung *f*; ~же́ние ду́ха Gemüts-verfassung *f*, -stimmung *f*; ~же́ние го́рода Lage *f* der Stadt; **~женный** (-'łɔ-) [14 *K.*] gelegen; (к Д) geneigt (zu), *j-m* gewogen; го́род *m* ~жен die Stadt ist gelegen *qd.* befindet sich (на П an *dat.*); **~жи́ть** *s.* располага́ть.

распо́р △ *m* [1] Schub; **~ка** *f* [5; *g/pl.*: -рок] Spreizholz *n*; Spreize.

распоро́ть *s.* распа́рывать, поро́ть.

распоряди́тель|ность *f* [8] Umsicht, Organisationstalent *n*; **~ный** [14] in s-n Anordnungen geschickt *od.* gewandt, umsichtig.

распоря́|док *m* [1; -дка] Anordnung *f*; пра́вила *pl.* вну́треннего ~дка Haus-, Betriebs-ordnung *f*; **~жа́ться** [1], <~ди́ться> [15; -яжу́сь, -яди́шься] (Т) an-, verordnen; verfügen (über *ac.*); (*ein Geschäft*) leiten; ~жа́йтесь как до́ма! tun Sie, als ob Sie zu Hause wären!; **~же́ние** *n* [12] An-, Ver-ordnung *f*; Veranlassung *f*, Verfügung *f*.

распоте́шить [16] *pf.* ergötzen, belustigen.

распоя́|сывать [1], <~сать> [3] losgürten; **-ся** sich ungeniert (*od.* ungezwungen) benehmen, sich gehen lassen.

распра́|ва *f* [5] (Straf-)Gericht *n*; у него́ с ним коро́ткая ~ва er macht kurzen Prozeß (*od.* nicht viel Federlesens) mit ihm; **~вле́ние** *n* [12] Gerade-machen, -biegen; **~вля́ть** [28], <~вить> [14] gerademachen, -biegen; (*Flügel*) ausbreiten; **-ся** abrechnen, fertig werden (с Т mit *j-m*).

распреде|ле́ние *n* [12] Ein-, Verteilung *f*; ⊕ Steuerung *f*; **~ли́тельный** [14] Verteilungs...; Steuer(ungs)...; ~ли́тельный щит ⚡ *m* Schaltbrett *n*; **~ля́ть** [28], <~ли́ть> [13] ein-, ver-teilen; ~ля́ть по кла́ссам klassifizieren, in Klassen sondern.

распро|дава́ть [5], <~да́ть> [-да́м, -да́шь, -да́ст, -дади́м, -дади́те, -даду́т; -о́дал, -а́, -о; -о́данный] (aus)verkaufen, losschlagen; изда́ние распро́дано die Auflage ist vergriffen; **~да́жа** *f* [5] Ausverkauf *m*, Räumung(sausverkauf *m*); **~да́жный** [14] zum Ausverkauf bestimmt; Ausverkaufs...

распро|стира́ть [1], <~стере́ть> [12] ausstrecken; (*Grenze usw.*) ausdehnen.

распрости́ться [15; -ощу́сь, -ости́шься] *pf. s.* распроща́ться.

распростра|не́ние *n* [12] Verbreitung *f*, Ausdehnung *f*, Umsichgreifen; ~не́ние све́та (*Phys.*) Lichtgeschwindigkeit *f*; **~ня́ть** [28], <~ни́ть> [13] verbreiten, ausdehnen; ~нённое предложе́ние *n* (*Gram.*) erweiterter Satz *m*; **-ся** sich verbreiten, sich erstrecken (на В auf *ac.*); sich umständlich auslassen (о П über *ac.*).

распроща́ться [1] *pf.* sich verabschieden, Abschied nehmen (с Т von).

распры́скиватель *m* [4] Zerstäuber.

ра́спря *f* [6; *g/pl.*: -рей] Zwist *m*, Streit *m*.

распряга́ть *s.* отпряга́ть.

распрям|ля́ть [28], <~и́ть> [14; -млю́, -ми́шь; -млённый] geradeмachen, -biegen; **-ся** sich strecken, den Rücken strecken.

распу́г|ивать, <~а́ть> [1; -у́ганный], *einm.* <~ну́ть> [20] auf-, ver-scheuchen.

распу|ска́ть [1], <~сти́ть> [15] entlassen; auflösen; (*Butter*) auslassen; ausbreiten; entfalten; (*Gerücht*) verbreiten; ~ска́ть хвост Rad schlagen (*Pfau*); **-ся** sich auflösen; (Knospen) treiben, ausschlagen; (*fig.*) außer Rand und Band geraten.

распу́тать *s.* распу́тывать.

распу́тица *f* [5] Zeit der schlechten Wege, Schlammperiode; Unbefahrbarkeit.

распу́т|ник *m* [1] *s.* развра́тник; **~ство** *n* [9] Unzucht *f*.

распу́|тывать, <~тать> [1] loswickeln, entwirren; aufklären.

распу́|тье *n* [10] Scheide-, Kreuzweg *m*; на ~тьи (*od.* ~тье) (*fig.*) am Scheideweg.

распух|а́ть [1], <распу́хнуть> [21] aufschwellen; *vgl.* пу́хнуть; **~ший** (-'pux-) [17] aufgeschwollen.

распу́щенный [14*K.*] ausgelassen, locker, zügellos; (*Haare*) lose.

распы|ли́тель *m* [4] Zerstäuber; **~ля́ть** [28], <~ли́ть> [13] zerstäuben, pulverisieren; **-ся** [*nur 3. Pers.*] (*fig.*) sich verzetteln.

распя́|ливать [1], <~лить> [13] ausspannen, (aus)recken; **~тие** *n* [12] Kreuzigung *f*; Kruzifix; **~ть** *s.* распина́ть.

расса́|да 🌱 *f* [5] Setzpflanze **~дка** *f* [5; *g/pl.*: -док] Verpflanzung, Versetzung; **~дник** *m* [1] Pflanzschule *f*, Pflanzstätte *f*; **~живать** [1], <~ди́ть> [15] umpflanzen; auseinandersetzen; **-ся**, <рассе́сться> [*Sg. ungbr.*; -ся́демся; -селись] die Plätze einnehmen.

рассве́т *m* [1] Tagesanbruch, Morgendämmerung *f*; на ~е bei (*od.* mit) Tagesanbruch; **~а́ть** [1; *unpers.*] <рассвести́> [25; *unpers.*: -светёт] tagen, Tag werden; (*ft.*) ~ёт es wird tagen, es wird Tag werden *od.* sein; рассвело́ es ist Tag (geworden).

рассева́ть, рассе́ивать [1], <рассе́ять> [27] aussäen; zerstreuen, vertreiben, auseinanderjagen; **-ся** sich zerstreuen, zerstieben.

рассёдлывать, <расседла́ть> [1; -ёдланный] absatteln.

рассека́ть [1], <рассе́чь> [26] zerhauen, -legen; durchschneiden; **-ся** sich spalten, zerreißen.

расселе́ние *n* [12] Ansiedeln.

рассе́лина *f* [5] Riß *m*, Kluft, Erdspalte.

рассе|ля́ть [28], <~ли́ть> [13] zerstreut ansiedeln.

рассе́чь *s.* рассека́ть.

рассе́ян|ие *n* [12] Zerstreuen, Auseinanderjagen; **~ность** *f* [8] Zerstreutheit; **~ный** [14*K.*] (*fig.*) zerstreut.

рассе́ять *s.* рассева́ть.

расска́з *m* [1] Erzählung *f*, Geschichte *f*; Novelle *f*; **~чик** *m* [1] Erzähler; **~ывать** [1], <~а́ть> [3] erzählen.

рассла|бева́ть [1], <~бе́ть> [8], <рассла́бнуть> [21] schwach werden, von Kräften kommen; **~бле́ние** *n* [12] Schwächung *f*, Entkräftung *f*; ⚕ Lähmung *f*; **~бля́ть** [28], <рассла́бить> [14] schwächen, entkräften; ⚕ lähmen.

расславля́ть [28], <прасла́вить> [14] (*über die Maßen*) rühmen; (*Nachricht*) aussprengen, ausposaunen.

рассла́ивать [1], <расслои́ть [13] schichtweise trennen; (*fig.*) differenzieren.

рассле́довать [7] (*im*)*pf.* genau untersuchen, nachforschen.

рассльı́шать [16] *pf.* deutlich hören *od.* vernehmen; не ~ überhören.

рассма́тривать [1], <рассмотре́ть> [9; -отрю́, -о́тришь; -о́тренный] betrachten; durchsehen, prüfen, begutachten.

рассмея́ться [27; -ею́сь, -еёшься] *pf.* laut auflachen.

рассмотр|е́ние *n* [12] Betrachten, Betrachtung *f*; Durchsicht *f*, Prüfung *f*; **~е́ть** *s.* рассма́тривать.

рассна́|стка ⚓ *f* [5] Abtak(e)lung; **~щивать** ⚓ [1], <~сти́ть> [15; -ащу́, -асти́шь; -ащённый] abtakeln.

рассо́|вывать [1], <~ва́ть> [7; -сую́, -суёшь] an verschiedenen Stellen (hin)ein-stecken *od.* -stopfen.

рассо́л *m* [1] (Salz-)Lake *f*, Sole *f*; **~ьник** *m* [1] Fleisch- *od.* Fischsuppe *f* mit Salzgurken.

рассо́хнуться *s.* рассыха́ться.

расспра́шивать [1], <расспроси́ть> [15] (о П) fragen (nach), ausfragen (über *ac.*).

расспро́с *m* [1] (*mst pl.*) Ausfragen *n*.

рассро́|чивать [1], <~чить> [16] auf Termine (*od.* Fristen) verteilen, stunden; **~чка** *f* [5] Verteilung auf Termine; Stundung; ~чка платежа́ Raten-, Teil-zahlung; в ~чку ratenweise.

расста|ва́ние *n* [12] Trennung *f*, Scheiden; **~ва́ться** [5], <расста́ться> [-а́нусь, -а́нешься] sich trennen, scheiden (с Т von); **~вля́ть** [28], <расста́вить> [14] auseinanderstellen; aufstellen, verteilen (*z.B.* по ко́мнатам in den Zimmern); **~на́вливать** [1] *s.* ~вля́ть; **~но́вка** *f* [5; *g/pl.*: -вок] Auseinanderstellen *n*; Aufstellung; Pause, Unterbrechung; ~но́вка слов Wortfolge, Wortstellung.

расстег|а́й *m* [3] offener Sarafan; (*oben geöffneter*) Pirog mit Fischfüllung; **~ивать** (-ˈstɔ-) [1], <~ну́ть> [20; -ёгнутый] los-, aufknöpfen.

расстил|а́ть [1], <разостла́ть> [расстелю́, -е́лешь; разо́стланный *u.* расстéленный] ausbreiten (*z.B.* по́ лугу über die Wiese); **-ся** sich ausbreiten; P kriechen (пе́ред Т vor *dat.*); **~ка** (-ˈʈiɫ-) *f* [5] Ausbreiten *n*; ausgebreiteter Gegenstand *m*.

расстоя́ние *n* [12] Entfernung *f*, Strecke *f*, Abstand *m*.

расстра́ивать [1], <расстро́ить> [13] verstimmen (♪ *fig.*); (*Gesundheit*) zerrütten, untergraben; verwirren; vereiteln; **-ся** sich zerschlagen, fehlschlagen; mißmutig werden.

расстре́л *m* [1] Erschießung *f*, Erschießen *n*; **~ивать** [1], <~я́ть> [28] (*Pulver usw.*) verschießen; (*standrechtlich*) erschießen.

расстро́ить *s.* расстра́ивать.

расстро́йство *n* [9] Verstimmung *f*; Zerrüttung *f*, Störung *f*; Verwirrung *f*.

рассту|па́ться [1], <~пи́ться> [14] auseinander-treten, -gehen, Platz machen; sich öffnen.

рассуди́тель|ный [14; -лен, -льна] bedachtsam, besonnen, vernünftig; ~но mit Überlegung.

рассуди́ть [15] *pf.* entscheiden.

рассу́|док *m* [1; -дка] (gesunder Menschen-)Verstand; Überlegung(skraft) *f*; брак *m* по ~дку Vernunftheirat *f*; в по́лном ~дке zurechnungsfähig; **~дочный** [14; -чен, -чна] verständig, vernunftmäßig.

рассу|жда́ть [1] überlegen, erwägen; **~жде́ние** *n* [12] Beurteilung *f*; Überlegung *f*, Erwägung *f*; Abhandlung *f*.

рассчётливый [14*K.*] berechnend, sparsam.

рассчи́|тывать, <~та́ть> [1; -и́танный], <расче́сть> [25; разочту́, -чтёшь; расчёл, разочла́; разочтённый; *g. pt. a.*: разочтя́] *v/t.* berechnen, überrechnen; (*Arbeiter usw.*) entlohnen; **-ся** sich abfinden, abrechnen (с Т mit); ⚔ (*Sport*) abzählen; *v/i.* (на В) rechnen, spekulieren (auf *ac.*); gedenken, beabsichtigen.

рассы|ла́ть [1], <разосла́ть> [-ошлю́, -ошлёшь; -о́сланный] ver-, aus-, umher-senden, -schicken; **~лка** (-'sił-) *f* [5; *g/pl.*: -лок] Versendung, Verschickung; Umherschicken *n*; **~лочный** (-'si-) [14] zum Versenden (bestimmt); Versand...; **~льный** (-'sił-) [14] Versendungs...; Dienstmann *m*, Bote *m*, Laufbursche *m*.

рас|сыпа́ть [1], <рассы́пать> [2] ver-schütten, -streuen; **-ся** sich zerstreuen; zerbröckeln; ⚔ (aus-)schwärmen; -ся в похвала́х кому́ sich in *j-s* Lob ergehen, *j-n* mit Lob überschütten; **~сы́пка** *f* [5] Verschüttung, Verstreuung; **~сыпно́й** [14] zerstreut; lose, nicht eingepackt (*Zigaretten*); ⚔ aufgelöst; в ~сыпну́ю *s.* врассыпну́ю.

рассы́пчатый [14*K.*] bröck(e)lig.

рассыха́ться [1], <рассо́хнуться> [21] (*vor Trockenheit*) Risse bekommen.

раста́лкивать [1] **1.** <растолка́ть> [1; -о́лканный], <растолкну́ть> [20] auseinanderstoßen; **2.** <растоло́чь> [26; *pt.*: -толо́к, -толкла́; -толчённый] zerstampfen, zerstoßen.

раста́пливать [1], <растопи́ть> [14] (*Kessel*) anfeuern, anheizen; (zer)schmelzen, (*Butter*) zerlassen.

раста́птывать [1], <растопта́ть> [3] nieder-, zer-treten.

раста́|скивать, <~ска́ть> [1; -а́сканный], <~щи́ть> [16] auseinander-, weg-schleppen; veruntreuen.

раство́р *m* [1] Mörtel; Lösung *f*; Öffnung *f*; **~и́мый** [14*K.*] auflösbar, löslich, lösbar; **~я́ть** [28], <~и́ть> **1.** [13; -орю́, -о́ришь; -о́ренный] aufmachen, öffnen; **2.** <~и́ть> [13] auflösen (в П in *dat.*); vermischen, verdünnen (Т mit).

растека́ться [1], <расте́чься> [26] auseinanderfließen, zerfließen (*a. fig.*).

расте́ние *n* [12] Pflanze *f*, Gewächs.

растере́ть *s.* растира́ть.

растер|зывать, <~за́ть> [1; -е́рзанный] (*in Stücke*) zerreißen.

расте́|ривать [1], <~ря́ть> [28] (**-ся** die Geistesgegenwart *od.* den Kopf) verlieren; leichtsinnig vertun; **~рянный** [14] fassungslos; verwirrt; ratlos.

расти́ [25; -сту́, -стёшь; ро́с, росла́], <вы́-> wachsen, gedeihen; zunehmen.

растир|а́лка *f* [5; *g/pl.*: -лок] Frottiertuch *n*; **~а́ть** [1], <растере́ть> [12; разотру́, -трёшь; растёр] zerreiben; frottieren, (ab)reiben; **~ка** (-'ṭir-) *f* [5] Zerreibung.

расти́с|кивать, <~кать> [1], <~нуть> [20] auseinander-drücken, -pressen; zerdrücken, zerquetschen.

расти́тель|ность *f* [8] Wachstum *n*, Vegetation(skraft); Behaarung; **~ный** [14] vegetativ; Vegetations..., Pflanzen...

расти́ть [15; ращу́, расти́шь] *s.* выра́щивать.

растле|ва́ть [1] **1.** <растли́ть> [13] verführen, schänden, entehren; **2.** <растле́ть> [8] (*sittlich*) verderben; **~ние** (-'ţļe-) *n* [12] Schändung *f*, Entehrung *f*, Sittlichkeitsverbrechen; (Sitten-)Verderbnis *f*.

растли́тель *m* [4] Verführer, Schänder.

растолк|а́ть, ~ну́ть *s.* раста́лкивать.

растолко́|вывать [1], <~ва́ть> [7] auseinandersetzen, erklären, auslegen.

растоло́чь *s.* раста́лкивать.

растоп|и́ть *s.* раста́пливать; **~ка** (-'tɔp-) *f* [5; *g/pl.*: -пок] Anfeuern *n*, Anheizen *n*; Späne *m/pl.*, Kleinholz *n* (*zum Feueranmachen*).

растопта́ть *s.* раста́птывать.

растопы́|ривать [1], <~рить> [13] aus(einander)spreizen; (*Federn*) sträuben.

расторга́ть [1], <расто́ргнуть> [21] außer Kraft setzen; (*Frieden*) brechen; (*Ehe*) trennen, auflösen.

расторго́|вываться [1], <~ва́ться> [7] den Handel ausdehnen; durch den Handel reich werden; alles verkaufen.

расторже́ние *n* [12] Aufheben, Annullieren; ~ бра́ка Ehescheidung *f*.

растормоши́ть [16; -шу́, -ши́шь; -шённый] *pf.* munter machen; (*fig.*) aufrütteln.

растoро́пный [14; -пен, -пна] gewandt, flink, fix.

расто|ча́ть [1], <~чи́ть> [16; -чу́, -чи́шь; -чённый] verschwenden, vergeuden, durchbringen.

расточи́тель *m* [4] Verschwender; **~ность** *f* [8] Verschwendungssucht;

~ный [14; -лен, -льна] verschwenderisch.

растра|влять [28], <~вить> [14] (*Wunde*) aufreißen, reizen; (auf-)hetzen.

растра|та *f* [5] Unterschlagung, Veruntreuung, Unterschleif *m*; **~тчик** *m* [1] Defraudant; **~чивать** [1], <~тить> [15] verschleudern, vergeuden; unterschlagen, veruntreuen.

растрезвонить P [13] *pf.* (В *od.* о П et.) ausposaunen; Gerüchte ausstreuen.

растреп|ать [2] *pf.* zerzausen; растрёпанный zerzaust, wirr; в растрёпанных чувствах (*fig.*) außer Fassung, fassungslos; **~(к)а** (-'tʒɔp-) *m/f* [5; (*g/pl.*: -пок)] Strubbelkopf *m*; Schmierfink *m*, Schlampe *f*; Стёпка-растрёпка Struwelpeter *m*.

растрес|киваться, <~каться> [1] rissig werden, platzen, springen.

растрогать [1] *pf.* aufwühlen, rühren (до слёз zu Tränen); растроганное чувство *n* Gefühl der Rührung.

раструб *m* [1] (*Stiefel-, Handschuh-*) Stulpe *f*; ♪ Schalltrichter.

растря|сать [1], <~сти> [25; *durchweg* с *statt* д, л; -трясу; -тряс (*a.* -tʒɔs)] durchschütteln; verstreuen; ~сать деньги F (*fig.*) das Geld zum Fenster hinauswerfen.

растушёвка *f* [5; *g/pl.*: -вок] Wischer *m* (*beim Zeichnen*).

растушёвывать [1], <растушевать> [6; -шую] (aus)tuschen, abschattieren.

растя|гивать [1], <~нуть> [19] (aus)dehnen, hinziehen; ~гивать сухожилие sich die Sehne zerren; ~гивать ногу sich den Fuß verstauchen; растянуться во весь рост sich lang hinlegen; F lang hinschlagen; **~жение** *n* [12] Ausdehnung *f*; **~жимый** [14*K.*] dehnbar; **~жка** ⚒ *f* [5] Verspannung.

растяпа F *m/f* [5] Schlafmütze *f*; Tölpel *m*.

расформиров|ывать [1], <~ать> [7] auflösen (*Truppenteil*).

расфрантиться F [15; -нчусь, -нтишься] *pf.* sich aufdonnern, sich herausputzen.

расфуфыриться P [13] *pf.* sich (geschmacklos) aufdonnern.

расхаживать [1] umhergehen, auf und ab gehen.

расхва|ливать [1], <~лить> [13; -алю, -алишь; -аленный] sehr rühmen *od.* loben, herausstreichen, über den grünen Klee loben.

расхват *m* [1] Wegraffen *n*; Vergreifen *n*, rascher Absatz (*der Ware*); на ~ *s.* нарасхват; **~ывать,** ~ать [1; -атанный] wegraffen; (*Ware*) vergreifen.

расхвораться [1] *pf.* ernstlich erkranken.

расхищать [1], <расхитить> [15; -ищенный] ausplündern.

расхлёбывать, <расхлебать> [1; -ё-банный] (aus)löffeln; auskosten, ausbaden; заварил кашу, теперь и расхлёбывай F (*fig.*) was man sich eingebrockt hat, muß man auch auslöffeln.

расход *m* [1] Ausgabe *f*, Auslage *f*; (*Wasser- usw.*) Verbrauch; Abgang, Absatz (*der Ware*); ~ы *pl.* Unkosten, Spesen; в ~е F abwesend, nicht da (*Menschen*); ~ы *pl.* на содержание Unterhaltungskosten; ~ сил Kraftaufwand; ~ы *pl.* по производству Betriebskosten; вывести (*od.* пустить, списать) в ~ F erschießen, liquidieren, umlegen; **~иться** [15], <разойтись> [-ойдусь, -ойдёшься; -ошёлся, -ошлась; -ошедшийся; *g. pt. a.*: -ойдясь] auseinandergehen (*a. v. Meinungen usw.*); zergehen, zerschmelzen; (с T an *j-m*) vorübergehen (*ohne ihn zu sehen*), verfehlen; scheiden; ausgegeben werden; abgehen, Absatz finden (*Ware*); in Eifer geraten, aus sich herausgehen; sich kreuzen (*Briefe usw.*); **~ный** [14] Ausgabe-...; **~овать** [7], <из-> ausgeben, verausgaben; [*nur 3. Pers.*] verbrauchen.

расхождение *n* [12] Auseinandergehen (*der Meinungen*); Abweichung *f* (с P von).

расхо|лаживать [1], <~лодить> [15; -ожу, -одишь; -оженный] abkühlen, kalt machen; enttäuschen, der Illusion berauben.

расхотеться F [*unpers.*: -очется] *pf.* (+ *inf.*) die Lust verlieren, vergehen; мне расхотелось спать mir ist der Schlaf vergangen.

расцара|пывать, <~пать> [1] zerkratzen.

расцве́|т *m* [1] Aufblühen *n*, Aufschwung; **~та́ть** [1], <**~сти́** [25; т *statt* д: -ету́] aufblühen; **~чивать** [1], <**~ти́ть**> [15; -ечу́, -ети́шь] ausschmücken, dekorieren.

расцелова́ть [7] *pf.* (herzlich) abküssen.

расце́|нивать [1], <**~ни́ть**> [13; -ню́, -е́нишь; -енённый] abschätzen, taxieren, berechnen; **~нка** *f* [5; *g/pl.*: -нок] Abschätzung, Berechnung; Preisfestsetzung; Tarif *m*; **~ночно-конфли́ктный** [14]: ~ночно-конфли́ктная коми́ссия *f* Tarifschlichtungskommission; **~нщик** *m* [1] Taxator.

расце|пля́ть [28], <**~пи́ть**> [14] loshaken, entkuppeln.

расча́лка ✈ *f* [5; *g/pl.*: -лок] Verspannung.

расчёска *f* [5; *g/pl.*: -сок] Kamm [*m*.]

расче́сть *s.* рассчи́тывать.

расчёсывать [1], <расчеса́ть> [3] (durch)kämmen; scheiteln; zerkratzen.

расчёт *m* [1] Rechnung *f*, Abrechnung *f*; Berechnung *f*; Absicht *f*; Überlegung *f*; ⚔ Bedienungsmannschaft *f*; предвари́тельный ~ Voranschlag; за нали́чный ~ gegen bar; безнали́чный ~ (bargeldlose) Verrechnung *f*; принима́ть в ~ in Anschlag bringen; erwägen, berücksichtigen; дать ~ ent-lassen, -lohnen; получи́ть ~ entlassen werden, die Papiere bekommen; нет ~а (+ *inf.*) es hat keinen Zweck; из ~а ausgehend von, unter Berücksichtigung; мы в ~е wir sind quitt.

расчисля́ть [28], <расчи́слить> [13] berechnen.

расчи́|стка *f* [5] Reinigung, Aufräumung; **~ща́ть** [1], <расчи́стить> [15] reinigen, aufräumen; (*Wald usw.*) lichten.

расчле|ня́ть [28], <**~ни́ть**> [13] (**-ся** sich) gliedern (на В in *ac.*), zerstückeln.

расчу́хать P [1] *pf.* heraus-riechen, -schmecken; (*fig.*) intus kriegen, herausschnüffeln; расчу́хал, в чём де́ло er hat's intus gekriegt, worum es geht.

расшали́ться [13] *pf.* sehr ausgelassen werden.

расша́рк|иваться F, <**~аться**> [1] Kratzfüße machen; (*fig.*) katzbukkeln.

расша́|тывать, <**~та́ть**> [1; -а́танный] (**-ся**) wack(e)lig *od.* lose machen (werden); (*fig.*) zerrüttet sein (werden).

расшвы́р|ивать [1], <**~я́ть**> [28] durcheinanderwerfen.

расшеве́|ливать [1], <**~ли́ть**> [13] anregen, anfeuern; aufstören.

расши|ба́ть [1], <**~би́ть**> [-бу́, -бёшь; -ши́б, -бла; -ши́бленный] entzwei-, zer-schlagen; verletzen.

расшива́ть [1], <расши́ть> [разошью́, -шьёшь; расше́й(те)!; -и́тый] auftrennen; mit Stickerei verzieren.

расши|ре́ние *n* [12] Erweiterung *f*, Ausdehnung *f*; ⊕ Expansion *f*; **~ри́тельный** [14] Expansions...; **~ря́ть** [28], <расши́рить> [13] erweitern, ausdehnen, verbreitern.

расшифро́|вывать [1], <**~ва́ть**> [7] dechiffrieren, entziffern, (*Kurzschrift*) übertragen, in Druckschrift umsetzen.

расшнуро́|вывать [1], <**~ва́ть**> [7] aufschnüren.

расще́дриться F [13] *pf.* (*iron.*) freigebig werden, den Beutel auftun.

расщекота́ть [3] *pf.* (*fig.*) kräftig kitzeln, reizen; ~ тщесла́вие die Eitelkeit kitzeln.

расще́лина *f* [5] Riß *m*, Spalte.

расще|пле́ние *n* [12] Zersetzung *f*, Zerspalten; ~пле́ние а́тома Atomzertrümmerung *f*; **~пля́ть** [28], <**~пи́ть**> [14; -плю́, -пи́шь; -плённый] zer-splittern, -spalten, kleinmachen.

ратифи|ка́ция *f* [7] Ratifikation, Bestätigung; **~ци́ровать** [7] (*im*)*pf.* ratifizieren, bestätigen.

ра́т|ник † *m* [1] Krieger, Soldat, Kämpfer; (*ehm.*) ~ник (ополче́ния) Landwehrmann; **~ный** [14] kriegerisch; Kriegs..., Schlacht...

ра́товать [7] kämpfen, streiten (за В) für, verfechten.

рать *f* [8] (*hist.*) Heer *n*; Schlacht, Krieg *m*.

ра́унд *m* [1] (*Boxen*) Runde *f*.

рафина́д *m* [1] Raffinade *f*, Würfelzucker.

рафини́ровать [7] (*im*)*pf.* (*Zucker*) raffinieren; verfeinern.

раха́т-луку́м *m* [1] Nuß-Mandelkonfekt *n*.

рахи́т ⚕ *m* [1] Rachitis *f*, englische Krankheit *f*.

рацио́н ⚔ *m* [1] Ration *f*, zugeteiltes Maß *n*.

рационали|за́ция *f* [7] Rationalisierung; **~зи́ровать** [7] (*im*)*pf.* rationalisieren.

рациона́льный [14; -лен, -льна] rational, vernunftgemäß.

ра́ция *f* [7] Funkstelle.

ра́чий [18] Krebs...; ра́чьи глаза́ *pl.* vorstehende Augen.

рачи́тельный [14; -лен, -льна] eifrig; sorgfältig.

ра́шкуль *m* [4] Reiß-, Zeichen-kohle *f*.

ра́шпер *m* [1] (Brat-)Rost.

ра́шпиль *m* [4] Raspel *f*.

раще́ние *n* [12] Auf-, Groß-ziehen (*der Pflanzen usw.*); Wachsenlassen (*der Haare usw.*); ~ воло́с Haarwuchs *m*.

рвану́ть [20] *pf.* losstürmen; ungestüm beginnen (*et.*).

рвань F *f* [8] Fetzen *m*, Zerlumpte(s) *n*; ⊕ Abfall *m*; P Lump(enpack *n*) *m*.

рвать [рву, рвёшь; рвал, -а́ла́, -о] **1.** <разорва́ть, изорва́ть> [-о́рванный] (zer)reißen; ~ в куски́ zerfetzen; **-ся** (zer)reißen; sich anstrengen, vor Begierde brennen; *s.* порыва́ться; **2.** <на-> pflücken (*mehreres*); *s.* нарыва́ть; **3.** <вы́-> (her)ausreißen (*s. a.* вырыва́ть); [*unpers.*] sich übergeben, (sich er)brechen; его́ рвёт (вы́рвало) er erbricht (erbrach) sich; рвать и мета́ть F (*fig.*) Gift u. Galle spucken.

рвач *m* [1 *e.*; *g*/*pl.*: -е́й] Raffer, raffgieriger Mensch; **'~еский** [16] raff-, hab-gierig; ~еская цена́ *f* happiger Preis *m*; **'~ество** *n* [9] Raffgier *f*.

рве́ние *n* [12] Feuereifer *m*.

рво́т|а *f* [5] Erbrechen *n*, Erbrochene(s) *n*; **~ина** *f* [5] Ausgebrochene(s) *n*; **~ный** [14] Erbrechen erregend; Brech...; ~ное (сре́дство) *n* Brechmittel.

рдеть [8; (за)рде́тый], <за->, **-ся** erröten, sich röten; reifen (*Früchte*).

ре ♪ *n* [*unv.*] d (*Tonzeichen*).

реабилити́ровать [7] (*im*)*pf.* rehabilitieren, wieder zu Ehren bringen.

реаги́ровать [7] reagieren, Gegenwirkung ausüben; Stellung nehmen.

реакти́в *m* [1] Reagenz *n*, Prüfmittel *n*; **~ный** [14] reaktiv; ~ный дви́гатель *m* Düsenantrieb; ~ный самолёт *m* Düsen-, Raketen-flugzeug *n*; ~ный снаря́д *m* Raketengeschoß *n*.

реакци|оне́р *m* [1] (*Pol.*) Reaktionär; **~о́нный** [14; -нен, -нна] reaktionär, rückschrittlich; **~я** (-'ak-) *f* [7] Reaktion, Gegen-, Rück-wirkung.

реали|за́ция *f* [7] Realisation, Verwirklichung; ☤ Umsatz *m* (*in klingende Münze*); **~зова́ть** [7] (*im*)*pf.* realisieren, verwirklichen; ☤ zu Geld machen, umsetzen, verwerten.

реа́ль|ность *f* [8] Realität, Wirklichkeit; **~ный** [14; -лен, -льна] real, sachlich, wirklich; Real...

ребёнок *m* [2] (kleines) Kind *n*; ребя́та! Leute! (*als Anrede an Soldaten usw.*).

рёберный [14] Rippen...

ребр|и́стый [14*K.*] gerippt; Rippen...; **~о́** *n* [9; *pl.*: рёбра, рёбер, рёбрам] Rippe *f*; Kante *f*, Rand *m*; ~о́м hochkant; поста́вить вопро́с ~о́м eine Frage mit aller Schärfe stellen; es darauf ankommen lassen; пересчита́ть рёбра P (кому́-нибудь j-n) krumm u. lahm schlagen; одни́ рёбра оста́лись у него́ (*fig.*) ihm stehen die Rippen heraus; **~ышко** ('ɽɔ-) *n* [9; *pl.*: -ки] Rippchen.

ребя́|та *s.* ребёнок; **~ти́шки** *m*/*pl.* [9; *gen.*: -шек] kleine Kinder *n*/*pl.*, Kinderchen *n*/*pl.*; **~ческий** [16] kindisch; **~чество** *n* [9] Kinderei *f*; **~читься** [16] sich kindisch betragen.

рёв *m* [1] Geheul *n*, Gebrüll *n*; Getöse *n*; **~а** F *m*/*f* [5] Schreihals *m*, Heulliese *f*.

Реввоенсове́т *m* [1] (Революцио́нный вое́нный сове́т) Revolutionärer Kriegsrat.

Ре́вель *m* [4] Reval *n* (*Stadt*).

реве́н|ный [14] Rhabarber...; **~ь** *m* [4 *e.*] Rhabarber.

ре́верс *m* [1] Revers *n*, (schriftliche) Gegenverpflichtung *f*; Umschlag (*am Rock*); ⊕ Umsteuerung *f*.

реве́ть [-ву, -вёшь] heulen, brüllen.

реви|зио́нный [14] Revisions..., Prüfungs...; **~зия** (-'ʋi-) *f* [7] Revision, Prüfung; **~зова́ть** [7], <об-> revidieren, prüfend durchsehen; **~зо́р** *m* [1] Revisor, Prüfer; ~зо́р движе́ния 🚂 Betriebskontrolleur.

ревко́м *m* [1] (революцио́нный комите́т) Revolutionsausschuß.

ревмати́|зм ⚕ *m* [1] Rheuma(tismus *m*) *n*, Gliederreißen *n*; **~ческий** [16] rheumatisch.

ревмя́ F: ~ реве́ть laut heulen, bittere Tränen vergießen.

ревни́|вец *m* [1; -вца], **~вица** *f* [5] Eifersüchtige(r); **~вый** [14*K*.] eifersüchtig.

ревнова́ть [7], **<при->** eifersüchtig sein *od.* werden (В/к Д wegen *der Frau*/auf *den Freund*).

ре́вность *f* [8] Eifer *m*; Eifersucht.

револьве́р *m* [1] Revolver.

революционе́р *m* [1] Revolutionär.

револю|цио́нный [14] revolutionär, aufrührerisch, umstürzlerisch; Revolutions..., Umsturz...; **~ция** (-'ʝu-) *f* [7] Revolution, Umsturz *m*; Umwälzung; мирова́я ~ция Weltrevolution; Вели́кая Октя́брьская социалисти́ческая ~ция die Große Sozialistische Oktoberrevolution.

ревтрибуна́л *m* [1] (революцио́нный трибуна́л) Revolutionstribunal *n*.

реву́н *m* [1*e*.] Brüllaffe; Schreihals, Schreier.

ре́гби *n* [*unv*.] (*Sport*) Rugby.

ре́гент *m* [1] Regent; ♪ (Chor-) Dirigent, Chormeister; **~ство** *n* [9] Regentschaft *f*; **~ша** *f* [5; *g*/*pl*.: -шей] Regentin.

реги́стр *m* [1] Register *n*; *s. a.* рее́стр; **~а́ция** *f* [7] Registrierung, Eintragung; **~и́ровать** [7], <за-> registrieren, eintragen, buchen.

регла́мент *m* [1] Reglement *n*, Dienst-ordnung *f*, -vorschrift *f*.

регла́н *m* [1] Raglan.

регули́ровать [7] **1.** <у-> regeln; **2.** <от-> regulieren, (*Radio*) abstimmen; регули́рующий Regulier...

регулиро́вщик *m* [1] Verkehrsschutzmann.

ре́гулы *f*/*pl*. [8] (*Physiologie*) Regel *f*, Monatsfluß *m* (*der Frauen*).

регуля́рный [14; -рен, -рна] regelmäßig, regulär.

регуля́тор ⊕ *m* [1] Regulator, Regler.

редакти́ровать [7], <от-> (*Zeitung*) redigieren, druckfertig machen.

реда́ктор *m* [1] Redakteur, Schriftleiter; гла́вный ~ Chefredakteur.

реда́кция *f* [7] Redaktion, Schriftleitung; Lesung, Wortlaut *m*, Fassung.

ре́денький [16; -нек, -нька] ziemlich dünn *od.* undicht.

реде́ть [8; *nur 3. Pers*.], <по-> dünner (*od.* undicht) werden, sich lichten.

реди́ска ⚘ *f* [5; *g*/*pl*.: -сок] Radieschen *n*.

ре́дкий [16; -док, -дка́, -о; *comp*. ре́же, *sup*. редча́йший] selten; dünn, undicht, licht

редколе́сье *n* [10] schütterer Wald *m*.

редколле́гия *f* [7] (редакцио́нная колле́гия) Redaktionskollegium *n*.

ре́дкость *f* [8] Rarität, Seltenheit; на ~ außergewöhnlich, äußerst; не ~, что ... es ist nicht selten, daß ...

реду́ктор ⊕ *m* [1] Untersetzungsgetriebe *n*.

ре́дьк|а ⚘ *f* [5; *g*/*pl*.: -дек] Rettich *m*; надое́л ху́же го́рькой ~и P das hängt (mir, e-m) zum Halse raus, das kotzt (e-n, mich) allmählich an; хрен ~и не сла́ще F das ist gehüpft wie gesprungen.

рее́стр *m* [1] Register *n*, Verzeichnis *n*.

режи́м *m* [1] Regime *n*, Regierung(sform) *f*; Lebensweise *f*, Diät *f*; (*Arbeits-*, *Existenz-*)Bedingungen *pl*., Voraussetzungen *pl*.; (Lager- *usw*.) Ordnung *f*; **~ный** ла́герь *m* Regimelager *n* (*Straflager mit bsd. scharfen Bestimmungen*); ветрово́й ~ Windverhältnisse *n*/*pl*.

режис|сёр *m* [1] (*Thea*.) Regisseur, Spielleiter; **~су́ра** *f* [5] Regie, Bühnenleitung.

реза́к *m* [1*e*.] Schnittmesser *n*; Schnitzmesser *n*; Schlächter (*auf dem Schlachthof*); Zuschneider; ⚒ (плу́жный) ~ Sech *n*, Kolter *n*, Pflugmesser *n*.

ре́зать [3] **1.** <на-> schneiden; schnitzen; abstechen (*Rasen*); (*fig*.) verletzen (*Auge*, *Ohr usw*.); ~ пра́вду в глаза́ F die Wahrheit ins Gesicht sagen; [*unpers*.] ~ в живо́те Bauchgrimmen haben; **2.** <за-> (ab)schlachten; **3.** <вы-> gravieren, stechen (на П in *Kupfer usw*.); **-ся:** -ся в ка́рты (*leidenschaftlich*) Karten spielen; у ребёнка ре́жутся зу́бы das Kind zahnt.

рез|ви́ться [14; -влю́сь, -ви́шься] ausgelassen (*od.* mutwillig) sein, tollen; **~ву́н** *m* [1 *e.*], **~ву́шка** *f* [5; *g/pl.*: -шек] Ausgelassene(r), Wildfang *m*; **~вый** (ˈrɛz-) [14; резв, -á, -o] ausgelassen, mutwillig, wild.
резеда́ ⚘ *f* [5] Reseda.
резе́рв *m* [1] Reserve *f* (*a.* ⚔); Vorrat, Rückhalt; трудовы́е **~ы** *pl.* Arbeitsreserven *f/pl.*, fachlich vorgebildeter Nachwuchs *m.*
резервуа́р *m* [1] Reservoir *n*, Behälter, Tank; ~ для бензи́на Benzin-behälter, -tank.
резе́ц *m* [1; -зцá] (Grab-)Stichel, Meißel; Schneidezahn.
рези́н|а *f* [5], **~ка** *f* [5; *g/pl.*: -нок] Gummi(elastikum) *n*; Radiergummi *m*; боти́нок *m* на ~ках Zugstiefel.
резинья́ция *f* [7] Resignation, Verzichtleistung.
ре́з|ка *f* [5; *g/pl.*: -зок] Schneiden *n*; Schnitt *m*; ⸙ Häcksel *m od. n*; **~кий** [16; -зок, -зкá, -о; *comp.* ре́зче] schneidend, scharf, kraß; schroff (*Worte*); grell (*Farbe*); hastig, schnell (*Bewegung*); **~кость** *f* [8] Schärfe; Schroffheit; **~но́й** [14] geschnitzt; Schnitz...; Schneide...
резня́ *f* [6] Gemetzel *n*.
резолюти́в|ный [14] Resolutions...; в ~ной фо́рме in Form e-r Resolution.
резолю́ци|я *f* [7] Resolution, Beschluß *m*, Entschließung; приня́ть ~ю e-n Beschluß fassen; внести́ *od.* предложи́ть ~ю eine Resolution einbringen.
резонёр *m* [1] Räsoneur, Klugschwätzer, Rechthaber; **~ствовать** [7] klugreden, schwatzen, meckern.
результа́т *m* [1] Resultat *n*, Ergebnis *n*; в ~е folglich, infolgedessen; schließlich.
ре́зчик *m* [1] Meißler, Graveur; ~ на меди́ Kupferstecher; ~ по де́реву Holzschnitzer.
резь ⚕ *f* [8] (*Leib-*)Schneiden *n*, Kolik; **~бá** *f* [5] Schneiden *n*; Schnitzen *n*; Schnitzwerk *n*; ⊕ Gewinde *n*.
резю́м|е́ *n* [*unv.*] Resümee, Zusammenfassung *f*; **~и́ровать** [7] (*im*)*pf.* resümieren, (kurz) zs.-fassen.
рей *m* [3] *s.* ре́я.
рейд ⚓ *m* [1] Reede *f*; Ankerplatz; ⚔ Streifzug; возду́шный ~ Luftüberfall; ˈ**~ер** *m* [1] Kaperschiff *n*.
ре́йка *f* [5; *g/pl.*: ре́ек] Nivellierlatte, -maßstab *m*, Leiste; направля́ющая ~ Gleitschiene.
Рейн *m* [1] Rhein; **♀ве́йн** *m* [1] Rheinwein.
рейс ⚓ *m* [1] Fahrt *f* (*a.* ✈), Seereise *f*.
рейсфе́дер *m* [1] Reißfeder *f*.
рейсши́на *f* [5] Reißschiene.
рейту́зы *f/pl.* [5] Reithosen.
рейхста́г *m* [1] Reichstag.
рекá *f* [5; *pl. st.*] Fluß *m*, Strom *m*; вверх (вниз) по реке́ stromaufwärts (-abwärts); ~ ста́ла der Fluß ist zugefroren.
реквизи́|ровать [7] (*im*)*pf.* requirieren, beitreiben; **~ция** *f* [7] Requisition, Beschlagnahme.
рекла́м|а *f* [5] Reklame, Anpreisung, Werbung; светова́я ~а Lichtreklame; **~а́ция** *f* [7] Reklamation, Beschwerde; **~и́ровать** [7] (*im*)*pf.* durch Reklame empfehlen.
рекогносциро́вка ⚔ *f* [5; *g/pl.*: -вок] Rekognoszierung, Auskundschaftung.
рекомен|да́тельный [14] empfehlend; Empfehlungs...; **~да́ция** *f* [7] Empfehlung; **~дова́ть** [7] (*im*)*pf.*, ‹по-, от-› empfehlen, vorschlagen; ~ду́ется es empfiehlt sich.
реко́рд *m* [1] Rekord; **~ный** [14] Rekord...; **~сме́н** *m* [1] (*Sport*) Champion, Meister.
рекреа́ция † *f* [7] Erholungspause (*in der Schule*).
ре́крут † ⚔ *m* [1] Rekrut; **~чина** † ⚔ (-ˈkrut-) *f* [5] Rekrutenzeit.
ре́ктор *m* [1] Rektor.
реле́ ⊕ (rɛˈlɛ) *n* [*unv.*] Relais, Schalteinrichtung *f*.
религио́зный [14] religiös, fromm; Religions...
рели́гия *f* [7] Religion.
рели́квия *f* [7] Reliquie, Andenken *n* (*an Heilige*).
релье́ф *m* [1] Relief *n*, erhabene Arbeit *f*; Bodenerhebung *f*; **~ный** [14; -фен, -фна] reliefartig, erhaben, plastisch; Relief...
рельс *m* [1] Eisenbahnschiene *f*; сойти́ с ~ов entgleisen; поста́вить на ~ы (*fig.*) ins Geleise bringen; поста́вить на но́вые ~ы in neue Bahnen lenken (leiten); ˈ**~овый** [14] Schienen...; ~овый путь *m* Schienen-weg, -strang, Bahnlinie *f*; **~опрока́тный** [14]: ~опрока́тный заво́д *m* Schienenwalzwerk *n*.

ремён|ный [14] Riemen...; ~ная передáча *f* Riemenantrieb *m*.

ремéнь *m* [4; -мня́] Riemen; передáточный ~ Treibriemen; выю́чный ~ Packriemen; поясно́й ~ Leibriemen; ~ для прáвки бритв Abziehriemen.

ремéс|ленник *m* [1] Handwerker; (*fig.*) Stümper; **~ленный** [14] Handwerker..., Gewerb(e)...; banausisch, handwerksmäßig; **~ло́** *n* [9; *pl.*: -мёсла, -мёсел, -мёслам] Handwerk, Gewerbe, Profession *f*.

ремешóк *m* [1; -шкá] kleiner Riemen, Riemchen *n*.

ремилитаризовáть [7] (*im*)*pf*. remilitarisieren, wiederaufrüsten.

ремóнт *m* [1] Remonte *f*, Remontierung *f*, Reparatur *f*, Instandsetzung *f*; капитáльный ~ Generalüberholung *f*; текýщий ~ laufende Reparaturen *f*/*pl*.

ремонти́ровать [7] (*im*)*pf*. instand setzen, reparieren.

ремóнт|ный [14] Remonte..., Reparatur...; ~ная мастерскáя *f* Reparaturwerkstatt.

ренклóд *m* [1] Reneclaude *f* (*Pflaumenart*).

реномé *n* [*unv.*] Renommee, (guter) Ruf *m*, Ansehen.

рéнта *f* [5] Rente; пожи́зненная ~ Leibrente; **~бельный** (-'ta-) [14; -лен, -льна] rentabel, einträglich.

рентгéн F *m* [1] (*a.* ~овы лучи́ *pl.*) Röntgenstrahlen *m*/*pl*.; Röntgenapparat; Durchleuchtung *f*; **~изáция** ⚕ *f* [7] Durchleuchtung; Röntgenbehandlung; **~изи́ровать** [7] (*im*)*pf*. durchleuchten; **~овский** [16]: ~овский кабинéт *m* Röntgenkabinett *n*; ~овский сни́мок *m* Röntgenaufnahme *f*; ~овская трýбка *f* Röntgenröhre; **~óлог** *m* [1] Röntgenologe; **~отерапи́я** *f* [7] Röntgenbehandlung.

Реомю́р *m* [1] Reaumur; дéсять грáдусов по ~у 10° Reaumur.

реоргани|зáция *f* [7] Reorganisation, Umgestaltung; **~зовáть** [7] (*im*)*pf*. reorganisieren, umgestalten.

рео|скóп ⚡ *m* [1] Stromzeiger; **~стáт** *m* [1] Stromsteller; **~фóр** *m* [1] Stromleiter.

рéпа ⚘ *f* [5] (weiße) Rübe, Steckrübe; дешéвле пáреной рéпы F spottbillig.

репарац|ио́нный [14] Reparations-...; ~ио́нные платежи́ *m*/*pl*. (*od.* репарáции *f*/*pl*.) Reparationsschulden *f*/*pl*., Kriegsentschädigung *f*; **~ия** (-'ra-) *f* [7] Wiedergutmachung, Entschädigung.

репатри|áнт *m* [1] Repatriierte(r), Heimkehrer; **~áция** *f* [7] Repatriierung, Heimkehr; **~и́ровать** [7] (*im*)*pf*. repatriieren, in die Heimat entlassen.

репéй(ник) ⚘ *m* [3; -пья́; *pl.*: -пьи́, -пьёв; (1)] Klette *f*.

репети́|ровать [7], <про-> repetieren, wiederholen; (*Thea.*) proben; (В *j-m*) Nachhilfestunden geben; **~тор** *m* [1] Repetent, Nachhelfer (*auf Schulen*); **~торство** *n* [9] Nachhilfestunden *f*/*pl*.; **~ция** *f* [7] Repetition, Wiederholung; (*Thea.*) Probe; часы́ *m*/*pl*. с ~цией Repetieruhr *f*.

рéпка ⚘ *f* [5; *g*/*pl*.: -пок] kleine Rübe, Rübchen *n*.

рéплика *f* [5] Replik, Erwiderung; (*Thea.*) Stichwort *n*.

рéпный ⚘ [14] Rüben...

реполóв *m* [1] (*Zool.*) Bluthänfling.

репортáж *m* [1] Berichterstattung *f*.

репортёр *m* [1] Reporter, (Zeitungs-)Berichterstatter.

репресси́|вный [14; -вен, -вна] unterdrückend, repressiv; **~я** (-'prɛs-) *f* [7] Repressalie, Gegenmaßregel.

репродýк|тор *m* [1] (*Radio*) Lautsprecher; **~ция** *f* [7] Reproduktion, Wiedergabe; Vervielfältigung.

репс *m* [1] Rips.

репти́л|ия *f* [7] Reptil *n*; **~ьный** [14] Reptil...; ~ьная прéсса *f* käufliche Presse.

репутáция *f* [7] Reputation, (guter) Ruf *m*, Ansehen *n*.

ресни́|ца *f* [5] Augenwimper; **~чки** *f*/*pl*. [5; *gen.*: -чек] Flimmerhaare *n*/*pl*. **~чный** [14] Augenwimper...

респирáтор *m* [1] Respirator, Atemfilter.

респýблика *f* [5] Republik, Freistaat *m*; **~нец** (-'ka-) *m* [1; -нца] Republikaner.

рессóр|а *f* [5] Feder (*am Wagen*); **~ный** [14] Feder; ~ный амортизáтор *m* Federdämpfer.

реставр|áция *f* [7] Restauration, Wiederherstellung; **~и́ровать** [7] (*im*)*pf*. restaurieren, wiederherstellen.

рестора́|н *m* [1] Restaurant *n*, Restauration *f*, (feines) Speisehaus *n*;

Erfrischungsraum; **~тор** † *m* [1] Restaurateur, (Speise-)Wirt.
ресу́рс *m* [1] (*mst pl.*) Erwerbs-, Hilfs-quelle(n *pl.*) *f.*
рети́вый [14*K.*] eifrig, fleißig, sorgfältig.
рети́на *f* [5] (*Anat.*) Netzhaut.
ретирова́ться ⚔ [7] (*im*)*pf.* sich zurückziehen, retirieren, wegtreten.
рето́рта ⚗ *f* [5] Retorte, Destillierkolben *m.*
ретрогра́д *m* [1] (*Pol.*) Reaktionär, Rückschrittler; **~ный** [14] reaktionär, rückschrittlich.
ретроспекти́вный [14] rückschauend, rückblickend.
рету|шёр *m* [1] Retuschierer; **~ши́ровать** [7] (*im*)*pf.* retuschieren, aus-, nach-bessern.
рефере́ндум *m* [1] Referendum *n,* Volksbefragung *f.*
рефо́рма *f* [5] Reform, Verbesserung; **~ция** (-'ma-) *f* [7] Reformation.
рефра́к|тор *m* [1] Refraktor, dioptrisches Fernrohr *n,* Strahlenbrecher; **~ция** *f* [7] Strahlenbrechung.
рефрижера́тор ⊕ *m* [1] Refrigerator; Kühl-apparat, -wagen, -schiff *n,* -raum usw.
рехну́ться P [20] *pf.* überschnappen.
рецен|зе́нт *m* [1] Rezensent, Kunstrichter; **~зи́ровать** [7], <про-> (*Buch*) rezensieren, besprechen; **~зия** (-'tsen-) *f* [7] Rezension, Besprechung (*e-s Buches*).
рециди́в ⚕ *m* [1] Rezidiv *n,* Rückfall (*bei e-r Krankheit*).
речево́й [14] Rede..., Sprech...
ре́ч(ень)ка *f* [5; *g/pl.*: -чек (-нек)] Flüßchen *n.*
речи́стый [14*K.*] redselig, gesprächig.
речитати́в ♪ *m* [1] Rezitativ *n,* Sprechgesang.
речно́й [14] Fluß...; речно́е судохо́дство *n* Binnenschiffahrt *f;* ~ трамва́й *m* Dampffähre *f.*
речо́нка *f* [5; *g/pl.*: -нок] unbedeutender Fluß *m.*
речь *f* [8; *ab g/pl. e.*: -че́й] Rede; Gespräch *n;* Aussprache; о чём ~? wovon ist die Rede?, um was handelt es sich?; ~ идёт о (П) es handelt sich um; засто́льная ~ Tischrede.
реша́ть [1], <реши́ть> [16; -шу́, -ши́шь; -шённый] entscheiden; (*Aufgabe*) lösen; решено́! (es ist) abgemacht!; **-ся** sich entschließen (на В zu); не -ся unentschieden (*od.* unschlüssig) bleiben.
реше́бник *m* [1] Schlüssel zum Lehrbuch.
реше́ние *n* [12] Entscheidung *f;* (~ суда́) Richterspruch *m;* Lösung *f* (*e-r Aufgabe*); Entschluß *m.*
решётка *f* [5; *g/pl.*: -ток] Raufe, Gitter *n;* ⚠ Rost *m;* Schild *m* (*auf Münzen*).
реше́тник *m* [1] Siebmacher.
решето́ *n* [9; *pl.*: -шёта] Sieb.
решёт|очный [14] Gitter...; Sieb...; **~чатый** [14 *K.*] siebförmig; Sieb...; gitterförmig; Gitter...; ~чатая фе́рма ⊕ *f* Gitterbalken *m.*
реши́мость *f* [8] Entschlossenheit.
реши́тельный [14; -лен, -льна] entschieden; entscheidend; entschlossen.
реши́ть *s.* реша́ть.
ре́шка F *f* [5] Vorderseite (*e-r Münze*); орёл и́ли ~ Adler oder Schrift..
ре́я ⚓ *f* [6; *g/pl.*: рей] Rahe.
ре́ять [27] schweben (*in der Luft*).
ржа́|веть [8; *nur 3. Pers.*], <за-> rostig werden, (ver)rosten; **~вчина** *f* [5] Rost *m;* **~вый** [14] rostig, verrostet.
ржа́нка *f* [5; *g/pl.*: -нок] (*Zool.*) Regenpfeifer *m.*
ржано́й [14] Roggen...
ржать [*ohne 1. Pers.*: ржёшь] wiehern.
ри́га[1] *f* [5] Getreidedarre.
Ри́га[2] *f* [5] Riga *n* (*Stadt*).
ри́гель ⚠ *m* [1] Kehlbalken.
рижа́нин *m* [1; *pl.*: -а́не, -а́н] Rigaer.
ри́жский [16] Rigaer, rigaisch.
рикоше́т *m* [1] Abprall(en *n*); (*bsd.* ⚔) Rikoschettieren *n,* Rikoschett-, Prell-schuß; **~и́ровать** [7] (*beim Aufschlagen*) abprallen; (*bsd.* ⚔) rikoschettieren.
Рим *m* [1] Rom *n.*
ри́млянин *m* [1; *pl.*: -яне, -ян] Römer.
ринг *m* [1] (*Sport*) Ring.
ри́нуться [20] *pf.* sich stürzen (на В auf *ac.*).
рис ✓ *m* [1] Reis (*Getreide*).
риск *m* [1] Risiko *n,* Wagnis *n;* на свой страх и ~ auf eigene Gefahr (Faust); **~ова́ть** [7], <~ну́ть> [20] (Т *od.* на В) riskieren, wagen; **~о́ванный** gewagt, riskant.

рисова́ль|ный [14] zum Zeichnen (dienend); Zeichen...; **~щик** *m* [1] Zeichner.

рисов|а́ние *n* [12] Zeichnen; учи́тель *m* ~а́ния Zeichenlehrer; **~а́ть** [7], <на-> zeichnen (с P nach); ~а́ть ме́лом vorkreiden; **-ся** paradieren, sich zieren; **~ка** (-'sɔf-) *f* [5; *g/pl.*: -вок] Paradieren *n*, Ziererei.

ри́совый ⚒ [14] von Reis; Reis...

рису́нок *m* [1; -нка] Zeichnung *f*, Abbildung *f*, Figur *f*, Muster *n*.

ритм *m* [1] Rhythmus, Takt.

ри́тор *m* [1] Rhetor(iker), Redner, Redekünstler; **~ика** (-'tɔ-) *f* [5] Rhetorik, Redekunst.

риф *m* [1] Riff *n*, Klippe *f*; ⚓ Reff *n*; взять ~ы reffen; '**~ить** ⚓ [14], <за-> reffen; ⊕ рифлёный gekehlt, geriffelt; Riffel...

ри́ф|ма *f* [5] Reim *m*; **~ма́ч** *m* [1*e.*; *g/pl.*: -е́й] *s.* ~моплёт; **~мова́ть** [7], <с-> reimen; **~моплёт** *m* [1] Reimschmied, Reimer.

рици́новый [14]: рици́новое ма́сло *n* Rizinusöl.

РККА (Рабо́че-Крестья́нская Кра́сная 'Армия) Rote Arbeiter- und Bauernarmee *f*.

робе́ть [8], <о-> schüchtern (*od.* furchtsam) sein, zagen; не робе́й (-те)! sei(d) nicht schüchtern!, (nur) Mut!

ро́б|кий [16; -бок, -бка́, -о; *comp.* ро́бче] schüchtern, zaghaft; он не ро́бкого деся́тка F er ist kein Schlappschwanz, nicht zag.

ро́бот *m* [1] Roboter.

ров *m* [1; рва; во рву] Graben.

рове́сник *m* [1] (Д *j-s*) Altersgenosse *m*.

ро́в|ность *f* [8] Ebenheit, Ebene; Gleichmäßigkeit; **~ный** [14; -вен, -вна́, -о] eben, glatt; gleich(mäßig); ruhig (*Charakter*); fließend (*Rede*); ~но в три часа́ Punkt drei (Uhr); ро́вно (*od.* ро́вным счётом) ничего́ не absolut nichts, gar nichts; ро́вно gleichwie, scheinbar, anscheinend; ~ный счёт *m* glatte Rechnung *f* (*ohne Rest, Pfennige usw.*); не ро́вен час P ganz plötzlich, unvorhergesehen, wie ein Blitz aus heiterem Himmel.

ро́вня *m/f* [6; *g/pl.*: -ней] Alters- (*od.* Standes-)genosse *m*, -genossin *f*.

ровня́ть [28] *s.* выра́внивать; ровня́йсь! ⚔ richt' euch!

рог *m* [1; *pl. e.*: -га́] Horn *n* (*a.* ♪); ~а́ *pl. a.* Geweih *n*; ~ изоби́лия Füllhorn *n*; *s.* бара́ний.

рога́тина *f* [5] Jagdspieß *m*.

рога́тка *f* [5; *g/pl.*: -ток] spanischer Reiter *m*, Sperre; Schleuder, Katapult *n*; Quirl *m*.

рога́тый [14*K.*] gehörnt; Horn...; ~ муж *m* Hahnrei.

рога́ч *m* [1*e.*; *g/pl.*: -е́й] Hirschkäfer; Ofengabel *f*.

рого|ви́к *m* [1*e.*] Hornkamm; (*Min.*) Hornstein; ♀ Hornkraut *n*; **~ви́ца** *f* [5] (*Anat.*) Hornhaut; **~во́й** [14] Horn...

рого́ж|а *f* [5; *g/pl.*: -жей] (*Bast-*) Matte; из кулька́ в ~у (*Spr.*) aus dem Regen in die Traufe.

рогоно́сец *m* [1; -сца] Hahnrei.

род *m* **1.** [1; в -у́; *pl. e.*: -ы́] Sippe, Generation, Geschlecht *n*; Gattung *f* (*Zool.*); **2.** ро́ды *pl.* [1] Entbindung *f*, Niederkunft *f*; **3.** [1] (*Gram.*) Geschlecht *n*; Art *f*, Gattung *f*; ро́дом von Geburt, geboren, von Haus aus; beheimatet (из P in *dat.*); в ро́дах in Kindesnöten, im Wochenbett; на роду́ bei der Geburt; о́т роду, с ро́ду seit der Geburt, von (der) Geburt an, im ganzen Leben; ско́лько тебе́ лет о́т роду? wie alt bist du (jetzt)?; тако́го ро́да von der Art, derart(ig); ему́ э́то не́ было на ~у́ напи́сано das war ihm nicht an der Wiege gesungen worden.

роди́ль|ница *f* [5] Wöchnerin; **~ный** [14] Entbindungs..., Kindbett...; ~ный прию́т *m* Entbindungsanstalt *f*.

роди́мчик ⚕ *m* [1] Kinderkrämpfe *pl.*

роди́мый [14] heimatlich; Geburts-...; lieb(st), teuer; роди́мое пятно́ *n* Muttermal.

ро́дин|а *f* [5] Heimat, Vaterland *n*; на ~у in die (*od.* nach der) Heimat.

ро́динка *f* [5; *g/pl.*: -нок] Muttermal *n*.

роди́тель † *m* [4] Vater; роди́тели *pl.* Eltern; **~ный:** (*Gram.*) ~ный паде́ж *m* Genitiv, Wesfall; **~ский** [16] väterlich, elterlich; Eltern...

роди́ть [15; рожу́, роди́шь; -и́л, -а (*pf.*: -а́), -о; рождённый] (*im*)*pf.* *s.* рожда́ть.

ро́дич *m* [1; *g/pl.*: -ей] Verwandte(r).

родни́|к *m* [1*e.*] Quell(e *f*); **~ко́вый** [14] Quell...; **~ться** [13],

<по-> sich verschwägern; **~чо́к** *m* [1; -чка́] Quellchen *n.*

род|но́й [14] verwandt, leiblich; vertraut; teuer; ~ны́е *pl.* Verwandte; ~но́й язы́к *m* Muttersprache *f*; **~ня́** *m/f* [6] Verwandte(r); Verwandtschaft *f*; да́льняя ~ня́ *f* entfernte Verwandte *pl.*; я тебе́ ~ня́ *s.* ро́дственник.

родо|ви́тый [14*K.*] von vornehmer Herkunft; **~во́й** [14] Geburts..., Familien..., Stamm...; Gattungs...

родовспомога́тельн|ый [14] geburtshilflich; Entbindungs...; ~ое заведе́ние *n* Entbindungsanstalt *f*.

родонача́ль|ник *m* [1] Stammvater, Ahn(herr); **~ница** *f* [5] Ahnfrau, Ahne.

родосло́в|ие *n* [12] Genealogie *f*; Stammbaum *m*; **~ный** [14] genealogisch; Geschlechts..., Stamm...; ~ная *f* Stammbaum *m*, Geschlechtstafel.

ро́дствен|ник *m* [1], **~ница** *f* [5] Verwandte(r); я тебе́ ~ник ich bin mit dir verwandt, ich bin ein Verwandter von dir; **~ный** [14*K.*] verwandt.

родство́ *n* [9] Verwandtschaft *f*; кро́вное ~ Blutsverwandtschaft *f*; ~ душ Seelenverwandtschaft *f*; быть в родстве́ verwandt sein (с T mit).

рое́вня *f* [6; *g/pl.*: -вен] Schwarmkorb *m* (*für Bienen*).

рое́ние *n* [12] Schwärmen (*der Bienen*).

ро́жа *f* [5] ⚕ Rose; P Gesicht *n*, Fratze.

рожда́емость *f* [8] Geburtenziffer.

рожда́ть [1] gebären, (er)zeugen (*a. fig.*); **-ся** geboren sein *od.* werden, entstehen.

рожде́|ние *n* [12] Geburt *f*; сего́дня день его́ ~ния heute ist sein Geburtstag; **~ственский** [16] Weihnachts...; **~ство́** *n* [9] (*bsd.* ♀ство́ Христо́во) Geburt *f* (Christi), Weihnacht(en) *f*; до ♀ства́ Христо́ва (*verkürzt* до Р. Х[р].) † vor Christi Geburt; по ♀стве́ Христо́вом (*verkürzt* по Р. Х[р].) † nach Christi Geburt.

роже́чник ♪ *m* [1] Hornbläser, Hornist.

рожо́к *m* [1; -жка́] Hörnchen *n*; Saugflasche *f*; ♪ Horn *n*; Schröpfkopf; га́зовый ~ Gasbrenner; слухово́й ~ Hörrohr *n*; вскорми́ть на рожке́ mit der Flasche großziehen; Schuhanzieher.

рожо́н *m* [1; -жна́] Pfahl; лезть на ~ F wider den Stachel löcken; како́го же рожна́ P warum bloß, warum zum Teufel...; како́го рожна́ тебе́ на́до? P was brauchst du noch?

рожь *f* [8; ржи; *instr/sg.*: ро́жью] Roggen *m*; ози́мая (ярова́я) ~ Winter- (Sommer-)Roggen *m*.

ро́за ⚘ *f* [5] Rose; ди́кая ~ Heckenrose; ~ ветро́в (*Meteorologie*) Windrose.

ро́зан ⚘ *m* [1] Rosenstock.

роза́рий *m* [3; *prpos/sg.*: -ии] (*Rel.*) Rosenkranz; Rosengarten.

ро́звальни *f/pl.* [6; *gen.*: -ней] Schlitten *m* (*mit ausgebogenen Seiten*).

ро́зга *f* [5; *g/pl.*: -зог] Rute; ро́зги *pl.* Prügel.

ро́здых *m* [1] Erholung *f*; Halt, Rast *f*; дать ~ Halt machen lassen, ausruhen lassen.

розе́тка *f* [5; *g/pl.*: -ток] Rosette; ште́псельная ~ Steckdose.

ро́зни|ца *f* [5] Getrenntheit; Kleinhandel *m*; в ~цу en détail, Klein...; прода́жа *f* в ~цу Kleinhandel *m*, Einzelverkauf *m*; **~чный** [14] einzeln; ~чная прода́жа *f* Einzel-, Detail-, Klein-verkauf *m*.

ро́зно F getrennt; geschieden.

рознь *f* [8] Verschiedenheit; Uneinigkeit, Zwist *m*; (*als Prädikat*) einander nicht gleichen: челове́к челове́ку рознь ein Mensch ist nicht wie der andere.

ро́зовый [14] rosa(farben); Rosen...

ро́зочка *f* [5; *g/pl.*: -чек] Röschen *n*, Röslein *n*.

ро́зыгрыш *m* [1; *g/pl.*: -ей] unentschiedenes (Karten-)Spiel *n*, Quittspiel *n*; Ziehung *f* (*e-r Lotterie*); (*Sport*) Spiel *n* um, Ausspielen *n* (*z.B. irgendeiner Meisterschaft*).

ро́зыск *m* [1] Aus-, Nach-forschung *f*; ⚖ Voruntersuchung *f*; уголо́вный ~ Kriminalabteilung *f*.

рои́ться [13; *nur 3. Pers.*] schwärmen (*Bienen*).

рой *m* [3; *pl. e.*: рои́, роёв] (Bienen-)Schwarm.

рок *m* [1] Verhängnis *n*, Schicksal *n*.

рокирова́ться [7] (*im*)*pf.* (*Schachspiel*) rochieren.

роково́й [14] verhängnisvoll; Schicksals...

ро́кот *m* [1] Getöse *n*; Rollen *n* (*des Donners usw.*); **~а́ть** [3] tosen; rollen.
рокфо́р *m* [1] Roquefortkäse.
ро́лик *m* [1] (Lauf-)Rolle *f*; **~и** *pl.* Rollschuhe; ката́ться на **~ах** Rollschuh laufen.
роль *f* [8; *ab g/pl. e.*: -ле́й] (*bsd.* [*Thea.*) Rolle.
ром *m* [1] Rum; стака́нчик *m* ро́му Gläschen *n* Rum.
рома́н *m* [1] Roman; Liebesgeschichte *f*, -verhältnis *n*; **~и́ст** *m* [1] Roman-dichter, -schreiber; Romanist; **~и́стика** *f* [5] Romanistik; **~и́ческий** [16] romanhaft; **~ский** [16] romanisch.
рома́ш|ка ⚘ *f* [5; *g/pl.*: -шек] Kamille; **~ковый** [14] Kamillen...
ромб *m* [1] (*Geom.*) Rhombus, Raute *f*; **~и́ческий** [16], **'~овый** [14] Rhomben..., Rauten...
рондо́ *n* [*unv.*] Rondo, Ringelgedicht; Rundschrift *f*.
роня́ть [28], ‹урони́ть› [13; -оню́, -о́нишь; -о́ненный] fallen lassen; verlieren; ~ себя́ *od.* ~ своё досто́инство sich wegwerfen.
ро́пот *m* [1] Murren *n*; Rascheln *n*, Murmeln *n* (*Blätter*, *Bach*).
ропта́ть [3; ропщу́, ро́пщешь] murren (на В über *ac.*).
роса́ *f* [5; *pl. st.*] Tau *m*.
роси́|нка *f* [5; *g/pl.*: -нок] Tautropfen *m*; ни **~нки** во рту не́ было F (ich bin) noch nüchtern, (habe) noch nichts gegessen; **~стый** [14 *K.*] tauig, betaut.
роско́ш|ествовать [7], **~ничать** [1] schwelgen, üppig (*od.* luxuriös) leben, Luxus treiben (в П mit); **~ный** [14; -шен, -шна] üppig, luxuriös, prächtig; **~ь** ('rɔs-) *f* [8] Luxus *m*, Aufwand *m*, Üppigkeit, Pracht.
ро́слый [14] groß gewachsen.
росома́ха *f* [5] (*Zool.*) Vielfraß *m*.
ро́спись *f* [8] Verzeichnis *n* (P *od.* Д *e-r Sache*), Liste; Fresken *pl.*; Katalog *m*; госуда́рственная ~ Staatshaushalt *m*.
ро́спуск *m* [1] Entlassung *f*; Auflösung *f*.
Росси́я *f* [7] Rußland *n*.
ро́сказни F *pl.* [6; *gen.*: -ней] Faselei(en *pl.*) *f*.
ро́ссыпь *f* [8] Verschüttete(s) *n*, Verstreute(s) *n*; Triebsand *m*; (*Geol.*) Feld *n*, Lager *n*; грузи́ть зерно́ ро́ссыпью Getreide lose (nicht eingesackt) verladen.
рост *m* [1] Wachstum *n*; Wuchs, Größe *f*; (Wucher-)Zins; ро́стом von Wuchs; он ро́стом с тебя́ er ist so groß wie du; высо́кого **~у** *od.* **~а** hoch (*od.* groß) gewachsen; отда́ть в ~ auf Zinsen verleihen; не вы́йти **~ом** klein geraten sein.
ро́стбиф *m* [1] Roastbeef *n*, Rostbraten.
ро́степель *f* [8] Tauwetter *n*.
Росто́в *m* [1]: ~ (на Дону́) Rostow *n* (am Don).
ростовщи́к *m* [1 *e.*] Wucherer.
росто́к *m* [1; -тка́] Keim; пуска́ть ростки́ keimen.
ро́счерк *m* [1] Federstrich, Schnörkel.
рося́нка ⚘ *f* [5] Sonnentau *m*.
рот *m* [1; рта; и́зо рту F, во рту́] Mund; говори́ть с наби́тым ртом mit vollem Mund sprechen; рази́нув ~ F mit offenem Mund; у него́ хлопо́т по́лон ~ F er weiß nicht, wo ihm der Kopf steht; разжева́ть и в ~ положи́ть (*fig.*) vorkauen, mundgerecht machen, in einfachster Form erklären; ми́мо рта прошло́ F (*fig.*) es ist (mir) durch die Nase gegangen.
ро́та ⚔ *f* [5] Kompanie.
ротацио́нный [14] Rotations...
ро́тик *m* [1] Mündchen *n*.
ро́тмистр ⚔ *m* [1] Rittmeister.
ро́тный ⚔ [14] Kompanie...; Kompanieführer *m*.
ротозе́й *m* [3] Maulaffe, Gaffer; **~ничать** [1] Maulaffen feil halten, maulaffen, gaffen.
рото́к *m* [1; -тка́] Mündchen *n*; на чужо́й ~ не наки́нешь плато́к (*Spr.*) man kann den Leuten nicht den Mund verbieten.
ро́хля F *m/f* [6; *g/pl.*: -лей] Tolpatsch *m*.
ро́ща *f* [5] Hain *m*, Gehölz *n*.
роя́ль ♪ *m* [4] Flügel; Klavier *n*.
РСФСР (Росси́йская Сове́тская Федерати́вная Социалисти́ческая Респу́блика *f*) Russische Sozialistische Föderative Sowjetrepublik.
рта́чливый [14*K.*] (*Prov.*) stätisch, widerspenstig (*Pferd*).
рту́т|ный [14] quecksilbern; Quecksilber...; **~ь** *f* [8] Quecksilber *n*.
руба́ка *m* [5] Haudegen, Raufbold.
руба́нок *m* [1; -нка] (*Tischlerei*) (kleine) Rauhbank *f*, Schlichthobel.

рубану́ть *s.* руби́ть.

руба́|ха *f* [5] Hemd *n*, Bluse; **~ха-па́рень** P (*fig.*) gemütliche Haut; **~шечный** [14] Hemd...; **~шка** *f* [5; *g/pl.*: -шек] Hemd *n*; ⊕ Mantel *m* (*e-s Zylinders usw.*); оста́ться в одно́й руба́шке an den Bettelstab kommen; своя́ ~шка бли́же к те́лу (*Spr.*) das Hemd ist e-m näher als der Rock; роди́ться в ~шке ein Sonntagskind sein; *vgl.* соро́чка; **~шо́нка** *f* [5; *g/pl.*: -нок] schlechtes Hemd *n*; Hemdchen *n*.

рубе́ж *m* [1 *e.*; *g/pl.*: -е́й] Grenze *f*.

рубе́ц *m* [1; -бца́] genähter Saum; ⚕ Narbe *f*; Kerbe *f*; (*Zool.*) Pansen (*der Wiederkäuer*); (*Kochk.*) рубцы́ *pl.* Kaldaunen *f/pl.*

руби́льник ⊕ *m* [1] Hebelschalter.

руби́ть [14] **1.** <на->, *einm.* P <рубану́ть> [20] (*Holz usw.*) fällen, hauen; (*Kohl usw.*) hacken; niedersäbeln; ~ *impf.* с плеча́ dreist handeln, kein Blatt vor den Mund nehmen; лес ру́бят, ще́пки летя́т (*Spr.*) wo gehobelt wird, da fallen Späne; **2.** <об-> (be)säumen; **-ся** (*mit scharfer Waffe*) kämpfen, sich (herum)hauen.

ру́бище *n* [11] grobe Kleidung *f*, Lumpen *m/pl.*

ру́бка *f* [5] Fällen *n* (*des Holzes*); ~ ле́са Holzschlag *m*; Deckhaus *n*; Turm *m*.

рублёвый [14] e-n Rubel wert *od.* kostend; Rubel...

ру́бленый [14] gehackt; Hack...; aus Balken.

ру́блик *m* [1] Rubelchen *n*.

рубль *m* [4 *e.*] Rubel.

ру́брика *f* [5] Rubrik; Überschrift.

ру́бчатый [14*K.*] genarbt, narbig; gekerbt.

ру́гань *f* [8] Schimpfen *n*.

руга́тель|ный [14] schimpfend; Schimpf...; Schmäh...; **~ски** schmählich, schimpflicherweise; **~ство** *n* [9] Schimpferei *f*, Schmähung *f*; Schimpfwort.

руга́ть [1; ру́ганный], <об-, вы́->, *einm.* <ругну́ть> [20] (aus)schimpfen, schmähen; **-ся** (einander) schimpfen.

руда́ *f* [5; *pl. st.*] Erz *n*.

рудни́|к *m* [1 *e.*] Erzgrube *f*, Bergwerk *n*, Grube *f*; **~чный** [14] Bergwerks..., Gruben...; ~чный газ *m* schlagendes Wetter *n*.

ру́дный [14] Erz...; ру́дная жи́ла *f* Erzgang *m*.

рудоко́п † *m* [1] Erzgräber, Bergmann, Kumpel.

рудоно́сный [14; -сен, -сна] erzhaltig.

руже́й|ник *m* [1] Gewehr-, Büchsen-macher; **~ный** [14] Gewehr..., Flinten..., Büchsen...

ружьё *n* [10; *pl.*: ру́жья, ру́жей, -жьям] Gewehr, Flinte *f*, Büchse *f*; в ~! an die Gewehre!

ружьецо́ *n* [9; *pl.*: -цы́, -цо́в] kleine Flinte *f*.

руи́на *f* [5] Ruine.

рука́ *f* [5; *ac/sg.*: ру́ку; *pl.*: ру́ки, рук, рука́м] Hand; Arm *m*; Handschrift; ~ в ру́ку Hand in Hand, einmütig; ему́ и кни́ги в ру́ки das ist sein Fach, darin ist er kompetent *od.* zuständig; сон в ру́ку der Traum trifft ein *od.* ist eingetroffen; в две (четы́ре) руки́ zwei- (vier-) händig; из рук в ру́ки *od.* с рук на́ руки von Hand zu Hand; э́то из рук вон das ist unerträglich *od.* zum Tollwerden; из рук вон пло́хо *od.* ду́рно F äußerst (*od.* erbärmlich) schlecht, unter aller Kritik (Sau); на́ руку gelegen, vorteilhaft; из ве́рных рук aus bester Quelle; э́то ему́ на́ руку das ist Wasser auf seine Mühle, das paßt ihm gerade; на живу́ю (*od.* ско́рую) ру́ку flüchtig, oberflächlich; он на все ру́ки ма́стер er ist zu allem zu gebrauchen; э́то мне с руки́ F das geht mir gut von der Hand; ~ о́б руку Hand in Hand; Arm in Arm; от руки́ handschriftlich; по рука́м! einverstanden!, abgemacht!, topp!; уда́рить по рука́м durch Handschlag bekräftigen, abmachen; говори́ть по́д руку dazwischenreden; взять кого́ по́д руку j-n unterfassen; взять себя́ в ру́ки sich zs.-nehmen; нагре́ть (себе́) ру́ки sein Schäfchen ins trockne bringen; сиде́ть сложа́ ру́ки F (*fig.*) die Hände in den Schoß legen; умыва́ть ру́ки (*fig.*) seine Hände in Unschuld waschen; дать во́лю рука́м handgreiflich werden; ему́ всё схо́дит с рук F er kommt immer leichten Kaufes davon; под пья́ную ру́ку *od.* с пья́ной руки́ in der Trunkenheit; руко́й пода́ть ganz nahe; отсю́да до него́ (то́лько) руко́й пода́ть von hier bis zu ihm ist bloß ein Katzensprung; ру́ки по шва́м! ⚔ Hände an die

Hosennaht!; как рукóй сня́ло F wie weggewischt; ру́ки вверх! Hände hoch!; рука́ ру́ку мóет (*Spr.*) eine Hand wäscht die andere.
рукáв *m* [1*e.*; *pl.*: -á] Ärmel; Schlauch (*für Wasser*); (*Fluß-*) Arm; **~и́ца** *f* [5] Faustbandschuh *m*; **~чик** *m* [1] Schutzärmel.
руко|би́тье *n* [10] Handschlag *m*; **~блу́дие** *n* [12] Selbstbefleckung *f*, Onanie *f*.
руководи́тель *m* [4] Führer, Leiter.
руковод|и́ть [15] *s.* ˈ~ствовать; **~ство** (-ˈvɔt-) *n* [9] Führung *f*, Leitung *f*, Anleitung *f*; Handbuch; ~ство по истóрии Leitfaden *m* der Geschichte; **~ствовать** (-ˈvɔt-) [7] (an)leiten, anweisen; **-ся** sich richten (T nach).
руководя́щий [17] führend, (an-) leitend; Leit..., Richt...
рукоде́|лие *n* [12] (weibliche) Handarbeit *f*; **~льный** [14] geschickt (in Handarbeiten); Handarbeits...
рукомóйник *m* [1] Waschbecken *n*.
рукопáшный [14]: ~ бой *m* Handgemenge *n*, Faustkampf.
рукопи́|сный [14] handschriftlich; Manuskript...; **~сь** (ˈru-) *f* [8] Handschrift, Manuskript *n*.
рукопле|скáние *n* [12] (*mst pl.*) Beifall(klatschen *n*) *m*, Applaus *m*; **~скáть** [3] Beifall klatschen, applaudieren.
рукопожáтие *n* [12] Händedruck *m.*
рукоя́тка *f* [5; *g/pl.*: -ток] Handhabe, (Hand-)Griff *m*; Kurbel; Stiel *m*; ⚒ ~ (у плу́га) Pflugsterz *m*; заводнáя ~ ⚙ Anlaßkurbel.
рулáда ♪ *f* [5] Koloratur, Läufer *m*.
рулевóй ⚓ [14] Steuer...; Steuermann *m*; ~ механи́зм *m* Steuerung *f*.
рулéт *m* [1] (*Kochk.*) Roulade *f*; **~ка** *f* [5; *g/pl.*: -ток] Roulett *n* (*Hasardspiel*); Meßband *n*, Bandmaß *n*.
руль ⚓ *m* [4*e.*] Steuer(ruder) *n*, Ruder *n*; Lenkstange *f*.
румб ⚓ *m* [1] Kompaßstrich (= 1/32 *des Horizontkreises*).
румы́н *m* [1] Rumäne; **≈ия** *f* [7] Rumänien *n*.
румя́|на *n/pl.* [9] (rote) Schminke *f*; **~нец** *m* [1; -нца] Röte *f* (*bsd. der Wangen*); **~нить** [13], <на-> röten, (rot) schminken; **~ный** [14*K.*] rotwangig; purpurn.
рунду́к *m* [1*e.*] Truhe *f*; Sitzkasten.
рунó *n* [9; *pl.*: ру́на] Schaffell, Vließ; Schar *f*, Zug *m* (*Fische*).
ру́ны *f/pl.* [5] Runen(schrift *f*).
ру́пор *m* [1] Sprachrohr *n*, Rufer; Schalltrichter.
русáк *m* [1*e.*] Feldhase.
русáлка *f* [5; *g/pl.*: -лок] (Wasser-) Nymphe.
руси́н *m* [1] Ruthene (*Volk*).
русифици́ровать [7] (*im*)*pf.* russifizieren.
ру́сло *n* [9] (Fluß-)Bett.
русо|фи́л *m* [1] Russenfreund; **~фóб** *m* [1] Russenfeind.
ру́сский [16] russisch; Russe *m*; ру́сская *f* Russin.
ру́сый [14*K.*] (dunkel)blond.
Русь *f* [8; на -си́] (*bsd. poet.*) Rußland *n.*
ру́та ⚘ *f* [5] Raute.
рути́н|а *f* [5] (Geschäfts-)Gewohnheit; **~ёр** *m* [1] Routinier, Gewohnheitsmensch; **~ный** [14] routiniert, gewohnheitsmäßig.
ру́хлядь *f* [8] (*koll.*) (alter) Hausrat *m.*
ру́хнуть [20] *pf.*, **-ся** einstürzen.
ручáтельство *n* [9] Bürgschaft *f*, Garantie *f*, Gewähr *f* (за В *od.* в П für).
ручáться [1], <поручи́ться> [16] Bürgschaft leisten, (sich ver)bürgen, garantieren, aufkommen (за В *od.* в П für).
ручеёк *m* [1; -чейкá] Bächlein *n*.
ручéй *m* [3; -чья́; *pl.*: ручьи́, -чьёв] Bach; ручьём in Strömen; плáкать в три ручья́ F in Tränen zerfließen.
ручи́ща *f* [5; *g/pl.*: -щей] große Hand, Pratze.
ру́чка *f* [5; *g/pl.*: -чек] Händchen *n*; Arm *m* (*am Lehnstuhl*); Federhalter *m*; Henkel *m*; Stiel *m*; ~ двéри Türklinke; *s. a.* рукоя́тка.
ручнóй [14] Hand...; zahm; ручны́е часы́ *pl.* Armbanduhr *f*.
ручóнка *f* [5; *g/pl.*: -нок] Händchen *n*.
ру́шить [16] **1.** <об-> niederreißen; **2.** <по-> schroten; **-ся** (*im*)*pf.* zs.-stürzen; scheitern.
ры́ба *f* [5] Fisch *m*; **~к** (-ˈbak) *m* [1*e.*] Fischer; ~к ~кá ви́дит издалекá (*Spr.*) gleich und gleich gesellt sich gern.
ры́б|ий [18] Fisch...; **~истый** [14 *K.*] fischreich; **~ица** *f* [5], **~ка** *f* [5; *g/pl.*: -бок] Fischlein *n*; **~ный** [14] *s.* ~ий.
рыбовóдство *n* [9] Fischzucht *f*.

рыболо́в *m* [1] Fischer; (*Zool.*) Fischmöve *f*; **~ство** *n* [9] Fischerei *f*, Fischfang *m*.

рыбопромы́шленник *m* [1] (Groß-)Fischhändler, Fischereibesitzer.

рыво́к *m* [1; -вка́] Ruck; (*Sport*) Reißen *n*.

рыга́ть [1], <рыгну́ть> [20] aufstoßen (*aus dem Magen*), rülpsen.

рыда́ть [1] schluchzen; ~ по (П) schluchzend beweinen.

рыдва́н *m* [1] (*hist.*) großer Reisewagen.

рыжа́к *m* [1*e.*] Rotkopf; Fuchs (*Pferd*).

рыже|боро́дый [14] rotbärtig; **~ва́тый** [14*K.*] rötlich.

рыже́ть [8], <по-> (fuchs)rot werden.

ры́жий [17; рыж, -а́, ры́же] (fuchs)rot; ры́жая ло́шадь *f* Fuchs *m* (*Pferd*).

ры́жик ⚘ *m* [1] Reizker, Rötling (*Pilz*); Leindotter *n*.

рыка́ть [1] brüllen (*Tiere*).

ры́ло *n* [9] Schnauze *f* (*a. fig.*).

ры́льце *n* [11; *g/pl.*: -лец] Schnäuzchen; Schnauze *f* (*an Gefäßen*); ⚘ Narbe *f*.

ры́нда P ⚓: ры́нду бить Mittag (12[00]) glasen.

ры́но|к *m* [1; -нка] Markt(platz); кры́тый ~к Markthalle *f*; ~к сбы́та Absatzgebiet *n*; **~чный** [14] Markt...; ~чная торго́вка *f* Marktfrau.

рыса́к *m* [1*e.*] Traber (*Pferd*).

ры́сий [18] Luchs...; ры́сьи глаза́ *pl.* (*fig.*) Luchsaugen.

рыси́с|тый [14*K.*] gut trabend; Trab...; ~тая ло́шадь *f* Trabgänger *m*, -renner *m*; ~тые бега́ *m/pl.* Trabrennen *n*.

ры́скать [3] umher-rennen, -laufen; sich umhertreiben.

рысца́ *f* [5] leichter Trab *m*.

рысь *f* [8; на рыси́] Trab *m*; (*Zool.*) Luchs *m*; ры́сью trabend, im Trab.

ры́твина *f* [5] Furche, Rille, tiefe Radspur.

рыть [22], <по-> graben; (durch-) wühlen; зе́млю ~ F (*fig.*) sich sehr bemühen; **-ся** (herum)wühlen.

рых|ле́ть [8], <по-> locker werden, sich lockern; **~ли́тель** ⚒ *m* [4] Grubber; **~ли́ть** [13], <вз-, раз-> (auf)lockern; **-ся** *s.* ~ле́ть; **~лый** ('rix-) [14; рыхл, -а́, -о] locker; mürbe.

ры́цар|ство *n* [9] Rittertum; Ritterschaft *f*; **~ь** *m* [4] Ritter.

рыча́|г *m* [1*e.*] Hebel; **~жный** [14] Hebel...

рычажо́к *m* [1; -жка́] kleiner Hebel.

рыча́ть [4; -чу́, -чи́шь] *s.* рыка́ть.

рья́ный [14*K.*] heftig, hitzig.

рюкза́к *m* [1*e.*] Rucksack.

рю́м|ка *f* [5; *g/pl.*: -мок] Spitz-, Wein-, Schnaps-glas *n*; **~очка** *f* [5; *g/pl.*: -чек] Spitzgläschen *n*.

рю́шка *f* [5; *g/pl.*: -шек] Rüsche.

ря́бенький [16] et. pockennarbig *od.* buntscheckig.

рябе́ть [8], <по-> pockennarbig werden; sich kräuseln (*v. Wasser*).

ряби́н|а *f* [5] Pockennarbe; ⚘ Eberesche(nbeere); **~ка** *f* [5; *g/pl.*: -нок] Pockennarbe; ⚘ Schafgarbe; **~овка** *f* [5] Ebereschenschnaps *m*.

ряби́ть [14; *nur 3. Pers.*: -и́т] (*den Wasserspiegel*) kräuseln; [*unpers.*] у меня́ ряби́т в глаза́х es flimmert mir vor den Augen.

рябо́й [14; ряб, -а́, -о] pocken-, blatter-narbig; buntscheckig.

ря́бчик *m* [1] Haselhuhn *n*.

рябь *f* [8] Kräuselung (*Wasserspiegel*); Flimmern *n* (*vor den Augen*).

ря́вк|ать P [1], <~нуть> [20] (auf-) brüllen; grob anfahren (на В j-n).

ряд *m* [1; в -у́; *pl. e.*; nach 2-4: ряда́] Reihe *f*, Reihenfolge *f*; [в ря́де] Reihe, Serie; торго́вые ряды́ *pl.* Verkaufs-buden *f/pl.*, -hallen *f/pl.*; ряда́ми reihenweise; ря́дом in der Reihe, nebeneinander; (с Т) neben; в ряду́ unter, zwischen; на ряду́ in eine(r) Reihe; zugleich; сплошь да ря́дом durch die Bank, durchweg; alle Augenblicke, sehr oft; из ~а вон выходя́щий über den Durchschnitt, überdurchschnittlich, hervorragend.

ряди́ть [15; ряжу́, ря́дишь; ря́женный] verkleiden (Т als); **-ся**, <поряди́ться> sich einig werden (о П über *ac.*); sich verdingen.

рядко́м = ря́дом (*s.* ряд).

ря́дный [14] (voraus)bedungen.

рядово́й [14] gemein, gewöhnlich; Dutzend...; ⚔ Gemeine(r) *m*.

ря́женый [14] verkleidet, maskiert.

Ряза́нь *f* [8] Rjasan *n*.

ряпу|ха *f* [5], **~шка** *f* [5; *g/pl.*: -шек] (*Zool.*) Zwergmaräne.

ря́ска ⚘ *f* [5; *g/pl.*: -сок] Wasserlinse, Entenflott *n*.

ряхну́ться P [20] *pf.* überschnappen, verrückt werden.

С

С[1], **с** *m u. n* (*s.* A) S, s *n*.

с[2], **со 1.** (P) von (*z. B. oben herab*); seit; с балко́на vom Balkon herab *od.* aus; со времён seit der Zeit; с де́тства von Kindheit an; с нату́ры nach der Natur; с ра́дости vor Freude; с пе́рвого взгля́да auf den ersten Blick; *s. a.* страх; **2.** (B) ungefähr (wie), gegen, etwa; с меня́ э́того дово́льно das genügt für mich; величино́й с дом so groß wie ein Haus; **3.** (T) mit; с по́мощью mittels, mittelst; с це́лью in der Absicht; мы с тобо́й (ва́ми) ich und du (Sie); что с ним (бы́ло)? was fehlt(e) ihm?; сто с че́м-нибудь etwas über hundert; быть (приходи́ть) с визи́том zu Besuch sein (kommen).

с[3] P *als Anhängsel* (*verkürzt aus* су́дарь *u.* суда́рыня): да-с (нет-с) ja, (nein,) mein Herr *od.* meine Dame.

с... (*in Zssgn*) ab..., herab..., herunter..., hinab..., hinunter..., ein..., ver..., weg..., zusammen...

саа́мы *m/pl.* [1] Lappen (*Ugrofinnisches Volk auf der Kolahalbinsel der UdSSR*).

сабайо́н *m* [1] Eierpunsch.

са́бель|ка *f* [5; *g/pl.*: -лек] Säbelchen *n*; **~ник** ⚘ *m* [1] Schwertlilie *f*.

са́бля *f* [6; *g/pl.*: -бель] Säbel *m*.

сабо|та́ж *m* [1] Sabotage *f*; **~та́жник** *m* [1] Saboteur; **~ти́ровать** [7] (*im*)*pf*. sabotieren, (*Betriebsmittel*) absichtlich zerstören.

сабу́р ⚘ *m* [1] Aloe *f*.

Са́ва *f* [5] Sau (*Fluß*).

са́ван *m* [1] Leichengewand *n*; weiße Hülle.

сава́нна *f* [5] (*Geol.*) Savanne.

савра́|ска *f* F [5; *g/pl.*: -сок] rehbraunes Pferd *n*; **~сый** [14] rehbraun, -farben, -farbig.

са́га *f* [5] (nordische) Sage, Heldensage.

са́го ⚘ *n* [*unv.*] Sago(baum) *m*.

сад *m* [1; в -у́; *pl. e.*] (*bsd.* Obst-) Garten; де́тский ~ Kindergarten; **ˈ~ик** *m* [1] Gärtchen *n*.

сади́ть [15], <по-> (hin)setzen; pflanzen; P rasen, (hervor)schießen; *s.* сажа́ть; **-ся** [15; сажу́сь, сади́шься], <сесть> [25; ся́ду, ся́дешь; сел, се́ла; се́вший] sich (hin)setzen; sich ansetzen (*Staub*); einsteigen; untergehen (*Gestirn*); ein-, zs.-laufen (*Stoff*); -ся за рабо́ту sich an die Arbeit setzen, an die Arbeit gehen; прошу́ -ся! *od.* сади́тесь, пожа́луйста! bitte, setzen Sie sich! *od.* nehmen Sie Platz!; ⚔ сади́сь! aufgesessen!

са́дка *s.* поса́дка.

садо́вник *m* [1] Gärtner.

садово́д *m* [1] Gartenbauer, Gärtner; **~ство** *n* [9] Gartenbau *m*, Gärtnerei *f*.

садо́вый [14] Garten...

садо́к *m* [1; -дка́] Fischbehälter; Vogel-, Hühner-haus *n*; (Kaninchen-)Stall.

са́жа *f* [5] Ruß *m*.

сажа́лка *f* [5; *g/pl.*: -лок] *s.* садо́к.

сажа́ть [1] *s.* сади́ть; <посади́ть> [15] (an)setzen, (an)stellen (за B zu); bestimmen (T zu); (в тюрьму́) einsperren; (ein)schieben (*in den Ofen*).

са́женец ⚘ *m* [1; -нца] Steckling, Setzling.

сажёнки *f/pl.* [5; *gen.*: -нок] (Sport) Kraulen *n*.

саже́|нный, сажённый [14] e-n Faden lang; **~нь** (ˈsa- *u.* -ˈʒeɲ) *f* [8; *pl.*: са́жени, са́жен *u.* саже́ней, саже́ням] Faden *m*, Klafter *n* (= 2,134 *m*).

са́жный [14] Ruß...

саза́н *m* [1] Karpfen (*Fisch*).

сайга́ *f* [5; *g/pl.*: саёг], **~к** *m* [1] Saiga(antilope) *f*.

са́йка *f* [5; *g/pl.*: са́ек] Semmel, Wecke.

саквоя́ж *m* [1] Reisesack.

са́кля *f* [6; *g/pl.*: -лей] Hütte (*im Kaukasus*).

саксо́н|ец *m* [1; -нца] Sachse; **♀ия** *f* [7] Sachsen *n*.

сала́зки *f/pl.* [5; *gen.*: -зок] Schlittchen *n*, Handschlitten *m*; Rodel-

schlitten *m*; ката́ться на сала́зках rodeln.
сала́ка *f* [5] Strömling (*Fisch*).
сала́куш(к)а *f* [5; (*g/pl.*: -шек)] Sprotte, Breitling *m* (*Fisch*).
салама́ндра *f* [5] Salamander *m*.
сала́т *m* [1] Salat; **~ник** *m* [1] Salatschüssel *f*.
са́лить *s.* заса́ливать.
салици́ловый [14] Salizyl...
са́ло *n* [9] Talg *m*; Fett; (свино́е) ~ Speck *m*.
салото́пня *f* [6; *g/pl.*: -пен] Talgschmelzerei *f*, Talgsiederei *f*.
салфе́т|ка *f* [5; *g/pl.*: -ток] Serviette, Mundtuch *n*.
са́льник ⊕ *m* [1] Stopfbuchse *f*.
са́ль|ность *f* [8] Zote, Schlüpfrigkeit; **~ный** [14] talgig; schlüpfrig, zotig.
салю́т ⚔ *m* [1] Salut, (Ehren-) Gruß; **~ова́ть** ⚔ [7] (*im*)*pf*., *a*. <от-> salutieren.
сам *m*: **~**, **~а́** *f*, **~о́** *n*, **са́ми** *pl*. [30] **1.** (*pron.*) selbst, selber; он ~ (она ~а́) не зна́ет er (sie) weiß es selber nicht; ~ от себя́, ~о́ собо́й von selbst; ~ по себе́ für sich (allein), an und für sich; э́то (де́ло) ~о́ по себе́ das ist eine Sache für sich; он ~ не свой er ist nicht (gut) aufgelegt; **2.** F † Chef(in *f*), Prinzipal(in *f*); P Mann (Frau *f*).
сам... (*in Zssgn*) selb..., ihrer..., *z.B.* ~-дру́г selbander, ihrer zwei; ~-трете́й selbdritt(er), ihrer drei.
сама́н ⌂ *m* [1] Ssaman (*in der südlichen UdSSR*: *Ziegel aus Lehm mit Dung, Stroh u. Haaren gemischt*).
самбу́к ⚘ *m* [1] Holunder.
саме́ц *m* [1; -мца́] Männchen *n* (*v. Tieren*).
са́мка *f* [5; *g/pl.*: -мок] Weibchen *n* (*v. Tieren*).
само... (*in Zssgn mst*) selbst..., eigen-...; Selbst..., Eigen... (*s. a.* свое...).
самобра́нка *f* [5]: ска́терть-~ Tischleindeckdich *n*.
самобы́тный [14; -тен, -тна] selbständig, originell, eigenartig; eigenwüchsig.
самова́р *m* [1] Samowar, Teemaschine *f*.
самовла́стный [14; -тен, -тна] eigenmächtig, selbstherrlich,; unumschränkt (herrschend).
самовнуше́ние *n* [12] Selbstbeeinflussung *f*, Autosuggestion *f*.
самовозгара́ние *n* [12] Selbstentzündung *f*.
самово́ль|ничать [1] eigenwillig (*od.* eigenmächtig) handeln; **~ный** [14; -лен, -льна] eigenwillig, eigenmächtig, willkürlich.
самовыгружа́тель ⊕ *m* [4] Selbstentlader.
самовя́зный P [14] hand-, selbst-gestrickt.
самого́н *m* [1] selbstgebrannter Branntwein, Hausschnaps.
самоде́йствующий [17] selbsttätig, automatisch.
самоде́лка *f* [5; *g/pl.*: -лок] Bastelarbeit.
самоде́ль|ный [14] selbstgemacht; **~щина** *f* [5] (*ver.*) eigenes Machwerk *n*.
самодер|жа́вие *n* [12] Autokratie *f*, Selbstherrschaft *f*; **~жа́вный** [14] selbstherrschend, autokratisch; **~жец** (-ˈdʒɛr-) *m* [1; -жца] Autokrat, Selbstherrscher.
самоде́ятель|ность *f* [8] Laienschaffen *n*, -spiel *n*; **~ный** [14] Laien...; ~ный спекта́кль *m* Laien-, Liebhaber-aufführung *f*.
самодовле́ющий [17] selbstgenügsam.
самодово́льный [14; -лен, -льна] selbst-zufrieden, -genügsam.
самоду́р *m* [1] bornierter (*od.* beschränkter) Starrkopf, Dünkelhafte(r); **~ство** *n* [9] Starrsinn *m*, Dünkel *m*, Verbohrtheit *f*, Borniertheit *f*.
самое́д *m* [1] Samojede (*früherer Name der Nenzen*).
самозаго|тови́тель *m* [4] Betrieb mit Eigenbeschaffung von Rohstoffen usw.; **~то́вка** *f* [5; *g/pl.*: -вок] Eigenbeschaffung.
самозарожде́ние *n* [12] Urzeugung *f*.
самозаря́дный [14] Selbstlade...
самозащи́та *f* [5] Notwehr.
самозва́нец *m* [1; -нца] e-n falschen Namen Führender; Usurpator; Дими́трий ~ der falsche Demetrius.
самока́т *m* [1] Roller (*für Kinder*); Fahrrad *n*.
самокри́тика *f* [5] Selbstkritik.
самолёт *m* [1] Flugzeug *n*; ~-гига́нт *m* Großflugzeug *n*; ~-истреби́тель *m* Jäger, Jagdflieger.
самоли́чный [14] selbst (*od.* persönlich) anwesend.

самолю|би́вый [14*K.*] ehrgeizig; selbstsüchtig, egoistisch; **~бие** (-ˈʝu-) *n* [12] Eigenliebe *f*, Selbstsucht *f*.
самомне́ние *n* [12] Eigendünkel *m*.
самонаде́янный [14*K.*] anmaßend, überheblich, selbstbewußt.
самооблада́ние *n* [12] Selbstbeherrschung *f*.
самообма́н *m* [1] Selbsttäuschung *f*; поли́тика *f* **~а** Vogelstraußpolitik.
самооборо́на *f* [5] Heimatschutz *m* (*unter Einsatz ziviler Kräfte*).
самообслу́живание *n* [12] Selbstbedienung *f*.
самоопределе́ние *n* [12] Selbstbestimmung(srecht *n*) *f*.
самоотве́ржен|ность *f* [8] Selbstaufopferung *f*; **~ный** [14*K.*] selbstverleugnend, opferwillig, selbstlos.
самопозна́ние *n* [12] Selbsterkenntnis *f*.
самопо́мощь *f* [8] Selbsthilfe.
самопроизво́льный [14; -лен, -льна] spontan, ungezwungen.
самопря́лка *f* [5; *g/pl.*: -лок] Spinnrad *n*.
саморо́д|ный [14] gediegen (*Metall*); (*fig.*) natürlich, urwüchsig; **~ок** *m* [1; -дка] gediegenes Metall *n*, Jungfernmetall *n*; (*fig.*) urwüchsiger Mensch; Naturtalent *n*.
самору́б *m* [1] Selbstverstümmler.
самоса́д *m* [1] selbstgezogener Machorka(tabak).
самосва́л *m* [1] Kipper, Kipplastkraftwagen.
самосе́вка *f* [5; *g/pl.*: -вок] wildwachsender Roggen *m*; Sämaschine.
самоснабже́нец *m* [1; -нца] Selbstversorger.
самосоверше́нствование *n* [12] Selbstvervollkommnung *f*.
самосохране́ние *n* [12] Selbsterhaltung *f*.
самостоя́тельный [14; -лен, -льна] selbständig.
самостре́л *m* [1] Armbrust *f*; Selbstverstümmler.
самосу́д *m* [1] Lynchjustiz *f*.
самотёк *m* [1] freier Lauf der Dinge; **~ом** von selbst, unorganisiert, spontan.
самоуби́й|ство *n* [9] Selbstmord *m*; **~ца** *m/f* [5] Selbstmörder(in *f*).
самоуве́ренный [14*K.*] selbstsicher; eingebildet.
самоуправ|ле́ние *n* [12] Selbstverwaltung *f*; **~ный** (-ˈprav-) [14] eigenmächtig; **~ство** *n* [9] eigenmächtiges Verfahren.
самоучи́тель *m* [4] Leitfaden zum Selbstunterricht.
самоу́чка *m/f* [5; *g/pl.*: -чек] Autodidakt(in *f*), Selbstlernende(r).
самохва́л *m* [1] Prahler; **~ьство** *n* [9] Prahlsucht *f*, Eigenlob.
самохо́д(ка *f*) ⚔ *m* [1; (5; *g/pl.*: -док)] Geschütz *n* auf Selbstfahrlafette.
самоцве́тный [14] von natürlicher Farbe, echt (*Edelsteine*).
самоце́ль *f* [8] Selbstzweck *m*.
самочу́вствие *n* [12] Befinden, Gesundheitszustand *m*.
Самсо́н *m* [1] Simson.
Самуи́л *m* [1] Samuel.
саму́м *m* [1] Samum, (heißer) Wüstenwind.
самши́т ⚘ *m* [1] Buchsbaum.
са́мый [14] selbig, selbst; gerade; (*bei der Superlativbildung*) höchst, äußerst, aller..., *z.B.* ~ у́мный klügste(r); ~ лу́чший (aller)beste(r); тот (же) ~ derselbe, der nämliche; то же са́мое ebendasselbe; в са́мом де́ле in der Tat (*s.* де́ло); в са́мом нача́ле gleich im (*od.* ganz am) Anfang; у са́мой реки́ hart (*od.* dicht) am Fluß.
сан *m* [1] Würde *f*, hoher Rang; осо́ба духо́вного са́на geistlicher Würdenträger.
санато́рий *m* [3] Sanatorium *n*, Heilanstalt.
сана́ция ⚕ *f* [7] Sanierung.
санда́л *m* [1] Sandel(holz *n*); **~ия** *f* [7] (*mst pl.*) Sandale.
са́ни *f/pl.* [8; *ab gen. e.*: -не́й] Schlitten *m*; гото́вь ~ ле́том, а теле́гу зимо́й (*Spr.*) der kluge Mann baut vor.
санита́р *m* [1] Kranken-fleger, -wärter, Sanitäter; **~ный** [14] sanitär; Sanitäts...
са́нки *f/pl.* [5; *gen.*: -нок] kleiner Schlitten *m*, Schlittchen *n*.
санкциони́ровать [7] (*im*)*pf.* sanktionieren, genehmigen.
са́нный [14] Schlitten...; ~ путь *m* Schlittenbahn *f*.
санов|и́тый [14*K.*] stattlich; vornehm; **~ник** (-ˈnɔv-) *m* [1] Würdenträger.
сан|по́езд *m* [1; *pl.*: -á] Sanitätszug; **~пропускни́к** *m* [1*e.*] Desinfektionsanstalt *f*; **~слу́жба** *f* [5] Sanitätsdienst *m*.

сантиме́тр *m* [1] Zentimeter *n*.
санча́сть ⚔ *f* [8; *ab g/pl. e.*: -те́й] Sanitätsabteilung.
Са́ня *m/f* [6] *s.* Са́ша.
сап *m* [1] Rotz(krankheit *f*) (*der Pferde*); Schnaufen *n*.
са́па ⚔ *f* [5] Sappe, Laufgraben *m*.
сапёр ⚔ *m* [1] Pionier.
сапо́г *m* [1*e.*; *g/pl.*: сапо́г] Stiefel; два ~а́ па́ра (*Spr.*) gleich und gleich gesellt sich gern.
сапо́ж|ник *m* [1] Schuhmacher; (*fig.*) Stümper, Pfuscher; ~ник-почи́нщик *m* Flickschuster; **~о́к** *m* [1; -жка́] Stiefelchen *n*, Stiefelette *f*.
сапфи́р *m* [1] Saphir.
сара́й *m* [3] Schuppen, Remise *f*; Scheune *f*; пожа́рный ~ Spritzenhaus *n*.
саранча́ *f* [5; *g/pl.*: -че́й] (*Zool.*) Heuschrecke.
сарафа́н *m* [1] Sarafan (*langes ärmelloses Oberkleid der Bäuerinnen*).
сараци́н *m* [1] Sarazene.
сарде́ль *f* [8] *s.* анчо́ус; **~ка** *f* [5; *g/pl.*: -лек] Bockwurst, Würstchen *n*.
сарди́н|ец *m* [1; -нца] Sardinier; **≗ия** *f* [7] Sardinien *n*; **~ка** *f* [5; *g/pl.*: -нок] (*Zool.*) Sardine, echte Sardelle.
са́ржа *f* [5] Serge (*Stoff*).
сары́ч *m* [1*e.*; *g/pl.*: -че́й] Bussard.
сатана́ *m* [5] Satan, Teufel.
сателли́т *m* [1] (*Pol.*) Satellit, Trabant.
сати́р *m* [1] Satyr; **~а** *f* [5] Satire, Spott-gedicht *n*, -schrift; **~ик** *m* [1] Satiriker, Spötter; **~и́ческий** [16] satirisch, spöttisch.
сафья́н *m* [1] Saffian (*Leder*).
са́хар *m* [1] Zucker; головно́й ~ Hutzucker; пилёный ~ Würfelzucker; моло́чный ~ Milchzucker; солодо́вый ~ Malzzucker; вино̀гра́дный ~ Glukose *f*, Traubenzucker; без ~у ohne Zucker, unge-, unver-zuckert; щипцы́ *m/pl.* для ~у Zuckerzange *f*; чай да ~! wohl bekomm's!
Саха́ра *f* [5] Sahara (*Wüste*).
сахар|и́н *m* [1] Sacharin *n*, Süßstoff; **~и́стый** [14*K.*] zuck(e)rig, zuckerartig; **~ить** ('sa-) [13], <по-> zuckern; **~ница** ('sa-) *f* [5] Zuckerdose; **~ный** ('sa-) [14] Zucker...; ~ный заво́д *m* Zucker-siederei *f*, -fabrik *f*; ~ный песо́к *m* Streuzucker; ~ная пу́дра *f* Puderzucker *m*; **~озаво́дчик** *m* [1] Zuckersieder.
сачо́к *m* [1; -чка́] Kescher, Schmetterlingsnetz *n*.
Са́ша, Са́ш(ень)ка *m/f* [5] *dim. v.* **1.** Алекса́ндр *m*; **2.** Алекса́ндра *f*.
сба́вка *f* [5; *g/pl.*: -вок] Verminderung, Herabsetzung (с цены́ des Preises).
сбавля́ть [28], <сба́вить> [14] vermindern, herabsetzen (с цены́ den Preis, це́ну с това́ров den Preis der Waren); сба́вьте немно́го! lassen Sie etwas ab!
сбега́ть[1] [1], <сбежа́ть> [4; -егу́, -ежи́шь, -егу́т] (hin)ab-, herunterlaufen; (heimlich) ent-, weg-laufen; сбежа́ть *pf.* flüchten, durchgehen; **-ся** herbeilaufen.
сбе́гать[2] [1] *pf.* schnell hinlaufen; (за Т) (schnell) holen.
сбере|га́лка F *f* [5; *g/pl.*: -лок] Sparkasse; **~га́тельный** [14] (er-)sparend; Spar...; **~га́ть** [1], <сбере́чь> [26; г, ж *statt* к, ч: -егу́, -ежёшь] (auf)bewahren, (er)sparen; **~же́ние** *n* [12] Aufbewahrung *f*, Ersparnis *f*; ~же́ния *n/pl.* на чёрный день Notgroschen *m*.
сбер|ка́сса *f* [5] (сберега́тельная ка́сса) Sparkasse; **~кни́жка** *f* [5; *g/pl.*: -жек] Sparkassenbuch *n*.
сбива́ть [1], <сбить> [собью́, -бьёшь; сбе́й(те)!; сби́тый] ab-, herunter-schlagen; (*Preis*) (herunter-)drücken; (*Sahne usw.*) schlagen; zs.-schlagen; ✈ abschießen; schieftreten (*Absatz*); (~ с то́лку) verwirren, irremachen; ~ с доро́ги *od.* с пути́ vom Weg abbringen; ~ кокте́йль Cocktail mischen; **-ся** irre (*od.* konfus) werden; sich verwirren (в П in *dat.*); sich zs.-ballen; -ся с доро́ги *od.* с пути́ vom Weg abkommen, sich verirren.
сби́вчивый [14*K.*] verwirrend, verwirrt.
сбира́ть *s.* собира́ть.
сби́тен|щик *m* [1] Sbitenverkäufer; **~ь** *m* [4; -тня] Sbiten (*heißes Getränk aus Wasser, Honig u. Gewürz*).
сбить *s.* сбива́ть.
сближа́ть [1], <сбли́зить> [15] (с T *j-m*) nähern, näher bringen; **-ся** sich nähern, sich nahen, (her-)anrücken.

сбой *m* [3] Fehltritt (*bsd. fig.* = Irrtum); (*Gänse-, Enten- usw.*) Klein *n*.
сбо́ку seitwärts, seitlich; daneben.
сболтну́ть F [20] *pf.* sich verplappern; ~ ли́шнее aus der Schule plaudern, ein unbedachtes Wort entschlüpfen lassen.
сбор *m* [1] Sammeln *n*; Sammlung *f*, Kollekte *f*; Versammlung *f*, Zusammentritt; (*Steuer-*)Erhebung *f*; Steuer *f*, Abgabe *f*, Gebühr *f*; ⚔ Appell; ~ы *pl.* Vorbereitungen *f/pl.* (*zur Reise*); ~ виногра́да Weinlese *f*; '~**ище** *n* [11] Zs.-kunft *f*, Auflauf *m*; '~**ка** *f* [5; *g/pl.*: -рок] Falte (*im Kleid*); Aufstellung, Montierung (*e-r Maschine*); '~**ник** *m* [1] (*Gedicht- usw.*) Sammlung *f*, Sammelwerk *n*, Almanach; '~**ный** [14] zum Sammeln (dienend), aus verschiedenartigen Teilen bestehend; Sammel...; ~ный пункт *m* Treffpunkt; ~ная кома́нда *f* Auswahlmannschaft; '~**щик** *m* [1] Sammler; (*ehm.*) ~щик пода́тей Steuereinnehmer.
сбра́сывать [1], <сбро́сить> [15] (hin)abwerfen.
сбрива́ть [1], <сбрить> [сбре́ю, сбре́ешь; сбри́тый] ab-, weg-rasieren.
сброд *m* [1] Gesindel *n*, Pack *n*, [F Schwefelbande *f*.]
сброс *m* [1] (*Geol.*) Verschiebung *f*.
сбро́сить *s.* сбра́сывать.
сбро́совый [14]: ~вая тре́щина *f* (*Geol.*) Verwerfungsspalte.
сбру́я *f* [6; *g/pl.*: сбруй] (Pferde-) Geschirr *n*.
сбры́з|гивать [1], <~нуть> [20] besprengen, bespritzen (бельё пе́ред глаже́нием die Wäsche vor dem Plätten).
сбыва́ть [1], <сбыть> [сбу́ду, сбу́дешь; сбыл, -а́, -о] (*Waren usw.*) absetzen, begeben, vertreiben; ~ (с рук) vom Halse schaffen, loswerden; abnehmen, fallen (*Wasser*); **-ся** in Erfüllung gehen, ein-, zutreffen; не -ся fehlschlagen.
сбыт *m* [1] Absatz, Abgang (*der Waren*), Vertrieb; ры́нок *m* ~а Absatzmarkt.
сва́дебный [14] Hochzeits...
сва́дьба *f* [5; *g/pl.*: -деб] Hochzeit.
сва́й|ка *f* [5; *g/pl.*: сва́ек] *Art Spiel* (*mit e-m großköpfigen Nagel*); ⚓ Spließhorn *n*; ~**ный** [14] Pfahl...; ~ный мост *m* Hochbrücke *f*; ~ные постро́йки *f/pl.* Pfahlbauten *m/pl.*
сва́л|ивать [1] **1.** <~и́ть> [13; свалю́, сва́лишь; сва́ленный] (her)ab-, herunter-werfen; abladen; zs.-werfen; wälzen (с себя́ von sich; на В auf *j-n*); **2.** <~я́ть> [28] (zs.-)walken; ~**ка** *f* [5; *g/pl.*: -лок] Abwerfen *n*; Gedränge *n*; Handgemenge *n*; Kehrichtplatz *m*, Miststätte.
сва́р|ивать ⊕ [1], <свари́ть> [13; сварю́, сва́ришь; сва́ренный] schweißen; ~**ка** *f* [5; *g/pl.*: -рок] Schweißung.
сварли́вый [14K.] zanksüchtig, zänkisch.
сварно́й [14] geschweißt.
сва́рочный ⊕ [14] Schweiß...
сва́стика *f* [5] Hakenkreuz *n*.
сват *m* [1] Heiratsvermittler, Freiwerber; Vater des Schwiegersohnes *od.* der Schwiegertochter; '~**ание** *n* [12] Werbung *f* (за В um), Freite *f*; '~**ать** [1], <по-> freien, werben (дочь за сы́на für den Sohn um die Tochter); **-ся** werben, anhalten (за В um); ~ающийся [17] Freier *m*, Bewerber *m*; ~**овство́** *n* [9] Freite *f*; Schwägerschaft *f*; '~**ья** *f* [6; *g/pl.*: -тий] Mutter des Schwiegersohnes *od.* der Schwiegertochter.
сва́ха *f* [5] Heiratsvermittlerin, Freiwerberin.
сва́я *f* [6; *g/pl.*: свай] Pfahl *m*.
све́дать [1] *pf.* (В *od.* о П) erfahren, in Erfahrung bringen.
сведе́ние[1] *n* [12] Zs.-führen; Zs.-ziehung *f* (*der Glieder*) (*s.* своди́ть); ~ счётов Rechnungsabschluß *m*.
све́дение[2] *n* [12] Kenntnis *f*, Auskunft *f*; Kenntnisnahme *f*; приня́ть к све́дению zur Kenntnis nehmen.
све́дущий [17] erfahren, bewandert (в П in *dat.*); kundig; не ~ laienhaft, unsachgemäß; све́дущее лицо́ *n* Sachverständige(r) *m*.
свежева́ть [6; -жу́ю, -жу́ешь], <о-> Fell abziehen u. ausnehmen (*Tiere*).
свеже|испечённый [14K.] (*a. fig.*) frisch-, neu-gebacken; ~**нький** ('sʏɛ-) [16] ziemlich frisch; ~**просо́льный** [14] frischgesalzen; ~**сть** ('sʏɛ-) *f* [8] Frische; Kühle; ~**ть** (-'ʒeţ) [8], <по-> frisch(er) werden.
све́жий [17; свеж, -а́] frisch; kühl; у него́ ~ вид er sieht frisch aus; о́чень свежо́ (es ist) sehr kühl; ~ челове́к *m* Neuling, (neuer) Ankömmling.

свежина́ *f* [5] Frischfleisch *n*.
свез|е́ние *n* [12] Zs.-fahren; **~ти́** *s.* свози́ть.
свёкла *f* [5; *g/pl.*: -кол] Rübe.
свекло|ви́ца *f* [5] Zuckerrübe; **~ви́чный** [14] Zuckerrüben...
свеко́льник *m* [1] Rübensuppe *f*; Rübenkraut *n*.
свёкор *m* [1; -кра] Schwiegervater (*des Mannes Vater*).
свекро́вь *f* [8] Schwiegermutter (*des Mannes Mutter*).
свер|бёж P *m* [1 *e.*] Juckreiz; **~бе́ть** F [9; *nur 3. Pers.*] jucken (*Wunde usw.*).
свер|га́ть [1], ‹све́ргнуть› [21] hinabwerfen, (hinab)stürzen; (*das Joch*) abschütteln; ~га́ть с престо́ла entthronen; **~же́ние** *n* [12] Hinabwerfen.
све́рзиться F (*scherz.*) [15] *pf.* herunter-, hin-plumpsen.
све́рить *s.* сверя́ть.
све́рка *f* [5; *g/pl.*: -рок] Vergleichung.
сверк|а́ть [1], ‹~ну́ть› [20] funkeln, leuchten; мо́лния ~а́ет es blitzt.
свер|ле́ние *n* [12] Bohren; **~ли́льный** [14] zum Bohren (dienend); Bohr...; **~ли́льщик** *m* [1] Bohrer (*Person*); **~ли́ть** [13], ‹про-› (durch)bohren; **~ло́** *n* [9; *pl.*: свёрла] Bohrer *m* (*Werkzeug*).
сверну́ть *s.* свёртывать.
сверст|а́ние *s.* верста́ние; **~ник** (ˈsʏɛr-) *m* [1], **~ница** (ˈsʏɛr-) *f* [5] Alters-, Rang-genosse *m*, -genossin *f*; **~ывать** (ˈsʏɔr-) [1] *s.* верста́ть.
свёрток *m* [1; -тка] Rolle *f* (*Papier usw.*); Paket *n*.
свёртывать [1], ‹сверну́ть› [20; свёрнутый] *v/t.* abdrehen; verdrehen; zs.-rollen, -wickeln; auflösen; (*Betrieb*) einstellen; *v/i.* (seitwärts) abbiegen; ausbiegen; **-ся** gerinnen (*Milch*).
сверх (P) ˈaußer; über (... hinaus); oberhalb; ~ того́ außerdem, überdies; (*in Zssgn*) über...; **~компле́ктный** [14] überkomplett; **~мо́щный** ⊕ [14] Höchstleistungs-...; **~сме́тный** [14] den Kostenanschlag überschreitend; ˈ**~у** von oben, oberhalb; **~уро́чный** [14]: ~уро́чный час *m* Überstunde *f*; ~уро́чная рабо́та *f* Über-arbeit, -stunden *f/pl.*, -schicht; **~челове́к** *m* [1] Übermensch; **~шта́тный** [14] außeretatmäßig.
сверхъесте́ственный [14*K.*] übernatürlich.
сверчо́к *m* [1; -чка́] (*Zool.*) Hausgrille *f*, Heimchen *n*.
свер|ша́ть [1], ‹~ши́ть› [16; -шу́, -ши́шь; -шённый] beend(ig)en, vollenden; **-ся** in Erfüllung gehen; ~ши́вшийся vollbracht, geschehen; **~ше́ние** *n* [12] Vollendung *f*, Erfüllung *f*.
сверя́ть [28], ‹све́рить› [13] vergleichen; kollationieren.
све́сить *s.* све́шивать.
свести́(сь) *s.* своди́ть.
свет *m* [1] Licht *n*, Helle *f*; Welt *f*; (*liebkosend*) Herz(chen) *n*, Schatz; (höhere) Gesellschaft *f*; тот ~ Jenseits *n*; в два ~а mit Doppellicht, mit zwei Fenstern; вы́йти в ~ erscheinen (*Buch*); чуть ~ in aller Frühe, bei Tagesanbruch; (встать) до́ ~у in aller Frühe (aufstehen); в э́том за́ле ма́ло ~у dieser Saal hat wenig Licht; ни за что на ~е auf keinen Fall, um alles in der Welt nicht.
света́ть *s.* рассвета́ть.
светёлка *f* [5; *g/pl.*: -лок] großfenstriges Giebelstübchen *n*; *s.* светли́ца.
све́тик *m* [1] (*liebkosend*) Herzchen *n*, Schatz.
свети́ло *n* [9] Gestirn; (*fig.*) Leuchte *f*.
свети́ль|ник *m* [1] Leuchter; (*fig.*) Leuchte *f*; **~ня** *f* [6; *g/pl.*: -лен] Docht *m*.
свети́ть [15] **1. -ся** leuchten, scheinen; **2.** ‹по-› vorleuchten, das Licht halten.
све́т|ленький [16] ziemlich hell; **~ле́ть** [8], ‹по-› hell(er) werden, sich aufklären.
светли́ца *f* [5] die „gute" Stube.
светло... (*in Zssgn*) hell..., licht..., *z.B.* **~жёлтый** [14] hellgelb.
све́т|лость *f* [8] Helle, Klarheit; Durchlaucht (*Titel*); **~лый** [14; -тел, -тла́, -о] licht, hell, klar; ~ле́йший *a.* durchlauchtigst; ~лое (Христо́во) воскресе́нье *n* Ostersonntag *m*; **~ля́к** *m* [1 *e.*] Leuchtkäfer.
свето|во́й [14] Licht...; **~ко́пия** *f* [7] Lichtpause; **~маскиро́вка** *f* [5; *g/pl.*: -вок] Verdunk(e)lung; **~метри́ческий** ⚔ [16] Lichtmeß...; **~те́нь** *f* [8] (*Malerei*) Halbdunkel *n*; **~фи́льтр** *m* [1] Farbfilter *m od. n*; **~фо́р** *m* [1] Verkehrsampel *f*.

свéточ *m* [1; *g/pl.*: -ей] Fackel *f*, Leuchte *f*.
светочувстви́тель|ный [14; -лен, -льна] lichtempfindlich; ~ная бумáга *f* Lichtpauspapier *n*.
свéтс|кий [16] weltlich; weltmännisch; Welt...; **~кость** *f* [8] Weltklugheit, feine Lebensart, F Schliff *m*.
светя́|щий [17] Leucht...; ~щаяся мýшка ⚔ *f* Leuchtkorn *n*.
свеч|á *f* [5; *pl.*: свéчи, свечéй, свечáм], **~ка** ('sy̨ɛtʃ-) *f* [5; *g/pl.*: -чек] Licht *n*, (*Auto*: Zünd-)Kerze; **~нóй** [14] Licht...
свéшивать [1], <свéсить> [15] herunterhängen lassen; abwägen; **-ся** sich weit über-, hinaus-lehnen.
свивáль|ник *m* [1] Wickelband *n*; **~ный** [14] Wickel...
свивáть [1], <свить> [совью́, -вьёшь; свил, свилá, -о; свéй(те)!; сви́тый (-и́т, -á, -о)] zs.-wickeln, -drehen, -rollen; (*Kind*) wickeln; (*Nester*) bauen.
свидáни|е *n* [12] Zs.-kunft *f*; Stelldichein; до ~я auf Wiedersehen.
свидáться [1] *s.* сви́деться.
свидéтель *m* [4] Zeuge; **~ница** *f* [5] Zeugin; **~ский** [16] Zeugen...; **~ство** *n* [9] Zeugnis, Schein *m*; ~ство о поведéнии Führungsattest, -zeugnis; как ~ство в том, что als Beweis dafür, daß; ~ство на прáво жи́тельства Aufenthalts(erlaubnis)schein *m*; **~ствование** *n* [12] Bezeugung *f*, Beglaubigung *f*; Untersuchung *f*, Besichtigung *f*; **~ствовать** [7] **1.** <за-> (о П) (be)zeugen, Zeugnis ablegen (von); bescheinigen, beglaubigen; ~ствовать комý своё почтéние sich j-m bestens empfehlen; **2.** <о-> untersuchen, besichtigen.
сви́деться [11; сви́жусь, -сви́дишься] zs.-kommen, sich wiedersehen.
свинáр|ник *m* [1], **~ня** *f* [6; *g/pl.*: -рен] Schweinestall *m*.
свиневóдство *n* [9] Schweinezucht *f*.
свинéц *m* [1; -нцá] Blei *n*.
свин|и́на *f* [5] Schweinefleisch *n*; **~ка** ('sy̨in-) *f* [5; *g/pl.*: -нок] Schweinchen *n*; ⚕ skrofulöse Geschwulst, Mumps *m*; ⊕ (*Metall-*) Block *m*, Klumpen *m*; морскáя ~ка Meerschweinchen *n*; **~óй** [14] Schweine..., Schweins...; **~омáтка** *f* [5; *g/pl.*: -ток] Mutterschwein *n*, Sau; **~опáс** *m* [1] Schweinehirt; **~ство** ('sy̨in-) *n* [9] Schweinerei *f*; Zote *f*.
свинти́ть *s.* сви́нчивать.
свинýшник *m* [1] Schweinestall.
свин|цóвый [14] bleiern; Blei...; **~чáтка** *f* [5; *g/pl.*: -ток] mit Blei gefüllter Knöchel (*zum Knöchelspiel*).
сви́н|чивать [1], <~ти́ть> [15; -нчý, -нти́шь; сви́нченный] zs.-schrauben.
свинья́ *f* [6; *pl.*: сви́ньи, свинéй, сви́ньям *u.* свинья́м, сви́ньями] Schwein *n*; подложи́ть свинью́ F (*fig.*) (Д *j-m*) ein Bein stellen.
свиня́чий [18] Schweine..., Schweins...
свирéль *f* [8] Schalmei, Rohrpfeife.
свире|пéть [8], <рас-> wütend (*od.* grausam) werden, in Wut geraten, ergrimmen; **~пствовать** (-'ɣɛp-) [7] wüten, toben; **~пый** (-'ɣɛ-) [14] schrecklich, grausam, grimmig, wütend.
свиристéль *m* [4] Seidenschwanz (*Vogel*).
свисáть [1], <сви́снуть> [21] herab-, über-hängen.
свист *m* [1] Pfiff; **~áть** [3], **~éть** [11], *einm.* <'~нуть> [20] pfeifen; свисти́т в кармáне P kein Geld, abgebrannt; свистéть в кулáк P sein Geld verjubelt haben, ohne Geld dasitzen; ищи́ свищи́ P unwiederbringlich futsch, flöten F; сви́стнуть P *pf.* stehlen, F stiebitzen; **~óк** *m* [1; -ткá] Pfeife *f*; Pfiff; **~опля́ска** *f* [5] (*fig., ver.*) Hexentanz *m*; **~ýлька** *f* [5; *g/pl.*: -лек] Lockpfeife; **~ýн** *m* [1*e.*] Pfeifer.
сви́та *f* [5] Suite, Gefolge *n*.
сви́тер (-tɛr) *m* [1] Sweater, Strickjacke *f*.
сви́ток *m* [1; -тка] (Papier-)Rolle *f*.
сви́ть *s.* свивáть.
свихнýть F [20] *pf.* verrenken, (sich) verstauchen; **-ся** (*fig.*) vom rechten Wege abkommen; verrückt werden, überschnappen.
свищ *m* [1*e.*; *g/pl.*: -éй] Riß, Sprung; Astloch *n* (*im Holz*); Wurmstich (*in Nüssen*); ⚕ Fistel *f*.
свобóд|а *f* [5] Freiheit; ~а передвижéния Freizügigkeit; **~ный** [14;

-ден, -дна] frei; ungehindert; flüssig (*Geld*); lose, locker; unbeschwert.

свободомы́с|лие *n* [12] Freisinnigkeit *f*; **~лящий** [17] freisinnig; Freidenker *m*.

свод *m* [1] Zs.-bringen *n*, -stellung *f*; △ Gewölbe *n*; ~ (гражда́нских) зако́нов (bürgerliches) Gesetzbuch *n*.

своди́ть[1] [15], <свести́> [25] herab-, hinab-führen; weg-schaffen, -bringen; zs.-bringen, zs.-führen, -fassen; (*Rechnungen*) abschließen; (*Bekanntschaft*) anknüpfen; ~ концы́ с конца́ми auskommen; ~ на нет herabmindern, zunichte machen; ~ кого́ с ума́ j-m den Kopf verdrehen, j-n verrückt machen; не сводя́ глаз unverwandt, ohne die Augen abzuwenden (с P von); **своди́ть**[2] [15] *pf.* hinführen, hinbringen (u. wieder zurück); **-ся**, <свести́сь> (к Д) sich herausstellen (als), bestehen (in *dat.*); hinauslaufen (auf *ac.*); де́ло сво́дится к тому́, что́бы ... es handelt sich darum, daß ...

сво́дка *f* [5; *g/pl.*: -док] Zs.-stellung; (*Steuer-*)Erhebung; Register *n*; (*Typ.*) Revision(sbogen *m*); ⚔ (Heeres-)Bericht *m*.

сво́дни|к *m* [1], **~ца** *f* [5] Kuppler (-in *f*); **~чать** [1] (zs.-)kuppeln; **~ческий** [16] kupplerisch; **~чество** *n* [9] Kuppelei *f*.

сво́д|ный [14] zs.-gebracht, vereinigt; Stief...; **~ня** P *f* [6; *g/pl.*: -ней] Kupplerin.

сво́дчатый [14] gewölbt; Gewölb(e)...

своё *s.* свой.

свое... (*in Zssgn*) selbst..., eigen... (*s.* само...); **~во́лие** *n* [12] Eigenwille *m*; **~вре́менный** [14] rechtzeitig; **~коры́стие** *n* [12] Eigennutz *m*; **~ко́штный** [14] auf eigene Kosten lebend.

своенра́в|ие *n* [12] Eigensinn *m*; **~ный** [14; -вен, -вна] eigensinnig.

своеобра́зный [14; -зен, -зна] eigentümlich, originell.

свози́ть[1] [15], <свезти́> [24] zs.-fahren; wegfahren, wegschaffen.

свози́ть[2] [15] *pf.* hinfahren, hinbringen (u. wieder zurück).

сво́зка *f* [5] Zs.-fahren *n*; Abfuhr; Wegfahren *n*.

свой *m*: ~, своя́ *f*, своё *n*, свои́ *pl.* [24] eigen(e); (*als reflexives Possessivpronomen bei Zurückbeziehung auf das Subjekt des Satzes, auch*) mein(e), dein(e), sein(e), ihr(e), unser(e), euer(e), *z.B.* я (ты, он *usw.*) про́дал свой сад ich verkaufte meinen (du verkauftest deinen, er verkaufte seinen *usw.*) Garten; стоя́ть на своём auf seinem Kopf (*od.* bei s-r Sache) bestehen; не свои́м го́лосом überlaut; не в своём уме́ überkandidelt, nicht bei Trost; на свои́х на двои́х auf Schusters Rappen; он сам не свой er ist außer sich; называ́ть ве́щи свои́ми имена́ми die Dinge beim richtigen Namen nennen; всему́ своё вре́мя alles zu seiner Zeit.

сво́йский P [16] eigen; по-сво́йски völlig nach seiner Art.

сво́йствен|ник *m* [1], **~ница** *f* [5] Verwandte(r) (*durch Heirat*); **~ный** [14*K.*] eigen(tümlich); ошиба́ться ~но челове́ку (*Spr.*) irren ist menschlich.

сво́йство[1] *n* [9] Eigenschaft *f*, Beschaffenheit *f*.

свойство́[2] *n* [9] Verwandtschaft *f* (*durch Heirat*), Schwägerschaft *f*.

свола́кивать [1], <своло́чь> [26] herunter-, weg-schleppen; zs.-schleppen.

сво́лочь P *f* [8; *g/pl.*: -че́й] Schuft *m*, Halunke *m*; Gesindel *n*, Pack *n*.

сво́ра *f* [5] (Hunde-)Koppel; Pack *n*, Gesindel *n*.

свора́чивать [1], <свороти́ть> [15] *v/t.* weg-, ab-wälzen; *v/i.* ablenken, abkehren, abbiegen (с доро́ги vom Weg).

сво́р|ить [13] (*Hunde*) koppeln; **~ный** [14] gekoppelt.

свороти́ть *s.* свора́чивать.

своя́к *m* [1*e.*] Schwager (*Mann v. der Schwester der Frau*).

своя́си *s.* восвоя́си.

своя́ченица *f* [5] Schwägerin (*Schwester der Frau*).

свыка́ться [1], <свы́кнуться> [21] sich gewöhnen (с T an *ac.*).

свысока́ von oben herab, herablassend.

свы́ше von oben (herab), vom Himmel; ~ ста über (*od.* reichlich) hundert.

свя́з|анность *f* [8] Gebundenheit; **~а́ть** *s.* свя́зывать; **~и́ст** ⚔ *m* [1] Nachrichtenmann; **~ка** *f* [5; *g/pl.*: -зок] Bündel *n*, Bund *n*; Band *n* (*a. Anat.*); (*Gram.*) Satzband *n*, Kopula; **~нóй** ⚔ [14] Melder *m*, Verbindungsmann *m*; **~ность** *f* [8] Bündigkeit, Zs.-hang *m*; **~ный** [14; -зен, -зна] bündig, zs.-hängend; Verband...; **~ывать** [1], <~áть> [3] (ver)binden, verknüpfen; связýющее звенó *n* Bindeglied; я свя́зан слóвом ich bin an mein Wort gebunden; **-ся** sich einlassen (с T mit); **~áть** *pf.* in Fühlung treten.

связь *f* [8; в -зи́] Verbindung, Verknüpfung; Zs.-hang *m*; Band *n*; ⚠ Verband *m*; Post- u. Fernmeldewesen *n*, Nachrichtenwesen *n*; (любóвная Liebes-)Verhältnis *n*; полова́я ~ geschlechtliche Beziehung; мы дéржим ~ wir stehen in Verbindung (с T mit); войска́ *pl.* свя́зи ⚔ Nachrichtentruppen.

святи́лище *n* [11] Heiligtum.

святи́ть [15; -ячý, -яти́шь], <о-> (ein)weihen; heiligen.

свя́тки *f/pl.* [5; *gen.*: -ток] Christwoche *f* (*v. Weihnachten bis zum 6. Januar*); на **свя́тках** in der Weihnachtszeit.

святóй [14; свят, -á, -о] heilig; Heilige(r) *m*; свята́я вода́ *f* Weihwasser *n*; **свята́я** *f* Osterwoche.

святота́тство *n* [9] Frevel *m*; Gotteslästerung *f*.

свя́точный [14] die Christwoche betreffend; Weihnachts...

святó|ша *m/f* [5] Scheinheilige(r); **~шество** *n* [9] Scheinheiligkeit *f*.

свя́тцы *m/pl.* [1] Kirchenkalender *m*.

святы́ня *f* [6] Heiligtum *n*.

свящéнник *m* [1] Geistliche(r); Priester.

свящéнный [14*K*.] heilig, geheiligt.

сгиб *m* [1] Biegung *f*, Krümmung *f*, Bug; Gelenk *n*; Bügelfalte *f*; (*Typ.*) Lage *f* (*gedruckter Bogen*); **~áть** [1], <согнýть> [20] zs.-biegen, krümmen.

сги́нуть F [20] verschwinden; verschollen sein.

сгла́|живать [1], <~дить> [15] glatt machen, glätten; (*fig.*) eb(e)nen, ausgleichen; **-ся** sich ausgleichen lassen; sich verwischen.

сглаз *m* [1] böser Blick (*Aberglaube*); **~ить** [15] *pf.* durch den bösen Blick behexen.

сгнива́ть [1], <сгнить> [сгнию́, сгниёшь; сгнил, сгнилá, -о] (ver-) faulen, verrotten.

сгова́ривать [1], <сговори́ть> [13] (*a. v/i.* с T) überreden; (zur Ehe) versprechen, verloben (дочь за сы́на die Tochter dem Sohn); **-ся** (с T/о П mit *j-m* über *ac.*) übereinkommen, einig werden; (sich) verabreden.

сгóвор *m* [1] Verlobung *f*; Verabredung *f*; Abmachung *f*; **~и́ть** *s.* сгова́ривать; **~чивый** (-ˈvɔr-) [14 *K*.] nachgiebig, leicht zu bereden; он ~чив er läßt mit sich reden.

сгон *m* [1], ˈ**~ка** *f* [5] Zs.-treibung *f*; Weg-, Ver-treibung *f*; Hinabflößung *f*.

сгоня́ть [28], <согна́ть> [сгоню́, сгóнишь; согна́л, -ала́, -о; сóгнанный (-ан, -á, -о)] zs.-treiben; weg-, ver-treiben, -jagen; (hinab)flößen.

сгорáемый [14*K*.] verbrennbar.

сгора́ть [1], <сгорéть> [9] ver-, nieder-brennen; verschmachten (T *od.* от P vor *dat.*); verfaulen (*Getreide*); сгорéвший газ *m* Auspuffgas *n*.

сгоряча́ in der Hitze, im Jähzorn.

сгре|ба́ть [1], <~сти́> [25; *durchweg* б *statt* д, л: -ебý; сгрёб, сгреблá] zs.-harken; weg-harken, -schaufeln; aufgreifen; zs.-scharren; **~бка** (ˈzgɾɔp-) *f* [5] Zs.-harken *n*; ~бки *pl.* Zs.-geharkte(s) *n*.

сгруди́ться F [15; *nur 3. Pers.*: -и́тся] *pf.* sich ansammeln.

сгру|жа́ть [1], <~зи́ть> [15; сгружý, сгрýзишь; сгрýженный *u.* сгружённый] ausladen; ⚓ löschen.

сгрызть [24; *pt. st.*; сгры́зенный] *pf.* zernagen, aufnagen.

сгуби́ть F [14] *pf.* verderben, zugrunde richten.

сгýсток *m* [1; -тка] Gerinnsel *n*, Klumpen.

сгу|ща́ть [1], <~сти́ть> [15; сгущý, сгусти́шь; сгущённый] verdichten, verdicken, kondensieren; komprimieren; **~щéние** *n* [12] Ver-dichtung *f*, -dickung *f*.

сда́бривать [1], <сдóбрить> [13] schmackhafter machen; würzen (*a. fig.*).

сдава́ть [5], <сдать> [сдам, сдашь, сдаст, сдади́м, сдади́те, сдадýт; сдал, -á, сда́ло; сда́нный (-ан, -á)] (*Festung*) übergeben; abgeben, liefern; (*Wohnung*) vermieten; (*Ge-*

päck) aufgeben; (*Karten*) (aus)geben; (*Kleingeld*) herausgeben (*s.* сда́ча); (*Prüfung*) ablegen; *v/i.* nachgeben, nachlassen; **-ся** sich ergeben; -ся в плен sich gefangengeben; [*unpers.*] мне сдаётся es scheint mir, es kommt mir vor, mich dünkt.

сда́вливать [1], <сдави́ть> [14] zs.-drücken, zs.-pressen; сда́вленный го́лос *m* gepreßte Stimme *f*.

сда́точный [14] Ausgabe..., Verteiler...

сда́ча *f* [5] Übergabe; Ablieferung; (Karten-)Geben *n*; (*beim Einkaufen*) (herausgegebenes) Kleingeld *n*, Rest *m*; да(ва́)ть сда́чи heraus-, zurück-, wieder-geben; F (*fig.*) (Schlag um Schlag) zurückschlagen; получи́ть сда́чи (*fig.*) sich eine Abfuhr holen.

сдвиг *m* [1] Schub, Ruck; Verschiebung; Rutsch; Umschwung; (*Geol.*) Erdrutsch; **~а́ть** [1], <сдви́нуть> [20] wegschieben, -rücken; zs.-schieben, zs.-rücken; **-ся** sich ver-[schieben.]

сдвижно́й [14] Schiebe...

сдво́ен|ный [14]: ⚔ **~ные** ряды́ *pl.* Doppelreihe *f*.

сде́л|ать *s.* де́лать; **~ка** *f* [5; *g/pl.*: -лок] Abmachung; Geschäft *n*; Übereinkunft, Vergleich *m*, Abkommen *n*.

сде́ль|ный [14] Stück...; ~но stückweise; ~ная пла́та *f* Akkordlohn *m*; **~щик** *m* [1] Akkordarbeiter; **~щина** *f* [5] Akkordarbeit.

сдёр|гивать [1], <~нуть> [20] herunter-reißen, -ziehen.

сде́ржанный [14*K.*] zurückhaltend, reserviert.

сде́рживать [1], <сдержа́ть> [4] (fest-, zurück)halten; ~ себя́ sich Gewalt antun; ~ смех das Lachen unterdrücken; ~ сло́во sein Wort halten.

сдира́ть [1], <содра́ть> [сдеру́, -рёшь; содра́л, -ала́, -о; со́дранный (-ан, со́драна́, -о)] abreißen; (*Rinde*) abschälen; (*Schularbeit*) abschreiben; (с P/B *j-m et.*) abpressen; F с меня́ мно́го содра́ли man hat mich gehörig übers Ohr gehauen.

сдо́б|а *f* [5] Butter-, Milch-wecken *m*, -brötchen *n*; **~ный** [14; -бен, -бна́, -о] mit Milch, Butter und Eiern zubereitet; ~ная бу́л(оч)ка *f* Butterweck(e *f*) *m*, Milchbrötchen *n*.

сдо́брить *s.* сда́бривать.

сдоброва́ть F [*nur in*: тебе́ du wirst, ему́ er wird *usw.*] не ~ nicht gut an- *od.* weg-kommen, hereinfallen; mit dir (ihm *usw.*) wird es kein gutes Ende nehmen.

сдружи́ться [16; -жу́сь, -жи́шься] *pf.* sich befreunden (с T mit j-m).

сдува́ть [1], <сдуть> [18], *einm.* <сду́нуть> [20] weg-blasen, F -pusten.

сду́ру P aus Dummheit, dummer-, törichter-weise.

сдыха́ть P [1], <сдо́хнуть> [20] krepieren.

сё = сие́; ни то, ни ~ (*fig.*) nicht Fisch noch Fleisch, weder gehauen noch gestochen.

сеа́нс *m* [1] Sitzung *f*; (*Kino*) Vorführung *f*, Vorstellung *f*.

себесто́имость *f* [8] Selbstkosten (-preis *m*) *pl.*, Gestehungskosten *pl.*

себя́ [21] sich; (*bei Zurückbeziehung auf das Subjekt des Satzes a.*) mich, dich, uns, euch; само́ собо́й von selbst; ничего́ себе́ F es geht, so lala; не в себе́ F (*fig.*) nicht ganz bei sich; от себя́ von sich aus, in eigenem Namen; не по себе́ nicht recht wohl, (etwas) unpäßlich; та́к себе so so, so ziemlich, (es geht) einigermaßen; уйти́ к себе́ nach Hause (*od.* in sein Zimmer *usw.*) gehen; он себе́ на уме́ F er hat es faustdick hinter den Ohren; мы дово́льны собо́й wir sind mit uns zufrieden.

себялю́|бец *m* [1; -бца] Selbstling, Egoist; **~би́вый** [14*K.*] selbstisch, egoistisch; **~бие** *n* [12] Selbstsucht *f*, Egoismus *m*; **~бка** *f* [5; *g/pl.*: -бок] Egoistin.

Севасто́поль *m* [4] Sewastopol *n*.

се́вер *m* [1] Nord(en); к ~у gegen Norden, nördlich; на ~е im Norden.

се́веро... (*in Zssgn*) Nord...; **~-восто́к** *m* [1] Nordost(en); **~-за́пад** *m* [1] Nordwest(en).

северя́нин *m* [1; *pl.*: -я́не, -я́н] Nordländer.

севооборо́т ⚘ *m* [1] Saat-, Fruchtfolge *f*.

се́врский [16] aus Sèvres, Sèvres...; ~ фарфо́р *m* Sèvresporzellan *n*.

севрю́|га *f* [5] Sternhausen *m* (*Art Stör*); **~жий** [18] Scherg(e)...

сегме́нт ⚖ *m* [1] Segment *n*, Kreis-, Kugel-abschnitt.

сего́дня (ʂɪ'vɔ-) heute; не ~-за́втра F dieser Tage, in allernächster Zeit; **~шний** [15] heutig; ~шнего дня (числа́) vom heutigen (*od.* dem heutigen) Tag (Datum).
седа́лищ|е *n* [11] Sitz(platz) *m*, Stuhl *m*; (*Anat.*) Gesäß, *der* Hintere; **~ный** [14] Gesäß...; ~ный нерв *m* Ischiasnerv.
седе́ль|ник *m* [1] Sattler; **~ный** [14] Sattel...
седе́ть [8], <по-> grau werden.
седина́ *f* [5] graues Haar *n* (*auf dem Kopf*); ~ в бо́роду, а бес в ребро́ (*Spr.*) Alter schützt vor Torheit nicht.
сед|ла́ть, <о-> [1; осёдланный] satteln; **~ло́** *n* [9; *pl.*: сёдла, сёдел, сёдлам] Sattel *m*.
седлови́на *f* [5] (*Geol.*) Sattel *m*.
седо|боро́дый [14] graubärtig; **~ва́тый** [14*K.*] gräulich, graumeliert; **~воло́сый** [14] grauhaarig; **~голо́вый** [14] grauköpfig; **~й** (-'dɔj) [14; сед, -а́, се́до] grau, grauköpfig; седа́я голова́ *f* Graukopf *m*; седа́я старина́ *f* graues Altertum *n*.
седо́к *m* [1*e.*] Fahrgast, Passagier, Insasse; Reiter.
седьмо́й [14] sieb(en)ter; седьма́я (часть) *f* Sieb(en)tel *n*; ~ час *m* sechs Uhr vorbei.
сеза́м ⚘ *m* [1] Sesam.
сезо́н *m* [1] Saison *f*, Jahreszeit *f*; Kurzeit *f*; (*Thea.*) Spielzeit *f*; боеви́к *m* ~а (Saison-)Schlager; **~ник** *m* [1] Saisonarbeiter; **~ный** [14] Saison...; ~ный биле́т *m* Zeitkarte *f*; ~ный сбор *m* Kurtaxe *f*.
сей *m* [29; сия́ *f*, сие́ *n*, сии́ *pl.*] diese(r), dieses; сим hiermit; при сём anbei; сего́ ра́ди des-halb, -wegen; сего́ го́да (ме́сяца) (*Abk.* с. г. [м]) dieses *od.* des laufenden Jahres (Monats); сию́ мину́ту im Augenblick, (so)gleich, sofort; до сих пор bis jetzt; bis hierher; по сей день bis auf den heutigen Tag.
сейм *m* [1] Land-, Reichs-tag.
сейсмо́|граф *m* [1] Erdbebenmesser; **~логи́ческий** [16] seismologisch; ~логи́ческая ста́нция *f* Erdbebenwarte; **~метр** *m* [1] Seismometer *n*.
сейф *m* [1] Safe, Geldschrank.
сейча́с (so)gleich, sofort, augenblicklich; jetzt (gerade), (so)eben.
секве́стр *m* [1] Sequester, Beschlag (-nahme *f*); **~ова́ть** [7] (*im*)*pf.* sequestrieren, in Beschlag nehmen.
секи́ра *f* [5] (*ehm.*) Streitaxt.
секре́т *m* [1] Geheimnis *n*; ⚔ Versteck *n*; под ~ом im Vertrauen; замо́к *m* с ~ом Geheimschloß *n*; держа́ть в ~е geheimhalten; это — ~ полишине́ля das ist ein öffentliches Geheimnis.
секрета́рь *m* [4*e.*] Sekretär; Protokollführer.
секре́т|ничать [1] geheim(nisvoll) tun; flüstern, tuscheln; **~ный** [14; -тен, -тна] geheim.
сексо́т *m* [1] (секре́тный сотру́дник) Geheimagent, Spitzel.
сексуа́ль|ный [14; -лен, -льна] sexuell, geschlechtlich; ~ное уби́йство *n* Lustmord *m*.
се́кта *f* [5] Sekte.
секта́нт *m* [1] Sektierer.
секу́нд|а *f* [5] Sekunde; **~оме́р** *m* [1] Stoppuhr *f*.
секу́щий [17]: (*Geom.*) секу́щая (ли́ния) *f* Sekante, Schnittlinie.
се́кция *f* [7] Sektion; Bauteil *m*.
селё|дка *f* [5; *g/pl.*: -док] Hering *m*; **~дочный** [14] Herings...
селезё|нка *f* [5; *g/pl.*: -нок] (*Anat.*) Milz; **~ночный** [14] Milz...
се́лезень *m* [4; -зня] Enterich.
селе́ктор ⚡ *m* [1] Stromwähler.
селе́кция ⚒ *f* [1] Selektion, Zuchtwahl.
селе́н ⚗ *m* [1] Selen *n*.
селе́ние *n* [12] Niederlassung *f*, Dorf.
сели́тр|а *f* [5] Salpeter *m*; **~енный** [14] Salpeter...; **~ова́рня** *f* [6; *g/pl.*:-рен] Salpeter-hütte, -siederei.
сели́ть [13] *s.* поселя́ть.
село́ *n* [9; *pl.*: сёла] Kirchdorf, Dorf (*mit Kirche*); ни к селу́, ни к го́роду F fehl am Platz, unpassend, wie die Faust aufs Auge.
сельдере́й ⚘ *m* [3] Sellerie *m od. f*.
се́ль|дь *f* [8; *ab g/pl. e.*: -де́й] Hering *m*; **~дяно́й** [14] Herings...
селько́р *m* [1] (се́льский корреспонде́нт) Dorfkorrespondent.
се́ль|ский [16] ländlich; Land...; Dorf...; **~скохозя́йственный** [14] landwirtschaftlich; **~сове́т** *m* [1] Dorfsowjet.
се́льтер|ский [16]: ~ская (вода́) *f* Selterwasser *n*.
сельцо́ *n* [9; *pl.*: -цы́, -цо́в] kleines Kirchdorf.

сельча́нин *m* [1; *pl.*: -ча́не, -ча́н] Dorf-, Land-bewohner; Landmann, Bauer.
селя́нка *f* [5; *g/pl.*: -нок] Gericht *n* aus Schmorkohl mit Fleisch oder Fisch.
семафо́р 🚂 *m* [1] Semaphor, Signal(anzeiger *m*, -stange *f*) *n*.
сёмга *f* [5] Salm *m*, Lachs *m*.
семе́й|ка *f* [5; *g/pl.*: -е́ек] (*mst iron.*) (kleine)Familie, Sippschaft; **~ный** [14] Familien...; семе́йно mit (der ganzen) Familie; **~ственность** *f* [8] Vetternwirtschaft; **~ство** *n* [9] Familie *f*.
Семён [1] Simon.
семени́стый [14*K*.] samenreich.
семени́ть [13] trippeln; **-ся** ↙ in Samen schießen.
семен|ни́к *m* [1*e*.] Fruchthülle *f*; (*Bio.*) Hoden; **~но́й** [14] Samen...
семе|ри́к *m* [1*e*.] Siebenpud-, Siebentschetwerik-maß *n*, -gewicht *n*; sieben (*z.B. Lichte*) auf ein Pfund; **~ри́чный** [14] siebenfach; **~рка** (-ˈmɔr-) *f* [5; *g/pl.*: -рок] Sieben (*im Kartenspiel*); **~ро** (ˈʂe-) [37] sieben (zusammen); нас бы́ло ~ро wir waren unser sieben; ~ро одного́ не ждут (*Spr.*) wer zu spät kommt, hat das Nachsehen; wer nicht kommt zur rechten Zeit, der muß essen, was übrig bleibt.
семе́стр *m* [1] Semester; **~о́вый** [14] Semester...
се́мечко *n* [9; *pl.*: -чки, -чек, -чкам] (*Frucht*-)Kern *m*.
семи... (*in Zssgn*) sieben..., Sieben...
семидесятиле́тний [15] siebzigjährig.
семи|деся́тый [14] siebzigste(r); ~деся́тая (часть) *f* Siebzigstel *n*; **~кра́тный** [14] siebenmalig; **~ле́тка** *f* [5; *g/pl.*: -ток] siebenklassige Schule; **~ле́тний** [15] siebenjährig.
семина́р *m* [1], **~ий** [3; *prpos/sg.*: -ии] Seminar *n* (*an Universitäten*); **~ия** *f* [7] Seminar *n* (*als Bildungsanstalt*); духо́вная ~ия Priesterseminar *n*.
семисо́тый [14] siebenhundertste(r).
семити́ческий, семи́тский [16] semitisch.
семна́дца|тый [14] siebzehnte(r); ~тая (часть) *f* Siebzehntel *n*; *vgl.* восьмо́й; **~ть** [35] siebzehn.
семь [35] sieben; **ˈ~десят** [35] siebzig; **~со́т** [36] siebenhundert; **ˈ~ю** siebenmal.
семья́ *f* [6; *pl.*: се́мьи, семе́й, се́мьям] Familie.
се́мя *n* [13; *pl.*: -мена́, -мя́н, -мена́м] Same *m*; (*bsd. pl.*) Saat *f*.
сенберна́р (sɛn-) *m* [1] Bernhardiner.
се́ни *f/pl.* [8; *ab gen. e.*: -не́й] (Haus-)Flur *m*.
сенни́к *m* [1*e*.] Heuboden; Heusack.
сенно́й [14] Heu...
се́но *n* [9] Heu; **~ва́л** *m* [1] Heuboden; **~вороши́лка** *f* [5; *g/pl.*: -лок] Heuwender *m*; **~ко́с** *m* [1] Heuschlag; Heuernte(zeit) *f*; **~ко́сец** *m* [1; -сца] Mäher; **~коси́лка** *f* [5; *g/pl.*: -лок] Grasmähmaschine; **~грузчик** *m* [1] Heulader; **~убо́рка** *f* [5] Heuernte; **~фура́ж** *m* [1 *e*.] Heufutter *n*.
сенсаци|о́нный [14] Sensations...; **~я** (-ˈsa-) *f* [7] Sensation, Aufsehen *n*.
сенсибилиза́тор *m* [1] (*Phot.*) Verstärker.
сентя́брь *m* [4*e*.] September; смотре́ть сентябрём verdrießlich (*od.* mißgestimmt) sein.
сенцо́ *n* [9] (*dim.*) Heu.
сень *f* [8; в сени́] Schatten *m*; Schutz *m*.
Се́нька *m* [5], **Се́ня** *m* [6] *dim. v.* Семён.
сепара́тор ⊕ *m* [1] Milchzentrifuge *f*, Milchschleuder *f*.
се́псис (ˈsɛ-) ⚕ *m* [1] Sepsis *f*, Blutvergiftung *f*.
се́ра *f* [5] Schwefel *m*; **~** (в уша́х) Ohrenschmalz *n*.
сера́ль *m* [4] Serail.
серафи́м *m* [1] Seraph.
серви́з *m* [1] Service *n*, Tafelgerät *n*.
сервиров|а́ть [7] (*im*)*pf*. servieren, (bei Tisch) bedienen; **~ка** (-ˈrɔf-) *f* [5] Servieren *n*; Tafel-geschirr *n*, -wäsche.
Серге́й *m* [3], **Се́ргий** *m* [3; *prpos/sg.*: -ии] Sergius.
серде́ч|ко *n* [9] (*bsd. liebkosend*) Herzchen; **~ник** *m* [1] ⊕ Kern (-stück *n*), Herzstück *n*; F Herzleidende(r); ⚕ Herzspezialist; **~ный** [14; -чен, -чна] herz(innig)-lich; Herzens...; ~но von Herzen, herzlich.
серди́|тый [14*K*.] ärgerlich, böse, erzürnt; F scharf, streng (*Kälte*,

Senf); **~ть** [15], <рас-> ärgern, böse machen, erzürnen; **-ся** (на В) sich ärgern (über *ac.*), böse sein (werden) (auf *ac.*), erzürnt sein (werden) (über *ac.*).
сердобо́льный [14; -лен, -льна] barmherzig.
сердоли́к *m* [1] Karneol (*Halbedelstein*).
се́рд|це *n* [11; *pl.*: -дца́, -де́ц, -дца́м] (*Anat.*) Herz; Ärger *m*, Zorn *m*; ⚕ поро́к *m* ~ца Herzfehler; в ~ца́х im Zorn; с ~цем ärgerlich, böse; э́то мне по ~цу das kommt mir (gerade) gelegen; отлегло́ от ~ца F ein Stein fiel mir vom Herzen; скрепя́ ~це mit Widerwillen; ~це ~цу весть подаёт (*Spr.*) gleich und gleich gesellt sich gern; у неё нет ~ца (*fig.*) sie hat kein Herz; положа́ ру́ку на́ ~це F Hand aufs Herz; име́ть ~це F böse sein (на В auf *ac.*); по́ ~цу F nach Wunsch; **~цебие́ние** *n* [12] Herzklopfen; **~циви́на** *f* [5] Herz *n* (*e-s Baumes*); Mark *n*, Gehäuse *n* (*e-r Frucht*); **~цее́д** *m* [1] Don Juan.
сере|бре́ние *n* [12] Versilbern; **~бри́стый** [14*K.*] silberhaltig; silberfarben; **~бри́ть** [13], <вы́-, по-> versilbern; ~брёная бума́га *f* Silberpapier *n*; **-ся** wie Silber glänzen; **~бро́** *n* [9] Silber; Silbergeschirr; Silbermünzen *f/pl.*; рубль *m* ~бро́м Rubel in Silber, Silberrubel; **~бряник** (-ˈʐe-) *m* [1] Silberschmied; **~бряный** (-ˈʐe-) [14] silbern; Silber...; ~бряная сва́дьба *f* Silberhochzeit.
сере|да́ *s.* среда́; **~ди́на** *f* [5], **~дка** (-ˈʐɔt-) P *f* [5; *g/pl.*: -док] (richtige) Mitte; Mittelstück *n*; серёдка на полови́нку P weder gut noch schlecht, weder ja noch nein, nichts Halbes, nichts Ganzes; **~дня́к** *m* [1*e.*] Mittel(stands)bauer.
Серё|жа, ~ж(ень)ка *m* [5] *dim. v.* Серге́й.
серёжка *f* [5; *g/pl.*: -жек] Ohrringchen *n*; ⚘ Kätzchen *n*.
сере́ть [8], <по-> grau werden.
сержа́нт ⚔ *m* [1] Unterfeldwebel; мла́дший ~ Unteroffizier; ста́рший ~ Feldwebel.
сери́йн|ый [14] Serien..., Reihen...; ~ое бомбомета́ние *n* ✈ ⚔ Reihenabwurf *m* (*v. Bomben*); ~ое произво́дство *n* Serienproduktion *f*.
се́рия *f* [7] Serie, Reihe(nfolge), Folge.
сермя́|га *f* [5] Rock *m* aus grobem ungefärbtem Bauerntuch; **~жина** *f* [5] grobes ungefärbtes Bauerntuch *n*.
се́рна *f* [5] Gemse.
серни́|стый [14*K.*] schwef(e)lig, schwefelhaltig; Schwefel...; ~стая ртуть *f* Zinnober *m*.
сернoки́слый [14] schwefelsauer.
се́рный [14] schwef(e)lig; Schwefel...; Ohrenschmalz...
серобу́рый [14] graubraun.
сероводоро́д *m* [1] Schwefelwasserstoff.
серо́зный [14] serös, blutwässerig.
серп *m* [1*e.*] Sichel *f*; ~ и мо́лот Hammer und Sichel (*Wappen der UdSSR*); **~анти́н** *m* [1] Papierschlange *f*, Konfetti *n*; **~ови́дный** [14; -ден, -дна] sichelförmig; **~ови́ще** *n* [11] Sichel-stiel *m*, -griff *m*; **~ово́й** [14] Sichel...
серпя́нка *f* [5] *Art* Gitterleinwand, Kanevas *m*.
серсо́ *n* [*unv.*] Reif(enspiel *n*) *m*.
се́рум *m* [1] Serum *n*.
серча́ть P [1], <о-> *s.* серди́ться.
се́рый [14; сер, -а́, се́ро] grau; Grau...
серьга́ *f* [5; *pl.*: се́рьги, серёг, серьга́м] Ohrring *m*, Ohrgehänge *n*.
серьёз|ный [14; -зен, -зна] ernst(-haft); ~но im Ernst.
се́ссия *f* [7] (*Parlament*) Session, Sitzung(s-periode, -zeit).
сестра́ *f* [5; *pl.*: сёстры, сестёр, сёстрам] Schwester; медици́нская ~ (*Abk.*: мед~) Krankenschwester; на́ша ~ unsereins (*v. Frauen aus gesehen s. a.* брат).
се́стри|н [19] der Schwester gehörig; schwesterlich; Schwester...; **~ца** (-ˈtʐi-), **~чка** (-ˈtʐitʃ-) *f* [5] (liebes) Schwesterchen *n*; ва́ша ~ца Ihr(e) Fräulein (*od.* Frau) Schwester.
сесть *s.* сади́ться.
се́тка *f* [5; *g/pl.*: -ток] Netz *n*; Einkaufsnetz *n*; Haarnetz *n*; Netzmagen *m* (*der Wiederkäuer*); кали́льная ~ Glühstrumpf *m*; тари́фная ~ Tarifstaffelung.
се́товать [7], <по-> wehklagen (о П über *ac.*); (sich be)klagen (на В über *ac.*); *j-m et.* verargen, verdenken (на В/за В).

сéточ|ка *f* [5; *g/pl.*: -чек] kleines Netz *n*, Netzchen *n*.
сéттер ('sɛttɛr) *m* [1] Setter (*Hund*).
сетчá|тка *f* [5; *g/pl.*: -ток] Netzhaut (*im Auge*); **~тый** ('ʂɛt-) [14*K*.] netzförmig; Netz...; **~токрылые** *pl.* (*Zool.*) Netzflügler.
сеть *f* [8; в сетú; *ab g/pl. e.*: -тéй] Netz *n*; (*fig.*) Falle.
сéча *f* [5] Hauen *n*, † Schlacht; ausgehauene Lichtung *od.* Waldstelle.
сечéние *n* [12] Hauen, Peitschen; Prügelstrafe *f*; (*Anat.*) Zergliederung *f*; (*Chir.*, *Geom.*) Schnitt *m*.
сéчка *f* [5; *g/pl.*: -чек] Hackmesser *n*; Häckerling *m*, Häcksel *m od. n*.
сечь[1] [26; *pt. st.*; сéченный], <вы́-, по-> (zer)hacken; hauen, geißeln, peitschen; **-ся** sich spalten (*Haare*); sich fasern (*Stoffe*).
Сечь[2] *f* [8]: Запорóжская ~ (*ehm.*) Kriegslager *n* (*od.* Freistätte) der Saporoger.
сéялка *f* [5; *g/pl.*: -лок] Sämaschine.
сéянец ♂ *m* [1; -нца] Sämling.
сéянка *f* [5] feingesiebtes Mehl *n*.
сéятель *m* [4] Säer, Sämann.
сéять [27] **1.** <по-> säen; **2.** <про-> (durch)sieben.
сжáлиться [13] *pf.* (над Т) sich *j-s* erbarmen, Mitleid haben (mit).
сжá|тие *n* [12] Zs.-drücken, -pressen; Verdichtung *f*; ~тие землú Abplattung *f* der Erde; **~тость** *f* [8] Gedrängtheit (*des Stiles*); **~тый** [14] gedrängt, kurz, knapp; (*Gram.*) ~тый звук *m* geschlossener Laut; ~тый вóздух *m* Druck-, Preß-luft *f*; **~ть** *s.* сжимáть.
сжечь *s.* сжигáть.
сживáть F [1], <сжúть> [сживý, -вёшь; сжил, -á, -о; сжúтый (-úт, -á, -о)] *j-n* vergraulen F; ~ со свéта F ins Jenseits befördern; **-ся** (с Т) sich einleben (mit) *od.* gewöhnen (an *ac.*).
сжигáть [1], <сжечь> [26; г, ж *statt* к, ч: сожгý, сожжёшь; сожжённый] verbrennen; niederbrennen; feuerbestatten, einäschern.
сжúженный ⚗ [14] verflüssigt.
сжимáть [1], <сжать> [сожмý, -мёшь; сжáтый] zs.-drücken, -pressen, -drängen, verdichten; ⊕ komprimieren; (~ рýку в кулáк die Hand) (zs.-)ballen; *vgl.* сжáтый.
сжить *s.* сживáть.
сзáди von hinten; (P) hinter; éхать ~ hinterherfahren.
сзывáть [1], <созвáть> [созовý, -вёшь; созвáл, -алá, -о; сóзванный (-ан, -á, -о)] zs.-, einbe-rufen, einladen.
сиáмец *m* [1; -мца] Siamese.
сибарúт *m* [1] Sybarit, Weichling; **~ство** *n* [9] Weichlichkeit *f*; **~ствовать** [7] ein weichliches Leben führen, schwelgen.
сибúр|ка *f* [5; *g/pl.*: -рок] *Art* Kaftan *m*; (*mst* ~ская я́зва *f*) Milzbrand *m* (*der Rinder*); **~ский** sibirisch; ~ский кедр *m* Zirbel(kiefer) *f*; **Ꮭь** *f* [8] Sibirien *n*; **~я́к** *m* [1*e.*], **~я́чка** *f* [5; *g/pl.*: -чек] Sibirier(in *f*).
сúвка *f* [5; *g/pl.*: -вок] Grauschimmel *m*.
сивý|ха *f* [5] schlechter Branntwein *m*, Fusel(schnaps) *m*; **~шный** [14] Fusel...
сúвый [14] dunkel-, schwarz-grau.
сиг *m* [1*e.*] Schnäpel (*Fisch*).
сиганýть P [20] *pf.* springen.
сигáр|а *f* [5] Zigarre; **~éт(к)а** *f* [5; (*g/pl.*: -ток)] Zigarette; **~очница** *f* [5] *s.* портсигáр.
сигнáл *m* [1] Signal *n*, Zeichen *n*; **~изúровать** [7] (*im*)*pf.*, *a.* <про-> signalisieren, ankünd(ig)en; **~ьный** [14] Signal..., Alarm..., Warn...; ~ьная стáнция *f* Meldestation.
сигнатýра *f* [5] Etikett *n* (*e-s Medikamentes*).
сигóвый [14] Schnäpel...
сидéлка *f* [5; *g/pl.*: -лок] Krankenwärterin.
сидéние *n* [12] Sitzen.
сúдень *m* [4; сúдня] Stubenhocker; **~е** (-'ɖeɲjɛ) *n* [10] Sitz(platz) *m*; откиднóе ~е Klappsitz *m*.
сидéть [11; сúдя], (*Iter.*) сúживать [1; *pr. ungbr.*] sitzen (за Т an *dat. od.* bei); сúдмя ~ (дóма) beständig *od.* wie angenagelt (zu Hause) sitzen *od.* hocken; сидéть за кнúгами über den Büchern sitzen; емý не сидúтся er hat kein Sitzfleisch; ~ неглубокó ⚓ geringen Tiefgang haben; ~ (как рак) на мéли F (*fig.*) auf dem trock(e)nen sitzen.
сидр *m* [1] Zider, Apfelwein.
сидя́чий [17] sitzend; сидя́чая вáнна *f* Sitzbad *n*.
сúживать *s.* сидéть.

сизи́фов [19]: ~ труд *m* Sisyphusarbeit *f*.
си́зый [14; сиз, -á, -o] taubenfarbig, -grau, graublau.
сикомо́р ⚘ *m* [1] Bergahorn.
си́ла *f* [5] Kraft; Macht; Gewalt; си́лой mit Gewalt; in e-r Stärke (von в В); в си́лу (Р) kraft, infolge (von); я не в си́лах ich habe nicht die Kraft, ich bin nicht imstande; э́то мне не по си́лам *od.* не под си́лу das geht über meine Kräfte; он че́рез си́лу хо́дит er kann kaum gehen; есть че́рез си́лу mit Widerwillen essen; входи́ть в си́лу in Kraft treten; сил нет F sehr, über die Maßen; обра́тная ~ rückwirkende Kraft (*des Gesetzes usw.*); си́лой до ро́ты ⚔ etwa in Kompaniestärke; вра́жья (*od.* нечи́стая) ~ Teufel *m*, böser Geist *m*.
сила́ч *m* [1 *e.*; *g/pl.*: -е́й] sehr starker Mann, Kraftmensch, Athlet.
силе́з|ец *m* [1; -зца] Schlesier; **2ия** *f* [7] Schlesien *n*; **~ка** *f* [5; *g/pl.*: -зок] Schlesierin *f*.
си́литься F [13] sich anstrengen.
силко́м P mit Gewalt.
силово́й [14] Kraft...
сило́к *m* [1; -лка́] (Fang-)Schlinge *f*.
силоме́р *m* [1] Kraftmesser.
си́лос ⚒ *m* [1] Silo; Silofutter *n*; **~ова́ть** [7] (*im*)*pf*., *a.* <за-> silieren, in Silos einsauern.
си́льный [14; си́лен *u.* силён, сильна́, -o] stark, kräftig; mächtig; heftig, tüchtig; как си́льно wie sehr.
си́мвол *m* [1] Symbol *n*, Sinnbild *n*; **~изи́ровать** [7] versinnbildlichen; **~и́ческий** [16] symbolisch, sinnbildlich.
Симео́н *m* [1] Sim(e)on.
симметри́|чный [14; -чен, -чна] symmetrisch, ebenmäßig; **~я** (-ˈme-) *f* [7] Symmetrie, Ebenmaß *n*.
симпа|тизи́ровать [7] sympathisieren (Д mit); **~ти́чный** [14; -чен, -чна] sympathisch; **~тия** (-ˈpa-) *f* [7] Sympathie.
симу|ли́ровать [7] (*im*)*pf*. simulieren, vortäuschen; **~ля́нт(ка** *f*) *m* [1; (5; *g/pl.*: -ток)] Simulant (-in *f*); **~ля́ция** *f* [7] Simulation, Verstellung.
симфони́|ческий [16] symphonisch; Symphonie...; **~я** ♪ (-ˈfɔ-) *f* [7] Symphonie.
синаго́га *f* [5] Synagoge, jüdisches Gotteshaus *n*.
синдетико́н *m* [1] Syndetikon *n*.
си́ндик *m* [1] Syndikus.
синева́ *f* [5] Blau *n*, Bläue; ~ под глаза́ми dunkle Ränder *m/pl.* unter den Augen; **~тый** [14*K*.] bläulich.
сине́ль ⚘ *f* [8] Chenille.
синеро́д *m* [1] Zyan(ogen) *n*.
сине́ть [8], <по-> blau werden *od.* (er)scheinen.
синеше́йка *f* [5; *g/pl.*: -е́ек] (*Zool.*) Blaukehlchen *n*.
си́ний [15; синь, синя́, си́не] (dunkel)blau; ~ каранда́ш *m* Blaustift.
сини́льный [14] zum Blaufärben gehörig; ⚗ сини́льная кислота́ *f* Blausäure.
сини́ть [13], <под-> blau färben.
сини́|ца *f* [5] (*Zool.*) Meise; **~чка** *f* [5; *g/pl.*: -чек] kleine Meise.
сино́д *m* [1] Kirchenversammlung *f*, Synode *f*; (*ehm.*) Synod (*oberster russischer Kirchenrat*).
сино́лог *m* [1] (*Ling.*) Sinologe.
сино́ним *m* [1] Synonym *n*, sinnverwandtes Wort *n*; **~и́ческий** [16] synonym(isch), sinnverwandt.
си́нтак|сис *m* [1] (*Gram.*) Syntax *f*, Satzlehre *f*; **~си́ческий** [16] syntaktisch.
си́нтез *m* [1] Synthese *f*, Zs.-setzung *f*.
синхрон|иза́ция *f* [7] Synchronisierung; **~ный** (-ˈxrɔn-) [14] synchronisiert.
синь *f* [8] Blau *n*, Bläue; **~ка** *f* [5] (Wasch-)Blau *n*; Bläuen *n*.
синю́ха ⚕ *f* [5] Blausucht, Zyanose.
синя́к *m* [1 *e.*] blauer Fleck (*v. Hieb*).
сип|е́ть [10; -плю́, -пи́шь] heiser sprechen; **~лый** (ˈşi-) [14; сипл, -ла́, си́пло] heiser; **~нуть** (ˈşip-) [21], <о-> heiser werden.
Сираку́зы *f/pl.* [5] Syrakus *n*.
сире́на *f* [5] (*Myth.*) Sirene (*a. fig.*), Nebelhorn *n*.
сире́н|ёвый [14] Flieder...; **~ь** ⚘ *f* [8] (spanischer) Flieder *m*.
си́речь nämlich.
сири́ец *m* [1; -и́йца] Syrier.
Си́рия *f* [7] Syrien *n*.
сиро́п *m* [1] Sirup.
сиро|та́ *m/f* [5; *pl.*: сиро́ты] Waise(nkind *n*) *f*; кру́глый (*f* кру́глая) **~та́** Elternlose(r); де́ти-сиро́ты verwaiste Kinder *n/pl.*; **~те́ть** [8], <о-> verwaisen.
си́рый [14; сир, -á, -o] verwaist.

систе́ма *f* [5] System *n*; (*hist.*) континента́льная ~ Kontinentalsperre; метри́ческая ~ Metersystem *n*; **~тик** (-ˈma-) *m* [1] Systematiker; **~ти́ческий** [16], **~ти́чный** [14; -чен, -чна] systematisch, planmäßig.

си́стола ⚕ *f* [5] Systole.

си́тец *m* [1; -тца] Zitz, Möbelkattun.

си́течко *n* [9; *g/pl.*: -чек] (ча́йное Tee-)Sieb(chen).

си́тник *m* [1] Brot *n* von gebeuteltem Mehl; ⚘ Binse *f*.

си́тный [14] gebeutelt, (durch-)gesiebt; ~ хлеб *m* Brot *n* von gebeuteltem Mehl.

си́то *n* [9] Sieb.

ситуа́ция *f* [7] Situation, Lage, Zustand *m*.

си́тцевый [14] zitzen; Zitz...

сифо́н ⊕ *m* [1] Saugheber, Heber; Siphon(flasche *f*) (*für Mineralwasser*.

Сици́лия *f* [7] Sizilien *n*.

сия́ние *n* [12] Glanz *m*, (Heiligen-)Schein *m*; се́верное ~ Nordlicht.

сия́ть [28] glänzen, scheinen, strahlen (T *od.* от P vor *Freude usw.*).

скабрёзный [14; -зен, -зна] schlüpfrig, zotig.

сказа́ние *n* [12] Sage *f*; Erzählung *f*; ~ (о геро́ях) Heldensage *f*.

сказа́ть *s.* говори́ть, ска́зывать.

ска́зка *f* [5; *g/pl.*: -зок] Märchen *n* (о П von).

ска́зоч|ник *m* [1] Märchenerzähler; **~ный** [14; -чен, -чна] märchenhaft; Märchen...

сказу́емое [14] (*Gram.*) Prädikat *n*, (Satz-)Aussage *f*.

ска́зывать [1], <сказа́ть> [3] sagen (*vgl.* говори́ть); erzählen; **-ся** nachwirken, sich äußern (в П in *dat.*); sich ausgeben (T für); -ся больны́м sich krank melden.

скака́лка *f* [5; *g/pl.*: -лок] Springschnur (*Spiel*).

скака́ть [3] **1.** <по-> springen, hüpfen; galoppieren; **2.** <скакну́ть> [20] einen Sprung machen.

скаково́й [14] Wettrenn..., Renn...

скаку́н *m* [1 *e.*] Springer; Renner (*Pferd*); (*Zool.*) Sandkäfer.

скала́¹ *f* [5; *pl. st.*] Fels *m*, Felsen *m*.

ска́ла² † *f* [5] *s.* шкала́.

скали́стый [14*K.*] felsig; Felsen...

ска́лить [13] *s.* оска́ливать.

ска́лка ⊕ *f* [5; *g/pl.*: -лок] Teigrolle; Mangelholz *n*.

скалозу́б *s.* зубоска́л.

ска́лывать [1], <сколо́ть> [17] abspalten; (*mit Nadeln*) zs.-stecken; (*Muster*) abstechen.

ска́льп|ель *m* [4] (*Chir.*) Skalpell *n*, Zergliederungs-, Sezier-messer *n*; **~и́ровать** [7] (*im*)*pf.* skalpieren, die Kopfhaut herunterziehen.

скаме́ечка *f* [5; *g/pl.*: -чек] Bänkchen *n*, Schemelchen *n*.

скаме́йка *f* [5; *g/pl.*: -е́ек] (kleine) Bank, Bänkchen *n*, Schemel *m*, Sitz *m*.

скамья́ *f* [6; *pl.*: ска́мьи́, скаме́й] (*Sitz-*)Bank; ~ подсуди́мых Anklagebank; со шко́льной скамьи́ frisch von der Schulbank.

сканда́льный [14; -лен, -льна] skandalös, anstößig; händelsüchtig.

скандина́в *m* [1] Skandinavier; **2ия** *f* [7] Skandinavien *n*.

сканди́ровать [7] skandieren, nach den Versfüßen lesen.

ска́пливать [1], <скопи́ть> [14] anhäufen, ansammeln, zs.-sparen.

скапу́титься P [15] *pf.* kaputt gehen, umkommen, verrecken P.

скарб *m* [1] ([altes] Haus-)Gerät *n*; весь ~ Siebensachen *f/pl.*

ска́ред F *m/f* [1] Knauser(in *f*), Knicker(in *f*); **~ничать** [1] knausern, knickern; **~ность** *f* [8] Knausrigkeit, Knickrigkeit; **~ный** [14; -ден, -дна] knausrig, knickrig.

скарифици́ровать ⚒ [7] (*im*)*pf.* skarifizieren, den Boden tief auflockern.

скарлати́на ⚕ *f* [5] Scharlach (-fieber *n*) *m*.

ска́рмливать [1], <скорми́ть> [14] verfüttern.

скат *m* [1] Hinunterrollen *n*; Abhang; Abdachung *f*; Gefälle *n* (*e-s Flusses*); (*Zool.*) Rochen; Radsatz.

ската́ть *s.* ска́тывать.

ска́терт|ный [14] Tischtuch...; **~ь** *f* [8; *ab g/pl. e.*: -те́й] Tischtuch *n*.

скати́ть *s.* ска́тывать.

ска́тка ⚔ *f* [5; *g/pl.*: -ток] gerollter Mantel *m*.

ска́тный [14] abgerundet, rund.

ска́тывать [1] **1.** <скати́ть> [15] hinunter-, hinab-rollen; **2.** <ската́ть> [1; ска́танный] zs.-rollen.

скафа́ндр *m* [1] Taucheranzug; ✈ Überdruckanzug.

ска́чка *f* [5; *g/pl.*: -чек] Springen *n*; Galoppieren *n*; Wettrennen *n*; ме́сто *n* ска́чек Rennplatz *m*; (ко́нные) ска́чки *pl.* Pferderennen *n*; ска́чки с препя́тствиями Hindernisrennen *n*; игра́ *f* на ~х Wette (*beim Pferderennen*).
скачкообра́зный [14; -зен, -зна] sprunghaft.
скачо́к *m* [1; -чка́] Sprung.
ска́шивать [1] abschrägen, schräg machen; *s.* коси́ть.
ска́щивать P [1], <скости́ть> [15; скощу́, скости́шь; скощённый] ab-, nach-lassen (*Preis*).
сква́жи|на *f* [5] (*schmale*) Öffnung, Loch *n*, Riß *m*; Pore; замо́чная ~на Schlüsselloch *n*; **~стый** [14*K.*] porös, durchlässig.
скваль́іга F *m/f* [5] Geizkragen.
сквер *m* [1] Square *n*, (viereckiger) Platz, Stadtpark, Grünanlage *f*.
сквернносло́в|ие *n* [12] unzüchtige Reden *f/pl.*; **~ить** [14] unzüchtige Reden führen, F schweinigeln.
скве́рный [14; -рен,- рна́, -о] häßlich, garstig, schlecht.
сквита́ться P [1] *pf.* (с T j-m) mit gleicher Münze heimzahlen, abrechnen, quitt werden (sein).
сквоз|и́ть [15; *nur 3. Pers.*: -и́т] durchscheinen; ziehen (*Wind*); (*fig.*) durchblicken; ~и́т es zieht; **~но́й** [14] durchscheinend; durchgehend; Durchgangs...; ~на́я брига́да *f* gemischte Brigade; ~но́й ве́тер *m* = **~ня́к** *m* [1*e.*] Zugwind, Zugluft *f*; **~ь** (B) durch; ~ь слёзы unter Tränen.
сквор|е́ц *m* [1; -рца́] (*Zool.*) Star; **~е́чница** (-ʃn-) *f* [5] Starkasten *m*; F (*fig.*) alte Schachtel; **~ка** ('skvɔr-) *f* [5; *g/pl.*: -рок] Starweibchen *n*; **~цо́вый** [14] Star...
ски́дка *f* [5; *g/pl.*: -док] Preisnachlaß *m*, Rabatt *m*.
ски́дывать [1], <ски́нуть> [20] (hin)ab-, hinunter-werfen; zs.-werfen; (*Kleider*) ausziehen; ab-, nach-lassen (с цены́ vom Preis).
скипа́ться ⊕ [*nur 3. Pers.*], <скипе́ться> [10; -пи́тся] gerinnen (*beim Kochen oder Schmelzen*).
ски́петр *m* [1] Zepter *n*.
скипида́р *m* [1] Terpentin(öl) *n*.
скирд *m* [1*e.*], **~а́** *f* [5; *pl.*: ски́рды, скирд, скирда́м] Heuschober *m*; Getreidehaufen *m*; **~ова́ть** [7], <за-> einmieten, in Mieten zs.-stellen (stapeln).
скиса́ть [1], <ски́снуть> [21] sauer werden (*Milch usw.*); F (*fig.*) Trübsal blasen.
скит *m* [1*e.*; в -у́] Einsiedelei *f*.
скита́|лец *m* [1; -льца] (heimatloser) Wanderer, Landstreicher; Wandervogel; **~ться** [1] (heimatlos) umher-streichen, -wandern.
ски́тни|к *m* [1] Einsiedler; **~ческий** [16] einsiedlerisch.
скиф *m* [1] Skythe.
склад *m* **1.** [1] Niederlage *f*, Lager *n*; Speicher; Weise *f*, Verfassung *f*, Charakter; Zs.-hang; ~ ору́жия Waffendepot *n*; вое́нный ~ Munitionslager *n*; душе́вный ~ Mentalität *f*, Geistesverfassung *f*; ни ~у, ни ла́ду weder Sinn noch Verstand; **2.** [1; *pl. e.*: -ы́] Silbe *f*; чита́ть по ~а́м buchstabieren; **~и́ровать** [7] (*im*)*pf.* einlagern; **~ка** *f* [5; *g/pl.*: -док] Zs.-legung; Falte (*am Kleid*); Runzel; ю́бка *f* в ~ку Faltenrock *m*; **~но́й** [14] zum Zs.-legen eingerichtet, zs.-legbar; Klapp...; ~на́я ло́дка *f* Faltboot *n*; **'~ный** [14; -ден, -дна́, -о] übereinstimmend, ebenmäßig; zs.-hängend, bündig; gewandt, fließend (*Rede*); **'~очка** *f* [5; *g/pl.*: -чек] Fältchen *n*; **'~очный** [14] Lager..., Stapel...; Einlage...; **'~чатый** [14] Falten...; ~чатые го́ры *pl.* Faltengebirge *n*; **'~чина** *f* [5] Beisteuer, Beitrag *m*, Kollekte; в ~чину auf gemeinsame Kosten; **'~ывать** [1], <сложи́ть> [16] zs.-rechnen; zs.-stellen, komponieren, dichten; ab-, nieder-legen; aufstapeln; zs.-legen, zs.-klappen, (zs.-) falten; сиде́ть сложа́ (*od.* сложи́в) ру́ки die Hände in den Schoß legen, müßig sitzen; сложи́ть ору́жие die Waffen strecken; сложи́ть го́лову den Kopf kosten, sein Leben lassen; **-ся** sich gestalten, sich fügen.
склёвывать [1], <склева́ть> [6; склюю́, -юёшь] aufpicken.
скле́ивать [1], <скле́ить> [13] zs.-kleben, -leimen.
склеп *m* [1] (Grab- *usw.*) Gewölbe *n*; **~ка** ('skʎɔp-) *f* [5] Vernieten *n*; **~ывать** ('skʎɔ-) [1], <~а́ть> [2] zs.-, ver-nieten.

склеро́з ⚕ *m* [1] Sklerose *f*, Verkalkung *f*, Verhärtung *f*.
скли́зкий P [16] *s.* ско́льзкий.
скли́кать F [1] zs.-rufen, -trommeln F.
скло́ка *f* [5] Hader *m*, Zankerei, P Stänkerei.
склон *m* [1] Böschung *f*, Abhang; на ~е лет am Lebensabend, abwärts; **~е́ние** *n* [12] Neigung *f*; (*Gram.*) Deklination *f*; Abweichung *f* (*der Magnetnadel*); **'~ность** *f* [8] Neigung, Geneigtheit; (*fig.*) Anlagen *pl.*; **'~ный** [14; -о́нен, -онна́, -о] geneigt (к Д zu); **~я́емый** [14] deklinierbar; **~я́ть** [28] **1.** <~и́ть> [13; -оню́, -о́нишь; -онённый] (nieder)beugen, senken; (к Д *od.* на В) bewegen (zu), gewinnen (für); **2.** <про-> (*Gram.*) (durch)deklinieren; **-ся** sich beugen, sich neigen; sich bewegen lassen (к Д *od.* на В zu); abweichen (*Magnetnadel*).
скло́чи|вать [1], <~ть> [16] zerzausen, verfilzen.
скло́чник *m* [1] Zänker, P Stänker.
скля́нка *f* [5; *g/pl.*: -нок] Gläschen *n*; (*Arznei- usw.*) Fläschchen *n*; ⚓ Sand-uhr, -glas *n*; ⚓ Glas *n* (= ½ *Stunde*); бить склянки ⚓ glasen.
скоба́ *f* [5; *pl.*: ско́бы, скоб, скоба́м] Klammer, Krampe, Bügel *m*; ⚓ Schäkel *m*.
ско́бель *m* [4] Schab-eisen *n*, -messer *n*.
ско́бка *f* [5; *g/pl.*: -бок] kleine Klammer; (*Typ.*) Klammer, Parenthese; (по)ста́вить в ~х einklammern, in Parenthese setzen; скажу́ в ~х F nebenbei gesagt.
скобли́ть [13; -облю́, -о́бли́шь; -о́бленный] schaben.
ско́бочка *f* [5; *g/pl.*: -чек] kleine Klammer.
скобяно́й [14]: ~ това́р *m* Eisenwaren *f/pl.*
сковоро|да́ *f* [5; *pl.*: ско́вороды, сковоро́д, -да́м] (Brat-)Pfanne; **~день** ⊕ ('skɔ-) *m* [4; -дня] (*Zimmerei*) Schwalbenschwanz; **~дка** (-'rɔt-) *f* [5; *g/pl.*: -док], **~дочка** (-'rɔ-) *f* [5; *g/pl.*: -чек] kleine Bratpfanne.
ско́вывать [1], <скова́ть> [7; скую́, скуёшь] zs.-schmieden; fesseln.
сковы́|ривать [1], <~ря́ть> [28], *einm.* <~рну́ть> [20] abklauben, abkratzen.

скола́чивать [1], <сколоти́ть> [15] zs.-schlagen; zs.-sparen.
ско́лок F *m* [1; -лка] (*fig.*) Abklatsch.
сколо́ть *s.* ска́лывать.
сколь wieviel; wie sehr; ~ ни wie (*od.* so) sehr auch.
скольз|и́ть [15; -льжу́, -льзи́шь], <~ну́ть> [20] (aus)gleiten, (aus)rutschen; **'~кий** [16; -зок, -зка́, -о] glatt, schlüpfrig (*a. fig.*); **~я́щий** [17] Gleit...; ~я́щий башма́к ⊕ *m* Gleitschuh.
ско́лько [32] wieviel; wie sehr; soviel (*cj.*); **~-нибудь** (nur) ein wenig, einigermaßen; **~-то** soundso viel.
скоморо́х *m* [1] Possenreißer, Hanswurst; (*hist.*) wandernder Sänger.
скоморо́шество *n* [9] Possenreißerei *f*; **~вать** [7] Possen reißen.
конча́|ние *n* [12] Beend(ig)ung *f*, Ende; **~ться** [1] *pf.* end(ig)en; sterben, verscheiden.
скоп *m* [1] Anhäufung *f*; ско́пом gemeinschaftlich; моло́чные ~ы *pl.* Milchprodukte *n/pl.*
скопе́ц *m* [1; -пца́] Verschnittene(r), Kastrat; скопцы́ *pl.* Skopzen (*Sekte*).
скопидо́м F *m* [1] sparsamer Hauswirt, Knauser.
скопи́ть *s.* ска́пливать.
ско́пище *n* [11] Schar *f*, Bande *f*.
скопле́ние *n* [12] Anhäufung *f*; Andrang *m* (*des Publikums*).
скорб|е́ть [10; -блю́, -би́шь] betrübt (*od.* traurig) sein, sich grämen; ~я́щий betrübt; **~ный** ('skɔrb-) [14; -бен, -бна] traurig, betrübt, gramvoll, vergrämt; ~ный дом *m* Trauerhaus *n*; ~ный лист *m* Kranken-bericht, -liste *f*.
скорбь *f* [8; *ab g/pl. e.*: -бе́й] Betrübnis, Gram *m*, Kummer *m*; мирова́я ~ Weltschmerz *m*.
скорлуп|а́ *f* [5; *pl.*: -у́пы] (*Nuß- usw.*) Schale; **~ка** (-'łup-) *f* [5; *g/pl.*: -пок] dünne Schale.
скорми́ть *s.* ска́рмливать.
скорня́|к *m* [1*e.*] Kürschner; **~чество** *n* [9] Kürschnerhandwerk.
скороговó́рка *f* [5; *g/pl.*: -рок] Schnellsprechen *n*, zungenbrecherisches Wort *n*; говори́ть скорогово́ркой die Worte heraussprudeln.
скоро́мный [14; -мен, -мна] zur Fastenzeit verboten; Fleisch...; (*fig.*) schlüpfrig, zweideutig.

скоро|пали́тельный F (*ver.*) [14; -лен, -льна] eilfertig; **~пись** ('skɔ-) *f* [8] Schnellschrift; Stenographie, Kurzschrift; **~по́ртящийся** [17] leicht verderblich; **~пости́жный** [14; -жен, -жна] plötzlich (*Tod*); **~преходя́щий** [17] schnell vorübergehend, vergänglich; **~спе́лка** *f* [5; *g/pl.*: -лок] frühreife Frucht; ⚘ Schlüsselblume; **~спе́лый** [14*K.*] frühreif; übereilig; **~стре́лка** ⚔ *f* [5; *g/pl.*: -лок] Schnellfeuergeschütz *n*; **~сть** ('skɔ-) *f* [8; *ab g/pl. e.*: -те́й] Schnelligkeit, Geschwindigkeit; в ~сти P in Bälde; груз *m* большо́й ~сти in (*od.* als) Eilfracht; **~сшива́тель** *m* [4] Schnellhefter; **~те́чный** [14; -чен, -чна] schnell verlaufend *od.* vorübergehend, vergänglich; ⚕ ~те́чная чахо́тка *f* galoppierende Schwindsucht; **~хо́д** *m* [1] Schnelläufer; сапоги́ *pl.* ~хо́ды Siebenmeilenstiefel (*im Märchen*).

ско́|рый [14; скор, -á, -о; -ée] schnell, geschwind, rasch; baldig (*adv.* ~po bald); Schnell..., Eil...; в ~ром вре́мени demnächst, binnen kurzem; ~pée schnell(er); vielmehr, eher; lieber; как мо́жно (сколь возмо́жно *od.* по возмо́жности) ~pée so bald wie (*od.* als) möglich, möglichst bald; ~pée всего́ F sehr wahrscheinlich; на ~рую ру́ку F flüchtig, nachlässig; како́й ты ~рый, сра́зу всё не де́лается! was bist du bloß ungeduldig, es geht nicht alles auf einmal!

скос *m* [1] (Ab-)Schrägung *f*.

скости́ть *s.* ска́щивать.

скот *m* [1*e.*] Vieh *n*; кру́пный рога́тый ~ Rindvieh *n*; ме́лкий ~ Kleinvieh *n*; **~и́на** *f* [5] (Stück) Vieh *n*; Rindvieh *n* (*als Schimpfwort*); **'~ник** *m* [1] Viehknecht; **'~ница** *f* [5] Viehmagd.

ското|бо́йня *f* [6; *g/pl.*: -бен] Schlachthof *m*; **~во́д** *m* [1] Viehzüchter; **~во́дство** *n* [9] Viehzucht *f*; **~ло́жство** *n* [9] Sodomie *f*; **~пригóнный** [14]: ~пригóнный двор *m* Vieh-hof, -markt; **~промы́шленник** *m* [1] Viehhändler.

скóт|ский [16] viehisch; Vieh...; (по-)скóтски wie ein (Stück) Vieh; **~ствó** *n* [9] viehisches Wesen.

скоше́ние *n* [12] Mähen.

скра́дывать [1], ‹скрасть› [25; *pt. st.*] stehlen, entwenden; verheimlichen, verschleiern; **-ся** sich verstecken, sich verschleiern.

скра́ивать *s.* кроить.

скра́|шивать [1], ‹~сить› [15] beschönigen.

скреб|ни́ца *f* [5] Striegel *m*; **~óк** ⊕ *m* [1; -бкá] Schab-, Kratz-eisen *n*, Schaber.

скре́жет *m* [1] (зубо́вный Zähne-) Knirschen *n*; **~áть** [3; скрещу́, скре́щешь] knirschen (зуба́ми mit den Zähnen).

скре́|па *f* [5] Befestigung; Bekräftigung, Gegenzeichnung, Mitunterschrift; ⊕ Verband *m*; ⚠ Maueranker *m*; **~пка** *f* [5; *g/pl.*: -пок] Briefklammer, Büroklammer; **~пля́ть** [28], ‹~пи́ть› [14; -плю́, -пи́шь; -плённый] befestigen; bekräftigen; (*fig.*) ~пля́ть се́рдце dem Herzen e-n Stoß geben, sich Zwang antun.

скрести́ [25; скребу́, скребёшь; скрёб, скребла́] schaben, kratzen.

скре́щивать [1], ‹скрести́ть› [15; -ещу́, -ести́шь; -ещённый] kreuzen, über Kreuz legen.

скрип *m* [1] Knarren *n*, Geknarre *n*.

скрипа́ч *m* [1*e.*; *g/pl.*: -éй] Geiger, Violinspieler.

скрип|е́ть [10; -плю́, -пи́шь], *einm.* ‹~нуть› ('skŗip-) [20] knarren; kratzen; knirschen; больно́й ещё скрипи́т F (*scherz.*) der Kranke hält sich *od.* macht's immer noch F.

скри́пка *f* [5; *g/pl.*: -пок] Geige, Violine.

скрипу́чий [17*K.*] knarrend.

скрипчо́нка *f* [5; *g/pl.*: -нок] schlechte Geige, Fiedel.

скро́м|ник *m* [1] Bescheidene(r); **~ничать** [1] bescheiden sein *od.* tun; **~ный** [14; -мен, -мнá, -о] bescheiden.

скру́пул *m* [1] Skrupel (*Apothekergewicht* = 1,25 *Gramm*).

скру́|чивать [1], ‹~ти́ть› [15] zs.-drehen; festbinden; schnell verrichten.

скры|ва́ть [1], ‹скрыть› [22] verheimlichen, -bergen, -stecken; скры́тый versteckt, verdeckt; gebunden, latent; **-ся** verschwinden, F sich drücken; **'~тие** *n* [12] Verheimlichung *f*, Verbergung *f*.

скры́тни|к *m* [1] verschlossener Mensch; **~чать** [1] verschlossen sein, geheimtun.

скры́т|ность *f* [8] Verschlossenheit, Geheimtuerei; в **~ности** im verborgenen, im geheimen; **~ный** [14; -тен, -тна] verschlossen, verborgen, geheim, heimlich.
скрыть *s.* скрыва́ть.
скрю|чивать [1], <**~чить**> [16] krummbiegen, krümmen; bedrängen.
скря́га *m/f* [5] Geizige(r), Knauser(in *f*).
скряж|ничать [1] geizig sein, knausern; не **~ничать** sich nicht lumpen lassen; **~ничество** *n* [9] Geiz *m*, Knauserei *f*.
скуде́ть [8], <о-> sich erschöpfen, ausgehen, knapp werden.
ску́дный [14; -ден, -дна́, -о] dürftig, armselig, ärmlich; schmal, mager (*Kost*).
скудоу́м|ие *n* [12] Schwachköpfigkeit *f*; **~ный** [14; -мен, -мна] schwach-köpfig, -sinnig.
ску́ка *f* [5] Langeweile, Trübsinn *m*; зелёная ~ Gähnkrampf *m*.
скула́ *f* [5; *pl. st.*] Backenknochen *m*; **~стый** [14*K.*] mit hervorstehenden Backenknochen.
скули́ть F [13] kläglich winseln (*Hund*); (*fig.*) flennen, jammern (*Mensch*).
ску́льп|тор *m* [1] Bildhauer; **~ту́ра** *f* [5] Bildhauerkunst.
ску́мбрия *f* [7] (*Zool.*) Makrele.
скунс *m* [1] (*Zool.*) Skunks, Stinktier *n*.
ску|па́ть [1], <**~пи́ть**> [14] auf-, zs.-kaufen.
ску|пе́ц *m* [1; -пца́] Geizige(r); **~пи́ться** [14], <по-> geizig sein, knausern, kargen; **~пи́ться** на слова́ mit Worten kargen.
ску́п|ка *f* [5; *g/pl.*: -пок] Aufkauf *m*; **~но́й** [14] auf-, zs.-gekauft.
скупова́тый [14*K.*] etwas geizig.
ску|по́й [14; скуп, -á, -о] geizig, knaus(e)rig; скуп на слова́ wortkarg; '**~пость** *f* [8] Geiz *m*, Knaus(e)rigkeit.
ску́пщик *m* [1] Aufkäufer.
скуф|е́йка *f* [5; *g/pl.*: -е́ек] Käppchen *n* (*der Geistlichen*); **~ья́** *f* [6; *g/pl.*: -фе́й] Kappe (*der Geistlichen*).
скуча́ть [1] sich langweilen; sich sehnen (по П nach).
ску́ченный [14] zs.-gepfercht.
ску́чи|вать [1], <**~ть**> [16] zs.-, aufhäufen, häufeln; **-ся** sich häufen.
скуч|нова́тый [14*K.*] etwas (*od.* ziemlich) langweilig; '**~ный** (-ʃn-) [14; -чен, -чна́, -о] langweilig; traurig; öde, fade.
ску́шать [1] *pf.* aufessen.
сла́бенький [16] schwächlich.
слабе́ть [8], <о-> schwach werden; erschlaffen.
слаби́тельный [14] abführend, purgierend; слаби́тельное (сре́дство) *n* Abführmittel.
сла́бить [14; *nur 3. Pers.*] abführen, purgieren (*Arznei*); <про-> [*unpers.*] Durchfall haben; его́ сла́бит er hat Durchfall.
сла́бнуть [21], <о-> schwach werden; erschlaffen.
слабо|ва́тый [14*K.*] schwächlich; **~во́лие** *n* [12] Willensschwäche *f*; **~во́льный** [14; -лен, -льна] willensschwach; **~гру́дый** [14*K.*] schwachbrüstig.
слабоси́льный [14; -лен, -льна] kraftlos, schwach.
сла́бость *f* [8] Schwäche, Schwachheit; Vorliebe (к Д für).
слабоу́м|ие *n* [12] Geistesschwäche *f*; **~ный** [14; -мен, -мна] geistesschwach, schwachsinnig.
сла́бый [14; слаб, -á, -о] schwach; ~ здоро́вьем von schwacher (*od.* schwächlicher) Gesundheit
сла́ва *f* [5] Ruhm *m*; Ruf *m*; ~ бо́гу Gott sei Dank, gottlob; ~ тебе́! Heil dir!; на сла́ву ausgezeichnet, vorzüglich; быть в сла́ве berühmt sein, in gutem Ruf stehen.
слави́ст *m* [1] (*Ling.*) Slawist; **~ика** *f* [5] Slawistik.
сла́вить [14] rühmen, (lob-)preisen; Христа́ ~ (*v. Haus zu Haus*) Weihnachtslieder singen; P <о-> üble Nachrede führen (B über *ac.*), *j-n* schlechtmachen; **-ся** berühmt sein (T wegen *od.* durch).
сла́вка *f* [5; *g/pl.*: -вок] (*a.* садо́вая ~) Grasmücke (*Vogel*).
сла́вный [14; -вен, -вна́, -о] ruhmvoll, berühmt; herrlich, famos; ~ ма́лый F *m* netter Kerl.
славолю|би́вый [14*K.*] ruhmsüchtig; **~бие** (-'ʝu-) *n* [12] Ruhmsucht *f*.
славосло́вить [14] (lob)preisen.
славян|и́н *m* [1; *pl.*: -я́не, -я́н] Slawe; **~ове́дение** *n* [12] (*Ling.*) Slawistik *f*; **~ский** (-'ɣan-) [16] slawisch; **~ство** (-'ɣan-) *n* [9] Slawentum.
слага́емое ⅄ [14] Summand *m*.

слага́ть [1], <сложи́ть> [16] zs.-legen; zs.-zählen, addieren; ver-, ab-fassen; (с Р/В *j-m et.*) erlassen; ~ с себя́ von sich (ab)wälzen; (*Amt usw.*)niederlegen; **-ся** sich gestalten, sich fügen; sich zs.-setzen, bestehen (из Р aus).
слад *m* [1]: F с ним ~у нет mit ihm ist kein Auskommen.
сла́денький [16] süßlich.
сла́дить *s.* сла́живать; [15] *pf.* fertig werden (с Т mit).
сла́дкий [16; -док, -дка́, -о; *comp.* сла́ще, *sup.* сладча́йший] süß; angenehm, leicht; сла́дкое *n* (süße) Speise *f*, Dessert, Nachtisch *m.*
сладко|ва́тый [14*K.*] süßlich; **~е́жка** F *m/f* [5; *g/pl.*: -жек] Leckermaul *n*; **~зву́чный** [14; -чен, -чна] wohl-tönend, -klingend.
сла́достный [14; -тен, -тна] wonnig, lieblich.
сладостра́ст|ие *n* [12] Wollust *f*; **~ник** *m* [1] Wollüstling; **~ный** [14; -тен, -тна] wollüstig.
сла́дост|ь *f* [8] Süße(s) *n*; **~и** *pl.* Konfitüre *f*, Süßigkeiten.
сла́женный [14*K.*] gut organisiert; рабо́та сла́женна die Arbeit klappt.
сла́живать [1], <сла́дить> [15] *v/t.* ordnen, in Ordnung bringen; **-ся** in Ordnung kommen, übereinkommen; де́ло сла́дится die Sache wird sich machen.
сла́зить F [15] *pf.* hinaufklettern *od.* hinabsteigen (u. wieder zurück).
сла́мывать, <слома́ть> [1; сло́манный], <сломи́ть> [14] abbrechen; nieder-, ab-reißen; überwältigen; сломя́ го́лову Hals über Kopf.
сла́нец *m* [1; -нца] Schiefer.
сла́нцевый [14] Schiefer...
сластёна *m/f* [5] Leckermaul *n.*
сласти́ть [15; -ащу́, -асти́шь; -ащённый], <по-> versüßen.
сластолю́|бец *m* [1; -бца] Wollüstling; **~би́вый** [14*K.*] wollüstig; **~бие** *n* [12] Wollust *f.*
сласть *f* [8; *ab g/pl. e.*: -те́й] (*mst pl.*) Süßigkeiten *pl.*, Bonbons *n/pl.*, Naschwerk *n*; P ~ как хорошо́! ist das aber schön!, prima ist das!
слать [шлю, шлёшь], <по-> schikken, senden.
слаща́вый [14*K.*] süßlich.
слащёный P [14] gesüßt, gezuckert.
сле́ва von links (her), von der linken Seite.
слега́ ⚠ *f* [5; *pl.*: сле́ги, слег, слега́м] Helge.
слега́ть [1], <слечь> [26; сля́гу, сля́жешь; сля́г(те)!; слёг, слегла́] sich (*krank*) hin-, nieder-legen.
слегка́ (-хк-) leicht(hin), obenhin, leise, wenig.
след *m* [1; на сле́де *od.* следу́; *pl. e.*] Spur *f*; Fußstapfe *f*; Fußsohle *f*; **~ом** hinterher, auf dem Fuße; **~ы́** *pl.* от мух Fliegendreck *m*; его́ и ~ просты́л F er ist längst über alle Berge; P (*statt* сле́дует) не след es gehört sich nicht, man darf nicht.
следи́ть [15; слежу́, следи́шь] **1.** F <на-> Spuren hinterlassen, beschmutzen (Т/на П mit et./auf et.); **2.** <вы́-> die Spur (*e-s Tieres od. Verbrechers*) verfolgen; **3.** <по-> (за Т) verfolgen, beobachten, (*e-r Sache*) folgen (глаза́ми mit den Augen).
сле́дова|ние *n* [12] Folgen, Nachfolgen; Marsch *m*; **~тель** *m* [4]: (суде́бный) ~тель Untersuchungsrichter; **~тельно** folglich, mithin; also; **~ть** [7], <по-> (за Т *j-m*) nachfolgen, folgen; marschieren; (Д) befolgen; [*unpers.*] sich gebühren, zukommen; как сле́дует gehörig; wie es sich gehört; так и сле́дует so gehört es sich auch; не сле́дует (+*inf.*) man darf nicht; вам сле́дует учи́ться Sie müssen lernen; ско́лько сле́дует с меня́? wieviel habe ich zu bezahlen?; сле́дующим о́бразом folgendermaßen.
следопы́т *m* [1] Pfadfinder, Fährtensucher.
сле́дств|енный [14] Untersuchungs...; **~ие** *n* [12] Folge(rung) *f*; (суде́бное gerichtliche) Untersuchung *f*; предвари́тельное ~ие Voruntersuchung *f.*
слёживаться [1], <слежа́ться> [4; *nur 3. Pers.*: -и́тся] vom Liegen zs.-kleben, sich verliegen.
сле́жка *f* [5; *g/pl.*: -жек] Bespitzelung.
слеза́ *f* [5; *pl.*: слёзы, слёз, слеза́м] Träne; до слёз (bis) zu Tränen.
слеза́ть [1], <слезть> [24; *durchweg st.*] (her)absteigen (с Р von); herab-, herunter-klettern.
слез|и́нка *f* [5; *g/pl.*: -нок] Tränchen *n*; **~и́ться** [15; *nur 3. Pers.*: -зи́тся] tränen (*Auge*); **~ка** ('s|ɔs-)

f [5; *g/pl.*: -зок] *s.* ~и́нка; **~ли́вый** [14*K.*] weinerlich; tränenreich; **~ни́к** *m* [1 *e.*] Tränensack (*unter den Augen*); **~ный** ('sl̡ɔz-) [14] Tränen...; ~но mit Tränen in den Augen.
слезо|тече́ние *n* [12] Tränenfluß *m*; **~точи́вый** [14*K.*] tränend.
слезть *s.* слеза́ть.
слепе́нь *m* [4; -пня́] Viehbremse *f* (*Stechfliege*).
слепе́ц *m* [1; -пца́] Blinde(r).
слепи́ть [14; -плю́, -пи́шь], <о-> [ослеплённый] des Augenlichtes berauben; blenden (*Schnee usw.*); *s.* ослепля́ть.
слепля́ть [28], <слепи́ть> [14], **-ся** zs.-kleben.
сле́пнуть [21], <о-> erblinden, blind werden.
слепова́тый [14*K.*] schwachsichtig.
слепо́й [14; слеп, -á, -о] blind; Blind...; undeutlich; Blinde(r) *m*; сле́по *a.* blindlings; ~ шрифт *m* unleserliche Schrift *f*.
сле́пок *m* [1; -пка] Abdruck.
слепо|рождённый [14] blind geboren; **~та́** *f* [5] Blindheit.
слеса́р|ная [14] (~ная мастерска́я) Schlosserwerkstatt *f*; **~ничать** [1] das Schlosserhandwerk betreiben; **~ный** [14] *s.* ~ский; **~ня** *f* [6; *g/pl.*: -рен] *s.* ~ная; **~ский** [16] ('sl̡ɛ-) Schlosser...; **~ство** ('sl̡ɛ-) *n* [9] Schlosserhandwerk; **~ь** ('sl̡ɛ) *m* [4; *pl.*: -ри *u.* -ря́] Schlosser.
слёт *m* [1] Herbeifliegen *n*; Schar *f* herbeigeflogener Vögel; Zs.-kunft *f*, Treffen *n*.
слет|а́ть [1], <~е́ть> [11] herunter-, herab-fliegen; herunterfallen (с P von); **-ся** herbei-, zs.-fliegen; **~ок** ('sl̡ɔ-) *m* [1; -тка] eben flügge gewordener Vogel.
слечь *s.* слега́ть.
сли́ва *f* [5] Pflaume; Pflaumenbaum *m*.
слива́ть [1], <слить> [солью́, -льёшь; слил, -á, -о; сле́й(те)!; сли́тый (слит, -á, -о)] abgießen; zs.-gießen; verschmelzen; **-ся** zs.-fließen; verschmelzen.
сли́вки *f/pl.* [5; *gen.*: -вок] Sahne *f*, Rahm *m*; ~ о́бщества Creme *f* (*od.* Elite *f*) der Gesellschaft, die oberen Zehntausend.
сливно́й [14] (*aus verschiedenen Gefäßen*) zs.-gegossen.
сли́вовый [14] Pflaumen...
сли́воч|ник *m* [1] Sahnen-, Rahmtopf; **~ный** [14] Sahnen..., Rahm...
слив́янка *f* [5] Pflaumenlikör *m*.
слиза́ть *s.* сли́зывать.
сли́зень *m* [4; -зня] (*nackte*) Landschnecke *f*.
слизетече́ние ⚕ *n* [12] Schleimfluß *m*.
сли́з|истый [14*K.*] schleimig; Schleim...; **~кий** [16; -зок, -зка́, -о; *comp.* сли́зче] schleimig; schlüpfrig.
слизня́к *m* [1*e.*] Weichtier *n*, Molluske *f*.
сли́зывать [1], <слиза́ть> [3], *einm.* <слизну́ть> [20] ablecken.
слизь *f* [8] Schleim *m*.
слип ⚓ *m* [1] Aufschlepphelling *f*.
слипа́ть [1], <сли́пнуть> [21], **-ся** zs.-kleben.
сли́тие *n* [12] Abgießen; Zs.-gießen (*s.* слива́ть).
сли́тковый ⊕ [14] in Barren; [Barren...}
сли́тный [14] verbunden; (*Gram.*) untrennbar, zs.-gezogen; писа́ть сли́тно (*zwei Wörter*) zs.-schreiben.
сли́ток ⊕ *m* [1; -тка] Stange *f*, Barren.
слить *s.* слива́ть.
сли|ча́ть [1], <~чи́ть> [16; -чу́, -чи́шь; -чённый] vergleichen.
сли́шком zu (viel *od.* sehr); reichlich, übertrieben; über... (*z.B.* ~ си́льный übermächtig); ~ сто рубле́й über (*od.* mehr als) hundert Rubel; э́то ~! das ist (zu) arg *od.* stark!
слия́ние *n* [12] Zs.-fluß *m*; Verschmelzung *f* (*v. Tönen*), Fusion *f*.
слобод|а́ *f* [5; *pl.*: сло́боды, слобо́д; -да́м] Vorstadt; großes Dorf *n*; **~ско́й** [16] vorstädtisch.
слова́р|ик *m* [1] Wörterbüchlein *n*; Vokabular(ium) *n*; Wörterverzeichnis *n*; **~ный** [14] Wörterbuch..., Lexikon...; ~ный соста́в *m* Wortschatz; **~ь** *m* [4*e.*] Wörterbuch *n*, Lexikon *n*; Wortschatz.
слове́нец *m* [1; -нца] Slowene.
слове́с|ник *m* [1] Literarhistoriker, Literaturlehrer; **~ность** *f* [8] Literatur; у́стная ~ность Folklore.
слове́сный [14] mündlich; literarhistorisch (*Fakultät*).
слове́чко *n* [9; *pl.*: -чки, -чек] Wörtchen.
сло́вник *m* [1] (*Ling.*) Wortbestand; alphabetisches Wörterverzeichnis *n*.

сло́вно wie (wenn), als ob, gleichsam.
сло́во *n* [9; *pl. e.*: -ва́] Wort; (feierliche) Ansprache *f*, Rede *f*; (одни́м) ~м mit e-m Wort, kurzum; дар *m* сло́ва Rednergabe *f*; ~ за́ ~ nach und nach, ein Wort gab das andere; ~ в ~ Wort für Wort, wörtlich; к сло́ву сказа́ть beiläufig bemerkt; на слова́х mündlich; с его́ слов nach s-r Aussage; слов нет F zweifellos; кре́пкий на́ ~ wortfest; проси́ть ~ sich zum Wort melden; ~ принадлежи́т ему́ er hat das Wort; че́стное ~! Ehrenwort!; наруша́ть ~ sein Wort brechen; предоста́вить ~ (Д *j-m*) das Wort erteilen; **~блу́дие** *n* [12] (leeres) Geschwätz; **~изверже́ние** *n* [12] (*iron.*) Wortschwall *m*; **~измене́ние** *n* [12] (*Gram.*) Wortveränderung *f*; **~ли́тня** *f* [6; *g/pl.*: -тен] Schriftgießerei; **~ли́тчик** *m* [1] Schriftgießer; **~охо́тливый** [14*K.*] redselig; **~пре́ние** *n* [12] Wortstreit *m*, Disputation *f*; **~произво́дство** *n* [9] Wortableitung *f*, Etymologie *f*; **~сложе́ние** *n* [12] (*Ling.*) Wortzusammensetzung *f*; **~сочета́ние** *n* [12] Wort-gruppe *f*, -verbindung *f*; **~сочине́ние** *n* [12] Satzlehre *f*, Syntax *f*; **~тво́рчество** *n* [9] Wortschöpfung *f*; **~толкова́тель** *m* [4] Glossar(ium) *n*, Wörterverzeichnis *n*; **~ударе́ние** *n* [12] Betonung *f* der Wörter.
словцо́ F *n* [9; *pl.*: -цы́, -цо́в] Wörtchen; Witzwort; для кра́сного словца́ F um der schönen Worte willen.
слог *m* [1; *ab g/pl. e.*: -о́в] Silbe *f*; Stil, Schreibart *f*; **~ово́й** [14] silbenbildend; Silben...; **~разде́л** *m* [1] Silbentrennung *f*; **~ударе́ние** *n* [12] Silbenbetonung *f*.
слоёный [14] blätt(e)rig (*Teig*); Blätter...; ⊕ ⚡ geblättert.
слож|е́ние *n* [12] Ab-, Niederlegung *f*; Zs.-stellung *f*; Addition *f*, Zs.-zählung *f*; Körper-bau *m*, -beschaffenheit *f*; **~и́ть** *s.* класть, скла́дывать, слага́ть; **~ноподчинённый** [14]: ~ноподчинённое предложе́ние *n* (*Gram.*) Satzgefüge; **~ность** ('słɔʒ-) *f* [8] Zs.-gesetztheit; Kompliziertheit, Verwick(e)lung; в о́бщей ~ности alles in allem; **~ноцве́тные** ⚘ *pl.* [14] Korbblütler; **~ный** ('słɔʒ-) [14; -жен, -жна́, -о] zs.-gesetzt; kompliziert, verwickelt.
слои́стый [14*K.*] aus Schichten (bestehend); Schicht...
слои́ть [13] *vgl.* слоёный; schichten; blätt(e)rig machen; **-ся** sich schichten, sich lagern; sich blättern.
слой *m* [3] *pl.*: слои́, слоёв; Schicht *f*, Lage *f*; слоя́ми in Schichten, schichtweise.
сло́йка *f* [5] Blätterteig *m* (*u.* Kuchen *daraus*).
слом *m* [1] Abbrechen *n*, Abbruch; Niederreißen *n*; Bruchstelle *f*.
слома́ть *s.* лома́ть, сла́мывать.
сломи́ть *s.* сла́мывать.
слон *m* [1*e.*] Elefant; Läufer (*im Schachspiel*); **~и́ха** *f* [5] Elefantenweibchen *n*; **~о́вость** ⚕ *f* [8] Elefantiasis; **~о́вый** [14] Elefanten...; ~о́вая кость *f* Elfenbein *n*; ~о́вая бума́га *f* Elfenbeinpapier *n*.
слоня́ться [28] umherschlendern, bummeln.
слуга́ *m* [5; *pl. st.*) Diener, Bediente(r); я вам не ~ ich bin nicht Ihr Diener.
служа́|ка *m* [5] eifriger Diener *od.* Soldat; **~нка** *f* [5; *g/pl.*: -нок] Dienstmädchen *n*, Dienstmagd; **~щий** ('słu-) [17] dienend; ~щий (челове́к) *m* Angestellte(r); Beamte(r); Funktionär.
слу́жба *f* [5] Dienst *m*; Tätigkeit; Dienststelle; (*bsd. pl.*) Wirtschafts-, Neben-gebäude *n/pl.*; на слу́жбе im Büro; това́рищ *m* по слу́жбе Dienst-, Amts-genosse; ~ ты́ла ⚔ rückwärtiger Dienst *m*; ~ пути́ 🚂 Fahrdienst *m*.
служе́б|ник *m* [1] Ritual *n*, Meßbuch *n*; **~ный** [14] dienstlich; Hilfs...; Dienst..., Amts...; sekundär, untergeordnet; ~ная запи́ска *f* internes Dienstschreiben *n*.
служи́вый ⚔ [14] (*hist.*) Kamerad *m* (*Anrede unter Soldaten*).
служи́лый [14] (*hist.*) dienstpflichtig.
служи́ть [16], <по-> (Т) dienen, beschäftigt sein (als); herhalten (als).
слу́жка *f* [5; *g/pl.*: -жек] Stiefelknecht *m* (*Werkzeug*).
слупи́ть [14] *pf.* abschälen, abziehen; F (с Р/В *j-m et.*) abzwacken, abpressen.

слух *m* [1] Gehör *n*; Gerücht *n* (о П von); по ~у nach dem Gehör; по ~ам gerüchtweise, vom Hörensagen; о нём ни ~у, ни ду́ху er ist spurlos verschwunden; **~а́ч** ⚔ *m* [1*e.*; *g/pl.*: -е́й] Horchposten; **~ово́й** [14] Gehör...; ~ово́е окно́ *n* Dach-fenster, -luke *f*, Guckfenster; ~ово́й рожо́к *m* Hörrohr *n* (*für Schwerhörige*).

слу́чай *m* [3] Fall, Vorfall, Ereignis *n*; Zufall; Gelegenheit *f*; слу́чаем P zufällig; в слу́чае im Falle, falls (etwa); во вся́ком слу́чае jedenfalls, auf jeden Fall; в проти́вном слу́чае widrigenfalls, sonst; в тако́м слу́чае in solchem Fall, dann; на вся́кий ~ für jeden (möglichen) Fall; на ~ нужды́ im Notfall; в слу́чае на́добности nötigenfalls; по слу́чаю aus Anlaß, anläßlich; wegen; при слу́чае gelegentlich; **~ность** (-'tʃaj-) *f* [8] Zufälligkeit, Ungefähr *n*; **~ный** (-'tʃaj-) [14; -а́ен, -а́йна] zufällig, gelegentlich; ~но zufällig(erweise), durch Zufall.

случ|а́ть [1], <~и́ть> [16; -чу́, -чи́шь; -чённый] (*Tiere*)) paaren, zulassen; **-ся** [*unpers.*] vorfallen, vorkommen, geschehen, passieren; с ним случи́лось несча́стие ihm ist ein Unglück widerfahren; мне случи́лось быть там es traf sich, daß ich (gerade) da war, ich war zufällig da; **'~ка** *f* [5] Zulassen *n*; **'~ный** [14] Beschäl...

слу́ша|ние *n* [12] An-, Zu-hören; ⚖ ~ние (де́ла) Verhandlung *f*; **~тель** *m* [4] Zuhörer; **~ть** [1], <по-> [послу́шанный] an- zu-hören, hören (auf *ac.*); ⚔ слу́шай! Achtung!; слу́шаю! zu Befehl!, zu Diensten!, schön!; **-ся** (P *j-m*) gehorchen, hören auf ...

слыть [23], <про-> (T *od.* за B) gelten (als *od.* für), im Ruf (*e-s Gelehrten usw.*) stehen.

слыха́ть [*ohne Präsens*], <у-> [3] hören; слы́хано ли э́то де́ло? hat man das (*od.* so etwas) je gehört?; ничего́ не ~ об э́том man hört nichts davon; (*Infinitiv als Prädikat*) man hört, ist zu hören; P anscheinend, wie man hört.

слы́хом: ~ не слыха́ть P spurlos verschwunden; keine Ahnung haben (о П von).

слы́ш|ать [4], <у-> hören, vernehmen; riechen; **-ся,** <послы́шаться> ertönen (*z.B. Schritte*); sich erheben (*Stimme*); мне послы́шалось ich glaubte gehört zu haben; **~имость** *f* [8] Hörbarkeit, Lautstärke; **~ный** [14; -шен, -шна́, -о] hörbar; ~но man kann hören, man hört; man sagt, es verlautet; мне ничего́ не ~но ich höre nichts, ich kann nichts hören.

слышь P hörst du; anscheinend.

слюби́ться P [14; *nur 3 Pers.*] *pf.* einander liebgewinnen *od.* gefallen.

слю|да́ *f* [5] (*Min.*) Glimmer *m*; **~дяно́й** [14] Glimmer...

слю|на́ *f* [5], **'~ни** F *f/pl.* [5; *ab gen. e.*: -не́й] Speichel *m*; **~нить** ('slu-) [13], <по-> begeifern; **~нка** ('slun-) *f* [5; *g/pl.*: -нок] Speichel(tropfen) *m*; у меня́ ~нки теку́т mir läuft das Wasser im Mund zusammen; **~нотече́ние** ⚕ *n* [12] Speichelfluß *m*; **~нтя́й** *m* [3] F (*ver.*) Speichellecker; **~ня́вый** [14] geifernd.

сля́кот|ный [14] matschig, naßkalt; **~ь** *f* [8] matschiges (*od.* naßkaltes) Wetter *n*.

см. (*Abk. für*) смотри́(те).

сма́зать *s.* сма́зывать.

сма́зка *f* [5; *g/pl.*: -зок] Schmieren *n*; Schmiere; Bestechung, F Schmieren *n*.

смазли́|вость F *f* [8] Hübschheit; **~вый** [14*K.*] hübsch.

смаз|но́й [14] eingeschmiert; Schmier...; **'~очный** [14] Schmier-...; ~очное вещество́ *n* Schmiermittel; **'~ывать** [1], <'~ать> [3] (ein)schmieren; bestechen, F schmieren; eine schmieren (B *j-m*).

смак F *m* [1] (angenehmer) Geschmack; со ~ом mit Genuß.

смакова́ть [7] genießerisch kosten; genießen.

сма́лец *m* [1; -льца] Schmalz *n*, Schweinefett *n*.

сма́нивать [1], <смани́ть> [13; сманю́, -а́нишь; -а́нённый] weglocken, verlocken, verleiten.

сма́рка F *f* [5]: всё пошло́ на сма́рку es war alles verlorene Liebesmüh.

сма́тывать, <смота́ть> [1; смо́танный] aufwickeln; ~ у́дочки P verduften, sich verkrümeln, Leine ziehen; **-ся** P eiligst abhauen, davonrennen.

сма́х|ивать [1] (на В *j-m*) ähneln, gleichen; <**~ну́ть**> [20] weg-wehen, -fegen; wegfächeln; abhauen.

сма́чивать [1], <смочи́ть> [16] anfeuchten, benetzen. [schmackhaft.]

сма́чный F [14; -чен, -чна́, -о]

смеж|а́ть [1], <~и́ть> [16; -жу́, -жи́шь; -жённый] (*die Augen*) schließen; **ˈ~ник** *m* [1] Hilfs-, Neben-werk *n*, -unternehmen *n*; **~ный** (ˈsmʒɛʒ) [14; -жен, -жна] angrenzend, anstoßend (Д *od.* с Т an *ac.*); ~но nebenan.

смек|а́лка P *f* [5] Verstand *m*, Fassungsgabe; Mutterwitz *m*; **~а́ть** P [1], <~ну́ть> [20] verstehen, richtig auffassen, merken, kapieren; ~а́ть в чём де́ло Lunte riechen.

смеле́ть [8], <о-> wagen, sich erkühnen.

сме́|лый [14; смел, -á, -о] dreist, kühn, verwegen; tapfer; ~ло ohne weiteres, rundweg; **~льча́к** *m* [1 *e.*] Kühne(r), Verwegene(r).

сме́|на *f* [5] Ablösung, Wechsel *m*; (*Arbeiter-*)Schicht; Nachwuchs *m*; **~ня́емый** [14*K.*] absetzbar, ablösbar; **~ня́ть** [28], <~ни́ть> [13; -еню́, -е́нишь; -енённый] ablösen, (ab)wechseln, ersetzen; ~ня́ть ве́хи die bisherige Gesinnung ändern.

смерде́ть [11] stinken, übel riechen.

смерза́ться [1; *nur 3. Pers.*], <смёрзнуться> [21; *nur 3. Pers.*: -нется; смёрзся, смёрзлась] aneinander-, zs.-frieren.

смерк|а́ться [1], <ˈ**~нуться**> [20] [*unpers.*] dämmern (*am Abend*), dunkel werden.

смерте́льный [14; -лен, -льна] tödlich; ungewöhnlich, äußerst; ~ уда́р *m* Todesstoß.

сме́рт|ник *m* [1] zum Tode Verurteilte(r); **~ность** *f* [8] Sterblichkeit; **~ный** [14; -тен, -тна] sterblich; Sterbe...; tödlich; Todes...; Sterbliche(r) *m*.

смерто|но́сный [14; -сен, -сна] todbringend, tödlich; **~убийство** *n* [9] Totschlag *m*, Mord *m*.

смерть 1. *f* [8; *ab g/pl. e.*: -те́й] Tod *m*; до́ смерти, на́ ~ F sehr, äußerst (= **2.**); при́ смерти dem Tod nahe, im Sterben; умере́ть (не) свое́й сме́ртью e-s (un-)natürlichen Todes sterben; **2.** F (*adv.*) äußerst, bis in den Tod, zum Sterben; мне ~ пить хо́чется ich habe großen Durst, ich bin entsetzlich durstig; на миру́ и ~ красна́ (*Spr.*) geteiltes Leid ist halbes Leid.

смерч *m* [1; *g/pl.*: -ей] Wasserhose *f*, Windhose *f*, Sandhose *f* (*Naturerscheinung*).

смести́ *s.* смета́ть.

смести́ть *s.* смеща́ть.

смесь *f* [8] Mischung, Gemisch *n*; Vermischte(s) *n*, Allerlei *n*.

сме́та *f* [5] An-, Über-, Voranschlag *m*; ~ расхо́дов Kostenanschlag *m*.

смета́на *f* [5] saure Sahne.

сме|та́ть¹ [1], <~сти́> [25; т *statt* д: смету́] ab-, weg-fegen; zs.-fegen.

смета́ть² *s.* смётывать.

смётка *f* [5] Auffassung(sgabe).

сме́тли|вость *f* [8] Findigkeit; **~вый** [14*K.*] scharfsichtig, findig.

сме́т|ный [14] An-, Über-schlags...; ~ное исчисле́ние *n* Voranschlag *m*.

смётывать [1], <смета́ть> [3] zs.-werfen; leicht annähen, anheften; *s.* смета́ть¹.

сметь [8], <по-> sich erkühnen, sich unterstehen, dürfen.

смех *m* [1] Lachen *n*; Gelächter *n*; без ~у ohne Spaß, im Ernst; мне не до ~у ich bin nicht zum Lachen aufgelegt; на́ ~ zum Trotz; со́ ~у vor Lachen; ку́рам на́ ~ F da lachen ja die Hühner; **~ота́** F lächerlich!, lachhaft!; **~отво́рный** [14; -рен, -рна] lachhaft, lächerlich.

сме|ше́ние *n* [12] Vermischung *f*; Verwechs(e)lung *f*; Verwirrung *f*; **~шивать** (ˈʃmɛ-), <~ша́ть> [1; сме́шанный] vermischen; verwechseln; verwirren; сме́шанный gemischt; Misch...; **-ся** sich vermischen *od.* verweben (с Т mit); in Verwirrung geraten, konfus (*od.* kopflos) werden.

смеш|и́ть [16; -шу́, -ши́шь; (на-) смешённый], <на-, рас-> zum Lachen bringen; **~ли́вость** *f* [8] Lachlust; **~ли́вый** [14*K.*] lachlustig; **~но́й** [14; -шо́н, -шна́] lächerlich; komisch; вам ~но́ Sie spotten, Sie amüsieren sich; **~о́к** *m* [1; -шка́] *s.* смех; ~ки́ *pl.* Gekicher *n*.

сме|ща́ть [1], <~сти́ть> [15; -ещу́, -ести́шь; -ещённый] ab-, entsetzen.

смея́ться [27; -ею́сь, -ёшься] lachen; spotten, sich lustig machen (над T über *ac.*); хорошо́ смеётся тот, кто смеётся после́дним (*Spr.*) wer zuletzt lacht, lacht am besten.

сми́ловаться [7] *pf.* sich erbarmen (над T über *ac.*).

смире́н|ие *n* [12] Demütigung *f*; Demut *f*; **~ный** [14*K.*] demütig, mild, fromm.

смири́|тельный [14; -лен, -льна] Zwangs...; ~тельный дом *m* Zuchthaus *n*; ~тельная руба́шка ⚕ *f* Zwangsjacke; **~ть** *s.* смиря́ть.

сми́р|ный [14; -рен, -рна́, -о] ruhig, still; fromm (*Pferd*); ~но! ⚔ stillgestanden!, Achtung!; **~я́ть** [28], <~и́ть> [13] beruhigen, besänftigen.

смо́ква ⚘ *f* [5] Feige.

смо́кнуть P [21] *pf.* naß werden, durchweichen.

смоко́вница *f* [5] Feigenbaum *m*.

смол|а́ *f* [5; *pl. st.*] Harz *n*; Pech *n*; Teer *m*; **~и́стый** [14*K.*] harzig; ~и́стая каме́дь *f* Gummiharz *n*; **~и́ть** [13], <вы́-> pichen; teeren.

смолка́ть [1], <смо́лкнуть> [21] verstummen

смолова́рня *f* [6; *g/pl.*: -рен] Pech-hütte, -siederei; Teerbrennerei.

смо́лоду von Jugend auf.

смоло|ку́рня *f* [6; *g/pl.*: -рен] *s.* ~ва́рня.

смолча́ть [4; -чу́, -чи́шь] *pf.* nichts erwidern, Schweigen bewahren; не ~ die Antwort nicht schuldig bleiben.

смоль: чёрный как ~ pechschwarz; rabenschwarz (*Haare*).

смоляно́й [14] Harz...; Pech...; Teer...

сморгну́ть [20] *pf.*: гла́зом не ~ F mit keiner Wimper zucken.

сморк|а́ть [1], <~ну́ть> [20], **-ся** sich (die Nase) schnäuzen.

сморо́дина *f* [5] Johannisbeere(n *pl.*); Johannisbeerstrauch *m*.

смор|чко́вый [14] Morchel...; **~чо́к** *m* [1; -чка́] Morchel *f* (*Pilz*).

смота́ть *s.* сма́тывать.

смотр *m* **1.** ⚔ [1; на -у́; *pl. e.*] (P *od.* Д) Besichtigung *f*; ~ полка́ Regimentsbesichtigung *f*; ~ войска́м Truppenschau *f*, Parade *f*; **2.** [1] (*fig.*) Schau *f*, Besichtigung *f*; **~е́ть** [9; -отрю́, -о́тришь; -о́тренный], <по-> (на В) *a. v/t.* sehen, schauen (nach *od.* auf *ac.*), (sich) an-, be-sehen, besichtigen, betrachten; (за T) acht(geb)en (auf *ac.*), beaufsichtigen; ~е́ть *impf.* (T) aussehen (wie); ~е́ть в о́ба auf der Hut sein; ~е́ть кому́ в глаза́ j-m gefällig zu sein suchen; смотри́! sieh zu!, paß auf!; na so was!; (*abgekürzt* см.) siehe, vergleiche; посмо́трим! wir wollen sehen!; ты на него́ не смотри́ nimm dir an ihm kein Beispiel; смотря́ по (Д) in Anbetracht; смотря́ по тому́ je nachdem; *s.* несмотря́; **~ово́й** [14] Seh..., Schau...; ~ова́я щель *f* Sehschlitz *m*.

смочи́ть *s.* сма́чивать.

смрад *m* [1] Gestank; **'~ный** [14; -ден, -дна] stinkend.

смуг|ле́ть [8], <по-> braun werden (*Gesicht*); **~оли́цый** [14*K.*] von brauner Gesichtsfarbe; **'~лость** *f* [8] braune Gesichtsfarbe; **'~лый** [14; смугл, -а́, -о] dunkel, braun (*Haut*).

сму́рый [14; смур, -а́, -о] dunkelgrau.

сму́т|а *f* [5] Unruhe, Aufruhr *m*; Wirren *pl.*; **~и́тель** *m* [4] Aufrührer; **~и́ть** *s.* смуща́ть; **~ность** *f* [8] Unruhe; Verworrenheit; **~ный** [14; -тен, -тна́, -о] unruhig, aufrührerisch; verworren, trübe, unbestimmt; **~ья́н** *m* [1] Friedenstörer.

сму́шка *f* [5; *g/pl.*: -шек] Karakul *m* (*Fell des neugeborenen Lammes*).

сму|ща́ть [1], <смути́ть> [15; -ущу́, -ти́шь; смущённый] trüben; verwirren, bestürzen, in Verlegenheit bringen; aufregen; **-ся** in Verwirrung geraten, bestürzt werden *od.* sein (T durch); **~ще́ние** *n* [12] Bestürzung *f*; Verlegenheit *f*.

смыва́ть [1], <смыть> [22] abwaschen; wegspülen; **-ся** P verduften.

смыка́ть [1], <сомкну́ть> [20] schließen, zumachen; zs.-fügen, verbinden.

смысл *m* [1] Sinn, Bedeutung *f*; Verständnis *n*; по ~у dem Sinn nach; в перено́сном ~е bildlich; в по́лном ~е сло́ва im wahren Sinn des Wortes; здра́вый ~ gesunder Menschenverstand; нет ~а es ist sinnlos; es lohnt sich nicht; **'~ить** F [13] verstehen, sich verstehen (в П auf *ac.*), sich auskennen (in *dat.*).

смыть *s.* смыва́ть.

смы́ч|ка *f* [5; *g/pl.*: -чек] Schließung; Zs.-fügung, Zs.-schluß *m*, Verknüpfung; Fühlungnahme; ⚠ Verband *m*; **~ко́вый** ♪ [14] Violinbogen...; Saiten..., Streich...; **~ко́вые** *pl.* Streichinstrumente; **~ный** [14] (*Ling.*) Verschlußlaut *m*; **~о́к** ♪ *m* [1; -чка́] (Violin-)Bogen.

смышлёный [14*K*.] verständig, aufgeweckt.

смяг|ча́ть (-xtʃ-) [1], <~чи́ть> [16; -чу́, -чи́шь; -чённый] weich machen, aufweichen; erweichen, mildern.

смя́кнуть P [20; *nur 3 Pers.*] ganz weich, mürbe werden (*a. fig.*).

смяте́ние *n* [12] Verwirrung *f*, Unruhe *f*.

снаб|жа́ть [1], <~ди́ть> [15; -бжу́, -бди́шь; -бжённый] (В/Т *j-n* mit *et.*) versorgen, versehen; ⊕ ~жа́ть зубца́ми verzahnen; **~же́ние** *n* [12] Versorgung *f*; **~отде́л** *m* [1] (отде́л снабже́ния) Beschaffungsamt *n*.

сна́добье F *n* [10] Heiltrank *m*, Arzneimittel; F Würze *f*.

сна́йпер ⚔ *m* [1] Scharfschütze.

снару́жи von außen.

снаря́|д *m* [1] Gerät *n*, Vorrichtung *f*; ⚔ (*Artillerie-*)Geschoß *n*; **~жа́ть** [1], <~ди́ть> [15; -яжу́, -яди́шь; -яжённый] ausrüsten, versorgen; **~же́ние** *n* [12] Ausrüstung *f*, Versorgung *f*.

снасть *f* [8; *ab g/pl. e.*: -те́й] Fischgerät *n*, -zeug *n*; ⚓ (*bsd. pl.*) Takelwerk *n*.

снача́ла anfänglich, anfangs, zuerst.

сна́шивать [1], <сноси́ть> [15] abtragen, abnutzen (*Kleider*, *Schuhe*).

снег *m* [1; в -у́; *pl. e.*: -а́] Schnee; ~а́ *pl.* Schneefelder *n/pl.*; та́лый ~ Schneewasser *n*; мно́го ~у *od.* ~а viel Schnee; ~ идёт es schneit; *s. a.* голова́.

снеги́рь *m* [4*e.*] (*Zool.*) Dompfaff, Gimpel.

снего|во́й [14] Schnee...; **~очисти́тель** *m* [4] Schneepflug; **~па́д** *m* [1] Schneefall.

снегу́рочка *f* [5; *g/pl.*: -чек] (*im Märchen*) Schneeflöckchen *n*.

снед|а́емый F [14*K*.] sich verzehrend; **~ь** *f* [8] Kost, Essen *n*.

снеж|и́нка *f* [5; *g/pl.*: -нок] Schneeflocke; **'~ный** [14; -жен, -жна] schneeig, schneereich; Schnee...; **~ная ба́ба** *f* Schneemann *m*; **~о́к** *m* [1; -жка́] (leichter) Schnee; **~ки́** *pl.* Schneeball *m* (*a.* ⚘); игра́ть в ~ки́ sich schneeballen, sich mit Schneebällen werfen.

снесе́ние *n* [12] Hin(unter)tragen; Weg-, Ab-reißen; Erdulden (*s.* сноси́ть).

снести́(сь) *s.* сноси́ть.

сното́к *m* [1; -тка́] Stint (*Fisch*).

сни|жа́ться [1], <сни́зиться> [15] niedergehen, landen; ✈ ~жа́ться (на́ воду) wassern; **~же́ние** *n* [12] Landung *f*; Wasserung *f*.

снизойти́ *s.* снисходи́ть.

сни́зу von unten.

сни́зывать [1], <сниза́ть> [3] (*Perlen*) aufreihen.

снима́ть [1], <снять> [сниму́, сни́мешь; снял, -а́, -о; сня́тый (снят, -а́, -о)] ab-, herunter-nehmen; aufnehmen, photographieren; (*Wohnung*) mieten; (*Arbeiter*) abbauen; (*Verbot usw.*) aufheben; (*Brücke usw.*) abreißen; (*Karten*) abheben; (*Ballast*) abwerfen; (*Kleider*) ausziehen; (*Wache*) ablösen; (с Р/В *j-n* von *et.*) entbinden; ~ с кого́ ме́рку *j-m* Maß nehmen; ~ с кого́ показа́ния *j-n* vernehmen, verhören; ~ с кого́ чины́ *j-n* degradieren; ~ с ме́ли flottmachen; как руко́й сня́ло F wie weggewischt; **-ся** davonfliegen; aufbrechen; sich photographieren lassen; ⚓ -ся с я́коря den Anker lichten; -ся с учёта sich abmelden.

сни́мок *m* [1; -мка] Abdruck, Kopie *f*; Photographie *f*.

сни́скивать [1], <сниска́ть> [3] erwerben, nachsuchen, finden.

снисхо|ди́тельный [14; -лен, -льна] herablassend; nachsichtig; **~ди́ть** [15], <снизойти́> [-ойду́, -дёшь; -ошёл, -ошла́; -оше́дший; *g. pt. a.* -ойдя́] Nachsicht haben (к Д mit); (на В) eingehen (auf *ac.*), gewähren; **~жде́ние** *n* [12] Nachsicht *f* (к Д mit); Vergünstigung *f*, Ermäßigung *f*.

снисше́ствие *n* [12] Hinab-, Herunter-steigen.

снито́к *s.* снето́к.

сни́ться [13], <при-> [*unpers.*] träumen; мне э́того и во сне не сни́лось das ist mir nicht im Traum eingefallen.

сно́ва aufs neue, von neuem, wieder(um), erneut.

сновáть [7; сную́, снуёшь] hin und her huschen; <за-> ⊕ (*Weberei*) anscheren, anzetteln.
сновидéние *n* [12] Traumbild, Traum *m*.
сногсшибáтельный [14; -лен, -льна] niederschmetternd; verblüffend.
сноп *m* [1 *e.*] Garbe *f*.
снопoвя|зáлка *f* [5; *g/pl.*: -лок] = ~зáльная маши́на *f* Garbenbinder *m*, Selbstbinder *m*.
снорóв|истый [14*K*.] gewandt; '~**ка** *f* [5] Routine, Kunstgriffe *m/pl.*
снос *m* [1]: на ~ zum Ab-, Niederreißen; ~у нет F sehr dauerhaft, unverwüstlich.
сноси́ть [15], <снести́> [25; *durchweg* с *statt* д, л: снесу́; снёс] hin- (unter-), herunter-tragen, -bringen; zs.-tragen; ab-, weg-, niederreißen; (*Karten*) ab-legen, -werfen; ertragen, aushalten; abschlagen; fortschwemmen; **-ся**, <снести́сь> (с Т/о П mit *j-m* über *ac.*) verhandeln *od.* in Verhandlung stehen; (*geschäftlich usw.*) verkehren (**с** Т mit); *s. a.* снáшивать.
снóска *f* [5; *g/pl.*: -сок] Hin(unter)-tragen *n* (*s.* снесéние); Randbemerkung; Fußnote.
снóсный [14; -сен, -сна] erträglich, leidlich.
снотвóрный [14; -рен, -рна] schlaferzeugend; (*fig.*) einschläfernd; Schlaf...
снохá *f* [5; *pl. st.*] Schwiegertochter.
сношéние *n* [12] Verkehr *m*, Verbindung *f*, Beziehung *f*; половóе ~ (*mst pl.*) geschlechtlicher Verkehr *m*.
сню́|хиваться, <~хаться> [1] sich heimlich verständigen (с Т mit).
снятие *n* [12] Abnehmen; Aufhebung *f usw.* (*s.* снимáть).
сня́тóй [14]: снятóе молокó *n* abgerahmte Milch *f*.
снять *s.* снимáть.
соáвтор *m* [1] Mitautor.
собá|ка *f* [5] Hund *m*; ~ка для свя́зи ⚔ Meldehund *m*; он в э́том ~ку съел F darin ist er ein großer Meister, das hat er los; вот где ~ка зары́та! da liegt der Hund begraben!; **~ковóдство** *n* [9] Hundezucht *f*; **~чий** [18] hündisch; Hunde..., Hunds...; **~чи́на** *f* [5] Hundefleisch *n*; **~чка** *f* [5; *g/pl.*: -чек] Hündchen *n*; Hündin; ⚔ Ruhe, Rast (*e-r Flinte*); спусковáя ~чка Drücker *m*, Abzug *m* (*e-r Flinte*); **~чник** *m* [1] Hundeliebhaber; **~чóнка** *f* [5; *g/pl.*: -нок] Töle, Köter *m*.
собéс *m* [1] (социáльное обеспéчение) soziale Fürsorge *f*.
собесé|дник *m* [1] Gesprächspartner; **~дование** *n* [12] Unterhaltung *f*, Beratung *f*; **~довать** [7] sich unterhalten.
собирáтель *m* [4] Sammler; **~ный** [14] Sammel...; (*Gram.*) ~ное и́мя *n* Sammelname *m*, Kollektiv(um).
собирáть [1], <собрáть> [-берý, -рёшь; -áл, -á, -о; сóбранный (-ан, -á, -о)] (ein)sammeln; versammeln; (*Steuer usw.*) erheben, eintreiben; (*Erkundigung*) einziehen; (*Geschirr usw.*) aufstellen, ordnen; ~ виногрáд Weinlese halten; ~ со столá (vom Tisch) abräumen; **-ся** sich (ver)sammeln, zs-kommen; im Begriff sein (zu), sich anschicken (zu), sich vornehmen; -ся в путь *od.* в дорóгу sich reisefertig machen; -ся с си́лами sich zs.-nehmen, alle Kräfte anstrengen; -ся с дýхом sich ein Herz fassen; -ся с мы́слями seine Gedanken sammeln.
соблáз|н *m* [1] Verführung *f*, Verlockung *f*; Ärgernis *n*; **~нéние** *n* [12] Verführung *f*, Verlockung *f*; **~ни́тель** *m* [4] Verführer; **~ни́тельный** [14; -лен, -льна] verführerisch, verlockend; **~ня́ть** [28], <~ни́ть> [13] ver-führen, -leiten; **-ся** sich verleiten (*od.* verlocken) lassen.
соблю|дáть [1] <~сти́> [25] (beob-) achten, wahr(nehm)en, (ein)halten; **~дéние** *n* [12] Einhaltung *f*, Wahrung *f*.
соболéзно|вание *n* [12] Beileid; изъявля́ть ~вание = **~вать** [7] sein Beileid bezeigen, kondolieren.
собó|лий [18], **~ли́ный** [14] Zobel-...; **~ль** ('sɔ-) *m* [4; *pl.*: -ли *u.* -ля́] (*Zool.*) Zobel; Zobelfell *n*.
собóр *m* [1] Kathedral(kirch)e *f*, Dom; (große) Versammlung *f*; (церкóвный) ~ Konzil(ium) *n*, Kirchenversammlung *f*; зéмский ~ Landtag.
собóровать [7] (*im*)*pf.* (*Rel.*) (В *j-m*) die letzte Ölung geben; **-ся** die letzte Ölung erhalten.
собрáние *n* [12] Sammlung *f*; Versammlung *f*, Zs.-kunft *f*, Gesellschaft *f*.

собра́т *m* [1; *pl.*: -ья, -ий *u.* -ьев, -ьям] Mitbruder, Kollege.
собра́ть *s.* собира́ть.
со́бствен|ник *m* [1] Eigentümer, Besitzer; **~ору́чный** [14] eigenhändig; **~ность** *f* [8] Eigentum *n*, Besitz *m*; **~ный** [14] eigen; eigentlich; Eigen...; persönlich; ~но eigentlich, eigens; ~но говоря́ im Grunde genommen, eigentlich.
собуты́льник *m* [1] Zechbruder.
собы́тие *n* [12] Begebenheit *f*, Ereignis.
сова́ *f* [5; *pl. st.*] Eule.
сова́ть [7; сую́, суёшь], <су́нуть> [20] (ein-, hinein)stecken (в В in *ac.*); (Д *j-m*) (*heimlich*) zustecken (*vgl.* подсо́вывать); **-ся** sich (ein-) mischen (в В in *ac.*); -ся *impf.* во всё die Nase in alles stecken.
совер|ша́ть [1], <~ши́ть> [16; -шу́, -ши́шь; -шённый] voll-bringen, -enden, -ziehen, verrichten; (*Kauf usw.*) abschließen; (*Reise*) machen; ~ша́ть ре́йсы по Во́лге auf der Wolga verkehren (*Dampfer*); **-ся** erfolgen, geschehen, in Erfüllung gehen; **~ше́ние** *n* [12] Voll-bringung *f*, -endung *f*, -ziehung *f*; ~ше́ние поку́пки Kaufabschluß *m*.
совершеннолет|ие *n* [12] Volljährigkeit *f*, Mündigkeit *f*; **~ний** [15] voll-, groß-jährig, mündig, majorenn.
соверше́н|ный [14; -е́нен, -е́нна] voll-kommen, -ständig, völlig, gänzlich, ganz; ~но *a.* vollends; (*Gram.*) ~ный вид *m* vollendeter Aspekt; **~ство** *n* [9] Vollkommenheit *f*, Spitzenleistung *f*; Vervollkommnung *f*; **~ствовать** [7], <у-> (**-ся** sich) vervollkommnen.
соверши́ть *s.* соверша́ть.
со́вест|ить [15], <у-> (В *j-m*) ins Gewissen reden; **-ся**, <по-> sich ein Gewissen machen (P aus); **~ливый** [14*K.*] gewissenhaft; **~но:** мне ~но es ist mir peinlich; ich schäme mich; **~ь** *f* [8] Gewissen *n*; по ~и gewissenhaft; на ~ь F einwandfrei, tadellos; по чи́стой ~и nach bestem (mit gutem) Gewissen; угрызе́ния *n/pl.* ~и Gewissensbisse *m/pl.*
сове́т *m* [1] Rat, Hinweis; (*Pol.*) Sowjet; Ausschuß; Beratung *f*; Eintracht *f*; ~ мини́стров Ministerrat; Верхо́вный ≗ СССР der Oberste Sowjet der UdSSR; **~изи́ровать** [7] sowjetisieren; **~ник** *m* [1] Ratgeber; Rat (*Titel*); **~овать** [7], <по-> (an)raten; **-ся** (с Т/о П) sich mit ... berat(schlag)en *od.* besprechen (über *ac.*), zu Rate ziehen; **~ский** [16] die Rätere-publik betreffend; Räte..., Sowjet...; ~ская власть *f* Sowjetmacht, die Sowjets *m/pl.*; **~чик** *m* [1] Ratgeber, Berater.
совеща́ние *n* [12] Besprechung *f*, Berat(schlag)ung *f*, Konferenz *f*.
совеща́тель *m* [4] Berater; **~ный** [14] beratend; Beratungs...
совеща́ться [1] sich beraten, verhandeln.
совино́вник *m* [1] Mitschuldige(r).
сови́ный [14] Eulen...
со́вка *f* [5; *g/pl.*: -вок] Zwergohreule (*Vogel*); (*Nacht-*)Eule (*Schmetterling*).
совла|дева́ть, <~да́ть> [1], <~де́ть> [8] (с Т) fertig werden (mit), bewältigen.
совлека́ть [1], <совле́чь> [26] vom rechten Weg abbringen, verführen; entkleiden
совмести́|мый [14*K.*] vereinbar (с Т mit), verträglich; **~тельство** *n* [9] Doppelstellung *f*; **~тельствовать** [7] (*gleichzeitig*) mehrere Stellen (*od.* Ämter) bekleiden.
совме́ст|ность *f* [8] Vereinbarkeit; **~ный** [14] gemeinschaftlich; ~ное обуче́ние *n* Koedukation *f*.
совме|ща́ть [1], <~сти́ть> [15; -ещу́, -ести́шь; -ещённый] vereinigen, vereinbaren.
Совнарко́м *m* [1] (Сове́т Наро́дных Комисса́ров) (*hist.*) Rat der Volkskommissare.
сово́к *m* [1; -вка́] Schippe *f*, Wurfschaufel *f*.
совоку|пле́ние *n* [12] Ver-bindung *f*, -knüpfung *f*; (пло́тское) ~пле́ние Beischlaf *m*, Koitus *m*; **~пля́ть** [28], <~пи́ть> [14; -плю́, -пи́шь; -плённый] verbinden, verknüpfen; **-ся** sich vereinigen; sich paaren, beischlafen, geschlechtlich verkehren.
совоку́п|ность *f* [8] Gesamtheit; в ~ности vereint, insgesamt; **~ный** [14] vereint, gesamt.
совпа|да́ть [1], <совпа́сть> [25; *pt. st.*; -а́вший *u.* -а́дший] zs.-fallen, -treffen; (*Geom.*) kongruieren; **~-**

дéние *n* [12] Zs.-fallen, Zs.-treffen; (*Geom.*) Kongruenz *f*.
совратúтельный [14] ver-leitend, -führend.
совра|щáть [1], <~тúть> [15; -ащý, -атúшь; -ащённый] ablenken, -leiten (с Р von); verführen; **-ся** sich verleiten lassen; **~щéние** *n* [12] Ablenkung *f*; Verleitung *f*, Verführung *f*.
совремéн|ник *m* [1] Zeitgenosse; **~ность** *f* [8] Gegenwart; **~ный** [14; -éнен, -éнна] zeitgenössisch, zeitgemäß, gegenwärtig; modern, heutig, von heute.
совсéм gänzlich, völlig, ganz; durchaus.
совсóд *m* [1] (совéт содéйствия) (Eltern-)Beirat.
Совторгфлóт *m* [1] sowjetische Handelsflotte *f*.
совхóз *m* [1] (совéтское хозя́йство) Sowjet-wirtschaft *f*, -gut *n*.
соглá|сие *n* [12] Übereinstimmung *f*; Einklang *m*, Eintracht *f*; Zustimmung *f*, Einwilligung *f* (на В zu); **~сúть** *s.* ~шáть; **~сный** [14; -сен, -сна] übereinstimmend (с Т mit); einig; bereit; (*Gram.*) Konsonant *m*; ~сно (Р *od.* Д) gemäß, laut; я ~сен на э́то ich bin es zufrieden, ich bin damit einverstanden; **~совáние** *n* [12] Übereinstimmung *f*; 🚂 Anschluß *m*; (*Gram.*) Kongruenz *f*; **~совáть** [7] *pf.* in Übereinstimmung bringen, vereinbaren (с Т mit); **-ся** *impf.* übereinstimmen (с Т mit); **~шáтель** *m* [4] Opportunist, Gelegenheitsmensch, Mantelträger; **~шáтельство** *n* [9] Opportunismus *m*, Nützlichkeitssinn *m*; **~шáть** [1], <~сúть> [15; -ашý, -асúшь; -ашённый] in Übereinstimmung bringen (с Т mit); (В/на В *j-n* zu *et.*) bewegen; **-ся** (на В) eingehen (auf *ac.*), einwilligen (in *ac. od.* zu), einverstanden sein (mit); (с Т/в П *j-m* in *dat.*) beipflichten, -stimmen; **~шéние** *n* [12] Übereinstimmung *f*; Übereinkunft *f*, Vereinbarung *f*, Abmachung *f*, Abkommen.
соглядáтай *m* [3] Auskundschafter, Spitzel.
согнáть *s.* сгоня́ть.
согнýть *s.* сгибáть.
согревá|тельный [14] erwärmend; **~ть** [1], <согрéть> [8; -éтый] (er-) wärmen.
согре|шáть [1], <~шúть> [16; -шý, -шúшь] (sich ver)sündigen.
содéй|ствие *n* [12] Beistand *m*, Mitwirkung *f*, Entgegenkommen; Förderung *f*; **~ствовать** [7], <по-> (Д/в П) beitragen (zu), fördern, mitwirken (bei), *j-m* verhelfen (zu).
содер|жáние *n* [12] Erhaltung *f*; Unterhalt(ung *f*) *m*; Gehalt; Inhalt *m*; ~жáние в поря́дке Instandhaltung *f*; на (своём) ~жáнии auf (eigene) Kosten; расхóды *pl.* по ~жáнию Unterhaltskosten; **~жáнка** *f* [5; *g/pl.*: -нок] Mätresse; **~жáтель** *m* [4] Inhaber; **~жáтельный** [14; -лен, -льна] reichhaltig, gehaltvoll; **~жáть** [4] (er-, unter)halten; ~жáть (в себé) enthalten; ~жáщий ...haltig; **-ся** (in sich) enthalten; **~жúмое** [14] Inhalt *m*.
сóдовый [14] Soda...
содоклáдчик *m* [1] Neben-, Korreferent.
Содóм[1] *m* [1] Sodom *n*.
содóм[2] *m* [1] Heidenlärm.
содрáть *s.* сдирáть.
содро|гáться [1], <~гнýться> [20] erbeben, erzittern, schaudern (от Р vor *dat.*).
содрýжество *n* [9] Zs.-arbeit *f*; боевóе ~ Waffengemeinschaft *f*.
сóевый [14] Soja...; ~ боб *m* Sojabohne *f*.
соеди|нéние *n* [12] Vereinigung *f*, Verbindung *f*; Kupplung *f*; **~нúтельный** [14] vereinigend, verbindend; Binde...; Verbindungs...; (*Gram.*) kopulativ; **~ня́ть** [28], <~нúть> [13] verein(ig)en, verbinden.
сожа|лéние *n* [12] (о П) Bedauern (über *ac.*), Mitleid (mit); без ~лéния unbarmherzig; из ~лéния aus Barmherzigkeit; к ~лéнию leider; **~лéть** [8] (о П) bedauern, Mitleid haben (mit); я ~лéю, что ... es tut mir leid, daß ...
сожжéние *n* [12] Verbrennung *f*.
сожúтель *m* [4] Hausgenosse; intimer Freund; **~ство** *n* [9] Zs.-leben; wilde Ehe *f*, Konkubinat; **~ствовать** [7] zs. leben, zs. wohnen; in wilder Ehe leben (с Т mit).
созвáть *s.* сзывáть.
созвéздие *n* [12] Sternbild.
созвонúться F [13] *pf.* sich telephonisch verständigen.

созву́ч|ие *n* [12] Einklang *m*; Wohlklang *m*, Harmonie *f*; **~ный** [14; -чен, -чна] gleich-klingend, -lautend; wohlklingend.

созда|ва́ть [5], <созда́ть> [-да́м, -да́шь, -да́ст, -дади́м, -дади́те, -даду́т; со́здал, -а́, -о; со́зданный (-ан, -а́, -о)] (er)schaffen; (*Thea. eine Rolle*) kreieren, zuerst darstellen; erbauen, gründen; **'~ние** *n* [12] Schöpfung *f*; (Wort-)Bildung *f*; Geschöpf; **'~тель** *m* [4] Schöpfer.

созерца́|ние *n* [12] (geistige) Betrachtung *f*, Anschauung *f*; **~тель** *m* [4] Betrachter; Beschauer; **~тельный** [14] betrachtend; beschaulich; **~ть** [1] (geistig) betrachten, anschauen.

созида́|ние *n* [12] Erbauung *f*, Gründung *f*; **~тель** *m* [4] Erbauer, Gründer; **~тельный** [14; -лен, -льна] schöpferisch, schaffend; **~ть** [1] *s.* создава́ть.

созна|ва́ть [5], <созна́ть> [1; со́знанный] einsehen, erkennen; sich bewußt sein; **-ся** (в П) (sich) bekennen (zu), (ein)gestehen; **~ние** (-ˈzna-) *n* [12] Erkenntnis *f*; Bewußtsein; Geständnis; без ~ния bewußtlos; ~ние в вине́ Schuldgeständnis; **~тельный** (-ˈzna-) [14; -лен, -льна] bewußt, mit Bewußtsein; (~тельный рабо́чий *m*) klassenbewußt(er Arbeiter).

созре|ва́ть [1] *s.* зреть; **~лый** (-ˈzʒɛ-) [14] reif geworden.

созы́в *m* [1] Zs.-rufung *f*, Einberufung *f*; Einladung *f*; **~а́ть** *s.* сзыва́ть.

соизво|ле́ние *n* [12] Genehmigung *f*; **~ля́ть** [28], <~лить> (-ˈvɔ-) [13] genehmigen; geruhen.

соизда́тель *m* [4] Mitherausgeber.

соизмери́мый [14*K*.] kommensurabel, vergleichbar.

соиме́нный [14] gleichnamig.

соиска́|ние *n* [12] Mitbewerbung *f*, Konkurrenz *f*; **~тель** *m* [4] (Mit-)Bewerber, Konkurrent.

со́йка *f* [5; *g*/*pl*.: со́ек] (*Zool.*) Eichelhäher *m*.

сойти́ *s.* сходи́ть.

сок *m* [1; в -у́] Saft; мно́го со́ку viel Saft; в по́лном ~у́ F in voller Lebenskraft, in der Blüte der Kraft *usw.*

со́кол *m* [1] Falke; Prachtkerl; **~ик** (-ˈkɔ-) *m* [1] kleiner Falke, Fälklein *n*; Schätzchen *n*; **~и́ный** [14] Falken...; **~ьник** (-ˈkɔ]-) *m* [1] Falkner.

Сокра́т *m* [1] Sokrates.

сокра|ти́тельный [14] abkürzend; Abkürzungs...; **~ща́ть** [1], <~ти́ть> [15; -ащу́, -ати́шь; -ащённый] (ab-, ver)kürzen; abbauen; **-ся** kürzer werden, abnehmen; **~ще́ние** *n* [12] Kürzung *f*, Ab-, Ver-kürzung *f*; (*Beamten*-)Abbau *m*; ~ще́ние шта́тов Etatabbau *m*; **~щённый** [14*K*.] (ab)gekürzt, verkürzt.

сокрове́нный [14*K*.] verborgen, geheim.

сокро́вищ|е *n* [11] Schatz *m*; **~ница** *f* [5] Schatzkammer.

сокру|ша́ть [1], <~ши́ть> [16; -шу́, -ши́шь; -шённый] zertrümmern, vernichten; betrüben, zerknirschen; **-ся** sich (ab)grämen (о П um); **~ше́ние** *n* [12] Zertrümmerung *f*, Vernichtung *f*; Zerknirschung *f*; **~ши́тель** *m* [4] Vernichter; **~ши́тельный** [14; -лен, -льна] vernichtend.

солда́т *m* [1; *g*/*pl*.: солда́т] Soldat; **~ик** *m* [1] kleiner Soldat; Soldatchen *n*; оловя́нные ~ики *pl.* Bleisoldaten; **~ня́** *f* [6] Soldateska; **~чина** *f* [5] Militärdienst *m*.

солева́р *m* [1] Salzsieder; **~енный** [14] zum Salzsieden gehörig; ~енный заво́д *m* = **~ня** *f* [6; *g*/*pl*.: -рен] Salz-siederei *f*, -werk *n*, Saline *f*.

соле́|ние *n* [12] Salzen; *vgl.* соле́нье; **~ный** (-ˈlɔ-) [14; со́лон, -а́, -о] salzig; gesalzen; Salz...; ему́ со́лоно пришло́сь F er hat allerhand durchgemacht; уйти́ не со́лоно хлеба́вши F unverrichteter Dinge weggehen (abschieben); **~нье** *n* [10] Eingesalzene(s); eingemachter Mundvorrat *m*.

солида́рный [14; -рен, -рна] solidarisch; Gesamt...

соли́дный [14; -ден, -дна] solid, gediegen, dauerhaft.

солите́р[1] (-ˈtɛr) *m* [1] Solitär (*einzeln gefaßter Diamant*).

солитёр[2] *m* [1] Bandwurm.

соли́ть [13; солю́, со́лишь; со́ленный], <за-, по-> (ein)salzen; (*Pilze usw.*) einmachen.

со́лнечный [14] sonnig; Sonnen...

со́лнце (ˈsɔn-) *n* [11] Sonne *f*; го́рное ~ ⚕ Höhensonne *f*; **~воро́т** *m* [1] *s.* ~стоя́ние; **~пёк** *m* [1]

Sonnenglut *f*; **~стоя́ние** *n* [12] Sonnenwende *f*.
со́лнышко *n* [9] liebe Sonne *f*.
солове́й *m* [3; -вья́] Nachtigall *f*.
солове́ть [8], <(по)-> isabellfarben werden; sich trüben (*Augen*).
соло́вушка *f* [5; *g/pl.*: -шек] liebe Nachtigall.
соло́вый [14] isabellfarben (*Pferd*).
соловьи́ный [14] Nachtigallen...
со́лод *m* [1] Malz *n*; **~и́ть** [15; -ожу́, -оди́шь; -ожённый], <о-> malzen, mälzen; **~ко́вый** [14] Süßholz...; **~о́венный** [14]: ~о́венный заво́д *m* Malzfabrik *f*; **~о́вник** *m* [1] Mälzer; **~о́вня** *f* [6; *g/pl.*: -вен] Mälzerei; **~о́вый** [14] Malz...; ~о́вый са́хар *m* Malzzucker.
соло́|ма *f* [5] Stroh *n*; **~менник** *m* [1] Strohsack; **~менный** [14] aus Stroh (gemacht); Stroh...; ~менный вдове́ц *m* Strohwitwer; **~минка** *f* [5; *g/pl.*: -нок] Strohhalm *m*; утопа́ющий за ~минку хвата́ется (*Spr.*) der Ertrinkende klammert sich an e-n Strohhalm.
Соломо́н *m* [1] Salomo(n).
соломоре́зка ⚒ *f* [5; *g/pl.*: -зок] Häckselmaschine.
со́лон, ~а́ *s.* солёный; **~и́на** *f* [5] Salz-, Pökel-fleisch *n*; **~ка** (-ˈɫɔn-) *f* [5; *g/pl.*: -нок] Salz-faß *n*, -napf *m*; **~ча́к** *m* [1 *e.*] Salz-boden, -erde *f*.
соль *f* [8; *ab g/pl. e.*: -ле́й] Salz *n*; (*fig.*) Witz *m*, Würze; пова́ренная ~ Kochsalz *n*.
со́льный [14] Solo...
соля́|нка *f* [5; *g/pl.*: -нок] Salzkraut *n*; (*Art*) kaltes Fischgericht *n* (*mit Kohl u. eingelegten Gurken*); **~но́й** [14] Salz...; ~на́я копь *f* Saline, Salzwerk *n*; ~на́я кислота́ *f* Salzsäure.
соля́рий *m* [3; *prpos/sg.*: -ии] ⚕ Sonnenbad *n* (*als Ort*).
сом *m* [1 *e.*] Wels (*Fisch*).
сомкну́ть *s.* смыка́ть.
сомна́мбул|а *m/f* [5] Mondsüchtige(r), Nachtwandler(in *f*); **~и́зм** *m* [1] Mondsucht *f*, Nachtwandeln *n*.
сомне|ва́ться [1] zweifeln (в П an *dat.*); я ~ва́юсь, что́бы ... ich bezweifle, daß ...; ~ва́юсь в э́том ich zweifle daran; **~ние** (-ˈn̥e-) *n* [12] Zweifel *m*; без ~ния ohne Zweifel, unzweifelhaft, zweifellos; в э́том нет ~ния darüber ist kein Zweifel (vorhanden).
сомни́тельный [14; -лен, -льна] zweifelhaft, fragwürdig.
сомно́житель ⅍ *m* [4] Multiplikator.
сомо́вина *f* [5] Welsfleisch *n*.
сон *m* [1; сна] Schlaf; Traum; чу́ткий ~ leiser Schlaf; на ~ гряду́щий vor dem Schlafengehen; ви́деть во сне im Traum sehen, träumen (von); спать сном пра́ведника den Schlaf des Gerechten schlafen; э́то наво́дит ~ das schläfert ein; ни сном, ни ду́хом не винова́т F völlig unschuldig, völlig reine Weste; сна ни в одно́м глазу́ нет F (ich habe) noch gar keine Lust zum Schlafen, ich bin überhaupt noch nicht müde; ~ в ру́ку der Traum geht in Erfüllung; я не расслы́шал со сна F ich habe es nicht richtig mitgekriegt, weil ich gerade erst aufwachte (noch schlaftrunken bin *od.* verschlafen wie ich war) F; *s. a.* клони́ть, сни́ться.
сонасле́дник *m* [1] Miterbe.
сона́та ♪ *f* [5] Sonate.
соне́тка *f* [5; *g/pl.*: -ток] Klingel (*für die Dienstboten*), Tischglocke.
сонли́во|сть *f* [8] Schläfrigkeit; боле́знь *f* ~сти Schlafkrankheit.
сонм *m* [1] Versammlung *f*; (große) Menge *f*, Myriade *f*.
со́н|ник *m* [1] Traumbuch *n*; **~ный** [14] schlafend (*a.* Schlafende[r]); verschlafen (*Augen*); Schlaf...; Traum...; ~ная арте́рия *f* (*Anat.*) Kopfschlagader; ~ная боле́знь ⚕ *f* Schlafkrankheit.
Со́нька, Сою́шка *f* [5], **Со́ня**[1] *f* [6] (*dim. v.* Со́фья) Sophiechen *n*, Sonja.
со́ня[2] [6; *g/pl.*: -ней] **1.** *m/f* schläfriger Mensch *m*, F Schlafmütze *f*; **2.** *f* (*Zool.*) Siebenschläfer *m*.
сообра|жа́ть [1], <~зи́ть> [15; -ажу́, -ази́шь; -ажённый] erwägen, überlegen; F kapieren; **-ся** sich richten (с Т nach); **~же́ние** *n* [12] Erwägung *f*, Überlegung *f*; Auffassungsgabe *f*.
сообрази́тельный [14; -лен, -льна] auffassungsfähig, gelehrig.
сообрази́ть *s.* сообража́ть.
сообра́з|ность *f* [8] Angemessenheit, Gemäßheit; **~ный** [14; -зен, -зна] (с Т) angemessen, entsprechend; ~но gemäß, je nach; ~но с зако́ном gesetzmäßig.

сообразова́ть [7] (*im*)*pf.* in Einklang bringen, auf einander abstimmen; **-ся** (с Т) Rechnung tragen, sich richten nach.

сообща́ gemeinschaftlich.

сооб|ща́ть [1], <**~щи́ть**> [16; -щу́, -щи́шь; -щённый] mitteilen, melden; **-ся** *impf.* in Verbindung stehen (с Т mit); **~ще́ние** *n* [12] Mitteilung *f*; Verkehr *m*; Verbindung *f*; возду́шное ~ще́ние Luftverkehr *m*; мини́стр *m* путе́й ~ще́ния Verkehrsminister.

соо́бщество *n* [9] Gemeinschaft *f*, Gesellschaft *f*.

сообщи́тельный [14; -лен, -льна] mitteilsam.

соо́бщни|к *m* [1] Beteiligte(r); Mitschuldige(r); **~чество** *n* [9] Beteiligung *f*; Mitwisserschaft *f*.

соору|жа́ть [1], <**~ди́ть**> [15; -ужу́, -уди́шь; -ужённый] erbauen, aufbauen, errichten; **~же́ние** *n* [12] Erbauung *f*, Errichtung *f*; Bau *m*, Gebäude.

соотве́т|ственный [14*K*.] übereinstimmend, entsprechend, einschlägig; ~ственно (Д *od.* с Т) in Übereinstimmung (mit), in Gemäßheit, analog; **~ствие** *n* [12] Übereinstimmung *f* (Д *od.* с Т mit), Gemäßheit *f*; (*richtiges*) Verhältnis; **~ствовать** [7] (Д) übereinstimmen (mit), entsprechen; **~ствующий** [17] entsprechend, passend, angemessen.

соте́чествен|ник *m* [1] Landsmann; **~ный** [14] landsmännisch.

соотно|си́тельный [14; -лен, -льна] in Wechselbeziehung stehend, korrelativ; **~ше́ние** *n* [12] Wechselbeziehung *f*, Korrelation *f*, Verhältnis.

сопе́рни|к *m* [1] Nebenbuhler, Gegner, Mitbewerber; **~чать** [1] wetteifern, sich mitbewerben, konkurrieren; **~чество** *n* [9] Nebenbuhlerschaft *f*, Wetteifer *m*.

сопе́ть [10; -плю́, -пи́шь] schnaufen.

со́пка *f* [5; *g*/*pl*.: -пок] kleiner Vulkan *m* (*in Sibirien*); (*Berg-*) Kuppe.

соплеме́н|ник *m* [1] Stammverwandte(r); **~ный** [14] stammverwandt.

сопли́|вец P *m* [1; -вца] Rotz-nase *f*, -näsige(r); **~вый** [14*K*.] rotzig.

сопло́ *n* [9; *pl*.: со́пла, со́пел, со́плам] Düse *f*.

сопля́ P *f* [6; *pl*.: со́пли, -ле́й] (*mst pl*.) Nasenschleim *m*, P Rotz *m*; **~к** P *m* [1 *e*.] Rotzbengel.

соподчине́ние *n* [12] Koordination *f*, Beiordnung *f*.

сопоста|вле́ние *n* [12] Gegenüberstellung *f*, Vergleich(ung *f*) *m*; **~вля́ть** [28], <**~вить**> (-'sta-) [14] gegenüberstellen, vergleichen.

сопреде́льный [14; -лен, -льна] angrenzend.

сопри|каса́ться [1], <**~косну́ться**> [20] sich gegenseitig berühren.

соприкоснове́н|ие *n* [12] gegenseitige Berührung *f*, Kontakt *m*; **~ность** *f* [8] Teilhaftigkeit; **~ный** [14; -е́нен, -е́нна] teilhaftig, mitbeteiligt (Д an *dat*.).

соприча́ст|ник *m* [1] Mitbeteiligte(r); **~ный** [14; -тен, -тна] mitbeteiligt (Д an *dat*.).

сопричисля́ть [28], <сопричи́слить> [13] zuzählen (к Д zu).

сопрово|ди́тельный [14] Begleit-...; **~жда́ть** [1], <**~ди́ть**> [15; -ожу́, -оди́шь; -ождённый] begleiten, geleiten; **-ся** *impf.* zur Folge haben; **~жде́ние** *n* [12] Begleitung *f*, Geleit.

сопроти|вле́ние *n* [12] Widerstand *m* (Д gegen); Festigkeit *f*; ~вле́ние изги́бу ⊕ Biegefestigkeit *f*; ~вле́ние растяже́нию ⊕ Zugfestigkeit *f*; **~вля́ться** [28] sich widersetzen, Widerstand leisten.

сопря|га́ть [1], <сопря́чь> [26; г, ж *statt* к, ч: -ягу́, яжёшь; *pt. st.*: -я́г (*a.*: -'prɔk), -ягла́] verbinden, verknüpfen; **~же́ние** *n* [12] Verbindung *f*, Verknüpfung *f*; ⊕ Kopplung *f*.

сопу́н *m* [1 *e*.] Schnarcher.

сопу́тствовать [7] (Д) begleiten, geleiten.

сор *m* [1] Kehricht *m od. n*, Schutt, Unrat; Plunder; мно́го со́ру viel Unrat *od.* Schmutz; *s.* выноси́ть[1].

соразме́р|ный [14; -рен, -рна] (Д *od.* с Т) angemessen, entsprechend, gleichmäßig, nach Maßgabe; **~я́ть** [28], <**~ить**> [13] (с Т) in gleiches Verhältnis bringen (zu), gleichmäßig ein-, ver-teilen, bemessen (nach).

сора́тник *m* [1] Kampfgenosse, Mitkämpfer.

сорване́ц F *m* [1; -нца́] Wildfang (*Person*).
сорва́ть *s.* срыва́ть.
сорвиголова́ F *m/f* [5; *ac/sg.*: сорвиго́лову; *pl.*: -о́ловы, -оло́в] Mordskerl *m*, Mordsdirn *f*.
соревнова́|ние *n* [12] Nacheiferung *f*; Wetteifer *m*; ~ние в бе́ге Wettlauf *m*; **~ться** [7] wetteifern, im Wettbewerb stehen.
сори́ть [13], <на-> [насо́ренный] (*mit Kehricht usw.*) beschmutzen, verstauben; *vgl. a.* заса́ривать; ~ деньга́ми Geld vergeuden *od.* verschleudern.
со́рный [14] voll Kehricht; Kehricht...; Schutt...; со́рная трава́ *f* Unkraut *n*.
сорня́к 🌾 *m* [1 *e.*] Unkraut *n*.
соро́дич *m* [1; *g/pl.*: -чей] Verwandter Landsmann (*aus der gleichen Gegend*).
со́рок [35] vierzig.
соро́ка *f* [5] (*Zool.*) Elster; **~**-воро́вка diebische Elster.
сорока... (*in Zssgn*) vierzig..., *z.B.* **~ле́тие** *n* [12] Zeitraum *m* von vierzig Jahren.
сороко|во́й [14] vierzigste(r); ~ва́я (часть) *f* Vierzigstel *n*; **~но́жка** *f* [5; *g/pl.*: -жек] (*Zool.*) Tausendfuß *m*; **~пу́т** *m* [1] (*Zool.*) Neuntöter.
соро́чий [18] Elster...
соро́ч|ка *f* [5; *g/pl.*: -чек] Hemd *n*; Rückseite (*der Spielkarte*); он в ~ке роди́лся er ist ein Sonntags- (*od.* Glücks)kind.
сорт *m* [1; *pl. e.*: -та́] Sorte *f*, Gattung *f*.
сортиров|а́ть [7], <рас-> sortieren; **~ка** (-'rɔf-) *f* [5; *g/pl.*: -вок] Sortierung; Sortiermaschine; **~очный** (-'rɔ-) [14] zum Sortieren (dienend); ~очная (ста́нция) *f* 🚂 Rangierbahnhof *m*.
со́ртный [14] erstklassig, von hoher Qualität.
сортово́й ☤ [14] assortiert, ausgestattet; Qualitäts...
соса́ть [-су́, -сёшь; со́санный] saugen; lutschen.
сосва́|тывать, <~тать> [1] zur Ehe versprechen, verloben (дочь сы́ну *od.* за сы́на die Tochter dem Sohn).
сосе́д *m* [1; *pl.*: -ди, -дей, -дям] Nachbar; я ему́ ~ ich bin sein Nachbar; ⚓ ~ по ко́йке Kabinen-, Kojen-nachbar; **~ка** *f* [5; *g/pl.*: -док] Nachbarin; **~ний** [15] benachbart (с Т mit), Nachbar...; **~ский** [16] nachbarlich; Nachbar...; **~ство** *n* [9] Nachbarschaft *f*; **~ушка** *m/f* [5; *g/pl.*: -шек] lieber Nachbar, liebe Nachbarin *f*.
со́сёнка ⚘ *f* [5; *g/pl.*: -нок] kleine Fichte.
сосе́ц *m* [1; -сца́] *s.* сосо́к.
соси́ска *f* [5; *g/pl.*: -сок] Würstchen *n*.
со́ска *f* [5; *g/pl.*: -сок] Saugflasche *od.* Schnuller *m* (*der Kinder*); *vgl.* сосо́к.
соска́бливать [1], <соскобли́ть> [14; -облю́, -о́бли́шь; -о́бленный] abschaben, abkratzen.
соска́кивать [1], <соскочи́ть> [16] ab-, herunter-springen.
соска́льзывать [1], <соскользну́ть> [20] abgleiten.
соскочи́ть *s.* соска́кивать; F [16; *nur 3. Pers.*] (*fig.*) urplötzlich verschwinden, fort sein.
соскре|ба́ть [1], <~бну́ть> [20], <~сти́> [25; -ебу́, -ебёшь, -ёб, -ебла́] abkratzen, abschaben.
соску́читься [16] *pf.* sich sehnen, Sehnsucht bekommen (по Д *od.* по П nach); sich langweilen.
сослага́тель|ный [14]: (*Gram.*) ~ное наклоне́ние *n* Konjunktiv *m*.
сосла́ть *s.* ссыла́ть.
со́слепу F kurzsichtig (blind) wie er (sie *usw.*) war.
сосло́вие *n* [12] (*gesellschaftlicher*) Stand *m*.
сослужи́|вец *m* [1; -вца] Berufskollege; **~ть** [16] *pf.*: ~ть кому́ слу́жбу j-m e-n Dienst erweisen.
сос|на́ *f* [5; *pl. st.*: со́сны, со́сен, со́снам] Kiefer; **~но́вый** [14] Kiefer...; ~но́вый бра́жник *m* (*Zool.*) Kiefernschwärmer.
сосну́ть F [20] *pf.* ein Schläfchen machen.
сосня́к *m* [1 *e.*] Kiefernwald.
сосо́|к *m* [1; -ска́] (*Anat.*) Saugwarze *f*, (*bei Tieren*) Zitze *f*; (грудно́й) ~к Brustwarze *f*; *s.* со́ска; **~чка** *f* [5; *g/pl.*: -чек] (kleine) Saugflasche (*für Kinder*).
сосредото́|чение *n* [12] Konzentrierung *f*; ⚔ Versammlung *f*; **~чивать** [1], <~чить> [16] konzentrieren; (*Aufmerksamkeit usw.*) richten *od.* lenken (на П auf *ac.*); **-ся** sich konzentrieren *od.* sammeln.

соста́в *m* [1] Zs.-setzung *f*; Bestand; (ли́чный ~) Personal *n*; Beschaffenheit *f*; в ~е in Stärke von, bestehend aus; (*Thea.*) ~ исполни́телей Besetzung *f*; ~ преступле́ния ⚖ Tatbestand; 🚂 подвижно́й ~ rollendes Material *n*; ⚔ ми́рный ~ Friedens-(präsenz)stärke *f*; входи́ть в ~ einverleibt werden *od.* sein, gehören (P zu); **~и́тель** *m* [4] Verfasser; **~ле́ние** *n* [12] Zs.-setzung *f*, -stellung *f*; Verfassen, Abfassung *f*; Anfertigung *f*; Aufnahme *f* (*e-s Protokolls usw.*); **~ля́ть** [28], ‹соста́вить› [14] zs.-setzen, zs.-stellen; bereiten, anfertigen; ab-, ver-fassen, aufsetzen; entwerfen; (*Protokoll usw.*) aufnehmen; bilden, (aus)machen, sich belaufen auf (*ac.*); herunter-nehmen, -setzen; **~но́й** [14] zs.-gesetzt, zs.-gestellt; ~на́я часть *f* Bestandteil *m*.

состоя́|ние *n* [12] Zustand *m*, Lage *f*; Stand *m*; Vermögen; быть в ~нии vermögen, imstande sein; **~тельный** [14; -лен, -льна] wohlhabend, vermögend; stichhaltig; **~ть** [-ою́, -ои́шь] stehen, (angestellt) sein (на П in *dat. od.* при П bei *od.* под Т unter *dat.*); bestehen (из Р aus *od.* в П in *dat.*); ~ть подпи́счиком abonniert sein (P auf *ac.*); **-ся** zustande kommen; erfolgen, stattfinden.

остра́гивать, ‹сострога́ть› [1; -о́ганный] aohobeln.

сострада́|ние *n* [12] Mit-leid, -gefühl (к Д mit); **~тельный** [14; -лен, -льна] mitleidig.

сострига́ть [1], ‹состри́чь› [26; г, ж *statt* к, ч: -игу́, -ижёшь; -и́женный] abscheren.

состря́пать P [1] (*fig.*) zs.-schustern, zustandebringen.

состя|за́ние *n* [12] Wett-bewerb *m*, -streit *m*; **~за́тель** *m* [4] Wettbewerber, -kämpfer; **~за́тельный** [14] Konkurrenz...; **~за́ться** [1] wetteifern.

сосу́д *m* [1] Gefäß *n*; Behälter; **~ик** *m* [1] Gefäßchen *n*; **~истый** [14] gefäßreich; ~истая оболо́чка *f* Gefäßhaut (*des Auges*).

сосу́л|ечка *f* [5; *g/pl.*: -чек] Zäpfchen *n*; **~ька** *f* [5; *g/pl.*: -лек] (ледяна́я Eis-)Zapfen *m*.

сосу́н *m* [1*e.*] Säuger; **~о́к** *m* [1; -нка́] Säugling.

сосуществова́|ние *n* [12] Koexistenz *f*; **~ть** [7] koexistieren.

сосчи́|тывать, ‹~та́ть› [1; -и́танный] zs.-zählen, zs.-rechnen; **-ся** abrechnen (с T mit).

сот *m* [1] (*mst pl.*) Honigscheibe *f*.

сотво|ре́ние *n* [12] Erschaffung *f*; (*Rel.*) исто́рия *f* ~ре́ния ми́ра Schöpfungsgeschichte; **~ря́ть** [28], ‹~ри́ть› [13] (er)schaffen; (*Sünden*) begehen.

со́тенный [14] aus hundert bestehend.

со́т|ник ⚔ *m* [1] Befehlshaber einer Sotnie; **~ня** *f* [6; *g/pl.*: -тен] Hundert *n*; ⚔ Hundertschaft, Sotnie (*im Kosakenheer*); **~ня́га** F [5], **~ня́жка** *f* [5; *g/pl.*: -жек] Hundert *n*; Hundertrubelschein *m*.

сотова́рищ *m* [1; *g/pl.*: -ей] Gefährte, Kollege; **~ество** *n* [9] Kollegen-, Brüder-schaft *f*.

со́товый [14]: ~ мёд *m* Scheibenhonig.

сотру́дни|к *m* [1] Mitarbeiter; **~чать** [1] mitarbeiten.

сотря|са́ть [1], ‹~сти́› [25; *durchweg* с *statt* д, л: -ясу́; -тря́с (*a.*: tʀɔs), -трясла́] erschüttern; **~се́ние** *n* [12] Erschütterung *f*; Erbeben.

со́тский [16] (*ehm.*) Polizeigehilfe *m* (*in Dörfern*).

со́тый [14] hundertste(r); со́тая (часть) *f* Hundertstel *n*.

соумы́шленник *m* [1] Mitschuldige(r), Mitbeteiligte(r).

со́ус *m* [1] Soße *f*, Tunke *f*; **~ник** *m* [1] Soßennapf *m*.

соуча́ст|вовать [7] (mit)beteiligt sein (в П an *dat. od.* bei); **~ие** *n* [12] Mitbeteiligung *f*, Mittäterschaft *f*; **~ник** *m* [1] Mitbeteiligte(r), Mittäter.

соучени́к *m* [1*e.*] Mitschüler.

софа́ *f* [5; *pl. st.*] Sofa *n*.

софи́зм *m* [1] Sophisma *n*, Trugschluß.

Софо́кл *m* [1] Sophokles.

Со́фьюшка *dim. zu* Со́фья.

Со́фья *f* [6] Sophie.

соха́ *f* [5; *pl.*: со́хи, сох, со́хам] Hakenpflug *m*.

соха́тый [14] Elch *m*.

со́хнуть [21] **1.** ‹вы́-, про-› trocknen, trocken werden; у меня́ со́хнет во рту́ die Zunge klebt mir am Gaumen; **2.** ‹за-› (ver)welken; abmagern.

сохра|не́ние *n* [12] Aufbe-, Verwahrung *f*, Erhaltung *f*; (от)да́ть (взять) на ~не́ние in Verwahrung geben (nehmen); **~нность** (-ˈxran-) *f* [8] Unversehrtheit; **~нный** (-ˈxran-) [14; -а́нен, -а́нна] unversehrt; Depositen...; **~ня́ть** [28], <~ни́ть> [13] (auf)be-, ver-wahren, (aufrecht)erhalten; befolgen; beibehalten; **-ся** sich halten, sich konservieren; erhalten bleiben.

соцве́тие *n* [12] Blütenstand *m*.

соцдогово́р *m* [1] (догово́р о соцсоревнова́нии) sozialistischer Wettbewerbsvertrag.

социа́л-демокра́т *m* [1] Sozial-demokrat.

социали|за́ция *f* [7] Sozialisierung, Verstaatlichung; **~зи́ровать** [7] (*im*)*pf*. sozialisieren, verstaatlichen.

социали́зм *m* [1] Sozialismus.

социа́л|ка: F вы́йти на ~ку sich pensionieren lassen.

социа́льный [14] sozial, gesellschaftlich.

соц|соревнова́ние *n* [12] (социалисти́ческое соревнова́ние) sozialistischer Wettbewerb *m*; **~стра́х** *m* [1] (социа́льное страхова́ние) Sozialversicherung *f*.

соче́льник *m* [1] Vorabend (*vor Weihnachten od. vor dem Dreikönigsfest*); рожде́ственский ~ der heilige Abend, Weihnachtsabend.

соче́ние *n* [12] Auslaufen (*des Saftes*).

сочета́|ние *n* [12] Verbindung *f*, Paarung *f*, Vereinigung *f*; Kombination *f*; ~ние бра́ком eheliche Verbindung *f*; **~ть** [1] *pf*. (**-ся** sich) verbinden (бра́ком ehelich), vereinigen, paaren.

сочи|не́ние *n* [12] Verfassen, Abfassung *f* (*e-r Schrift*); Erdichten; (*Gram*.) Beiordnung *f*; Werk, Schrift *f*; (*Schule*) Aufsatz *m*; музыка́льное ~не́ние Komposition *f*, Musikwerk; **~ни́тель** *m* [4] Verfasser, Autor; **~ня́ть** [28], <~ни́ть> [13] ver-, ab-fassen, schreiben; erdichten; **-ся** (*Gram*.) sich beiordnen.

сочи́ть [16; -чу́, -чи́шь] (*Saft usw.*) abzapfen; tropfenweise ausscheiden; **-ся** tropfen, sickern.

сочлен|е́ние *n* [12] (*Anat*., ⊕) Gelenk; **~я́ть** [28], ~и́ть [13] verbinden; zs.-fügen.

со́чный [14; -чен, -чна́, -о] saftig; klangvoll; ausdrucksvoll, treffend.

сочу́вст|венный [14*K*.] mitempfindend, teilnahmsvoll; **~вие** *n* [12] Mitgefühl (mit), Teilnahme *f* (к Д für); **~вовать** [7] mitempfinden, nachfühlen, sympathisieren (Д mit).

со́шка *f* [5; *g*/*pl*.: -шек] kleiner Hakenpflug *m*; руже́йная ~ Gewehr-gestell *n*, -stütze; ме́лкая ~ unbedeutender Mensch *m*.

сошни́к *m* [1*e*.] Pflug-eisen *n*, -messer *n*; Lafettensporn.

сою́з *m* [1] Verbindung *f*, Bund, Bündnis *n*, Union *f*; *s*. СССР; (*Gram*.) Bindewort *n*, Konjunktion *f*; ~ наро́дов Völkerbund; **~ник** *m* [1] Bundesgenosse *m*, Alliierte(r); **~ный** [14] verbündet; Bundes...; die (Sowjet-)Union betreffend.

со́я ⚘ *f* [6] Sojabohne.

спада́ть [1], <спа́сть> [25; *pt. st*.; спа́вший *u*. спа́дший] (her)abfallen; sinken, fallen (*Wasser usw.*); спасть с те́ла (*od*. с лица́) P abmagern.

спа́зма ⚕ *f* [5] Krampf *m*.

спа́ивать [1] **1.** <спая́ть> [28] (zs.-) löten; **2.** <споить> [13] betrunken machen; zum Trunk verleiten.

спа́йка *f* [5; *g*/*pl*.: спа́ек] (Zs.-) Lötung; Lötstelle; Zs.-hang *m*, -gehörigkeit.

спа́ленка *f* [5; *g*/*pl*.: -нок] kleines Schlafzimmer *n*.

спа́лзывать [1] *s*. сполза́ть.

спа́ль|ный [14] Schlaf...; 🚃 ~ный биле́т *m* Schlafwagenbillet *n*; **~ня** *f* [6; *g*/*pl*.: -лен] Schlafzimmer *n*.

спаньё *n* [10] Schlafen.

спа́р|жа *f* [5] Spargel *m*; **~жевый** [14] Spargel...

спа́ри|вать [1], <~ть> [13] (**-ся** sich) paaren.

Спа́рта *f* [5] Sparta *n*; **~к** (-ˈtak) *m* [1*e*.] Spartakus; Сою́з *m* ~ка́ (*hist*., *Pol*.) Spartakusbund; **♀ковец** (-ˈta-) *m* [1; -вца] (*hist*., *Pol*.) Spartakist; **♀нец** (-ˈta-) *m* [1; -нца] Spartaner.

спа́рхивать [1], <спорхну́ть> [20; *nur 3. Pers*.] herabflattern.

спа́рывать [1], <споро́ть> [17] abtrennen.

спас|а́ние *n* [12] Retten; Rettungsdienst *m*; **~а́тельный** [14] Rettungs...; **~а́ть** [1], <~ти́> [25; *durchweg* с *statt* д, л: -асу́; -ас] (er)retten (от Р von); спасти́ положе́ние die Situation retten; **~е́ние** *n* [12] Rettung *f*.

спаси́бо danke (schön)!; большо́е ~! besten Dank!; danke sehr!;

(*als Prädikat*) man muß dankbar sein (*j-m, daß er* ...).
спаси́тель *m* [4] Retter, Erlöser, Heiland; **~ный** [14] (er)rettend, heilsam; Rettungs...
спасти́ *s.* спаса́ть.
спасть *s.* спада́ть.
спать [сплю, спишь; спал, -а́, -о] schlafen; ~ сла́дким сном im süßen Schlummer liegen; я сплю́ и ви́жу F mein sehnlichster Wunsch ist ...; **-ся** [*unpers.*] мне не спи́тся ich kann nicht (ein)schlafen.
спа́х|ивать [1], <~а́ть> [3] aufpflügen.
спая́ть *s.* спа́ивать.
спев|а́ться [1], <спе́ться> [спою́сь, споёшься] sich (*mit anderen*) einsingen, sich im Gesang einüben; (*fig.*) sich verständigen; **'~ка** *f* [5; *g/pl.*: -вок] Einsingen *n*, (*gemeinschaftliche*) Singübung *od.* Gesangprobe.
спека́ться [1], <спе́чься> [*nur 3. Pers.*: спечётся, спеку́тся; спёкся, спекла́сь] gerinnen (*Blut*); zs.-backen, -kleben.
спекта́кль *m* [4] (*Thea.*) Schauspiel *n*, Vorstellung *f*.
спе́ктр *m* [1] Spektrum *n*.
спеку|ли́ровать [7] spekulieren; F schieben; **~ля́нт** *m* [1] Spekulant; F Schieber; **~ля́ция** *f* [7] Spekulation; F Schiebung.
спе́|лость *f* [8] Reife; **~лый** [14; спел, -а́, -о] reif.
спер|ва́, ~воначá́ла zuerst, zunächst, anfangs, anfänglich.
спе́реди (von) vorn.
спере́ть *s.* спира́ть.
спермаце́т *m* [1] Walrat.
спёртый F [14*K.*] beengt; drückend, stickig, zum Ersticken (*Luft*).
спеси́|вец *m* [1; -вца] Stolze(r), Hochmütige(r); **~виться** [14] hochmütig (*od.* stolz) sein; **~вость** *f* [8] Hochmut *m*, Stolz *m*; **~вый** [14*K.*] hochmütig, stolz.
спесь *f* [8] *s.* спеси́вость.
спеть [8], <по-> reifen, reif werden; *s.* петь.
спе́ться *s.* спева́ться.
спех *m* [1] Eile *f*; э́то не к **~у** das hat keine Eile.
спец *m* [1] *s.* специали́ст.
специали́ст *m* [1] Spezialist, Sachkundige(r), -verständige(r), Fachmann.
специа́ль|ность *f* [8] Spezialität; Branche, Fach *n*; Fachkenntnis; **~ный** [14; -лен, -льна] speziell, besonders; Spezial...; Fach...
спе́ции F *f/pl.* [7] Gewürz *n*.
специфи́ческий [16] spezifisch, eigentümlich.
спец|ко́р *m* [1] (специа́льный корреспонде́нт) Sonderberichterstatter; **~о́вка** F, **~оде́жда** *f* [5] Berufskleidung; **~ста́вка** *f* [5; *g/pl.*: -вок] Sonder-, Extra-gehalt *n*.
спе́чься *s.* спека́ться.
спе́ши|вать ⚔ [1], <~ть> [16] (*die Reiterei*) absitzen lassen; **-ся** absitzen.
спеш|и́ть [16; -шу́, -ши́шь], <по-> (sich be)eilen, sich sputen; (*Uhr*) vorgehen (на́ пять мину́т fünf Minuten); не спеша́ ohne sich zu beeilen, in aller Ruhe; **~ка** ('spɛʃ-) *f* [5] Eile; **~ность** ('spɛʃ-) *f* [8] Eilfertigkeit; **~ный** ('spɛʃ-) [14; -шен, -шна] eil(fert)ig, dringend; Eil...; ~но eilends, in der Eile.
спива́ть [1], <спить> [сопью́, -пёшь; спи́л, спила́; спе́й(те)!] abtrinken; **-ся** sich zuschanden trinken; спи́вшийся verbummelt, P versoffen.
спидо́метр *m* [1] Tachometer *n* (*Auto*).
спи́ливать [1], <спили́ть> [13; спилю́, спи́лишь; спи́ленный] absägen; abfeilen.
спина́ *f* [5; *ac/sg.*: спи́ну; *pl. st.*] Rücken *m*; на́ спину auf den Rücken, rücklings; нанести́ уда́р в спи́ну (*fig.*) in den Rücken fallen; ве́тер нам в спи́ну wir haben den Wind im Rücken.
спи́н|ка *f* [5; *g/pl.*: -нок] Rücken *m*; Rückenteil *n*; Rückenlehne (*an Stühlen usw.*); **~но́й** [14] Rücken...; ~но́й хребе́т *m* (*Anat.*) Wirbelsäule *f*; ~но́й мозг *m* Rückenmark *n*.
спира́ль *f* [8] Spirale.
спира́ть [1], <спере́ть> [12; сопру́, -рёшь; спёр; спёртый] (**-ся** sich) zs.-drängen, -pressen; спере́ть *pf.* stehlen, F stibitzen.
спири́т *m* [1] Spiritist.
спирт *m* [1; *pl.e.*] Spiritus; ви́нный ~ Weingeist; Alkohol; нашаты́рный ~ Salmiakgeist; **~но́й** [14] spirituos; ~ны́е напи́тки *pl.* Spirituosen; **~о́вка** *f* [5; *g/pl.*:

-вок] Spiritus-kocher *m*, -lampe; **~ово́й** [14] Spiritus...
списа́ть *s.* спи́сывать.
спи́|сок *m* [1; -ска] Abschrift *f*, Kopie *f* (с P von); (P *z.B.* ~сок книг Bücher-)Verzeichnis *n*, Liste *f*; **~сывать** [1], <~са́ть> [3] abschreiben, kopieren; abmalen; ⚓ (*Matrosen usw.*) abmustern; **-ся** sich schriftlich verständigen (с T mit).
спито́й F [14] dünn, abgestanden (*Getränke*).
спить *s.* спива́ть.
спи́х|ивать [1], <~ну́ть> [20] hinabstoßen; verdrängen.
спи́ца *f* [5] (Rad-)Speiche; Stricknadel; после́дняя ~ в колесни́це (*Spr.*) fünftes Rad am Wagen.
спич *m* [1; *g/pl.*: -ей] Tischrede *f*.
спи́ч|ечница *f* [5] Streichholzschachtel; **~ка** *f* [5; *g/pl.*: -чек] Zünd-, Streich-hölzchen *n*, -holz *n*; но́ги *f/pl.* как ~ки spindeldürre Beine *n/pl.*, Spindelbeine *n/pl.*
сплав *m* [1] Schmelzen *n*; Verschmelzung *f*; Flößen *n*; Metalllegierung *f*; **~ля́ть** [28], <'~ить> [14] (zs.-)schmelzen; (an)flößen; ~ить P *pf.* loswerden, abwimmeln; **~но́й** [14] angeflößt; flößbar; Floß...; **'~щик** *m* [1] Flößer.
спла́чивать [1], <сплоти́ть> [15; -очу́, -оти́шь; -очённый] zs.-fügen, zs.-schmieden; сплочённый *a.* geschlossen, festgefügt.
сплёвывать F [1], <сплю́нуть> [20] ausspucken.
сплёскивать [1], <сплесну́ть> [20] weg-, ab-spülen.
сплет|а́ть [1], <сплести́> [25; т *statt* д: сплету́] (zs.-, ver)flechten; (*Spitzen*) klöppeln; (*Lügen usw.*) erdichten; *vgl.* плести́; **~е́ние** *n* [12] Zs.-flechten; Geflecht; **'~ник** *m* [1] Klatscher; **'~ничать** [1], <на-> klatschen, Klatschereien machen; **'~ня** *f* [6; *g/pl.*: -тен] Klatsch(erei *f*) *m*, Stänkerei(en *pl.*).
сплеча́ F mit voller Wucht; (*fig.*) aufs Geratewohl.
сплин *m* [1] Spleen, Schwermut *f*.
сплоти́ть *s.* спла́чивать.
сплохова́ть F [7] *pf.* e-n Fehler (Dummheit) begehen; versagen.
сплоче́ние *n* [12] Zs.-fügung *f*.
сплоша́ть P [1] *pf.* e-n Fehler machen, e-n Bock schießen.
сплош|но́й [14] dicht, kompakt; ~но́й песо́к *m* lauter Sand; ~на́я неде́ля *f* Woche ohne Fasten; ~но́й вздор F *m* völliger Blödsinn; **~ь** durchgängig, durchweg, ohne Unterschied; (dicht) nebeneinander; häufig; **~ь и ря́дом** F auf Schritt und Tritt, gang und gäbe.
сплыва́ть [1], <сплыть> [23] weg-, fort-schwimmen; verschwinden; бы́ло да сплы́ло F (*Spr.*) wie gewonnen, so zerronnen.
сплю́нуть *s.* сплёвывать.
сплю|щивать [1], <~щить> [16], <~снуть> [20] plattdrücken, abplatten.
сподви́жник *m* [1] Mitkämpfer, Kampfgenosse.
сподобля́ть [28], <сподо́бить> [14] würdigen; сподо́бить *pf.* P (*iron*) [*unpers.*] Pech haben, anstellen; как э́то его́ сподо́било упа́сть с ло́шади? wie hat er es bloß fertiggekriegt, vom Pferd zu fallen?; **-ся** (P) sich würdig halten (für).
сподру́ч|ник *m* [1] (*ver.*) Handlanger, Spießgeselle; **~ный** P [14; -чен, -чна] handlich, bequem.
спозара́нку früh morgens.
спои́ть *s.* спа́ивать.
споко́й|ный [14; -о́ен, -о́йна] ruhig, still; gelassen; bequem; ~но́й но́чи! gute Nacht!
споко́йствие *n* [12] Ruhe *f*, Stille *f*; Gelassenheit *f*.
споко́н: F ~ ве́ку (*od.* веко́в) seit je, seit je und eh'.
спола́горя P gar nicht so übel, es geht noch so.
спола́скивать [1], <сполосну́ть> [20] ausspülen.
спол|за́ть [1], <~зти́> [24] herunterkriechen; herunter-, ab-rutschen; abgehen (*Haut*).
сполна́ vollzählig, völlig.
сполосну́ть *s.* спола́скивать.
споло́хи *m/pl.* [1] Nordlicht *n*; Wetterleuchten *n*.
спонде́й *m* [3] Spondeus (*Versfuß*).
спор *m* [1] Streit, Disput (о П über *ac.*); ⚖ Rechtsstreit; об э́том ~у нет das ist unbestreitbar.
спо́ра *f* [5] (*Bio.*) Spore.
споради́ческий [16] sporadisch, vereinzelt auftretend.
спо́рить [13], <по-> streiten, disputieren (о П über *ac.*); wetten; дава́й ~! wollen wetten!
спори́ться [13; *unpers.*] gedeihen, vorwärts (*od.* vonstatten) gehen.
спо́рный [14; -рен, -рна] umstritten, strittig; Streit...
споро́ть *s.* спа́рывать.

спорт *m* [1] Sport; **~ивки** *f/pl.* [5; *gen.*: -вок] Turnschuhe *m/pl.* **~ивный** [14] Sport...; **~смéн** *m* [1] Sportsmann, Sportler.

спорхнýть *s.* спáрхивать.

спóрщик *m* [1] Streitsüchtige(r).

спóрый P [14; спор, -á, -o] gedeihlich, erfolgreich.

спóсоб *m* [1] Mittel *n*, Art *f*, Weise *f*, Methode *f*, Verfahren *n*; таки́м ~ом auf diese Art (und Weise); механи́ческим ~ом auf mechanischem Weg; по ~у durch, mittels(t); **~ность** (-ˈsɔb-) *f* [8] Fähigkeit, Tüchtigkeit, Anlage; одарённый ~ностью befähigt, begabt; покупáтельная ~ность Kaufkraft; **~ный** (-ˈsɔb-) [14; -бен, -бна] fähig, tüchtig, veranlagt (к Д *od.* на В zu); (не) ~ный к рабóте arbeits(un)fähig; **~ствовать** (-ˈsɔb-) [7], <по-> (Д) beitragen (zu), (be-)fördern; vermitteln; ~ствовать томý, что(бы) ... bewirken, daß ...

споспéшник *m* [1] Förderer.

спот|ыкáться [1], <~кнýться> [20] straucheln, stolpern (о В über *ac.*).

спохвá|тываться [1], <~ти́ться> [15] (P) plötzlich verfallen (*od.* kommen) auf (*ac.*), plötzlich vermissen.

спрáва von rechts (her).

справедли́|вость *f* [8] Gerechtigkeit, Billigkeit; Wahrheit, Richtigkeit; по ~вости billigermaßen, von Rechts wegen; **~вый** [14*K.*] gerecht, billig, recht(mäßig); wahr, richtig; ~во *a.* mit Recht; (э́то) совершéнно ~во (das ist) ganz recht *od.* richtig.

спрá|вка *f* [5; *g/pl.*: -вок] An-, Nach-frage, Erkundigung; Auskunft; Bescheinigung, Ausweis *m*; наводи́ть ~вки Erkundigungen einziehen, sich erkundigen (о П über *ac.*); **~вля́ть** [28], <~вить> [14] sich anschaffen; feiern; **-ся** (о П) sich erkundigen (über *ac.*), nachfragen (nach); nachschlagen (по *od.* в кни́ге in einem Buch); fertig werden (с Т mit).

спрáвоч|ник *m* [1] Hand-, Nachschlage-buch *n*; **~ный** [14] Erkundigungs...; Nachschlage...; ~ная контóра *f*, ~ное бюрó *n* Auskunftsbüro *n*, Auskunftei *f*; ~ная ценá *f* Marktpreis *m*.

спрáшивать [1], <спроси́ть> [15] (у Р/В *od.* В/о П) fragen (nach *od.* um *od.* über *ac.*), befragen (über *ac.*); (В/с Р *et.* von *j-m*) fordern, verlangen; с тебя́ за всё спрóсят man wird dich für alles zur Verantwortung ziehen; спрáшивается es fragt sich; за э́то с тебя́ спрóсится F dafür wirst du dich verantworten müssen.

спри́нтер *m* [1] (*Sport*) Kurzstreckenläufer.

спринцевáть [7; -цýю] spülen, Spülung(en) machen.

спровá|живать [1], <~дить> [15] hinauskomplimentieren.

спрос *m* [1] Fragen *n*; Nachfrage *f* (на В nach); без ~а *od.* ~у ohne (um Erlaubnis) zu fragen; быть в ~е, пóльзоваться ~ом verlangt (*od.* begehrt) sein, Nachfrage genießen, gangbar sein; ~ дéнег не стóит (*Spr.*) Fragen kostet nichts; **~и́ть** *s.* спрáшивать.

спросó|нок, ~нья F schlaftrunken.

спростá F absichtslos, in der Einfalt, nicht böswillig; э́то не ~ da steckt etwas dahinter.

спрут *m* [1] (*Zool.*) Krake.

спры́г|ивать [1], <~нуть> [20] herunter-, (her)ab-springen.

спры́с|кивать [1], <~нуть> [20] bespritzen, besprengen; (*durch Trinken feiern*) begießen.

спря|гáть [1] zs.-fügen; zs.-spannen; <про-> (*Gram.*) konjugieren; **~жéние** *n* [12] Konjugation *f*.

спýг|ивать [1], <~нýть> [20] aufjagen, verscheuchen.

спуд *m* [1] (*biblisch*) Scheffel; лежáть под ~ом verborgen liegen; держáть свои́ спосóбности под ~ом F sein Licht unter den Scheffel stellen; извлéчь из-под ~а свои́ стáрые знáния F seine alten Kenntnisse hervorkramen.

спуск *m* [1] Herunter-, Herablassen *n*; Abstieg; Abhang, Böschung *f*; Gußrinne *f*; Halde *f*; Abzug (*an Schußwaffen*); ⚓ ~ (нá воду) Stapellauf; ~ (нá землю) Landung *f* (*Flugzeug*); ~ по доли́не Talfahrt *f*; не давáть ~у keinen Pardon geben; **~áть** [1], <спусти́ть> [15] herunter-, herablassen; ab-, los-lassen, steigen lassen; (Д) nicht büßen lassen, verzeihen; *j-m et.* nachlassen; (*Flagge*) einziehen; ⚓ ~áть (нá воду) vom Stapel laufen lassen; ~áть курóк abdrücken (*Gewehr*); спустя́ рукава́ F nachlässig; спусти́ть де́ньги F das Geld durchbringen; я ему́ не спущу́ э́того dafür wird er mir büßen; **-ся** herunter-, (hin-) ab-steigen (с горы́ vom Berg); fallen, herabsinken; (на́ землю) landen (*Flugzeug*); **~но́й** [14] Abfluß...

пустя́ (В) nach Verlauf (von), nach; später.

спу́танный [14*K.*] verzwickt; verworren (*Rede*); gefesselt (*Pferd*).

спу́тник *m* [1] Reisegefährte, Weggenosse; Trabant (*e-s Planeten*), Satellit.

спу́|тывать, <~тать> [1] verwickeln, -wirren; (*Pferde*) koppeln; verwechseln; F aus dem Konzept bringen, irremachen.

спья́на F in der Trunkenheit.

спя́чивать [1], <спя́тить> [15] zurück-stoßen, -drängen; спя́тить с ума́ den Verstand verlieren, F überschnappen.

спя́чка *f* [5] Schlafsucht; (зи́мняя ~) Winterschlaf *m.*

спя́щий [17] schlafend; спя́щая краса́вица *f* Dornröschen *n.*

ср. *Abk. für* сравни́(те).

срабо́танность *f* [8] Arbeitsharmonie; Verschleiß *m.*

срабо́тать [1] *pf.* (*Arbeit*) beend(ig)en, aufarbeiten; anfertigen, herstellen.

срав|не́ние *n* [12] Vergleich(ung *f*) *m*; вне ~не́ния unvergleichbar; (*Gram.*) сте́пень *f* ~не́ния Steigerungs-grad *m*, -stufe; **'~нивать** [1] **1.** <~ни́ть> [13] vergleichen; **2.** <~ня́ть> [28] gleichmachen; eb(e)nen, planieren; ~ня́ть с землёй dem Erdboden gleichmachen; **~ни́тельный** [14] vergleichend, verhältnismäßig; Vergleichungs...; ~ни́тельно vergleichsweise; (*Gram.*) ~ни́тельная сте́пень *f* Komparativ *m*; ~ни́тельное языкозна́ние *n* vergleichende Sprachwissenschaft *f.*

сра|жа́ть [1], <~зи́ть> [15; сражу́, срази́шь; сражённый] nieder-schlagen, -hauen; ereilen (*Tod*); **-ся** sich schlagen, kämpfen (за В für); sich messen (*Sport*); **~же́ние** *n* [12] Schlacht *f*; дать ~же́ние eine Schlacht liefern.

сра́зу mit einem Mal, auf einmal; sogleich.

срам *m* [1] Schande *f*, Schimpf; стыд и ~! Schimpf und Schande!; **~и́ть** [14; -млю́, -ми́шь], <о-> [осрамлённый] beschimpfen, schänden; (**-ся** sich) blamieren; **~ни́к** *m* [1*e.*] Schamlose(r); **~но́й** [14] schändlich, schamlos; Schand-..., Schimpf...; Scham...; **'~ность** *f* [8] Schändlichkeit; **~ота́** *f* [5] *s.* срам.

сраста́ться [1], <срасти́сь> [25; *nur 3. Pers.*: -тётся; сро́сся, сросла́сь] zs.-wachsen, verwachsen.

сра́щивать [1], <срасти́ть> [15; сращу́, срасти́шь] zs.-wachsen lassen.

сре́бреник *m* [1]: прода́ть (преда́ть) за три́дцать ~ов (*Spr.*) für 30 Silberlinge verkaufen (verraten).

среда́ *f* **1.** [5; *ac/sg.*: сре́ду; *pl.*: сре́ды, сред, среда́м] Mittwoch *m*; по среда́м mittwochs; **2.** [5; *pl. st.*] (Gesellschafts-, Wirkungs-) Kreis *m*, Umwelt, Milieu *n.*

среди́ (Р) mitten (in *od.* auf), inmitten; unter; mittel...; ~ бе́ла дня am hellichten Tag; **~зе́мный** [14] mittelländisch; **~на** *f* [5] Mitte; Innere(s) *n.*

средне... (*in Zssgn*) mittel..., *z.B.* **~веко́вый** [14] mittelalterlich.

сре́д|ний [15] mittlere(r); Mittel...; Durchschnitts...; ~ним число́м, в ~нем im Durchschnitt, durchschnittlich; (*Gram.*) ~ний род *m* sächliches Geschlecht *n*, Neutrum *n*; ~нее арифмети́ческое Ⓐ *n* arithmetisches Mittel; ~няя шко́ла *f* (*in der UdSSR = deutscher*) höhere(r) Schule, Oberschule.

средо|сте́ние *n* [12] (*Anat.*) Scheidewand *f*; **~то́чие** *n* [12] Mittelpunkt *m*; Sammelpunkt *m.*

сре́дство *n* [9] Mittel (от Р gegen); сре́дства *pl.* к существова́нию Existenz-, Unterhalts-mittel; без средств unbemittelt, mittellos; ~ передвиже́ния Verkehrsmittel; ~ произво́дства Betriebsmittel, Produktionsmittel; отпусти́ть сре́дства Mittel bewilligen; пуска́ть все сре́дства в ход alle Minen springen lassen, alle Hebel in Bewegung setzen.

средь *s.* среди́.

срез *m* [1] Schnittstelle *f*; **~а́ть, '~ывать** [1], <'~ать> [3] abschneiden; (*beim Examen*) durchfallen lassen; (*fig.*) *j-m* über den Mund fahren; **-ся** durchfallen.

срисо́|вывать [1], <~ва́ть> [7] ab-, nach-zeichnen.
сробе́ть F [8] *pf.* (*fig.*) kneifen; он сробе́л das Herz fiel ihm in die Hosen.
сровня́ть *s.* сра́внивать.
срод|ни́ F verwandt; он мне ~ни́ er ist mit mir verwandt; **~ни́ться** [13] *pf.* vertraut werden (с T mit); **'~ный** [14; -ден, -дна] angeboren, eigen; verwandt; **'~ственник** P *m* [1] Verwandte(r); **~ство́** *n* [9] Verwandschaft *f.*
сро́ду seit der Geburt, zeitlebens; (*mst negativ*: ~ не) nie im Leben, mein (dein *usw.*) Lebtag nicht.
срок *m* [1] Termin, Zeitpunkt; Frist *f*; в ~ bei Verfall; к ~у zur bestimmten (*od.* rechten) Zeit; ~ом (до P) ... gültig bis ..., mit ... Ziel; ~ом на три ме́сяца gegen drei Monate Ziel; по ~ам terminweise; на како́й ~? wie lange?; поку́пка *f* на ~ Zielkauf *m*; моему́ о́тпуску пришёл ~ mein Urlaub ist abgelaufen.
сро́ч|ный [14; -чен, -чна́, -о] auf bestimmte Zeit, befristet; fällig; kündbar; Frist..., Termin...; dringend.
сруб *m* [1] Zimmerwerk *n*, Gebälk *n*; Abholzen *n*; колóдезный ~ Brunnenkasten; **~а́ть** [1], <~и́ть> [14] ab-, um-hauen, fällen.
срыв *m* [1] Hintertreibung *f*; Vereitelung *f*; ~ собра́ния Sprengung *f* e-r Versammlung; **~а́ть** [1] **1.** <сорва́ть> [-ву́, -вёшь; -а́л, -ала́, -о; со́рванный (-ан, со́рвана́, -о)] (ab)pflücken, ab-, nieder-reißen; erpressen (с P von); (*Versammlung usw.*) sprengen; **-ся** sich losreißen; aufspringen, abstürzen (с P von); mißglücken; -ся с языка́ entfallen (*Wort*); **2.** <срыть> [22] abgraben; ⚔ (*Festung*) schleifen.
сры́г|ивать F [1], <~ну́ть> [20] aus-, er-brechen (*aus dem Magen*).
сры́тие *n* [12] Abgrabung *f*; ⚔ Schleifung *f* (*e-r Festung*).
сря́ду hinter-, nach-einander, der Reihe nach; ohne Auswahl.
сса́дина ⚕ *f* [5] Schramme; Quetschwunde.
сса́живать [1], <ссади́ть> [15] heruntersetzen; (*Haut*) abschürfen.
ссо́|ра *f* [5] Zank *m*, Streit *m*, Krach *m*; **~рить** [13], <по-> verfeinden; **-ся** sich entzweien, zanken, streiten (с T mit).
СССР [*unv.*] (Сою́з *m* Сове́тских Социалисти́ческих Респу́блик) UdSSR (Union *f* der Sozialistischen Sowjetrepubliken).
ссу́|да *f* [5] Leihen *n*; Darlehen *n*; **~дный** [14] Leih...; ~дная ка́сса *f* Darlehnskasse, Leihbank; **~жа́ть** [1], <~ди́ть> [15] (B/T *j-m et.*) leihen, vorschießen; **~же́ние** *n* [12] Leihen, Verleihung *f.*
ссыл|а́ть [1], <сосла́ть> [сошлю́, -лёшь; со́сланный] ver-bannen, -schicken; **-ся** на (B) sich beziehen *od.* Bezug nehmen *od.* sich berufen (auf *ac.*); anknüpfen an (*ac.*); ссыла́ясь на (B) in bezug (*od.* bezugnehmend) auf (*ac.*), im Anschluß an (*ac.*); **'~ка** *f* [5; *g/pl.*: -лок] Verbannung, Verschickung; Exil *n*; Bezugnahme, Verweisung (на B auf *ac.*); **'~очный** [14] verbannt; Verbannungs...
ссыль|нопоселе́нец *m* [1; -нца], **'~ный** [14] zur Ansied(e)lung Verbannter, Zwangsansiedler.
ссып|а́ть [1], <ссы́пать> [2] zs.-schütten; (ein)speichern; **~но́й** [14] Speicher...; ~но́й пункт *m* Speicher, Depot *n.*
ст st!, still!
стабили|за́тор ✈ ⚓ *m* [1] Stabilisierungsflosse *f*; **~за́ция** *f* [7] Stabilisierung; **~зова́ть** [7] (*im*)*pf.* (*Währung*) stabilisieren, befestigen; ~зо́ванный wertbeständig.
стаби́льный [14; -лен, -льна] stabil; ~ уче́бник *m* amtlich sanktioniertes (u. vorgeschriebenes) Lehrbuch *n*, Einheits-, Normal-lehrbuch *n.*
ста́вень *m* [4; -вня] Fensterladen.
ста́в|ить [14], <по-> (hin-, auf-) stellen; setzen; liefern (*s. a.* поставля́ть); anrechnen (в B als); ~ить на стол (*Speisen*) auftragen; ~ить часы́ die Uhr stellen (по Д nach); ~ить на вид e-n Verweis erteilen; ~ить в тупи́к in die Enge treiben; ~ить на голосова́ние abstimmen lassen; ~ить в приме́р als Vorbild hinstellen; ни в грош не ~ить F (B *j-n*) geringachten; **~ка** *f* [5; *g/pl.*: -вок] Einsatz *m* (*beim Spiel*); Satz *m*, Taxe; Lohn-, Gehalts-stufe; Zelt *n*; ⚔ Quartier *n* (*des Oberbefehlshabers*), Hauptquartier *n*; Skala; де́лать ~ку (*fig.*) seine Hoffnung setzen (на B auf *ac.*); **~ленник** *m* [1] Schützling, Protegé.

стадио́н *m* [1] (*Sport*) Stadion *n*, Kampfbahn *f*.
ста́дия *f* [7] Stadium *n*, Entwicklungsstufe.
ста́дный [14] Herden...
ста́до *n* [9; *pl. e.*: -да́] Herde *f*, Schar *f*; стада́ми herden-, scharenweise.
стаж *m* [1; *g/pl.*: -ей] (bisherige) Betätigung(sart) *f*; Dienstalter *n*; Bewährungszeit *f*; **~ёр** *m* [1] Anwärter, Praktikant; **~и́ровать** [7] die Probezeit ableisten; **~иро́вка** *f* [5; *g/pl.*: -вок] Probezeit.
ста́ивать [1], <ста́ять> [27] auftauen.
ста́йер *m* [1] (*Sport*) Langstreckenläufer.
стака́н *m* [1] (*Wasser-, Bier-, Tee-*) Glas *n*; ⊕ Pumpenstiefel; ⚔ (Geschoß-)Mantel, -Körper; за ~ом ча́ю bei e-m Glas Tee; **~чик** *m* [1] Gläschen *n*.
ста́к|иваться F [1], <~ну́ться> [20] sich heimlich verständigen (с T mit).
ста́ксель ⚓ *m* [1] Stagsegel *n*.
сталелите́йный [14] Stahlguß...; ~ заво́д *m* Stahlgießerei *f*.
ста́лкивать [1], <столкну́ть> [20] ab-, weg-stoßen; **-ся** (*zufällig*) zs.-stoßen, zs.-treffen.
ста́ло быть also, folglich.
сталь *f* [8] Stahl *m*; инструмента́льная ~ Werkzeugstahl *m*; ка́чественная ~ Edelstahl *m*; марте́новская ~ Martinstahl *m*; **~но́й** [14] stählern; Stahl...
стаме́ска *f* [5; *g/pl.*: -сок] Stemmeisen *n*.
стан *m* [1] Wuchs, Statur *f*; Leib (*am Hemd*); Stand(ort); ⚔ Lager *n*; (*ehm.*) Amtsbezirk (*e-s Landpolizeivorstehers*); (Werk-)Bank *f* (*vgl.* стано́к); прока́тный ~ ⊕ Walzstrecke *f*; воровско́й (разбо́йничий) ~ Diebes- (Räuber)höhle *f*.
станда́рт *m* [1] Standard, Norm *f*, DIN; **~иза́ция** *f* [7] Standartisierung, Typisierung, Vereinheitlichung; **~изова́ть** [7] standartisieren, normen; **~ный** [14] Eich(ungs)...; genormt.
стани́на ⊕ *f* [5] Rahmen *m*; Holm *m* (*Lafette*); Ständer.
станио́ль *m* [4] Stanniol *n*.
Станисла́в *m* [1] Stanislaus.
стани́|ца *f* [5] Staniza, Kosakendorf *n*, -ansied(e)lung; **~чник** *m* [1] Stanizen-, Dorf-kosak; **~чный** [14] Kosakendorf...
станко́|вый [14]: ~вый пулемёт *m* SMG (schweres Maschinengewehr *n*); **~строе́ние** *n* [12] Werkzeugmaschinenbau *m*.
станови́ть [14] *s.* ста́вить; **-ся**, <стать> [ста́ну, ста́нешь; ста́нь(те)!] sich (auf)stellen; werden (*vgl.* стать[3]); **-ся** *od.* стать скупы́м (образцо́м) geizig (vorbildlich) werden.
станови́ще *n* [11; *pl.*: -ща, -щ] Standlager (*der Nomaden*).
станово́й [14]: (*ehm.*) ~(при́став) *m* Landpolizeivorsteher; *vgl.* стан.
стано́к *m* [1; -нка́] (Werk-)Bank *f*, Werktisch; Gestell *n*; Maschine *f*; ([скоро]печа́тный) ~ Buchdruck- [schnell]presse *f*; (тка́цкий) ~ Webstuhl; *vgl.* стан.
станци|о́нный [14] Stations...; ~о́нный зал *m* Wartesaal; ~о́нный смотри́тель † *m* [4] Posthalter; **~я** ('stan-) *f* [7] Station; Bahnhof *m*; Zentrale, Werk *n*; нача́льник *m* ~и Bahn-meister, -vorstand, -vorsteher; климати́ческая ~я Luftkurort *m*; узлова́я ~я Knotenpunkt *m*.
ста́пливать [1], <стопи́ть> [14] schmelzen, auslassen.
ста́птывать [1], <стопта́ть> [3] niedertreten; (*Schuhwerk*) abtreten.
стара́ни|е *n* [12] Bemühung *f*, Bestreben; прилага́ть (*od.* употребля́ть) все ~я sich alle Mühe geben.
стара́тельный [14; -лен, -льна] sorgfältig, fleißig.
стара́ться [1], <по-> sich bemühen *od.* bestreben, bemüht sein (о П um).
старе́йшина *m* [5] Senior, Oberhaupt *n* (*der Sippe*); сове́т *m* старе́йшин Ältestenrat.
ста́ре|нький [16; -е́нек, -е́нька] ziemlich alt, ältlich; **~ть** (-ˈʐet) [8], <по-, у-> alt werden, altern; veralten; **~ц** *m* [1; -рца] Greis; (alter) Mönch.
стари́к *m* [1 *e.*] Alte(r), Greis; **~о́вский** [16] altväterisch; Greisen...
стари|на́ [5] **1.** *f* Altertum *n*, alte Zeiten *pl.*; в ~ну́ vor (alten) Zeiten, ehemals; **2.** F *m* (*bsd. als Anrede*) Alte(r); Antiquität(en *pl.*) *f*; по ~нке (-ˈʐin-) nach alter Art; тряхну́ть ~но́й wieder jung werden; **~нный** (-ˈʐin-) [14] alt(ertümlich),

antik; altväterisch; langjährig; **～нушка** (-'ʒi-) *m* [5; *g/pl.*: -шек] lieber Alter, Alterchen *n*; **～ть** ('sta-) [13], <со-> alt machen; **-ся** alt werden, altern; **～ца** ('sta-) *f* [5] altes, ausgetrocknetes Flußbett *n*; **～чóк** *m* [1; -чкá] altes Männchen *n*, Alterchen *n*.

старобы́тный [14] in alten Zeiten gebräuchlich, altertümlich.

старовéр *m* [1] Altgläubige(r); **～ческий** [16] altgläubig.

стародáвний [15] uralt.

стáрое *s.* стáрый; приня́ться за ～ auf das Alte zurückkommen; кто ～ помя́нет, томý глаз вон (*Spr.*) Schwamm darüber; laß das Gewesene begraben sein.

старожи́л *m* [1] alter Bewohner, Alteingesessene(r); **～ый** [14] alteingesessen.

старо|закóнный [14] alttestamentlich; **～обрáзный** [14; -зен, -зна] ältlich; **～свéтский** [16] altväterlich; **～славя́нский** [16] altslawisch; **～ста** ('sta-) *m* [5] Älteste(r) (*e-r Bauerngemeinde usw.*), Ortsvorsteher, (сéльский Dorf-)Schulze; **～сть** ('sta-) *f* [8] Alter *n*; на ～сти лет in (*m-n*) alten Tagen; по ～сти alterswegen, vor Alter; дожи́ть до ～сти ein hohes Alter erreichen.

стáртер ⊕ *m* [1] Anlasser.

стартовáть [7] (*im*)*pf.* starten.

старý|ха *f* [5] Alte, Greisin; **～ха-мать** *f* alte (*od.* greise) Mutter; **～шка** *f* [5; *g/pl.*: -шек] (liebes) altes Mütterchen *n*.

стáрче|ский [16] Greisen...; altersschwach, hinfällig; **～ская** слáбость *f* Altersschwäche; **～ство** *n* [9] Greisenalter.

стáр|ше (*s.* стáрый) älter; (im Rang) höher; он **～ше** меня́ на пять лет er ist (um) fünf Jahre älter als ich; **～ший** [17] *s.* стáрый; ältere(r); (im Rang) höher stehend; (*Karte*) hoch; Vorarbeiter *m*; (Lager- *usw.*) Älteste(r) *m*; он чи́ном ～ший из нас er ist unter uns der Rangälteste; **～шинá** *m* [5] Älteste(r) (*e-r aus mehreren Ortsgemeinden bestehenden Gesamtgemeinde*); Amtsvorsteher; Obmann; Doyen; ⚔ Hauptfeldwebel, Spieß (*in der Roten Armee*); войсковóй ～шинá (*ehm.*) Oberstleutnant *m* (*Kosaken*); **～шинствó** *n* [9] Altersvorrang *m*, Anciennität *f*.

стáрый [14; стар, -á, стáрó; *comp. a.* стáрше *u.* (*nebst sup.*) стáрший] alt (T an *dat.*); Alt...; ～ стиль *m* alter (*julianischer*) Kalender; по-стáрому wie bisher, wie früher; по стáрой пáмяти aus alter Anhänglichkeit; ～ друг лýчше нóвых двух (*Spr.*) alte Liebe rostet nicht.

старьё *n* [10] alter Kram *m*, alte Sachen *pl.*, Trödel *m*.

старьёвщик *m* [1] Altertumskrämer; Trödler.

стáскивать [1] **1.** <стаскáть> [1; стáсканный] zs.-schleppen; **2.** <стащи́ть> [16] herunterschleppen; (weg)stehlen.

статéй|ка *f* [5; *g/pl.*: -éек] kleiner Artikel *m* (*s.* статья́); **～ный** [14] Artikel...

стáтика *f* [5] Statik, Gleichgewichtslehre.

стати́|ст *m* [1] (*Thea.*) Statist, Komparse; ～сты *pl.* Komparserie *f*; **～стик** *m* [1] Statistiker; **～стика** *f* [5] Statistik; **～сти́ческий** [16] statistisch, zahlenmäßig.

стáтный [14; -тен, -тнá, -o] stattlich.

стáтский [16] Staats..., Zivil...; ～ совéтник *m* Staatsrat.

статс-секретáрь *m* [4*e.*] Staatssekretär.

статý|йный [14] Statuen...; **～́тка** *f* [5; *g/pl.*: -ток] Statuette, kleine Bildsäule; **～я** ('sta-) *f* [6; *g/pl.*: -уй] Statue, Bildsäule.

стать[1] *f* [8] Schicklichkeit; (не) под ～ (un)passend, (un)schicklich; с какóй стáти? weshalb?, aus welchem Grund?, zu welchem Zweck?; *s.* кстáти.

стать[2] *f* [8; *ab g/pl. e.*: -тéй] Figur, Körperbau *m*; под ～ in voller Übereinstimmung, in vollem Einklang (Д mit).

стать[3] [стáну, -нешь; стáнь(те)!] *pf.* werden (*vgl.* станови́ться); anfangen; sich (hin)stellen, treten (на В auf *ac.*); sich aufstellen (в В in *dat.*); stehen- (*od.* stecken)bleiben, stokken; ausreichen; рекá стáла der Fluß ist zugefroren; э́то стáло в пять рублéй das kam auf 5 Rubel zu stehen; не стáло сил F die Kräfte reichten nicht aus, versagten; э́то дóрого стáнет das wird teuer zu stehen kommen; емý стáло лýчше es wurde ihm besser, er fühlte sich wohler; его́ не ста́ло es war aus mit ihm, er starb; что си́лы ста́ло aus Leibeskräften; во что бы то ни ста́ло um jeden Preis, durchaus; es koste, was es wolle; ста́нет с него́ F der ist zu allem möglichen (*Schlechten*) fähig; ~ во фронт Front machen; за чем де́ло ста́ло? woran liegt es?; за мной де́ло не ста́ло an mir liegt es nicht; ~ ла́герем lagern; ~ у вла́сти an die Macht gelangen; ~ на коле́ни niederknien; ~ на́ мель auf eine Sandbank geraten; ~ на я́корь vor Anker gehen; не ~ unterlassen, sein lassen; **-ся** [*unpers.*] sich ereignen; что с ним ста́ло(сь)? was ist mit ihm vorgefallen *od.* geschehen?; мо́жет -ся es kann sein, es ist möglich.

статья́ *f* [6; *g/pl.*: -те́й] Artikel *m*, (schriftlicher) Aufsatz *m*, Abhandlung; Abschnitt *m*; † Posten *m* (*in Büchern*); э́то осо́бая ~ das ist ein Kapitel für sich; по ~м artikelweise.

стаха́новец *m* [1; -вца] Stachanowarbeiter.

стацио|на́р *m* [1] Kranken-haus *n*, -baracke *f*; **~на́рный** [14] stationär, feststehend; **~не́р** ⚓ *m* [1] Stationsschiff *n*.

ста́чеч|ник *m* [1] Streiker, Ausständige(r); **~ный** [14] Streik...

ста́чивать [1] **1.** <стача́ть> [1; ста́чанный] zs.-steppen; **2.** <сточи́ть> [16] abschleifen.

ста́чк|а *f* [5; *g/pl.*: -чек] heimliche Verständigung; Streik *m*, Ausstand *m*; входи́ть в ~у sich heimlich verständigen (с T mit); быть в ~е F unter e-r Decke stecken (с T mit *j-m*); **~о́м** *m* [1] (ста́чечный комите́т) Streikleitung *f*.

стащи́ть *s.* ста́скивать.

ста́я *f* [6; *g/pl.*: стай] Schwarm *m*, Zug *m* (*Vögel*), Schar, Rudel *n* (*Wölfe*); ~ми scharen-, rudel-weise.

ста́ять *s.* ста́ивать.

ствол *m* [1 *e.*] (*Baum-*)Stamm; (*Gewehr-*)Lauf; (*Kanonen-*)Rohr *n*.

створ *m* [1] (*mst pl.*) (Tür-)Flügel.

ство|ра́живать [1], <~ро́жить> [16] gerinnen lassen; **-ся** gerinnen.

ство́р|ка *f* [5; *g/pl.*: -рок] (*Fenster-*, *Tür-*)Flügel *m*; **~чатый** [14] (*zwei-*) flügelig.

стебелёк ⚘ *m* [1; -лька́] Hälmchen *n*, Stengelchen *n*.

сте́бель ⚘ *m* [4; -бля; *ab g/pl. e.*: -бле́й] Halm, Stengel.

стёганка F *f* [5; *g/pl.*: -нок] Steppjacke.

стега́ть [1; стёганный] **1.** <вы́-, про-> steppen; **2.** <стегну́ть> [20; стёгнутый] peitschen (по Д).

стёжка *f.* [5; *g/pl.*: -жек] Steppen *n*; Steppnaht; F Pfad *m*.

стежо́к *m* [1; -жка́] Stich (*beim Nähen*).

стек (stɛk) *m* [1] Reitgerte *f*.

стека́ть [1], <стечь> [26] abfließen; **-ся** zs.-fließen, zs.-laufen, strömen.

стекло́ *n* [9; *pl.*: стёкла, стёкол, стёклам] Glas (*als Stoff*); (око́нное) ~ Fensterscheibe *f*; зажига́тельное ~ Brennglas; увеличи́тельное ~ Vergrößerungsglas; **~ду́в** *m* [1] Glasbläser; **~плави́льный** [14] Glasschmelz...; ⊕ **~плави́льный заво́д** *m* Glashütte *f*.

стёклышко *n* [9; *pl.*: -шки, -шек, -шкам] Glasstückchen.

стекля́нный [14] gläsern; Glas...

стекля́рус *m* [1] (*bunte, röhrenförmige*) Glasperlen *f/pl.*

стеко́ль|ный [14] Glas...; **~ня** *f* [6; *g/pl.*: -лен] Glaserei; **~щик** *m* [1] Glaser.

стели́ть P [стелю́, сте́лешь] *s.* стлать.

стелла́ж *m* [1 *e.*; *g/pl.*: -е́й] Stellage *f*; Bücherbrett *n*.

сте́лька *f* [5; *g/pl.*: -лек] Brandsohle (*im Stiefel*); пьян, как ~ sternhagel betrunken *od.* P besoffen.

сте́ль|ная [14; *nur f*] trächtig; **~ность** *f* [8] Trächtigkeit (*der Kühe*).

стем ⚓ *m* [1] (Vorder-)Steven.

стемне́ть *s.* темне́ть

стена́ *f* [5; *ac/sg.*: сте́ну; *pl.*: сте́ны, стен, стена́м] Wand; Mauer; говори́ть с ке́м-нибудь — как о́б стену горо́х F in den Wind (gegen die Wand, ergebnislos) mit j-m reden; на́ стену лезть F zum die Wände hochgehen.

стена́ть [1] stöhnen.

стенгазе́та *f* [5] (стенна́я газе́та) Wandzeitung.

стенд (stɛnd) ⊕ *m* [1] Prüfstand; Ständer, Staffelei *f*.

сте́н|ка *f* [5; *g/pl.*: -нок] kleine Wand *od.* Mauer; поста́вить к ~ке F an die Wand stellen, erschießen; **~но́й** [14] Wand...; Mauer...

стеногра́мма *f* [5] Stenogramm *n*.
стенограф|и́ст(ка *f*) *m* [1; (5; *g/pl.*: -ток)] Stenograph(in); **~ия** (-'gra-) *f* [7] Stenographie, Kurzschrift.
сте́нопись *f* [8] Wandmalerei.
стенотипи́ст *m* [1], **~ка** *f* [5; *g/pl.*: -ток] Stenotypist(in *f*).
сте́ньга ⚓ *f* [5; *g/pl.*: **-нег]** Stenge.
Степа́н *m* [1] Stephan.
степе́н|ность *f* [8] gesetztes Wesen *n*; **~ный** [14; -е́нен, -е́нна] gesetzt; würdevoll; solide.
сте́пен|ь *f* [8; *ab g/pl. e.*: -не́й] Grad *m*, Stufe; Rang *m*, Klasse; ⚹ Potenz; в до́лжной **~и** in gehöriger Weise, in gebührendem Maß; до не́которой **~и** in gewissem Grad; до како́й **~и**? inwieweit?; возвы́сить число́ в тре́тью **~ь** eine Zahl in die 3. Potenz erheben; ни в како́й (мале́йшей) **~и** nicht im geringsten (entferntesten).
Стёпка *m* [5] *dim. von* Степа́н.
степ|но́й [14] Steppen...; **~ня́к** *m* [1 *e.*], **~ня́чка** *f* [5; *g/pl.*: -чек] Steppenbewohner(in *f*); **~ь** *f* [8; в степи́; *ab g/pl. e.*: степе́й] Steppe; **~ью** über die Steppe; ве́ресковая **~ь** Heide.
сте́рва *f* [5] Aas *n*, Luder *n*, Tierkadaver *m*; (*a. fig. Schimpfwort*).
стервя́тник *m* [1] Aasgeier.
стереже́ние *n* [12] Hüten, Bewachen.
стереотруба́ *f* [5; *pl. st.*] Scherenfernrohr *n*.
стере́ть *s.* стира́ть.
стере́чь [26; г, ж *statt* к, ч: -егу́, -ежёшь; -ёг, -егла́], <по-> hüten, bewachen; auflauern (В *j-m.*).
сте́рж|ень *m* [4; -жня; *ab g/pl. e.*: жне́й] Mark *n* (*des Holzes*); Eierstock (*im Geschwür*); Stange *f* (*an Maschinen usw.*); Zapfen; Pinne *f* (*des Kompasses*); Zündstift; Strombahn *f*, -lauf; (*fig.*) Kernpunkt, Grundstock; **~нево́й** [14] Haupt..., Kern...
стерилизова́ть [7] (*im*)*pf.* sterilisieren, entkeimen.
стери́льный [14; -лен, -льна] steril, keimfrei, unfruchtbar.
сте́рля|дь *f* [8; *ab g/pl. e.*: -де́й] Sterlet *m*, kleiner Stör *m*; **~жий** (-'ʅa-) [18] Sterlet...
стерн|ь *f* [8], **~я́** *f* [6] ⚒ **Stoppeln** *pl.*, Stoppelfeld *n*.
стерпе́ть [10] *pf.* ertragen, erdulden; **-ся** (с T) geduldig ertragen lernen; сте́рпится — слю́бится (*Spr.*) Geduld bringt Huld.
стёртый [14] verschwommen, unleserlich; abgenutzt, abgegriffen.
стеса́ть *s.* стёсывать.
стес|не́ние *n* [12] Zs.-drängen; Beengung *f*, Be-, Ein-schränkung *f*, Zwang *m*; без **~не́ний**! ohne Umstände!, ungeniert!; **~нённый** [14] befangen; bedrängt; быть **в ~нённых** обстоя́тельствах sich in bedrängten Verhältnissen befinden, быть **~нённым** в деньга́х in Geldverlegenheit sein; **~ни́тельный** [14; -лен, -льна] (be)drückend; **~ня́ть** [28], <**~ни́ть**> [13] (**-ся** sich) zs.-drängen; beengen, be-, einschränken, genieren; sich Zwang antun; не **~ня́ть** (*e-r Sache*) freien Lauf lassen; не **~ня́ясь** geradeheraus.
стёсывать [1], <стеса́ть> [3] weg-, ab-hauen.
Стефа́н *s.* Степа́н.
стече́ние *n* [12] Zs.-lauf *m*, Andrang *m*; Zs.-treffen; ~ обстоя́тельств Verquickung *f* der Umstände.
стечь *s.* стека́ть.
сти́брить F [13] (*im*)*pf.* stehlen, F stibitzen.
стиль *m* [4] Stil, Schreibart *f*, Ausdrucksweise *f*.
стиля́га *m/f* [5] „Halbstarke(r)" (*der s-n Protest gegen die bestehende Ordnung vor allem durch den westlichen Schnitt der Kleidung ausdrückt*).
стипе́ндия *f* [7] Stipendium *n*, Unterstützung.
стира́лка *f* [5; *g/pl.*: -лок] Staub-, Wisch-lappen *m*.
стира́льный [14] zum Waschen (dienend); Wasch...
стира́ть [1] **1.** <стере́ть> [12; сотру́, -трёшь; стёр(ла); стёрши *u.* стере́в] abreiben; zerreiben; (*Staub usw.*) (ab)wischen (с P von); **2.** <вы́-> (*Wäsche*) waschen.
сти́р|ка *f* [5; *g/pl.*: -рок] Waschen *n*, Wäsche; отда́ть в **~ку** in die Wäsche geben.
сти́с|кивать [1], <**~нуть**> [20] zs.-pressen, zs.-drücken.
стих *m* [1 *e.*] Vers; (Bibel-)Spruch; Laune *f*; бе́лые **~и́** *pl.* reimlose Verse; на него́ ~ нашёл (найдёт) F er hat e-n Rappel (wird e-n Rappel kriegen).
стих|а́ть [1], <'**~нуть**> [21] still werden; sich legen (*Wind*).

стихи́|йный [14] elementar; Elementar...; spontan; ~йное бе́дствие *n* Naturkatastrophe *f*; **~я** *f* [7] Grundstoff *m*, Element *n*.
стихо|во́й [14] Vers...; **~плёт** *m* [1] Reimschmied, Reimer; **~сложе́ние** *n* [12] Versmachen, Dichtkunst *f*; Versbau *m*; **~творе́ние** *n* [12] Dichtung *f*, Gedicht; **~тво́рец** *m* [1; -рца] Dichter, Poet; **~тво́рный** [14] dichterisch; ~тво́рное иску́сство *n* = **~тво́рство** *n* [9] Dichtkunst *f*.
стишо́к *m* [1; -шка́] Verschen *n*.
стлать (slaţ) [стелю́, сте́лешь] ausbreiten; legen; ~ посте́ль das Bett machen; *s.* выстила́ть, постила́ть; **-ся** sich betten; sich ausbreiten; ⚘ kriechen, ranken; тума́н сте́лется der Nebel setzt sich (lagert sich).
сто [35] hundert; по ~ *od.* по́ сту zu (je) hundert; на все ~ P ausgezeichnet.
стог *m* [1; в сто́ге *u.* в стогу́; *pl. e.*: -а́] (Heu-)Schober; Heuhaufen.
стожо́к *m* [1; -жка́] kleiner Heuschober.
сто́имость *f* [8] Wert *m*; Kosten *pl.*; приба́вочная ~ Mehrwert *m*; потреби́тельная ~ Gebrauchswert *m*; менова́я ~ Tauschwert *m*; ~ю (в В) im Wert von.
сто́ить [13] (В) kosten, wert sein; (P) sich (ver)lohnen; вам сто́ит (сто́ило) то́лько сказа́ть Sie brauch(t)en es nur zu sagen; не сто́ит (благода́рности)! bitte sehr!; keine Ursache!
сто́й|бище *s.* станови́ще, **~ка** *f* [5; *g/pl.*: сто́ек] Stehen *n*; Ständer *m*, Stütze; Ladentisch *m*; Zeltpflock *m*; (*Sport*) Handstand *m*; **~кий** [16; сто́ек, стойка́, -о; *comp.* сто́йче] standhaft; fest; ⚗ (*Phys.*) stabil; ⚔ seßhaft (*Gas*); **~ко́м** stehend, aufrecht; **~кость** *f* [8] Standhaftigkeit; Festigkeit; **~ло** *n* [9; *g/pl.*: сто́ил] Stallverschlag *m* (*für Pferde*), Box *f*, Stand *m*; **~мя́** *s.* ~ко́м.
сток *m* [1] Abfluß; Zs.-fluß.
сто́кер ⊕ *m* [1] Stokerfeuerung *f*.
стокра́тный [14; -тен, -тна] hundertmalig, hundertfältig.
стол *m* [1 *e.*] Tisch; Tafel *f*, Kost *f*, Küche *f*; Amt *n*, Büro *n*; за ~о́м bei Tisch, beim Essen; со ~о́м mit Beköstigung *od.* Pension; а́дресный ~ Adreßbüro *n*, (Einwohner-)Meldeamt *n*; сесть за ~ zu Tisch gehen; пода́ть на ~ auftragen; убра́ть со ~а́ den Tisch abräumen.
столб *m* [1 *e.*] Pfahl, Pfosten; Säule *f*, Pfeiler; ~о́м säulenartig; позо́рный ~ Pranger.
столбене́ть [8], <о-> wie versteinert werden.
столбе́ц *m* [1; -бца́] Reihe *f*; (*Typ.*) Spalte *f*; в три столбца́ dreispaltig.
сто́лбик *m* [1] kleiner Pfosten; Säulchen *n*.
столбня́к ⚕ *m* [1 *e.*] Starrkrampf; Betäubung *f*; на него́ нашёл ~ (*fig.*) er erstarrte zur Salzsäule.
столбово́й [14]: ~ дворяни́н *m* Altadliger; столбова́я доро́га *f* Poststraße.
столе́т|ие *n* [12] Jahrhundert; Hundertjahrfeier *f*; **~ний** [15] hundertjährig; **~ник** F ⚘ *m* [1] Agave *f*; Aloe *f*.
сто́лик *m* [1] Tischchen *n*; ~ для шитья́ Nähtischchen *n*.
столи́|ца *f* [5] Residenz(stadt), Hauptstadt; **~чный** [14] urban, städtisch; Residenz...; по-столи́чному in großstädtischer Weise.
столк|нове́ние *n* [12] Zs.-stoß *m*, Zs.-prall *m*; Kollision *f*; **~ну́ть** *s.* ста́лкивать; **~о́вываться** F [1], <~ова́ться> [7] sich verständigen, übereinkommen.
столо|ва́ться [1] in Kost sein (у P bei); **~вка** (-ˈłɔf-) *f* [5; *g/pl.*: -вок] Speisehaus *n*, Kantine **~вый** (-ˈłɔ-) [14] Tisch..., Tafel...; ~вая *f* Speisezimmer *n*; Speisewirtschaft, Kantine; ♀вые го́ры *pl.* (*Geogr.*) Tafelberge; **~нача́льник** *m* [1] Büro-chef, -vorsteher (*e-r Kanzleiabteilung usw.*).
столп *m* [1 *e.*] Säule *f*, Stütze *f* (*fig.*); Turm.
столпи́ться [14; *nur 3. Pers.*: -и́тся] *pf.* sich zs.-drängen, zs.-laufen; *s.* толпи́ться.
столпотворе́ние *n* [12] Turmbau *m*; (*fig.*) Durcheinander, Wirrwarr *m*; вавило́нское ~ Turmbau *m* zu Babel.
столь so (sehr); ~ мно́го so viel; ~ ма́ло so wenig; ˈ**~ко** [32] so viel(e); so sehr; ~ко же ebensoviel; ещё ~ко же noch einmal soviel.
столя́р *m* [1 *e.*] Tischler, Schreiner; **~ничать** [1] das Tischlerhandwerk

treiben, tischlern; ~ный [14] Tischler...; мастер *m* ~ных дел Tischlermeister; ~ная = ~ня *f* [6; *g/pl.*: -рен] Tischlerwerkstatt, Tischlerei.
стон *m* [1] Stöhnen *n*, Gestöhne *n*; **~áть** [1; *pr. mst*; -нý, стóнешь] stöhnen, seufzen.
стоп halt!, stopp!
стопá *f* **1.** [5*e*.] Fuß *m*; Fußsohle; Fuß(s)tapfe; **2.** [5; *pl. st.*] Versfuß *m*; Ries *n* (*Papier*); Stapel *m* (*Bücher*); стóпами riesweise.
стопи́ть *s.* стáпливать.
стóпка *f* [5; *g/pl.*: -пок] Stoß *m*, Häufchen *n*; Gläschen *n*.
стóпор ⊕ ⚓ *m* [1] Stopper, Sperrbolzen; **~ить** [13], <за-> stoppen, bremsen; anhalten.
стопоходя́щие *pl.* [14] (*Zool.*) Sohlengänger (*z.B. Bär*).
стоптáть *s.* стáптывать.
сторгó|вывать [1], <~вáть> [7] erhandeln; **-ся** e-n Handel eingehen *od.* (ab)schließen.
сторúцею hundertfach; воздáть ~ F hundertfach vergelten.
стóрож *m* [1; *pl. e.*: -á, -éй] Wächter, Hüter; **~евóй** [14] Wach(t)..., Wächter...; ⚔ Vorposten...; ~евóй пост *m* Wachtposten; ~евáя бýдка *f s.* ~ка; **~и́ть** [16; -жý, -жи́шь] bewachen; auflauern; **~ка** (-ˈrɔʃ-) *f* [5; *g/pl.*: -жек] Wächterhäuschen *n*, 🚂 Bude.
сторо|нá *f* [5; *ac/sg.*: стóрону; *pl.*: стóроны, сторóн, -нáм] Seite; Gegend, Land *n*; Partei; ⚖ Schenkel *m*; ~нóй auf Umwegen; seitlich; nebenbei (*erfahren usw.*); в ~ну abgewandt, seitwärts; (*Thea.*) für sich; weg(...); шýтки в ~ну! Spaß beiseite!; чужáя ~нá Fremde; с ... ~ны́ ...seits (*z.B.* с однóй, другóй, нáшей ~ны́ einer-, andrer-, unser-seits); с обéих сторóн von beiden Seiten; рекомендовáть с хорóшей ~ны́ bestens empfehlen; по сю *od.* сию́ (ту) стóрону diesseits (jenseits); отдáть рабóту нá ~ну F die Arbeit aus dem Haus geben; моё дéло ~нá ich habe damit nichts zu tun; толковáть в дурнýю стóрону mißdeuten; отложи́ть в ~ну beiseite legen; уклони́ться в ~ну vom Thema abschweifen; со ~ны́ видне́е der Unbeteiligte sieht schärfer; остáвить в ~нé außer acht lassen.
сторони́ться [13; -оню́сь, -óнишься], <по-> auf die Seite (*od.* beiseite) treten; сторони́сь! vorgesehen!, Vorsicht!
сторóнни|й [15] Seiten...; fremd, außenstehend; **~к** *m* [1] Anhänger, Gesinnungsgenosse; Befürworter.
сторублёвка P *f* [5; *g/pl.*: -вок] Hundertrubelschein *m*.
стосковáться [7] *pf.* sich abgrämen (по П nach).
стоýстый [14] hundertzüngig (*Gerücht*).
сточи́ть *s.* стáчивать.
стóч|ный [14] Abfluß...; ~ная водá *f* Traufwasser *n*.
стошни́ть [13; *unpers.*] *pf.* sich erbrechen, sich übergeben.
стóющий [17] kostend; sich lohnend.
стоя́|лый [14] abgestanden, fade; **~ние** *n* [12] Stehen; (*Barometer-*)Stand *m*; **~нка** *f* [5; *g/pl.*: -нок] Stehen *n*, Rast; Haltestelle; ⚔ Standort *m*; Parkplatz *m*; ⚔ Standquartier *n*; ⚓ (я́корная) ~нка Ankerplatz *m*.
стоя́ть [стою́, стои́шь], <по-> (still)stehen; (an)halten, dauern; logieren; ⚔ Quartier haben; (по-) стóй(те)! warte(t)!, halt!; ~ за (В) einstehen für, verteidigen, verfechten; ~ вихрóм sich wirbeln (*Haare*); ~ в óчереди Schlange stehen; ⚓ ~ на я́коре vor Anker liegen; ~ над душóй F e-m keine Ruhe lassen; ~ на своём darauf bestehen; стоит морóз der Frost hält an; не стою́ за расхóдами P ich scheue keine Kosten; мне не стои́тся ich kann nicht stehen (*vor Ungeduld*).
стоя́чий [17] stehend; ~ воротни́к *m* Stehkragen.
стрá|вливать [1], <~ви́ть> [14] abweiden lassen; ab-, weg-beizen; (В/с Т *j-n* gegen *j-n*) aufhetzen.
страдá *f* [5; *pl. st.*] schwere Arbeit(szeit); Erntezeit; **~лец** *m* [1; -льца] Leidende(r); Märtyrer; **~льческий** [16] kläglich, jammervoll; Märtyrer...; **~ние** *n* [12] Leiden; **~тельный** [14] leidend; passiv; (*Gram.*) ~тельный залóг *m* Passiv(um) *n*, Leideform *f*; **~ть** [1], <по-> leiden (Т an *dat*, за В für, от Р unter); sich grämen (по П um); den Schaden haben; **~ть** зубáми Zahnschmerzen baben.

стра́дный [14] Arbeits...; *bsd.* стра́дная пора́ *f* Erntezeit.
страж *m* [1; *g/pl.*: -ей] Wächter; **'~а** *f* [5] Wache; стоя́ть на ~е Wache halten *od.* stehen; под ~ей verhaftet; взять под ~у verhaften; **'~ник** *m* [1] Wächter; Grenzwächter; Büttel, Dorfschutzmann; (береговóй) ~ник Strandwächter; леснóй ~ник Wald-wärter, -hüter.
стра́ивать [1], <строи́ть> [13] verdreifachen.
страна́ *f* [5; *pl. st.*] Gegend, Land *n*; ~ све́та Himmelsgegend.
страни́ца *f* [5] Seite (*e-s Buches*).
стра́нни|к *m* [1] Reisende(r), Wand(e)rer; Pilger; **~чать** [1] *s.* стра́нствовать; **~чество** *n* [9] Wanderschaft *f*.
стра́н|ность *f* [8] Sonderbarkeit, Seltsamkeit; Absonderlichkeit, Eigenheit; **~ный** [14; -а́нен, -анна́, -о] sonderbar, seltsam, merkwürdig; absonderlich, eigen(tümlich).
стра́нств(ован)ие *n* [12] Wanderschaft *f*; Irrfahrt *f*.
стра́нствовать [7] (umher)reisen, wandern, pilgern.
страст|и́шка *f* [5; *g/pl.*: -шек] kleine Leidenschaft; Liebelei; **~но́й** [14] Leidens...; ~на́я (неде́ля) *f* Passions-, Kar-woche; **'~ный** [14; -тен, -тна́, -о] leidenschaftlich, passioniert; **~оте́рпец** *m* [1; -пца] Märtyrer; **~оцве́т** ⚘ *m* [1; *pl. e.*] Passionsblume *f*.
страст|ь **1.** *f* [8; *ab g/pl. e.*: -те́й] Leidenschaft, Passion; Schreck(en) *m*; ~и *pl.* Leiden *n/pl.* (*Christ*); ~ь к игре́ Spielsucht; до ~и F sehr, leidenschaftlich; **2.** F (*adv.*) über alle Maßen;, entsetzlich viel(e); он ~ь как бо́лен er ist sehr krank.
страте́г *m* [1] Stratege, Feldherr, Strategiker; **~и́ческий** [16] strategisch; **~ия** *f* [7] Strategie, Kriegs-, Feldherrn-kunst.
страто|пла́н *m* [1] Stratosphärenflugzeug *n*; **~ста́т** *m* [1] Stratosphärenballon; **~сфе́ра** *f* [5] Stratosphäre.
стра́ус *m* [1] Strauß (*Vogel*).
страх **1.** *m* [1] Furcht *f* (P vor *dat.*); Risiko *n*; со ~у aus Furcht, vor Angst; взять на свой ~ auf seine Gefahr (auf die eigene Kappe) übernehmen; со ~ом и тре́петом mit Zittern und Zagen; **2.** F (*adv.*) über alle Maßen, furchtbar; мне ~ хо́чется ich empfinde (*od.* habe) eine unwiderstehliche Lust (zu), ich möchte so gern(e).
страхка́сса *f* [5] Sozialversicherungskasse.
страхо|ва́ние *n* [12] Versicherung *f* (от P gegen); ~ва́ние от огня́ Feuerversicherung *f*; **~ва́тель** *m* [4] Versicherte(r) (от P gegen); **~ва́ть** [7], <за-> versichern (от P gegen); **~вка** (-ˈxɔf-) *f* [5; *g/pl.*: -вок] Versicherung; Versicherungssumme; **~во́й** [14] Versicherungs...; ~во́е о́бщество *n* от огня́ Feuerversicherungsgesellschaft *f*; **~вщик** (-ˈxɔf-) *m* [1] Versicherer.
страш|и́лище *m/n* [11], **~и́ло** *m/n* [9] Schreckbild; Schreckgespenst; Untier.
страш|и́ть [16; -шу́, -ши́шь], <у-> [устрашённый] ängstigen, erschrecken; **-ся** sich fürchten (P vor *dat.*); **'~ный** [14; -шен, -шна́, -о] fürchterlich, furchtbar, schrecklich; unheimlich; ей ста́ло ~но sie fürchtete sich, es wurde ihr bange; ~но ду́мать, что ... es ist nicht auszudenken, daß ...
страща́ть P [1], <по-> bange machen, einschüchtern (T mit).
стрекоза́ *f* [5; *pl. st.*: -о́зы] (*Zool.*) Libelle, Wasserjungfer; F Wildfang *m*, ausgelassene Person, Springinsfeld *m*.
стреко|та́ть [3] zirpen; knattern.
стрела́ *f* [5; *pl. st.*] Pfeil *m*; ⚘ Schaft *m*; как из лу́ка ~ wie aus der Pistole geschossen; *vgl.* стре́лка.
стреле́ц ⚔ *m* [1; -льца́] (*hist.*) Strelitze (*16.-17. Jahrhundert*).
стре́л|ка *f* [5; *g/pl.*: -лок] kleiner Pfeil *m*; Zeiger *m* (*an Uhren*); Nadel (*am Kompaß*); Zünglein *n* (*e-r Waage*); Zwickel *m* (*am Strumpf*); 🚂 Weiche; ⚠ (*Gewölb-*)Rippe; **~ко́вый** ⚔ [14] Schützen...; **~о́к** *m* [1; -лка́] (*bsd.* ⚔) Schütze, Scharfschütze; ~о́к-наво́дчик ⚔ *m* Richtschütze; **~оли́ст** ⚘ *m* [1] Pfeilkraut *n*; **~очка** *f* [5; *g/pl.*: -чек] kleiner Pfeil *m od.* Zeiger *m*; **'~очник** 🚂 *m* [1] Weichensteller.
стрель|ба́ *f* [5; *pl. st.*] Schießen *n*; Schießerei; ~ба́ из ру́жей, ружéйная ~ба́ Gewehrfeuer *n*; ~ба́ в цель Ziel-, Scheiben-schießen *n*; боева́я ~ба́ Gefechts-, Scharf-

schießen *n*; ˈ**~бище** *n* [11] Schießplatz *m*; ˈ**~чатый** [14] pfeilförmig; △ spitzbogig.

стре́ляный [14]: ~ воробе́й *m* F (*scherz.*) durchtriebener Kunde, geriebener Bursche; стре́ляная воро́на куста́ бои́тся (*Spr.*) Gebranntes Kind scheut das Feuer.

стреля́ть [28], <стрельну́ть> [20] (по П *od.* в В) feuern, schießen (auf *ac. od.* nach), beschießen; [*unpers.*] F zucken, reißen (*Schmerz*); стреля́ет в пра́вом у́хе ich habe (du hast *usw.*) Reißen im rechten Ohr; **-ся** sich duellieren, sich schießen.

стремгла́в kopfüber, jählings.

стреми́тель|ность *f* [8] Ungestüm *n*, Wucht, Heftigkeit; **~ный** [14; -лен, -льна] ungestüm, heftig, schnell.

стреми́ть [14; -млю́, -ми́шь; -млённый], <у->(*Blicke*) richten (на В auf *ac.*); **-ся** dahineilen; strömen; ~ *impf.* trachten, streben (к Д nach).

стремле́ние *n* [12] Trieb *m*; Strömung *f*; Trachten, Streben, Sucht *f* (к Д nach).

стремни́на *f* [5] Steile, Absturz *m*; reißende Strömung.

стре́мя *n* [13; *pl.*: -мена́, -мя́н, -мена́м] Steigbügel *m*; вдеть но́гу в ~ den Fuß in den Bügel stellen; **~нка** (-ˈmąn-) *f* [5; *g/pl.*: -нок] Trittleiter; △ Halte-, Steig-eisen *n* (*in der Mauer*); **~нный** (-ˈmąn-) [14] Steigbügel...; Reitknecht *m*.

стре́пет *m* [1] (*Zool.*) Zwergtrappe *f*.

стречо́к P: дать стречка́ davonlaufen, ausreißen.

стриж *m* [1 *e.*; *g/pl.*: -е́й] Uferschwalbe *f*.

стри́жка *f* [5; *g/pl.*: -жек] Scheren *n*; (воло́с Haar-) Schneiden *n*; Schur.

стричь [26; г, ж *statt* к, ч: -игу́, -ижёшь; *pt. st.*], <о(б)-> scheren, (be)schneiden; ~ под одну́ гребёнку (*fig.*) über e-n Kamm scheren.

строга́льный [14] Hobel...

строга́ть [1], <вы́-> (be)hobeln.

стро́|гий [16; строг, -а́, -о; *comp.* стро́же, *sup.* строжа́йший] hart, streng (к Д gegen); scharf; genau; **~гона́строго** strengstens; **~гость** *f* [8] Strenge, Härte.

строево́й [14] Bau...; ⚔ Front(en)...; ~ лес *m* Bauholz *n*.

строе́ние *n* [12] Bauen; Bau *m*, Gebäude; Einrichtung *f*, Beschaffenheit *f*.

строжа́й|ший [17] *s.* стро́гий; strengste(r); ~ше strengstens.

строи́тель *m* [4] Erbauer, Baumeister, Bauherr; Bauarbeiter; **~ный** [14] Bau...; Konstruktions...; **~ство** *n* [9] Bauen; Aufbau *m*.

стро́ить [13] **1.** <по-> (er)bauen; **2.** <на-> ♪ (*Instrument*) stimmen; **3.** <вы-> (er)bauen, aufbauen; ⚔ (*Soldaten*) aufstellen (*in Front*); *s.* устра́ивать; **-ся** <вы́строиться, постро́иться> ⚔ antreten; стро́йся! angetreten!

строй *m* **1.** [3; в строю́; *pl. e.*: строи́, строёв] ⚔ Front *f*; (боево́й Schlacht-)Ordnung *f*; ~ фро́нта ⚓ Dwarslinie *f*; **2.** [3; *pl.*: стро́и, стро́ев] ♪ Stimmung *f*; Regime *n*, Gliederung *f*, Form *f*; госуда́рственный ~ Regime *n*, Staats-, Regierungsform *f*; обще́ственный ~ Gesellschaftsordnung *f*; ...строй Großbauvorhaben *n* (*z.B.*: метростро́й *m* U-Bahnbauvorhaben *n*); **~материа́лы** *m/pl.* [1] Baumaterial *n*; **~му́сор** *m* [1] Bauschutt; ˈ**~ность** *f* [8] Ebenmaß *n*; ♪ Harmonie; ˈ**~ный** [14; -о́ен, -ойна́, -о] ebenmäßig, wohlgestalt(et); schlank; ♪ harmonisch; **~площа́дка** *f* [5; *g/pl.*: -док] Baustelle.

строка́ *f* [5; *ac/sg.*: стро́ку́; *pl.*: стро́ки, строк, строка́м] Zeile; Steppnaht; кра́сная ~ Absatz *m*, Alinea *n*; не ста́вить вся́кое лы́ко в стро́ку nicht jedes Wort auf die Goldwaage legen.

стропи́|лина *f* [5] Dachsparrenbalken *m*; **~ло** *n* [9] Dachsparren *m*.

стропти́вый [14*K.*] widerspenstig, trotzköpfig.

строфа́ *f* [5; *pl. st.*] Strophe.

строч|е́ние *n* [12] Steppen; emsiges Schreiben; **~и́льный** [14] Stepp...; **~и́ть** [16; -очу́, -о́чи́шь; -о́ченный] **1.** <на-> flüchtig schreiben, schnell (*Zeile an Zeile reihend*) schreiben; **2.** <вы́-> steppen; ~и́ть *impf.* rattern, knattern (*Maschinengewehr*); ˈ**~ка** *f* [5; *g/pl.*: -чек] Zeile; (*a.* стежо́к *m* ~ко́й) Steppnaht; Abnähen *n*, Steppen *n*; ˈ**~ный** [14] Zeilen...; ~ная бу́ква *f* kleiner Buchstabe *m*, Minuskel *m*.

струг *m* [1] ⚓ Barke *f*; Hobel.

стругов|о́й [14] Barken...; **~щи́к** *m* [1 *e.*] Barkenführer.

стру́жка *f* [5; *g/pl.*: -жек] Hobeln *n*; (*mst pl.*) Hobelspan *m*.
струи́|стый [14*K*.] (sanft) strömend *od.* rieselnd; **~ть** [13; *nur 3. Pers.*: -и́т] ausströmen lassen; **-ся** (sanft) strömen, rieseln.
стру́йка *f* [5; *g/pl.*: -у́ек] kleiner (Wasser-)Strahl *m*.
стру́йчатый [14] geflammt, moiriert (*Zeug*).
структу́ра *f* [5] Gefüge *n*, Struktur.
струн|а́ ♪ *f* [5; *pl.*: -у́ны, -ун, -у́нам] Saite; **'~ка** *f* [5; *g/pl.*: -нок] Saite; (*fig.*) Steckenpferd *n*; стать в ~ку strammstehen; **'~ный** [14] Streich...
струп *m* [1; *pl.*: -пья, -пьев] Schorf.
струхну́ть F [20] *pf. s.* труси́ть.
стручко|ва́тый ⚘ [14*K*.] schoten-, hülsen-artig; **'~вый** [14] Schoten..., Hülsen...; ~вый пе́рец *m* spanischer Pfeffer. [Hülse *f*.]
стручо́к *m* [1; -чка́] Schote *f*,
струя́ *f* [6; *pl.*: -у́и *u.* -уи́] Strahl *m*; Strom *m*; струи́ *pl.* (*poet.*) Fluten, Wogen.
стря́п|ать [1], <со-> (*Essen*) kochen, zubereiten; **~ня́** *f* [6*e*.] Kocherei, Kochen *n*; **~у́ха** F *f* [5] Köchin.
стря́пчий [17] (*ehm.*) Sachwalter *m*, Anwalt *m*.
стря|са́ть [1], <~сти́> [25; *durchweg* с *statt* д, л: стрясу́; *pt.*: стряс (*a.*: strʒs)] abschütteln; **-ся**, <~сти́сь> hereinbrechen (*Unglück*; что опя́ть стрясло́сь? was ist wieder los?
стря́х|ивать [1], <~ну́ть> [20] abschütteln.
студени́стый [14*K*.] gallertartig.
студе́н|т *m* [1], **~тка** *f* [5; *g/pl.*: -ток] Student(in *f*); ~т-ме́дик *m* Student der Medizin; **~ческий** [16] Studenten...
студёный [14] eisig(kalt).
сту́день *m* [4; -дня] Gallerte *f*, Gelee *m od. n*; Sülze *f*.
студи́ть [15], <о-> kalt machen; abkühlen, erkalten lassen.
сту́дия *f* [7] Studio *n*; Künstlerwerkstatt, Atelier *n*.
сту́жа *f* [5] Kälte; Frost *m*.
стук *m* [1] Klopfen *n*, Pochen *n*; Rasseln *n*; Klappern *n* (*der Messer*); ~ сапо́г Auftreten *n* mit den Stiefeln; **'~ать** [1], <'~нуть> *s.* стуча́ть; **~отня́** *f* [6] Geklopfe *n*, Gepolter *n*.
стул *m* **1.** [1; *pl.*: сту́лья, -льев] Stuhl; предложи́ть ~ e-n Stuhl anbieten; **2.** [1] ⚕ Stuhlgang; **'~ик** *m* [1] Stühlchen *n*; **~ьча́к** *m* [1*e*.] Klosettsitz; **'~ьчик** *m* [1] *s.* '~ик.
сту́па *f* [5] Mörser *m*; толо́чь во́ду в сту́пе (*Spr.*) leeres Stroh dreschen.
ступа́ть [1], <ступи́ть> [14] treten (на В auf *ac.*); schreiten; ступа́й(те)! geh(en Sie)!, vorwärts!; тяжело́ ~ tappen; он ша́гу ступи́ть не уме́ет er weiß nicht ein und aus.
ступе́нчатый [14] gestuft, gestaffelt.
ступе́нь *f* **1.** [8; *pl.*: ступе́ни, ступе́ней] Stufe (*e-r Treppe*), Sprosse (*e-r Leiter*); **2.** [8; *pl.*: ступе́ни, -не́й] Grad *m*, Niveau *n*; **~ка** *f* [5; *g/pl.*: -нек] Stufe.
ступи́ть *s.* ступа́ть.
ступи́ца ⊕ *f* [5] (Rad-)Nabe.
сту́пка *f* [5; *g/pl.*: -пок] kleiner Mörser *m*.
ступня́ *f* [6; *g/pl.*: -не́й] Fußsohle; Fuß(s)tapfe.
стуча́ть [4; -чу́, -чи́шь], <по->, *einm.* <сту́кнуть [20] klopfen, pochen (в В an *ac.*); rasseln, klappern, klirren; ~ нога́ми trampeln; ему́ сту́кнуло 50 лет er hat das 50. Lebensjahr hinter sich *od.* zurückgelegt; **-ся** (an)klopfen (в В an *ac.*).
стушёвываться [1], <стушева́ться> [6; -шу́юсь] unbemerkt verschwinden; schüchtern werden.
стыд *m* [1*e*.] Scham *f*; Schande *f*; **~и́ть** [15; стыжу́, стыди́шь; стыжённый], <при-> beschämen; *s.* устыжа́ть; **-ся**, <постыди́ться> sich schämen (P e-r Handlung *od.* vor j-m.); **~ли́вый** [14*K*.] schamhaft; verschämt; ~ли́вый кусо́к *m* Anstandshappen; **'~ный** [14] schändlich, beschämend; ~но es ist eine Schande; мне ~но ich schäme mich (за него́ seinetwegen), es ist für mich beschämend; не ~но ли тебе́? schämst du dich (denn) nicht?
стык *m* [1] Stoß (*der Balkenenden*), Anstoß; ⚓ Lasch *n*; Fuge *f*; **~ово́й** [14] Stoß...
сты́(ну)ть [21], <о-> erkalten, kalt werden.
сты́чка *f* [5; *g/pl.*: -чек] Streit *m*; ⚔ Scharmützel *n*.
стяг *m* [1] Hebebaum; Fahne *f*.

стя́гивать [1], <стяну́ть> [19] zs.-ziehen, (zs.-)schnüren; herunterziehen; F (weg)stehlen.

стяжа́|тельный [14; -лен, -льна] erwerb-, gewinn-süchtig; **~ть** [1] (*im*)*pf*. erwerben.

стяну́ть *s.* стя́гивать.

суббо́т|а *f* [5] Sonnabend *m*, Samstag *m*; Sabbat *m*; по ~ам an Sonnabenden, sonnabends; вели́кая ~а Großer Sabbat *m*, Osterheiligabend *m*; **~ний** [15] Sonnabend..., Sabbat...; **~ник** *m* [1] Sabbatfaster; Wochenende *n*; (*Pol.*) freiwillige unbezahlte Freizeitarbeit *f* (*zugunsten des Staatswohls*; *ursprünglich am Sonnabend*).

субордина́ция *f* [7] Subordination, Unterordnung.

субре́тка *f* [5; *g/pl.*: -ток] (*Thea.*) Soubrette.

субси́дия *f* [7] Subsidien *pl.*, Hilfs-, Unterstützungs-gelder *n/pl.*, Zuschuß *m*.

субста́нция *f* [7] Substanz.

субти́льный [14; -лен, -льна] fein, zart, subtil.

субтро́пики *m/pl.* [1] subtropisches Gebiet *n*.

субъе́кт *m* [1] Subjekt *n*; **~и́вный** [14; -вен, -вна] subjektiv.

сувере́н *m* [1] Souverän, Herrscher; **~ите́т** *m* [1] Souveränität *f*, Landes-, Ober-hoheit *f*.

суво́ровец ⚔ *m* [1; -вца] Zögling der Suworowkriegsschule.

сугли́нок *m* [1; -нка] mit Sand vermischter Lehmboden.

сугро́б *m* [1] Schnee-haufen, -wehe *f*.

сугу́бый [14*K*.] doppelt; äußerst; [сугу́бо erst recht.]

суд *m* [1*e*.] Gericht *n*; Gerichtsbehörde *f*; Gerichtsverhandlung *f*; Urteil *n*; иска́ть суда́ *od.* своего́ пра́ва судо́м sein Recht beim Gericht suchen; отдаю́ э́то на ваш ~ ich überlasse es Ihrem Urteil; на нет и суда́ нет (*Spr.*) wo nichts ist, hat der Kaiser sein Recht verloren.

суда́к *m* [1*e*.] (*Zool.*) Zander.

суда́|рик *m* [1] (liebes) Herrchen *n*; **~рка** *f* [5; *g/pl.*: -рок] (liebes) Frauchen *n*; P Geliebte; **~рыня** *f* [6] gnädige Frau; **~рь** ('su-) *m* [4] (gnädiger) Herr.

суда́чий [18] Zander...

суда́чить P [16] (о П) beklatschen, verleumden.

суде́б|ник *m* [1] Gesetzbuch *n*; **~ный** [14] gerichtlich; Gerichts...; Justiz...; ~ный сле́дователь *m* Untersuchungsrichter; ~ным поря́дком auf gerichtlichem Wege, gerichtlich; ~ная пра́ктика *f* Rechtspflege.

суде́йский [16] richterlich; Richter...; Gerichts...

суди́|лище *n* [11] Richterstuhl *m*, Gericht(shof *m*), Tribunal; **~мость** *f* [8] Vorstrafe.

суди́ть [15; суждённый], <по-> (о П) urteilen (über *ac.*), beurteilen (*s.a.* о~, рас~); (В) richten; су́дя по (Д) nach ... zu urteilen; ~ и ряди́ть seine Glossen machen; так мне суждено́ so ist es mir bestimmt; **-ся** prozessieren (с Т mit).

судия́ *s.* судья́.

су́дно *n* **1.** [9; *pl.*: суда́, судо́в] ⚓ Fahrzeug, Schiff; кабота́жное ~ Küsten-fahrer *m*, -schiff; **2.** [9; *pl.*: су́дна, -ден] Gefäß, Schüssel *f*; Becken, Nachttopf *m*.

су́дный [14] Gerichts...

судо|владе́лец *m* [1; -льца] Schiffseigentümer, Reeder; **~води́тель** ⚓ *m* [4] Lotse; **~во́й** [14] Schiffs...

судоговоре́ние *n* [12] Beweisführung *f* vor Gericht, Rechtsprechung *f*.

судо́к *m* [1; -дка́] Plattmenage *f* (*Gestell mit Essig, Öl usw.*); Gewürzständer; судки́ *pl.* (*übereinander gestapelte*) Einsatzschüsseln (*zum Essenholen*).

судомо́й *m* [3], **~ка** *f* [5; *g/pl.*: -о́ек] Aufwäscher(in *f*), Küchenarbeiterin *f*; Scheuerwisch *m*.

судопроизво́дство *n* [9] Gerichtsverfahren, Rechtspflege *f*; гражда́нское ~ Zivilprozeß *m*.

су́доро|га ⚕ *f* [5] (*mst pl.*) Krampf *m*; **~жный** [14; -жен, -жна] krampfhaft; Krampf...

судо|строе́ние *n* [12] Schiffbau *m*; **~строи́тель** *m* [4] Schiffbau(meist)er; **~хо́дный** [14; -ден, -дна] schiffbar; **~хо́дство** *n* [9] Schiffahrt *f*; **~хозя́ин** *m* [1; *pl.*: -я́ева, -я́ев] Schiffseigentümer, Schiffseigner, Reeder.

судь|ба́ *f* [5; *pl.*: су́дьбы, су́деб, су́дьба́м], **~би́на** *f* [5] Schicksal *n*, Los *n*; Fügung; каки́ми ~ба́ми ты здесь? welcher Zufall (*od.* welches Geschick) bringt dich (hier)her?

судья́ *m* [6; *pl.*: су́дьи, суде́й, су́дьям] Richter; трете́йский ~ Schiedsrichter; я не ~ в э́том (де́ле) ich habe darüber kein Urteil.
су́дя́ *s.* суди́ть.
суеве́р *m* [1] Abergläubige(r); **~ие** *n* [12] Aberglaube *m*; **~ный** [14; -рен, -рна] abergläubisch.
суета́ *f* [5] Eitelkeit, Nichtigkeit; Hast.
суети́ться [15; -ечу́сь, -ети́шься] hin und her laufen, (allzu) geschäftig sein.
суетли́вый [14*K.*] (allzu) geschäftig, eilig, unruhig.
су́етный [14; -тен, -тна] eitel, nichtig.
сужде́ние *n* [12] Beurteilung *f*; Urteil.
суже́ние *n* [12] Verengung *f*.
су́женый [14] (vom Schicksal) bestimmt; Bräutigam *m*; су́женого конём (*od.* на коне́) не объе́дешь seinem Schicksal entgeht man nicht; *s.* суди́ть.
су́живать [1], <су́зить> [15] verengen, enger machen, schmälern; **-ся** enger werden; einlaufen (*Tuch*).
сук *m* [1 *e.*; в -у́; *pl.*: су́чья, -ьев *u.* -и́, -о́в] Ast; Knorren.
су́ка *f* [5] Hündin.
су́кин [19] von der Hündin; Hunde-...; P ~ сын *m* Hundsfott (*Schimpfwort*).
сукно́ *n* [9; *pl.*: су́кна, су́кон, су́кнам] Tuch (*als Stoff*); положи́ть де́ло под ~ die Sache auf die lange Bank schieben; **~ва́льня** *f* [6; *g/pl.*: -лен] Tuchwalke(rei), Walkmühle.
сукова́тый [14*K.*] ästig, knorrig.
суко́н|ка *f* [5; *g/pl.*: -нок] Tuch-, Frottier-lappen *m*; **~ный** [14] tuchen; Tuch...; ledern (*Stil*); **~щик** *m* [1] Tuchmacher; Tuchhändler.
су́кровица *f* [5] Blutwasser *n*.
сулема́ ⚗ *f* [5] Quecksilberchlorid *n*, Sublimat *n*.
сули́ть [13], <по-> bieten, versprechen (золоты́е го́ры *pl.* goldene Berge).
султа́н *m* [1] Sultan; ⚔ Federbusch.
сума́ *f* [5] Tasche; Beutel *m*; Bettelsack *m*; ходи́ть с сумо́й betteln gehen; переме́тная ~ (*fig.*) Wetterfahne; *vgl.* су́мка.
сумасбро́д *m* [1] Wahnwitzige(r); Querkopf; **~ничать** [1] wahnwitzig (*od.* töricht) handeln; **~ный** [14; -ден, -дна] wahnwitzig, töricht, närrisch, verbohrt; **~ство** *n* [9] Wahnwitz *m*, Narrheit *f*.
сумасше́|дший [17] wahnsinnig, verrückt; Wahnsinnige(r) *m*; **~дший** дом *m od.* дом *m* **~дших** Irrenhaus *n*; **~ствие** *n* [12] Wahnsinn *m*, Verrücktheit *f*.
сумато́ха *f* [5] Hin- und Herrennen *n*, Wirrwarr *m*.
сумбу́р *m* [1] Unsinn, dummes Zeug *n*; Wirrwarr; **~ный** [14; -рен, -рна] unsinnig, unklar.
су́мер|ечный [14; -чен, -чна] dämm(e)rig; Dämmer(ungs)...; **~ки** *f/pl.* [5; *gen.*: -рок] Dämmerung(szeit) *f*.
су́мка *f* [5; *g/pl.*: -мок] Täschchen *n*; (*Reise- usw.*) Tasche; Postbeutel *m*; (Schul-)Mappe.
су́мма *f* [5] Summe; на су́мму в (B) im Betrage von; **~рный** (-ˈmar-) [14] summarisch, kurz zs.-gefaßt.
сумми́ровать [7] summieren, zs.-zählen.
су́мочка *f* [5; *g/pl.*: -чек] *s.* су́мка.
су́мрак *m* [1] Dämmerung *f*, Halbdunkel *n*.
су́мрачный [14; -чен, -чна] halbdunkel, trübe.
су́мчатый beut(e)lig; Beutel...; су́мчатые *pl.* (*Zool.*) Beuteltiere.
сумя́тица *f* [5] *s.* сумато́ха.
сунду́|к *m* [1 *e.*] (*großer*) Koffer; Lade *f*, Truhe *f*; **~чный** [14] Koffer...; **~чо́к** *m* [1; -чка́] kleiner Koffer.
су́нуть *s.* сова́ть.
суп *m* [1; *pl. e.*] Suppe *f*; таре́лка *f* ~у Teller *m* Suppe.
суперобло́жка *f* [5; *g/pl.*: -жек] Schutzumschlag *m*.
су́песок *m* [1; -ска] lockerer sandhaltiger Boden.
су́п|ец *m* [1; су́пца] Süppchen *n*; **~ница** *f* [5] Suppenschüssel; **~ово́й** [14] Suppen...
супо́нь *f* [8] Kumtriemen *m*.
супоро́сая [14] trächtig (*Sau*).
супоста́т *m* [1] Widersacher.
суппо́рт ⊕ *m* [1] Unterlage *f*.
супроти́в (P) gegenüber; wider, (ent)gegen; im Vergleich (mit).
супру́г *m* [1], **~а** *f* [5] Gemahl(in *f*), Gatte *m*, Gattin *f*.
супру́же|ский [16] ehelich; Ehe...; **~ство** *n* [9] Ehestand *m*; быть в **~стве** vermählt (*od.* verheiratet) sein (с T mit).

сургу́ч *m* [1*e.*] Siegellack; *s. a.* па́лка.
сурди́нка ♪ *f* [5; *g/pl.*: -нок] (Schall-)Dämpfer *m*; под сурди́нку heimlich.
суре́пица *f* [5] Rübsamen *m*.
су́рик *m* [1] Mennige *f*.
сурко́вый [14] Murmeltier...
суро́вость *f* [8] Rauheit; Härte; Strenge.
суро́вский [16] Manufaktur...
суро́вый [14*K*.] rauh, roh; hart, streng; finster (*Blick*).
суро́к *m* [1; сурка́] Murmeltier *n*.
сурьма́ *f* [5] Antimon *n*, Spießglanz *m*.
сурьми́ть [14; -млю́, -ми́шь; -млённый], <на-> (*die Augenbrauen*) schwärzen.
суса́ль *f* [8] Blattgold *n*.
су́слик *m* [1] Ziesel(maus *f*).
су́слить [13], <за-> begeifern; mit Speichel *od.* Fett beschmutzen.
су́сло *n* [9] Bierwürze *f*; Most *m*.
суспензо́рий ⚕ *m* [3; *prpos/sg.*: -ии] Suspensorium *n*.
суста́в *m* [1] Gelenk *n*.
сутенёр *m* [1] Zuhälter.
су́тки *f/pl.* [5; *gen.*: -ток] (Zeit von) 24 Stunden, Tag und Nacht, Sterntag *m*.
су́толока *f* [5] Getümmel *n*, Wirrwarr *m*.
су́точный [14] vierundzwanzigstündig; Tages...; су́точные *pl.* Tagegelder *n/pl.*
суту́лина *f* [5] leichte Krümmung, Buckel *m*.
сутулова́тый [14*K*.] etwas gebückt *od.* buck(e)lig.
суту́лый [14*K*.] gebückt, buck(e)lig.
суть *f* [8] Wesen(tliche) *n*, Kern *m*; по су́ти де́ла im Grunde genommen; бли́же к су́ти де́ла! zur Sache!; э́то не ~ ва́жно F das ist nicht so wesentlich; *s.* быть.
сутя́га *m/f* [5] Prozeßsüchtige(r), Ränkemacher(in *f*).
сутя́жни|чать [1] (gern) prozessieren, Ränke machen; **~ческий** [16] streit-, prozeß-süchtig; **~чество** *n* [9] Streit-, Prozeß-sucht *f*.
суфле́ *n* [*unv.*] Eierauflauf *m*, Schaumomelett.
суфлёр *m* [1] (*Thea.*) Souffleur; ~ская бу́дка *f* Souffleurkasten *m*.
суфли́ровать [7] soufflieren, ein-, zu-flüstern.
суфражи́стка *f* [5; *g/pl.*: -ток] Frauen(stimm)rechtlerin, Suffragette.
су́ффикс *m* [1] (*Gram.*) Suffix *n*, Nachsilbe *f*.
суха́р|ик *m* [1] Zwiebäckchen *n*; **~ница** *f* [5] Zwiebackbuchse; **~ь** *m* [4*e.*] Zwieback; (*fig.*) herzloser Mensch.
сухова́тый [14*K*.] etwas trocken.
сухове́й *m* [3] heißer trock(e)ner Wind.
сухожи́|лие *n* [12] Sehne *f*; **~льный** [14; -лен, -льна] sehnig; Sehnen...
сухо́й [14; сух, -á, -о; *comp.* су́ше] trocken; mager, dürr; unfreundlich; сухи́м путём zu Lande, per Achse; ⚓ auf trock(e)nem Wege; ~ зако́н *m* Prohibition *f*; вы́йти сухи́м из воды́ F mit heiler Haut davonkommen.
сухомя́т|ка *f* [5] trock(e)ne Speise; (по)е́сть в ~ку sich mit trock(e)nen Speisen begnügen.
су́хонький [16] hübsch (*od.* schön) trocken.
сухо|па́рник *m* [1] Dampftrockner; **~па́рый** *s.* сухоща́вый; **~пу́тный** [14] zu Lande; Land...; **~ру́кий** [16] mit verkrüppeltem Arm; **~сто́й** *m* [3] vertrocknete Bäume *pl*, Dürrholz *n*; Trockenstehzeit *f* (*der Kühe vor dem Kalben*).
су́хость *f* [8] Trockenheit, Dürre.
сухота́ *f* [5] Trockenheit(sgefühl *n*); heißes trock(e)nes Wetter *n*.
сухо́тка ⚕ *f* [5] Schwind-, Darrsucht; ~ спинно́го мо́зга Rückenmarks-darre, -schwindsucht.
сухофру́кты *m/pl.* [1] Trockenobst *n*.
сухоцве́т ⚘ *m* [1] Immerschön *n*, Strohblume *f*.
сухоща́вый [14*K*.] hager, mager.
сухояде́ние *n* [12] (*scherz.*) kärgliches Essen, „trocken Karo".
су́чий [18] hündisch.
сучи́ть [16; сучу́, су́чишь], <с-> [ссу́ченный] *Seide usw.* drillen, zwirnen; сучёный gezwirnt.
су́чка *f* [5; *g/pl.*: -чек] kleine Hündin.
сучо́к *m* [1; -чка́] Ästchen *n*; без сучка́ и задо́ринки F tadellos, wie geschmiert.
су́ш|а *f* [5] trock(e)nes (*od.* festes) Land *n*; **~е́ние** *n* [12] Trocknen;

~и́лка *f* [5; *g/pl.*: -лок] Trockenraum *m*, -boden *m*.
суши́ль|ный [14] Trocken..., Darr-...; **~ня** *f* [6; *g/pl.*: -лен] Trockenkammer; Trockenständer *m*.
суш|и́ть [16] **1.** <вы́-> trocknen; сушёные фру́кты *m/pl.* Backobst *n*; **2.** <ис-> (durch Kummer) aufreiben *od.* erschöpfen; **'~ка** *f* [5; *g/pl.*: -шек] Trocknen *n*; ~ки *pl.* kleine ringförmige Kringel *m/pl.* (*Gebäck*); **~ь** *f* [8] Trockenheit, Dürre.
суще́ственный [14*K.*] wesentlich, hauptsächlich.
существи́тель|ный [14]: *Gram.* (и́мя) ~ное *n* Hauptwort, Substantiv.
существо́ *n* [9] Geschöpf, Wesen; Wesentliche(s); по существу́ *s.* в су́щности; говори́ть по существу́ sich an das Thema halten, sachlich sprechen; **~ва́ние** *n* [12] Dasein, Existenz *f*, Bestehen, Vorhandensein; борьба́ *f* за ~ва́ние Kampf *m* ums Dasein; **~ва́ть** [7] existieren, (da)sein, vorhanden sein, bestehen.
су́щ|ий [17] seiend, existierend; wahr, wirklich, ausgemacht; су́щая пра́вда *f* reine Wahrheit; ganz richtig; *s.* быть; **~ность** *f* [8] Wesentliche(s) *n*, Hauptsache; в ~ности (говоря́) im wesentlichen, im Grunde genommen, eigentlich.
суэ́цкий [16] Suez...
суя́гная [14] trächtig (*Schaf*).
сфа́гнум ⚘ *m* [1] Torfmoos *n*.
сфе́|ра *f* [5] Sphäre, Kugel; Kreis *m*, Gebiet *n*; ~ра влия́ния Einflußsphäre; **~ри́ческий** [16] sphärisch, kugelförmig.
схва́тка *f* [5; *g/pl.*: -ток] Handgemenge *n*, Streit *m*; ⚔ Scharmützel *n*; родовы́е схва́тки *pl.* Geburtswehen.
схва́тывать [1], <схвати́ть> [15] (er)greifen, (ab)fassen, packen ([за] В bei); sich holen *od.* zuziehen, bekommen (*Krankheit*); ~ (умо́м) auffassen, begreifen; кре́пко ~ umklammern; **-ся** sich fassen *od.* packen (за В bei), handgreiflich werden.
схе́ма *f* [5] Schema *n*, Muster *n*; Entwurf *m*; **~ти́ческий** [16] schematisch; Muster...
СХИ *m* [*unv.*] (Сельскохозя́йственный Институ́т) Landwirtschaftliches Institut *n*.
схлёбывать, <схлеба́ть> [1; схлёбанный], <схлебну́ть> [20; -ёбнутый] aus-löffeln, -schlürfen.
схлы́нуть [20; *nur 3. Pers.*] *pf.* zurückfluten, sich verlaufen.
сход *m* [1] Hinuntergehen *n*, Absteigen *n*; Dorfversammlung *f*; 🚂 ~ с ре́льсов Entgleisen *n*.
сходи́ть [15] **1.** <сойти́> [сойду́, -дёшь; сошёл, -шла́; сше́дший *u.* соше́дший; *g. pt. a.*: сойдя́] hinuntergehen, herunterkommen, (her)absteigen (с Р von); fort-, weggehen; ~ *impf.* (на двор) F seine Notdurft verrichten, austreten; ~ на нет in ein Nichts aufgehen, sich allmählich verringern; ~ с ме́ли flott werden; 🚂 ~ с ре́льсов entgleisen; ☨ ~ с рук (gut) abgehen, von der Hand gehen; э́то ему́ сошло́ (с рук) da ist er leichten Kaufes davongekommen; э́то тебе́ не сойдёт (с рук) das ist dir noch nicht geschenkt; ~ с ума́ den Verstand verlieren, überschnappen; что ты с ума́ сошёл! du bist wohl nicht recht bei Trost!; сойдёт es wird schon gehen; **-ся,** <сойти́сь> zs.-kommen, -treffen (с Т mit); sich versammeln; (в П) sich einigen (über *ac.*), übereinkommen (in *dat.*); passen (с Т zu); *s.* ходи́ть; **2.** сходи́ть *pf.* (ab)holen gehen (*u. zurückkommen*).
схо́д|ка *f* [5; *g/pl.*: -док] Zs.-kunft, Versammlung; **~ни** *f/pl.* [6; *gen.*: -ней] Stiege *f*; Steg *m*; Landungsbrücke *f*; **~ный** [14; -ден, -дна́, -o] ähnlich, übereinstimmend (с Т mit); annehmbar (*Preis*).
схо́дственный [14*K.*] ähnlich, übereinstimmend.
схо́дство *n* [9] Ähnlichkeit *f* (с Т mit).
схо́жесть *f* [8] Ähnlichkeit.
схо́жий [17*K.*] ähnlich.
сцара́|пывать, <~пать> [1] abkratzen; F wegstehlen.
сце́живать [1], <сцеди́ть> [15] abziehen, abzapfen; ~ в буты́лки auf Flaschen (ab)ziehen.
сце́на *f* [5] Szene, (Schau-)Bühne; Auftritt *m*, Vorfall *m*; **~рий** (-'na-) *m* [3; *prpos/sg.*: -ии] (Bühnen-)Spielbuch *n*; Film-, Dreh-buch *n*, Filmmanuskript *n*.
сцени́ч|еский [16] szenisch; Bühnen...; **~ный** [14] bühnenfähig, zugkräftig.

сце́п|ка *f* [5; *g/pl.*: -пок], **~ле́ние** *n* [12] Zs.-ketten *n*, Verkettung *f*, Verbindung *f*; ~ле́ние ваго́нов Wagenkupp(e)lung *f*; **~ля́ть** [28], <**~и́ть**> [14] zs.-, ver-ketten, verbinden; (*Wagen*) kuppeln; **-ся** zs.-geraten (с T mit); **~но́й** [14] zum Zs.-ketten (dienend); Kupp(e)lungs...

Сци́лла и Хари́бда Szylla und Charybdis.

с/ч. *Abk. für* сего́ числа́.

сча́ли|вать ⚓ [1], <**~ть**> [13] festsorren, festmachen (mit Trossen).

сча́ст|ие *n* [12] *s.* ~ье; **~ли́вец** *m* [1; -вца], **~ли́вица** *f* [5] Glückliche, Glücks-kind *n*, -pilz *m*; **~ли́вчик** *m* [1] Sonntagskind *n*; **~ли́вый** [14*K.*] glücklich; ~ли́во остава́ться! leben Sie wohl!; ~ли́вого пути́! glückliche Reise!; **~ье** *n* [10] Glück; к (*od.* по) ~ью glücklicherweise.

счéр|пывать, <**~пать**> **[1]** abschöpfen.

счéр|чивать [1], <**~ти́ть**> [15] nach-, ab-zeichnen.

счесть *s.* счита́ть.

счёсывать [1], <**счеса́ть**> [3] abkämmen.

счёт *m* **1.** [1; на -е *u.* счету́; *pl. e*: счета́] Rechnung *f*, Konto *n* (P *od.* на B über *ac.*); ~у нет zahllos; у него́ ~у нет кни́гам er hat eine Unzahl Bücher; на ~ *od.* в ~ auf Rechnung (*vgl.* на~); в два ~а im Handumdrehen; в коне́чном ~е letzten Endes; на э́тот ~ in dieser Hinsicht, darüber (*reden*), dazu (*sagen*); э́то ска́зано на мой ~ das ist auf mich gemünzt; быть у кого́ на хоро́шем ~у́ bei j-m gut angeschrieben sein; у него́ де́ньгам ~у нет er hat Geld wie Heu; (за-) плати́ть по ~у eine Rechnung bezahlen; кру́глым ~ом rund (gerechnet); **2.** счёты *pl.* [1] Rechenbrett *n*; (*fig.*) Abrechnung *f*; F свести́ ~ы (с T mit j-m) ein Hühnchen rupfen.

счётный [14] Rechnungs...; счётная маши́на *f* Rechenmaschine.

счетово́д *m* [1] Rechnungsführer, Buchhalter; **~ство** *n* [9] Rechnungsführung *f*, Buchhaltung *f*.

счётчик *m* [1] Zähler(werk *n*); Zählapparat.

счисле́ние *n* [12] Zählen, Zs.-zählen, -rechnen, Berechnung *f*.

счи́стить *s.* счища́ть.

счита́ть, <со-> [1], <**счесть**> [25; сочту́, -тёшь; счёл, сочла́; счётший; *g. pt. a.*: сочтя́; сочтённый] (zs.-)zählen, zs.-, berechnen; (В/Т *od.* за В) ansehen (als), halten (für); (не) счита́я (nicht) mitgerechnet *od.* einbegriffen; счита́я и zuzüglich; **-ся** (miteinander) abrechnen; streiten; (T) gelten (als *od.* für), gehalten werden (für); (с T) Rechnung tragen, rechnen (mit).

счи́тывать, <счита́ть> **[1]** kollationieren, vergleichen.

счища́ть [1], <счи́стить> [15] abputzen, abwischen; (aus)radieren.

США (Соединённые Шта́ты *pl.* Аме́рики) USA (Vereinigte Staaten von Amerika).

сшиба́ть [1], <сшиби́ть> [-бу́, -бёшь; сши́б(ла); сши́бленный] herunter-, um-stoßen; (*Haut*) abstoßen; ~ с ног umrennen.

сши|ва́ть [1], <сшить> [сошью́, -шьёшь; сше́й(те)!; сши́тый] zs.-nähen.

съе|да́ть [1], <съесть> [съем, съешь, съест, съеди́м, съеди́те, съедя́т] aufessen, verzehren; он на э́том соба́ку съел F darin ist er Meister; **~де́ние** *n* [12] Aufessen, Verzehren.

съедо́бный [14; -бен, -бна] eßbar, genießbar.

съёжи|вать [1], <**~ть**> [16] zs.-ziehen; **-ся** zs.-schrumpfen.

съезд *m* [1] Zs.-kunft *f*, Kongreß, Tagung *f*; ˈ**~ить** *s.* е́здить.

съез|жа́ть [1], <съе́хать> [съе́ду, съе́дешь] hin(unter)fahren; (hin-) ab-gleiten, -rutschen; ~жа́ть с кварти́ры ausziehen; **-ся** zs.-treffen, -kommen (*mit dem Wagen*), sich versammeln; ˈ**~жий** [17] zs.-gekommen, zugereist; ~жая *f* (*ehm.*) Polizeiamt *n*.

съём|ка *f* [5; *g/pl.*: -мок] Abnehmen *n*; (*a.* Film-)Aufnahme; (*Kartenspiel*) Abhub *m*; ⚔ глазоме́рная ~ка flüchtige Skizze, Kroki *n*; **~ный** [14] zum Abnehmen (dienend); **~щик** *m* [1] Abnehmer, Aufnehmer; Pächter.

съестно́й [14] eßbar; Eß..., Nahrungs...; съестны́е припа́сы *pl.* Eßwaren, Lebensmittelvorräte.

съесть *s.* съеда́ть.

съе́хать *s.* съезжа́ть.

сы́воро|тка *f* [5; *g/pl.*: -ток] Molke; ⚕ (Heil-)Serum *n*; **~точный** [14] molkig; Molken...
сы́грывать, ‹сыгра́ть› [1; сы́гранный] (ab-, auf)spielen; ~ сва́дьбу eine Hochzeit ausrichten; сыгра́ть шту́ку F e-n Streich spielen (с T *j-m*); **-ся** sich einspielen, sich einüben.
сыз|де́тства P, **'~мала, '~мальства** von Kindheit an; **'~нова** von neuem, wiederum.
сыма́ть P *s.* снима́ть.
сын *m* [1; *pl.*: сыновья́, -ве́й, -вья́м; (*fig.*) *pl.*: сыны́] Sohn; ~-жени́х *m* heiratsfähiger Sohn; ~ своего́ вре́мени ein Kind s-r Zeit; **~и́шка** *m* [5; *g/pl.*: -шек] (kleines) Söhnchen *n*; **~о́вний** [15] dem Sohn gehörig, (des) Sohnes; **~о́к** *m* [1; -нка́] Söhnchen *n*; ваш ~о́к Ihr Herr Sohn.
сы́п|ать [2], ‹по-› streuen, schütten; ~ать деньга́ми mit Geld um sich werfen; ~ать остро́тами Witze reißen; **-ся** sich verschütten; zerbröckeln; herabrieseln, niederprasseln; (*fig.*) hageln (*Vorwürfe usw.*); **~ка** *f* [5] Schütten *n*, Streuen *n*; **~но́й** [14] geschüttet; ⚕ ~но́й тиф *m* = **~ня́к** F *m* [1 *e.*] Flecktyphus; **~у́чий** [17] zum Streuen (dienend); ~у́чий песо́к *m* Streusand; Flugsand; **~ь** ⚕ *f* [8] Ausschlag *m*.
сыр *m* [1; *pl. e.*] Käse; кусо́к *m* ~у Stück *n* Käse; ката́ться, как ~ в ма́сле (*Spr.*) wie die Made im Speck sitzen; **~-бо́р** *m* [1] feuchter Fichtenwald; ~-бо́р загоре́лся из-за того́, что ... der ganze Lärm (*od.* Spektakel) ist entstanden, weil ...
сыре́ть [8], ‹от-› feucht werden.
сыре́ц *m* [1; -рца́] Rohstoff; шёлк-~ Rohseide *f*.
сы́р|ник *m* [1] Käsekuchen; **~ный** [14] käsig; Käse...
сырова́р *m* [1] Käser; **~ня** *f* [6; *g/pl.*: -рен] Käserei.
сырова́тый [14*K.*] etwas feucht; halbgar.
сыроe̋жка ♀ *f* [5; *g/pl.*: -жек] Täubling *m* (*Pilz*).
сыро́й [14; сыр, -а́, -о] feucht; unbearbeitet, roh; Roh...; schlecht durchgebacken.
сыромя́т|ник *m* [1] Weißgerber; **~ня** *f* [6; *g/pl.*: -тен] Weißgerberei.
сыропу́ст *m* [1] Fastnachtssonntag; **~ный** [14]: ~ная неде́ля *f* Fastnachtswoche.
сы́рость *f* [8] Feuchtigkeit.
сырьё *n* [10] (*koll.*) Rohmaterial(ien *pl.*), Rohstoff(e *pl.*) *m*; ~м F in rohem Zustand, roh.
сыск *m* [1] Aufsuchen *n*; Schnüffelei *f*; Detektivwesen *n*; **'~ивать** [1], ‹~а́ть› [3] aufsuchen, auffinden; **~но́й** [14] zum Aufsuchen (bestimmt); ~на́я поли́ция *f* Detektiv-, Geheim-polizei.
сы́т|енький [16] schön satt; **~ность** *f* [8] Sattheit; **~ный** [14; сы́тен, -тна́, -о] sättigend, nahrhaft; **~ый** [14; сыт, -а́, -о] satt.
сыч *m* [1 *e.*; *g/pl.*: -е́й] (*Zool.*) Zwergohr-, Sperlings-eule *f*.
сычу́г *m* [1 *e.*] Labmagen (*der Wiederkäuer*).
сы́щик *m* [1] Häscher; Geheimpolizist, Detektiv.
сюда́ hierher.
сюже́т *m* [1] Gegenstand, Stoff, Sujet *n*; (*Thea.*) handelnde Person *f*.
сюрпри́з *m* [1] Überraschung *f*.
сюрту́|к *m* [1 *e.*] Gehrock; **~чи́шко** *m* [9; *pl.*: -шки, -шек] schäbiger Rock.
сюсю́кать F [1] lispeln.
сяжо́к *m* [1; -жка́] (*Zool.*) Fühler, Fühlhorn *n*.
сяк: (и) так и ~ so und so, auf jede mögliche Art; **~о́й** [16] solcher; тако́й ~о́й! P daß dich dieser und jener (hol)!
сям: там и ~ hie(r) und da.

Т

Т, т *n u. m* (*s.* A) T, t *n.*
таба́к *m* [1*e.*] Tabak; куре́ние *n* ~у́ Tabakrauchen; **~е́рка** *f* [5; *g/pl.*: -рок] (Schnupf-)Tabaksdose; **~ово́дство** *n* [9] Tabakbau *m.*
табач|и́шко *m* [9; *pl.*: -шки, -шек] schlechter Tabak; '**~ник** *m* [1] Tabakhändler; Tabak-raucher, -schnupfer; '**~ный** [14] Tabak(s)...; ~ная ла́вка *f* Tabakladen *m*; **~о́к** *m* [1; -чка́] (et.) Tabak; (kleine) Prise *f.*
та́бель *m* [4] Tabelle *f*, Liste *f*; Kontroll-brett *n*, -liste *f*; Kontrollkarte *f* (*zur Abstemplung des Arbeitsbeginns*); ~ о ра́нгах Rangtafel, -liste; **~ный** [14] Tabellen...; (*ehm.*) ~ный день *m* (staatlicher) Feiertag (*für Behörden*); **~щик** *m* [1] Listenführer, Kontrolleur.
табле́тка *f* [5; *g/pl.*: -ток] Tablette.
табли́|ца *f* [5] Tafel, Tabelle; ~ца умноже́ния Einmaleins *n*; **~чка** *f* [5; *g/pl.*: -чек] Täfelchen *n*, kleine Tabelle.
табльдо́т *m* [1] Table d'hôte *f*, Wirtstafel *f.*
та́бор *m* [1] Zigeunerlager *n.*
табу́н *m* [1*e.*] (Pferde-)Herde *f*; **~щик** *m* [1] Pferdehirt.
табуре́т *m* [1], **~ка** *f* [5; *g/pl.*: -ток] Taburett *n.*
та́волга ⚘ *f* [5] Mädesüß *n.*
Таври́да *f* [5] Taurien *n.*
тавро́ *n* [9; *pl.*: та́вра, тавр, тавра́м] Stempel *m*, Brandmal (*für Pferde*).
тавро́вый ⊕ [14] T-förmig.
тавтоло́гия *f* [7] Tautologie, unnötige Wiederholung.
тага́н *m* [1*e.*] Feuer-, Kamin-bock, Dreifuß.
таджи́к *m* [1] Tadshike (*Volk in Mittelasien*).
таёжный [14] Taiga...
таз *m* [1; в -у́; *pl. e.*] Becken *n* (*a. Anat.*); Waschbecken *n*; '**~ик** *m* [1] kleines Becken *n.*
таи́нствен|ность *f* [8] Heimlichkeit; Geheimtuerei; **~ный** [14*K.*] geheim(nisvoll); mystisch; Geheim...
та́инство *n* [9] (*kirchlich*) Sakrament.
таи́ть [13] verheimlichen, verhehlen; **-ся**, ‹притаи́ться› geheimtun; sich verstecken.
тайга́ *f* [5] dichter Wald *m*, Urwald *m* (*in Sibirien*).
тай|ко́м heimlich, insgeheim; unter der Hand; ~ко́м от него́ hinter seinem Rücken; '**~на** *f* [5] Geheimnis *n*; ~ны *pl.* [*gen.* та́ин] (*kirchlich*) Sakrament *n*; (со)храни́ть в (строжа́йшей) ~не (streng) geheimhalten; посвяща́ть в ~ну ins Vertrauen ziehen; вы́дать ~ну ein Geheimnis verraten; **~ни́к** *m* [1*e.*] geheimer Gang; Versteck *n*; в ~ника́х души́ im Innersten des Herzens; **~нобра́чный** ⚘ [14] kryptogamisch; ~нобра́чные расте́ния *n/pl.* Kryptogamen *f/pl.*; '**~ный** [14] geheim, heimlich; ~но im verborgenen; ~ный сове́тник *m* Geheimrat.
тайфу́н *m* [1] Taifun.
так so, dermaßen; auf diese Weise; ja, freilich; so, dann; ohne Hintergedanken, ohne bestimmte Absicht; ~ и *od.* ~-таки doch, tatsächlich; ebenso (auch); nur so, ordentlich; ~ же ebenso; ~ как da, nachdem; ~ называ́емый sogenannte(r); ~ сказа́ть sozusagen; ~ и́ли ина́че sowieso, so oder so; и ~ ohnehin; ~ себе́ F so lala, mäßig; за ~ P umsonst, ohne Bezahlung; и́менно ~ freilich, ganz richtig so; ~ то́чно! ⚔ † zu Befehl!; не тут, ~ там wenn nicht hier, dann dort; ~ ли э́то? ist das (wirklich) so?, stimmt das?; не ~ ли? nicht wahr?; как бы не ~! warum nicht gar!; ~ ему́ и на́до das geschieht ihm recht; здесь что́-то не ~ hier stimmt etwas nicht; ~ и быть meinetwegen; ~ то ~, но ... einerseits stimmt das ja, aber andererseits ...; schön und gut, aber ...
та́кать P [1] tacken, knattern.
такела́ж ⚓ *m* [1] Takelwerk *n*, Takelage *f*, Takelung *f.*
та́кже auch, gleich-, eben-falls; а ~ sowie; ~ не auch nicht, ebensowenig.

таки́ (*mst in Zssgn*) dennoch, dessenungeachtet; опя́ть ~ wiederum.
таково́й [14; -о́в, -ова́] ein solcher; все они́ таковы́ so sind sie alle; и был тако́в und weg war er; како́в приве́т, тако́в и отве́т (*Spr.*) wie der Gruß, so die Antwort.
тако́вский P [16] so einer; не ~ он челове́к dazu hat er nicht das Zeug.
тако́й [16] (ein) solcher, so(lch) ein(er); so; ~ же der gleiche, derselbe; ~-то ein gewisser, der und der; что (э́то) тако́е? was ist (denn) das?, was soll das heißen?, was gibt's?; тако́го-то (числа́) den soundsovielten; в ~-то час zu der und der Stunde; до ~ сте́пени dermaßen; что тако́е случи́лось? was ist denn (eigentlich) geschehen?; я не счита́л его́ таки́м ста́рым ich hielt ihn nicht für so alt.
та́кса *f* [5] Taxe, Preistafel; Dachshund *m*, Teckel *m*; **~ция** (-'sa-) *f* [7] Taxation, Abschätzung.
такси́ *n* [*unv.*] Taxe *f* (*Auto*).
такси́ров|ать [7] (*im*)*pf.* taxieren, abschätzen; **~ка** (-'rɔf-) *f* [5; *g*/*pl.*: -вок] Abschätzung.
таксо́|метр *m* [1] Fahrpreisanzeiger; **~мото́р** *m* [1] Taxameterdroschke *f*; **~фо́н** *m* [1] Münzfernsprecher.
так-ся́к F erträglich, zu ertragen.
та́ктик *m* [1] Taktiker; **~а** *f* [5] Taktik.
такти́ч|еский [16] taktisch; **~ный** [14; -чен, -чна] mit Takt, taktvoll.
тала́нт *m* [1] Talent *n*, Begabung *f* (к Д für); **~ливый** [14*K*.] talentvoll, begabt.
та́ли ⊕ *f*/*pl.* [6; *gen.*: -лей] Flaschenzug *m*, Talje *f*.
та́лия *f* [7] Taille; в та́лию auf Taille (*Kleid*).
тало́н *m* [1] Abschnitt, Kupon; Talon (*im Kartenspiel*); Zinsleiste *f* (*an Wertpapieren*).
та́лый [14] aufgetaut; ~ снег *m* Schneematsch.
тальк *m* [1] Talk(stein).
та́льник ⚘ *m* [1] Purpurweide *f*.
там dort, da; ~ же ebendaselbst.
тамари́нд ⚘ *m* [1] Tamarinde *f*.
тамари́ск ⚘ *m* [1] Tamariske *f*.
та́мбур *m* [1] Tamburier-arbeit *f*, -stickerei *f*; △ Windfang; Unterbau; 🚂 Endbühne *f*; ⚔ ~ газоубе́жища Gasschleuse *f*.
тамо́ж|енный [14] Zoll(amts)...; **~ня** *f* [6; *g*/*pl.*: -жен] Zollamt *n*.
та́мошний [15] dortig.
та́нгенс ⩓ *m* [1] Tangente *f*.
та́нец *m* [1; -нца] Tanz; уро́ки *m*/*pl.* та́нцев Tanz-unterricht *m*, -stunden *f*/*pl.*
танк ⚔ *m* [1] Tank; ~-амфи́бия *f* Schwimmpanzer *m*; **'~ер** *m* [1] Tanker, Tankschiff *n*; **~е́тка** *f* [5; *g*/*pl.*: -ток] Kleinkampfwagen *m*; **~и́ст** *m* [1] Panzer-mann, -soldat; **'~овый** [14] Panzer...
Танта́л *m* [1]: му́ки *pl.* **~а** *od.* **2~овы** му́ки *pl.* Tantalusqualen.
танц|ева́льный [14] Tanz...; **~ева́ть** [7] tanzen; **~ме́йстер** *m* [1] Tanzmeister; **~о́вщик**, **~о́р** *m* [1] Tänzer.
танцу́лька P *f* [5; *g*/*pl.*: -лек] Tanzvergnügen *n*.
Та́ня *f* [6] *dim. v.* Татья́на.
тапёр *m* [1] Klavierspieler (*zum Tanz*).
тапи́р *m* [1] (*Zool.*) Tapir.
та́почки *f*/*pl.* [5; *gen.*: -чек] Sport-, Turn-schuhe *m*/*pl.*
та́ра ⚓ *f* [5] Tara(gewicht *n*); Verpackung; Packmaterial *n*; Leergut *n*.
тараба́р|ить [13] unverständlich sprechen, kauderwelschen; **~ский** [16]: **~ская** гра́мота *f* = **~щина** F *f* [5] Kauderwelsch *n*.
тарака́н *m* [1] (Küchen-)Schabe *f*; **~ий** [18] Schaben...
тарака́шка F *f* [5; *g*/*pl.*: -шек] (Küchen-)Schabe, (*jegliches*) kleines Insekt *n*, Käferchen *n*.
тара́н ⚔ *m* [1] (*ehm.*) Widder, Mauerbrecher; **~ить** [13], <про-> rammen.
таранта́с *m* [1] Tarantaß (*auf Stangengestell ruhender Reisewagen mit Halbverdeck*).
тара́нтул *m* [1] (*Zool.*) Tarantel *f*.
тара́нь *f* [8] Zärte (*Fisch*).
тарара́х krach!, plautz!
тарата́йка *f* [5; *g*/*pl.*: -а́ек] Taratajka (*zweirädriger Wagen*).
тарато́р|а *m*/*f* [5] Plapp(e)rer *m*, Plapperin *f*, Plappermaul *n*; **~ить** [13], <за-> plappern.
тарахте́ть F [11] poltern, Lärm machen.
тара́щить [16], <вы́-> (*die Augen*) aufsperren, aufreißen.
таре́л|ка *f* [5; *g*/*pl.*: -лок] Teller *m*; **~ки** *pl.* ♪ (Schall-)Becken *n*/*pl.*; он

не в своéй ~ке er ist nicht bei guter Laune; **~очка** *f* [5; *g/pl.*: -чек] Tellerchen *n.*

тáртар *m* [1] Tartarus, Unterwelt *f*; **~ары́** F Unterwelt *f*; провали́сь в ~ары́! die Hölle soll dich verschlingen!

тарти́нка *f* [5; *g/pl.*: -нок] Butterbrötchen *n.*

тáры-бáры *pl.* [*unv.*] Schwatz *m*, Geschwätz *n.*

тáска *f* [5] Schleppen *n*, Ziehen *n*; задáть тáску F verbläuen; **'~ть** [1; тáсканный] **1.** <по-> (weg-, umher)schleppen, (weg)ziehen; **2.** <ис-> (*Kleider*) abnutzen, abtragen; **3.** <от-> ziehen, ziepen (зá волосы an den Haaren); **-ся** sich (umher)schleppen, sich herumtreiben (по ýлицам auf den Straßen); *s.* утáскивать.

тасовáть [7], <с->(*Karten*) mischen.

ТАСС (Телегрáфное Агéнтство *n* Совéтского Сою́за) TASS (Telegrafenagentur *f* der SU).

татáр|ин *m* [1; *pl.*: -ры, -р, -рам], **~ка** *f* [5; *g/pl.*: -рок] Tatar(in *f*); **~ник** ⚘ *m* [1] Kratzdistel *f*; **~щина** *f* [5] (Zeit der) Tatarenherrschaft.

татуи́ров|ать [7] (*im*)*pf.* tätowieren; **~ка** (-'rɔf-) *f* [5; *g/pl.*: -вок] Tätowierung.

Татья́на *f* [5] Tatjana (*Vn.*).

таф|тá ✝ *f* [5] Taft *m*; **~тянóй** [14] taften; Taft...

тахóметр *m* [1] Geschwindigkeitsmesser.

тахтá *f* [5] Ottomane.

тачáнка ⚔ *f* [5; *g/pl.*: -нок] Maschinengewehrwagen *m* (*a.*: пулемётная ~).

тач|áть [1], <с-, вы́-> [стáчанный] steppen; **'~ка** *f* [5; *g/pl.*: -чек] Steppen *n*; Schubkarren *m.*

тащи́ть [16] ziehen, schleppen; <с-> F stibitzen; ~ за канáт an e-m Seil schleppen *od.* ziehen; **-ся** sich (fort)schleppen.

тáять [27], <рас-> tauen, schmelzen; (*fig.*) abmagern ~ с тоски́ vor Gram vergehen; ~ во рту im Mund zergehen.

тварь *f* [8] Geschöpf *n*; Luder *n* (*Schimpfwort*).

твер|дéть [8], <за-> fest (*od.* hart) werden, sich verhärten; **~ди́ть** [15; -ржý, -рди́шь; -ржённый] **1.** oft wiederholen; **2.** <за-> ~ди́ть (наизýсть) auswendig lernen; вы всё своё ~ди́те Sie bleiben immer bei der alten Leier; **~докáменный** [14] unbeugsam (*Mensch*); **~долóбый** [14 *K.*] engstirnig, eigensinnig; **~дость** ('tvɔ-) *f* [8] Festigkeit, Härte; Standhaftigkeit; **~дый** ('tvɔ-) [14; твёрд, твердá, -о; *comp.* твёрже] fest, stark, hart; Hart...; steif (*Hut*); standhaft; ~до знать sicher (*od.* bestimmt, aus dem Effeff) wissen; **~ды́ня** *f* [6] (*poet.*) Feste, Festung; **~дь** *f* [8] (небéсная Himmels-)Feste; **~жéние** *n* [12] öfteres Wiederholen; Auswendiglernen.

тверскóй [16] Twersch, aus (*od.* von) Twer.

Тверь *f* [8; в -ри́] Twer *n* (*Stadt*).

твой *m*: ~, твоя́ *f*, твоё *n*, твои́ *pl.* [24] dein(e); der (die, das) deinige, die deinigen; по-твóему nach deiner Meinung *od.* Ansicht.

тво|рéние *n* [12] Schaffen; Schöpfung *f*; Werk, Schrift *f*; **~рéц** *m* [1; -рцá] Schöpfer; Urheber; Verfasser; ~рéц-худóжник *m* schaffender Künstler; **~ри́ло** ⚠ *n* [9] Kalkgrube *f*; ⊕ Sperre *f*, Verschluß *m*, Tür *f*; Öffnung *f*; **~ри́тельный** [14] (*Gram.*) ~ри́тельный падéж *m* Instrumental(is); **~ри́ть** [13], <со-> schaffen, erschaffen, hervorbringen; verrichten, tun; ~ри́ть и́звесть ⚠ Kalk anrühren; **-ся** [*unpers.*] vorgehen, passieren, sich vollziehen.

твóрóг *m* [1 *od.* 1 *e.*] Quark(käse).

творóжник *m* [1] Quark-, Käsekuchen.

твóр|ческий [16] schöpferisch; **~чество** *n* [9] Schaffen(skraft *f*); Werk.

те *s.* то(т); P (*statt* тебé); (*a. als Anhängsel an die 1. Pers. Plural, z.B.*) пойдёмте! laßt uns (*od.* wir wollen) gehen!

т. е. *Abk. für* тó есть.

теáтр *m* [1] Theater *n*, Schauspielhaus *n*; ~ войны́ *od.* ~ вóенных дéйствий Kriegsschauplatz; **~áл** *m* [1] Theaterfreund, Theaterkenner; **~áльный** [14] theatralisch; Theater...

тевтóнский [16] teutonisch.

тёзка *m/f* [5; *g/pl.*: -зок] Namensverwandte(r), Namensvetter *m.*

теки́нец *m* [1; -нца] Turkmene (*e-r der Stammesnamen*).

текст *m* [1] Text.

текстиль *m* [4] (*koll.*) Textilien *pl.*, Textilwaren *pl.*; **~ный** [14] Textil...; Web(e)...; ~ная обувь *f* Stoffschuhe *m/pl.*

теку́|честь *f* [8] Flüssigkeit, flüssiger Zustand *m*; ~честь рабочей силы (текучка) Fluktuation der Arbeitskräfte, dauernder Personalwechsel *m*; **~чий** [17] flüssig; veränderlich, unbeständig; **~щий** [17] (*s.* течь) fließend; laufend (*Jahr usw.*); ✝ ~щий счёт *m* Kontokorrent *n*; ~щие дела́ *n/pl.* (*Tagesordnung*) Verschiedenes *n*.

телеви́|дение *n* [12] (*Radio*) Bildfunk *m*, Fernsehen; **~зио́нный** [14] Bildfunk...; ~зио́нная устано́вка *f* Bildfunkanlage; **~зор** *m* [1] Fernsehempfänger.

теле́га *f* [5] Telega (*vierrädriger niedriger Kastenwagen*), Leiterwagen *m*.

телегра́мма *f* [5] Telegramm *n*, Depesche.

телегра́ф *m* [1] Telegraph(enamt *n*); **~и́ровать** [7] (*im*)*pf.* telegraphieren, telegraphisch mitteilen, drahten; **~и́я** *f* [7] Fernschreibwesen *n*; **~ный** [14] telegraphisch; Telegraphen..., Depeschen...; ~ный отве́т *m* Drahtantwort *f*; ~ный столб *m* Telegraphenstange *f*.

теле́жка *f* [5; *g/pl.*: -жек] Wagen *m*; Fahrgestell *n* (*des Flugzeuges*); кра́новая ~ Laufkatze.

теле|ко́мпас *m* [1] Fernkompaß; **~меха́ника** *f* [5] Fernschaltung.

телёнок *m* [2] Kalb *n*; куда́ Мака́р теля́т не гоня́л (*Spr.*) wo der Pfeffer wächst.

те́лепень *m* [4; -пня] Wurfkugel *f*; F Tölpel.

теле|переда́ча *f* [5] Bildfunk-, Fernseh-übertragung; **~приёмник** *m* [1] Fernsehempfänger.

телескопи́ческий [16] teleskopisch; Auszieh...

теле́с|ность *f* [8] Körperlichkeit; **~ный** [14] körperlich, leiblich; Körper...; ~ный цвет *m* Fleischfarbe *f*.

телеуправле́ние *n* [12] Fernsteuerung *f*.

телефо́н *m* [1] Telefon *n*, Fernsprecher; по ~у telefonisch; **~и́ровать** [7] (*im*)*pf.* telefonieren; **~ный** [14] Telefon..., Fernsprech-...; автомати́ческая ~ная ста́нция *f* Selbstanschlußfernsprechamt *m*; **~огра́мма** *f* [5] Fernspruch *m*.

теле́ц *m* [1; тельца́] junger Ochse; (*Astr.*) Stier; золото́й ~ das goldene Kalb.

телеце́нтр *m* [1] Fernsehzentrale *f*.

тели́ться [13; *nur 3.Pers.*: те́лится], <о-> kalben.

тёлка *f* [5; *g/pl.*: -лок] junge Kuh, Kalbe, Färse.

теллу́рий *m* [3; *prpos/sg.*: -ии] (*Astr.*) Tellurium *n*.

те́ло *n* [9; *pl.*: тела́] Körper *m*, Leib *m*; держа́ть кого́ в чёрном те́ле j-n kurz (*od.* streng) halten; быть в те́ле wohlbeleibt sein; спасть с те́ла abmagern (*Vieh*); нагуля́ть ~ sich herausfressen (*Vieh*); **~гре́йка** *f* [5; *g/pl.*: -е́ек] *s.* душегре́йка; **~движе́ние** *n* [12] Körperbewegung *f*; **~сложе́ние** *n* [12] Körperbau *m*; Leibesbeschaffenheit *f*, Statur *f*; **~храни́тель** *m* [4] Leibwächter.

тель|но́й [14]: ~но́й цвет *m* Fleischfarbe *f*; '**~ный** [14] Körper...; Leib...

те́льце *n* [11; *g/pl.*: -лец] (*Physik*) kleiner Körper *m*, Körperchen.

теля́|тина *f* [5] Kalbfleisch *n*; **~тник** *m* [1] Kälberstall; **~чий** [18] Kalb(s)...; ~чий восто́рг *m* plumpe (*od.* kindische) Freude *f*.

теменно́й [14] Scheitel...

те́мень P *f* [8] *s.* темнота́.

Те́мза *f* [5] Themse.

темля́к *m* [1*e.*] Degenquaste *f*, Troddel *f*; Faustriemen.

тём|ненький [16] ziemlich dunkel *od.* finster.

тем|не́ть [8] **1.** <с-> dunkel (*od.* finster) werden **2.** <по-> dunkel werden (*z.B. Silber*); **-ся** [*unpers.*] dunkel (er)scheinen; **~нёхонький** [16] sehr dunkel, stockfinster.

темни́|ца *f* [5] Gefängnis *n*; **~чный** [14] Gefängnis...

тёмно... (*in Zssgn*) dunkel..., *z. B.* **~-бу́рый** [14] dunkelbraun; **~-кра́сный** [14] dunkelrot.

темнота́ *f* [5] Dunkelheit, Finsternis; Unklarheit.

тёмный [14; тёмен, темна́] dunkel, finster; unklar, unverständlich; unwissend, ungebildet; lichtscheu; темно́ хоть глаз вы́коли F es ist stockfinster; темны́м-темно́ F

stockdunkel; темна́ вода́ в о́блацех (*Spr.*) dunkel ist der Rede Sinn.
темп (tɛmp) *m* [1] Tempo *n*.
темпера́мент *m* [1] Temperament *n*.
температу́ра *f* [5] Temperatur.
темь *f* [8] *s.* темнота́.
те́мя *n* [13] Scheitel *m*.
тенденци|о́зный (tɛndɛn-) [14; -зен, -зна] tendenziös; **~я** (tɛn-ˈdɛn-) *f* [7] Tendenz, Zweck *m*.
те́ндер 🚂 ⚓ (ˈtɛndɛr) *m* [1] Tender.
теневой [14] Schatten...
тенёта *n/pl.* [9] Jagd-, Fang-netz *n*, -garn *n*.
тени́стый [14*K.*] schattenreich; schattig.
те́ннис (ˈtɛn-) *m* [1] (*oft* лаун-~) (Lawn-)Tennis *n*; **~ка** (ˈtɛn-) *f* [5; *g/pl.*: -сок] Tennishemd *n*.
те́нор ♪ *m* [1; *pl.*: -ра́] Tenor (-stimme *f*, -sänger); драмати́ческий ~ Heldentenor; Tenor...
тент (tɛnt) *m* [1] Sonnenzelt *n*.
тень *f* [8; в тени́; *pl.*: те́ни, тене́й] Schatten *m*; Schattierung; кита́йские те́ни *pl.* Schattenspiel *n*; дава́ть ~ beschatten; наводи́ть ~ F (*fig.*) verdunkeln (*eine Angelegenheit*); от неё оста́лась одна́ ~ sie ist nur noch ein Schatten ihrer selbst; ни те́ни F kein Schimmer; быть в тени́ (*fig.*) im Hintergrund stehen.
теократи́|ческий [16] theokratisch; **~я** (-ˈkra-) *f* [7] Theokratie.
тео́лог *m* [1] Theologe; **~и́ческий** [16] theologisch; **~ия** (-ˈłɔ-) *f* [7] Theologie.
теоре́ма *f* [5] Theorem *n*, Lehrsatz *m*.
теорети|зи́ровать [7] theoretisieren, Theorien aufstellen; **~к** (-ˈʒe-) *m* [1] Theoretiker; **~ческий** (-ˈʈi-) [16] theoretisch.
тео́рия *f* [7] Theorie, Lehre; ~ вероя́тности Wahrscheinlichkeitstheorie; ~ относи́тельности Relativitätstheorie.
тепе́|решний [15] jetzig, derzeitig, gegenwärtig; **~рь** jetzt, nun.
тёпленький [16] lauwarm.
тепле́ть [8; *nur 3. Pers.*], <по-> warm werden.
те́плить [13] *s.* зате́пливать; **-ся** [*nur 3. Pers.*] schwach leuchten.
тепли́|ца *f* [5] Treibhaus *n*; **~чка** *f* [5; *g/pl.*: -чек] kleines Treibhaus *n*; **~чный** [14] Treibhaus...; (*fig.*) verhätschelt, verzärtelt.
тепло́ *n* [9] Wärme *f*, warme Witterung *f*; *s.* тёплый; **~ва́тый** [14*K.*] etwas warm, lauwarm; **~во́з** *m* [1] Diesellokomotive *f*; **~во́й** [14] Wärme...; ~во́й уда́р *m* Hitzschlag; **~ёмкость** *f* [8] (*Phys.*) Wärmekapazität; **~кро́вный** [14] warmblütig; **~ме́р** *m* [1] Wärmemesser; **~прово́дный** [14] wärmeleitend; **~ро́д** *m* [1] Wärmestoff.
теплота́ *f* [5] Wärme.
тепло|фика́ция ⊕ *f* [7] Einrichten *n* e-r Fernheizung; **~хо́д** *m* [1] (Diesel-)Motorschiff *n*; **~центра́ль** *f* [8] Fernheizzentrale.
теплу́шка *f* [5; *g/pl.*: -шек] Wärmehalle; 🚂 heizbarer Güterwagen *m* (*für Personen*).
тёплый [14; тёпел, тепла́, -о́, тёплы] warm; herzlich.
теплы́нь P *f* [8] (große) Wärme; mildes Wetter *n*.
терапе́вт *m* [1] Therapeut; **~ика** *f* [5] Therapeutik, Heilkunde; **~и́ческий** [16] therapeutisch.
теребить [14; -блю́, -би́шь; -блённый], <рас-> zausen, zupfen; plagen, belästigen.
те́рем *m* [1; *pl. e.*: -ма́] Dach-stube *f*, -kammer *f*; (*hist.*) Bojarenhaus *n*; **~о́к** *m* [1; -мка́] Dachstübchen *n*; Türmchen *n*.
Тере́нтий *m* [3; *prpos/sg.*: -ии] Terentius, Terenz.
тере́ть [12] reiben; scheuern.
терза́ть [1], <ис-, рас-> zerreißen (*v. wilden Tieren*); quälen, plagen.
тёрка *f* [5; *g/pl.*: -рок] Reibeisen *n*; Raspel.
те́рмин *m* [1] Terminus, Fachausdruck; **~оло́гия** *f* [7] Terminologie.
терми́т *m* [1] Termite *f*, weiße Ameise *f*.
термо́метр *m* [1] Thermometer *n*; **~и́ческий** [16] thermometrisch; Thermometer...
тёрн ⚘ *m* [1] Schlehdorn, Schlehe *f*.
терн|и́стый [14*K.*] dornig; **~о́вка** *f* [5] Schlehenschnaps *m*; **~о́вник** *m* [1] Schlehen-busch, -strauch; **~о́вый** [14] Dorn(en)...; Schlehen...
тёрочка *f* [5; *g/pl.*: -чек] kleines Reibeisen *n*.
терпёж P *m* [1] *s.* терпе́ние; не в ~ ста́ло es wurde unerträglich.
терпели́|вость *f* [8] Duldsamkeit; **~вый** [14*K.*] geduldig; nachsichtig.
терпе́ние *n* [12] Geduld *f*, Ausdauer *f*; Nachsicht *f*; ~ и труд всё

перетру́т (*Spr.*) mit Geduld und Spucke fängt man jede Mucke.
терпе́ть [10], <по-> (er)dulden, leiden; aushalten, ertragen; sich gedulden; nachsichtig sein gegen; [*unpers.*] вре́мя те́рпит es ist nicht so eilig, es hat (noch) Zeit; мне не те́рпится ich halte es nicht aus.
терпи́|мость *f* [8] Duldsamkeit, Duldung, Toleranz; дом *m* ~мости Bordell *n*; **~мый** [14*K*.] duldsam, tolerant.
те́рпкий [16; те́рпок, **-пка́**, -о; -пче] herb, sauer.
те́рпнуть F [20; *nur 3. Pers.*], <за-> absterben, einschlafen (*Beine usw.*).
терпу́|г *m* [1*e.*] Raspel *f*; **~жо́к** *m* [1; -жка́] kleine Raspel *f*.
терра́рий (tɛr-) *m* [3; *prpos/sg.*: -ии] Terrarium *n*.
терра́са *f* [5] Terrasse.
территори|а́льный [14] territorial; Gebiets...; **~я** (-ˈtɔ-) *f* [7] Territorium *n*, Gebiet *n*.
терро́р, ~и́зм *m* [1] Terror(ismus), Schreckensherrschaft *f*.
террор|изи́ровать, ~изова́ть [7] (*im*)*pf*. terrorisieren.
тёртый [14] gerieben (*a. fig.*); ~ кала́ч *m* F geriebener Kunde, mit allen Hunden gehetzt.
те́рция (ˈtɛr-) *f* [7] ♪ Terz; (*Typ.*) Tertia(schrift).
терча́сть ⚔ *f* [8; *ab g/pl. e.*: -те́й] Territorialtruppe.
терье́р (tɛr-) *m* [1] Terrier (*Hund*).
теря́ть [28], <по-> verlieren; ~ си́лу ⚖ verjähren; я теря́ю сон der Schlaf verläßt mich; ~ и́з виду aus dem Auge verlieren; не ~ му́жества den Mut nicht sinken lassen; нам нельзя́ ~ вре́мени wir haben keine Zeit zu verlieren; **-ся** (ver)schwinden; den Kopf (*od.* die Fassung) verlieren; -ся в дога́дках sich in Vermutungen ergehen.
тёс *m* [1] (*koll.*) (gesägte) Bretter *n/pl.*; Schindel *f*.
теса́к ⚔ *m* [1*e.*] Seitengewehr *n*.
теса́ть [3], <об-> behauen; ему́ хоть кол на голове́ теши́ F (*Spr.*) er will mit dem Kopf durch die Wand.
тесём(оч)ка *f* [5; *g/pl.*: -мок (-чек)] (schmales) Zwirnband *n*; Kordel, Schnur; (*Schuh-*)Senkel *m*.
теси́на *f* [5] (ein einzelnes) gesägtes Brett *n* (*s.* тёс).
тёска *f* [5] Behauung.
тесло́ ⚓ *n* [9; *pl.*: **тёсла, тёсел**] Texel *m*, Hohlbeil.
тес|ни́на *f* [5] Hohlweg *m*, Engpaß *m*; **~ни́ть** [13], <по-> drücken, drängen; bedrücken, beengen; **-ся** sich zs.-drängen, Platz machen; **~нова́тый** [14*K*.] ziemlich eng, beengt; **~нота́** *f* [5] Enge; Gedränge *n*; в ~ноте́, да не в оби́де (*Spr.*) eng, aber gemütlich; **ˈ~ный** [14; те́сен, тесна́, те́сно] eng, gedrängt; (*fig.*) intim.
тесо́вый [14] mit Brettern bedeckt *od.* verkleidet; Brett(er)...; Schindel...
те́сто *n* [9] Teig *m*; слоёное ~ Blätterteig *m*; **~меси́лка** *f* [5; *g/pl.*: -лок] Knetmaschine.
тесть *m* [4] Schwiegervater (*Vater der Frau*).
те́стюшка *m* [5; *g/pl.*: -шек] Schwiegerväterchen *n*.
тестяно́й [14] teigig.
тесьма́ *f* [5; *g/pl.*: -сём] Zwirnband *n*, Borte.
тетани́я ⚕ *f* [7] Tetanie.
тётенька *s.* тётушка.
те́те|рев *m* [1; *pl.*: -а́, -о́в] Birkhahn; **~реви́ный** [14] Birkhahn...; **~рка** (-ˈţɔr-) *f* [5; *g/pl.*: -рок], **~ря** (-ˈţe-) *f* [6] Birk-henne, -huhn *n*; глуха́я ~ря F (*scherz.*) tauber Mensch *m*.
тетива́ *f* [5] Sehne (*e-s Bogens*).
тётка *f* [5; *g/pl.*: -ток] Tante.
тетра́д(оч)ка *f* [5; *g/pl.*: -док (-чек)] kleines Heft *n*, Heftchen *n*.
тетра́дь *f* [8] (Schreib-)Heft *n*; о́бщая ~ Kladde, Wachstuchheft *n*.
тётушка *f* [5; *g/pl.*: -шек] Tantchen *n*; ва́ша ~ Ihre Frau (Ihr Fräulein) Tante.
тётя *f* [6; *g/pl.*: тётей] *s.* тётка.
тех|ми́нимум *m* [1] (техни́ческий ми́нимум) Minimum *n* an technischen Kenntnissen; **~надзо́р** *m* [1] technische Kontrolle *f*.
те́хни|к *m* [1] Techniker; **~ка** *f* [5] Technik; **~ческий** (-ˈņi-) [16] technisch; ~ческое выраже́ние *n* Kunst-, Fach-ausdruck *m*; ~ческий материа́л *m* Werkstoff.
техно́лог *m* [1] Technologe; **~и́ческий** [16] technologisch; **~ия** (-ˈlɔ-) *f* [7] Technologie, Gewerbekunde.
тех|нору́к *m* [1] technischer Leiter; **~персона́л** *m* [1] technisches Per-

sonal *n*; **~ре́д** *m* [1] technischer Redakteur.

тече́ние *n* [12] Fließen, Fluß *m*, Strömung *f*, Lauf *m*; в ~ (P) im Laufe *od.* Verlauf (von), während; по тече́нию (реки́) mit dem Strom, stromabwärts; про́тив тече́ния (реки́) gegen den Strom, stromaufwärts.

те́чка *f* [5; *g/pl.*: -чек] (kleines) Leck *n*; Brunft (*der Tiere*).

течь[1] [26] (dahin)fließen strömen; дела́ теку́т свои́м поря́дком alles geht seinen Gang; <про-> (durch-) sickern, lecken, leck sein; *s. a.* протека́ть, теку́щий; у меня́ слю́нки теку́т (*fig.*) das Wasser läuft mir im Mund zusammen.

течь[2] *f* [8] Leck *n*; дать ~ leck werden.

те́шить [16], <по-> amüsieren, belustigen, (er)freuen; **-ся** sich freuen, sich lustig machen, sich amüsieren ([над] T über *ac.*); ми́лые браня́тся — то́лько те́шатся (*Spr.*) was sich liebt, das neckt sich.

тёшка *f* [5; *g/pl.*: -шек] Bauchstück *n* (*e-s Fisches*).

тёща *f* [5] Schwiegermutter (*Mutter der Frau*).

Тибе́рий *m* [3; *prpos/sg.*: -ии] Tiberius.

тибе́тец *m* [1; -тца] Tibeter.

ти́гель *m* [4; -гля] (Schmelz-) Tiegel.

тигр *m* [1] Tiger; **~ёнок** *m* [2] junger Tiger; **~и́ца** *f* [5] Tigerin, Tigerweibchen *n*.

тик *m* [1] Zwillich, Drell; ⚕ ~ (на лицé) nervöse (Gesichts-)Zuckung *f*; ⚘ Teakholz *n*.

ти́кать [1; *nur 3. Pers.*] ticken (*Uhr*); hämmern, trommeln (*Specht*).

ти́ковый [14] von (*od.* aus) Zwillich, zwillichen.

ти́льда *f* [5] (*Typ.*) Tilde.

тимиа́н ⚘ *m* [1] Thymian.

тимофе́евка ⚘ *f* [5] Timotheus-, Liesch-gras *n*.

Тимофе́й *m* [3], *dim.* **Тимо́ш(к)а** *m* [5] Timotheus (*Vn.*).

тимпа́н *m* [1] Pauke *f*.

ти́на *f* [5] Schlamm *m*.

ти́нистый [14*K.*] schlammig, mod(e)rig.

тип *m* [1] Typus; (*bsd. pl. Typ.*) Type(n *pl.*) *f*, Buchstabe(n *pl.*); **~а́ж** *m* [1] Typenzugehörigkeit *f*; Typenzahl *f*.

типи́ч|еский [16], **~ный** [14; -чен, -чна] typisch, vor-, ur-bildlich.

типово́й [14] Typen...

типо́граф *m* [1] Typograph, Buchdrucker; **~ия** (-ˈgra-) *f* [7] Buchdruckerei; **~ский** (-ˈgraf-) [16] typographisch; Druck..., Buchdruck(er)...; ~ская кра́ска *f* Buchdruck-farbe, -schwärze; **~щик** *m* [1] *s.* типо́граф.

типу́н *m* [1 *e.*] Pips (*Vogelkrankheit*); ~ тебе́ на язы́к! F (*scherz.*) wahre deine Zunge!

тир *m* [1] Schießstand.

тира́да *f* [5] Tirade.

тира́ж *m* [1 *e.*; *g/pl.*: -е́й] Ziehung *f* (*e-r Lotterie usw.*); (*Typ.*) Auflage (-zahl) *f*; вы́йти в ~ (*fig.*) zum alten Eisen geworfen werden.

тира́н *m* [1] Tyrann; **~ить** [13] tyrannisieren; **~и́ческий** [16] tyrannisch; **~и́я** *f* [7], **~ство** *n* [9] Tyrannei *f*; **~ствовать** [7] tyrannisieren.

тире́ (tiˈrɛ) *n* [*unv.*] Gedankenstrich *m*.

тиро́лец *m* [1; -льца] Tiroler.

Тиро́ль *m* [4] Tirol *n*.

тис ⚘ *m* [1] Eibe *f*, Eibenbaum, Taxus.

ти́с|кать [1], <(с)ти́снуть> [20] drücken, pressen; (ab)drucken; umarmen; P (ab)knutschen; **-ся** sich (hinein-, durch)drängen; **~ки́** *m/pl.* [1 *e.*] Presse *f*; Schraubstock *m*; в ~ка́х in der Klemme; **~не́ние** *n* [12] Drucken (*der Bücher*); Prägung *f*; **~нёный** [14] bedruckt (*mit Mustern*).

ти́совый [14] Eiben...

Тит *m* [1] Titus.

тита́н *m* [1] Titan; Großwasserboiler.

титр *m* [1] (Kino-)Aufschrift *f*, Zwischentitel.

ти́тул *m* [1] Titel, Ehrentitel; **~ова́ть** [7] (*im*)*pf.* titulieren, betiteln.

ти́тька P *f* [5; *g/pl.*: -тек] (*mst pl.*) Zitze.

тиф ⚕ *m* [1] Typhus; брюшно́й ~ Unterleibstyphus; сыпно́й ~ Flecktyphus.

Тифли́с *m* [1] Tiflis *n*.

тифо́зный ⚕ [14] typhös; Typhus...

ти́х|ий [16; тих, -á, -о; *comp.* ти́ше, *sup.* тиша́йший] still, leise,

ruhig, sanft; langsam; **~нуть** [21], (*mst*) <за-, при-, у-> still (*od.* ruhig) werden; sich legen (*Wind*).
тихомо́лком im stillen, heimlich.
Ти́хон *m* [1] Tichon (*Vorname*).
ти́хо|нький [16] ganz leise *od.* langsam; **~ня** (-ˈxɔŋə) *m/f* [6] Stille(r), Leisetreter(in *f*); **~океа́нский** [16] den Stillen Ozean betreffend; **~хо́д** *m* [1] (*Zool.*) Faultier *n*; **~хонький** (-ˈxɔxəŋ-) [16] sehr still, mäuschenstill.
ти́ш|е *s.* ти́хий; **~е!** still!; **~е** е́дешь, да́льше бу́дешь Eile mit Weile; **~ина́** *f* [5] Stille, Ruhe; **~ко́м** im stillen, heimlich; **~ь** *f* [8; в тиши́] Stille, Ruhe; Windstille; **~ь** да гладь Ruhe und Eintracht.
ткань *f* [8] Gewebe *n*; **~ё** *n* [10] Weben; Gewebe.
ткать [тку, ткёшь; ткал, ткала́, -о], <со-> [со́тканный (-ан, -ана́, -о)] weben, wirken.
тка́ц|кий [16] zum Weben (dienend); Web(er)...; **~кая** *f* Webstube; **~ко-пряди́льный** Textil...
ткач *m* [1*e.*; *g/pl.*: -е́й], **~и́ха** *f* [5] Weber(in *f*).
ткнуть *s.* ты́кать.
тлен *m* [1] Moder; Vergängliche(s) *n*; **ˈ~ие** *n* [12] Verwesung *f*, Fäulnis *f*; Glimmen; **ˈ~ный** [14; тле́нен, тле́нна] verweslich, vergänglich.
тлетво́рный [14; -рен, -рна] verderblich.
тлеть [8], <ис-> verwesen, (ver-) modern, faulen; **-ся** glimmen.
тля *f* [6; *g/pl.*: тлей] Fäulnis; (*Zool.*) Blattlaus.
тмин ⚘ *m* [1] Kümmel.
то 1. [28] jenes; dasjenige; (*mit prp. mst* da[r]..., *z.B.*) в том darin, за ~ dafür, к тому́ dazu; к тому́ (же) zu-, außer-dem; ~ же (са́мое eben) dasselbe; э́то не ~ das ist es nicht; тем damit, dadurch; desto; тем бо́лее umsomehr; тем не ме́нее nichtsdestoweniger; с тем, что́бы um (zu), damit; тем вре́менем mittlerweile, inzwischen; ни с того́ ни с сего́ aus freien Stücken, ganz ohne Grund; и без того́ ohnehin, sowieso; *s. a.* для, до, кро́ме *usw.*; **2.** (*cj.*) so; dann; ~ ... ~ bald ... bald; а (*od.* не) ~ sonst, oder, andernfalls; не ~ ... не ~ halb ... halb, entweder ... oder; не ~, что́бы nicht, daß (+ *conj.*) ..., aber; ~ и де́ло *od.* знай beständig, fortwährend; да и ~ außerdem (auch noch); **3.** (*als Anhängsel*) eben, gerade; (*z. B.*) в то́м-то и де́ло darum handelt es sich (*od.* das ist es) eben; то́-то deshalb; *s. a.* беда́, где́-то, кто́-то, то́-то *usw.*
тов. *Abk. für* това́рищ.
това́р *m* [1] Ware *f*; 🚂 **Gut** *n*; ~ большо́й ско́рости 🚂 Eilgut *n*; лежа́лый ~ Ladenhüter; показа́ть ~ лицо́м etwas im günstigsten Licht zeigen.
това́рищ *m* [1; *g/pl.*: -ей] Gesellschafter(in *f*), Genosse *m*, Genossin *f*, Kamerad(in *f*), Kollege *m*, Kollegin *f*, Gehilfe *m*, Gehilfin *f*; ~ по несча́стью Unglücksgefährte; ~ по ору́жию Waffenbruder; ~ по университе́ту Studiengenosse, Kommilitone; пе́ший ко́нному не ~ (*Spr.*) er kann sich mit ihm nicht messen; ungleich gesellt sich nicht; **~еский** [16] gesell-, kameradschaftlich, kollegial; Gesellschafts-...; **~ество** *n* [9] Gesell-, Genossen-, Kamerad-schaft *f*; Kompanie, Handelsgesellschaft.
това́рный [14] Waren...; 🚂 **Güter...**
товаро... (*in Zssgn*) Waren...; **~ве́дение** *n* [12] Warenkunde *f*; **~обме́н** *m* [1] Warenaustausch; **~оборо́т** *m* [1] Warenumsatz; **~пассажи́рский** [16]: 🚂 ~-пассажи́рский по́езд *m* gemischter Zug.
тогда́ dann; damals; ~ же zur selben Zeit; ~ как während, wogegen.
тогда́шний [15] damalig.
то́ есть das heißt, nämlich.
тож anders, sonst.
тожде́|ственный [14*K.*] gleichbedeutend, identisch; **~ство** (ˈtɔ-) n [9] Identität *f*.
то́же *s.* та́кже.
ток *m* **1.** [1] Strom, Fluß; **2.** [1; на току́ *pl.e.*: -а́] ⚒ Dreschboden, Tenne *f*; Balz *f* (*des Auerhahns*), Balzplatz.
тока́й *m* [3] Tokaier (*Wein*).
тока́р|ничать [1] das Drechslerhandwerk treiben; **~ный** [14] Drechsler..., Drechsel..., Dreh...; **~ня** *f* [6; *g/pl.*: -рен] Drechslerwerkstatt, Drechslerei; **~ство** *n* [9] Drechslerhandwerk.
то́карь *m* [4; *pl.*: -ри *u.* -ря́] Dreher.
токова́ть [7; *nur* 3. *Pers.*] balzen (*Auerhähne usw.*).

токоприёмник ⚡ *m* [1] Stromabnehmer.
тол ⚔ *m* [1] Sprengstoff (*für Granatfüllung*).
то́левый [14] aus Dachpappe.
толк *m* [1] Sinn, Begriff, richtige Einsicht *f*; (Sitten-, Glaubens-) Lehre *f*; Sekte *f*; ~и *pl.* Gerücht *n*, Gerede *n* (о П über *ac.*); Vorteil, Nutzen; ~ом F vernünftig, zs.-hängend; с ~ом vernünftig; без ~у sinnlos; nutzlos, in den Wind; взять что́-либо в ~ et. begreifen (*od.*) fassen; я в э́том не зна́ю ~у ich verstehe nichts davon; он зна́ет ~ в ви́нах er versteht sich auf Wein, er ist ein Weinkenner; из э́того не вы́йдет ~ das hat keinen Sinn; доби́ться ~у (Gewünschtes) erreichen; вы́звать мно́го ~ов viel Staub aufwirbeln; сбить с ~у irremachen, aus dem Konzept bringen; станови́ться предме́том ~ов ins Gerede kommen.
толка́ть [1], <толкну́ть> [20] (В) stoßen (gegen), (*j-m*) e-n Stoß geben; (*fig.*) aufstacheln; (*fig.*) fördern; ни в зуб ~ F keinen blassen Schimmer haben (von et.); **-ся** sich stoßen (о В an *dat.*); P sich herumtreiben; я толка́лся во все две́ри F ich ging von Tür zu Tür.
толка́ч *m* [1*e.*; *g/pl.*: -е́й] Stampfer, Mörserkeule *f*; (*fig.*) Förderer.
толкова́ние *n* [12] Erklärung *f*, Erläuterung *f*, Auslegung *f*, Kommentar *m* (P zu).
толкова́тель *m* [4] Erklärer, Ausleger; **~ный** [14] erklärend, erläuternd.
толкова́ть [7], <ис-> erklären, erläutern, deuten, auslegen, kommentieren; ~ *impf.* sprechen, reden, sich unterhalten (о П über *ac.*); он всё своё толку́ет F er versteift sich immer auf das Seine.
толко́вник *m* [1] *s.* толкова́тель.
толко́вый [14*K.*] kommentierend, erläuternd; vernünftig, einsichtsvoll.
толкотня́ *f* [6; *g/pl.*: -не́й] Gedränge *n*.
толку́чий [17]: ~ ры́нок *m* = **толку́чка** *f* [5; *g/pl.*: -чек] Trödelmarkt *m*.
толма́ч † *m* [1*e.*; *g/pl.*: -е́й] Dolmetscher.
толокно́ *n* [9] (gestoßenes) Hafermehl.
толо́чь [26; толку́, толчёшь; толо́к, толкла́; толчённый], <ис-, рас-> stoßen, (zer)stampfen; **-ся** *impf.* sich herumtreiben.
толпа́ *f* [5; *pl. st.*] Menge, Haufen *m*; толпо́й scharenweise.
толпи́ться [14; *nur 3. Pers.*: -и́тся], <с-> sich (zs.-)drängen, sich (an-) häufen.
толсте́нный P [14] sehr dick.
то́лсте|нький [16; -те́нек, -те́нька] ziemlich dick; **~ть** (-ˈʂʈeʈ) [8], <по-, рас-> dick (*od.* stark) werden, zunehmen.
толсто|брю́хий [16] dickbäuchig; **~вка** (-ˈtɔf-) *f* [5; *g/pl.*: -вок] Hemdbluse; **~гу́бый** [14] dicklippig; **~ко́жий** [17] dickhäutig; (*fig.*) dickfellig, unempfindlich; **~пу́зый** F [14] dickbäuchig; Dickwanst *m*; **~су́м** *m* [1] Geldsack, Protz.
толсту́|ха *f* [5] Dicke (*Person*); **~шка** *f* [5; *g/pl.*: -шек] kleine Dicke, Dickchen *n*.
то́лстый [14; толст, -а́, -о; *comp.* то́лще, *sup.* толсте́йший] dick, stark; grob.
толстя́к *m* [1*e.*] Dicke(r), F Dickwanst.
тол|че́ние *n* [12] Stoßen, Stampfen; **~чёный** [14] gestoßen, gestampft; **~чея́** *f* [6; *g/pl.*: -че́й] Stampfe; Brandung; Gedränge *n*, Geschubse *n*; **~чо́к** *m* [1; -чка́] Stoß; (*fig.*) Antrieb, Anregung *f*.
то́л|ща *f* [5; *pl.*: -щи, -щей] Dicke; Masse; Schicht; **~щина́** *f* [5] Dicke; Stärke; ~щино́й в (В) ... *od.* ... ~щины́ *od.* ... в ~щину́ ... dick.
толь *m* [4] Dachpappe *f*.
то́лько nur, bloß; erst; kaum; не то́лько ... но и ... nicht nur ..., sondern auch ...; ~ бы wenn nur; да и ~ und weiter nichts; как ~ *od.* лишь ~ sobald; ~-что soeben, eben gerade; е́сли ~ возмо́жно wenn irgend(wie) möglich.
том *m* [1; *pl.e.*: -а́] Band (*Buch*).
то́масов [19]: ~ шлак *m* = **томасшла́к** ⊕ *m* [1] Thomasschlacke *f*.
тома́т *m* [1] Tomate *f*.
то́мик *m* [1] kleiner Band, Bändchen *n*.
том|и́тельный [14; -лен, -льна] quälend, plagend; **~и́ть** [14; -млю,

-ми́шь; -млённый], <ис-> quälen, schmachten lassen, plagen; (**-ся**) (ver)schmachten, vergehen (T vor *dat.*); sich sehnen (по Д nach); **\~ле́ние** *n* [12] Quälen, Plagen; **'\~ность** *f* [8] Mattigkeit; **'\~ный** [14; -мен, -мна́, -о] matt, ermattet; schmachtend.

томпа́к ⊕ *m* [1*e.*] Tombak (*Legierung aus Kupfer u. Zink*).

тон *m* [1; *pl.* -ы *od.* -а́] Ton, Klang; хоро́ший \~ der gute Ton; задава́ть \~ den Ton angeben; попа́сть в \~ den richtigen Ton anschlagen; перемени́ть \~ e-n anderen Ton anschlagen; сба́вить \~ s-n Ton mäßigen.

то́ненький [16] ziemlich dünn *od.* fein.

тони́ческий [16] tonisch; Ton...

то́н|кий [16; -нок, -нка́, -о; *comp.* то́ньше, *sup.* тонча́йший] dünn, fein; schlank; schlau, spitzfindig; **\~кое** чутьё *n* F eine feine Nase *f*; (*fig.*) Fingerspitzengefühl; **\~кий** ум *m* scharfer Verstand; где **\~ко**, там и рвётся (*Spr.*) allzu straff gespannt, zerbricht der Bogen; **\~кость** *f* [8] Dünne, Feinheit; Schlauheit, Spitzfindigkeit; вдава́ться в **\~кости** auf Einzelheiten eingehen; (*iron.*) Haare spalten.

то́нна *f* [5] Tonne (*Gewicht*); **\~ж** (-'naʃ) *m* [1; *g/pl.*: -ей] Tonnengehalt, Wasserverdrängung *f*, Tonnage *f*.

тонне́ль *s.* тунне́ль.

тону́ть [19] **1.** <по-, за-> untersinken; **2.** <у-> ertrinken.

тонфи́льм *m* [1] Tonfilm; записа́ть на \~ eine Tonaufnahme machen.

тонча́ть P [1], <по-> dünn werden.

То́ня[1] *f* [6] *dim. v.* Антони́на.

то́ня[2] *f* [6] Fisch-, Netz-zug *m*; Fischerei, Fischplatz *m*.

то́пать [1], *einm.* <то́пнуть> [20] trampeln, stampfen (*mit den Füßen*).

топ|и́ть [14] **1.** <за-, по-> versenken; überschwemmen (*s. a.* затопля́ть); **2.** <ис-> (ein)heizen; (*a.* <за-, рас->) feuern; **3.** <рас-> schmelzen; zerlassen; **4.** <у-> ertränken; **'\~ка** *f* [5; *g/pl.*: -пок] Heizung, Feuerung; Schmelzung; Feuerraum *m*; **'\~кий** [16; -пок, -пка́, -о] sumpfig; gut heizend; leicht schmelzbar; **\~ле́ние** *n* [12] Versenken; Einheizen; Schmelzen; **'\~ливо** *n* [9] Heiz-, Brenn-material; **'\~нуть** *s.* то́пать.

топо́граф *m* [1] Topograph; **\~и́ческий** [16] topographisch; **\~ия** (-'gra-) *f* [7] Topographie, Ortskunde.

то́полевый [14] Pappel...

то́поль *m* [4; *pl.*: -ли *u.* -ля́] Pappel *f*; **\~ник** *m* [1] Pappelwald.

топо́р *m* [1*e.*] Beil *n*; Axt *f*; **\~ик** *m* [1] kleines Beil *n*, Beilchen *n*; **\~и́ще** *n* [11] Beilstiel *m*; **\~ный** [14; -рен, -рна] Beil...; grob, plump.

топоро́к *m* [1; -рка́] (*Chir.*) (Aderlaß-)Schnäpper.

топо́рщиться [16] sich sträuben; wichtig tun.

то́пот *m* [1] Getrampel *n*, Stampfen *n* (*mit den Füßen*); **\~а́ть** P [3] trampeln (нога́ми mit den Füßen); **\~ня́** *f* [6] Getrampel *n*.

то́почный [14] Feuerungs...

то́псель ⚓ *m* [4] Toppsegel *n*.

топта́ть [3] **1.** <за-> niedertreten; volltreten, beschmutzen; **2.** <с-> schief-, aus-treten; **3.** <вы́-> (weich)treten; (*Weintrauben*) austreten, keltern; **-ся** stampfen; trappeln; -ся на ме́сте von e-m Fuß auf den anderen treten; (*fig.*) nicht vom Fleck kommen; *s. a.* при\~, рас\~.

топты́|га *m/f* [5] Schwerfällige(r), Plumpsack *m*; **\~гин** *m* [1] Petz (*Bär*).

топча́к ⚒ *m* [1*e.*] Stampfmühle *f*.

топы́рить P [13], <рас-> sträuben, (aus)spreizen.

топь *f* [8] sumpfige Stelle, Morast *m*, Marschland *n*.

то́рба *f* [5] Futtersack *m*; носи́ться как с пи́саной то́рбой F großes Getue (viel Wesens) machen (с T mit).

торг *m* **1.** [1; на -у́] Handel; Schacher; **2.** [*pl.*: *e.*] Versteigerung *f*, Auktion *f*; staatlicher Großhandelsladen, Handelsstelle *f*.

торга́ш *m* [1*e.*; *g/pl.*: -е́й] Krämer, Trödler.

торгов|а́ть [7] handeln, Handel treiben (T mit); <с-> handeln, feilschen (В um) (*a.* **-ся**); **\~ец** (-'gɔ-) *m* [1; -вца] Händler, Handelsmann; **\~ка** (-'gɔf-) *f* [5; *g/pl.*: -вок] Händlerin, Hökerin; **\~ля** (-'gɔv-) *f* [6] Handel *m* (T mit); Handlung, Geschäft *n*; **\~ля** колониа́льными това́рами Kolonialwarenhandlung;

меновáя ~ля Tauschhandel *m*; оптóвая ~ля Großhandel *m*; рóзничная ~ля Einzelhandel *m*; **~ый** (-ˈgɔ-)[14]handeltreibend; Handels-..., Markt...; (*ehm.*)~ая казнь *f* öffentliches Auspeitschen *n*; ~о-промы́шленный Industrie- und Handels...

торгпрéд *m* [1] (торгóвый представи́тель) Handelsvertreter (*der UdSSR im Ausland*).

Торгси́н *m* [1] (Всесою́зное объединéние по торгóвле с иностранцáми) staatliches Ausländerwarenhaus *n*.

торéц ⊕ *m* [1; -рцá] Stirnseite *f*; Kopfende *n*; Holzpflaster *n*.

торжéствен|ность *f* [8] Feierlichkeit, Festlichkeit; **~ный** [14*K*.] feierlich, festlich; Fest...; Triumph...

торжествó *n* [9] Fest, Feier *f*; Triumph *m*, Sieg *m*; **~вáть** [7], <вос-> triumphieren (над Т über *ac.*); feiern.

тóржище *n* [11] Markt(platz) *m*.

тори́ть [13], <про-> (*Weg*) austreten, bahnen.

тормáшки: вверх тормáшками F kopfüber.

торможéние *n* [12] Bremsung *f*; Drosselung *f*.

тóрмоз ⊕ *m* **1.** [1; *pl. e.*: -á] Bremse *f*; Hemm-schuh, -kette *f*, -vorrichtung *f*; **2.** [1] (*fig.*) Hemmschuh; **~и́ть** [15; -ожý, -ози́шь; -ожённый], <за-> bremsen; hemmen.

тормоши́ть F [16; -шý, -ши́шь] zupfen, zerren, zausen; F necken, stören.

тóрный [14] ausgetreten (*Weg*).

торовáтый [14*K*.] freigebig.

торопéть [8], <о-> bestürzt (befangen *od.* schüchtern) werden.

торопи́ть [14], <по-> drängen, (zur Eile) antreiben, beschleunigen; **-ся** (sich be)eilen, sich sputen; нéчего -ся es hat keine Eile.

торопли́вый [14*K*.] eilfertig, eilig, hastig.

торóс *m* [1; *pl.*: -ы *u.* -á] Packeis *n*; Eisblock; **~и́ться** [15; *nur 3.Pers.*: -си́тся] sich aufeinandertürmen.

торошéние *n* [12]: ~ льдов Eispressung *f*.

торпéд|а ⚓ *f* [5] Torpedo *m*, Seemine; **~и́ровать** [7] (*im*)*pf.* torpedieren; **~онóсец** ✈ *m* [1; -сца] Torpedoflugzeug *n*; Torpedoflieger.

торс *m* [1] Torso, Rumpf.

торт *m* [1] Torte *f*.

торф *m* [1] Torf; **~оразрабóтка** *f* [5] (*mst. pl.*) Torfgewinnung; Torfbruch *m*; **~яни́к** *m* [1 *e.*] Torf-bruch, -lager *n*; **~янóй** [14] Torf...; ~янóе болóто *n* Torfmoor.

торцóвый [14]: ~ ключ *m* Steckschlüssel; торцóвая мостовáя *f* Holzpflaster *n*.

торч|áть [4; -чý, -чи́шь] empor-, hervor-ragen, -stehen; sich befinden, stecken; **~кóм**, **~мя́** aufrecht.

тоскá *f* [5] Gram *m*, Schwermut; Langeweile; Bangigkeit; ~ по рóдине Heimweh *n*.

тоскли́вый [14*K*.] schwer-, wehmütig, traurig, gramvoll.

тосковáть [7] (по П) schwermütig (*od.* traurig) sein (über *ac.*); sich grämen (über *ac. od.* um); sich sehnen (nach), Heimweh bekommen (nach).

тост *m* [1] Toast, Trinkspruch; предложи́ть *od.* произнести́ ~ e-n Trinkspruch ausbringen.

тот *m*: ~, та *f*, то *n*, те *pl.* [28] jene(r), jenes; der-, die-, das-jenige, diejenigen; тот же (сáмый eben) derselbe; не ~ так другóй wenn nicht der eine, so der andere; ни тот, ни другóй keiner von beiden; до тогó ..., что ... so sehr ..., daß ...; тем лýчше um so besser; тем не мéнее nichtsdestoweniger; вмéсте с тем bei alledem; к томý же überdies; пять лет томý назáд vor 5 Jahren; томý бýдет пять лет, как es ist 5 Jahre her, daß; и без тогó ohnehin; ни то, ни сё nicht Fisch, nicht Fleisch; ни с тогó, ни с сегó mir nichts, dir nichts; мне не до тогó F das interessiert mich nicht.

тотéм (-ˈtɛm) *m* [1] Totem *n*.

тó-то: ~! *od.* ~ и онó! das ist es eben!, das will ich meinen!, darum eben!, drum (auch)!; *s. a.* то.

тóтчас (so)gleich, sofort.

тóчечка *f* [5; *g/pl.*: -чек] Pünktchen *n*.

точи́л|ка *f* [5; *g/pl.*: -лок] Bleistiftschärfer *m*; **~о** *n* [9] Schleif-, Wetz-stein *m*.

точи́ль|ный [14] Schleif..., Wetz...; **~ня** *f* [6; *g/pl.*: -лен] Schleiferei; **~щик** *m* [1] Schleifer.

точи́ть [16] **1.** <на-> schleifen, wetzen; spitzen; **2.** <ис-> zerfressen, -nagen; ausströmen lassen;

s. вытáчивать; вода́ кáмень тóчит (*Spr.*) steter Tropfen höhlt den Stein; ржа тóчит желéзо (*Spr.*) Rost frißt Eisen; тоскá её тóчит der Gram zehrt an ihr.

тóчка *f* [5; *g/pl.*: -чек] Punkt *m*; ~ замерзáния Gefrierpunkt *m*; ~ зрéния Gesichtspunkt *m*; ~ кипéния Siedepunkt *m*; ~ с запятóй (*Gram.*) Semikolon *n*; попáсть в тóчку den Nagel auf den Kopf treffen; дойти́ до тóчки am Ende seiner Kräfte sein; сдви́нуть с мёртвой тóчки über den toten Punkt hinwegbringen; ~! Punktum!, Schluß!; ~ в тóчку *s.* точь; Schleifen *n*, Wetzen *n*; ремéнь *m* для тóчки Streichriemen.

точнёхонько *s.* точь.

тóч|ность *f* [8] Genauigkeit, Pünktlichkeit; сказáть в ~ности genau sagen; **~ный** [14; -чен, -чнá, -о] pünktlich, genau; ausdrücklich; präzis; Präzisions...; ~но gleichsam, gleich (wie), als ob; ~но так ganz recht, gewiß; так ~но! jawohl!; ⚔ zu Befehl!; ~ная мехáника *f* Feinmechanik; ~ные наýки *f/pl.* exakte Wissenschaften.

точь: ~ в ~ ganz genau, auf ein (*od.* aufs) Haar.

тош|нёхонько sehr übel; **~ни́ть** [13; *unpers.*] Übelkeit erregen; меня́ ~ни́т mir ist übel; **~нотá** *f* [5] Übelkeit; меня́ ~нотá берёт mir wird übel; **'~ный** F [14; -шен, -шнá, -о] Übelkeit erregend, widerlich, zuwider; мне ~но mir ist übel; тóшно смотрéть F es ist nicht mit anzusehen.

тощáть [1], <о-> abmagern, abzehren.

тóщий [17; тощ, -á, -е] mager, hager; nüchtern, leer (*Magen*); с тóщим желýдком F auf nüchternen Magen.

т. п. *Abk. für* томý подóбное.

тпру! halt!, prr!; ни ~, ни ну! P weder vorwärts, noch rückwärts; weder ein noch aus wissen.

трав|á *f* [5; *pl. st.*] Gras *n*, Kraut *n*; худáя ~а из пóля вон (*Spr.*) Unkraut muß man mit der Wurzel ausreißen; э́то травóй поросло́ (*fig.*) darüber ist längst Gras gewachsen; **~и́нка** *f* [5; *g/pl.*: -нок] Gräschen *n*, Grashalm *m*; **~и́ть** [14] **1.** <за-> (*Wild*) hetzen; **2.** <с-, вы́-> abweiden lassen; vergiften; (ab-, weg-) beizen; ⚓ nachgeben (*Tau*); **'~ка** *f* [5; *g/pl.*: -вок] Gräschen *n*; **~лéние** *n* [12] Hetzen; Abweidenlassen; Abbeizen; **'~ля** *f* [6; *g/pl.*: -лей] Hetze, Hetzjagd; **'~ма** *f* [5] Quetschwunde; **'~ник** *m* [1] Herbarium *n*; Kräuteraufguß; Wiese *f*; (*Zool.*) Hausgrasmücke *f*, Müllerchen *n*; **~оя́дный** [14] grasfressend; **'~ушка** *f* [5; *g/pl.*: -шек] Gräschen *n*; **~яни́стый** [14*K.*] fade (*Geschmack*); grasartig; **~янóй** [14] Gras..., Kräuter...; ~янáя вошь *f* Blattlaus.

трагéдия *f* [7] Tragödie, Trauerspiel *n*.

траги́|зм *m* [1] Tragik *f*; **~к** ('tra-) *m* [1] (*Thea.*) Tragiker, Trauerspieldichter; Tragöde (*Darsteller*); **~комéдия** *f* [7] Tragikomödie; **~ческий** [16] tragisch; ~ческая актри́са *f* Tragödin.

традици|óнный [14] traditionell; (*mündlich*) überliefert; herkömmlich; **~я** (-'di-) *f* [7] Tradition; (*mündliche*) Überlieferung; по ~и herkömmlich.

траектóрия *f* [7] Flugbahn.

тракт *m* [1] Trakt, Land-, Heer-, Verkehrs-, Post-straße *f*.

тракти́р *m* [1] Wirts-, Gast-haus *n*, Restaurant *n*; **~щик** *m* [1] Gast-, Schank-wirt.

трактовáть [7] (с Т/о П mit *j-m* über *ac.*) unter-, ver-handeln; handeln (о П von); behandeln.

трáктор *m* [1] Dampf-, Motorpflug; Trecker; **~и́ст** *m* [1] Traktorist, Treckerfahrer; **~ный** [14] Traktor...; ~ная тя́га *f* Schleppzug *m*; **~острои́тельный** [14]: ~острои́тельный завóд *m* = **~стрóй** *m* [3] Traktorenfabrik *f*.

трал *m* [1] Schleppnetz *n*; Bagger; ⚓ Such- u. Räum-gerät *n*; **'~ер** *m* [1] Trawler, Fischdampfer; **'~ить** [13], <про-> Minen suchen; **'~ьный** [14] Minensuch...; **'~ьщик** ⚓ *m* [1] Minensuchboot *n*.

трамбов|áть [7], <у-> feststampfen, festrammen; **~ка** (-'bɔf-) *f* [5; *g/pl.*: -вок] Feststampfung; Stampfe, Ramme.

трамвáй *m* [3] Straßenbahn *f*; éхать трамвáем (*od.* на трамвáе) mit der Straßenbahn fahren.

трампли́н *m* [1] Sprungbrett *n*; Sprungschanze *f*.

транжи́|р *m* [1], **~ра** *f* [5] Verschwender(in *f*); **~рить** [13], <рас-> vergeuden, verprassen.
транскриби́ровать [7] (*im*)*pf.* (*Ling.*) transkribieren, in Umschrift wiedergeben.
транскри́пция *f* [7] Transkription, Umschreibung, Umschrift.
трансл|и́ровать [7] (*im*)*pf.* (*Radio*) übertragen; **~яцио́нный** [14]: ~яцио́нный у́зел *m* Zwischensender.
транспара́нт *m* [1] Transparent *n*; durchscheinendes Gemälde *n od.* Bild *n*; Linienblatt *n*.
тра́нспорт[1] *m* [1] Transport, Beförderung *f*, Versendung *f*.
транспо́рт[2] *m* [1] Transport, Übertrag (✝ *in den Büchern*); **~ёр** ⊕ *m* [1] Förderband *n*; **~и́р** ⚠ *m* [1] Transporteur, Winkelmesser; **~и́ровать** [7] (*im*)*pf.* transportieren; versenden.
тра́нспо́ртный [14] Transport...
трансформа́ция *f* [7] Verwandlung, Umbildung.
трансформи́ровать [7] (*im*)*pf.* um-formen, -wandeln.
транше́|йный ⚔ [14] Tranche..., Laufgraben...; **~я** ⚔ *f* [6; *g/pl.*: -е́й] Tranche, Laufgraben *m*.
трап ⚓ *m* [1] Schiffstreppe *f*.
тра́пе́за *f* [5] Tisch *m*, Tafel, Essen *n*, Mahl *n*; Speisesaal *m* (*in Klöstern*).
трапе́ция *f* [7] Trapez *n*.
тра́сса *f* [5] Trasse; Strecke; Linienführung; Abschnittszeichnung.
трасси́ров|ать ✝ [7] (*im*)*pf.* (*Wechsel*) trassieren, ziehen; **~ка** ✝ (-'rɔf-) *f* [5] Trassierung (*e-s Wechsels*); **~щик** ✝ (-'rɔf-) *m* [1] Trassant, Aussteller (*e-s Wechsels*).
тра́|та *f* [5] Verbrauch *m*, Aufwand *m*, Vergeudung; **~тить** [15], <ис-, по-> ausgeben, verbrauchen; vergeuden, -schwenden; (*Zeit usw.*) ver-tändeln, -trödeln.
тра́тта ✝ *f* [5] Tratte, gezogener Wechsel *m*.
тра́улер *s.* тра́лер.
тра́ур *m* [1] Trauer(kleid *n*) *f*; ходи́ть в ~е in Trauer gehen (по П für); ~ная повя́зка *f* Trauer-band *n*, -flor *m*.
трафаре́т *m* [1] Schablone *f*.
тра́фить [14], <по-> (genau) treffen; *vgl. a.* по~.
трах krach!
тра́х|ать P [1], <~нуть> [20] (hin-) schmettern, (hin)donnern (В *et. od. j-m*); я ~нул его́ по спине́ ich schmetterte ihm eins übers Kreuz.
трахо́ма ⚕ *f* [5] Star *m* (*im Auge*).
тре́б|а *f* [5] Opferung; (*kirchliche*) Amtshandlung; **~ник** *m* [1] Ritual *n*, Meßbuch *n*.
тре́бование *n* [12] Forderung *f*, Anspruch *m*; Bedürfnis, Erfordernis; Bestellzettel *m*; ~ в суд (gerichtliche) Vorladung *f*; по тре́бованию auf Verlangen, auf Wunsch; выдвига́ть тре́бования Forderungen stellen.
тре́бователь *m* [4] Forderer, Anspruchserheber; **~ный** [14; -лен, -льна] anspruchsvoll; Bestell...
тре́бовать [7], <вос-, ис-, по-, вы́-> (Р *od.* [*bsd. pf.*] В *od.* от Р) (ein)fordern, verlangen, beanspruchen; brauchen, erfordern; ~ в суд vor Gericht laden; **-ся**, <потре́боваться> erforderlich sein.
требу|ха́ *f* [5], **~ши́на** *f* [5] (*Anat.*) Eingeweide *n*; (*fig.*) Schund *m*.
трево́|га *f* [5] Unruhe, Besorgnis; ⚔ Alarm *m*; ло́жная ~га blinder Alarm *m od.* Lärm *m*; хими́ческая ~га Gasalarm *m*; возду́шная ~га Fliegeralarm *m*; подня́ть ~гу alarmieren; **~жить** [16], <вс-, по-> beunruhigen; aufregen; **~жный** [14; -жен, -жна] beunruhigend; unruhig, aufgeregt; Alarm..., Lärm...
треволне́ние F *n* [12] (*mst pl.*) Unruhe *f*, unruhevolles Leben; Strapazen *f/pl.*
трегла́вый [14] dreiköpfig.
тре́звенник *m* [1] Temperenzler, Alkoholgegner.
трезве́ть [8], <о-> ausnüchtern.
трезво́н *m* [1] Läuten *n* mit allen Glocken; **~ить** [13] mit allen Glocken läuten; F ausposaunen.
тре́звый [14; трезв, -а́, -о] nüchtern; enthaltsam; что у тре́звого на уме́, то у пья́ного на языке́ (*Spr.*) was der Nüchterne denkt, redet der Volle.
трезу́бец *m* [1; -бца] Dreizack.
трек *m* [1] Bahn *f* (*zu Wettrennen*), Rennbahn *f*; Radfahr(er)-Übungsbahn *f*.
треклят́ый P [14] verdammt.
тре́ковый [14] Rennbahn...
трель ♪ *f* [8] Triller *m*.
трелья́ж *m* [1; *g/pl.*: -ей] Gitterwerk *n* (*für Pflanzen*); dreiteiliger Spiegel.

тре́нер *m* [1] (*Sport*) Trainer.
тре́нзель *m* [4] Trense *f*, Mundstück *n*.
тре́ни|е *n* [12] Reiben; Reibung *f*; ~я *pl.* Meinungsverschiedenheiten *f/pl.*
тре́нинг *m* [1] (*Sport*) Training *n*.
трениров|а́ть [7], <на->, **-ся** trainieren, üben; **~ка** (-ˈrɔf-) *f* [5; *g/pl.*: -вок] Training *n*, Trainierung, Übung.
трено́га *f* [5] *s.* трено́жник.
трено́ж|ить [16], <c-> (*ein Pferd*) (an drei Füßen) koppeln; **~ник** *m* [1] Drei-fuß, bein *n*.
трень-бре́нь *f* [*unv.*] Gerümpel *n*, Krimskram *m*.
тре́нькать [1] leise spielen, klimpern.
трепа́к *m* [1*e.*] *russischer Volkstanz.*
трепа́ло *n* [9] Flachs-, Hanf-schwinge *f*.
трепа́ль|ный [14] zum Flachs- *od.* Hanf-brechen (dienend); ~ная маши́на *f s.* трепа́ло; **~щик** *m* [1] Hanf-, Flachs-brecher.
трепа́ть [2] **1.** <вы́-> (*Hanf od. Flachs*) brechen, schwingen; **2.** <по-, ис-> zupfen, (zer)zausen; leicht schlagen; ~ по плечу́ auf die Schulter klopfen; ~ не́рвы die Nerven aufreiben; ~ языко́м F schwatzen; P vertragen, strapazieren (*Schuhe, Kleidung*); **-ся** P sich herumtreiben; P quasseln, quatschen; P sich abnutzen.
трепа́ч P *m* [1*e.*; *g/pl.*: -е́й] Quatschkopf.
тре́пел *m* [1] (*Min.*) Kieselgur *f*.
тре́пет *m* [1] Beben *n*, Zittern *n*; Angst *f*; с ~ом bebend, zitternd; **~а́ть** [3], <за-> zittern, beben (от P vor *dat.*); flackern (*Licht*); **~ный** [14; -тен, -тна] bebend, zitternd; flackernd.
трёпка *f* [5; *g/pl.*: -пок] Brechen *n* (*des Flachses od. Hanfes*); F Prügel *pl.*; зада́ть ... (Д) трёпку (*j-n*) durchprügeln, verhauen.
трепыха́ться P [1] zappeln, zucken.
треск *m* [1] Krachen *n*, Prasseln *n*, Knistern *n*.
треска́ *f* [5] Kabeljau *m*, Dorsch *m*; Stockfisch *m*, Klippfisch *m*.
тре́скаться [1] **1.** <ис-, по-, рас-, тре́снуть> [20] platzen, bersten; **2.** P <на-> betrunken (*od.* P besoffen) sein.
тресково́й [14] Stockfisch...: ~ жир *m* Dorschlebertran.
трескотня́ *f* [6] Gekrach(e) *n*, Geprassel *n*; Geknatter *n* (*der Gewehre*); (*fig.*) Geschnatter *n*.
трескучий [17] prasselnd; hochtrabend; stark, grimmig (*Frost*).
тре́снуть *s.* тре́скаться, треща́ть.
трест *m* [1] Trust.
треста́ 🌱 *f* [5] Flachs-, Hanf-stroh *n*.
трест|и́рование *n* [12] Vertrustung *f*; **~ови́к** *m* [1*e.*] Trustkapitän.
трете́йский [16] schiedsrichterlich; ~ суд *m* Schiedsgericht *n*.
тре́тий [18] dritte(r); тре́тьего дня (P tʀɪˈtjɔvədʀɪ) vorgestern.
трети́ровать [7] traktieren, mißhandeln.
трети́чный [14] tertiär.
третно́й [14] Tertial...
треть *f* [8; *ab g/pl. e.*: -те́й] Drittel *n*; в ~ страни́цы dreigespalten.
третье|годи́чный [14] vorvorjährig; **~годняшний** P (-ˈtjɔvə-) [15] vorgestrig.
треуго́лка *f* [5; *g/pl.*: -лок] Dreimaster *m*, Dreispitz *m* (*Hut*).
треуго́ль|ник *m* [1] Dreieck *n*; ♪ Triangel; (*in Betrieben*) Verwaltungsdreieck *n* (*Leiter, Partei- u. Gewerkschafts-vertreter*); **~ный** [14] dreieckig, dreiwink(e)lig.
треу́шить P [16] ohrfeigen.
тре́фа *f* [5] (*mst pl.*) Treff *n*, Kreuz *n* (*im Kartenspiel*); игра́ *f* в тре́фах Treffspiel *n*.
трёх *s.* три; **~а́ктный** [14] dreiaktig; ~а́ктная пье́са *f* Dreiakter *m*; **~голо́сный** [14] dreistimmig; **~гра́нный** [14] dreikantig; **~дне́вный** [14] dreitägig; **~зна́чный** [14] dreistellig; **~колёсный** [14] dreiräd(e)rig; ~колёсный велосипе́д *m* Dreirad *n*; **~ле́тний** [15] dreijährig; **~ма́чтовый** ⚓ [14] dreimastig; ~ма́чтовый кора́бль *m* Dreimaster; **~ме́стный** [14] dreisitzig; **~мото́рный** [14] dreimotorig; **~оруди́йный** [14]: ~оруди́йная ба́шня ⚔ *f* Drillingsturm *m*; **~па́лый** [14] (*Zool.*) dreizehig; **~по́льный** [14] dreifeld(e)rig; Dreifelder...; ~по́льная систе́ма *f* (*od.* трёхпо́лье *n*) Dreifelder-Wirtschaft *f*; **~сло́жный** [14] dreisilbig; **~со́тый** [14] dreihundertste(r); **~ство́льный** [14] dreiläufig; 🌿 dreistämmig; **~сто́пный** [14] dreifüßig

(*Versbau*); **~сторóнний** [15] dreiseitig; **~тóнка** *f* [5; *g/pl.*: -нок] Dreitonner *m*; **~фáзный** [14] dreiphasig; ⚡ ~фáзный ток *m* Drehstrom; **~ходовóй** ⊕ [14] Dreigängig, Dreiwege...; **~цвéтный** [14] dreifarbig; **~этáжный** [14] dreistöckig (*Haus*).

трёшка F *f* [5; *g/pl.*: -шек] Dreirubelschein *m*.

трещáть [4; -щý, -щи́шь] **1.** <за-> knistern, prasseln (*Feuer*); zirpen (*Grille*); F plappern; **2.** <трéснуть> [20] krachen, platzen; у меня́ головá трещи́т F mir brummt der Schädel; у меня́ головá трещи́т от дел F ich weiß nicht, wo mir der Kopf steht.

трéщин|а *f* [5] Riß *m*, Spalte, Sprung *m*, Ritze; дрýжба далá ~у die Freundschaft bekam einen Riß; **~ка** *f* [5; *g/pl.*: -нок] kleiner Riß *m*, Spältchen *n*.

трещóтка *f* [5; *g/pl.*: -ток] Schnarre; Rassel; Klapper; F Plappermaul *n*.

три [34] drei.

триáс *m* [1] (*Geol.*) Trias.

трибýн|а *f* [5] Tribüne, Rednerbühne; **~áл** *m* [1] Tribunal *n*, Gerichtshof.

тривиáльный [14; -лен, -льна] trivial, platt, gewöhnlich.

тригонометри́|ческий [16] trigonometrisch; **~я** (-ˈmɛ-) *f* [7] Trigonometrie.

три́де|вять (*in Märchen*): за ~вять земéль *od.* морéй sehr weit weg, in der Fremde; **~ся́тый** (*in Märchen*) (sehr) weit entfernt.

тридца|тилéтний [15] dreißigjährig; **~тый** (-ˈtsa-) [14] dreißigste(r); ~тая (часть) *f* Dreißigstel *n*; **~ть** (ˈtʦi-) [35 *e.*] dreißig.

три́ер ⚒ *m* [1] Trieur (*Sortier- u. Reinigungsmaschine*).

три́жды dreimal.

три́зна *f* [5] Totenfeier, Leichenschmaus *m* (*der Heiden*).

трикó *n* [*unv.*] Trikot(stoff *m*) *m od. n* **~тáж** *m* [1] Trikotage *f*, Strickware *f*.

трили́стник ⚘ *m* [1] Dreiblatt *n*, Klee.

трилóгия *f* [7] (*Thea.*) Trilogie, drei zs.-gehörige Dramen *n/pl.*

тринáдца|тый [14] dreizehnte(r); ~тая (часть) *f* Dreizehntel *n*; **~ть** [35] dreizehn.

три́ста [36] dreihundert.

тритóн *m* [1] (*Zool.*) Wassermolch.

триýмф *m* [1] Triumph, Sieg; **~áльный** [14] Sieges...; Triumph-...; ~áльные ворóта *n/pl.* Ehrenpforte *f*.

Три́фон *m* [1] Tryfon (*Vorname*).

трихи́на *f* [5] (*Zool.*) Trichine.

трици́кл *m* [1] Dreiradlieferwagen.

Три́ш(к)а *m* [5] *dim v.* Три́фон.

трóгательный [14; -лен, -льна] rührend.

трóгать [1], <трóнуть> [20] rühren (T durch); an-, be-rühren; трóнутый ergriffen, gerührt; не тронь егó laß ihn in Ruhe; морóзом трóнуло ли́стья die Blätter haben Frost bekommen; сыр трóнут плéсенью der Käse ist schimm(e)lig; **-ся** sich rühren, sich in Bewegung setzen, abfahren (*Zug*); schlecht werden, zu verderben anfangen (*Eßwaren*); ergriffen (*od.* gerührt) werden; -ся в путь abfahren.

трóе [37] drei (zs.); нас бы́ло ~ es waren unser drei; **~бóрье** *n* [10] (*Sport*) Dreikampf *m*; **~крáтный** [14; -тен, -тна] dreimalig; ~крáтно dreimal.

трóеч|ка *f* [5; *g/pl.*: -чек] (kleines) Dreigespann *n*; **~ник** *m* [1] Dreispannfahrer; mittelmäßiger Schüler.

трóиц|а *f* [5] Drei-einigkeit, -faltigkeit; Pfingstfest *n*, Pfingsten *n od. mst pl.*; **~кий** [16] Dreifaltigkeits..., Trinitatis...; **~ын** [19] pfingstlich; ~ын день *m* Pfingstsonntag.

трóй|ка *f* [5; *g/pl.*: трóек] Drei (*als Zensur*); P Jackettanzug *m* (*dreiteilig*); Troika, Dreigespann *n*, Dreispänner *m*; Dreimänner-kollegium *n*, -ausschuß *m*; éхать на ~ке mit drei Pferden (*od.* dreispännig) fahren; **~ня** *m/f* [6; *g/pl.*: трóен] Drillinge *m/pl.*; **~ничный** [14] Drillings...; **~нóй** [14] aus drei (bestehend); drei-fach, -faltig; 𝔄 ~нóе прáвило *n* Dreisatz *m*, Regeldetri *f*.

трóйственный [14] dreifaltig, dreifach; Drei...; Tripel...

тройчáтка *f* [5; *g/pl.*: -ток] (*jeder*) Gegenstand, aus 3 Teilen zs.-gefügt oder zs.-gewachsen; ви́лы-тройчáтки dreizinkige Forke *f*; opéx-~ dreiteilige Nuß.

троллéйбус *m* [1] Trolleybus, Oberleitungsbus.

тромбóн ♪ *m* [1] Trombone *f*, Posaune *f*.

трон *m* [1] Thron; '**~ный** [14] Thron...; ~ная речь *f* Thronrede.

трóнуть *s.* трóгать.

троп *m* [1] Trope *f*, Tropus, Redewendung *f*.

тропá *f* [5; *pl.*: трóпы, троп, тропáм] Fußweg *m*, Pfad *m*.

трóпик *m* [1] (*Astr.*) Wendekreis; **~и** *m/pl.* [1] (*Geogr.*) Tropen.

тропи́н(оч)ка *f* [5; *g/pl.*: -нок (-чек)] schmaler Fußweg *m od.* Pfad *m*.

тропи́ческий [16] tropisch.

трос *m* [1] Trosse *f*, Tau *n*.

трости́н|а *f* [5], **~ка** *f* [5; *g/pl.*: -нок] (dünnes) Rohr *n*, Schilfrohr *n*.

тростни́к ⚘ *m* [1*e.*] Schilf(rohr) *n*, spanisches Rohr *n*; Röhricht *n*; **~óвый** [14] Rohr..., Schilf...

трóст|очка *f* [5; *g/pl.*: -чек] Rohr-, Spazier-stöckchen *n*; **~ь** *f* [8; *ab g/pl. e.*: -тéй] Schilfrohr *n*; (Rohr-, Spazier-)Stock *m*.

троти́л ⚔ ⚗ *m* [1] Trinitrotoluol *n*.

тротуáр *m* [1] Trottoir *n*, Bürgersteig.

трофéй *m* [3] Trophäe *f*, Siegeszeichen *n*; ⚔ Beutestück *n*; **~ный** [14] Beute..., erbeutet.

Трофи́м *m* [1] Trofim (*Vorname*).

трохéй *m* [3] (*Verskunst*) Trochäus.

троюродный [14] im dritten Grad verwandt; ~ брат *m*, троюродная сестрá *f* Andergeschwisterkind *n*, Vetter *m*, Base *f* 2. Grades.

тро́який [16*K.*] dreierlei; трóяко auf dreierlei Art *od.* Weise.

троя́нец *m* [1; -нца] Trojaner.

трубá *f* [5; *pl. st.*] Röhre, Rohr *n*; Trompete; Posaune; (дымовáя) ~ Schornstein *m*; зри́тельная ~ Fernrohr *n*; ♪ оргáнная ~ Orgelpfeife; пожáрная ~ Feuerspritze; слуховáя ~ Hörrohr *n*; игрáть на трубé (die *od.* auf der Trompete) blasen, trompeten; вы́лететь в трубу́ F ruiniert sein; дéло ~ P es steht schlecht damit; ~ иерихóнская F (*scherz.*) Posaune von Jericho, sehr lautes Organ (Stimme).

трубáч *m* [1*e.*; *g/pl.*: -éй] Trompeter.

труб|и́ть [14; -блю́, -би́шь], <за-, про-> (die *od.* auf der Trompete) blasen, trompeten; (о П) ausposaunen; ~и́ть в рог tuten; '**~ка** *f* [5; *g/pl.*: -бок] (kleine) Röhre (*vgl.* трубá); (Tabaks-)Pfeife; Telefonhörer *m*; '**~ный** [14] Röhren...; Rohr...; Trompeten...; ~ный дым *m* Schornsteinrauch.

трубопровóд *m* [1] Rohrleitung *f*.

трубочи́ст *m* [1] Schornsteinfeger.

тру́бочка *f* [5; *g/pl.*: -чек] Röhrchen *n*; Pfeifchen *n*; Zuckerröhrchen *n*.

тру́бочник *m* [1] Pfeifenmacher; Pfeifenraucher.

тру́бчатый [14] röhrenförmig; Röhren...

труд *m* [1*e.*] Mühe *f*; Arbeit *f*; Werk *n*; Schrift *f*; ~ы *pl.* (*wissenschaftliche*) Veröffentlichungen *f/pl.*; с ~óм kaum; взять на себя́ ~ sich die Mühe geben; жить свои́м ~óм von seiner (Hände) Arbeit leben; (не) стóит ~á es lohnt sich (nicht), es ist (nicht) der Mühe wert; **~и́ться** [15], <по-> (над Т) sich bemühen (um), Mühe verwenden (auf *ac.*), arbeiten (an *dat.*); трудя́щийся werktätig, arbeitend; Werktätige(r) *m*; **~кни́жка** *f* [5; *g/pl.*: -жек] Arbeitsbuch *n*; **~лáгерь** *m* [4] Arbeitslager *n*; **~новáтый** [14*K.*] et. schwierig *od.* schwer; **~нóрма** *f* [5] Arbeitsnorm; '**~ность** *f* [8] Schwierigkeit; '**~ный** [14; -ден, -днá, -o] schwierig, schwer; mühsam; **~овóй** [14] durch Arbeit erworben, schwer verdient; werk-, erwerbs-tätig; Arbeits...; ~овáя пови́нность *f* Arbeits-pflicht, -dienst *m*; ~овы́е дéньги *pl.* verdientes Geld *n*.

трудо|дéнь *m* [4; -дня́] Arbeitstag (*als Rechnungseinheit*); **~люби́вый** [14*K.*] arbeitsam, fleißig; **~любие** *n* [12] Arbeitsamkeit *f*; **~спосóбный** [14; -бен, -бна] arbeitsfähig.

трудя́щийся *s.* труди́ться.

тру́жени|к *m* [1] (*für das allgemeine Wohl*) unermüdlich Arbeitender; **~ческий** [16] arbeitsreich, mühevoll.

труни́ть [13], <по(д)-> (над Т) sich lustig machen (über *ac.*), *j-n* foppen, aufziehen.

труп *m* [1] Leiche *f*, Leichnam.

тру́ппа *f* [5] (Schauspieler-)Truppe.

трус *m* [1] Feigling, Hasen-fuß, -herz *n*; ~а прáздновать F (*scherz.*) sich feige benehmen.

тру́сики *m/pl.* [1] Knie-, Bade-, Turn-hose *f*.
тру́сить[1] [15], <с-> Angst haben, sich ängstigen (P vor *dat.*).
труси́ть[2] [15; трушу́, труси́шь] schütteln, rütteln; leicht traben (*Pferd*).
труси́|ха *f* [5] feiges Frauenzimmer *n*; **\~шка** *m/f* [5; *g/pl.*: -шек] elender Feigling *m*.
трусли́вый [14*K*.] ängstlich, feige.
трусца́ F *f* [5] träger Lauf *m* (*des Pferdes*); е́хать трусцо́й trotteln.
трусы́ *s.* тру́сики.
трут *m* [1] Zunder, Feuerschwamm.
тру́тень *m* [4; -тня] Drohne *f*, Hummel *f*; Faulenzer.
трутови́к ⚘ *m* [1 *e.*] Baumschwamm.
труто́вка *f* [5; *g/pl.*: -вок] Arbeitsbiene.
труха́ *f* [5] Mulm *m*.
трух|ле́ть [8; *nur 3. Pers.*] mürbe (*od.* morsch) werden; **\~ля́вый** [14*K*.] mürbe, morsch.
трущо́ба *f* [5] Spelunke, Schlupfwinkel *m*; Walddickicht *n*; Krähwinkel *m*.
трын-трава́: мне всё э́то \~ das ist mir alles ganz gleich(gültig), ich mache mir nichts daraus.
трюк *m* [1] Trick, Kunstgriff.
трюм ⚓ *m* [1] Kielraum, Schiffsraum.
трюмо́ *n* [*unv.*] Trumeau *m*, Pfeilerspiegel *m*.
трю́фель ⚘ *m* [4; *ab g/pl. e.*: -ле́й] Trüffel *f*.
тряпи́чник *m* [1] Lumpensammler, -händler.
тря́п|ка *f* [5; *g/pl.*: -пок] Lappen *m*, Wischlappen *m*; (*fig.*) Waschlappen *m*, Trottel *m*; **\~очка** *f* [5; *g/pl.*: -чек] kleiner Lappen *m*, Läppchen *n*; **\~ьё** [10] *n* (*koll.*) (Putz-)Lappen *m/pl.*, Lumpen *m/pl.*
трясе́ние *n* [12] Schütteln, Rütteln.
тряси́на *f* [5] Moor(grund *m*) *n*.
тря́с|ка *f* [5; *g/pl.*: -сок] Schütteln *n*, Rütteln *n*; **\~кий** [16; -сок, -ска] rüttelnd; klapp(e)rig.
трясогу́зка *f* [5; *g/pl.*: -зок] (*Zool.*) Bachstelze.
трясти́ [25; *durchweg* с *statt* д, л: трясу́; тряс(*a.*: t̮ɔs), трясла́], <по->, *einm.* <тряхну́ть> [20] schütteln, rütteln; stoßen; schleudern; \~ за́ руку (В *j-m*) die Hand schütteln; **\~сь** *impf.* zittern, beben, schlottern; \~сь над ка́ждой копе́йкой F jeden Pfennig umdrehen.
трясу́чка *f* [5; *g/pl.*: -чек] (*Zool.*) Zwergtrappe; ⚘ Zittergras *n*; ⚕ Zitterlähmung; Rumpelkasten *m* (*schlechter Wagen*).
трясу́шка *f* [5] Schüttelfrost *m*.
тряхну́ть *s.* трясти́.
тсс pst!, scht!, still!
туале́т *m* [1] Toilette *f*, Kleid(ung *f*) *n*; Wasch-, Putz-tisch.
тубдиспансе́р *m* [1] (туберкулёзный диспансе́р) Tbc-Fürsorgestelle *f*.
тубе́ркул ⚕ *m* [1] Tuberkel.
туберкулёз ⚕ *m* [1] Tuberkulose *f*.
туви́нец *m* [1; -нца] Tuwinze (*Turkvolk in der UdSSR*).
тугова́тый [14*K*.] (etwas) steif.
туго́|й [14; туг, -а́, -о; *comp.* ту́же] straff, steif, stramm; schwerfällig, unnachgiebig; (*fig.*) schwierig, knapp, übel; мне прихо́дится ту́го F ich habe es schwer, ich bin übel dran; он туг на́ ухо er ist schwerhörig; с деньга́ми у него́ ту́го F mit dem Geld hapert's bei ihm; **\~сть** ('tu-) *f* [8] Straffheit, Steifheit; **\~у́хий** [16] schwerhörig.
туда́ dorthin, dahin; \~ и наза́д *od.* обра́тно hin und zurück; \~-сюда́ einigermaßen, leidlich; \~ ему́ и доро́га! F das geschieht ihm recht!; \~ же! (*ver.*) so einfach geht das nicht!
тужи́ть [16] (о *od.* по П) trauern (um), betrübt sein, sich grämen (über *ac.*).
ту́житься P [16] sich anstrengen.
тужу́рка *f* [5; *g/pl.*: -рок] Jacke, Bluse; ко́жаная \~ Lederjoppe.
туз *m* [1 *e.*] (*Kartenspiel*) As *n*; wichtige Person *f*, F großes Tier *n*; Protz.
тузе́мец *m* [1; -мца] Einheimische(r), Eingeborene(r).
тузи́ть [15; тужу́, тузи́шь], <от-> puffen, knuffen.
тузлу́к *m* [1 *e.*] Salzlake *f* (*zur Zubereitung des gepreßten Kaviars u. zum Salzen der Fische*).
тук *m* [1] Mineraldünger.
ту́ловище *n* [11] Rumpf *m*.
тулу́п *m* [1] Schafpelz; **\~чик** *m* [1] kleiner Schafpelz.
тулья́ *f* [6; *g/pl.*: -ле́й] Hutkopf *m*.
тума́к *m* [1 *e.*; *ac/sg. a.*: -а́] Faustschlag.
тума́н *m* [1] Nebel; напусти́ть \~у F blauen Dunst vormachen; **\~ить** [14], <за-> um-, be-nebeln;

verdunkeln; ~ить го́лову berücken; **-ся** nebeln, neb(e)lig werden; finster werden; **~ный** [14; -а́нен, -а́нна] neb(e)lig, nebelhaft; Nebel...; schleierhaft.

ту́мба *f* [5] Prellstein *m*, Prellpfosten *m* (*am Bürgersteig*), Sockel *m*; (*fig.*) F Tolpatsch *m*.

ту́мбочка *f* [5; *g/pl.*: -чек] Nachttisch *m*.

тунгу́с *m* [1] Tunguse (*früherer Name für Evenke*: эве́нк; *Ostsibirien*).

ту́ндра *f* [5] Tundra (*moosbewachsene Sumpfgegend in Nordrußland u. -sibirien*).

туне́ц *m* [1; -нца́] Thunfisch.

тунея́д|ец *m* [1; -дца], **~ка** *f* [5; *g/pl.*: -док] Faulenzer(in *f*); Schmarotzer(in *f*); **~ный** [14] müßig; schmarotzerhaft; **~ство** *n* [9] Müßiggang *m*; Schmarotzertum.

тунне́ль (-ˈnɛl̦) *m* [4] Tunnel.

тупе́ть [8], <о-> stumpf werden, sich abstumpfen.

тупи́к *m* [1 *e.*] Sackgasse *f* (*a. fig.*); поста́вить в ~ verblüffen, in Verlegenheit bringen; стать в ~ mit seinem Latein zu Ende sein.

тупи́ть [14], <за-, ис-> stumpf machen, abstumpfen.

тупи́ца *m/f* [5] stumpfsinniger Mensch *m*, Dummkopf *m*.

тупо|ва́тый [14*K*.] etwas stumpf (-sinnig); **~голо́вый** [14*K*.] dummköpfig; **~й** (-ˈpɔi) [14; туп, -а́, -о] stumpf; stumpfsinnig, dumm; **~но́сый** [14*K*.] stumpfnasig; **~сть** (ˈtu-) *f* [8] Stumpfheit, Stumpfsinn *m*; ⚘ Mattheit (*der Abhörtöne*); **~уго́льный** [14; -лен, -льна] stumpfwink(e)lig; **~у́мие** *n* [12] Stumpfsinn *m*; **~у́мный** [14; -мен, -мна] stumpf-, blöd-sinnig.

тур *m* [1] Schanzkorb; Etappe *f*, Gang; Tour *f* (*im Tanz*); Auerochs.

тура́ *f* [5] (*Schachspiel*) Turm *m*.

турби́на *f* [5] Turbine.

турбонасо́с *m* [1] Kreiselpumpe *f*.

туре́ль ⚔ *f* [8] Maschinengewehrdrehkranz *m*.

туре́цкий [16] türkisch.

туркме́н *m* [1] Turkmene (*Turkvolk in der UdSSR*).

Турксй́б *m* [1] (Туркеста́но-Сиби́рская желе́зная доро́га) Turkestan-Sibirische Eisenbahn *f*.

турне́ (-ˈnɛ) *n* [*unv.*] Tournee *f*, Rundreise *f*.

турне́пс ⚘ *m* [1] Runkel-, Futterrübe *f*.

турни́к *m* [1 *e.*] (*Turnerei*) Reck *n*.

турнике́т *m* [1] Drehkreuz *n*; (*Chir.*) Aderpresse *f*.

турну́ть [20] *pf.* wegscheuchen, verjagen.

ту́рок *m* [1; -рка; *g/pl.*: ту́рок] Türke.

туру́сы P *m/pl.* [1] (*a.* ~ на колёсах) leeres Geschwätz *n*.

турухта́н *m* [1] Kampfhahn.

Ту́рция *f* [7] Türkei.

турча́нка *f* [5; *g/pl.*: -нок] Türkin.

туск|лова́тый [14*K*.] et. trübe *od.* matt; **ˈ~лый** [14; тускл, -а́, -о] trübe, matt; **~не́ть** [8], **ˈ~нуть** [20; *nur 3. Pers.*], <по-> trübe (*od.* matt) werden.

тут[1] (*adv.*) hier, da; alsdann; ~ же auf der Stelle, sogleich; не ~-то бы́ло F da hast du dich aber (schwer) verrechnet, da hast du mal vorbeigedacht; ~ как ~ F im richtigen Augenblick (hereingeschneit); das hat mal wieder hingehauen (*bei plötzlichem Erscheinen von j-m, Hilfe durch et.*); и всё ~ da ist nichts zu machen.

тут[2] *m* [1] Maulbeerbaum; **ˈ~овник** *m* [1] Maulbeer-baum, -hain.

ту́тошний P [15] *s.* зде́шний.

ту́фель *f* [8; -фли] *s.* ту́фля; **~ка** *f* [5; *g/pl.*: -лек] Pantöffelchen *n*; Ballschuh *m*.

ту́фля *f* [6; *g/pl.*: -фель] Pantoffel *m*; Schuh *m*; (ба́льная ~) Ballschuh *m*.

туфта́ *f* [5] Schein-arbeit, -leistung (*zur Täuschung*).

тух|ли́нка P *f* [5] leichter Fäulnisgeruch *m*, Stich *m*; мя́со *n* с ~ли́нкой Fleisch mit e-m Stich; **ˈ~лый** [14; тухл, -а́, -о] faul, verfault; **~ля́тина** F *f* [5] verfaultes Zeug *n*; **ˈ~нуть** [21] **1.** <про-> faul werden, (ver)faulen; **2.** <по-> erlöschen, ausgehen.

ту́ч|а *f* [5] (Gewitter-, Regen-) Wolke; (große) Menge; **~ка** *f* [5; *g/pl.*: -чек] (Gewitter-)Wölkchen *n*.

туч|не́ть [8], <по-> fett werden, zunehmen; **ˈ~ный** [14; -чен, -чна́, -о] fruchtbar (*Boden*); fett, (wohl-) beleibt, wohlgenährt.

туш *m* [1] Tusch.

ту́ша *f* [5] ausgeweidetes (*od.* ausgenommenes) Tier *n*; F Dickwanst *m*.

туше|ва́льный [14] zum Tuschen (dienend); Tusch...; **~ва́ть** [6; -шу́ю], <за-, от-> tusch(ier)en, schattieren; (*fig.*) vertuschen, verschleiern; **~вка** (-ˈʃɔf-) *f* [5] Tusch(ier)en *n*; **~вый** (ˈtu-) [14] Tusch...

тушёнка F *f* [5; *g/pl.*: -нок] Konservenfleisch *n*.

тушёный [14] gedämpft, geschmort.

туши́лка *f* [5; *g/pl.*: -лок] Feuerlöschgefäß *n* (*zum Löschen glühender Kohle*).

туши́ть [16] **1.** <за-, по-> (aus)löschen; abblenden; (*Gefühl usw.*) unterdrücken, vertuschen; **2.** <с-> dämpfen, schmoren.

тушка́нчик *m* [1] Springmaus *f*.

тушь *f* [8] Tusche.

ту́я ⚘ *f* [6] Thuja, Lebensbaum *m*.

тща́тельный [14; -лен, -льна] sorgfältig, genau.

тщеду́ш|ие *n* [12], **~ность** *f* [8] Schwäche *f*, Kränklichkeit *f*; **~ный** [14; -шен, -шна] schwächlich, kränklich.

тщесла́в|ие *n* [12] Eitelkeit *f*, Prahlerei *f*; **~иться** [14] (T) eitel sein (auf *ac.*), prahlen (mit); **~ный** [14; -вен, -вна] eitel, prahlerisch.

тщета́ *f* [5] Nutzlosigkeit.

тще́тный [14; -тен, -тна] nutz-, erfolg-los, vergeblich; eitel, gehaltlos.

ты [21] du; мы с тобо́й ich und du; быть на ~ с (T) mit *j-m* auf dem Duzfuß stehen, *j-n* duzen.

ты́кать 1. [1] duzen; **2.** [3] <ткнуть> [20] (hin)einstecken; stoßen, stechen (T mit).

ты́к|ва *f* [5] Kürbis *m*; **~венник** *m* [1] Kürbisbrei.

тыл *m* [1; в -у́; *pl. e.*] Rückseite *f*; Rücken; ⚔ Etappe *f*; **~ови́к** ⚔ *m* [1*e.*] Etappensoldat; **~ово́й** ⚔ rückwärtig; Etappen...; ~ово́й путь *m* Rückzugsstraße *f*; **ˈ~ьный** [14] Rücken...; ~ьная похо́дная заста́ва ⚔ *f* Nachspitze.

тын *m* [1] Staketen-, Pfahl-zaun.

ты́сяча *f* [5] tausend; Tausend *n*; по́ две ты́сячи zu zweitausend.

тысяче|ле́тие *n* [12] Jahrtausend; **~ле́тний** [15] tausendjährig; **~ли́стник** ⚘ *m* [1] Schafgarbe *f*.

ты́сячник *m* [1] Stachanowarbeiter, der 1000% der Norm erreicht.

ты́сячный [14] tausendste(r); aus tausend (bestehend); ты́сячная (часть) *f* Tausendstel *n*.

тычи́н|а *f* [5] Staket *n*, Pfahl *m*; **~ка** *f* [5; *g/pl.*: -нок] kleiner Pfahl *m*; ⚘ Staub-faden *m*, -gefäß *n*.

тычо́к *m* [1; -чка́] Spitze *f*, (scharfe) Kante *f*; ⚠ Binder; дать тычка́ einen (leichten) Stoß geben.

тьма *f* [5] Finsternis, Dunkel *n*; (*fig.*) Unkultur, Rückständigkeit; ~ вопро́сов eine Menge Fragen; ~-тьму́щая unzählige (*od.* schwere) Menge.

тьфу pfui!; *s. a.* про́пасть[1].

тюбете́йка *f* [5; *g/pl.*: -е́ек] buntes rundes Käppchen *n*.

тю́бик *m* [1] Tube *f*.

тюк *m* [1*e.*] Pack, (Waren-)Ballen.

тю́левый [14] von Tüll; Tüll...

тюле́|ний [18] Seehunds..., Robben...; **~нь** *m* [4] Seehund, Robbe *f*; F schwerfälliger Mensch.

тюль *m* [4] Tüll.

тюльпа́н ⚘ *m* [1] Tulpe *f*.

тюрба́н *m* [1] Turban.

тюре́м|ный [14] Gefängnis..., Kerker...; **~щик** *m* [1] Gefangenenwärter.

тюрк *m* [1; *g/pl.*: -рок] Angehöriger der Turkvölker.

тю́рко-тата́рский [16] turktatarisch.

тюрьма́ *f* [5; *pl.*: тю́рьмы, -рем, -рьмам] Gefängnis *n*, Kerker *m*.

тю́ря *f* [6] Brotkaltschale (*mit Kwaß od. Wasser*).

тю́телька: ~ в тю́тельку P (*scherz.*) haargenau.

тю-тю́ F (*scherz.*) (ist) futsch; dada (*Kindersprache*).

тютю́н *m* [1*e.*] Knaster, Tabak niedriger Sorte.

тюфя́|к *m* [1*e.*] Matratze *f*, Bettsack; (*fig.*) unbeholfener Mensch; волосяно́й ~к Roßhaarmatratze *f*; **~чный** [14] Matratzen...; **~чо́к** *m* [1; -чка́] kleine Matratze *f*.

тя́вк|анье *n* [10] Gebell, Gekläff(e); **~ать** [1], <~нуть> [20] bellen, kläffen, anschlagen.

тя́га *f* [5] Ziehen *n*; Zug *m* (*z.B. im Ofen*); ⊕ Zug-schiene, -stange; (*fig.*) Drang *m*, Hang *m*; ~ к зна́ниям Wissensdrang *m*; ~ к учёбе Lust zum Lernen; дать тя́гу F davonlaufen, türmen.

тяга́ться [1], <по-> (с T) prozessieren (mit); es aufnehmen (mit), sich messen (mit).

тяга́ч *m* [1*e.*; *g/pl.*: -е́й] Trecker, Zugmaschine *f*.
тя́гло 1. ⸗ *n* [9] (*koll.*) Zugvieh; **2.** (*hist.*) [*pl.*: тя́гла, тя́гол, тя́глам] Frondienst *m*; Steuer *f*; Naturalabgabe *f*; Fronacker *m*.
тя́го|вый [14] Zug...; **~стный** [14; -тен, -тна] beschwerlich, lästig; **~сть** *f* [8] Schwere; Beschwerde; быть кому́ в ~сть j-m zur Last fallen; **~та́** *f* [5; *pl.*: тя́готы, тя́гот] Schwere, Last; **~те́ние** *n* [12] (*Phys.*) Anziehungs-, Schwer-kraft *f*, Gravitation *f*; Neigung *f*, Hang *m*; **~те́ть** [8] lasten (на П *od.* над Т auf *dat.*); (*Phys.*) gravitieren (к Д nach); sich hingezogen fühlen; плане́ты ~те́ют к со́лнцу die Planeten werden von der Sonne angezogen.
тяготи́ть [15; -ощу́, -оти́шь], <о-> [отягощённый] beschweren, belasten, (be)drücken; belästigen; überbürden, überladen; **-ся** (Т) sich gedrückt (*od.* belästigt) fühlen (durch), für eine Bürde halten.
тягу́|честь *f* [8] Dehnbarkeit; Zähigkeit; **~чий** [17*K.*] dehnbar; zäh; dickflüssig; (*fig.*) langgezogen, gedehnt.
тяж ⊕ *m* [1*e.*; *g/pl.*: -е́й] Zug-, Transmissions-riemen.
тя́ж|ба *f* [5; *g/pl.*: -жеб] Rechtsstreit *m*, Prozeß *m*; **~ебный** [14] Prozeß...
тяжеле́ть [8], <о-> schwer (*od.* schwerfällig) werden.
тяжелоатле́т *m* [1] Schwerathlet.
тяжело|ва́тый [14*K.*] etwas schwer; **~ве́с** *m* [1] (*Sport*) Schwergewichtler; **~ве́сный** [14; -сен, -сна] schwerwiegend; ~ве́сный това́р *m* Schwergut *n*; **~во́з** *m* [1] Lastpferd *n*.
тяжё|лый [14; -жёл, -ела́] schwer; schwerfällig; P ~лая schwanger; он тяжёл на́ руку er hat keine glückliche Hand.
тя́жест|ь *f* [8] Schwere; ~и *pl.* schweres Gewicht *n*, Last *f*; центр *m* ~и Schwerpunkt; си́ла *f* ~и Schwerkraft.
тя́жкий [16; тя́жек, тяжка́, -о; *sup.*: тягча́йший] schwer; drückend; пусти́ться во все тя́жкие F ein liederliches Leben führen, bummeln.
тяжкоду́м *m* [1] (geistig) schwerfälliger Mensch.
тя́жущийся ⚖ [17] Prozessierende(r) *m*.
тяну́ть [19], <по-> ziehen (*vgl.* при~); (aus)dehnen, recken (*vgl.* вы~); hinziehen, verschleppen (*vgl.* про~); schwer sein, wiegen; меня́ тя́нет к (Д) ich habe Lust zu; **-ся** sich hinziehen; ziehen (*Zigarre*); hintereinander folgen; (за Т) *j-m* nachstreben, trachten (nach).
тяну́чка *f* [5] zähklebriger Sahnebonbon *m*.
тя́п|ать P [1], <~нуть> [20] hauen; packen, fassen; stehlen; (*Schnaps*) trinken; **~ка** *f* [5; *g/pl.*: -пок] Hackmesser *n*.
тяп-ля́п *od.* тя́п да ля́п P nachlässig, schnell hingehauen (*Arbeit usw.*).
тя́тень|ка P *m* [5] Papachen *n*; **~кин, тя́тин** [19] Papa(chen) gehörend; Papa(chen)s.
тя́тя P *m* [6] Papa.

У

У, у[1] *n od. m* (*s.* A) U, u *n.*

у[2] **1.** (P) bei, an; von; у меня́ bei mir; ich habe; у меня́ был (бу́дет) ich hatte (werde) haben); у себя́ bei sich; zu Hause; **2.** (*int.*) hu!

у... (*in Zssgn*) ab..., an..., aus..., bei..., ent..., fort..., hin..., über..., ver..., [weg...]

уба́вить *s.* убавля́ть.

уба́в|ка *f* [5; *g/pl.*: -вок], **~ле́ние** *n* [12] Verminderung *f*, Verringerung *f*, Abnehmen *n*; Abnahme *f*; **~ля́ть** [28], ‹~ить› [14] vermindern, verringern; abziehen; **-ся** [*nur 3. Pers.*] abnehmen; воды́ уба́вилось das Wasser ist gefallen; дни уба́вились die Tage sind kürzer geworden.

убе|га́ть [1], ‹~жа́ть› [4; -егу́, -ежи́шь, -егу́т] weg-, davon-laufen; entwischen, entkommen; молоко́ убежа́ло die Milch ist übergekocht.

убе|ди́тельный [14; -лен, -льна] überzeugend, triftig; dringend; **~жда́ть** [1], ‹~ди́ть› [15; *ohne 1. Pers.*: -ди́шь; -еждённый] überzeugen (в П von); überreden; *j-m* zureden; *j-m* einschärfen; **~жде́ние** *n* [12] Überzeugung *f* (в П von); Überredung *f.*

убе́жище *n* [11] Zuflucht(sort *m*) *f* (от P vor *dat.*), Asyl; ⚔ Unterstand *m.*

уберега́ть [1], ‹уберéчь› [26; г, ж *statt* к, ч] (be)hüten; bewachen (от P vor *dat.*); **-ся** sich in acht nehmen, sich hüten (от P vor *dat.*).

убива́ть [1], ‹уби́ть› [убью́, убьёшь; уби́тый] töten, tot-, er-schlagen, (er)morden; (*Weg*) feststampfen; schwer betrüben; überraschen; его́ уби́ло мо́лнией der Blitz hat ihn erschlagen; я спал как уби́тый ich schlief wie tot; бог уби́л его́ F er ist etwas beschränkt; **-ся** [*nur impf.*] P sich grämen.

убие́ние *n* [12] Ermordung *f*, Tötung *f.*

уби́йствен|ный [14*K.*] tödlich; tötend, mörderisch; ~но fürchterlich, entsetzlich.

уби́й|ство *n* [9] Mord *m*, (ненаме́ренное ~ство) Totschlag *m*; ~ство с це́лью ограбле́ния Raubmord *m*; **~ца** *m/f* [5] Mörder(in *f*); ~ца из-за угла́ Meuchelmörder(in *f*).

убира́ть [1], ‹убра́ть› [уберу́, -рёшь; убра́л, -а́, -о; у́бранный] auf-, weg-räumen, wegschaffen; ausschmücken, (aus)putzen; ~ со стола́ (den Tisch) abräumen; ~ с по́ля ernten, einheimsen; **-ся** sich davonmachen; (с T) fertig werden (mit), beend(ig)en, aufräumen; убира́йся (вон)! mach' daß du fort-(*od.* weg)kommst!; -ся по добру́ да по здоро́ву F sich rechtzeitig davonmachen.

уби́ть *s.* убива́ть.

убла|жа́ть [1], ‹~жи́ть› [16; -жу́, -жи́шь; -жённый] (*j-s*) Wünsche erfüllen, verhätscheln; umschmeicheln.

ублю́док *m* [1; -дка] Mischling, [Blendling, Bastard.]

убо́|гий [16*K.*] dürftig, arm(selig); verkrüppelt; schwachsinnig; **~жество** *n* [9] Dürftigkeit *f*, Armseligkeit *f*; Verkrüpp(e)lung *f.*

убо́ина *f* [5] Schlachtvieh *n.*

убо́й *m* [3] Schlachten *n* (*des Viehs*).

убо́р *m* [1] Putz, Schmuck; головно́й ~ Kopfbedeckung *f.*

убо́ристый [14*K.*] gedrängt, eng (*Schrift*).

убо́р|ка *f* [5; *g/pl.*: -рок] Aufräumung, Reinemachen *n*; Ausschmückung; Einrichtung; ⸙ Ernte, Einbringen *n* der Ernte; **~ный** [14] Putz...; ~ная *f* Ankleide-, Toilettenzimmer *n*; Abort *m*, Klosett *n*, Toilette; **~щица** *f* [5] Reinemachefrau.

убра́нство *n* [9] Ausschmückung *f*, Ausstattung *f.*

убра́ть *s.* убира́ть.

убыва́|ние *n* [12] Verminderung *f*, Abnahme *f*; Abgang *m*; **~ть** [1], ‹убы́ть› [убу́ду, убу́дешь; у́был, -а́, -о] *pf.* sich vermindern, abnehmen; fallen (*Wasser*); weggehen; ausfallen.

у́быль *f* [8] Verminderung, Abnahme; Abgang *m*; вода́ идёт на ~ das Wasser sinkt.

убыстр|я́ть F [28], <**~и́ть**> [13] beschleunigen.
убы́ток *m* [1; -тка] Verlust; Nachteil; ✝ Unterbilanz *f*; ~ от пожа́ра Feuerschaden; э́то мне в ~ das ist für mich ein Verlust *od.* Schaden.
убы́точный [14; -чен, -чна] nachteilig, verlustbringend.
убы́ть *s.* убыва́ть.
ува|жа́ть [1] achten, schätzen; **~же́ние** *n* [12] Achtung *f* (к Д vor *dat.*); Beachtung *f*; в ~же́ние unter Berücksichtigung (Р *e-r Sache*).
уважи́тельный [14; -лен, -льна] beachtenswert; triftig, wohlbegründet.
ува́жить P [16] *pf.* beachten, berücksichtigen; einen Gefallen tun.
у́валень F *m* [4; -льня] schwerfälliger, nicht wendiger Mensch.
ува́ривать [1], <увари́ть> [13; -арю́, -а́ришь; ува́ренный] durchkochen; einkochen lassen.
уведо|ми́тельный [14] benachrichtigend; Melde...; Avis...; ✝ по ~ми́тельному письму́ laut Bericht (*auf Wechseln*); **~мле́ние** *n* [12] Benachrichtigung *f*, Meldung *f*; согла́сно ~мле́нию laut Bericht; **~мля́ть** [28], <уве́домить> [14] (В/о П *j-n* von *et.*) benachrichtigen, in Kenntnis setzen, (*j-m et.*) melden; ~мля́ть о получе́нии den Empfang bestätigen.
увезти́ *s.* увози́ть.
увекове́|чение *n* [12] Verewigung *f*; **~чивать** [1], <~чить> [16] verewigen.
увели|че́ние *n* [12] Vergrößerung *f*, Steigerung *f*, Zunahme *f*; **~чивать** (-'ǰi-) [1], <'~чить> [16] vergrößern, steigern; erweitern; **-ся** wachsen, zunehmen (в П an *dat.*); **~чи́тельный** [14] vergrößernd; Vergrößerungs...
уве́н|чивать, <~ча́ть> [1; уве́нчанный] bekränzen; (be)krönen (Т mit).
увере́ние *n* [12] Versicherung *f*, Beteuerung *f* (в П).
уве́рен|ность *f* [8] (в П) Überzeugung (von), Gewißheit (*e-r Sache*); Zutrauen *n* (zu); с ~ностью mit Bestimmtheit, bestimmt; **~ный** [14 *K.*] (в П) überzeugt (von), gewiß; zuversichtlich, unbeirrt; бу́дьте ~ы seien Sie versichert.
уве́рить *s.* уверя́ть.
уверну́ть *s.* увёртывать.
увёрт|ка *f* [5; *g/pl.*: -ток] Ausrede, Ausflucht; **~ливый** [14*K.*] (in Ausflüchten) gewandt, aalglatt; **~ывать** [1], <уверну́ть> [20] um-, einwickeln; **-ся** Ausflüchte machen; (от Р) zu entgehen suchen.
уверя́ть [28], <уве́рить> [13] (В/в П *j-n* von *et.*) überzeugen, (*j-n e-r Sache od. j-m et.*) versichern; weismachen.
увесе|ле́ние *n* [12] Belustigung *f*, Vergnügen; нало́г *m* на ~ле́ния Vergnügungs-, Lustbarkeits-steuer *f*; **~ли́тельный** [14] belustigend; Vergnügungs..., Lust...; ~ли́тельная пое́здка *f* Spritzfahrt, Abstecher *m*; **~ля́ть** [28], <увесели́ть> belustigen.
уве́систый [14*K.*] gewichtig, schwer.
увести́ *s.* уводи́ть.
уве́ч|ить [16], <из-> verstümmeln; **~ный** [14] verstümmelt; Kriegsbeschädigte(r) *m*; **~ье** *n* [10] Verstümmelung *f*.
уве́ш|ивать, <~ать> [1] behängen.
увеща́ние *n* [12] Ermahnung *f*.
увеща́ть [уве́щанный], **увещева́ть** [1] ermahnen.
увива́ть [1], <уви́ть> [увью́, увьёшь; -и́л, -ила́, -о; уве́й(те)!; -и́тый (-и́т, -а́, -о)] um-winden, -wickeln (Т mit); **-ся** herum-sein, F -schwänzeln (о́коло Р um).
уви́ливать [1], <увильну́ть> [20] sich herauswinden, (mit List) davonkommen, F sich drücken.
уви́ть *s.* увива́ть.
увлаж|ня́ть [28], <~ни́ть> [13] befeuchten, benetzen.
увлека́тельный [14; -лен, -льна] hinreißend; verlockend.
увле|ка́ть [1], <увле́чь> [26] weg-, fort-reißen; hinreißen; **-ся** sich hinreißen lassen (Т durch); он ей ~ка́ется er schwärmt für sie; **~че́ние** *n* [12] Sichhinreißenlassen; с ~че́нием mit Begeisterung, hingerissen.
уво́д *m* [1] Wegführen *n*; Raub; **~и́ть** [15], <увести́> [25] weg-, fortführen (*zu Fuß*); (*Pferde*) stehlen.
уво́з *m* [1] Wegfahren *n*; Raub; **~и́ть** [15], <увезти́> [24] *v/t.* weg-, fort-fahren (*mit dem Wagen usw.*).
увола́кивать F [1], <уволо́чь> [26] fort-, weg-schleppen.
уво́лить *s.* увольня́ть.

уволь|нéние *n* [12] Entlassung *f* (с P aus), Kündigung *f*; ~нéние в óтпуск Beurlaubung *f*; ~нéние в отстáвку Versetzung *f* in den Ruhestand; **~нúтельный** [14] entlassend; Entlassungs...; ~нúтельная запúска ⚔ *f* Urlaubschein *m*; **~нять** [28], <увóлить> [13] entlassen (с P aus); (*j-m*) kündigen; ~нять в óтпуск beurlauben; ~нять когó от (P) † *j-m et.* erlassen, *j-n* entbinden von.

увы́ (o) weh(e)!; leider!

увя|дáть [1], <увя́нуть> [20] verwelken; dahinsiechen; **~дший** (-'ɣat-) [17] verblüht, verwelkt.

увя|зáть [1], <увя́знуть> [21] einsinken, steckenbleiben; (*fig.*) sich verstricken; **~зка** (-'ɣas-) *f* [5] Zs.-binden *n*; Einpacken *n*; (*fig.*) Übereinstimmung; **~зывать** (-'ɣa-) [1], <~зáть> [3] zs.-binden, einpacken; in Übereinstimmung bringen; **-ся** за (T) *j-m* überall folgen.

угадáть *s.* угáдывать.

угáдка *f* [5] Erraten *n*.

угáдывать, <угадáть> [1; угáданный] erraten; treffen; угадáл! ich hab's!

угáр *m* [1] (Ofen-, Kohlen-)Dunst; Abbrand; (*fig.*) Rausch; **~ный** [14] (kohlen)dunstig; ~ный газ *m* Kohlenoxyd *n*.

угасáть [1], <угáснуть> [21] erlöschen, ausgehen; dahinsiechen.

угашáть [1], <угасúть> [15] (aus-) löschen.

углеводорóд ⚗ *m* [1] Kohlenwasserstoff.

углевыжигáтель|ный [14]: ~ная печь *f* Ofen *m* zur Holzkohlenbereitung, Kohlenmeiler *m*.

углежóг *m* [1] Köhler.

углекис|лотá ⚗ *f* [5] Kohlensäure; **~лый** (-'kis-) [14] kohlensauer.

углерóд ⚗ *m* [1] Kohlenstoff; **~истый** [14*K.*] kohlenstoffhaltig.

угло|вáтый [14*K.*] eckig; plump; **~вúк** *m* [1*e.*] Schlafbursche; **~вóй** [14] Eck...; Winkel...; ~вóй жилéц *m* Schlafbursche; **~мéр** ∡ *m* [1] Winkelmesser; ⚔ Teilkreis; ~мéр-квадрáнт ⚔ Richtaufsatz.

углу|блéние *n* [12] Vertiefung *f*; Sichvertiefen (в B in *ac.*); **~блённый** [14*K.*] vertieft; gründlich, eingehend; **~блять** [28], <~бúть> [14; -блю́, -бúшь, -блённый] tiefer machen; (**-ся** sich) vertiefen (в B in *ac.*).

углядéть [11] *pf. v/t.* erblicken; F *v/i.* (за T) die Aufsicht haben (über *ac.*), bewachen; не углядúшь! man kann nicht genug aufpassen!

угнáть *s.* угонять.

угне|тáтель *m* [4] Bedrücker; **~тáть** [1] bedrücken, bedrängen; **~тéние** *n* [12] Druck *m*; Unterdrückung *f*.

уговáривать [1], <уговорúть> [13] (B *j-m*) zureden; (*j-n*) be-, überreden; **-ся** sich verabreden; -ся (с T/o П) mit (*j-m et.*) verabreden.

уговóр *m* [1] Verabredung *f*, Vereinbarung *f*; Abmachung *f*; (*mst. pl.*) Zureden *n*, Überredung *f*; не поддавáться ни на какúе ~ы sich durch nichts überreden lassen; с ~ом mit (*od.* unter) der Bedingung; по ~у verabredetermaßen; **~ный** [14] verabredet.

угóда *f* [5] Befriedigung; в угóду zu(m) Gefallen, zuliebe.

угодúть *s.* угождáть.

угóдливый [14*K.*] dienstfertig, gefällig; liebedienerisch.

угóдник *m* [1] Dienstfertige(r).

угóдничать F [1] liebedienern.

угóд|ный [14; -ден, -дна] lieb, angenehm, gefällig; как вам ~но nach Ihrem Belieben, wie es Ihnen beliebt *od.* gefällt; что вам ~но? was wünschen Sie?; ~но ли вам ...? paßt es Ihnen ...?; кто ~но jeder beliebige; когó ~но jeden beliebigen, wen Sie wollen; что ~но alles was Sie wollen; кудá ~но wohin Sie wollen; скóлько ~но F nach Herzenslust.

угóдье *n* [10] nutzbares Grundstück, Land, Gewässer (*bsd. pl.*); земéльные угóдья *pl.* Ländereien *f/pl.*; лесны́е угóдья *pl.* Waldnutzung(en *pl.*) *f*.

угождáть [1], <угодúть> [15; -ожу́, -одúшь] (на B *od.* Д *j-m*) gefällig sein, e-n Gefallen erweisen *od.* tun; угодúть *pf.* kommen, geraten (в B in *ac.*); (Д) treffen; емý никáк не угодúшь man kann es ihm nicht recht machen.

угождéние *n* [12] Gefälligkeit *f*.

у́гол *m* [1*e.*; углá; в углу́] Winkel; Ecke *f*; ~ зрéния Gesichtswinkel; **на углу́** у́лицы an der

Straßenecke; мéсто *n* в углý Eckplatz *m*; медвéжий ~ (*fig.*) Krähwinkel.

уголёк *m* [1 *e.*; -лька́] kleine Kohle *f*.

уголо́в|ник *m* [1] krimineller Verbrecher; **~ный** [14] kriminal(rechtlich); Kriminal...; Schwerverbrecher *m*; ~ное прáво *n* Strafrecht; **~щина** *f* [5] Kriminalverbrechen *n*.

уголо́к *m* [1 *e.*; -лкá] kleine Ecke *f*, Winkelchen *n*; крáсный ~ Bildungs- u. Unterhaltungs-raum (*in öffentlichen Gebäuden*).

у́голь *m* **1.** [4; у́гля] Kohle *f*; бýрый ~ Braunkohle *f*; кáменный ~ Steinkohle *f*; **2.** [*pl.*: у́гли, углéй *u.* у́гольям, -льев] Holzkohlenstück *n*; как на у́гольях сидéть F (*fig.*) wie auf Kohlen sitzen; древéсный ~ Holzkohle *f*; бéлый ~ weiße Kohle *f* (= *fig.*: Wasserkraft *f*); голубóй ~ (*fig.*) Windkraft *f*; рисýнок *m* у́глем Kohlezeichnung *f*.

уго́ль|ник *m* [1] Winkelmaß *n*; Winkeleisen *n*; **~ный**[1] [14] Winkel-..., Eck...

у́голь|ный[2] [14] Kohlen...; **~щик** *m* [1] Kohlenbrenner, Köhler; Kohlenhändler; Kohlenschiff *n*.

угомо́н *m* [1] Beruhigung *f*, Beschwichtigung *f*; ~у нет на негó F er kann sich nicht beruhigen, läßt sich nicht beschwichtigen; **~я́ть** [28], <~и́ть> [13] beruhigen, beschwichtigen.

уго́н *m* [1] Wegtreiben *n*, Wegjagen *n*; Diebstahl; наси́льственный ~ Verschleppung *f* (*v. Menschen*); **~я́ть** [28], <угнáть> [угоню́, угóнишь; угнáл, -áлá, -о; у́гнанный] weg-, fort-treiben, -jagen; (В/в П *et.* in *ac.*) hineintreiben; **-ся** (за Т *j-m*) nachjagen; nachstreben, nachmachen.

угорáздить [15; *unpers.*] *pf.* antreiben, veranlassen, das Pech haben; угорáздило егó уéхать es trieb ihn fortzufahren; егó угорáздило попáсть под автомоби́ль er hatte das Pech, unter das Auto zu geraten.

уго|рáть [1], <~рéть> [9] vom Kohlen- (*od.* Ofen)dunst erkranken *od.* Kopfschmerzen bekommen; ты угорéл? F du bist wohl nicht bei Trost? **~рéлый** [14*K.*] vom Kohlen- (*od.* Ofen)dunst erkrankt; besessen; как ~рéлый wie ein Besessener, wie wahnsinnig.

у́горь *m* [4 *e.*; угря́] Hitzbläschen *n*; Finne *f*, Mitesser; (речнóй Fluß-) Aal.

угости́ть *s.* угощáть.

уготáвливать [1], <уготóвить> [14] (vor-, zu)bereiten.

уготовлéние *n* [12] Vorbereitung *f*.

уго|щáть [1], <~сти́ть> [15; -ощý, -ости́шь; -ощённый] bewirten, traktieren (Т mit), spendieren; угости́ться F ordentlich zulangen; dem Essen zusprechen; **~щéние** *n* [12] Bewirtung *f*; Speisung *f*.

угревáтый [14*K.*] voll (*od.* voller) Hitzbläschen.

угревáть [1], <угрéть> [8; угрéтый] erwärmen.

угрóбить P [14] *pf.* zugrunde richten.

угро|жáть [1] (Д/Т *j-m* mit *et.*) drohen; ~жáющий опáсностью gefahrdrohend; **~за** (-'grɔ-) *f* [5] Drohung.

угрóзыск *m* [1] (уголóвный рóзыск) Kriminalamt *n*.

угро-фи́нны *m/pl.* [1] Ugrofinnen.

угры|зáть [1] quälen, plagen; **~зéние** *n* [12] Beißen; ~зéния *pl.* сóвести Gewissensbisse *m/pl.*

угрю́|мость *f* [8] mürrisches Wesen *n*; **~мый** [14*K.*] mürrisch, griesgrämig; düster, finster (*Miene*).

удá *f* [5; *pl. st.*] Angel, Fischangel; идти́ на удý anbeißen, sich fangen lassen.

удáбривать [1], <удóбрить> [13] düngen.

удáв *m* [1] (*Zool.*) Boa *f*, Riesenschlange *f*.

удавáться [5], <удáться> [*nur 3. Pers.*: удáстся, удадýтся; удáлся, удалáсь] gelingen, geraten, glücken; не ~ mißlingen, fehlschlagen; мне удаётся es gelingt mir; он удáлся в отцá F er ist nach dem Vater geraten.

удавлéние *n* [12] Erdrosselung *f*.

удáвленник *m* [1] Erdrosselte(r).

удалéние *n* [12] Entfernen, Entfernung *f*; Entsetzung *f*; ~ вóздуха Entlüftung *f*.

удалённый [14*K.*] entlegen, abseits gelegen.

уда|лéц *m* [1; -льцá] Kühne(r), Waghals; **~лóй, ~лый** (-'da-) [14; удáл, удалá, -о] kühn, verwegen; **~ль** ('u-) *f* [8], **~льствó** *n* [9] Kühnheit *f*, Verwegenheit *f*.

уда|ля́ть [28], <~ли́ть> [13] entfernen (от P von); ~ля́ть от до́лжности des Amtes entsetzen; **-ся** sich entfernen.

уда́р *m* [1] Schlag, Hieb; ⚕ Schlag (-anfall); со́лнечный ~ Sonnenstich; Hitzschlag; ~ мечо́м Schwertstreich; с ним был (*od.* случи́лся) ~ er hatte e-n Schlaganfall; я сего́дня (не) в ~е ich bin heute (nicht) bei Stimmung; **~е́ние** *n* [12] Betonung *f*, Akzent *m*; **~ить** *s.* ~я́ть; **~ник** *m* [1] Schlagvorrichtung *f*; Stoßarbeiter; Aktivist; **~ный** [14] Schlag..., Stoß...; Muster...; ⚔ Perkussions...; treffend, schlagend; dringlich; ~ная си́ла *f* Stoßkraft; в ~ном поря́дке in erster Linie; schlagartig, im Sturmtempo; **~я́ть** [28], <уда́рить> [13] schlagen; einschlagen; einhauen, losschlagen (на В auf *den Feind*, по Д auf *Pferde usw.*); ~я́ть в штыки́ mit der blanken Waffe angreifen; ~я́ть в го́лову zu Kopf steigen; не ~я́ть лицо́м в грязь F (*fig.*) sich nicht blamieren; ~я́ть по карма́ну F ins Geld laufen; уда́рили моро́зы F starker Frost setzte plötzlich ein; па́лец о па́лец не ~я́ть keinen Finger rühren; **-ся** (sich) stoßen, schlagen (о В gegen); rennen (голово́й о́б стену mit dem Kopf gegen die Wand); sich werfen *od.* verlegen (в В auf *ac.*); -ся в кра́йность ins Extrem verfallen.

уда́ться *s.* удава́ться.

уда́ч|а *f* [5] Gelingen *n*, Erfolg *m*, glücklicher Zufall *m*; на ~у aufs Geratewohl; говори́ть на ~у ins Blaue hinein reden; **~ливый** [14*K.*] glücklich, Glück habend; **~ник** *m* [1] Glückspilz, Glückskind *n*; **~ный** [14; -чен, -чна] glücklich; gelungen.

удва́ивание *n* [12] Verdopp(e)lung *f.*

удва́ивать [1], <удво́ить> [13] verdoppeln.

удвое́ние *n* [12] *s.* удва́ивание.

удво́ивать [1] *s.* удва́ивать.

уде́л *m* [1] Apanage *f*; Anteil; Los *n*, Schicksal *n*; (*ehm.*) (кня́жеский) ~ Teilfürstentum *n*; **~е́ние** *n* [12] Zuteilung *f*; **~ьный** [14] Apanagen...; Feudal...; (*Phys.*) spezifisch; (*ehm.*) ~ьный князь *m* Teilfürst; **~я́ть** [28], ~и́ть [13] zuteilen, als (*od.* zum) Anteil geben; erteilen, gewähren; ~я́ть ме́сто einräumen.

у́держ *m* [1] Halt; без ~у hemmungslos, unaufhaltsam; ~у не знать keine Grenzen kennen.

удер|жа́ние *n* [12] Zurück(be)halten, -haltung *f*, Abzug *m*; **~живать** (-ˈʤɛr-) [1], <~жа́ть> [4] zurück(be)halten; auf-, fest-halten; ~живать в па́мяти im Gedächtnis behalten; я уде́ржан ich bin verhindert (T durch); **-ся** sich (fest-) halten (за B an *dat.*); sich enthalten (от P *e-r Sache*); ⚔ sich behaupten, die Stellung halten; **~жка** (-ˈʤɛrʃ-) *s.* ~жа́ние.

удесяте|ря́ть [28], <~ри́ть> [13] verzehnfachen.

удеше|вле́ние *n* [12] Verbilligung *f*; **~вля́ть** [28], <~ви́ть> [14; -влю́, -ви́шь; -влённый] verbilligen.

уди|ви́тельный [14; -лен, -льна] erstaunlich, wunderbar; bewundernswert; не ~ви́тельно, что (es ist) kein Wunder, daß; **~вле́ние** *n* [12] Erstaunen, Verwunderung *f*; Bewunderung *f*; **~вля́ть** [28], <~ви́ть> [14; -влю́, -ви́шь; -влённый] in Erstaunen (*od.* Verwunderung) setzen, wundernehmen; **-ся** (Д) sich wundern (über *ac.*).

уди́лище *n* [11] Angelrute *f*.

удила́ *n/pl.* [9] Mundstück, Gebiß (*am Zaum*); закуси́ть удила́ durchgehen (*Pferd*); (*fig.*) F sich hinreißen lassen.

уди́льщик *m* [1] Angler.

удира́ть [1], <удра́ть> [удеру́, -рёшь; -а́л, -ала́, -о] davonlaufen, ausrücken.

уди́ть [15] (*Fische*) angeln; ~ ры́бу в му́тной воде́ (*fig.*) F im trüben fischen.

удли|ня́ть [28], <~ни́ть> [13] verlängern.

удму́рт *m* [1] Udmurte (*ugro-finnisches Volk in der UdSSR*).

удо́бный [14; -бен, -бна] bequem; günstig; recht, passend; angemessen.

удобо|вари́мый [14*K.*] (leicht) verdaulich; **~исполни́мый** [14*K.*] (leicht) erfüllbar, ausführbar; **~поня́тный** [14; -тен, -тна] (leicht) begreiflich, faßlich; **~произноси́мый** [14*K.*] (leicht) auszusprechen; **~чита́емый** [14*K.*] leserlich, (leicht) lesbar.

удобр|е́ние *n* [12] Düngung *f*; Dünger *m*, Düngemittel; **~я́ть** [28] *s.* удо́бривать.

удо́бство *n* [9] Bequemlichkeit *f*.
удовлетво|ре́ние *n* [12] Befriedigung *f*, Genugtuung *f*; Gewährung *f* (*e-r Bitte usw.*); **~ри́тельность** *f* [8] Zufriedenstellung, Genügeleistung; **~ри́тельный** [14; -лен, -льна] befriedigend, genügend; **~ря́ть** [28], <~ри́ть> [13] (B) *j-n* befriedigen, zufriedenstellen, *j-m* Genüge leisten; (*Bitte usw.*) gewähren; entschädigen; (Д *e-r Sache*) entsprechen; **-ся** zufrieden sein, sich begnügen (T mit).
удово́ль|ствие *n* [12] Vergnügen; Gefallen *m* (в П an *dat.*); **~ствова́ние** *n* [12] Zufriedenstellung *f*, Befriedigung *f*.
удо́д *m* [1] (*Zool.*) Wiedehopf.
удо́й *m* [3] Milchertrag, Melkung *f* (*beim einmaligen Melken gewonnene Milch*); **~ливый** [14*K*.] Melk...; milchreich; ~ливая коро́ва *f* gute Milchkuh; **~ник** *m* [1] Melkeimer.
удоро|жа́ть [1], <~жи́ть> [16; -жу́, -жи́шь; -жённый] verteuern.
удоста́ивать [1], <удосто́ить> [13] (B/P *od.* T) würdigen, würdig halten; *j-n* beehren, prämiieren (mit); **-ся** würdig sein (P).
удостове|ре́ние *n* [12] Vergewisserung *f*; Bescheinigung *f*, Ausweis *m*, Nachweis *m* (о П über *ac.*); в ~ре́ние zur Beglaubigung; **~ри́тельный** [14] vergewissernd; beglaubigend; **~ря́ть** [28], <удостове́рить> [13] (B/в П *j-n* von *od.* über *ac.*) vergewissern; (B *et.*) beglaubigen, bescheinigen; ~ря́ть (свою́) ли́чность sich legitimieren; **-ся** (в П) sich überzeugen (von), sich Gewißheit verschaffen (über *ac.*).
удосто́|ение *n* [12] Würdigung *f*; **~ить** *s.* удоста́ивать.
удосу́|живать [1], <~жить> [16] (B/на B *j-m* zu *et.*) Zeit lassen; **-ся** Zeit finden.
у́доч|ка *f* [5; *g/pl.*: -чек] (kleine) Angel; лови́ть ~кой (*Fische*) angeln; попа́сться на ~ку (*fig.*) auf den Leim gehen; заки́нуть ~ку F (*fig.*) seine Fühler ausstrecken.
удра́ть *s.* удира́ть.
удружи́ть F [16; -жу́, -жи́шь] *pf.* e-n Freundschaftsdienst erweisen; (*iron.*) e-n „schönen" Dienst erweisen, „schön" in Verlegenheit bringen (Д *j-n*).
удру|ча́ть [1], <~чи́ть> [16; -чу́, -чи́шь; -чённый] (be-, nieder-) drücken (*seelisch*); überbürden; ~чённый го́рестью vom Kummer gebeugt; **~че́ние** *n* [12] Bedrückung *f*, Druck *m*; **~чённость** *f* [8] Niedergeschlagenheit.
уду́м|ывать P, <~ать> [1] ersinnen, austüfteln.
удуша́ть [1] *s.* души́ть.
уду́шливый [14*K*.] beklommen, (er)stickend; drückend (*Hitze*); Stick..., Keuch...; ~ газ *m* Giftgas *n*.
уду́шье ⚕ *n* [10] Atemnot *f*; Asthma; ночно́е ~ Alpdrücken.
уеди|не́ние *n* [12] Einsamkeit *f*; жить в ~не́нии zurückgezogen leben; **~нённость** *f* [8] Einsamkeit, Abgeschlossenheit; **~нённый** [14*K*.] einsam, vereinsamt, abgeschlossen; **~ня́ть** [28], <~ни́ть> [13] absondern; **-ся** sich (von der Welt) zurückziehen, sich vereinsamen.
уе́зд *m* [1] Abfahrt *f*, Abreise *f*; Kreis, Bezirk; **~ить** [15] *pf.* müde reiten; (*e-n Weg*) einfahren; **~ный** [14] Kreis..., Bezirks...
уезжа́ть [1], <уе́хать> [уе́ду, -дешь] wegfahren; weg-, ab-reisen; с э́тим далеко́ не уе́дешь damit kommt man nicht weit.
уж *m* [1 *e.*; *g/pl.*: -е́й] (*Zool.*) Natter *f*; ко́льчатый ~ Ringelnatter *f*; *s.* уже́[1]; F wirklich, in der Tat; ~ я не зна́ю ich weiß wirklich nicht; ~ я тебя́! ich werde dich schon!
у́жас 1. *m* [1] Schrecken, Entsetzen *n*; до ~а F sehr, schrecklich, äußerst; **2.** (*adv.* = ~но) entsetzlich; ~, как до́рого! (das ist) schrecklich (*od.* furchtbar) teuer!; **~а́ть** [1], <~ну́ть> [20] erschrecken, in Schrecken versetzen (T durch); ~а́ющий Schrecken erregend, entsetzlich; **-ся** sich entsetzen (P *od.* Д über *ac. od.* vor *dat.*); **~ный** (-ˈʒas-) [14; -сен, -сна] schrecklich, entsetzlich, fürchterlich; gräßlich, grauenvoll; ungemein.
уже́[1] schon, bereits; ~ не nicht mehr; ~ год seit einem Jahr.
у́же[2] *s.* у́зкий.
уже́ли, уже́ль † wirklich?, etwa?; *vgl.* неуже́ли.
уже́ние *n* [12] Angeln.
ужива́ться [1], <ужи́ться> [-иву́сь, -ивёшься; -и́лся, -ила́сь] (с T) sich gewöhnen (an *ac.*).

ужи́вчивый [14*K*.] verträglich.
ужи́мка *f* [5; *g/pl.*: -мок] (*mst pl.*) Gebärde, Grimasse.
у́жин *m* [1] Abendessen *n*, Abendbrot *n*; **~ать** [1], <по-, от-> (T) zu Abend essen.
ужи́ться *s.* ужива́ться.
ужо́ P nachher; (*drohend*) warte (mal)!
узако|не́ние *n* [12] gesetzliche Bestimmung *f*, Verordnung *f*; Legitimierung *f* (*e-s unehelichen Kindes*); **~ня́ть** [28], <~нить> (-'kɔ-) [13] gesetzlich bestimmen *od.* verordnen; (*Kind*) legitimieren, ehelich machen.
узбе́к *m* [1] Usbeke (*Turkvolk in Südsibirien*).
узда́ *f* [5; *pl. st.*] Zaum *m*, Zügel *m*.
узде́чка *f* [5; *g/pl.*: -чек] kleiner Zaum *m*; (*Anat.*) Band *n*, Bändchen *n*.
уздцы́ *m/pl.* [1] Zaum *m*; под ~ beim (am) Zaum (*halten, nehmen*).
у́зел *m* [1; узла́] Knoten; Bündel *n*; Knotenpunkt; узлы́ ⊕ *pl.* Anlagen *f/pl.*, Netz *n*; ⚓ Knoten (*Maßeinheit*); **~о́к** *m* [1; -лка́] kleiner Knoten, Knötchen *n*; Bündelchen *n*, Paket *n*.
у́зенький [16] ziemlich eng *od.* schmal.
у́зить [15; *nur 3. Pers.*] schmaler, hagerer erscheinen lassen.
у́зкий [16; у́зок, узка́, у́зко; *comp.* у́же] eng, schmal; klein, gering, beschränkt; у́зкое ме́сто *n* (*fig.*) Engpaß *m*, Blöße *f*.
узко... (*in Zssgn*) eng..., schmal..., (*z.B.*) **~го́рлый** [14] enghalsig; **~коле́йка** *f* [5; *g/pl.*: -е́ек] Schmalspurbahn; **~коле́йный** [14] schmalspurig; ~коле́йная желе́зная доро́га *f* Schmalspurbahn; **~ло́бый** [14] engstirnig; beschränkt, borniert; **~плёнка** *f* [5; *g/pl.*: -нок] Schmalfilm *m*; **~сть** ('us-) *f* [8] Enge, Schmalheit.
узло|ва́тый [14*K*.] knotig; **~во́й** [14] Knoten...
узнава́ть [5], <узна́ть> [1; у́знанный] (В *od.* о П) erkennen; erfahren, vernehmen (über *ac.*); entnehmen, ersehen (из P aus).
у́зник *m* [1] Gefangene(r).
узо́р *m* [1] Muster *n*; с ~ами gemustert; **~ный** [14] gemustert; Muster...; **~чатый** [14*K*.] gemustert.
у́зость *f* [8] Schmalheit; Beschränktheit.
у́зы *f/pl.* [5] Bande *n/pl.*, Fesseln.
уйгу́р *m* [1] Uigure (*Turkvolk in Mittelasien*).
у́йма F *f* [5] schwere Menge.
уйти́ *s.* уходи́ть.
ука́з *m* [1] Ukas, Erlaß, Befehl, Dekret *n*; **~а́ние** *n* [12] Zeigen, Weisung *f*; Angabe *f*; Hinweis *m*, Fingerzeig *m* (на В auf *ac.*).
указ|а́тель *m* [4] Anzeiger; (Inhalts-)Verzeichnis *n*, Register *n*; ~а́тель доро́ги Wegweiser; желе́знодоро́жный ~а́тель Kursbuch *n*; **~а́тельный** [14] anzeigend; Zeige...; ~а́тельный па́лец *m* Zeigefinger; (*Gram.*) ~а́тельное местоиме́ние *n* hinweisendes Fürwort, Demonstrativum; **~а́ть** *s.* '~ывать; **~ка** (-'kas-) *f* [5] Zeigestock *m*; Fingerzeig *m*; **~ный** (-'kaz-) [14] Ukas...; gesetzlich, vorschriftsmäßig; **~чик** (-'kaʃ-) *m* [1] Anweiser; ты мне не ~чик (*od.* ука́з) du hast mir nichts zu sagen; **~ывать** (-'ka-) [1], <~а́ть> [3] zeigen, weisen; hin-, ver-weisen (на В auf *ac.*), geltend machen; ~ывать на́ дверь (*fig.*) (Д *j-m*) die Tür weisen.
ука́лывать [1], <уколо́ть> [17] stechen.
ука́|тывать [1] **1.** <~та́ть> [1; -а́танный] glattrollen, eb(e)nen; zs.-rollen, -ballen; уката́ли си́вку круты́е го́рки F (*Spr.*) das hat (*mich, dich, ihn usw.*) völlig fertiggemacht; **2.** <~ти́ть> [15] davonfahren.
ука́|чивать, <~ча́ть> [1; -а́чанный] einschaukeln, einwiegen; [*unpers.*] seekrank werden.
уки|па́ть [1], <~пе́ть> [10; -плю́, -пи́шь] einkochen.
укла́д *m* [1] Form *f*, Ordnung *f*; ~ (жи́зни) Lebensweise *f*; **~истый** [14*K*.] geräumig; bequem zum Einpacken; **~ка** *f* [5] Einpacken *n*; Belegen *n*; 🚂 ~ка (ре́льсового) пути́ Schienenlegen *n*; **~чик** *m* [1] Packer, Einpacker; **~ывать** [1], <уложи́ть> [16] (ein)packen; belegen, bedecken (T mit); unterbringen; (в посте́ль) zu Bett bringen, schlafen legen; 🚂 ~ывать (ре́льсовый) путь Schienen legen; **-ся** (ein-) packen, sich reisefertig machen; hineingehen, Platz finden; докла́дчик уложи́лся в час F der Vortragende kam mit einer Stunde aus.

укло́н *m* [1] Abschüssigkeit *f*, Neigung *f*; Einschlag, Richtung *f*; (*Pol.*) Abweichung *f*; Einstellung *f*; **~е́ние** *n* [12] (от P) Ablenkung *f* (von); Abweichung *f* (von); Umgehung *f*; **~чивый** [14*K*.] ausweichend; listig; **~я́ть** [28], <~и́ть> [13; -оню́, -о́нишь; -онённый] ablenken, abwenden; **-ся** (от P) abweichen (von); (ver)meiden, ausweichen, sich entziehen.

уклю́чина ⚓ *f* [5] Dolle, Ruderdolle, -pflock *m*.

уко́л *m* [1] Stich(wunde *f*); Injektion *f*, Spritze *f*; **~о́ть** *s.* ука́лывать.

укомплектова́ние *n* [12] Vervollständigung *f*.

уконопа́|чивать ⚓ [1], <~тить> [15] (ver)kalfatern.

уко́р *m* [1] Vorwurf, Tadel.

укора́чивать [1], <укороти́ть> [15; -очу́, -оти́шь; -о́ченный] (ver-, ab)kürzen.

укоре|ня́ть [28], <~ни́ть> [13] einwurzeln lassen; **-ся** (sich) einwurzeln, Wurzel fassen.

укори́з|на *f* [5] Vorwurf *m*, Tadel *m*; **~ненный** [14] vorwurfsvoll.

укори́тельный [14] vorwurfsvoll.

укороти́ть *s.* укора́чивать, короти́ть.

уко|ря́ть [28], <~ри́ть> [13] (В/в П *od.* за В *j-m et.*) vorwerfen, *j-n* (wegen *et.*) tadeln, rügen.

уко́с *m* [1] (Heu-, Getreide-)Ernte *f*; (*a.*: уко́сица) Ausleger (*des Krans*).

укра́дко|й, ~ю verstohlen(erweise), heimlich.

Украи́н|а *f* [5] Ukraine; **ʘец** *m* [1; -нца] Ukrainer.

укра|ша́ть [1], <укра́сить> [15] (ver)zieren; (aus)schmücken, verschönern; **~ше́ние** *n* [12] Ausschmückung *f*; Verzierung *f*, Schmuck *m*, Zierde *f*.

укре|пле́ние *n* [12] Befestigung *f*; Stärkung *f*; ⚔ Festung(swerk *n*) *f*, Schanze *f*, Werk; **~пля́ть** [28], <~пи́ть> [14; -плю́, -пи́шь; -плённый] befestigen; stärken, kräftigen; **-ся** sich verschanzen; **~пля́ющий** befestigend; stärkend; Stärkungs...

укро́мный [14; -мен, -мна] einsam, abgesondert; gemütlich, lauschig.

укро́п ⚘ *m* [1] Dill.

укроти́тель *m* [4] Bändiger; **~ный** [14] bändigend; besänftigend.

укро|ща́ть [1], <~ти́ть> [15; -ощу́, -оти́шь; -ощённый] bändigen, zähmen; besänftigen; **~ще́ние** *n* [12] Bändigung *f*, Zähmung *f*; Besänftigung *f*.

укрупн|я́ть [28], <~и́ть> [13] vergrößern, räumlich zs.-legen.

укрыва́тель *m* [4] Hehler; **~ство** *n* [9] Hehlerei *f*, Verheimlichung *f*.

укры|ва́ть [1], <укры́ть> [22] zu-, be-decken; verstecken, verborgen halten; укры́тое ме́сто *n* Versteck; **-ся** sich verbergen *od.* verstecken (от P vor *dat.*); от меня́ не укры́лось es blieb mir nicht verborgen; **~тие** ⚔ (-'kri-) *n* [12] Deckung *f*, Schutz *m*.

у́ксус *m* [1] Essig; **~ница** *f* [5] Essigflasche.

уку́пор|ивать [1], <~ить> [13] verkorken; (ver)packen; **~ка** *f* [5; *g/pl.*: -рок] Verkorkung; Verpackung; **~щик** *m* [1] Verkorker; Packer.

уку́с *m* [1] Biß(wunde *f*); **~и́ть** [15] *pf.* beißen, stechen; кака́я му́ха укуси́ла его́? F was ist ihm in die Krone gefahren?

уку́|тывать, <~тать> [1] einhüllen, einwickeln.

укуш|е́ние *n* [12] Biß(wunde *f*) *m*.

ул. *Abk. für* у́лица.

ула́вливать [1], <улови́ть> [14] (auf)fangen; abpassen; erfassen (*Sinn*).

ула́|живать [1], <~дить> [15] in Ordnung (*od.* ins reine) bringen; (*Streit*) beilegen; э́тим де́ло ула́жено damit ist die Sache beigelegt.

ула́мывать F, <улома́ть> [1; уло́манный] überreden (к Д zu).

у́лей *m* [3; у́лья] Bienenstock, Bienenkorb.

улепётывать P [1], <улепетну́ть> [20] sich (*heimlich*) davonmachen, losziehen, türmen.

улёт *m* [1] Weg-, Davon-fliegen *n*.

улет|а́ть [1], <~е́ть> [11] weg-, davonfliegen.

улету́чи|ваться [1], <~ться> [16] sich verflüchtigen; F verschwinden, verduften.

уле́чься [26; уля́гусь, уля́жешься, уля́гутся; уля́гая, -гся, -гтесь!; улёгся, улегла́сь] *pf.* sich schlafen legen; sich legen (*Wind*); sich ablagern, sich setzen (*Staub usw.*).

улеща́ть P [1] *pf.* schmeichelnd überreden.

улизну́ть P [20] *pf.* entwischen, entlaufen.

ули́ка *f* [5] Überführung; Beweis (-stück *n*) *m*, Korpus delikti *n*.
ули́тка *f* [5; *g/pl.*: -ток] (*Zool.*) Schnecke; (*Anat.*) (ушна́я) ~ Ohrschnecke, Ohrmuschel.
у́лица *f* [5] Straße; Gasse.
ули|ча́ть [1], <~чи́ть> [16; -чу́, -чи́шь; -чённый] (В/в П *j-n e-r Sache*) überführen; ⚖ belasten; ~ча́ть на де́ле auf der (*od.* auf frischer) Tat ertappen; ~ча́ть во лжи Lügen strafen; **~че́ние** *n* [12] Überführung *f*.
уличи́тельный [14] überführend.
у́лич|ка *f* [5; *g/pl.*: -чек] kleine Straße; Gäßchen *n*; **~ный** [14] Straßen..., Gassen...
уло́в *m* [1] Fang; ~ ры́бы Fischzug; **~и́мый** [14*K.*] bemerkbar, erkennbar, hörbar, erfaßbar; **~и́ть** *s.* ула́вливать; **~ка** *f* [5; *g/pl.*: -вок] Kniff *m*, Winkelzug *m*, Schlich *m*; **~чи́ться** [16; -чу́сь, -чи́шься] es so einrichten, daß ...
уложе́ние *n* [12] Gesetzbuch, Kodex *m*.
уложи́ть *s.* укла́дывать.
улома́ть *s.* ула́мывать.
улу́с *m* [1] Nomadenlager *n*.
улу|ча́ть [1], <~чи́ть> [16; -чу́, -чи́шь; -чённый] abpassen, wahrnehmen; улучи́ мину́тку F nimm dir e-n Augenblick Zeit.
улуч|ша́ть [1], <улу́чшить> [16] verbessern, aufbessern; **~ше́ние** *n* [12] Verbesserung *f*, Aufbesserung *f*.
улыб|а́ться [1], <~ну́ться> [20] (Д) lächeln (über *ac.*), *j-m* zulächeln; э́то мне не улыба́ется F das sagt mir nicht zu; **~ка** (-ˈłip-) *f* [5; *pl.* ~ок] Lächeln *n*.
ультракоро́т|кий [16]: ~кие во́лны *pl.* (*Phys.*) Ultrakurzwellen.
Улья́на *s.* Юлиа́на.
улюлю́ pack an! (*auf der Hetzjagd*); **~канье** P *n* [10] Gejohle.
ум *m* [1*e.*] Verstand; Vernunft *f*; ~ы́ *pl.* Geister; ~ хорошо́, а два лу́чше vier Augen sehen mehr als zwei; он за́дним ~о́м кре́пок die besten Gedanken kommen ihm erst hinterher; в ~е́ im Gedächtnis; счита́ть в ~е́ im Kopf rechnen; из ~а́ вон F völlig vergessen, futsch; на ~е́ im Sinn; у меня́, что на ~е́, то и на языке́ was ich denke, das sage ich auch; в ~е́ ли он? ist er bei Sinnen?; э́то не его́ ~а́ де́ло F das ist für ihn zu hoch; ~а́ не приложу́ F da steht mir der Verstand still; das kapiere ich nicht; она́ про́сто без ~а́ от него́ sie ist ganz vernarrt in ihn; уде́рживать в ~е́ im Sinn (*od.* Gedächtnis) behalten; взя́ться за ~ F sich e-s Besseren besinnen; быть в здра́вом ~е́ seine fünf Sinne beisammen haben; сойти́ с ~а́ den Kopf verlieren; у него́ ~ за ра́зум захо́дит F er weiß nicht, wo ihm der Kopf steht; он себе́ на ~е́ er hat es faustdick hinter den Ohren.
ума|ле́ние *n* [12] Verringerung *f*, Schmälerung *f*; **~ли́ть** *s.* умаля́ть.
умалишён|ный [14] wahn-, irrsinnig, verrückt; дом *m* ~ных Irrenhaus *n*, Irrenanstalt *f*.
ума́лчивать [1], <умолча́ть> [4; -чу́, -чи́шь] (о П) verschweigen, schweigen (über *ac.*).
ума|ля́ть [28], <~ли́ть> [13] verringern, verkürzen, schmälern.
ума́сли|вать [1], <~ть> [13] einölen; (durch schöne Worte) bewegen, bereden (к Д zu).
ума|ща́ть [1], <~сти́ть> [15; -ащу́, -асти́шь; -ащённый] (ein)salben; **~ще́ние** *n* [12] Einsalben; Salbung *f*.
умая́ться P [27] *pf.* ermüden, ermatten, sich abrackern.
уме́лый [14] geschickt, tüchtig.
уме́ние *n* [12] Verstehen, Sachkenntnis *f*, Fähigkeit *f*, Fertigkeit *f*.
умень|ша́ть [1], <~ши́ть> [16; -шу́, -ши́шь; -шённый] vermindern, verringern; verkleinern; ~ша́ть в пять раз durch fünf dividieren *od.* teilen; **-ся** sich verringern; abnehmen, nachlassen; **~ше́ние** *n* [12] Verminderung *f*, Verringerung *f*, Abnahme *f*; **~ши́тельный** [14] vermindernd, verkleinernd; (*Gram.*) ~ши́тельное (сло́во) *n* Verkleinerungswort, Diminutiv(um).
умере́н|ие *n* [12] Mäßigung *f*; **~ность** (-ˈme-) *f* [8] Mäßigkeit; **~ный** (-ˈme-) [14*K.*] mäßig, maßvoll, gemäßigt.
умере́ть *s.* умира́ть.
уме́рший [17] *s.* умира́ть; gestorben; Verstorbene(r) *m*.
умерщ|вле́ние *n* [12] Töten, Tötung *f*; Abtötung *f*; **~вля́ть** [28], <умертви́ть> [14; умерщвлю́, -ртви́шь; -рщвлённый] töten, umbringen; abtöten.

умеря́ть [28], <уме́рить> [13] mäßigen; verringern; (*Strafe*) mildern.

умест|и́тельный [14; -лен, -льна] geräumig; leicht unterzubringen(d); **~и́ть** *s.* умеща́ть; **~ный** (-ˈmɛst-) [14; -тен, -тна] passend; statthaft; быть ~ным am Platze sein, angebracht sein.

уме́ть [8], <с-> verstehen, können; говори́ как уме́ешь rede, wie dir der Schnabel gewachsen ist.

уме|ща́ть [1], <~сти́ть> [15; -ещу́, -korrekt-ести́шь; -ещённый] unterbringen, placieren, aufstellen; **-ся** Platz finden, hineingehen, sich unterbringen lassen; **~ще́ние** *n* [12] Unterbringung *f*, Placierung *f*.

умиле́н|ие *n* [12] Rührung *f*; с ~ием gerührt, vor Rührung; **~ный** (-ˈlɔn-) [14] gerührt; lieb, teuer.

умили́|тельный [14; -лен, -льна] rührend; lieblich, hold; **~ть** *s.* умиля́ть.

умило|се́рдить [15; *ohne 1. Pers.*] *pf.* zum Mitleid bewegen *od.* stimmen; **-ся** Mitleid haben (над T mit); **~стивля́ть** [28], <уми́лостивить> [14] begütigen, versöhnen; **-ся** sich erbarmen.

уми́|льный [14; -лен, -льна] rührend; lieblich, hold; **~ля́ть** [28], <~ли́ть> [13] rühren, weich (*od.* zum Mitgefühl) stimmen.

умина́ть [1], <умя́ть> [умну́, -нёшь; умя́тый] (durch)kneten; feststampfen.

умира́ть [1], <умере́ть> [12; *pt.*: у́мер, умерла́, -о] *vgl.* уме́рший; sterben (от [с] P *od.* T an *dat. od.* vor *dat.*); ~ с го́лоду Hungers sterben; ~ от жары́ vor Hitze vergehen; ~ со́ смеху sich krank (*od.* tot) lachen.

умиротво|ря́ть [28], <~ри́ть> [13] Frieden stiften (zwischen *dat.*).

умля́ут *m* [1] (*Ling.*) Umlaut.

у́мненький [16; -е́нек, -е́нька] recht klug; hübsch artig (*Kind*).

умне́ть [8], <по-> klug (*od.* vernünftig) werden.

у́мни|к *m* [1], **~ца** *f* [5] Kluge(r), Verständige(r); Schlauberger *m*; **~чать** [1], <с-> klügeln, vernünfteln; klug reden.

умно|жа́ть [1], <умно́жить> [16] vermehren, multiplizieren (на B mit); **~же́ние** *n* [12] Vermehrung *f*, Multiplikation *f*; знак *m* ~же́ния Malzeichen *n*; табли́ца *f* ~же́ния Einmaleins *n*.

у́мный [14; умён, умна́, у́мно] klug, verständig; vernünftig; gescheit.

умо|заключе́ние *n* [12] Vernunftschluß *m*, Schlußfolgerung *f*; **~зре́ние** *n* [12] geistige Anschauung, *f*, Spekulation *f*; **~зри́тельный** [14; -лен, -льна] nur auf geistiger Anschauung beruhend, spekulativ; **~исступле́ние** *n* [12] Geisteszerrüttung *f*, Anfall *m* von Raserei.

умо́л *m* [1] Mahlen *n*; Verlust an Mehl beim Mahlen.

умола́чивать [1], <умолоти́ть> [15] (*Korn*) ausdreschen.

умоли́ть *s.* умоля́ть.

у́молк: без ~у ununterbrochen, ohne Unterlaß.

умолка́ть [1], <умо́лкнуть> [21] still werden, verstummen.

умоло́т ⟋ *m* [1] Ausdrusch; **~и́ть** *s.* умола́чивать.

умолча́ть *s.* ума́лчивать.

умо|ля́ть [28], <~ли́ть> [13; -олю́, -о́лишь] anflehen, flehentlich (*od.* inständig) bitten (о П um); ~ля́ть кого́ все́ми святы́ми j-n bei allen Heiligen beschwören.

умопо|меша́тельство *n* [9] Geistesverwirrung *f*; **~мраче́ние** *n* [12] (geistige) Umnachtung *f*; **~мрачи́тельный** [14; -лен, -льна] erstaunlich, außerordentlich, verblüffend.

умо́ра *f* [5] Spaß *m*; э́то про́сто ~ das ist zum Kranklachen.

умори́тель|ный [14; -лен, -льна] äußerst komisch *od.* spaßhaft; ~ная шу́тка *f* Hauptspaß *m*; э́то ~но das ist zum Kranklachen.

у́мственный [14] geistig, intellektuell; abstrakt; Geistes..., Verstandes...

у́мствовать [7] (nach)denken, philosophieren; grübeln (над T über *ac.*).

уму|дря́ть [28], <~дри́ть> [13] klug (*od.* weise) machen, witzigen; **-ся** et. fertigbringen.

умыва́ль|ная [14] Waschraum *m*; **~ник** *m* [1] Waschtoilette *f*, Waschtisch.

умыва́ть [1], <умы́ть> [22] (*Gesicht usw.*) waschen; ~ ру́ки (*fig.*) seine Hände in Unschuld waschen.

умыка́ние *n* [12] (Braut-)Raub *m*, Entführung *f*.

у́мы|сел *m* [1; -сла] Anschlag, (böse) Absicht *f*; с ~слом (без ~сла) (un-)absichtlich, (un)vorsätzlich; **~шленный** (-ˈmɨʃ-) [14 *K.*] absichtlich, vorsätzlich; **~шля́ть** [28], <~слить> (-ˈmɨs-) [15; умы́шленный] ([на] B) e-n Anschlag machen, sinnen (auf *ac.*), vorhaben.

умяг|ча́ть (-xtʃ-) [1], <~чи́ть> [16; -чу́, -чи́шь; -чённый] weich machen, erweichen.

унаво́|живать [1], <~зить> [15] düngen.

унес|е́ние *n* [12] Wegtragen; **~ти́** *s.* уноси́ть.

универма́г *m* [1] (универса́льный магази́н) Warenhaus *n*.

универса́льный [14; -лен, -льна] universal, allgemein; Universal...; ~ магази́н *m* Warenhaus *n*.

университе́т *m* [1] Universität *f*.

унижа́ть [1], <уни́зить> [15] erniedrigen, herabsetzen; demütigen.

униже́н|ие *n* [12] Erniedrigung *f*; Demütigung *f*; **~ность** (-ˈʒɔn-) *f* [8] Demütigung; **~ный** (-ˈʒɔn-) [14 *K.*] erniedrigt; gedemütigt, demütig.

униза́ть *s.* уни́зывать.

унизи́тельный [14; -лен, -льна] erniedrigend, herabwürdigend.

уни́зить *s.* унижа́ть.

уни́|зывать [1], <~за́ть> [3] besetzen (T mit *Perlen*).

унима́ть [1], <уня́ть> [уйму́, уймёшь; -я́л, -а́, -о; -я́тый (-я́т, -а́, -о)] beruhigen, beschwichtigen; hemmen; (*Blut*) stillen; (*Schmerz*) benehmen; **-ся** nachlassen, sich legen.

унисо́н ♪ *m* [1] Unisono *n*; в ~ einmütig; петь в ~ (*fig.*) ins gleiche Horn stoßen.

унита́з *m* [1] Klosettbecken *n*.

унита́рный [14] (*Pol.*) Einheits...

унифика́ция *f* [7] Unifikation, Vereinheitlichung.

уничи|жа́ть [1] herab-, ent-würdigen; **~жи́тельный** [14; -лен, -льна] herab-, ent-würdigend.

уничтожа́ть [1], <уничто́жить> [16] vernichten, zerstören, vertilgen; aufheben, annullieren.

у́ния *f* [7] Union.

уно́с *m* [1] Weg-, Fort-tragen *n*; ⚔ Vorspannpaar *n* (*Pferde bei der Artillerie*); **~и́ть** [15], <унести́> [25; *durchweg* с *statt* д, л: унесу́; унёс] weg-, fort-tragen; hin-, fort-reißen.

у́нты *f/pl.* [5] hohe Pelzstiefel *m/pl*.

у́нция *f* [7] Unze (*ehm. Apothekergewicht, 29,8 g*).

уныва́ть [1], <уны́ть> [*nur pt.*] verzagen, den Mut verlieren.

уны́вный *s.* уны́лый.

уны́|лый [14 *K.*] verzagt, niedergeschlagen, traurig; **~ние** *n* [12] Verzagtheit *f*, Mutlosigkeit *f*.

уня́|тие *n* [12] Beruhigung *f*; Stillen (*des Blutes*); **~ть** *s.* унима́ть.

упа́д *m* [1] Fall(en *n*); до ~у bis zum Hinfallen *od.* zur Erschöpfung; **~ок** *m* [1; -дка] Verfall, Tiefstand; Dekadenz *f*; в упа́дке daniederliegend; **~очничество** *n* [9] Niedergangsstimmung *f*.

упако́|вка *f* [5; *g/pl.*: -вок] Einpacken *n*; Verpackung; вес *m* с ~вкой Bruttogewicht *n*; **~вщик** *m* [1] Packer; **~вывать** [1], <~ва́ть> [7] (ein-, ver)packen.

упа́лзывать *s.* уполза́ть.

упа́сть *s.* па́дать.

упека́ть [1], <упе́чь> [26] durchbacken; P wegschaffen, fortschaffen, verschicken.

упере́ть *s.* упира́ть.

упива́ться [1], <упи́ться> [упью́сь, упьёшься; упе́йся, упе́йтесь!; упи́лся, упила́сь] sich berauschen (T an *dat.*), (*vor Entzücken*) berauscht werden.

упира́ть [1], <упере́ть> [12] stützen, stemmen (в B an *ac. od.* gegen); **-ся** (в B) sich (an)lehnen (an *ac. od.* gegen); stoßen (gegen), ausmünden (auf *ac. od.* in *ac.*); sich widersetzen; (auf Schwierigkeiten) stoßen.

упи́|сывать [1], <~са́ть> [3] (hin-)einschreiben (*auf e-n bestimmten Raum*); F aufessen; ~сывать всё на страни́це alles auf eine Seite schreiben *od.* bringen.

упи́|тывать, <~та́ть> [1; -и́танный] gehörig sättigen; mästen.

упи́ться *s.* упива́ться.

упла́|та *f* [5] Be-, Ab-, Aus-zahlung; в ~ту (по ~те) zum (nach) Ausgleich; ~та по ве́кселю Einlösung e-s Wechsels; с ~той zahlbar (че́рез B nach); **~чивать** [1], <~ти́ть> [15] be-, ab-, aus-zahlen; (*Wechsel*) einlösen.

уплета́ть [1] verschlingen, gierig essen.

уплот|ня́ть [28], <~ни́ть> [13] (ab-,

ver)dichten; zwangseinquartieren; (B/T) zs.-wohnen lassen; ~ня́ть рабо́чий день das Tagespensum erhöhen.

уплыва́ть [1], <уплы́ть> [23] weg-, fort-schwimmen; absegeln; ver-fließen, -gehen (*Zeit usw.*).

упо|ва́ние *n* [12] Vertrauen, Hoffnung *f* (на В auf *ac.*); **~ва́ть** [1] vertrauen, hoffen, bauen (на В auf *ac.*).

уподо|бле́ние *n* [12] Vergleich *m*; (*Gram.*) Angleichung *f*, Assimilation *f*; **~бля́ть** [28], <уподо́бить> [14] vergleichen, ähnlich machen; (*Gram.*) angleichen, assimilieren.

упое́н|ие *n* [12] Berauschen; Entzücken; в ~ии berauscht (от Р von); ~ие ра́достью Freudenrausch *m*, Freudentaumel *m*; **~ный** (-ˈjɔn-) [14; -ён, -ена́] berauscht; ~ный ра́достью freudetrunken.

упои́тельный [14; -лен, -льна] berauschend.

упокое́ние *n* [12] Beruhigung *f*; Ruhe *f*.

упоко́йни|к F *m* [1], **~ца** *f* [5] Verstorbene(r).

упол|за́ть [1], <~зти́> [24] weg-, davon-kriechen.

уполномо́|ченный [14] Bevollmächtigte(r) *m*; **~чивать** [1], <~чить> [16] bevollmächtigen, ermächtigen (на В zu); **~чие**: по ~чию im Auftrage, in Vollmacht.

уполо́вник *m* [1] Kochlöffel.

упомина́|ние *n* [12] Erwähnung *f*; **~ть** [1], <упомяну́ть> [19] (о П) erwähnen; на́ми уже́ упомя́нуто о том, что wir haben bereits erwähnt, daß ...

упо́мнить [13] *pf.* (im Gedächtnis) behalten.

упо́р *m* [1] Widerstand; Stütze *f*; ⚠ Strebepfeiler; 🚂 (End-)Prellbock; ⊕ Anschlag, Stellstift; в ~ in (aus) nächster Nähe, unmittelbar, direkt (*a. fig.*); де́лать ~ (на В) auf (*et.*) Gewicht legen; смотре́ть в ~ anstarren, fixieren; сказа́ть в ~ F ins Gesicht sagen; **~ный** [14; -рен, -рна] hartnäckig, beharrlich; zäh; ⊕ Anschlag...; **~ство** *n* [9] Hartnäckigkeit *f*, Starrsinn *m*; Beharrlichkeit *f*; **~ствовать** [7] hartnäckig (*od.* durchaus) bestehen *od.* beharren (в П auf *ac.*).

упорхну́ть [20] *pf.* davonflattern.

упоря́доч|ивать [1], <~ить> [16] regeln, ordnen, rangieren.

употре|би́тельный [14; -лен, -льна] gebräuchlich, gangbar, landläufig; **~бле́ние** *n* [12] Gebrauch *m*, Anwendung *f*; бы́вший в ~бле́нии gebraucht; **~бля́ть** [28], <~би́ть> [14; -блю́, -би́шь; -блённый] (ge-)brauchen, anwenden; einnehmen (*Medizin*); ~бля́ть все стара́ния *od.* уси́лия sein Möglichstes tun, alle Anstrengungen machen.

упра́|ва *f* [5] (gerichtliches) Amt *n*, Verwaltung; (*ehm.*) городска́я ~ва Stadtamt *n*; F Gerechtigkeit; найти́ ~ву (на В j-n) kleinkriegen; на него́ нет ~вы F ihm ist nicht beizukommen; **~вде́л** *m* [1] (управля́ющий дела́ми) Geschäftsführer, **~вдо́м** *m* [1] (управля́ющий до́мом) Hausverwalter; **~ви́тель** *m* [4] Verwalter; **~виться** *s.* ~вля́ться; **~вле́ние** *n* [12] Verwaltung *f*; Leitung *f* (T *e-r Sache*); Steuerung *f*; (*Gram.*) Rektion *f*; **~вля́ть** [28] (T) verwalten; leiten, führen, dirigieren; regieren; steuern; ~вля́ющий фа́брикой Betriebsleiter *m*; ~вля́ющий теа́тром (Theater-)Intendant *m*; **-ся**, <упра́виться> [14] fertig werden (c T mit).

упраж|не́ние *n* [12] Übung *f*; Exerzitium; ~не́ние в письме́ Schreibübung *f*; **~ня́ть** [28] üben; **-ся** sich üben (в П in *dat.*).

упразд|ня́ть [28], <~ни́ть> [13] aufheben, erledigen; **-ся** wegfallen, in Wegfall kommen.

упра́шивать [1], <упроси́ть> [15] erbitten, durch Bitten (zu etwas) bewegen *od.* überreden.

упре|жда́ть [1], <~ди́ть> [15; -ежу́, -еди́шь; -еждённый] (В *j-m*) zuvorkommen (T in *dat.*).

упрёк *m* [1] Vorwurf (в П wegen); ~и *pl.* Vorhaltungen *f/pl.*

упрек|а́ть [1], <~ну́ть> [20] (В/в *od.* T) *j-m et.* vorwerfen, *j-m* e-n Vorwurf machen (wegen *od.* über *ac.*).

упроси́ть *s.* упра́шивать.

упрости́ть *s.* упроща́ть.

упро́|чивать [1], <~чить> [16] befestigen, sichern.

упроч|ня́ть ⊕ [28], <~ни́ть> [13] verstärken, haltbarer machen.

упро|ща́ть [1], <~сти́ть> [15; -ощу́, -ости́шь; -ощённый] vereinfachen.

упру́|гий [16*K.*] elastisch, spannkräftig; **~гость** *f* [8] Elastizität, Spann-, Feder-kraft.
упря́ж|ка *f* [5; *g/pl.*: -жек] Gespann *n*; **~но́й** [14] zum Gespann (gehörend); ~на́я ло́шадь *f* Kutsch-, Wagen-, Zug-pferd *n*; **~ь** ('u-) *f* [8] Pferdegeschirr *n*.
упря́|мец *m* [1; -мца] Eigensinnige(r), Starrkopf; **~миться** [14], <за-> eigensinnig (*od.* hartnäckig) sein *od.* werden; **~мство** *n* [9] Eigensinn *m*, Hartnäckigkeit *f*, Starrsinn *m*; **~мый** [14*K.*] eigensinnig, hartnäckig, widerspenstig; фа́кты — упря́мая вещь an Tatsachen kann man nicht rütteln.
упря́|тывать [1], <~тать> [3] verstecken, verbergen.
упу|ска́ть [1], <~сти́ть> [15] loslassen; entwischen lassen, sich entgehen lassen, ver(ab)säumen; ~ска́ть и́з виду außer acht lassen, unbeachtet lassen; **~ще́ние** *n* [12] Loslassen; Ver(ab)säumung *f*; без мале́йшего ~ще́ния ohne das Geringste zu versäumen; ~ще́ние по до́лжности Pflichtversäumnis *f*.
упы́рь *m* [4*e.*] (*im Märchen*) Vampir.
ура́ hurra!; громово́е ~ ein donnerndes Hurra; на ~ F (*fig.*) ohne Vorbereitung, auf e-n Zufallserfolg vertrauend.
урав|не́ние *n* [12] Gleichmachen, Gleichstellung *f*, Ausgleich(ung *f*) *m*; ⚗ Gleichung *f*; **~нивать** (-'rav-) [1] **1.** <уровня́ть> [28] eb(e)nen, ebenmachen, nivellieren; **2.** <~ня́ть> [28] gleichmachen, ausgleichen; **~ни́ловка** F *f* [5] Gleichmacherei; **~ни́тельный** [14] ausgleichend; Ausgleich..., Ausgleichungs...; ~ни́тельный приво́д *m* Differenzialgetriebe *n*.
уравнове́|шенность *f* [8] Ausgeglichenheit; **~шенный** [14] ausgeglichen (*Charakter*); **~шивать** [1], <~сить> [15] ins Gleichgewicht bringen, ausgleichen.
уравня́ть *s.* ура́внивать.
урага́н *m* [1] Orkan; **~ный** [14] Orkan...; ⚔ ~ный ого́нь *m* Trommelfeuer *n*.
уразумева́ть [1], <уразуме́ть> [8] begreifen, (auf)fassen; *vgl.* разуме́ть.
Ура́л *m* [1] Ural; Uralgebirge *n*.
урва́ть *s.* урыва́ть.
урду́ [*unv.*] Urdu (*indische Sprache*).
уре́зать *s.* уре́зывать.
уре́зка *f* [5; *g/pl.*: -зок] Beschneidung, Schmälerung; Abstrich *m*, Kürzung.
урезо́|нивать [1], <~нить> [13] zur Vernunft bringen.
уре́|зывать [1], <~зать> [3] beschneiden, schmälern; kürzen.
ури́льник *m* [1] Nachttopf, Nachtgeschirr *n*.
ури́на *f* [5] Urin *m*, Harn *m*.
урка́ *m* [5] Berufsverbrecher, Ganove.
урма́н *m* [1] Nadelwald (*in Sibirien*).
у́рна *f* [5] Urne; Müllkorb *m*.
у́ров|ень *m* [4, -вня] Niveau *n*, gleiche Höhe *od.* Linie *f*; Wasserwaage *f*; ⚔ Libelle *f*; ~ень воды́ Wasserspiegel; в ~ень horizontal, waagerecht; **~не́ние** *n* [12] Eb(e)nen; **~ня́ть** *s.* ура́внивать.
уро́д *m* [1] Mißgeburt *f*; Scheusal *n*; **~ец** *m* [1; -дца] kleine Mißgeburt *f*; **~ина** *f* [5] Mißgeburt; **~и́ть** *s.* урожда́ть.
уро́дли|вость *f* [8] Mißgestalt; **~вый** [14*K.*] mißgestalt(et), verunstaltet, häßlich.
уро́довать [7], <из-> verunstalten, verstümmeln, entstellen.
уро́дство *n* [9] Mißgestalt *f*.
урожа́й *m* [3] (reiche) Ernte *f*; **~ный** [14] fruchtbar, ergiebig.
урожда́ть [1], <уроди́ть> [15; -ожу́, -оди́шь; урождённый] erzeugen, hervorbringen; **-ся** geboren werden; gedeihen, (gut) geraten (*Ernte*).
урождённая [14] geborene.
уроже́н|ец *m* [1; -нца], **~ка** *f* [5; *g/pl.*: -нок] Eingeborene(r); он ~ец Москвы́ er ist aus Moskau gebürtig.
уро́к *m* [1] (Schul-)Aufgabe *f*, Lektion *f*; Termin(arbeit *f*); (Unterrichts-)Stunde *f*; (*fig.*) Lehre *f*; брать ~и Privatstunden nehmen; дава́ть ~и Unterricht erteilen, Stunden geben; отвеча́ть ~ die Aufgabe hersagen.
уро́н *m* [1] Verlust; Abbruch.
урони́ть *s.* роня́ть.
уро́чный [14] vereinbart, festgesetzt; terminmäßig; Termin..., Akkord...
урча́ть [4; -чу́, -чи́шь] knurren (*Magen*); schnurren (*Katze*).

урыва́ть [1], ‹урва́ть› [-ву́, -вёшь; -а́л, -ала́, -о] abreißen; (sich) (*e-n Augenblick usw.*) abzwacken, erübrigen.

уры́вками in freien Augenblicken, gelegentlich; mit Unterbrechungen.

урю́к *m* [1] getrocknete Aprikosen *f/pl.* (*mit Stein*).

уря́дник *m* [1] (*ehm.*) Landpolizist; Unteroffizier (*bei den Kosaken*).

ус *m* [1; *pl. e.*] (*mst pl.*) Schnurrbart; ⚘ (*Zool.*) Bart; кито́вый ~ Fischbein *n*; бинт *m* для усо́в Bartbinde *f*; мота́ть себе́ на ~ F sich hinter die Ohren schreiben; он себе́ и в ~ не ду́ет er macht sich nichts daraus; мы и са́ми с уса́ми (*Spr.*) wir sind auch nicht von gestern.

уса́деб|ка *f* [5; *g/pl.*: -бок] kleine Meierei, kleiner Bauernhof *m*; **~ный** [14] zur Meierei gehörig.

уса́дка ⊕ *f* [5; *g/pl.*: -док] Schrumpfung.

уса́дьба *f* [5; *g/pl.*: -деб] Meierei, Bauernhof *m*; Herrensitz *m* (*bei e-m Dorf*).

уса́живать [1], ‹усади́ть› [15] (В) *j-m* e-n Sitz anweisen, *j-n* (hin-)setzen; bepflanzen (Т mit); **-ся**, ‹усе́сться› [25; уся́дусь, уся́дешься; уся́дься, уся́дьтесь!; усе́лся, -лась] sich setzen, Platz nehmen.

уса́(с)тый [14] schnurrbärtig.

уса́ч *m* [1 *e.*; *g/pl.*: -е́й] Schnurrbärtige(r); (*Zool.*) Holzkäfer.

усва́ивать [1], ‹усво́ить› [13] sich (*geistig*) aneignen; sich einprägen (*z.B. Vokabeln*).

усво|е́ние *n* [12] Aneignung *f*, Erlernung *f*; **~я́емый** [14*K.*] erlernbar, faßbar.

усе́|ивать [1], ‹~ять› [27] besäen.

усека́ть [1], ‹усе́чь› [26; *pt. st.*: усе́к, -кла; усечённый] ab-, behauen.

усекнове́ние *n* [12] Abhauen; ~ главы́ Enthauptung *f* (*Johannis des Täufers*).

усе́рд|ие *n* [12] Eifer *m* (к Д für); ~ие по слу́жбе Diensteifer *m*; с ~ием mit Inbrunst; **~ный** [14; -ден, -дна] eifrig, strebsam; inbrünstig; **~ствовать** [7] (в П) sich beeifern (für), sich eifrig bemühen (um).

усе́сться *s.* уса́живаться.

усече́н|ие *n* [12] Abhauen, Behauung *f*; **~ный** (-ˈtʃɔn-) [14] *s.* усека́ть; abgehauen; abgestumpft; (*Gram.*) abgekürzt, prädikativ (*Adjektivendung*).

усе́чь *s.* усека́ть.

усе́ять *s.* усе́ивать.

усиде́ть [11; -ижу́, -иди́шь] *pf.* sitzenbleiben; aushalten, Ausdauer (*od.* F Sitzfleisch) haben; P sitzenbleiben, bis alles aufgegessen (ausgetrunken) ist.

уси́дчи|вость *f* [8] Ausdauer (*bei der Arbeit*), F Sitzfleisch *n*; **~вый** [14*K.*] ausdauernd, beharrlich, seßhaft.

у́сик *m* [1] (*mst pl.*) kleiner Schnurrbart; Fühl-faden, -spitze *f* (*der Insekten*); ⚘ Ranke *f*.

уси́ли|вать [1], ‹~ть› [13] verstärken; verschärfen; **-ся** stärker werden; zunehmen; **~е** *n* [12] Anstrengung *f*; ⊕ (*Phys.*) Kraft *f*; **~тель** ⊕ (-ˈlji-) *m* [4] Verstärker.

ука́|кивать [1], ‹~ка́ть› [3] davongaloppieren, davonsprengen.

ускольз|а́ть [1], ‹~ну́ть› [20] entschlüpfen, entwischen; ~а́ть от внима́ния der Aufmerksamkeit entgehen.

уско|ре́ние *n* [12] Beschleunigung *f*; **~ря́ть** [28], ‹уско́рить› [13] (В *od.* Т) beschleunigen; abkürzen.

усла́|да *f* [5] *s.* ~жде́ние; **~ди́тельный** [14; -лен, -льна] erquickend, labend; **~жда́ть** [1], ‹~ди́ть› [15; -ажу́, -ади́шь; -аждённый] erquicken, laben; (*das Leben*) versüßen; **~жде́ние** *n* [12] Freude *f*, Erquickung *f*, Labung *f*, Labsal.

усла́ть *s.* усыла́ть.

усла|ща́ть [1], ‹~сти́ть› [15; -ащу́, -асти́шь; -ащённый] versüßen; **~ще́ние** *n* [12] Versüßung *f*.

уследи́ть [15; -ежу́, -еди́шь] *pf.* (за Т) aufpassen (auf *ac.*), beobachten.

усло́в|ие *n* [12] Bedingung *f*, Vorbehalt *m*, Klausel *f*, Voraussetzung *f*, Abmachung *f*, Übereinkunft *f*, Verabredung *f*, Vertrag *m*; **~ия** *pl.* Verhältnisse; по ~ию verabredetermaßen; bedingungsweise; ~ие наибо́льшего благоприя́тствования (*Pol.*) ⚕ Meistbegünstigungsklausel *f*; ста́вить ~ием zur Bedingung machen; **~ленный** [14*K.*] abgemacht, ausbedungen, verabredet; **~ливаться** [1], ‹~иться› [14] (с Т/о П mit *j-m et.*) abmachen, verabreden, vereinbaren, (mit *j-m* in *ac.*) übereinkommen; sich (von *j-m et.*) ausbedingen; **~ность** *f* [8] Bedingtheit; Konvention; **~ный** [14; -вен, -вна] bedingt; Bedingungs...; verabredet, konventionell, vereinbart; (*Gram.*) konditional; ~но bedingungsweise, unter Vorbehalt; ~ный а́дрес *m* Deckadresse *f*; ⚖ ~ное наказа́ние *n* Bewährungsfrist *f*; всё э́то о́чень ~но das ist alles sehr relativ.

услож|не́ние *n* [12] Verwick(e)lung *f*, Komplikation *f*; Erschwerung *f*; **~ня́ть** [28], <~ни́ть> [13] verwickeln, komplizieren.

услу́|га *f* [5] Dienst(leistung *f*) *m*; Gefälligkeit, Gefallen *m*; ко́мната *f* с ~гами Zimmer *n* mit Bedienung; **~жéние** *n* [12] Bedienen; Dienst *m*; **~живать** [1], <~жи́ть> [16] (Д/Т *j-m* mit *et.*) dienen, e-n Dienst erweisen; **~жливый** [14*K.*] dienstfertig, hilfsbereit; gefällig; ~жливый дура́к опа́снее врага́ (*Spr.*) blinder Eifer schadet nur.

усма́тривать [1], <усмотре́ть> [9; -отрю́, -о́тришь; -о́тренный] (er-) sehen, wahrnehmen, aufpassen (за Т auf *ac.*).

усме|ха́ться [1], <~хну́ться> [20] lächeln; **~шка** (-ˈsmɛʃ-) *f* [5; *g/pl.*: -шек] (spöttisches) Lächeln *n*.

усмире́ние *n* [12] Besänftigung *f*; Beruhigung *f*; Unterdrückung *f*; Bändigung *f*; Befriedung.

усмири́тель *m* [4] Bändiger; **~ный** [14; -лен, -льна] besänftigend; beruhigend, friedenstiftend; bändigend.

усми|ря́ть [28], <~ри́ть> [13] besänftigen; unterdrücken; bändigen.

усмотре́|ние *n* [12] Dafürhalten; по ~нию nach Gutdünken; предста́вить на ~ние anheimstellen (Р *j-m*); **~ть** *s.* усма́тривать.

усна|ща́ть F (*scherz.*) [1], <~сти́ть> [15; -ащу́, -асти́шь; -ащённый] (aus)schmücken.

усну́ть [20] *pf.* einschlafen; absterben (*Glieder*).

усо́бица *f* [5] Zwietracht, Fehde.

усоверше́нствование *n* [12] Vervollkommnung *f*; Fortbildung *f*.

усо́ве|щивать [1], <~стить> [15] (В) *j-m* ins Gewissen reden; ermahnen; **-ся** *pf.* sich ermahnen lassen; bereuen.

усомни́ться *s.* сомнева́ться.

усо́пший [17] entschlafen, gestorben; Entschlafene(r) *m*, Tote(r) *m*, Heimgegangene(r) *m*.

усо́хнуть *s.* усыха́ть.

успева́ть [1], <успе́ть> [8] (в П) fortschreiten, Fortschritte machen (in *dat.*), gedeihen, vorwärtskommen; Erfolg haben (mit), (ausführen) können; (noch) Zeit haben, (recht-) zeitig (hin)kommen; ~ на по́езд den Zug noch erreichen; он успе́л er konnte es noch schaffen, es gelang ihm; пло́хо ~ schlecht lernen, nicht mitkommen; не успе́л огляну́ться, как он уже́ ушёл ehe ich mir's versah, war er schon fort.

успе́х *m* [1] Fortschritt (в П in *dat.*); Erfolg, Gedeihen *n*; без ~а ohne Erfolg, erfolglos; с ~ом leicht, ohne Schwierigkeit; сде́лать ~и *s.* успева́ть.

успе́ш|ность *f* [8] (guter) Erfolg *m*, Gelingen *n*; **~ный** [14; -шен, -шна] erfolgreich, gedeihlich.

успок|а́ивать [1], <~о́ить> [13] beruhigen; ~аива́ющее сре́дство *n* Beruhigungsmittel; **-ся** sich beruhigen; nachlassen (*Schmerz*); -ся на дости́гнутом sich auf den Lorbeeren ausruhen; **~ое́ние** *n* [12] Beruhigung *f*; Ruhe *f*; **~ои́тельный** [14; -лен, -льна] beruhigend.

УССР (Украи́нская Сове́тская Социалисти́ческая Респу́блика *f*) Ukrainische Sozialistische Sowjetrepublik.

Уссу́ри *f* [*unv.*] Ussuri (*Fluß in Ostsibirien*).

уста́ *n/pl.* [9] Lippen *f/pl.*; Mund *m*; твоими бы ~ми да мёд пить! (*Spr.*) schön wär's, wenn du recht hättest!

уста́в *m* [1] Statut *n*, Reglement *n*, Verordnung *f*; па́спортный ~, ~ о па́спортах Paßwesen *n*, Paßordnung *f*; ~ о печа́ти Pressegesetz *n*; полево́й ~ ⚔ Felddienstordnung *f*; парти́йный ~ Parteistatuten *pl.*

устава́ть [5], <уста́ть> [-а́ну, -а́нешь] müde werden, ermüden; überdrüssig werden.

уста|вля́ть [28], <уста́вить> [14] auf-, hin-stellen; **-ся** sich unterbringen lassen, hineingehen; F -ся на (В) die Augen richten auf (*ac.*), sich vergaffen in (*ac.*); **ˈ~вный** [14] ordnungs-, statuten-mäßig; ⚔ vorschriftsmäßig.

уста́ивать [1], <устоя́ть> [-ою́, -ои́шь] (про́тив Р *j-m od. e-r*

Sache) standhalten, widerstehen; **-ся** abstehen (*Flüssigkeiten*); sich abklären.

уста́|лый [14*K*.] müde, ermüdet (от P von); **~ль** ('u-) *f* [8] Müdigkeit; без ~ли unermüdlich.

уста|на́вливать [1], <~нови́ть> [14] auf-, zurecht-stellen; feststellen, -setzen, -legen; ver-, anordnen; montieren; aufnehmen, herstellen (*Verbindung*); **-ся** sich unterbringen lassen, hineingehen; beständig werden, anhalten (*Wetter*); Fuß fassen, sich einbürgern; montiert werden.

устано́|вка *f* [5; *g/pl*.: -вок] Aufstellung; Einstellung; Installation, Montage, Anlage; Aufmachung; Richtlinie, Ausrichtung, Zielsetzung; **~вле́ние** *n* [12] Verordnung *f*, Bestimmung *f*; **~вленный** [14] bestimmt; vorschriftsmäßig, geregelt, vorgeschrieben; **~вочный** [14] Stell...; richtungweisend.

устаре́|лый [14*K*.] veraltet; **~ть** [8] } **уста́ть** *s*. устава́ть. [*pf*. veralten.

устерега́ть [1], <устере́чь> [26; г, ж *statt* к, ч: -егу́, -ежёшь; -ёг, -егла́] aufpassen auf (*ac*.); bewahren.

устила́ть [1], <устла́ть> [-телю́, -те́лешь; у́стланный *u*. F усте́ленный] belegen, bedecken; dielen.

у́стный [14] mündlich; Mund...

усто́й *m* [3] ⩓ Widerlager *n*; Pfeiler; Rahm, Sahne *f*; усто́и *pl*. (*fig*.) Grundsätze.

усто́йчивость *f* [8*e*.] Beständigkeit; (*a*. ⊕) Stabilität.

усто́йчивый [14*K*.] stet, standhaft; } **устоя́ть** *s*. уста́ивать. [stabil.

устра́ивать [1], <устро́ить> [13] ein-, her-richten, ordnen; veranstalten, arrangieren, organisieren; passen, recht sein; э́то меня́ не устра́ивает damit ist mir nicht gedient.

устра|ня́ть [28], <~ни́ть> [13] beseitigen, beheben, entfernen; fernhalten; **-ся** (от P) sich fernhalten (von); э́то устраня́ется тем, что dem kann dadurch (ab)geholfen werden, daß ...

устра|ша́ть [1], <~ши́ть> [16; -шу́, -ши́шь; -шённый] erschrecken; ängstigen; **-ся** sich fürchten, erschrecken (P vor *dat*.).

устре|мле́ние *n* [12] Richten; Zielsetzung *f*; **~мля́ть** [28], <~ми́ть> [14; -млю́, -ми́шь; -млённый] richten, lenken, wenden (на В auf *ac*.); **-ся** sich stürzen *od*. werfen (на В auf *ac*.).

у́стрица *f* [5] Auster.

устро|е́ние *n* [12] Ordnen; **~и́тель** *m* [4] Veranstalter; **'~ить** *s*. устра́ивать; **~йство** (-'strɔj-) *n* [9] Einrichtung *f*, Anlage *f*; Veranstaltung *f*; Organisation *f*.

усту́п *m* [1] Absatz, Stufe *f*; ~ами terrassenförmig; **~а́ть** [1], <~и́ть> [14] abtreten, überlassen; (*Vorrang usw*.) einräumen; nachstehen (в П an *dat*.); *j-m* nachgeben (в П *od*. по Д in *dat*.); ablassen (с цены́ *od*. в цене́ vom Preis); frei-geben, -machen (*Weg*); **~и́тельный** [14] abtretend; einräumend; Konzessions...; **~ка** *f* [5; *g/pl*.: -пок] Abtretung, Überlassung; Konzession, Zugeständnis *n*; Ablassen *n* (с цены́ *od*. в цене́ vom Preis), Rabatt *m*, Ermäßigung; **~чивый** [14 *K*.] nachgiebig, will(fähr)ig.

усты|жа́ть [1], <~ди́ть> [15; -ыжу́, -ыди́шь; -ыжённый] beschämen; **~же́ние** *n* [12] Beschämung *f*.

у́стье *n* [10; *g/pl*.: -ьев] Mündung *f*; Öffnung *f*.

у́стьице ⚘ *n* [11] Pore *f*.

усугу|бля́ть [28], <~би́ть> [14; -блю́, -би́шь; -блённый] verstärken, vermehren.

усумни́ться [13] *pf*. *s*. усомни́ться.

усу́шка *f* [5] Gewichtsverlust *m* (*durch Eintrocknen*).

усыла́ть [1], <усла́ть> [ушлю́, ушлёшь; у́сланный] weg-, ausschicken.

усыно|ви́тель *m* [4] Adoptivvater; **~вле́ние** *n* [12] Adoption *f*; **~вля́ть** [28], <~ви́ть> [14; -влю́, -ви́шь; -влённый] an Kindes Statt annehmen, adoptieren.

усыпа́льница *f* [5] (Familien-) Gruft; Mausoleum *n*.

усыпа́ть [1], <усы́пать> [2] bestreuen.

усыпи́|тельный [14; -лен, -льна] einschläfernd; Schlaf...; **~ть** *s*. усыпля́ть.

усы́пка *f* [5; *g/pl*.: -пок] Bestreuung; Verlust *m* beim Umschütteln *od*. Umgießen.

усы|пле́ние *n* [12] Einschläferung *f*; **~пля́ть** [28], <~пи́ть> [14; -плю́,

-пи́шь; -плённый] einschläfern; beschwichtigen.

усыха́ть [1], <усо́хнуть> [21] eintrocknen.

ута́ивать [1], <утаи́ть> [13] verheimlichen, -hehlen, -bergen (от P vor *dat.*); unterschlagen; ши́ла в мешке́ не утаи́шь (*Spr.*) die Sonne bringt es an den Tag.

ута́й|ка *f* [5; *g/pl.*: -а́ек] Verheimlichung, Verhehlung; Unterschlagung; **~щик** *m* [1] Hehler.

ута́птывать [1], <утопта́ть> [3] festtreten, feststampfen.

ута́|скивать [1], <~щи́ть> [16] wegschleppen; entwenden.

у́тварь *f* [8] Gerät(schaften *pl.*) *n.*

утвер|ди́тельный [14; -лен, -льна] bestätigend, bejahend; **~жда́ть** [1], <~ди́ть> [15; -ржу́, -рди́шь; -рждённый] befestigen; bestätigen, bekräftigen; ~жда́ть *impf.* behaupten, versichern; **~жде́ние** *n* [12] Befestigung *f*; Bestätigung *f*; Behauptung *f.*

утёк *m* [1] Flucht *f.*

утека́ть [1], <утéчь> [26] ab-, aus-, ver-fließen; entwischen.

утёнок *m* [2] junge Ente *f.*

утеп|ле́ние *n* [12] Kälteschutz *m*; **~ля́ть** [28], <~ли́ть> [13] vor Kälte schützen, winterfest machen.

утере́ть *s.* утира́ть.

утерпе́ть [10] *pf.* ertragen, aushalten; sich enthalten; не ~, что́бы не ... nicht umhin können, zu ...

утéря *f* [6] Verlust *m*, Einbuße.

утёс *m* [1] Fels(wand *f*), Felsen, Klippe *f*; **~истый** [14*K.*] felsig, voll(er) Felsen.

утесня́ть *s.* притесня́ть.

утéха *f* [5] Vergnügen *n*, Ergötzung; Trost *m.*

утéч|ка *f* [5; *g/pl.*: -чек] Ab-, Ausfließen *n*; ⚓ Leckage; **~ь** *s.* утека́ть.

утеша́ть [1], <утéшить> [16] trösten; belustigen, erheitern.

утеши́тельный [14; -лен, -льна] erfreulich, tröstlich; Trost...

утили|за́ция *f* [7] Nutzbarmachung; **~зи́ровать** [7] *(im)pf.* nutzbar machen, ausnutzen.

утилита́рный [14] utilitarisch; Nützlichkeits...; angewandt.

ути́ль *m* [4] (*koll.*) (verwendbare) Abfälle *pl.*; та́ра *f* для ути́ля Altstoffsammelbehälter *m*; **~ный** [14] aus Altstoff hergestellt.

утильсырьё *n* [10] *s.* ути́ль.

ути́ный [14] Enten...

утира́ль|ник F *m* [1] Handtuch *n*; **~ный** [14] zum Abwischen (dienend); Wisch...

утира́ть [1], <утерéть> [12] abwischen, abtrocknen; утерéть нос F (*fig.*) eins auswischen (Д *j-m*).

утих|а́ть [1], <ути́хнуть> [21] still (*od.* ruhig) werden, sich legen; sich beruhigen; **~оми́ривать** F [1], <~оми́рить> [13] beschwichtigen.

у́тка *f* [5; *g/pl.*: у́ток] Ente; газéтная ~ Zeitungsente.

уткну́ть *s.* утыка́ть.

утконо́с *m* [1] Schnabeltier *n.*

у́тлый [14] alt, schlecht.

уто́к ⊕ *m* [1; утка́] Einschuß.

утоле́ние *n* [12] Stillung *f*; Linderung *f.*

утоли́ть *s.* утоля́ть.

утол|ща́ть [1], <~сти́ть> [15; -лщу́, -лсти́шь; -лщённый] dicker machen, verdicken; **~ще́ние** *n* [12] Verdickung *f*, Anschwellung *f.*

уто|ля́ть [28], <~ли́ть> [13] (*Durst usw.*) stillen, löschen; (*Schmerz usw.*) lindern, stillen.

утоми́тель|ность *f* [8] ermüdende Wirkung, Ermüdung; **~ный** [14; -лен, -льна] ermüdend, erschöpfend.

уто|мле́ние *n* [12] Ermüdung *f*, Erschöpfung *f*, Abgespanntheit *f*; **~мля́ть** [28], <~ми́ть> [14; -млю́, -ми́шь; -млённый] müde machen, ermüden, erschöpfen; **-ся** müde werden, ermüden.

утон|ча́ть [1], <~чи́ть> [16; -чу́, -чи́шь; -чённый] dünn(er) machen, verdünnen; (*Sitten usw.*) verfeinern; **~чённость** *f* [8] Feinheit, Raffinement *n*; **~чённый** [14] fein, raffiniert.

утопа́ть [1], <утону́ть> [19] unter-, ver-sinken; ertrinken; zerfließen (*in Tränen*); schwelgen (*im Überfluß*).

утопи́ть *s.* топи́ть.

уто́пия *f* [7[Utopie, Träumerei, Schwärmerei.

уто́п|ленник *m* [1] Ertrunkene(r); **~ленница** *f* [5] Ertrunkene.

утопта́ть *s.* ута́птывать.

у́точ|ка *f* [5; *g/pl.*: -чек] kleine Ente, Entchen *n*; ходи́ть ~кой watscheln.

уточ|ня́ть [28], <~ни́ть> [13] präzisieren, genauer fassen.

утра́ивать [1], <утро́ить> [13] verdreifachen.

утрамбо́|вывать [1], <~ва́ть> [7] festrammen, feststampfen.

утра́|та *f* [5] Verlust *m*, Einbuße; **~чивать** [1], <~тить> [15] verlieren, einbüßen.

у́трен|ний [15] morgendlich; Morgen..., Früh...; **~ник** *m* [1] Morgenfrost; (*Thea.*) Matinee *f*.

утри́ров|ать [7] (*im*)*pf*. übertreiben; **~ка** (-ˈrɔf-) *f* [5; *g*/*pl*.: -вок] Übertreibung.

у́тро *n* [9; с *od*. до утра́, к утру́; по утра́м] Morgen *m*; до́брого у́тра!, до́брое ~!, с до́брым у́тром! guten Morgen!; (в) семь часо́в утра́ (um) sieben Uhr morgens; по утра́м in den Morgenstunden.

утро́ба *f* [5] Unterleib *m*, Leib *m*.

утро|е́ние *n* [12] Verdreifachung *f*; ˈ**~ить** *s*. утра́ивать.

у́тром (*s*. у́тро) morgens, des Morgens, am Morgen.

утру|жда́ть [1], <~ди́ть> [15; -ужу́, -уди́шь; -уждённый] belästigen, bemühen (T mit); **~жде́ние** *n* [12] Belästigung *f*.

утру́ска † *f* [5; *g*/*pl*.: -сок] (Um-) Schüttverlust *m*.

утря|са́ть [1], <~сти́> [25; *durchweg* с *statt* д, л: -су, -сёшь; утря́с, -сла́] F (*fig*.) regeln, in Ordnung bringen; F [*unpers*.] zs.-rütteln (*beim Fahren*); F zs.-schütteln, -stauchen (*damit der Umfang geringer wird*).

утуч|ня́ть [28], <~ни́ть> [13] mästen; düngen.

утыка́ть [1] **1.** <уты́кать> [1] vollstecken; verstopfen; **2.** <уткну́ть> [20] hineinstecken; уткну́л нос в книгу F (*fig*.) er hat seine Nase ins Buch gesteckt, er hat sich ins Lesen vertieft.

утю|г *m* [1 *e*.] Plätt-, Bügel-eisen *n*; **~же́ние** *n* [12] Plätten, Bügeln; **~жить** [16], <вы-> plätten, bügeln; **~жо́к** *m* [1; -жка́] kleines Plätt-, Bügel-eisen *n*.

утя́|гивать [1], <~ну́ть> [19] weg-, fort-ziehen, -schleppen (за собо́й mit sich); zs.-ziehen, zuziehen, (у P/B *j-m et*.) abzwacken.

утяжел|я́ть [28], <~и́ть> [13] beschweren, schwer(er) machen.

утя́тина *f* [5] Entenfleisch *n*.

Уфа́ *f* [5] Ufa.

ух uff!

уха́ *f* [5] Fischsuppe.

уха́б *m* [1], **~ина** *f* [5] (Schlag-)Loch *n* (*auf Fahrwegen*); **~истый** [14 *K*.] voll(er) Löcher (*Fahrweg*), holp(e)rig.

ухажёр P *m* [1] Courmacher, Schürzenjäger.

уха́жи|вание *n* [12] Pflegen (за больны́ми der Kranken); Hofmachen, Flirt *m*; **~ватель** *m* [4] Schwerenöter, Cour-macher, -schneider; **~вать** [1] (за T) *j-n* (hegen und) pflegen; *j-m* den Hof machen.

у́хар|ский [16] toll(kühn); **~ь** *m* [4] Waghals, Tollkopf.

у́хать [1], <у́хнуть> [20] heulen (*Bombe usw*.); P stürzen, hinplumpsen; P [*nur 3. Pers*.] futsch sein; *v*/*t*. heftig schlagen, schmettern; P vergeuden, verschleudern (*Geld*); у́хнули де́нежки das schöne Geld ist futsch; у́хнул кулако́м по столу́ er donnerte mit der Faust auf den Tisch.

ухва́т *m* [1] Ofengabel *f*, Topfgabel *f*; **~ка** F *f* [5; *g*/*pl*.: -ток] Hand-, Kunst-griff *m*; Gebärde; **~ывать** [1], <~и́ть> [15] (er)greifen, packen; **-ся** (за B) greifen (nach); sich (fest)halten (an *dat*.).

ухитр|я́ться [28], <~и́ться> [13] es fertig (zuwege) bringen.

ухищре́н|ие *n* [12] Kunstgriff *m*, List *f*; **~ный** (-ˈʃtʃrɔn-) [14] schlau, pfiffig.

ухло́пать F [1] *pf*. umbringen; (*Geld*) verschwenden.

ухмы|ля́ться F [28], <~льну́ться> [20] schmunzeln; grinsen.

у́хнуть *s*. у́хать.

у́хо *n* [9; *pl*.: у́ши, уше́й] Ohr; Henkel *m*, Griff *m* (*an gewissen Gegenständen*); по́ уши bis über die Ohren (hinaus); он туг (*od*. кре́пок) на́ ~ er ist schwerhörig; пропуска́ть ми́мо уше́й nicht beachten, unbeachtet lassen; дать по́ уху F eine Ohrfeige verabfolgen; держа́ть ~ востро́ (*Spr*.) die Ohren steif halten, scharf aufmerken; поводи́ть уша́ми die Ohren spitzen (*Pferd*); слу́шать кра́ем у́ха mit halbem Ohr hinhören; он и у́хом не (по)ведёт er kümmert sich nicht darum, er macht sich nichts daraus; у́ши вя́нут от э́того F es ekelt einen, das mit anzuhören; как свои́х уше́й не уви́дишь F das (den) wirst du nie (zu sehen) kriegen, mache dir keine Hoffnung darauf; **~вёртка** *f* [5; *g/pl.*: -ток] Ohrwurm *m*.

ухо́д *m* [1] Weggehen *n*; Pflege *f*, Wartung *f* (за T); Überwachung *f*; ~ за больны́ми Krankenpflege *f*; **~и́ть¹** [15], <уйти́> [уйду́, уйдёшь; ушёл, ушла́; уше́дший; *g. pt. a.*: уйдя́] *v/i.* weg-, fort-gehen; ent-gehen, -kommen; ver-fließen, -gehen (*Zeit*); zurücktreten, das Amt niederlegen; draufgehen; **~и́ть²** [15] P *v/t. pf.* (zu Tode) quälen; **~и́ться** *pf.* sich beruhigen, sich legen.

ухудша́ть [1], <ухў́дшить> [16] ver-schlechtern, -schlimmern.

уцеле́ть [8] *pf.* unversehrt (*od.* ganz) bleiben.

уце|пля́ть [28], <~пи́ть> [14] an-haken, -klammern (за B an *ac.*).

уча́ствовать [7] (в П) teilnehmen (an *dat.*), beteiligt sein, sich beteiligen (bei *od.* an *dat.*); уча́ствующий *m* Teilnehmer, Mitwirkende(r).

уча́стие *n* [12] Teilnahme *f*, Beteiligung *f*, Anteil *m* (в П an *dat.*); при уча́стии unter Mitwirkung; ~ в де́ле Geschäftsanteil *m*.

участи́ть *s.* учаща́ть.

участ|ко́вый [14] Bezirks..., Distrikt(s)...; '**~ливый** [14*K*.] mitfühlend, teilnahmsvoll; '**~ник** *m* [1] Teilnehmer, Beteiligte(r); '**~ок** *m* [1; -тка] Grundstück *n*, Parzelle *f* (*Land*); Stadt-viertel *n*, -teil; Teilstrecke *f*; ⚔ Abschnitt, Raum; Arbeits-feld *n*, -gebiet *n*; (полице́йский Polizei-)Revier *n*; строи́тельный ~ок Baustelle *f*, Terrain *n*.

ýчасть *f* [8] Los *n*, Schicksal *n*.

уча|ща́ть [1], <~сти́ть> [15; -ащу́, -асти́шь; -ащённый] (oft) wiederholen; dichter machen; '**~щаяся** [14] Schülerin *f*; **~ще́ние** *n* [12] (öftere) Wiederholung *f*; **~щённый** [14] beschleunigt (*z.B. Puls*); '**~щийся** [17] Schüler *m*, Student *m*.

учёба *f* [5] Lernen *n*, Studium *n*; Lehre (*in Handel, Gewerbe*).

уче́б|ник *m* [1] Lehrbuch *n*, Leitfaden; **~ный** [14] Lehr..., Unterrichts..., Übungs...; ~ный план *m* Lehr-, Studien-plan; ~ный год *m* Schuljahr *n*; ~ный предме́т *m* Lehrfach *n*; ~ное заведе́ние *n* Lehranstalt *f*.

уче́ние *n* [12] Lernen, Studium; Lehren, Unterrichten; Lehre *f*, Unterricht *m*; ⚔ Exerzieren; ~ о торго́вле Handelslehre *f*; уче́нье — свет, неуче́нье — тьма (*Spr.*) Wissen ist Macht.

учени́|к *m* [1 *e*.] Schüler; Lehrling; Jünger (*Christi*); **~ца** *f* [5] Schülerin; **~ческий** [16] Schüler...; **~чество** *n* [9] Lehrlingsausbildung *f*.

учён|ость *f* [8] Gelehrsamkeit; **~ый** [14] gelehrt; Gelehrte(r) *m*.

уче́сть *s.* учи́тывать.

учёт *m* [1] Berechnung *f*; Statistik *f*; Registrierung *f*; ⚚ Diskont; Inventur *f*; ~ векселе́й Wechseldiskontierung *f*; вести́ ~ Buch führen; взять на ~ erfassen, in die Liste aufnehmen; встать на ~ sich melden; снять с ~а aus den Listen streichen; сня́ться с ~а sich abmelden; **~ный** [14] Abzugs..., Diskont(o)...

учетве|ря́ть [28], <~ри́ть> [13] vervierfachen.

учи́лище *n* [11] Schule *f*, Lehranstalt *f*.

учи|ня́ть [28], <~ни́ть> [13] tun, machen; verüben; (*Eid*) leisten.

учи́тель *m* **1.** [4; *pl. e.*: -ля́] Lehrer; **2.** [*pl.*: учи́тели] Lehrer (e-r Idee, e-s Volkes), führende vorbildliche Persönlichkeit *f*; **~ница** *f* [5] Lehrerin; **~ский** [16] Lehrer...; **~ство** *n* [9] Lehramt; **~ствовать** [7] Lehrer sein.

учи́тывать [1], <уче́сть> [25; учту́, -тёшь; учёл, учла́; учтённый] in Betracht ziehen; kalkulieren; ⚚ (*Wechsel*) diskontieren.

учи́ть [16] **1.** <на-> (В/Д) *j-n et.* lehren, *j-n* unterrichten, *j-m* Unterricht geben (in *dat.*); ⚔ ausbilden; **2.** <при-> abrichten, gewöhnen; **3.** <вы́-> (*auswendig*) lernen, erlernen; **-ся** (Д) lernen, studieren; -ся на го́рьком о́пыте (*fig.*) Lehrgeld zahlen; век живи́, век учи́сь (*Spr.*) man lernt nie aus, man wird so alt wie eine Kuh und lernt noch immer dazu.

учко́м *m* [1] (учени́ческий комите́т) Schülerkomitee *n*.

учлёт *m* [1] (учени́к-лётчик) Flugschüler.

Учпедги́з *m* [1] (Учéбно-педагоги́ческое издáтельство) Staatsverlag für Lehrbücher und Pädagogik.
учреди́лка P *f* [5; *g/pl.*: -лок] = учреди́тельное собрáние.
учреди́тель *m* [4] Gründer, Stifter; **~ный** [14] gründend, konstituierend.
учре|ждáть [1], <**~ди́ть**> [15; -ежу́, -еди́шь; -еждённый] gründen, stiften, errichten; (*Ordnung*) einführen; **~ждéние** *n* [12] Gründung *f*, Stiftung *f*; Institut, Anstalt *f*; Institution *f*, Einrichtung *f*; Körperschaft *f*.
учти́вый [14*K*.] höflich; gefällig; bescheiden.
учу́|ивать F [1], <**~ять**> [27] wittern (*a. fig.*).
ушáн *m* [1] Großohr *n* (*Fledermaus*).
ушáнка *f* [5; *g/pl.*: -нок] wattierte Mütze (*mit Ohrenschutz*).
ушáстый [14*K*.] langohrig.
ушáт *m* [1] Zuber, Kübel.
уши́б *m* [1] Stoß, (Körper-)Verletzung *f*; Quetschung *f*; **~áть** [1], <**~и́ть**> [-бу́, -бёшь; -и́б, -бла; уши́бленный] (wund)stoßen, verletzen.
ушивáть [1], <уши́ть> [ушью́, -ьёшь; ушéй(те)!; -и́тый] einnähen, enger nähen.
уширя́ть [28], <уши́рить> [13] verbreitern.
уши́ца *f* [5] Fischsuppe.
у́шко́[1] *n* [9; *pl.*: у́шки, у́шек, у́шкам] kleines Ohr, Öhrchen.
ушко́[2] *n* [9; *pl.*: ушки́, -ко́в] Öhr, Öse *f*; Strippe *f* (*an Stiefeln*); ушки́ *pl.* Hörnchennudeln *u. dgl.*
ушку́йник *m* [1] (*ehm.*) Flußpirat.
ушни́к F *m* [1*e.*] Ohrenarzt.
ушно́й [14] Ohr(en)...
ущéлье *n* [10] Schlucht *f*, Kluft *f*; Hohlweg *m*.
ущем|лéние *n* [12] Klemmung *f*, Quetschung *f*; Kränkung *f*; Schmälerung *f*; **~ля́ть** [28], <**~и́ть**> [14; -млю́, -ми́шь; -млённый] (ein-)klemmen, quetschen; (*fig.*) kränken; schmälern.
ущéрб *m* [1] Nachteil, Schaden; Schädigung *f*; Abnehmen *n* (*des Mondes*); нанести́ самому́ себé ~ sich ins eigene Fleisch schneiden; в ~ здрáвому смы́слу gegen den gesunden Menschenverstand; **~ный** [14] abnehmend (*Mond*).
ущи́п|ывать [1], <**~ну́ть**> [20] kneifen, zwicken.
ую́т *m* [1] Gemütlichkeit *f*; Wohnlichkeit *f*; **~ный** [14; -тен, -тна] gemütlich, bequem(lich), behaglich, anheimelnd, traulich, traut.
уяз|ви́мый [14*K*.] verwundbar; anfechtbar; **~влéние** *n* [12] Verwundung *f*; **~вля́ть** [28], <**~ви́ть**> [14; -влю́, -ви́шь; -влённый] verwunden; kränken.
уяс|нéние *n* [12] Erklärung *f*, Erläuterung *f*; **~ня́ть** [28], <**~ни́ть**> [13] sich erläutern, erklären; **-ся** klar werden, sich aufklären.

Ф

Ф, ф *n u. m* (*s.* A) F, f *n.*
фа ♪ *n* [*unv.*] F; ключ *m* ~ F-Schlüssel.
фаб|завко́м *m* [1] (фабри́чно-заводско́й комите́т) Betriebs-rat, -ausschuß; **~за́вуч** *m* [1] (фабри́чно-заводско́е учени́чество) Lehrlingsausbildung *f* im Betrieb; **~за́йчик** *m* [1], **~за́яц** *m* [1; -а́йца] (*scherz.*) Schüler einer Betriebslehrlingsschule.
Фа́бий *m* [3; *prpos/sg.*: -ии] Fabius.
фа́бра *f* [5] Bartwichse; Stangenpomade; Schwärze.
фа́брика *f* [5] Fabrik; ~-ку́хня *f* Großküche, Großspeiseanstalt.
фабри|ка́т *m* [1] Fabrikat *n*; **~ка́ция** *f* [7] Fabrikation; **~кова́ть** [7], <c-> fabrizieren, verfertigen.
фа́брить [13], <на-> (*den Schnurrbart*) schwärzen.
фабри́чный [14] fabrikmäßig; Fabrik...; фабри́чная ма́рка *f* Schutz-, Fabrik-marke; ~ (рабо́чий) *m* Fabrikarbeiter.
фа́була *f* [5] Inhalt *m*, Stoff *m*, Handlung (*e-s Dramas usw.*).
Фадде́й *m* [3] Thaddäus.
фа́за *f* [5] Phase, Phasis, Erscheinungsform.
фаза́н *m* [1] Fasan; **~ий** [18] Fasanen...; ~ий двор *m* Fasanengehege *n.*
фа́зис *m* [1] *s.* фа́за.
фа́кел *m* [1] Fackel *f*; **~ьщик** *m* [1] Fackelträger; (*ver.*) Brandstifter.
факи́р *m* [1] Fakir.
факт *m* [1] Faktum *n*, Tatsache *f*; ~ы *pl.* Tatsachenmaterial *n*; факт тот, что ... F die Sache ist die, daß ...; **~и́ческий** [16] faktisch, tatsächlich; **~и́чность** *f* [8] Tatsächlichkeit.
фа́ктор *m* [1] Faktor; Kommissionär; **~ия** ✝ (-ˈtɔ-) *f* [7] Faktorei, Handelsniederlassung.
факту́ра *f* [5] Faktur(a), Warenrechnung.
факультати́вный [14; -вен, -вна] fakultativ, freiwillig.
факульте́т *m* [1] Fakultät *f.*
фала́нга ⚔ *f* [5] Phalanx; (*Zool.*) Weberknecht *m.*
фа́лда *f* [5] Falte (*an Kleidern*); Schoß *m* (*hinten am Herrenrock*).
фальсифи|ка́ция *f* [7] Fälschung; **~ци́ровать** [7] (*im*)*pf.* (ver-) fälschen.
фальц *m* [1] Falz, Fuge *f*; **~ева́ть** [6; фальцу́ю], <c-> falzen.
фальце́т *m* [1] Falsett *n*, Fistel (-stimme) *f.*
фальшбо́рт ⚓ *m* [1] Schanzkleid *n.*
фальши́|вить [14], <c-> falsch machen; falsch spielen *od.* singen; betrügen; **~вка** *f* [5; *g/pl.*: -вок] Fälschung (*Urkunde usw.*); **~вомоне́тчик** *m* [1] Falschmünzer; **~вость** *f* [8] Falschheit; **~вый** [14 *K.*] falsch; gefälscht.
фальшь *f* [8] Betrug *m*; Falsch *m.*
фами́л|ия *f* [7] Familien-, Zu-name *m*; как (ва́ша) ~ия? wie heißen Sie?; деви́чья ~ия Mädchenname *m* (*e-r Frau*); **~ьный** [14] Familien...
фамилья́р|ничать [1] sich familiär machen; **~ный** [14; -рен, -рна] familiär, vertraut, vertraulich.
фанабе́рия *f* [7] Stolz *m*, Hochmut *m.*
фанати́|зм *m* [1] Fanatismus, (*religiöse*) Schwärmerei *f*; **~к** (-ˈna-) *m* [1] Fanatiker, (*religiöser*) Schwärmer.
фане́ра ⊕ *f* [5] Fournier(brett) *n*, Sperrholz *n.*
фант *m* [1] Pfand *n*; игра́ *f* в ~ы Pfänderspiel *n.*
фанта|зёр *m* [1] Phantast; **~зи́ровать** [7], <c-> phantasieren; **~зия** (-ˈta-) *f* [7] Phantasie, Einbildung(s-kraft); wunderlicher Einfall *m*, Grille, Phantasterei.
фанфа́ра *f* [5] Fanfare.
фанфаро́н *m* [1] Aufschneider, Prahler; **~ить** [13] prahlen; **~ство** *n* [9] Prahlerei *f.*
фа́ра *f* [5] Scheinwerfer *m* (*Auto*).
фарао́н *m* [1] Pharao (*ägyptischer König*); Phar(a)o *n* (*Hasardspiel*).
фарва́тер ⚓ *m* [1] Fahrwasser *n.*
фарду́н ⚓ *m* [1] Pardune *f.*

фарисе́й *m* [3] Pharisäer.
фармаколо́гия *f* [7] Pharmakologie, Arzneimittellehre.
фармаце́вт *m* [1] Pharmazeut, Arzneikundige(r); **～ика** *f* [5] Pharmazeutik, Arzneikunde.
фарс *m* [1] Farce *f*, Posse *f*, Schwank.
фа́ртук *m* [1] Schürze *f*.
фарфо́р *m* [1] Porzellan *n*; **～овый** [14] Porzellan...
фарш *m* [1] (*Kochk.*) Füllsel *n*, Hackfleisch *n*; **～ирова́ть** [7], <за-> (*Kochk.*) füllen; **～иро́вка** *f* [5] Füllung.
фас *m* [1] Vorder-seite *f*, -ansicht *f*.
фаса́д *m* [1] Fassade *f*, Vorderseite *f* (*e-s Gebäudes*).
фасова́ть [7], <рас-> abwiegen, fabrikmäßig verpacken, ausformen.
фасо́ль ⚘ *f* [8] Schnittbohne.
фасо́н *m* [1] Fasson *f*, Form *f*; **～истый** [14*K*.] von guter Fasson, schick; **～ный** [14] Fasson...; ⊕ Form...
фат *m* [1] Geck, Laffe.
фата́ *f* [5] Brautschleier *m*.
фатали́|зм *m* [1] Fatalismus; **～ст** *m* [1] Fatalist; **～сти́ческий** [16] fatalistisch.
фата́льный [14; -лен, -льна] fatal, verhängnisvoll.
фаши́зм *m* [1] (*Pol.*) Faschismus.
фаши́на ⚔ *f* [5] (*Festung*) Faschine.
фаэто́н *m* [1] Phaethon (*leichter Zweispänner*); leichtes offenes Auto *n*; доро́жный ～ Reisewagen.
фая́нс *m* [1] Fayence *f*, Halbporzellan *n*.
февра́ль *m* [4*e*.] Februar.
Фе́д(ен)ька *m* [5] *s*. Фёдор.
федера|ти́вный [14] föderativ; Bundes...; **～ция** (-ˈra-) *f* [7] Föderation, Bund(esstaat) *m*.
Фёдор *m* [1], **Фе́дя** *m* [6] Theodor.
феери́|ческий [16] feenhaft; **～я** (-ˈje-) *f* [7] (*Thea.*) Feerie, Zauberstück *n*.
фейерве́рк *m* [1] Feuerwerk(skörper *m*) *n*; **～ер** *m* [1] Feuerwerker.
Фёкла *f* [5], (*dim.*) **Феклу́ш(к)а** *f* [5] Thekla.
фельдма́ршал ⚔ *m* [1] Feldmarschall.
фельдфе́бель ⚔ *m* [4] Feldwebel.
фе́льдшер *m* [1] Feldscher; Unterarzt; (лазаре́тный) ～ Lazarettgehilfe.

фельдъе́герь ⚔ *m* [4] Feldjäger.
фельето́н *m* [1] Feuilleton *n*, Unterhaltungsteil.
фелю́га ⚓ *f* [5] Feluke.
феми́да *f* [5] (*Myth.*) Themis.
фе́никс *m* [1] Phönix.
фено́мен *m* [1] Phänomen *n*, (Luft-) Erscheinung *f*; **～а́льный** [14; -лен, -льна] phänomenal, ausgezeichnet.
феодали́зм *m* [1] Feudalismus.
Феодо́р *m* [1] † *s*. Фёдор.
Феодо́|сий *m* [3; *prpos*/*sg*.: -ии] Theodosius; **～сия** *f* [7] Theodosia *f* *u*. *n* (*Vorname u. Stadt*).
Феодо́т *m* [1] Theodot (*Vn*.).
Фергана́ *f* [5] Fergana *n* (*Stadt*).
ферзь *m* [4*e*.] Dame *f*, Königin *f* (*im Schachspiel*).
фе́рма *f* [5] Farm, Meierei, Meierhof *m*; ⚠ Binder *m*, Träger *m*.
фе́рмер *m* [1] Farmer, Meier.
фе́рт(ик) *m* [1] Stutzer, Geck; фе́ртом стоя́ть (*od*. смотре́ть) P mit den Händen in den Hüften herausfordernd dastehen (blicken).
фе́ска *f* [5; *g*/*pl*.: -сок] Fes *m*.
Фесса́лия *f* [7] Thessalien *n*.
фестива́ль *m* [4] Festival *n*, Festspiele *pl*.
фесто́н *m* [1] ⚠ Feston *n*; Blumengewinde *n*.
фети́ш *m* [1] Fetisch.
фе́тр *m* [1] Filz; **～овый** [14] Filz...
фефёла P *f* [5] Vogelscheuche (*Frau*).
фехто|ва́льный [14] Fecht...; **～ва́льщик** *m* [1] Fechter; **～ва́ние** *n* [12] Fechten; учи́тель *m* ～ва́ния Fechtmeister; **～ва́ть** [7] fechten.
фешене́бельный [14; -лен, -льна] fashionable, fein, schick.
фе́я *f* [6; *g*/*pl*.: фей] Fee.
ФЗУ *s*. фабза́вуч.
фи pfui!
фиа́л *m* [1] Phiole *f*.
фиа́лка ⚘ *f* [5; *g*/*pl*.: -лок] Veilchen *n*.
фи́бра *f* [5] Fiber, Faser.
Фи́вы *f*/*pl*. [5] Theben *n*.
фивя́нин *m* [1; *pl*.: -я́не, -я́н] Thebaner.
фи́га ⚘ *f* [5] Feige; F verächtliche Handbewegung (*Faust mit Daumen zwischen Zeige- u. Mittelfinger*).
фи́гли-ми́гли F *pl*. [*gen*.: фи́глей-ми́глей] Winkelzüge, Finten.
фигля́р *m* [1] Gaukler; **～ничать** [1] Gaukelei(en) treiben; **～ство** *n* [9] Gaukelei *f*, Gaukelspiel.

фи́говый ♀ [14] Feigen...; ~ лист *m* Feigenblatt *n*.
фигу́ра *f* [5] Figur, Gestalt; Bild *n*.
фигура́льный [14; -лен, -льна] figürlich, bildlich.
фигур|и́ровать [7] figurieren; **~и́ст** *m* [1] Eiskunstläufer; **~ка** (-'gur-) *f* [5; *g/pl.*: -рок] kleine Figur, Figürchen *n*; **~ный** (-'gur-) [14; -рен, -рна] mit Figuren (versehen); verziert; ~ный полёт *m* Kunstflug.
фи́жмы *f/pl.* [5] (*ehm.*) Reifrock *m*.
фи́зик *m* [1] Physiker; **~а** *f* [5] Physik.
физио́лог *m* [1] Physiologe; **~и́ческий** [16] physiologisch; **~ия** (-'łɔ-) *f* [7] Physiologie.
физиономи́|ческий [16] physiognomisch; **~я** (-'nɔ-) *f* [7] Physiognomie; Gesichtsausdruck *m*.
физи́ческий [16] physisch, natürlich; physikalisch.
физкульту́р|а *f* [5] Leibeserziehung, Sport *m*; **~ник** *m* [1] Sportler; **~ный** [14] Sport..., Turn...
фикс *m* [1] Fixum *n*, festes Gehalt *n*; **~а́ж** *m* [1] (*Phot.*) Fixierbad *n*; **~атуа́р** *m* [1] Haarpomade *f*; **~и́ровать** [7], <за-> fixieren; (*Preise*) festlegen, festsetzen.
фикти́вный [14; -вен, -вна] fingiert, eingebildet, angeblich.
фи́кция *f* [7] Fiktion.
филантро́п *m* [1] Philanthrop, Menschenfreund; **~и́ческий** [16] philanthropisch, menschenfreundlich; **~ия** *f* [7] Philanthropie, Menschenliebe.
филате|ли́ст *m* [1] Philatelist, Briefmarkensammler; **~ли́я** *f* [7] Philatelie.
филе́ *n* [*unv.*], **~й** *m* [3] (*Kochk.*) Filet *n*, Lendenstück *n*.
филёнка *f* [5; *g/pl.*: -нок] Füllung (*an Türen*).
филёр *m* [1] Spitzel.
филиа́льный ✝ [14] Filial..., Zweig...
фи́лин *m* [1] (*Zool.*) Uhu.
Фили́пп *m* [1] Philipp; ≈ов пост *m* = ≈овки *f/pl.* [5; *gen.*: -вок] (40-*tägige*) Weihnachtsfasten.
фили́стер *m* [1] Philister.
филлоксе́ра *f* [5] (*Zool.*) Reblaus.
фило́лог *m* [1] Philologe, Sprachgelehrte(r); **~и́ческий** [16] philologisch; **~ия** (-ła'łɔ-) *f* [7] Philologie, Sprachkunde.
фило́соф *m* [1] Philosoph; **~ия** (-'sɔ-) *f* [7] Philosophie; **~ствовать** (-'sɔf-) [7], <по-> philosophieren.
фильм *m* [1] Film, Bildstreifen; цветно́й ~ Farbfilm; звуково́й ~ Tonfilm.
фильтр *m* [1] Filter *m od. n*, Seihe(r *m*) *f*; **~ова́ть** [7], <про-> filtrieren, durchseihen.
фимиа́м *m* [1] Weihrauch.
фина́л *m* [1] Finale *n*, Schluß; (*Sport*) Endspiel *n*.
финан|си́ровать [7] (*im*)*pf.* finanzieren; **~совый** (-'nan-) finanziell; Finanz...; **~сы** (-'nan-) *m/pl.* [1] Finanzen *f/pl.*; министе́рство *n* ~сов Finanzministerium.
фи́ник ♀ *m* [1] Dattel *f*.
финики́ец *m* [1; -йца] Phönizier.
финики́йский [16] phönizisch.
Фини́кия *f* [7] Phönizien *n*.
фи́никовый [14] Dattel...
фининспе́ктор *m* [1] Steuerinspektor.
фини́фть *f* [8] Email *n*, Schmelz *m*.
финиши́ровать [7] (*im*)*pf.* (*Sport*) durchs Ziel gehen.
фи́нка *f* [5; *g/pl.*: -нок] Finnin; finnisches Messer *n*; (finnische) Pelzmütze.
финля́нд|ец *m* [1; -дца] Finnländer; ≈ия *f* [7] Finnland *n*.
финн *m* [1] Finne.
фи́нна *f* [5] (*Zool.*) Finne.
финотде́л *m* [1] Finanzamt *n*.
финти́ть [15; -нчу́, -нти́шь] Finten (*od.* Ausflüchte) machen.
финтифлю́шка F *f* [5; *g/pl.*: -шек] Kinkerlitzchen *pl*.
фиоле́товый [14] violett, veilchenblau.
фио́рд (ʄjɔrt) *m* [1] Fjord.
фисгармо́ния *f* [7] Harmonium *n*.
фиск *m* [1] Fiskus, Staatskasse *f*.
фиска́л F (*ver.*) *m* [1] Denunziant, Angeber; **~ить** [13] denunzieren, (heimlich) angeben; **~ьство** *n* [9] Denunziation *f*.
фиста́шка ♀ *f* [5; *g/pl.*: -шек] Pistazie(nnuß).
фисту|ла́ *f* [5] ⚕ Fistel; ♪ Fistel (-stimme), Falsett *n*; **~льный** ('ʄis-) [14] fistelartig, fistulös; Fistel...
фити́ль *m* [4 *e.*] Lunte *f*, Zündschnur *f*; Docht.
фитю́лька P *f* [5; *g/pl.*: -лек] Kleinigkeit (*kleiner Gegenstand*).

фи́шка *f* [5; *g/pl.*: -шек] Spielmarke.
флаг *m* [1] Fahne *f*, Flagge *f*; **'~ман** *m* [1] Geschwaderkommodore; Flaggschiff *n*; **~што́к** ⚓ *m* [1] Flaggenstange *f*, -stock.
флажо́к *m* [1; -жка́] Fähnchen *n*.
флако́н(чик) *m* [1] Flakon *m od. n*, Fläschchen *n*.
флама́ндец *m* [1; -дца] Flamländer.
фланг ⚔ *m* [1] Flanke *f*, Flügel; **~о́вый** [14] Flanken..., Flügel...
Фла́ндрия *f* [7] Flandern *n*.
флане́|левый [14] flanellen; Flanell...; **~ль** *f* [8] Flanell *m* (*Gewebe*).
флане́р *m* [1] Flaneur, Bummler.
фла́нец *m* [1; -нца] Flansch.
флани́ровать [7] flanieren, umherschlendern, bummeln.
фланки́ровать ⚔ [7] (*im*)*pf*. flankieren.
фле́гма *f* [5] Phlegma *n*; **~тик** (-'ma-) *m* [1] Phlegmatiker; **~ти́ческий** [16] phlegmatisch, träge.
флегмо́на ⚕ *f* [5] Phlegmone.
флейт|а ♪ *f* [5] Flöte; игра́ *f* на ~е Flötenspiel *n*.
фле́ксия *f* [7] (*Gram.*) Flexion, Beugung.
флекти́|вный [14] Flexions...; **~рующий** [17] flektierend.
флёр ✝ *m* [1] Flor (*Gewebe*).
фли́гель *m* [4; *pl.*: -ля́] Flügel (*Seitengebäude*); (*in Zssgn*) ⚔ ~-адъюта́нт *m* Flügeladjutant.
флирт *m* [1] Flirt, Liebesgetändel *n*, Liebelei *f*; **~ова́ть** [7] liebeln (с T mit), flirten.
Флоре́нция *f* [7] Florenz *n*.
флот ⚓ *m* [1] Flotte *f*; вое́нно-морско́й ~ Kriegsmarine *f*; возду́шный ~ Luftflotte *f*; **~и́лия** ⚓ *f* [7] Flottille.
флюга́рка *f* [5; *g/pl.*: -рок] Schornsteinaufsatz *m*, Rauch(fang)kappe.
флю́гер *m* [1] Wetterfahne *f* (*a. fig.* = Mantelträger).
флюс ⚕ *m* [1] Zahngeschwür *n*; ⊕ Fluß(mittel *n*).
фля́га *f* [5], **фля́жка** *f* [5; *g/pl.*: -жек] (*flache*) (Reise-)Flasche, Feldflasche.
фойе́ *n* [*unv.*] (*Thea.*) Foyer, Wandelgang *m*.
фок ⚓ *m* [1] Fock *f*; **~-ма́чта** ⚓ *f* [5] Fockmast *m*; **~-ре́й** *m* [3] Fockrahe *f*.
фокстерье́р (-tɛ-) *m* [1] Foxterrier.
фокстро́т *m* [1] Foxtrott.
фо́кус *m* [1] Fokus, Brennpunkt; ⚕ Entzündungsherd; (Taschenspieler-)Kunststück *n*; **~ник** *m* [1] Taschenspieler; **~ничать** [1] Taschenspielerkünste machen, taschenspielern; *s. a.* финти́ть.
фо́льга *f* [5] Folie; Unterlage.
фолькло́р *m* [1] Folklore *f*, Volkskunst *f*.
Фома́ *m* [5] Thomas.
фомино́й [14] Thomas...
фон *m* [1] Fond, Ton, (Hinter-)Grund (*e-s Gemäldes usw.*).
ФОН (факульте́т *m* обще́ственных нау́к) gesellschaftswissenschaftliche Fakultät *f*.
фона́р|ик *m* [1] kleine Laterne *f*; (карма́нный) ~ик Taschenlampe; **~щик** *m* [1] Laternenmacher, -anzünder, -putzer, -träger; **~ь** *m* [4 *e.*] Laterne *f*; (*Auto-*)Licht *n*; ⚠ Erker; F blauer Fleck; наста́вить ~е́й (Д *j-n*) grün und blau schlagen.
фонд *m* [1] Fonds, Grundkapital *n*; ~ы *pl.* Kapitalien *n/pl.*, Effekten *f/pl.*
фоне́тика *f* [5] Phonetik, Lautlehre.
фоно́граф *m* [1] Phonograph.
фонта́н *m* [1] Fontäne *f*, Springbrunnen.
фо́ра *f* [5] (*Spiel*) Vorgabe.
фо́рвард *m* [1] (*Sport*) Mittelstürmer.
фо́рдевинд ⚓ *m* [1] vor dem Wind.
фордыба́чить(ся) P [16] sich frech benehmen.
форе́йтор *m* [1] Vorreiter.
форе́ль *f* [8] Forelle.
фо́рма *f* [5] Form, Gestalt; Muster *n*; Uniform; по фо́рме form-, vorschrifts-mäßig.
форма́льный [14; -лен, -льна] formell, förmlich.
форма́ция *f* [7] Formation, Bildung.
фо́рменка ⚓ *f* [5; *g/pl.*: -нок] Matrosenbluse.
фо́рменный [14] nach der Form, formmäßig; echt; фо́рменное пла́тье *n* Uniform *f*, Amtstracht *f*.
формиров|а́ть [7], <с-> formieren, bilden; **'~ка** *f* [5; *g/pl.*: -вок] Formierung.
формов|а́ть [7], <с-> formen, modellieren; **~ка** (-'mɔf-) *f* [5; *g/pl.*:

-вок] Formung, Modellierung, Formerei; **~щик** (-'mɔf-) *m* [1] Former, Modellierer.
фóрму|ла *f* [5] Formel; **~ли́ровать** [7] (*im*)*pf.* formulieren; **~ля́р** *m* [1] Formular *n*; † Dienstliste *f*.
форпóст ⚔ *m* [1] Vorposten.
форс *m* [1] Hochmut; Anmaßung *f*, Wichtigtuerei *f*; для ~у P wichtigtuerisch; задáть ~у „angeben".
форси́ровать [7] (*im*)*pf.* forcieren, (er)zwingen; форси́рованный марш *m* Eilmarsch.
форси́ть P [15; -ршý, -рси́шь] wichtig tun, prahlen; Staat machen, prunken.
форсýн P *m* [1 *e.*] Wichtigtuer; **~ка** ⊕ *f* [5; *g/pl.*: -нок] Düse; Zerstäuber *m*.
форт ⚔ *m* [1; *pl. e.*] Fort *n*; ~-застáва ⚔ *f* Sperrfort *n*.
фóртель *m* [4] Streich, Stückchen *n*, Kniff.
фортификáция ⚔ *f* [7] Fortifikation, Befestigungskunst.
фóрт(оч)ка *f* [5; *g/pl.*: -ток (-чек)] Klapp-, Schiebe-fenster(chen) *n*.
фóрточник *m* [1] Fassadenkletterer.
форшлáг ♪ *m* [1] Vorschlag.
фóсфор *m* [1] Phosphor.
фотóграф *m* [1] Fotograf; ~-любитель *m* Amateurfotograf; **~и́ровать** [7], <с-> fotografieren; **~ия** (-'gra-) *f* [7] Fotografie.
фото|лаборатóрия ⚔ *f* [7] Bildstelle; **~метр** (-'tɔ-) *m* [1] Lichtmesser; **~развéдка** ⚔ *f* [5; *g/pl.*: -док] Bildaufklärung; **~репортáж** *m* [1] Bildreportage *f*; **~трансформáтор** *m* [1] Entzerrungsgerät *n*.
фóфан P *m* [1] Dummkopf.
фрáза *f* [5] Phrase, (leere) Redensart; Satz *m*.
фразеолóгия *f* [7] Phraseologie.
фразёр *m* [1] Phrasenmacher, Schönschwätzer.
фрак|и́ец *m* [1; -ки́йца] Thrazier; **'≗ия** *f* [7] Thrazien *n*.
фракци|óнный [14] Fraktions...; **~я** ('frak-) *f* [7] (*Parlament*) Fraktion, Partei.
фрамýга △ *f* [5] (*festes*) Fensteroberteil *n*.
франки́ровать [7] (*im*)*pf.* (*Briefe usw.*) frankieren.
франкмасóн *s.* масóн.
франкóн|ец *m* [1; -нца] Franke; **≗ия** *f* [7] Franken *n*.
франт, **'~ик** *m* [1] Stutzer, Geck, Modenarr; **~и́ть** [15; -нчý, -нти́шь] den Stutzer machen, stutzern; Staat machen; **~и́ха** *f* [5] Stutzerin, Modedame; **~овскóй** [14] stutzermäßig, stutzer-, gecken-haft; **~овствó** *n* [9] Stutzertum, Modesucht *f*.
Фрáнция *f* [7] Frankreich *n*.
францýженка *f* [5; *g/pl.*: -нок] Französin; бóнна-~ französische Bonne *od.* Erzieherin.
францýз *m* [1] Franzose; **~ский** [16] französisch.
фрахт *m* [1] Fracht *f*; **~овáть** [7], <за-> (*Schiff zur Frachtbeförderung*) mieten; **~óвый** [14] Fracht...
фрáчный [14] Frack...
ФРГ (Федерати́вная Респýблика Гермáния) *f* Bundesrepublik Deutschland.
фребели́чка *f* [5; *g/pl.*: -чек] Kindergärtnerin.
фрегáт *m* [1] ⚓ Fregatte *f*; (*Zool.*) Fregattvogel.
фрéза ⊕ *f* [5], **фрéзер** *m* [1] Fräse(r *m*) *f*.
фрéйлина *f* [5] Hoffräulein *n*.
френóлог *m* [1] Phrenologe; **~ия** (-'lɔ-) *f* [7] Phrenologie, Schädellehre.
френч *m* [1; *g/pl.*: -ей] Joppe *f*; Touristenjacke *f*; ⚔ Tuchrock.
фрéска *f* [5] Fresko(malerei *f*) *n*.
фриво́льный [14] frivol, leichtfertig.
фриз *m* [1] † Fries; △ Fries (*Gesims*).
фрикадéлька (-'dɛ-) *f* [5; *g/pl.*: -лек] Frikadelle, Klops *m*.
фрикасé *n* [*unv.*] Frikassee.
фриц *m* [1] (*ver.*) deutscher Faschist.
фронт ⚔ *m* [1] Front *f*; стать во ~ Front machen; еди́ный ~ Einheitsfront *f*; **~и́т** ⚕ *m* [1] Stirnhöhlenentzündung *f*; **~ови́к** *m* [1 *e.*] Frontsoldat; **~овóй** [14] Front...
фронтóн △ *m* [1] Fronton, Ziergiebel.
фрукт *m* [1] Frucht *f*; ~ы *pl.* Obst *n*; F (*fig.*) (sauberes) Früchtchen *n*; **~óвый** [14] Frucht..., Obst...; **~óза** *f* [5] Fruchtzucker *m*.
фтор ⚗ *m* [1] Fluor.
фу pfui!; uff! (*bei Ermüdung*); фý-ты, нý-ты! F sieh' mal einer an! (*Verwunderung*); na, was hab' ich gesagt! (*selbstzufriedene Genugtuung*).

фу́га ♪ *f* [5] Fuge; ⚠ Nute.
фуга́нок *m* [1; -нка] Schlichthobel.
фуга́с ⚔ *m* [1] Flatter-, Tret-mine *f*; **~ка** ✈ *f* [5; *g/pl.*: -сок] Sprengbombe; **~ный** [14] Spreng...
фузилёр ⚔ *m* [1] Füsilier.
фу́к|ать [1], <**~нуть**> [20] (*Damespiel: e-n Stein*) blasen.
фунда́мент *m* [1] Fundament *n*, Grund, Grundlage *f*; **~а́льный** [14; -лен, -льна] fundamental; Fundamental...; **~ный** [14] Fundament..., Grund...
фуникулёр *m* [1] Drahtseilbahn *f*.
функци|они́ровать [7] funktionieren, fungieren; **~я** (ˈfunk-) *f* [7] Funktion, Verrichtung.
фунт *m* [1] Pfund *n* (= *0,41 kg*); э́то вам не фунт изю́му! F (*scherz.*) das ist kein Zuckerlecken für Sie, keine Kleinigkeit; **ˈ~ик** *m* [1] Pfündchen *n*; (Papier-)Tüte *f*; **~ови́к** *m* [1 *e.*] Pfundgewicht *n*; **~ово́й** [14] einpfündig; Pfund...
фу́ра *f* [5] Fuhre; Last-, Frachtwagen *m*.
фура́ж ⚔ *m* [1 *e.*] Furage *f*.
фура́жечный [14] Mützen...
фуражи́ров|ать ⚔ [7] furagieren; **~ка** (-ˈrɔf-) *f* [5; *g/pl.*: -вок] Furagierung.
фура́жка *f* [5; *g/pl.*: -жек] (фо́рменная Uniform-)Mütze.
фура́жный ⚔ [14] Furage...
фурго́н *m* [1] (verdeckter) Packwagen, Planwagen, (*Möbel-*)Wagen.
фу́рия *f* [7] Furie.
фурма́нщик *m* [1] Hundefänger.
фуро́р *m* [1] Furore *n*, rauschender Beifall.
фуру́нкул ⚕ *m* [1] Furunkel; **~ёз** ⚕ *m* [1] Furunkulose *f*.
фурье́р ⚔ *m* [1] Furier.
фут *m* [1] Fuß (*Längenmaß = 30,48 Zentimeter*); **~бо́л** *m* [1] Fußball; **~боли́ст** *m* [1] Fußball(spiel)er; **~бо́лка** *f* [5; *g/pl.*: -лок] Fußballhemd *n*.
футеро́вка ⊕ *f* [5; *g/pl.*: -вок] Auskleidung.
футля́р *m* [1] Futteral *n*; Etui *n*, Hülle *f*, Überzug; Behälter; челове́к *m* в **~е** zugeknöpfter Mensch, Mensch ohne Horizont, Bürokrat (*nach dem Titel e-r Erzählung v. Tschechov*).
футури́зм *m* [1] (*Malerei*) Futurismus.
футшто́к ⚓ *m* [1] Pegel.
фуфа́ечный [14] Kamisol...
фуфа́йка *f* [5; *g/pl.*: -а́ек] Strickjacke, Unterjacke.
фуфу́: на **~** P oberflächlich, so leichthin, so hingehuscht (*et. machen*).
фуфы́риться [13] sich ärgern; heftig werden, auffahren.
фы́рк|ать [1], <**~нуть**> [20] schnauben (*Pferde*); **~ать** (со́ смеху) herausplatzen, auflachen.
фюзеля́ж ✈ *m* [1; *g/pl.*: -ей] (Flugzeug-)Rumpf.

Х

Х, х *n u. m* (*s.* A) Ch, ch *n.*
хáвбек *m* [1] (*Sport*) half-back, Läufer.
хавpóнья *f* [6] (*scherz.*) Schwein *n.*
хавтáйм *m* [1] (*Sport*) Halbzeit *f.*
хáживать *Iter. zu* ходи́ть.
хáки ⚔ [*unv.*] khaki(farben), feldgrau.
халáт *m* [1] Schlafrock; *a.* дóкторский ~ Ärzte-mantel, -kittel; **~ность** *f* [8] Lotterleben *n*, Schlamperei, Schlendrian *m*; **~ный** [14; -тен, -тна] schlafmützig, lott(e)rig.
халвá *f* [5] Nußmarzipan *n.*
халдéй *m* [3] Chaldäer.
Халдéя *f* [6] Chaldäa *n.*
халтýр|а F *f* [5] Nebenerwerb *m*, Nebenverdienst *m*; Pfuscherei; Kitsch *m*; **~ить** [13] pfuschen; leichtem Verdienst nachjagen.
халýй *m* [3] Lakai; (*fig.*) Speichellecker.
халýпа F *f* [5] kleine Kate.
хам *m* [1] grober (*od.* gemeiner) Mensch.
хамелеóн *m* [1] (*Zool.*) Chamäleon *n*; (*fig.*) wetterwendischer Mensch, Wetterfahne *f.*
хамсá *f* [5] Anschovis.
хáмский [16] grob, gemein.
хандбóл *m* [1] (*Sport*) Handball (-spiel *n*).
хандр|á *f* [5] Schwermut, Trübsinn *m*; **~и́ть** [13] schwermütig sein; Grillen fangen, Trübsal blasen.
хан|жá *m/f* [5; *g/pl.*: -жéй] Scheinheilige(r), Mucker(in *f*); **~жествó** *n* [9] Scheinheiligkeit *f*, Frömmelei *f*, Muckertum; **~жи́ть** [16; -жý, -жи́шь] scheinheilig sein, frömmeln, muckern.
ханты́ [*unv.*] Chanten (*ugro-finnisches Volk der UdSSR*; *früher*: *Ostjaken*).
хаó|с *m* [1] Chaos *n*, Wirrwarr, Wust; **~ти́ческий** [16] chaotisch, verworren.
хáп|ать P [1], <~нуть> [20] (er-) greifen, packen; ergaunern; **~ýга** P *m/f* [5] Gauner(in *f*), Dieb(in *f*).
харáктер *m* [1] Charakter, Wesensart *f*, Einschlag; **~изовáть** [7] (*im*)*pf.* *u.* <о-> charakterisieren, kennzeichnen; **~и́стика** *f* [5] Charakteristik; Führungszeugnis *n*; **~ность** (-ˈţɛr-) *f* [8] Charakterfestigkeit; **~ный** [14; -рен, -рна] **1.** P charakterfest; **2.** (-ˈţɛr-) charakteristisch, kenn-, be-zeichnend; Charakter...
хáриус *m* [1] Äsche *f* (*Fisch*).
хáрк|ать [1], <~нуть> [20] (T) (aus)speien, auswerfen; **~óтина** *f* [5] ausgeworfener Schleim *m*, Auswurf *m.*
хáртия *f* [7] Urkunde.
харч F *m* [1; *pl. e.*: -и́, -éй] (*mst pl.*) Lebensmittel *n/pl.*; Beköstigung *f*, Kost *f.*
харчé|вня F *f* [6; *g/pl.*: -вен] Speisehaus *n*, Garküche; **~вóй** [14] Kost..., Zehr...
Хáрьков *m* [1] Charkow *n.*
хáря P *f* [6] Fratze, Fresse.
хáта *f* [5] (Bauern-)Hütte; моя́ ~ с крáю F ich weiß von nichts, mein Name ist Hase.
хáхаль *m* [4] Gauner, Schwindler; Stutzer, Geck.
хáять [27], <о-> schelten, tadeln, rügen; in den Schmutz ziehen.
хва|лá *f* [5] Lob *n*; **~лéбный** [14; -бен, -бна] lobend; Lob...; **~лёный** [14] (*iron.*) hochgepriesen; **~ли́ть** [13; хвалю́, хвáлишь; хвáленный], <по-> loben, preisen; **-ся** sich rühmen, prahlen; **~льбá** *f* [5; *g/pl.*: -лéб] Prahlerei.
хвáст|ать [1], <по->, *a.* **-ся**, *einm.* <~нýть> [20] prahlen, großtun, sich rühmen (T mit); **~ли́вый** [14*K.*] prahlerisch, prahlsüchtig; **~овствó** *n* [9] Prahlerei *f*, Großtuerei *f*; **~ýн** *m* [1 *e.*] Prahler, Gernegroß.
хват *m* [1] (*ver.*) gewandter (*od.* flinker) Mensch; **~áтельный** [14] zum Greifen dienend, Greif ...; **~áть** [1] **1.** <схвати́ть> [15] *a.* **-ся** (за В) (an)fassen, packen (bei), ergreifen, greifen (nach); **2.** <хвати́ть> [15] P (*schnell*) hinunterschlucken; P schlagen; ~ать

че́рез край zu weit gehen, sich vergaloppieren; **3.** <хвати́ть> [*unpers.*] (P) (aus-, hin)reichen, langen; с меня́ хва́тит F ich habe die Nase voll; не ~а́ть fehlen; у меня́ де́нег не ~а́ет mein Geld reicht nicht (aus); его́ не хва́тит на э́то де́ло F dazu langt's bei ihm nicht, dazu ist er nicht fähig; **'~ка** *f* [5; *g/pl.*: -ток] Griff *m*; Biß *m*; **'~кий** [16; -ток, -ка́, -o] geschickt zugreifend; (*fig.*) leicht auffassend; **~ь** P (*präd.*) plötzlich packte, schlug (ich, er *usw.*); (ich, er *usw.*) begann hastig zu suchen.

хвой *m* [3] *s.* хво́я; **'~ный** [14] Nadel... (*Wald, Baum usw.*).

хвора́ть [1] kränkeln; *vgl.* за~.

хво́рост *m* [1] (*koll.*) Reisig *n*, Reisholz *n*; Räderkuchen; **~и́н(к)а** *f* [5; (*g/pl.*: -нок)] lange Rute.

хво́рость *f* [8] Kränklichkeit.

хворостяно́й [14] Reis(holz)..., Reisig...

хво́рый P [14; хвор, -а́, -o] kränklich.

хворь F *f* [8] *s.* хво́рость.

хвост *m* [1*e.*] Schwanz, Schweif; Schleppe *f* (*am Kleid*); F (lange) Reihe *f*, Schlange *f*; встать в ~ sich anstellen; стать в ~е́ *od.* стоя́ть ~о́м anstehen, sich anstellen; поджа́ть ~ klein beigeben; сдава́ть ~ы́ F Schwanz nachmachen (*beim Examen*); **~а́тый** [14*K.*] geschwänzt, geschweift; Schwanz...; **'~ик** *m* [1], **~и́шко** *m* [1; *g/pl.*: -шек] Schwänzchen *n*; с ~иком F mit etwas, etwas über ...; **~ово́й** [14] Schwanz..., Schweif...; ~ово́е опере́ние ✈ *n* Schwanzleitwerk.

хвощ ♀ *m* [1*e.*; *g/pl.*: -е́й] Schachtelhalm; **~о́вый** [14] Schachtelhalm...

хво́я *f* [6] (Tannen- *usw.*) Nadel(n *pl.*); Tannenzweige *m/pl.*

хеди́в *m* [1] Khedive.

хе́рес *m* [1] Xereswein.

херуви́м *m* [1] Cherub.

хиба́рка *f* [5; *g/pl.*: -рок] elende Hütte.

хи́жин|а *f* [5] Hütte; **~ка** *f* [5; *g/pl.*: -нок] kleine Hütte, Hüttchen *n*.

хи́ле|нький [16] schwächlich; **~ть** (-'ļeţ) [8], <за-> schwächlich werden.

хи́лость *f* [8] Schwächlichkeit.

хи́лый [14; хил, -а́, -o] schwächlich, hinfällig, siech.

химе́р|а *f* [5] Chimäre, Hirngespinst *n*; **~и́ческий** [16], **~и́чный** [14; -чен, -чна] chimärisch, phantastisch.

хи́ми|к *m* [1] Chemiker; **~ческий** (-'mi-) [16] chemisch; ⚔ Gas...; ~ческие проду́кты *m/pl.* Chemikalien *pl.*; **~я** *f* [7] Chemie.

химкомбина́т *m* [1] Vereinigung *f* chemischer Betriebe.

хи́на F *f* [5] Chinarinde, Chinin *n*.

хини́н ⚕ *m* [1] Chinin *n*.

хи́нный [14] China..., mit Chinin.

хире́ть [8], <за-> (dahin)siechen.

хирома́нт *m* [1] Handwahrsager; **~ия** *f* [7] Chiromantie, Wahrsagen *n* aus der Hand.

хиру́рг *m* [1] Chirurg, Wundarzt; **~и́ческий** [16] chirurgisch, wundärztlich; **~и́я** *f* [7] Chirurgie, Wundarzneikunst.

хитре́ц *m* [1*e.*] Schlaukopf; **~а́**: с ~о́й F schlau, pfiffig.

хитри́ть [13], <с-> (hinter)listig (*od.* schlau) handeln *od.* verfahren; klügeln, künsteln.

хитросплете́ние *n* [12] Haarspalterei *f*, Wortklauberei *f*.

хи́трость *f* [8] Schlauheit, List, Verschmitztheit.

хитроу́мный [14; -мен, -мна] gekünstelt, spitzfindig.

хи́трый [14; -тёр, -тра́, -o] schlau, (hinter)listig, verschmitzt, ausgeklügelt; kompliziert; голь на вы́думки хитра́ (*Spr.*) Not macht erfinderisch.

хихи́к|ать [1], <~нуть> [20] kichern.

хище́ние *n* [12] Raub(en *n*) *m*; (*mst pl.*) Unterschleif *m*, Unterschlagungen *f/pl.*

хи́щни|к *m* [1] Räuber, Raubtier *n*; **~ческий** [16] räuberisch; Raub...; **~чество** *n* [9] Raub(en *n*) *m*.

хи́щный [14; -щен, -щна] raubgierig, räuberisch; reißend (*Tier*); Raub...

хладнокро́в|ие *n* [12] Kaltblütigkeit *f*; **~ный** [14; -вен, -вна] kaltblütig, gelassen.

хладобо́йня *f* [6; *g/pl.*: -бо́ен] Schlachthof *m* (mit Kühlhaus).

хлам *m* [1] (*koll.*) Gerümpel *n*, Kram.

хлами́да *f* [5] (*scherz.*) alte abgetragene Kleidung.

хлеб *m* **1.** [1] Brot *n*; дома́шний ~ hausgebackenes Brot *n*; **2.** [1; *pl. e.*:

-бá] Unterhalt; Getreide *n*, Korn *n*; быть на **~áх** in Kost sein (у P bei); ~ да соль! gesegnete Mahlzeit!; с ~а на квас перебивáться sehr ärmlich leben.

хлеб|áть [1], <по->, *einm.* <~нýть> [20] mit dem Löffel essen, löffeln; schlürfen; уйтѝ не сóлоно ~áвши F unverrichteter Dinge abziehen.

хлéб|ец *m* [1; -бца], **~ик** *m* [1] Brötchen *n*; **~ник** *m* [1] (Brot-)Bäcker; Brotverkäufer; **~нýть** *s.* ~áть; **~ный** [14] Brot...; Korn..., Getreide...; einträglich; ~ная *f* Bäckerei.

хлебозавóд *m* [1] Brotfabrik *f*.

хлебопáше|ство *n* [9] Acker-, Land-bau *m*; **~ствовать** [7] Ackerbau treiben; **~ц** *m* [1; -шца] Ackerbauer.

хлебопекáрня *f* [6; *g/pl.*: -рен] Brotbäckerei, Backstube.

хлеборéзка *f* [5; *g/pl.*: -зок] Brotschneidemaschine.

хлебоpóдный [14; -ден, -дна] kornreich; ergiebig, fruchtbar.

хлебосóл *m* [1], **~ка** *f* [5; *g/pl.*: -лок] gastfreundlicher Mensch *m*.

хлебосóль|ный [14; -лен, -льна] gastfrei; **~ство** *n* [9] Gastfreundschaft *f*.

хлеботоргóвец *m* [1; -вца] Korn-, Getreide-händler.

хлеб-сóль *f* [1 *u.* 8; *gen.* хлéба-сóли] Brot *n* und Salz *n* (*zur Bewillkommnung*), Bewirtung; Gastfreundschaft; водѝть ~ verkehren (с T mit).

хлев *m* [1; *pl. e.*: -á] (Vieh-)Stall; **~óк** *m* [1; -вкá] kleiner Stall, Ställchen *n*.

хлестакóв *m* [1] Hochstapler, Schwindler (*Name des Helden aus Gogols Komödie „Der Revisor“*); **~щина** *f* [5] Hochstapelei.

хлест|áть [3], <~нýть> [20] peitschen; strömen, spritzen; P saufen.

хлёсткий [16; -ток, хлесткá, -о] stark, heftig; treffend, scharf, F schmissig.

хлѝпать F [1] schluchzen.

хлѝпкий P [16; -пок, -пкá, -о] schwach, kränklich.

хлобыст|áть P [3], <~нýть> [20] peitschen, schlagen.

хлоп plumps!, klaps!, klatsch!

хлóпальщик *m* [1] Beifallklatscher.

хлóпать [1], <по->, *einm.* <хлóпнуть> [20] (laut) schlagen, klapsen; klatschen; zuschlagen (*Tür*); ~ когó по плечý j-m auf die Schulter klopfen; ~ глазáми mit den Augen blinzeln, nichts verstehen; **-ся** heftig hinfallen; sich stoßen.

хлóпец P *m* [1; -пца] Bursche, Kerl.

хлóпок[1] *m* [1; -пка] Flocke *f*; Baumwolle *f*.

хлопóк[2] *m* [1; -пкá] (*mst pl.*) Applaus, Beifall; Klaps; Knall.

хлопотáть [3], <по-> (о П) sich bemühen, besorgt sein (um); ein gutes Wort einlegen (für).

хлопотлѝвый [14*K.*] (viel) geschäftig; mühevoll.

хлопо|тýн *m* [1*e.*] Geschäftige(r); **~ты** (ˈxɫɔ-) *f/pl.* [*gen.*: -пóт] (о П) Bemühungen, Sorgen (um), Scherereien (mit); он причиняет мне мнóго хлопóт er macht mir viel zu schaffen; хлопóт пóлон рот (*Spr.*) nicht wissen, wo einem der Kopf steht.

хлопýшка *f* [5; *g/pl.*: -шек] Knallbüchse; Klatsche; Fliegenklappe; Knallbonbon *m od. n*; Leimkraut *n*.

хлопчáтка F *f* [5; *g/pl.*: -ток] Baumwollgewebe *n*.

хлопчáтник *m* [1] Baumwollstaude *f*.

хлопчáт(обумáжн)ый [14] baumwollen; Baumwoll(en)...

хлóпье *n* [10; *g/pl.*: -ьев] (*mst pl.*) Flocken *f/pl.*; **~вѝдный** [14] flockig.

хлор *m* [1] Chlor *n*; **~ѝровать** [7] (*im*)*pf.* (*Wasser*) chloren; **ˈ~истый** [14] chlorhaltig; Chlor...; **ˈ~ный** [14] Chlor...; **~оводорóд** *m* [1] Chlorwasserstoff; **~офѝлл** *m* [1] Chlorophyll *n*.

хлорофóрм *m* [1] Chloroform *n*; **~ѝровать** [7] (*im*)*pf.*, *a.* <за-> chloroformieren.

хлы́нуть [20; *nur 3. Pers.*] *pf.* hervorströmen, sich (plötzlich) ergießen.

хлыст *m* [1*e.*] (Reit-)Peitsche *f*, Gerte *f*; Geißler (*Sektierer*); **ˈ~ик** *m* [1] kleine (Reit-)Peitsche *f*.

хлыщ F *m* [1*e.*; *g/pl.*: -éй] Geck.

хлюп|ать [1], *einm.* <~нуть> [20] glucksen.

хлюст P *m* [1*e.*] durchtriebener Frechling.

хля́б|ать [1] wackeln; klappern; **~кий** [16] klapp(e)rig.

хлябь *f* [8] Öffnung, Schlund *m*.
хля́стик *m* [1] Strippe *f* (*an Kleidung*).
хмеле|во́й ⚘ [14] Hopfen...; **~к** (-ˈl̦ɔk) *m* [1; -лька́]: он под хмелько́м er hat einen (kleinen) Spitz *od.* Schwips (weg); **~ть** (-l̦eʒ) [8], <о-> berauscht (*od.* betrunken) werden.
хмели́ть *s.* охмеля́ть.
хмель ⚘ *m* [4] Hopfen; Rausch; в (*od.* во) хмелю́ berauscht; **~но́й** [14; -лён, -льна́] berauscht, betrunken; berauschend; ~но́е *n* geistige Getränke *pl.*
хму́|рить *s.* нахму́ривать; **~рый** [14; -р, -ра́, -ро] trübe, finster.
хмы́к|ать F [1], <~нуть> [20] „hm" sagen.
хна ⚘ *f* [5] Henna (*u. Farbe*); flüssige Haarseife.
хны́к|ать [3], *einm.* <~нуть> [20] (auf)schluchzen; flennen, plärren; ~ать *impf.* ewig klagen.
хо́бот *m* [1] Rüssel; ⚔ Lafettenschwanz; **~о́к** *m* [1; -тка́] Saugrüssel (*Insekten*).
ход *m* [1; в -у́ *u.* -е; *pl.*: хо́ды́ *u.* F хода́, -о́в] Gang; Lauf; Verlauf; (кре́стный Kirchen-)Prozession *f*; Zug (*Fische*); Eingang; Schachzug; (*Kartenspiel*) Ausspielen *n*; (*Brettspiel*) Zug; Hub (*des Kolbens usw.*); ⚓ Fahrt *f*; пусти́ть в ход anlassen, in Gang setzen; (*fig.*) in Umlauf bringen; дать за́дний ~ den Rückwärtsgang einschalten; знать все ~ы́ и вы́ходы F alle Schliche kennen; ваш ~ Sie spielen aus; ваш ~ *od.* за ва́ми ~ Sie sind am Zuge, Sie (müssen) ziehen; быть в ~у́ im Gange (*od.* gangbar) sein, verkehren, kursieren; не в ~у́ ungebräuchlich, nicht gangbar; на ~у́ im Gehen; während der Fahrt; ему́ ~у нет er kommt nicht vorwärts; дать де́лу ~ eine Sache fördern *od.* in Gang bringen; (*Schach*) ~ коня́ Rösselsprung; ~ конём (*Schach*) Springerzug; ~ сообще́ния ⚔ Verbindungsgraben; холосто́й ~ Leerlauf.
хода́тай *m* [3], **~ница** *f* [5] Fürsprecher(in *f*); ~ по дела́м Sachwalter, Anwalt; **~ство** *n* [9] Fürsprache *f*, Befürwortung *f*; Bittgesuch; пода́ть ~ство = **~ствовать** [7], <по-> (о П *od.* за В) sich verwenden (für), sich bemühen (um), Fürsprache einlegen (für), befürworten, einkommen (um).
ходи́ть [15; хо́дя́] **1.** gehen; (*Kartenspiel*) ausspielen; (*Brettspiel*) (e-n Stein) ziehen, e-n Zug tun; 🚌 verkehren; gelten (*Münze*); ~ за (Т) pflegen, warten, beaufsichtigen; ~ по́ миру betteln gehen; ~ по́ саду im Garten umhergehen; ~ на ле́кции Vorlesungen besuchen; ~ вокру́г да о́коло F wie die Katze um den heißen Brei gehen; **2.** <с-> F austreten gehen.
хо́дкий [16; хо́док, -дка́, -о; *comp.* хо́дче] leicht (*od.* gut) gehend; gangbar, kurant (*Ware*); sich leicht drehend; де́ло хо́дко идёт die Sache geht gut vonstatten.
ходово́й [14] gehend; Gang...; Zug...
ходо́к *m* [1*e.*] (guter) Fußgänger; Fußbote; Kundschafter; Winkeladvokat.
ходу́льный [14; -лен, -льна] geziert, gespreizt, geschraubt.
ходу́ля *f* [6; *g/pl.*: -лей] (*mst pl.*) Stelze.
ходу́н *m* [1*e.*] Schwinghebel (*am Blasebalg in der Schmiede*); **~о́м** ходи́ть F wackeln.
ходьба́ *f* [5] Gehen *n.*
ходя́|чий [17] gehen könnend, nicht bettlägerig; gangbar; ~чее сло́во *n* Schlagwort; ~чая и́стина *f* Binsenwahrheit; ~чая энциклопе́дия F *f* (*fig.*) wandelndes Auskunftsbüro *n*, Ausbund *m* an Wissen.
хожа́лка *f* [5; *g/pl.*: -лок] Krankenwärterin.
хожде́ние *n* [12] Gehen; Gang *m*; ~ по дела́м Besorgung *f* der Geschäfte; ~ по му́кам Leidensweg *m* (*Titel eines Romans von A. N. Tolstoj*); ~ в це́рковь Kirchgang *m*; име́ть ~ gelten (*Münze*).
хозрасчёт *m* [1] (хозя́йственный расчёт) Rentabilitätssystem *n*; Eigenbewirtschaftung *f.*
хозя́ин *m* [1; *pl.*: хозя́ева, хозя́ев] Wirt, Hausherr; P Familienhaupt *n*, Mann; ☨ Chef; хозя́ева *pl.* Herrschaft *f*; ~ су́дна Schiffseigentümer.
хозя́й|ка *f* [5; *g/pl.*: -я́ек] Wirtin, (дома́шняя ~ка) Hausfrau; **~ничать** [1] die Wirtschaft führen *od.* besorgen, wirtschaften, haushalten;

~ский [16] dem Wirt gehörig; Wirts...
хозя́йствен|ник *m* [1] Wirtschaftsführer, Wirtschaftler; **~ность** *f* [8] Wirtschaftlichkeit; Hauswesen *n*; **~ный** [14*K*.] wirtschaftlich, ökonomisch; Wirtschafts...
хозя́йство *n* [9] Wirtschaft *f*; Haushalt(ung *f*) *m*; Hausstand *m*; занима́ться ~м *s.* хозя́йничать.
хозя́йчик *m* [1] (*ver.*) Kleinunternehmer.
хозя́юшка *f* [5] liebe (Frau) Wirtin.
хокке́й *m* [3] (*Sport*) Hockey *n*.
хо́ление *n* [12] Putzen; (Ver-) Hätscheln.
холе́р|а ⚕ *f* [5] Cholera; **~ик** *m* [1] Choleriker, Jähzornige(r); **~и́на** ⚕ *f* [5] Cholerine; **~и́ческий** [16] cholerisch, jähzornig; **~ный** [14] Cholera...
хо́лить [13] putzen; (ver)hätscheln; pflegen, warten; striegeln.
хо́лка *f* [5; *g/pl.*: -лок] Rist *m* (*der Pferde*).
холл *m* [1] Halle *f*.
холм *m* [1 *e.*] Hügel; **'~ик** *m* [1] kleiner Hügel; **~и́стый** [14*K*.] voll(er) Hügel, hüg(e)lig; Hügel...; **~ого́рье** *n* [10] Hügelland.
хо́лод *m* [1; *pl. e.*: -á] Kälte *f*; **~е́ть** [8], <(п)о-> kalt werden, erkalten.
холоде́ц *m* [1; -дцá] Sülze *f*.
холоди́льник *m* [1] Kühler, Kühlschrank, -raum; ваго́н-~ Kühlwagen.
холод|и́ть [15; -ожу́, -оди́шь], <на-> [нахоложённый] kalt machen, (ab)kühlen; **~ненький** (-'łɔd-) [-не́нько] [16] ziemlich kalt *od.* kühl; **~не́ть** [8; *nur 3. Pers.*], <по-> kälter werden; **~нова́тый** [14*K*.] etwas kalt *od.* kühl; **~ность** ('хɔ-) *f* [8] Kälte; Gefühlskälte; **~ный** (-'łɔd-)[14; хо́лоден, -днá, хо́лодно] kalt; Kalt...; (*fig.*) kühl (к Д gegen); ~ное *n* kalte Speisen *f/pl.*; здесь хо́лодно es ist hier kalt; ~ная войнá *f* kalter Krieg *m*; ⚔ ~ное ору́жие *n* blanke (*Hieb- u. Stoß-*) Waffe *f*, Seitengewehr; **~о́к** *m* [1; -дкá] Kühle *f*; frischer Luftzug; kühler Ort.
холо́п *m* [1] Leibeigene(r); Knecht; **~ский** [16] knechtisch; **~ство** *n* [9] Knechtschaft *f*.
холо|сти́ть [15; -ощу́, -ости́шь; -ощённый], <вы́-> verschneiden, kastrieren; **~сто́й** [14; *präd. nur* хо́лост] unverheiratet, ledig; Junggesellen...; blind (*Schuß usw.*); leer...; einschichtig; ~сто́й патро́н *m* Platzpatrone *f*; ~стáя ры́ба *f* Fisch *m* ohne Rogen; **~стя́к** *m* [1 *e.*] Junggeselle.
холст *m* [1 *e.*] Leinen *n*, Leinwand *f*; **~и́на** *f* [5] (Stück *n*) Leinwand; **~яно́й** [14] leinen; Leinwand...
холу́й *m* [3 *e.*; *g/pl.*: -уёв] Liebediener, Schmeichler.
хо́ля *f* [6] Verhätsch(e)lung, Verzärtelung; Behaglichkeit; жить в хо́ле in der Wolle sitzen.
хому́т *m* [1 *e.*] Kum(me)t *n*; ⊕ Bügel, Schelle *f*; **~áть** [1] (ло́шадь e-m Pferd) das Kum(me)t auflegen.
хомя́к *m* [1 *e.*] (*Zool.*) Hamster; (*fig.*) Schlafmütze *f*.
хор *m* [1] Chor; **~ы** *pl.* Empore *f*, Kirchenchor *m*.
хорвáт *m* [1] Kroat.
хо́рда ⩓ *f* [5] Chorde, Sehne.
хоре́й *m* [3] (*lit.*) Trochäus.
хорёк *m* [1; -рькá] (*Zool.*) Iltis.
хоре́я ⚕ *f* [6; *g/pl.*: -е́й] Veitstanz *m*.
хорово́д *m* [1] Reigen(tanz); **~ник** *m* [1] Führer *od.* Vorsänger beim Reigentanz.
хоро|во́й [14] chorisch; Chor...; ~вáя деклама́ция *f* Sprechchor *m*.
хоро́мы *f/pl.* [5] (*hist.*) Gemächer *n/pl.*; Herrenhaus *n*; (*scherz.*) Luxuswohnung *f*.
хорони́ть [13; -оню́, -о́нишь] **1.** <по-> [похоро́ненный] beerdigen, begraben; **2.** P <с-> [схоро́ненный] verbergen, verwahren; **-ся** Versteck spielen.
хорохо́риться P [13], <рас-> wichtig tun; sich brüsten.
хоро́|шенький [16] hübsch; ~шенькое сла́дко! P von wegen süß! (*überhaupt nicht süß*); **~ше́нько** ordentlich, gehörig, recht; **~ше́ть** [8], <по-> schöner (*od.* hübscher) werden; **~ший** [17; хоро́ш, -á; *comp.* лу́чше, *sup.* лу́чший] gut; ~ший (собо́й) hübsch, schön; ~шо́ воспи́танный wohlerzogen; онá ~шá собо́й sie ist hübsch; мне ~шо́ ich habe es (*od.* es geht mir) gut; что ~шего? was gibt es Gutes?; (желáю вам) всего́ ~шего! ich wünsche Ihnen alles Gute!; ~шо́ вам говори́ть! Sie haben gut reden!

хору́гвь *f* [8] (церко́вная ~) Kirchenfahne.
хору́нжий [17] (*hist.*) Kosakenleutnant *m*.
хо́ры ⚠ *m/pl.* [1] Empore *f*.
хорь *m* [4*e*.] *s.* хорёк; **~ко́вый** [14] Iltis...
хоте́ть [хочу́, хо́чешь, хо́чет, хоти́м, хоти́те, хотя́т], <за-, вос-> (В *od.* P) wollen; begehren; я хоте́л бы ich möchte (gern); он не хо́чет вам зла er wünscht Ihnen nichts Böses; хо́чешь, не хо́чешь wohl oder übel, ob man will oder nicht; как хоти́те, а ... sagen Sie, was Sie wollen, aber ... (*als Einwand*); е́сли хоти́те, ... sicherlich ... (*als Antwort*); **-ся** [*unpers.*]: мне хо́чется (хоте́лось) ich will (wollte), ich habe (hatte) Lust, es gelüstet(e) mich, ich sehn(t)e mich (в *od.* на В nach); ему́ хо́чется домо́й er möchte gern nach Hause gehen; мне хо́чется есть (пить) es hungert (durstet) mich, ich habe Hunger (Durst).
хоть obgleich, obwohl, obschon; sogar, wenn Sie wollen (*du willst usw.*); doch, wenigstens, nur; ~ (бы) wenn auch (nur), wenigstens; ~ бы и не сра́зу wenn auch nicht (so-)gleich; ~ ... ~ ob ... ob; entweder ... oder; ~ сего́дня, ~ за́втра ob heute, ob morgen — mir ist's gleich; хоть бы и так selbst wenn dem so wäre; ~ убе́й, не зна́ю und wenn's meinen Kopf kostet, ich weiß es nicht; ~ куда́! prima!; tüchtig!; ~ вы́жми zum Auswringen.
хотя́ obwohl; ~ бы sogar wenn.
хохла́|тка *f* [5; *g/pl.*: -ток] schopfiges Huhn *n*; **~тый** [14*K*.] schopfig.
хо́хлиться [13], <на-> (*Gefieder*) sich sträuben.
хохо́л *m* [1; хохла́] Schopf, Tolle *f*; Kleinrusse (*Spitzname*); **~о́к** *m* [1; -лка́] kleiner Schopf, Schöpfchen *n*.
хо́хот *m* [1] lautes Gelächter *n*; **~а́ть** [3] schallend lachen; **~у́н** *m* [1*e*.], **~у́шка** *f* [5; *g/pl.*: -шек] Lacher(in *f*); (*fig.*) Lachtaube *f*.
храбр|е́ть [8], <по-> tapfer werden; **~е́ц** *m* [1*e*.] Tapfere(r), Held; **~и́ться** [13], <рас-> tapfer tun; **'~ость** *f* [8] Tapferkeit, Mut *m*; **'~ый** [14; храбр, -á, -o] tapfer, mutig.
храм *m* [1] Tempel, Kirche *f*; **~о́вник** *m* [1] Tempel-herr, -ritter; **~ово́й** [14] Tempel..., Kirchen...
хране́ние *n* [12] Aufbewahrung *f*; отда́ть на ~ in Verwahrung geben.
храни́лище *n* [11] Behälter *m*; Aufbewahrungsort *m*.
храни́тель *m* [4] Hüter, Schützer, Aufbewahrer; ~ печа́ти Siegelbewahrer; а́нгел-~ Schutzengel.
храни́ть [13], <со-> hüten, (be-)schützen, (auf)bewahren; beobachten; (*Gesetze usw.*) halten; храни́ бог! (Gott) behüte!
храп *m* [1] Scheidewand *f* (*der Nase*); Geschnarche *n*, Schnarchen *n*; Sperrhaken; **~е́ть** [10; -плю́, -пи́шь], *einm.* <~ну́ть> [20] schnarchen; schnauben (*Pferde*); **~ови́к** *m* [1*e*.] Sperrhaken; **~у́н** *m* [1*e*.] Schnarcher.
хребе́т *m* [1; -бта́] Rückgrat *n*; Bergrücken, Gebirgskette *f*; хребто́м rücklings; mühselig.
хрен ⚘ *m* [1] Meerrettich; ста́рый ~ P *s.* хрыч.
хрестома́тия *f* [7] (*lit.*) Chrestomathie, Mustersammlung.
хрип *m* [1] Röcheln *n*; ⚕ Geräusch *n* (*z.B. in der Lunge*); **~е́ть** [10; -плю́, -пи́шь] röcheln; **'~лый** [14; хрипл, -á, -o] heiser; **'~нуть** [21], <o-> heiser sein *od.* werden; **~ота́** *f* [5] Heiserkeit.
христара́дничать [1] um Almosen bitten, betteln.
христиан|и́н *m* [1; *pl.*: -áне, -áн] Christ; **'~ство** *n* [9] Christentum, Christenheit *f*.
Христо́в [19] Christi..., Christus..., Christ...; ~ день *m* Ostersonntag.
Христо́с *m* [Христа́] Christus; **2ова́ться** [7], <по-> sich am Osterfest dreimal küssen (*als Ostergruß, vgl.* воскреса́ть).
Христофо́р *m* [1] Christoph.
хромати́ческий [16] chromatisch.
хром|а́ть [1] hinken, lahmen; Mängel haben; **~е́ть** [8], <o-> lahm werden.
хро́мистый ⚗ [14] chromhaltig; Chrom...
хромо́|й [14; хром, -á, -o] lahm; Lahme(r) *m*; **~но́гий** [16*K*.] hinkend; **~но́жка** *m/f* [5; *g/pl.*: -жек] Hinkende(r), Hinkebein *n*; **~со́ма** *f* [5] (*Bio.*) Chromosom *n*; **~та́** *f* [5] Hinken *n*.
хро́ник F *m* [1] chronisch Kranke(r).
хро́ника *f* [5] Chronik, Zeitgeschichte; Tagesbericht *m*.

хроно́лог *m* [1] Chronologe; **~и́ческий** [16] chronologisch: **~ия** (-ˈłɔ-) *f* [7] Chronologie, Zeitrechnung.

хроно́метр *m* [1] Chronometer *n*, Zeitmesser.

хру́п|ать F [1] **1.** nagen, knabbern; **2.** *einm.* <~нуть> [20; *nur 3. Pers.*] platzen, springen, zerbrechen.

хру́п|кий [16; -пок, -пка́, -о; *comp.* -пче] zerbrechlich, brüchig; (*fig.*) gebrechlich, zart.

хруст *m* [1] Knirschen *n*.

хруста́лик *m* [1] Kristallinse *f* (*des Auges*).

хруста́ль *m* [4*e.*] Kristall(glas) *n*.

хруст|е́ть [11], *einm.* <ˈ~нуть> [20] knistern, knirschen.

хрущ *m* [1*e.*; *g/pl.*: -е́й] Maikäfer.

хрыч P *m* [1*e.*; *g/pl.*: -е́й] alter Kerl *od.* Knaster(bart); **~о́вка** *f* [5; *g/pl.*: -вок] altes Weib(sstück) *n*.

хрю́к|ать [1], *einm.* <~нуть> [20] grunzen (*Schweine*).

хрю́шка F *f* [5; *g/pl.*: -шек] Schwein *n*.

хря́стнуть P [20] *pf.* **1.** [*nnr 3. Pers.*] bersten, krachen; **2.** e-n kräftigen Schlag versetzen (В j-m).

хрящ *m* [1*e.*; *g/pl.*: -е́й] Knorpel; Kies(sand); **~ева́тый** [14*K.*] knorp(e)lig; kiesig; **~ево́й** [14] knorp(e)lig; Knorpel...

ху́де|нький [16] ziemlich mager; **~ть** (-ˈdʲeţ) [8], <по-> mager (*od.* hager) werden.

ху́до *n* [9] Böse(s), Übel; нет ху́да без добра́ (*Spr.*) jedes Unglück birgt sein Gutes; *s.* худо́й.

худоба́ *f* [5] Magerkeit, Hagerkeit.

худо́жест|венный [14*K.*] künstlerisch; Kunst...; **~венный беспоря́док** *m* geniale Unordnung *f*; **~веннопромы́шленный музе́й** *m* Kunstgewerbe-Museum *n*; **~во** *n* [9] Kunst *f*; **~ва** *pl.* P Schliche *m/pl.*, Streiche *m/pl.*

худо́жник *m* [1] Künstler; Kunstmaler.

худо́й 1. [14; худ, -а́, ху́до; *comp.* ху́же, *sup.* ху́дший] schlecht, übel, schlimm; худо́й мир лу́чше до́брой ссо́ры (*Spr.*) ein fauler Friede ist besser als ein guter Streit, ein magerer Vergleich ist besser als ein fetter Prozeß; **2.** [*comp.* худе́е] mager, hager; он худ те́лом er ist sehr abgemagert; **3.** P [*ohne K.*] löch(e)rig (*Schuhe, Eimer usw.*).

худосо́чие *n* [12] ⚕ Dyskrasie *f*, Kräfteverfall *m*.

худоща́вый [14*K.*] mager, hager.

ху́дший [17] *s.* худо́й.

худы́шка F *m/f* [5; *g/pl.*: -шек] kränkliches, schwächliches Kind *n*.

ху́же *s.* плохо́й, худо́й.

хулига́н *m* [1] Strolch, Rowdy; **~ы** *pl.* Pöbel *m*, Plebs *m*, Mob *m*; Straßenlümmel *m*; **~ить** [13] randalieren, groben Unfug treiben; **~ство** *n* [9] Rowdytum; Bubenstreich *m*, Lümmelei *f*, Rüpelei *f*.

хули́ть [13] tadeln; schmähen.

хурма́ ⚘ *f* [5] Dattelpflaume(nbaum *m*).

ху́тор *m* [1; *pl. e.*: -ра́] Meierei *f*, Vorwerk *n*; Einzelgehöft *n*.

Ц

Ц, ц *n u. m* (*s.* A) Z, z *n.*
цáп|ать [1], <**~нуть**> [20] packen, erwischen; (*fig.*) stibitzen; **-ся** sich anhaken (за B an *ac.*); (*fig.*) sich in die Haare geraten.
цáпка ⚒ *f* [5; *g/pl.*: -пок] (Reihen-, Furchen-)Hacke.
цáпля *f* [6; *g/pl.*: -пель] (*Zool.*) Reiher *m.*
цáпфа ⊕ *f* [5] Zapfen *m.*
цап-царáп F (*prädikativ*) klaute, besorgte, ließ mitgehen.
царáп|ать [1] **1.** <о->, *einm.* <**~нуть**> [20] kratzen (ногтя́ми mit den Nägeln), ritzen, schrammen; **2.** <рас-> zerkratzen; **3.** <на-> kritzeln; **~ина** *f* [5] Schramme, Kratzwunde.
царéв|ич *m* [1; *g/pl.*: -ей] Zarewitsch (*Sohn des Zaren*); (Märchen-) Prinz; **~на** *f* [5; *g/pl.*: -вен] Zarewna (*Zarentochter*); Prinzessin.
царедвóр|ец *m* [1; -рца] Hofmann, Höfling; **~ный** [14] hofmännisch.
царёк *m* [1; -рькá] kleiner Zar, Duodezfürst.
цареубúй|ство *n* [9] Zaren-, Kaiser-mord *m*; **~ца** *m/f* [5] Zaren-, Kaiser-mörder(in *f*).
царúть [13] herrschen.
царúца *f* [5] Zarin.
цáрский [16] zarisch, zaristisch; Zaren...; kaiserlich; цáрская вóдка *f* Königswasser *n.*
цáрственный [14] kaiserlich; Kaiser...; würdevoll.
цáрство *n* [9] Regierung *f*; Reich; ~ живóтных (растéний) Tier-(Pflanzen-)reich; **~вание** *n* [12] Regierung(szeit) *f*, Herrschaft *f*; **~вать** [7] regieren, herrschen.
царь *m* [4 *e.*] Zar, (russischer) Kaiser; König (*bsd. der Tiere usw.*); ~ небéсный himmlischer Vater; при царé Горóхе (*scherz.*) Anno Tobak; без царя́ в головé F dumm; (*in Zssgn*) ~-кóлокол *m* Kaiserglocke *f*, ~-пýшка *f* Kaiserkanone (*im Kreml zu Moskau*); ~-птúца *f* Vogelkönig *m*; ~-травá Huflattich.
Царьгрáд *m* [1] (*ehm.*) Konstantinopel *n.*
цáца F: ишь ~ какáя! ist der (die) aber hochnäsig!, ist das (die) aber ein(e) Zieraffe (Zierpuppe)!
цáцкаться P [1] liebedienern, um den Bart gehen.
цвестú [25; т *statt* д: цветý] blühen.
цвет *m* **1.** [1; *pl.*: -á] Farbe *f*; защúтный ~ Feldgrau *n*; **2.** [*pl.*: -ы́] Blüte *f*; ~ы́ *pl.* Blumen *f/pl.*; в цветý in Blüte, blühend; в цвéте лет in der Blüte der Jahre; **~éние** *n* [12] Blühen; врéмя *n* ~éния Blütezeit *f*; **'~ень** ⚘ *m* [4; -тня] Pollen, Blütenstaub; **'~ик** *m* [1] Blütchen *n*; **~úстый** [14*K.*] blumenreich; farbenreich; blühend, schwülstig (*Stil*); **~нúк** *m* [1 *e.*] Blumenbeet *n*; Blumengarten; **~нóй** [14] farbig, bunt; ~нáя капýста *f* Blumenkohl *m*; ~нóй фильм *m* Farbfilm.
цветовóдство *n* [9] Blumenzucht *f.*
цветовóй [14]: цветовáя слепотá ⚕ *f* Farbenblindheit.
цветóк *m* [1; -ткá] Blume *f.*
цвето|лóже ⚘ *n* [11] Fruchtboden *m*; **~нóжка** ⚘ *f* [5; *g/pl.*: -жек] Blütenstengel *m.*
цветóч|ек *m* [1; -чка] Blümchen *n*, Blümlein *n*; э́то всё ~ки, а я́годки впередú (*Spr.*) das dicke Ende kommt noch; **~ник** *m* [1] Blumen-zieher, -macher, -händler; **~ный** [14] Blumen...
цéвка *f* [5; *g/pl.*: -вок] (*Weberei*) Spule, Röhre; Stock *m.*
цевнúца *f* [5] (*poet.*) Flöte, Schalmei.
цедú|лка F *f* [5; *g/pl.*: -лок] Filtriertrichter *m*, Seihe; **~ть** [15] **1.** <про-> (durch)filtrieren, (durch)seihen; ~ть словá (*fig.*) zwischen den Zähnen hervorstoßen; **2.** <вы́-> abzapfen.
цедрáт *m* [1] Zitronat *n.*
цежéние *n* [12] Filtrieren, Durchseihen.
цезýра *f* [5] (*Verskunst*) Zäsur.
Цейлóн *m* [1] Ceylon *n.*
цейтлýпа *f* [5] Zeitlupe.
цейтнóт *m* [1] (*Schach*) Zeitnot *f.*
цейхгáуз ⚔ (tsej'xaus) *m* [1] Zeughaus *n.*

целе́бный [14; -бен, -бна] heilsam.
целево́й [14] auf ein bestimmtes Ziel ausgerichtet, ein bestimmtes Ziel verfolgend; целева́я устано́вка *f* рабо́ты Ziel-setzung (-ausrichtung) der Arbeit.
це́ление *n* [12] Zielen.
целе|сообра́зный [14; -зен, -зна] zweck-mäßig, -entsprechend; **~устремлённый** [14] ziel-bewußt, -strebig. [im ganzen.}
целико́м vollständig, ganz und gar,}
целина́ *f* [5] Neubruch *m*, Neuland *n*; (jede) jungfräuliche, unberührte Fläche. [heilsam; Heil...}
цели́тельный [14; -лен, -льна]}
це́лить [13], **-ся**, <на-> zielen, trachten (в B nach).
целко́вый P [14] Silberrubel *m*.
целлюло́за *f* [5] Zellulose.
целова́ть [7], <по-> küssen (в B auf *ac.*).
це́лое [14] Ganze(s) *n*; Ꭿ ganze Zahl *f*; в о́бщем и це́лом im großen und ganzen.
целому́д|ренный [14*K*.] keusch; **~рие** *n* [12] Keuschheit *f*.
це́лость *f* [8] Ganzheit; Unversehrtheit; в це́лости unversehrt.
це́лый [14; цел, -а́, -о] ganz; unversehrt, heil; по це́лым неде́лям wochenlang.
цель *f* [8] Ziel *n*; Zweck *m*; с ~ю mit der Absicht, um zu, zwecks; име́ть (свое́й) ~ю zum Zwecke haben, bezwecken; **'~ность** *f* [8] Ganzheit; Integrität; **'~ный** [14; це́лен, цельна́, -о] aus e-m Stück; unverdünnt; einheitlich. [sius.}
Це́льсий *m* [3; *prpos*/*sg*.: -ии] Cel-}
цеме́нт *m* [1] Zement.
цена́ *f* [5; *ac*/*sg*.: це́ну; *pl. st.*] Preis *m*; Wert *m*; цено́й im Preis, im Wert (в B von); по цене́ zum Preis (в B von); рост *m* цен Preiserhöhung *f*; сниже́ние *n* цен Preisabbau *m*; э́тому това́ру цены́ нет diese Ware ist unbezahlbar; знать себе́ це́ну (*fig.*) sich seines Wertes bewußt sein. [Altersgrenze *f*.}
ценз *m* [1] Zensus; возрастно́й ~}
цензу́р|а *f* [5] Zensur; дозво́лено ~ой von der Zensur genehmigt; **~ова́ть** [7] (*Bücher usw.*) zensieren, beurteilen.
цен|и́тель *m* [4] Schätzer, Kenner; **~и́ть** [13; ценю́, це́нишь], <о-> schätzen, taxieren (в B auf *ac.*); würdigen, anerkennen; **'~ность** *f* [8] (hoher) Wert *m*; Kostbarkeit; ~ности *pl.* Wertpapiere *n*/*pl.*, Effekten *n*/*pl.*; **'~ный** [14; -нен, -нна] wertvoll, kostbar; Wert...
цента́вр *m* [1] Zentaur(us).
це́нтнер *m* [1] Doppelzentner (= 100 kg).
центр *m* [1] Zentrum *n*, Mittelpunkt; ~ тя́жести Schwerpunkt; (*fig.*) Kernpunkt; (*Pol.*) па́ртия *f* ~а Zentrum(spartei *f*) *n*.
централи|за́ция *f* [7] Zentralisation; **~зова́ть** [7] (*im*)*pf*. zentralisieren.
центра́льный [14] zentral; Zentrale ...; ~ исполни́тельный комите́т *m* Zentralexekutive *f*; центральная контро́льная коми́ссия *f* Zentrale Kontrollkommission.
центро|бе́жный [14] zentrifugal; Flieh...; **~стреми́тельный** [14] zentripetal.
цеп ⚒ *m* [1 *e.*] Dreschflegel.
цепене́ть [8], <о-> erstarren, steif werden.
це́пик *m* [1] kleiner Dreschflegel.
це́пкий [16; -пок, -пка́, -о] sich (leicht) anklammernd, griffig; gut kletternd; sehr hartnäckig.
цепля́ться [28] (за B) sich anklammern (an *ac.*); ranken.
цепно́й [14] Ketten...; цепна́я переда́ча *f* Kettenantrieb *m*; цепно́е пра́вило Ꭿ *n* Kettensatz *m*.
цепо́чка *f* [5; *g*/*pl*.: -чек] kleine Kette, Kettchen *n*; часова́я ~ Uhrkette.
цепь *f* [8; в цепи́; *ab g*/*pl. e.*: -пе́й] Kette; на цепи́ an der Kette; ⚡ ~ то́ка Stromkreis *m*.
це́рбер *m* [1] (*Myth.*) Zerberus.
церемо́|ниться [13], <по-> Zeremonien (*od.* viel Umstände) machen; **~ния** *f* [7] Zeremonie, Feierlichkeit; без ~ний ohne Umstände; **~нный** [14; -о́нен, -о́нна] geziert, förmlich, zeremoniös, feierlich.
церко́в|ник *m* [1] Klerikale(r); **~нославя́нский** [16] (*Ling.*) kirchenslawisch (altbulgarisch); **~ный** [14] kirchlich; Kirchen...; **~ь** ('tsɛr-) *f* [8; -кви; *instr*/*sg*.: -ковью; *pl.*: -ви, -ве́й, -ва́м] Kirche.
цесаре́в|ич *m* [1] Zäsarewitsch (*ehm. russischer Thronfolger*); **~на** *f* [5] Zäsarewna (*Gemahlin des Zäsarewitsch*).

цеса́рка *f* [5; *g/pl.*: -рок] Perlhuhn *n.*
цех *m* [1] (*hist.*) Zunft *f*, Innung *f*; Werkabteilung *f*; Werk *n*; **~ово́й** [14] zünftig; Zunft...
цеце́ *f* [*unv.*] Tsetsefliege.
ЦЖО (Центра́льный Жили́щный Отде́л *m*) Zentrales Wohnungsamt *n.*
циа́н ⚗ *m* [1] Zyan *n*; **~истый** [14] Zyan...; ~истый ка́лий *m* Zyankali *n*; ~истая кислота́ *f* Blausäure; **~о́з** ⚕ *m* [1] Blausucht *f.*
цивили|за́ция *f* [7] Zivilisation, Kultur; **~зова́ть** [7] (*im*)*pf.* zivilisieren; ~зо́ванный zivilisiert, gesittet.
цига́рка F *f* [5; *g/pl.*: -рок] Zigarette *m.*
ЦИК (Центра́льный исполни́тельный комите́т *m*) Zentralexekutive *f.*
цика́да *f* [5] Zikade, Heuschreckengrille.
цикл *m* [1] Zyklus.
цикламе́н ⚘ *m* [1] Alpenveilchen *n.*
цикли́ст *m* [1] Motorradfahrer.
цико́рий *m* [3; *prpos/sg.*: -ии] Zichorie *f.*
цику́та ⚘ *f* [5] Wasserschierling *m.*
цили́ндр ⊕ *m* [1] Zylinder; Walze *f*; ~ высо́кого (ни́зкого) давле́ния Hoch- (Nieder-)Druckzylinder; **~и́ческий** [16], **~овый** [14] zylindrisch; walzenförmig; Zylinder..., Stirn...
цин|га́ ⚕ *f* [5] Skorbut *m*; **~го́тный** [14] skorbutisch, Skorbut...
цини́|зм *m* [1] Zynismus; **~к** ('tsi-) *m* [1] Zyniker; **~чный** [14; -чен, -чна] zynisch, schamlos.
цинк *m* [1] Zink *n*; **~ова́ть** [7], <о-> verzinken; '**~овый** [14] von (*od.* aus) Zink; Zink...; ~овая обма́нка *f* Zinkblende.
цино́вка *f* [5; *g/pl.*: -вок] Bastdecke; Doppel(bast)matte.
цирк *m* [1] Zirkus; **~а́ч** F *m* [1 *e.*; *g/pl.*: -че́й] Zirkusartist; **~ово́й** [14] Zirkus...
циркули́ровать [7; *nur 3. Pers.*] zirkulieren, im Umlauf sein.
ци́ркуль *m* [4] Zirkel; но́жка *f* ци́ркуля Zirkelschenkel *m.*
циркуля́р *m* [1] Zirkular *n*, Rundschreiben *n*; **~ный** [14] Zirkular...; rund, kreisförmig; ~ная пила́ *f* Kreissäge.
циркуля́ция *f* [7] Zirkulation, Kreis-, Um-lauf *m.*
цирю́льник † *m* [1] Barbier.
цисте́рна *f* [5] Zisterne; Tank (-wagen) *m.*
цита́та *f* [5] Zitat *n.*
цити́ровать [7], <про-> zitieren, anführen.
ци́тра ♪ *f* [5] Zither.
циф|ербла́т *m* [1] Zifferblatt *n* (*e-r Uhr*); '**~ра** *f* [5] Ziffer, Zahl; **~рово́й** [14] ziffernmäßig; Ziffer(n)..., Zahlen...
ЦК (Центра́льный Комите́т *m*) Zentralkomitee *n*; ЦК КПСС Zentralkomitee der KPdSU.
цо́к|ать [1] **1.** <~нуть> klappern, klirren (*v. Eisen auf Stein*); **2.** ч wie ц sprechen (*nördliche mundartliche Eigenart*).
цо́коль ⚠ *m* [4] Sockel.
цуг *m* [1] Gespann *n*; Zug (*hintereinander gespannter Pferde*); '**~ом** im Gänsemarsch, hintereinander.
цука́т *m* [1] Sukkade *f*, kandierte Fruchtschalen *f/pl.*; ~ лимо́нный Zitronat *n.*
цы́бик † *m* [1] (Tee-)Kiste *f.*
цыга́н *m* [1; *pl.*: -е; *g/pl.*: цыга́н] Zigeuner.
цы́кать P [1], <цы́кнуть> [20] (на В j-n) anschnauzen, (*j-m*) übers Maul fahren.
цыпл|ёнок *m* [2] Küchlein *n*, Küken *n*; цыпля́т по о́сени счита́ют (*Spr.*) man soll den Tag nicht vor dem Abend loben; **~я́тина** *f* [5] Fleisch *n* von jungen Hühnern.
цы́почки *f/pl.* [5; *gen.*: -чек] Fußspitzen, Zehen.
цып-цы́п put, put! (*Lockruf für Hühner*).
цыц P kusch!, still!

Ч

Ч, ч *n u. m* (*s.* A) tsch *n.*

ч. *Abk. für* час.

чаба́н *m* [1*e.*] Hirt.

чабёр ⚘ *m* [1; -бра́] Bohnenkraut *n.*

ча́вк|ать [1], <**~нуть**> [20] (*beim Essen*) schmatzen (губа́ми mit den Lippen).

Чад[1] *m* [1] Tschadsee.

чад[2] *m* [1; в -у́] Dunst, Qualm; в ~у́ im Rausch; **~и́ть** [15; чажу́, чади́шь], <на-> dunsten, qualmen; **'~ный** [14; -ден, -дна] dunstig.

ча́до † (*iron.*) *n* [9] Kind; с ча́дами и домоча́дцами (*scherz.*) mit Kind und Kegel.

чадра́ *f* [5] Schleier *m* (*der Mohammedanerinnen*).

чаёвничать F [1] am Teetisch sitzen; gemütlich Tee trinken.

чаевы́е † *pl.* [14]: ~ де́ньги Bedienungs-, Trink-geld *n.*

чаёк *m* [1; чайка́] (lieber) Tee.

чаепи́тие *n* [12] Teetrinken.

чай[1] *m* [3; *g/sg.*: ча́я *u.* ча́ю; *pl. e.*: чаи́, чаёв] Tee; ча́шка *f* ча́ю Tasse Tee; дать на ~ ein Trinkgeld geben; (*in Zssgn*) чай-са́хар *m* (bestimmte Menge) Tee und Zucker; F ~ (да) са́хар! wohl bekomm's! (*beim Teetrinken*).

чай[2] P vermutlich, wahrscheinlich, wohl, ja.

ча́йка *f* [5; *g/pl.*: ча́ек] Möwe.

ча́йни|к *m* [1] Teekessel; **~ца** *f* [5] Teebüchse.

ча́йный [14] Tee...; ча́йная *f* Teestube.

чайхана́ *f* [5] Teestube (*in Mittelasien*).

ча́лить *s.* прича́лить.

ча́лка ⚓ *f* [5; *g/pl.*: -лок] Sorrtau *n.*

чалма́ *f* [5] Turban *m.*

ча́лый [14] graugesprenkelt (*Pferd*).

чан *m* [1; *pl. e.*] Bottich, Kübel.

ча́рка *f* [5; *g/pl.*: -рок] Schnapsglas *n*; Schälchen *n.*

чарова́ть [20] bezaubern, fesseln.

чароде́й *m* [3] Zauberer; **~ственный** [14] zauberisch; **~ство** *n* [9] Zauberei *f*; **~ствовать** [7] Zauberei treiben, zaubern.

ча́рочка *f* [5; *g/pl.*: -чек] *s.* ча́рка.

ча́ры *f/pl.* [5] Zauber *m*, Verblendung *f.*

час *m* [1; в -е *u.* -у́; *g/sg. nach* 2, 3, 4: часа́; *pl. e.*] Stunde *f*; **~ы́** *pl.* Uhr *f*; (Schild-)Wache *f*, Posten *m*; **~ы́** *pl.* с бо́ем Schlaguhr *f*; кото́рый ~ (на ва́ших ~а́х)? wieviel ist die Uhr?, wie spät ist es (nach Ihrer Uhr)?; ~ (два ~а́, пять ~о́в) (es ist) ein (zwei, fünf) Uhr; тро́е ~о́в drei Uhren *f/pl.*; в до́брый ~! mit Gott!, Glück auf!; (не) в до́брый ~ zur (un)rechten Zeit; в ~ы́ прогу́лки *od.* гуля́нья in der Spazierzeit; до ~у дня bis ein Uhr (nach)mittags; ~ о́т ~у *od.* с ~у на ~ von Stunde zu Stunde; stündlich, jeden Augenblick; ~ о́т ~у не ле́гче! F das wird ja immer besser!; мёртвый ~ Ruhestunde *f* (*in Sanatorien usw.*); за ~ езды́ für eine einstündige Fahrt; по ~а́м *od.* на ~ы́ stundenweise, auf Zeit (*mieten*); он на ~а́х er steht Wache; всему́ свой ~ alles braucht seine Zeit; **~ы́** *pl.* заня́тий (приёма) Büro- (Sprech)stunden *f/pl*; *s.* часы́.

ча́сик *m* [1] Stündchen *n*; **~и** *pl.* (kleine) Uhr *f.*

часо́в|енка *f* [5; *g/pl.*: -нок] kleine Kapelle; **~ня** *f* [6; *g/pl.*: -вен] Kapelle.

часов|о́й [14] eine Stunde während; Stunden..., Uhr...; Schildwache *f*, Posten *m*; **~ы́х** дел ма́стер Uhrmacher(meister) *m*; **~щи́к** *m* [1*e.*] Uhrmacher.

часо́к *m* [1; -ска́] Stündchen *n.*

ча́сом P manchmal; zufällig.

часосло́в *m* [1] Gebetbuch *n.*

часо́чек *m* [1; -чка] (kleines) Stündchen *n.*

часте́нько ziemlich oft *od.* häufig.

части́ть P [15; чащу́, части́шь] öfter besuchen; F (et. zu) eilig tun.

части́|ца *f* [5], **~чка** *f* [5; *g/pl.*: -чек] Teilchen *n*; Stückchen *n*; (*Gram.*) Partikel; **~чный** [14] partiell, teilweise; Teil...

ча́ст|ник *m* [1] Privathändler; **~ность** *f* [8] Besondere(s) *n*, Spezielle(s) *n*; ~ности *pl.* Einzelheiten; в ~ности im einzelnen, insbesondere; **~ный** [14] einzeln; besonder, speziell; partiell; Privat...; ~ное ⅍ *n* Quotient *m*; ~ным о́бразом privatim; по ~ному де́лу in einer Privatangelegenheit, privatim.

частоко́л *m* [1] Staketen-, Pfahlzaun.

частота́ *f* **1.** [5; *pl.*: -о́ты] Frequenz; **2.** [5] Dichte. Nähe, Häufigkeit.

часту́шка *f* [5; *g/pl.*: -шек] Gassenhauer *m*, Schlager *m*, Schnadahüpfel *n*.

ча́стый [14; част, -á, -o; *comp.* ча́ще] oft, häufig; dicht; gedrängt; schnell; ча́сто *a.* öfters, oftmals, des öfteren; ~ гре́бень *m* Staubkamm.

часть *f* [8; *ab g/pl. e.*: -те́й] Teil *m*; Anteil *m* (*mit Ordnungszahlen*: ...tel, *z.B.* пя́тая ~ Fünftel *n*); Fach *n*, Branche; ⚔ Truppe, Abteilung; (полице́йская) ~ Polizei-revier *n*, -büro *n*; ча́сти *pl.* Bestandteile *m/pl.*; Bedarf(sartikel *m/pl.*) *m*, *z.B.* ра́дио-ча́сти Radiobedarf *m*; запа́сные ча́сти ⊕ *pl.* Ersatzteile *n/pl.*; ~ю teils, zum Teil; бо́льшей ~ю größtenteils, meist; по частя́м *od.* частя́ми teilweise, in Raten; Teil...; по ча́сти in dem Fach, auf dem Gebiet, was betrifft; э́то не по его́ ча́сти F das schlägt nicht in sein Fach; рвать на ча́сти in Stücke zerreißen.

часы́ *m/pl.* [1] (*s.* час) Uhr *f*; ба́шенные ~ Turmuhr *f*; карма́нные ~ Taschenuhr *f*; ручны́е ~ Armbanduhr *f*; насто́льные ~ Stehuhr *f*; стенны́е ~ Wanduhr *f*; песо́чные ~ Sanduhr *f*; завести́ ~ die Uhr aufziehen; поста́вить ~ die Uhr stellen; ~ спеша́т die Uhr geht vor; ~ отстаю́т die Uhr geht nach.

ча́х|лый [14*K.*] abgezehrt, mager; spärlich (*Pflanzenwuchs*); **~нуть** [21], <за-, ис-> abzehren, (dahin-)siechen, schwinden; verkümmern; **~о́тка** ⚕ *f* [5] Auszehrung, (Lungen-)Schwindsucht; карма́нная ~о́тка F Schwindsucht im Geldbeutel; **~о́точный** [14; -чен, -чна] schwindsüchtig.

ча́ша *f* [5] Schale; Becher *m*, Kelch *m*; у них дом — по́лная ~ (*fig.*) sie haben's zu Hause im Überfluß; испи́ть ча́шу до дна (*fig.*) den bitt(e)ren Kelch bis zur Neige leeren.

чашели́стик ⚘ *m* [1] Kelchblatt *n*.

ча́шечка *f* [5; *g/pl.*: -чек] Schälchen *n*; Täßchen *n*; Blütenkelch *m*; Kniescheibe.

ча́шка *f* [5; *g/pl.*: -шек] Tasse; (*Waag- usw.*) Schale; (*Anat.*) (коле́нная) ~ Kniescheibe; ⚘ цвето́чная ~ Blumen-, Blüten-kelch *m*.

ча́ща *f* [5; *g/pl.*: -щей] Dickicht *n*.

ча́ще (*s.* ча́стый) öfter(s); dichter; ~ всего́ am häufigsten.

чащо́ба *f* [5] (*Prov.*) *s.* ча́ща.

ча́я|ние *n* [12] Vermutung *f*; па́че *od.* сверх ~ния wider Erwarten, unvermutet; **~ть** [27] vermuten, erwarten; glauben (P an *ac.*).

чва́н|иться [13] großtun, sich brüsten (T mit); **~ливый** [14*K.*], **~ный** [14] prahlerisch; hochmütig; **~ство** *n* [9] Prahlerei *f*; Hochmut *m*.

чебота́рь *m* [4*e.*] *s.* сапо́жник.

чёботы F *m/pl.* [1] Stiefel.

чебура́хнуть P [20] *pf.* hin-schmettern, -donnern; **-ся** P hinkrachen, zu Boden krachen.

чего́ (*s.* что) wessen; P (= для ~) wofür, wozu; warum.

чей *m*: ~, чья *f*, чьё *n*, чьи *pl.* [26] wessen?, wem gehörig?; чей э́тот дом? wessen Haus ist das?, wem gehört dieses Haus?

чек ⚕ *m* [1] Scheck; Kassenzettel.

чека́[1] ⊕ *f* [5] Vorstecker *m*, Vorstecknagel *m*, Splint *m*.

чека́[2] *f* [*unv.*] (Чрезвыча́йная коми́ссия по борьбе́ с контрреволю́цией, сабота́жем и спекуля́цией) Tscheka (Außerordentliche Kommission zum Kampf gegen Konterrevolution, Sabotage und Spekulation [*von 1917-1921*]).

чека́н *m* [1] Prägung *f*; Prägestock; **~ить** [13], <от-, вы́-> (*Münzen*) prägen, schlagen; ziselieren; **~ка** *f* [5; *g/pl.*: -нок] Prägung; Ziselierung; **~ный** [14] Präg(e)...; ziseliert; **~щик** *m* [1] Präger; Ziseleur.

чекме́нь *m* [4*e.*] (*kurzer*) Kosakenrock.

че́ковый ⚕ [14] Scheck...; че́ковая кни́жка *f* Scheckbuch *n*.

чёлка *f* [5] Stirnhaar *n*; Ponyfrisur.

чёлн *m* [1*e.*] (Baum-)Kahn, Kanu *n*.

челнóк *m* [1*e*.] *s*. чёлн; (ткáцкий Weber-)Schiffchen *n*.

челó *n* [9; *pl. st.*: чёла] Stirn *f*; бить (Д) ~м sich vor *j-m* tief verbeugen; *j-n* demütig bitten (за В um).

челобúт|ная † [14] Bittschrift *f*; **~ник, ~чик** *m* [1] Bittsteller.

человéк *m* [1; *g/pl.* человéк; *sonst pl.* лю́ди (*außer gen. nach den Zahlen* 5, 6, 7 *usw.*)] Mensch; Mann; † Kellner, Diener; рýсский ~ Russe.

человеко-дéнь † *m* [4; -дня] Tagesarbeit *f*, Tagewerk *n*; die Arbeit eines Menschen je Tag.

человéче|к *m* [1; -чка] (kleines) Männchen *n*; **~ский** [16] menschlich; Menschen...; **~ство** *n* [9] Menschheit *f*.

человéч|ий P [18] Menschen...; **~ность** *f* [8] Menschlichkeit; **~ный** [14; -чен, -чна] menschlich, human.

чéлюсть *f* [8] (*Anat.*) Kinn-lade, -backe(n *m*); Kiefer *m*; (вставнáя) ~ (*künstliches*) Gebiß *n*.

Челя́бинск *m* [1] Tscheljabinsk *n*.

чéлядь P *f* [8] (*koll.*) (Haus-)Gesinde *n*, Bedientenvolk *n*.

чем 1. (*pron.*) (*s.* что) a) (tʃɔm) (o) ~ wovon, worüber; b) (tʃɛm) womit, wodurch; **2.** (*cj.*) (tʃɛm) als (*beim comp.*); ~ ..., ... бы ... (an)statt (*vor dem inf.*) ..., ... lieber ...; ~ ... тем je ... desto; ~ свет = чуть свет in aller Frühe.

чемерúца ⚘ *f* [5] Nieswurz.

чемодáн *m* [1] Reisekoffer; (ручнóй Hand-)Koffer; **~чик** *m* [1] kleiner Reisekoffer.

чемпиóн *m* [1] Champion, Meisterspieler; Ringkämpfer.

чепéц *m* [1; -пцá] (Frauen-)Haube *f*.

чепрáк *m* [1*e*.] Schabracke *f*, Satteldecke *f*.

чепухá F *f* [5] dummes Zeug *n*, Unsinn *m*, Gewäsch *n*.

чéпчик *m* [1] Häubchen *n*.

червеобрáзный [14; -зен, -зна] wurm-artig, -förmig.

чéрви *f/pl.* [8; *ab gen. e.*: -вéй] Herz(farbe *f*) *n* (*im Kartenspiel*); **~веть** (-'γi-) [8; *nur 3. Pers.*], <o-> wurmstichig werden; **~вый** (-'γi-) [14*K*.] von Würmern zerfressen, wurmstichig.

червлёный [14] purpurn, scharlachrot.

червóн|ец *m* [1; -нца] Dukaten; (*Sowjet-Währung der 20er Jahre*) Tscherwonez (= *10 Rubel*); **~ка** *f* [5; *g/pl.*: -нок] Herzkarte; **~ный** [14] Herz...; Dukaten...

червотóч|ина *f* [5] Wurm-stich *m*, -fraß *m*; **~ный** [14] wurmstichig.

червь *m* [4*e*.; *pl.*: чéрви, червéй] Wurm; шелковúчный ~ Seidenraupe *f*.

червя́|к *m* [1*e*.] Wurm; ⊕ Schnecke *f*; Ивáновский ~к Leuchtkäfer; ýдочка *f* на ~кá Wurmangel; **~чный** [14]: ~чная передáча ⊕ *f* Schneckengetriebe *n*; **~чóк** *m* [1; -чкá] Würmchen *n*; заморúть ~чкá (*fig.*) den ärgsten Hunger stillen.

чердáк *m* [1*e*.] Dachstube *f*; Boden(raum).

черёд *m* [1*e*.] Reihe(nfolge) *f*; ⚘ Gabelkraut *n*; тепéрь ваш ~ die Reihe ist jetzt an Ihnen, Sie sind d(a)ran; идтú своúм чередóм (*fig.*) seinen Gang gehen.

чередá *f* [5] (*poet.*) Reihe; Zug *m*; ⚘ Zweizahn (*Sumpfpflanze*).

чередовá|ние *n* [12] Abwechs(e)lung *f*, Wechsel *m*; **~ть(ся)** [7] der Reihe nach folgen, abwechseln.

чéрез (В) durch; über, in, innerhalb, nach (Verlauf von); wegen; ~ (посрéдство) vermittelst; ~ (кáждый) час alle Stunden, stündlich; ~ недéлю (две недéли) heute in einer (zwei) Woche(n); ~ пень-колóду F unbedacht; überstürzt.

черемúс *m* [1] Tscheremisse (*früherer Name für die Marijer, finnisch-ugrisches Volk in der UdSSR*).

черёмуха ⚘ *f* [5] Faulbeerbaum *m*; Faulbeere. [⚘ Pfropfreis *n*.]

черенóк *m* [1; -нкá] Stiel, Heft *n*;

чéреп *m* [1; *pl.*: -пá] Schädel; Hirnschale *f*; Schale *f* (*der Schaltiere*); **~áха** *f* [5] Schildkröte; † Schildpatt *n*; **~áший** [18] Schildkröten...; идтú ~áшьим шáгом im Schneckentempo gehen; **~úца** *f* [5] Dachziegel *m*; **~úчный** [14] Dachziegel-..., Ziegel...; **~нóй** [14] Schädel...; **~óк** *m* [1; -пкá] Scherbe *f*.

чересполóсный [14] durcheinander (*od.* verteilt) liegend (*Äcker*).

чересчýр über die (*od.* alle) Maßen; zu sehr; э́то ужé ~! das geht zu weit!

черéш|невый [14] Vogel-, Süßkirsch(en)...; **~ня** ⚘ *f* [6; *g/pl.*:

-шен] Vogel-, Süß-kirsche; Vogel-, Süß-kirschbaum *m*.
черешо́к ⚘ *m* [1; -шка́] Blattstiel.
черка́льщик *m* [1] Kritzler.
черк|а́ть [1], <**~ну́ть**> [20] aus-, durch-streichen; Striche ziehen; ~ну́ть *pf*. F (hin)schreiben, (hin-) kritzeln; черкни́ па́ру слов schreib ein paar Worte.
черке́|с *m* [1] Tscherkesse; **~ска** *f* [5; *g/pl.*: -сок] Tscherkessenrock *m*; **~шенка** *f* [5; *g/pl.*: -нок] Tscherkessin.
черкну́ть *s*. черка́ть.
чёрненький [16] schwärzlich, ziemlich schwarz.
черне́|ть [8], <по-> schwarz werden; schwarz schimmern; (*a*. **-ся**) sich schwarz abheben, undeutlich (er)scheinen; **~ц** † *m* [1 *e*.] Mönch.
черни́|ка ⚘ *f* [5] (*koll.*) Blau-, Heidel-beeren *pl.*; **~ла** *n/pl.* [9] Tinte *f*; типогра́фские ~ла Druckerschwärze *f*, (Drucker-)Farbe *f*; **~льница** *f* [5] Tintenfaß *n*; **~льный** [14] Tinten...; ~льный оре́шек *m* Gallapfel; ~льная душа́ *f* F (*iron.*) Schreiberseele; **~ть** [13] **1.** <о-> schwärzen; verleumden; **2.** <за-> schwarz machen; **~ца** † *f* [5] Nonne; **~чина** *f* [5] (*einzelne*) Blau-, Heidelbeere; **~чный** [14] Blaubeeren...
черно|боро́дый [14] schwarzbärtig; **~бро́вый** [14*K*.] mit schwarzen Augenbrauen; **~бу́рка** *f* [5; *g/pl.*: -рок] Silberfuchs (*Pelz, Fell*) *m*; **~-бу́рый** [14*K*.] dunkelbraun; ~-бу́рая лиси́ца *f* Silberfuchs *m*; **~бы́льник** ⚘ *m* [1] Beifuß; **~ва́тый** [14*K*.] schwärzlich; **~ви́к** *m* [1 *e*.] Konzept *n*, Entwurf; **~во́й** [14] entworfen, im Entwurf; ~во́е (письмо́) *n* Konzept; ~ва́я (тетра́дь) *f* Kladde, Diarium *n*; **~воло́сый** [14 *K*.] schwarzhaarig; **~гла́зый** [14 *K*.] schwarzäugig.
черного́р|ец *m* [1; -рца] Montenegriner; **⁓ия** *f* [7] Montenegro *n*.
черногри́вый [14] mit schwarzer Mähne.
чернозём *m* [1] Schwarzerde *f*; **~ный** [14] Schwarzerde...
чернокни́ж|ие *n* [12] Schwarzkunst *f*, Magie *f*; **~ник** *m* [1] Schwarzkünstler, Magi(k)er.
черно|ко́жий [17*K*.] schwarzhäutig; Schwarze(r) *m*; **~ле́сье** *n* [10] (*koll.*) Laub-wald *m*, -holz; **~ма́зый** P [14*K*.] brünett **~мо́рец** ⚓ *m* [1; -рца] Matrose der Schwarzmeerflotte; **~мо́рский** [16] am Schwarzen Meer (gelegen); **~рабо́чий** [17] ungelernter Arbeiter *m*, Tagelöhner *m*, Handlanger *m*; **~сли́в** *m* [1] (*koll.*) gedörrte Pflaumen *f/pl.*; **~та́** *f* [5] Schwärze, Schwarz(e) *n*; **~шёрстый** [14] mit schwarzem Fell.
черну́шка *f* [5; *g/pl.*: -шек] Brünette; ⚘ Schwarzkümmel *m*.
чёр|ный [14; чёрен, черна́] schwarz (лицо́м im Gesicht); Schwarz...; unrein, schmutzig; ~ный вес *m* Bruttogewicht *n*; ~ная би́ржа *f* Winkelbörse; на ~ный день für den Notfall; ~ное де́рево *n* Ebenholz; ~ная куха́рка *f* gewöhnliche Köchin, Unterköchin; ~ная ле́стница *f* Hinter-, Bedienten-treppe; ~ная рабо́та *f* schwere (*od.* grobe) Arbeit; ~ный рабо́чий *m* ungelernter Arbeiter; ~ная со́тня *f* Pöbel *m*, Janhagel *m*, Mob *m*; ~ный ход *m* Nebeneingang; черны́м-черно́ kohl-, pech-schwarz; ~ным по бе́лому schwarz auf weiß.
чернь *f* [8] Schwärze; Pöbel *m*, Mob *m*.
черня́к P *m* [1 *e*.] Entwurf, Konzept *n*.
черпа́|к *m* [1 *e*.] Schöpfschaufel *f*, Schöpflöffel; **~лка** *f* [5; *g/pl.*: -лок] Bagger(eimer) *m*; Schöpfkelle; **~ло** *n* [9] Schöpfkelle *f*.
черпа́льный [14] zum Schöpfen (dienend); Schöpf...; Bagger...
че́рп|ать [1], <**~ну́ть**> [20] schöpfen; entlehnen.
черст|ве́ть [8], <за-, (п)о-> hart werden, sich verhärten; **~вый** ('tʃɔrst-) [14; чёрств, -á, -о] hart, altbacken; engherzig; он чёрств (нра́вом) er ist hart von Charakter, er ist gefühllos.
чёрт *m* [1; -а (*aber*: ни -á); *pl.*: че́рти, черте́й] Teufel; иди́ к ~у! scher dich zum Teufel; ~ побери́! hol's der Teufel!; до ~а überaus viel; ~а с два! so siehst du aus!; ни ~á нет P (gar) nichts; ему́ сам ~ не брат er erhebt sich über alle; тут сам ~ не разберёт (*od.* но́гу сло́мит) da soll der Teufel daraus klug werden; не так стра́шен ~, как его́ малю́ют (*Spr.*) es wird nichts so heiß gegessen, wie es ge-

kocht ist; всё к ~у пошло́ es ist alles schief gegangen; ни к ~у не годи́тся taugt rein gar nichts; ~ его́ зна́ет! weiß der Teufel!, ich weiß es nicht!

черта́ *f* [5] Strich *m*, Linie; Gebiet *n*, Mark(ung); (*Gesichts-*, *Charakter-*)Zug *m*; ~ го́рода Weichbild *n* der Stadt; в о́бщих ~х in großen Zügen.

чертёж *m* [1*e.*; *g/pl.*: -тежей] (Linear-)Zeichnung *f*, Plan, Riß; ~ карандашо́м Bleistiftzeichnung *f*; **~ник** *m* [1] Zeichner (*v. Plänen usw.*); **~ный** [14] zum Zeichnen (dienend); Zeichen...; ~ная *f* Zeichensaal *m*; ~ная доска́ *f* Reißbrett *n*.

чертёнок *m* [2] kleiner Teufel.

черти́ть [15], <на-> (*Pläne usw.*) zeichnen, entwerfen.

чёртов [19] Teufels...; ~а дю́жина F *f* Teufels-, Bäcker-dutzend *n* (= 13).

черто́в|ка P *f* [5; *g/pl.*: -вок] Teufelsweib *n*; **~ский** [16] teuflisch, verteufelt; Teufels...; **~щи́на** F *f* [5] Teufelei.

черто́г † *m* [1] (Prunk-)Gemach *n*; ~и *pl.* Palast *m*.

чертополо́х ⚘ *m* [1] Distel *f*.

чёрточка *f* [5; *g/pl.*: -чек] feiner Strich *m*, Strichelchen *n*; (kleiner) Charakterzug *m*.

черче́ние *n* [12] Zeichnen (*v. Plänen usw.*).

чес|а́лка ⊕ *f* [5; *g/pl.*: -лок] Wollkratze, Kardätsche; **~а́ть** [3] **1.** <при-> kämmen; **2.** <по-> kratzen; ~а́ть *impf.* ⊕ (*Wolle*) kardätschen; чёсанная шерсть *f* Kammwolle; **-ся** sich (*od.* einander) kratzen; jucken; у меня́ че́шется нос mir juckt die Nase; у него́ язы́к че́шется er kann nicht schweigen.

чёска *f* [5] Kämmen *n*; Kratzen *n*; ⊕ Kardätschen *n* (*der Wolle*); Hede.

чесно́к ⚘ *m* [1*e.*] Knoblauch.

чесо́тка ⚕ *f* [5] Krätze.

че́ствова|ние *n* [12] Ehr(enerweis)ung *f*; (festliche) Begrüßung *f*; **~ть** [7] (B) ehren, *j-m* Ehre erweisen; (festlich) begrüßen.

чест|и́ть P [15; чещу́, чести́шь] schelten; beschimpfen; **~но́й** [14]: вся ~на́я компа́ния F *f* die ganze Blase; мать честна́я! F Junge, Junge!; nein, so was!; Donnerwetter noch mal! (*Erstaunen*, *Verwunderung*); '**~ный** [14; че́стен, -стна́, -о] ehrlich, rechtschaffen; Ehren-...; ~ное сло́во! auf Ehrenwort!, auf mein Wort!

честолю́|бец *m* [1; -бца] Ehrgeizige(r); **~би́вый** [14*K.*] ehrgeizig; **~бие** *n* [12] Ehrgeiz *m*.

честь *f* [8; в че́сти *od.* чести́] Ehre; в ~ (P) zu Ehren; по че́сти auf Ehre(n), in Ehren; ehrlich; его́ ~ заде́та er fühlt sich in seiner Ehre gekränkt; ~ име́ю ich beehre mich, ich habe die Ehre; ⚔ отда́ть ~ grüßen, salutieren; на́до и ~ знать man darf (*od.* soll) nicht zu unverschämt sein, man muß wissen, was sich schickt; пора́ и ~ знать! F jetzt ist's aber genug!; jetzt ist es aber höchste Zeit zu gehen! (*Gäste*); **~-**че́стью wie es sich gehört.

чесуча́ *f* [5] Bastseide.

чёт *m* [1] gerade Zahl *f*; ~ **и́ли не́чет** paar oder unpaar.

чета́ *f* [5] Paar *n*; супру́жеская ~ Ehepaar *n*; он вам не ~ F er paßt nicht für Sie.

четве́рг *m* [1*e.*] Donnerstag; по ~а́м donnerstags; по́сле до́ждика в ~ (*Spr.*) am Nimmermehrstag, zu Pflaumenpfingsten; **~о́вый** [14] Donnerstags...

четвере́нь|ки *f/pl.* [5] (beide) Hände und Füße; ходи́ть на ~ках auf allen vieren gehen.

четвери́к *m* [1*e.*] Tschetwerik (*ehm. Getreidemaß* = 26,21 *Liter*); vier (*z.B. Lichte*) auf ein Pfund.

четвёр|ка *f* [5; *g/pl.*: -рок] Vier (*im Kartenspiel usw.*); ~ка (лошаде́й) Vier-spänner *m*, -gespann *n*; ⚓ Vier-ruderer *m*, -riemer *m*, Vierer *m*; е́хать ~кой vierspännig (*od.* mit vieren) fahren.

четвер|но́й [14] vierfach; aus vier (gleichen) Teilen bestehend; **~ня́** *f* [6]: ~ня́ (лошаде́й) Viergespann *n*, Vierspänner *m*.

че́тверо [37] vier (zusammen); нас бы́ло ~ wir waren unser vier; (*in Zssgn*) vier..., *z.B.* **~но́гий** [16] vierfüßig.

четверта́к † *m* [1*e.*] Fünfundzwanzigkopekenstück *n*, Viertelrubel.

четверти́нка P *f* [5; *g/pl.*: -нок] Viertelliterflasche (*Schnaps*, *Wein*).

четверти́чный [14] (*Geol.*) Quartär...

четвёрт|ка *f* [5; *g/pl.*: -ток] Viertel *n*; Quart *n*; в ~ку in Quarto, in

Quartformat; кни́га *f* в ~ку Quartband *m*; ~ка са́хару Viertelpfund *n* Zucker.
четверт|но́й [14] ein Viertel enthaltend; Viertel...; P ~на́я (бума́жка) *f* Fünfundzwanzigrubelschein *m*.
четвертова́ть [7] (*im*)*pf.* vierteln, vierteilen; foltern.
четвёртый [14] vierte(r); четвёртая (часть) *f* Viertel *n*.
че́твер|ть *f* [8; *ab g/pl. e.*: -те́й] Viertel *n*; Tschetwert (*ehm. Getreidemaß = 2,099 hl*); ♪ Viertelnote; по ~тя́м vierteljährlich, quartalsweise; ~ть го́да Vierteljahr *n*, Quartal *n*; бéз ~ти три (часа́) *od.* три ~ти тре́тьего (es ist) drei Viertel (auf) drei.
чётки *f/pl.* [5; *gen.*: -ток] Rosenkranz *m* (*zum Beten*).
чёт|кий [16; чёток, четка́, -o] leserlich; deutlich.
чётный [14] gerade (*Zahl*).
четы́ре [34] vier; **~жды** viermal; **~ста** [36] vierhundert.
четырёх|дне́вный [14] viertägig; **~кла́ссный** [14] aus vier Klassen (bestehend); **~ле́тний** [15] vierjährig; **~ме́стный** [14] viersitzig; **~ме́сячный** [14] viermonatlich; **~по́лье** ⸗ *n* [10] Vierfelderwirtschaft *f*; **~проце́нтный** [14] vierprozentig; **~со́тый** [14] vierhundertste(r); **~сторо́нний** [15] vierseitig; **~та́ктный** ⊕ [14] Viertakt-...; **~уго́льник** *m* [1] Viereck *n*; **~уго́льный** [14] viereckig; **~часово́й** [14] vierstündig; **~члéнный** [14] vierglied(e)rig; **~эта́жный** [14] vierstöckig.
четы́рнадца|тый [14] vierzehnte(r); ~тая (часть) *f* Vierzehntel *n*; **~ть** [35] vierzehn.
че́тьи-мине́и *f/pl.* [18 *u.* 6] Heiligen-legende *f*, -geschichte *f*.
чех *m* [1] Tscheche.
чехарда́ *f* [5] Bockspringen *n* (*Knabenspiel*); (*Pol.*) ständiger Wechsel *m*, dauernde Neubesetzung.
Че́хия *f* [7] Böhmen.
чехо́л *m* [1; -хла́] Überzug (*gegen Staub usw.*); Futteral *n*; ду́льный ~ ⚔ Mündungskappe *f*; **~ьчик** *m* [1] kleiner Überzug.
чехослова́|к *m* [1] Tschechoslowake; **≗кия** *f* [7] Tschechoslowakei; **~цкий** [16] tschechoslowakisch.

чечеви́ца ⚘ *f* [5] Linse (*a. optisches Instrument*).
чече́нец *m* [1; -нца] Tschetschenze (*Kaukasusvolk der UdSSR*).
че́чет *m* [1] Hänfling (*Männchen*) *m*; **~ка** (-'tʃɔt-) *f* [5; *g/pl.*: -ток] Step (-tanz) *m*; Hänfling.
че́ш|ка *f* [5; *g/pl.*: -шек] Tschechin; **~ский** [16] tschechisch, böhmisch.
чешуе|кры́лый [14] schuppenflüg(e)lig; **~обра́зный** [14; -зен, -зна] schuppenartig.
чешу́й|ка *f* [5; *g/pl.*: -у́ек] kleine Schuppe, Schüppchen *n*; **~ный** [14] Schuppen...; **~чатый** [14*K.*] schuppig, geschuppt; Schuppen...
чешуя́ *f* [6; *g/pl.*: -у́й] (ры́бья Fisch-)Schuppe.
чи́бис *m* [1] (*Zool.*) Kiebitz.
чиж *m* [1*e.*; *g/pl.*: -е́й], **'~ик** *m* [1] Zeisig; **~о́вка** *f* [5; *g/pl.*: -вок] Zeisigweibchen *n*; P Arrest(anten)-zimmer *n*; **~о́вый** [14] Zeisig...
чий ⚘ *m* [3; *prpos/sg.*: чи́и] Steppengras *n*, Reihergras *n*.
чилибу́ха ⚘ *f* [5] Brechnuß(baum *m*).
чили́ец *m* [1; -и́йца] Chilene.
чили́к|ать [1], *einm.* <~нуть> [20] zwitschern.
чили́м ⚘ *m* [1] Seenuß *f*.
чин *m* [1; *pl. e.*] Rang(stufe *f*); Stand, Würde *f*; (festgesetzte) Ordnung *f*; Beamte(r); без ~о́в ungeniert, ohne Umstände; ~ ~ом wie es sich gehört; име́ть ~ капита́на den Kapitänsrang haben; ни́жний ~ ⚔ Gemeine(r).
чи́на ⚘ *f* [5] Platterbse.
чина́ра ⚘ *f* [5] morgenländische Platane.
чинёный [14] geflickt, ausgebessert.
чини́ть 1. [13], <у-> tun, machen, verrichten; (*Gericht*) halten; **-ся** *impf.* sich zieren, (viel) Umstände machen; **2.** [13; чиню́, чи́нишь], <по-> ausbessern, flicken; **3.** [13; чиню́, чи́нишь], <на-> füllen; **4.** [13; чиню́, чи́нишь] <о-> (*Feder*) beschneiden; (*Bleistift*) (an)spitzen.
чи́нно (P ~-благоро́дно) wohlanständig, manierlich.
чино́вни|к *m* [1] (Staats-)Beamte(r); **~чий** [18] Beamten...
чино́вный [14] beamtet; einen Rang habend; Rang...
чино|нача́лие † *n* [12] Rangord-

nung *f*; **~положéние** *n* [12] Kirchenordnung *f*; Zeremoniell; **~почитáние** *n* [12] rangmäßige Ehrenbezeigung *f*; Kriecherei *f*, Unterwürfigkeit *f*; **~произвóдство** *n* [9] Rangbeförderung *f*, Avancement.

чи́рей ⚕ *m* [3; -рья] Eiterbeule *f*, Furunkel.

чири́к|ать [1], <~нуть> [20] zwitschern.

чи́рк|ать [1], <~нуть> [20] kratzen; ~ать спи́чкой ein Streichholz anzünden.

чирóк *m* [1; -рка́] Kriekente *f*.

чи́слен|ность *f* [8] Anzahl, Zahl; (numerische) Stärke (*e-r Armee*); **~ный** [14] zahlenmäßig, numerisch.

числи́тель *m* [4] Zähler (*e-s Bruches*); **~ный** [14] Zahl...; (*Gram.*) (и́мя) ~ное *n* Zahlwort.

чи́слить [13], (*mst*) **-ся** (Т) rechnen (unter *ac.*), zählen (zu).

числó *n* [9; *pl. st.*: чи́сла, чи́сел, чи́слам] Zahl *f*; Datum; котóрое (*od.* какóе) сегóдня у нас ~? den wievielten haben wir heute?; котóрого числа́? am wievielten?; в пéрвых чи́слах мáя in den ersten Tagen des Mai; в том числé darunter; от сегó числа́ von heute ab, ✝ (nach) dato; (*Gram.*) еди́нственное (мнóжественное) ~ Einzahl *f*, Singular *m* (Mehrzahl *f*, Plural *m*); мни́мое ~ imaginäre Zahl *f*; простóе ~ Primzahl *f*; срéдним числóм durchschnittlich, im Durchschnitt; обозна́чить за́дним числóм zurückdatieren; помеча́ть ~ datieren; **~вóй** [14] zahlenmäßige; Zahlen...

чи́стенький [16] reinlich, hübsch sauber, säuberlich.

чисти́лище *n* [11] Fegefeuer.

чисти́льщик *m* [1] Reiniger; ~ сапóг Schuhputzer.

чи́ст|ить [15], <п(р)о-, вы́-> reinigen, putzen, säubern; ausschließen; (*Straße*) fegen; (*Fische usw.*) ausnehmen; (*Obst*) schälen; ~ить (щёткой) bürsten; **~ка** *f* [5; *g/pl.*: -ток] Reinigung, Putzen *n*, Reinemachen *n*; (парти́йная) ~ка Säuberung; в ~ку zum Reinigen; **~о** rein; **~ови́к** F *m* [1 *e.*] Reinschrift *f*; **~овóй** [14] ins reine geschrieben; ~ова́я тетра́дь *f* Reinschriftheft *n*.

чистога́н P *m* [1] bares Geld *n*; ~ом in bar.

чисто|крóвный [14] von reinem Blut; rassig; Vollblut...; **~-на́чисто** F pieksauber; rundweg; **~писа́ние** *n* [12] Schönschreiben; **~плóтный** [14; -тен, -тна] reinlich.

чистосердéч|ие *n* [12] Offenherzigkeit *f*, Aufrichtigkeit *f*; **~ный** [14; -чен, -чна] offenherzig, aufrichtig.

чистота́ *f* [5] Reinlichkeit, Sauberkeit; Reinheit, Klarheit; на чистоту́ aufrichtig, frei von der Leber (*sprechen*).

чистотéл ⚘ *m* [1] Warzenkraut *n*.

чи́стый [14; чист, -á, -о; *comp.* чи́ще] rein(lich), sauber; klar; gediegen; Fein... (*Metall*); Rein..., Netto...; чи́стая пу́блика *f* das bessere Publikum; чи́стая рабóта *f* tadellose Ausführung; ~ от нарека́ний einwandfrei; онá чиста́ душóй sie hat eine reine Seele; он вы́шел чист(ый) er ist völlig gerechtfertigt; дéло не чи́сто (*fig.*) die Sache ist nicht sauber; принима́ть за чи́стую монéту für bare Münze (an)nehmen.

чистю́ля F *m/f* [6] Sauberkeitsfanatiker(in *f*).

Чита́ *f* [5] Tschita *n* (*Stadt*).

чита́|льня *f* [6; *g/pl.*: -лен] (= чита́льный зал *m*) Lese-saal *m*, -zimmer *n*, -bibliothek; **~тель** *m* [4] Leser; **~ть** [1], <п(р)о->, <прочéсть> [25; -чту́, -чтёшь; -чёл, -чла́; -чтённый] lesen; (*Gedicht*) vortragen; (вслух laut) vorlesen; (*Stenogramm*) ablesen; (*Vorlesungen usw.*) halten.

чи́тка *f* [5; *g/pl.*: -ток] (*Thea.*) Leseprobe; Vortrag(s-art *f*, -weise *f*) *m*.

чиха́|нье *n* [10] Niesen; на вся́кое ~нье не наздра́вствуешься (*Spr.*) man kann es nicht allen recht machen; **~тельный** [14] Niesen erregend; Nies...; **~ть** [1], <чихну́ть> [20] niesen; ~ть *impf.* P sich nichts daraus machen, pfeifen auf (*ac.*); **-ся** [*unpers.*] niesen müssen.

чихи́рь *m* [1 *e.*] kaukasischer Wein.

чичерóне *m* [*unv.*] Cicerone, (Fremden-)Führer.

Чка́лов *m* [1] Tschkalov *n* (*Stadt*; *früher* Оренбу́рг).

член *m* [1] Glied *n*; Mitglied *n*; (*Gram.*) Artikel; ~-корреспондéнт *m* korrespondierendes Mitglied *n*; ~

редáкции Redaktionsmitglied *n*; '**~ик** *m* [1] (*Anat.*) Abschnitt, Glied *n*; **~истонóгие** *pl.* [16] (*Zool.*) Gliederfüßler; **~и́ть** [13], <рас-> zergliedern, zerlegen (*Satz usw.*); **~овреди́тельство** *n* [9] (Selbst-) Verstümm(e)lung *f*; **~ораздéльный** [14] deutlich, artikuliert; '**~ский** [16] Mitglieds..., Mitglieder...; ~ский взнос *m* Mitgliedsbeitrag; '**~ство** *n* [9] Mitgliedschaft *f*.

чмок F *m* [*unv.*] Kuß, F Schmatz; '**~ать** [1], <по-, '~нуть> [20] (ab-) schmatzen.

чóглок *m* [1] Baumfalke.

чóк|аться [1], <~нуться> [20] anstoßen (T mit *den Gläsern*).

чóпорный [14; -рен, -рна] geziert, affektiert, prüde.

чорт *s.* чёрт.

чóхом P alles zusammen, auf einen Klumpen.

чревáтый [14*K.*] dickbäuchig; ~ послéдствиями folgenschwer.

чрéво *n* [9] Bauch *m*, (Mutter-) Leib *m*; **~вещáние** *n* [12] Bauchredekunst *f*; **~вещáтель** *m* [4] Bauchredner; **~угóдие** *n* [12] Verfressenheit *f*, Freßsucht *f*.

чредá *s.* черёд.

чрез *s.* чéрез.

чрезвычáй|ность *f* [8] Außerordentlichkeit; до ~ности außerordentlich; **~ный** [14; -áен, -áйна] außerordentlich, ungewöhnlich; besonder(s).

чрезмéр|ный [14; -рен, -рна] übermäßig; ~но über die Maßen.

чтéние *n* [12] Lesen; Vortragen; Lektüre *f*, Lesestoff *m*; Lesung *f* (*e-s Gesetzentwurfes*); книга *f* для чтéния Lesebuch *n*.

чтéц *m* [1*e.*] Leser, Vorleser.

чти́во F (*ver.*) *n* [9] minderwertige Lektüre *f*.

чтить [15; чту, чтишь] ehren, achten.

чти́ца *f* [5] Leserin, Vorleserin.

что (ʃtɔ) [23] **1.** (*pron.*) was (*relativ a.* = котóрый); ~? (*mit nom. od.* как насчёт P) wie ist (*od.* steht) es (mit)?; а ~? F na und? (*warum fragen Sie?*; *Antwort auf eine Frage*); ~ до нас (касáется) was uns angeht *od.* betrifft; (*mit prp.*) wo(r)..., *z.B.* для чегó wozu, wofür; из чегó woraus; к чемý wozu; ~ ли etwa; P ~ ... ~ ob ... ob; ~ вы (сказáли)? wie mein(t)en *od.* sag(t)en Sie?; ~ вы (ты)! nanu!; нé за ~ *od.* нé за чем (благодари́ть) keine Ursache (zu danken); нé на ~ купи́ть das Geld fehlt, um es zu kaufen; ни зá ~, ни прó ~ für (*od.* um) nichts und wieder nichts; ну ~ же? was ist denn dabei?, das ist doch weiter nicht schlimm; что емý дéлается! F er hat ein dickes Fell!, was tut's ihm!; уж на ~ F so sehr auch; (мне) ни к чемý F (ich) hörte nicht hin, achtete nicht darauf; с чегó F weshalb, warum; чегó там! F von mir aus!, tu was du willst!; ~ ни слóво, то ложь jedes Wort ist eine Lüge; ~ и говори́ть natürlich, so ist's recht, was gibt's da lange darüber zu reden; *vgl. a.* за, такóй, чегó, чем; **2.** (*cj.*) daß.

чтóб(ы) (*mit pt., bei gleichem Subjekt mit inf.*) daß; auf daß, damit; um (zu); без тогó, ~ ... ohne daß ...; вмéсто тогó, ~ anstatt zu; скажи́те емý, ~ он пришёл ко мне sagen Sie ihm, er möchte (*od.* soll) zu mir kommen.

чтó|-либо, ~-нибудь, ~-то [23] irgend(et)was; etwas, leicht; mir scheint; aus irgendeinem Grund; я ~-то не знáю ich weiß nicht (ganz) recht; три часá с чéм-нибудь etwas über drei Uhr *od.* Stunden.

чу horch!

чуб *m* [1; *pl. e.*] Schopf.

чубáрый [14] (dunkel) gefleckt, gesprenkelt (*Pferd*).

чубýк *m* [1*e.*] Pfeifenrohr *n*.

чувáш *m* [1*e.*; *g/pl.*: -шéй] Tschuwasche (*Turkvolk in der UdSSR*).

чýвственный ('tʃus-) [14*K.*] sinnlich.

чувстви́тельный ('tʃus) [14; -лен, -льна] empfindlich, empfindsam (к Д gegen); fühlbar, merklich.

чýвство ('tʃus-) *n* [9] Gefühl, Empfindung *f*; Sinn *m*; без чувств besinnungslos; прийти́ в ~ zu sich kommen; **~вать** [7], <по-> fühlen, empfinden; ~вать себя́ здорóвым sich gesund fühlen; **-ся** sich fühlbar machen, empfunden werden (как als).

чугýн *m* [1*e.*] Gußeisen *n*; gußeisernes Gefäß *n od.* Geschirr *n*; **~ка** *f* [5; *g/pl.*: -нок] † Eisenbahn; gußeiserner Ofen *m*; **~ный** [14] gußeisern; Gußeisen...; **~олитéйный**,

~оплави́льный [14] zum Schmelzen des Gußeisens (dienend); ~олите́йный заво́д *m*, ~олите́йная *f* Eisenschmelzhütte *f*, Eisengießerei *f*.
чуда́|к *m* [1*e*.], **~чка** *f* [5; *g*/*pl*.: -чек] wunderlicher Mensch *m*, Sonderling *m*, Original *n*.
чудес|á *s*. чу́до; **~ный** (-ˈdʒɛs-) [14; -сен, -сна] wunderbar; wunderschön.
чуди́ть [15; *ohne 1. Pers*.: -и́шь] sich sonderbar (*od*. wunderlich) benehmen, den Sonderling spielen.
чу́диться [15; *ohne 1. Pers*.], <по-> [*unpers*.] (er)scheinen, vorkommen; ему́ почу́дилось es kam ihm vor.
чу́дище F *s*. чудо́вище.
чуд|но́й F [14; -дён, -дна́] komisch, lächerlich; **ˈ~ный** [14; -ден, -дна́, -о] wunderbar, wundervoll.
чу́до *n* [9; *pl*.: чудеса́] Wunder; вот чудеса́-то! das ist doch wunderbar!; твори́ть чудеса́ Wunder tun.
чудо́вище *n* [11] Scheusal, Ungeheuer, Untier; Unmensch *m*.
чудоде́й *m* [3] Wunder-mann, -täter; **~ственный** [14*K*.] wundertätig; **~ствовать** [7] Wunder tun.
чудотво́р|ец *m* [1; -рца] Wundertäter; **~ный** [14] wundertätig; ~ный о́браз *m* Gnadenbild *n*.
чу́до-ю́до *n* [*unv*.] Fabeltier (*im Märchen*).
Чудско́е [14]: ~ о́зеро *n* Peipussee *m*.
чудь *f* [8] (*koll*.) Tschuden *m*/*pl*. (*früherer Gesamtname für alle Finnenstämme*).
чужа́|к P *m* [1*e*.], **~чка** *f* [5; *g*/*pl*.: -чек] Fremde(r), Fremdling *m*.
чужби́на *f* [5] Fremde, fremdes Land *n*.
чужда́ться [1] (P) fliehen, scheuen, meiden.
чу́ждый [14; чужд, -á, -о] fremd; frei, fern (P *od*. *a*. Д von).
чуже|зе́мец *m* [1; -мца], **~стра́нец** *m* [1; -нца] Fremdländer.
чужея́дный [14] parasitisch, schmarotzerisch.
чужо́й [14] fremd.
Чуко́тский [16]: ~ полуо́стров *m* Tschuktschenhalbinsel *f*.
чу́кч|а *m* [5; *g*/*pl*.: -чей], **~а́нка** *f* [5; *g*/*pl*.: -нок] Tschuktsche *m*, Tschuktschin *f* (*Volk auf Kamtschatka*).
чула́н *m* [1] Vorrats-, Rumpelkammer *f*; **~чик** *m* [1] kleine Vorratskammer *f*.
чуло́к *m* [1; -лка́; *g*/*pl*.: чуло́к] Strumpf.
чуло́ч|ек *m* [1; -чка] kleiner Strumpf, Strümpfchen *n*.
чум *m* [1] Nomadenzelt *n* (*in Sibirien*).
чума́ *f* [5] Pest, Seuche.
чума́зый P [14*K*.] schmutzig, schmierig.
чуми́чка *f* [5; *g*/*pl*.: -чек] Schaumlöffel *m*; P Schmutz-, Schmier-fink *m*, -liese.
чумно́й [14] verpestet; Pest...
чупри́на *s*. чуб.
чур (*beim Spiel*) halt! nicht weiter!; ~ попола́м! jedem die Hälfte (*des Gefundenen*); ~ молча́ть! daß du mir ja den Mund hälst!
чура́ть [1], <за-> (*beim Spiel*) „halt" (zu)rufen; **-ся** F scheuen, aus dem Wege gehen.
чурба́н *m* [1] Klotz, Block; F Ölgötze, Dummkopf.
чу́рка *f* [5; *g*/*pl*.: -рок] Klötzchen *n*.
чу́т|кий [16; -ток, -тка́, -о; *comp*.: чу́тче] wachsam; fein-fühlig, -hörig; leise (*Schlaf*); hörbar; **~кость** *f* [8] Wachsamkeit; Feinheit (*der Sinne*), Fein-, Zart-gefühl *n*.
чу́точ|ку F ein wenig, ein bißchen; ни ~ки keine Spur, nicht die Bohne.
чуть kaum; ein bißchen; (*cj*.) sobald; ~ не fast, beinahe; ~ ли не anscheinend; ~ что F beim geringsten Anlaß; ~ свет in aller Frühe, bei Tagesanbruch; ~-~ nur ganz wenig; ~-~ тёплый lauwarm.
чутьё *n* [10] Gefühl, Taktgefühl (P für); Instinkt *m*; Witterung *f* (*der Hunde*); языко́вое ~ Sprachgefühl.
чухо́нец P *m* [1; -нца] Finnländer.
чу́чело *n* [9] ausgestopftes Tier, Balg *m*; Vogelscheuche *f*; Popanz *m*; ⚔ Zielpuppe *f*; сне́жное ~ *od*. ~ из сне́гу Schneemann *m*.
чу́шка *f* [5; *g*/*pl*.: -шек] (*Prov*.) Ferkel *n*; Schweinerüssel *m*; ⊕ Barre, Stange (*Metall*).
чушь *f* [8] Unsinn *m*, F Blech *n*, Quatsch *m*; Kitsch *m*.
чу́ять [27], <по-> empfinden, warnehmen; schwanen, wittern; riechen; чу́ет се́рдце mir schwant etwas.

Ш

Ш, ш *n u. m* (*s.* A) sch *n.*
ша́баш[1] *m* [1] Feierabend; Sabbat, Schabbes (*der Juden*).
шаба́ш[2] (*int.*) genug!, halt (ein)!, basta! **~ить** [16], <за-, по-> Feierabend machen, feiern.
шабло́н *m* [1] Schablone *f*; Modell *n*; **~ный** [14] schablonenhaft, banausisch; Schablonen...
ша́вка *f* [5; *g/pl.*: -вок] Spitz *m*; F Kläffer *m.*
шаг *m* [1; *nach den Zahlen 2 bis 4 aber* -га́; в -у́; *pl. e.*] Schritt; ~ом im Schritt; ~ за ~ом Schritt für Schritt, langsam; ско́рым (ти́хим) ~ом schnellen (langsamen) Schrittes; бе́глый ~ ⚔ Laufschritt; гига́нтские ~и́ *pl.* (*Sport*) Rundlauf *m*; ни ~у keinen Schritt; на ка́ждом ~у́ auf Schritt und Tritt; без э́того ни на ~ ohne das geht es durchaus nicht; **~а́ть** [1], <за->, *einm.* <~ну́ть> [20] schreiten; **~и́стика** ⚔ (*ver.*) *f* [5] Gamaschendienst *m*, Exerzierdrill *m*; **~оме́р** *m* [1] Schrittzähler, Wegemesser.
шагре́нь *f* [8] Chagrin *m*, Chagrin-, Körner-leder *n.*
шажо́к *m* [1; -жка́] kleiner Schritt, Schrittchen *n*; шажко́м in kleinen (langsamen) Schritten, trippelnd.
ша́йба ⊕ *f* [5] Scheibe.
ша́йка *f* [5; *g/pl.*: -ша́ек] (*hölzerner* Schöpf-)Eimer *m*, Kübel *m*; (*Gauner- usw.*) Bande.
шайта́н P *m* [1] Teufel, Satan.
шака́л *m* [1] Schakal, Goldwolf.
шала́нда ⚓ *f* [5] Prahm *m.*
шала́ш *m* [1 *e.*; *g/pl.*: -е́й] Hütte *f*, Zelt *n* (*aus Zweigen usw.*).
шале́ть F [8], <о-> dumm (*od.* verrückt) werden, (fast) überschnappen.
шали́ть [13] ausgelassen (*od.* unartig) sein, Dummheiten machen; tändeln; F nicht in Ordnung sein, nicht richtig funktionieren; не шали́! sei artig!; шаля́т по больши́м доро́гам F auf den Landstraßen ist's nicht geheuer (*wegen Räuber u. dgl.*); конь шали́т das Pferd bockt; шали́шь! P so siehst du aus!, das hätte noch gefehlt!; часы́ шаля́т F die Uhr geht nicht richtig.
шаловли́вый [14*K.*] ausgelassen, mutwillig; unartig.
шалопа́й P *m* [3] Bummler, Taugenichts; **~ничать** [1] bummeln.
шалопу́т *m* [1], **~ка** *f* [5; *g/pl.*: -ток] (*fig.*) Windbeutel *m.*
ша́лость *f* [8] Mutwille *m*; Unartigkeit.
шалу́н *m* [1 *e.*], **~ья** *f* [6; *g/pl.*: -ний] Ausgelassene(r), Mutwillige(r), Wildfang *m.*
шалфе́й ⚘ *m* [3] Salbei *m od. f.*
ша́лый F *s.* шально́й.
шаль *f* [8] Schal *m*, Umschlagetuch *n*; **~но́й** [14] unsinnig, dumm; как ~но́й wie verrückt, wie ein Wahnsinniger; ~на́я пу́ля *f* abirrende Kugel.
ша́мкать [1] lispeln (*mit zahnlosem Mund*).
шампа́нское [16] Champagner *m*, Sekt *m.*
шампиньо́н ⚘ *m* [1] Champignon.
шампу́нь *m* [4] Kopfwaschen *n*, Schampun(ieren) *n.*
шанда́л *m* [1] Leuchter.
Шанду́нь *m* [4] Schantung *n.*
ша́нец ⚔ *m* [1; -нца] Schanze *f*, Verschanzung *f.*
шанкр ⚕ *m* [1] Schanker.
шанс *m* [1] Chance *f*, (günstige) Aussicht *f* (*auf Erfolg*), Glücksfall.
шансоне́тка *f* [5; *g/pl.*: -ток] Chansonette; Liedchen *n*; (Tingeltangel-)Sängerin.
шанта́ж *m* [1 *e.*; *g/pl.*: -е́й] Erpressung *f*; **~и́ст** *m* [1] Erpresser, Hochstapler.
шантрапа́ P *f* [5] (*koll.*) Krethi und Plethi, Hinz und Kunz.
Шанха́й *m* [3] Schanghai *n.*
шанцева́ть ⚔ [6; -цу́ю] verschanzen.
ша́пка *f* [5; *g/pl.*: -пок] Mütze, Kappe; ~-невиди́мка Tarn-, Nebel-kappe; ~ газе́ты Kopf *m* einer Zeitung.
ша́поч|ка *f* [5; *g/pl.*: -чек] kleine Mütze, Mützchen *n*; Кра́сная ~ка

Rotkäppchen *n*; **~ник** *m* [1] Mützenmacher; **~ный** [14] Mützen...; ~ное знако́мство *n* Mützenbekanntschaft *f*, Grüßfuß *m*; к ~ному разбо́ру zu spät, ganz zum Schluß.

шар *m* [1; *g/sg. nach 2, 3, 4*: -á; *pl. e.*] Kugel *f*; Ball; возду́шный ~ Luftballon; про́бный ~ Versuchsballon; хоть шаро́м покати́ ohne jede Spur, wie ausgefegt.

шара́да *f* [5] Scharade, Silbenrätsel *n*.

шара́хнуться [20] *pf*. jäh zurückweichen (*od*. в сто́рону zur Seite).

шарж *m* [1; *g/pl.*: -ей] Karikatur *f*; **~и́ровать** [7] übertreiben; karikieren.

ша́рик *m* [1] kleine Kugel *f*, Kügelchen *n*; кровяны́е ~и *pl*. Blutkörperchen *n/pl.*; **~оподши́пник** ⊕ *m* [1] Kugellager *n*.

ша́рить [13], <по-, об-> durchsuchen, -stöbern, -wühlen.

ша́рк|анье *n* [10] Scharren, Gescharr (*mit den Füßen*); **~ать** [1], <~нуть> [20] (*mit den Füßen*) scharren; ~ать нога́ми Kratzfüße machen, kratzfüßeln.

шарку́н F *m* [1*e.*] Geck (*s*. франт).

шарло́тка *f* [5; *g/pl.*: -ток] Brotpudding *m* mit Äpfeln.

шарма́н|ка *f* [5; *g/pl.*: -нок] Drehorgel, Leier(kasten *m*); **~щик** *m* [1] Drehorgelspieler, Leiermann.

шаро|ва́ры *f/pl.* [5] Pluder-, Pumphose(n *pl.*) *f*; **~во́й** [14] Ball..., Kugel...

шаромы́|га P *m/f* [5] Gauner (-in *f*) **~жничать** [1] (herum-) schmarotzen, aus fremder Tasche leben.

шарообра́зный [14; -зен, -зна] kugelförmig.

шаро́шка ⊕ *f* [5; *g/pl.*: -шек] Fräser *m*.

шарф *m* [1] Halstuch *n*; Schärpe *f*.

шасси́ *n* [*unv.*] Unter-, Wagengestell.

шасть plötzlich; ~! husch!

шата́ние *n* [12] Wankelmut *m*, Unbeständigkeit *f*.

шата́ть [1], <(по)шатну́ть> [20] schütteln, rütteln; **-ся** (sch)wanken, taumeln; bummeln, sich umhertreiben, (herum)schlendern.

шате́н *m* [1] Kastanienbraune(r).

шатёр *m* [1; -тра́] Zelt *n*.

шатиро́вка *f* [5; *g/pl.*: -вок] Schattierung.

ша́тия P *f* [7] Gesindel *n*, Pack *n*.

ша́т|кий [16; -ток, -тка] (sch)wankend, wack(e)lig; lose; wankelmütig; **~ну́ть** *s*. шата́ть.

шату́н *m* [1*e.*] Herumtreiber; Kurbel-, Trieb-stange *f*.

ша́фер *m* [1; *pl. e.*: -ра́] Brautführer, Hochzeitsmarschall.

шафра́н *m* [1] Safran.

шах *m* [1] Schah (*v. Persien*); (*a. int.*) Schach *n* (*im Schachspiel*).

шахма|ти́ст *m* [1] Schachspieler; **~тный** ('ʃax-) [14] Schach...; **~ты** ('ʃax-) *f/pl.* [5] (игра́ *f* в ~ты) Schach(spiel) *n*; игра́ть в ~ты Schach spielen.

ша́хт|а ⚒ *f* [5] Schacht *m*, Zeche; **~ёр** *m* [1] Grubenarbeiter.

ша́шечница *f* [5] Dame(n)brett *n*; Schachbrett *n*.

ша́шка *f* [5; *g/pl.*: -шек] Säbel *m* (*der Kaukasier*); Stein *m* (*im Damespiel*); игра́ *f* в ша́шки Damespiel *n*; подрывна́я ~ ⚔ Sprengkörper *m*.

шашлы́к *m* [1*e.*] (am Spieß) gebratenes Hammelfleisch *n*.

ша́шни P *f/pl.* [6; *gen.*: -ней] Intrigen, Umtriebe *m/pl.*; (любо́вные) ~ Techtelmechtel *n*.

шва́бра *f* [5] (*gestielter*) Scheuerwisch *m*, Kehrbürste; ⚓ Schwabber *m*.

шва́льня *f* [6; *g/pl.*: -лен] Schneiderwerkstatt, Schneiderei.

швarто́в ⚓ *m* [1] Festmacheleine *f*; отда́ть ~ы! Leinen los!; **~а́ть** [7], <при-> vertäuen, festmachen.

швед *m* [1] Schwede.

швé|ка *f* [5; *g/pl.*: швéек] *s*. швея́; **~ный** [14] zum Nähen (dienend); Näh...

швейца́р *m* [1] Portier, Pförtner; **~ец** *m* [1; -рца] Schweizer; **2ия** *f* [7] Schweiz; **~ский** [16] schweizerisch; Schweizer(...); Portier...; ~ская *f* Portier-zimmer *n*, -stube, -loge.

Шве́ция *f* [7] Schweden *n*.

швея́ *f* [6] Näherin, Schneiderin.

швыр|ко́вый [14] kurz geschlagen (*Holz*); ~ко́вые дрова́ *pl*. Brennholz *n* (*in kurzen Scheiten*); **~о́к** *m* [1; -рка́] kurzscheitiges Brennholz *n*.

швыр|я́ть [28], <~ну́ть> [20]

schleudern, (hin)werfen; (*fig.*) verschwenden, aasen mit (*Geld* деньгáми).
шеве|ли́ть [13; -елю́, -éлишь], <по->, *einm.* <**~льнýть**> [20] (T *et.*) bewegen, rühren, regen.
шедéвр (-ˈdɛvr) *m* [1] Meisterwerk *n*, Prunkstück *n*.
шéй|ка *f* [5; *g/pl.*: шéек] (kleiner) Hals *m*, Hälschen *n*; ⊕ Zapfen *m* (*der Welle*); ♪ Schwanz *m* (*e-r Note*).
шейх *m* [1] Scheich, Älteste(r), (Araber-)Häuptling.
шéлест *m* [1] (leises) Rauschen *n*; Säuseln *n*; **~éть** [11; *ohne 1. Pers.*: -и́шь] (leise) rauschen, säuseln.
шёлк *m* [1; *g/sg. a.*: -у; в шелкý; *pl. e.*: шелкá] Seide *f*; из ~у aus (*od.* von) Seide, seiden; (сдéланный) на шелкý auf Seide (gearbeitet), mit Seide ausgefüttert.
шелко|ви́на *f* [5] Seidenfaden *m*; **~ви́стый** [14*K.*] seidenartig; **~ви́ца** ⚘ *f* [5], **~ви́чник** *m* [1] Maulbeerbaum *m*; **~вóд** *m* [1] Seidenzüchter; **~вóдство** *n* [9] Seidenzucht *f*, -bau *m*; **~вый** (ˈʃɔɫ-) [14] seiden(artig); Seiden...; (*fig.*) seidenweich, geschmeidig; **~пря́д** *m* [1] (*Zool.*) Seidenspinner; **~прядéние** (ʃɔɫ-) *n* [12] Seidenspinnen; **~пряди́льный** (ʃɔɫ-) [14] zum Seidenspinnen (dienend); ~пряди́льная фáбрика *f* = **~пряди́льня** (ʃɔɫ-) *f* [6; *g/pl.*: -лен] Seidenspinnerei.
шелохнýть *s.* шелыхáть.
шёлуди ⚕ *m/pl.* [4] Grind *m*; Räude *f*.
шелуди́вый [14*K.*] grindig; räudig.
шелу|хá *f* [5] Hülse, Schale; **~шéние** ⚕ *n* [12] Hautschuppung *f*; **~ши́ть** [16; -шý, -ши́шь] ausschälen, aushülsen; **-ся** sich abschälen.
шелыхáть [1], <шелохнýть> [20] (**-ся** sich) rühren, regen.
шéль|ма *m/f* [5] Schurke *m*, Schelm (-in *f*); **~мовáть** [5], <o-> entehren, wie einen Schurken behandeln; anprangern; **~мовскóй** [16] schelmisch, spitzbübisch; **~мовствó** *n* [9] Schurkerei *f*.
шемя́кин [19]: ~ суд F *m* käufliches (parteiisches) Gericht *n*.
шéнкель *m* [1; *pl. e.*: -ля́] Schenkel (*des Reiters*).
шепеля́|вить [14] lispeln; **~вый** [14*K.*] lispelnd.
шёпот *m* [1] Geflüster *n*; ~ом flüsternd, im Flüsterton; **~кóм** heimlich, leise.
шепталá *f* [5] getrocknete Pfirsiche *m/pl. od.* Aprikosen *pl.*
шептáть [3], <про->, *einm.* <шепнýть> [20] flüstern (нá ухо ins Ohr); **-ся** *impf.* sich zuflüstern (o П *et.*).
шептýн *m* [1*e.*] Flüsterer; Ohrenbläser.
шерéнга ⚔ *f* [5] Glied *n* (*beim Exerzieren*).
шероховáтый [14*K.*] holp(e)rig (*a. fig.*).
шерсти́|нка *f* [5; *g/pl.*: -нок] einzelnes Wollhaar *n*; **~стый** [14*K.*] wollig.
шерстобóй *m* [3] Wollschläger; **~ня** *f* [6; *g/pl.*: -óен] Wollschlägerwerkstatt.
шерстопряди́ль|ный [14] zum Spinnen der Wolle (dienend); ~ная фáбрика *f* = **~ня** *f* [6; *g/pl.*: -лен] Wollspinnerei.
шерсть *f* [8; в **-ти́**; *ab g/pl. e.*: **-тéй**] Wolle; Haar *n* (*bsd. der Tiere*); древéсная ~ Holzwolle; это емý не по шéрсти das paßt (*od.* gefällt) ihm nicht.
шерстянóй [14] wollen; Woll(en)...
шерхéбель *m* [4] Schürfhobel.
шершá|веть [8], <o-> rauh (*od.* zottig) werden; **~вый** [14*K.*] rauh, zottig.
шéршень *m* [4; -шня] (*Zool.*) Hornisse *f*.
шест *m* [1*e.*] Stange *f*.
шéст|вие *n* [12] Gang *m*, Gehen; Zug *m* (*e-r Menschenmenge*); **~вовать** [7] (einher)schreiten, gehen.
шестер|и́к *m* [1*e.*] Sechspud-, Sechstschetwerik-maß *n*, -gewicht *n*; sechs (*z.B. Lichte*) auf ein Pfund; **~и́чный** sechsfach; **~ка** (-ˈʦɔr-) *f* [5] Sechs (*im Kartenspiel*); ~ка (лошадéй) Sechs-spänner *m*, -gespann *n*; ⚓ Sechs-riemer *m*, -ruderer *m*; **~нóй** [14] sechsfach; **~ня́** *f* [6; *g/pl.*: -рён] Getriebe *n*; Triebrad *n*; Zahnrad *n*; Ritzel *n*; **~o** (ˈʃes-) [37] sechs (zusammen); нас бы́ло ~o wir waren unser sechs.
шести (*in Zssgn*) sechs..., *z.B.* **~грáнный** [14] sechskantig.
шестидесяти (*in Zssgn*) sechzig..., *z.B.* **~лéтний** [15] sechzigjährig.
шестидеся́|тый [14] sechzigste(r); ~тая (часть) *f* Sechzigstel *n*.

ше́стик *m* [1] kleine Stange *f*.
шести|со́тый [14] sechshundertste(r); ~со́тая (часть) *f* Sechshundertstel *n*; **~уго́льник** *m* [1] Sechseck *n*.
шестна́дца|тый [14] sechzehnte(r); ~тая (часть) *f* Sechzehntel *n*; *vgl.* восьмо́й; **~ть** [35] sechzehn.
шесто́й [14] sechste(r); шеста́я (часть) *f* Sechstel *n*.
шесто́к *m* [1; -тка́] Herd (*vor der Mündung des russischen Ofens*).
шесть [35*e.*] sechs; **~деся́т** [35] sechzig; **~со́т** [36] sechshundert; **'~ю** sechsmal.
шеф *m* [1] Chef, Vorgesetzte(r), Prinzipal; Pate; **'~ство** *n* [9] Schirmherrschaft *f*, Patenschaft.
ше́я *f* [6; *g/pl.*: шей] Hals *m*; ♪ Schwanz *m* (*e-r Note*); у него́ ~ кре́пкая er kann viel vertragen.
ши́бкий P [16; *comp.* ши́бче] schnell, rasch; heftig.
ши́ворот P: взять за ~ beim Kragen packen; ~-навы́ворот ganz verdreht *od.* verkehrt.
шизофрени́я ⚕ *f* [7] Schizophrenie.
шик *m* [1] Schick, Eleganz *f*, Geschmack.
шика́рный P [14; -рен, -рна] schick, mit Schick, elegant, geschmackvoll.
ши́кать [1], <о->, *einm.* <ши́кнуть> [20] (Д *j-n*) auszischen.
шикова́ть [7] schick (*od.* fesch) auftreten.
ши́ло *n* [9; *pl.*: -лья, -льев] Ahle *f*, Pfriem *m*; **~хвостка** *f* [5; *g/pl.*: -ток] Pfriemente.
шимпанзе́ (-'zɛ) *m* [*unv.*] Schimpanse.
ши́на *f* [5] Schiene (*am Rade*); ши́ны *pl.* Bereifung *f*; пневмати́ческая (*od.* ду́тая) ~ pneumatischer Radreifen *m*, Luftreifen *m*, Gummirad *n*.
шине́ль *f* [8] (солда́тская Soldaten-)Mantel *m*.
шинка́рь † *m* [4*e.*] Schankwirt.
шинкова́ть [7], <на-> (*Kohl usw.*) schneiden, hobeln.
ши́нный [14]: ши́нное желе́зо *n* Bandeisen.
шино́|к † *m* [1; -нка́] Schenke *f*; **~чный** [14] zur Schenke gehörig; Schank(stuben)...
шип *m* [1*e.*] Dorn, Stachel; Zapfen (*an Brettern*); Stollen (*am Hufeisen*).
шипе́|ние *n* [12] Zischen; Fauchen (*der Katze usw.*); Brausen; Surren (*der Spindel*); **~ть** [10], <про-, за-> zischen; brausen; шипя́щий *m* (*Ling.*) Zischlaut.
шипо|ва́тый [14*K.*] dornig; **~вник** ⚘ (-'pɔv-) *m* [1] Hagebutte *f*, Heckenrose *f*.
шипу́ч|ий [17*K.*] moussierend, schäumend; brausend; Schaum...; Brause...; **~ка** P *f* [5] moussierendes Getränk *n*, Brauselimonade.
шири|на́ *f* [5] Breite; Weite; ~но́й в (В) ... *od.* ... ~ны́ *od.* ... в ~ну́ ... breit.
шири́нка *f* [5; *g/pl.*: -нок] Hosenschlitz *m*.
ши́рить [13], <рас-> (**-ся**) breit(er) machen (werden), (sich) ausbreiten, -weiten.
ши́рма *f* [5] (*mst pl.*) Schirm(wand *f*) *m*, spanische Wand; (*fig. mst sg.*) Deckmantel *m*.
широ́|кий [16; широ́к, -ока́, -о́ко́; *comp.* ши́ре, *sup.* широча́йший] breit; weit(gehend); (*fig.*) schrankenlos, ungebunden, ungezügelt; ~кая ма́сленица *f* schrankenlose (*d. h. die letzten drei Tage der*) Butterwoche; жить ~ко́ *od.* на ~кую но́гу auf großem Fuß (*od.* im großen Stil) leben; ~ко́ заду́манный groß angelegt; ши́ре шаг! ⚔ schneller gehen!
широко... (*in Zssgn*) breit..., *z.B.* **~веща́тельный** [14] vielverheißend, vielversprechend; Rundfunk...; **~пле́чий** [17*K.*] breitschult(e)rig; **~по́лый** [14] breitrandig (*Hut*); mit breiten Schößen (*Rock*).
широта́ *f* [5; *pl.*: -о́ты] Breite (*a. Geogr.*); Weite.
ширпотре́б F *m* [1] (*koll.*) (това́ры широ́кого потребле́ния) Gebrauchsartikel *pl.*
ширь *f* [8] *s.* ширина́.
шить [шью, шьёшь; ше́й(те)!; ши́тый], <с-> [сошью́, сошьёшь; сши́тый] nähen (lassen); ~ зо́лотом in Gold sticken.
шитьё *n* [10] Nähen; Näherei *f*, Näharbeit *f*; Stickerei *f*, Stickarbeit *f*; ~ зо́лотом Goldstickerei *f*.
шифр *m* [1] Namenszug; Chiffre (-schrift) *f*; **~ова́ть** [7], <за-> chiffrieren.
шиш P *m* [1*e.*] verächtliche Handbewegung *f* (*Faust mit Daumen zwi-*

schen Zeige- u. Mittelfinger); показа́ть ~ *j-m* eine Nase drehen; ни ~а́ нет (rein) gar nichts.

ши́ш|ечка *f* [5; *g/pl.*: -чек] kleine Beule; Knötchen *n*; **~ка** *f* [5; *g/pl.*: -шек] Beule; Knorren *m*, Knoten *m*; (*fig.*) großes Tier *n*; ело́вая ~ка Tannenzapfen *m*; **~кова́тый** [14*K.*] knorrig, knotig.

шкала́ *f* [5; *pl. st.*] Skala.

шка́лик *m* [1] Lämpchen *n*, Lampion (*zu Illuminationen*); (Branntwein-)Fläschchen *n*.

шка́н|ечный [14]: ~ечный журна́л *m* Schiffsjournal *n*; **~цы** ⚓ *m/pl.* [1; *gen.*: -цев] Achterdeck *n*; Schanzdeck *n*.

шкату́лка *f* [5; *g/pl.*: -лок] Schatulle.

шкаф *m* [1; в -у́; *pl. e.*] Schrank; кни́жный ~ Bücherschrank; несгора́емый ~ Panzerschrank, Tresor; ˈ**~ик** *m* [1] Schränkchen *n*.

шкафу́т ⚓ *m* [1] Mitteldeck *n*.

шка́фчик *m* [1] Schränkchen *n*.

шквал ⚓ *m* [1] Windstoß, Bö *f*; ˈ**~истый** [14*K.*] böig.

шква́рка *f* [5; *g/pl.*: -рок] Griebe.

шкво́рень ⊕ *m* [4; -рня] Kuppelbolzen.

шкив ⊕ *m* [1] Scheibe *f*; переда́точный ~ Laufrolle *f*, Laufscheibe *f*.

шки́пер ⚓ *m* [1] Schiffer, Schiffskapitän.

шко́ла *f* [5] Schule; нача́льная ~ Grundschule; сре́дняя ~ Mittelschule (= Deutscher höheren Schule); вы́сшая ~ Hochschule; ходи́ть в шко́лу zur Schule gehen; отда́ть в шко́лу in die Schule schicken.

шко́лить [13], <вы́-> schulen; abrichten.

шко́льни|к *m* [1], **~ца** *f* [5] Schüler(in *f*), Schul-knabe *m*, -mädchen *n*; **~чать** [1] Schülerstreiche machen; **~ческий** [16] schülerhaft; **~чество** *n* [9] Schülerhaftigkeit *f*, Schuljungenstreiche *m/pl.*

шко́льный [14] Schul...

школя́р *m* [1 *e.*] Schuljunge, Schulknabe, Pennäler.

шку́р|а *f* [5] Fell *n*, Balg *m*; содра́ть ~у (с P *j-m*) das Fell über die Ohren ziehen; **~ник** *m* [1] Selbstsüchtige(r), Egoist; **~(оч)ка** *f* [5; *g/pl.*: -рок (-чек)] kleines Fell *n*, Fellchen *n*; (*Frucht-*)Schale; Schmirgelpapier *n*.

шлагба́ум *m* [1] Schlagbaum.

шлак *m* [1] Schlacke *f*.

шланг ⊕ *m* [1] Schlauch.

шле́йка *f* [5; *g/pl.*: -е́ек] Brustriemen *m* (*für Hunde statt Halsband*).

шлейф *m* [1] Schleppe *f*.

шлем *m* [1] Helm (*ehm.*); Kappe *f* (*der Flieger u. Panzersoldaten*); Skimütze *f*; Schlemm (*im Kartenspiel*).

шлёндать P [1], <про-> (herum-, umher)schlendern.

шлёп P klatsch!; **~анцы** F *m/pl.* [1; *gen.*: -цев] Pantoffeln, Latschen; **~ать** [1], *einm.* <~нуть> [20] klatschen (рука́ми mit den Händen); P schlorren; latschen (ту́флями mit den Pantoffeln); P patschen (*durch Wasser usw.*); schlagen; **-ся** F hinplumpsen.

шлепо́к *m* [1; -пка́] leichter Schlag, Klaps.

шлея́ *f* [6; *g/pl.*: шлей] Umgang(s-riemen) *m* (*am Pferdegeschirr*).

шлифова́ль|ный [14] zum Schleifen (dienend); Schleif...; **~ня** *f* [6; *g/pl.*: -лен] Schleiferei; **~щик** *m* [1] Schleifer.

шлифов|а́ть [7], <от-> schleifen, polieren; **~ка** (-ˈfɔf-) *f* [5; *g/pl.*: -вок] Schleifen *n*.

шлюз *m* [1] Schleuse *f*; ˈ**~ный**, **~ово́й** [14] Schleusen...

шлю́пка ⚓ *f* [5; *g/pl.*: -пок] Schaluppe.

шля́п|а *f* [5] (*bsd. Herren-*)Hut *m* (*s.* шля́пка); (*fig.*) Trottel *m*; в ~е mit dem Hut auf dem Kopf; де́ло в ~е F die Sache ist erledigt *od.* abgemacht; **~ёнка** *f* [5] schlechter Hut *m*, **~ка** *f* [5; *g/pl.*: -пок] Hütchen *n*; (*Damen-*)Hut *m*; ⊕ ~ка гвоздя́ Nagelkopf *m*; ~ка ги́льзы ⚔ Hülsenboden *m*.

шля́почник *m* [1] Hut-macher, -händler.

шля́ться P [1] (umher)schlendern.

шлях *m* [1; на -у́] (*Prov.*) Weg.

шляхе́т|ский [16] adlig; **~ство** *n* [9] *s.* шля́хта.

шля́хта *f* [5] Adel(stand) *m* (*in Polen*), Schlachta, Kleinadel *m*.

шля́хтич *m* [1; *g/pl.*: -ей] (*polnischer*) Adlige(r).

шмато́к P *m* [1; -тка́] Stück *n* (*Speck usw.*).

шмель *m* [4 *e.*] (*Zool.*) Hummel *f*.

шмыг husch!; **'~ать** P [1], <~ну́ть> [20] (hin und her) huschen; ~ать но́сом schnüffeln.

шмя́к|ать P [1], <-нуть> [20] fallen lassen, hinklatschen; **-ся** fallen, (auf)klatschen.

шни́цель *m* [4] Schnitzel *n*; ~ по-ве́нски Wiener Schnitzel *n*.

шнур *m* [1*e*.] Schnur *f*; Litze *f*; бикфо́рдов ~ ⚔ Zeitzündschnur *f*; запа́льный ~ Zündschnur *f*; спусково́й ~ Abzugsleine *f*; **~ова́ть** [7], <за-> (fest)schnüren; **~о́вка** *f* [5] Schnüren *n*; боти́нки *m/pl*. с ~о́вкой Schnürstiefel; **~ово́й** [14] Schnur...; **~о́к** *m* [1; -рка́] Schnürchen *n*; Schnürsenkel; боти́нки *m/pl*. на ~ка́х Schnürstiefel.

шныр|я́ть F [28], *einm*. <~ну́ть> [20] (hin und her) huschen; weghuschen.

шов *m* [1; шва] Naht *f*; △ Fuge *f*; без швов ohne Nähte, nahtlos; треща́ть по всем швам in allen Fugen krachen; ру́ки по шва́м! ⚔ Hände an die Hosennaht!

шокола́д *m* [1] Schokolade *f*; **~ка** *f* [5; *g/pl*.: -док] (*od*. пли́тка ~а) Schokoladentafel.

шо́мпол ⚔ *m* [1; *pl*.: -лы *u*. -ла́] Ladestock; ⚔ Wischstock.

шо́р|ник *m* [1] Sattler; **~ный** [14] Sattler...; ~ные изде́лия *n/pl*. Sattlerbedarf *m*, Riemenzeug *n*.

шо́рох *m* [1] Rascheln *n*.

шо́ры *f/pl*. [5] Scheuleder *n*, Scheuklappen.

шосс|е́ (-'sɛ) *n* [*unv*.] Chaussee *f*; **~е́йный** [14] Chaussee..., Straßen-...; **~и́ровать** [7] (*im*)*pf*. chaussieren, beschottern.

шотла́нд|ец *m* [1; -дца] Schotte; **²ия** *f* [7] Schottland *n*.

шофёр *m* [1] Chauffeur, (Auto-)Fahrer, Führer; **~ский** [16] Chauffeur...; ~ское свиде́тельство *n* Führerschein *m*.

шпа́га *f* [5] Degen *m*.

шпага́т *m* [1] Bindfaden.

шпакл|ева́ть △ [6], <за-> spachteln; **~ёвка** *f* [5; *g/pl*.: -вок] Spachteln *n*; Spachtel(kitt) *m*.

шпа́ла *f* [5] (Bahn-)Schwelle.

шпале́ра *f* [5] (*mst pl*.) Spalier *n*; стоя́ть ~ми Spalier stehen.

шпана́ P *f* [5] Bettelvolk *n*; Gaunerbande; Landstreicher *m*.

шпанго́ут ⚓ *m* [1] Spant *n*.

шпарга́лка *f* [5; *g/pl*.: -лок] (*Schülersprache*) Spicker *m*, Mogelzettel *m*.

шпа́рить [13], <o-> (ab)brühen.

шпат *m* [1] (*Min*.) Spat.

шпа́ция *f* [7] (*Typ*.) Spatium *n*.

шпенёк ⊕ *m* [1; -нька́] Dorn; Stift, Zapfen.

шпигова́ть [7], <на-> (*e-n Hasen usw*.) spicken.

шпик P *m* [1] Spitzel; Schweinespeck.

шпи́лить [13], <при-> (*mit Haar- od. Steck-nadeln*) an-, fest-stecken.

шпиль *m* [4] Spitze *f*; ⚓ Spill *n*; **'~ка** *f* [5; *g/pl*.: -лек] Haarnadel; (Draht-)Stift *m*; (Schuh-)Zwecke; (*fig*.) Stichelei; подпуска́ть (Д) ~ки auf *j-n* sticheln.

шпингале́т △ *m* [1] Riegel, Schieber.

шпио́н *m* [1] Spion; **~а́ж** *m* [1] Spionieren *n*, Spionage *f*; **~ить** [13] spionieren; **~ка** *f* [5; *g/pl*.: -нок] Spionin; **~ство** *n* [9] *s*. ~а́ж.

шпиц *m* [1] (Turm-)Spitze *f*; Spitz (*Hund*).

шпицру́тены *m/pl*. [1] (*hist*.) Spießruten (laufen).

шпон *m* [1] (*Typ*.) Durchschuß; на ~ы durchschossen; **'~ка** ⊕ *f* [5; *g/pl*.: -нок] Döbel *m*.

шпо́|ра *f* [5] Sporn *m*; **~рить** [13], <при-> (an)spornen.

шприц *m* [1] Spritze *f*.

шпро́та *f* [5] Sprotte.

шпу́лька *f* [5; *g/pl*.: -лек] (Garn-)Spule.

шпыня́ть P [28] sticheln, bespötteln.

шрам *m* [1] Schramme *f*, Schmiß.

шрапне́ль ⚔ *f* [8] Schrapnell *n*.

шрифт ⊕ *m* [1; *pl*. *e*.] (Druck-)Schrift *f*; готи́ческий ~ Fraktur (-schrift) *f*.

штаб ⚔ *m* [1] Stab; гла́вный (*od*. генера́льный) ~ Generalstab; офице́р *m* генера́льного ~а Generalstäbler; (*in Zssgn*) ~-офице́р *m* Stabsoffizier.

шта́бель *m* [4; *pl*. *e*.: -ля́] Holzstoß, Stapel.

штаб|и́ст *m* [1], **~ни́к** *m* [1*e*.] Offizier des Stabes.

штабно́й [14] ⚔ zum Stab gehörig; Stabs...

штаб-ро́тмистр ⚔ *m* [1] (*hist*.) Stabsrittmeister (*zwischen Oberleutnant u. Rittmeister*).

штабс-капита́н ⚔ *m* [1] (*hist.*) Stabskapitän (*zwischen Oberleutnant u. Hauptmann*).
штамб *m* [1] (*Baum-*)Stamm.
штамп ⊕ *m* [1] Stampfe *f*, Stanze *f*; (*fig.*) Schablone *f*; **~ова́ть** [7], <от-> stanzen.
шта́нга *f* [5] Stange; (*Sport*) Gewichtestange.
штанда́рт *m* [1] Standarte *f*, Fahne *f*.
шта|ни́на F *f* [5] Hosenbein *n*; **~ни́шки** F *m/pl.* [1; *gen.*: -шек] kurze Hose(n *pl.*) *f*; **~ны́** F *m/pl.* [1 *e.*] Hose(n *pl.*) *f*, Beinkleider *n/pl.*
штат *m* [1] Etat (*Beamtenbestand*); Соединённые Шта́ты *pl.* (Се́верной Аме́рики) die Vereinigten Staaten (v. Nordamerika).
штати́в *m* [1] Stativ *n*, Gestell *n*.
шта́тный [14] etatmäßig; Etat(s)..., planmäßig; шта́тное расписа́ние *n* Stellenplan *m*.
шта́тский [16] zivil; Zivilist.
ште́йгер ('ʃte-) ⚒ *m* [1] Steiger.
штемпе|лева́ть (ʃtɛm-) [6] stempeln; **~ль** ('ʃtɛm-) *m* [4; *pl. e.*: -ля́] Stempel.
ште́псель ('ʃtɛp-) *m* [4; *pl. e.*: -ля́] Stöpsel; Steckdose *f*.
штибле́ты (ʃtʃi-) *f/pl.* [5] Stiefeletten, Halbstiefel *m/pl.*
штилево́й [14] Windstill...; штилева́я полоса́ ⚓ *f* Zone der Windstille.
штиль ⚓ *m* [4] Windstille *f*.
Шти́рия *f* [7] Steiermark.
шти́фт(ик) *m* [1] Stift.
шти́хель *m* [4] Grabstichel.
што́льня ⚒ *f* [6; *g/pl.*: -лен] Stollen *m*.
што́паль|ный [14] zum Stopfen (*der Strümpfe usw.*) dienend; Stopf-...; **~щик** *m* [1], **~щица** *f* [5] Stopfer(in *f*).
што́пать [1], <за-> (*Strümpfe usw.*) stopfen.
што́пор ⊕ *m* [1] Kork-, Propfenzieher; ✈ Trudeln *n*; **~ить** ✈ [3] trudeln.
што́ра *f* [5] Rollvorhang *m*.
шторм *m* [1] (heftiger) Seesturm.
штоф *m* [1] Stof (*Flüssigkeitsmaß* = *1,22 l*); vierkantige (*Schnaps-*) Flasche *f*; schwerer gemusterter (Seiden-)Stoff, Damast; **'~ик** *m* [1] kleine vierkantige (*Schnaps-*) Flasche *f*.

штраф *m* [1] (Geld-)Strafe *f*; **~ни́к** ⚔ *m* [1 *e.*] Strafgefangene(r), Angehörige(r) e-r Strafeinheit; **~но́й** [14] Straf...; **~ова́ть** [7], <о-> strafen (на В um *Geld*).
штрейкбре́хер *m* [1] (*ver.*) Streikbrecher.
штрек ⚒ *m* [1] Strecke *f*, Schlag.
штри́пка *f* [5; *g/pl.*: -пок] Strippe (*an Beinkleidern*).
штрих *m* [1 *e.*] Strich; **~ова́ть** [7], <за-> schraffieren, stricheln.
штуди́ровать [7], <про-> (durch-) studieren.
шту́ка *f* [5] Stück *n*; (*fig.*) Streich *m*, Stückchen *n*, Kunststück *n*; вот так **~**! eine schöne Geschichte!; в том-то и **~** das ist es eben, da liegt der Hund begraben.
штукату́р *m* [1] Stuckarbeiter; **~ить** [13], <о(т)-> verputzen, mit Kalk (*od.* Stuck) bewerfen; **~ка** *f* [5] Verputz *m*, (Kalk-)Bewurf *m*; **~щик** *m* [1] Stukkateur.
штукова́ть [7], <за-> fein stopfen.
штурва́л *m* [1] Hand-, Steuer-rad *n*; ⚓ Steuerwelle *f*.
штурм ⚔ *m* [1] Sturm(angriff).
шту́рман ⚓ *m* [1] Steuermann.
штурмо|ва́ть ⚔ [7] stürmen; **~ви́к** ✈ *m* [1 *e.*] Schlachtflugzeug *n*; **'~вка** ✈ *f* [5; *g/pl.*: -вок] Tiefangriff *m*; **~во́й** [14] Sturm...; **~вщи́на** *f* [5] (planloses) Sturmtempo *n* (*in der Industrie*).
шту́цер ⚔ *m* [1; *pl. e.*: -pá] Stutzen, Stutzbüchse *f*.
шту́ч|ка *f* [5; *g/pl.*: -чек] Stückchen *n*; **~ный** [14] stückweise; Stück...
штык *m* [1 *e.*] Bajonett *n*; Spatentiefe *f*; идти́ на **~**и́ einen Bajonettangriff machen; **~ово́й** [14] Bajonett...
шу́б|а *f* [5] Pelz *m*; **~е́йка** F *f* [5; *g/pl.*: -е́ек] leichter Damenpelz *m*; **~ёнка** *f* [5; *g/pl.*: -нок] schlechter Pelz *m*; **~ка** *f* [5; *g/pl.*: -бок] kleiner Pelz *m*; Damenpelz *m*; **~ный** [14] Pelz...; **~**ный клей ⚠ *m* Tischlerleim.
шуга́ *f* [5] (*koll.*) dünnes, poröses Eis (*vor dem endgültigen Zufrieren und beim Eisgang*).
шу́лер *m* [1; *pl. e.*: -á] Falschspieler, Bauernfänger; **~ство** *n* [9] Falschspielerei *f*, Bauernfängerei *f*.
шум *m* [1] Lärm, Geräusch *n*; Rauschen *n*; Brausen *n*; **~** и гам Heiden-

lärm; ~ в ушáх ⚕ Ohrensausen *n*; мнóго шýму из-за ничегó viel Lärm um nichts; надéлать ~у (*fig.*) viel Staub aufwirbeln; **~éть** [10; -млю́, -ми́шь] lärmen; rauschen; brausen; **~и́ха** *f* [5] Rausch-, Knister-gold *n*; Aufsehen *n*, (leerer) Lärm *m*; **~ли́вость** *f* [8] lärmendes Wesen *n*; **~ли́вый** [14*K*.] lärmend; **'~ный** [14; -мен, -мнá, -o] lärmend, geräuschvoll; **~óвка** *f* [5; *g/pl.*: -вок] Schaumlöffel *m*; **~óк** *m* [1; -мкá] schwaches Geräusch *n*; под ~óк im geheimen, unbemerkt.

шунтовóй ⊕ [14] Nebenschluß..., Zweig...

Шýра *f* [5] *dim. v.* Алексáндр(а).

шýрин *m* [1; *pl.*: шýрья, -ьев] Schwager (*Bruder der Frau*).

шуровáть ⊕ [7] schüren.

шурýп *m* [1] (Holz-)Schraube *f*.

шурфовáть ⚒ [7] schürfen.

шуршáть [4; -шý, -ши́шь] rauschen, rascheln, knistern (*Kleider usw.*).

шýры-мýры P [*unv.*] Techtelmechtel *n*.

шýстрый F [14; -тёр, -трá, -o] gewandt, gerieben; fix, flink.

шут *m* [1*e*.] Possenreißer, Hanswurst; ~ горóховый F Hansnarr; ~ егó знáет! F weiß der Kuckuck!; ~ с ним! P hol' ihn der Teufel!; **~и́ть** [15], <по-> spaßen, scherzen; sich lustig machen (над *T* über *ac.*); шутя́ spaßweise, im Scherz; spielend; не шутя́ im Ernst, ohne zu spaßen; ~и́ть с огнём (*fig.*) mit dem Feuer spielen.

шути́ха *f* [5] (*Feuerwerkerei*) Schwärmer *m*.

шýт|ка *f* [5; *g/pl.*: -ток] Spaß *m*, (*a.* dramatischer) Scherz *m*; Streich *m*; в ~ку zum Spaß, scherzweise; без ~ок ohne Spaß, im Ernst; крóме ~ок? ist das Ihr Ernst?; дéло пошлó не на ~ку die Sache wird ernst; мне не до ~ок ich bin nicht zum Spaßen aufgelegt; ~ка (ли) сказáть! das ist keine Kleinigkeit!; **~ки в стóрону!** Spaß beiseite!; с ним ~ки плóхи F mit ihm ist nicht gut Kirschen essen.

шутли́вый [14*K*.] scherz-, spaßhaft.

шутни́к *m* [1*e*.] Spaßmacher, Schäker.

шутов|скóй [14] närrisch; Narren-...; ~ски́ wie ein Narr; narrenhaft; **~ствó** *n* [9] Narrheit *f*, Narretei *f*.

шýточ|ка *f* [5; *g/pl.*: -чек] Späßchen *n*; **~ный** [14] spaßhaft.

шýшера P *f* [5] (*koll.*) Pack *n*, Gesindel *n*.

шушýкаться [1] einander zuflüstern, tuscheln.

шхéры *f/pl.* [5] Schären (*an den skandinavischen Küsten*).

шхýна ⚓ *f* [5] Schoner *m*.

Щ

Щ, щ *n u. m* (*s.* A) schtsch *n.*

щаве́|левый [14] Sauerampfer...; ~левая кислота́ ⚗ *f* Kleesäure.

щаве́ль ⚘ *m* [4*e.*] Sauerampfer.

щади́ть [15; щажу́, щади́шь; щажённый], <по-> (ver)schonen; nachsichtig sein gegen.

щебе|ни́ть [13], <за-> mit (Stein-) Schutt ausfüllen, beschottern; **~нка** (-ˈbɔn-) *f* [5], **~нь** (ˈʃtʃe-) *m* [4; -бня] (*koll.*) (Stein-)Schutt *m*, Schotter *m*.

ще́бет *m* [1] Gezwitscher *n*; **~а́ть** [[3] zwitschern.

щег|лёнок *m* [2] (junger) Stieglitz; **~ло́вка** *f* [5; *g/pl.*: -вок] Stieglitzweibchen *n*.

щего́л *m* [1; -гла́] Stieglitz.

щеголева́тый [14*K.*] elegant, fein.

щеголи́ха *f* [5] Putzsüchtige, Modedame.

щёголь *m* [4] Stutzer, Modenarr.

щеголь|ско́й [16] stutzerhaft; elegant; **~ство́** *n* [9] Stolzieren; Prunk *m*, Staat *m*.

щего|ля́ть [28], <по->, *einm.* <~льну́ть> [20] den Stutzer spielen; stolzieren, paradieren, prunken, Staat machen (T mit).

щедри́нка *f* [5; *g/pl.*: -нок] (Pocken-)Narbe.

ще́др|ость *f* [8] Freigebigkeit; **~о́та** *f* [5] (*mst pl.*) Wohltat; **~ый** [14; щедр, -á, -o] freigebig, großzügig; reichlich, wertvoll.

щека́ *f* [5; *ac/sg.*: щёку; *pl.*: щёки, щёк, щека́м] Wange, Backe; уда́рить кого́ в щёку *od.* по щеке́ *j-n* ohrfeigen, *j-m* einen Backenstreich geben; упи́сывать за о́бе щеки́ F mit vollen Backen kauen.

щеко́лда *f* [5] (Tür- *usw.*) Klinke.

щекот|а́ть [3], <по-> kitzeln, prickeln; **~ка** (-ˈkɔt-) *f* [5] Kitzeln *n*; Gekitzel *n*; **~ли́вый** [14*K.*] kitzlig; heikel; ˈ**~ный** [14; *nur*: -тно] kitzelnd; мне ~но es kitzelt mich.

щели́нный [14]: ~ звук *m* (*Ling.*) Reibelaut.

щели́стый [14*K.*] rissig, voll(er) Risse.

щёлк klatsch! plumps!; knips! (*mit Fingern*).

щёлка *f* [5; *g/pl.*: -лок] kleiner Riß *m*, Spältchen *n*.

щёлк|анье *n* [10] Schnalzen (*mit der Zunge*); Klappern (*mit den Zähnen*); Schlagen (*der Nachtigall*); Knacken (*der Nüsse*); **~ать** [1], <~нуть> [20] *v/i.* schnalzen (языко́м mit der Zunge); klappern (зуба́ми mit den Zähnen); schnappen (*Schloß*); schlagen (*Nachtigall*); *v/t.* schnippen, schlagen; (*Nüsse*: auf)knacken; ~ать по́ носу (B *j-m*) einen Nasenstüber geben.

щелк|опёр *m* [1] Federfuchser; **~у́н** *m* [1*e.*] Springkäfer; **~у́нчик** *m* [1] Nußknacker (*im Märchen*).

щёло|к *m* [1] Lauge *f*; **~чный** [14] alkalisch; Laugen...; **~чь** *f* [8; *ab g/pl. e.*: -че́й] Laugensalz *n*, Alkali *n*.

щелчо́к *m* [1; -чка́] Schnippchen *n*; ~ по́ носу Nasenstüber.

щель *f* [8; *ab g/pl. e.*: -ле́й] Spalte, Ritze, Riß *m*; ⚔ Deckungs-, Splitter-graben *m*; голосова́я ~ Stimmritze; смотрова́я ~ ⚔ Sehschlitz *m*.

щеми́ть [14; *nur 3. Pers.*: -ми́т] kneifen; (ein)klemmen, (ein)quetschen; се́рдце щеми́т es drückt mir das Herz ab.

щени́ться [13; *nur 3. Pers.*], <о-> Junge werfen (*Hündin*).

щено́к *m* [1; *pl.*: -нки́ *u.* [2] -ня́та] junger Hund; (*fig.*) F Grünschnabel.

щепа́ *f* [5; *pl.*: ще́пы, щеп, щепа́м] (Holz-)Span *m*, Spleiße; (*a. koll.*) Späne *m/pl.*; **~ть** [2], <рас-> spalten, spleißen.

щепети́ль|ность *f* [8] Kleinigkeitskrämerei, Pedanterie; **~ный** [14; -лен, -льна] kleinlich, pedantisch.

щéп|ка *f* [5; *g/pl.*: -пок] (Holz-) Span *m*; худо́й как ~ка spindeldürr; **~но́й** [14] Holz...

щепо́|тка *f* [5; *g/pl.*: -ток], **~ть** *f* [8] Prise (*Tabak usw.*).

ще́почка *f* [5; *g/pl.*: -чек] (Holz-) Spänchen *n*.

щепяно́й [14] Holz...; ~ това́р *m* Holz-(schnitz)waren *f/pl.*, -geschirr *n* (*Löffel, Teller usw.*).
щер|ба́тый [14*K.*] schrammig; (pocken)narbig; schartig; zahnlos; **~би́на** *f* [5] Riß *m*, Schramme; (Pocken-)Narbe; Scharte (*am Beil usw.*).
ще́рить P [13], <о-> blecken, fletschen (*Zähne*).
щети́|на *f* [5] Borste; (*koll.*) Borsten *pl.*; **~нистый** [14*K.*] borstig, borstenähnlich; **~ниться** [13], <о-> sich borsten, sich sträuben; (*fig.*) widerhaarig werden; **~нозу́б** *m* [1] Klippfisch.
щётка *f* [5; *g/pl.*: -ток] Bürste; ~ для ногте́й Nagelbürste.
щёточ|ка *f* [5; *g/pl.*: -чек] (kleine) Bürste, Bürstchen *n*; **~ник** *m* [1] Bürsten-macher, -binder.
щёчка *f* [5; *g/pl.*: -чек] kleine Backe, Wänglein *n*.
щи *f/pl.* [5; *gen.*: щей] Kohlsuppe *f*.
щи́колотка *f* [5; *g/pl.*: -ток] Knöchel *m*.
щипа́ть [2], <о->, *einm.* <щипну́ть> [20] kneifen, zwicken; zupfen, rupfen; beißen, brennen.
щипо́к *m* [1; -пка́] Kniff; ♪ щипко́м pizzicato.
щип|цы́ *m/pl.* [1] Zange *f*; ~цы́ для зави́вки Brennschere *f*; свечны́е ~цы́ Lichtschere *f*; '**~чики** *m/pl.* [1] kleine Zange *f*, Zängelchen *n*.
щит *m* [1 *e.*] Schild; Schutzbrett *n*; (пожа́рный Feuer-)Schirm; Kotflügel (*am Auto usw.*); ⊕ Gatter *n*; **~о́к** *m* [1; -тка́] (*Sport*) Schienbeinschutz (*Fußball u. dgl.*).
щу́ка *f* [5] (*Zool.*) Hecht *m*.
щуп ⊕ *m* [1] Sonde *f*.
щу́пальце *n* [11; *pl.*: -льца, -лец] Fühler *m*, Fühlhorn (*der Insekten*).
щу́пать [1], <по-> befühlen, betasten; sondieren, untersuchen.
щу́плый F [14; щупл, -á, -о] hager, mager, schmächtig.
щур *m* [1] (*Zool.*) Kernbeißer.
щу́рить [13], <за-, при-> (*die Augen*) zs.-kneifen; **-ся** blinken *od.* plinke(r)n, mit halbgeschlossenen (*od.* zugekniffenen) Augen sehen.
щу́ч|ий [18] Hecht...; по ~ьему веле́нью wie hergezaubert; **~ина** *f* [5] Hechtfleisch *n*; **~ка** *f* [5; *g/pl.*: -чек] kleiner Hecht *m*.

Ъ

Ъ, ъ (jɛr) *n u. m* (*s.* A), *wird meist* твёрдый знак (hartes Zeichen) *genannt u. steht nur vor weichen Vokalen, z.B.* объём, въе́хать.

Ы

Ы, ы (ji'rɨ) *n u. m* (*s.* A), *kommt nur nach Konsonanten* (*außer* г, к, х, ж, ч, ш, щ) *u. nicht als Anfangsbuchstabe vor.*

Ь

Ь, ь (jɛr̡) *n u. m* (*s.* A), *wird meist* мя́гкий знак (weiches Zeichen) *genannt u. steht nur nach Konsonanten* (*außer* г, к, х, ц), *u. zwar sowohl am Ende, als auch in der Mitte eines Wortes.*

Э

Э, э *n u. m* (*s.* A) E, e *n.*
эбе́новый [14] Ebenholz...
эбони́т ⊕ *m* [1] Ebonit *n*, Hartgummi.
э́ва ei!, oh!
эвакопу́нкт ⚔ *m* [1] (эвакуацио́нный пункт) Krankensammelstelle *f.*
эваку|а́ция *f* [7] Evakuierung; **~и́ровать** [7] (*im*)*pf.* evakuieren, räumen.
эве́н *m* [1] Ewene (*Volk in der UdSSR am Ochotskischen Meer*).
эве́нк *m* [1] Ewenke (*früher*: *Tungusen*; *Volk in der UdSSR*).
эвкали́пт ♀ *m* [1] Ekalyptus.
Эге́йский [16]: Эге́йское мо́ре *n* Ägäisches Meer.
эгои́зм *m* [1] Egoismus, Selbstsucht *f*, Eigenliebe *f.*
эгои́ст *m* [1] Egoist, Selbstling; **~и́ческий** [16], **~и́чный** [14; -чен, -чна] egoistisch, selbstsüchtig.
эде́м *m* [1] Eden *n*, Paradies *n.*
Эди́п *m* [1] Ödipus.
эй ei!; heda!
Эйфелева [19]: ~ ба́шня *f* Eiffelturm *m.*
экзаль|та́ция *f* [7] Exaltation; **~тиро́ванный** [14*K.*] exaltiert, begeistert, überspannt.
экза́мен *m* [1] Examen *n*, Prüfung *f*; сдать ~ Prüfung machen; вы́держать ~ Prüfung bestehen; провали́ться на ~е im Examen durchfallen; **~ацио́нный** [14] Examinations..., Prüfungs...; **~ова́ть** [7], <про-> examinieren, prüfen; **-ся** sich prüfen lassen, sich e-r Prüfung unterziehen; **~у́ющийся** *m* Prüfling.
экзеку́ция *f* [7] Exekution, Pfändung; Körperstrafe.
экзе́ма ⚕ (-'zɛ-) *f* [5] Ekzem *n*, Flechte.
экземпля́р (-zɛm-) *m* [1] Exemplar *n.*
экзоти́ческий [16] exotisch.
экиво́к *m* [1] Zweideutigkeit *f*, Doppelsinn.
э́кий P [16; *ohne männliche K.*] was für (*od.* welch) ein, solch ein; э́ка не́видаль! Junge, Junge, da staunste!
экипа́ж *m* [1; *g/pl.*: -ей] Equipage *f*, Wagen; Ausrüstung(sgegenstände *m/pl.*) *f* (*e-s Schiffes*); (Schiffs-)Besatzung *f.*
экипиров|а́ть [7] (*im*)*pf.* equipieren, ausrüsten; **~ка** (-'rɔf-) *f* [5] Equipierung, Ausrüstung.
экли́птика *f* [5] Ekliptik, Sonnenbahn.
э́кой *s.* э́кий.
эконо́м *m* [1] Ökonom, Haushälter; **~ить** [14], <c-> ökonomisch sein, haushalten, sparen; **~и́ческий** [16] ökonomisch, sparsam, wirtschaftlich; ~и́ческая поли́тика *f* Wirtschaftspolitik; **~ия** *f* [7] Ökonomie Sparsamkeit; Haushaltung; полити́ческая ~ия Nationalökonomie; ~ия в га́зе Gasersparnis; **~ный** [14; -мен, -мна] ökonomisch, sparsam.
экра́н *m* [1] Feuerschirm; Lein-, Film-wand *f* (*im Kino*); фильм идёт пе́рвым ~ом der Film wird zum ersten Mal gezeigt.
экскава́тор ⊕ *m* [1] Bagger (-maschine *f*) *m.*
экскурса́нт *m* [1] Ausflügler.
экскурсио́н|ный [14] Ausflugs...; ~ная ба́за *f* Touristenheim *n.*
экску́рсия *f* [7] Exkursion, Ausflug *m.*
экспеди́|тор *m* [1] Expeditor, Versender; Spediteur; **~цио́нный** [14] Expeditions..., Speditions...; **~ция** *f* [7] Expedition; Spedition.
экспе́рт *m* [1] Experte, Sachverständige(r), Sachkundige(r); **~и́за** *f* [5] Expertise, Befund *m* (*der Sachverständigen*).
эксплуа|та́ция *f* [7] Exploitierung, Ausbeutung, Ausnutzung; **~ти́ровать** [7] exploitieren, ausbeuten, ausnutzen.
экспози́|ровать [7] belichten; **~ция** *f* [7] Belichtung; Ausstellung (*im Museum*).
экспо|на́т *m* [1] Ausstellungsgegenstand; **~не́нт** *m* [1] Aussteller; **~ни́ровать** [7] (*im*)*pf.* ausstellen.
э́кспорт *m* [1] Export; **~и́ровать** [7] (*im*)*pf.* exportieren.

экспро́мтом aus dem Stegreif.

экстéрн (-ˈtɛrn) *m* [1] Externe(r).

э́кстренный [14 *K.*] außer-ordentlich, -gewöhnlich; Extra..., Sonder...; eilig; Eil...

эксце́нтри|к *m* [1] Exzentrik, exzentrische Scheibe *f*; (*fig.*) überspannter Mensch; **~чный** (-ˈtʐitʃ-) [14; -чен, -чна] exzentrisch, überspannt, verschroben.

эласти́чный [14; -чен, -чна] elastisch, federnd; spannkräftig.

элега́нтный [14; -тен, -тна] elegant, fein.

электри|зова́ть [7] (*im*)*pf.*, *a.* <на-> elektrisieren; **~к** (-ˈʝɛk-) *m* [1] Elektriker; инженéр-элéктрик Elektroingenieur; **~фика́ция** *f* [7] Elektrisierung, Elektrifizierung; **~фици́ровать** [7] (*im*)*pf.* elektrifizieren, verstromen; **~ческий** (-ˈtʐi-) [16] elektrisch; ~ческий скат *m* Zitterrochen (*Fisch*); ~ческий ýгорь *m* Zitteraal; **~чество** (-ˈtʐi-) *n* [9] Elektrizität *f*; **~чка** F (-ˈtʐitʃ-) *f* [5; *g*/*pl.* -чек] elektrische Eisenbahn.

электро|во́з ⊕ *m* [1] elektrische Lokomotive *f*; **~гре́лка** *f* [5; *g*/*pl.*: -лок] Heizkissen *n*; **~кипяти́льник** *m* [1] Tauchsieder; **~лиз** (-ˈtrɔ-) *m* [1] Elektrolyse *f*; **~патефо́н** *m* [1] Plattenspieler; **~пе́чь** *f* [8] Heizofen *m*; **~плита́** *f* [5] Elektroherd *m*; **~се́ть** *f* [8; *ab g*/*pl.* *e.*: -тéй] Stromnetz *n*; **~ста́нция** *f* [7] Kraftwerk *n*; **~утю́г** *m* [1 *e.*] elektrisches Bügeleisen *n*.

элеме́нт *m* [1] Element *n*, Urstoff, Grundbestandteil; (*ver.*) Subjekt *n*; **~а́рный** [14; -рен, -рна] elementar, uranfänglich, einfach; Elementar...

Элла́да *f* [5] Hellas.

э́ллин *m* [1] Hellene, Grieche.

э́ллинг ⚓ *m* [1] Helling *m od. f*; Halle *f*.

э́ллип|с(ис) *m* [1] Ellipse *f*; **~ти́ческий** [16] elliptisch.

элоде́я ⚘ *f* [6] Wasserpest.

ˈЭльба *f* [5] Elbe.

эльза́сец *m* [1; -сца] Elsässer.

Эльза́с-Лотари́нгия *f* [7] Elsaß-Lothringen *n*.

эма́|левый [14] emaillen; Email...; **~лирова́ть** [7] emaillieren, mit Email (*od.* Schmelz) überziehen; **~ль** *f* [8] Email(le *f*) *n*, Schmelz *m*.

эманси|па́ция *f* [7] Emanzipation; **~пи́ровать** [7] (*im*)*pf.* emanzipieren.

эмбле́ма *f* [5] Emblem *n*, Sinnbild *n*.

эми|гра́нт(ка *f*) *m* [1; (5; *g*/*pl.*: -ток)] Emigrant(in), Auswand(e)rer(in); **~гра́ция** *f* [7] Emigration, Auswand(e)rung; **~гри́ровать** [7] (*im*)*pf.* emigrieren, auswandern.

эми́р *m* [1] Emir.

эми́ссия *f* [7] Emission.

эмо́ция *f* [7] Bewegung, Rührung.

энди́вий ⚘ *m* [3; *prpos*/*sg.*: -ии] Endivie *f*.

э́ндшпиль *m* [4] (*Schach*) Endspiel *n*.

энер|ги́чный [14; -чен, -чна] energisch, tatkräftig; **~гия** (-ˈɲer-) *f* [7] Energie, Tatkraft.

энтомоло́гия *f* [7] Entomologie, Insektenlehre.

э́нциклопе́дия *f* [7] (*a.* энциклопеди́ческий словáрь *m*) Enzyklopädie *f*, Konversationslexikon *n*.

эо́лов [19]: ~а áрфа *f* Äolsharfe.

эпигра́мма *f* [5] Epigramm *n*, Sinngedicht *n*.

эпи́граф *m* [1] Epigraph, Motto *n*.

эпидеми́|ческий [16] epidemisch; Seuche...; **~я** (-ˈɖe-) *f* [7] Epidemie, Seuche.

эпизо́д *m* [1] Episode *f*, Zwischenhandlung *f*; **~и́ческий** [16] episodisch; Neben...

эпиле́п|сия ⚕ *f* [7] Epilepsie, Fallsucht; **~ти́ческий** [16] epileptisch.

эпита́фия *f* [7] Epitaph(ium) *n*, Grabschrift.

эпи́тет *m* [1] Epitheton *n*, Beiname.

эпо́ха *f* [5] Epoche, Zeitabschnitt *m*.

э́ра *f* [5] Ära, Epoche.

Эрмита́ж *m* [1] Eremitage *f* (*Museum in Leningrad*).

эро́тика *f* [5] Erotik.

эруди́ция *f* [7] (vielseitige) Gelehrtheit, Gelehrsamkeit.

эсе́р (ɛˈsɛr) *m* [1] (*Pol.*: социали́ст-революционéр) Sozialrevolutionär.

эска́др|а ⚓ *f* [5] Geschwader *n*; **~и́лья** ✈ *f* [6; *g*/*pl.*: -лий] (Flieger-)Staffel.

эскала́тор *m* [1] Rolltreppe *f*.

эски́з *m* [1] Skizze *f*, Entwurf; набрáсывать ~ skizzieren, entwerfen; **~ный** [14] skizzenhaft; Skizzen...

эскимо́ *n* [*unv.*] Speiseeis (*an Stangen*)
эскимо́с *m* [1] Eskimo.
эско́рт *m* [1] Eskorte *f*, Geleit *n*.
эсми́нец ⚓ *m* [1; -нца] (эска́дренный миноно́сец) Torpedobootzerstörer.
эспаньо́лка *f* [5; *g/pl.*: -лок] Ziegen-, Spitz-bart *m*.
эссе́нция ⚗ *f* [7] Essenz, Auszug *m*.
эста́мп *m* [1] Estampe *f*, Kupferstich.
эстафе́та *f* [5] Stafette.
эсто́н|ец *m* [1; -нца] Este; **2ия** *f* [7] Estland *n*.
эстра́д|а ⚠ *f* [5] Estrade; bunte Bühne; **~ник** *m* [1] Varietékünstler.
эсэ́совец *m* [1; -вца] SS-Mann, Angehöriger der SS.
эта́ж *m* [1 *e.*; *g/pl.*: -е́й] Etage *f*, Stock(werk *n*); дом *m* в три **~а́** dreistöckiges Haus *n*.
этаже́рка *f* [5; *g/pl.*: -рок] Etagere, Bücherbrett *n*.
э́так so; auf solche Weise; **~ий** [16] ein solcher, so(lch) ein.
эта́п ⚔ *m* [1] Etappe *f*, Station *f*; Transport (*von Sträflingen*); идти́ на **~** auf Transport gehen, in ein anderes Lager (*od.* Gefängnis) kommen.
э́тика *f* [5] Ethik, Sittenlehre.
этике́тка *f* [5; *g/pl.*: -ток] Etikett(e *f*) *n* (*s.* я́рлык).
этимолог|и́ческий [16] etymologisch; **~ия** (-ˈlɔ-) *f* [7] Etymologie; Wort-, Flexions-lehre.
этно́граф *m* [1] Ethnograph; **~и́ческий** [16] ethnographisch; **~ия** (-ˈgra-) *f* [7] Ethnographie, Völkerkunde.
э́тот *m*: **~**, э́та *f*, э́то *n*, э́ти *pl.* [27] diese(r, dieses); *mit prp.* da(r)..., *z.B.* в э́том darin; за э́то dafür; об э́том davon, darüber; э́тим damit, dadurch; э́то я (вы) ich bin (Sie sind) es; что э́то с ва́ми (тако́е)? was fehlt Ihnen denn eigentlich?
этю́д *m* [1] Etüde *f*, Studie *f*.
эфеме́рный [14; -рен, -рна] ephemer(isch), vergänglich.
эфе́с *m* [1] Degen-, Säbel-gefäß *n*.
эфио́п *m* [1] Äthiopier; **2ия** *f* [7] Äthiopien *n*.
эфи́р *m* [1] Äther.
эх ach!; **~ма́!** F wie schade!
эшафо́т *m* [1] Schafott *n*, Blutgerüst *n*.
эшело́н ⚔ *m* [1] Staffel *f*; Transportzug **~и́ровать** [7] (*im*)*pf.* staffeln, gliedern.

Ю

Ю, ю *n u. m* (*s.* A) ju *n.* [fest *n.*]
юбиле́й *m* [3] Jubiläum *n*, Jubel-
юбиля́р *m* [1] Jubilar.
ю́бка *f* [5; *g/pl.*: ю́бок] Rock *m* (*e-s Frauenkleides*); (*a.* ни́жняя ~) Unterrock *m.*
ю́боч|ка *f* [5; *g/pl.*: -чек] kleiner Rock *m*; Unterröckchen *n*; **~ник** *m* [1] Schürzenjäger.
юг *m* [1] Süd(en); Südwind; к ю́гу ge(ge)n Süden, südlich.
юго-восто́к *m* [1] Südost(en).
юго-за́пад *m* [1] Südwest(en).
югу́рт *m* [1] Joghurt *m od. n.*
Юди́фь *f* [8] Judith.
юдофо́б *m* [1] Judenfeind.
южа́нин *m* [1; *pl.*: -а́не, -а́н] Südländer.
ю́жный [14] südlich; Süd...
юла́ *f* [5] (Brumm-)Kreisel *m*; Wildfang *m*; (*Zool.*) Bachstelze.
Юлиа́н *m* [1] Julian(us); **~а** *f* [5] Juliane.
'**Ю́лий** *m* [3; *prpos/sg.*: -ии] Julius.
'**Ю́линька** *f* [5] (*dim. v.* 'Юлия) Julchen *n.*
юли́ть [13] sich drehen und wenden; sich an-, ein-schmeicheln (пе́ред T bei).
'**Ю́лия** *f* [7] Julia.
'**Ю́лька** *f* [5] *s.* 'Юлинька.
ю́мор *m* [1] Humor.
юмори́ст *m* [1] Humorist; **~и́ческий** [16] humoristisch.
ю́нга ⚓ *m* [5] Schiffsjunge.
юне́ть [8] jung werden, sich verjüngen.
юне́ц F *m* [1; -нца́] Milchbart, Junge.
юнна́т *m* [1] (ю́ный натурали́ст) junger Naturforscher.
ю́ность *f* [8] Jugend (*jugendliches Alter*).
ю́ноша *m* [5; *g/pl.*: -шей] Jüngling.
ю́ноше|ский [16] jugendlich; Jünglings...; **~ство** *n* [9] Jünglingsalter; (*koll.*) Jugend(liche) *f.*
ю́ный [14; юн, -а́, -о] jung, jugendlich.
юр *m* [1; на -у́] freier Platz; Strömung *f* (*e-s Flusses*); на юру́ auf dem Präsentierteller F.
юра́ *f* [5] (*Geol.*) Jura *m.*
юриди́ческий [16] juristisch; Rechts...
'**Ю́рий** *m* [3; *prpos/sg.*: -ии] Georg; 'Ю́рьев день *m* Georgi(tag).
юрк husch!
ю́ркий [16; ю́рок, юрка́, -о] behend, flink.
юркну́ть [20] *pf.* untertauchen; weghuschen, verschwinden.
юро́дивый [14*K.*] blödsinnig; Narr *m* „in Christo".
ю́рта *f* [5] Jurte (*Nomadenzelt*).
'**Ю́рьев** *m* [1] Jurjew *n* (*ehm.* Dorpat)
юсти́ция *f* [7] Justiz, Rechtspflege.
ют ⚓ *m* [1] Achterdeck *n.*
юти́ть [15; ючу́, юти́шь] beherbergen; **-ся** sich einnisten; eng hausen.
Ютла́ндия *f* [7] Jütland *n.*
юфт|ь *f* [8] Juchten(leder *n*) *m od. n*; **~яно́й** [14] juchten; Juchten...

Я

Я, я[1] *n u. m* (*s.* A) ja *n*.
я[2] [20] ich; по мне meinetwegen; ~ не ~, ло́шадь не моя́ (*Spr.*) mein Name ist Hase, ich weiß von nichts.
я́беда *f* [5] Verleumdung; Ränke *pl.*
я́бедни|к *m* [1] Verleumder, Denunziant; **~чать** [1], <на-> verleumden, denunzieren (Д/на В *j-n* bei); **~ческий** [16] verleumderisch; **~чество** *n* [9] Verleumdung *f*, Denunziation *f*.
я́бло|ко *n* [9; *pl.*: -ки, -к] Apfel *m*; ~ко раздо́ра Zankapfel *m*; **~новка** *f* [5] Apfelwein *m*; **~ня** *f* [6] Apfelbaum *m*.
я́блоч|ко *n* [9; *pl.*: -чки, -чек] Äpfelchen; кита́йское ~ко Paradiesapfel *m*; **~ник** *m* [1] Apfelverkäufer.
яви́ть *s.* явля́ть.
я́вка *f* [5; *g/pl.*: я́вок] Erscheinen *n* (в суд vor Gericht); Meldung, Anzeige; Vorweisen *n*, Vorzeigen *n*; Visum *n*, (Paß-)Beglaubigung; Geheimtreffen *n*; ~ обяза́тельна Erscheinen *n* ist Pflicht.
явле́ние *n* [12] Erscheinung *f*; (*Thea.*) Auftritt *m*, Szene *f*.
явля́ть [28], <яви́ть> [14] (vor-) zeigen, vorweisen; (*Paß*) visieren; (*Gnade usw.*) erweisen; **-ся** erscheinen (в суд vor Gericht), kommen, sich zeigen; sich (ein-, dar)stellen, auftreten; -ся необходи́мым sich als notwendig erweisen, nötig sein; -ся приго́дным sich eignen, (als) geeignet erscheinen.
явнобра́чный ⚘ [14] phanerogamisch.
я́вность *f* [8] Augenscheinlichkeit, Evidenz.
я́вный [14; я́вен, я́вна] augenscheinlich, offenkundig, offenbar, erklärt.
я́вор ⚘ *m* [1] gemeiner Bergahorn.
я́вственный [14*K.*] klar, deutlich, verständlich.
я́вствовать [7; *nur 3. Pers.*] klar sein, einleuchten (из Р aus).
явь *f* [8] Wirklichkeit.
я́гель ⚘ *m* [4] Rentiermoos *n*.
ягнёнок *m* [2] Lamm *n*.
ягни́ться [13; *nur 3. Pers.*], <о-> lammen.
ягня́тник *m* [1] Lämmergeier.
я́года *f* [5] Beere; ви́нная ~ (gedörrte) Feige; одного́ по́ля я́годы (sie sind) von e-m Schlage.
я́годица *f* [5] Gesäßhälfte; я́годицы *pl.* Gesäß *n*.
я́год|ка *f* [5; *g/pl.*: -док] kleine Beere; **~ник** *m* [1] Beerenstrauch; F Beeren-verkäufer, -sammler; Beerenplatz (*wo Beeren wachsen*).
яд *m* [1] Gift *n*.
я́дерный [14] Kern...
ядови́тый [14*K.*] giftig; он ядови́т на язы́к er hat eine giftige Zunge.
ядрёный [14*K.*] (lebens)kräftig, kernig; saftig, frisch.
я́дрица *f* [5] Buchweizengrütze.
ядро́ *n* [9; *pl.*: я́дра, я́дер, я́драм] (пу́шечное Kanonen-)Kugel *f*; Kugel *f* (*zum Stoßen*: *Sport*); (*fig.*) Kern *m*, Wesen(tliche); а́томное ~ Atomkern *m*; **~вый** [14] Kern...; ~вое мы́ло *n* Kernseife *f*.
я́зва *f* [5] Wunde, Geschwür *n*; (*fig.*) Plage, Geißel; Giftzunge (*Mensch*); (морова́я) ~ Seuche, Pest; сиби́рская ~ Milzbrand *m*.
я́звенный [14] wund.
язви́тель *m* [4] Stichler; **~ный** [14; -лен, -льна] höhnisch, verletzend, anzüglich, beißend.
язви́ть [14; -влю́, -ви́шь], <съ-> verwunden; (~ слова́ми) verletzen, verhöhnen, sticheln (auf *ac.*).
язы́к *m* [1*e.*] Zunge *f*; Sprache *f*; Klöppel (*an Glocken*); ♪ Zungenblatt *n*; говори́ть на трёх ~а́х drei Sprachen sprechen (*vgl.* говори́ть); у него́ дли́нный ~ er kann den Mund nicht halten, er verplappert alles; у него́ отня́лся ~ F ihm blieb die Sprache weg; ~ не повернётся сказа́ть ich (*du, er usw.*) bringe es nicht über die Lippen; у меня́ ~ че́шется es fällt mir schwer zu schweigen, es juckt mich ordentlich (*et. zu sagen*); ~ до Ки́ева доведёт (*Spr.*) mit Fragen kommt man durch die Welt; *vgl.* mit dem

Hut in der Hand kommt man durch das ganze Land; у него́ хорошо́ ~ подве́шен F er ist nie um eine Antwort verlegen; взять ~а́ ⚔ einen Gefangenen machen (*zwecks Vernehmung*); прикуси́ть ~ sich auf die Zunge beißen, plötzlich verstummen; чеса́ть ~ dummes Zeug reden; что на уме́, то и на ~е́ (*Spr.*) er (*sie, man usw.*) trägt das Herz auf der Zunge; **~ове́д** *m* [1] Sprachwissenschaftler; **~ове́дение** *n* [12] Sprachwissenschaft *f*, Sprachkunde *f*; **~ово́й** [14] sprachlich, Sprach...; **~о́вый** [14] Zungen... **~озна́ние** *n* [12] *s.* ~ове́дение.

язы́че|ский [16] heidnisch; **~ство** *n* [9] Heidentum.

язы́чник *m* [1] Heide.

язы́чный [14] Zungen...

язычо́к *m* [1; -чка́] Zünglein *n*; Klöppelchen *n* (*an Glocken*); (*Anat.*) Zäpfchen *n*; Riegel (*am Schloß*).

язь *m* [4*e.*] Plötze *f* (*Fisch*).

яи́ч|ко *n* [9; *pl.*: яи́чки, яи́чек] Eichen, Eilein; (*Anat.*) Hode *f*; **~ник** *m* [1] Eierverkäufer; (*Anat.*) Eierstock; **~ница** *f* [5] Eierverkäuferin; (*Kochk.*) Rührei *n* (*a.*: яи́чница-болту́нья); **~ница-глазу́нья** *f* Setzei *n*; **~ный** [14] Ei(er)...

яйцеви́дный [14; -ден, -дна] eiförmig, eiartig, eirund.

яйцо́ *n* [9; *pl.*: я́йца, яи́ц, я́йцам] Ei; ~ в мешо́чек pflaumenweiches Ei; ~ всмя́тку weich gekochtes Ei; круто́е ~ hart gekochtes Ei; де́ло вы́еденного яйца́ не сто́ит die Sache ist keinen (roten) Heller wert; Колу́мбово ~ Ei des Kolumbus.

я́кобы angeblich; gleichsam.

'Яков *m* [1] Jakob.

я́корный [14] Anker...

я́корь *m* [4; *pl.e.*: -ря́] Anker; стоя́ть на я́коре vor Anker liegen, ankern; стать на ~ Anker werfen, ankern; сня́ться с я́коря den Anker lichten.

яку́т *m* [1] Jakute (*Turkvolk in Sibirien*).

якша́ться F [1] sich abgeben (с T mit *j-m*).

я́лик ⚓ *m* [1] Jolle *f*, Kahn.

я́ло|веть [8; *nur 3. Pers.*] gelt (*od.* unfruchtbar) sein, nicht mehr tragen; **~вка** *f* [5; *g/pl.*: -вок] gelte Kuh; **~вый** [14] gelt, nicht trächtig (*Vieh*)

я́ма *f* [5] Grube, Höhle; Vertiefung; P (*fig.*) Krähwinkel *m*; возду́шная ~ ✈ Luftloch *n*; выгребна́я ~ Schuttgrube.

яма́йский [16] Jamaika...

я́м(оч)ка *f* [5; *g/pl.*: я́мок (-чек)] Grübchen *n*; kleine Grube.

ямско́й [16] Postillions...; ямска́я *f* Kutscher-viertel *n*, -vorstadt.

ямщи́к *m* [1*e.*] Postkutscher, Postillion.

янва́р|ский [16] Januar...; **~ь** *m* [4*e.*] Januar.

я́нки *m* [*unv.*] Yankee (*a. koll.*).

янта́р|ный [14] bernsteine(r)n; Bernstein...; **~ь** *m* [4*e.*] Bernstein.

япо́н|ец *m* [1; -нца] Japaner; **≗ия** *f* [7] Japan *n*.

яр *m* [1] steiler Hang, steiles Ufer *n*; tiefe, bewachsene Schlucht *f*.

яре́м|ный [14]: ~ная ве́на *f* Halsader.

яри́ть [13], <разъ-> aufbringen, wütend machen; **-ся** in Wut geraten, böse werden; brünstig (*od.* brünftig) sein (*Tiere*).

я́ркий [16; я́рок, ярка́, -о; *comp.* я́рче, *sup.* ярча́йший] hell(tönend); grell; (*fig.*) kraß, markant; ~ приме́р *m* schlagendes Beispiel *n*.

ярлы́к *m* [1*e.*] Etikett(e *f*) *n*, (Aufschrift-)Zettelchen *n*; Signatur *f*.

я́рма|рка *f* [5; *g/pl.*: -рок] Jahrmarkt *m*, Messe; **~рочный** [14] Jahrmarkts..., Messe...

ярмо́ *n* [9; *pl.*: я́рма] Joch (*a. fig.* = Last *f*, Bürde *f*).

ярово́й [14] Sommer... (*v. Getreide*).

я́рост|ный [14; -тен, -тна] wütend, grimmig; **~ь** *f* [8] Wut, Grimm *m*.

я́рус *m* [1] Stock(werk *n*); Schicht *f*; (*Thea.*) (Logen-)Rang; Legangel *f*.

яры́ж|ник *m* [1] Trunkenbold, Bummler; **~ный** [14] verbummelt, liederlich.

я́рый [14*K.*] heftig, wild; eifrig; ~ мёд *m* Jungfernhonig.

ярь-медя́нка ⚗ *f* [*gen.*: я́ри-медя́нки] Grünspan *m*.

яса́|к *m* [1*e.*] Tribut (*ehm. in Pelzwerk usw.*); **~чный** [14] tributpflichtig; Tribut...

я́сельный [14] Krippen...

я́сен|евый [14] Eschen...; **~ь** ♀ *m* [4] Esche *f*.

я́сли *m/pl.* [4] Futterkrippe *f*, Raufe *f*; Kinderkrippe *f*, Säuglingsheim *n*.

я́сненький [16] hübsch hell *od.* klar *od.* deutlich.

ясне́ть [8; *nur 3. Pers.*], <про-> hell (*od.* klar) werden, sich aufklären, (sich) aufheitern; **-ся** hell (er-) scheinen, schimmern.

ясновú|дение *n* [12] Hellsehen; **~дец** *m* [1; -дца] Hellseher; **~дящий** [17] hellsehend.

я́сность *f* [8] Helle, Klarheit; Deutlichkeit; внести́ ~ Klarheit schaffen.

я́сный [14; я́сен, ясна́, -o] hell, klar; deutlich; logisch, scharf; ко-ро́тко и я́сно kurz und bündig; я́сно как день sonnenklar; как гром средь я́сного не́ба wie ein Blitz aus heiterem Himmel.

я́ства † *n/pl.* [9] Speisen *f/pl.*

я́стреб *m* [1; *pl.*: -бы *u.* -ба́] Habicht; меня́ть куку́шку на ~а (*Spr.*) e-n schlechten Tausch machen; **~и́ный** [14] Habichts...; **~о́к** ✈ F *m* [1; -бка́] Jagdflieger, Jäger, Jagdflugzeug *n*.

ятры́шник ⚘ *m* [1] Kuckucksblume *f*.

ять *m* [4]: знать на ~ F aus dem Effeff wissen; на ~ F tipptopp.

я́хонт *m* [1] Edelstein; кра́сный ~ Rubin; си́ний ~ Saphir.

я́хта ⚓ *f* [5] Jacht(schiff *n*).

яче́истый [14 *K.*] wabenartig, porös.

яче́й|ка *f* [5; *g/pl.*: -е́ек] (Bienen-) Zellchen *n*; Masche (*e-s Netzes, Strumpfes*); (*Pol.*) (парти́йная) ~ка Partei-, Keim-zelle; стрелко́вая ~ка ⚔ Schützenloch *n*; **~ковый** [14] Parteizellen...; **~ный** [14] (Bienen-)Zellen...

я́чество *n* [9] Ichsucht *f*, Egoismus *m*.

ячея́ *f* [6; *g/pl.*: яче́й] (Bienen-) Zelle; Masche.

ячме́н|ный Gersten...; ~ная мука́ *f* Gerstenmehl *n*; **~ь** *m* [4 *e.*] Gerste *f*; ⚕ Gerstenkorn *n*.

я́чневый [14] Gersten...; я́чневая крупа́ *f* Gerstengrütze.

ˈЯша *m* [5], **ˈЯш(ень)ка** *m* [5] (*dim. v.* ˈЯков) Jaköbchen *n*.

я́шма *f* [5] (*Min.*) Jaspis *m*.

я́щер *m* [1] Schuppentier *n*; **~ица** *f* [5] Eidechse.

я́щик *m* [1] Kasten, Kiste *f*, Truhe *f*; выдвижно́й ~ Schublade *f*; ⚔ заря́дный ~ Munitionswagen; почто́вый ~ Postkasten; Postfach *n*, (Feld-)Postnummer *f* (*Abk.*: п/я); му́сорный ~ Müllkasten; откла́дывать де́ло в до́лгий ~ die Sache auf die lange Bank schieben.

я́щур ⚕ *m* [1] Zungenkrebs; Maulseuche *f*.

Числи́тельные — Zahlwörter

Коли́чественные — Grundzahlen

0 ноль *m*, нуль *m* null
1 оди́н *m* одна́ *f*, одно́ *n* eins
2 два *m*/*n*, две *f* zwei
3 три drei
4 четы́ре vier
5 пять fünf
6 шесть sechs
7 семь sieben
8 во́семь acht
9 де́вять neun
10 де́сять zehn
11 оди́ннадцать elf
12 двена́дцать zwölf
13 трина́дцать dreizehn
14 четы́рнадцать vierzehn
15 пятна́дцать fünfzehn
16 шестна́дцать sechzehn
17 семна́дцать siebzehn
18 восемна́дцать achtzehn
19 девятна́дцать neunzehn
20 два́дцать zwanzig
21 два́дцать оди́н einundzwanzig
22 два́дцать два zweiundzwanzig
23 два́дцать три dreiundzwanzig
30 три́дцать dreißig
31 три́дцать оди́н einunddreißig
40 со́рок vierzig
41 со́рок оди́н einundvierzig
50 пятьдеся́т fünfzig
51 пятьдеся́т оди́н einundfünfzig
60 шестьдеся́т sechzig
61 шестьдеся́т оди́н einundsechzig
70 се́мьдесят siebzig
71 се́мьдесят оди́н einundsiebzig
80 во́семьдесят achtzig
81 во́семьдесят оди́н einundachtzig
90 девяно́сто neunzig
91 девяно́сто оди́н einundneunzig
100 сто hundert
101 сто оди́н hunderteins
200 две́сти zweihundert
300 три́ста dreihundert
572 пятьсо́т се́мьдесят два fünfhundertzweiundsiebzig
1000 ты́сяча tausend
1968 ты́сяча девятьсо́т шестьдеся́т во́семь tausendneunhundertachtundsechzig (neunzehnhundertachtundsechzig)
2000 две ты́сячи zweitausend
1 000 000 (оди́н) миллио́н eine Million
2 000 000 два миллио́на zwei Millionen
1 000 000 000 (оди́н) миллиа́рд eine Milliarde

Поря́дковые — Ordnungszahlen

1. первый erste
2. второ́й zweite
3. тре́тий dritte
4. четвёртый vierte
5. пя́тый fünfte
6. шесто́й sechste
7. седьмо́й sieb(en)te
8. восьмо́й achte
9. девя́тый neunte
10. деся́тый zehnte
11. оди́ннадцатый elfte
12. двена́дцатый zwölfte
13. трина́дцатый dreizehnte
14. четы́рнадцатый vierzehnte
15. пятна́дцатый fünfzehnte
16. шестнадцатый sechzehnte
17. семна́дцатый siebzehnte
18. восемна́дцатый achtzehnte
19. девятна́дцатый neunzehnte
20. двадца́тый zwanzigste
21. два́дцать пе́рвый einundzwanzigste
22. два́дцать второ́й zweiundzwanzigste
23. два́дцать тре́тий dreiundzwanzigste
30. тридца́тый dreißigste
31. три́дцать пе́рвый einunddreißigste
40. сороково́й vierzigste

41. сóрок пéрвый einundvierzigste
50. пятидеся́тый fünfzigste
51. пятьдеся́т пéрвый einundfünfzigste
60. шестидеся́тый sechzigste
61. шестьдеся́т пéрвый einundsechzigste
70. семидеся́тый siebzigste
71. сéмьдесят пéрвый einundsiebzigste
80. восьмидеся́тый achtzigste
81. вóсемьдесят пéрвый einundachtzigste
90. девянóстый neunzigste
91. девянóсто пéрвый einundneunzigste
100. сóтый hundertste
101. сто пéрвый hundert(und)-erste
200. двухсóтый zweihundertste
300. трёхсóтый dreihundertste
572. пятьсóт сéмьдесят вторóй fünfhundertzweiundsiebzigste
1000. ты́сячный tausendste
1968. ты́сяча девятьсóт шестьдеся́т восьмóй tausendneunhundertachtundsechzigste
2000. двухты́сячный zweitausendste
100 000. стоты́сячный hunderttausendste
1 000 000. миллиóнный millionste

Дрóбные числи́тельные — Bruchzahlen

$^1/_{1000}$ однá ты́сячная ein Tausendstel
$^1/_{100}$ однá сóтая ein Hundertstel
$^1/_{10}$ однá деся́тая ein Zehntel
$^1/_4$ однá четвёртая *oder* (однá) чéтверть *f* ein Viertel
$^1/_3$ однá трéтья *oder* (однá) треть *f* ein Drittel
$^1/_2$ полови́на halb
$1^1/_2$ полторá anderthalb
$2^1/_2$ два с полови́ной zweieinhalb
$^1/_3$ треть *f* ein Drittel
$^2/_3$ две трéти zwei Drittel
$^1/_4$ чéтверть *f* ein Viertel
$^3/_4$ три чéтверти drei Viertel
$^1/_5$ однá пя́тая ein Fünftel
$^1/_6$ однá шестáя ein Sechstel

Andere Zahlen

0,5 пять деся́тых null Komma fünf
3,8 три цéлых и вóсемь деся́тых drei Komma acht

Zahladverbien

в(о)... = ...ens: во-пéрвых erstens, во-вторы́х zweitens, в-трéтьих drittens, в-четвёртых viertens usw.

Wiederholungszahlen

...жды = ...mal: оди́ножды = раз einmal, два́жды = два рáза zweimal, три́жды = три рáза dreimal, четы́режды = четы́ре рáза viermal, aber пять, шесть *usw.* раз fünfmal, sechsmal

Gruppenzahlen

2 двóе, **3** трóе, **4** чéтверо, **5** пя́теро, **6** шéстеро, **7** сéмеро, **8** вóсьмеро, **9** дéвятеро, **10** дéсятеро

в... = ...жды: вдвóе = (в) два рáза *oder* два́жды

в... м = zu ...: вдвоём zu zweien, втроём zu dreien, вчетверóм zu vieren, впятерóм zu fünfen *usw.*

Russische Abkürzungen

(Ergänzungsliste)

авг.	а́вгуст August
а-во	аге́нтство Agentur
авст.	австри́йский österreichisch
авт.	авто́бус Autobus
акад.	акаде́мик Akademiemitglied
алф.	алфави́тный alphabetisch
ам., амер.	америка́нский amerikanisch
англ.	англи́йский englisch
АН СССР	Акаде́мия Нау́к Сою́за Сове́тских Социалисти́ческих Респу́блик Akademie der Wissenschaften der UdSSR (Union der Sozialistischen Sowjetrepubliken)
АО, а/о	акционе́рное о́бщество AG, Aktiengesellschaft
а/п	аэропо́рт Flughafen
апр.	апре́ль April
аэрп.	аэропо́рт Flughafen
б-ка	библиоте́ка Bibliothek
бр., б-то	бру́тто brutto
брит.	брита́нский britisch
БСЭ	Больша́я Сове́тская Энциклопе́дия Große Sowjetische Enzyklopädie
бут.	буты́лка Flasche
В., В/	Ва́ш(а, -е, -и) Ihr(e)
в(в).	век(а́) Jahrhundert(e)
ВВА	Вое́нно-возду́шная акаде́мия Fliegerakademie
вкл.	включи́тельно einschließlich
ВС	Верхо́вный Сове́т Oberster Sowjet
в/с	вы́сший сорт beste Qualität
вт	ватт Watt
в т. ч.	в том числе́ darunter, davon
г	грамм g, Gramm
г.	год; го́род; господи́н Jahr; Stadt; Herr
га	гекта́р Hektar
гг.	го́ды; господа́ Jahre; Herren
ГДР	Герма́нская Демократи́ческая Респу́блика DDR Deutsche Demokratische Republik
г-жа	госпожа́ Frau (*Anrede*)
глав...	гла́вный Haupt... (*in Zusammensetzungen*)
г-н	господи́н Herr (*Anrede*)
гол(л).	голла́ндский holländisch, niederländisch
гор.	го́род(ско́й) Stadt(...)
Гослитизда́т	Госуда́рственное литерату́рное изда́тельство Staatlicher Verlag für Literatur
гр.	гра́дус; граждани́н; гру́ппа Grad; Bürger; Gruppe
д.	день Tag
дек.	дека́брь Dezember
дир.	дире́ктор Direktor
ДКА	Дом Кра́сной а́рмии Haus der Roten Armee
дл.	длина́ Länge
дм	дюйм Zoll (Maß)
дол(л).	до́ллар Dollar
доп.	дополни́тельный zusätzlich, Zusatz...
доц.	доце́нт Dozent
д-р	до́ктор Doktor
дубл.	дублика́т Duplikat, Zweitausfertigung
д/э	ди́зель-электрохо́д Schiff mit Diesel-Elektroantrieb
ед.	едини́ца Einheit
ж. д.	желе́зная доро́га Eisenbahn
ж.-д.	железнодоро́жный Eisenbahn...
зав.	заве́дующий Leiter, Verwalter
зам(...)	замести́тель Stellvertreter

зап. г. м.	за́падная герма́нская ма́рка Deutsche Mark West
з-д	заво́д Fabrik, Werk
инж.	инжене́р Ingenieur
инст., ин-т	институ́т Institut
и.о., и.об.	исполня́ющий обя́занности kommissarisch; in Vertretung
и пр.	и про́чее und anderes mehr
к.	кара́т; копе́йка Karat; Kopeke
кб.	куби́ческий Kubik...
кв.	квадра́тный; кварти́ра Quadrat...; Wohnung
кг	килогра́мм kg, Kilogramm
кл.	класс Klasse
км(/час)	киломе́тр (в час) km(/h) Kilometer (in der Stunde)
коп.	копе́йка Kopeke
к-ра	конто́ра Kontor, Büro
к-т	комбина́т Kombinat, vereinigte Werke
л	литр l, Liter
л. с.	лошади́ная си́ла PS, Pferdestärke
м	метр m, Meter
м-во	министе́рство Ministerium
МВД	Министе́рство вну́тренних дел Innenministerium
МГУ	Моско́вский госуда́рственный университе́т Staatliche Universität Moskau
МГФ	Моско́вская городска́я филармо́ния Moskauer Städtische Philharmonie
мед.	медици́нский medizinisch, Medizin...
мин.	минера́льный; мину́та; мини́стр mineralisch; Minute; Minister
млн.	миллио́н Million
млрд.	миллиа́рд Milliarde
м. пр.	ме́жду про́чим unter anderem, u. a.
мор.	морско́й See...
Музги́з	Музыка́льное госуда́рственное изда́тельство Staatlicher Musikverlag
МХАТ	Моско́вский худо́жественный академи́ческий теа́тр Moskauer akademischer Künstlertheater
№	но́мер Nummer
н. ст.	но́вый стиль neue Zeitrechnung
н. э.	на́шей э́ры unserer Zeitrechnung
о.	о́стров Insel
обл.	о́бласть Gebiet, Bezirk
о-во	о́бщество Gesellschaft
оз.	о́зеро See
окт.	октя́брь Oktober
ОНО	отде́л наро́дного образова́ния Amt für Volksbildung
ООН	Организа́ция Объединённых На́ций Organisation der Vereinten Nationen
отд.	отде́л(е́ние); отде́льный Abteilung; gesondert
п.г., п/г.	про́шлого го́да vorigen Jahres, v. J.
пер.	переу́лок Gasse, Querstraße
п.м., п/м.	про́шлого ме́сяца vorigen Monats, v. M.
пл.	пло́щадь Platz
п/о	почто́вое отделе́ние Postamt
п/п	почто́вый перево́д Postüberweisung
пр.	пра́вый; проспе́кт; про́чее rechte; Allee; sonstige(s), anderes mehr
пред.	председа́тель Vorsitzender
прим.	примеча́ние Anmerkung
пром.	промы́шленный industriell, Industrie...
проф.	профе́ссор Professor
п/х	парохо́д Dampfschiff
п/я	почто́вый я́щик Postschließfach
р.	река́; рубль Fluß; Rubel
рис.	рису́нок Zeichnung, Abbildung
р/с	расчётный счёт Verrechnungskonto
руб.	рубль Rubel
рус.	ру́сский russisch

с.г., с/г.	сего́ го́да dieses Jahres, d. J.
секр.	секрета́рь; секре́тно Sekretär; vertraulich
сент.	сентя́брь September
сл. м.	сле́дующего ме́сяца nächsten Monats, n. M.
см	сантиме́тр cm, Zentimeter
с.м., с/м.	сего́ ме́сяца dieses Monats, d. M.
ССР	Сове́тская Социалисти́ческая Респу́блика Sozialistische Sowjetrepublik
ст.	ста́нция; статья́; сте́пень Bahnhof; Artikel; Grad
стр.	страни́ца; строка́ Seite; Zeile
ст. ст.	ста́рый стиль alte Zeitrechnung
с. х.	се́льское хозя́йство Landwirtschaft
с.-х., с/х	сельскохозя́йственный landwirtschaftlich, Landwirtschafts...
т	то́нна t, Tonne
т.	телефо́н; том; ты́сяча Telefon; Band; Tausend; s. тов.
тар.	тари́ф Tarif
тб/х	турбохо́д Turbinenschiff
т-во	това́рищество Gesellschaft, Genossenschaft
т.г.	теку́щего го́да dieses (des laufenden) Jahres
тел., тлф.	телефо́н Telefon, Fernsprecher
тех(н).	техни́ческий technisch
тлгр.	телегра́ф(ный) Telegraph(en...), Telegramm...
т.м.	теку́щего ме́сяца dieses (des laufenden) Monats
т.н(аз).	так называ́емый sogenannte(r)
т/о	телегра́фное отделе́ние Telegraphenamt
т-ра	температу́ра Temperatur
трам.	трамва́й Straßenbahn
тролл.	тролле́йбус Obus
т/х	теплохо́д Motorschiff
тыс.	ты́сяча Tausend
ф.	фунт; фут Pfund; Fuß (Maß)
фабко́м	фабри́чный комите́т Betriebsrat
февр.	февра́ль Februar
фил.	филиа́л Filiale
ф-ка	фа́брика Fabrik, Werk
ц	це́нтнер Doppelzentner
ЦПКиО	Центра́льный парк культу́ры и о́тдыха Zentralpark für Kultur und Erholung
ч.	час; часть; челове́к; че́рез Stunde; Teil; Mann; über
шт.	шту́к(а) Stück
янв.	янва́рь Januar
ящ.	я́щик Kiste

Konjugation und Deklination

Bei der **Konjugation** und **Deklination** ist folgendes zu beachten:

Nach г, к, х, ж, ч, ш, щ	steht nie ы, ю, я	sondern **и, у, а**;
nach ц	steht nie и, ю, я	sondern **ы, у, а**;
nach ж, ч, ш, щ, ц	steht nie unbetontes о	sondern **е**.

Fremdwörter bilden eine Ausnahme.

A. Konjugation

Man unterscheidet bei fast allen Verben den imperfektiven (*impf.*) und den perfektiven Aspekt (*pf.*). Der perfektive Aspekt ist in den Mustern in eckigen Klammern angegeben, z. B.:
[по]жела́ть = жела́ть *impf.*, пожела́ть *pf.*

Personalendungen des Präsens und perfektiven Futurs:

1. Konjugation:	ю (у)	ешь	ет	ем	ете	ют (ут)
2. Konjugation:	ю (у)	ишь	ит	им	ите	ят (ат)
Reflexiv:						
1. Konjugation:	юсь (усь)	ешься	ется	емся	етесь	ются (утся)
2. Konjugation:	юсь (усь)	ишься	ится	имся	итесь	ятся (атся)

Endungen der anderen Verbformen:

imp.	й(те)	и(те)	ь(те)	
reflexiv	йся (йтесь)	ись (итесь)	ься (ьтесь)	
	m	*f*	*n*	*pl.*
p.pr.a.	щий(ся)	щая(ся)	щее(ся)	щие(ся)
g.pr.a.	я(сь)	а(сь)	[*seltener*: ючи (учи)]	
p.pr.p.	мый	мая	мое	мые
Kurzform	м	ма	мо	мы
pt.	(л)	ла	ло	ли
	(л)ся	лась	лось	лись
p.pt.a.	(в)ший(ся)	(в)шая(ся)	(в)шее(ся)	(в)шие(ся)
g.pt.a.	(в)	(в)ши(сь)		
p.pt.p.	н(н)ый	н(н)ая	н(н)ое	н(н)ые
	тый	тая	тое	тые
Kurzform	н	на	но	ны
	т	та	то	ты

Betonung:

a) Wenn die *Endsilbe des Infinitivs nicht betont* ist, tritt *kein Tonwechsel* ein; d. h. der Ton bleibt in allen Formen auf der im Infinitiv betonten Silbe, z. B.: пла́кать. Die Formen von пла́кать entsprechen dem Muster [3], nicht aber die Betonung, die immer auf пла́ bleibt. Der Imperativ solcher Verben wird, wenn ihr Stamm auf nur **einen Konsonanten** endet, in Abweichung von den Mustern, auf **-ь(те)** gebildet, z. B.: пла́кать — пла́чь(те), уда́рить — уда́рь(те); er wird auf **-и(те)** gebildet, wenn der Stamm auf **zwei und mehr Konsonanten** endet, z. B.: по́мнить — по́мни(те). Bei Verben, deren Stamm auf einen Vokal endet, wird der Imperativ auf **-й(те)** gebildet, z. B.: успоко́ить — успоко́й(те).

b) Die von -ённый abgeleiteten Kurzformen sind stets endbetont: -ён, -ена́, -ено́, -ены́.

c) Die Kurzformen aller anders gebildeten *p.pt.p.* betonen wie ihre Langformen.

Abweichungen in Form oder Betonung von b) und c) und von den Musterbeispielen sind bei den betreffenden Wörtern im Wörterverzeichnis angegeben, sofern sie nicht unter a) fallen.

Verben auf **-ать**

1 [по]**жела́ть**

pr. [*ft.*]	[по]жела́ю, -а́ешь, -а́ют
imp.	[по]жела́й(те)
p.pr.a.	жела́ющий
g.pr.a.	жела́я
p.pr.p.	жела́емый
pt.	[по]жела́л, **-а**, -о, -и
p.pt.a.	[по]жела́вший
g.pt.a.	[по]жела́в
p.pt.p.	[по]жела́нный

2 [по]**трепа́ть**
(mit л nach б, в, м, п, ф)

pr. [*ft.*]	[по]треплю́, -е́плешь, -е́плют
imp.	[по]трепли́(те)
p.pr.a.	тре́плющий
g.pr.a.	трепля́
p.pr.p.	—
pt.	[по]трепа́л, -а, -о, **-и**
p.pt.a.	[по]трепа́вший
g.pt.a.	[по]трепа́в
p.pt.p.	[по]трёпанный

3 [об]**глода́ть**
(mit veränderlichem Konsonanten)

г, д, з	>	ж
к, т	>	ч
с, х	>	ш
ск, ст	>	щ

pr. [*ft.*]	[об]гложу́, -о́жешь, -о́жут
imp.	[об]гложи́(те)
p.pr.a.	гло́жущий
g.pr.a.	гложа́
p.pr.p.	—
pt.	[об]глода́л, -а, -о, **-и**
p.pt.a.	[об]глода́вший
g.pt.a.	[об]глода́в
p.pt.p.	[об]гло́данный

4 [по]**держа́ть**
(mit vorhergehendem Zischlaut)

pr. [*ft.*]	[по]держу́, -е́ржишь, -е́ржат
imp.	[по]держи́(те)
p.pr.a.	держа́щий
g.pr.a.	держа́
p.pr.p.	—
pt.	[по]держа́л, -а, -о, -и
p.pt.a.	[по]держа́вший
g.pt.a.	[по]держа́в
p.pt.p.	[по]де́ржанный

Verben auf **-авать**

5 **дава́ть**
(Bei Stammbetonung -ешь, -ет, ем, -ете)

pr.	даю́, даёшь, даю́т
imp.	дава́й(те)
p.pr.a.	даю́щий
g.pr.a.	дава́я
p.pr.p.	дава́емый
pt.	дава́л, -а, -о, **-и**
p.pt.a.	дава́вший
g.pt.a.	дава́вши
p.pt.p.	—

Verben auf **-евать**

6 [на]**малева́ть**

pr. [*ft.*]	[на]малю́ю, -ю́ешь, -ю́ют
imp.	[на]малю́й(те)
p.pr.a.	малю́ющий
g.pr.a.	малю́я
p.pr.p.	малю́емый
pt.	[на]малева́л, -а, -о, -и
p.pt.a.	[на]малева́вший
g.pt.a.	[на]малева́в
p.pt.p.	[на]малёванный

Verben auf **-овать**

7 [на]**рисова́ть**

pr. [*ft.*]	[на]рису́ю, -у́ешь, -у́ют
imp.	[на]рису́й(те)
p.pr.a.	рису́ющий
g.pr.a.	рису́я
p.pr.p.	рису́емый
pt.	[на]рисова́л, **-а**, -о, -и
p.pt.a.	[на]рисова́вший
g.pt.a.	[на]рисова́в
p.pt.p.	[на]рисо́ванный

Verben auf -еть

8	[по]**жале́ть**
pr. [*ft.*]	[по]жале́ю, -е́ешь, -е́ют
imp.	[по]жале́й(те)
p.pr.a.	жале́ющий
g.pr.a.	жале́я
p.pr.p.	жале́емый
pt.	[по]жале́л, -а, -о, -и
p.pt.a.	[по]жале́вший
g.pt.a.	[по]жале́в
p.pt.p.	...ённый (*z.B.*: одолённый)

9	**[с]горе́ть**
pr. [*ft.*]	[с]горю́, -ри́шь, -ря́т
imp.	[с]гори́(те)
p.pr.a.	горя́щий
g.pr.a.	горя́
p.pr.p.	—
pt.	[с]горе́л, -а, -о, -и
p.pt.a.	[с]горе́вший
g.pt.a.	[с]горе́в
p.pt.p.	...е́нный (*z.B.*: презре́нный)

10	[по]**терпе́ть** (mit л nach б, в, м, п, ф)
pr. [*ft.*]	[по]терплю́, -е́рпишь, -е́рпят
imp.	[по]терпи́(те)
p.pr.a.	терпя́щий
g.pr.a.	терпя́
p.pr.p.	терпи́мый
pt.	[по]терпе́л, -а, -о, -и
p.pt.a.	[по]терпе́вший
g.pt.a.	[по]терпе́в
p.pt.p.	'...енный (*z.B.*: прете́рпенный)

11	[по]**лете́ть**

(mit veränderlichem Konsonanten)

д, з	>	ж
к, т	>	ч
с, х	>	ш
ск, ст	>	щ

pr. [*ft.*]	[по]лечу́, -ети́шь, -етя́т
imp.	[по]лети́(те)
p.pr.a.	летя́щий
g.pr.a.	летя́
p.pr.p.	—
pt.	[по]лете́л, -а, -о, -и
p.pt.a.	[по]лете́вший
g.pt.a.	[по]лете́в
p.pt.p.	'...енный (*z.B.*: ви́денный)

Verben auf -ереть

12	[по]**тере́ть** (Bei Stammbetonung -ешь, -ет, -ем, -ете).
pr. [*ft.*]	[по]тру́, -трёшь, -тру́т
imp.	[по]три́(те)
p.pr.a.	тру́щий
g.pr.a.	—
p.pr.p.	—
pt.	[по]тёр, -рла, -о, -и
p.pt.a.	[по]тёрший
g.pt.a.	потёрши *od.* потере́в
p.pt.p.	[по]тёртый

Verben auf -ить

13	[по]**мири́ть**
pr. [*ft.*]	[по]мирю́, -ри́шь, -ря́т
imp.	[по]мири́(те)
p.pr.a.	миря́щий
g.pr.a.	миря́
p.pr.p.	мири́мый
pt.	[по]мири́л, -а, -о, -и
p.pt.a.	[по]мири́вший
g.pt.a.	[по]мири́в
p.pt.p.	помирённый

14	[по]**люби́ть** (mit л nach б, в, м, п, ф)
pr. [*ft.*]	[по]люблю́, -ю́бишь, -ю́бят
imp.	[по]люби́(те)
p.pr.a.	лю́бящий
g.pr.a.	любя́
p.pr.p.	люби́мый
pt.	[по]люби́л, -а, -о, -и
p.pt.a.	[по]люби́вший
g.pt.a.	[по]люби́в
p.pt.p.	...юбленный (*z.B.*: возлю́бленный)

15	[по]**носи́ть**

(mit veränderlichem Konsonanten)

д, з	>	ж
к, т	>	ч
с, х	>	ш
ск, ст	>	щ

pr. [*ft.*]	[по]ношу́, -о́сишь, -о́сят
imp.	[по]носи́(те)
p.pr.a.	нося́щий
g.pr.a.	нося́
p.pr.p.	носи́мый
pt.	[по]носи́л, -а, -о, -и
p.pt.a.	[по]носи́вший
g.pt.a.	[по]носи́в
p.pt.p.	[по]но́шенный

16	[на]**кроши́ть** (mit vorhergehendem Zischlaut)
pr. [*ft.*]	[на]крошу́, -о́шишь, -о́шат
imp.	[на]кроши́(те)
p.pr.a.	кроша́щий
g.pr.a.	кроша́
p.pr.p.	кроши́мый
pt.	[на]кроши́л, -а, -о, -и
p.pt.a.	[на]кроши́вший
g.pt.a.	[на]кроши́в
p.pt.p.	[на]кро́шенный

Verben auf -оть

17	[за]**коло́ть**
pr. [*ft.*]	[за]колю́, -о́лешь, -о́лют
imp.	[за]коли́(те)
p.pr.a.	ко́лющий
g.pr.a.	—
p.pr.p.	—
pt.	[за]коло́л, -а, -о, -и
p.pt.a.	[за]коло́вший
g.pt.a.	[за]коло́в
p.pt.p.	[за]ко́лотый

Verben auf -уть

18	[по]**ду́ть**
pr. [*ft.*]	[по]ду́ю, -у́ешь, -у́ют
imp.	[по]ду́й(те)
p.pr.a.	ду́ющий
g.pr.a.	ду́я
p.pr.p.	—
pt.	[по]дул, -а, -о, -и
p.pt.a.	[по]ду́вший
g.pt.a.	[поду́в] ду́в(ши)
p.pt.p.	[по]ду́тый

19	[по]**тяну́ть**
pr. [*ft.*]	[по]тяну́, -я́нешь, -я́нут
imp.	[по]тяни́(те)
p.pr.a.	тя́нущий
g.pr.a.	—
p.pr.p.	—
pt.	[по]тяну́л, -а, -о, -и
p.pt.a.	[по]тяну́вший
g.pt.a.	[по]тяну́в
p.pt.p.	[по]тя́нутый

20	[со]**гну́ть** (Bei Stammbetonung -ешь, -ет, -ем, -ете).
pr. [*ft.*]	[со]гну́, -нёшь, -ну́т
imp.	[со]гни́(те)
p.pr.a.	гну́щий
g.pr.a.	—
p.pr.p.	—
pt.	[со]гну́л, -а, -о, -и
p.pt.a.	[со]гну́вший
g.pt.a.	[согну́в] гну́вши
p.pt.p.	[со́]гнутый

21	[по]**ту́хнуть**
pr. [*ft.*]	[по]ту́хну, -нешь, -нут
imp.	[по]ту́хни(те)
p.pr.a.	ту́хнущий
g.pr.a.	—
p.pr.p.	—
pt.	[по]ту́х, -хла, -о, -и
p.pt.a.	[по]ту́хший
g.pt.a.	[по]ту́хши
p.pt.p.	...нутый (*z.B.*: воздви́гнутый)

Verben auf -ыть

22	[по]**крыть**
pr. [*ft.*]	[по]кро́ю, -о́ешь, -о́ют
imp.	[по]кро́й(те)
p.pr.a.	кро́ющий
g.pr.a.	кро́я
p.pr.p.	—
pt.	[по]кры́л, -а, -о, -и
p.pt.a.	[по]кры́вший
g.pt.a.	[покры́в] кры́вши
p.pt.p.	[по]кры́тый

23	[по]**плыть** (Bei Stammbetonung -ешь, ет, -ем, -ете)
pr. [*ft.*]	[по]плыву́, -вёшь, -ву́т
imp.	[по]плыви́(те)
p.pr.a.	плыву́щий
g.pr.a.	плывя́
p.pr.p.	—
pt.	[по]плы́л, -а́, -о, -и
p.pt.a.	[по]плы́вший
g.pt.a.	[поплы́в] плы́вши
p.pt.p.	...плы́тый (*z.B.*: проплы́тый)

Verben auf -зти, -зть

24	[по]**везти́** (Bei Stammbetonung -ешь, -ет, -ем, -ете)
pr. [*ft.*]	[по]везу́, -зёшь, -зу́т
imp.	[по]вези́(те)
p.pr.a.	везу́щий
g.pr.a.	везя́
p.pr.p.	везо́мый
pt.	[по]вёз, -везла́, -о́, -и́
p.pt.a.	[по]вёзший
g.pt.a.	[по]вёзши
p.pt.p.	[по]везённый

Verben auf **-сти, -сть**

25	[по]**вестѝ**
	(Bei Stammbetonung -ешь, -ет, -ем, -ете)
pr.[ft.]	[по]веду́, -дёшь, -ду́т
imp.	[по]веди́(те)
p.pr.a.	веду́щий
g.pr.a.	ведя́
p.pr.p.	ведо́мый
pt.	[по]вёл, -вела́, -о́, -и́
p.pt.a.	[по]ве́дший
g.pt.a.	[по]ве́дши
p.pt.p.	[по]ведённый

Verben auf **-чь**

26	[по]**влечь**
	(Bei Stammbetonung -ешь, -ет, -ем, -ете)
pr.[ft.]	[по]влеку́, -ечёшь, -еку́т
imp.	[по]влеки́(те)
p.pr.a.	влеку́щий
g.pr.a.	—
p.pr.p.	влеко́мый
pt.	[по]влёк, -екла́, -о́, -и́
p.pt.a.	[по]влёкший
g.pt.a.	[по]влёкши
p.pt.p.	[по]влечённый

Verben auf **-ять**

27	[рас]**та́ять**
pr.[ft.]	[рас]та́ю, -а́ешь, -а́ют
imp.	[рас]та́й(те)
p.pr.a.	та́ющий
g.pr.a.	та́я
p.pr.p.	—
pt.	[рас]та́ял, -а, -о, -и
p.pt.a.	[рас]та́явший
g.pt.a.	[рас]та́яв
p.pt.p.	'...янный (*z. B.*: обла́янный)

28	[по]**теря́ть**
pr.[ft.]	[по]теря́ю, -я́ешь, -я́ют
imp.	[по]теря́й(те)
p.pr.a.	теря́ющий
g.pr.a.	теря́я
p.pr.p.	теря́емый
pt.	[по]теря́л, -а, -о, -и
p.pt.a.	[по]теря́вший
g.pt.a.	[по]теря́в
p.pt.p.	поте́рянный

B. Deklination

Substantiv

a) Reihenfolge der Kasus waagerecht: Nominativ, Genitiv, Dativ, Akkusativ, Instrumental und Präpositiv im Singular und Plural (darunter). *Bezeichnet das Substantiv ein Lebewesen, so ist beim männlichen Geschlecht der Akkusativ im Singular und Plural, beim weiblichen und sächlichen aber nur im Plural, gleich dem Genitiv.* Nach dieser Regel richten sich auch Adjektiv, Pronomen und einige Zahlwörter.

b) Abweichungen sind im Wörterverzeichnis vermerkt.

Maskulina:

1	вид	-	а	у	-	ом	е
		ы	ов	ам	ы	ами	ах
2	реб	ёнок	ёнка	ёнку	ёнка	ёнком	ёнке
		я́та	я́т	я́там	я́т	я́тами	я́тах
3	слу́ча	й	я	ю	й	ем	е
		и	ев	ям	и	ями	ях
4	про́фил	ь	я	ю	ь	ем	е
		и	ей	ям	и	ями	ях

Feminina:

5	рабо́т	а	ы	е	у	ой	е
		ы	-	ам	ы	ами	ах
6	неде́л	я	и	е	ю	ей	е
		и	ь	ям	и	ями	ях

7	а́рми	я и	и й	и ям	ю и	ей ями	и ях
8	тетра́д	ь и	и ей	и ям	ь и	ью ями	и ях
Neutra:							
9	блю́д	о а	а -	у ам	о а	ом ами	е ах
10	по́л	е я́	я е́й	ю я́м	е я́	ем я́ми	е я́х

Anm.: Die Substantive auf -ье verwandeln im Genitiv Plural gewöhnlich ье in ий. Sie wechseln nicht die Betonung.

11	учи́лищ	е а	а -	у ам	е а	ем ами	е ах
12	жела́ни	е я	я й	ю ям	е я	ем ями	и ях
13	вре́м	я ена́	ени ён	сени ена́м	я ена́	енем ена́ми	ени ена́х

Adjektiv

(auch Ordnungszahlen usw.)

Merke:

a) Die Adjektive auf **-ский** haben keine Kurzformen.

b) Die Adjektive auf **-нный** mit dem Ton auf der drittletzten Silbe haben in der männlichen Kurzform nur ein **-н**, z. B.: есте́ственный: -вен, -венна, -венно, -венны.

c) Abweichungen sind im Wörterverzeichnis vermerkt.

		m	*f*	*n*	*pl.*	
14	бе́л	**ый (о́й)**	**ая**	**ое**	**ые**	Langform
		ого	ой	ого	ых	
		ому	ой	ому	ым	
		ый	ую	ое	ые	
		ым	ой	ым	ыми	
		ом	ой	ом	ых	
		-	а́	о (*а.* о́)	ы (*а.* ы́)	Kurzform
15	си́н	**ий**	**яя**	**ее**	**ие**	Langform
		его	ей	его	их	
		ему	ей	ему	им	
		ий	юю	ее	ие	
		им	ей	им	ими	
		ем	ей	ем	их	
		(ь)	я́	е	и	Kurzform
16	стро́г	**ий**	**ая**	**ое**	**ие**	Langform
		ого	ой	ого	их	
		ому	ой	ому	им	
		ий	ую	ое	ие	
		им	ой	им	ими	
		ом	ой	ом	их	
		-	а́	о	и	Kurzform

17	**тóщ**	**ий**	**ая**	**ее**	**ие**	
		его	ей	его	их	
		ему	ей	ему	им	Langform
		ий	ую	ее	ие	
		им	ей	им	ими	
		ем	ей	ем	их	
		-	а	е (ó)	и	Kurzform
18	**олéн**	**ий**	**ья**	**ье**	**ьи**	
		ьего	ьей	ьего	ьих	
		ьему	ьей	ьему	ьим	
		ий	ью	ье	ьи	
		ьим	ьей	ьим	ьими	
		ьем	ьей	ьем	ьих	
19	**дя́дин**	**-**	**а**	**о**	**ы**	
		а	ой	а	ых	
		у	ой	у	ым	
		-	у	о	ы	
		ым	ой	ым	ыми	
		ом[1]	ой	ом	ых	

[1]) Männliche Familiennamen auf -ов, -ев, -ин, -ын haben е.

Pronomen

20	я	меня́	мне	меня́	мной (мнóю)	мне
	мы	нас	нам	нас	на́ми	нас
21	ты	тебя́	тебé	тебя́	тобóй (тобóю)	тебé
	вы	вас	вам	вас	ва́ми	вас
22	он	егó	емý	егó	им	нём
	она́	её	ей	её	éю (ей)	ней
	онó	егó	емý	егó	им	нём
	они́	их	им	их	и́ми	них

Anm.: Nach Präpositionen wird н vor den betreffenden Kasus gesetzt, z.B.: для негó. Der Präpositiv wird immer mit einer Präposition gebraucht.

23	кто	когó	комý	когó	кем	ком
	что	чегó	чемý	что	чем	чём

Anm.: Bei Zusammensetzungen mit ни, не trennt die Präposition diese Verbindung, z.B.: ничтó: ни от чегó, ни к чемý.

24	мой	моегó	моемý	мой	мои́м	моём
	моя́	моéй	моéй	мою́	моéй	моéй
	моё	моегó	моемý	моё	мои́м	моём
	мои́	мои́х	мои́м	мои́	мои́ми	мои́х
25	наш	на́шего	на́шему	наш	на́шим	на́шем
	на́ша	на́шей	на́шей	на́шу	на́шей	на́шей
	на́ше	на́шего	на́шему	на́ше	на́шим	на́шем
	на́ши	на́ших	на́шим	на́ши	на́шими	на́ших
26	чей	чьегó	чьемý	чей	чьим	чьём
	чья	чьей	чьей	чью	чьей	чьей
	чьё	чьегó	чьемý	чьё	чьим	чьём
	чьи	чьих	чьим	чьи	чьи́ми	чьих

27	**э́тот**	э́того	э́тому	э́тот	э́тим	э́том
	э́та	э́той	э́той	э́ту	э́той	э́той
	э́то	э́того	э́тому	э́то	э́тим	э́том
	э́ти	э́тих	э́тим	э́ти	э́тими	э́тих
28	**тот**	того́	тому́	тот	тем	том
	та	той	той	ту	той	той
	то	того́	тому́	то	тем	том
	те	тех	тем	те	те́ми	тех
29	**сей**	сего́	сему́	сей	сим	сём
	сия́	сей	сей	сию́	сей	сей
	сие́	сего́	сему́	сие́	сим	сём
	сии́	сих	сим	сии́	си́ми	сих
30	**сам**	самого́	самому́	самого́	сами́м	само́м
	сама́	само́й	само́й	самоё	само́й	само́й
	само́	самого́	самому́	само́	сами́м	само́м
	са́ми	сами́х	сами́м	сами́х	сами́ми	сами́х
31	**весь**	всего́	всему́	весь	всем	всём
	вся	всей	всей	всю	всей	всей
	всё	всего́	всему́	всё	всем	всём
	все	всех	всем	все	все́ми	всех
32	**не́сколько**	не́скольких	не́скольким	не́сколько	не́сколькими	не́скольких

Zahlwort

33	**оди́н**	одного́	одному́	оди́н	одни́м	одно́м
	одна́	одно́й	одно́й	одну́	одно́й	одно́й
	одно́	одного́	одному́	одно́	одни́м	одно́м
	одни́	одни́х	одни́м	одни́	одни́ми	одни́х

34	**два**	**две**	**три**	**четы́ре**
	двух	двух	трёх	четырёх
	двум	двум	трём	четырём
	два	две	три	четы́ре
	двумя́	двумя́	тремя́	четырьмя́
	двух	двух	трёх	четырёх

35	**пять**	**пятна́дцать**	**пятьдеся́т**	**сто**	**со́рок**
	пяти́	пятна́дцати	пяти́десяти	ста	сорока́
	пяти́	пятна́дцати	пяти́десяти	ста	сорока́
	пять	пятна́дцать	пятьдеся́т	сто	со́рок
	пятью́	пятна́дцатью	пятью́десятью	ста	сорока́
	пяти́	пятна́дцати	пяти́десяти	ста	сорока́

36	**две́сти**	**три́ста**	**четы́реста**	**пятьсо́т**
	двухсо́т	трёхсо́т	четырёхсо́т	пятисо́т
	двумста́м	трёмста́м	четырёмста́м	пятиста́м
	две́сти	три́ста	четы́реста	пятьсо́т
	двумяста́ми	тремяста́ми	четырьмяста́ми	пятьюста́ми
	двухста́х	трёхста́х	четырёхста́х	пятиста́х
37	**о́ба**	**о́бе**	**дво́е**	**че́тверо**
	обо́их	обе́их	двои́х	четверы́х
	обо́им	обе́им	двои́м	четверы́м
	о́ба	о́бе	дво́е	че́тверо
	обо́ими	обе́ими	двои́ми	четверы́ми
	обо́их	обе́их	двои́х	четверы́х

Langenscheidts Wörterbücher: die Standardwerke für fremde Sprachen

Langenscheidts Enzyklopädisches Wörterbuch Englisch „Der Große Muret-Sanders"

Das größte zweisprachige Wörterbuch überhaupt. Für Dozenten und Übersetzer, Auslandskorrespondenten und Wissenschaftler – kurz für alle, die höchste Ansprüche an ein enzyklopädisches Wörterbuch haben.
In zwei Teilen à 2 Bänden. Mit insgesamt rund 560000 Stichwörtern und Wendungen.

Langenscheidts Großwörterbücher

Für große Ansprüche im Bereich von Lehre und Unterricht, Wissenschaft und Forschung, Beruf und Wirtschaft.
In Einzelbänden. Mit bis zu 200 000 Stichwörtern und Wendungen in beiden Teilen.

Langenscheidts Handwörterbücher

Die umfassenden Nachschlagewerke für gehobene Ansprüche. Für den praktischen Gebrauch in Handel und Industrie, für Lehre und Studium.
In Einzel- und Komplettbänden. Mit bis zu 210 000 Stichwörtern und Wendungen in beiden Teilen.

Langenscheidts Große Schulwörterbücher

Besonders geeignet für die gymnasiale Oberstufe, für Fremdsprachenkurse in der Erwachsenenbildung und für das Studium. In Einzelbänden. Mit bis zu 200 000 Stichwörtern und Wendungen in beiden Teilen.

Langenscheidts Taschenwörterbücher

Millionenfach bewährte Standardwörterbücher. Für Beruf und Alltag, für die Reise und fremdsprachliche Lektüre.
In Einzel- und Komplettbänden. Mit bis zu 100 000 Stichwörtern und Wendungen in beiden Teilen.

Langenscheidts Schulwörterbücher

Für Haupt-, Realschule und Gymnasium. Die Stichwortauswahl ist auf die in den Schulen gebräuchlichen Lehrbücher abgestimmt.
In Komplettbänden. Mit bis zu 48 000 Stichwörtern und Wendungen.

Langenscheidt **… weil Sprachen verbinden**